© Degas Jean-Pierre/hemis.fr

Le Routard

Languedoc et Roussillon

Cofondateurs : Philippe GLOAGUEN et Michel DUVAL

Directeur de collection et auteur
Philippe GLOAGUEN

Rédacteurs en chef adjoints
Amanda KERAVEL
et Benoît LUCCHINI

Directrice de la coordination
Florence CHARMETANT

Directrice administrative
Bénédicte GLOAGUEN

Directeur du développement
Gavin's CLEMENTE-RUÏZ

Direction éditoriale
Catherine JULHE

Rédaction
Isabelle AL SUBAIHI
Mathilde de BOISGROLLIER
Thierry BROUARD
Marie BURIN des ROZIERS
Véronique de CHARDON
Fiona DEBRABANDER
Anne-Caroline DUMAS
Géraldine LEMAUF-BEAUVOIS
Olivier PAGE
Alain PALLIER
Anne POINSOT
André PONCELET

Conseiller à la rédaction
Pierre JOSSE

Administration
Carole BORDES
Éléonore FRIESS

2017

hachette

TABLE DES MATIÈRES

PRÉAMBULE

BON À SAVOIR AVANT LE DÉPART 33

COMMENT Y ALLER ? 38

☎ **112 :** c'est le numéro d'urgence commun à la France et à tous les pays de l'UE, à composer en cas d'accident, agression ou détresse. Il permet de se faire localiser et aider en français, tout en améliorant les délais d'intervention des services de secours.

Pictogrammes du Routard

Établissements

- Hôtel, auberge, chambre d'hôtes
- Camping
- Restaurant
- Boulangerie, sandwicherie
- Glacier
- Café, salon de thé
- Café, bar
- Bar musical
- Club, boîte de nuit
- Salle de spectacle
- Office de tourisme
- Poste
- Boutique, magasin, marché
- Accès Internet
- Hôpital, urgences

Sites

- Plage
- Site de plongée
- Piste cyclable, parcours à vélo

Transports

- Aéroport
- Gare ferroviaire
- Gare routière, arrêt de bus
- Station de métro
- Station de tramway
- Parking
- Taxi
- Taxi collectif
- Bateau
- Bateau fluvial

Attraits et équipements

- Présente un intérêt touristique
- Recommandé pour les enfants
- Adapté aux personnes handicapées
- Ordinateur à disposition
- Connexion wifi
- Inscrit au Patrimoine mondial de l'Unesco

LA RÉDACTION DU ROUTARD

(sans oublier nos 50 enquêteurs, aussi sur le terrain)

Thierry, Anne-Caroline, Éléonore, Olivier, Pierre, Benoît, Alain, Fiona, Gavin's, André, Véronique, Bénédicte, Jean-Sébastien, Mathilde, Amanda, Isabelle, Géraldine, Marie, Carole, Philippe, Florence, Anne.

La saga du *Routard* : en 1971, deux étudiants, Philippe et Michel, avaient une furieuse envie de découvrir le monde. De retour du Népal germe l'idée d'un guide différent qui regrouperait tuyaux malins et itinéraires sympas, destiné aux jeunes fauchés en quête de liberté. 1973. Après 19 refus d'éditeurs et la faillite de leur première maison d'édition, l'aventure commence vraiment avec Hachette. Aujourd'hui, le *Routard*, c'est plus d'une cinquantaine d'enquêteurs impliqués et sincères. Ils parcourent le monde toute l'année dans l'anonymat et s'acharnent à restituer leurs coups de cœur avec passion.

Merci à tous les Routards qui partagent nos convictions : liberté et indépendance d'esprit ; découverte et partage ; sincérité, tolérance et respect des autres.

NOS SPÉCIALISTES LANGUEDOC ET ROUSSILLON

Amanda, Mathilde et Marie : quand l'une arpente les routes bretonnes en quête de la meilleure pâte à crêpes, l'autre explore le bocage normand à coups de gorgées de cidre, pendant que la troisième chausse les skis pour dégoter le meilleur refuge alpin. La curiosité, l'enthousiasme et la gourmandise sont leur meilleur sonar, que complètent deux décennies d'expérience à user leurs semelles sur les routes de l'Hexagone. Un trio complice et indépendant qui essaie, entre deux voyages, de garder la ligne.

Thierry Bessou : ses origines agricoles auraient pu l'amener à cultiver la terre, finalement il la sillonne. Pourtant, il a peur de prendre l'avion ! En équilibre précaire sur un éléphant, les doigts gelés au pied d'un glacier, de marchés en musées, ses antennes restent déployées. C'est dans la Ville Rose qu'il écrit, inspiré par mille lieux foulés, mille regards croisés.

Gérard Bouchu : bourguignon d'origine, donc volontiers sédentaire, il est devenu par hasard journaliste spécialisé dans les voyages et la gastronomie. Il a ajouté en 1995 un sac à dos à ses sacs isothermes, pour pouvoir travailler tout en gardant le goût des pays visités. Trekkeur urbain plus que voyageur solitaire, il a toujours aussi soif et faim de nouveautés.

François Chauvin : pour avoir, depuis tout môme, usé ses godasses au long des sentiers, de son massif du Jura natal à de lointains ailleurs, il se sent chez lui partout où la terre n'est pas plate. Mais se laisse également facilement emporter par les vibrations urbaines. D'ailleurs, ses études de journalisme, c'était d'abord pour écrire sur le rock.

Fabrice de Lestang : il s'est longtemps levé bien tard puis a subitement réalisé, à 22 ans, que la vie c'est le mouvement. Régisseur sur les plateaux de tournage « 7 jours sur 7 », il est passé avec bonheur des décors de studio aux paysages réels. Au *Routard* depuis plus de 20 ans, il se lève désormais très tôt et affiche plus de 100 voyages au compteur.

UN GRAND MERCI À NOS AMI(E)S SUR PLACE

Pour cette nouvelle édition, nous remercions particulièrement :

Pour l'Aude

- **Myriam Fillaquier et toute l'équipe** du CDT de l'Aude ;
- **Lucie Defarge et Virginie Sire,** de l'office de tourisme de Narbonne ;
- les offices de tourisme de Carcassonne, Caunes-Minervois, Castelnaudary, Coulza, Cucugnan, Fitou.

Pour le Gard

- **Carole Bedou et toute l'équipe** de Gard Tourisme ;
- **Alain Girard,** conservateur des musées du Gard ;
- **Véronique Allen,** de l'office de tourisme de Nîmes ;
- **Sophie le Louarn,** de l'office de tourisme de Villeneuve-lez-Avignon ;
- **Gabriele Salom,** de l'office de tourisme de Sommières ;
- **Stéphanie Aillet,** attachée de presse du Grau-du-Roi ;
- **Béatrice Galzin,** de l'office de tourisme de Saint-André-de-Valborgne ;
- et tous les offices de tourisme du Gard.

Pour l'Hérault

- **Mathilde Bavoillot et toute l'équipe** de l'ADT de l'Hérault ;
- **Aline Couquet,** de l'office de tourisme de Montpellier ;
- **Monique Boulze,** de l'office de tourisme de Béziers ;
- **Marie-France Parra,** de l'office de tourisme de Sète ;
- les offices de tourisme de Frontignan, Mèze, Cap-d'Agde, Palavas-les-Flots, Carnon-Mauguio, La Salvetat-sur-Agout, Lamalou-les-Bains, Bédarieux, Clermont-l'Hérault, Lodève, Lunel, Minerve, Saint-Guilhem-le-Désert et Marseillan.

Pour la Lozère

- **Éric Debenne, Inger Berckhauer, Cécile Vincongne et toute l'équipe** du CDT de la Lozère ;
- les offices de tourisme de Mende, La Malène, Rozier, Meyrueis et Sainte-Énimie.

Pour les Pyrénées-Orientales

- **Ghislaine Coronat, Julien Folcher et Catherine Gillot** du CDT des Pyrénées-Orientales ;
- et tous les offices de tourisme de la région pour leur aide précieuse et leur collaboration active.

Tout au long de ce guide, découvrez toutes les photos de la destination sur • *routard.com* • Attention au coût de connexion à l'étranger, assurez-vous d'être en wifi !

Le *Routard* est imprimé sur un papier issu de forêts gérées.

I.S.B.N. 978-2-01-330192-3

NORD
CANTAL
(15)
Aurillac
Chaudes-Aigues
Le Malzieu-Ville
St-Chély-d'Apcher
St-Alban-sur-Limagnole
Aumont-Aubrac
Nasbinals
Laguiole
Aubrac
Marvejols
Souillac
Figeac
LOT
(46)
Cahors
AVEYRON
(12)
Espalion
Chanac
Banassac
La Canourgue
Rodez
St-Chély-du-Tarn
La Malène
Les Vignes
Les Douzes
Le Rozier
Millau
TARN-ET-GARONNE
(82)
Montauban
Albi
Parc naturel régional des Grands Causses
TARN
(81)
Lodève
Lunas
Lacaune
Parc naturel régional du Haut-Languedoc
La Salvetat-sur-Agout
Col de Cabaretou
Lamalou-les-Bains
Bédarieux
(34)
Olargues
Toulouse
Castres
Mazamet
HAUTE-GARONNE
(31)
Canal du Midi
HÉRAULT p.249
St-Pons-de-Thomières
St-Chinian
Gorges de la Clamoux
Caunes-Minervois
Minerve
Béziers
Montolieu
Rieux-Minervois
Castelnaudary
CARCASSONNE
Fanjeaux
Narbonne
Narbonne-Plage
Bages
Lagrasse
Fontfroide
Gruissan
Pamiers
Limoux
AUDE p.155
(11)
Île Ste-Lucie
Sigean
Alet-les-Bains
Villerouge-Termenès
Foix
Rennes-le-Château
Fitou
Leucate
Gorges de Galamus
Quéribus
Aguilar
ARIÈGE
(09)
Quillan
Peyrepertuse
Tautavel
Axat
Port-Barcarès
Puilaurens
Estagel
PERPIGNAN
Molitg-les-Bains
(66)
Ille-sur-Têt
Canet-en-Roussillon
Parc naturel régional des Pyrénées catalanes
Eus
Thuir
St-Cyprien
Formiguères
Prades
Argelès-sur-Mer
Les Angles
Lac des Bouillouses
PYRÉNÉES-ORIENTALES
p.44
ANDORRE
Font-Romeu
Villefranche-de-Conflent
Port-Vendres
Targassonne
Collioure
Dorres
Llívia
Saint-Martin-du-Canigou
Céret
Banyuls-sur-Mer
Cerbère
Bourg-Madame
Llo
Eyne
Arles-sur-Tech
Le Perthus
La Preste
ESPAGNE
Prats-de-Mollo
Pic du Canigó

LANGUEDOC ET ROUSSILLON

Abbaye de Gellone, Saint-Guilhem-le-Désert

Longtemps, le Languedoc-Roussillon se contenta d'être la voie royale du soleil d'Espagne, lors des grandes migrations estivales. Derrière les rambardes de l'autoroute se profilait une sorte de Midi à demi grillé par le soleil, peuplé de rugbymen et de baladins, où les raisins avaient le goût de la colère et les montagnes un parfum d'hérésie. On ne se trompait guère. Le Languedoc est une route qui s'emprunte mais ne se donne pas. Sous ses airs de mauvais élève au piquet contre les Pyrénées, c'est un pays ouvert que ses malheurs ont fermé sur lui-même.

Le Languedoc et le Roussillon, qui appartiennent désormais à l'Occitanie, ont cette grâce fonctionnelle des architectures. C'est le pan oriental de l'arc roman par lequel l'Hexagone enjambe la Méditerranée. Une portion de rivage qui s'arc-boute sur deux obstacles naturels, le Rhône et les Pyrénées, et tisse tout un réseau de petites vallées dans les montagnes environnantes pour dessiner, finalement, une sorte d'amphithéâtre en gradins ouvert sur le large.

Bien sûr, il y a Languedoc, il y a Roussillon, et les deux coteaux du Vivarais n'ont pas grand-chose à voir avec les hauteurs pelées de Cerdagne. Possible aussi que le Languedoc et le Roussillon aient un cœur : les Corbières ; une tête : Montpellier ; une main pour le travail : Sète ; et une autre pour l'art : le Roussillon ; son âme errant quelque part entre Cévennes et Montagne Noire. Bref, un ensemble naturel forgé par l'histoire, où des peuples cousins ont appris à se confondre, et qui se retrouvent aujourd'hui dans une nouvelle trop grande région. Toulouse a déteint sur Carcassonne, la Catalogne campe sur le rebord pyrénéen, l'air de Nîmes sent la Provence. D'où cette mixture inédite de boulistes et de cassoulet, de cloîtres mozarabes et de corridas espagnoles, cimentée par deux langues cousines, le catalan et l'occitan. Du port de Narbonne à la foire de Beaucaire, le Languedoc-Roussillon fut un fameux brasseur d'horizons, qui brilla sur l'échiquier européen jusqu'aux jours de l'annexion française. Dans cette région qui fut une seconde Rome, la tête de pont du savoir judéo-arabe hors d'Espagne et l'une des créatrices de l'art roman, chaque pierre a quelque chose à raconter.

Ici, le soleil dore et découpe les villages au scalpel. Sa franchise ombrageuse donne le ton, celui d'un pays auquel on s'accroche parce qu'il est beau.

Les arènes de Nîmes

NOS COUPS DE CŒUR

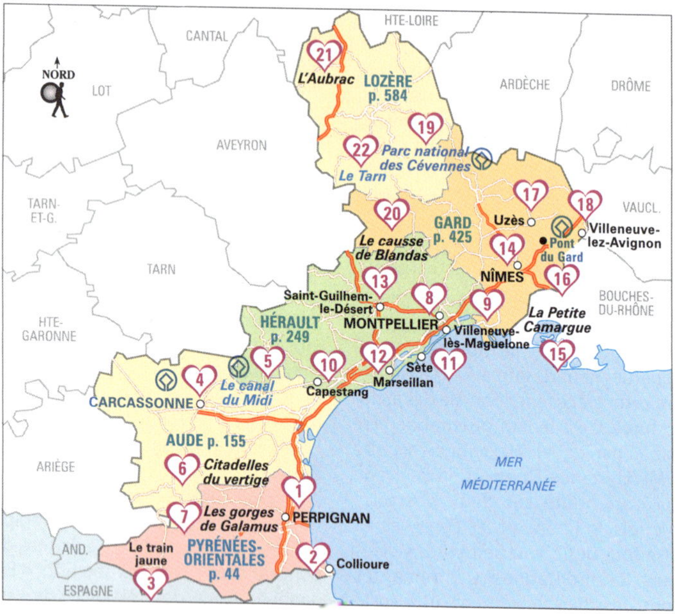

1 **Se poster en haut de la tour de l'Hommage à Perpignan pour découvrir un fantastique panorama sur la plaine du Roussillon, les Pyrénées et, au pied, la vieille ville.**

Cette tour est l'entrée du palais des Rois de Majorque, l'imposante citadelle qui domine Perpignan. Construit à la fin du XIIIe s, ce palais fut édifié après que Jacques le Conquérant eut décidé de faire de la ville la capitale continentale du royaume de Majorque. *p. 58*

© Brian Jannsen/Agefotostock

2 Flâner sur le port de Collioure pour admirer son église-phare et ses petits bateaux de pêche.

« Joyau de la Côte Vermeille », Collioure fut à Picasso la muse que Cadaquès était à Dalí. Aujourd'hui, l'ancienne ville espagnole fait les délices des touristes et de quelques pinceaux qui croquent les rues dès l'arrivée des beaux jours. Il faut bien avouer qu'avec sa plage de galets, ses barques colorées, ses cafés animés, sa promenade dallée, son château royal et sa superbe église les pieds dans l'eau, Collioure possède un charme fou. *p. 80*

© Zylberyng Didier/hemis.fr

3 Embarquer à bord du « train jaune » et se lancer hardiment à l'assaut des pentes de la Cerdagne.

Édifiée au début du XXe s, la ligne ferroviaire qui relie Villefranche-de-Conflent (427 m) à Latour-de-Carol (1 231 m) est la colonne vertébrale de la Catalogne. Elle est parcourue par un petit train tout jaune qui gravit poussivement des pentes ardues, franchit d'improbables viaducs, se jette dans de longs tunnels et s'agrippe à des corniches au-dessus du vide. Et s'il va moins vite que le TGV (30 km/h en moyenne !), il monte bien plus haut, Bolquère étant la plus haute gare de France (1 592 m d'altitude) ! Par beau temps, certains wagons sont « cabriolet », pour profiter encore mieux des paysages de montagne. *p. 131*

4 **Sillonner les ruelles de la Cité de Carcassonne tôt le matin, ou tard le soir, pour l'avoir rien que pour soi.**

Inscrite au Patrimoine mondial de l'Unesco, Carcassonne est la plus importante cité médiévale d'Europe. Deux enceintes parfaitement conservées, près de 3 km de murailles, 52 tours, un château et une basilique aux rosaces considérées comme les plus belles du Midi… inspirèrent Walt Disney pour le décor de *La Belle au bois dormant*. Il est vrai que le soir, avec l'éclairage, on se promène dans un véritable décor de film ! *p. 171*

5 **Jouer le marin d'eau douce en louant un bateau pour naviguer à un rythme pépère sur le canal du Midi.**

Inscrit au Patrimoine mondial de l'Unesco, le canal du Midi relie Toulouse à Sète, en parcourant 240 km, sous de frais tunnels d'arbres. Un ouvrage unique et grandiose ! À partir de Carcassonne, on peut suivre le fil de l'eau jusque dans l'Hérault, le tout à la vitesse du pas d'un homme ou d'une feuille sur l'eau… Un voyage délicieusement reposant ! Le chemin de halage est particulièrement approprié pour une balade à vélo. *p. 175, 368*

6 **Partir en croisade pacifique, à l'assaut des châteaux du pays cathare.**

« Citadelles du vertige », les châteaux ponctuent les crêtes du sud de l'Aude. Une véritable flotte de vaisseaux, suspendus entre ciel et terre, dans lesquels les cathares trouvèrent refuge avant d'être éradiqués par les croisés. Aujourd'hui, ces ruines blanchies par le temps se confondent avec les rocs des montagnes. Elles sont fascinantes dans le dénuement. Parmi les plus emblématiques : Peyrepertuse, Quéribus, Montségur et Puilaurens. *p. 155, 636*

7 Passer un moment rafraîchissant dans le décor paradisiaque des gorges de Galamus.

Des gorges somptueuses, parmi les plus belles de la région, qui ont un pied dans l'Aude, l'autre dans les Pyrénées-Orientales. Au fond d'un ravin vertigineux, le torrent a creusé des marmites géantes dans lesquelles il laisse reposer quelques temps ses eaux turquoise. Comble du bonheur, on peut s'y baigner… p. 216

Bon à savoir : en juillet-août, la circulation est alternée par des feux. Possibilité de laisser le véhicule au parking à l'entrée, puis accès à pied ou en petite navette.

8 Prendre du bon temps en terrasse sur les petites places du centre ancien de Montpellier après la visite du musée Fabre.

Avec ses dizaines de placettes ombragées, ses grandes esplanades et ses terrasses camouflées, Montpellier est la ville rêvée pour faire une pause au soleil. Ou pour venir la nuit tombée à la recherche de la fraîcheur de ses rues piétonnes. Dans cette ville, étudiante par excellence, les terrasses de bar font souvent office de QG, de bureau, de lieu de rencontres, voire de salle de lecture où potasser les cours. p. 277

9 **Longer les étangs de Villeneuve-lès-Maguelone jusqu'à rejoindre, isolée sur son île, la cathédrale Saint-Pierre, puis la plage, nue et sauvage.**

Dressée au milieu des vignes, des pins et des micocouliers, sur une île reliée à la terre au XVIIIe s, l'ancienne cathédrale témoigne de l'époque lointaine où la chrétienté édifiait des églises-forteresses. Elle devient siège épiscopal au VIe s. Tête de pont catholique dans un monde cathare, la cathédrale résistera à l'hérésie, mais les querelles politiques auront raison d'elle. En 1536, l'évêché est transféré à Montpellier. Bien qu'évoquant davantage une forteresse qu'une église, ce grand vaisseau de la chrétienté est d'une magistrale unité architecturale. *p. 310*

10 **Accoster à Capestang pour découvrir le terroir de Saint-Chinian et les curiosités qui font tout le charme du grand bief du canal, avant l'arrivée aux écluses de Fonsérannes.**

Et monter à l'oppidum d'Ensérune pour découvrir les vestiges d'une agglomération antique, et surtout pour admirer le site de l'étang asséché de Montady dans toute sa splendeur : sur plus de 430 ha, les immenses parcelles triangulaires, drainées grâce aux fossés qui collectent les eaux en direction du point central, lui donnent une forme géométrique originale. Des parcelles changeant de couleur, passant du blanc au rouge et du vert au mauve, en fonction des récoltes… *p. 372*

(11) Profiter de l'été à Sète pour assister aux fameux tournois de joutes qui animent le Grand Canal et explorer le MIAM, fabuleux musée des arts dits « mineurs ».

Depuis le XVIIe s, les joutes sont une institution à Sète, qui culmine autour du 20 août : le jour de la Saint-Louis (patron du port de Sète), les rouges et les bleus s'affrontent en tournois singuliers. Très touristique, mais aussi très authentique. On ne plaisante pas avec les règles de la *tintaine* ! La traversée de Sète à la nage est une épreuve également disputée pendant ces fêtes. Animations de rues et *baraquai* font que vous ne risquez pas de vous ennuyer. p. 328, 331

© Rieger Bertrand/hemis.fr

(12) Tomber sous le charme du petit port de Marseillan, très animé : quais en pierre basaltique, maisons en pierre noire du volcan d'Agde…

Le top de la conchyliculture, c'est à Marseillan que vous le trouverez avec l'huître rose Tarbouriech : la lagune de Thau s'est imposée en quelques années comme un lieu d'élevage d'exception de produits haut de gamme reconnus par les plus grands chefs étoilés français. On peut les déguster à prix producteur dans un ancien mas conchylicole d'où l'on aperçoit les parcs, à quelques encablures, où ces huîtres sont récoltées par ces « paysans de la mer » nouvelle génération. p. 335

© René Mattes

© René Mattes

13 Flâner dans les rues médiévales de Saint-Guilhem-le-Désert de bon matin, pour la tranquillité, et rester pantois devant la beauté de son abbaye.

Posté en surplomb des gorges de l'Hérault si propices à la baignade, bâti à l'entrée d'un cirque naturel, tapi autour de son abbaye entre les falaises de rocaille et de garrigue, ce village médiéval ne manque pas d'attrait ! Et ça se sait. L'étape prestigieuse sur le chemin de Compostelle est aussi devenue un spot incontournable. En début ou en fin de journée, quand la foule s'éclaircit un peu, quel plaisir d'humer le charme de la nature et des vieilles pierres ! *p. 398*

© Ken Welsh/Alamy/Hemis

14 Remonter le temps à Nîmes, où l'Antiquité romaine côtoie les architectes modernes.

Visiter les arènes, monument le mieux conservé du monde romain, inspirées du Colisée. Audioguide sur les oreilles, s'imaginer les courses de chars et les combats de gladiateurs en présence de 24 000 spectateurs hurlant et vociférant (un péplum est reconstitué chaque année en avril ou en mai)… puis visualiser les centaines d'habitations qui occupèrent l'enceinte, du Moyen Âge au XIXe s. En attendant l'ouverture du musée de la Romanité, en 2018, admirer la Maison carrée, temple romain dont la réponse est le Carré d'Art, juste en face, temple de l'art contemporain signé Norman Foster. *p. 439, 442*

15 Parcourir la Petite Camargue, d'étangs en rizières, à pied, à vélo, en kayak, en péniche, en observant les troupeaux de taureaux qui animent encore la fameuse *bouvine* camarguaise.

Visiter les salins d'Aigues-Mortes, fréquentés par les flamants roses, et atteindre la superbe cité militaire médiévale d'où Saint Louis lança sa croisade. Grimper dans la tour de Constance, ancienne prison des protestants persécutés, d'où l'on a une vue inoubliable sur la Petite Camargue. Et pour ceux qui en veulent encore, continuer de se perdre, en direction de Saint-Gilles, dans la Sagne, la plus grande roselière d'Europe de l'Ouest, où de grands *sagneurs* coupent les roseaux destinés aux toits d'Europe du Nord. *p. 311, 461, 468*

16 S'offrir le pont du Gard, qui est en fait la partie à l'air libre d'un aqueduc âgé de 2 000 ans, bâti par les Romains pour capter les eaux d'Uzès afin d'alimenter la colonie de Nîmes.

Longtemps envahi par les baraques à frites et les stands de souvenirs, il a été classé au Patrimoine mondial de l'Unesco, et réaménagé avec un grand parking, des espaces culturels et un remarquable musée. Il s'anime grâce à de superbes sons et lumières ainsi qu'un spectacle estival. *p. 488*

© René Mattes

17 S'immerger dans la ville (et la vie) médiévale d'Uzès.
Venir un samedi, jour du grand marché, pour se plonger dans ses couleurs, ses senteurs, ses produits du pays. Découvrir, malgré le tarif, le premier duché de France, toujours dans la famille de M. le duc de Crussol d'Uzès, avec sa façade Renaissance, son donjon, ses appartements et sa fameuse tour Bermonde, d'où l'on a une superbe vue sur la ville et l'Uzège. Et puis, les places à arcades séculaires, comme la très animée place aux Herbes, et pléthore de ruelles truffées d'hôtels particuliers comme celui du baron de Castille ou celui du très chic hôtel *Entraigues*. *p. 474*

© Image Source Ltd/Image Source/Agefotostock

18 Baguenauder sur la Côte du Rhône, en dégustant au passage (mais avec modération) les excellents crus locaux.
À Villeneuve-lez-Avignon, cité royale opposée à la cité des Papes, ne pas manquer la chartreuse du Val-de-Bénédiction, ni le fort et les superbes jardins de l'abbaye Saint-André. À Roquemaure, saluer les reliques de saint Valentin, patron des amoureux, qui aurait paraît-il « sauvé » les vignes du phylloxéra. Entre les beaux paysages de vignes et les jolis villages de Saint-Victor-la-Coste, Gaujac et Laudun, goûter au Tavel, le premier rosé de France, et au Lirac, décliné dans les trois couleurs. *p. 498*

19 Se cacher dans les Cévennes, dans des hameaux de schiste et de granit ou dans une ancienne magnanerie de vers à soie transformée en chambre et table d'hôtes.

Au sommet du mont Aigoual ou au pied de la corniche des Cévennes, dans la superbe et discrète vallée Borgne ou encore dans l'extraordinaire Bambouseraie que l'on atteint par le vieux train à vapeur des Cévennes… Découvrir enfin, au musée du Désert, comment ce superbe maquis naturel a protégé les camisards, protestants persécutés, et abrite aujourd'hui leurs enfants, plus des néo-hippies, tous champions de l'hospitalité. *p. 516*

© Konrad Wothe/Look/Agefotostock

20 Se perdre sur le causse de Blandas, inscrit au Patrimoine mondial de l'Unesco. Facile, c'est un plateau calcaire de 10 000 hectares…

Depuis les belvédères de Blandas, vue inoubliable sur les gorges de la Vis et le cirque de Navacelles ! En été, de là (ou depuis Le Vigan), navette pour descendre au cœur du cirque, avec des « écovolontaires » qui proposent des visites commentées gratuites. Sinon, plein de sentiers de randonnée, à parcourir à pied ou à vélo électrique. Et à portée de pieds ou de roues, des gîtes et des chambres d'hôtes uniques, insolites et paumés, des yourtes, des tipis… *p. 547*

© Azam Jean-Paul/hemis.fr

21 **Sillonner l'Aubrac – un bout du monde, parfois austère, toujours superbe – de hameaux en villages.**

Leurs solides maisons de granit offrent les seuls obstacles à des vents qui, souvent, balayent violemment les prairies et autres landes de ce haut plateau où ne poussent que quelques rases bruyères, fougères et autres genêts. Mais l'herbe grasse fait le bonheur de la race locale, la vache d'Aubrac, et des brebis. Et après s'être gorgé d'horizons presque infinis, faire une halte dans un buron (ces anciennes bergeries-fromageries) pour goûter à l'incontournable aligot. p. 606

Bon à savoir : *le chemin de Saint-Jacques (GR 65) traverse l'Aubrac en quatre jours environ.*

22 **Descendre les gorges du Tarn en canoë-kayak, une expérience inoubliable accessible à tout un chacun (il suffit de savoir nager).**
Moins fréquentées que les gorges de l'Ardèche (même si vous ne serez évidemment pas tout seul à pagayer au cœur de l'été). Falaises vertigineuses, vieux villages accrochés à la pente, comme Castelbouc, ou nichés dans un méandre de la rivière, comme Saint-Chély, ou encore fiers châteaux et quelques petites plages pour faire trempette. *p. 620*
Bon à savoir : *les possibilités sont multiples, de la petite balade de 2h à la descente un peu plus sportive, à la journée.*

Lu sur routard.com

Canal du Midi, 350 ans d'histoire
(tiré du carnet de voyage de Gérard Bouchu)

Le plus ancien (et le plus célèbre) canal d'Europe fête ses 350 ans cet été, tout comme Sète, petite jeunette parmi les ports d'une Méditerranée où l'on naviguait déjà 3 000 ans avant notre ère. Classé au Patrimoine mondial de l'Unesco il y a 20 ans, le canal du Midi permet de jeter un autre regard sur les villes et régions traversées, au long de ses 240 km.

Vauban disait de lui : « J'aurais donné ma vie pour avoir construit cette œuvre. » Henri IV en avait rêvé, **Louis XIV** l'a fait. En 1666, le Roi-Soleil promulgue l'édit pour la construction d'un canal de communication des Deux-Mers. Pour des raisons économiques, autant que politiques et militaires, on peut l'imaginer.

Le canal du Midi est conçu et réalisé par un Biterrois d'exception, un certain **Pierre-Paul Riquet** (1604-1680), baron de Bonrepos. Le vrai talent qu'on lui reconnaît aujourd'hui, ce n'est pas tant d'avoir creusé un canal (en 14 ans, et avec l'aide de 12 000 hommes et de femmes) que d'avoir capté les eaux de la Montagne Noire. Tous les projets précédents avaient, en effet, buté sur l'alimentation en eau d'un tel ouvrage. Riquet rêvait d'une œuvre exceptionnelle. Mission accomplie avec les 350 ouvrages d'art qui jalonnent le canal : écluses, aqueducs, ponts, tunnels, maisons éclusières, chapelles, glacières, quais qui sont partie intégrante du paysage, sans oublier les milliers d'arbres qui ont été plantés pour créer perspectives et fraîcheur. C'était l'autoroute de l'époque, payante, comme il se doit. Riquet est mort ruiné, mais ses héritiers ont récupéré la mise. Et le canal prospéra jusqu'à l'arrivée du chemin de fer : le trafic passager fut réduit à néant et celui de marchandises (vin, céréales, bois) perdura jusque dans les années 1970.

Aujourd'hui et au fil de l'eau, sans se presser, il suffit de suivre ses rives, pour comprendre l'importance prise en quelques dizaines d'années par le **tourisme fluvial** : de nombreuses sociétés de location de bateaux s'y sont installées, des bateliers se sont reconvertis dans la promenade en péniche. Bateaux électriques, location de bateaux sans permis, péniches-hôtels, barques de poste, tous les moyens sont bons pour faire découvrir le canal du Midi (avec des échappées libres à pied ou à VTT). En prenant son temps : la vitesse moyenne de navigation ne dépasse pas les 8 km/h. Merci Riquet !

ITINÉRAIRES CONSEILLÉS

Les essentiels

Top départ à ***Perpignan (1),*** pour humer l'atmosphère toute catalane de la ville, avant de descendre sur le port de **Collioure (2)** dont on s'entiche spontanément. Presque à la frontière espagnole, voilà ***Banyuls (3),*** célèbre pour ses vins doux naturels.

En remontant dans l'Aude, attaquez-vous aux impressionnants ***châteaux cathares*** que sont ***Peyrepertuse (4),*** le plus emblématique, ***Quéribus (5)*** ou encore ***Puilaurens (6)*** avant de rejoindre la magnifique cité médiévale de ***Carcassonne (7)*** protégée par une double enceinte. À quelques kilomètres de cette forteresse, partez voguer en péniche (sans permis) sur le ***canal du Midi (8).*** Parmi les abbayes, c'est ***Fontfroide (9),*** blottie dans la garrigue, qu'il faut privilégier.

Vous n'êtes qu'à une cinquantaine de kilomètres de ***Béziers (10),*** perchée sur son éperon rocheux ; de là, on longe le littoral jusqu'à Montpellier, en passant par la photogénique ville de **Sète (11).** Entre son port, ses canaux, ses plages, sa gastronomie et ses musées, elle bénéficie d'un puissant pouvoir de séduction ! Dotée d'une immense zone piétonne, **Montpellier (12)** se parcourt à pied, ou en tram, de la place de la Comédie à la promenade du Peyrou en passant par ses admirables musées.

À **Nîmes (13),** les somptueux vestiges romains côtoient l'architecture contemporaine du Carré d'Art. Étape incontournable, le **pont du Gard (14),** véritable prouesse architecturale, sans oublier les charmants villages du Languedoc : **Beaucaire (15), Uzès (16), Lussan (17), Castillon-du-Gard (18)...**

En Lozère, où la nature règne en maître, partez humer l'air des **vallées cévenoles (19),** promenez-vous au bord des lacs en **forêt de Margeride (20),** dans l'Aubrac et dans les **gorges du Tarn (21)** !

Avec des enfants

Les enfants sont gâtés en Languedoc et en Roussillon. À **Ille-sur-Têt (1),** une étonnante curiosité géologique : les **orgues,** amphithéâtre naturel de 4 millions d'années. Les scientifiques en herbe seront impressionnés par le **Grand Four Solaire d'Odeillo (2),** l'un des plus grands du monde ! Des prouesses technologiques aux antipodes de l'homme de **Tautavel (3),** âgé de 450 000 ans, qu'on découvre au **musée de la Préhistoire.** À compléter par le **Préhistorama de Rousson (4),** le **musée des Dinosaures d'Esperaza (5),** la **plaine des Dinosaures (6)** entre Mèze et Montagnac.

Pour jouer au chevalier dans les **châteaux cathares,** cap sur **Estagel (7), Quéribus (8), Peyrepertuse (9)** et **Puilaurens (10),** proches des somptueuses **gorges de Galamus (11)** ! L'épopée médiévale se poursuit immanquablement à **Carcassonne (12)** avec une chasse au trésor (coffret vendu à l'office de tourisme) puis au **musée de la Chevalerie à Villesèquelande (13).**

Pour plonger dans les entrailles de la terre, c'est au **gouffre géant de Cabrespine (14)** qu'il faut aller, ou aux **grottes de Limousis (15),** moins connues mais très colorées.

Côté littoral, partez pour un safari à la **réserve africaine de Sigean (16)** sans manquer, à proximité, le **domaine de Jugnes à Port-la-Nouvelle (17),** pour le squelette de baleine. Dans l'Hérault, ne pas rater à **Pézenas (18)** la **scénovision Molière,** et le **Centre d'interprétation de l'architecture et du patrimoine,** très pédagogique et gratuit. Dans les environs, on s'émerveille devant les animaux des 5 continents au **parc zoologique Val d'Hérault Nature, à Saint-Thibéry (19).** Pour admirer les fauves, direction **Montpellier** et le **zoo de Lunaret (20).** Au **Grau-du-Roi,** c'est au **Seaquarium (21)** qu'on se retrouve yeux dans les yeux avec des poissons plus ou moins inoffensifs !

Enthousiasme garanti au **musée du bonbon Haribo à Uzès (22)** ! À l'entrée des Cévennes, allez donc vous perdre dans l'extraordinaire **bambouseraie** située à **Générargues (23).**

Destination nature par excellence, la Lozère attire les bambins dans des parcs animaliers de toute beauté : **les loups du Gévaudan à Marvejols (24), les bisons d'Europe à Sainte-Eulalie (25), la ferme de la Toison d'Or à Saint-Jean-la-Fouillouse (26).** Avis aux sportifs, la descente des **gorges du Tarn (27)** en canoë-kayak est un must !

Pas de vacances sans Histoire

Des vestiges gallo-romains aux imposants ***châteaux cathares (1)*** qui nous replongent dans les croisades en passant par les chefs d'œuvres de l'art roman, l'histoire du Languedoc et du Roussillon, riche et intense, ne date pas d'hier...

À ***Nîmes (2),*** les arènes et la Maison carrée, incroyablement conservées illustrent le rayonnement de la cité romaine ! C'est pour l'alimenter en eau qu'un immense aqueduc a été construit, dont la partie aérienne est le magnifique ***pont du Gard (3),*** inscrit au Patrimoine mondial de l'Unesco. Véritable forteresse, le château comtal de ***Carcassonne (4),*** entouré de remparts, est le plus bel exemple d'architecture militaire médiévale. À ***Perpignan (5),*** l'imposant ***palais des rois de Majorque*** dominant la ville rappelle qu'elle a été capitale du royaume de Majorque. Bel exemple d'architecture militaire du XVe s, la ***forteresse de Salses (6)*** était réputée imprenable. Passage obligé dans les ***ruelles d'Uzès (7),*** le plus ancien duché subsistant en France, et probablement l'une des plus belles villes, sans oublier le nid d'aigle de ***Villeneuve-lez-Avignon (8),*** face à la cité des Papes.

Amateurs d'art roman, les abbayes foisonnent : ***Saint-Michel-de-Cuxa (9), Saint-Martin-du-Canigou (10), l'abbatiale Saint Pierre et Saint Paul à Caunes minervois (11)*** ou celle de ***Saint-Gilles (12)*** sont de véritables joyaux. La mémoire huguenote et protestante en Languedoc est illustrée de manière vivante au ***musée du Désert à Mialet (13),*** dans la maison natale d'un camisard. Et pour les amateurs d'histoires un peu curieuses, le trésor de l'abbé Saunière à ***Rennes-le-Château (14)*** n'a pas encore été percé.

Un peu de rando

Destinations nature par excellence, le Languedoc et le Roussillon gâtent les promeneurs occasionnels comme les randonneurs chevronnés. Prenez votre bâton de pèlerin jusqu'à l'abbaye de ***Saint-Guilhem-le-Désert (1),*** importante étape sur les chemins de Saint-Jacques qui mérite largement quelques efforts, récompensés par une baignade aux alentours du pont du Diable.

L'œnorando, vous connaissez ? Ce sont des balades à travers le vignoble. Pour vous repérer, consultez les fiches créées par FFRandonnées Hérault.

Les marcheurs aguerris arpenteront les Pyrénées avec leur nature presque vierge, du ***pic du Canigó (2)*** aux vallées perdues du ***haut Conflent (3)*** et des hauts plateaux de ***Cerdagne (4)*** aux confins du ***Vallespir (5).*** Le massif offre aux randonneurs de nombreux panoramas, des routes spectaculaires, des gorges, des torrents, des sentiers praticables, des refuges… Et le GR 10 relie la mer à l'océan en gravissant hardiment les Pyrénées… De vignes en châteaux, c'est aussi dans les ***Corbières (6)*** qu'on ira user ses godillots, ou encore sur le chemin de halage le long du ***canal du Midi (7)*** !

À ceux qui aiment la beauté sauvage des causses, le spectaculaire ***cirque de Navacelles (8)*** réserve de superbes balades, notamment le long d'un sentier au fond du cirque.

Bien sûr, randonnez sur les traces de Robert Louis Stevenson à travers le Gévaudan, le ***mont Lozère (9)*** puis les vallées cévenoles. Un sentier de grande randonnée (le GR 70, bien balisé) de 275 km du Puy-en-Velay (en Haute-Loire) à ***Alès (10)*** : l'idéal étant bien sûr de le suivre, comme le célèbre écrivain anglais, accompagné d'un âne. Nombreux hébergements, évidemment (et pour les ânes également !), au fil du parcours.

Baignade dans les gorges de la Vis

Couple de flamants roses

BON À SAVOIR AVANT LE DÉPART

ABC du Languedoc et Roussillon

- ***Région (depuis 2016) :*** Occitanie.
- ***Superficie :*** 27 376 km² (5 % de la France métropolitaine) sans, évidemment, tenir compte de la fusion avec la région Midi-Pyrénées.
- ***Population :*** 2 670 046 hab.
- ***Densité :*** 96 hab./km².
- ***Préfecture régionale :*** Toulouse.
- ***Préfectures départementales :*** Carcassonne (Aude), Mende (Lozère), Montpellier (Hérault), Nîmes (Gard), Perpignan (Pyrénées-Orientales).
- ***Principales activités :*** agriculture et agroalimentaire, matériel médical, industrie des logiciels (IBM, Dell Computer), tourisme.
- ***Signes particuliers :*** le vignoble le plus étendu de France, la 4ᵉ région touristique du pays.

ADRESSE ET INFOS UTILES

Sud de France Développement : *954, av. Jean-Mermoz, 34000 Montpellier. ☎ 04-67-20-02-20. • destinationsuddefrance.com • Lun-ven 9h-12h30, 14h-18h.* Le centre névralgique du tourisme dans toute la région. A également mis en place la démarche *Qualité Sud de France,* qui garantit la qualité de l'accueil dans plus de 950 adresses (hôtels, campings, restos...) : détails sur le site internet.

Carte d'adhésion internationale aux auberges de jeunesse (carte FUAJ)

Cette carte vous ouvre les portes des 4 000 auberges de jeunesse du réseau *HI-Hostelling International* en France et dans le monde. Vous pouvez ainsi parcourir 90 pays à des prix avantageux et bénéficier de tarifs préférentiels avec les partenaires des Auberges de Jeunesse *HI*. Enfin, vous intégrez une communauté mondiale de voyageurs partageant les mêmes valeurs : plaisir de la rencontre, respect des différences et échange dans un esprit convivial. Il n'y a pas de limite d'âge pour séjourner en auberge de jeunesse. Il faut simplement être adhérent.

Renseignements et inscriptions

– ***En France :*** *• hifrance.org •*
– ***En Belgique :*** *• lesaubergesdejeunesse.be •*
– ***En Suisse :*** *• youthhostel.ch •*
– ***Au Canada :*** *• hihostels.ca •*
Si vous prévoyez un séjour itinérant, vous pouvez réserver plusieurs auberges en une seule fois en France et dans le monde : *• hihostels.com •*

Carte internationale d'étudiant (carte ISIC)

Elle prouve le statut d'étudiant dans le monde entier et permet de bénéficier de tous les avantages, services et réductions dans les domaines du transport, de l'hébergement, de la culture, des loisirs, du shopping...
La carte ISIC permet aussi d'accéder à des avantages exclusifs (billets d'avion spécial étudiants, hôtels et auberges de jeunesse, assurances, cartes SIM internationales, location de voiture...).

Renseignements et inscriptions

- ***En France :*** ● isic.fr ●
- ***En Belgique :*** ● isic.be ●
- ***En Suisse :*** ● isic.ch ●
- ***Au Canada :*** ● isiccanada.com ●

BUDGET

Nous vous indiquons ci-après l'échelle des tarifs auxquels nous nous référons pour le classement de nos adresses en France.

Hébergement

D'une manière générale, nous indiquons des fourchettes de prix allant de la chambre double la moins chère en basse saison à celle la plus chère en haute saison. Ce qui implique parfois d'importantes fourchettes de prix, pas toujours en adéquation avec la rubrique dans laquelle l'établissement est cité. Le classement retenu est donc celui du prix de la majorité des chambres et de leur rapport qualité-prix.
À noter que lorsque les lieux d'hébergement sont équipés d'un accès ***internet*** et/ou ***wifi,*** nous le mentionnons sans autre précision.
Les tarifs des ***campings*** sont calculés sur la base d'un emplacement pour deux avec voiture et tente, en haute saison. Ils sont classés en tête de rubrique « Où dormir ? ».
Les ***auberges de jeunesse*** et ***gîtes d'étape*** pratiquent en règle générale des tarifs « Bon marché » pour une nuitée en dortoir (avec ou sans les draps). Le tarif indiqué est celui du lit en dortoir et/ou parfois de la chambre double, quand il y en a.
En ***chambres d'hôtes,*** les prix sont donnés sur la base d'une chambre double. Ils incluent le petit déjeuner. Les cartes de paiement sont rarement acceptées. Dans les cas contraires, nous indiquons « petit déj en sus » et « CB acceptées ».
Concernant les ***hôtels,*** la base reste celle d'une nuit en chambre double (sans petit déjeuner), sauf exception, notamment pour les chambres familiales.

- ***Bon marché :*** jusqu'à 50 €.
- ***Prix moyens :*** de 50 à 80 €.
- ***Chic :*** de 80 à 120 €.
- ***Plus chic :*** de 120 à 150 €.
- ***Beaucoup plus chic :*** plus de 150 €.

Restos

Au restaurant, notre critère de classement est le prix du premier menu servi le soir (hors boissons). Les notions de « Prix moyens » ou « Plus chic » n'engagent donc que les prix. Autrement dit, certains restos chic proposant parfois d'intéressantes formules, notamment au déjeuner, pourront malgré tout être classés dans la rubrique « Plus chic ».

- ***Très bon marché :*** moins de 15 €.
- ***Bon marché :*** de 15 à 25 €.
- ***Prix moyens :*** de 25 à 35 €.
- ***Chic :*** de 35 à 50 €.
- ***Plus chic :*** plus de 50 €.

Recommandation à ceux qui souhaitent profiter des réductions et avantages proposés dans le *Routard* par les hôteliers et les restaurateurs.

À l'hôtel, pensez à les demander **au moment de la réservation** ou, si vous n'avez pas réservé, **à l'arrivée.** Ils ne sont valables que pour les réservations en direct et ne sont pas cumulables avec d'autres offres promotionnelles (notamment sur Internet). Au restaurant, parlez-en **au moment** de la commande et surtout **avant** que l'addition ne soit établie. Poser votre *Routard* sur la table ne suffit pas : le personnel de salle n'est pas toujours au courant et une fois le ticket de caisse imprimé, il est souvent difficile de modifier le total. En cas de doute, montrez la notice relative à l'établissement dans le *Routard* de l'année, bien sûr, et ne manquez pas de nous faire part de toute difficulté rencontrée.

CANAL DU MIDI

Location de house-boats et balades sur le canal

Si, depuis 1989, l'activité commerciale a totalement cessé, de nombreuses compagnies proposent des croisières de 2 à 7 jours entre Trèbes et Marseillan. Départs possibles de Carcassonne (11), Carnon (34), Castelnaudary (11), Colombiers (34), Trèbes (11), Homps (11), Narbonne (11) et Port-Cassafière (34). Les tarifs de location (de 2 à 12 personnes) sont deux fois moins élevés en basse saison.
Pour toute info sur les nombreuses compagnies qui proposent des bateaux en location, consulter ● *canalmidi.com* ● rubrique « Découvrir », puis « En bateau » : site pédagogique et bien documenté.
Voir aussi le site ● *canalous-plaisance.fr* ● pour la location de bateaux habitables sans permis.
Avril, mai, juin et octobre sont les meilleurs mois pour éviter les périodes d'affluence. Partir si possible à quatre : il y en a toujours un sur la berge qui fait son jogging (il va plus vite que le bateau !), deux aux manœuvres pour passer les écluses, et le dernier à la barre. C'est tout de même jouable à deux, les éclusiers et les voisins donnent souvent un coup de main. Conduite très facile, sans permis. On découvre dans le calme, un paysage qui ne cesse de réserver des surprises.
Voir aussi plus loin la rubrique « Riquet et le canal du Midi : histoire d'eaux » dans le chapitre « Hommes, culture, environnement ».

LIVRES DE ROUTE

– ***En nos vertes années,*** de Robert Merle (Le Livre de Poche, 1994). Un grand roman historique qui brosse une fresque colorée et vivante du XVIe s, en grande partie dans le Montpellier si cher à Rabelais.
– ***La Religion cathare. Le Bien, le Mal et le Salut dans l'hérésie médiévale,*** de Michel Roquebert (éd. Perrin, 2009). Auteur de *L'Épopée cathare,* une histoire du catharisme en cinq tomes, Michel Roquebert se penche cette fois-ci plus précisément sur les composantes d'une religion qui a enflammé tout le Sud-Ouest entre le XIIe et le XIVe s.
– ***Connaître les cathares,*** de Lucien Bély (éd. Sud-Ouest, 2013). Les sites, l'histoire et les secrets des cathares racontés par cet illustre professeur à la Sorbonne.
– ***Le Canal du Midi et les Voies navigables de l'Atlantique à la Méditerranée,*** de René Gast et Bruno Barbier (éd. Ouest-France, 2014). Promenade le long des écluses et des sites qui jalonnent le canal du Midi construit par Pierre-Paul de Riquet. Un itinéraire charmant sur un « chemin d'eau » qui court de Toulouse à Sète.

– ***Juliette d'Estignan,*** de Jean-Pierre Grotti (éd. TDO, 2014). Une histoire de passion poétique et dérangeante qui nous fait découvrir la face sombre du Languedoc de la fin du XIXe s.
– ***Voyage avec un âne dans les Cévennes,*** de Robert Louis Stevenson (éd. Flammarion, 2013). Si Stevenson est l'auteur de cet écrit, c'est bien Modestine qui a décidé des chemins à parcourir. Car une ânesse est lente, têtue et curieuse de tout ce qui indiffère son maître... De quoi faire naître un terrible agacement, mais aussi un regard neuf, contraint d'admirer ce qu'il n'aurait pas même daigné regarder. Un voyage de 12 jours, en 1878, aux contours initiatiques. Un tronçon du GR 70, « le chemin Stevenson », reprend l'itinéraire de cet inépuisable découvreur.
– ***Mes recettes de Languedoc-Cévennes,*** de Marie-Agnès Favand (éd. C. Bonneton, 2005). Pour concocter en un tour de main et déguster brandade, bourride, seiches farcies, feuilleté au pélardon, petit pâté de Pézenas, etc.
– ***Maudit héritage,*** d'Irène Chauvy (éd. Les Nouveaux Auteurs, 2014). C'est entre le massif du mont Aigoual et Paris que se situent les aventures de Jeanne Cardel, une jeune Cévenole qui a dû fuir la maison familiale. Les Cévennes après la guerre de 1870, contées avec panache, humour et amour.
– ***Les Rives blanches,*** de Christian Laborie (éd. Presses de la Cité, 2013). Venue d'Algérie, la famille Pérez décide de s'installer dans les environs de Montpellier pour recommencer une activité viticole. Leur rapide succès provoque la haine de la famille concurrente voisine ; entre crime et histoire d'amour, la relation entre les deux clans ne fait que se dégrader...

MONUMENTS ET MUSÉES NATIONAUX

Les monuments et musées nationaux sont gratuits pour les enseignants et jeunes européens de moins de 26 ans. • *monuments-nationaux.fr* • *rmn.fr* •
Pour le Languedoc-Roussillon sont concernés le château et les remparts de la cité de Carcassonne (11), le fort Saint-André à Villeneuve-lez-Avignon (30), la forteresse de Salses (66), le site archéologique et musée d'Ensérune (34) et les tours et remparts d'Aigues-Mortes (30).

PERSONNES HANDICAPÉES

Le label Tourisme et Handicap

Ce label national, créé par le secrétariat d'État à la Consommation et au Tourisme en partenariat avec les professionnels du tourisme et les associations représentant les personnes handicapées, permet d'identifier les lieux de vacances (hôtels, campings, sites naturels, etc.), de loisirs (parcs d'attractions, etc.) ou de culture (musées, monuments, etc.) accessibles aux personnes handicapées. Il apporte aux touristes en situation de handicap une information fiable sur l'accessibilité des lieux. Cette accessibilité, visualisée par un pictogramme correspondant aux quatre types de handicaps (moteur, visuel, auditif et mental), garantit un accueil et une utilisation des services proposés avec un maximum d'autonomie dans un environnement sécurisant.
Pour connaître la liste des sites labellisés : • *rendezvousenfrance.com* • (rubrique « Tourisme et Handicap »).

TOURISME & HANDICAP

Par ailleurs, dans notre guide, nous indiquons par le logo ♿ les établissements qui possèdent un accès ou des chambres pouvant accueillir des personnes handicapées. Certaines adresses sont parfaitement équipées selon les critères les plus modernes. D'autres, plus simples, plus anciennes aussi, sans répondre aux normes les plus récentes, favorisent l'accueil des personnes handicapées en facilitant l'accès à leur établissement, tant sur le plan matériel que sur le plan humain. Évidemment, les handicaps étant très divers, des lieux accessibles à certaines personnes ne le seront pas pour d'autres. Appelez donc auparavant pour savoir si l'équipement de l'hôtel ou du resto est compatible avec votre niveau de mobilité. Malgré les combats menés par les nombreuses associations, l'intégration des personnes handicapées à la vie de tous les jours est encore balbutiante en France. Il tient à chacun de nous de faire changer les choses. Une prise de conscience est nécessaire, nous sommes tous concernés.

SITES INTERNET

• **routard.com** • Rejoignez la plus grande communauté francophone de voyageurs ! Échangez avec les routarnautes : forums, photos, avis d'hôtels. Retrouvez aussi toutes les informations actualisées pour choisir et préparer vos voyages : plus de 200 fiches pays, une centaine de dossiers pratiques et un magazine en ligne pour découvrir tous les secrets de votre destination. Enfin, comparez les offres pour organiser et réserver votre voyage au meilleur prix. Routard.com, le voyage à portée de clics !

• **destinationsuddefrance.com** • Le site pour la promotion de la région permet d'organiser son séjour grâce à des thématiques. Très complet.

• **languedocroussillon.free.fr** • Site qui permet de découvrir chaque département de la région, à travers les photos – dont des vues aériennes – des sites les plus connus.

• **languedoc-wines.com** • Boire un petit coup, c'est agréable ! Site du Conseil interprofessionnel des vins du Languedoc, idéal pour découvrir les crus régionaux.

• **languedoc.visite.org** • Patrimoine culturel et gastronomique, événements, le site balaie les cinq départements et permet d'organiser son séjour.

• **eric.m.free.fr** • Une petite page perso sur l'un des monuments sétois, nous avons nommé Georges Brassens. Une série de photos et une publication de l'ensemble de son œuvre illustrent la vie de l'irremplaçable auteur-compositeur.

• **fraclr.org** • La région vue au travers de l'art contemporain. Infos sur les expos à venir et passées.

COMMENT Y ALLER ?

PAR LA ROUTE

➢ ***Autoroute A 6 :*** la fameuse autoroute du Soleil. Sortir de Paris par la porte d'Orléans. Renommée A 7 à partir de Lyon, elle se divise en 2 à la hauteur d'Orange. Prenez l'A 9, qui dessert Nîmes (710 km de Paris), Montpellier (760 km), Béziers (822 km), Narbonne (847 km) et Perpignan (909 km). Près de Narbonne, la bretelle A 61 part vers l'ouest pour desservir Carcassonne et Toulouse.

➢ ***Autoroute A 20 :*** depuis Vierzon (80 km au sud d'Orléans), l'A 20 descend directement vers Toulouse (Montauban) via Limoges, Brive et Cahors. À Toulouse, A 61 vers Carcassonne et Narbonne.

➢ ***Autoroute A 71*** *(à partir d'Orléans)* ***puis autoroute A 75 :*** depuis Clermont-Ferrand, l'A 75 vous dépose en Lozère puis permet de relier la côte.

➢ ***Par la nationale :*** prendre la N 6 ou la N 7 jusqu'à Lyon, puis la N 7, qui descend la vallée du Rhône jusqu'à Avignon. Ensuite, suivre la D 6086, qui conduit à Nîmes. Les moins pressés peuvent prendre la N 7 jusqu'à Moulins puis emprunter la N 9, qui passe par Clermont-Ferrand et dessert, plus au sud, Narbonne et Perpignan.

Le covoiturage : le principe est économique, écologique et convivial. Les conducteurs sont invités à proposer leurs places libres afin de partager le trajet et les frais avec des passagers. L'inscription est gratuite. • *blablacar.fr* •

Tarifs autoroutiers

• *autoroutes.fr* • Le portail des autoroutes bien utile pour préparer son voyage en France et en Europe. Renseignements sur les temps de trajets, conditions de circulation et budgets sur tous les tronçons autoroutiers de l'Hexagone. Également sur les tunnels, les ferries et autres portions payantes du réseau routier.

EN TRAIN

Au départ de Paris

➢ Au départ de la ***gare de Lyon,*** TGV directs pour ***Montpellier*** (3h30), ***Nîmes*** (3h), ***Béziers*** (4h20), ***Narbonne*** (4h30), ***Perpignan*** (5h), ***Agde*** (4h) et ***Sète*** (3h40). Également des liaisons entre la ***gare Aéroport-Charles-de-Gaulle – TGV*** et Montpellier.

➢ Au départ la ***gare de Marne-la-Vallée – Chessy,*** des TGV directs à petits prix pour ***Montpellier*** et ***Nîmes.*** • *ouigo.com* •

➢ Pour ***Carcassonne,*** TGV directs (au moins 7h) ou, plus rapide, avec changement à Montpellier, Nîmes ou Narbonne (5h20) au départ de la ***gare de Lyon.***

Au départ de la province

➢ Quelques TGV directs relient ***Lille*** à Agde (env 5h30), Sète (5h20), Béziers (6h), Montpellier (5h) et Nîmes (4h30).

➢ Vous pouvez aussi rejoindre directement Montpellier au départ de ***Marseille*** (1h30), ***Lyon*** (1h50), ***Bordeaux*** (4h30), ***Strasbourg*** (5h45) ou ***Nantes*** (6h30).

Au départ de ***Lyon,*** possibilité de voyager à petits prix vers ***Montpellier*** et ***Nîmes*** avec les TGV *low-cost Ouigo.* • *ouigo.com* •

Pour voyager au meilleur prix

La SNCF propose des tarifs adaptés à chacun de vos voyages.
➢ ***Prem's :*** des petits prix disponibles toute l'année, jusqu'à 90 jours avant le départ. Billets non échangeables et non remboursables (offres soumises à conditions). Impossible de poser des options de réservation sur ces billets : il faut les payer immédiatement.
➢ ***Les IDTGV :*** des prix mini, à saisir sur Internet uniquement.
➢ ***Les tarifs Loisirs***
Une offre pour programmer votre voyage tout en gardant des billets modifiables : ils sont échangeables et remboursables. Pour bénéficier des meilleures réductions, pensez à réserver vos billets à l'avance (les réservations sont ouvertes jusqu'à 90 jours avant le départ) ou à voyager en période de faible affluence.
➢ ***Les cartes de réduction***
Pour ceux qui voyagent régulièrement, profitez de réductions garanties tout le temps avec les cartes Enfant +, Jeune 12-17, Jeune 18-27, Week-end ou Senior + (valables 1 an).

Renseignements et réservations

– ***Internet :*** • *voyages-sncf.com* •
– ***Téléphone :*** ☎ *36-35 (0,34 € TTC/mn).*
– Également dans les gares, les boutiques SNCF et les agences de voyages agréées.

Comment circuler dans la région Occitanie ?

Avec TER, la Région et la SNCF vous proposent de découvrir les principaux sites touristiques desservis par train ou par car. En complément des tarifs SNCF nationaux, TER propose la carte régionale *VIA LIBERTÉ,* une formule avantageuse spécialement adaptée aux déplacements touristiques en groupe : pour 27,50 €, que vous voyagiez seul ou à plusieurs, la carte *VIA LIBERTÉ* vous permet de bénéficier de 25 % de réduction tout le temps, et jusqu'à 50 % de réduction pendant les week-ends et les vacances scolaires de la zone C, pour le titulaire et jusqu'à 3 accompagnants de son choix.
Pour tout renseignement :
– ***Infos et résas :*** ☎ *0800-886-091 (services et appels gratuits) ou* • *ter.sncf.com/languedoc-roussillon* • *et sur l'application « TER Mobile ».*

▲ **TRAINLINE**
Une nouvelle façon simple et rapide d'acheter vos billets de train sur le Web, mobile et tablette. Réservez vos billets pour voyager en France et dans plus de 20 pays européens. Consultez les tarifs et les horaires dans une interface claire et sans publicités. Trainline compare les prix de plusieurs transporteurs européens pour vous garantir le meilleur tarif.
Réservations et paiements sur • *trainline.fr* • et sur mobiles avec l'application Trainline pour iPhone et Android. Et pour répondre à vos questions • *guichet@trainline.fr* •

EN BUS

▲ **EUROLINES / ISILINES**
☎ *0892-89-90-91 ou 0892-891-200 (0,35 €/mn ; lun-sam 8h-21h, dim 10h-18h).* • *eurolines.fr* • *isilines.fr* •
➢ Première *low-cost* par bus en Europe, Eurolines et Isilines desservent plus de 60 villes françaises.

▲ **OUIBUS**
Billets en vente sur Internet • *ouibus.com* • *ou par tél au* ☎ *0892-68-00-68 (0,40 €/mn).*
➢ Le service de voyages en bus de la SNCF dessert Aix-en-Provence, Bordeaux, le Barcarès, Lyon, Marseille, Paris, Perpignan, Barcelone et Gérone (Espagne) depuis ***Montpellier*** et ***Nîmes.*** Depuis ***Perpignan,*** liaisons avec Aix, Marseille, Montpellier et Nîmes.

▲ **FLIXBUS**
Billets en vente sur Internet • *flixbus.fr* • *ou par tél au* ☎ *01-76-36-04-12.* Depuis ***Montpellier, Perpignan, Nîmes, Sète, Agde, Béziers et***

Narbonne, de nombreuses villes françaises sont desservies.

▲ **STARSHIPPER**
Billets en vente sur Internet • starshipper.com • ou par tél au ☎ 04-37-60-01-64 (lun-ven 9h-12h, 14h-17h). Depuis **Montpellier** et **Nîmes,** bus vers Lyon et Valence.

EN AVION

Les compagnies régulières

▲ **AIR FRANCE**
Rens et résas au ☎ 36-54 (0,34 €/mn – tlj 6h30-22h), sur • airfrance.fr •, dans les agences Air France et dans ttes les agences de voyages. Fermées dim.
➢ Depuis **Montpellier** *(• montpellier.aeroport.fr •),* vols directs vers Paris-Orly ou Roissy, ainsi que Lyon et Nantes.
Air France propose des tarifs attractifs toute l'année. Pour consulter les meilleurs tarifs du moment, allez directement sur la page « Meilleures offres et promotions » sur • *airfrance.fr* • *Flying Blue,* le programme de fidélisation gratuit d'Air France-KLM, permet de cumuler des *miles* et de profiter d'un large choix de primes. Cette carte de fidélité est valable sur l'ensemble des compagnies membres de *Skyteam.*

▲ **HOP! Air France**
Rens et résas sur • hop.com • airfrance.fr •, dans ttes les agences de voyages ainsi qu'aux centres d'appel : ☎ 0892-702-222 (0,35 €/mn, tlj) ou au 36-54 (0,35 €/mn, tlj).
➢ Depuis **Montpellier,** vols directs vers Paris-Orly, Lyon et Nantes.
➢ Depuis **Perpignan,** vols directs vers Paris-Orly.

Les compagnies *low-cost*

Plus vous réserverez vos billets à l'avance, plus vous aurez des chances d'avoir des tarifs avantageux. Mais les pénalités en cas de changement de vols sont assez importantes. Il faut aussi rappeler que plusieurs compagnies facturent maintenant les bagages en soute et limitent leurs poids. En cabine également le nombre de bagages est strictement limité (attention même le plus petit sac à main est compté comme un bagage à part entière). À bord, tous les services sont payants (boissons, journaux). Attention également au moment de la résa par Internet à décocher certaines options qui sont automatiquement cochées (assurances, etc.). Au final, même si les prix de base restent très attractifs, il convient de prendre en compte les frais annexes pour calculer le plus justement son budget.

▲ **EASYJET**
• easyjet.com • ☎ 0820-420-315 (0,12 €/mn).
➢ Depuis **Montpellier,** vols directs vers Bâle-Mulhouse et Londres.

▲ **VOLOTEA**
• volotea.com • ☎ 0821-610-752 (0,15 €/mn).
➢ La compagnie assure des liaisons entre **Montpellier** et Ajaccio, Brest, Nantes et Strasbourg.
➢ Également des liaisons entre **Perpignan** et Nantes.

▲ **RYANAIR**
• ryanair.com •
➢ Depuis **Béziers** vols directs vers Beauvais et Figari.
➢ Également des vols directs entre **Carcassonne** et Bruxelles.

LES PYRÉNÉES-ORIENTALES

● Carte *p. 46-47*

ABC des Pyrénées-Orientales

- ***Superficie :*** 4 116 km^2.
- ***Population :*** 461 200 hab.
- ***Préfecture :*** Perpignan.
- ***Sous-préfectures :*** Prades, Céret.
- ***Signes particuliers :*** 1er rang pour les cultures maraîchères en France ; la vigne la plus haute d'Europe, à Sainte-Léocadie.

Dans cet ancien royaume catalan (Corbières et Fenouillèdes exclus, le département correspond très exactement à la partie française de la Catalogne), tout est plus intense, peut-être parce que le soleil brille 300 à 320 jours par an ! Et c'est un inépuisable manteau d'Arlequin. Déjà, la côte est double. Après les plages à bronzette d'Argelès et de Canet, elle se hachure de calanques roses où se lovent de petits ports de rêve comme Collioure. Derrière s'étend la plaine brodée d'arbres fruitiers, puis les mailles serrées des vignes qui partent à l'assaut des coteaux brûlés par le soleil – dans les Aspres et la vallée des Corbières-Fenouillèdes – pour se dissoudre en garrigues impénétrables. De chaque côté du Canigó, deux grandes vallées pyrénéennes – le Conflent au nord et le Vallespir au sud. Plus à l'ouest grimpent les hautes terres de la Cerdagne et du Capcir, microroyaumes des temps anciens, aux portes de l'Espagne et de l'Andorre. D'ailleurs, en plein territoire français niche une enclave espagnole, Llívia.

ROUSSILLON OU CATALOGNE ?

Ne vous trompez pas : le Roussillon, c'est la Catalogne française plus la vallée de l'Agly et le Fenouillèdes. Les deux noms ne sont pas interchangeables. On vous le dira aisément : au nord de Sournia ou de Salses, c'est le pays des « gavatches », les non-Catalans.
Cela dit, au quotidien, le terme « Roussillon » est surtout utilisé pour désigner l'immense plaine viticole et arboricole qui entoure Perpignan, la côte exclue.
En deux mots, le comté de Roussillon apparaît dès le Xe s, avant d'être conquis par les rois d'Aragon et de passer dans la mouvance catalane. Sauf que les Catalans ne conquièrent pas tout. La nouvelle limite passe un peu plus au sud. Les rois de

France conserveront le nom de Roussillon, moins frappé d'hispanité, pour désigner l'ensemble. Pour les Catalans, aujourd'hui encore, le mot est tabou. Épris de culture et d'identité catalanes, ils regardent vers Barcelone, la sœur du Sud, ne disent jamais « l'Espagne » mais « Catalogne du Sud » ou, plus simplement, « l'autre côté ». Signe le plus tangible de cette identité, les plaques de rues, rédigées en catalan.

Adresses et infos utiles

Agence de développement touristique : *2, bd des Pyrénées, CS 80540, 66005 Perpignan Cedex.* ☎ *04-68-51-52-53.* ● *tourisme-pyreneesorientales.*

LES PYRÉNÉES-ORIENTALES

com • Pas d'accueil sur place, mais l'agence fournit tous les renseignements sur simple demande : disponibilités des campings et hôtels, brochures touristiques, itinéraires, etc. Central de réservation avec Clévacances.

■ ***Relais départemental des Gîtes de France :*** ☎ 04-68-68-42-88. • *gites-de-france-66.com* •

– Le conseil général édite un ***pass patrimoine*** gratuit couvrant 57 sites, qui offre un tarif réduit à compter de la 2e visite (à retirer dans les offices de tourisme ou sur les sites).

– ***Bus :*** *rens au* ☎ *04-68-80-80-80 et sur* • *bus1euro.cd66.fr* • Le département des Pyrénées-Orientales a mis en place un réseau de bus bien développé, et surtout à un tarif défiant toute concurrence : 1 € le trajet pour tout le monde ! Voilà une politique des transports innovante !

● *catalanes.espaces-naturels.fr* ● Site consacré aux 11 réserves naturelles des Pyrénées-Orientales.

PERPIGNAN ET SES ENVIRONS

PERPIGNAN

(66000) 120 000 hab. *Carte Pyrénées-Orientales, C-D2*

● Plan *p. 50-51*

Capitale du Roussillon, chef-lieu du département des Pyrénées-Orientales (ici, on dit P.-O.), Perpignan est catalane avant d'être française. Les palmiers de ses places, les enduits colorés de ses façades, l'accent ensoleillé et le caractère fier de ses habitants le rappellent à chaque instant. À une trentaine de kilomètres de la frontière, Perpignan est en effet largement tournée vers la Catalogne du Sud (Espagne). La ville mise beaucoup sur ses relations barcelonaises, plus encore depuis la création de la ligne TGV qui la relie à la mégapole catalane.
Lumineuse et populaire, carrefour incontournable entre mer et montagne, Perpignan sait se montrer hospitalière. Conséquence, cette place charnière lui vaut de capter bien des populations migrantes ; la communauté gitane sédentarisée y est ainsi très importante. Bref, avec une atmosphère si particulière, quelque 320 jours d'ensoleillement par an et plein de bonnes adresses, Perpignan mérite vraiment qu'on s'y attarde.

UN PEU D'HISTOIRE

Le passé de la ville est indissociable de l'expansion de la civilisation catalane. Ancienne ville romaine de *Ruscino* devenue, au Xe s, résidence des comtes de Roussillon, *Perpenyà* fut léguée au XIIe s au comte de Barcelone et roi d'Aragon Alphonse. Une expansion économique va suivre, la ville servant de plaque tournante au négoce entre Midi de la France et pourtour méditerranéen. Elle est promue ***capitale du royaume de Majorque*** lors de l'édification du château destiné au fils de Jacques le Conquérant. Le palais des rois de Majorque reste le symbole de cette époque prospère, ainsi que les églises construites à la même période pour abriter des fidèles de plus en plus nombreux. ***Passant ensuite dans les mains du roi d'Aragon*** Pierre IV, qui y crée une université au XIVe s, Perpignan traverse les siècles qui vont suivre au milieu des troubles et des traités, enjeu à la fois des Français et des Catalans.

Des habitants pugnaces

Ayant eu la mauvaise idée de demander l'aide militaire de Louis XI pour mater une insurrection en Espagne, Jean II d'Aragon se voit dessaisi des comtés de Cerdagne et du Roussillon. Révoltés, les Perpignanais se battent alors contre les troupes françaises pendant 1 an. Jean II leur demande personnellement de

se rendre, accordant à leur ville le titre de « fidélissime » – et le mot est resté, devise de Perpignan. Les habitants, résistant farouchement malgré la famine, en étaient venus à se nourrir de rats ! Les misères ne sont pas finies pour autant : restituée à Ferdinand le Catholique à la fin du XVe s, la ville est ensuite assiégée par les armées de François Ier.
Un siècle plus tard, les Catalans de Barcelone se dressent contre le pouvoir absolu de la cour madrilène : Richelieu en profite, signant avec eux un traité d'alliance proclamant Louis XIII comte de Barcelone. Ainsi isolée de ses alliés habituels, la ville de Perpignan subit un nouveau siège, commandé par Louis XIII en personne. ***Annexé officiellement par le traité des Pyrénées en 1659,*** le Roussillon est définitivement français. Perpignan devient naturellement la capitale de cette nouvelle province, transformée en département des Pyrénées-Orientales en 1790. D'où la rancœur légitime des Catalans français, encore perceptible à ce jour, séparés de leurs cousins espagnols par une frontière restée pendant longtemps inébranlable.

Arriver – Quitter

Gare SNCF-TGV *(hors plan par A2-3)* **:** *☎ 36-35 (0,34 €/mn).* TGV avec Paris (compter 5h-5h30) et Figueras, Gérone et Barcelone (1h20). Également des TER vers Montpellier, Narbonne, Villefranche-de-Conflent et Cerbère. *P'tit bus* gratuit entre la gare et le centre-ville (place Arago, Castillet) tlj sf dim, ttes les 15 mn 7h-19h40.

Gare routière *(hors plan par A2-3)* **:** *bd Saint-Assiscle (à côté de la gare TGV). Rens : ☎ 04-68-80-80-80.* Bus pour le Vallespir (Céret, Prats-de-Mollo...) et le Fenouillèdes, le Conflent, la Cerdagne, les Albères, les stations de ski, les stations de la côte...

CTPM : *☎ 04-68-61-01-13.* • *ctpmperpignan.com* • Réseau de bus urbains.

Aéroport de Perpignan-Rivesaltes *(hors plan par A1 ou B1)* **:** *à 6 km au nord de la ville. ☎ 04-68-52-60-70.* • *aeroport-perpignan.com* • Vols de et vers Paris, Nantes, Dublin, Charleroi, l'Angleterre... avec *Air France, Volotea, Aer Lingus, Flybe, Ryanair.* Sur place : loueurs de voitures. Liaison vers le centre-ville par bus. Toute l'année, navettes du Conseil départemental vers les stations de ski de Cerdagne et du Capcir *(☎ 04-68-80-80-80).*

Adresses et infos utiles

Office de tourisme *(plan B2)* **:** *pl. Arago. ☎ 04-68-66-30-30.* • *perpignantourisme.com* • *Ouv tte l'année ; juin-sept, lun-sam 9h-19h, dim 10h-17h ; oct-mai, lun-sam 9h-18h, dim 10h-13h.* Organise des visites guidées de la ville. Grand choix de documentations et plans de ville. Fait aussi central de réservations pour les spectacles. Application 3D pour une visite virtuelle à 360° des lieux, location de tablettes ou en téléchargeant « Perpignan 3D ».

Taxis : ***Perpignan Taxis,*** *☎ 04-68-35-15-15.* ***Taxi Direct Perpignan,*** *☎ 04-68-83-83-83.*

Location de voitures : *plusieurs agences à l'aéroport et à la gare ferroviaire (hors plan par A2-3).* ***Hertz,*** *☎ 04-68-51-37-40 (gare).* ***Avis,*** *☎ 04-68-35-61-48 (gare).* ***Europcar,*** *☎ 04-68-34-89-80 (gare).*

Location de vélos : ***Vélostation*** *(plan B3,* ***3****), parking Arago, niveau - 1 (entrée rue du Docteur-Zamenhof). ☎ 04-68-35-45-82. Tlj 24h/24. Compter 3 €/j. (caution de 500 €).* ***BIP Location :*** *stations de vélos dispersées dans la ville ; forfait 1 €/sem, puis tarification à la ½ h ; loc par Internet sur* • *bip-perpignan.fr* •

– ***Marchés :*** *tlj, le mat slt, pl. Cassanyes (plan D2-3). Mar-dim pl. de la République (plan C2) ; jeu pl. de Belgique (plan A3).*

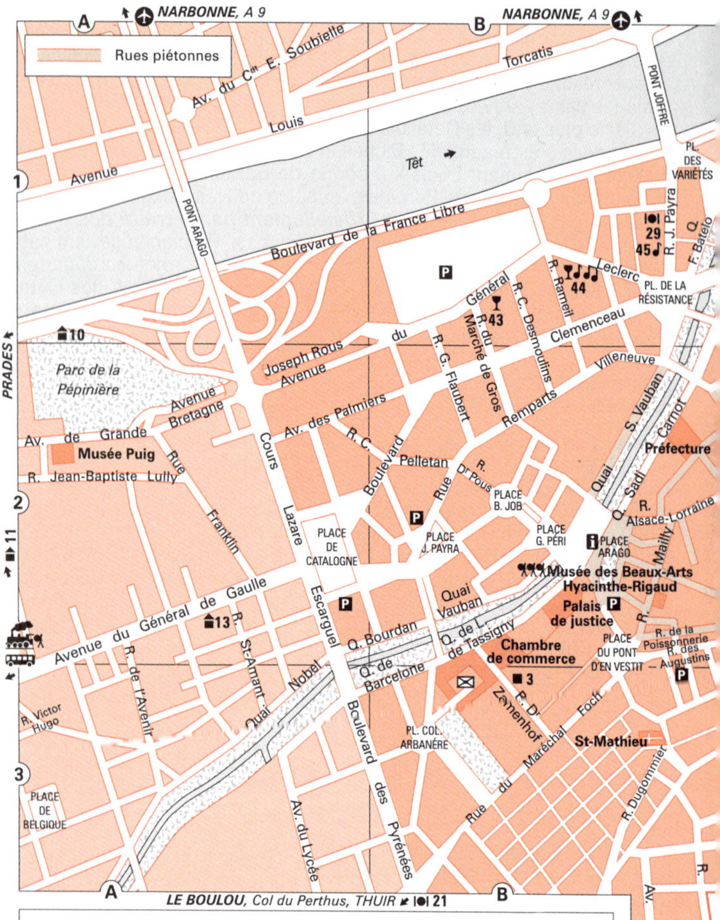

■ **Adresses utiles**

- Office de tourisme
- 3 Vélostation

Où dormir ?

- 10 Auberge de jeunesse
- 11 Chambres d'hôtes La Maison Haute
- 12 Hôtel de la Loge
- 13 Nyx Hotel
- 15 La Villa Duflot
- 16 Les Cagettes en Ville
- 17 Hôtel Windsor

Où manger ?

- 20 Crêperie du Théâtre
- 21 La Cuisine des Sentiments
- 22 Restos de la rue Paratilla
- 24 Les Frères Mossé
- 25 Le Saint Jean
- 26 Le Sud
- 27 La Rencontre
- 29 La Galinette

Où boire un verre ? Où sortir ?

- 40 Habana Bodeguita
- 41 Zinc
- 42 Républic' Café
- 43 Ben Aqui
- 44 Market
- 45 El Mediator

Achats

- 50 Maison Quinta

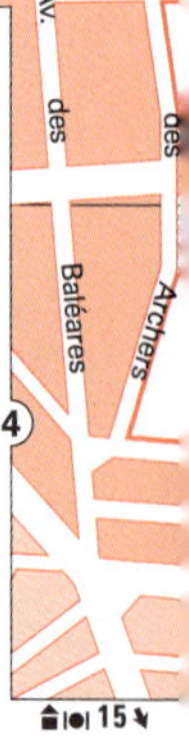

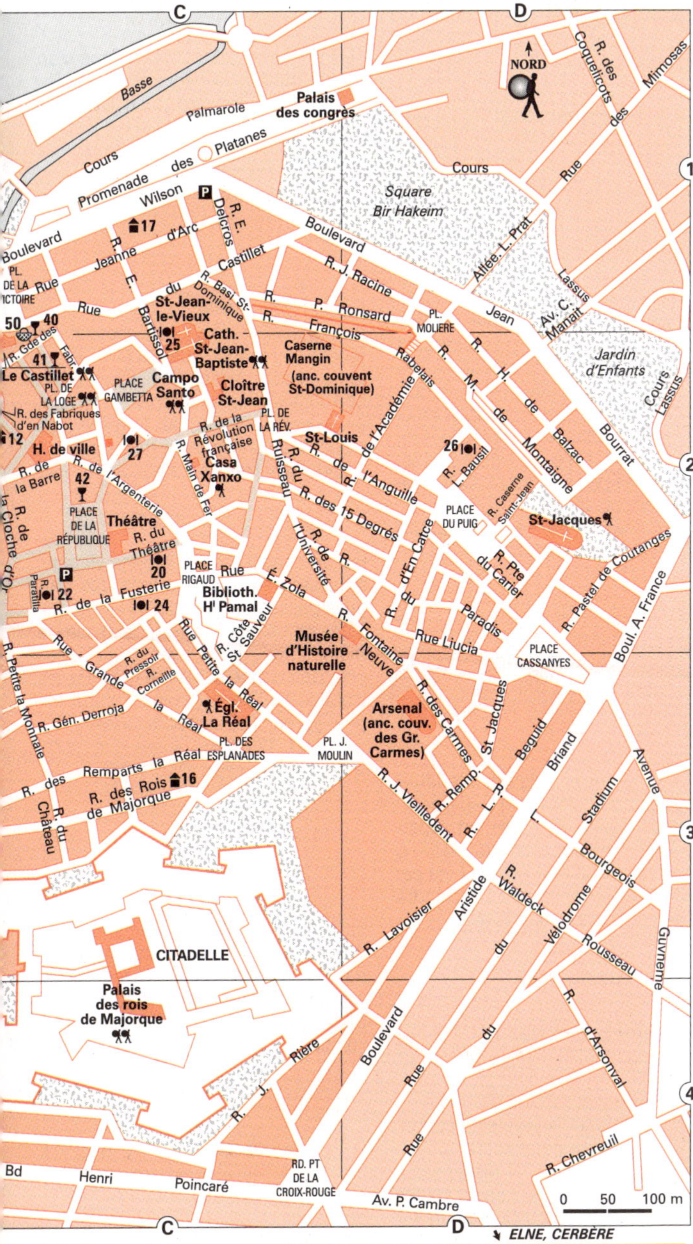
NORD
Square Bir Hakeim
Palais des congrès
Jardin d'Enfants
Caserne Mangin (anc. couvent St-Dominique)
Cath. St-Jean-Baptiste
St-Jean-le-Vieux
Campo Santo
Cloître St-Jean
Le Castillet
H. de ville
St-Louis
Casa Xanxo
Théâtre
St-Jacques
Biblioth. Ht Pamal
Musée d'Histoire naturelle
Égl. La Réal
Arsenal (anc. couv. des Gr. Carmes)
CITADELLE
Palais des rois de Majorque
PLACE GAMBETTA
PLACE DE LA RÉPUBLIQUE
PLACE RIGAUD
PLACE DU PUIG
PLACE CASSANYES
PL. MOLIERE
PL. DES ESPLANADES
PL. J. MOULIN
RD. PT DE LA CROIX-ROUGE
CANET-PLAGE, ST-CYPRIEN-PLAGE
ELNE, CERBÈRE
0 50 100 m

PERPIGNAN

Où dormir ?

Bon marché

Auberge de jeunesse (plan A1, **10**) : *allée Marc-Pierre, parc de la Pépinière. ☎ 04-68-34-63-32. • perpignan@hifrance.org • hifrance.org • ♿ Derrière l'hôtel de police. Réception 8h-11h, 17h-21h. Congés : 15 oct-1er avr. Nuitée 19,50-23 €/pers selon saison et confort, petit déj et draps compris. Carte FUAJ obligatoire (en vente sur place).* Dans une grande maison au bord de la voie rapide, dans un coin pas vraiment attirant. Une des plus anciennes AJ de France. 2 chambres doubles et des dortoirs de 4 à 8 lits. Ensemble bien tenu, avec des chambres en partie rénovées, avec ou sans salle de bains privée. Cuisine à disposition. Clim et double vitrage partout. Jardin.

Chambres d'hôtes La Maison Haute (hors plan par A2, **11**) : *17, impasse Émile-Drancourt. ☎ 04-68-34-76-64. • martine.musy@orange.fr • lamaisonhaute-perpignan.fr • Dans une impasse perpendiculaire à l'av. du Général-de-Gaulle. Doubles 50-55 € (dégressif dès la 2e nuit) ; familiales 75-90 €. Gîtes 2-3 pers 240-410 €/sem. Réduc de 10 % sur le prix de la chambre (oct-mai) sur présentation de ce guide.* La maison de Martine Musy s'étage sur 3 niveaux. Un escalier en colimaçon, assez raide, dessert appartements et chambres avec salle de bains et TV. Simple, convivial et bien tenu par la pétulante propriétaire. Conviendra parfaitement aux budgets serrés.

De prix moyens à chic

Nyx Hotel (plan A2, **13**) : *62 bis, av. du Général-de-Gaulle. ☎ 04-68-34-87-48. • nyx@nyxhotel.fr • nyxhotel.fr • Doubles 69-135 € selon taille et saison.* Entre la gare et le centre, sympathique petit hôtel contemporain distribuant, sur 5 niveaux (ascenseur), des chambres aux tons glamour, toutes différentes, certaines avec balcon sur la rue, d'autres, plus chères, avec terrasse sur l'arrière. Bon confort (clim, TV, bouilloire, matelas douillet) et beau petit déj-buffet, le tout enveloppé d'un accueil franc et tout sourire.

Hôtel de la Loge (plan C2, **12**) : *1, rue des Fabriques-d'en-Nabot. ☎ 04-68-34-41-02. • hoteldelaloge@wanadoo.fr • hoteldelaloge.fr • Doubles 62-85 €. Ascenseur. Pas de parking (laisser la voiture au parking Arago). Un petit déj/chambre offert par séjour sur présentation de ce guide.* En plein centre, une ancienne maison bourgeoise du XVIe s à l'intérieur typiquement catalan, récemment reprise. Le magnifique escalier en fer forgé (classé) dessert des chambres de bon confort (clim, w-c séparés) donnant sur le patio fleuri ou sur la ruelle. Les triples regardent la place de la Loge.

Les Cagettes en Ville (plan C3, **16**) : *8, rue des Rois-de-Majorque. 📱 06-09-35-67-44. • florencelecorre@live.fr • lescagettesenville • Double 70 €.* Au rez-de-chaussée, une friperie vintage, entassant sur les pendants des fringues pétillantes de couleurs. À l'étage, 3 chambres (dont une familiale) dans le même esprit, toute avec w-c et douche. Une donne sur la rue (balcon), les 2 autres sur la cour jardin où prendre le petit déj en été. Accueil rayonnant.

Hôtel Windsor (plan C1, **17**) : *8, bd Wilson. ☎ 04-68-59-25-94. • contact@hotel-windsor-perpignan.com • hotel-windsor-perpignan.com • Doubles 79-169 €. Ascenseur. Parking payant (10 €). Remise de 10 % sur le prix de la chambre (sf juil-sept) sur présentation de ce guide.* Central, un hôtel *Best Western* aux standards de la chaîne. Chambres neutres mais d'excellent confort, toutes avec balcon, les moins chères assez étriquées. Les plus sympas, très lumineuses, font l'angle.

Beaucoup plus chic

La Villa Duflot (hors plan par B4, **15**) : *rond-point Albert-Donnezan. ☎ 04-68-56-67-67. • contact@villa-duflot.com • villa-duflot.com • ♿ À la périphérie de Perpignan, par l'av. d'Espagne ; très mal indiqué et loin du centre-ville. Double avec bains et TV* *satellite 235 € ; petit déj 18 €. Menu 33 € ; carte env 45 €.* Les chambres, ultra-confortables et meublées avec goût, s'ouvrent toutes sur une terrasse ou un balcon donnant sur le patio ou, plus agréable, sur le parc et sa piscine. Un bel établissement de charme, aux alentours cependant guère trépidants (zone commerciale). Au resto, prisé par la bourgeoisie perpignanaise, la carte joue avec les produits de saison.

Où dormir dans les environs ?

Sur le littoral, voir nos adresses à Canet-Plage, Saint-Cyprien et Argelès.

Camping

Camping des Rives du Lac : *chemin de la Serre, 66180* ***Villeneuve-de-la-Raho.*** *☎ 04-68-55-83-51. • camping.villeneuveraho@wanadoo.fr • À env 7 km au sud de Perpignan. Prendre la direction d'Argelès-sur-Mer, puis suivre Villeneuve-de-la-Raho. Ouv mars-nov. Compter 15,90 € pour 2 en saison ; loc de mobile-homes 4-6 pers 280-485 €/sem. Emplacement camping-car 2 pers 9,50 €/j. sans électricité (12,50 € avec). 158 empl.* Camping familial au bord d'un lac assez fréquenté, dans lequel on peut se baigner (accès sécurisé par un grillage). Emplacements séparés par des haies. Sanitaires basiques mais bien tenus. BBQ, laverie, supérette et resto en saison.

Prix moyens

Chambre d'hôtes Arc-en-Ciel : *24, rue des Corbières, 66680* ***Canohès.*** *☎ 09-53-66-46-80. 06-20-48-39-18. • floreal66@free.fr • chambresdhotes-perpignan.com • À 6 km au sud-ouest de Perpignan par la D 900. Doubles 60-70 € selon saison. Remise de 10 % sur la chambre (sf juil-août) sur présentation de ce guide.* À l'arrière d'une villa de lotissement, 2 studios indépendants frais et colorés, chacun avec coin cuisine, donnant sur un bout de jardin avec barbecue. Petite piscine. Un pied-à-terre pratique pour rayonner dans le coin. Bon accueil de Bernard.

Où manger ?

Bon marché

Crêperie du Théâtre *(plan C2,* ***20****) : 12, rue du Théâtre. ☎ 04-68-34-29-06. • ant_closa@yahoo.fr • Mar-sam 12h-22h. Menus déj 12-16 € ; formules jus de fruits et crêpe sucrée 6,50-9 €.* Pour changer des spécialités catalanes, voici une excellente crêperie, qui, en plus des grands classiques, renouvelle sa carte au gré des saisons. Des produits frais, principalement issus de l'agriculture biologique et du commerce équitable. Des suggestions à l'ardoise, originales et savoureuses, comme la crêpe à la lavandine avec confiture d'abricots, fleurs et sirop de lavande. Épicerie. Petite terrasse sur la ruelle.

Prix moyens

Les restos et commerces de la rue Paratilla *(plan C2,* ***22****) :* à trois pas de la place de la République, cette petite rue animée est l'endroit rêvé pour une grignote sur le pouce. On achète épices, vinaigre de figues et anchoïade chez *Aux Bonnes Olives.* À *La Maison du Jambon,* le *manchego,* le *pata negra,* le *bellota,* le *serrano* sont servis au poids et à l'assiette. Les adeptes de poissons et crustacés se donnent plutôt rendez-vous *Chez Mireille* ou *Au Bar de la Marée* (le soir), pour avaler vite fait une bonne douzaine d'huîtres ou des tapas dans le brouhaha des habitués. Très populaire et prisé pour son plat du jour, *Henri & Cie,* avec sa salle aussi grande qu'un mouchoir de poche et son long comptoir. Une rue haute en couleur !

La Cuisine des Sentiments *(hors plan par B3,* ***21****) : 9, av. Julien-Pachot. ☎ 04-68-54-16-86. • contact@la-cuisine-des-sentiments.com • Tlj sf mar et le midi sam et dim. Formules déj en sem*

12,90-13,50 € ; menus 25,90-35 €. Du centre, on ne s'est écarté que de quelques pas, mais déjà, s'attabler dans cette adresse discrète invite au voyage. Pas en terroir catalan, non, au-delà, un peu partout même. Maison, fusion, la petite cuisine, joyeuse, joue avec les saveurs, unit goût d'ici et goût d'Asie, espérant vous prendre par les sentiments. Les entrées promettent une « rencontre », les desserts la « fidélité »... Installés sous les cœurs pendus au plafond, ils sont nombreux déjà à lui avoir passé la bague au doigt. Il faut avouer qu'à midi, l'affaire est excellente.

|●| ***Les Frères Mossé*** *(plan C2,* ***24****) : 14, rue de la Fusterie. ☎ 04-68-80-63-31. ♿ En plein centre, à deux pas de la pl. de la République. Tlj sf dim-lun. Congés : une sem en juil. Formules et menus 9-25 € ; carte 25-30 €. Apéritif maison offert sur présentation de ce guide.* Une cuisine de marché dans une petite salle conviviale qui a gardé un parfum d'antan. Menu pas ruineux, ou suggestions du jour à l'ardoise. Pas de la haute gastronomie, simplement une cuisine de bistrot à l'image du lieu, simple et sincère. Soirée jazz le jeudi.

|●| ***Le Sud*** *(plan D2,* ***26****) : 12, rue Louis-Bausil. ☎ 04-68-34-55-71. • marielopez1909@yahoo.fr • ♿ Au cœur du quartier gitan de Perpignan, près de la pl. du Puig. Tlj sf dim, plus lun hors saison, le soir slt. Congés : nov-fév. Carte env 35 €. Parking. Digestif offert sur présentation de ce guide.* Dans une sorte d'hacienda, un monde entre Provence, Mexique, Moyen-Orient, Grèce et Catalogne. Les tables sont disposées dans le patio, où trône un vieux figuier. Cuisine parfumée, service souriant. Certains soirs, les guitaristes du quartier viennent souffler le *duende* comme dans le quartier de Triana, à Séville. Dépaysement garanti !

|●| ***Le Saint Jean*** *(plan C1-2,* ***25****) : 1, rue Cité-Bartissol. ☎ 04-68-51-22-25. • tabledesaintjean@gmail.com • Contre la cathédrale. Tlj sf dim (fermé le soir lun-mer hors saison). Congés : 2 sem début janv. Formules déj en sem 15-19 € ; menu le soir 32 €. 💻 📶 Un café offert sur présentation de ce guide.* Du gastro à prix bistrot. Travaillant d'abord des produits de saison, du cru principalement, Yann Auger revisite en finesse le terroir catalan et même, au-delà, les classiques de la cuisine hexagonale. De la belle ouvrage, jusqu'aux jolis desserts, frais et créatifs, à découvrir dans une petite salle feutrée un rien compassée ou, mieux, aux beaux jours, sur la délicieuse terrasse étendue au pied de la cathédrale.

Chic

|●| ***La Rencontre*** *(plan C2,* ***27****) : 16-18, rue des Cardeurs. ☎ 04-68-34-42-73. Fermé dim-lun et midi des j. fériés (plus le soir hors saison). Congés : fin déc-début janv, 1 sem en juin et 1 sem en nov. Formule déj 18 € ; menu 42 € ; carte 60 €. 📶* Dans une étroite ruelle, une rencontre gastronomique qui ne doit rien au hasard. Guillem, aux commandes de ce resto de haute volée, a une idée fixe : régaler ses clients. Il s'en donne les moyens, en piochant le meilleur chez les producteurs locaux pour composer une cuisine inventive, ne boudant pas le terroir. Une aubaine au menu du déjeuner !

Plus chic

|●| ***La Galinette*** *(plan B1,* ***29****) : 23, rue Jean-Payra. ☎ 04-68-35-00-90. • lagalinetteperpignan@gmail.com • ♿ Tlj sf dim-lun. Congés : 1 sem début mai, juil et vac de Noël. Résa conseillée. Menus 25 € (déj en sem)-48 € ; carte 50-80 €. 📶* Dans une rue pas terrible un peu à l'écart du centre historique, le gastro incontournable, dont la réputation n'est pas usurpée. Dans l'assiette, c'est la fête aux senteurs du Sud. Beaucoup de poisson (pas toujours local mais toujours frais), des légumes du jardin, une utilisation intensive des herbes et épices, une carte courte et souvent renouvelée, bref, tous les ingrédients pour une soirée réussie.

Où boire un verre ? Où sortir ?

Le soir, le Perpignan qui bouge se déporte au nord du centre, aux alentours de l'avenue du Général-Leclerc. Incontournable dans la zone, le ***Ben Aqui*** *(plan B1, **43** ; 33, av. du Général-Leclerc),* une bodega au cadre patiné, gonflée d'une terrasse qui ne désemplit pas le week-end. Une foule de bars s'agglutinent autour. Parmi eux, pour terminer la soirée, le ***Market,*** un club électro-funk qui ferme à 6h du mat *(plan B1, **44** ; 18, rue Pierre-Rameil ; ouv jeu-sam).* Pour un bon live, direction LA salle de concerts de la ville, ***El Mediator*** *(plan B1, **45** ; av. du Général-Leclerc ; • elmediator.org •).*

Ça bouge aussi autour de la place Gambetta et dans les ruelles autour du Castillet *(plan C2),* avec quelques pubs et bars musicaux tendance, prisés de la jeunesse locale. Parmi eux, le ***Habana Bodeguita*** *(plan C1-2, **40** ; 5, rue Grande-des-Fabriqués ; tlj sf dim-lun),* à l'ambiance salsa. Juste en face, le ***Zinc*** *(plan C1-2, **41** ; 8, rue Grande-des-Fabriqués ; tlj sf lun),* plutôt branché.

Autre incontournable, le ***Républic' Café*** *(plan C2, **42**),* dit communément le *Rép',* et sa grande terrasse sur la place, qui distille le soir une musique lounge et house.

Plus traditionnelles enfin, la terrasse du ***Café-restaurant de France,*** institution perpignanaise sur la place de la Loge *(plan C2),* ou celle du ***Café Vienne*** *(plan B2 ; pl. Arago),* une brasserie où manger à toute heure.

Mais attention, en juillet et août, calme plat partout, sauf le jeudi soir : l'animation prend des vacances elle aussi et se déplace à Canet-Plage, où les boîtes et le casino font le plein.

Achats

Maison Quinta *(plan C1-2, **50**)* **:** *3, rue Grande-des-Fabriqués. ☎ 04-68-34-41-62. Mar-sam 9h45-12h, 14h15-19h.* Dans cet élégant représentant de « l'art de vivre catalan », on grimpe directement au 2e étage pour découvrir les *Toiles du Soleil,* tissus traditionnels rayonnants faits de bandes de couleurs, vendus au mètre ou en nappes, sacs, coussins, etc.

À voir

Perpignan est une jolie ville dont de nombreuses rénovations ont permis de mettre en valeur le patrimoine, à la fois important et singulier. Les monuments, sans être ostentatoires, témoignent d'une singularité catalane caractérisée par une architecture essentiellement gothique. De belles promenades en perspective dans une vieille ville octogonale, parfaitement délimitée par ses huit boulevards périphériques pour partie bordés de canaux.

Le Castillet *(plan C2)* **:** *pl. de Verdun. ☎ 04-68-35-42-05. Juin-sept tlj 10h30-18h30 ; oct-mai 11h-17h30 fermé lun et certains j. fériés (fermeture des caisses 30 mn avt). Entrée : 2 € ; gratuit moins de 26 ans et pour ts le 1er dim du mois.*
Excellente introduction à la visite de la vieille ville, le Castillet (dit aussi Castellet), porte fortifiée en brique du XIVe s, défendait la ville grâce à ses deux hautes tours. Il fit ensuite office de prison sous Louis XIV, et ce jusqu'à la Révolution.
À l'intérieur, pas grand-chose à voir (surtout des panneaux historiques), si ce n'est cette transposition d'une cuisine d'un mas des Aspres, utilisée par la dernière descendante jusqu'en 1963. Insolite *Caminador* sur la gauche (ancêtre du youpala) : l'enfant était placé dans le siège et avançait ou reculait sur le rail...
Pour finir, le donjon... et ses 142 marches ! Au sommet, panorama à 360° sur les Pyrénées venant mourir dans la Méditerranée, la cathédrale, l'église Saint-Jacques, l'église Notre-Dame-de-la-Réal (la tour carrée) et le vieux Perpignan.

La place de la Loge (plan C2) **:** le cœur historique de la vieille ville. Souvent animée en été, malgré son étroitesse. À l'angle de la place, la *loge de Mer,* beau bâtiment gothique de la fin du XIVe s. Autrefois s'y dressaient le tribunal maritime (d'où son nom) et la Bourse du commerce, édifice d'influence florentine où se réunissaient les consuls de mer, de riches négociants qui géraient les affaires maritimes (commerce de drap et tissus de Perpignan, du fer du Canigou, des épices). Remarquer le petit bateau en fer forgé (celui-ci est une copie, l'original est exposé à l'intérieur de l'hôtel de ville), sorte de girouette placée à l'angle supérieur de l'édifice.
Juste à côté de la loge de Mer, l'*hôtel de ville* date du XIIIe s. Les belles grilles en fer forgé du Canigó sont du XVe s. Un fer qui a la particularité de ne pas s'oxyder. On notera les amusants bras en bronze sortant de la façade extérieure, comme si des statues s'étaient laissées emmurer... Ils symbolisent les trois catégories qui formaient la société urbaine à partir du XIVe s. La main la plus longue est dédiée aux chevaliers – la noblesse ; au centre, les bourgeois, et, plus loin, la petite main représente les petits métiers et les corporations. Ne pas hésiter à parcourir le patio pour admirer les poutres, superbes, sculptées avec tout un bestiaire imaginaire. Au centre trône un bronze du sculpteur Maillol, *La Méditerranée,* considéré comme l'un de ses chefs-d'œuvre. Et au sol, du marbre rose de Villefranche et du marbre bleu de Baixas.
À côté de l'hôtel de ville, le *palais de la Députation,* du XVe s. Belle architecture catalane, portail et fenêtres remarquables.

La cathédrale Saint-Jean-Baptiste (plan C1-2) **:** *pl. Gambetta, non loin de la pl. de la Loge. Lun-sam 8h-18h, dim 11h-17h30 (18h30 en été).*
Construite en plusieurs étapes entre le XIVe et le XVIIe s, elle est considérée comme l'un des plus beaux exemples du gothique méridional. Impressionnante nef unique, de 72 m de long. Outre le retable du XVIe s en albâtre du maître-autel, on admire ceux des nombreuses chapelles, dont les périodes d'exécution varient du XVe au XVIIIe s. Parmi les plus beaux, celui de l'Immaculée Conception, dans la quatrième chapelle, œuvre baroque en bois sculpté et peint du XVIIIe s. Dans la première chapelle à gauche, belle cuve baptismale en marbre blanc, vieille de plus de 700 ans. Parmi les nombreux trésors d'art religieux, citons encore le buffet d'orgue de la fin du XVe s : une tête de roi maure, autrefois articulée, s'y trouve suspendue. Le pauvre homme reste la bouche grande ouverte ! Malheureusement, une bonne partie des trésors liturgiques ont été dérobés lors d'un pillage de la cathédrale, en septembre 2007.
Sur la droite de la nef, une porte recouverte de cuir (pas toujours ouverte, sinon contourner la cathédrale par la droite) mène à une ruelle d'où l'on accède à la *chapelle du Dévot-Christ,* gardienne exclusive d'un chef-d'œuvre de bois sculpté.
À gauche de la cathédrale en regardant la façade, remarquer ***Saint-Jean-le-Vieux,*** la plus vieille église de Perpignan (première consécration en 1025), et son portail roman du début du XIIIe s.

LA FIN DU MONDE EST IMMINENTE

La chapelle du Dévot-Christ, voisine de la cathédrale, abrite un christ aux membres tordus par la douleur, yeux cernés, cou crispé, flanc couvert de sang... Des reliques étaient cachées dans l'entaille de son torse. Selon la légende, la tête penchée se rapproche inexorablement du buste au fil des ans. Lorsqu'elle l'aura touché, le monde se détruira ! Allô, Bruce Willis ?

Le Campo Santo (plan C2) **:** *à l'arrière de la cathédrale, en la contournant par la droite. Oct à début juin tlj sf lun et certains j. fériés, 11h-17h30. Fermé de mi-juin à fin sept, car la ville y organise concerts et autres manifestations culturelles. Entrée libre.* Cloître-cimetière unique en France (il en existe un à Pise). Sa restauration en a fait une enclave paisible en plein centre-ville : vaste cour entourée d'arcades gothiques sous lesquelles les riches familles bourgeoises du Moyen Âge possédaient des enfeus (des tombes encastrées dans le mur). C'était le cimetière de la première paroisse de Perpignan.

La casa Xanxo (plan C2) **:** *8, rue de la Main-de-Fer. Juin-sept, tlj 10h30-18h30 ; oct-mai 11h-17h30 sf lun et certains j. fériés. GRATUIT.* Maison bourgeoise du XVIe s portant le nom de son commanditaire, Bernat Xanxo, un marchand de draps. Principale particularité du lieu, la frise macabre sculptée le long de la façade, qui pourrait faire référence aux sept péchés capitaux. En entrant, coup d'œil aux visages de Bernat Xanxo et de son épouse, sculptés dans la pierre à l'entrée du bureau du marchand. À l'étage, une maquette de Perpignan en 1686. Elle fut commandée par Louis XIV à Vauban lorsque Perpignan devint française en 1659. L'original est conservé aux Invalides. La maison accueille également des expositions.

Le quartier Saint-Jacques (plan D2) **:** on le traverse pour se rendre à l'église du même nom depuis la cathédrale. C'est le quartier gitan de la ville, et aujourd'hui y cohabitent communautés gitanes et maghrébines. Atmosphère populo : linge aux fenêtres, maisons délabrées d'où s'échappent des airs de flamenco, rues crasseuses... Le soir venu (c'est parfois un peu chaud, vigilance...), les chaises débordent sur les rues, les gens s'installent ici et là. On passe par la grande *place du Puig*, cœur du quartier, occupée sur la gauche par une caserne construite sous Vauban et transformée en HLM « Grand Siècle ». En redescendant jusqu'à la place Cassanyes par la rue Llucia, on pénètre dans le quartier plus particulièrement maghrébin, récente ville dans la ville. Exotisme garanti ! On peut prendre un thé à la menthe aux petits cafés-restos du coin. Quelques échoppes pittoresques où s'écoulent les produits d'Afrique du Nord : robes brodées chatoyantes, CD de raï, épices, etc.

L'église Saint-Jacques (plan D2) **:** *juin-sept, tlj 10h30-18h30 ; oct-mai, 11h-17h30 sf lun et certains j. fériés. Jardin fermé.* Pur produit catalan du début du XIIIe s. On remarque, à droite du chœur, un curieux crucifix, la « croix des Improperis » (des outrages), ornée d'un sabre, d'une trompette, de clous, d'un fouet, d'une échelle, d'une tenaille, d'un coq, etc. ! À l'intérieur, la richesse de la décoration surprend. Nombreux retables dorés et peints, la plupart monumentaux. L'église abrite la chapelle de la Sanch, siège d'une confrérie défilant en procession le Vendredi saint.

L'église La Réal (plan C3) **:** *juin-sept, tlj 10h30-18h30 ; oct-mai, 11h-17h30 sf lun et certains j. fériés.* L'église, récemment restaurée, conserve l'essentiel de son architecture de la première moitié du XIVe s et offre un bel exemple du gothique méridional. En 1408, au temps du « grand schisme d'Occident », elle accueillit le concile présidé par le dernier pape d'Avignon, Benoît XIII. Elle abrite encore aujourd'hui des œuvres remarquables, comme une Mise au tombeau en bois sculpté polychrome du XVe s et des retables des XVIIIe et XIXe s.

Le palais des rois de Majorque (plan C3-4) **:** *entrée rue des Archers. ☎ 04-68-34-64-93. Tlj sf certains j. fériés : juin-sept, 10h-18h ; oct-mai, 9h-17h ; billetterie fermée 30 mn avt. Entrée : 4 € (incluant la visite guidée, sur demande ou à certains horaires) ; réduc ; gratuit moins de 12 ans.*

Parfaitement conservée, l'imposante citadelle qui domine Perpignan offre une superbe vue sur la ville et sur le Canigó. Imaginons qu'en contrebas des remparts, jusqu'en 1930, aucune construction n'existait. Il n'y avait que des fossés et, au-delà, la campagne. Construit à la fin du XIIIe s, le palais est l'une des plus vieilles résidences royales de France. Il fut édifié après que Jaume le Conquérant eut décidé de faire de Perpignan la capitale du royaume de Majorque (englobant les Baléares, la seigneurie de Montpellier et les comtés catalans de Roussillon et de Cerdagne), légué à son fils Jaume II. Après bien des vicissitudes, le palais

fut volontairement abandonné, jusqu'à être converti au XVIIe s en citadelle militaire. Une vocation qu'il a conservée, puisqu'il abrite toujours un détachement militaire.
On accède au palais par de grands escaliers cavaliers glissant entre d'épais remparts. Ces escaliers datent de la fin des années 1950, mais ils reprennent le tracé du chemin d'accès initial. À l'extérieur, fossés et jardins abritaient la ménagerie du roi : lions, ours, loups, paons, autruches, porcs-épics présents autant pour le plaisir des yeux que pour leurs qualités gustatives.

ÇA VAUT BIEN VAUBAN

Certains pensent que les remparts du palais des rois de Majorque portent la signature de Vauban. Et pourtant, ces fortifications datent de Philippe II d'Espagne, au XVIe s, et, pour certaines, dans la partie intérieure, des rois de Majorque. Lorsque Vauban arriva sur place, il ne put que constater l'extrême solidité des remparts édifiés un siècle plus tôt. Il ne consolida donc que deux bastions, non visibles car ils se trouvent actuellement dans la partie militaire de la citadelle. Histoire de dire qu'il n'était pas venu pour rien !

Une fois passé la barbacane, la cour d'honneur, splendide, témoigne de la richesse du défunt royaume : bel ensemble purement gothique avec escaliers monumentaux, galeries aux belles arcades, arcs en plein cintre taillés dans un beau marbre bleu. À l'époque, tout était peint ! Enduit, faux appareil de brique et, dans les parties intérieures, vastes programmes ornementaux à motifs géométriques, frises, calligraphies, drapés, etc. Autant dire que si Jaume II voyait cet ensemble aujourd'hui, il le considérerait totalement inachevé. En revanche, il ne se perdrait pas puisque tout a été retrouvé et conservé en l'état : portes, fenêtres, articulations du bâtiment. La partie la plus admirable du palais est sans conteste la torre Major, qui renferme deux chapelles superposées. La dissymétrie entre les deux parties de la façade (d'un côté de simples piliers, de l'autre des arcades) s'explique par un bombardement au XVe s, lors d'une guerre entre Aragon et France. Au rez-de-chaussée loge la chapelle de Marie-Madeleine, purement gothique. Un bâtiment au carrefour de la France et du monde musulman, d'un point de vue stylistique et artistique.
De l'autre côté de la cour se dresse la ***tour de l'Hommage.*** De son sommet, beau panorama sur la ville, la chaîne des Corbières, la gare TGV toute colorée. En grimpant, on traverse les appartements royaux du 1er étage, ainsi que la grande salle de Majorque, où avaient lieu banquets et parlements. Reste une large cheminée à deux foyers, un brasier au centre et un imposant plafond aux arcs brisés en pierre... Mais il n'y a jamais eu de meubles dans cette pièce volontairement dépouillée aujourd'hui. La visite s'achève par les modestes jardins, bien entretenus et plantés d'essences présentes dès l'origine : jujubiers, arbousiers, pins, oliviers, figuiers. Cherchez l'erreur... Le palmier ! Il fut planté pour évoquer le lien avec les îles Baléares au XXe s. Tout cela ne manque pas de charme et n'est pas sans rappeler les splendeurs de Grenade.

Le musée d'Art Hyacinthe-Rigaud *(plan B2)* **:** *16, rue de l'Ange. ☎ 04-68-66-19-83.* ***Fermé pour travaux ; réouverture prévue en juin 2017.***
Situé dans un bel hôtel particulier du XVIIIe s, le musée des Beaux-Arts de Perpignan doit son nom au grand portraitiste de la cour de Louis XIV, natif du pays.

Rigaud
Né en 1659 à Perpignan, année de la signature du traité des Pyrénées qui rattache le comté du Roussillon à la France, Rigaud va devenir un grand portraitiste travaillant pour les cours et la noblesse d'Europe. Si son plus célèbre tableau reste le portrait de Louis XIV en habit de couronnement, le musée met l'accent sur l'intimité du peintre. À côté de trois autoportraits, figeant ses traits dans l'attitude du

peintre fier de sa réussite et de son talent, figure le portrait de sa femme, Élisabeth de Gouy. C'est elle également qu'il peint en compagnie de son premier époux dans le grand portrait de famille de Jean le Juge.

Dufy et Picasso

Avant de devenir le musée des Beaux-Arts de la ville, l'hôtel de Lazerme fut le lieu de vie de Jacques et Paule de Lazerme, riches propriétaires terriens épris d'art. Grâce à Pierre Brune, instigateur du musée de Céret, Jacques de Lazerme va côtoyer l'avant-garde artistique en ce début du XXe s. Au cours des années 1940-1950, l'hôtel de Lazerme abritera de prestigieux hôtes de passage : Pablo Picasso, qui, durant l'été 1954, réalisera les trois beaux portraits de Mme Lazerme ; Raoul Dufy, qui, soigné par le docteur Nicolau, rendra visite aux Lazerme alors qu'il peignait tout près d'ici, dans son atelier de la place Arago (voir le tableau intitulé *La Console*).

La gare de Perpignan *(hors plan par A2-3)* **:** joli petit bâtiment que Salvador Dalí considérait comme le centre du monde. « C'est toujours à la gare de Perpignan que me viennent les idées les plus géniales de ma vie... L'arrivée à la gare de Perpignan est l'occasion d'une véritable éjaculation mentale qui atteint alors sa plus grande hauteur spéculative. » La grande fresque des élèves de Dalí, accrochée au plafond, a été détruite pour cause d'amiante ! C'est de là que partent les trains régionaux. La nouvelle gare TGV entourée du centre commercial *Centre del Mon* lui fait face, imposante et résolument moderne avec ses facettes multicolores et sa verrière photovoltaïque.

Le Serrat d'en Vaquer : *à 4 km au sud de Perpignan. ☎ 04-68-66-30-30. Prendre la route d'Espagne D 900 (ancienne N 9) ; au rond-point avt* Auchan, *prendre à droite, direction A 9 ; puis, au rond-point suivant, c'est indiqué sur la gauche. De mai à mi-oct, tlj 10h-19h ; le reste de l'année, tlj 8h-17h. GRATUIT.* Un fort militaire construit en 1885 au sommet d'une colline, sur une surface de 6 ha. À demi enterré pour plus de discrétion, il est aujourd'hui aménagé en promenade arborée. Les principaux types de la flore méditerranéenne y ont été plantés, et on peut y pique-niquer. Mais peu d'ombre ! Belle vue sur la plaine et le Canigó.

Manifestations

- **Procession de la Sanch :** *le Vendredi saint (précède le dim de Pâques) 15h-18h.* À ne manquer sous aucun prétexte.
- **Festival de musique sacrée :** *10 j. autour de Pâques.* La ville se transforme en une salle de concerts géante avec près de 200 artistes invités.
- **Festival de cinéma Confrontation :** *avr. • inst-jeanvigo.eu •* Plus de 300 projections et débats, présence d'acteurs, de réalisateurs, de producteurs.
- **Festival PAD** *(Festival Perpignan Art Déco)* **:** *juin. 06-63-46-04-36. • perpignan-artdéco.fr • Conférences, expos... pour découvrir le patrimoine architectural de la ville.*

LE « SANCH » DU CHRIST...

La confrérie de la Sanch, créée au XIIIe s, avait deux missions essentielles : accompagner le condamné à mort de sa cellule jusqu'à son lieu d'exécution et lui donner une sépulture décente. Reste aujourd'hui la procession du Vendredi saint. Vêtus de tuniques et de cagoules pointues noires, les pénitents de l'Archiconfrérie du Très Précieux Sang de Notre Seigneur Jésus-Christ défilent de l'église Saint-Jacques à la cathédrale. Tout cela en portant la croix des outrages et les misteri (tableaux représentant la Passion) au pas lent, tandis que retentit le terrible Miserere.

– ***Festa Major :*** *pdt 1 sem autour de la Saint-Jean (point d'orgue le 23 juin en soirée).* Grosse fête populaire. Cérémonie du partage du pain, spectacle audiovisuel et pyrotechnique, feux de joie, sardanes...
– ***FILAF*** *(Festival international du livre d'art et du film)* **:** *fin juin. • filaf.com •* Sont présentés les meilleurs livres et films sur l'art produits dans le monde.
– ***Les Jeudis de Perpignan :*** *de mi-juil à fin août.* Soirées originales et gratuites en centre-ville : musique, concerts, théâtre et cirque de rue, fanfares burlesques, parades, etc.
– ***Festival international du photojournalisme, Visa pour l'image :*** *15 j. début sept. Rens : ☎ 04-68-62-38-00. • visapourlimage.com • GRATUIT.* Expos et soirées débats.
– ***Festival de jazz Jazzèbre :*** *sept-oct. Infos sur • jazzebre.com •* À Perpignan et dans ses environs.
– ***Trobades médiévales :*** *début oct.* Deux journées de campements et marchés en centre-ville.

DANS LES ENVIRONS DE PERPIGNAN

RIVESALTES *(66600)*

Grand village roussillonnais tranquillement posé au bord de l'Agly, dont on aperçoit, de loin, la tour de l'église et le campanile. La cité est surtout connue pour son vignoble, son muscat, certes, mais aussi pour de fort honorables AOC *côtes-du-roussillon.* Nombreuses caves où goûter et acheter des bouteilles aux alentours comme dans le village. Quelques mots sur le *rivesaltes* quand même : dans la famille rivesaltes, le *muscat,* le benjamin, est un vin doux naturel. Conçu à base d'un unique cépage (muscat d'Alexandrie), il doit sa saveur au seul soleil catalan et se boit jeune, voire dès Noël. Le rivesaltes (tout court) est un vin liquoreux assemblant grenache, macabeu, malvoisie. Moins pressé que son jeune frère, il se donne le temps de prendre de la bouteille, développant des arômes plus puissants mêlant figue et cacao et se vêtant d'une robe dorée. Aux gourmands de choisir, avec modération.

Adresse et info utiles

ℹ ***Office municipal d'animation et de tourisme :*** *av. Ledru-Rollin. ☎ 04-68-64-04-04. • mairie-rivesaltes.fr • Juil-août, tlj 9h30-12h, 14h-18h, ven 13h30-16h30 ; le reste de l'année, fermé le w-e.*
– ***Marché :*** *lun mat, av. Ledru-Rollin.*

Où manger ?

🍽 ***Domaine de Rombeau :*** *2, av. de la Salanque, D 12b. ☎ 04-68-64-35-35. • domainederombeau@wanadoo.fr • ♿ À 1 km du centre, en direction de Perpignan. Tlj midi et soir. Grand choix de menus 25-52 €.* 📶 Les La Fabrègue sont vignerons depuis 12 générations avec un succès jamais démenti. Alors, de la vente de vin à l'installation d'un resto, il n'y avait qu'un pas, et aujourd'hui, l'ensemble est loti dans leurs superbes chais du XVIIIe s. De fil en aiguille, leur notoriété est devenue telle qu'ils organisent aujourd'hui pas mal de réceptions. Alors forcément, ça dépote aussi bien en terrasse que dans la grande salle rustique. Cuisine catalane et grillades aux sarments à arroser d'un vin du domaine. Tout contribue au succès de la maison, jusqu'aux toilettes installées dans de grands foudres.

Achats dans les environs

Domaine du Vieux Chêne : *mas Kilo, 66600* ***Espira-de-l'Agly.*** *☎ 04-68-38-92-01. 06-08-57-17-34. À 3,5 km du village ; prendre la direction de l'A 9, puis « Toutes directions » ; c'est ensuite indiqué, sur la gauche. Tlj sf dim ap-m, 10h-12h, 16h-19h.* 3 appellations sont vendues par ce vigneron indépendant : muscat-de-rivesaltes, côtes-du-roussillon et vins de pays (rouge, blanc et rosé).

À voir

Le musée Joffre : *rue du Maréchal-Joffre. ☎ 04-68-64-24-98. Juil-août, mar-sam 10h30-12h, 15h-18h30. Entrée : 3 € ; réduc.* Petit musée installé dans la maison natale du grand homme. Pour les nostalgiques de la Grande Guerre.

Le mémorial du camp de Rivesaltes : *av. Christian-Bourquin, 66000* ***Salses-le-Château.*** *☎ 04-68-08-39-70. Ouv avr-oct tlj 10h-18h ; nov-mars, fermé lun. Entrée : 8 € ; réduc ; gratuit moins de 18 ans. Librairie et coin café. Audioguide.* Cet ancien camp militaire fut tour à tour camp de transit et d'internement pour les réfugiés espagnols dès 1938, centre d'hébergement surveillé pour les indésirables de Vichy, centre régional de rassemblement des juifs et des tziganes avant leur déportation à Auschwitz via Drancy, puis, retournement de l'histoire, à la fin de la guerre, il devint camp de prisonniers allemands. Dès 1954, il accueille des réservistes avant leur départ pour l'Algérie. En septembre 1962, il sert de camp de regroupement des harkis (près de 10 000 personnes dont la moitié sont des enfants) jusqu'en mars 1965. Il servira de centre de rétention administrative jusqu'en 2007. Aujourd'hui, les baraquements délabrés trônent encore dans la plaine balayée par la tramontane, vestiges qui permettent d'imaginer la souffrance endurée ici... Voici la France de la honte.

LES CAMPS, VERSION FRANÇAISE

Dès 1938, avant l'occupation allemande, le gouvernement Daladier ouvrit des camps pour les Espagnols qui fuyaient la guerre civile. À Argelès ou Rivesaltes, on enferma ces indésirables considérés comme dangereux. Ils y enduraient le froid, les maladies et la faim. Lors du régime de Vichy, on en profita pour y entasser aussi les juifs, les tziganes et, bien sûr, les communistes.

Un ***mémorial*** construit par Rudy Ricciotti, à l'architecture assez démesurée et volontairement austère, semi-enterré afin de ne pas altérer la vision aride du camp dominé en toile de fond par le Canigou, a ouvert récemment : un lieu de mémoire et de transmission sur l'histoire des diverses communautés ayant transité par le camp et, plus globalement, sur l'histoire du déplacement des populations au XXe s. Un équipement remarquable sur le plan historique et pédagogique. On ressort bouleversé et plus à même de comprendre la tragédie de tous les migrants du XXIe s. Au centre d'une salle tout en longueur, une grande table chrono-thématique lumineuse raconte l'histoire du camp et de ses occupants, son organisation, mais aussi les différents intervenants (Cimade, Croix-Rouge, œuvres de secours aux enfants) qui tentèrent d'adoucir les conditions de vie. Sur les murs sont projetés des films d'époque qui évoquent les quatre vagues d'occupation successives et les replacent dans leur contexte historique international. Surtout, prenez le temps d'écouter les témoignages très émouvants d'anciens internés sur leur passage dans le camp. Certains d'entre eux n'ont fait que fuir toute leur vie en raison de leurs origines, ballotés par l'histoire et une Europe dont les frontières fluctuaient au

gré des guerres. Ce sont leurs voix et leurs histoires personnelles qui humanisent la visite et nous font véritablement entrer dans le camp.
Le mémorial est aussi l'occasion de rappeler l'histoire des réfugiés dans le monde (60 millions en 2015) depuis la Première Guerre mondiale et le premier génocide massif, celui des Arméniens par la Turquie en 1915. Conséquence des guerres sur les civils ; le statut de réfugié fut institué en 1920 et le Haut-Commissariat aux Réfugiés créé en 1950. On vous conseille de faire le tour du camp à l'extérieur après avoir visité le mémorial. Il vous semblera plus « habité » par ces internés dont la seule faute est d'être nés ni au bon moment, ni au bon endroit.

Fêtes et manifestations

– ***Fête de l'Abricot :*** *1 j. mi-juil.*
– ***Fête du Muscat :*** *1 j. fin juil.* Initiations à la dégustation.
– ***Fête du Babau et marché médiéval :*** *1 j. début août.* Cavalcades, jeux géants, spectacles du Moyen Âge... et pour finir, embrasement du Babau, sorte de monstre du Loch Ness, mais « Loch Al » !
– ***Journée des saveurs authentiques :*** *1 dim mi-nov.* Grand marché de produits du terroir.

LA FORTERESSE DE SALSES *(66600)*

À 17 km au nord de Perpignan par la D 900. ☎ 04-68-38-60-13. Avr-sept, tlj 10h-18h30 ; oct-mars, tlj 10h-12h15, 14h-17h. Fermé 1er janv, 1er mai, 1er et 11 nov, et 25 déc. Entrée : 7,50 € ; réduc ; gratuit moins de 25 ans. Durée de la visite guidée (obligatoire) : 45 mn ; départ ttes les 30 mn (dernier départ 1h15 avt fermeture).
La forteresse de Salses est l'un des monuments les plus visités des Pyrénées-Orientales. Chef-d'œuvre d'architecture militaire unique en Europe, c'est le premier spécimen de fortification « rasante » (d'où l'on observe au loin sans être vu de loin). Elle fut edifiée, à la demande des Rois Catholiques, à la fin du XVe s, pour la défense du royaume d'Aragon, avec un système défensif intérieur et extérieur. Son génial architecte, un certain Francisco Ramiro Lopez, capitaine général d'artillerie, y engloutit 20 % du budget du royaume ! Il n'hésita pas, face à la menace du boulet métallique, à faire dresser des murailles de 12 m d'épaisseur à leur base ! Réputée imprenable, ou tout au moins indestructible, la forteresse de Salses connaîtra trois sièges, dont le dernier aboutit à la signature du traité des Pyrénées. Entre 1639 et 1642, sa garnison fit plus de 35 000 victimes parmi les troupes de Louis XIII venues l'assiéger ! Quand elle fut abandonnée aux Français, Vauban demanda l'autorisation de la raser. Devant l'impossibilité financière de la tâche, le roi y renonça. Dans les années 1680, sous le règne de Louis XIV, elle servit de prison d'État.
La visite est tout à fait instructive : elle met l'accent sur l'ingéniosité du système défensif. Une partie se fait librement, en complément du circuit à découvrir avec un guide, depuis le système hydraulique jusqu'à la laiterie en passant par la salle à manger du donjon. Avec la visite-conférence, découverte encore plus détaillée, évidemment.

Où manger ?

Restaurant La Loge : *38, av. Xavier-Llobères. ☎ 04-68-38-62-86. Sur l'av. principale. Fermé le soir dim-lun en basse saison. Congés : nov. Formule déj 14,50 € ; menu env 18 €.* Après l'austérité de la forteresse, changement de décor avec cette agréable salle XIXe s, ne lésinant ni sur les moulures ni sur les miroirs. Rien de sophistiqué dans l'assiette, une cuisine catalane goûteuse comme on aime : *boles de picolat* et excellente morue à l'aïoli, à la catalane ou à la tapenade, selon les jours et l'inspiration du chef. Accueil enjoué et sympathique.

CABESTANY *(66330)*

À 5 km à l'est de Perpignan.
Le Centre de sculpture romane : *parc Guilhem.* ☎ *04-68-08-15-31.* • *maitre-de-cabestany.com* • *Suivre le fléchage du centre culturel, puis finir à pied. Tlj sf lun, 10h-12h30, 13h30-18h30 (18h oct-avr). Entrée : 3 € ; réduc. Juil-août, visites contées mer à 10h30 et 15h.* Ce lieu magique bâti dans un ancien chai viticole retrace l'histoire du mystérieux Maître de Cabestany. L'occasion de voir et de toucher véritablement du doigt de fascinantes et parfaites reproductions de chefs-d'œuvre de sculptures du XIIe s : les chapiteaux généralement trop haut perchés, les tympans habituellement inaccessibles. La mise en lumière des pièces présentées donne au lieu toute sa magie. Visite passionnante qui peut être guidée ou contée.

PONTEILLA *(66300)*

À 12 km au sud-ouest de Perpignan.

Le Jardin exotique de Ponteilla : *impasse du Jardin-Exotique, route de Nyls.* ☎ *04-68-53-22-44.* • *jardinexotiquedeponteilla.com* • *Ouv de mi-avr à fin sept : juil-août, tlj 10h30 (14h sam)-19h (fermé 24-26 juin) ; le reste du temps, horaires variables, se renseigner. Entrée : 7,50 € ; réduc 4-12 ans.* Une flore variée et odorante de plus de 1 400 végétaux sur 3 ha et présentée de façon très pédagogique. Pour les enfants, jeu de piste accompagné sur des thèmes ludiques (qui changent régulièrement). Et tout autour du jardin, parcours ludique de 40 épreuves type Fort Boyard *(7 €).* Aires de pique-nique, snack.

ELNE *(66200)*

À 18 km au sud-est de Perpignan.
Dans l'Antiquité, Illibéris était si prestigieuse et célèbre que Hannibal, en route vers Rome, décida d'y faire une petite halte en 218 av. J.-C. Au IVe s, la cité prit le nom de *Castrum Helenae* en l'honneur de l'impératrice Hélène, mère de l'empereur Constantin, dont le fils Constant fut assassiné ici. Après les grandes invasions, les Wisigoths y installèrent le siège de l'évêché. La ville connut toutes les vicissitudes qui frappèrent le Roussillon durant le Moyen Âge, Aragon, Majorque, Espagne et France se disputant âprement la région. Philippe III le Hardi incendia la ville en 1285. En 1344, elle subit le siège du roi d'Aragon, celui de Louis XI en 1474 et de Louis XIII en 1641. En 1602, le siège épiscopal fut transféré à Perpignan. Il reste aujourd'hui quelques belles maisons groupées dans la ville haute et, bien sûr, la cathédrale et son cloître à ne pas manquer.

Adresse et info utiles

Office de tourisme : *2 bis, rue du Couvent.* ☎ *04-68-22-05-07.* • *elne-tourisme.com* • *Mai-sept, tlj ; hors saison, fermé w-e et j. fériés.* S'y procurer le plan de la ville indiquant un parcours jalonné d'anecdotes, sur les pas de Terrus, le peintre aquarelliste. Bonnes infos.
– **Marché :** *le mat lun, mer et ven (produits bio du terroir), pl. de la République.* Animé.

LES PYRÉNÉES-ORIENTALES

Où dormir dans le coin ?

Chambres d'hôtes Jonquères d'Oriola : *9, rue des Cavaliers, 66200* **Corneilla-del-Vercol.** ☎ *04-68-22-12-67.* • *ljonqueresdoriola@sfr.fr* • *bed-and-breakfast-corneilla.com* • *À 3 km au nord-ouest d'Elne. À côté de l'église. Double 75 € ; 1 suite (4 pers) 140 €.* Cette belle maison de maître au charme ancien, entourée d'un grand jardin, est la demeure du célèbre cavalier éponyme, double champion olympique. Chambres vastes et confortables, à la fois élégantes et conviviales. Accueil comme on aime : détendu et courtois. Le château voisin, domaine viticole, est habité par le frère du champion. Loue aussi des gîtes.

Le Château d'Ortaffa : *8, rue du Château, 66560* **Ortaffa.** ☎ *04-68-37-95-01.* *06-64-14-53-42.* • *chateau.ortaffa@gmail.com* • *chateau-ortaffa.com* • *À 5 km au sud-ouest d'Elne. Doubles 110-130 €. Café offert sur présentation de ce guide.* Michelle, ancienne antiquaire et décoratrice, a restauré et aménagé 4 chambres immenses aux salles de bains à peine moins grandes. Meubles en bois patiné, objets chinés, beaucoup de charme pour un cadre élégant et cossu. Belle terrasse pour prendre le petit déj devant la chaîne des Albères. Accueil aimable.

Le Chai Catalan : *14, rue du Château, 66560* **Ortaffa.** ☎ *04-68-87-19-13.* • *pascale.jacquot@wanadoo.fr* • *chai-catalan.fr* • *Doubles 90-110 €. Réduc de 10 % sur le prix de la chambre sur présentation de ce guide.* Réaménagé par un couple franco-britannique, cet ancien chai adossé au chemin de ronde du château confère à l'habitation une architecture originale. Organisées autour d'un atrium couvert par une verrière, les 4 chambres affichent une sobriété toute contemporaine, que viennent trancher des murs en pierre apparente. Piscine dans le jardin.

À voir

– ***Pass Illibéris :*** s'achète à l'entrée de chaque monument. *Prix : 8 € pour 3 sites (cloître, musée Terrus, Maternité suisse).* Également un *Pass Famille (16 € pour 2 adultes et 2 enfants).*

Le cloître et la cathédrale : ☎ *04-68-22-70-90.* *(tél avt). Tlj sf lun, 10h-12h30, 14h-18h30 (17h oct-avr). Fermé 10 j. début janv et certains j. fériés. Entrée : 4,50 € ; réduc. Document de visite remis à l'entrée ; version en braille pour les non-voyants. Visites guidées sur résa (• reservation@ville-elne.com •).*

Sans doute l'un des plus beaux du Roussillon, et surtout le seul, avec celui d'Arles-sur-Tech, à être intact sans jamais avoir été restauré. Construit du XIIe au XIVe s, il résume dans une harmonie étonnante l'évolution de la sculpture de l'époque. Il est en marbre blanc veiné de bleu de Céret. La galerie sud, la plus ancienne, est de style roman. Sur les chapiteaux, des motifs végétaux et animaliers, mais aussi la création d'Adam et Ève. Les thèmes sont les mêmes dans la galerie ouest, mais d'une facture différente : on sent le début du gothique. Il s'affirme dans la galerie nord pour triompher dans la quatrième galerie décorée de superbes chapiteaux illustrant des épisodes évangéliques : Annonciation, Visitation, Naissance de Jésus, Fuite en Égypte, Dormition de la Vierge...

Dans l'ancienne salle capitulaire, un petit musée présente des éléments retraçant l'histoire locale : archives, manuscrits et une admirable armoire liturgique. Également le résultat de fouilles menées sur la commune et la reconstitution d'un jardin médiéval avec ses plantes aromatiques.

Du cloître, on accède à la ***cathédrale Sainte-Eulalie*** *(ouv sinon slt pour la messe).* Consacrée au XIe s, elle se distingue par son clocher carré, son portail en marbre et son mobilier (superbe retable en bois peint du XIVe s, bénitier d'époque romaine, etc.). Remarquer, face à l'entrée latérale, la croix des outrages. Elle ne supporte pas le Christ crucifié mais les instruments de la Passion. Ce type de croix, en bois et de cette taille, est rare en France. En sortant par le cloître, grimper sur la *terrasse* pour découvrir l'ensemble d'en haut.

Le musée Terrus : *3, rue Porte-Balaguer. ☎ 04-68-22-88-88. • ville-elne.fr • Mêmes horaires que le cloître. Entrée : 3 € ; réduc. Atelier découverte pour les enfants sur résa.* Chouette petit musée de peinture régionale, où découvrir le travail d'Étienne Terrus (1857-1922), maître du paysage roussillonnais, qui a par ailleurs fréquenté Matisse. Expositions temporaires d'art contemporain.

Se promener ensuite dans le village pour admirer les vieux ***remparts*** qui contournent la colline et quelques belles maisons bourgeoises dans les faubourgs sud. La ville haute regorge de petits artisans : souffleur de verre, atelier de reliure d'art, biscuiterie artisanale « Les Cailloux du Tech » (spécialité de la ville)...

La Maternité suisse : *château d'en Bardou, route de Bages. ☎ 04-68-95-89-03. Mêmes horaires que le cloître. Entrée : 3,50 € ; réduc.* Un lieu de mémoire pour voir et comprendre le combat d'une femme, Élisabeth Eidenbenz, membre du Secours suisse aux enfants. Entre 1939 et 1944, elle convertira cette étonnante maison secondaire en maternité, offrant un répit à des réfugiées espagnoles épuisées par les privations endurées dans les camps de Rivesaltes et d'Argelès, puis à des femmes juives venues accoucher sous un faux nom. 597 enfants naîtront ici, avant qu'Élisabeth ne soit expulsée par les Allemands, et renvoyée par le Secours suisse pour incompétence ! Au rez-de-chaussée, elle raconte elle-même ce combat sur un enregistrement vidéo. À l'étage, des panneaux complètent son récit. Quel bel exemple !

Fête et manifestations

– ***Sardanes :*** *mer en juil-août, pl. de la République.*
– ***Festival Elne piano fortissimo :*** *3e sem de juil. • elne-piano-fortissimo.fr •* Trois jours où la cathédrale vibre des sonorités de grands pianistes.
– ***Fête des Vendanges :*** *début oct. ☎ 04-68-22-79-20.*

PALAU-DEL-VIDRE (66690)

À 23 km au sud-est de Perpignan (et à 5 km d'Elne).
« Palais du verre » en v.f., ce village perpétue la tradition des artisans verriers initiée au XIIIe s. Expo et démonstration de soufflage l'après-midi à l'*Atelier du Verre* *(plaça del Gall ; ☎ 04-68-22-13-02 ; avr-oct, tlj 10h-12h30, 14h30-19h)* et festival international des Arts du verre début août. *• palau-del-vidre.com •*

Où manger ?

L'Ancienne École : *20, av. Joliot-Curie. ☎ 04-68-22-34-09. • contact@ancienne-ecole.fr • Dans la rue principale. Tlj sf dim soir et lun (ferme slt lun midi juil-août). Congés : Noël-début fév. Formules 18 € (déj en sem)-36 €.* Belle cuisine du marché, fraîche, délicate et colorée, aux saveurs du Sud, servie avec soin entre les murs en pierre brute de l'ancienne école du village, ou sur la grande terrasse ombragée. Si l'atmosphère n'a rien d'empesé, chaque détail est étudié, jusqu'au café que l'on sélectionne à la carte.

LA CÔTE SABLEUSE DE PORT-BARCARÈS À ARGELÈS-SUR-MER

Souvent critiquée en raison des stations balnéaires pas toujours très belles qui la jalonnent, cette côte propose néanmoins l'une des plus longues et larges plages qui soient, un ensoleillement record et une baignade relativement sûre. De sérieux atouts en vérité, qui rassemblent bien des vacanciers, contents de se trouver là. Certes, rien de pittoresque à Port-Barcarès, trop bétonné, mais Canet-Plage ou Saint-Cyprien ne sont pas aussi vilains qu'on le dit. Il y règne d'ailleurs une ambiance plutôt débonnaire et sympa. Autre particularité de cette côte, le vent, la tramontane, qui fait le bonheur des véliplanchistes... mais aussi le malheur des autres car quand ça souffle, le sable cingle dur le visage et le reste...

PORT-BARCARÈS (66420) 4 160 hab. *Carte Pyrénées-Orientales, D1*

Station balnéaire née dans les années 1970, entre mer et étang. Des immeubles, des ensembles de bungalows en dur, un ou deux centres commerciaux... Bon, ce n'est pas merveilleux. Du côté de l'étang, le paysage est plus joli. Une seule curiosité au milieu des 8 km de plage, un paquebot ensablé, le *Lydia.* Ancien navire grec de 90 m, il fut remorqué jusqu'à son emplacement actuel pour incarner le dynamisme et l'originalité de la station.

ℹ ***Office de tourisme :*** *pl. de la République. ☎ 04-68-86-16-56. • portbarcares.com • Tte l'année tlj.*

DANS LES ENVIRONS DE PORT-BARCARÈS

L'ÉTANG DE LEUCATE-BARCARÈS

Entre Pyrénées-Orientales et Aude, l'étang de Leucate-Barcarès est très prisé des véliplanchistes. On y trouve un *téléski nautique* (à l'est, parc des Dosses) et on y pratique les dernières techniques de glisse *(wakeboard, wakeskate, kneeboard...).* Côté Leucate, en bordure d'étang, des ostréiculteurs vendent leur production.

CANET-EN-ROUSSILLON

(66140) 13 350 hab. *Carte Pyrénées-Orientales, D2*

• Plan *p. 69*

Il y a le bourg, *Canet-Village,* et, juste à côté, *Canet-Plage,* qu'on pourrait appeler Perpignan-Plage, tant les 12 km qui les séparent sont vite parcourus.

Dès les premiers beaux jours, les Perpignanais filent à Canet-Plage, et ça ne date pas d'hier puisqu'il y avait même, au début du XXe s, un tramway Perpignan-Canet. Deuxième ville du département, Canet voit sa population multipliée par quatre en saison. Pourtant, l'atmosphère y reste familiale et bon enfant, avec stands de bimbeloterie le long de la plage, mini-Luna Park pour les gamins... On s'en doute, le front de mer est du genre bétonné, mais sur l'arrière subsistent quelques canetoises, des anciennes maisons de pêcheurs. Et, surtout, la plage de 12 km de sable fin est superbe.
N'hésitez pas à faire un saut à Canet-Village, un peu à l'écart sur sa colline. C'est un joli patelin avec les ruines de son château vicomtal en pierre rousse, ses remparts en galets, ses ruelles étroites, son nouveau théâtre et une belle église du XIIIe s surmontée d'un imposant clocher crénelé.

Arriver – Quitter

➢ ***Bus pour Perpignan et la gare TGV :*** ligne 6. Nombreux départs tlj sf dim, 6h45-21h. Fréquences à peu près à l'identique au départ de Perpignan.

➢ ***Bus pour Barcares, Toreilles-Plage, Sainte-Marie-Plage :*** ligne 37 (arrêt devant la poste), en été slt. Horaires précis à l'office de tourisme.

Adresse et infos utiles

Office de tourisme *(plan A3)* ***:*** *à Canet-Plage, 1 bis, av. de la Méditerranée. ☎ 04-68-86-72-00. • ot-canet.fr • En été, tlj 9h-18h.* Infos sur les visites du vieux village, les activités. Également des visites commentées. Beau choix de docs et bon accueil.
– ***Marché traditionnel à la plage :*** *sur les Ramblas (face à l'office de tourisme) et aux abords mar, jeu et w-e 7h30-13h.*
– ***Marché au village :*** *mer et sam 7h30-13h.*
– ***Train-bus :*** plutôt que de devenir chèvre à chercher son chemin ou trouver une place, préférer le train-bus pour les déplacements en ville (payant). Dessert les principaux sites en ville, en été slt, 9h30-minuit (19h30 mai-juin et sept). Nombreux départs, nombreux arrêts *(rens à l'office de tourisme).* En hiver, le *Canet'on,* bus local, prend le relais sur les mêmes trajets (gratuit).

Où dormir ?

Campings

Nombreux campings, mais la station est délimitée au nord et au sud par les campings ***Brasilia*** (port) et ***Mar Estang*** (plage sud), 2 grosses structures offrant de belles qualités d'accueil.

De prix moyens à chic

Hôtel La Frégate *(plan A3,* ***7****)* ***:*** *12, rue Cerdagne, Canet-Plage. ☎ 04-68-80-22-87. • contact@hotel-la-fregate.fr • hotel-la-fregate.fr • ♿ Congés : 1er déc-15 janv. Doubles 62-107 € selon taille et saison. Parking payant.* Un petit établissement à taille humaine (27 chambres) légèrement en retrait du bord de mer. Pas de piscine, pas de vue mer, mais des chambres mignonnes et confortables (clim), refaites au goût du jour. Préférer celles avec douche, petites mais vraiment agréables. Petit déj servi en terrasse aux beaux jours. Resto.
Hôtel Saint-Georges *(plan B3,* ***6****)* ***:*** *45, av. de la Côte-Vermeille, Canet-Plage. ☎ 04-68-80-33-77. • hotel-stgeorges@orange.fr • hotel-stgeorges.com • Doubles 58-107 €.* Un hôtel bien situé face à la mer (il y a juste la route à traverser). Chambres étroites et simplettes mais propres et claires, assez différentes les unes des autres. Certaines regardent la

mer, d'autres ont un balcon, 2 à l'arrière disposent d'une petite terrasse. Piscine de poche.

Plus chic

Host & Vinum *(plan B3, **8**) : 34, av. du Roussillon. ☎ 04-68-80-32-63. • contact@hostetvinum.com • hostetvinum.com • (resto slt). Fermé dim soir-lun hors saison. Doubles 83-350 € selon taille et saison. Formules déj en sem 23-29 € ; menus 39-65 €. Parking payant. Apéritif offert sur présentation de ce guide.* Établissement de charme au confort contemporain, installé dans une grande bâtisse en retrait de la mer, au milieu d'un petit parc planté de pins. Chambres au chic champêtre, avec boiseries faussement patinées et, pour certaines, une terrasse. Bar à vins, et resto gastronomique dans une belle véranda s'ouvrant sur le jardin. Piscine.

Hôtel Mar i Cel *(plan A3, **9**) : pl. de la Méditerranée, Canet-Plage. ☎ 04-68-80-32-16. • contact@hotelmaricel.com • hotelmaricel.com • Congés : début d'année. Doubles 82-142 € selon saison, confort et orientation. Remise de 10 % sur le prix de la chambre (hors juil-août) sur présentation de ce guide.* Vu son emplacement, on pourrait s'attendre à des prix coup de bambou. Ce n'est pas le cas, et les chambres supérieures avec terrasse sont d'un bon rapport qualité-prix. Pour toutes celles qui se trouvent à l'avant, vue sur la mer et le ciel !

Où manger à Canet et dans les environs ?

La Vigatane *(plan B1, **15**) : 2, rue des Remparts, Canet-Village. ☎ 04-68-73-16-30. • vigatane@wanadoo.fr • Hors saison, ouv mer-dim ; en été, ts les soirs plus le midi dim et j. fériés. Résa conseillée (même en hiver). Formules déj 11-18 € ; menu 25 € ; carte env 30 €. Digestif maison offert sur présentation de ce guide.* Quelle adresse ! Un lieu, vieille maison aux épais murs de pierre et sa terrasse. Un décor, exubérant, avec un petit train jaune miniature qui fait le tour des plafonds, une *torera* blonde au balcon, une sandale géante (la fameuse *vigatane*). Le poisson saute *a la plancha,* la viande grille sous vos yeux, dans l'immense cheminée aux côtés de laquelle trônent d'énormes miches à l'ancienne. Une auberge rigolarde et atypique pour gueuleton de copains, que l'on pourrait qualifier de « théâtre gastronomique ».

Le Bouchon Catalan *(plan A3, **17**) : 18, av. de la Méditerranée, Canet-Plage. ☎ 04-68-73-37-16. • lebouchoncatalan@gmail.com • Fermé lun en saison, sinon mar-mer. Congés : janv. Formules déj en sem 14-19 € ; carte 40-45 €. Apéritif maison offert sur présentation de ce guide.* Joli cadre coloré et aéré, avec ses toiles bayadères en guise de chemins de table et sa grande terrasse sur la rue. Mais on vient surtout pour la pêche du jour et la cuisine typiquement catalane, délicatement rehaussée d'une pointe de créativité.

Can Marcel *(plan B3, **18**) : 1, av. de la Côte-Vermeille. ☎ 04-68-80-64-55. Tlj sf dim soir et lun. Congés : 20 déc-20 fév. Résa indispensable. Carte slt 30-40 €. Apéritif maison offert sur présentation de ce guide.* S'il est un resto en ville où il faut manger du poisson, c'est bien celui-ci. D'ailleurs, la clientèle y est essentiellement locale. Le patron sélectionne scrupuleusement ses fournisseurs et cultive son réseau pour proposer poissons et fruits de mer d'une fraîcheur indiscutable : poissons grillés, *parillades, zarzuela,* calamars farcis, *suquet* de lotte, *fideus* (paella mais avec des pâtes). Pas donné mais pas volé.

Estelle de Mar – club de plage *(hors plan par A3, **20**) : plage du Mar Estang (Sud). ☎ 04-68-62-21-59. De l'Ascension au 3e w-e de sept, tlj 9h-19h non-stop, plus ven soir. Parking juste en face de l'hôtel thalasso Les Flamants Roses.* Reconnaissable à ses tentures tendues comme des voiles, c'est sans doute l'un des endroits les plus agréables de Canet-Plage. Si les clubs de plage inspirent rarement confiance

LES PYRÉNÉES-ORIENTALES

CANET-EN-ROUSSILLON

Où dormir ?

- **6** Hôtel Saint-Georges
- **7** Hôtel La Frégate
- **8** Host & Vinum
- **9** Hôtel Mar i Cel

Où manger ?

- **15** La Vigatane
- **17** Le Bouchon Catalan
- **18** Can Marcel
- **20** Estelle de Mar – club de plage

et sont souvent synonymes de prix élevés, celui-ci est bien apprécié des Canetois. Cadre intime, espaces salons et larges fauteuils, musique lounge en fond sonore discret, coin jeux enfants, et une bonne cuisine du marché (salades, grillades, *planchas*, snacks, belles coupes de glace et cocktails).

Les Baraquettes de Torreilles-Plage : *à 7 km au nord de Canet, sur la plage, ou plus exactement sur l'une des 3 plages de* ***Torreilles*** *(66440). Pour accéder à la plage du centre et du nord, depuis le grand rond-point de Torreilles, continuer toujours tt droit (pour la plage du nord, suivre le chemin de terre qui part à gauche du parking de la plage du centre). Pour accéder à la plage du sud (la plus éloignée et la plus sauvage), après le grand rond-point de Torreilles, prendre la 1re à droite, puis le 2e chemin de terre sur la gauche. Mai-sept, tlj midi et soir.* Plusieurs bars-restos-paillotes posés sur le sable. Bruit des vagues, transats et ciel étoilé... le rêve (qui a tout de même un coût...). En vrac, sur la plage du sud, ***Zaza Club*** *(☎ 04-68-59-21-45)*, une institution, et ***Le Maya*** *(☎ 04-68-34-71-62)*. Sur la plage du centre, **La Baraquette** *(☎ 04-68-28-25-27)* et l'**Ovalie Beach** *(06-03-78-80-22)*. Sur la plage nord, ***Casa Pardal*** *(☎ 04-68-28-49-10)* et **Le Chiringuito,** peut-être le plus relax *(06-08-13-06-85)*.

Où boire un verre ?

La plupart des bars sympas sont regroupés dans un tout petit périmètre, la galerie Cassanyes *(plan A3)*, dans sa partie piétonne, coincée entre les rues du Vallespir et de Cerdagne. Communément appelée rue de la Soif, bonne ambiance à l'apéro ou en after. Outre l'*Ice Bar* (sculpté dans des blocs de glace, gare au choc thermique), citons, parmi les plus sympas, l'incontournable ***Mer à Boire.***

À voir. À faire

L'arboretum du Mas Roussillon *(hors plan par A3)* **:** *route de Villelongue-de-la-Salanque. ☎ 04-68-64-32-82. Accès par la route principale (D 617), direction Perpignan, puis sortie n° 4 (indiqué « Crématorium », puis direction Villelongue-de-la-Salanque). Tlj 9h-20h. GRATUIT.* Géré par une association de bénévoles canetois, ce parc botanique de 11 ha abrite des espèces exceptionnelles issues de tous les continents. Parmi les plus originales figurent le pin de Wollemi *(Wollenia nobilis)* découvert en Australie dans les années 1990, qui existait déjà au temps des dinosaures, et le *Pinus coulteri,* qui génère les plus grosses pommes de pin au monde. Celui du parc devrait à terme en produire de plus de 30 cm de long ! Également, une collection de variétés rares et anciennes de fruitiers. Dans l'espace aquatique trône le plus grand nénuphar du monde, le *Victoria regia,* originaire d'Amazonie, qui atteint plus de 2 m de diamètre en été. Quelle étonnante nature ! Une balade qui vaut vraiment le détour, et surtout une belle leçon d'entraide communautaire que la gestion de ce parc. Régulièrement, et en fonction des saisons, l'arboretum propose de venir cueillir soi-même ses fruits !

L'aquarium *(plan B3)* **:** *bd de la Jetée. ☎ 04-68-80-49-64. • aquarium-canet.com • Sur le port. Tlj 10h-12h, 14h-18h (juil-août, tlj 9h30-20h30). Entrée : 6,50 € ; 5,50 € enfant.* Pas très grand et plutôt sympa. Faune aquatique de la Méditerranée, de l'océan Pacifique, Indien et de la mer Rouge. Vous saurez tout sur la vie quotidienne des piranhas ou des poissons-chirurgiens (en cas de morsure des premiers !)...

L'étang de Canet-Saint-Nazaire *(hors plan par A3)* **:** *à 2 km de Canet-Plage, en direction de Saint-Cyprien-Plage. Accès libre. Cabane d'exposition (juin-sept, tlj 9h30-12h30) avec possibilité de visite guidée mar et jeu en juil-août (env 3 €) ; rens au ☎ 04-68-08-61-61.* Propriété du Conservatoire du littoral, l'étang de Canet-Saint-Nazaire présente un intérêt écologique majeur. Au printemps et en automne, près de 200 espèces d'oiseaux migrateurs, dont des flamants roses, font une halte dans cette vaste lagune. Hérons pourprés, busards des roseaux, échasses blanches... y nichent. Sentier de découverte, et exposition aménagée dans une ancienne cabane de pêcheur.

– ***Observation des baleines :*** aussi étonnant que cela puisse paraître, les majestueux cétacés croisent au large de Canet. Possibilité d'aller les observer, ainsi que dauphins, macareux... en catamaran d'avril à octobre. *Rens à l'office de tourisme ou sur • decouverteduvivant.fr •*

SAINT-CYPRIEN (66750) 10 640 hab. *Carte Pyrénées-Orientales, D2*

Grosse station balnéaire, dont le port de plaisance est considéré comme le deuxième de la côte française méditerranéenne avec 2 200 anneaux (Seigneur !). Bel équipement sportif (golf, complexe sportif, équitation, toutes activités nautiques). Ambiance familiale et sportive donc, et puis 6 km de plage, ça vaut le coup ! La station est labellisée Tourisme et Handicap.

Adresse et infos utiles

Office de tourisme : *quai Arthur-Rimbaud. ☎ 04-68-21-01-33. • tourisme-saint-cyprien.com • Tlj (sf dim sept-juin), 9h-12h (13h été), 14h-18h (19h été).* Nombreuses brochures à dispo (dont une doc répertoriant toutes les bornes wifi en ville), plan de la station et programme des activités estivales. Un office dynamique.

– ***Vente de poissons frais :*** *tte l'année sur le quai le mat.*

– ***Marché de produits du terroir :*** *juil-août, lun 17h-minuit, sur le port.*

– ***Marché gourmand :*** *lun mat en juil-août.*

– ***Marché nocturne artisanal :*** *juil-août, mer pl. Maillol.*

– ***Belle initiative :*** un **bus** (ligne 410) mis en service par le conseil général circule quotidiennement en juillet-août, 8h15-21h30, entre Saint-Cyprien et Banyuls-sur-Mer, via Collioure, Port-Vendres et Argelès-Plage. Prix : 1 €. *Rens : ☎ 04-68-80-80-80. • ledepartement66.fr •*

Où dormir ?

Le Belvédère : *rue Pierre-Benoît. ☎ 04-68-21-05-93. • hotelbelvedere@wanadoo.fr • hotellebelvedere.com • Au village, à 3 km de la plage (visez le château d'eau !). Navette municipale gratuite tlj en été pour la plage. Congés : de mi-oct à fin nov et de mi-janv à mi-mars. Doubles 39-89 €. Remise de 10 % sur le prix de la chambre hors juil-août sur présentation de ce guide.* Hôtel familial des années 1970 bien entretenu, perché au calme sur une colline. Chambres confortables qui ont fait l'objet d'un petit lifting, avec terrasse et vue sur la mer ou la montagne. Petite piscine. Resto. Accueil aimable. Un bon rapport qualité-prix dans le coin.

À voir

Les Collections de Saint-Cyprien : *rue Zola. ☎ 04-68-21-06-96. • collectionsdesaintcyprien.com • Tlj sf lun, 14h-18h (15h-19h juil-août). Entrée : 4 € ; réduc.* Musée consacré à l'art contemporain et moderne. Les nombreuses expositions temporaires s'appuient sur les artistes du territoire et les réserves, riches de peintures des XIXe et XXe s : Desnoyer, Utrillo, Marquet...

Le Jardin des plantes – Les Capellans : *rue Verdi (près du grand stade). ☎ 04-68-37-32-00. Tlj sf lun oct-mars, 13h30-19h mai-sept, 20h juil-août, 17h ou*

18h selon les mois le reste de l'année. GRATUIT. Une balade rafraîchissante dans un touffu jardin « extraordinaire » de 4 ha, ancien parc de la villa des Capellans. Belles essences parmi lesquelles un cèdre pleureur, un if du Japon ou encore un séquoia géant. Également une pièce d'eau, une bambouseraie et une roseraie, parmi lesquels se promènent des paons blanc et vert de Java.

ARGELÈS-SUR-MER

(66700) 10 110 hab. *Carte Pyrénées-Orientales, D2*

Cette station balnéaire parmi les plus importantes du golfe du Lion a deux visages. Argelès-sur-Mer, authentique vieux village catalan, avec son église gothique méridionale du XIVᵉ s, Notre-Dame-del-Prats. Tout autour, de vieilles maisons aux tons ocre, quelques commerces et bonnes tables. Et Argelès-Plage, qui voit déferler les amateurs de coups de soleil et de baignade. La plage, superbe, la longue esplanade arborée ainsi qu'une assez grande pinède allègent la note salée du béton et des avenues façon ville nouvelle. À noter que la station dispose du label Handiplage, un secteur ayant été adapté pour l'accès des personnes handicapées moteur.

Adresses et info utiles

Office de tourisme : *pl. de l'Europe, Argelès-Plage. ☎ 04-68-81-15-85. • argeles-sur-mer.com • En été, tlj 8h30-20h ; en hiver, fermé sam ap-m et dim.* Guide des randonnées dans l'arrière-pays d'Argelès (payant). Brochure pour les enfants, doc sur les environs.

Location de vélos : Vélocation, *galerie commerciale Central Beach, 187, av. du Tech, Argelès-Plage. ☎ 04-68-81-61-61. • velocation.fr • À deux pas de l'office de tourisme.*

– **Vente de poissons frais :** *sur le port tte l'année.*

Où dormir ?

Campings

Près de 60 campings (plus de 50 000 personnes) ! La plus grosse offre d'Europe. Et en été, ils sont complets. Liste exhaustive à l'office de tourisme. Rassurez-vous : à ce niveau de concurrence, si tous n'ont pas un charme fou ni des prix raisonnables, les responsables sont pros et la plupart des campings sont classés en 3 ou 4 étoiles.

De prix moyens à chic

Le Fanal : *50, av. Torre-d'en-Sorra, plage du Racou. ☎ 04-68-81-00-16. • lefanal66@free.fr • fanal-racou.com • Congés : oct-mars. Doubles 70-95 € selon vue et saison.* Sympathique petit hôtel de bord de mer, installé sur la plage la plus sympa de la station, celle du Racou, qui a snobé les immeubles pour de petites villas pied dans le sable. Chambres coquettes, claires et fraîches, en bleu et blanc évidemment, avec clim, TV et de belles douches à l'italienne. Les plus agréables s'ouvrent sur de grandes terrasses avec vue sur la mer, par-delà les toits de tuiles. Bar-resto au rez-de-chaussée et accueil tout sourire. Ça sent bon les vacances...

Hôtel Le Nid : *10, rue des Grives, Argelès-Village. ☎ 04-68-81-27-37. • contact@hotel-lenid.com • hotel-lenid.com • ♿ Congés : déc-janv.*

Doubles 41-75 € selon saison. On ne sait si l'hôtel tient son nom des rues d'oiseaux alentour, mais on s'y sent en tout cas dans un petit cocon familial bien agréable. Bref, comme dans un... nid. Pas le grand luxe, mais de petites chambres impeccables, très calmes à l'arrière et avec terrasse pour certaines. Bon niveau de confort (clim, TV). Accueil attentionné et adorable. Tout cela à quelques encablures à pied du centre-ville.

Chambres d'hôtes Mas Senyarich : *mas Senyarich. ☎ 04-68-95-11-10. • lesgitesdargeles@orange.fr • mas-senyarich.fr • À 2,5 km d'Argelès-Village. Prendre la direction de Sorède ; juste après le passage sous la voie ferrée, continuer tt droit et suivre le fléchage. Congés : oct-mars. Doubles 80-85 €.* Paumée sur les hauteurs, dans un écrin de verdure, au bout d'un petit chemin boisé, une belle maison dominant Argelès et la mer. Y logent 3 chambres charmantes, certaines avec vue sur la Méditerranée et la piscine, et 2 gîtes. Accueil discret. Une bonne adresse non loin des plages.

Auberge du Roua : *46, chemin du Roua. ☎ 04-68-95-85-85. • magalie@aubergeduroua.com • aubergeduroua.com • À 2 km d'Argelès-Village, direction Sorède. Juste après le passage sous la voie ferrée, suivre le fléchage. Congés : de mi-nov à début fév. Resto ouv ts les soirs, plus dim midi. Doubles 79-115 € ; également des suites 189-229 €. Menus 27-59 €.* En pleine nature et au pied des Albères, un bel hôtel situé dans une très jolie bâtisse du XVIIIe s. Chambres modernes bien équipées, certaines avec vue sur la piscine et les vignes. Petit déj servi en terrasse, au bord de la piscine, dans un environnement paisible. Cuisine gastronomique. Une adresse de charme.

Hôtel Odalys Les Albères : *chemin de Neguebous. ☎ 04-68-95-31-31. • hotel.lesalberes@wanadoo.fr • odalys-vacances.com • Congés : nov-mars. Doubles 66-102 € ; également des séjours à la sem en résidence-club (voir le site internet). (payant pour la résidence, gratuit pour l'hôtel).* Village-club implanté au cœur d'un parc arboré de 10 ha, à 4 km d'Argelès-Village et des plages. Dans la partie hôtel, chambres climatisées avec TV et coin cuisine. Loue également des apparts, villas et bungalows. Belle et grande piscine extérieure, et nombreuses infrastructures de loisirs (minigolf, boulodrome, ping-pong, terrain de foot, terrain multisport, tennis...). Centre balnéo (soins en supplément).

De chic à plus chic

Grand Hôtel du Golfe : *route de Collioure. ☎ 04-68-81-14-73. • contact@grandhoteldugolfe.com • hoteldugolfe-argeles.com • Juste après l'Hôtel Les Mouettes. Congés : nov-mars. Doubles 85-179 € selon confort et saison.* Pour donner une atmosphère si élégante, si apaisante à un bloc de béton des années 1970, il fallait un réel talent et un sens artistique prononcé ! C'est la propriétaire, artiste peintre et viticultrice, qui a tout relooké. Le pari est gagné ! Belles chambres confortables (clim, w-c séparés, etc.) et bien isolées, dont la plupart bénéficient d'une vue sur la mer. Belle piscine chauffée, spa, hammam, massages, resto raffiné lové dans une salle baignée de lumière. Tout a été parfaitement pensé...

Où manger à Argelès et dans les environs ?

À Argelès-Village

Le Coup de Fourchette du Cayrou : *18, rue du 14-Juillet. ☎ 04-68-81-34-08. • aubergeducayrou@aol.com • Tlj sf dim. Menus 22-25 € le midi, 39-42 € le soir. Apéro offert sur présentation de ce guide.* Notre coup de cœur en ville, et sans doute l'une des plus belles surprises de la région. Dans une vieille maison de village, vaste salle aux tables espacées joliment dressées, dans un cadre relooké contemporain qui tranche avec un nom plutôt « terroir ».

LES PYRÉNÉES-ORIENTALES

Or, le chef, s'il s'en inspire, s'émancipe largement en l'agrémentant d'une belle pointe de créativité, et ce dès l'épatant premier menu. Généreux, équilibré (poisson et viande en demi-portions mais largement suffisantes), un sans-faute de l'entrée au dessert. Accueil adorable et professionnel.

La Bartavelle : *24, rue de la République. 06-19-25-70-13. • restaurantlabartavelle@gmail.com • Fermé le midi sf j. fériés en saison, dim-lun et le midi mar, jeu et ven hors saison. Résa indispensable. Menus 28-37 € ; carte env 40 €.* Un petit resto de poche qui a su se faire sa place au soleil derrière sa devanture gris souris. 16 couverts seulement, dans un décor de bistrot contemporain, pour une cuisine de marché récréative assez simple le midi, plus élaborée le soir. Le terroir est à l'honneur, bien entendu, travaillé, réinterprété selon les envies du chef Thibault Lesage.

The Flowers : *59, rue Victor-Hugo. ☎ 04-68-81-05-79. • leflowers.canteloube@gmail.com • Tlj en saison, sf lun en basse saison. Formule et menu avec buffet de crudités 12-15 € le midi ; autres menus 19,50-29 €.* Dans un cadre relooké, une petite adresse dynamique et pas chère à l'écart de l'activité touristique. Cuisine aux horizons culinaires élargis, simple et efficace (salades, viandes et poissons grillés, buffet d'entrées et de desserts le midi). Beau choix de vins de régions très abordables. Terrasse à l'arrière. Un bon plan pas cher.

À Argelès-Plage

Le Cactus Bleu : *31, av. de la Torre-d'en-Sorra, plage du Racou. ☎ 04-68-95-77-86. Tlj sf lun hors juil-août. Congés : fin sept-début mai. Repas max 15 €.* Un petit resto ouvert sur la route, avec quelques tables pimpantes et des ardoises à contenter toutes les faims et toutes les envies : tartines, salades, crêpes au sarrasin, au froment, yaourts frappés aux fruits, glaces. Produits frais, portions généreuses, accueil sympathique comme tout et... crêpes comme en Bretagne ! Une bonne adresse pas chère.

Restaurant Menje Ecaille : *29, av. Torre-d'en-Sorra. ☎ 04-68-81-41-23. Ouv d'avr à mi-oct, tlj en saison. Fermé mer et jeu midi hors saison. Carte env 30-40 €.* Un bistrot de poissons dans l'esprit paillote, où l'ardoise tourne en fonction de la pêche. Que du frais, donc, et une cuisine raffinée misant sur la qualité.

Au port

La Llonja : *résidence La Réal (lot nº 4), le long du port de plaisance. ☎ 04-68-87-22-25. • blanchin.louispierre@neuf.fr • Congés : janv-fév. Formule déj 15,90 € ; menus 23-40 €.* Ici le poisson est roi : calamars *a la plancha, mariscada, parillada* et toute une déclinaison autour du thon frais. Mais les carnivores ne sont pas oubliés. Et encore de belles salades servies en version XL, ou une formule tapas pour un apéro dînatoire. Produits extra-frais.

Dans le coin

Voir plus loin 2 adresses à ne pas rater à Saint-André, dans les Albères.

À voir. À faire

La Maison du patrimoine (Casa de l'Albera) **:** *au village, 4, pl. des Castellans. ☎ 04-68-81-42-74. Juin-sept et vac scol de Pâques, mar-sam 10h-13h, 14h-18h ; le reste de l'année, horaires réduits. Entrée : 3 € ; réduc. Propose des visites guidées du vieux village et d'Argelès-Plage tte l'année sur résa. Tarif : 4 € ; gratuit moins de 13 ans. Durée : 2h.* Un espace muséographique consacré aux Albères, ce massif montagneux à cheval entre la France et l'Espagne. Hommage donc aux hommes et aux femmes qui ont forgé l'identité de ce territoire au cours des siècles. Expos temporaires également.

Les plages : il y a celle de la station elle-même, mais n'oublions pas celle du **Racou** entre Argelès et Collioure, grande et agréable (pas d'immeubles en front de mer, mais de modestes villas).

Manifestation

– ***Les Déferlantes :*** *3 j. mi-juil. • festival-lesdeferlantes.com* • Festival de musiques actuelles en plein air, qui voit chaque année défiler pointures françaises et internationales.

DANS LES ENVIRONS D'ARGELÈS-SUR-MER

Le mémorial du camp d'Argelès-sur-Mer : *chemin de Valmy, à 3 km au sud d'Argelès, entrée sur la gauche en arrivant au pied du château, espace Jules-Pams. ☎ 04-68-95-85-03. ♿ Tte l'année, mar-sam 14h-18h. Fermé les j. fériés oct-mai et entre Noël et Nouvel An. GRATUIT.* Un lieu consacré à l'épisode douloureux de l'histoire d'Argelès-sur-Mer : l'internement de républicains espagnols ayant fuit le franquisme en 1939 (200 000 pers). L'espace, divisé en deux zones, l'Espagne et la France, a pour objectif de matérialiser le travail de recueillement et de mémoire, de manière pédagogique, accessible à tous les publics. La partie Espagne permet aux visiteurs de comprendre le contexte historique, grâce à des panneaux et des visuels, expliquant les causes de la guerre civile et le franquisme. Une carte interactive en relief et une frise chronologique complètent les explications. Sur la cloison qui symbolise la frontière, sont placardées les coupures de presse de l'époque, la guerre d'Espagne ayant été le premier conflit fortement médiatisé. L'accent est mis sur la manière dont les médias ont relaté ce drame. La partie France est consacrée au camp d'internement, avec ses baraquements qui se dressaient sur la plage nord d'Argelès-sur-Mer. Des visuels, des documentaires télévisés, une fresque chronologique et un livre numérique présentent les conditions de vie dans le camp. Au fond de la salle, une expo temporaire met l'accent sur un thème particulier. Instructif et émouvant.

La réserve naturelle du mas Larrieu : *au nord d'Argelès. Visite guidée jeu de début avr à mi-sept (4 €, gratuit moins de 13 ans) ; rens à l'office de tourisme.* S'étend sur 145 ha de part et d'autre de l'embouchure du Tech. Quelques panneaux explicatifs. Côté plage, c'est une zone mixte, où « non-textiles » et « textiles » (comprendre naturistes ou pas) se côtoient pacifiquement.

➢ Nombreuses ***randonnées*** dans les environs : dolmen de la Cova-de-l'Alarb, chapelle Saint-Laurent-du-Mont (XIIe s), ermitage Notre-Dame-de-Vie (Xe s), vestiges du château Taxo d'Avall, sentier du littoral... Lire également plus loin « Les Albères ». Topoguide en vente à l'office de tourisme.

LA CÔTE VERMEILLE

Un hommage à la couleur de sa roche brûlée par le soleil... Déroulant jusqu'à l'Espagne ses collines sculptées en terrasses pour la vigne, cette côte tortueuse fut d'abord célébrée par les artistes installés à Collioure puis, plus récemment, par les amateurs des bons vins de Banyuls.
Le littoral égraine peu de plages mais un chapelet de criques et de vieux ports de pêche, plutôt bien préservés. Ici, le charme méditerranéen a encore (presque) tous ses droits, malgré l'affluence estivale. Ajoutez d'admirables panoramas et de belles randonnées dans l'arrière-pays, et vous comprendrez que cette Côte Vermeille est à voir.

LES PYRÉNÉES-ORIENTALES

Comment y aller ?

➢ ***En voiture :*** Collioure est à 25 km au sud-est de Perpignan. Prendre la D 914 (ancienne N 114) : voie express jusqu'à Port-Vendres puis petite route panoramique jusqu'à Cerbère.

➢ ***En train :*** nombreux trains quotidiens entre Perpignan et Collioure. Trajet : env 20-25 mn. Ensuite, continuation vers l'Espagne via Port-Vendres, Banyuls, Cerbère. Quelques trains venant de Narbonne ou de Paris.

➢ ***En bus :*** lun-sam, 12-15 bus/j. (1 seul dim) de Perpignan à Banyuls-sur-Mer (ligne 400), via Elne, Argelès-Village, Argelès-Plage, Collioure et Port-Vendres. 3 poussent jusqu'à Cerbère. 1er départ de la gare routière de Perpignan à 6h50 en sem, dernier départ à 19h30. Trajet : env 1h15. *Rens : ☎ 04-68-80-80-80. • ledepartement66.fr •*

– ***Belle initiative :*** un bus (ligne 410) mis en service par le conseil général circule en juil-août tlj 9h-21h30 sur la Côte Vermeille et dessert Collioure, Port-Vendres et Banyuls-sur-Mer (2 arrêts). Le même bus dessert Argelès et Saint-Cyprien. Départs fréquents. Prix : 1 €. *Rens : ☎ 04-68-80-80-80. • ledepartement66.fr •*

COLLIOURE

(66190) 3 070 hab *Carte Pyrénées-Orientales, D2*

• Plan *p. 77*

Son site, dont la beauté égale la célébrité, lui a valu le titre de « joyau de la Côte Vermeille ». Le dôme rose de son curieux clocher, les plages de sa vieille ville, son château royal, son adorable port aux barques colorées et sa lumière ont séduit de nombreux peintres. Collioure fut à Picasso la muse que Cadaquès était à Dalí. Aujourd'hui, l'ancienne ville espagnole fait surtout les délices des touristes et de quelques pinceaux de plus ou moins bon goût qui croquent les rues dès l'arrivée des beaux jours.

DES FAUVES EN LIBERTÉ

Débarquant à Collioure en 1905, Matisse fut ébloui par l'extraordinaire lumière caressant la ville. Il saisit vite qu'une nouvelle voie s'ouvrait à lui. Car ici tout est couleur : maisons roses comme la terre, volets verts, carrés de mer et de ciel réunissant toutes les nuances de bleu. Avec ses amis Derain, Vlaminck ou Braque, il libéra enfin la couleur de ses conventions. Les fauves étaient lâchés ! Au grand dam des académiciens et critiques parisiens, le fauvisme est né ici.

Adresses et infos utiles

ℹ ***Office de tourisme*** *(plan B2) : pl. du 18-Juin. ☎ 04-68-82-15-47. • collioure.com • Dans la vieille ville. En principe, avr, mai, juin, oct tlj 9h15-17h45 (10h-18h dim) ; oct-mars, lun-sam 9h-12h, 14h-18h. Juil-sept tlj 9h15-18h45 (dim 10h15-17h45).*

Gare SNCF (plan B1) : *à env 200 m de la vieille ville. ☎ 36-35 (0,34 €/mn).*

■ ***Poste de secours :*** *sur ttes les plages. ☎ 04-68-82-17-69 (juin-sept slt).* En cas de pépin.

– ***Stationnement :*** *cher ! Grand parking payant près du vieux port mais toujours plein en été ; parking du stade à 8 €/j. ; parking de délestage (tarification à l'heure) au cap Dourats, à env 2 km de la ville. Navettes (mai-sept) gratuites. Ailleurs, on paie aussi, mais durée limitée à 4h max.*

– ***Marchés :*** *mer et dim mat, pl. du Maréchal-Leclerc.*

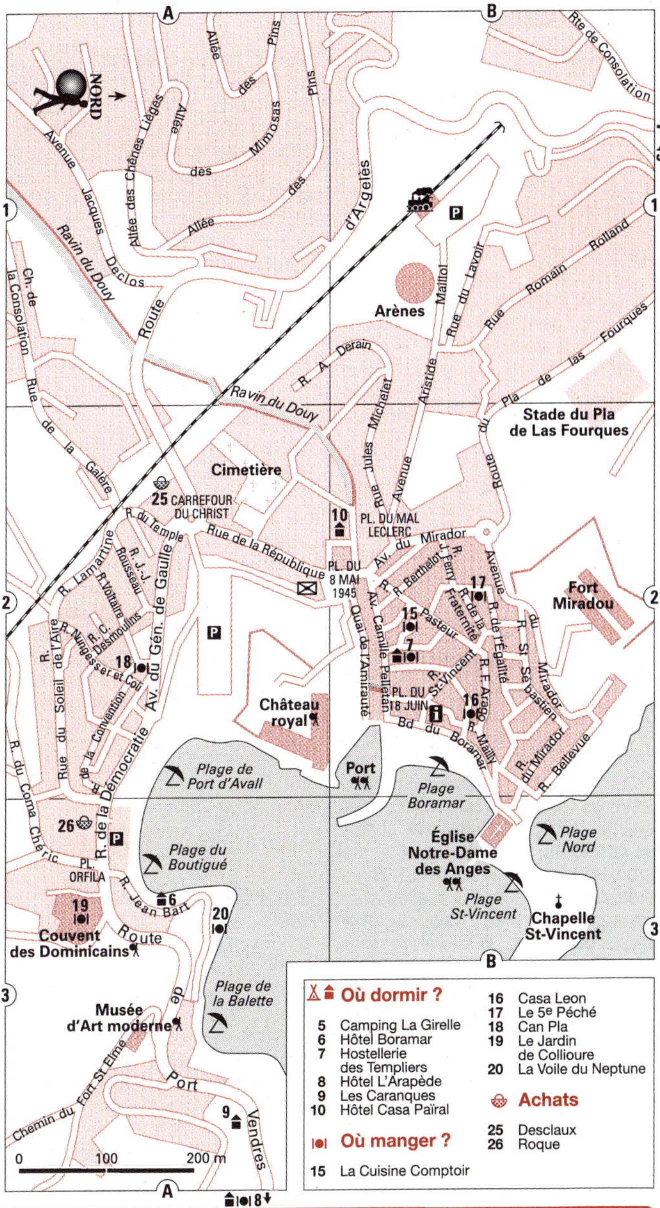

Où dormir ?

5 Camping La Girelle
6 Hôtel Boramar
7 Hostellerie des Templiers
8 Hôtel L'Arapède
9 Les Caranques
10 Hôtel Casa Païral

Où manger ?

15 La Cuisine Comptoir
16 Casa Leon
17 Le 5e Péché
18 Can Pla
19 Le Jardin de Collioure
20 La Voile du Neptune

Achats

25 Desclaux
26 Roque

COLLIOURE

Où dormir ?

Camping

Camping La Girelle (*hors plan par B1*, **5**) **:** *plage de l'Ouille.* ☎ *04-68-81-25-56.* • *campinglagirelle@orange.fr* • *À env 2,5 km du centre-ville ; en venant de Perpignan par l'ancienne route, à gauche avt Collioure direction plage de l'Ouille (fléché). Ouv avr-début oct. Compter 31 € pour 2 en hte saison ; loc de caravanes 399-429 €/sem. Chalet 590 €/sem. Non accessible aux camping-cars (route étroite). 39 empl. Apéritif maison offert sur présentation de ce guide.* Terrain en terrasses un peu caillouteux, c'est normal : on est sur la Côte rocheuse... et pourtant, la plage est à vos pieds ! Un lieu à taille humaine, bien équipé et parfaitement isolé. Ombre pour la sieste et bonne ambiance. Barbecues. Resto, avec soirée paella le samedi en juillet-août. Boulangerie. On rejoint Collioure en 15 mn à pied par le sentier du littoral.

De prix moyens à chic

Hôtel Boramar (*plan A3*, **6**) **:** *rue Jean-Bart ; sur la plage du Faubourg.* ☎ *04-68-82-07-06.* • *hotelboramar.collioure@orange.fr* • *hotel-boramar.fr* • *Ouv avr-Toussaint. Doubles 70-85 € selon vue.* Un gentil hôtel aux chambres correctes, manquant de charme (mobilier des années 1970) mais claires, nettes et sans TV. Celles avec balcon profitent pleinement du lever de soleil sur le port, la vieille ville et le château. Celles sur l'arrière regardent... rien.

Hostellerie des Templiers (*plan B2*, **7**) **:** *12, quai de l'Amirauté.* ☎ *04-68-98-31-10.* • *info@hotel-templiers.com* • *hotel-templiers.com* • *Face au château, dans une rue piétonne. Congés : 3 sem en janv et 3 sem en nov. Doubles 66-120 € selon confort et saison. Menu 17 € et carte.* René Pous, le grand-père de l'actuel patron, a reçu ici ses amis peintres et sculpteurs, qui le remerciaient pour le gîte et le couvert par une toile ou un dessin. Au nombre de ses hôtes, Matisse, Maillol, Dalí, Picasso et Dufy ! Le fils de René, amateur d'art lui aussi, a continué la collection. Résultat, des toiles partout, dans les couloirs, les chambres, la salle à manger. Mais avis aux cambrioleurs : les tableaux les plus chers ne sont plus ici. Les chambres (avec TV et AC) ne sont pas grandes mais plutôt agréables. Celles côté façade dominent les terrasses de restos et peuvent donc être bruyantes. Celles donnant sur l'arrière sont plus modernes.

Hôtel L'Arapède (*hors plan par A3*, **8**) **:** *route de Port-Vendres, à env 2 km du centre-ville.* ☎ *04-68-98-09-59.* • *contact@arapede.com* • *arapede.com* • *Ouv mars-11 nov. Resto fermé lun hors saison et le midi lun-ven. Doubles 75-120 € selon vue et saison. Menu 25 € ; carte 40 €. Parking gratuit. Café offert sur présentation de ce guide.* Solidement accrochée à la roche, *L'Arapède* s'offre la Méditerranée comme toile de fond. On a connu pire ! Chambres agréables et de bon confort (clim, TV), la majorité avec terrasse côté mer ou côté crique. Grande piscine. Un peu éloigné du centre-ville, certes, mais au calme. Fait également resto. Bon accueil.

De plus chic à beaucoup plus chic

Les Caranques (*plan A3*, **9**) **:** *route de Port-Vendres.* ☎ *04-68-82-06-68.* • *contact@hotel-les-caranques.fr* • *hotel-les-caranques.fr* • *À 300 m du centre-ville et de la plage. Congés : de début oct à mi-avr. Doubles 110-280 € selon confort ; petit déj 13 €.* Accroché aux rochers directement au-dessus des flots, cet hôtel offre une vue imprenable sur Collioure. Quel plaisir de prendre le petit déj en admirant le château ! La vingtaine de chambres, très calmes, tournent quant à elles leur balcon vers la grande bleue. Terrasses aménagées pour s'offrir des bains de soleil et accès à la mer en contrebas. Pas de plage, mais de gros rochers saillants.

Hôtel Casa Païral *(plan B2, **10**) : impasse des Palmiers. ☎ 04-68-82-05-81. • contact@hotel-casa-pairal.com • hotel-casa-pairal.com • Congés : de mi-nov à début fév. Résa indispensable. Doubles 95-150 € selon confort et saison ; petit déj 16 €. Parking payant (17 €), sur résa.* Un petit palais dans une oasis de rêve : fontaine dans un patio noyé de verdure, piscine, salons douillets, calme total et un tilleul centenaire dominant la terrasse du petit déj. Les chambres, pleines de charme et toutes différentes (les unes romantiques, les autres plus modernes), sont confortables, spacieuses et climatisées. Un vrai petit coin de paradis !

Où manger ?

Passé la mauvaise impression de certains restos-usines saisonniers, on trouve quelques petites pépites au gré des rues.

De prix moyens à chic

La Cuisine Comptoir *(plan B2, **15**) : 2, rue Colbert. ☎ 04-68-81-14-40. • cuisine.comptoir@gmail.com • Hors saison ouv slt en fin de sem. Congés : 15 j. en janv et 15 j. fin nov. Compter 15-25 €. Apéritif maison offert sur présentation de ce guide.* La salle et la terrasse sont minuscules comme les rues médiévales. Les ramequins de tapas alignent, sur les tables ou le comptoir, anchois, *escalivada gitana, manchego* (fromage de brebis) à la confiture de figues. C'est simple et correct.

Casa Leon *(plan B2, **16**) : 2, rue Riére. ☎ 04-68-82-10-74. Ouv tlj en saison, fermé mar-mer hors saison, sf vac scol. Résa conseillée en saison. Menus : déj 16,50 € (sf dim midi), le soir 28-36 €.* Salle pas bien grande, aux couleurs chaudes, avec sa cuisine ouverte et petite terrasse le long de la rue et devant le resto. Bon resto de poissons, crustacés et fruits de mer. Le tout fort bien cuisiné. *Parillada* délicieuse et copieuse. La carte des vins tourne autour des crus de la région. Accueil aimable et bonne ambiance.

Le 5e Péché *(plan B2, **17**) : 16, rue de la Fraternité. ☎ 04-68-98-09-76. • contact@le5peche.com • Dans la vieille ville. Fermé dim, lun. Congés : 2 sem en fév et 2 sem en nov. Résa indispensable. Formule et menu déj en sem 19-25 € ; le soir, menus 39-62 € (ce dernier sur résa slt) ; pas de carte.* Étonnante fusion que cette cuisine gastronomique catalane revisitée avec un léger accent d'Asie, celui de Masashi Lijima. En plein centre du vieux Collioure, dans une petite salle sombre, c'est presque inespéré de s'offrir un aussi subtil mariage des saveurs. Intitulés des menus très sobres, et plats de poisson (extra-frais) préparés selon l'inspiration du chef...

Can Pla *(plan A2, **18**) : 7, rue Voltaire. ☎ 04-68-82-10-00. • canpla restaurant@gmail.com • ♿ Fermé lun hors saison. Congés : janv, dernière sem de nov, 1 sem à Noël. Formules déj en sem 15-30 € ; menus 19-36 €. Apéritif maison offert sur présentation de ce guide.* En retrait du front de mer, la terrasse de ce resto, à l'écart de la circulation et de l'animation touristique, procure un calme appréciable. Sympathique cuisine catalane, principalement tournée vers le large. Mais aussi des viandes *a la plancha*. Bon accueil de Stéphanie et de Serge.

Le Jardin de Collioure *(plan A3, **19**) : 4, route de Port-Vendres. ☎ 04-68-95-12-52. • contact@lejardindecollioure.com • ♿ Fermé mer hors saison. Formule 18,50 € ; menus 28-38 €. Parking privé.* Il y a *Chez Pujol* à Port-Vendres, *Le Jardin de Saint-Sébastien* à Banyuls et donc *Le Jardin de Collioure.* Ceux qui connaissent la formule l'apprécieront tout autant, avec les mêmes recettes de cuisine locale (tapas, viandes et poissons grillés, fruits de mer), des portions plus que généreuses et un service de brasserie qui tourne vite tout en restant sympathique. Ajoutons ici un cadre particulièrement romantique, dans ce grand jardin lové au pied du couvent des Dominicains.

La Voile du Neptune *(plan A3, **20**) :*

9, route de Port-Vendres. ☎ 04-68-82-02-27. • lavoile.collioure@gmail.com • Ouv avr-sept ; fermé le soir hors saison. Résa indispensable. Plats 19-23 €. Annexe brasserie du *Neptune*, le gastro de Collioure, *La Voile* propose une cuisine tout aussi fraîche mais en version simplifiée (salades composées, poissons grillés). Mais l'atout du lieu, c'est surtout son cadre, un deck protégé par des voiles qui s'avance telle une proue de bateau au-dessus de l'eau, avec pour toile de fond le port et son clocher illuminés le soir. Idyllique en diable !

Achats

Goûtez absolument la spécialité locale : les ***anchois*** ! Ces petits poissons bleus sont pêchés ici depuis toujours, de mai à octobre, à bord de barques munies de lampes (les fameux *lamparos*). Et si les chalutiers de Port-Vendres ont « tué » les petites barques, on préfère quand même l'anchois de Collioure (classé IGP, indication géographique protégée) ! Quant aux copines sardines, elles se pressent tous les étés dans des sardinades géantes pour finir bien grillées. Trois pas de sardane et ça redîne...

Deux maisons proposent des anchois : ***Desclaux*** *(plan A2, **25** ; carrefour du Christ, sur la D 914 ; fermé fin déc-début janv)* et ***Roque*** *(plan A3, **26** ; 40, rue de la Démocratie ; fermé Toussaint-Pâques).* On peut assister à leur préparation et les déguster sur place.

À voir

Le vieux port *(plan B2)* **:** avec sa plage de galets, ses barques catalanes peintes, ses cafés animés, sa promenade dallée de schiste, son château (à droite) et sa superbe église pied dans l'eau (à gauche). Un charme fou, mais beaucoup, beaucoup de monde pendant les vacances.

UNE NOTE SALÉE

Les préparations à base d'anchois datent du Moyen Âge, et c'est grâce aux divers ajouts de sel qu'elles offrent leurs goût et parfum si caractéristiques. Une spécialité qui a valu aux pêcheurs locaux d'être exemptés de gabelle (impôt sur le sel) par Louis XIV.

L'église Notre-Dame-des-Anges *(plan B3)* **:** l'image la plus connue de Collioure grâce à son étonnante tour ronde, ancien phare du vieux port transformé en clocher. Église construite au XVIIe s, son intérieur est une véritable caverne d'Ali Baba : dans la pénombre se cachent neuf retables d'une richesse inouïe, dont celui du maître-autel, immense triptyque en bois doré, sculpté par un artiste catalan, Joseph Sunyer, dans le plus pur style baroque de la région.

Le château royal *(plan A2)* **:** *☎ 04-68-82-06-43. Oct-mai, tlj 9h-17h ; juil-août, 10h-19h. Visites guidées possibles env 1h. Entrée : 4 € ; réduc ; gratuit moins de 12 ans.* Vieux de plus de 700 ans, il fut maintes fois assiégé. Résidence des rois de Majorque et d'Aragon au XIVe s, il fut fortifié aux XVe et XVIIe s par Vauban, au détriment de la ville qui l'entourait. En 1670, toute la ville est détruite et la population déplacée (d'abord vers ce qu'on appelle aujourd'hui le quartier du *Mouré*, puis, plus tard, vers la plage de Port-d'Avall). Il fut aussi utilisé pour y enfermer les républicains espagnols fuyant Franco. L'imposant édifice dominant la baie accueille désormais des spectacles (en été) et expos temporaires. On peut néanmoins visiter quelques grandes salles, dont celle de la reine, malheureusement sans mobilier !

Le quartier du Mouré *(plan B2)* **:** c'est le nom donné à la vieille ville, entre le château et l'église, délimitée d'un côté par l'ancien sentier de la plage du Racou, de l'autre par le quai de l'Amirauté. Très mauresque (d'où son nom), avec ses ruelles pavées d'ardoises de schiste et ses maisons aux balcons fleuris et façades ocre jaune, vert, rose (l'ocre rose est caractéristique de Collioure). En remontant la pittoresque rue Miradou, on parvient au fort du même nom, construit au XVIIe s et encore occupé par l'armée.

Le musée d'Art moderne *(fonds Peské ; plan A3)* **:** *dans la maison et le parc Pams, route de Port-Vendres. ☎ 04-68-82-10-19. Tlj sf lun hors saison, 10h-12h, 14h-18h ; fermé certains j. fériés. Entrée : 3 € ; réduc.* Collections d'art moderne et contemporain en alternance avec des expositions temporaires. Pour les amateurs de Dominique Gauthier, Joan Brossa, Claude Viallat et d'autres, ou pour voir quelques petits maîtres plus anciens comme Henri Martin, Augustin Hannicotte, Yves Brayer...

À côté du musée, ancien ***couvent des Dominicains*** (XIVe s) aménagé en cave coopérative.

***Le chemin du fauvisme* :** « Des beaux bleus, des beaux rouges, des beaux jaunes, des matières qui remuent le fond sensuel des hommes, c'est le point de départ du fauvisme, le simple courage de retrouver la pureté des moyens. » C'est ainsi que Matisse voyait Collioure. Avec Derain, on la découvre dans son intimité. Le chemin du fauvisme met en scène des reproductions de leurs tableaux, placées là où les peintres ont posé leur chevalet. Un musée imaginaire pour suivre au fil des rues la naissance flamboyante du fauvisme. Pour une visite guidée (payante), contacter la *Maison du fauvisme* *(rue de la Prud'homie ; ☎ 04-68-98-07-16).*

***Le fort Saint-Elme* :** *pour y aller, se rendre à Port-Vendres, puis suivre les panneaux depuis la gare ferroviaire ; possibilité d'y aller à pied depuis Collioure (compter 30 mn) ou en petit train. 06-64-61-82-42. • fortsaintelme.fr • De mars à mi-nov, tlj 10h30-19h (17h mars et oct-nov) ; le reste de l'année, sur rdv. Entrée : 6 € ; réduc ; gratuit moins de 12 ans.*
Perché au sommet d'une colline, le fort Saint-Elme domine depuis le XVIe s Collioure et ses environs. Le point de vue à 360° est impressionnant ! Du fait de sa position hautement stratégique, il fut le théâtre de nombreux affrontements entre Français et Espagnols. À l'intérieur, donjon et murs épais, ça va de soi ! Mais aussi une riche collection d'armes anciennes, une expo sur Charles Quint, sur l'œuvre de Vauban dans la région, etc. Le jardin est composé d'une flore venant du Mexique.
La visite guidée (plusieurs départs dans la journée) apporte un éclairage passionnant sur l'histoire de ce bout de Catalogne devenu définitivement français à la fin du XVIIIe s, après 150 ans de va-et-vient entre domination espagnole et domination française.
– Spectacle médiéval en août.

À faire

Les plages, bien sûr. Plages Nord et Saint-Vincent (près de l'église), plage Boramar (entre église et château), plages Port-d'Avall et Boutigué (côté Faubourg), plage de la Balette (vers Port-Vendres) et crique de l'Ouille (vers Argelès). Inconvénient, elles ne sont pas bien grandes, et en plein été, on est quand même serrés comme des anchois.

– ***Plongée, sports nautiques, etc.* : Club international de plongée,** *15, rue de La Tour-d'Auvergne. ☎ 04-68-82-07-16. • cip-collioure.com •*

LES PYRÉNÉES-ORIENTALES

➢ ***Randonnées :*** nombreuses promenades dans les montagnes de l'arrière-pays ; topoguides sur les chemins de Collioure à Cerbère en vente à l'office de tourisme, ainsi que sur le sentier du littoral qui relie la réserve du mas Larrieu, au nord d'Argelès, à Cerbère. La petite route menant à l'*ermitage de Notre-Dame-de-Consolation* vaut le coup : garrigue, calme et beaux points de vue. Jolie chapelle (ex-voto marins) et platanes à l'arrivée. Un peu plus loin, la *tour Madeloc* offre un merveilleux panorama sur les Albères et toute la Côte Vermeille.

➢ **Petit train :** *8, pl. du 8-Mai (parking de la poste). ☎ 04-68-98-02-06. 📱 06-15-15-66-04. • petit-train-touristique.com • Avr-nov, départs à 10h, 11h et ttes les heures 14h-18h ; juil-août, départs ttes les heures 10h-20h (min 10 pers). Durée : 45 mn. Tarif : 8 € ; réduc.* Relie Collioure à Port-Vendres par des paysages enchanteurs de vignes dominant la mer. Commentaires promène-touristes, certes, mais en plusieurs langues et intéressants. Les yeux en ont pour leur déplacement. Passe à proximité du fort Saint-Elme.

Fêtes et manifestations

– ***Procession de la Sanch :*** *Vendredi saint.* Une des trois du département, mais celle-ci se tient à la tombée de la nuit comme à l'origine, aux flambeaux ! Le *Regidor* (meneur) porte la traditionnelle tunique rouge, une haute capuche pointue, et tient la clochette des condamnés à mort... Cantiques, ferveur religieuse, etc.

– ***Sardanes :*** *pdt les fêtes traditionnelles (Saint-Jean, 14 Juillet, fêtes de la Saint-Vincent...).* Folklo mais pas surfait.

– ***Fêtes de la Saint-Vincent :*** *14-18 août.* Point culminant le 16 : ce jour-là, feu d'artifice célèbre dans toute la région (il se reflète dans les eaux du port, illuminant barques et château !) et *novillada* traditionnelle dans les arènes de Collioure. Réserver impérativement ses places auprès de l'office de tourisme et son billet de train (trains spéciaux depuis Perpignan) : environ 150 000 personnes sont de la fête !

– ***Collioure Couleurs :*** *ts les w-e de déc.* Projection d'images sur l'église Notre-Dame des Anges.

MERCI FRANCO !

La sardane, danse traditionnelle née en Catalogne au XIVe s et symbole d'identité catalane, était mal vue par le pouvoir franquiste, de 1940 à 1975, soucieux d'imposer une identité nationale espagnole. Il n'en fallait pas plus aux contestataires du régime pour lui redonner un souffle. Et c'est en Catalogne française qu'elle renaît sous des airs folkloriques.

PORT-VENDRES (66660) 4 320 hab. *Carte Pyrénées-Orientales, D2*

Planqué au fond d'une longue échancrure, à seulement 3 km au sud de Collioure, ce petit port actif et populaire n'a pas la notoriété de sa coquette voisine. Du « port de Vénus » développé au XVIIe s par Vauban, il reste une belle église rose de style espagnol, dressée sur le quai, et un obélisque de marbre haut de 33 m. À défaut de ne vivre que du tourisme, le matin, le port s'agite au retour des chalutiers lestés de la pêche du jour, tandis qu'à l'arrière un bouquet de grues déchargent fruits et légumes d'Afrique du Nord destinés aux marchés de France et de Navarre. Quant au reste du village, il joue les belles alanguies, dans une torpeur toute méridionale.

Adresse utile

Office de tourisme : *1, quai François-Joly. ☎ 04-68-82-07-54. • office.pv@port-vendres.com • Juil-août, lun-ven 9h-19h, sam-dim 10h-12h30, 14h-19h ; sinon, fermé dim, plus sam en basse saison.*

Où dormir ? Où manger ?

Prix moyens

Les Poissonneries de la Côte Catalane : *anse Gerbal (port de pêche, dans l'enceinte de la criée). ☎ 04-68-98-46-00. Juil-août, tlj 10h-21h (14h dim) ; hors juil-août, horaires écourtés et fermé lun.* C'est bien une seule et même poissonnerie, énorme, avec ses viviers de coquillages et ses aquariums. Mais c'est aussi, à l'étage, un bar à huîtres design où gober, l'œil sur le port, huîtres, palourdes et plateau de fruits de mer accompagnés d'un petit verre de blanc sec à prix doux. Les produits annexes, eux, sont chers (et puis on n'est pas là pour acheter de l'huile d'olive, non mais !).

Chez Pujol : *16-17, quai Forgas. ☎ 04-68-82-01-39. • contact@chezpujol.com • Ouv tlj. Menus 18,50-38 €. Poissons vendus au poids.* Une brasserie de la mer, calée sur le port, tout contre sa propre poissonnerie. Si, avec ça, la fraîcheur n'est pas garantie... Énormes plateaux de fruits de mer et poissons grillés, *a la plancha,* en cassolette, etc. Service bistrotier fort sympathique. Grande terrasse.

Côté Mer, Côté Gers : *3 bis, rue Jules-Pams. ☎ 04-68-98-00-88. • restaurant.cotemercotegers@orange.fr • Tlj sf lun-mar. Formule déj en sem 13,50 € ; menu 24,50 € ; carte 25-35 €.* Tonton est fâché avec le poisson ? Tata exige sa daurade *a la plancha* ? Dans ce bistrot juché au-dessus des quais, vous v'là au bon endroit. La *parrillada* se décline en poisson comme en canard, l'un pêché juste là, l'autre plumé bien plus loin que ça, dans une ferme du Gers, évidemment. C'est simple, c'est bon, c'est cuisiné maison. Convivial, quoi !

Le Poisson Rouge : *route de la Jetée. ☎ 04-68-98-03-12. Aller en direction du phare, passer les 2 petits tunnels étroits taillés sous la roche, c'est juste après sur la gauche. Fermé mar-mer hors juil-août. Ouv 12h-14h et 19h-22h (22h30 juil-août). Menus 23 (déj)-35 € ; carte env 40-50 €.* Un cadre atypique et bucolique tout à la fois, au bord de l'eau, dans une petite crique juste avant le phare. Spécialité de poisson, bien évidemment, sous toutes ses formes. Toutefois, pour les inconditionnels, quelque plats de viande. Une cuisine du Sud, bonne et inventive, élaborée avec des produits locaux et de saison.

Chic

Les Jardins du Cèdre : *29, route de Banyuls. ☎ 04-68-82-01-05. • contact@lesjardinsducedre.com • lesjardinsducedre.com • Resto fermé lun. Doubles 68-128 € selon saison. Menus 24 € déj en sem, puis 36-46 €. Parking. Café offert sur présentation de ce guide.* Un établissement aux chambres entièrement restaurées, un peu étroites mais vraiment confortables. Évidemment, on préfère celles côté mer, même si le fameux cèdre limite la vue. Côté route, le double vitrage protège. Belle piscine. Également un restaurant qui propose une cuisine de très bonne tenue à déguster dans une salle à l'élégance moderne ou, mieux, lorsqu'il fait beau, sur la terrasse qui surplombe la mer.

La Côte Vermeille : *quai du Fanal. ☎ 04-68-82-05-71. • restaurantlacotevermeille.fr • Sur le port, à deux pas de la criée. Fermé lun, plus dim soir hors saison. Congés : 3 sem en fév-mars* *et 1 sem en nov. Résa souhaitée en saison. Au grill (terrasse à l'étage), formule déj 25 € ; au gastro, menu 29 €, carte env 60 €.* Ce resto cossu, à la déco de bois sobre tel l'intérieur d'un gréement, est réputé, sur toute la Côte Vermeille, pour la qualité de son poisson et la finesse des préparations. Le patron aime son métier, et ça se voit ! Une belle adresse gastronomique.

À voir. À faire à Port-Vendres et dans les environs

➢ ***Promenade à travers la ville :*** un circuit part à la découverte de la ville à travers les aquarelles de Charles Rennie Mackintosh, un architecte qui croqua ce port dans lequel il vécut les deux dernières années de sa vie (1925-1926). Également un parcours sur les quais, « Le port d'antan, un voyage dans le temps », avec de nombreuses photos anciennes.

➢ ***Le sentier du cap Béar :*** depuis l'extrémité sud du port de commerce, on peut rejoindre en 30 mn à pied la jetée du cap Béar. Belle vue sur le port, surtout en fin de journée, quand le soleil couchant vient caresser la côte. Le sentier du littoral se prolonge jusqu'à la plage Bernardi, dans l'anse de Paulilles (6 km en tout ; compter 2h30), et même au-delà. C'est l'une des parties les plus belles de la Côte Vermeille.

Les plages de la baie de Paulilles *(aussi appelée Port-Vendres-Plage)* ***:*** *sur la route de Banyuls.* Trois jolies plages de petits galets. On y trouve le site de Paulilles.

Le site de l'anse de Paulilles : *à 3,5 km de Port-Vendres, sur la route de Banyuls. ☎ 04-68-95-23-40. Site : tlj 9h-20h juin-août, 19h avr-mai et sept-oct, 17h nov-mars. Maison du site : juil-août, tlj 9h-19h ; le reste de l'année, tlj sf mar, 9h-13h, 14h-17h ou 19h selon saison. Mai-oct, possibilité de visites guidées (gratuites). GRATUIT.* Intéressante balade sur le site réhabilité d'une ancienne dynamiterie de la société Nobel (celle du prix), active de 1870 à 1984. En 1960, la production atteignait près de 20 t par jour et alimentait les grands chantiers de l'époque, comme le creusement du canal de Panama. Ancienne demeure du directeur, la maison du site accueille une expo sur la mémoire ouvrière de l'usine. En contrebas, agréable jardin exotique. Suit un parcours muséographique en plein air, aménagé autour des vestiges de la dynamiterie originelle. En semaine *(juin-sept, sf w-e),* on peut voir un atelier de restauration de barques catalanes. Au bout du site, la petite plage del Mitg (plage de Paulilles) est surveillée en juillet-août. Possibilité de balade le long du sentier du littoral.

UN DIALOGUE SOCIAL EXPLOSIF

En 1948-1949, la dynamiterie de Paulilles fut secouée par une grande grève, après que des ouvriers eurent été durement sanctionnés pour avoir joué au rugby avec... un ballot de dynamite ! Et le patron ne s'embarrassa pas de droits syndicaux. Après 2 mois d'arrêt de travail, il vira tous les employés. Chacun dut ensuite revenir individuellement quémander une réembauche...

– **Plongée : Scuba Passion,** *route de la Jetée (plage des Tamarins). ☎ 04-68-82-17-79. • scuba.passion.free.fr • Ouv avr-oct ; le reste de l'année, slt sur résa.* Baptêmes, stages, explorations... gloub !

BANYULS-SUR-MER

(66650) 4 681 hab. *Carte Pyrénées-Orientales, D3*

Terre des vignobles qui portent son nom, station balnéaire et patrie du sculpteur Aristide Maillol, Banyuls est également une agréable petite ville aux belles allées de palmiers et de platanes. Un important port de plaisance anime sa jolie baie, et les stands de dégustation proposent de remarquables vins. Bref, un endroit tout à fait charmant. Pour finir, sachez que le mythique GR 10 démarre (ou finit !) ici. On croise donc beaucoup de randonneurs en saison.

Adresse utile

Office de tourisme : *sur la plage, presque face à l'hôtel de ville. ☎ 04-68-88-31-58. • banyuls-sur-mer.com • En saison, tlj 9h-19h ; le reste de l'année, tlj sf dim.* Propose des animations toute l'année (randos familiales gratuites le mercredi en juillet-août, balades vigneronnes payantes de mai à octobre avec dégustation, etc.).

Où dormir ? Où manger ?

Camping

Camping municipal La Pinède : *route des Crêtes, av. Guy-Malé. ☎ 04-68-88-32-13. • camp.banyuls@banyuls-sur-mer.com • À 1,5 km du centre, non loin de la cave des Templiers. Ouv de fév à mi-nov. Compter 16,10 € pour 2 en hte saison ; mobile homes 4-6 pers 300-600 €/sem. 227 empl. Pour 13 nuits, 14e et 15e nuits offertes hors taxe de séjour sur présentation de ce guide.* Site calme et agréable, à l'écart du centre. Les campeurs en tente apprécieront la pinède en haut du terrain (ouverte seulement de mi-juin à mi-septembre et interdite aux enfants). Un bon rapport qualité-prix sur la côte. Snack-bar en été et un grand supermarché juste en face.

De bon marché à chic

Hôtel Les Pêcheurs : *5, av. du Fontaulé. ☎ 04-68-88-02-10. • hotellespecheurs@live.fr • Doubles 65-96 € selon saison.* Face au front de mer, un sympathique hôtel comme on en rencontre dans les stations balnéaires. Les chambres disposent de la clim, d'un balcon ou d'une terrasse, et de touches de déco colorées. Atmosphère marine dans la salle du petit déj. Bon accueil familial. Resto.

La Paillote : *14, rue Saint-Pierre. ☎ 04-68-88-30-30. • paillote@wanadoo.fr • Tlj à midi sf dim-lun et le soir ven-sam et j. fériés. Compter 15 €. Café offert sur présentation de ce guide.* Ouvert sur la rue piétonne, ce petit resto distille un sympathique parfum d'exotisme, de la musique à la déco en passant, bien sûr, par la cuisine, plutôt orientée Amérique du Sud (*fajitas*, mais aussi bricks, « tartiné », etc.). Aux fourneaux comme en salle, la patronne fait tout elle-même et le résultat est là : savoureux en plus d'être copieux.

Restaurant Al Fanal : *17, av. du Fontaulé. ☎ 04-68-98-65-88. • pascalborrell@free.fr • Tlj sf le soir lun et mer en basse saison (nov-avr). Résa souhaitée midi et soir. Formules 19-29 € ; menus 60-80 €.* Aux commandes de cette table gastronomique sage et subtile, Pascal Borrell a l'élégance de proposer midi et soir un menu retour du marché qui remplit parfaitement son contrat : cuisine goûteuse, produits sélectionnés, prix contenus, le tout servi en terrasse. Merci chef !

Le Jardin de Saint-Sébastien :

10, av. du Fontaulé. ☎ 04-68-55-22-64. • contact@lejardinsaintsebastien.com • Mars-nov, tlj ; hors saison, fermé lun-mar soir et mer. Formule tapas 18,50 € sf sam soir, dim et j. fériés ; menus 25-35 €. Sur le front de mer, une adresse qui jongle entre resto et cave-bar à vins. Bien vu ! La cuisine, honnête et généreuse, est aussi à l'aise avec les poissons et plateaux de fruits de mer qu'avec les viandes. On peut aussi grignoter des tapas en les arrosant d'un vin du domaine du même nom (c'est la même maison !). Agréable terrasse ombragée.

Achats

Vente de produits locaux : *vinaigre de Banyuls, La Guinelle, hameau de* ***Cosprons.*** *☎ 04-68-98-01-76. • levinaigre.com • À env 5 km du centre, par la D 914 vers Port-Vendres, puis la D 86a à gauche vers Cosprons. Visite lun-ven 9h-12h, 14h-18h (19h en saison ; appeler).* Très beau domaine au cœur des collines. Vente et dégustation de vinaigres artisanaux. Également une boutique à Banyuls *(****La Guinelle,*** *20, rue Saint-Sébastien ; ☎ 04-68-85-54-12 ; tlj sf dim ap-m et lun, 9h30-12h30, 15h-19h ; fermé janv-mars).*

Can Pep : *21, rue Saint-Sébastien. 06-10-44-26-45. • barthchant@wanadoo.fr • Tlj sf dim ap-m et lun.* Une épicerie fine de produits locaux, surtout réputée pour ses beignets. Une tuerie ! Ils partent par kilos entiers, mieux vaut venir tôt.

À voir

➢ **Le circuit « Dans les pas d'Aristide » :** *départ de la pl. Bassères.* On se promène sur les pas de Maillol dans ce vieux quartier du haut Banyuls tout en escaliers, aux maisons bariolées.

L'aquarium de l'Observatoire océanologique : *av. du Fontaulé. ☎ 04-68-88-73-39. • biodiversarium.fr • Tlj 10h-12h30, 14h-18h. Fermé 1er janv et 25 déc. Entrée : 5 € (billet combiné avec le Jardin méditerranéen 7,50 €) ; 2,50 € enfant (billet combiné 4 €) ; réduc.* Créé il y a plus d'un siècle (ça se voit un peu...), l'aquarium est l'un des plus anciens de France, mais il va déménager progressivement dans un nouveau bâtiment situé en face en 2017. On y admire, baba, 40 bassins où glougloutent faune et flore marines locales : poulpes, tortues, murènes, mérous, beaux cérianthes (anémones), corail rouge, spirographes... Un bassin tactile permet même de les toucher du doigt. Par ailleurs, collection de 250 oiseaux naturalisés.

En sortant de l'aquarium, une jetée mène à un ***promontoire*** rocheux cerné par les eaux. Au sommet, beau monument en bronze du sculpteur Maillol. Vue superbe sur le port, la ville et les montagnes, et murmure envoûtant des vagues...

Le Jardin méditerranéen du mas de la Serre : *route des Crêtes, à env 2 km du centre-ville (par la D 86). ☎ 04-68-88-73-39. • biodiversarium.fr • Avr-juin et sept, mer-dim 14h-18h ; juil-août, tlj 10h-12h30, 14h-18h. Mêmes tarifs qu'à l'aquarium. Possibilité de visite guidée et d'ateliers pour les enfants (4 €).* Sur 3 ha, un jardin qui illustre la biodiversité en milieu méditerranéen. Également un espace muséographique avec expos et vidéos.

La métairie de Maillol : *vallée de la Roume, à env 4 km du centre, dans les collines (bien indiqué). ☎ 04-68-88-57-11. • museemaillolbanyuls@orange.fr • Tlj sf lun et j. fériés : oct-avr, 10h-12h, 14h-17h ; le reste de l'année, 10h-12h, 15h-18h. Entrée (hors expo) : 5 € (7 € avec expo) ; réduc ; gratuit moins de 11 ans ; sur présentation de ce guide, tarif réduit accordé.* Aristide Maillol, artiste aux multiples talents, naît à Banyuls en 1861 et choisit cette métairie comme lieu de retraite. Tombée dans l'oubli et l'abandon à sa mort, elle fut rénovée grâce à la ténacité de sa muse et légataire Dina Vierny. Un lieu où elle posa d'ailleurs pour l'artiste. Aujourd'hui, ce musée privé présente une quarantaine d'œuvres, petites par la taille mais grandes par la qualité. On y visite la salle à manger et la cuisine de l'artiste. Une belle cuisine, ça oui ! Fin cuisinier et amateur de bonne chère, sûr qu'il devait avoir un bon coup de fourchette... Rare, un beau film d'époque montre l'artiste au travail. Juste devant l'entrée, dans le jardin, une de ses œuvres majeures, *Méditerranée,* sous laquelle Aristide Maillol est enterré. Un lieu fort, empreint de l'âme de l'artiste. Émouvant.

À faire

Les caves *(visite et dégustation)* **:** eh non ! le banyuls n'est pas un vin cuit (genre porto) mais un vin doux naturel auquel on ajoute de l'eau-de-vie de vin en cours de fermentation. Quatre communes de la côte ont droit à l'étiquette « banyuls AOC » : Collioure, Port-Vendres, Cerbère et bien sûr Banyuls-sur-Mer. Ce qui en fait l'une des plus petites AOC de France ! Les vignes sont cultivées en terrasses et tout est encore fait main, sans aucune mécanisation possible.

ÉLEVAGE EN PLEIN AIR

Pour lui donner son goût caractéristique, le banyuls sec mûrit dans des tonneaux exposés en plein air et donc soumis aux variations de température, de la fraîcheur de l'hiver à la canicule estivale. Une méthode découverte par hasard lors du transport des vins par bateau. On s'aperçut alors que les barriques stockées sur le pont produisaient un nectar différent de celles conservées en cale.

■ ***Terres des Templiers :*** *route du Mas-Reig. ☎ 04-68-98-36-92. • banyuls.com • Grande Cave, route du Mas-Reig (D 86), à 2 km du centre par l'av. du Général-de-Gaulle ; vieille cave souterraine du Mas-Reig, un peu plus haut (visite slt via le petit train touristique de Banyuls). Pour la Grande Cave, avr-oct, tlj 10h-19h30 ; nov-mars, lun-ven 10h-13h, 14h30-18h30. Visite guidée et dégustation gratuites.* La plus grosse coopérative des AOC banyuls : près de 80 % des viticulteurs y adhèrent. La Grande Cave est intéressante pour ses foudres centenaires (tonneaux géants) et la projection d'un film instructif de 15 mn sur l'élaboration du banyuls. La vieille cave souterraine est superbe, avec ses voûtes du XIIIe s.

■ ***Coopérative de l'Étoile :*** *26, av. du Puig-del-Mas. ☎ 04-68-88-00-10. Juil-août, lun-ven 9h-12h30, 14h-19h. Le reste de l'année, lun-ven 8h-12h, 14h-18h ; sam-dim 9h30-12h30, 15h-18h.* De chaleureux viticulteurs passionnés par leur métier. À voir, dans un décor de vieille cave coopérative, de beaux pressoirs, d'anciens foudres et un alignement de bonbonnes en verre où le vin fait un bain de soleil. Vieux vins épicés de la maison, absolument divins...

– ***Kayak de mer :*** ***Aléoutes Kayak Mer,*** *13, rue Jules-Ferry. ☎ 04-68-88-34-25. • kayakmer.net • Sur le quai du port de plaisance.* Sorties demi-journée, journée ou plus, encadrées, pour découvrir les secrets de cette Côte Rocheuse.

– ***Location de bateaux*** avec ou sans permis avec ***Libertyloc*** *(📱 06-19-48-64-01)* ou ***La Case Marine*** *(☎ 04-68-88-58-39).* Également trois ***clubs de plongée*** *(infos à l'office de tourisme).*

Fêtes et manifestations

– ***Fête de l'Orange :*** *3e w-e de fév.*
– ***Festival Ascension Flamenca :*** *w-e de l'Ascension.*

– ***Fête catalane :*** *1re sem de juil.* Sardanes, chansons catalanes, défilés…
– ***Fest de sardanes :*** *2e w-e d'août.*
– ***Festa major :*** *3e w-e d'août.* Feu d'artifice.
– ***Fête des Vendanges :*** *2e w-e d'oct.* Arrivée de la vendange par la mer en barques catalanes.

DANS LES ENVIRONS DE BANYULS

LA CÔTE ROCHEUSE ET LE CAP RÉDERIS

Une route en lacet, splendide. Quelques kilomètres après Banyuls, le ***belvédère du cap Réderis,*** avec sa table d'orientation, offre un panorama exceptionnel : au nord, la côte du Roussillon et les Corbières ; au sud, la Costa Brava espagnole. Le tout, bien sûr, dans un paysage confondant ciel et mer… En contrebas, de sauvages petites criques creusées dans la roche. En continuant, la route descend en d'impressionnants virages cernés de ravins, dans un décor de vignes, de roche schisteuse et de calanques.

CERBÈRE

(66290) 1 393 hab. *Carte Pyrénées-Orientales, D3*

Cerbère est un petit village bien loti (même très loti) situé à 4 km de la frontière espagnole, connu pour ses plages de galets et ses petites criques. Pas le coup de cœur, mais on y passe lorsqu'on se rend sur la Costa Brava par la Côte Vermeille. Beau panorama sur le littoral dentelé depuis le cap Cerbère, à la sortie de la ville en direction de l'Espagne.

Adresses utiles

Office de tourisme : *av. du Général-de-Gaulle (sur le front de mer). ☎ 04-68-88-42-36. • otcerbere@wanadoo.fr • Juil-août, tlj sf dim ap-m, 10h-12h, 15h-18h. Hors saison, lun-mar et ven-sam 10h-12h, 15h-17h ; mer-jeu 10h-12h.*

Gare internationale : *à 10 mn de la plage et du centre-ville. ☎ 04-68-88-61-64.* Liaison avec Paris et TER Port Bou-Perpignan-Montpellier-Avignon.

Où manger ?

Restaurant La Plage : *front de mer, 11, av. du Général-de-Gaulle. ☎ 04-68-88-40-03. • pmirage66@aol.com • Fermé mar soir et mer hors été. Congés : 22 déc-1er mars. Formule déj en sem 16 €. Menus 21-49 € ; carte env 25 €. CB refusées. Café offert sur présentation de ce guide.* Spécialités régionales qu'on peut déguster en terrasse, malheureusement en bord de route. Paella, *arroz vegre, zarzuela,* poisson grillé, tapas… Déco marine et accueil plutôt détendu.

À voir

L'hôtel Le Belvédère du Rayon Vert : *av. de la Côte-Vermeille. Concierge : ☎ 04-68-88-41-54. Visite sur résa : 5 €.* Une curiosité de Cerbère que ce bâtiment en béton dont la forme rappelle celle d'un paquebot. Inscrit à l'inventaire supplémentaire des Monuments historiques, cet ancien hôtel fut réalisé de 1928 à 1932 pour permettre aux voyageurs d'attendre confortablement de régler les formalités pour le passage de la frontière et le changement d'essieux de leur train. À l'époque, les voies ferrées françaises et espagnoles n'avaient pas le même écartement. On trouvait donc ici des salles de réception, de cinéma et de spectacle et même un court de tennis sur le toit terrasse ! La guerre d'Espagne, provoquant la fermeture de la frontière, stoppa le flux de touristes dû au trafic ferroviaire et entraîna le déclin de la ville. Intéressante visite de l'immense salle à manger, d'où l'on a carrément l'impression d'être sur la mer. Le théâtre-cinéma à l'italienne permet d'imaginer le luxe dans lequel les voyageurs aisés de l'époque se déplaçaient. Vue spectaculaire du toit-terrasse où se trouvait le tennis.

À faire

– ***Plongée :*** ***Centre de plongée Cap Cerbère,*** *route d'Espagne. ☎ 04-68-88-41-00. • plongee-cap-cerbere.com* • La réserve marine entre Banyuls et Cerbère est paradisiaque.

– ***Sentier sous-marin de 250 m de long :*** *plage de Peyrefite, entre le cap Réderis et le cap Peyrefite ; à 3,5 km de Cerbère, en direction de Banyuls (panneau sur la droite). ☎ 04-68-88-56-87.* Au sein de la réserve naturelle marine de Cerbère-Banyuls, un parcours sous-marin avec des panneaux décrivant la faune et la flore, et des bornes émettrices dont on entend le commentaire grâce à un tuba spécial qu'on loue sur place *(loc slt juil-août, tlj 12h-18h).* Une initiative très originale ! Sentier d'accès libre pour qui est déjà équipé.

LES ALBÈRES

D'Argelès au Boulou, bel itinéraire pour découvrir la chaîne des Albères, contreforts des Pyrénées aux paysages changeants. Aux garrigues parsemées de cistes et brûlées par le soleil de la partie côtière succède une végétation plus dense et fraîche de châtaigniers et de forêts verdoyantes à mesure que l'on pénètre dans les terres. Le tout agrémenté çà et là de tours, de fortins, d'églises romanes. À l'écart de la côte surpeuplée, on y traverse des villages forts en caractère, presque seul pour profiter de cette nature gorgée de surprises et prétexte à de belles balades. Répétition générale avant de se lancer à l'assaut du Canigó !

SAINT-ANDRÉ

(66690) 3 251 hab. *Carte Pyrénées-Orientales, D2*

À 5 km d'Argelès-sur-Mer, un village typique doté d'une belle église romane.

Où manger ?

|●| ***La Table de Cuisine :*** *8a, rue de Taxo. ☎ 04-68-95-42-06. Au centre du village. Fermé mer, sam midi et le soir des j. fériés, plus dim soir hors saison.*

Résa conseillée. Menus 25-32 € le midi, 32 € le soir, w-e et j. fériés. Une démarche engagée anime Martine et Laurent, toujours à la recherche de produits locaux, bio de préférence (même le vin), pour la mise en valeur d'une cuisine fraîche et goûteuse. Selon la formule, on déjeune autour d'une longue table un peu comme dans une maison d'hôtes, ou individuellement. Le cadre se veut simple, rassurant et convivial. Plats inscrits à l'ardoise et tout autour d'une colonne. Accueil réservé, juste au premier abord. Doc sur la région à consulter.

Le Jardin des Simples : *29, rue des Mimosas. ☎ 04-68-89-14-69. • rieu-camilleri@orange.fr • Ouv le soir jeu-lun, plus le midi dim. Congés : fin déc-janv. Résa indispensable en été. À la carte slt : entrées 9-10 €, plats 20-23 €, dessert 7 €. Apéritif offert sur présentation de ce guide.* Le genre d'adresse qu'on ne partage qu'avec ses meilleurs amis, tant elle est confidentielle et atypique... Chant des cigales, bougies sur les tables, musique douce ; dans ce cadre dépaysant, on en pince pour la cuisine méditerranéenne créative de madame, qui évolue quotidiennement en fonction du marché, si bien que jamais un plat ne se représente 2 fois ! Desserts particulièrement maîtrisés comme cette tarte à l'abricot anisée que vous aurez peut-être la chance de goûter. Service un peu long (tout est fait maison et minute), mais accueil sincèrement adorable de monsieur.

À voir à Saint-André et dans les environs proches

L'église abbatiale Saint-André : *lun-sam 9h-12h, 14h30-17h, plus dim ap-m de mi-juin à mi-sept. Si la porte est close, tourner la poignée d'un quart de tour à droite.* Elle est parfois appelée église de Sorède, mais elle est bien à Saint-André ! Construite entre le Xe et le XIIe s, elle squatte l'emplacement d'un monastère carolingien. Jetez un œil au linteau sculpté du XIe s au-dessus du portail. À l'intérieur, une table d'autel à lobes très rare (il en existe quatre autres dans le département et une vingtaine en France) et un bénitier en marbre sculpté du XIe s. Explications historiques et reproduction des anciens chapiteaux du cloître à la ***Maison de l'art roman*** *(allée de la Liberté ; de mi-juin à mi-sept, tlj sf lun, 10h-12h, 14h30-19h ; d'avr à mi-juin et de mi-sept à oct, tlj sf dim-lun, 10h-12h, 15h-18h ; 2 €, réduc).*

La Ferme de découverte : *route de Taxo-d'Amont, à env 3 km de Saint-André ; fléché aussi depuis Palau-del-Vidre. ☎ 04-68-89-16-39. • ferme-de-decouverte.fr • Avr-sept, tlj 9h-19h ; oct-mars, mer et w-e 10h-18h (tlj pdt vac scol). Tarifs : 9 € ; 7 € enfant. Avr-sept, paniers pique-nique de produits locaux 8-10 €.* En accueillant des animaux menacés ou en voie de disparition comme le mouton rouge du Roussillon ou la chèvre catalane, la ferme affiche une vocation de conservation des espèces régionales. Elle permet aussi aux enfants de suivre la vie de la ferme au rythme des saisons et d'approcher les animaux grâce à des zones de contact réparties sur tout le site. Jeux et devinettes jalonnent le parcours.

SORÈDE

(66690) 3 105 hab. *Carte Pyrénées-Orientales, D2*

À 3 km de Saint-André par la D 11. Village agréable, renommé durant tout le XIXe s pour ses micocouliers (arbre vivace qui croît dans le Midi) servant à la fabrication de la cravache et du fouet dit « de Perpignan ».

Adresse utile

Office de tourisme : *rue de la Caserne. ☎ 04-68-89-31-17. • ot-sorede.com • En saison 15 juin-15 sept, tlj sf dim ap-m, 10h-14h, 17h-19h ; le reste de l'année (sf 16 déc-15 mars), lun-ven 9h-12h, 14h-17h. Visites guidées à thèmes (juil-août), 2 €.*

Où dormir ? Où manger à Sorède et dans les environs ?

Camping

Camping des Albères : *route du Moulin-de-Cassagnes, 66740* ***Laroque-des-Albères.*** *☎ 04-68-89-23-64. • lesalberes@cybelevacances.com • camping-des-alberes.com • À 2 km à l'ouest de Sorède. Ouv avr-sept. Compter 27 € pour 2 en hte saison ; chalets, mobile homes et tente « lodge » 2-8 pers 210-854 €/sem. 211 empl. (payant). En basse saison, prix nuit forfait B à 16 € sur présentation de ce guide.* Grand camping partiellement ombragé, surtout intéressant pour sa foule d'équipements (piscine, terrains de sport, snack, épicerie, etc.) et sa situation entre mer et montagne. Animations pour les enfants et soirées à thème l'été.

De prix moyens à chic

Hôtel Saint-Jacques : *45, rue Saint-Jacques. ☎ 04-68-89-00-60. • hotelstjacques@wanadoo.fr • hotelstjacques.com • Non loin du centre. Congés : janv-fév. Doubles avec sdb 49-79 € selon vue et saison ; également un appart jusqu'à 5 pers. Apéritif offert sur présentation de ce guide.* Une quinzaine de chambres simples et claires, avec TV. Terrasse pour prendre le petit déj et piscine à l'arrière.

La Salamandre : *3, route de Laroque. ☎ 04-68-89-26-67. Ouv ts les soirs et dim midi, ainsi que mar en été. Fermé mer en hiver. Formules 29-30 €. Carte env 30 €.* *La Salamandre* offre une jolie déco contemporaine. En cuisine, Dimitri, non dénué de talent, concocte une délicieuse cuisine méditerranéenne semi gastro, composée de produits frais du terroir, de légumes bio et de poisson frais du jour (la côte catalane est à deux encablures). En salle, Hélène vous aidera à choisir parmi leur sélection de vins de la région et au-delà. Terrasse.

Ma Maison : *3, rue Saint-Jacques. ☎ 04-68-89-00-44. Ouv ts les soirs mar-dim, et le dim midi. Menus 25,50-29,90 €.* Un cadre rustico-contemporain, avec une terrasse agréable aux beaux jours, voilà pour le décor. Dans l'assiette, une bonne cuisine élaborée à partir de produits régionaux et de saison. Tout est fait maison, et les poissons, viandes et volailles, quand ils sont fumés, le sont artisanalement au restaurant.

Côté Saisons : *10, av. de la Côte-Vermeille, 66740* ***Laroque-des-Albères.*** *☎ 04-34-12-36-51. • contact@cotesaisons.com • À 2 km à l'ouest de Sorède. Tlj sf mer-jeu (ouv jeu soir en été). Congés : 2 janv-7 fév. Résa obligatoire. Formule déj en sem 24 € ; menu 32 €.* La véranda s'ouvre sur une terrasse-jardin, un cadre rafraîchissant pour une cuisine « bistronomique » bâtie exclusivement sur les circuits courts. Seuls la tête de veau et le cochon figurent à l'année sur l'ardoise, tributaire pour le reste du rythme des producteurs locaux et de la pêche du jour à Port-Vendres ou Argelès. De beaux produits donc, travaillés par un couple passé par de grandes tables, au *Ritz* notamment. Loue également des chambres d'hôtes *(65-100 € pour 2 selon saison).*

À voir à Sorède et dans les environs

L'Établissement et service d'aide par le travail *(ESAT)* **Les Micocouliers :** *rue du Stade. ☎ 04-68-89-04-50. • catlesmicocouliers.pagesperso-orange.fr •*

Lun-ven 8h30-12h30, 13h30-16h45 (15h45 ven) ; août 9h30-12h30, 13h30-17h30. Fermé sem de Noël. Visite guidée gratuite. Cet établissement perpétue la tradition du fouet en micocoulier, qui remonte au XIIIe s. Des fouets et cravaches réputés pour leur flexibilité et leur longue durée. L'ESAT accueille des personnes en situation de handicap qui font là un travail remarquable de minutie. *Hermès* et la garde républicaine sont clients, tout comme les dompteurs de cirque. La fabrique est la seule dans le monde à travailler la matière naturelle. Intéressante visite des différents ateliers (à travers de grandes vitres), conduite par les travailleurs eux-mêmes. Projection d'un petit film. Boutique *(mêmes horaires).*

La Vallée des Tortues : *lieu-dit* ***La Vallée-Heureuse,*** *à 2 km au sud de Sorède. ☎ 04-68-95-50-50. • lavalleedestortues.fr • Mai-sept, tlj 10h-18h (9h-19h juin-août) ; oct, tlj 11h-16h30 ; hors saison, sur résa. Visite guidée à 14h mai-juin, sept-oct ; à 11h, 14h30, 16h30 juin-août. Nourrissage des animaux dans l'ap-m (horaires variables). Entrée : 12,50 € ; 8,50 € 3-12 ans.* Au cœur d'un grand parc arboré, une trentaine d'espèces de tortues terrestres et aquatiques du monde entier ! Géante des Seychelles, alligator, méditerranéenne, chacune a son truc pour battre le lièvre... Plusieurs espèces rares et en voie de disparition, à commencer par nos tortues locales. Également une miniferme et un parcours botanique, balisés de quiz et jeux pour enfants. Snack et aires de pique-nique. Éviter les heures les plus chaudes.

Le prieuré Santa Maria del Vilar : *66740* ***Villelongue-dels-Monts.*** *☎ 04-68-89-64-61. À 4,5 km à l'ouest de Sorède puis 1,5 km au sud de Villelongue (bon fléchage de la voie rapide D 618). Tlj : avr-oct, 15h-18h (18h30 juil-août) ; nov-mars, 14h30-17h30. Entrée : 4 € (visite guidée slt) ; réduc. Certains soirs en juil-août, musique classique, instrumentale byzantine, grégorienne et du Moyen Âge.* Voilà un trésor presque caché que cette église recluse depuis un millénaire au fond d'une combe, restaurée avec opiniâtreté par une association et habitée par une communauté monacale. Une merveille de simplicité avec ses fresques d'origine (XIe), un *nymphaeum* datant du Ier s av. J.-C. et un beau portail.

La forêt de la Massane : *accessible slt à pied (3h de marche A/R). Départ du hameau de Lavall, à 7 km au sud-est de Sorède par la D 2 direction Argelès, puis à droite. Topoguide en vente à l'office de tourisme d'Argelès.* Étendue sur 300 ha, cette forêt majoritairement peuplée de hêtres s'étage sur la partie supérieure du bassin versant de la rivière Massane, entre 600 et 1 150 m d'altitude. Faune riche et variée, et tour dite « de la Massane », édifiée vers 1285 par Jacques Ier de Majorque, offrant une vue remarquable.

SAINT-GÉNIS-DES-FONTAINES *(66740)*

Pittoresque village qui mérite une visite. Ambiance nonchalante de ces coins du Sud où la vie s'écoule tranquillement entre le marché (les mardi et vendredi) et les terrasses de cafés où on se retrouve pour papoter.

Le cloître, l'église abbatiale et le linteau de Saint-Génis-des-Fontaines : *rue Georges-Clemenceau. ☎ 04-68-89-84-33. • saint-genis-des-fontaines.fr • ♿ (sf étage). Tlj : juil-août, 9h30-12h30, 15h-19h ; le reste de l'année, 9h30-12h, 14h-18h (17h oct-mars). Fermé 1er janv, 1er mai et 25 déc. Entrée : 2 € ; réduc ; gratuit moins de 12 ans.*

Fondée autour de l'an 780 puis dévastée au IXe s, l'abbaye bénédictine de Saint-Génis fut reconstruite au cours des décennies suivantes. Fortement déclinante au début du XVIe s, elle est unie en 1507 à l'abbaye de Montserrat (Espagne). Vendue comme bien national en 1796, elle fut démantelée en majeure partie en 1924. On en trouve des morceaux outre-Atlantique : trois piliers à Philadelphie et une vasque à New York *(Les Cloisters).*

Le cloître a été reconstruit à l'identique du primitif dans les années 1980. Les colonnes, récupérées dans le parc du château des Mesnuls, dans les Yvelines, ont retrouvé leur emplacement initial. Sobriété de l'ensemble et belle polychromie de teintes de marbre, unique en Roussillon. Un déambulatoire supérieur tient lieu de galerie de peinture. Dans l'église, beau retable baroque dédié à saint Génis, martyr du Christ. À l'extérieur, le linteau, œuvre monumentale, est connu pour être la première sculpture romane datée (1019-1020).

LE BOULOU (66160) 5 575 hab. *Carte Pyrénées-Orientales, C2*

Ville de passage à gros trafic estival et station thermale pour les maladies digestives et artérielles. On y trouve les vestiges d'une tour quadrangulaire (issue du rempart médiéval) et l'église Sainte-Marie, dont le beau portail roman est surmonté d'une frise (peu visible) attribuée au Maître de Cabestany, mystérieux sculpteur du Moyen Âge. L'espace des Arts en présente (entre autres) un moulage.

ROBINS DES BOIS DE CATALOGNE

Neuf ans seulement. C'est le temps durant lequel les Trabucayres ont écumé les collines du sud de la Catalogne du Nord, de 1837 à 1846. Bandits de grand chemin, ils rançonnaient les plus fortunés, diligences de bourgeois ou riches fermiers, armés de fusils courts (les trabucs). Leurs forfaits étaient précédés de pratiques religieuses pour absoudre leurs futurs péchés...

Adresse et info utiles

Office de tourisme : *1, rue du Château. ☎ 04-68-87-50-95. • tourisme-leboulou.fr • Juil-août, tlj sf dim ap-m ; le reste de l'année, tlj sf sam ap-m et dim, plus sam mat nov-mars.*

Bus : *rens au ☎ 04-68-80-80-80. • cg66.fr •* Avec Perpignan, env 15 bus/j. lun-sam ; 4 le dim. Avec Argelès-sur-Mer, 2-3 bus/j. sf dim.

Où dormir ? Où manger au Boulou et dans les environs ?

Hôtel Le Centre : *10, rue François-Arago. ☎ 04-68-83-15-73. • lecentrehotel@gmail.com • hotellecentre.com • Doubles sans ou avec sdb 26-55 € (oui, vous avez bien lu !).* Maria règne sur cet hôtel familial du centre-ville. À tour de rôle, les chambres sont restaurées et agrémentées de jolies touches de déco. Double vitrage pour celles qui donnent sur la rue. Certaines ont conservé leur joli carrelage d'époque. Les moins chères disposent d'un simple lavabo. L'accueil est charmant. Un vrai, vrai bon plan (comme on en rencontre rarement) pour les budgets serrés !

Le Cédrat : *route de Perthus, N9, Casino Joa. ☎ 04-68-83-01-20. Ouv tlj. Menu 19 €. Carte env 25-30 €.* C'est tout simplement le restaurant du casino du Boulou. Que ce soit à la carte ou dans les menus, le chef propose une très bonne cuisine, plutôt classique. Déco chic et belle terrasse.

Domaine de Nidolères : *66300 Banyuls-dels-Aspres. ☎ 04-68-83-04-23. • pierre@domainedenidoleres.com • À 4 km au nord du Boulou* *(au km 40) par la D 900. Ne pas suivre la direction vers le hameau de Nidolères, mais continuer un peu plus loin ; juste avt l'intersection de la D 40a vers Banyuls-dels-Aspres, prendre la petite route à droite, qui franchit la voie ferrée (fléché) ; ensuite, c'est à 200 m. Ouv tlj, sur résa le soir. Formules déj en sem 15-20 € ; menus 25-45 € ; carte 30-45 €.* La bonne petite auberge au milieu du vignoble, tenue par des producteurs-restaurateurs. Grande et belle terrasse couverte, avec vue sur les vignes et le massif des Albères. Cuisine traditionnelle et vins des propriétaires de belle tenue ! Bon accueil, mais pas donné tout de même.

LE PERTHUS (66480) 584 hab. *Carte Pyrénées-Orientales, C3*

Une ville-frontière sans intérêt majeur. D'ailleurs il n'y a même plus de frontière ! Longue rue vers l'Espagne avec succession ininterrompue de supermarchés.

➢ *Pour y aller :* 2-3 bus/j. depuis Perpignan *(rens : ☎ 04-68-85-85-85 ; ● cg66.fr ●).*

Où dormir ? Où manger dans les environs ?

Gîte d'étape Chalet de l'Albère : *col de l'Ouillat, 66480* ***Saint-Jean-d'Albère.*** *☎ 04-68-83-62-20. ● lechaletdelalbere@hotmail.fr ● chalet-de-lalbere.fr ● À 12 km à l'est du Perthus par la petite route du col de l'Ouillat. Fermé dim soir et lun oct-avr. Service continu 11h-21h (le soir sur résa). Nuitée 15 €. ½ pens 40 €/pers. Menus 19-30 € et carte. CB refusées. Digestif offert sur présentation de ce guide.* À la fois café-resto et gîte d'étape pour randonneurs, ce chalet en bois, situé au milieu de la forêt, offre un point de vue exceptionnel sur les cols d'Espagne, le fort de Bellegarde et les massifs des Albères. Au niveau du gîte, 2 dortoirs (10 et 14 personnes) avec douche, et 4 cabines de 2 à 4 places avec w-c et douche à l'extérieur. Simple et propre. Au resto, réserver en terrasse pour la vue. Bon accueil. Très jolie route d'accès à travers les châtaigniers. Au passage du col, on lève les bras et... « allez l'Ouillat ! »

À voir

Le fort de Bellegarde : *visite de mi-juin à mi-sept, tlj 10h30-18h30 ; visites contées mer à 16h (sf sept) sur résa ; hors saison, s'adresser au point info situé au centre du Perthus : ☎ 04-68-54-27-53. ● le-perthus.com ● Entrée : 4 € ; réduc.* Forteresse du XVIIe s, construite par Vauban, elle fut prise et reprise à chaque guerre entre les rois de France et d'Espagne. Couvrant 14 ha, 1 200 personnes pouvaient y vivre pendant 1 an sans en sortir grâce à l'engrangement du blé dans une suite de caves voûtées et à un puits du XVIIe s de 63 m (l'un des plus profonds d'Europe). La forteresse accueillit des fortes têtes au début du XXe s, puis des républicains espagnols fuyant après la guerre civile, et enfin des Allemands pendant la Seconde Guerre mondiale. Aujourd'hui, certaines salles abritent les vestiges des fouilles archéologiques du site romain et médiéval de Panissars, 1 km en contrebas. De sa terrasse panoramique, on plonge sur l'Espagne et la pyramide de Ricardo Bofill, symbole de l'union des deux Catalognes. Pour l'anecdote, *La Scoumoune,* avec Claudia Cardinale et Jean-Paul Belmondo, ainsi que *L'Évadé,* avec Charles Bronson, furent tournés ici.

LE VALLESPIR

Belle vallée aux versants boisés où s'écoule le Tech, descendant des sommets pyrénéens pour se jeter dans la mer. Région la plus méridionale de France, le Vallespir connaît des paysages variés : plaine à 100 m d'altitude, puis pâturages et forêts majestueuses de hêtres, de chênes et de châtaigniers au fur et à mesure que l'on remonte vers la source du fleuve, jusqu'à 2 500 m.
Mais ce sont ses habitants et leurs traditions bien vivantes qui donnent aussi à cette vallée tout son intérêt, comme à Céret la paisible et à Arles-sur-Tech la pieuse, où sardane et fête de l'Ours animent les placettes ombragées...

Comment y aller ?

➢ ***En bus :*** *rens au ☎ 04-68-80-80-80. • cg66.fr •* Lignes Perpignan-Arles, via Céret et Amélie-les-Bains (lun-sam 15 bus/j. ; 4 le dim), et Perpignan-La Preste, via Céret, Amélie, Arles et Prats-de-Mollo, parfois avec changement à Arles (lun-sam 5 bus/j. ; 2 le dim). Liaison également Céret – Argelès-sur-Mer, via Saint-André, Sorède, Maureillas : 2-3 bus/j. sf dim.

➢ ***En voiture :*** de Perpignan, autoroute A 9-E 15 ou D 900 (N 9) direction Barcelone et sortir au Boulou (21 km) ; puis D 115 jusqu'à Prats.

CÉRET (66400) 7 800 hab. *Carte Pyrénées-Orientales, C2-3*

Cœur et capitale du Vallespir, Céret avait tout pour séduire les artistes du début du XXe s, et les galeristes d'aujourd'hui, avec son boulevard de platanes constamment animé, son pont du Diable plein de légendes, ses corridas, ses danses, ses accueillants Cérétans, ses 310 jours d'ensoleillement par an et ses cerises gorgées de sucre rouge.

LE BARBIZON CATALAN

Picasso le premier est tombé amoureux de Céret. À deux pas de l'Espagne, dont il était exilé (le régime franquiste détestait les communistes !), il fit aimer cette petite cité à tous ses amis artistes. Incroyable panthéon, largement exposé au musée d'Art moderne étonnamment fourni : Cocteau, Chagall, Marquet, Matisse, Maillol... On sent d'ailleurs encore leur présence sous les platanes, dans les cafés, aux festivités locales qu'ils ont croquées, peintes, dessinées. Un Barbizon... en plus ensoleillé !

Adresse et infos utiles

🅘 ***Office de tourisme :*** *1, av. Clemenceau. ☎ 04-68-87-00-53. • ot-ceret.fr • Juil-août, tlj sf dim ap-m, 9h (10h dim)-13h, 14h-19h ; avr-juin et sept, lun-sam 9h-12h30, 14h-18h ; oct-mars, lun-ven 9h-12h, 14h-17h, sam 9h-12h30.* Bonnes infos et possibilité de visite guidée de la ville.

– ***Marché :*** *sam mat.* Vraiment sympa : nombreux produits régionaux, artisanat, etc.

– ***Marché nocturne :*** *mar en juil-août.*

Où dormir ?

Campings

⛺ ***Camping municipal du Bosquet de Nogarède :*** *36, av. d'Espagne. ☎ 04-68-87-26-72. ♿ À 1 km du centre, à la sortie de Céret, en direction de Maureillas-las-Illas par la D 618. Ouv avr-oct. Réception ouv tlj sf w-e et j. fériés à partir de 15h. Compter 20,40 € pour 2. CB refusées. 135 empl.* Dans un joli parc ombragé et traversé par un ruisseau (chouette !) au bord duquel se trouvent les emplacements pour tentes. Les caravanes, elles, sont installées (et c'est moins chouette) en bordure de la route. Le centre-ville est à portée de mollets et le lac de Saint-Jean à 5 km. Très bon accueil du gérant (un sacré personnage).

⛺ ***Les Cerisiers :*** *mas Toure. ☎ 04-68-87-00-08. • camping.lescerisiers@club-internet.fr • campingcerisiers.fr • À 2 km de Céret en direction de Maureillas-las-Illas par la D 618 (fléché sur la gauche). Congés : janv à mi-fév. Compter 16,80 € pour 2 ; mobile homes 4-6 pers 200-600 €/sem selon saison. 120 empl.* 📶 Bien ombragé par lesdits cerisiers, un terrain paisible aux emplacements spacieux isolés par des haies touffues. Location de vélos. Lac de Saint-Jean à 4 kilomètres.

De bon marché à prix moyens

🏠 ***Le Cérétan :*** *7, rue de la République. ☎ 04-68-87-11-02. • leceretan.hotel@gmail.com • leceretanhotel.com • Dans la rue face à la porte de France. Doubles avec sdb et TV 55-75 € selon taille et vue ; familiales 85-100 €.* 📶 L'hôtel, rénové depuis peu, abrite des chambres aux tonalités modernes, impeccables et plaisantes, surtout celle du dernier étage avec sa petite terrasse donnant sur le massif du Canigó. Excellent rapport qualité-prix et accueil adorable. Pas d'ascenseur.

🏠 ***Hôtel Vidal :*** *4, pl. Soutine. ☎ 04-68-87-00-85. • bisbe@club-internet.fr • hotelceret.com • Dans le centre, entre la mairie et la pl. Picasso. Double avec sdb 55 €.* 📶 Ancienne résidence épiscopale datant de 1735, classée Monument historique. Un charme fou avec sa belle façade ouvragée. Chambres assez spacieuses, simples et agréables, sans TV. Les proprios sont du village, dont ils connaissent bien les secrets. Très bon resto également (voir « Où manger ? *Restaurant del Bisbe* »).

Où manger ?

De bon marché à prix moyens

🍽 ***Can Jordi :*** *10, bd Jean-Jaurès. ☎ 04-68-87-71-75. De mi-juin à mi-sept, tlj sf lun ; hors saison, tlj sf mar-mer. Congés : de mi-nov à mi-déc. Plat du jour 10 € ; menus 14 € (déj en sem)-28 €. Apéritif ou café offert sur présentation de ce guide.* Le jeune chef travaille des produits frais et propose en toute simplicité une cuisine catalane *a la plancha* au bon rapport qualité-prix. Belle carte des vins de pays. Service attentionné. Terrasse.

🍽 ***La Praline :*** *15, bd Maréchal-Joffre. ☎ 04-68-87-71-21. • omleurquin@gmail.com • Mar-sam 10h-18h, plus lun en saison. Formules 12,50-18,90 €.* Petit salon de thé impeccable pour siroter un café gourmand ou déjeuner sur le pouce d'une tarte salée maison ou d'une salade. Bons chocolats chauds également, gaufres... les proprios sont belges. Quelques tables sur le trottoir.

🍽 ***Restaurant del Bisbe :*** *4,*

pl. Soutine. ☎ 04-68-87-00-85. • bisbe@club-internet.fr • Tlj (fermé lun et mer hors juil-août). Congés : fév, juin et nov. Formule déj en sem 15 € ; menu 29 € ; carte env 38 €. Il s'agit du resto de l'Hôtel Vidal (voir « Où dormir ? »). On y fait bombance dans la salle à manger de l'évêque ou en terrasse, sous une tonnelle ombragée par une jolie treille de vigne. La carte change chaque saison (même l'emblématique *escalibade* est déclinée selon les produits du marché) et peut compter sur une belle sélection de breuvages du cru. Une très bonne table.

Où dormir ? Où manger dans les environs ?

Camping

Al Comu : *route de Fourques, 66300* **Llauro.** *☎ 04-68-39-42-08. • alcomu@wanadoo.fr • alcomu.monsite.orange.fr • Accès par la D 615, 500 m avt le village, à droite en venant du nord. Ouv début avr-fin oct. Compter 21 € pour 2 en hte saison. CB refusées. 40 empl.* Un petit camping au calme, à l'écart des grands axes. Les emplacements sous les chênes-lièges sont vraiment vastes. Sol un peu dur, prévoir le matériel en conséquence. Belle vue côté Méditerranée, belle vue côté Pyrénées, et adorable côté accueil.

De prix moyens à chic

L'Hostalet de Vivès : *rue de la Mairie, 66490* **Vivès.** *☎ 04-68-83-05-52. • hostalet.de.vives@free.fr • hostalet-vives.com • À 8 km au nord de Céret par la D 115, puis la D 13. Fermé dim soir-mar. Congés : de mi-janv à mi-fév. Doubles et studios, simples et fonctionnels, 68-94 € ; petit déj 12,50 €. Menus 21,50 (déj en sem)-34 € déj sf dim ; carte env 40 €.* L'auberge catalane dans toute sa splendeur. Parfois bruyante le week-end, avec ses groupes en goguette et sa musique à tue-tête, mais bon, c'est le Sud. Pure cuisine de terroir, vraiment copieuse (*boles de picolat,* tripes à la catalane...) et exceptionnelle charcuterie. Terrasse.

Le Chat qui rit : *66400* **La Cabanasse-de-Reynès.** *☎ 04-68-87-02-22. • lechatquirit@wanadoo.fr • Au bord de la D 115, à 3 km de Céret direction Amélie-les-Bains. Tlj sf mar soir, mer et dim soir. Formules déj en sem 15-18 € ; menus 28-39 €. Apéritif ou café offert à partir du menu à 28 €, sur présentation de ce guide.* Salle bourgeoise et grande terrasse – un peu perturbée par la proximité de la route, dommage –, le décor classique d'une table intemporelle, de celles qui savent piocher ce qu'il faut de modernité tout en restant solides sur les traditions. Résultat, une cuisine de saison qui sent bon le Sud et ne jure que par le terroir, qui aime le bio, les légumes et la charcuterie. Sincère, en somme, comme l'accueil.

Le Mas Trilles : *av. du Vallespir,* **Reynès.** *☎ 04-68-87-38-37. À 4,3 km à l'ouest de Céret, direction Amélie-les-Bains ; à la sortie de Pont-de-Reynès, sur la droite. Ouv de fin avr à mi-oct. Doubles 85-162 €, selon confort et saison.* Niché dans le repli d'une colline boisée, surplombant la rivière, authentique mas catalan du XIVe s superbement restauré. Il abrite aujourd'hui 5 magnifiques chambres d'hôtes, chic et pleines de charme, à la déco personnalisée (meubles d'antiquaire, tissus coordonnés). Les propriétaires aiment chiner et ils ont du goût ! Piscine. Confort parfait et en prime, accueil charmant.

À voir

Le musée d'Art moderne de Céret : *8, bd du Maréchal-Joffre. ☎ 04-68-87-27-76. • musee-ceret.com • Tlj sf mar oct-avr, 10h-18h (19h 1er juil-15 sept) ; billetterie fermée 30 mn avt. Entrée : 5,50 € (plus cher si expo) ; réduc ; gratuit moins de 12 ans.*

En 1950, deux peintres, Pierre Brune et Frank Burty Haviland, lancent un projet de musée pour perpétuer le souvenir des nombreux artistes ayant fréquenté la ville au début du XXe s et qui ont beaucoup peint Céret. Une liste comme copiée-collée du sommaire d'un ouvrage d'histoire de l'art. À partir de 1910, Manolo, Picasso, Braque, Juan Gris, Auguste Herbin, Kisling, Max Jacob, et après la Seconde Guerre mondiale, Masson, Loutreuil, Krémègne, Soutine, Chagall... séjournent à Céret. Picasso soutient le projet en faisant don de 53 œuvres, dont la magnifique série des coupelles tauromachiques. Matisse offre des dessins de Collioure. Constituée grâce à la générosité des artistes, la collection s'est ensuite développée par une politique d'acquisitions et la mise en dépôt d'œuvres majeures.
Son fonds d'art contemporain, essentiellement orienté vers les artistes du sud de la France et de la Catalogne, compte de beaux ensembles d'œuvres de Viallat, Bioulès, Ben, Clément, Gauthier, Tàpies, Tom Carr, Barceló... Un musée à découvrir ou à redécouvrir au fil des fréquentes expositions temporaires.

MUSIC *(musée des Instruments de Céret)* **:** *14, rue Pierre-Rameil. ☎ 04-68-87-40-40. • music-ceret.com • Mai-oct, tlj 10h-19h ; nov-avr, tlj sf mar et sam, 10h30-17h30. Entrée : 7 € ; réduc.* À l'origine de ce musée atypique, un couple de médecins suisses-allemands, pas musiciens pour un sou mais dévorés d'une passion pour les hautbois qui ne connaît pas de mesure. Au cours de leurs multiples périples à travers le monde, ils ont amassé une collection de près de 4 000 instruments. 450 sont exposés ici, dans un beau travail de mise en lumière offrant un fascinant voyage à la découverte des traditions musicales des cinq continents, du Finistère au Cambodge, du Maghreb à l'Indonésie, du Sénégal au Pérou. Impossible de détailler toutes les pièces tant il y en a. Parmi les plus remarquables, une trompe de *cobla,* l'orchestre qui rythme la sardane, façonnée au XIXe s en forme de tête de serpent, un *daire* (sorte de tambourin) iranien orné de calligraphies, de superbes conques ouvragées du Tibet, un charango (guitare en carapace de tatou) du Chili, etc. Et bien sûr, pléthore de flûtes et hautbois de toutes les latitudes. Une collection qui continue de s'enrichir à chaque nouveau voyage du couple Herzka-Nil. Expos temporaires également.

Le « Boulevard » : l'artère principale de la ville s'appelle successivement Joffre, Jaurès, La Fayette et place Picasso. Elle épouse la forme des anciens remparts, dont il reste quelques vestiges : la porte de France et celle d'Espagne, du XIVe s. Un boulevard, constamment animé, qui conserve son charme et sa poésie. C'est ici que les artistes se retrouvaient, peignant et discutant sous les platanes ou à la terrasse des cafés. Les peintres sont passés, les platanes sont restés, superbes, certains âgés de 200 ans et plus.

La place des Neuf-Jets : certes, il y a la fontaine du XIVe s (à neuf jets), mais on aime surtout l'atmosphère de cette adorable placette. L'essentiel est ici : quelques bancs, trois platanes centenaires, quelques restos et les balcons tout simples des maisons... Sur la couronne de la fontaine, une inscription en latin, en tout petit : « Venez Cérétans, le lion s'est fait coq », allusion à la cession de cette partie de la Catalogne à la France (lion catalan et coq gaulois). Depuis, on a remis le lion à l'endroit, c'est-à-dire tête tournée vers l'Espagne...

L'église Saint-Pierre : *près de la pl. des Neuf-Jets. Ouv selon disponibilités des bénévoles.* Mignonne avec son clocher carré du XIIe s et son portail en marbre. À l'intérieur, joli dôme peint, de beaux retables baroques à colonnes et chaire de marbre. L'ancien mécanisme de l'horloge (7 m de diamètre !) est désormais exposé dans le hall de la mairie : on jurerait une sculpture contemporaine.

Le pont du Diable : *à l'entrée de la ville en venant de Perpignan.* Trésor et mystère du XIVe s, le pont de Céret fut longtemps le seul accès à la ville. Avec son arche de 45 m d'ouverture, il reste un miracle d'architecture. À tel point qu'une légende prétend que le diable lui-même le construisit ! Les ponts précédents ayant coutume de s'effondrer, le diable proposa ses services... contre la première âme qui franchirait le nouveau pont. Acceptant son aide, l'ingénieur chargé des travaux usa de subterfuge et fit passer un chat noir sur le pont. Surpris, le démon en oublia de poser la dernière pierre... elle manque toujours : aucune n'a jamais pu y adhérer ! Pour se venger, le Malin jura de détruire son travail. C'est pourquoi les habitants de Céret édifièrent deux autres ponts à côté...

La Maison du patrimoine Françoise-Claustre : *pl. Picasso, tour d'Espagne. ☎ 04-68-87-31-59. • maisondupatrimoine-ceret.com • De mi-juil à mi-sept, mar-ven 10h-13h, 15h-19h ; sam 15h-19h. De mars à mi-juil et de mi-sept à fin nov, lun-ven 14h-17h. Le reste de l'année, se renseigner. Entrée : 2,50 € ; réduc.* Cinq petites salles d'expo permanente permettent de suivre l'évolution du Vallespir, de la préhistoire au Moyen Âge. Peu de pièces mais de qualité, notamment les urnes funéraires (nécropole de Céret, âge des métaux). Expos temporaires.

Manifestations

– ***Procession du Ressuscité :*** *dim de Pâques.* Bonne occasion d'assister à des sardanes (voire de guincher !).
– **Fête de la Cerise et festival de bandas** (fanfares) **:** *fin mai ou 1er w-e de juin.*
– ***Festival de flamenco Querencias :*** *fin juin.*
– ***Tout l'été :*** sardanes dans les rues, bals de quartiers.
– ***Céret de Toros :*** *mi-juil. • ceret-de-toros.com •* Corridas traditionnelles, avec mise à mort *(no comment).* Autrefois, Picasso les présidait en personne... Pendant 3 jours, *abrigado* avec lâcher de taureaux dans les rues.
– ***Festival international de sardane :*** *3e w-e de juil.* Magnifique. Céret s'est fait une spécialité de cette danse catalane. Pour l'occasion, des centaines de danseurs forment des rondes blanc et rouge dans les arènes.
– ***Fête de la Saint-Ferréol :*** *18 sept.* Grande fête en l'honneur de saint Ferréol, patron de Céret. Très beau rassemblement de *puntayres,* les dentellières catalanes !

DANS LES ENVIRONS DE CÉRET

L'ermitage Saint-Ferréol : *à 4 km au nord de Céret. Rens : ☎ 04-68-87-02-09. Ouv selon disponibilité des bénévoles.* Au sommet d'une colline boisée, un bien bel ensemble de style espagnol du XVIIIe s. À l'intérieur, beau retable. De toute façon, si c'est fermé, le déplacement vaut la peine pour la vue à 360° sur la plaine.

Le pic de Fontfrède : *à 12 km au sud, par une route sinueuse, assez difficile, mais quelle récompense !* De ses plus de 1 000 m d'altitude, panorama superbe sur le Roussillon et la Méditerranée. Picasso y faisait des pèlerinages pour observer son Espagne natale à la jumelle !

– ***Le lac de Saint-Jean-Pla-de-Corts :*** *à 4 km à l'est de Céret par la D 115.* Une série de plans d'eau propices aussi bien à la baignade (surveillée en juillet-août) qu'à la pêche, la balade ou... le téléski nautique *(mai-oct ; • tsjwakepark.com •)* !

AMÉLIE-LES-BAINS – PALALDA

(66110) 3 750 hab. *Carte Pyrénées-Orientales, C3*

L'une des premières stations thermales de France. Ses eaux sulfureuses étaient vénérées autant par les hommes préhistoriques que par les Romains, qui édifièrent des thermes. On peut encore voir les vestiges d'une piscine voûtée dans les actuels thermes, malheureusement sans charme. En fait,

malgré sa situation, son air pur et sa végétation méditerranéenne, la ville n'a pas grand-chose pour elle : tout en longueur, faite de bâtiments en béton, peu animée. Asthmatiques et rhumatisants s'y font soigner. Sinon, à proximité, le vieux village de Palalda mérite une visite.

Adresse et info utiles

*🅸 **Office de tourisme :** 22, av. du Vallespir. ☎ 04-68-39-01-98. • tourisme-amelie.com • Juin-sept, tlj sf dim ap-m ; le reste de l'année, lun-ven et sam mat (sf déc-janv).*

*– **Marchés :** jeu mat pl. de la Sardane, et tlj pl. de la République pour les fruits et légumes.*

Où dormir dans le coin ?

***L'Écogîte du Moulin de la Palette :** accès à pied par le GR 10 ou en voiture à env 30 mn au sud d'Amélie-les-Bains, le long d'une route étroite et sinueuse, direction Montalba (téléphoner avt pour se faire préciser le chemin). ☎ 04-68-21-37-24. • ecogite.delapalette@orange.fr • ecogitedetape66.com • Nuitée 24 € ; petit déj 8 €. ½ pens 45 €/pers. Possibilité de camper (10 €/pers). CB refusées.* Pour randonneurs du GR 10 ou tout simplement pour amoureux de la nature, l'endroit se mérite. Paysages magnifiques à environ 600 m d'altitude. Dortoirs mansardés assez cosy et repas à base de produits bio. Un endroit convivial.

Achats

***Maison Coll :** 6, av. du Vallespir. ☎ 04-68-39-00-05. Tlj sf dim et lun mat, plus sam ap-m hors saison, 9h-12h, 15h-19h.* Un des derniers fabricants artisanaux d'espadrilles et autres *vigatanes,* avec ou sans talons, aux chauds coloris de Catalogne. La fabrique ne se visite malheureusement pas.

***Pâtisserie Perez-Aubert :** 12, rue des Thermes. ☎ 04-68-39-00-16. Face à la mairie. Tlj sf mer, 8h-12h30, 15h-19h. Congés : 3 sem en juil.* Fabrication artisanale de la rousquille, gâteau amélien dont la recette tenue secrète et transmise de génération en génération a été inventée ici il y a plus de 200 ans... à moins que ça ne soit à Arles-sur-Tech : le débat fait rage !

À voir

Palalda : vieux bourg sur les hauteurs, rattaché à Amélie depuis 1942. Des ruelles charmantes et de vieilles tours de pierre, restes d'un château médiéval. À côté de la mairie, église paroissiale du Xe s *(pour la visiter, s'adresser au musée).* Admirer la superbe porte aux étonnantes ferrures.

– Juste à côté, petit ***musée de la Poste en Roussillon*** et ***musée des Arts et Traditions populaires,*** dans le ***centre d'interprétation***

QUAND LA MODE SE LASSE

La vigatane est comme une espadrille, mais avec des rubans de coton à nouer autour des chevilles. Si son origine est incertaine (Vic, près de Barcelone ?), il est sûr que ce chausson a bien occupé les industries du Vallespir jusqu'au milieu du XXe s. Toiles et semelles de corde ont fait trimer des ouvriers à domicile. Puis les métiers à tisser se sont tus. Reste quelques fabricants artisanaux dont l'avenir est incertain. Sauf retournement de mode.

Charles-Rennie-Mackintosh : ☎ *04-68-39-34-90. Avr-oct, lun et sam 14h-18h ; mar-ven 10h-12h, 14h30-19h (14h-18h avr et oct). Le reste de l'année, lun-sam l'ap-m slt. Fermé de mi-déc à mi-fév. Visites découverte certains ven (se renseigner au* ☎ *04-68-39-01-98). Visite libre 2,50 € ; gratuit moins de 12 ans.* Histoire de la poste et des communications, du timbre au téléphone. Si vous déposez votre courrier dans la boîte aux lettres, il sera acheminé avec le tampon du musée. Également des expos sur les savoir-faire ancestraux (vannerie, tissage, apiculture, etc.) et une présentation du travail de Mackintosh, architecte écossais parmi les plus grands représentants de l'Art nouveau. Rien à voir avec les ordinateurs, donc... Il a vécu 1 an à Amélie-les-Bains, mais la plupart de ses œuvres se trouvent à Glasgow.

On peut descendre au bas du village par la ruelle en escalier Carrer-del-Bac, charmante avec ses maisons recouvertes de vigne vierge et un beau panorama en toile de fond.

Manifestations

– ***Festival folklorique international :*** *5 j. début août.* Près de 300 danseurs et musiciens présentent le folklore des cinq continents.
– ***Festibanyes :*** *1er sam de sept.* Fête traditionnelle et familiale reprenant les jeux taurins d'antan. Repas midi et soir avec animation musicale.

ARLES-SUR-TECH

(66150) 2 740 hab. *Carte Pyrénées-Orientales, C3*

Comme Céret, Arles-sur-Tech conserve des traditions et un folklore catalans vivaces. Mais la ferveur religieuse y joue un rôle plus important, son abbaye ayant connu une grande renommée au Moyen Âge. Son cloître ravissant est là pour en témoigner, ainsi qu'un étrange sarcophage rempli d'eau, qui garde tout son mystère... Voir aussi, quasi en face de l'abbaye, l'hôtel de ville, ancienne *Villa Les Indis,* incroyable bâtisse de 1901, au style Belle Époque. Enfin, ne pas quitter Arles sans avoir goûté aux délicieuses rousquilles.
Quant aux randonneurs entraînés, ils s'attaqueront au pic du Canigó par le sud : compter 12h de marche aller-retour (au départ du refuge de Batère, au bout de la D 43, sur la commune de Corsavy).

Adresse et info utiles

ℹ ***Office de tourisme :*** *le Palau, face à la mairie.* ☎ *04-68-39-11-99.* • *tourisme-haut-vallespir.com* • *Juil-août, lun-sam 9h-19h, dim 14h-17h ; hors saison, lun-sam 9h-12h, 14h-18h, plus dim avr-juin et sept-oct 14h-17h.* Personnel très compétent. Propose une visite guidée du village axée sur le patrimoine industriel et artisanal (fer, chocolat, tissage).
– ***Marché :*** *mer mat.*

Où dormir ? Où manger dans le coin ?

Dommage, on aimerait vous donner plein de tuyaux sur l'hébergement dans cette petite ville sympa. Mais si Amélie la bétonnée en déborde, Arles l'authentique en manque cruellement. Avis aux vocations !

Campings

Camping du Riuferrer : *rue de la Forge, à Arles-sur-Tech. ☎ 04-68-39-11-06. • campingriuferrer@libertysurf.fr • campingduriuferrer.com • ♿ À 600 m du centre, direction Prats-de-Mollo. Ouv mars-oct. Compter 18 € pour 2 en hte saison ; loc de caravanes et de mobile homes 150-515 €/sem. 150 empl. Réduc de 10 % sur le prix d'un séjour de 1 sem ou plus sur présentation de ce guide.* Camping tranquille, dispersant au milieu des arbres des emplacements bien délimités par des haies. La famille Larreur, très sympa, s'en occupe depuis de nombreuses années. Demandez leur avis aux campeurs les plus anciens (certains ont près de 40 ans de fidélité !). Jeux pour les gosses, snack-resto en saison. Piscine (gratuite pour les campeurs en juillet-août) et tennis municipaux à deux pas.

Camping Le Cortsavi : *route de Batère, 66150* ***Corsavy****. ☎ 04-68-87-89-24. • info@camping-cortsavi.com • camping-cortsavi.com • ♿ À 7 km au nord-ouest d'Arles par la D 43. Fléché depuis le village. Ouv avr-oct. Compter 12,90 € pour 2 ; loc de caravanes et mobile homes 280-450 €/sem. 50 empl.* Juché à 800 m d'altitude sur les hauteurs du village, le camping bénéficie d'un environnement à la fois beau et paisible, velouté et vallonné. Peu d'ombre, cela dit, et un seul bloc sanitaire. Sur place, resto et snack. Piscine municipale à 200 m (juillet-août).

Chic

Chez Françoise : *au centre du village de* ***Corsavy*** *(66150). ☎ 04-68-39-12-04. À 7 km au nord-ouest d'Arles par la D 43. Tlj sf mer, le midi slt. Congés : de mi-déc à fin fév. Menu 32,50 € (vin compris).* Un resto tout à fait rustique, doublé d'une belle terrasse glissée sous une treille. Pour accéder à la salle, on passe par l'épicerie ! Henriette concocte un menu unique, copieux, avec charcuterie et pâté maison, truite, omelette aux cèpes, pintade et dessert. Mais on peut se contenter d'un seul plat. Service vif et souriant.

Où acheter de délicieuses rousquilles ?

Pâtisserie Jean Touron : *placette d'Avall. ☎ 04-68-39-10-47. Tlj sf lun.* Il serait l'inventeur de la fameuse *rosquilla* (ou rousquille), biscuit rond au citron, nappé de sucre glace (à moins qu'on en trouve l'origine à Amélie-les-Bains ?). Le touron (nougat), ce n'est pas lui...

À voir

L'abbaye Sainte-Marie d'Arles : *entrée par l'office de tourisme. ☎ 04-68-83-90-66. ♿ (accueil adapté aux malvoyants). Mêmes horaires que l'office de tourisme. Entrée : 4 € ; réduc. Visites libres ou guidées, ainsi que des visites contées (tél pour rens et résa).*

Ancienne abbaye bénédictine fondée par ce sacré, sacré Charlemagne au VIIIe s, autour de laquelle le village se développa.

– ***L'église abbatiale :*** se distingue par l'orientation de son abside, vers l'ouest plutôt qu'à l'est comme de tradition. Bel intérieur en pierre massive, voûtes du XIIe s, grand orgue superbe du XVIIIe s et intéressants témoignages d'art sacré dans les chapelles. Dans la première, à droite, beau retable baroque (éclairage à gauche) qui raconte l'histoire de princes persans au IIIe s à travers des personnages en bois sculpté recouverts à la feuille d'or. Dans l'absidiole à gauche du maître-autel, les fameux *misteris* (représentations du Christ : assis, en croix, au tombeau...) portés par les pénitents noirs lors de la procession de la Sanch. Dans une chapelle haute

au-dessus du portail d'entrée, à l'intérieur, fresques du XIIe s. Et notez aussi le pilier creux utilisé jadis comme cache à reliques.
– ***Le cloître de l'abbaye :*** d'une finesse rare et très bien conservé, il fut construit à la fin du XIIIe s. C'est le premier cloître de style gothique du Roussillon. Les arcades de marbre blanc et de calcaire gris des galeries sont de véritables chefs-d'œuvre. Au centre du petit jardin médiéval, une croix de fer forgé originale, « la Creu del Gra » : dans sa tige, prisonnière de liens soudés, une boule de fer que l'on peut faire rouler !
– ***La Sainte Tombe :*** sur le parvis de l'église. Ce sarcophage de marbre blanc vieux de 1 700 ans reste une véritable énigme. Il aurait abrité les reliques de saint Abdon et de saint Sennen, rapportées à Arles au Xe s. L'incroyable est qu'il se remplit, au cours de l'année, de plusieurs centaines de litres d'eau, malgré un couvercle bien massif. Certains attribuent même à ces eaux limpides une vertu curative, y compris pour les maladies incurables. Que nenni ! disent les scientifiques.
Au-dessus du sarcophage, une statue funéraire encastrée dans le mur, représentant un seigneur mort au début du XIIIe s.

SOURCE DE MYSTÈRE

L'étrange phénomène lié à la présence d'eau dans le sarcophage de l'abbaye Sainte-Marie laisse les scientifiques perplexes. Ce caisson surélevé, distant du mur, vidé chaque année, profiterait du savant mélange d'infiltration d'eau de pluie (à 90 %) et de condensation de vapeur atmosphérique à travers les interstices du couvercle (pour les 10 % restants). Étrange, étrange...

Le Moulin des arts et de l'artisanat et le conservatoire des tissages : *rue des Usines. Avr-mai, tlj 14h-18h ; juin-oct, tlj 10h-19h. GRATUIT.* Une ancienne usine créée vers 1900 pour fabriquer des espadrilles, puis du linge de maison. Les métiers sont désormais silencieux, mais une vidéo retrace l'histoire du tissage, une activité jadis florissante dans la région... L'atmosphère est touchante. Le site abrite également des ateliers d'artisans locaux (fonderie, peinture, forge, vitrail, etc.), notamment la ***coutellerie Theuns Morian*** *(☎ 04-68-73-81-18. Lun-sam 9h-12h, 14h30-19h. Fermé lun-mar juin-sept. Téléphoner avt car le maître artisan présente souvent ses chefs-d'œuvre dans des salons).* qui s'inspire de couteaux catalans, méditerranéens, mais aussi japonais, pour créer de nouvelles lames. Que des pièces uniques, avec lames forgées à la main, devant vous, et manche en corne ou bois dur. Compter de 75 à 2 000 € pour l'une de ces merveilles.

Manifestations

– **Fête de l'Ours :** *1er w-e de fév, au début du carnaval.*
– **Foire aux chevreaux et aux fromages :** *w-e des Rameaux.*
– **Procession de la Sanch :** *soir du Vendredi saint.* À ne pas rater.
– **Fête de la Saint-Éloi :** *fin juin.* Bénédiction des mulets et des petits pains. Cette amusante cérémonie rend hommage aux braves bêtes qui rendirent tant de services aux montagnards du Vallespir avant l'avènement du moteur !
– **Les Mercredis d'Arles :** *juil-août.* Concerts et autres animations dans divers lieux de la commune.
– **Festa major :** *fête du village, le 30 juil.* Procession des bustes des saints, offrande de la Rodella (ininterrompue depuis le XVe s), etc.
– **Festival d'orgue à l'abbaye :** *juil-oct.*
– **Rencontres européennes de ferronnerie d'art :** *3e w-e d'oct, ts les 2 ans (années impaires).* Trois jours d'intense « forging ». Unique !

DANS LES ENVIRONS D'ARLES-SUR-TECH

LES GORGES DE LA FOU

À 2 km d'Arles. ☎ 04-68-39-16-21. • gorgesdelafou.com • Prendre la D 115 en direction de Prats-de-Mollo, puis à droite. Du 25 mars au 15 nov, tlj 10h-17h (9h30-18h30 juil-août ; fermé à 16h oct-nov). Fermé les j. de gros orage. Entrée : 10 € (toujours susceptible d'augmenter) ; réduc. Compter 1h30 l'A/R. 4 parkings et 6 chenils gratuits (site interdit aux chiens). Prévoir une petite laine et de bonnes chaussures. Curiosité géologique que ce défilé d'environ 2 km de long, dont les parois atteignent par endroits 200 m de haut ! Des gorges considérées comme les plus étroites du monde, l'espace entre les parois rocheuses atteignant moins de 1 m à certains endroits... La visite se fait sur une passerelle qui surplombe le torrent, des cascades, des marmites. On y trouve une flore luxuriante de plus de 80 essences de plantes, du micocoulier à la *Ramonda myconii,* plante tropicale introuvable en Europe (sauf ici). Le site est sécurisé par des filets (nécessaires, soit, mais qui gâchent quelque peu le spectacle).

MONTFERRER *(66150)*

Après Corsavy, remonter sur la gauche par la D 44.
Superbe panorama sur toute la région. À Montferrer, ruines d'un château *(castell)* dynamité au XVIIe s et très belle église romane. Dernière richesse de ce charmant village : les truffes, dont Montferrer est la capitale régionale...

SERRALONGUE *(66230)*

Entre Arles et Prats-de-Mollo (tourner à gauche env 10 km après Arles).
Beau petit village aux maisons colorées. Un chemin en pente mène à l'église romane construite au début du XIe s. Superbe porte aux ferrures en spirales. Énorme verrou : remarquer la tête de dragon sculptée. Derrière l'église, un escalier grimpe à une butte ornée d'un petit édifice, appelé *conjurador.* Cette structure carrée ouverte sur les côtés était fréquente en Catalogne : c'est d'ici que les prêtres prononçaient leurs formules magiques censées calmer les colères du ciel et conjurer le mauvais sort... En tout cas, la vue sur les montagnes environnantes y est superbe.

SAINT-LAURENT-DE-CERDANS *(66260)*

À 15 km au sud d'Arles-sur-Tech par la D 115 puis la D 3.
Ce village du haut Vallespir (3 000 habitants au XIXe s, 1 250 aujourd'hui), riche de traditions ouvrières et pastorales, affiche son attachant passé sur les murs des maisons et compte encore une fabrique d'espadrilles *(possibilité de la visiter en saison sur rdv ; ☎ 04-68-54-08-68).* Jadis, une dizaine d'ateliers employaient ici un millier de personnes. Également une usine de linge de maison très réputée *(**Les Toiles du Soleil,** à l'entrée de la ville ; ☎ 04-68-39-33-93).*
– **Fête de l'Ours :** *2e w-e des vac scol locales de fév, pdt 3 j.*

Adresse utile

Bureau municipal d'animation et de tourisme : *7, rue Joseph-Nivet. ☎ 04-68-39-55-75. Juil-août, lun-sam 10h-12h, 14h-18h ; le reste de l'année, lun-ven 10h-12h, 14h-17h.* Y est exposé l'ancien mécanisme de l'horloge du clocher de l'église, datant de 1888.

À voir

La Maison du patrimoine et de la mémoire : *☎ 04-68-39-55-75. Entrée par le bureau de tourisme ; mêmes horaires. Entrée : 1 € ; réduc.* Reconstitution d'une usine d'espadrilles de 1923 et d'une forge de maréchal-ferrant, photos sur la vie sociale et festive du village du début du XXe s à nos jours. Également une salle consacrée à la *retirada,* sombre épisode de l'émigration des réfugiés espagnols en 1939. Petit film de 15 mn projeté sur demande.

COUSTOUGES *(66260)*

On rallie depuis Saint-Laurent-de-Cerdans (D 3) ce village frontalier célèbre dans la région pour sa magnifique église fortifiée du XIIe s : clocher impressionnant, toit d'ardoise bleue et portails admirables. L'originalité réside dans le second portail, intérieur, auquel on accède après avoir franchi le premier. Tympan foisonnant de sculptures représentant des végétaux et d'étranges animaux. À l'intérieur, très belle grille en fer forgé fermant le chœur. Dans tout le village, des panneaux explicatifs, historiques et parfois désopilants. On peut ensuite poursuivre vers l'Espagne direction Maçanet-de-Cabrens.

PRATS-DE-MOLLO – LA PRESTE

(66230) 1 100 hab. *Carte Pyrénées-Orientales, B3*

Nous voici dans le haut Vallespir, peuplé de conifères. Prats, la royale ! Car les rois d'Aragon y avaient bâti un palais. Alors elle a gardé le titre depuis le XIIe s. Cette paisible ville de montagne aux hautes maisons à balcons étonne par le contraste entre sa partie « moderne », étalée, et, en son cœur, sa cité fortifiée. Vauban est encore passé par là, renforçant les remparts et édifiant un fort qui veille sur l'imposante église au grand clocher carré. Aujourd'hui, Prats vit surtout du tourisme vert et de sa station thermale (urologie, rhumatologie) située à La Preste, à une dizaine de kilomètres par une route de montagne superbe.

Adresse et info utiles

Office de tourisme : *pl. du Foiral. ☎ 04-68-39-70-83. • pratsdemollolapreste.com • Janv-mars, lun-ven ; avr-déc, tlj.*
– **Marché :** *ven mat.*

Où dormir ? Où manger à Prats et dans les environs ?

Prix moyens

Hôtel Le Bellevue – Restaurant Bellavista : *pl. du Foiral. ☎ 04-68-39-72-48. • info@hotel-le-bellevue.fr • hotel-le-bellevue.fr • Resto fermé mar-mer hors saison. Congés : déc. Doubles 56-85 €. Formules et menus 20 (en sem)-56 € ; carte 45-50 €. Apéritif maison offert sur présentation de ce guide.* Des chambres élégantes et impeccables, certaines avec terrasse. Au restaurant, une cuisine régionale de haute qualité. Il faut dire que Denis Visellach a reçu la Casserole d'or des établissements *Logis de France* des Pyrénées, une sacrée référence ! Terrasse.

Gîte L'Ermitage Notre-Dame-

du-Coral : *route du Col-d'Arès. 06-62-87-31-38 ou 06-50-39-61-00. • notredameducoral@gmail.com • À 11 km de Prats-de-Mollo en montant vers le col d'Arès par la D 115 ; tourner à gauche et descendre une piste carrossable sur 5 km. Ouv tlj. Compter env 20,60 €/pers en dortoir (loc de draps 3,50 €). ½ pens 40,60 €/pers. Menus 15-20,50 €.* Un gîte d'étape aménagé au cœur de l'ermitage Notre-Dame-du-Coral. Dedans, calme et vieilles pierres. Dehors, nature sauvage avec balades à pied ou à VTT et site d'escalade tout proche. Chambres pour 2 à 4 personnes et dortoirs de 6 à 10 lits. Cuisine familiale. Il y a aussi une cuisine pour faire son petit frichti *(3 €/pers).*

Le Sud : *3, rue Porte-d'Espagne. ☎ 04-68-39-71-78. 06-51-06-02-54. Mai-sept, tlj midi et soir ; hors saison, fermé lun-mar et le soir mer-jeu. Congés : vac scol de la Toussaint. Formule et menu 12,50-23 €. Apéritif maison offert sur présentation de ce guide.* Du Sud, le restaurant a adopté les couleurs chaudes, à dominante orangée, et la cuisine bien sûr, fraîche et travaillée. Bons plats du jour, tapas et *pans*. Présentation particulièrement soignée et service aimable. Terrasse prise d'assaut en été. Un très bon rapport qualité-prix.

Chic

Maison Mauro : *1, rue du Jardin-d'Enfants. 06-14-62-63-21. • maisonmauro@gmail.com • maisonmauro.fr • À deux pas de la vieille ville. Doubles 85-100 €.* De cette maison entièrement restaurée, difficile de savoir ce qui est ancien et ce qui a été ajouté. Toutes différentes, les 3 chambres sont immenses, leurs salles de bains aussi, dissimulées derrière de belles structures en fer forgé. Une chambre dispose d'une terrasse, les autres profiteront de celle commune, et du grand jardin en contrebas. Toujours plus vaste, le grenier a été aménagé en chambre avec coin kitchenette, et peut faire office de familiale comme de dortoir pour bande de copains. Partout, beaucoup de goût dans la déco, jusqu'au coin salon-bibliothèque avec batterie en libre accès !

Maison d'hôtes Mas El Casal : *D 115. 06-72-82-28-61. • elcasal66@gmail.com • chambres-hotes-catalogne.com • À 5 km de Prats-de-Mollo vers l'Espagne. Congés : 15-29 sept. Double 80 € (75 € à partir de 2 nuits).* Jane et Patrick Maison, nom prédestiné, accueillent leurs hôtes dans une ancienne étable, joliment réaménagée sans y perdre ses attributs. Mangeoires, abreuvoirs... sont intégrés avec goût dans la déco de 2 vastes chambres tout confort et de la grande pièce commune où se prend le petit dej. Vue imprenable sur les montagnes environnantes. Un lieu parfait pour établir le camp à la découverte des alentours.

À voir. À faire

La ville fortifiée : construits au XIVe s, les remparts furent détruits lorsque les habitants, devenus français malgré eux, s'élevèrent contre les impôts ordonnés par Louis XIV. Les murs furent reconstruits à la fin du XVIIe s. On entre (à pied) par la porte de France. À l'intérieur de l'enceinte, de jolies ruelles et quelques commerces, de belles grilles en fer forgé...

L'église Saintes-Juste-et-Ruffine : *de mi-juin à mi-sept, tlj 10h30-12h30, 14h-18h ; le reste de l'année, ven-dim 14h-17h (18h d'avr à mi-juin). Fermé janv-mars. Entrée libre.* Étrange ex-voto, une côte de baleine plantée dans le porche accueille le pèlerin dans cette église du XIIIe s dont ne subsiste d'origine que l'impressionnant clocher crénelé, le reste ayant été reconstruit au XVIIe s. À l'intérieur, beau mobilier baroque, dont l'un des plus grands retables du département, datant de la fin du XVIIe s. Voir également, dans l'une des chapelles latérales, des outils de tisserands, marque de leur confrérie, sculptés dans la pierre en 1701. En été, dans la chapelle du fond, expo historique et d'objets liturgiques, dont une étonnante roue en bois équipée de maillets, qui sonnait les messes en remplacement des cloches durant la Semaine sainte.

Le fort Lagarde : *accès à pied en 15 mn env par le chemin couvert, ou en minibus quand il y a une visite guidée. D'avr à mi-juin, mer-dim 14h-18h ; de mi-juin à mi-sept, tlj 11h-13h, 14h-18h ; de mi-sept à fin déc, ven-dim 14h-17h. Fermé janv-mars. Entrée : 3,50 € (5 € en visite guidée ou « contée », en journée et en nocturne) ; réduc ; gratuit moins de 12 ans. Juil-août, visite animée en compagnie d'un soldat du XVIIIe s, avec tir au fusil, au canon, etc. : 7 € ; réduc ; gratuit moins de 6 ans.* Véritable manne pour le pouvoir royal, la gabelle va être la source de contraintes, d'injustices, de profits iniques, de révoltes liant ainsi indéfectiblement l'histoire du sel au Pays catalan. Et tout ça dans cette œuvre de Vauban qui domine fièrement la cité.

VAUBAN FAIT FORT

Bellegarde (Le Perthus), Miradou (Collioure) ou Lagarde (Prats-de-Mollo), voilà trois citadelles qui surveillent l'Espagne et veillent au traité des Pyrénées. Dans le Vallespir, le fort Dels Banys protège Amélie. Dans le Conflent, Villefranche verrouille les vallées de la Têt et de la Rotja. Et tout là-haut, la cité de Mont-Louis tient Cerdagne et Capcir. Tous ces fleurons de l'architecture militaire sont signés Sébastien Le Prestre de Vauban (1633-1707), Vauban pour les intimes.

Manifestations

– **Fête de l'Ours :** *un dim des vac scol d'hiver zone C.* Sans doute la manifestation la plus originale de la vallée et, paraît-il, l'un des rites les plus anciens d'Europe. Jadis, juste sorti d'hibernation, affamé, l'ours n'hésitait pas à descendre des montagnes pour s'attaquer aux troupeaux, bergers et autres passants... puis il a disparu (la faute à qui ?). Alors on s'est mis à l'idolâtrer. On le ressuscite tous les ans depuis belle lurette, en parant un jeune homme d'une peau et en le grimant de suie. Puis on l'attrape, l'humilie, le rase (symboliquement)...
– **Charivari Band's :** *2e ou 3e w-e de juil.* Festival de *bandas.*

DANS LES ENVIRONS DE PRATS-DE-MOLLO – LA PRESTE

L'ermitage Notre-Dame-de-Coral : *route du Col-d'Arès. Demander l'accès au gérant du gîte d'étape situé dans les murs. Entrée libre.*
Dans un cadre naturel magnifique, à l'écart de tout, la chapelle Notre-Dame-de-Coral a été construite au XIIIe s après la découverte d'une Vierge cachée dans le tronc d'un chêne. La chapelle du XVIIe s qu'on peut voir aujourd'hui résulte d'un agrandissement fait sur la précédente. Sa restauration en 1984 a permis la découverte d'une statuette de saint Jean-Baptiste dans un mur, de fresques anciennes et de la porte d'entrée du XVIe s. Une pierre à l'entrée témoigne de son appartenance à l'abbaye de Camprodon en Catalogne avant le traité des Pyrénées, à la suite duquel elle fut rattachée à l'évêché d'Elne.
À l'intérieur, deux retables du XVIIIe s, un christ en majesté du XIIIe s, une reproduction de la Vierge du XIIe ou XIIIe s. De chaque côté de l'autel, un escalier permet d'accéder au *camaril,* ou chambre de la Vierge, sorte de cabine téléphonique en liaison avec le ciel, où on venait demander des grâces à Marie, ou la remercier pour celles acquises. On y trouve une Vierge sur pivot du XVIIe s et des fresques naïves.
➢ Pour les amateurs de *hors-pistes touristiques,* superbe chemin en partie goudronné à travers la forêt de Notre-Dame-de-Coral. Il rejoint le village de Lamanère, le plus au sud de la France (Corse exceptée !), puis Serralongue.

– ***La réserve naturelle Prats-de-Mollo – La Preste :*** *à La Preste, prendre la direction de Las Conques. Point infos en été au niveau du refuge de Las Conques. Fournit de la doc et des cartes de sentiers. ☎ 04-68-39-74-49. • reserves-naturelles.org/prats-de-mollo-la-preste* • Plus de 2 000 ha de milieux naturels très diversifiés (forêts, landes et pelouses) qui abritent une faune et une flore particulièrement riches. Nombreux sentiers balisés.

LES ASPRES

Les Aspres sont ces collines âpres et boisées à l'ouest de Perpignan, au pied du Canigó, prises en sandwich entre le Vallespir et le Conflent. Une belle région à laquelle on s'attache autant qu'à ses voisines : l'art roman y est présent dans beaucoup de villages, tapis sur les versants, tandis que ses hauteurs autorisent de superbes contemplations de la plaine du Roussillon jusqu'à la mer... La gastronomie y est également représentée sous forme de champignons (la spécialité locale), escargots à la catalane et bons produits des fermes-auberges !

THUIR (66300) 7 415 hab. *Carte Pyrénées-Orientales, C2*

Quelques belles maisons en brique rose (les fameux *cayroux*) et des ruines des anciens remparts. Malgré tout, Thuir est d'un intérêt tout relatif. La ville est surtout connue pour son apéritif, le Byrrh.

Adresse utile

Office de tourisme : *bd Violet. ☎ 04-68-53-45-86. • aspres-thuir.com • Avr-oct, lun-sam 9h30-12h30, 14h30-18h30 ; juil-août, tlj 10h-12h30, 14h-18h30 ; nov-mars, mar-sam 9h30-12h30, 14h-18h.*

Où manger ?

Le Patio Catalan : *4, pl. du Général-de-Gaulle. ☎ 04-68-53-57-28. En face des caves. Tlj sf mer-jeu. Congés : 26 août-10 sept et vac de Noël. Résa conseillée. Formule déj 16,50 € ; menus 27-48 €.* C'est bien sûr son patio qui séduit aux beaux jours, mais pas seulement : cuisine catalane dans sa version terre-mer avec un suprême de volaille aux gambas et chorizo ; dans sa version gourmande pour finir avec une crème brûlée au touron catalan. Terroir, terroir, laquelle est la plus belle ?

À voir

Les caves Byrrh : *1, bd Violet. ☎ 04-68-53-45-86. • caves-byrrh.fr • Avr-juin et sept-oct, visite tlj 9h30-11h30, 14h30-17h30 ; juil-août, tlj 10h-11h30, 14h-18h30 ; nov-mars, tlj sf lun, à 10h45 et 15h30. Fermé 1er janv, 1er mai et 25 déc. Visite guidée de 1h15 : 4,50 € ; gratuit moins de 12 ans. Visites théâtralisées juil-août sur résa : 10 €. Visites nocturnes juin-sept : mer et ven 21h30, 14 €. Interdit* *aux animaux.* Inventé au XIXe s par les frères Violet, à l'origine de simples bergers, le Byrrh est un apéritif à base de vin et de plantes aromatiques (quinquina). Rachetées par Cusenier, filiale de Pernod-Ricard, ses caves produisent également des millions de litres d'apéros : Cinzano, Dubonnet, Suze, etc. La nouvelle muséographie met en avant l'histoire de la famille et celle de la fabrication à travers des projections d'images sur les foudres et les murs, des jeux d'ombre et de lumière, un spectacle multivision autour du fameux foudre géant, considéré comme la plus grande cuve en chêne du monde (un million de litres !).

Le musée des Arts et Traditions populaires : *pl. de la Mairie. ☎ 04-68-53-18-41. Juin-sept, tlj 10h30-12h, 15h-18h30. GRATUIT.* Installé dans un ancien relais de poste du XVIe s et une ancienne tour de garde restaurée, un discret mais intéressant musée des arts et traditions populaires. Collection assez riche et complète d'outils, vêtements et objets locaux, fort bien présentée.

Manifestations à Thuir et dans les environs

- ***Le Musée dans la ville :*** *juil-sept.* Une expo envahit les rues de la ville.
- ***Diades catalanes :*** *3e et 4e sem de juil.* Fête catalane avec animations de rues.
- ***Les Nuits d'août :*** *2e sem d'août.* Concerts gratuits en soirée.
- ***Fête des Sorcières :*** *dernier w-e d'oct, à **Tressere** (66300), à env 15 km au sud de Thuir.* Spectacles de rue, course de sorcières, concerts endiablés...
- ***Il était une fois Noël :*** *déc.* Chaque année, un pays différent est illustré par des contes, légendes, traditions de Noël.

DANS LES ENVIRONS DE THUIR

Monastir del Camp : *66300 **Passa.** ☎ 04-68-38-80-71. Au sud de Thuir, sur la route entre Passa et Villemolague. Tlj sf jeu : visites à 15h et 16h tte l'année, plus 17h avr-oct et 18h juil-août. Entrée : 4 € ; gratuit moins de 15 ans.* Prieuré du XIe s, classé au titre des Monuments historiques en 1862 par Prosper Mérimée. Son nom viendrait d'une bataille mythique entre Charlemagne et les Sarrasins. Ensemble de bâtiments formant hameau et exploitation agricole. Le délicieux cloître gothique en marbre de Céret date de 1307, et le très beau portail aux chapiteaux sculptés de l'église romane du XIIe s, sur le chemin du Maître de Cabestany. Rappelons que c'est à ce mystérieux personnage que l'on attribue nombre de sculptures du XIIe s en Languedoc, Catalogne, Navarre et jusqu'en Toscane. Mais a-t-il existé ? S'agit-il d'un style de sculpture ? Ou plutôt d'un esprit original donné à la pierre ? On trouvera peut-être un jour un sens à ces énigmatiques longues mains, à ces visages parfois sereins, parfois terrifiants... Enfin, un ancien promenoir qui daterait du IXe s a été ouvert au public.

CASTELNOU (66300) 365 hab. *Carte Pyrénées-Orientales, C2*

À 6 km à l'ouest de Thuir, superbe village médiéval parfaitement conservé. Belle pierre ocre jaune, presque miel, des habitations et du château millénaire. L'un des plus beaux villages de la région, sans les boutiques tape-à-l'œil qui défigurent habituellement ce genre de site. Et le soir, les habitants sortent les tables dans la rue pour un petit dîner en regardant passer les touristes d'un air amusé. Voitures interdites. Tant mieux !

Adresse et info utiles

Point Infos : *à l'entrée du village.* ☎ *04-68-53-45-86. Juin-sept, tlj 10h-13h, 14h30-18h30 (en continu mar et ven) ; oct, lun-ven 10h-13h, 14h-18h.* En été, visites guidées du village *(mar et ven à 11h et 16h30 ; durée : 1h ; prix : 2 €).*

– **Marchés :** *mar tte la journée de mi-juin à mi-sept.* Ne pas manquer le marché de producteurs, pittoresque, avec des structures en bois comme au Moyen Âge. Souvent animé par des musiciens.

Où dormir ? Où manger ?

Maison d'hôtes La Figuera : *3, carrer de la Font-d'Avall.* ☎ *04-68-53-18-42. • lafiguera@wanadoo.fr • la-figuera.com • Congés : déc-janv. Doubles 70-80 € selon saison ; familiales 100-105 €.* 3 vieilles maisons aux murs épais comme ça, médiévales comme tout le village, reliées entre elles avec goût : c'est *La Figuera.* On s'y déplace comme un chat dans un labyrinthe, on y loge comme un loir dans ses terriers. Déco bien faite, accueil doux de Nicole et Michel. Les prix sont un peu élevés, mais on est au cœur de ce superbe village, ça compense !

Salon de thé La Font : *carrer d'Avall.* 📱 *06-87-12-73-72. • lerenardetlacigogne@orange.fr • Tlj l'ap-m avr-sept, plus le midi juin-sept. Congés : janv-mars. Formule déj 15 €.* Cadre acidulé pour manger sur le pouce une tarte salée accompagnée d'une belle salade à base de tomates anciennes (plus de 40 variétés) récoltées sur la propriété. Également des crêpes et des glaces.

À voir

Le village médiéval : on est déjà séduit en arrivant de Thuir par la petite D 48 ; au détour d'un virage, sur fond de Canigó, en pleine verdure, sa vieille pierre dorée par le soleil éblouit. On entre (à pied) par une porte coincée entre deux tours. Les ruelles pittoresques et tortueuses, tout en escaliers, frappent par leur chaleur et leur luminosité. Quelques boutiques artisanales s'intègrent bien au site : poterie, ferronnerie, etc. Les habitations se distinguent par leurs ouvertures étroites, leurs escaliers (les gens logent à l'étage), leurs génoises (tuiles maçonnées) si caractéristiques de l'architecture provençale, de curieux renflements dans certaines façades, traces des anciens fours à pain. Partout ces schistes et cailloux usés, comme si le village était creusé à même sa colline... Fait rare, aucune maison récente, même aux alentours !

Le château : *au sommet du village.* ☎ *04-68-53-22-91. En saison, tlj 10h-19h (oct 11h-17h) ; nov-mars, tlj 14h-17h ; dernier billet 30 mn avt fermeture. Congés : janv, nov. Entrée : 5,50 € ; réduc ; gratuit moins de 10 ans. Animations en juil-août.* C'est autour de lui que le village fut bâti, *castell nou* signifiant « château neuf » en catalan. Neuf, le château l'est à nouveau, une importante restauration ayant eu lieu après l'incendie de 1981 qui détruisit le toit. Édifié à la fin du Xe s, c'est l'un des premiers exemples de forteresse du Roussillon, longtemps siège des comtes de Cerdagne et Besalù, seigneurs tout-puissants. La visite de l'intérieur passionnera à coup sûr les amateurs d'architecture militaire.

DE CASTELNOU À SERRABONE PAR LES PETITES ROUTES DE MONTAGNE

➢ On quitte le village par la D 48. Le paysage est immédiatement superbe. Sur la droite, au sommet d'une montagne pelée, apparaît l'église Saint-Martin-de-Camelas, dont l'isolement devait inciter à de sacrées méditations... En toile de fond, les inévitables sommets du Canigó. Plus la route monte, plus le panorama est vaste. On aperçoit enfin la Méditerranée à hauteur de Fontcouverte (chapelle romane d'un petit ermitage). Prendre la D 2 à gauche vers Caixas. Après l'embranchement pour ce petit village, prendre la direction du col du Fourtou, à droite (attention, il est facile de rater la bifurcation). Commence une jolie route très étroite, sauvage. Après l'église de Prunet, grand carrefour. À gauche, la D 13 enchaîne les points de vue et mène à Oms ; à droite, la D 618 descend vers Serrabone.

On peut faire un crochet (en continuant tout droit) par la ***chapelle de la Trinité,*** à 3 km du col du Fourtou *(tte l'année, tlj sf mar ; gardien logeant sur place).* Cette chapelle romane du XIe s abrite un des plus beaux christs « habillés » d'Europe (XIIe s). Le sculpteur l'a représenté revêtu d'une longue chasuble (symbole du Christ ressuscité). Et pour l'analyser, le christ est même passé... au scanner de l'hôpital de Perpignan...

LE PRIEURÉ DE SERRABONE

Carte Pyrénées-Orientales, C2

Construit au XIe s, le prieuré hébergea pendant près de 500 ans une communauté de chanoines voués au culte de saint Augustin. L'endroit est superbe, environné par la garrigue et surplombant un précipice. Tout autour, les montagnes, brûlées par le soleil.
L'extérieur de l'église est sobre autant qu'austère. Le balcon de la galerie d'entrée réserve une première surprise. Au-dessus du ravin, avec en trame un paysage grandiose, six arcades à colonnettes, aux chapiteaux sculptés de monstres. À l'intérieur de la nef, lumineuse et lugubre, la *tribune du chœur,* chef-d'œuvre de toute beauté. Les meilleurs sculpteurs romans du Roussillon y réalisèrent les colonnes et les chapiteaux de marbre rose, ciselant un univers étonnant : fleurs quadrangulaires, monstres anthropomorphes et gueules fantastiques.
Ne pas oublier de visiter le *jardin botanique.*
➢ De la D 618, une route zigzaguant (la D 84) sur 4 km conduit au site. ☎ 04-68-84-09-30. Ouv tlj 10h-18h (dernière entrée à 17h30). Fermé 1er janv, 1er mai, 1er nov et 25 déc. Entrée : 3 € ; réduc ; gratuit moins de 12 ans.

Où manger sur le pouce ?

Le Relais de Serrabona :** 66130* ***Boule-d'Amont, *à l'embranchement de la route qui monte au prieuré. ☎ 04-68-84-26-24. • relaisdeserrabone@gmail.com • Avr-oct, tlj 10h30-18h30. Assiettes fermières 6-11 €.* Pas mal pour une pause casse-croûte. Bons fromages de chèvre, miels, confitures, foie gras et magret de canard, vins, etc. Casse-croûte au canard, au fromage de chèvre, et quelques tables sur une aire de pique-nique à l'ombre.

ILLE-SUR-TÊT (66130) 5 245 hab. *Carte Pyrénées-Orientales, C2*

À la frontière des Aspres et à un peu plus de 25 km à l'ouest de Perpignan. En y arrivant, on distingue en premier le clocher carré de la grosse église Saint-Étienne. Autour de l'édifice, une vieille ville à l'atmosphère toute catalane. On s'arrêtera pour visiter l'Hospici d'Illa, centre d'Art sacré aux trésors méconnus, ainsi que ce qui fait la célébrité de la ville : les orgues, étonnante curiosité géologique. Et les fous de littérature sauront se souvenir que lors d'un séjour ici, Mérimée composa l'un de ses plus beaux textes, *La Vénus d'Ille.* Au fait, on prononce « iye ».

Adresse et info utiles

Office de tourisme : *sq. de la Poste. ☎ 04-68-84-02-62. • office.tourisme@ille-sur-tet.com • tourisme.ille-sur-tet.com • En saison, tlj sf dim ap-m, 9h30-12h30, 14h-18h ; le reste de l'année, lun-ven 9h-12h, 14h-18h (17h ven).* Donne un plan de la ville avec circuit.

– ***Marchés :*** *mer mat et ven mat.*

Où dormir ? Où manger ?

Camping

Camping municipal Le Colomer : *route du Colonel-Fabien. ☎ 04-68-84-72-40. • camping@ille-sur-tet.com • ille-sur-tet.com • À la sortie d'Ille, sur la route de Perpignan, prendre à droite ; fléché. Ouv tte l'année sf oct. Compter 11,35 € pour 2 en hte saison ; mobile homes 5 pers 250-473 €/sem. CB refusées. 61 empl.* Terrain au calme, bien situé sur l'axe Perpignan-Prades. Piscine municipale et terrain multisport à proximité.

Bon marché

La Vie en Rose : *19, av. Pasteur. ☎ 04-68-84-11-12. • lavieenrose66130@hotmail.fr • Fermé le soir lun-mar. Menu 15 € ; carte 25 €. Apéritif maison offert sur présentation de ce guide.* Un petit resto sympa, genre resto ouvrier, couleur printemps et plantes vertes en plastique. Parfait menu du jour : buffet de hors-d'œuvre, plat du jour correct et bien servi, et dessert. Service aimable.

De prix moyens à chic

Les Buis : *37, rue Carnot. ☎ 04-68-57-67-43. • contact@lesbuis.com • lesbuis.com • Doubles 95-145 € selon confort et saison.* Cette maison de maître du XIXe s en impose tant en façade qu'à l'intérieur. Vastes chambres, meubles d'époque qui instillent un charme un peu suranné. Noter l'étrange meuble en haut de l'escalier, il s'agit d'une... cabine téléphonique ! À disposition des hôtes, une bibliothèque. Piscine dans le jardin. Bon accueil.

Saveurs des Orgues : *1, rue Gutenberg. ☎ 04-68-84-10-48. • rossignol-pere-et-fils@orange.fr • Fermé dim soir et lun. Congés : 1re sem de juil. Menus 15,90 € déj en sem, puis 29,90-54,50 €.* Ancien meilleur apprenti cuisinier de France, le jeune chef Yvon Rossignol invente une cuisine pleine de fraîcheur. Il se plaît à explorer les contrastes de textures, de couleurs, et maîtrise les mélanges de saveurs, avec une petite prédilection pour les pointes acidulées. Les plats sont joliment présentés (ça va de soi !) sur des ardoises. Pas de terrasse.

À voir

Les orgues : à la sortie nord de la ville. ☎ 04-68-84-13-13. Franchir la rivière par la D 21. Tlj : nov-fév, 14h-17h30 ; mars et 2de quinzaine d'oct, 10h-18h ; d'avr à mi-juin et de mi-sept à mi-oct, 9h30-19h ; de mi-juin à mi-sept, 9h15-20h. Billetterie fermée 45 mn avt. Fermé aux fêtes de fin d'année. Entrée : 5 € ; réduc ; gratuit moins de 10 ans. Juil-août (sf j. fériés), visite guidée lun-ven à 17h ou contée mer-jeu à 10h, sans supplément. Un site unique dans toutes les Pyrénées. Cet amphithéâtre naturel de roches sédimentaires de 4 millions d'années dessine un étrange alignement de « cheminées de fée ». Du fait des matériaux peu résistants (sable et argile), l'érosion est forte et le site évolue extrêmement rapidement. Pour éclairer la visite, sentier d'interprétation où on apprend tout (ou presque) des phénomènes géologiques, climatiques, etc.

L'Hospici d'Illa : *dans l'ancien hospice Saint-Jacques. ☎ 04-68-84-83-96. Juil-août, tlj sf le mat w-e et j. fériés, 10h-13h, 14h-18h ; le reste de l'année, tlj sf mer, w-e et j. fériés, 14h-18h ; billetterie fermée 30 mn avt. Fermé déc-janv. Entrée : 4 € ; réduc ; gratuit moins de 13 ans.* Installé dans un corps de logis du XVIIe s, ce musée présente des pièces d'art sacré médiéval et baroque, avec notamment les peintures murales de Casesnoves, pièces uniques des XIIe et XIIIe s. Propose également des expos temporaires et visites guidées du musée et de la ville. En juillet-août, atelier ouvert de restaurateurs d'art.

L'église Saint-Étienne-del-Pradaguet : *ouv en principe le mat.* Elle date de la fin du Xe s et fut reconstruite sept siècles plus tard. Imposant clocher du XIVe s, portail en marbre blanc du XVIIIe s, vieil orgue.

Les ruelles de la vieille ville, très authentiques (y aller à pied : en voiture, c'est inextricable !), dégagent une atmosphère encore médiévale. On peut tomber, au hasard des promenades, sur quelques sculptures de marbre, de belles fontaines, de hautes façades, de beaux patios, placettes, platanes... Beaucoup d'hôtels particuliers du XVIIIe s. Rue des Enamourats (Amoureux), la pierre sculptée que l'on peut encore voir indiquait au XVIe s la présence ici d'une maison close !

Manifestation

- ***Fête Saint-Étienne :*** *fin juil. Gratuit.* Plein de festivités dans la ville (concerts, bals, etc.).

DANS LES ENVIRONS D'ILLE-SUR-TÊT

Le prieuré de Marcevol : *à...* ***Marcevol*** *(66320). ☎ 04-68-05-75-27. • prieure-de-marcevol.fr • À 20 km d'Ille-sur-Têt. D'Ille-sur-Têt, après Vinça, emprunter les jolies D 13 puis D 35 pour arriver dans ce hameau croquignolet et haut perché, entouré de prairies naturelles. Juil-sept, tlj 10h30-19h30 (19h sept) ; avr-juin et oct-nov, tlj sf lun, jusqu'à 18h ; déc-mars, sur demande ; billetterie fermée 30 mn avt. Entrée : 3,50 € ; réduc ; gratuit moins de 12 ans.* Cet intéressant prieuré a appartenu aux chanoines du Saint-Sépulcre de 1412 à 1484, avant de passer à la communauté ecclésiastique de Vinça. C'est un ensemble de bâtiments fortifiés d'une belle simplicité. L'église du XIIe s possède un portail en marbre rose de Villefranche (ferrures des portes remarquables) ainsi qu'une belle fresque romane d'inspiration byzantine. L'église du hameau, Notre-Dame-de-Las-Grades, en partie fortifiée, est un bel exemple d'art roman. Du prieuré, magnifique panorama sur la vallée.

LE CONFLENT

Le Conflent, confluent de rivières, est la plus grande vallée des Pyrénées-Orientales. Au pied du Canigó, cette magnifique région de montagnes escarpées tapissées de forêts recèle moult joyaux de la période romane, dont les plus éclatants sont sans conteste les abbayes de Saint-Michel-de-Cuxa et de Saint-Martin-du-Canigou. Dans chaque village, des églises aussi vieilles que charmantes réservent des surprises aux curieux qui en poussent la grosse porte. Et partout s'enfoncent des sentiers de randonnée, longeant les ruisseaux cristallins, grimpant parmi les vaches à l'assaut des sommets.

Comment y aller ?

➢ ***Par la route :*** Prades (capitale du Conflent) est à 45 km de Perpignan par la N 116.

➢ ***En train :*** de Perpignan à Prades et Villefranche-de-Conflent, en moyenne 2 trains en matinée, 4 l'ap-m (compter 50 mn). À Villefranche, on change pour le « train jaune » vers Mont-Louis puis Latour-de-Carol (tarifs plutôt élevés : 44,20 € l'A/R Villefranche – Latour-de-Carol, mais belle expérience).

➢ ***En bus :*** *rens au ☎ 04-68-80-80-80. • cg66.fr •* Lignes Perpignan-Prades (une douzaine de bus/j. lun-sam ; 2 le dim) ; Perpignan-Vernet, via Prades et Villefranche (env 5 bus directs/j. ; pas de bus le dim ; sinon davantage de départs depuis Prades) ; Perpignan – Latour-de-Carol, via Prades, Villefranche, Mont-Louis et Font-Romeu (4 bus/j. ; 3 le dim). Bus à 1 € le trajet sur toutes les lignes.

EUS

(66500) 422 hab. *Carte Pyrénées-Orientales, B2*

5 km avant Prades, en venant d'Ille-sur-Têt, prendre la D 35, à droite, à hauteur de Marquixanes. Classé Monument historique, ce village perché et fortifié est considéré à la fois comme le plus ensoleillé et l'un des Plus Beaux Villages de France. Agréable promenade le long des ruelles pentues, entre les murs de granit soulignés d'arbres et de fleurs, avec un superbe panorama sur la vallée en prime. Pour prendre le temps, café à mi-chemin, sur la place de la République *(ouv avr-oct).*

À voir. À faire à Eus et dans les environs

L'église haute : *uniquement en visite guidée les mar, jeu, sam et dim 14h-18h.* L'église la plus récente d'Eus (XVIIIe s). On y accède par un enchevêtrement de petits escaliers et passages voûtés. Elle fut construite sur les ruines d'un château du XIIIe s. À l'intérieur, quelques beaux retables du XVIIe s et des statues polychromes. Chœur baroque dégoulinant de dorures. L'ouverture de l'église est assurée par Jean Bausili, un sacré personnage, véritable mémoire du village et de son patrimoine, qui conduit également des ***visites guidées*** *(sur rdv au ☎ 04-68-96-22-69 ; participation libre).*

L'église basse : *en bas du village.* Édifiée du XIe au XIIIe s. Portail en marbre et colonnes intérieures en granit. Et un joli toit en ardoise.

– ***Têt Aventure :*** *66320* ***Marquixanes.*** *☎ 04-68-96-03-96. • tet-aventure.com • Pâques-Toussaint, w-e et j. fériés 13h-18h (10h-20h juil-août), tlj pdt vac scol. Entrée : 20 € ; 10-15 € enfant.* Le long de la Têt, plusieurs parcours acrobatiques dans les arbres, adaptés à tous les âges. Sur place également, l'agence ***Extérieur Nature,*** qui propose des sorties canyoning, rafting, tubing, escalade et via ferrata *(☎ 04-68-05-72-12 ; • exterieur-nature.com •).*

MOLITG-LES-BAINS

(66500) 229 hab. *Carte Pyrénées-Orientales, B2*

À 7 km de Prades, au milieu d'une nature verdoyante, les sources de Molitg, riches en plancton, sont utilisées, depuis 1850, dans le traitement des maladies de la peau. Les curistes y affluent, pour des cures de 3 semaines, ou pour des soins « bien-être » à la journée. Ce plancton thermal est une sorte de filament blanc qui donne à l'eau un caractère onctueux, idéal en massage pour la régénération du derme (on dirait une pub pour un savon de star !). L'endroit jouit d'un climat typiquement méditerranéen. Un véritable havre de tranquillité, blotti au pied des ruines du château de Paracolls perché sur un éperon rocheux. Le village est à 800 m de la station thermale, avec une vue exceptionnelle sur le Canigó et, en prime, une belle église fortifiée du XIe s.

Adresse et info utiles

Office de tourisme : *route des Bains. ☎ 04-68-05-03-28. • molitg.com • Sur la route de Mosset. Avr-nov, lun-ven 10h-12h, 14h-18h, plus w-e 10h-12h en juil-août.*

➢ ***Y aller en bus :*** *rens au ☎ 04-68-80-80-80. • cg66.fr •* Depuis Prades, 6 bus/j. sf dim. Ils continuent jusqu'à Mosset. Trajet : 1 €.

Où dormir ? Où manger ?

Hôtel L'Oasis : *6, route de Mosset. ☎ 04-68-05-00-92. • loasismolitg@gmail.com • l-oasis-molitg-les-bains.fr • En montant après les thermes, 800 m avt le village. Ouv avr-nov. Double env 48 € ; soirée-étape 95 € pour 2.* Pension familiale aux chambres simples et proprettes, avec un vrai effort de déco pour celles qui ont été rénovées. Certaines, à l'arrière, ont une terrasse adossée à la colline (sans vue). Les parties communes attendent, elles aussi, une bonne cure de rajeunissement. Accueil très aimable. Fait aussi resto.

Le Bon Temps : *pl. des Mûriers, au village. ☎ 04-34-52-90-93. Avr-nov, ouv le midi lun-sam, plus le soir ven-sam ; hors saison le midi lun-sam slt. Formule déj 15 €. Carte 23 €. Apéritif offert sur présentation de ce guide.* Modeste et sympathique, la petite épicerie du village fait aussi resto. Au menu, une cuisine simple et fraîche, à apprécier dans la minuscule salle ou à l'ombre, en terrasse. Peu de choix, mais plat du jour, salades, pizzas et jolis desserts sont tous concoctés maison, et s'appuient en grande partie sur des produits bio et locaux. Fait aussi salon de thé.

Le Café Casals *(restaurant du Grand Hôtel)* **:** *route de Mosset (en contrebas).* ☎ *04-68-05-00-50.* • *molitglesbains@chainethermale.fr* • *Tlj sf dim. Résa demandée aux non-résidents. Formule 19 € ; menu 29 € ; carte env 35 €. Café offert sur présentation de ce guide.* Comment se faire plaisir sans (trop) se ruiner ? Cette « cuisine d'appétit », élaborée par Michel Guérard, dont le chef est un élève, est servie dans une salle lumineuse ou en terrasse, dans l'élégant *Grand Hôtel des Thermes* au charme Belle Époque, lové dans un écrin de verdure au creux des montagnes. Plats imaginatifs et rafraîchissants ou recettes plus traditionnelles revisitées. Bon choix de vins et service très pro.

DANS LES ENVIRONS DE MOLITG-LES-BAINS

MOSSET (66500)

À 5 km au nord de Molitg.
Superbe village accroché sur un piton, propice à une belle balade dans les rues enroulées en escargot autour d'*El Plaçal,* la place ancienne. Mosset fut longtemps un village-frontière entre France et Catalogne, d'où les fortifications qui en font un vrai nid d'aigle. Sur le clocher de l'église pousse un pin âgé de plus de deux siècles (tout petit, une sorte de bonsaï naturel).

Adresse utile

Office de tourisme : *balco de la Solana.* ☎ *04-68-05-38-32.* • *mosset.fr* • *De mi-juil à fin août, tlj 10h-12h, 15h-19h ; vac scol, tlj sf lun, 15h-18h ; le reste de l'année, slt l'ap-m le w-e. Congés : janv.* L'office abrite aussi la tour des Parfums *(entrée : 3 € ; réduc ; gratuit moins de 12 ans).* Expositions « mises en odeur » autour des métiers, des plantes à parfums ou encore des parfums d'Europe... Elles changent régulièrement. Il y a même des « randonez » organisées !

Où dormir ? Où manger ?

Mas Lluganas – Chambres d'hôtes La Forge : ☎ *04-68-05-00-37* (Mas) *ou 04-68-05-04-84* (La Forge). • *maslluganas@orange.fr* • *maslluganas.com* • Mas : *1,5 km avt d'arriver à Mosset, en venant de Molitg.* La Forge : *à la sortie de Mosset vers le col de Jau, suivre une piste à gauche en contrebas sur 200-300 m. Ouv de fin mars à mi-oct. Double 55 €. Sur résa (ouv aux non-résidents), formule 15 €, menus 18-25 €. Apéritif maison offert et réduc de 10 % sur le prix de la chambre en avr-juin et de mi-sept à mi-oct sur présentation de ce guide.* 2 adresses bien différentes, mais une seule et même famille qui vous accueille. Et quel accueil ! On discute, on échange et on refait le monde. Au *Mas Lluganas,* on est sur une ferme d'élevage bio. Le bâtiment est moderne, les chambres vastes, fonctionnelles et lumineuses, avec du mobilier en bois conçu par un artisan qui s'est visiblement amusé. À *La Forge,* épais murs de pierre, volets bleus et déco soignée donnent une ambiance bucolique pour un séjour au calme en bord de rivière. Déjeuners et dîners se prennent au *Mas Lluganas* avec, au menu, viandes bio de la ferme et légumes, fromages et glaces bio également de chez les copains. Un bon rapport qualité-prix.

LES PYRÉNÉES-ORIENTALES

PRADES (66500) 6 183 hab. *Carte Pyrénées-Orientales, B2*

Sous-préfecture, la grosse bourgade de Prades peut constituer une bonne base de départ pour des excursions et des promenades dans le massif du Canigó. En été, la ville accueille de nombreuses manifestations culturelles.

Adresses et info utiles

Office de tourisme : *10, pl. de la République. ☎ 04-68-05-41-02. • prades-tourisme.fr • Mai-sept, tlj sf dim ap-m, 9h-12h, 14h-18h (juil-août 12h30 et 18h30), dim de mi-juin à mi-sept 10h-13h, j. fériés 12h ; oct-avr, lun-ven fermé à 17h, sam 9h30-12h30, fermé les j. fériés.*

Gare routière : *av. du Général-de-Gaulle.*

■ **Randonades :** *30, allée Arago. ☎ 04-68-96-16-03. • randonades.com • Sur la pl. de l'Église. Lun-sam 10h-13h, 14h-18h.* Séjours de randonnées à pied et à raquettes.

■ **Les Écuries Sant-Jaume :** *route de Marquixanes. 06-79-86-39-98. • lesecuriessantjaume.fr •* Balades à poney, randonnées à cheval...

– **Marchés :** *mar mat (alimentation, vêtements, artisanat) et sam mat avec les producteurs locaux.* **Marché nocturne** *ven en juil-août.*

Où dormir ? Où manger ?

Camping

Camping municipal de Prades : *chemin du Gaz. ☎ 04-68-96-29-83. 06-86-38-54-17. • prades.conflent@wanadoo.fr • camping-prades.sitew.com • En venant de Perpignan par la N 116, fléché au dernier rond-point. Fermé janv-fin mars. Compter 14 € pour 2 en hte saison ; chalets 5-8 pers 150-570 €/sem selon saison. 60 empl.* À 5 mn à pied du centre. Emplacements bien délimités et parfaitement ombragés – certains sont un peu petits. Dépôt de pain en juillet-août et animations en été, laverie. Bon accueil. Piscine municipale découverte à 300 m et plan d'eau pour la pêche à deux pas.

De prix moyens à chic

Chambres d'hôtes Maison 225 : *225, av. du Général-de-Gaulle. 06-42-91-79-21. • info@225prades.com • 225prades.com • Doubles 65-85 € selon saison ; suites 75-85 € ; familiales 100-110 €. Parking. Réduc de 10 % sur le prix de la chambre nov-fév sur présentation de ce guide.* Une ancienne demeure restaurée avec goût et sobriété par un couple d'Irlandais. Touches contemporaines et charme de l'ancien (parquets, cheminée en marbre) s'allient en parfaite harmonie. En tout, 5 chambres lumineuses avec salle de bains et matelas douillets. Si votre budget vous le permet, optez pour la suite avec salon, carreaux colorés et balcon privé qui donne sur le grand jardin et le Canigó ! Treille ombragée pour les petits déjeuners des matins ensoleillés. Petite piscine. Accueil, cadre, confort... Le top à un prix vraiment raisonnable.

Maison Prades : *51, av. du Général-de-Gaulle. ☎ 04-68-05-74-27. • info.maisonprades@gmail.com • maisonprades.com • Doubles 65-80 € selon saison. Table d'hôtes, lun et mer sur résa, 30 €. Apéritif maison offert sur présentation de ce guide.* Les Belgo-Brésiliens Benoît et Robson ont aménagé dans leur vénérable maison du XIXe s 4 chambres spacieuses d'humeur bourgeoise, chacune avec salle de bains. Petit déj servi dans le jardin semé de transats et dominé au loin par le Canigó. Bons conseils sur la région.

Domaine de la Tannerie : *6, rue Saint-Martin. ☎ 04-68-97-16-76. • domainedelatannerie@orange.fr • domainedelatannerie.com • En contrebas de la vieille ville, facilement accessible par des escaliers, non loin du camping municipal. Doubles 95-125 € selon saison. Gîtes 2-6 pers 480-1 300 €/sem.* Une ancienne tannerie transformée en invitation au voyage immobile, chaque chambre étant aménagée en référence à une destination (l'« Asiatique », l'« Africaine », les « Marocaine », l'« Indienne »). Un voyage grand confort : salles de bains avec baignoire balnéo ou jets hydromassants, piscine chauffée, hammam et sauna. Possibilité de louer un gîte.

Le Galie : *3, av. du Général-de-Gaulle. ☎ 04-68-05-53-76. • legalie@hotmail.fr • Fermé mar soir-mer hors saison. Formule déj lun-sam 22 € ; menus 38-60 €.* Accueil discret et charmant au service d'un jeune chef qui travaille des produits frais, de préférence locaux et bio. Formule du midi impeccable. C'est goûteux, souvent imaginatif. Bref, on est conquis. Pas de terrasse, seulement une petite salle à la déco sobre et claire en bois et fer forgé.

Où manger dans les environs ?

Les Loges du Jardin d'Aymeric : *7, rue du Canigou, 66500* ***Clara.*** *☎ 04-68-96-08-72. • jardin.aymeric@wanadoo.fr • À 6 km de Prades. Sur résa slt, tlj sf dim soir-lun hors saison. Formule déj en sem 20 € ; menus 38-58 € ; pas de carte.* C'est un peu comme si le chef et son épouse vous conviaient dans leur propre salon. Et les hôtes viennent de loin pour découvrir ce chef talentueux dont la réputation rayonne dans tout le département. À partir de produits de saison qu'il choisit avec soin, Gilles Bascou concocte une cuisine gastronomique aux belles envolées, qui ravira les fins gourmets. Quelques tables en terrasse, au bord d'un jardin. Également 3 chambres d'hôtes. Piscine.

– Voir aussi plus haut les adresses sur Molitg-les-Bains, et plus loin celles dans les environs de l'abbaye de Saint-Michel-de-Cuxa.

À voir

L'église Saint-Pierre : *pl. de la République. Au cœur de la ville. Tlj sf dim ap-m, 8h30-18h. Carnets disponibles à l'office de tourisme pour déficients mentaux et auditifs. Possibilité de visites guidées gratuites de l'église et du trésor pour les individuels de juin à sept (14h30 mar et ven), sinon mar à 10h30 sur résa au ☎ 04-68-96-28-55. Éclairage des chapelles pdt les heures d'ouverture du trésor.* C'est d'abord son clocher qui attire les regards, une tour carrée du XIIe s en marbre et granit, un des derniers vestiges de l'église romane primitive, le reste ayant été reconstruit entre 1606 et 1750 (le « chapeau » du sommet est toutefois plus récent). Le riche mobilier intérieur compte un incroyable retable en bois sculpté du XVIIe s, création du grand artiste catalan Joseph Sunyer, comparé à un « opéra sculpté » tant les figures y pullulent. C'est tout simplement le plus grand retable baroque de France ! Pour l'admirer à loisir, glisser 1 € pour l'éclairage automatique en bas à gauche du retable. Dans les chapelles, retables et sculptures finement ouvragés parcourent les styles des quatre derniers siècles.

Le trésor : *rue de l'Église. ☎ 04-68-05-23-58. De mi-juin à fin sept, mar-sam 10h-12h, 14h30-17h30 ; dernière visite 30 mn avt. Fermé j. fériés. GRATUIT. Possibilité de visite guidée église + trésor (mêmes infos qu'à l'église Saint-Pierre).* On y trouve à la fois le trésor de l'église, mais également celui de l'abbaye Saint-Michel-de-Cuxa, dont une Vierge en bois polychrome du XIVe s et une châsse en cuir du XVIe s.

L'espace Pablo-Casals – Médiathèque de Prades : *33, rue de l'Hospice. ☎ 04-68-96-52-37. Juil-août, mar-ven 10h-12h, 14h-17h ; sam 9h-13h. Le reste de l'année, se renseigner. GRATUIT.* Expo d'objets personnels du prestigieux violoncelliste.

La bijouterie Calvet : *140, av. du Général-de-Gaulle. ☎ 04-68-96-07-18. Mar-sam, plus lun juil-août 9h-12h, 14h-19h. Visite guidée gratuite de l'atelier et du musée.* Le plus ancien atelier de grenat des Pyrénées-Orientales, créé en 1804. On y travaille toujours de manière artisanale, les collections sont garanties « châtons sans moulage », une technique que vous expliquera M. Calvet. S'il y a suffisamment de monde, projection commentée d'un diaporama de 20 mn, avant de découvrir in situ le travail du grenatier (qui fabrique les bijoux en grenat).

Les Joyaux Catalans – La Manufacture du Grenat : *rond-point du Canigou. ☎ 04-68-96-21-03. • manufacturedugrenat.com • À l'entrée de Prades en venant de Perpignan. Visites guidées slt (50 mn env), à 10h et 11h, puis ttes les heures 14h30-17h30. Fermé dim tte l'année, plus lun de mi-sept à mi-juin. Entrée : env 3 € (valable 1 an, non nominatif) ; gratuit moins de 18 ans.* Intéressante visite d'une fabrique de joaillerie traditionnelle catalane. Petit film de 13 mn expliquant le processus de transformation de la pierre en bijou, suivi d'un débat. Vente sur place pour ceux qui ont un gros budget vacances !

LES PYRÉNÉES-ORIENTALES

Manifestations

– **Journées romanes :** *1re quinzaine de juil. Rens : Association culturelle de Cuxa, ☎ 04-68-96-27-40. • cuxa.org •* Conférences et visites commentées.
– **Ciné-rencontres de Prades :** *3e sem de juil. Rens : ☎ 04-68-05-20-47. • cine-rencontres.org •* Un festival toujours très intéressant, où cinéastes et hommes (et femmes) du septième art rencontrent le public.
– **Festival Pablo-Casals :** *26 juil-13 août. Rens : ☎ 04-68-96-33-07. • prades-festival-casals.com •* Reconnu dans le monde entier, le festival attire les plus grands ensembles classiques. Il a lieu dans le cadre grandiose de l'abbaye Saint-Michel-de-Cuxa et dans des sites environnants.
– **Université catalane d'été :** *2de quinzaine d'août. ☎ 04-68-96-10-84. • uce.cat •* Plus de 1 000 stagiaires (tout public) suivent des cours, rencontres ludiques, conférences, films, concerts... en langue catalane (pour qui le parle).

L'ABBAYE SAINT-MICHEL-DE-CUXA

Carte Pyrénées-Orientales, B2

À 3 km au sud de Prades par la D 27.

Où dormir ? Où manger dans les environs ?

Chambres d'hôtes Las Astrillas : *12, carrer d'Avall, 66500* ***Taurinya.*** *☎ 04-68-96-17-01. • bernard loupien@gmail.com • lasastrillas.com • À 5 km de Prades par la D 27 et à 2 km de Saint-Michel-de-Cuxa. Congés : 20 déc-20 janv. Double 55 €.* 4 chambres sobrement aménagées dans un plantureux mas en grosses pierres, composé de plusieurs bâtiments encadrant un jardin peuplé d'arbres et de fleurs. Comptez sur le maître des lieux pour vous parler de son pays avec passion.

El Taller : *2, pl. Verdaguer, 66500* ***Taurinya.*** *☎ 04-68-05-63-35.*

• catalansdelevage@orange.fr • Tlj sf dim soir, lun, mer. Menus 20 € (déj en sem), puis 30-40 € ; carte env 40 €. La grande terrasse ombragée comme la salle lumineuse tournée vers une baie vitrée offrent une superbe perspective sur la montagne. Dans l'assiette, la cuisine, traditionnelle et colorée, s'appuie en partie sur des produits locaux (la plupart des légumes sont bio). Un bel endroit.

Visite de l'ensemble abbatial

L'abbaye : *☎ 04-68-96-15-35. • abbaye-cuxa.com • Tlj (sf dim mat et le j. de fêtes religieuses ; mais ouv pour les messes) 9h30-11h50, 14h-17h (18h avr-sept) ; dernier billet 25 mn avt fermeture. Entrée : 6 € ; réduc ; gratuit moins de 12 ans. Juil-août, visites guidées (sans supplément) à 10h30 et 4 fois en moyenne l'ap-m. En basse saison, projection d'un film introductif de 20 mn.*
Véritable splendeur d'art roman que ce vaste monastère vieux de plus de 1 000 ans. Étonnante aussi, l'histoire de son édification... Au IXe s, de violentes inondations détruisent le monastère d'Eixalada. Les 36 survivants trouvent refuge dans une petite église à Cuxa et y développent leur communauté sous la protection des comtes de Cerdagne. Grâce à leurs relations avec les papes et les nobles de leur époque, les ambitieux abbés de Cuxa lancent maints travaux d'agrandissement de leur église. Sur le même emplacement, trois édifices sont successivement construits. L'église actuelle est donc la troisième. Elle est préromane (consécration en 974). Vendue à la Révolution, l'abbaye a alors perdu nombre de ses œuvres d'art.
La visite commence par la ***crypte dite « de la Crèche »,*** construite au XIe s. Il s'en dégage une atmosphère assez fantastique, accrue par d'ingénieux éclairages. Au centre des passages, une curieuse chapelle circulaire, à la voûte annulaire s'enroulant autour d'un imposant pilier central.
On pénètre ensuite dans le ***cloître*** du XIIe s, réalisé pour la première fois avec le marbre rose de la région. Il s'agit même du premier cloître sculpté de Catalogne. Autour d'une belle pelouse, ses superbes chapiteaux, qui contrastent avec la pierre de l'abbaye, sont parfois ornés de motifs d'inspiration orientale. Voir ainsi en face de la porte de l'église peut-être la tête d'un Égyptien, sans doute un pharaon, dont la barbe postiche aurait pu être cassée, mais on devine encore les feuilles de papyrus ; également une représentation de Gilgamesh, personnage de la mythologie sumérienne (Mésopotamie). Pourquoi ces sculptures ? Voisine de l'Espagne musulmane, la Catalogne fut l'une des portes de l'Orient. Il manque malheureusement une bonne partie des galeries, démontées après la Révolution et dont les éléments dispersés rachetés par des antiquaires servirent de base à l'édification par Rockefeller des *Cloisters* à New York. On admire aujourd'hui une reconstitution réalisée en 1952 à partir de ce qui a pu être récupéré.
On accède enfin à l'***église,*** préromane d'époque carolingienne, impressionnante par ses dimensions, austère par sa nudité avec des arcs outrepassés d'inspiration orientale. Dans les chapelles latérales, quelques statuettes polychromes.
– À l'extérieur, devant l'abbaye, superbe ***jardin d'iris,*** fleuri fin avril-début mai *(ouv en principe tlj 14h30-17h30).*

VERNET-LES-BAINS

(66820) 1 506 hab. *Carte Pyrénées-Orientales, B2*

Site de sources thermales spécialisées en rhumatologie et affections respiratoires, connues depuis le Moyen Âge (elles appartenaient alors aux moines de Saint-Martin-du-Canigou), Vernet devient en vogue vers 1880.

L'aristocratie anglaise y a ses habitudes, tout comme certains écrivains d'outre-Manche tel Rudyard Kipling. Au pied du vieux village, dominé par l'église Saint-Saturnin et son château médiéval, église anglicane, casino et hôtel du XIXe s témoignent de cette gloire passée. Dans un genre plus populo, la piscine municipale s'est offert des toboggans, de quoi ravir les marmots. Surtout, Vernet-les-Bains constitue une excellente base d'où explorer le massif du Canigó.

Adresse utile

ℹ ***Office de tourisme :*** *pl. de la République.* ☎ *04-68-05-55-35.* • *vernet-les-bains.fr* • *Juil-août, lun-ven 9h-12h30, 14h30-18h30 ; sam 9h-12h, 15h-18h ; dim et j. fériés 9h-13h. Hors saison, lun-ven jusqu'à 17h.* Infos sur les randos dans le Canigó. Organise des visites guidées de la ville et du ***musée d'Histoire naturelle*** *(avr-nov ; 2 €),* fruit d'une immense collection privée de 8 000 objets remontant d'il y a 500 millions d'années à l'aube de l'humanité (cristallisations minérales, animaux marins fossilisés, empreintes de dinosaures et d'amphibiens, etc.).

Où dormir ? Où manger ?

Campings

⛺ ***Camping L'Eau Vive :*** *chemin Saint-Saturnin.* ☎ *04-68-05-54-14.* • *contact@leauvive-camping.com* • *leauvive-camping.com* • ♿ *Assez excentré, au nord de la ville. Ouv avr-oct. Compter 17-23 € pour 2 selon saison ; mobile homes et chalets jusqu'à 8 pers 260-755 €/sem. 90 empl.* 📶 Entre montagne et rivière, un camping bucolique à l'offre assez large sans être surdimensionné. Plusieurs formules d'hébergement, d'activités. Snack et resto, lave-linge. Terrain de foot, piscine et spa. Bon accueil.

⛺ ***Camping Les Cerisiers :*** *4, chemin de la Peña ; accès depuis la route de Sahorre, sur la gauche.* ☎ *04-68-05-60-38.* • *contact@camping-lescerisiers.com* • *camping-lescerisiers.com* • ♿ *Ouv d'avr à mi-oct. Compter 15-20 € pour 2 ; grandes tentes (bengalies) et mobile homes 2-6 pers 230-625 €/sem. 58 empl.* 📶 Petit camping arboré aménagé en terrasses, avec une belle vue sur Vernet. Très calme. Sur place, spa, hammam, sauna et épicerie de dépannage.

⛺ ***Camping del Bosc :*** *72, bd Clemenceau.* ☎ *04-68-05-54-54.* • *contact@camping-del-bosc.com* • *camping-delbosc.com* • *À la sortie de la ville direction Villefranche. Ouv d'avr à début oct. Compter 25,50 € pour 2 en hte saison ; mobile homes 2-6 pers 270-720 €/sem. 90 empl.* 📶 Grand camping familial établi sous les arbres, au bord d'une rivière, et dominé au loin par le Canigó. Piscine, plein de jeux pour les gosses, snack-bar, et un supermarché juste en face. Seul bémol, certains emplacements sont un peu proches de la route, pas trop passante cela dit. Préférer ceux côté rivière.

Bon marché

🍴 ***Restaurant d'application de l'école hôtelière :*** *face au 34, av. des Thermes.* ☎ *04-68-05-51-37 (réserver).* • *mecsduroussillon@alefpas.asso.fr* • *Ouv midi slt, lun-jeu, et hors vac scol. Menu complet 13 € (17 € avec les boissons). Apéritif offert sur présentation de ce guide.* Service aux p'tits oignons, mets de goût et prix presque dérisoire.

Prix moyens

🏠 🍴 ***Hôtel Princess :*** *rue des Lavandières.* ☎ *04-68-05-56-22.* • *contact@hotel-princess.fr* • *hotel-princess.fr* • ♿ *Congés : 15 nov-20 mars. Doubles 69-84 € selon confort et saison. Possibilité de ½ pens. Formule et menu 15,50-19,50 €.* 💻 📶 *Réduc de 10 % sur le* *prix de la chambre sur présentation de ce guide.* En léger retrait du centre-ville, un hôtel d'une quarantaine de chambres, plus ou moins grandes, entièrement restaurées, certaines avec balcon. Les couleurs sont fraîches et printanières. Accueil professionnel. Fait aussi resto.

Bistrot Le Cortal : *14, rue du Château. ☎ 04-68-05-55-79. • bistrotlecortal@orange.fr • Depuis la pl. de la Mairie, prendre à pied la rue en sens interdit à droite du château (fléché), c'est un peu plus loin, en contrebas. Tlj sf mar, plus lun nov-mars. Formule déj sf dim 14,50 € ; menus 21,50-26,50 €.* Sympathique terrasse regardant du coin de l'œil un angle de la vallée, ou salle aux tonalités contemporaines. On y pioche parmi des plats d'inspiration méditerranéenne, catalane, voire un rien british (origine des proprios oblige). Mais la spécialité ici, c'est la *pierrade* et la viande, parfois importée directement des États-Unis. Pour ne fâcher personne, option végétarienne à l'ardoise, et fromages et charcut' du coin.

LES PYRÉNÉES-ORIENTALES

Où camper dans les environs ?

Camping Les Sauterelles : *col de Millères, 66820* ***Fillols.*** *☎ 04-68-05-63-72. • campingsauterelles.over-blog.com • ♿ À 5,5 km de Vernet ; suivre la route de Fillols, puis la direction de Taurinya. Ouv juin-sept. Compter 17 € pour 2 en hte saison. CB refusées. 75 empl.* Si la route qui mène à ce camping paumé au cœur du massif du Canigó est très étroite, les emplacements sont, quant à eux, largissimes. Piscine. Une adresse champêtre et... canon ! Accueil inégal.
– Voir également plus loin le camping de Casteil, à 2,5 km de Vernet.

Où acheter de bons produits dans les environs ?

Maison Xifre : *rue des Fontaines, 66360* ***Sahorre.*** *☎ 04-68-05-51-09. À 4,5 km au nord de Vernet. Ouv mar, jeu, ven, sam, 8h-12h15, 16h-18h30 ; dim 8h30-12h15.* Cette petite charcuterie familiale ne paie pas de mine, mais c'est pourtant l'une des plus réputées de la région, nourrissant nombre de bonnes tables du coin. Accueil chaleureux de madame, qui détaille avec gourmandise ses préparations : boudin catalan, pâtés, *boles de picolat...*

DANS LES ENVIRONS DE VERNET-LES-BAINS

CASTEIL *(66820)*

À 2,5 km de Vernet-les-Bains.
Au pied du Canigó, petit village à 800 m d'altitude, point de départ vers l'abbaye de Saint-Martin-du-Canigou. Il abrite aussi un parc animalier.

Adresse utile

Syndicat d'initiative : *rue du Canigou, près de l'église. ☎ 04-68-05-67-63. • casteil-tourisme.com • Au centre du village. Tte l'année, lun-mar et jeu-ven 8h-12h, 13h-17h.* Donne des infos sur l'ascension du Canigó, notamment en 4x4.

Où camper ?

Domaine Saint-Martin : *6, bd de la Cascade. ☎ 04-68-05-52-09. • domainesaintmartin66@gmail.com • domainesaintmartin.com •*

À 2,5 km de Vernet. Ouv avr-oct. Compter 24,50 € pour 2 en hte saison ; tentes équipées et mobile homes 190-690 €/sem selon capacité et saison. 65 empl. Un camping aménagé en terrasses dans un bois de châtaigniers parsemé de gros blocs de granit. Il y a de la place, on n'est pas les uns sur les autres. Tentes équipées, chalets toilés. Bar-resto, petite épicerie. Piscine.

À voir

Le parc animalier : *☎ 04-68-05-67-54. • parcanimaliercasteil.com • Avr-oct, tlj 10h-19h (9h30-20h juil-août) ; vac scol de fév et de Noël, tlj 13h-18h ; le reste de l'année, mer et w-e 13h-18h ; billetterie fermée 2h avt. Entrée : 13 € ; 10 € 3-12 ans. Compter 2h de visite.* C'est un chasseur repenti qui a mis en place ce parc de 20 ha où les animaux ne sont pas tués mais en liberté surveillée. Une nette amélioration ! Sur un parcours de 3,5 km, on peut y voir la lionne Elsa et le lion Néron, qui a, c'est vrai, le nez rond (vu sous un certain angle), ainsi qu'un couple de lions blancs (il en reste moins de 100 dans le monde). Ours, singes, yacks, lamas, lynx, loups, renards, émeus et compagnie sont du carnaval, avec quelques locaux : chevreuils, isards, cerfs et autres mouflons.

L'ABBAYE SAINT-MARTIN-DU-CANIGOU

Carte Pyrénées-Orientales, B2

De Casteil, une rampe exclusivement piétonne conduit à l'abbaye en 40 mn env. ☎ 04-68-05-50-03. • stmartinducanigou.org • Différentes sociétés de transports assurent le transfert de Casteil à l'abbaye (voir plus loin dans la partie sur le Canigó, « Adresses utiles. Excursions en 4x4 »). Juin-sept, visites guidées ttes les heures 10h-12h, 14h-17h (dim et fêtes à 10h et 12h30) ; oct-mai, tlj sf lun, à 10h, 11h (dim et fêtes à 10h et 12h30), 14h, 15h et 16h. Fermé janv. Entrée : 6 € ; réduc ; gratuit moins de 12 ans.

Nid d'aigle isolé dans la montagne, au bord d'un précipice, cette abbaye du XIe s « est le prie-Dieu le plus exaltant qu'on puisse trouver en face des montagnes et du ciel ». La vie trépidante du plancher des vaches ne semble pas atteindre les lieux... Aucune route d'accès (Dieu soit loué) et un silence de mise durant les visites. On est ici pour tutoyer le ciel, dans un décor roman s'harmonisant parfaitement, à 1 050 m d'altitude, avec une nature propice à la méditation. Dans l'enceinte du monastère, près du clocher carré de style lombard, on remarque des tombes creusées à même le roc peu après l'an mille par le comte Guifred de Cerdagne. C'est là qu'il désirait reposer aux côtés de sa femme, après 30 ans d'un travail de titan : fonder l'abbaye...

L'abbaye connut huit siècles de présence monastique. Très endommagée au XVe s (à l'exception de la crypte) par un tremblement de terre puis abandonnée après la Révolution, elle fut patiemment reconstruite au cours du XXe s, mais non à l'identique en raison des nombreux pillages dont elle fut victime. On peut donc à nouveau admirer les chapiteaux en marbre rose du cloître (dont certains ont pu être récupérés), et l'église, austère, véritable révolution architecturale qui inspira les débuts de l'art roman dans toute la région.

LE CANIGÓ

Carte Pyrénées-Orientales, B2

• Carte *p. 125*

La montagne sacrée des Catalans tire son nom de sa forme (*canigó* signifierait « dent de chien »). Le nom a été détourné par des marchands, mais on vous déconseille de plaisanter sur ce sujet. Ici, on est mordu de cette montagne mythique, symbole catalan et social dont le pic immaculé fut longtemps synonyme de légendes et d'exploits. Le roi Pierre III d'Aragon est, paraît-il, le premier à en avoir atteint le sommet. D'autres l'imitèrent par la suite, à bicyclette, à cheval (sans poser le pied à terre !), à skis ou en voiture... ou encore, plus laborieusement, par les airs, car le Canigó avait une réputation de dévoreur d'avions, après moult catastrophes aériennes. Le mystère de ce triangle des Bermudes pyrénéen fut pourtant simple à élucider, la forte concentration de fer et de manganèse dans la montagne fait office d'aimant !

Le pic du Canigó a été longtemps considéré comme le point culminant des Pyrénées, les géographes du Moyen Âge s'étant trompés dans leurs calculs ! On sait désormais que ses 2 784 m d'altitude sont battus à plate couture par d'autres sommets comme le pic de Vignemale (3 298 m), versant français. Le vrai gagnant est en Espagne (le pic d'Aneto, 3 404 m).

Mais que toutes ces histoires ne vous fassent pas oublier l'essentiel : le Canigó réserve de nombreuses splendeurs à ceux qui s'y promènent. Riche d'une faune et d'une flore heureusement protégées, le massif offre également aux randonneurs de nombreux panoramas à couper le souffle, des routes spectaculaires, des gorges, des torrents, des refuges, des forêts de sapins... Pas étonnant qu'il soit labellisé depuis 2012 Grand Site de France, rejoignant les 14 sites classés les plus prestigieux du pays (*• grandsitedefrance.com •*).

LA FLAMME CATALANE

Le week-end précédant la Saint-Jean, Catalans du Nord (France) et du Sud (Espagne) portent des fagots en haut du pic en y insérant des vœux pour l'année. C'est le Trobada du Canigó. Au matin de la Saint-Jean, la flamme, gardée depuis des siècles au Castillet de Perpignan, part vers le sommet pour embraser, au crépuscule, l'énorme bûcher qu'on voit de toute la Catalogne. Les villageois allument alors des torches au brasier et les redescendent dans leurs villages en fête. Ce partage du feu est un symbole fort d'unité, sorte de fête nationale catalane.

Comment approcher le géant ?

En voiture

Seule la piste passant par les gorges de Llech est ouverte aux véhicules individuels. ***Prévoir un véhicule adapté*** et en tout environ 1h30 de piste sinueuse de Prades jusqu'au au pied du pic, où se trouve le *refuge des Cortalets.* De là, un sentier conduit au sommet en 1h30-2h de marche. Pour qui ne veut pas monter avec sa propre voiture, on peut louer des 4x4 avec chauffeur (voir plus loin « Adresses utiles »).

De Prades, prendre la N 116 direction

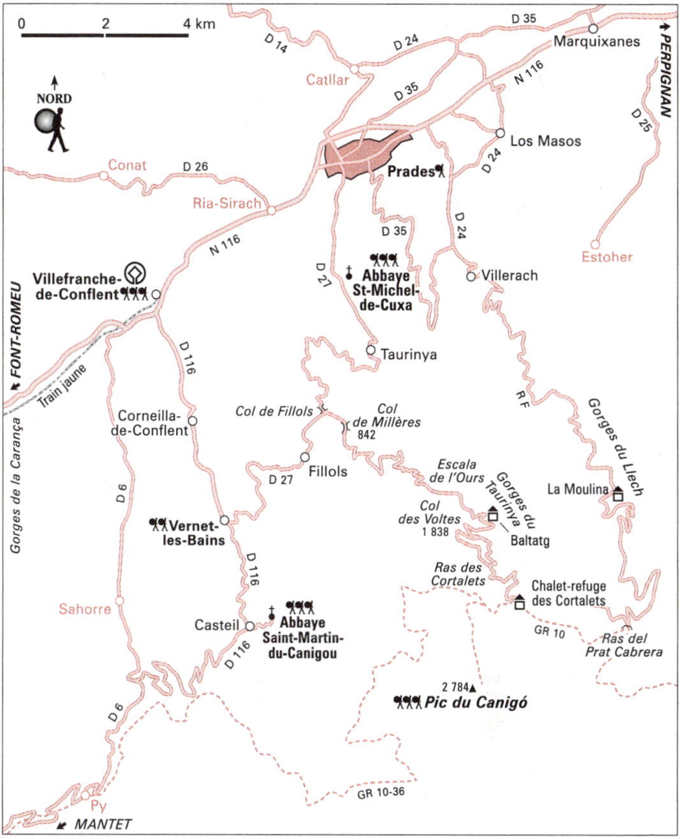

LE CANIGÓ

Perpignan puis tourner à droite vers Los Masos. Après Villerach, la D 24 se transforme en piste forestière de montagne, praticable uniquement en été par temps sec. Mais attention, elle n'est ouverte que du lever au coucher du soleil et est fermée au-delà d'une centaine de véhicules. La piste, superbe, court ensuite en lacet dans un décor boisé. Points de vue magnifiques sur les gorges, 300 m plus bas. On peut souffler un peu aux refuges du Mas Malet ou à celui de la Molina (non gardés) puis au Ras del Prat Cabrera (panorama splendide). On continue ensuite jusqu'au parking (gratuit), distant de 600 m du *refuge des Cortalets* (terminer à pied).

À pied

➢ Les courageux, les sportifs et/ou les fauchés peuvent monter à pied par une autre ***piste forestière,*** celle ***de Balaig,*** interdite aux véhicules individuels. ***De Prades,*** prendre direction Taurinya puis gagner le col des Millères *(camping des Sauterelles).* Suivre ensuite le balisage jaune qui mène au *refuge des Cortalets* via les refuges non gardés de Balaig et de la Jasse des Cortalets.

La piste est jalonnée de panneaux d'interprétation sur le paysage ou les éléments historiques ou naturels, ainsi que d'un pupitre de lecture du paysage. Enfin, un géo-parcours de chasse au trésor vous permettra de vous dégourdir aussi les neurones ! Fiche à télécharger gratuitement sur • *canigo-grandsite.fr* •

Compter 7h de marche (aller) et ne pas oublier de se munir de bonnes chaussures de marche, d'un pull et d'un K-way (là-haut, la grêle peut tomber en plein été), et bien sûr penser à emporter de l'eau. Prévoir des haltes-visites à Saint-Michel-de-Cuxa et à Taurinya.

➢ Un autre chemin d'accès, pour les sportifs, est possible ***depuis le refuge de Mariailles*** (1 700 m), que l'on rejoint en voiture depuis Casteil avec un arrêt au parking du Randé en été (40 mn de marche avant le refuge). De là, compter 7h de marche aller-retour.

➢ Mais l'ascension la plus classique reste celle qu'on réalise ***depuis le refuge des Cortalets,*** au bout des 2 pistes forestières citées plus haut. On peut dormir au refuge (voir plus loin « Où dormir ? Où manger ? »). Compter 3-4h de marche aller-retour. Évidemment, il est recommandé de ne pas s'aventurer là-haut par mauvais temps et de partir le matin tôt pour éviter les orages estivaux. Se renseigner avant le départ sur les prévisions météo.

Le GR 10 passe à proximité du refuge (façade ouest). Il longe un étang puis grimpe le long du pic Joffre. Après environ une demi-heure de marche, il poursuit à droite vers Vernet-les-Bains. On prendra à gauche pour continuer la montée (balisage jaune). Certains passages sont difficiles à cause de la roche, mais l'ascension n'est pas vraiment compliquée.

Une croix indique l'arrivée au sommet. Évidemment – c'est pour ça qu'on y monte –, le panorama est à tomber à la renverse. On embrasse toute la plaine du Roussillon, jusqu'à la Méditerranée (à l'est), ainsi qu'une partie de la Costa Brava (au sud-est), les Corbières (au nord) et différents pics des Pyrénées (à l'ouest).

– Pour toutes ces randonnées, se munir des cartes IGN n°s 2450 Ouest et 2349 Est, au 1/25 000. Une autre carte bien détaillée : *Randonnée Pyrénéenne n° 10* (Canigó, Vallespir, Fenouillèdes), au 1/50 000.

Avec un âne

Des départs accompagnés avec un âne sont possibles depuis le col de Millères et sur le site des Cortalets. Voir les coordonnées dans les « Adresses utiles » ci-après.

Adresses utiles

■ ***Syndicat mixte Canigó Grand Site :*** *bd de la Gare, à* ***Prades.*** ☎ *04-68-96-45-86.* • *canigo-grandsite.fr* • Pour tout renseignement sur le massif.

■ ***Accompagnateurs en montagne :*** *contacter l'****APAM 66*** *(☎ 04-68-97-08-09 ;* • *lesaem.org* •*). Également* ***Randonades,*** *à* ***Prades*** *(☎ 04-68-96-16-03).*

■ ***Excursions en 4x4 : M. Bouzan,*** *☎ 04-68-05-99-89 ;* ***M. Dar,*** *📱 06-09-71-91-62 ;* ***Montagne et Transport,*** *☎ 04-68-30-02-82 ;* ***La Caravelle du Conflent,*** *📱 06-11-22-48-79 ; ou* ***Garage Villacèque,*** *☎ 04-68-05-51-14.* Au départ de Villefranche, Vernet ou Prades. Les transporteurs empruntent le chemin forestier de Balaig qui leur est réservé. En principe, ils proposent tous le même tarif. Compter environ 160 € le trajet (pour huit personnes) jusqu'au *refuge des Cortalets* (point de départ de l'ascension).

■ ***Excursions avec des ânes : Fabien Boyer,*** *📱 06-02-29-34-54,* • *caravanigou.fr* • *;* ***Cathy Fontaine,*** *📱 07-85-27-76-60.*

■ ***Météo :*** *☎ 0899-71-02-66.*

■ ***En bref, en cas de pépin : secours*** *au ☎ 112.* ***Ambulances Mattei,*** *à* ***Prades*** *(☎ 04-68-05-34-22).* Compagnie privée d'ambulances. *Sinon,* ***clinique Saint-Michel*** *(☎ 04-68-96-03-16) ; urgences 24h/24.*

Où dormir ? Où manger ?

Refuge des Cortalets : *au bout des pistes forestières conduisant au pic (voir plus haut). ☎ 04-68-96-36-19. • cortalets@yahoo.fr • cortalets.com • Ouv de mi-mai à mi-oct. Nuitée 17,20 €/pers (50 % de réduc aux membres du Club alpin français) ; petit déj 5,50 €. Le soir, menu unique 17,80 €. Douche chaude payante. Possibilité de louer un sac à viande.* À 2 150 m d'altitude, c'est le camp de base rêvé pour attaquer l'ascension du pic. Créé par le CAF en 1899, c'est le rendez-vous de prédilection des randonneurs, skieurs, alpinistes et touristes de passage. En saison, les 85 places du dortoir (de 8 à 19 lits) et la quinzaine de chambres (de 2 à 4 lits) ne sont pas souvent libres ; téléphoner avant.

Également le **refuge de Mariailles** *(☎ 04-68-05-57-99 ; • refugedemariailles.fr •)*. Pour la face sud, le **refuge de Batère** *(☎ 04-68-39-12-01 ; • gite-refuge-batere.com •)*, le **refuge des Conques** *(☎ 04-68-39-70-83 ; • info@pratsdemollolapreste •)* et le **refuge de Sant Guillem** *(📱 06-11-34-11-50 ; • refugesantguillem.com •)*. On peut faire étape successivement aux 5 refuges pour un tour du Canigó sur 6 jours (et 5 nuits, donc). Une randonnée en altitude exceptionnelle.

MANTET

(66360) 30 hab. (27 selon certains) *Carte Pyrénées-Orientales, B3*

Le routard cherche souvent son bout du monde, on l'a trouvé ! Un patelin superbe d'isolement, enclavé au fond d'une vallée accessible par un col à 1 760 m (route sauvage, sans rambarde, avec croisement difficile), porte d'entrée d'une magnifique réserve naturelle. Sa population est tombée à zéro dans les années 1960 (faut dire que l'électricité n'est arrivée ici qu'en 1986). Vous l'aurez compris, on a été émus par cet ensemble de maisons en pierre rousse, dégringolant la montagne autour d'une petite église du XIe s.
Pour s'y rendre, joindre Sahorre (depuis Vernet ou Villefranche), puis le village typique de Py. Paysages de forêts, rochers, gorges profondes. Somptueux.

Où dormir ? Où manger ?

Le Bouf'Tic : *sur la « grand »-rue. ☎ 04-68-05-51-76. • odile.guinel@orange.fr • ♿ Tlj juin-sept, sinon w-e et vac scol. Résa obligatoire. Côté hébergement, ½ pens slt, compter 45 €/pers. Menus env 20-30 €, sur résa 48h à l'avance. CB refusées. Apéritif local offert sur présentation de ce guide.* Odile vous accueille dans son café-resto, un genre de chalet avec petite cheminée et grande baie vitrée pour contempler la beauté de la montagne. Cuisine du pays, nourrie des produits de chez *Xifre,* la bonne charcuterie de Sahorre. Propose aussi des chambres. Une adresse simple et sympa.

À faire

➢ **Randonnées :** le fameux GR 10, qui relie la mer à l'océan en gravissant hardiment les Pyrénées, passe par là. 750 km de Banyuls à Hendaye, dont 180 dans les Pyrénées-Orientales, où il passe le col du Perthus, tutoie le Canigó, se recueille en l'abbaye de Saint-Martin, parcourt la sauvage vallée de Mantet, monte à l'assaut de la Cerdagne et de la forteresse de Mont-Louis, trempe le pied au lac des Bouillousses, à deux pas des sources de l'Aude qu'il ne verra jamais, et se noie après le Carlit, dans l'Ariège. Sinon, nombreuses autres possibilités de balades, notamment un sentier d'interprétation « découverte du monde sauvage » reliant en 6h Mantet à Nyer. L'occasion de tutoyer une faune riche et rare, dont une espèce endémique : le desman, véritable dahu des Pyrénées (observable de nuit à la lampe de poche).

– ***La Maison de la nature :*** *derrière l'église.* ☎ *04-68-05-00-75. Juil-août, tlj sf mar et dim, 10h-12h30, 15h-19h ; le reste de l'année, horaires réduits, téléphoner.* Propose une balade audioguidée de 1h30 à la découverte de la faune et de la flore, des soirées thématiques en été, des animations gratuites pour les enfants un après-midi par semaine, une expo rigolote de crottes d'animaux du cru... Vend également un guide des sentiers, avec cinq itinéraires détaillés *(4 €).*

VILLEFRANCHE-DE-CONFLENT

(66500) 240 hab. *Carte Pyrénées-Orientales, B2*

Merveilleuse petite cité médiévale fondée en 1090 par le comte Guillaume-Raymond de Cerdagne, puis remodelée par Vauban. Dominées par un bastion agrippé à la montagne, les fortifications du brillant ingénieur militaire de Louis XIV sont aujourd'hui classées au Patrimoine de l'Unesco. Elles empêchaient l'accès de la vallée à toute armée ennemie. Villefranche est certainement l'un des sites les mieux préservés de la région, avec son lot de remparts, redoutes, pavés et vieilles bâtisses respectables. Un modèle du genre, donc, avec par conséquent une assez grosse activité touristique. Le village soigne son look (jolies enseignes en fer forgé), et aucune publicité intempestive. Bravo.

Adresses et info utiles

Bureau d'information touristique : *33, rue Saint-Jacques.* ☎ *04-68-96-22-96. • villefranchedeconflent-tourisme.fr • Ouv tte l'année ; en été, tlj 10h-12h30, 14h-18h30.* Audioguide pour la visite du village *(2 €).* Livret-jeux gratuit pour les gamins.

■ ***Explorations Pyrénéennes :*** *73, rue Saint-Jean. 06-22-45-82-02. • ex-pyr.com •* Spéléo, canyoning, parcours aventure, randos.

■ ***Aventure grotte et canyon :*** *24-26, rue Saint-Jean. 06-88-97-36-62. • aventuregrottecanyon.com •* Spéléo, canyoning, escalade.

Gare SNCF : *à l'extérieur des remparts.* ☎ *04-68-96-63-62 ou 36-35 (0,34 €/mn).* C'est de là que part le fameux « train jaune » (voir « À faire »), à prendre au moins une fois dans sa vie ! De 2 à 4 départs/j. selon saison.

– Les ***parkings*** à l'extérieur des remparts sont payants (forfait journalier très raisonnable, 2 € la demi-journée).

Où dormir ? Où manger à Villefranche et dans les environs ?

De très bon marché à prix moyens

Chambres d'hôtes Le Mas d'en Benissac : *66820 Fuilla-du-Haut.* ☎ *04-34-56-71-65. • benissac66@yahoo.fr • masbenissac.com • À 5 km de Villefranche-de-Conflent par la N 116 puis la D 6. Double 50 €.* Perdue au bord d'une rivière, au milieu de vergers, une ancienne ferme relookée, alliant avec goût vieilles structures et clins d'œil originaux. Chacune des 2 chambres profite d'une terrasse. On a bien aimé la « Pablo Casals », décorée de bacs à pommes très colorés (pieds de lit, tables de nuit...). Salle commune avec coin salon et cuisine à disposition des hôtes. Sur place, vente de fruits et légumes bio. Également une piscine et des jeux pour les gosses. Une belle parenthèse, sereine et bucolique. Levons notre verre de jus de pomme à votre séjour au *Mas.*

La Forge d'Auguste : *4 bis, rue du Pavillon (entrée par le 56, rue Saint-Jean). ☎ 04-68-05-08-65. • laforgedauguste@orange.fr • Juil-sept, tlj ; hors saison, ouv slt ven soir-dim et j. fériés. Menus 12-16 € ; carte env 14 €.* Dans un univers convivial entre Bretagne et Catalogne, *La Forge d'Auguste* affiche au tableau d'honneur le sarrasin, bien sûr, mais aussi le boudin catalan, le touron qui l'est aussi, et le steak charolais qui, lui, comme son nom l'indique... Le caramel au beurre salé est maison, les « couilles du pape » sont flambées au rhum, de quoi composer des crêpes originales et bien goûteuses, à dévorer sur la petite terrasse.

Où boire un verre ?

Bar Le Canigou : *89, pl. du Génie. ☎ 04-68-96-12-19. • barlecanigou@sfr.fr • Attenant à la porte de France. Tlj 7h30-23h. Entrée gratuite pour tte la famille au musée. Plan en relief, à 100 m, avec le ticket de caisse du bar.* Pas banal, ce bar à la déco kitschissimement surchargée sur le thème des pompiers, passion du patron. Bornes à incendie qui ne marchent pas qu'à l'eau, camions miniatures, escadron de casques... Pin-pon ! Et en prime, une terrasse à l'ombre du platane le mieux protégé des incendies de forêt de tout le département...

À voir

Les vieilles rues : on entre dans l'enceinte de la ville par la porte de France (côté gare) ou par celle d'Espagne (côté parking). Deux longues rues parallèles traversent Villefranche de bout en bout : Saint-Jean et Saint-Jacques. Fondée au XIe s et longtemps capitale économique du Conflent, la ville conserve encore de charmantes demeures aux belles façades médiévales. Au petit matin, une luminosité superbe baigne les ruelles, renforçant les teintes roses de certaines maisons (la ville fut construite avec le matériau fourni par ses montagnes : le marbre rose de Villefranche). Dans la rue Saint-Jean, on se fait tout petit à l'ombre de la tour d'*En Solanell,* qui servit d'hôpital militaire. Au pied du chemin de repli souterrain du fort Libéria, beau réduit bastionné suivi du pont fortifié Saint-Pierre, qui enjambe la Têt depuis l'époque médiévale.

Les remparts : *accueil au 2, rue Saint-Jean. ☎ 04-68-96-22-96. • villefranchedeconflent-tourisme.fr • Juin-sept, tlj 10h-19h (20h juil-août) ; oct-mai, tlj 10h30-12h, 14h-17h (18h mars-mai ; slt l'ap-m en déc). Fermé janv. Tarif : 4,50 € ; réduc ; gratuit moins de 10 ans.* Bien conservée, l'enceinte du XIe s fut renforcée de tours au XIIIe s, puis de six bastions par Vauban, qui modernisa au XVIIe s les fortifications médiévales. Curiosité principale, le chemin de ronde voûté, construit dans l'épaisseur des murs ! Ce sont par ailleurs les seuls remparts en France à avoir conservé un chemin de ronde sur deux niveaux. Sur le parcours, rare et belle forge catalane (fin XVIIIe s).

L'église Saint-Jacques : *ouv selon disponibilité des bénévoles (rens au bureau d'information touristique).* Paradoxalement flanquée de la tour du Diable ! Belle façade de marbre rose et portail sculpté du XIIe s. Beaucoup de marbre également à l'intérieur : bénitier et statues du XVIIe, autel du XIIIe... Remarquer les pierres tombales, dont certaines sont cachées par les chaises : ne riez pas, mais on y a sculpté des têtes de mort en train de sourire (il paraît que c'était très tendance au XVIIIe s !).

Le château fort Libéria : *perché au-dessus de la ville, sur la colline de Belloch. ☎ 04-68-96-34-01. • fort-liberia.com • Une navette (3 €) conduit les visiteurs au départ du* Bar Le Canigou *(voir « Où boire un verre ? » plus haut) ou de la gare SNCF. Pour y aller à pied, prendre la rue Saint-Pierre jusqu'au vieux pont et traverser la voie de chemin de fer ; l'entrée souterraine est derrière. On conseille de monter par le sentier (en 20 mn) et de descendre par les marches. Visite tlj 9h-20h en juil-août, 10h-19h en juin et sept, 10h-17h le reste de l'année (18h avr-mai). Entrée : 7 € ; réduc de 1 € sur présentation de ce guide. Bar et restauration catalane en saison.*

À voir dans cette forteresse du XVIIe s créée par... Vauban et remaniée par Napoléon III : galeries de défense, four à pain, chemins de ronde, chapelle et superbe panorama sur la région. Enfin, la reconstitution d'une cellule rappelle qu'une dizaine de femmes impliquées dans l'affaire des poisons, sous Louis XIV, furent emprisonnées ici. Clou de la visite, on redescend en ville par l'incroyable escalier souterrain dit « des mille marches » (en fait, il y en a 734 : on les a comptées). À mi-chemin, visite de la batterie intermédiaire construite par Napoléon III.

– Au 17, rue Saint-Jacques, *musée du Château* *(entrée : 2,30 € ; réduc),* qui expose des objets découverts dans le fort (fusils, poteries, boulets...) mais aussi une réplique du plan-relief de Villefranche dont l'original est conservé aux Invalides à Paris.

UNE AFFAIRE EMPOISONNANTE

Fait divers méconnu, l'« affaire des poisons », sous Louis XIV, débuta avec l'exécution de la marquise de Brinvilliers, convaincue d'empoisonnement sur son père et ses deux frangins. Trois ans plus tard, une nouvelle enquête révéla un véritable trafic de poisons commandés par des femmes de dignitaires désireuses de se débarrasser de leurs époux. Mme de Montespan, la maîtresse de Louis XIV, fut elle-même soupçonnée de participer à des messes noires. Si l'affaire s'ébruitait, le scandale promettait d'être énorme. Un tribunal spécial – et discret – fut donc créé, 300 personnes furent jugées, 36 condamnées à mort malgré le peu de preuves recueillies. Certaines croupirent plus de 40 ans dans les geôles du fort Libéria.

Les grottes des Canalettes : *☎ 04-68-05-20-20. 📱 06-32-36-30-60. • grottescanalettes.com • Il y en a 2. Tarifs préférentiels pour la visite des 2. Billets en vente à la grotte des Grandes Canalettes. Bon plan : en juil-août, bureau d'infos au 2, rue Saint-Jacques, près de l'église (tlj 10h30-17h30) ; on peut y acheter les tickets pour les 2 grottes, ce qui évite de faire la queue sur place. Prévoir un pull, sinon glagla !*

– *Les Grandes Canalettes : sur la route de Vernet-les-Bains. ♿ (dans la salle du Yéti). Avr-oct, tlj 10h-17h (17h30 juil-août, suivi à 18h d'un spectacle musical son et lumière de 22 mn) ; le reste de l'année, w-e, j. fériés et vac scol 11h-16h. Fermé janv. Entrée : 10 € ; 6 € 5-12 ans ; sur présentation de ce guide, remise de 10 % sur le prix d'une entrée adulte, pour la visite d'une grotte (offre non cumulable). CB acceptées. Visite libre.* Il faut au moins voir celle-ci, elle regroupe toutes les concrétions existantes sous terre. Superbe enfilade de salles de 40 millions d'années. Concrétions exceptionnelles, cristallisations, colonnes, aragonite, glacier suspendu et gouffre sans fond. Panneaux explicatifs lumineux et salle d'expo et de projection (documentaire de 25 mn sur l'aménagement de la grotte). Son et lumière au final l'été.

– *Les Canalettes : ouv slt en juil-août, avec visite guidée ttes les heures 11h-16h ; fermé sam. Entrée (billet aux Grandes Canalettes) : 10 € ; 6 € 5-12 ans ; sur présentation de ce guide, remise de 10 % sur le prix d'une entrée adulte, pour la visite d'une grotte (offre non cumulable). CB acceptées. Durée : 1h.*

À faire

➢ **La promenade en « train jaune » :** *de Villefranche (altitude 427 m) à Latour-de-Carol (1 231 m), via Mont-Louis, Font-Romeu, Bourg-Madame... Trajet : 3h. Rens à la gare SNCF pour les horaires • voyages-sncf.com • Attention, pas de résa possible pour les individuels (mais résa obligatoire à partir de 10 pers) ; en été, c'est la gare de Lyon aux heures de pointe et il y a de l'attente ; certains peuvent même rester en rade sur le quai (inutile alors de s'énerver, ça ne changera rien...). Dernier détail : pas de toilettes dans le train, ni de pause pipi durant le trajet (prenez vos précautions...). Compter env 44,20 € l'A/R (26,20 € jusqu'à Font-Romeu, qui est la partie la plus spectaculaire ; trajet : près de 2h). Possibilité également de s'arrêter à Mont-Louis pour visiter la ville (inscrite au Patrimoine mondial de l'Unesco) et de reprendre le train suivant pour poursuivre jusqu'à Bourg-Madame, ce qui permet de traverser la Cerdagne.* Quelle hardiesse, ce chemin de fer acrobatique grimpant à l'assaut de la Cerdagne ! Alimenté par l'électricité d'un barrage, ce petit train tout jaune gravit poussivement des pentes ardues, enjambe des précipices sur d'improbables viaducs, se jette dans de noirs et longs tunnels, s'agrippe à des corniches au-dessus du vide. Un de ces paris fous du début du XXᵉ s. Et s'il va moins vite que le TGV vers Barcelone (30 km/h en moyenne !), il monte bien plus haut, Bolquère (entre Mont-Louis et Font-Romeu) étant la plus haute gare de France (1 592 m d'altitude) ! Par beau temps, certains wagons sont « cabriolet », pour profiter encore mieux des paysages de montagne traversés et du grand air. Si la plupart des voyageurs choisissent l'été, sachez que chaque saison a son charme. C'est même en hiver qu'on a le plus de chances d'apercevoir la faune, et notamment des cerfs, des chevreuils et des isards.

➢ ***Nombreuses randonnées*** dans les environs, comme celles permettant de se balader dans les réserves naturelles de Py et Mantet, de Conat-Betllans (derrière le château fort) ou de Nyer, riches en faune et en flore. Parcours à l'office de tourisme.

Fêtes

- ***Fête des Géants :*** *dim de Pâques.*
- ***Fête de la Saint-Jean :*** *23 juin.* Descente de la flamme du mont du Canigou.
- ***Fête de la Saint-Jacques :*** *3ᵉ w-e de juil.* Fête du village avec sardanes... qui s'achève, le vendredi soir, par un feu d'artifice tiré des remparts.
- ***Fête médiévale :*** *en été.* Figurants en costume, combats, cracheurs de feu...

DANS LES ENVIRONS DE VILLEFRANCHE-DE-CONFLENT

CORNEILLA-DE-CONFLENT *(66820)*

À 4 km de Villefranche en direction de Vernet-les-Bains.
Ce petit village abrite l'une des plus belles et sans doute la plus riche église romane de la région.

À voir

L'église romane : *accueil au Patrimoine Info, face à l'église. ☎ 04-68-05-77-59. Visite guidée : juil-août, tlj sf sam mat et dim, 10h-12h, 15h-18h30 ; avr-juin* *et sept-oct, lun-ven 14h30-15h30 ; nov-mars, se renseigner à la mairie (☎ 04-68-05-63-98). Entrée : 3 € ; gratuit moins de 12 ans.* Ancien prieuré de chanoines, conservant de superbes œuvres. Fabuleuses statuettes en bois peint du XVe s ; exceptionnel retable en marbre sculpté du XIVe s ; autre retable en bois doré du XVIIe s ; émouvante statue polychrome représentant Notre-Dame des Sept Douleurs, vêtue de dentelle noire, au visage d'une pureté éblouissante (nous en rêvons encore...) ; alignement d'autels en marbre rose du XIIe s ; statuettes romanes dont l'une (celle de gauche) servit de modèle à toutes les Vierge de la région, etc. Dans la sacristie, un dernier trésor : une armoire à chasubles hispano-mauresque en noyer massif (elle a 700 ans !), aux ferrures finement ciselées... En ressortant de l'église, ne pas manquer les visages sculptés dans la poutre, sous la tribune.

DE VILLEFRANCHE À MONT-LOUIS

Route absolument sauvage, la N 116 relie de nombreux villages de charme.

Tout d'abord, à 5 km de Villefranche-de-Conflant, ***Serdinya,*** joli patelin de montagne à l'église richement décorée. Après Joncet, on aperçoit deux vieilles tours, en forme de cheminée, d'une bastide du XIVe s. Les forêts accrochées aux montagnes lancent mille feux en automne.

Jujols : 9 km plus loin, démarrant à droite juste avant Olette, la D 57, une petite route panoramique, mène à un hameau typique avec sa vieille chapelle romane. Point de départ de belles randos dans une réserve naturelle, avec vue imprenable sur le Canigó : si vous trouvez ça banal, retournez vite faire une cure de béton armé en ville...

À ***Olette,*** prendre à droite en direction du village montagnard d'Évol. Route d'un charme fou, semée de belles maisons pourtant abandonnées. À ***Évol,*** village qui a obtenu la distinction de « Plus Beau Village de France », ruines d'un château, maisons en pierre, toits recouverts de lauzes et belle église Saint-André (Vierge en bois peint du XIIIe s, retable du XVe). Quelques chambres d'hôtes. Une route forestière grimpant à 16 % pousse ensuite jusqu'au col de Portus. De là, plusieurs randonnées possibles dans les réserves naturelles de Nohèdes, Jujols, Conat... Un sentier mène également au pic du Madres (panorama grandiose à 2 469 m ; refuge en route).

Après Olette, la route continue inlassablement à monter, atteignant les 1 000 m d'altitude à Fontpédrouse. Les pics se multiplient, les panoramas aussi. Et les infrastructures du train jaune s'affichent : viaducs de pierre et métal, tunnels, voies à flanc de roche.

Les gorges de la Carança : *à 10 km de Nyer.* À la sortie de ***Thuès-entre-Valls,*** petite route à gauche jusqu'au parking (payant). Le chemin longe la rivière jusqu'à un petit pont qu'on laisse à droite. Surgissent alors les gorges, splendides, hautes d'une centaine de mètres par endroits. Sur ce premier tronçon, une variante consiste à franchir le pont, à emprunter tout de suite à gauche un sentier creusé en corniche dans la roche, sur l'autre rive : les « gneiss œillés ». Superbe. Après 4h de marche environ, on arrive au refuge du Ras (gardé en été). Pour atteindre les crêtes du versant espagnol, compter encore 4h. On peut apercevoir des isards, des marmottes (penser aux jumelles). On trouve aussi du *cascoll,* une plante sauvage bien connue dans la région (il paraît qu'elle fait un bien fou au sang)..., et la rivière grouille de truites. Le retour se fait par une série de lacets en forêt (compter 9-10h l'aller-retour). On peut bivouaquer vers le refuge, l'endroit est paradisiaque en été. À éviter absolument par temps d'orage. De bonnes chaussures, la carte IGN Olette no 2349 Ouest, série Bleue au 1/25 000, et roule poupoule !

Les sources chaudes de Saint-Thomas-les-Bains : *66360* ***Fontpédrouse.*** *☎ 04-68-97-03-13. • bains-saint-thomas.fr • Après 7 km, juste à la sortie de Fontpédrouse, bifurquer sur la gauche et suivre le fléchage. Navette gratuite à partir de la gare SNCF. Tlj 10h-19h40 (20h40 en juil-août, vac scol de fév et Noël). Entrée bains : 7€ ; réduc jusqu'à 12 ans. Forfait hammam et bains extérieurs : 14,50 € ; réduc. Short de bain interdit.* En hiver, le grand chic, c'est d'y plonger après une journée de ski. C'est un vrai plaisir de pouvoir se baigner en plein air dans une piscine (deux bains, dont un grand jacuzzi) à 37 °C. Les eaux sulfurées, sodiques et alcalines de la source soignent rhumatismes et voies respiratoires.

LA CERDAGNE

À 1 200 m d'altitude moyenne, ce plateau cerné de hautes montagnes jouit d'un ensoleillement et d'une luminosité privilégiés. Ce n'est pas pour rien qu'on y installa les premiers fours solaires de France. Grâce également à ses cimes enneigées, à ses vastes panoramas, à ses somptueuses forêts et à sa faune de montagne, la Cerdagne est un vrai paradis pour les randonneurs... Ses villages typiquement montagnards, la proximité de l'Espagne et d'Andorre, sans oublier ses stations de ski, achèvent d'en faire une étape obligée de toute visite des Pyrénées-Orientales. C'est le cœur du parc naturel régional des Pyrénées catalanes, qui englobe une soixantaine de communes de Cerdagne, du Capcir et du haut Conflent *(• parc-pyrenees-catalanes.fr •).* **On y trouve enfin pas mal de sources chaudes, où il fait bon se tremper. Bref, comme les Catalans disent : « Chez nous, vous avez à la fois la mer et la montagne ! »**

Comment y aller ?

Depuis Toulouse en train, on arrive à Latour-de-Carol. Depuis Perpignan, Prades, Villefranche, bus et trains. Ensuite, bus et train jaune desservent la région.

➢ ***En train jaune ou autocars SNCF :*** de Villefranche-de-Conflent ou de Latour-de-Carol. Plusieurs trains/j. été comme hiver. À ne pas rater, trajet mémorable (voir plus haut la rubrique « À faire » à Villefranche-de-Conflent).

➢ ***En bus :*** *rens au ☎ 04-68-80-80-80. Avec les* ***Courriers Catalans*** *(☎ 04-68-55-68-00) ou les* ***Transports Cerdans*** *(☎ 04-68-04-59-97).* Perpignan – Mont-Louis via Prades et Villefranche-de-Conflent, 4 bus/j. lun-sam ; 1 bus dim. Trajet : 2h. Perpignan – Latour-de-Carol via Font-Romeu : 3 bus/j. lun-sam ; 1 bus dim. Localement, 4-5 bus/j. de Latour-de-Carol vers Mont-Louis (et vice versa) via Saillagousse ou Font-Romeu.

➢ ***Par la route :*** de Perpignan par la N 116, de Toulouse par la N 20.

MONT-LOUIS (66210) 195 hab. *Carte Pyrénées-Orientales, B2*

La plus haute ville forte de France (à 1 580 m d'altitude) est l'œuvre de Vauban (une des rares qu'il aura édifiées de toutes pièces). Elle a pris le nom de son maître, Louis XIV. La citadelle est classée au Patrimoine mondial de

l'Unesco depuis 2008, comme Villefranche-de-Conflent et plusieurs autres sites de sa facture. C'est aujourd'hui encore une toute petite ville de garnison, peu vivante mais idéalement placée à l'entrée de la Cerdagne et du Capcir, et pas très éloignée des beaux sites du haut Conflent.

Adresse utile

Office de tourisme : *6, bd Vauban. ☎ 04-68-04-21-97. ● mont-louis.net ● En saison, tlj 9h30-12h30, 13h45-18h ; oct-mars, lun-ven ; le reste de l'année, tlj sf dim.* Visites guidées de la ville et de la citadelle *(tarif : 5,50 € ; réduc groupes et enfant).*

Où dormir ?

Camping

Camping municipal Pla de Barrès : *route des Bouillouses. ☎ 04-68-04-26-04 (hors saison, contacter l'office de tourisme : ☎ 04-68-04-21-97). ● campingmtlouis@orange.fr ● pladebarres.com ● À 3 km de Mont-Louis par la D 60 en direction du lac des Bouillouses distant, lui, de 12 km env. Ouv de mi-juin à fin sept. Compter 13,90 € pour 2 en hte saison. 160 empl.* En pleine nature, dans une belle forêt. Terrain rudimentaire mais suffisant. Sanitaires refaits. Normalement, il y a toujours de la place, mais en août, mieux vaut arriver tôt.

Prix moyens

Chambres d'hôtes et gîte La Volute : *1, pl. d'Armes. 06-21-58-01-80. ● lavolute@wanadoo.fr ● À l'entrée du village, le long des remparts, tt de suite à gauche après la porte de France. Doubles 50-60 € ; pas de petit déj ni de repas, mais cuisine à disposition. Remise de 10 % sur le prix de la chambre sur présentation de ce guide.* Dans l'ancienne demeure du gouverneur de Mont-Louis, 5 chambres de charme, chacune équipée de salle de bains privée, sobrement mais joliment aménagées dans un style provençal, et de beaux volumes. Selon les périodes d'affluence, elles sont louées ensemble en formule gîte, ou individuellement, à la nuitée, au week-end ou à la semaine. Draps et serviettes fournis. À l'arrière, un petit gîte indépendant avec vue sur la montagne, et un adorable jardin.

Où dormir ? Où manger dans les environs ?

Hôtel Corrieu : *66210* ***La Llagonne.*** *☎ 04-68-04-22-04. ● hotel.corrieu@wanadoo.fr ● hotel-corrieu.fr ● À 3 km au nord de Mont-Louis, route des Angles. Fermé de fin mars à mi-juin et de mi-sept à mi-déc. Doubles 76-99 € ; suite 160 €. ½ pens 67-125 €/pers. Formule déj 23 € ; menus 26-36 €.* Une adresse fiable, tenue par les Corrieu depuis 4 générations, bientôt 5 puisque la relève semble déjà assurée par le fils. Ancien relais de diligence construit par l'aïeul en 1882, jouissant d'une belle vue côté montagne avec un espace spa. Chambres confortables et propres, modernisées peu à peu, et dotées pour la plupart d'un petit balcon. Dans les étages, et sous les combles, de toutes récentes suites familiales (louées également pour 2), ravissantes, spacieuses et dotées d'un confort optimal. La table propose une bonne et généreuse cuisine traditionnelle régionale. Les bruits de chevaux à l'arrière viennent de l'élevage de pur-sang de l'un des fistons. Une hôtellerie comme on les aime, familiale, chaleureuse, et qui conserve son âme tout en saisissant le vent de la modernité. Un spa est à la disposition des clients.

Gîte-auberge Orri de Planès : *Cases del Mitg, 66210* ***Planès.*** *☎ 04-68-04-29-47. • contact@orrideplanes.com • orrideplanes.com • À 5,5 km de Mont-Louis. Hors saison, fermé lun-mer. Congés : 1er avr-15 mai et de début nov à mi-déc. Compter 20 € en dortoir ; double 35 €/pers, petit déj compris ; ½ pens 55-65 €/pers suivant saison. Repas 25-36 € le soir. Apéritif offert sur présentation de ce guide.* Un gîte-auberge écologique, modèle du genre en la matière : utilisation d'énergies renouvelables, produits nettoyants écolo, etc. L'esthétique moderne et minimaliste intègre les matériaux traditionnels pour créer une ambiance chaleureuse. Et c'est réussi ! D'un côté, un dortoir d'une capacité de 16 personnes avec cuisine équipée ; de l'autre, des chambres doubles avec salle de bains commune à 2 chambres. Les repas (essentiellement des produits bio et du terroir) sont inspirés des cuisines du monde. Le GR 10 passe à proximité. En prime, une petite piscine, et en été, sur les hauteurs, dans un bel environnement, 4 mini-yourtes de 4 places suffisamment espacées les unes des autres pour l'intimité des occupants. Une adresse top très fréquentée par les Espagnols. Normal, la patronne est barcelonaise !

Où acheter de bons fromages ?

Fromagerie Cal Rous : *66210* ***Planès.*** *06-20-42-03-35. Ouv tlj en principe 16h-18h (plus le mat en saison) ; mieux vaut téléphoner.* On vient de loin à la fromagerie pour se fournir en tomme fraîche et en brousse. Fromages de brebis de novembre à août, et durant le repos des brebis en été, 2 vaches pour assurer la rotation en yaourts ! Dégustations à la clé et accueil adorable.

À voir

Les remparts : construits en 1679 à un point stratégique pour défendre les nouvelles frontières délimitées par le traité des Pyrénées, ils ne servirent jamais ! C'est Louis XIV qui en décida les travaux, d'où le nom de la ville... Par leur austérité, ils contrastent avec ceux des villages médiévaux comme Villefranche-de-Conflent. L'ensemble est impressionnant en pleine montagne. On y pénètre par l'étroite porte de France, au travers de fortifications destinées à casser l'avancée des assaillants.

L'église : construite entre 1733 et 1737, elle présente un plan simple : une nef entourée de huit chapelles, et se termine par un chœur peint en forme de cul-de-four. Bel autel baroque et quelques jolis vitraux. Elle fut volontairement conçue basse pour ne pas servir de repère à l'ennemi.

Le four solaire : *bd Vauban. ☎ 04-68-04-14-89. • four-solaire.fr • Tlj 9h30-12h30, 14h-18h (19h de mi-juin à mi-sept ; 17h nov-fév). Fermé 1er janv et de mi-nov à mi-déc. Entrée : 6,50 € ; réduc. Slt des visites guidées, ttes les 30 mn en juil-août, sinon ttes les heures. Durée : 45 mn.* C'est le premier four expérimental au monde, réalisé en 1949 par le professeur Trombe (ça fait très savant fou). Le principe est simple : un ensemble de miroirs permet de concentrer les rayons du soleil et d'obtenir des températures excessivement élevées (il suffit alors de 34 s pour faire fondre 1 cm d'acier !). Aujourd'hui, les fours solaires construits ici présentent un réel intérêt écologique, économique aussi, notamment pour les pays tropicaux où ils permettraient de lutter contre la déforestation (le bois étant pour l'heure l'une des principales énergies de ces pays). Visite intéressante, avec impressionnante démonstration de l'efficacité du four (lorsque le temps le permet). Les poteries vendues dans la boutique ont été cuites dans le four.

La citadelle : *en haut du village. Visite guidée tte l'année (sf vac de Noël) via l'office de tourisme ; tlj juil-août.* Cette caserne est toujours un centre d'entraînement commando. La visite permet de voir le « puits des Forçats », qui alimentait la citadelle en eau pendant les sièges. Intéressant pour l'immense roue en bois que faisaient tourner les soldats punis.

Le bastion du lieutenant Michel Gilles : après avoir franchi le passage voûté sous l'hôtel de ville, on rejoint ce bastion qui défendait la porte de France. À droite, pour joindre le fossé, un escalier « pas-de-souris » avec des marches très étroites faciles à grimper mais qui font choir l'ennemi fuyant...
– Après le bastion, on peut aller admirer un joli panorama sur les remparts et les environs depuis une butte à l'extrémité de la rue Vauban. Magique à la tombée de la nuit, quand les nuages remontent de la vallée.

EYNE (66800) 130 hab. *Carte Pyrénées-Orientales, A-B3*

Entre Mont-Louis et Saillagouse. Un charmant village avec deux clochers côte à côte. À droite, celui de l'église, dans laquelle se cache un retable baroque classé (clé à la mairie). Situé sur les villages d'Eyne et de Saint-Pierre-dels-Forcats, l'espace Cambre d'Aze est un petit domaine de ski alpin.

Adresse utile

Maison de la vallée d'Eyne : *Cal Martinet. ☎ 04-68-04-97-05. En été, tlj 8h30-19h ; le reste de l'année, tlj 8h30-12h30, 13h30-19h.* Espace de découverte et de sensibilisation au patrimoine naturel et culturel grâce à des expositions temporaires, une visite virtuelle de la vallée d'Eyne, des animations nature, des randonnées thématiques et un jardin botanique à découvrir. Une boutique de produits locaux est à disposition à l'accueil. Infos sur les randos à pied, à VTT et à cheval. Balade archéologique d'une journée au départ du village.

Où dormir ?

Gîte Cal Pai : *☎ 04-68-04-06-96. • massotfrancoise0056@orange.fr • gite-calpai.com • Derrière l'église. Intersaison slt chambres. Compter 23 €/pers la nuitée ; 49 €/pers en ½ pens. Double 60 €, petit déj compris.* Dans une vieille ferme retapée, larges parquets de chêne et portes en bois grinçantes, chambres rustiques et joliment aménagées. Certaines sont idéales pour les familles ou groupes d'amis. Quelques-unes également aménagées dans l'ancien presbytère, situé à quelques mètres du gîte principal. Salon, bibliothèque et longue tablée communautaire dans la salle à manger... Depuis la cour et les chambres, jolie vue sur les montagnes. Accueil gentil et organisation rigoureuse de la propriétaire, Françoise Massot. Un gîte au charme rustique.

LLO (66800) 150 hab. *Carte Pyrénées-Orientales, A3*

Au sud d'Eyne sur la petite route vers Saillagouse. Un des plus authentiques villages du coin. À Llo-Haut (yoho !), ruines d'une tour de guet sur un piton rocheux, d'où la vue est splendide. Un site archéologique gaulois a été mis au jour près d'une chapelle en ruine.

Où dormir ? Où manger à Llo et dans les environs ?

Hôtel-restaurant Planès : *6, pl. de Cerdagne, 66800* ***Saillagouse.*** *☎ 04-68-04-72-08. • hotelplanes@wanadoo.fr • planotel.fr • Au centre du village. Resto fermé dim soir et lun hors saison. Congés : avr et de mi-nov à mi-déc. Doubles 79-105 € selon confort et saison. Formules déj en sem 12,50-16 € ; menus 16-45 € ; carte env 45 €.* Les Planès vous accueilleront dans leur honorable maison comme leurs ancêtres l'ont fait depuis un siècle. Aigles, renards, faisans, ours sont de la noce... aux murs d'une immense salle chic où des piliers de pierre portent une haute et belle charpente. Tables bien dressées et nappées de blanc comme la Cerdagne en hiver. La gastronomie y est régionale, de qualité constante et très bien présentée. Et pour ne rien gâcher, le service est efficacement mené par un personnel tiré à quatre épingles et serviable. Une bien belle adresse. Espace bien-être.

Chambres d'hôtes et gîtes Atalaya : *à Llo-Haut. ☎ 04-68-04-70-04. • atalaya66@orange.fr • atalaya66.com • Congés : 2 nov-20 déc. Double 120 € ; familiale 155 €. Gîte 8-10 pers 1 200-1 600 €/sem (possibilité de loc pour quelques j. slt).* Cette superbe maison en pierre recouverte de vigne vierge, qui domine le pittoresque village, abrite 5 chambres d'hôtes parfaitement équipées et dotées d'une vue imprenable. Chaque chambre est personnalisée, tout comme les 2 gîtes, et la piscine est ouverte à tous. Une petite chambre, avec une vue restreinte, est idéalement conçue pour roucouler en amoureux. Les parties communes sont superbement aménagées, avec un espace cuisine, un vaste salon, des terrasses. Ghilaine aime l'art, l'histoire, les voyages, sa région, la musique, et recevoir. Vous le constaterez bien vite, ici, tout, du petit jardin de curé à la déco et à l'accueil, dégage un charme fou.

Où acheter de bons produits dans les environs ?

Charcuterie Bonzom : *sur la N 116, 66800* ***Saillagouse.*** *☎ 04-68-30-14-27. • bernard-bonzom.com • Tlj sf dim soir et lun, plus mer hors saison, 8h-12h30, 15h-19h30. Dégustation de charcuterie sur présentation de ce guide.* Les Bonzon font du bon boulot : ils fabriquent eux-mêmes leur charcuterie (saucissons, jambons, pâtés, bocaux de plats cuisinés). Et ils sélectionnent minutieusement des produits artisanaux confectionnés localement. Possibilité de déguster sur place (salle au sous-sol) des fromages et charcuteries. Une maison sérieuse, et un accueil adorable.

À voir. À faire

L'église : *en bas du village.* Ravissante, avec son clocher. Portail roman aux belles sculptures. Petit cimetière adorable. Superbes photos en perspective, avec les montagnes en fond...

– **Les Bains de Llo :** *☎ 04-68-04-74-55. • bains-de-llo.com • Suivre le fléchage, se garer et finir à pied. Tlj 10h-19h30 (20h juil-août et vac scol de fév et Noël) ; dernière entrée 1h avt fermeture. Fermé début nov-début déc. Entrée : 11,50-13 € ; réduc ; forfait famille.* Jacuzzi et beau bassin en plein air. Un autre, couvert, équipé de jets masseurs. Température de l'eau : 35-37 °C.

LES PYRÉNÉES-ORIENTALES

– ***Via ferrata Les Escadilles :*** *juste après les bains. 📱 06-85-02-23-84. • via-ferrata-de-llo.com • Juil-août, tlj 9h-16h (dernier départ) ; le reste de l'année, w-e et vac scol sur résa. Prix variables selon parcours, matériel fourni, présence ou non de moniteur. Compter 16-29 € selon parcours.* La première *via ferrata* des Pyrénées : trois parcours, trois niveaux (de facile à difficile). Le site, au bord du Sègre, est enchanteur. Après ça, un bon bain dans les eaux chaudes (*escadilles* en catalan) s'impose !

À EN PERDRE SON CATALAN

Pas facile de s'y retrouver dans les prononciations locales. Voici deux ou trois tuyaux. Le village de Llo se prononce « yo ». Comme dans « tuyau », justement. Donc Ille, c'est « iye », mais attention, ça ne fonctionne pas pour Villefranche. Le « x » est classé dans la catégorie des « che » comme dans Saint-Michel-de-Cuxa. Mais le « ch » du Tech qui coule à Arles est un « k ». Ah ! Les mots en « t », notre hantise ! Celui qui finit Têt est appuyé (« Tête »), comme à Mantet, mais pas à Vernet ni à Céret. Véritable prise de Têt, on vous dit.

LLÍVIA (ENCLAVE ESPAGNOLE)

(17527) 700 hab. *Carte Pyrénées-Orientales, A3*

À 5 km à l'ouest de Saillagouse, l'ancienne capitale de la Cerdagne est désormais un territoire espagnol de 12,8 km² cerné de terres françaises... Une situation étonnante, comme il n'en existe plus qu'une dizaine dans le monde, l'une des plus connues étant Gibraltar.

Où manger ?

🍽 ***Cal Cofa :*** *pl. Major, 1 (angle c/ Frédéric Bernades). ☎ 972-89-65-00. • calcofa@gmail.com • Fermé mar-mer hors saison. Pas de menu ; plats 10-25 €* 📶 Un resto classique proposant une cuisine régionale de qualité. Spécialités de viandes et poissons grillés, *cargols* (escargots) de Llívia, lapin...

À voir. À faire

Llívia se présente comme un bourg étalé, aux habitations à mi-chemin entre l'immeuble et le chalet. Seule la vieille ville en hauteur vaut la peine d'être visitée, charmante avec ses maisons de pierre et sa grosse église. Le château de Llívia fut détruit par les Français sur ordre de Louis XI.

🏛 ***L'église fortifiée Nostra Senyora dels Angels*** (de pur style catalan, sans rire !) date des XVe et XVIIe s. Très belle porte recouverte de motifs en fer forgé. L'intérieur vaut moins le détour depuis que la sculpture de transition entre roman et gothique n'est

ESPAGNE, FRANCE : LLÍVIA, LLÍVIA PAS ?

La Cerdagne, berceau de l'État catalan, fut longtemps cause de guerres entre Espagnols et Français. Le traité des Pyrénées (1659) laissait des frontières peu précises. Un autre traité, signé 1 an après à Llívia, allait octroyer une grande partie de la Cerdagne à l'Espagne, la France gardant la vallée de Carol ainsi qu'un territoire pour y accéder, comprenant « 33 villages ». L'enclave de Llívia, faisant valoir son statut de ville et non de village, échappa ainsi de justesse à l'annexion française ! Autre bizarrerie, Llívia revint à la Castille et non à la Catalogne.

plus accessible au public. Au mois d'août, un festival de musique classique a lieu dans l'église *(infos c/ dels Forns, 11 ; ☎ 972-89-63-13 ; • llivia.org •).*

Museu municipal : *c/ dels Forns, 10. ☎ 972-89-63-13. Face à l'église et à la tour. Mar-sam 10h-17h (20h sam et en été), dim 10h-14h. Entrée : 3,50 € ; réduc.* On y trouve la *Farmacia Esteva,* sans doute la plus vieille pharmacie d'Europe (XVe ou XVIe s). Superbe collection de boîtes peintes, de bocaux de médicaments, d'instruments divers, sans oublier la vieille bibliothèque.

Fête

– **Fête patronale :** *pour la Saint-Guillaume, à la mi-juin.*

BOURG-MADAME

(66760) 1 255 hab. *Carte Pyrénées-Orientales, A3*

Bourgade frontalière où la N 20 vient finir sa course à travers la France... et où vivent les Guinguettois (avant 1815, le village s'appelait Les Guinguettes-d'Hix). À côté, deux superbes églises romanes, à Caldégas et à Hix (prononcez « Hiche » !), du XIIe s, avec un cimetière hors du temps. Pour le reste, la ville paraît sinistrée.

ÉCARTEZ-VOUS !

À 8 km de Bourg-Madame, la gare de Latour-de-Carol a la particularité unique d'avoir trois écartements de rails différents : 1,44 m pour les trains français, 1,71 m pour les espagnols et seulement 1 m pour le train jaune qui dessert Villefranche-de-Conflent.

Adresse utile

Office de tourisme : *pl. de Catalogne. ☎ 04-68-30-11-60. Juil-août, lun-sam 10h-13h, 15h-18h ; le reste de l'année, accueil mairie (☎ 04-68-04-52-41 ; lun-ven 8h30-12h, 13h30-17h).*

Où dormir ? Où manger à Bourg-Madame et dans les environs ?

Maison d'hôtes l'Auberge Catalane : *10, av. du Puymorens, 66760* ***Latour-de-Carol.*** *☎ 04-68-04-41-63. • aubergecatalane66@orange.fr • aubergecatalane.fr • (au resto). À 8 km au nord-ouest de Bourg-Madame. Sur résa. Double 74 €. Table d'hôtes sur résa 23 €.* Étape sur la route du col de Puymorens et de l'Andorre. Chambres agréables, aux tons chauds, avec douche et w-c. Certaines peuvent accueillir les familles. Petite terrasse ombragée ou salle coquette pour une cuisine d'inspiration traditionnelle, joliment améliorée. Également un appartement à louer.

Auberge Les Écureuils : *66340* ***Valcebollère.*** *☎ 04-68-04-52-03. • auberge-ecureuils@wanadoo.fr • aubergeecureuils.com • Resto fermé souvent lun et mar midi en basse saison (se renseigner). Congés : 12 nov-5 déc. Doubles 90-120 €. Formule déj 19 € ; menus 25-52 €.* Aux confins de la Cerdagne, à deux pas de l'Espagne, cette chaleureuse auberge en pierre et bois

LES PYRÉNÉES-ORIENTALES

massif constitue une bonne halte. Si l'hôtel est un vrai bonheur, le couvert, servi dans une ambiance et un cadre traditionnels, n'est pas mal non plus (quoique cher, et tous les convives d'une table doivent opter pour le même menu !). Étienne Lafitte s'épanouit aux fourneaux au travers d'une cuisine généreuse inspirée par le terroir catalan. Chambres confortables, avec, en prime, petite salle de gym, sauna et billard. Belle randonnée à faire dans le massif qui domine l'hôtel. En hiver, on peut aussi y faire du ski nordique. Piscine.

Manifestation

– ***Festival d'Hix en Cerdagne :*** *1re quinzaine d'août.* Joli festival de musique classique et jazz. Concerts payants dans l'église romane d'Hix.

DORRES (66800) 180 hab. *Carte Pyrénées-Orientales, A3*

À 1 450 m d'altitude, et à 9 km au nord de Bourg-Madame. Typique village de montagne tout en granit, à l'atmosphère poétique : ruelles en pente, linteaux des maisons sculptés, clocher trinitaire à pans coupés, métier à ferrer les bœufs en pierre... Le village abrite un petit musée du granit qui retrace la vie des tailleurs de pierre, ainsi qu'une source chaude.

Où dormir ? Où manger dans le coin ?

Prix moyens

Auberge Cal Xandera : *49, route de Font-Romeu, 66760* ***Angoustrine.*** *☎ 04-68-04-61-67. • calxandera@gmail.com • calxandera.com • À 3 km de Dorres, sur la D 618, en direction de Font-Romeu. Double 80 €, petit déj compris. ½ pens 55 €/pers. Menus 15-21 € et carte.* Une imposante ferme du XVIIIe s, joliment rénovée, en bordure de route, mais cela ne crée pas de nuisances. Chambres de 2 à 6 lits, bien aménagées, surtout le pigeonnier pour roucouler en famille (petite mezzanine géniale pour les gosses). Grande salle à manger aux robustes murs de pierre et cuisine de belle facture.

À faire

– ***Les bains de Dorres :*** *☎ 04-68-04-66-87. • bains-de-dorres.com/bains • Tlj 9h-19h30 (8h30-20h10 en saison). Fermé 3 dernières sem de nov sf w-e. Entrée : 4,80 €.* Bien aménagés et peut-être même trop... L'origine des eaux sulfureuses jaillissant ici est assez mal connue, on sait simplement qu'elles sortent à 41 °C. Un réel plaisir de se plonger dans les bassins quand il gèle à pierre fendre. Une vraie détente après une journée de ski ou de marche dans la montagne. En été, on se bouscule au bord du bassin riquiqui. Vestiaires-sanitaires pas top moumoute !

FONT-ROMEU

(66120) 1 990 hab. *Carte Pyrénées-Orientales, A2*

Cette célèbre station climatique et sportive est la plus ancienne de France après Chamonix. Lancée en 1913 avec la construction du *Grand Hôtel,* elle ouvrit sa première remontée mécanique en 1950 et connut un regain de fréquentation en 1968, lorsque l'équipe de France d'athlétisme y prépara les J.O. En 100 ans, les champignons de béton, pas toujours heureux, ont eu le temps de se développer. Mais la station ne désemplit pas ! Le Centre national d'entraînement en altitude (CNEA) accueille des équipes venues du monde entier pour optimiser leurs performances ! Les touristes enfin apprécient son exceptionnel ensoleillement et son air pur (on y soigne les asthmatiques)...

Adresses utiles

Office de tourisme : *82, av. Emmanuel-Brousse. ☎ 04-68-30-68-30. • font-romeu.fr • Tlj sf dim mai et oct-nov, 9h-12h, 14h-18h (19h en été).* Topoguides en vente.

Point Info Montagne : *juste à côté de l'office de tourisme. Ouv tlj fin juin-Toussaint ; mêmes horaires d'ouverture que l'office de tourisme.* Plein d'infos utiles pour préparer ses balades en montagne (sentiers, météo, etc.).

Gare SNCF : *à* **Via,** *à 4 km du centre, au sud. ☎ 04-68-30-03-12 et 36-35 (0,34 €/mn).* Navette de la gare au centre-ville pendant l'été.

■ **Centre équestre :** *av. Pierre-de-Coubertin. ☎ 04-68-30-34-43. Ouv tte l'année.*

■ **Escalade : Ozone 3,** *38, av. Emmanuel-Brousse. ☎ 04-68-30-36-09. • ozone3.fr •* Location de matériel de montagne et sorties encadrées : rafting (en été), randos, spéléo, montgolfière, VTT, kyte, parapente...

■ **Centres médicaux** (qui sait, avec tous ces sports !) **:** *81, av. du Maréchal-Joffre. ☎ 04-68-30-01-12. Autre centre à* **Bolquère.** *☎ 04-68-30-02-15.*

Où dormir ? Où manger ?

Camping Huttopia : *route de Mont-Louis. ☎ 04-68-30-09-32. • font-romeu@huttopia.com • huttopia.com • ♿ À la sortie de la ville, sur la droite. Ouv de mi-juin à mi-sept et déc-avr. Compter 29 € pour 2 en hte saison ; loc de cabanes et de canadiennes 1 204 €/sem. 180 empl.* Bivouac, canadiennes ou simples tentes, tout le monde s'y retrouve dans ce camping super nature ! Très propre, bien équipé. Pour faire le plein d'air pur, avec une foule d'activités à proximité (*via ferrata,* randos, VTT, etc.), et à quelques pas du centre-ville. Location de vélos. Pain sur commande. Café-resto. Piscine.

Hôtel Les Pyrénées : *7, pl. des Pyrénées. ☎ 04-68-30-01-49. • hoteldespyrenees@yahoo.fr • pyrenees-hotel.com • Congés : 2de quinzaine d'avr et 15 oct-1er déc. Doubles 60-93 €. Piscine couverte et spa gratuits (pour les résidents) juin-sept. Sauna payant.* Massif bâtiment de pierre avec un toit-chalet de style montagnard années 1930. La vue des chambres côté sud y est exceptionnelle et englobe un vaste panorama jusqu'à l'Espagne ! Évidemment, celles-ci sont prises d'assaut, mieux vaut réserver à l'avance. Accueil aimable. Le meilleur rapport qualité-prix du centre-ville dans cette gamme de prix.

Hôtel Le Grand Tétras : *14, av. Emmanuel-Brousse. ☎ 04-68-30-01-20. • infos@hotelgrandtetras.fr • hotelgrandtetras.fr • ♿ Doubles 90-131 € selon saison et orientation ;*

familiales 4 pers 155-230 €. Parking payant 9 € ou public juste en contre-bas (gratuit la nuit). Dans la rue principale. La qualité de ses chambres tranche avec la banalité de sa devanture. Ça tombe bien, on aime bien les surprises... Chambres vastes et ensoleillées côté sud (côté rue, très calme), plus petites mais aussi soignées côté montagne. Déco et teintes résolument contemporaines, salles de bains nickel, larges écrans plats et bonne insonorisation ! Excellent et copieux petit déj-buffet pour partir à l'assaut des cimes, été comme hiver, avant de rentrer plonger dans la piscine. Bref, on se sent bien ici.

La Table des Saveurs : *7, av. du Maréchal-Joffre. ☎ 04-68-04-88-49. Fermé dim en basse saison. Formule déj 14 € ; carte env 45 €. Apéritif offert sur présentation de ce guide.* L'une des meilleures tables de Font-Romeu. Jolie salle de style montagnard contemporain, avec d'un côté de grandes tablées d'hôtes avec chaises hautes. Service parfois débordé, carte courte, mais assiettes époustouflantes de générosité, et à base de produits frais exclusivement. Cuisine savoureuse, limite gastro. Service gentil comme tout.

Où dormir ? Où manger dans les environs ?

Gîte et chambres d'hôtes Le Mas Clara – Restaurant L'Escudella : *7, rue des Prés, à **Via**. 06-08-05-85-92. Résa indispensable longtemps à l'avance pour le gîte. Doubles 85-130 €. Gîte 6 pers. Repas 29 €.* Bien fléché depuis la petite place du marché. Le temps semble s'être arrêté dans ce minuscule et paisible village à flanc de colline. Dans l'ancienne maison du meunier (les moulins sont en bas au bord de l'eau), le gîte. En haut, un espace familial avec chambre double et petite chambre d'enfants (2 lits), salle de bains. Dans la partie basse (accès indépendant par le jardin), une grande chambre double avec un lit d'enfant et une magnifique salle de bains avec baignoire à bulles. Cuisine super équipée et terrasse plein soleil. Chacun des espaces peut être loué indépendamment. Déco d'un goût sûr, subtil mélange de vintage et d'ancien. Une poignée de tables dans la grange du bas, quelques autres dans le jardin où l'on prend place dès que le soleil darde. Excellente et généreuse cuisine maison (menu imposé mais adaptable). Un charme envoûtant, d'autant plus qu'on n'entend rien à part la musique d'ambiance... Un vrai coup de cœur !

Le Romarin : *7, impasse du Romarin, 66120 **Odeillo**. ☎ 04-68-30-09-66. • resa@hotel-romarin.com • hotel-romarin.com • À l'entrée du village. Congés : juin et nov. Doubles 65-75 € ; familiales 110-120 €. Menu (slt le soir) 20 €. Apéritif offert sur présentation de ce guide.* Un hôtel, d'extérieur assez banal, repris en main par un couple qui aime son métier. La plupart des 12 chambres ont été relookées (murs lambrissés, couleurs fraîches et printanières) et sont plaisantes. Demandez-en une exposée plein sud avec balcon et vue sur la montagne (vous ne paierez pas plus cher !). Chaleureux salon commun doté d'une cheminée. La table est également recommandable.

Auberge La Chouette – Restaurant Les Xicolles : *2, rue de la Liberté, 66120 **Odeillo**. ☎ 04-68-30-42-93. • contact@chouette.fr • chouette.fr • Près de l'église. Le soir, sur résa. Fermé le soir dim et j. fériés ; hors saison fermé le soir dim-jeu. Congés : 1 sem en avr, nov. Doubles 40-52 € ; familiales 55-87 € selon saison. Formule déj 13,50 € ; menus 16-28 € ; carte env 35 €. Café offert au resto sur présentation de ce guide.* Un hôtel dont les chambres retapées sont un peu petites, mais presque toutes ont vue sur la chaîne de montagnes. Côté resto, de bons petits menus bien abordables, dont on profite dans une sympathique ambiance de chalet. Toute l'année, des soirées conte ou chanson française. Une chouette adresse !

Où boire un verre ?

Café Maillol : *8, rue Maillol. ☎ 04-68-30-65-63. Fermé dim hors saison. Apéritif offert sur présentation de ce guide.* L'incontournable pub, café-concert de la station, où se retrouvent les jeunes. Concert chaque semaine.

DANS LES ENVIRONS DE FONT-ROMEU

ODEILLO (66120)

Héliodyssée – Grand Four Solaire d'Odeillo *(ne pas confondre avec le four solaire de Mont-Louis, à proximité)* **:** *☎ 04-68-30-77-86. • foursolaire-fontromeu.fr • Tlj 10h-12h30, 14h-18h (9h30-19h juil-août) ; dernière entrée 1h avt fermeture ; janv-mars ouv slt lun, mar, ven, visite sur résa à 10h, 14h et 16h. Congés : 1er janv, 15 nov-15 déc et 25 déc. Entrée : 7 € ; 6 € sur présentation de ce guide ; 3,50 € 7-17 ans. Visite env 1h.* Ce laboratoire du CNRS fut créé en 1968 à l'initiative du professeur Trombe, pionnier en France dans le domaine de l'énergie solaire. Les scientifiques y font des recherches sur les matériaux utilisés en conditions extrêmes et sur la conversion, le transport et le stockage de l'énergie solaire. Avec une puissance de 1 000 kW et des températures jusqu'à 3 400 °C, ce four solaire est l'un des deux plus grands fours solaires du monde. Très impressionnant : 63 héliostats, d'une surface totale de 2 835 m², renvoient la lumière sur les 9 130 facettes d'une grande parabole de 1 830 m². Le faisceau est concentré dans la tour centrale où s'effectuent les principales expériences scientifiques. La visite permet de découvrir l'extraordinaire potentiel de l'énergie solaire. Avec une partie commentée, des démonstrations impressionnantes, un film et une exposition interactive sur les énergies renouvelables, la lumière, les recherches du laboratoire et l'utilisation de l'énergie solaire dans la vie courante. Très intéressant.

L'ERMITAGE (66120)

Faubourg de Font-Romeu, en direction de Mont-Louis.

L'ermitage Notre-Dame-de-Font-Romeu : *dans le grand virage menant au calvaire, en direction de Mont-Louis. Groupe de bâtiments aux volets rouges. La chapelle est au fond de la cour. Visite guidée slt en saison (gratuite) ; rens à l'office de tourisme de Font-Romeu pour les horaires.* Cet ermitage est un lieu de pèlerinage très prisé dans les Pyrénées. Selon la légende, un taureau n'avait de cesse de gratter le sol près d'une fontaine. Intrigué, le bouvier s'approcha et aperçut alors une statue de la Vierge cachée dans une cavité. Depuis cet événement, la belle statuette en bois du XIIe s s'est fait offrir une chapelle, dont elle sort chaque année le dimanche autour du 8 septembre pour être solennellement portée jusqu'à l'église d'Odeillo afin d'y passer l'hiver. Cette procession est l'une des plus importantes de la région. Toute cette histoire est racontée sur le magnifique retable doré décorant l'intérieur de la chapelle. À droite du maître-autel, un escalier mène à un extraordinaire salon baroque, appelé *camaril.*
➢ Un sentier forestier en boucle (environ 45 mn) est jalonné d'imposantes sculptures en métal et en granit.

Le calvaire : *à 300 m de l'ermitage.* Un escalier orné de petites chapelles contourne la butte en colimaçon. Au sommet, un belvédère où se dresse un christ de métal. Vue sublime sur les montagnes de Cerdagne. On respire !

LE CAPCIR

Au nord de la Cerdagne, le Capcir est un haut plateau curieusement méconnu – hormis Les Angles, station de ski alpin réputée – malgré ses vallées solitaires, ses belles forêts, ses lacs et ses montagnes sauvages. Plus austère que la Cerdagne, cette région longue d'à peine 20 km du nord au sud offre pourtant un appréciable domaine de ski de fond et de superbes randonnées. Les habitants de ses villages longtemps préservés sauront vous en faire apprécier les charmes paisibles.

Adresse utile

Maison du Capcir – Haut Conflent : *sur la route de Formiguères (presque à l'embranchement vers Les Angles), 66210* ***La Llagonne.*** *☎ 04-68-04-49-86. • capcir-pyrenees.com • De mi-juil à août, lun-ven 9h-17h ; w-e 10h-12h, 13h-18h. Déc-mars, tlj 9h-17h. Le reste de l'année, lun-ven slt, avec pause à midi.* Infos touristiques pour les 19 communes du plateau du Capcir, du haut Conflent et de la région de Font-Romeu.

LES ANGLES

(66210) 565 hab. *Carte Pyrénées-Orientales, A-B2*

Sur le podium des stations des Pyrénées. Domaine skiable de 40 km, réparti sur une trentaine de pistes à une altitude de 1 650 m. Évidemment, son enneigement important attire beaucoup de monde. Malgré les immeubles de la station, le petit village a gardé son charme : porte du Moyen Âge, ruines d'un château, vieilles maisons...

Adresse utile

Office de tourisme : *2, av. de l'Aude. ☎ 04-68-04-32-76. • lesangles.com • Ouv tte l'année ; vac scol, tlj 9h-12h30, 14h-18h.*

Où dormir ? Où manger aux Angles et dans les environs ?

Camping

Camping du Lac : *route des Carriolettes. ☎ 04-68-30-94-49. • camping-lac-matemale@orange.fr • camping-lac-matemale.com • ♿ À 3 km des Angles ; prendre la direction de Matemale, puis fléché. Ouv tte l'année ; slt w-e et vac scol en hiver. Compter 16 € pour 2 en hte saison ; chalets 260-580 €/sem. 120 empl. Réduc de 10 % mai-juin et sept-oct sur présentation de ce guide.* Situation extraordinaire, en forêt, à deux pas du lac, ombragé. Très bien entretenu, doté d'un spa et d'un sauna. Snack en saison.

Bon marché

Le Bistrot d'Aqui : *7, pl. de la Mairie, 66210* ***Matemale.*** *☎ 04-68-30-94-68. Ouv tlj. Menu 16,90 €.* Un petit bistrot de pays authentique qui fait le bonheur du tout Matemale, et même au-delà, pour sa grande terrasse plein soleil sur la place du village, et ses grandes assiettes fromagères ou charcutières de salaisons locales. Bonne ambiance, notamment lors des retransmissions de matchs de rugby !

De prix moyens à beaucoup plus chic

Le Coq d'Or : *pl. du Coq-d'Or. ☎ 04-68-04-42-17. • hotel.lecoqdor@laposte.net • hotel-lecoqdor.com • Au centre du vieux village. Congés : 16 mai-4 juin. Doubles 72-84 € ; familiales 125-140 €. Menu du jour (sf j. fériés) 15,20 € ; autres menus 22-35 €. Apéritif maison offert sur présentation de ce guide.* La sympathique façade de ce *Coq d'Or*, hôtel-restaurant à l'ancienne, ouvre ses fenêtres et sa terrasse sur la placette du village. Les parties communes paraissent un peu vieillissantes, mais les chambres sont tout à fait correctes. Pour les familles, chambres communicantes avec salle de bains commune. Le pompon, c'est qu'on n'est guère qu'à 300 m des pistes et que l'on peut au retour profiter du hammam ou du jacuzzi. À la table, cuisine de tradition.

Le Llaret : *12, av. de Balcère. ☎ 04-68-30-90-90. • hotel.llaret@gmail.com • hotel-llaret.com • Congés : 15 avr-1er juil et 15 sept-1er déc. Doubles 80-97 € selon vue et saison ; chambres 3-4 pers 95-130 €. Formule déj en sem 15 € ; menus 18-42 €. Apéritif maison offert sur présentation de ce guide.* *Le Llaret*, repris par la fille des propriétaires du *Coq d'Or*, a entièrement été rénové et présente un rapport qualité-prix exceptionnel vu son emplacement au cœur de la station. On y apprécie également les chambres pour familles nombreuses ou groupes de copains, de plus en plus rares, et les formules avantageuses de la demi-pension, qui ménagent les budgets serrés sans pour autant rogner sur la qualité. Grande salle de resto avec vue sur le lac de Matemale, comme certaines chambres du reste. Un vrai bon plan.

Chalet Ana : *chez Nathalie et Laurent Martinez, 4, chemin du Soula. ☎ 04-68-04-09-69. • contact@chalet-ana.com • chalet-ana.com • 8 appartements loués à la nuit (2 min) ou à la sem ; pour 2 pers, 160-290 €/nuit selon saison, petit déj compris ; appart jusqu'à 8 pers à partir de 1 900 €/sem, linge et ménage compris.* Entièrement conçu par ses propriétaires au moyen de matériaux nobles et naturels, le *Chalet Ana* est un *lodge* d'exception doté de l'écolabel (énergies renouvelables, maîtrise des déchets, gestion de l'eau...). Les prix sont élevés, mais les prestations aussi : salles de bains privatives dans les appartements, poêle à bois, TV écran plat, déco contemporaine haut de gamme, cuisines équipées, terrasse pour certaines et une excellente isolation. Une atmosphère feutrée et luxueuse que l'on retrouve dans les parties communes. Un bon plan luxe à deux pas des pistes !

Où acheter de bons produits ?

Chèvrerie Le Dourmidou : *rue de la Mouline, 66210* ***Matemale.*** *☎ 04-68-30-13-55. Tte l'année, tlj, 10h-12h, 17h-19h.* Réputée pour ses produits fromagers (tommes, chèvre, faisselles), mais aussi pour son comptoir de produits régionaux (vins, miel, confitures...). Possibilité de visiter la chèvrerie, d'assister à la traite des chèvres à 18h et de découvrir les animaux de la ferme avec les bambins.

À voir

Le parc animalier : *Pla del Mir. ☎ 04-68-04-17-20. Visite tlj 9h-17h (18h de mi-juil à fin août). Fermé nov. Entrée : 14 € ; 12 € 4-14 ans.* Un bien bel endroit, assez réputé, tellement respectueux des animaux qu'ils sont parfois difficiles à apercevoir. Avec un peu de chance, vous surprendrez l'œillade d'un cerf pour sa biche, vous devinerez la silhouette élancée d'un loup ou celle, puissante, d'un ours, vous vous émerveillerez devant l'étonnant équilibre des mouflons, bouquetins et autres isards... et tremblerez devant les bisons. Toute la faune pyrénéenne d'aujourd'hui et d'hier est au rendez-vous. Chaussures de marche vivement recommandées.

LE LAC DES BOUILLOUSES

Carte Pyrénées-Orientales, A2

L'un des plus beaux lacs de la région, pas mal de monde le week-end en saison. Un barrage impressionnant y fut construit au début du XXe s pour alimenter en électricité le train jaune. Il contiendrait environ 15 millions de mètres cubes d'eau, déversés par les torrents des pics avoisinants. Du site partent de nombreux sentiers qui conduisent le randonneur vers des lacs d'altitude encore plus sauvages et posés comme autant de joyaux dans un écrin naturel de toute beauté. Éboulis granitiques et forêts tapissées de mousses, rhododendrons et massifs de myrtilles, linaigrettes blanches et pins à crochets, saumons de fontaine et truites arc-en-ciel, sans oublier le sifflement strident de la marmotte qui vous voit arriver. Parmi les plus belles balades, on vous conseille le tour des étangs du Carlit, la vallée de la Grave ou encore celle des étangs du Péric et des Camporeills. N'hésitez pas à vous renseigner, au préalable, auprès de l'office de tourisme de Font-Romeu.

➢ *Pour s'y rendre,* revenir presque jusqu'à Mont-Louis puis, à droite, suivre la D 60 sur 14 km. En juillet-août et les week-ends de juin et septembre, il faut laisser sa voiture au parking Pla de Barrès, situé à environ 12 km du lac ; de là part un bus qui fait la navette *(5 € ; réduc).* En été, on peut aussi monter au lac en télésiège, depuis Font-Romeu. Liaison Pla de Barrès avec la gare du train jaune et la gare routière de Mont-Louis *(1 €).*

– ***Point infos*** au pied du lac *(☎ 04-68-04-24-61 ; de mi-mai à fin juin et de sept à mi-oct, tlj sf jeu ; juil-août, tlj).*

FORMIGUÈRES

(66210) 440 hab. *Carte Pyrénées-Orientales, B2*

Ce village authentique était la résidence des rois de Majorque qui y soignaient leur asthme au XIIe s. Aujourd'hui, la petite station de ski qui compte 22 km de pistes est à 5 km. Dynamiques mais fidèles, les habitants ont eu l'intelligence de ne pas dénaturer leur beau village aux vieilles pierres recouvertes de *lloses* (« lauzes » en catalan). Formiguères est l'antinomie complète de Font-Romeu : le béton de la célèbre station n'a jamais eu d'âme alors que la capitale miniature du Capcir a conservé la sienne...

Adresses utiles

ℹ ***Office de tourisme :*** *pl. de l'Église. ☎ 04-68-04-47-35. • formigueres.fr • Ouv tte l'année ; en été, tlj 9h-12h, 15h30-19h ; hors saison, fermé dim-lun.* Infos sur tout : balades, hébergements, météo... Vraiment sympa.

■ ***Vagabond'âne :*** *à* ***Rieutort*** *(6 km au nord). ☎ 04-68-04-41-22.*

• ane-et-rando.com • Bruno et Claudine proposent des locations d'ânes bâtés pour porter vos charges de randonneurs. En hiver, raquettes et ski de fond (pas pour les ânes, pour vous !).

Où dormir ? Où manger ?

De bon marché à prix moyens

Gîte d'étape La Dressere : *60, carrer d'Amont. ☎ 04-68-04-46-45. • info@ladressere.com • ladressere.com • Nuitée env 19-21 €/pers (chambres 2-4 pers) ; doubles 44-53 € selon confort ; familiales 58-64 €.* Au centre du village, une maison joliment aménagée en gîte d'étape (20 personnes maximum) avec chambres privées et double vitrage. Cuisine à disposition.

Hôtel-restaurant Picheyre : *2, pl. de l'Église. ☎ 04-68-04-40-07. • hotel-picheyre@orange.fr • Derrière l'église. Fermé dim soir et lun en basse saison. Congés : mai et nov. Doubles 68-78 € selon confort et saison. ½ pens 66-70 €/pers. Menus 15 € (midi)-27 €.* Un hôtel-restaurant familial qui a subi un lifting intégral vraiment réussi. L'établissement dégage une ambiance montagnarde, un brin coquette, grâce à une déco qui allie la pierre et le bois. Chambres très agréables, certaines assez spacieuses, et avec parquet. Excellente cuisine de terroir, généreuse, et même un brin créative. Service et accueil dévoués. Une très bonne adresse.

LES PYRÉNÉES-ORIENTALES

Où dormir ? Où manger dans les environs ?

De bon marché à prix moyens

Hôtel Lassus – Restaurant Le Cal Valbour : *14, pl. Pierre-Pataud, 66210* ***Bolquère.*** *☎ 04-68-30-09-75. • hotel-lassus@orange.fr • hotel-lassus.com • Fermé le midi sam-dim ; hors saison ven soir-dim. Congés : vac de printemps de la zone C et Pâques. Doubles 46-52 € ; familiale 90 €. Compter 20,90 €/pers supplémentaires pour la ½ pens. Formule 14,90 €. Apéritif offert sur présentation de ce guide.* Tenu par la famille Vallero, ce petit hôtel 2 étoiles recèle bien des qualités à quelques encablures du domaine skiable Pyrénées 2000. Chambres pas bien grandes mais impeccablement tenues, literies neuves, prix serrés avec une demi-pension possible avantageuse, et une atmosphère familiale. Un bon point de chute été comme hiver...

Gîte et chambres d'hôtes Le Moulin : *3, rue du Bac, 66210* ***Rieutort.*** *☎ 04-68-30-97-37. • gitelemoulin66@orange.fr • gite-lemoulin-66.com • Entre Puyvalador et la station de ski. Selon saison, ½ pens 44-48 €/pers en formule gîte (prévoir les draps), 54-58 €/pers en chambre d'hôtes. CB refusées.* Dans un ancien moulin restauré avec goût, 5 chambres mignonnettes comme tout, dont 2 familiales. La plupart disposent de sanitaires privés. Salon TV, laverie. Au menu, repas de montagne, mais si on a une envie d'exotisme, Sia se fera un plaisir de mitonner une recette d'Asie. Pour garder la ligne, Alexandre, guide de pêche, vous indiquera de bons coins.

Refuge des Camporells : *en haute montagne (2 240 m d'altitude), au milieu des forêts et des lacs, à 1h30 de marche du télésiège de Formiguères ; en été, le télésiège est arrêté, compter alors 2h30 à pied. 06-82-12-99-22. • refugecamporells@hotmail.fr • Gardé de fin mai à fin oct ; slt sur résa le reste de l'année. Nuitée 10 € (pas de douche, ni de point d'eau potable). ½ pens 37,50 €/pers (réduc enfant).* Une vingtaine de couchages. Bivouac autorisé du coucher au lever du soleil dans la zone délimitée autour du refuge.

La Maison du Capcir (voir plus haut au début du chapitre sur le Capcir) propose un autre refuge de 12 places en gestion libre, **Estagnols** : *☎ 04-68-04-49-86. • capcir-pyrenees.com • Résa obligatoire. Accès : par le col de Creu, sentier raquette et sentier pédestre balisés ; ou par la piste forestière depuis Réal jusqu'au col de Sansa ; depuis le village de Sansa, sentier pédestre balisé. Nuitée 8 €/pers.* Plaira aux amateurs de calme et de nature capables de se passer de leur petit confort... On y trouve tout de même un poêle à bois, une grande table pour les repas et des sanitaires... écologiques ! Y séjourner un peu, ne serait-ce que pour apercevoir la faune de ce superbe site naturel !

À voir. À faire

L'église Sainte-Marie : étonnante façade romane formant un seul bloc avec le très beau clocher (XIIe-XIVe s). À l'intérieur, grand *Christ en majesté* (sans la croix) du XVIIe s, d'une étonnante modernité. Quelque part, il rappelle Giacometti ou Germaine Richier.

➢ ***Randonnées :*** nombreuses possibilités dans le coin. Petit guide en vente à l'office de tourisme. Ne pas rater la grande classique des Camporells ; 4 à 5h de marche dans un site de toute beauté : rivières, cascades et étangs à la pelle...

VTT : une bonne quinzaine de circuits balisés dans le secteur (de 4 à 14 km). Topoguide en vente à l'office de tourisme.

DANS LES ENVIRONS DE FORMIGUÈRES

La grotte de Fontrabiouse : *à 8 km au nord de Formiguères. ☎ 04-68-30-95-55. • grotte-de-fontrabiouse.com • Juil-août, tlj 10h-18h (durée : 1h) ; le reste de l'année, voir le site. Fermé en nov et 5-30 déc. Entrée : 10,30 € ; 6,20 € 5-12 ans.* Très belles concrétions superbement éclairées : colonnes, aragonites, draperies, et les inévitables stalactites et -mites. Près de 900 m de couloirs taillés dans le calcaire par un ruisseau souterrain.

CORBIÈRES-FENOUILLÈDES

Région de transition entre Catalogne et pays cathare, entre Pyrénées-Orientales et Aude, la vallée de l'Agly, encadrée au nord par les coteaux des Corbières et au sud par le massif du Fenouillèdes, distille le charme de ces petits coins de France aux multiples visages : plateaux rocailleux dressés en herse, vignobles, massifs forestiers se succèdent au fil de routes sautillant de longues vallées en vallons encaissés. Un monde à l'aspect sauvage, qui mérite qu'on s'y plonge. Les Catalans appellent cette région le « pays des gavatches » (des non-Catalans, si vous préférez).

Comment y aller ?

➢ ***En bus :*** Perpignan-Quillan (Aude) via Estagel, Maury et Saint-Paul-de-Fenouillet. Ligne n° 100 mise en place par le département *(☎ 04-68-80-80-80 ; • cg66.fr •).* 7 bus/j. lun-sam ; pas de bus dim.

➢ ***Par la route :*** de Perpignan par la D 117, de Toulouse par l'A 61 et l'A 9, ou par l'A 61 et la D 623 (moins de kilomètres, plus économique mais plus long).

ESTAGEL (66310)

1 900 hab. *Carte Pyrénées-Orientales, C1*

Un village connu essentiellement pour sa production de vin. C'est aussi le fief des Arago. Cinq membres de cette famille d'Estagel ont leur nom dans le dico. D'abord François, astronome, physicien et homme politique célèbre. Il contribua à abolir l'esclavage dans les colonies, et devint un véritable symbole du Roussillon et de la République face à la monarchie et à l'Empire. À l'époque, on allait en prison pour oser crier : « Vive Arago ! » Ensuite Jean, général au Mexique, puis Jacques, écrivain mort au Brésil, et Étienne, révolutionnaire. Enfin, Emmanuel, fils de François, ministre en 1870... Quels destins !

Où dormir ? Où manger à Estagel et dans les environs ?

🏠 ***La Demeure Saint-Vincent :*** *19, rue Gilbert-Brutus.* ☎ *04-68-92-26-48.* • *dsve@sfr.fr* • *demeuresaintvincent.com* • *Double 87 € ; familiales 120-140 € ; tarifs dégressifs à partir de la 2e nuit.* 📶 *Dégustation des vins locaux offerte sur présentation de ce guide.* Dans une ruelle du centre, une belle maison de maître du XVIe s, retapée avec cœur par les charmants propriétaires. Chambres spacieuses et chaleureuses, sans TV, pour mieux profiter du calme et du parc à la végétation luxuriante. Salles de bains au diapason, pimpantes, avec douche ou baignoire. Au 2e étage, une chambre à la déco zébrée rappelle l'Afrique, où Michèle et Daniel ont vécu. Pour les familles, de belles suites avec chambres communicantes. Bibliothèque, salon, barbecue dans le jardin, balançoire. Repas en hiver sur demande.

🏠 🍴 ***Auberge du Cellier :*** *1, rue Sainte-Eugénie, 66720* ***Montner.*** ☎ *04-68-29-09-78.* • *contact@aubergeducellier.com* • *aubergeducellier.com* • ♿ *(au resto). À 3 km au sud d'Estagel par la D 612. Fermé mar-mer en saison, plus lun oct-avr. Double 79 €. Menus 23 € déj en sem, puis 36-73 €.* 📶 Homme-orchestre jeune et détendu, le talentueux Pierre-Louis Marin est tour à tour sommelier, maître d'hôtel, tout en restant aux commandes de sa cuisine. La décoration de la salle a su rester simple, mais les tables sont dressées avec la précision d'un grand resto... En direct des filets du pêcheur, des poissons habilement préparés côtoient des viandes locales et des produits de saison qui ne viennent jamais de bien loin eux non plus ! Chambres de bon confort et non dénuées de charme. Terrasse. Petit déj d'anthologie !

🍴 ***Grill du château de Jau :*** *66600* ***Cases-de-Pène.*** ☎ *04-68-38-91-38.* • *daure@wanadoo.fr* • ♿ *À env 4 km d'Estagel par la D 59 et à 5,5 km de Cases-de-Pène (bien indiqué). En juil-août, ouv le midi, plus le soir mer-sam ; juin et sept ouv le midi mar-dim et j. fériés. Menu unique 34 € le midi, 39 € le soir, vin du domaine compris.* On pourrait presque intituler la formule « barbecue party au château », car on y mange une seule chose, des grillades, saucisses et côtelettes d'agneau ! Cadre joliment contemporain, avec bassin, canapés, terrasse ombragée. Très agréable vin de la propriété : le fameux Jaja de Jau, dont l'étiquette a été dessinée par Ben.

TAUTAVEL

(66720) 900 hab. *Carte Pyrénées-Orientales, C1*

Charmant village blotti au pied de falaises calcaires, au milieu d'un paysage grandiose de Corbières rouges et arides plantées de vignes. C'est ici que naquit, il y a bien longtemps, l'ancêtre des Roussillonnais.

Où dormir ? Où manger ?

Prix moyens

Chambres d'hôtes L'Abri sous Roche : *29, rue Gambetta. ☎ 04-68-29-49-31. 06-77-81-10-24. • labrisousroche@wanadoo.fr • labrisousroche.com • Doubles 55-60 € ; familiales 70-90 €. Repas 25 € le soir. Une bouteille de vin de Tautavel offerte sur présentation de ce guide.* Dans une ancienne demeure au cœur du village, 4 chambres confortables avec parquet, toutes différentes. Également 2 studios avec kitchenette. Petite terrasse, idéale pour prendre le petit déj les beaux matins d'été.

Le Petit Gris : *route d'Estagel. ☎ 04-68-29-42-42. • lepetitgris-66@orange.fr • Mai-oct, tlj ; le reste de l'année, fermé le soir (sf ven-dim) et lun. Congés : janv. Menus 21-26 €. Kir offert sur présentation de ce guide.* Terrasse avec vue sur les falaises calcaires qui surplombent Tautavel. Une des bonnes tables des environs, où l'on vient se régaler de petits-gris (escargots) au gril, dans la grande cheminée. Également d'excellentes grillades catalanes au feu de sarments.

À voir

Le musée de la Préhistoire : *av. Léon-Jean-Grégory. ☎ 04-68-29-07-76. • 450000ans.com • tautavel.culture.gouv.fr • Juil-août, tlj 10h-19h ; le reste de l'année, tlj 10h-12h30, 14h-18h. Entrée : 8 € ; 4 € enfant ; gratuit moins de 7 ans. Audioguide inclus et billet combiné avec l'exposition « Les premiers habitants de l'Europe » au palais des congrès. Jeu de piste pour les enfants : 3 €. Sympathiques ateliers préhistoriques pdt les vac scol. Horaires décalés de 30 mn (de plus) sur le musée. Compter 1h30 de visite.* Ce petit village a offert au plus célèbre de ses hommes un espace muséographique de 22 salles. Reconstitution d'une grotte, dioramas, vidéos, panneaux explicatifs sur les méthodes de fouille, la vie de notre célèbre ancêtre, sur la faune, la flore et les paysages de l'époque. Quelques collections uniques mises au jour à la Caune de l'Arago. Quant au crâne original, n'espérez pas le voir, il est conservé précieusement dans un coffre du musée. Malheureusement, il faut bien avouer que ce musée commence à dater (certes pas autant que l'homme de Tautavel...), mais une restauration est prévue. Expos temporaires.

UN VRAI PUZZLE !

Tout débuta dans les années 1970 par un os iliaque de-ci, une mandibule de-là, un bout de crâne... En tout, ce sont 126 restes humains qui ont été retrouvés ! Il fallut 10 ans de recherche pour reconstituer l'homme de Tautavel. Âge : 450 000 ans. Front fuyant, face bombée... L'aïeul, un des plus vieux Européens connus à ce jour, n'est encore qu'un gamin à côté de son ancêtre, âgé de 100 000 ans de plus, dont on a retrouvé en 2015 une dent sur le même site.

La Caune de l'Arago : *à 3 km au nord du village, direction Vingrau. Accès libre en juil-août (sf exception, c'est un lieu de fouilles). Sentier escarpé.* C'est l'un des sites préhistoriques les plus riches au monde : ossements, pierres taillées, traces d'habitat, etc. Bien sûr, c'est ici que grand-papa fut trouvé (1971). Le chantier de fouilles est toujours actif. Avec un peu de chance, un archéologue lèvera le nez pour vous donner quelques explications.

CIRCUIT DANS LE FENOUILLÈDES

Carte Pyrénées-Orientales, C1-2

RASIGUÈRES (66720)

Depuis Estagel, suivre la D 17 vers Latour-de-France, puis la D 9. On arrive à Rasiguères.

Le Relais de Sceaury : *1, rue du Centre. ☎ 04-68-63-33-42. • relaisdesceaury@gmail.com • Tlj sf lun soir, mar soir et mer (mar midi et mer midi en juil-août). Congés : vac d'hiver zone A et de la Toussaint. Menus 24-32 € ; carte env 45 €.* Une cuisine aux accents régionaux, joliment améliorée et généreuse, un peu à l'image de la déco, sobre et fraîche. Terrasse. Une table au diapason avec son époque, idéale pour reprendre des forces au cours d'une escapade champêtre.

CARAMANY (66720)

La route continue vers l'ouest. Puis on bifurque à gauche sur la D 21 jusqu'à Caramany. Très joli village surplombant un barrage récent du haut de son éperon rocheux. Église du XVIIIe s avec un clocher de mission espagnole... comme au Mexique.

BÉLESTA (66720)

Quelques kilomètres plus au sud apparaissent les contreforts du château de Bélesta. Encore un petit village croquignolet, perché au milieu des vignobles et à l'écart des circuits touristiques.

Où dormir ? Où manger ?

Riberach Hôtel : *2, route de Caladroy. ☎ 04-68-50-30-10. • hotel@riberach.com • riberach.com • De mi-juil à fin août, resto ouv tlj sf mar ; hors saison, fermé dim soir-mar. Congés : janv-mars. Doubles 140-215 € ; suites et familiales 220-290 €. Au resto, menus 34-85 € ; carte env 70 €.* Quelle surprise de découvrir au pied du château un hôtel contemporain à l'architecture moderne réussie ! Il n'a pas manqué d'audace, cet enfant du pays devenu architecte : avec sa femme allemande, ils sont partis à l'assaut de l'ancienne cave coopérative qu'ils ont reconvertie en hôtel assez époustouflant, aux volumes imposants et aux espaces aérés comme dans un loft. Les chambres, construites en partie dans les anciennes cuves (avec terrasse en prime pour les plus chères), sont magnifiques et offrent une vue dégagée sur vignoble et jardins. Le tout réalisé avec un souci environnemental (géothermie, panneaux solaires photovoltaïques, piscine naturelle). Cuisine soignée au resto, installé dans l'ancienne salle des presses, et bons vins à la cave, qui a elle aussi repris du service !

À voir

Le château-musée de la Préhistoire récente : *☎ 04-68-84-55-55. 15 juin-15 sept, tlj 14h-19h ; hors saison, tlj sf mar et sam, 14h-17h30. Fermé Noël-Jour de l'an. Entrée : 4,50 € ; réduc.* Château médiéval du XIIIe s, fortifié par Saint Louis et relooké à coups d'huisseries métalliques bleues (sacrilège !). Il abrite un musée de la Préhistoire. Visite passionnante. On navigue ici de manière didactique à travers l'archéologie : reconstitution d'une tombe collective retrouvée dans le coin, impressionnante série de poteries et d'objets de parure découverts au cours des fouilles, etc. Également des expos temporaires.

ANSIGNAN *(66220)*

Dans ce petit village en surplomb de l'Agly, un aqueduc long et bas coupe la vallée au milieu des vignes. Ce bel ouvrage romain n'est plus en service comme viaduc, mais l'eau encore acheminée par ses canalisations à ciel ouvert sert à l'irrigation des jardins accrochés à mi-pente.

MAURY *(66460)*

Avant d'arriver à Saint-Paul-de-Fenouillet, faites un détour par ce petit village (par la D 19 et Lesquerde), connu pour son vin doux naturel, du même tonneau que le rivesaltes !
– ***Les Amorioles :*** *1 dim fin mai.* Balade dans les vignobles, ponctuée d'un pique-nique terroir.

Où manger ?

Auberge de Quéribus : *93, av. Jean-Jaurès. ☎ 04-68-59-10-26. 06-17-79-71-60. Tlj midi et soir mai-oct ; slt le midi nov-avr. Formules 13-16 € ; menus 28-32 € ; carte env 30 €. Café offert sur présentation de ce guide.* Simplicité et convivialité sont les maîtres mots de cette auberge. Pendant que Robert mitonne avec cœur de solides spécialités catalanes, sa femme, Patricia, s'active de la salle à la terrasse du 1er étage, avec vue sur les coteaux. *Boles de picolat* très goûteuses servies avec des mojettes, poissons frais, civet de sanglier en saison... Le cuistot, saucier confirmé, plaisante volontiers avec les clients mais pas avec la qualité des produits ! Et les desserts ne sont pas en reste.

Où acheter de bons produits ?

Domaine de la Coume du Roy : *cave au 13, route de Cucugnan (visite sur résa), et boutique de vente au 7, av. Jean-Jaurès (tlj de mi-mai à mi-sept et sur rdv le reste de l'année). ☎ 04-68-59-67-58. 06-86-49-39-52.* Un must du Maury ! 6 générations de Volontat, ça vous forge une histoire. D'autant que l'ancêtre a créé une tradition : à chaque naissance, un foudre (1 000 l) de vin est mis en réserve jusqu'à la majorité du bébé, qui décidera lui-même de la date de mise en vente. Après avoir longtemps attendu, la mère de l'actuelle propriétaire a mis sa cuvée à la vente. Galant, le *Routard* ne vous donnera l'année de naissance ni de la dame ni du nectar, mais si vous aimez les vins doux, n'hésitez pas à casser (un peu) votre tirelire.

Domaine de Mas Amiel : *☎ 04-68-29-01-02. • masamiel.fr • Juil-sept, tlj 10h-19h ; hors saison, lun-ven 9h30-12h30, 14h-17h30 et sam 10h-13h, 14h-18h. Visite libre du domaine et du caveau. Atelier 30 €/pers.* Un domaine gagné lors d'une partie de cartes, qui s'est progressivement agrandi. Sur 226 ha, le Mas Amiel, situé en pleine nature, produit des vins doux naturels depuis 2 siècles. Visite de la cave de 1890 où, dans les foudres de chêne, vieillissent les fameux vins doux naturels qui ont fait la notoriété de la maison. Un éventail de 25 cuvées à déguster (vins doux et secs). Et pour profiter de cette superbe nature, des ateliers à la demi-journée (randonnée dans le domaine et pique-nique, découverte du domaine sous la houlette du chef des cultures...).

SAINT-PAUL-DE-FENOUILLET (66220)

Ville-frontière du XIIIe au XVIIe s, le traité des Pyrénées mit fin à son rôle de douanier. Deux anciens édifices religieux valent la visite : l'*église Saint-Pierre,* du XIIIe s, et un beau *chapitre* des XIVe et XVIIe s. Et puis Saint-Paul, c'est aussi l'accès aux gorges de Galamus et au pays cathare par le sud (voir le chapitre suivant, « L'Aude, pays cathare »).

Adresse utile

Office de tourisme : *26, bd de l'Agly. ☎ 04-68-59-07-57. • st-paul66.com • Juil-août, tlj sf dim et j. fériés 10h-12h, 15h-19h ; hors saison, mar-sam.*

Où dormir ? Où manger à Saint-Paul et dans les environs ?

Campings

Camping de l'Agly : *av. du 16-Août-1944. ☎ 04-68-59-09-09. 06-01-74-47-28. • contact@camping-agly.com • camping-agly.com • Ouv de mi-mars à mi-déc. Compter 16,55 € pour 2 en hte saison ; loc de caravanes et mobile homes jusqu'à 6 pers 170-450 €/sem ; gîtes 350-600 €/sem. CB refusées. 40 empl.* En périphérie du village, camping agréable et ombragé, aux emplacements bien délimités et tranquilles.

Camping des Randonneurs : *lieu-dit Pal-Fica, 66220* ***Fenouillet.*** *☎ 04-68-59-05-50. 06-87-58-50-82. • nicolaschautard@sfr.fr • campingdesrandonneurs.com • À 15 km de Saint-Paul-de-Fenouillet par la D 117 puis la sinueuse D 9 (fléché). Ouv avr-oct. Compter 15 € pour 2 en hte saison ; roulottes, tipis et yourtes 210-680 €/sem selon saison et capacité. CB refusées. 30 empl. Pour un séjour de 7 j. min, réduc de 5 % sur le prix des emplacements tente pour 2 sur présentation de ce guide.* Un camping à l'esprit très nature, dispersant ses emplacements dans une belle forêt. Piscine, ping-pong et jeux pour enfants. Bar-resto servant produits du terroir et grillades *a la plancha.* Soirées à thème. Nombreuses activités nature à faire dans le coin. Très bon accueil. Un camping pour les amoureux des endroits retirés.

De bon marché à prix moyens

Hôtel-restaurant Relais des Corbières : *10, av. Jean-Moulin. ☎ 04-68-59-23-89. • contact@lerelaisdescorbieres.com • lerelaisdescorbieres.com • Fermé dim soir-lun hors saison. Double 49 €. ½ pens*

LES PYRÉNÉES-ORIENTALES

74 €/pers. Formule et menu déj en sem 17-20 € ; autres menus 25-36 € ; carte env 22 €. Le long de la route, proche d'un passage à niveau... mais il y a peu de trafic. 9 chambres impeccables et climatisées. Goûteuse cuisine régionale, servie dans une salle traditionnelle ou sur une terrasse champêtre très agréable. Le soir, quand les voitures se font rares, déguster un maury sur la terrasse en écoutant chanter les fontaines est un vrai plaisir.

À voir. À faire

Le chapitre : *mêmes coordonnées et mêmes horaires que l'office de tourisme.* ***Fermé pour travaux jusqu'à l'été 2017.*** *Entrée : 2 €.* On n'imagine pas que derrière ce simple bâtiment du XVIIe s se cache un édifice baroque, construit sur une ancienne abbaye bénédictine (IXe-XIVe s). Après la Révolution, le chapitre a été cloisonné et transformé partiellement en habitation. Au 1er étage, dans la section minéralogie (pierres de la région) et archéologie, on se trouve nez à nez avec les stucs de l'ancienne nef, bien mieux conservés ici qu'au rez-de-chaussée de l'église. Quelques sculptures et peintures de Grouiller, artiste local. Également une salle des arts et traditions populaires reconstituant une maison de campagne au XIXe s. Belle vue sur le village et le Fenouillèdes depuis le clocher (accès par la chapelle).

Le Train du Pays cathare et du Fenouillèdes *(TPCF)* **:** *☎ 04-68-20-04-00 ou 04-68-59-99-02. • tpcf.fr • Fonctionne de mi-avr à oct, mer et dim (tlj sf sam juil-août). Achat des billets aux gares de Rivesaltes et d'Axat (juil-août) ou dans le train (sans supplément). Hors saison, résa indispensable. Compter 10,40-20,80 € selon parcours ; réduc.* Un ancien autorail (avec wagons fermés et ouverts), remis en service sur la ligne Rivesaltes – Saint-Martin – Lys (Aude), qui dessert chaque jour neuf gares du Fenouillèdes et de la haute vallée de l'Aude. De fin juillet à fin août, un car assure quotidiennement une liaison avec les gorges de Galamus depuis Saint-Paul-de-Fenouillet, et dessert aussi le château de Puilaurens, situé à 4 km de la gare de Lapradelle. Nous traitons ces sites dans le chapitre sur l'Aude (voir plus loin).

– Deux ***via ferrata*** (une familiale, une plus sportive) ont été aménagées sur les parois des étroites ***gorges de la Fou*** (dites aussi Clue de la Fou), chicane naturelle coupant le massif montagneux de Lesquerde, à la sortie du village direction Ansignan. Location du matériel nécessaire au *Camping de l'Agly.*

LES PYRÉNÉES-ORIENTALES

L'AUDE, PAYS CATHARE

• Carte *p. 158-159*

ABC de l'Aude

- ***Superficie :*** 6 343 km².
- ***Population :*** 364 877 hab.
- ***Préfecture :*** Carcassonne.
- ***Sous-préfectures :*** Limoux, Narbonne.
- ***Nombre d'espèces d'oiseaux nicheurs :*** l'Aude est le 1er département français avec 200 espèces en tout, sans compter les touristes !

Pays du cyprès et de l'olivier, du sapin et du roseau, de la vigne et du blé, pays de mer, de plaine et de montagne, l'Aude multiplie les facettes et les atouts. C'est une succession de paysages tour à tour ondulés, escarpés, verdoyants ou brûlés par le soleil. À cette nature forte et variée s'ajoute depuis belle lurette un patrimoine bâti remarquable : Carcassonne, bien sûr (inscrite par l'Unesco au Patrimoine mondial) ; une jolie tranche du canal du Midi (inscrite également par l'Unesco au Patrimoine mondial) ; mais aussi moult églises et abbayes romanes (Rieux-Minervois, Saint-Papoul, Lagrasse, Fontfroide, Saint-Hilaire, Sainte-Marie-d'Alet, Caunes-Minervois...).
Enfin, le voyageur entre ici en pays cathare, un terme qui revêt un caractère magique. Lastours, Puivert, Quéribus, Peyrepertuse, Puilaurens et d'autres encore sont autant de ces « citadelles du vertige » plus ou moins en ruine, chantées par les uns, décrites par les autres, toujours aussi belles dans leur cadre de monts et de vignes – avec en point d'orgue, tel un vaisseau amiral à la tête d'une flotte immense, la Cité de Carcassonne.

L'HISTOIRE DES CATHARES

Genèse du catharisme

Au Xe s, la société est régie à la fois par l'autorité temporelle des seigneurs et par le pouvoir spirituel de l'Église. Mais l'incompréhension du peuple s'accentue face à un haut clergé de plus en plus riche et tout-puissant ; s'ensuit une crise de la foi chez certains chrétiens.

Le culte

Le culte cathare repose sur le ***dualisme,*** une doctrine venue de l'Antiquité et remise au goût du jour : le monde est partagé entre ***le Bien et le Mal.*** Le Bien est symbolisé par Dieu, créateur du royaume éternel, sauveur des âmes. Le Mal a créé la matière et le temps, et il cherche à détruire le Bien. L'âme (le Bien) est donc enfermée dans un corps (le Mal). Pour les « bons hommes », le salut consiste à se libérer du Mal, de l'Enfer, en retrouvant la pureté originelle. Chacun doit observer des règles de vie plus que strictes : interdiction de tuer tout être humain ou animal, obligation de jeûner, abstention de tout rapport sexuel (mettre au monde un enfant est l'œuvre du Mal), interdiction de prêter serment (or, toute la société est fondée sur le serment de vassalité, d'où problème !), obligation de travailler (pas de changement pour les pauvres, mais pour les nobles, quelle innovation !). En tout cas, on ne devait pas s'amuser tous les jours dans la famille cathare !

NUL N'EST PARFAIT !

*Au Vᵉ s, saint Augustin qualifia de « cathares » les membres d'une secte d'Afrique (*katharos *signifie « pur » en grec). Une épithète reprise de façon péjorative par le clergé catholique du XIIᵉ s pour qualifier des hérétiques rhénans. Les albigeois s'appelaient simplement entre eux « bons hommes », « bonnes dames » ou « bons chrétiens ». Par raillerie, les croisés catholiques surnommaient ces purs « parfaits » (sous-entendu parfaits hérétiques). Au final, l'histoire moderne gardera le vocable péjoratif de « cathare »...*

La croisade

L'Église s'affola, car cette doctrine sapait les fondements mêmes de la société féodale sur laquelle elle avait un pouvoir absolu. En 1165, l'évêque d'Albi organisa une réunion entre les « vrais » catholiques et ces réformateurs appelés par dérision « cathares ». Le pape dépêcha donc des légats en Occitanie. À la suite de l'assassinat de l'un d'eux, ***Rome condamna solennellement les cathares pour hérésie*** et déclencha une croisade.
Les premiers à être massacrés furent les habitants de Béziers. L'extermination se poursuivit à Carcassonne, puis ***Simon de Montfort,*** futur chef des croisés, entreprit d'anéantir les unes après les autres les cités cathares : Termes, Puivert... À chaque fois ou presque, les croisés attendaient la faveur d'un été torride pour venir à bout de ces forteresses réputées inexpugnables. Les cathares, morts de soif, se rendaient, et les survivants de ces longs sièges, s'ils n'abjuraient pas leur foi, étaient jetés dans les flammes – ce qu'ils préférèrent bien souvent. Simon de Montfort décida alors d'assiéger Toulouse. Les seigneurs du Sud s'étaient ligués contre les croisés et le choc se déroula à Castelnaudary. Raymond VI battu, Raymond VII entra en scène et reprit Toulouse en 1216. Montfort décida d'assiéger une nouvelle fois la cité. Il mourut touché à la tête par une pierre.
Considérant que la situation n'avait que trop duré et sentant son pouvoir menacé, le roi Louis VIII entra alors dans la bataille, déclarant les cathares « ennemis du roi et de l'Église ». Coup de main du pape ; jamais à court d'imagination, il inventa l'***Inquisition,*** des tribunaux chargés de découvrir, de juger et de brûler les hérétiques. La résistance cathare s'organisa dans les châteaux de Montségur, Puilaurens, Quéribus et Peyrepertuse. Mais l'assassinat de deux inquisiteurs, en 1242, déclencha une répression terrible et sanglante qui aboutit à la chute de Montségur 2 ans plus tard. Les hérétiques furent brûlés. ***En 1321, le dernier parfait périt sur le bûcher.*** Les cathares n'étaient plus qu'un souvenir. Et le plus grand bénéficiaire de l'opération fut le roi de France, les comtés de Carcassonne et de Toulouse tombant dans son escarcelle. Les motifs religieux du départ s'étaient fondus dans une sombre affaire de pouvoir et de politique.
Au passage, on notera que la couronne de France, après avoir assiégé, parfois rasé, les places fortes où s'étaient réfugiés les cathares, y fit rebâtir des châteaux destinés à défendre la frontière sud du royaume... Ce sont ces châteaux qui sont paradoxalement nommés « châteaux cathares » de nos jours.

Les plus belles
chambres d'hôtes
sont dans Le Routard
Nos meilleures
chambres d'hôtes
en France
Le Routard
hachette
routard.com
©alle12
Dont 950 adresses
à moins de 70 € petit déjeuner compris
et plus de 300 adresses
avec piscine

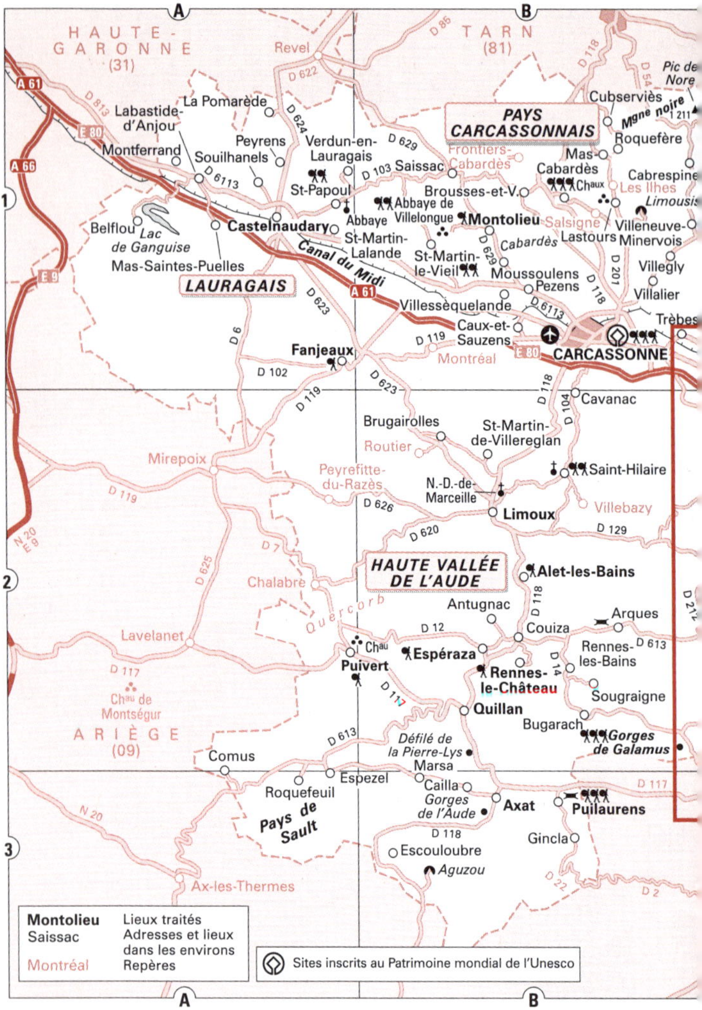

Adresses et infos utiles

ℹ *Agence de développement touristique :* *allée Raymond-Courrière, 11855* ***Carcassonne*** *Cedex 9.* ☎ *04-68-11-66-00.* • *documentation@audetourisme.com* • *audetourisme.com* • *Site mobile accessible sur* • *m.audetourisme.com* • *Tlj sf w-e.* Propose un *Passeport des sites (2 € adultes)* qui permet de bénéficier, à partir de la 2e visite,

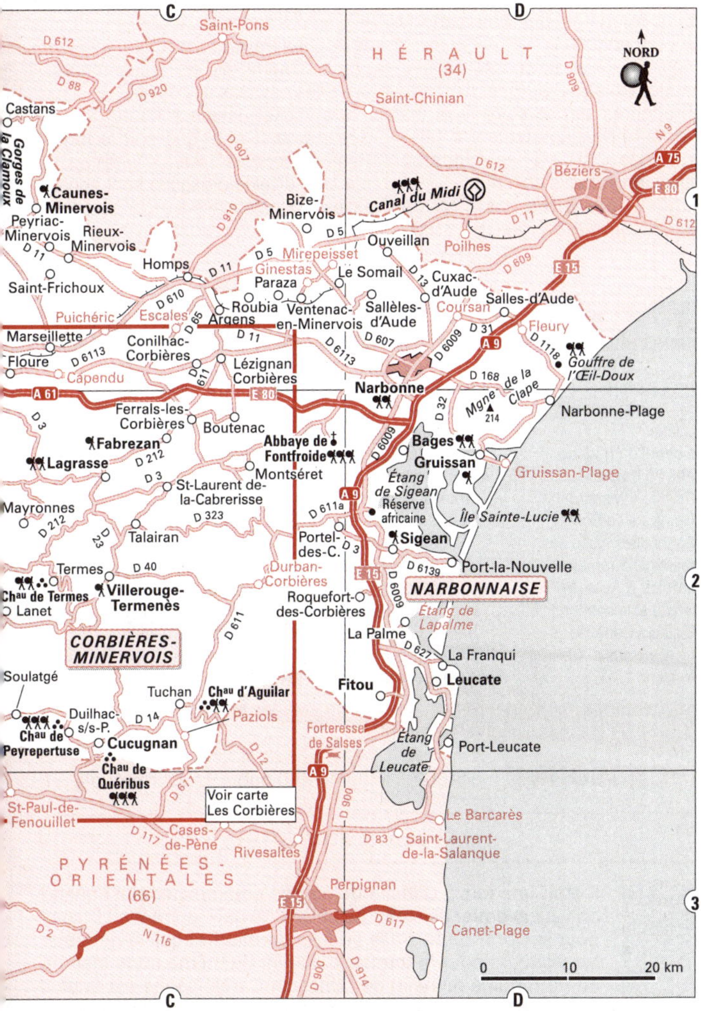

L'AUDE

d'une réduction de 1 € sur le prix d'entrée de 20 grands sites du pays cathare et donne aussi droit à une entrée enfant (6-15 ans) gratuite sur chacun des sites concernés. En vente sur les sites participant à l'opération. Bien documenté sur l'histoire du pays cathare et sur les randonnées. Le Département a créé le label « Le Pays Cathare » attribué aux hébergeurs, restaurateurs, sites, guides et autres producteurs, viticulteurs ou artisans locaux engagés dans une démarche de qualité des prestations

et garantissant l'origine audoise des produits (signalés par des panonceaux bleu et blanc).
● *aude.fr* ● Le site du conseil général de l'Aude. L'histoire du pays cathare, des brochures sur les saveurs et les événements du département à télécharger, des infos sur les routes en chantier... on y trouve de tout !
■ ***Relais des Gîtes de France Aude :*** *78 ter, rue Barbacane, 11000 Carcassonne.* ☎ *04-68-11-40-70.* ● *gites-de-france-aude.com* ●
■ ***Accueil Paysan :*** ● *accueil-paysan.com* ● Chambres et tables d'hôtes chez des paysans en activité.
– ***Bus :*** ticket unique à 1 € sur tout le département, quel que soit le trajet. Rens et horaires : ● *audelignes.cg11.fr* ● Une dizaine de lignes sont accessibles aux personnes à mobilité réduite *(rens : ● handicap.audetourisme.com ●).*

LE PAYS CARCASSONNAIS

CARCASSONNE (11000) 48 290 hab. *Carte Aude, B1*

● Plan *p. 162-163*

Il était une fois... Difficile de ne pas commencer ainsi quand on veut évoquer l'histoire de cette Cité qui inspira Walt Disney pour le décor de *La Belle au bois dormant* et qui vit débouler les visiteurs pour le tournage du film du même nom. Inscrite au Patrimoine mondial de l'Unesco, Carcassonne est la plus importante cité médiévale d'Europe, l'une des plus visitées de France aussi. On vous conseille vivement de la visiter hors saison, et si vous y venez en été, investissez les ruelles endormies tôt le matin, ou tard le soir pour boire un dernier verre et la voir dans son écrin de pierres illuminées... C'est un spectacle superbe... Profitez du reste du temps pour visiter la Ville basse et flâner le long du canal du Midi.

UN PEU D'HISTOIRE

Riche d'un passé deux fois millénaire, la ville a vu défiler Gaulois, Romains, Wisigoths, Sarrasins, Francs. Ce promontoire accueille d'abord une villa. Situé à un carrefour stratégique, il est fortifié par les Romains, qui lui donnent le nom de

Carcasso. Les Wisigoths succèdent aux Romains à la fin du IVe s et submergent la Gaule. Ils établissent leur capitale à Carcassonne, qui devient forteresse frontière pendant deux siècles avant de subir les assauts des Sarrasins.

Pépin le Bref, père de Charlemagne, les en chasse au VIIIe s (Charlemagne n'a donc jamais fait le siège de Carcassonne ; bref, c'est un pépin pour la légende de dame Carcas qui était pourtant une belle histoire...). Ce sont les ***Trencavel,*** noble famille également maîtresse d'Albi, de Nîmes et de Béziers, qui ***donneront son prestige à la ville, du Xe au XIIe s,*** en y construisant leur château. L'un des rejetons Trencavel, Raymond Roger, prend les cathares de la région sous sa protection au début du XIIIe s. Un beau geste qui lui coûtera cher : la ville est assiégée, prise, le jeune vicomte clapote dans un obscur cachot et ses terres sont confisquées par le chef des croisés, Simon de Montfort.

DAME CARCAS SE DÉCARCASSE

Assiégée des années durant par Charlemagne, la forteresse d'alors était le fief de dame Carcas. Affamée, la population n'avait plus qu'un cochon et une ration de blé. L'astucieuse princesse eut le génie d'en gaver l'animal et de l'envoyer au pied des remparts. Croyant les vivres toujours abondants, l'empereur leva le siège, démoralisé. Pour lui proposer la paix, dame Carcas sonna les cloches de la ville... D'où « Carcas sonne ». Il n'y a pas que Walt Disney pour raconter des histoires de princesses à dormir debout !

Entrée ensuite dans le giron de la famille royale (les possessions languedociennes du fils de Montfort sont cédées à Louis VIII), la Cité s'agrandit. Sa proximité avec la frontière catalane pousse les rois français à renforcer les remparts et à ajouter une enceinte extérieure, séparée de celle de l'intérieur par des lices, tandis que la cathédrale prend de plus en plus d'ampleur.

Puis ***Saint Louis fait bâtir une ville basse*** au XIIIe s, sur un plan militaire : plan « carré », rues à angles droits, bastion à chaque angle et deux églises, au nord et au sud. Elle accueillera les Carcassonnais dont la croisade avait rasé les villages bâtis au pied des remparts et qui errèrent quelques années durant. Carcassonne est devenue une ***ville bicéphale*** : la « bastide Saint-Louis », portant sur son blason un agneau sacrifié, commerçante et administrative ; la Cité triomphante, arborant deux tours liées, éloignée et enfermée dans d'épais remparts. Au XIVe s, la Cité possède une telle armure que le Prince Noir dans sa chevauchée incendiaire l'évite et se contente de ravager la Ville basse.

Au cours des siècles, ***l'industrie du drap et le commerce du vin*** enrichissent la Ville basse, alors que la vieille cité militaire périclite à la suite du traité des Pyrénées et au recul de la frontière française (le Roussillon étant annexé). Modifiée à la Renaissance et au XVIIIe s, elle n'est alors qu'une caserne et sera même vendue sous l'Empire pour en récupérer les pierres. Mais au XIXe s, Mérimée s'émeut de voir la ville amputée de ses tours et laissée à l'abandon. Du coup, le bon Prosper, qui était quand même inspecteur des Monuments historiques, en confie la restauration à Viollet-le-Duc, en 1844. Le célèbre architecte aura la bonne idée de ne pas se lancer dans une opération de chirurgie esthétique trop poussée, se contentant de restituer le caractère d'harmonie et de force d'une ville guerrière du XIIIe s.

LE BLASPHÈME EST AU COIN DE LA RUE

Au Moyen Âge, les toilettes publiques n'étaient pas encore inventées et les passants avaient la fâcheuse habitude d'uriner sur les murs. Pour s'en prémunir, certains propriétaires peignaient des croix au bas de leur maison, les blasphémateurs étant alors passibles du pilori. Vive les sanisettes Decaux !

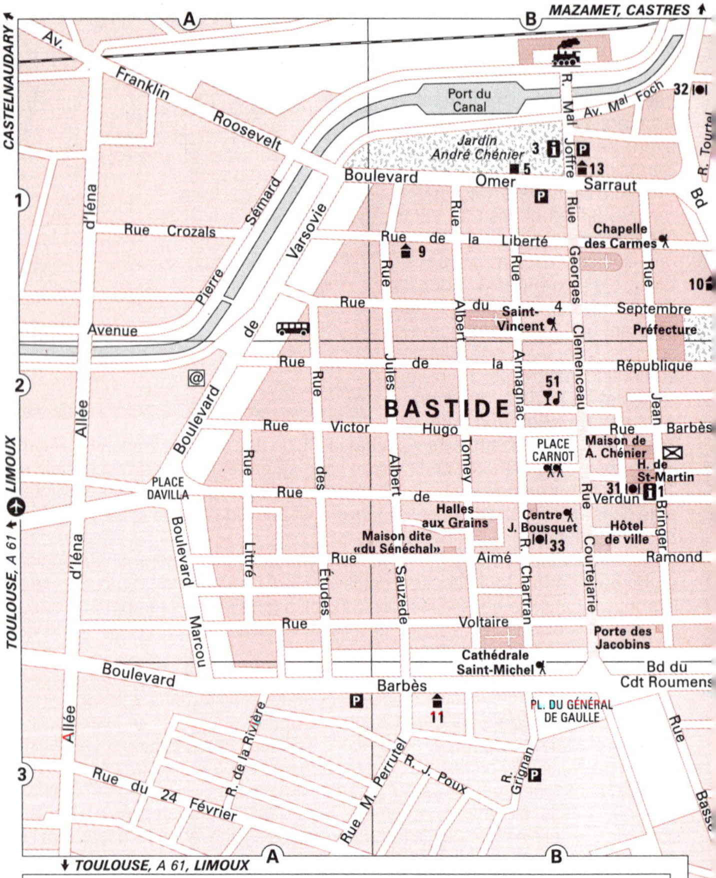

■ Adresses utiles

- 1 Office de tourisme
- 2 Bureau d'infos de la Cité
- 3 Bureau d'infos du port du Canal
- 4 Agglo'Bus (transports urbains)
- 5 Arrêt de bus pour la Cité Logigames - Internet

Où dormir ?

- 9 Hôtel de la Bastide
- 10 Hôtel Central
- 11 Chambres d'hôtes 45 BB
- 12 Hôtel des Trois Couronnes
- 13 Hôtel du Soleil Le Terminus
- 14 Auberge de jeunesse
- 15 Chambres d'hôtes Le Grand Puits
- 16 Hôtel Best Western Le Donjon
- 17 Camping municipal La Cité
- 18 Hôtel Astoria
- 19 Chambres d'hôtes Demeure Saint-Louis
- 20 Bloc G
- 21 Chambres d'hôtes La Maison sur la Colline
- 22 Hôtel Montmorency

Où manger ?

- 30 Le Jardin en Ville
- 31 Freaks Café & Cantine
- 32 Gil
- 33 Côté Ferme
- 34 Le Saint-Jean
- 35 L'Escargot
- 36 Le Jardin de la Tour
- 37 La Table d'Alaïs
- 38 Le Comte Roger
- 39 Auberge des Lices
- 40 Restaurant le 37
- 42 Bistrot d'Auriac
- 43 Le Parc

Où boire un verre ? Où sortir ?

- 50 Le Passage
- 51 Le Conti

CARCASSONNE

Arriver – Quitter

En train

➢ ***Narbonne*** *(et au-delà,* ***Montpellier, Nîmes, Marseille****)* **:** nombreux trains tlj. Env 30 mn de trajet.
➢ ***Castelnaudary et Toulouse*** **:** nombreux trains tlj. Compter 20 mn de trajet pour Castelnaudary, entre 40 mn et 1h pour Toulouse.
➢ ***Limoux et Quillan*** **:** une dizaine de départs (train ou bus) tlj ; 3 départs le dim. Env 30 mn de trajet pour Limoux et un peu plus de 1h pour Quillan *(trajet à 1 €).*

En bus

Les bus partent du bd de Varsovie *(plan A1).*

➢ ***Narbonne*** *(via* ***Trèbes*** *et* ***Lézignan-Corbières****)* **:** bus de la compagnie *Keolis (☎ 04-68-25-13-74 ; ♿).* Plusieurs bus/j. lun-sam 6h15-18h. Compter 1h40 de trajet.
➢ ***Castelnaudary*** **:** bus de la compagnie *Vidal (☎ 04-68-24-73-67 ; ♿).* 4 départs/j. lun-ven. Compter env 1h de trajet.
➢ ***Limoux, Alet-les-Bains, Espéraza et Quillan*** **:** tlj avec la compagnie *Keolis (☎ 04-68-25-13-74).*
➢ ***Montolieu*** **:** bus lun-sam avec la compagnie *Couchouron (☎ 04-68-76-01-45).*

Adresses et infos utiles

ℹ ***Office de tourisme*** *(plan B2,* ***1****)* **:** *28, rue de Verdun, CS 60032, 11890 Carcassonne Cedex. ☎ 04-68-10-24-30. • tourisme-carcassonne.fr • Juil-août, tlj 9h-19h ; avr-juin et sept-oct, lun-sam 9h-18h, dim 10h-13h ; nov-mars, tlj sf dim, 9h30-12h30, 13h30-17h30.* Visite de la bastide Saint-Louis avec des audioguides *(3 €).* Visites guidées de la Cité et de la bastide *(7 € chacune ; réduc).* Propose une chasse au trésor au cœur de la Cité *(coffret 12 €).*

ℹ ***Bureau d'infos de la Cité*** *(plan D4,* ***2****)* **:** *porte Narbonnaise. Avr-oct, tlj 9h-18h (19h juil-août) ; le reste de l'année, tlj 9h30-13h, 13h30-17h30.*

ℹ ***Bureau d'infos du port du Canal*** *(plan B1,* ***3****)* **:** *juil-août, tlj 9h45-13h30, 14h-18h30 ; avr-juin, tlj 9h30-13h ; sept tlj 9h30-13h30, 14h-18h.*

– ***Consignes*** *(bagages et vélos)* **:** *à l'Hôtel de la Bastide (plan B1,* ***9****), l'Hôtel Central (plan B1,* ***10****), l'Hôtel Astoria (plan C1,* ***18****) et à l'auberge de jeunesse (plan D4,* ***14****). Voir « Où dormir ? ».*

@ ***Internet*** *(plan A2)* **:** ***Logigames,*** *25, bd de Varsovie. ☎ 04-68-72-67-04. Tlj sf dim 10h-19h (21h sam). Connection wifi au port du canal (plan B1), sq. Gambetta (plan C2) et pl. de Lattre-de-Tassigny, près de la poste (plan B2).*

– ***Marchés*** **:** *les mar, jeu et sam. Marché aux fruits, fleurs et produits locaux pl. Carnot ; vêtements bd Barbès ; volailles et poissons aux halles (mat mar-sam).* ***Marché au gras*** *en décembre.*

Transports

■ ***Transports urbains*** **:** ***Agglo'Bus*** *(plan C2,* ***4****), 30, rue Georges-Brassens. ☎ 04-68-47-82-22. • carcassonne-agglo.fr • Tlj sf dim.* Infos sur les bus de l'agglomération. Pour se rendre à la Cité, prendre la ligne n° 4 (bus ttes les heures env, sf dim et j. fériés). Il existe aussi un petit train Bastide-Cité de juin à mi-oct ; départs ttes les heures env (10h-19h juil-août, sinon 11h-18h) du jardin André-Chénier *(plan B1,* ***5****)*, près de la gare SNCF.

■ ***Location de voitures*** **:** ***Europcar,*** *☎ 04-68-72-23-69, • europcar.fr • ;* ***Avis,*** *☎ 04-68-25-05-84, • avis.fr • ;* ***Hertz,*** *☎ 04-68-71-00-55, • hertz.fr •*

🚕 ***Taxis*** **:** ***Allo Carcassonne Taxi,*** *☎ 04-68-71-50-50.* ***Aud'Line Taxi,*** *📱 06-14-03-03-86.*

■ ***Location de vélos*** **:** ***Évasion 2 Roues,*** *85, allée d'Iéna. ☎ 04-68-11-90-40. • evasion2roues.eu • Proche du canal du Midi. Tte l'année, mar-jeu 9h-12h, 14h-19h ; ven 9h-19h ; sam 9h-18h.* ***Génération VTT,*** *au niveau du port du canal du Midi.*

06-09-59-30-85. • carcassonne.generation-vtt.com • Avr-oct, tlj 9h30-18h ; le reste de l'année, sur résa. Également des circuits accompagnés.

***Évadeo Cycles,** 14, rue Jean-Monnet. ☎ 04-34-42-88-32. 06-19-61-33-26. • evadeocycles.com •* Location de vélos électriques.

Où dormir ?

Dans la bastide Saint-Louis (Ville basse)

De bon marché à prix moyens

***Hôtel de la Bastide** (plan B1, **9**) : 81, rue de la Liberté. ☎ 04-68-71-96-89. • hoteldelabastide@wanadoo.fr • hoteldelabastide.com • Doubles 58-75 € selon exposition et confort. Garage payant.* Un petit hôtel à l'accueil chaleureux qui propose une trentaine de chambres climatisées, simples et confortables. Certaines ont été restaurées. Probablement le meilleur rapport qualité-prix de la ville.

***Hôtel Central** (plan B1, **10**) : 27, bd Jean-Jaurès. ☎ 04-68-25-03-84. • hotel.central@orange.fr • hotel-carcassonne-11.com • Doubles 40-72 € selon confort et saison.* Le 1er hôtel à avoir vu le jour à Carcassonne propose des chambres climatisées et avenantes, joyeusement colorées et très propres malgré la moquette un peu élimée. Celles sur rue ont un double vitrage. Une bonne petite affaire.

***Hôtel Astoria** (plan C1, **18**) : 18, rue Tourtel. ☎ 04-68-25-31-38. • info@astoriacarcassonne.com • astoriacarcassonne.com • Doubles 51-71 € selon saison. Parking et garage payants.* Hôtel familial d'une vingtaine de chambres très correctement tenues et réparties dans 2 bâtiments qui se font face. Toilettes sur le palier pour les moins chères.

De chic à plus chic

***Chambre d'hôtes 45 BB** (plan B3, **11**) : 45, bd Barbès. ☎ 04-68-26-41-31. 06-84-83-75-57. • nicolas.pescarou@wanadoo.fr • 45-bb.com • Doubles 80-100 € selon saison ; avr-oct, 2 nuits min.* L'alignement austère des façades de ce grand boulevard ne laisse guère présager l'opulence de cet intérieur. *Welcome* en ce *45 BB*, aux bons soins d'Isabelle et Nicolas qui ont su donner de belles ondes positives à ces plafonds moulurés, escalier monumental et meubles anciens. Leur simplicité s'allie bien au chic du lieu et aux grandes chambres de belle tenue. Ajoutez des confitures et gâteaux maison pour le petit déjeuner, un beau jardin calme et agrémenté d'une belle piscine sur l'arrière, et vous avez l'assurance d'un séjour qui « Carcassonne » fort bien.

***Hôtel des Trois Couronnes** (plan C3, **12**) : 2, rue des Trois-Couronnes. ☎ 04-68-25-36-10. • hotel3couronnes@wanadoo.fr • hotel-destroiscouronnes.com • Doubles 100-160 € selon saison et vue ; petit déj 13 €. Menu 28 €. Parking payant.* Situé sur les berges de l'Aude, cet hôtel se décarcasse pour faire oublier sa silhouette quelque peu massive. Les chambres proposent un confort moderne bien appréciable, ainsi qu'une vue dégagée sur la Cité pour les plus chères. Déco sobre, minibar, clim, rien ne manque, ni même la petite piscine couverte au 4e étage. On prend le petit déj et autres repas dans la salle de resto panoramique aux premières loges pour voir la Cité. Accueil pro.

***Hôtel du Soleil Le Terminus** (plan B1, **13**) : 2, av. du Maréchal-Joffre. ☎ 04-68-25-25-00. • terminus@soleilvacances.com • soleilvacances.com • Doubles 80-180 € selon confort et saison. Parking payant.* Immense hôtel de style Art nouveau, où quelques films furent tournés. Le hall à lui seul vaut le déplacement, avec sa déco années 1930, ses moulures, sa double cage d'escalier, son vieux carrelage et sa porte à tambour. Chambres plutôt cossues, mais inégales. Piscine avec sauna en sous-sol (inclus dans le prix).

Dans la Cité

On peut stationner gratuitement au pied des remparts si on est logé dans la Cité (renseignements auprès de votre hébergement).

De bon marché à prix moyens

■ ***Auberge de jeunesse*** *(plan D4,* ***14****) : rue du Vicomte-Trencavel. ☎ 04-68-25-23-16. • carcassonne@hifrance.org • hifrance.org • Accueil tlj, 24h/24. Fermé nov-fév. Résa conseillée. Adhésion obligatoire (carte* Hostelling International *demandée, en vente sur place). Dortoir 24,90-26 €/pers selon saison ; doubles 36,60-52,60 € (w-c sur le palier) ; familiales à partir de 76 € ; petit déj et draps compris. (payant).* AJ conviviale et bien tenue, en plein cœur d'un lieu hautement historique. 120 lits (superposés) répartis en 24 chambres de 4 à 6 personnes, propres et modernes ; certaines avec douche sur le palier, mais toutes disposent d'un lavabo. Foyer avec cheminée, cuisine à disposition, bar, salle TV, cour avec jardin.

■ ***Chambres d'hôtes Le Grand Puits*** *(plan D3,* ***15****) : chez Mme Cordonnier, 8, pl. du Grand-Puits. ☎ 04-68-25-16-67. • nicole.trucco@club-internet.fr • legrandpuits.free.fr • Doubles 50-85 € selon taille et saison.* Trois chambres au cœur de la cité médiévale : 2 familiales, dont une avec terrasse donnant sur la Montagne noire et la porte Narbonnaise, avec coin cuisine et grande salle de bains. On peut loger à 4 dans le grand studio du rez-de-chaussée et à 2 dans la plus petite chambre, à l'étage. Toutes ont leur personnalité. Dans le frigo ou sur la table, vous trouverez de quoi faire un petit déj. La propriétaire tient le magasin de vêtements provençaux du rez-de-chaussée.

Plus chic

■ ***Hôtel Best Western Le Donjon*** *(plan D4,* ***16****) : 2, rue du Comte-Roger. ☎ 04-68-11-23-00. • info@bestwestern-donjon.com • hotel-donjon.fr • Doubles 115-213 € ; suites plus chères ; petit déj 15 €. Parking privé 17 € (!).* Imposante maison médiévale qui a conservé ses superbes poutres, et dont le luxe discret n'enlève rien à la gentillesse de l'accueil. Confort moderne et chic, insonorisation, clim, bar, salons, pour ne parler que de la maison mère, mais les chambres sont réparties dans 3 bâtisses, les moins chères étant reléguées à l'autre extrémité de la Cité. Beau jardin pour le petit déj, aux beaux jours. Une bien belle adresse au cœur de la Cité.

À proximité de la Cité

Camping

▲ ***Camping municipal La Cité*** *(hors plan par C4,* ***17****) : route de Saint-Hilaire. ☎ 04-68-10-01-00. • campingdelacite@carcassonne.fr • campingcitecarcassonne.com • À 1 km de la Cité ; juil-août, bus n° 5 depuis la gare routière. Ouv Pâques-sept. Selon saison, compter 19-28 € pour 2 ; mobile homes 2-6 pers 315-847 €/sem.* Légèrement excentré, ce 4-étoiles reste néanmoins assez proche de la ville médiévale grâce à son accès piéton jusqu'à la Cité (1,5 km, 10 mn). Le cadre est agréable et vert avec piscine, terrain de sport et petite restauration.

De chic à plus chic

■ ***Chambre d'hôtes Demeure Saint-Louis*** *(plan D2-3,* ***19****) : 2, rue Michel-Sabatier. ☎ 04-68-72-39-04. 📱 06-11-43-55-69. • contact@demeure-saint-louis.fr • demeure-saint-louis.fr • Doubles (dont une suite) 90-150 € selon saison ; appart (max 4 pers) 200-250 €. Parking gratuit.* Une entière rénovation a redonné tout son lustre à cette splendide demeure du XVIIIe s, située entre Cité et bastide. Chambres magnifiques et climatisées, avec vue sur la Cité pour celles du 2e étage, et salles de bains somptueuses. La suite se compose carrément de 2 chambres avec salon. Un grand parc complète le charme, et l'épaisseur des murs isole parfaitement du bruit de la rue. Bon petit déj et accueil charmant.

■ ***Bloc G*** *(plan D3,* ***20****) : 112, rue Barbacane. ☎ 04-68-47-58-20.*

• bloc-g@orange.fr • bloc-g.com • Resto ouv tlj sf dim-lun hors saison. Doubles 100-120 €, petit déj inclus. Formule et menu déj en sem 15-16 € ; le soir, carte env 35 €. Il ne faut pas manquer d'audace pour lancer à Carca des chambres au design minimaliste. Confort impeccable et blancheur immaculée dans les 5 chambres climatisées aussi bien que dans les spacieuses salles de bains. Les chambres donnent sur le pont Vieux ou l'ancienne manufacture royale. Cheminée au salon. Servie en terrasse l'été, la cuisine suit le rythme des saisons.

Chambres d'hôtes La Maison sur la Colline *(hors plan par D4,* ***21****) : chez Nicole Galinier, chemin de Sainte-Croix. ☎ 04-68-47-57-94. • contact@lamaisonsurlacolline.com • lamaisonsurlacolline.com • À 2 km de la Cité. À la porte Narbonnaise, prendre la 1re ruelle à droite ; juste avt la fin du cimetière, fléché sur la gauche. Doubles 90-110 € ; suites pour 3-4 pers plus chères. Repas 30 €.* Ce mas étagé sur plusieurs niveaux est formidablement situé face à la Cité, mais déjà dans la campagne. Ses 4 chambres ont un véritable cachet. Confortables, certaines ont leur entrée indépendante ainsi qu'une terrasse. Mobilier provençal, magnifique cuisine à l'ancienne et déco chaleureuse, jardin fleuri avec piscine.

Hôtel Montmorency *(plan D3,* ***22****) : 2, rue Camille-Saint-Saëns. ☎ 04-68-11-96-70. • contact@hotelmontmorency.com • hotelmontmorency.com • À 200 m de la porte Narbonnaise. Doubles 72-230 € ; suites plus chères ; petit déj 15 €. Garage payant.* Proche de la Cité et cerné par les parkings des visiteurs d'un jour, ce joli hôtel décoré avec beaucoup de goût abrite de belles chambres climatisées, avec balcon ou vue sur les remparts pour les plus agréables. Décoration design pour certaines ou champêtre pour d'autres. Jardin, piscine chauffée et jacuzzi, partagés avec l'*Hôtel du Château* attenant, plus chic, appartenant aux mêmes propriétaires. Accueil très agréable.

Où manger ?

Dans la bastide Saint-Louis (Ville basse) et à proximité

Prix moyens

Le Jardin en Ville *(hors plan par C1,* ***30****) : 5, rue des Framboisiers ; dans un lotissement au-dessus de la rue de Montpellier. ☎ 04-68-47-80-91. • contact@lejardinenville.fr • Fermé dim-lun, plus le soir mar-mer hors saison. Résa conseillée. Formule et menu déj en sem 17-17,50 € ; sinon carte slt env 30-35 €.* Si on vous pousse dans cet ancien quartier de maraîchers, c'est que le jeu en vaut la chandelle. Quoi de plus agréable qu'un jardin fleuri, des tables ombragées par de larges parasols, une maison aux grands volumes tout à la fois boutique, galerie d'art et resto ? Un séduisant endroit chaleureux et décalé, qui cultive le bon goût, sur ses murs et étalages comme dans les assiettes. Les fruits et légumes viennent du potager du propriétaire, les viandes et fromages sont sélectionnés avec soin, et on peut même repartir avec son panier du jardin ou sa tarte salée !

Freaks Café & Cantine *(plan B2,* ***31****) : 30, rue de Verdun. ☎ 04-30-18-95-36. Tlj sf dim-lun 8h-18h. Résa conseillée. Le midi, formule et menu 16-20 €.* À côté de l'office de tourisme, une adresse intime et chaleureuse qui joue adroitement sur plusieurs registres. Le matin, on y sert les petits déjeuners. Mais dès midi, l'endroit prend des airs de cantine convoitée pour ses plats séduisants à l'humeur vagabonde. Le petit plaisir du chef ? Faire son marché le matin pour trouver les meilleurs légumes du moment. En journée, on s'y pose volontiers pour un café, un thé, un dessert fait maison.

Gil *(plan B1,* ***32****) : 32, route Minervoise. ☎ 04-68-47-85-23. • restaurant.gil@laposte.net • Tlj sf dim-lun et j. fériés. Formule déj 12 € ; menus*

19-29 €. Apéritif maison offert sur présentation de ce guide. On descend quelques marches pour accéder à la salle pas très grande de ce restaurant à la carte « terre-mer », même si le côté maritime semble l'emporter. Dans ce sous-sol, on se sent un peu dans la cale du bateau avec des spécialités de fruits de mer et autre *parrillada* catalane d'une qualité constante. Service affable.

Côté Ferme *(plan B2,* ***33****) : 26, rue Chartran. ☎ 04-68-47-25-51. • contact@coteferme.com • ♿ Tlj sf dim-lun. Formule déj 14,90 € ; menu 26 € ; tapas env 22-32 €.* Ce concept bouscule agréablement papilles et habitudes culinaires traditionnelles. Voisine de l'épicerie fine éponyme, cette adresse a érigé en vedettes des produits simples et de qualité : charcuteries extra, tapas, et plats étonnants aux présentations originales. À l'intérieur, sur les 200 références de la cave, une quinzaine est disponible à la tireuse ! De belles découvertes à faire, avec un souci constant d'harmoniser mets et vins. En été, en terrasse devant les halles, on est drôlement bien.

Dans la Cité

De bon marché à prix moyens

Le Saint-Jean *(plan D3,* ***34****) : 1, pl. Saint-Jean. ☎ 04-68-47-42-43. • restaurant-le-st-jean@wanadoo.fr • ♿ Tlj sf mar hors saison. Congés : 2 sem en janv et 2 sem en nov. Formule déj 13 € ; menus 16-27 € ; carte env 35 €. Digestif offert sur présentation de ce guide.* Ce restaurant vaut autant pour sa cuisine traditionnelle, aux accents méditerranéens, que pour la vue splendide qu'il offre depuis sa terrasse sur le château comtal. Outre les menus de terroir, il propose pizzas, omelettes et autres petits snacks à prix doux pour le déjeuner.

L'Escargot *(plan D3,* ***35****) : 7, rue Viollet-le-Duc. ☎ 04-68-47-12-55. Tlj sf mer hors saison. Résa conseillée. Menus 16-25 € ; carte env 25-30 €.* Un sympathique resto et bar à vins qui trace allègrement son petit bonhomme de chemin dans cette rue fréquentée de la Cité. Même si le jeune patron est né sous le soleil de Papeete, c'est plutôt du côté de l'Espagne que la cuisine trouve son inspiration. Installé sur de hauts tabourets près de la cuisine, dans la taverne en sous-sol, ou en terrasse au bord de la rue, on se régale de surprenants tapas qui ont de l'imagination et du goût. Le service est jeune et efficace. Une adresse conviviale qui n'a rien d'une coquille vide.

Le Jardin de la Tour *(plan D4,* ***36****) : 11, rue Porte-d'Aude. ☎ 04-68-25-71-24. • lejardindelatour@club-internet.fr • Tlj sf dim-lun. Congés : janv. Résa conseillée le soir. Menus 18,50-32 € ; carte env 35 €. Apéritif offert sur présentation de ce guide.* On vient surtout pour le cadre de cette adresse, blottie contre les remparts. C'est magnifique quand on profite de l'illumination de la Cité le soir. Une histoire qui marche : tablées conviviales à l'intérieur, dîner romantique au milieu des arbres côté jardin, ambiance plus festive sur la terrasse abritée des regards.

De prix moyens à chic

La Table d'Alaïs *(plan D4,* ***37****) : 32, rue du Plô. ☎ 04-68-71-60-63. • contact@latabledalais.fr • Fermé mer-jeu sf juil-août. Menus 19,90-50 €.* Juste à l'écart du brouhaha des restos à touche-touche, voilà que pointe le nez d'une table sereine (au gros de la saison, c'est parfois un peu plus bousculé !). Une adresse où le chef, Jeremy Thomann, propose un joli choix de plats frais et inventifs, fleurant bon le « fait maison » sur fond de vraies bonnes saveurs du coin. La salle a été relookée dans un esprit sobre et actuel. Mais à la belle saison, on a un petit faible pour la paisible courette ceinte de murs couverts de lierre.

Le Comte Roger *(plan D4,* ***38****) : 14, rue Saint-Louis. ☎ 04-68-11-93-40. • restaurant@comteroger.com • Tlj sf dim-lun. Congés : fév. Formule et menu déj 23-30 € ; menu 41 € ; carte env 45-50 €.* À l'intérieur, le cadre contemporain est très agréable, mais en été, on le boude volontiers pour la jolie terrasse ombragée qui incite à la flânerie. Une cuisine fraîche et inventive fait la part belle aux produits locaux, aux recettes du terroir et aux vins du pays. Accueil chaleureux et sincère.

Auberge des Lices *(plan D4,* ***39****) : 3, rue Raymond-Roger-Trencavel. ☎ 04-68-72-34-07. • leslices@blasco.fr • Fermé mar-mer hors saison. Congés : janv. Menus 19,50-70 €. Apéritif maison offert sur présentation de ce guide.* Une auberge cossue qui s'appuie sur des recettes de tradition sans s'empêtrer dans le classicisme convenu. 3 jolies salles au cadre assez romantique, avec pierres apparentes dans la première, et une cour intérieure agréable aux beaux jours. Le 1er menu, servi également le soir, est d'un rapport qualité-prix épatant et donne déjà un bon aperçu des talents du chef, qui travaille aussi bien les poissons que le cochon de lait médiéval. Mais son dada, c'est le cassoulet ! 2 chambres, si vous voulez prolonger le séjour…

À proximité de la Cité

De bon marché à prix moyens

Restaurant le 37 *(plan D3,* ***40****) : 37 bis, rue Trivalle. ☎ 04-68-47-35-05. • le37restaurant@orange.fr • ♿ Tlj sf mar-mer. Formule et menu, midi et soir, 15,90-29,90 €.* Un resto-bar à vins qui a manifestement trouvé la formule gagnante en jonglant entre les grands classiques de la région, et des suggestions du jour que les blasés du cassoulet béniront. Tout est préparé de manière juste, avec des produits qui ont la saveur des terroirs ensoleillés du Lauragais, des Corbières, du Minervois… Avec ses murs en pierre, ses vieilles tomettes, sa cheminée, ses chaises et ses tables de bistrot, le cadre a de quoi rassurer.

De chic à plus chic

Bistrot d'Auriac *(hors plan par C4,* ***42****) : domaine d'Auriac, route de Saint-Hilaire. ☎ 04-68-25-37-19. • auriac@relaischateaux.com • ♿ Suivre la direction du centre hospitalier. Fermé dim soir (tte l'année), plus lun et le soir mar-mer oct-avr. Menu déj 20 € ; le soir menu 23 € ; carte 25 €.* Aux portes de la ville, le prestigieux domaine d'Auriac voit défiler davantage de bagages Vuitton que de sacs à dos. La bonne aubaine se situe côté golf, dans le cadre serein du club-house, face à la verdure d'où s'échappent des gazouillis d'oiseaux. Plantée sur la pelouse, la vaste terrasse du resto est prisée des Carcassonnais, qui viennent en habitués profiter de l'alléchant menu du déjeuner. Savoureuses grillades cuites au feu de bois, et cuisine bien tournée. Si vous craignez d'être la cible d'un golfeur maladroit, rien ne vous empêche, dans un autre budget, de vous faire plaisir au restaurant étoilé.

Le Parc *(hors plan par C4,* ***43****) : 80, chemin des Anglais. ☎ 04-68-71-80-80. ♿ Au pied des remparts de la Cité. Tlj sf dim-lun non fériés. Formule déj en sem 39 € ; menus 75-145 €.* Un bel espace lumineux et moderne, percé de meurtrières pour rappeler l'autre forteresse qui se dresse en contre-haut. Franck Putelat a choisi cette écurie pour s'installer avec sa femme et créer l'événement gastronomique. Enfant prodige, sa cuisine pourfend les traditions et s'amuse à les restituer à travers d'étonnants clins d'œil. Bel accueil et terrasse agréable en été. Une adresse quasi incontournable pour qui veut s'offrir un grand moment culinaire.

Où dormir ? Où manger dans les environs de Carcassonne ?

De chic à plus chic

Péniche d'hôtes « Mirage » *: écluse d'Herminis, 28, rue du Canal. 📱 06-16-46-28-67. • info@mirage-hotes.fr • mirage-hotes.fr • À 5 km à l'ouest de Carcassonne, au-delà de l'aéroport Carcassonne-Salveza, par la D 33 direction Bram ; à Herminis,*

L'AUDE, PAYS CATHARE

tourner à droite et descendre la rue du Canal sur env 1 km. Ouv avr-oct. Double 125 €. Jacuzzi (payant) sur résa. Cette ancienne péniche marchande de 1954, restaurée avec soin, offre 3 petites chambres climatisées, sobres et de grand confort, avec coin douche. Leurs noms sont déjà des invitations au voyage : « Oasis », « Touareg », « Sahara ». En écho, le sobriquet de cette péniche d'hôtes a moins à voir avec le désert... qu'avec l'ancien métier de pilote de chasse de Pascal. Il propose d'ailleurs des formules incluant un survol des châteaux cathares à bord de son avion biplan. Détente assurée dans le salon cosy et boisé, ou sur le pont, à barboter dans le jacuzzi... Vous pouvez aussi demander à votre hôte un massage shiatsu, il en prodigue sur réservation... Peut-on rêver séjour plus relaxant ?

Chambres d'hôtes Aux Anges Gardiens : *2, rue du Barry, hameau de* ***Villalbe.*** *☎ 04-68-47-14-03. 06-64-90-70-13. • patricia@auxangesgardiens.com • auxangesgardiens.com • À 5 km de Carcassonne par la D 118, direction Limoux. Fermé de mi-janv à mi-mars. Doubles 90-120 €.* Quel charme pour cette maison d'hôtes du XVIIIe s, nichée dans un délicieux hameau ! Atmosphère romantique et paisible dans les chambres, qui n'ont pas la télé, comme s'il était entendu que seuls les amoureux (ou ceux en passe de le devenir) y séjournaient. Couleurs harmonieuses, ciels de lit, beau plancher, grandes salles de bains et piscine dans le jardin. Petit déj exquis, pour ne rien gâcher, et accueil des plus chaleureux.

Chambres d'hôtes Au Domaine des Castelles : *11170* ***Caux-et-Sauzens.*** *☎ et fax : 04-68-72-03-60. 06-84-69-31-15. À 8 km à l'ouest de Carcassonne. Rejoindre l'aéroport, puis continuer la D 119 vers Montréal sur 4 km, c'est fléché sur la gauche. Ouv avr-oct. Doubles 80-85 €.* Belle maison de maître et immense parc. Isabelle, la maîtresse de maison, a tenu une boutique d'art sur les hauteurs de Paris avant de décider de s'installer ici. Comme on pouvait s'y attendre, son bon goût se reflète dans les 3 chambres spacieuses (dont une suite familiale) et dans l'aménagement de la maison. En plus, l'accueil, c'est son truc, tout comme la randonnée, et elle n'hésite pas à partager ses bons tuyaux. Bref, sous tous les aspects, voici une adresse d'un rapport qualité-prix imbattable.

Château de Cavanac : *11570* ***Cavanac.*** *☎ 04-68-79-61-04. • infos@chateau-de-cavanac.fr • chateau-de-cavanac.fr • À 8 km au sud de la Cité par la D 104 direction Saint-Hilaire. Resto ouv le soir tlj sf lun, plus le midi dim. Congés : janv-fév. Doubles 100-160 € ; petit déj 12,50 €. Menu unique 45 €, vin compris.* Château du XVIIe s au cœur d'un village tranquille. Chambres cossues, extraordinaires pour les plus grandes (et les plus chères, jusqu'à 5 personnes), toutes différentes, avec meubles de style, tissus chatoyants et lits à baldaquin. Cuisine délicieuse, installé dans les anciennes écuries où subsistent les mangeoires et quelques outils traditionnels. Tennis, piscine, sauna. C'est aussi un domaine viticole et vend ses bouteilles.

Les Cabanes dans les Bois : *domaine de Fourtou, 11600* ***Villalier.*** *☎ 09-70-75-99-00. • contact@lescabanesdanslesbois.fr • lescabanesdanslesbois.fr • À 10 km au nord-est de Carcassonne ; 200 m avt Villalier, fléché sur la droite ; c'est 1,5 km plus loin. Selon période, compter 95-165 € pour 2 ; 115-195 € pour 4-5 pers. Possibilité de petit déj ; dîner (livré en cabane) 20-38 €.* En pleine nature, sur un versant boisé, une vingtaine de cabanes en bois, pour passer un séjour façon Robinson Crusoé des temps modernes. Équipées de lits douillets, d'une salle de bains, TV, frigobar, de quoi se préparer un café, elles sont très confortables, en plus d'être charmantes avec leur atmosphère nordique. L'espacement entre chacune d'elles garantit l'intimité. Piscine. Un endroit super, aussi bien en amoureux qu'en famille.

L'Ambrosia : *carrefour La Madeleine, 11170* ***Pezens.*** *☎ 04-68-24-92-53. • rest.ambrosia@gmail.com • À 10 km au nord-ouest de Carcassonne. Fermé dim soir, lun et mer midi. Congés : 3 sem en janv et 2 sem fin juin-début juil. Formule déj en sem*

27 € ; menus 49-84 €. On a forcément tergiversé avant de s'attabler dans ce resto au cadre plutôt banal, le long de la nationale. Flottement très fugace, avant de se laisser emporter par des découvertes gastronomiques que Daniel Minet réalise avec précision et brio. Difficile d'être avare en superlatifs pour cette cuisine de haute volée, servie avec gentillesse et fierté par le père de ce tout jeune prodige. Les mises en bouche ou les pré-desserts sont des interludes réjouissants et ludiques entre des créations joliment maîtrisées.

Château de Floure : *allée Gaston-Bonheur, 11800* **Floure.** *☎ 04-68-79-11-29. • contact@chateau-de-floure.com • chateau-de-floure.com • À env 10 km à l'est de Carcassonne par la D 6113 en direction de Narbonne. Ouv mai-sept. Doubles 120-240 € selon confort et saison ; petit déj 16 €. Menus 49-69 €.* Ce château qui a traversé les époques est une étape de charme, à environ 10 mn de Carcassonne. Passé le porche, on découvre une belle maison bourgeoise, flanquée de 2 tours carrées et jouissant d'un superbe jardin à la française. Les salons sont chargés d'histoire, et les chambres, plutôt spacieuses, allient confort moderne et élégance d'origine : murs en pierre, poutres, meubles anciens...Piscine, tennis, spa (payant)... Un lieu idéal pour se poser et se reposer !

Où boire un verre ? Où sortir ?

Le Passage *(plan D3,* ***50****) : 15, rue Trivalle. ☎ 04-68-10-64-90. • lepassage15@orange.fr • Fermé dim-lun.* Bar à vins et à tapas avec son long zinc pour trinquer et papoter avec ses voisins, tout en découvrant, au verre, l'une des nombreuses sélections des vins de la région. Le week-end, c'est l'un des lieux de rendez-vous des Carcassonnais, et il ne serait pas sage de ne pas y passer... Jardin en été.

Le Conti *(plan B2,* ***51****) : 16, rue de l'Aigle-d'Or. ☎ 04-68-25-39-40. Jeu-dim 18h-2h.* Ce bar très animé reste ouvert tard. Certains soirs, c'est la mégafiesta, sur les tables on danse, et dessous on roule. Tapas, vins au verre et ambiance sympa.

À voir

La Cité

Au pied des remparts, on se demande comment explorer cette impressionnante Cité, encore habitée (mais oui... une cinquantaine de résistants, bon an, mal an) et ses deux enceintes successives de 1,5 km chacune, séparées par ce no man's land appelé les Lices (hautes au sud, basses au nord). L'ensemble totalise pas moins de 3 km de murailles et 52 tours... Compter une bonne journée pour tout visiter.

– ***Stationnement :*** plusieurs parkings payants *(tlj 8h-20h)* à côté de la *porte Narbonnaise (plan D4).* Sinon, on peut se garer gratuitement au pied du rempart, près du pont Vieux, vers la rue Trivalle et la rue de la Barbacane, entre l'Aude et la Cité. Compter alors 10-15 mn à pied pour rejoindre la porte d'Aude *(plan D4).*

La porte Narbonnaise *(plan D4)* **:** l'entrée principale de la Cité est curieusement située à l'opposé de la Ville basse. Un véritable château fort à elle seule. Avec ses deux tours à éperon de 30 m de haut (du XIIIe s), elle défend de manière autoritaire l'accès à la Cité. En levant la tête, on aperçoit des orifices qui supportaient les balcons de bois d'où on lançait sur l'assaillant pierres et fagots enflammés...

Les Lices : visite passionnante, si l'on fait jouer son imagination au gré de cet immense espace plus ou moins enherbé qui enserre la Cité, coincé entre les deux enceintes dont on apprécie ici la démesure. Commencer la visite par les Lices basses d'où l'on peut facilement comparer les différents styles architecturaux des périodes de construction successives, en particulier sur l'enceinte intérieure. Au niveau de la poterne romaine, les énormes pierres datent du Ier s apr. J.-C. Ce sont les plus anciennes. Les couches alternées de pierres rectangulaires et de briquettes datent du Ve s. Les parties d'enceinte faites de belles pierres lisses et rectangulaires ainsi que les baies géminées correspondent à la troisième campagne de construction, vers le XIIe s. L'enceinte extérieure, superbe exemple de l'art architectural militaire, appartient à une seule et même période. Philippe le Hardi et Philippe le Bel furent à l'origine de ces travaux titanesques aux XIIIe et XIVe s. On reconnaît cette période à l'emploi des pierres à bossage. Un petit conseil : allez-y le soir. Pas un chat, et l'éclairage savant des tours vous donnera l'impression de vous promener dans un décor de film... Fantastique !

Le château comtal et les remparts de la Cité *(plan D3-4) : ☎ 04-68-11-70-76. • monuments-nationaux.fr • Tlj 10h-18h (9h30-16h30 sept-mars) ; dernière admission 15 mn avt la fermeture en saison. Fermé certains j. fériés. Entrée : 8,50 € ; réduc (notamment avec le Passeport des sites) ; gratuit moins de 26 ans. Billet valable tte la journée, donnant accès au château. Possibilité de visite guidée. Intéressante visite-conférence ; compter 2h ; tarif : 12,50 € (entrée comprise), réduc. Audioguide : 4,50 € pour 1 pers ou 6 € pour 2.*

LES MESURES AU MOYEN ÂGE

Avant le système métrique, les mesures différaient d'une construction à l'autre. On se référait à la morphologie du maître d'œuvre pour les déterminer. Chaque mesure était inscrite sur une réglette et tous les ouvriers du chantier utilisaient la même. En revanche, les proportions entre les mesures étaient identiques (ex : un pied = 12 pouces).

Construit vers 1130 par les Trencavel, cet édifice de 80 m de long sur 40 m de large est une véritable « forteresse dans la forteresse ». Ce château faisait office de donjon et articulait toutes les défenses de la Cité. Il commandait la vallée de l'Aude et surveillait les alentours du haut de la tour Pinte. Et il en vit de belles, ce château comtal : la mort de Raymond-Roger (jeune protecteur des cathares) dans ses cachots, le statut de QG pour l'impitoyable Simon de Montfort après la victoire des croisés, possession des rois de France, prison où étaient jetés les enfants rebelles, caserne au XIXe s, à nouveau prison pendant la Première Guerre mondiale, QG des nazis pendant la Seconde, et désormais musée !

On y pénètre par une cour semi-circulaire – la barbacane –, dernier système de défense avant d'accéder au château par un pont de pierre chevauchant un fossé sec. Plusieurs fois remaniée par ses occupants successifs, la redoutable forteresse reste malgré tout un merveilleux témoignage de l'architecture militaire médiévale. On peut en visiter l'enceinte intérieure, les tours royales, les cours d'honneur et du Midi, les deux corps de bâtiment (salles de l'époque féodale et d'autres moins anciennes) et marcher sur une partie des remparts. Dans l'une des salles, un film d'une dizaine de minutes explique les périodes successives de construction du château. Prenez le temps d'admirer les peintures du donjon, dit salle ronde (bien qu'elle soit carrée). Retrouvées en 1926 sous la chaux, elles datent du XIIe s et illustrent peut-être la chanson de Roland.

Le ***Dépôt lapidaire*** présente une rétrospective de l'histoire de la Cité au travers des vestiges qui y furent mis au jour. Antiquité (bornes milliaires du IIIe s, sarcophage du Ve) ; Moyen Âge (pierres tombales, chapiteaux, stèles, sarcophages mérovingiens, peintures romanes dans la salle du Donjon, gisant du XIIIe s, etc.) ; époque « moderne » (XVIe et XVIIe s).

La visite conférence permet d'accéder à la tour *de l'Inquisition*, située entre le château et la basilique Saint-Nazaire, une véritable salle de torture : les graffitis en témoignent (et des chaînes en rajoutent un peu !).

La basilique Saint-Nazaire (plan D4) : *au sud de la Cité. ☎ 04-68-25-27-65. Nov-mars, lun-sam 9h-18h ; dim 8h-10h30, 12h30-18h. Avr-oct, lun-sam 8h-20h ; dim 8h-10h30, 12h30-18h. Juil-août, concert d'orgues le dim à 17h (participation libre).*
L'église primitive aurait été bâtie ici au VIe s, sous la domination des Wisigoths. Mais ce n'est qu'au Xe s que le siège épiscopal (anciennement dans les faubourgs) fut transféré ici. Elle demeura cathédrale jusqu'en 1803, le siège épiscopal retournant dans la Ville basse à l'église Saint-Michel. L'édifice se compose d'une nef romane, le chœur et le transept étant gothiques. L'ensemble est surprenant et absolument superbe, les deux styles se complétant de manière harmonieuse au point d'en devenir difficiles à dissocier.
Les vitraux des rosaces datent du XIVe s, ceux du chœur et du transept de la fin du XIIIe s (les plus bleutés) et des XVIe et XVIIe s (avec les grands personnages). Ils sont à juste titre considérés comme les plus beaux du Midi. Chaque heure du jour a ses atouts pour les admirer. Le soleil illumine la rosace nord le matin, embrasant les violets. Et on s'aperçoit qu'elle compose une roue du temps qui tourne inexorablement. La rosace sud se pare de mille feux au couchant et là, la roue devient éternelle. La légèreté du chœur tranche avec la masse imposante de la nef. Colonnes délicates, piliers ténus, fenêtres envahissant le mur font que l'on se demande comment l'ensemble peut tenir. Les piliers sont ornés de statues taillées à même la colonne.
La cathédrale abrite de superbes mobiliers et décors : un bénitier du XIIe s, un orgue du XVIIe s (un des plus anciens du Midi), une somptueuse chaire Empire, un gisant d'albâtre, une saisissante pietà polychrome du XVIe s, une Trinité du XIVe s, un curieux bas-relief aux personnages gommés (la « Pierre du Siège »), et bien d'autres. Remarquer également cette cloche de bronze du XVIe s, posée à droite du chœur. Elle pèse plus d'une tonne...

La porte d'Aude (plan D4) : *à droite du château (belle vue sur celui-ci).* On vous recommande d'accéder à la Cité par cette porte au moins une fois au cours de votre séjour : parcours très pittoresque, passant par le pont Vieux, la rue Barbacane et la petite église Saint-Gimer ; enfin, superbe point de vue sur les remparts.

Le musée de l'École (plan D4) : *3, rue du Plô. ☎ 04-68-25-95-14. Dans l'ancienne école de la Cité. Tlj 10h-18h (17h nov-janv). Entrée : 3,50 € ; réduc ; gratuit moins de 12 ans.* Le monde de l'école communale sous les IIIe et IVe Républiques des XIXe et XXe s, avec notamment tous les supports pédagogiques utilisés et des salles de classe en l'état.

La bastide Saint-Louis (Ville basse)

Il suffit de passer le pont, comme dans la chanson, pour découvrir, au pied des remparts, une autre ville, une autre vie. La « ville nouvelle » date du... XIIIe s et a été créée par Saint Louis sur le modèle des bastides, comme Aigues-Mortes, après que les forces royales ont incendié les faubourgs de la Cité et chassé les habitants qui avaient soutenu Trencavel dans sa tentative de reprendre la ville. Beaucoup moins visitée que la Cité, elle possède un cachet certain, avec ses nombreux bâtiments anciens, rénovés pour certains, des hôtels particuliers des XVIe et XVIIIe s devenus pour la plupart administration (ne se visitent pas), et son plan en damier. *Visites guidées ou audioguides possibles. Infos à l'office de tourisme.*

– **L'Atelier du livre** (plan D3) : *103, rue Trivalle. ☎ 04-68-26-88-90. 06-38-68-49-42. • atelierdulivre.net • Au centre d'hébergement Notre-Dame-de-l'Abbaye. Juil-août et vac scol de la Toussaint, lun-ven 10h30-13h, 14h-18h30. Atelier sur résa 3-6 €/pers ; ½ journée et journée découverte (respectivement 12-21 €/pers).*
L'Atelier du livre propose des initiations aux techniques traditionnelles du papier,

de l'imprimerie, de la gravure et du papier marbré. Visite libre de l'atelier (bibliothèques, matériel de typographie, etc.). Boutique.

Le pont Vieux (plan C3) **:** construit au XIVe s pour remplacer un pont encore plus ancien, il fut l'unique moyen de traverser l'Aude, ici, jusqu'au XIXe s. Reliant la Ville basse à la Cité, il constitua pendant longtemps un outil de scission plus qu'un moyen de communication. Aujourd'hui, il demeure en service pour les piétons. Long de 210 m, avec huit arches en plein cintre. Superbe le soir grâce aux éclairages.

La place Carnot (plan B2) **:** l'endroit le plus vivant de la ville, avec ses platanes, sa fontaine en marbre de Caunes, ses terrasses de cafés, et son marché aux herbes *(mar, jeu et sam 7h-13h).* Les producteurs des environs y descendent. À ne pas manquer, le samedi matin.

La cathédrale Saint-Michel (plan B2) **:** *entrée rue Voltaire.* Construite au XIIIe s, elle supplanta celle de la Cité au XIXe s. De style gothique languedocien, elle fut restaurée par Viollet-le-Duc en 1840. À voir : vitrail de la nef, du XIVe s, statue polychrome de la même époque, trois sculptures en marbre du XVIIe s.

L'église Saint-Vincent (plan B1) **:** on la repère grâce à son haut clocher carré (54 m), qui servit au XVIIIe s à mesurer le méridien terrestre. Dans le carillon, 47 cloches. Nef aux belles dimensions de style roman byzantin. Depuis le sommet du clocher *(avr-oct ; horaires variables, rens auprès de l'office de tourisme ; tarif : 2 €),* vue imprenable sur la ville.

La chapelle des Carmes (plan B1) **:** *rue Georges-Clemenceau.* L'ordre des Carmes, qui fut fondé au XIIe s à la suite des croisades, tire son nom du mont Carmel en Israël. Ses disciples s'établirent ici au XIIIe s avec l'autorisation de Saint Louis. L'église, vendue à la Révolution puis rachetée par l'ordre avant d'être transformée en maison de jeunes et en cinéma, a retrouvé sa vocation première avec l'installation de l'évêché en 1981. Une atmosphère de sérénité et de bien-être habite l'endroit. Superbe plancher en bois dans toute la nef d'où s'exhalent de douces odeurs de cire. Une ambiance plus qu'une œuvre d'art.

Le musée des Beaux-Arts (plan C2) **:** *15, bd Camille-Pelletan. ☎ 04-68-77-73-70. ♿ 15 juin-15 sept, tlj sf fériés, 10h-18h ; hors saison, tlj sf dim-lun, 10h-12h, 14h-18h (ouv 1er dim du mois 14h30-17h30). GRATUIT.* Dans l'ancien présidial de la sénéchaussée de Carcassonne, collection remarquable de peintures et céramiques du XVIIe s à nos jours, des écoles françaises et hollandaises principalement : Van Goyen, Chardin, Hyacinthe Rigaud, ou du local Jacques Gamelin. Joli *Portrait de Mme Astre* par Achille Laugé (1892), et de bons Jalabert (1815-1900), régional de l'étape. Dans la salle VI, on s'arrêtera sur *Les Chérifas,* longue composition orientalisante de Benjamin Constant et sur *Boule de Suif* de Paul-Émile Boutigny, peint d'après le roman de Maupassant. Expos temporaires toujours gratuites.

La Maison des mémoires – Centre Joë-Bousquet et son temps (plan B2) **:** *53, rue de Verdun. ☎ 04-68-72-45-55. ♿ Mar-sam 9h-12h, 14h-18h. GRATUIT.* C'est en 1924 que le poète Joë Bousquet s'installe dans cette maison du XVIIIe s. Il y restera jusqu'à sa mort, en 1950, reclus dans une chambre aux volets clos conservée en l'état, et qu'on peut voir depuis le seuil : sanctuaire un peu sinistre, avec, posée sur le guéridon, une pipe à opium. Joë y recourait pour calmer ses douleurs. L'homme, grièvement blessé pendant la Grande Guerre, était paralysé des membres inférieurs ; il se consacra alors au monde de l'esprit, développant une œuvre saluée par les plus grands : Gide, Valéry, Aragon, Jean Paulhan, Max Ernst et d'autres, qui lui rendirent visite, ici même. Autour de la chambre, expo consacrée à l'homme et à son œuvre.

Manifestations

– ***Festival de Carcassonne :*** *juil. Programme : ☎ 04-68-11-59-15. • festivaldecarcassonne.fr* • Danse, opéra, théâtre, concerts, cirque. Une centaine de spectacles, payants et gratuits.
– ***Spectacles médiévaux :*** *juil-août, tlj sf sam, à la Cité. Tarifs : 12 € ; ½ tarif enfant.* Tournois de chevalerie.
– ***14 Juillet :*** bal populaire place Carnot et, surtout, surtout, embrasement de la Cité à 22h30.
– ***La Feria de Carcassonne :*** *4 j. fin août.* Animations, *bandas,* bodegas, concerts gratuits.
– ***La Magie de Noël :*** *3 sem en déc.* Animations et plein d'attractions, marché de Noël.

ENTRE CANAL DU MIDI ET MINERVOIS

• Carte *p. 648-649*

BALADES SUR ET AUTOUR DU CANAL

Sur près de 240 km, le canal du Midi paresse sous de frais tunnels d'arbres. Inscrit par l'Unesco au Patrimoine mondial (voir plus haut le chapitre « Hommes, culture, environnement »), son tronçon audois est indéniablement l'un des plus agréables. Entre Castelnaudary et Carcassonne, pas moins de 25 écluses s'enchaînent. Chouette ? Non, ça en fait quand même 50 allers-retours, et quand on a éclusé tous ces ouvrages d'art, on en est un peu sevré ! En revanche, à partir de Carcassonne, on peut descendre et remonter le fil de l'eau jusqu'à plus soif vers Trèbes, Le Somail, avant de faire une incursion vers Narbonne et, pourquoi pas, vers Béziers, voire Agde ? Évidemment, la vitesse de croisière des bateaux sur le canal varie de 6 à 8 km/h (le pas d'un homme). Ajoutez-y un certain engouement pour cette navigation (ça bouchonne souvent aux écluses) et vous comprendrez qu'il vaut mieux envisager cette balade de façon très plan-plan.
Mais le bateau n'est pas la seule façon de suivre ce ruban d'eau. Sur les plats chemins de halage, les hardis du mollet aiguiseront leurs chaussures de marche (en parcourant environ 15-20 km/j.) ; les fanatiques du dérailleur opteront pour le vélo (compter environ 30-40 km/j.) ; quant aux nerveux de la pédale droite, ils feront vrombir leur véhicule à moteur (mais ne suivront pas le canal en continu)... Bref, quel que soit le mode de locomotion que vous choisirez, le voyage promet d'être délicieusement reposant, à la vitesse d'une feuille sur l'eau. Parfait pour observer les ragondins et rats musqués qui nichent dans les berges, les brèmes qui font des ronds dans l'eau et quelques débonnaires échassiers.

LE CANAL DU MIDI DE TRÈBES À POILHES

TRÈBES (11800)

D'origine romaine, le village fortifié est, au Moyen Âge, un poste avancé de Carcassonne. Belle église Saint-Étienne des XIIe et XIIIe s, intéressante – lorsqu'elle

est ouverte – pour ses 320 corbeaux peints. L'Aude, l'Orbiel et le canal du Midi traversent le village ; on les franchit par des ouvrages remarquables, notamment un pont à cinq arches en partie romain et un pont-canal construit par Vauban en 1686 permettant de passer l'Orbiel.
Cette portion pourrait s'intituler « le canal en majesté », car majestueux, entre Carcassonne et Marseillette, il l'est vraiment. L'eau devient d'un vert profond, la végétation prend de l'ampleur et le chemin de halage des allures d'« allées du roi ».

Adresses utiles

Office de tourisme : *sur le quai, face à la base de bateaux. ☎ 04-68-78-89-50. • ot-trebes.fr • Juil-août, tlj 10h-19h ; fermé dim janv-avr et oct, plus sam nov-fév et pour les fêtes de fin d'année. (payant).*

Location de bateaux : ***Le Boat,*** *port de plaisance. ☎ 04-68-94-42-40 (résa) ou 04-68-78-73-75 (base). • leboat.fr • Tlj 9h-12h30, 14h-17h30.* Base de départ/arrivée des bateaux de cette compagnie.

Où manger ?

Le Moulin de Trèbes : *2, rue du Moulin. ☎ 04-68-78-97-57. • contact@lemoulindetrebes.com • Fermé lun sf j. fériés. Formule et menu déj en sem 15-19 € ; soir et w-e, à la carte slt env 30-35 €.* Le must, c'est bien sûr la situation, avec la terrasse ombragée pour profiter de l'animation sur l'écluse du canal et une jolie salle aux murs blancs agrémentée de quelques tableaux contemporains. Cuisine de saison et circuits courts garantis !

MARSEILLETTE (11800)

Amarrer le bateau après le pont et avant les écluses (possible de faire le plein d'eau sur le quai). Jolie vue sur la campagne depuis les terrasses de l'église. Étonnante tour du Télégraphe Chappe. Excursion possible à vélo vers Peyriac-Minervois et surtout Rieux-Minervois : remparts, églises romanes, abbaye et caves au programme.

Où dormir dans le coin ?

Lee Relais Occitan : *Josianne et Xavier Le Gall, le Beauvoir. ☎ 04-34-89-31-07. 06-85-45-72-02. • relaisoccitan@club-internet.fr • relaisoccitan.com • À 1,5 km du village, en direction de Capendu par la D 57, à droite après le pont sur l'Aude. Ouv mai-oct (tte l'année pour les chambres d'hôtes). En foudre 1-2 pers, 22 €/pers ; en cuve-dortoir, 100-120 € pour 4-6 pers ; draps fournis et petit déj compris. Chambres d'hôtes 65-70 € pour 2.* Cette cave viticole du XVIIIe s a été transformée en un gîte des plus insolite ! 2 dortoirs ont été aménagés dans d'anciennes cuves aux parois tapissées de briques de verre, et des chambres, fonctionnelles et confortables, dans des foudres où des lits remplacent la lie. On prend sa douche également dans un foudre... De jolis espaces de détente et salons ont été aménagés dedans comme dehors (piscine hors sol)... et tout ça au milieu de la campagne et des vignobles ! Une ambiance rustique et chaleureuse, un accueil familial et décontracté pour un séjour insolite à prix doux.

Chambres d'hôtes La Belle Minervoise : *6, rue du Château, 11800* ***Saint-Frichoux.*** *☎ 04-68-78-23-65. 06-17-84-40-65.*

• chambredhotecarcassonne.com • À 7 km au nord de Marseillette. Double 64 €. Table d'hôtes 25 €. Au cœur du village, plaisante maison du XIXe s, dans laquelle Sophie et Jean-Claude accueillent leurs hôtes avec beaucoup d'attention. À l'étage, 5 chambres aménagées sur un thème qui évoque le patrimoine du Languedoc (canal du Midi, Gruissan...). Certaines disposent d'une belle vue sur les vignes et les Pyrénées. Agréable terrasse et jardinet pour laisser filer le temps. Jean-Claude, ancien pâtissier, vous régalera de ses bons petits plats.

HOMPS *(11200)*

Encore un village traversé par cette belle « route liquide » qu'est le canal du Midi. Qu'on soit en bateau, à pied, à vélo ou en voiture, on peut amarrer ici pour la nuit. C'est une agréable étape au pied de la tour et à deux pas du lac de Plaisance de Jouarres (baignade et club nautique).

Adresse utile

■ ***Location de bateaux :*** **Le Boat,** *port Minervois. ☎ 04-68-94-42-40 (résa) ou 04-68-91-24-00 (base). • leboat.fr • Tlj 9h-12h30, 14h-17h30.* **Les Canalous,** *port Minervois. ☎ 03-85-53-76-74 (résa) ou 04-68-91-25-99 (base). • lescanalous.com • Tlj sf dim, 9h-12h30, 14h-18h (19h sam).* Base de départ/arrivée des bateaux de ces compagnies.

Où manger à Homps et dans les environs ?

|●| ***En Bonne Compagnie :*** *6, quai des Négociants. ☎ 04-68-91-23-16. • info@en-bonne-compagnie.com • Ouv de mi-avr à oct. Tlj sf sam midi, dim soir et lun. Formules déj en sem 14-17,50 € ; menus 26,50-42 €.* Craig a su conquérir les palais les plus fins. Il a travaillé dans de grands restaurants londoniens et à bord du *Queen Elizabeth II* avant de jeter l'ancre dans cette jolie maison sur le canal. Il propose une cuisine des plus originale, variant au fil des saisons et des produits du marché. Son dessert fétiche est le soufflé à la banane avec vodka au caramel... pour le reste, surprise ! Mezzanine avec vue et belle terrasse ombragée.

|●| ***La Guinguette d'Argens :*** *rue de la Fontaine-Fraîche, 11200* ***Argens.*** *☎ 04-68-41-51-96. • laguinguettedargens@gmail.com • ♿ À 5 km au sud-est de Homps par D 611 ou la D 124 ; de l'autre côté du pont, à l'entrée du village (fléché). Ouv avr-oct, tlj. Formule déj 12 € ; assiette (sf dim) 15 € ; menus 22-32 € ; carte env 30 €. Apéritif maison offert sur présentation de ce guide.* Une vraie petite guinguette, sous les frondaisons, au bord du canal. Une cuisine simple et savoureuse, aux accents régionaux. Concert (résa) les soirs d'été en fin de semaine. Ambiance assurée.

À voir, au fil du canal

De ***Homps*** à ***Roubia*** (10 km) se succèdent sans doute les plus belles écluses. Petites maisons pimpantes aux volets peints de couleurs vives, saules majestueux et un véritable feu d'artifice de fleurs multicolores. Au niveau de nombreuses écluses (à celle de ***Pechlaurier*** notamment), possibilité d'acheter fruits et légumes du jardin en saison ! On peut s'amarrer pour la nuit à ***Argens*** pour profiter du village perché et de son vieux château. Les écluses se raréfient au-delà. Le paysage se déroule entre les méandres ; échappées sur les vignes et les garrigues. Puis le joli village de ***Paraza*** surplombe le canal. Son château du XVIIe s fut la résidence de Pierre-Paul de Riquet, le concepteur du canal du Midi, pendant la réalisation des travaux. Aujourd'hui, il s'agit d'un domaine viticole dont les vins ont été plusieurs fois primés *(• chateau-de-paraza.com •).* Juste après, à mi-chemin entre Paraza et ***Ventenac,*** l'aqueduc-pont-canal de Repudre, très étroit, fut le premier pont-canal d'Europe construit par ledit Riquet en 1676.

À faire

– ***Croisières du Midi :*** *35, quai des Tonneliers (capitainerie). ☎ 04-68-91-33-00. • croisieres-du-midi.com • ♿ Croisières de 2h tlj avr-oct. Compter 11,90 €/pers ; réduc.*

■ ***Le Chai Port Minervois :*** *35, quai des Tonneliers. ☎ 04-68-91-29-48. • lechai-portminervois.com • Mai-sept, lun-sam 9h (10h sam)-12h, 14h-19h ; oct-avr, lun-ven 9h-12h, 14h-18h.* Près de 200 références de vins du Minervois, vendues au prix du producteur, dans une reconstitution de boutique de négociant du XIXe s.

Manifestation

– ***Taste du Minervois :*** *dernier w-e d'août. Entrée payante.* Grande fête qui célèbre les vins et les vignerons du minervois. Animations, concerts, dégustations, etc.

LE SOMAIL *(11120)*

À peine un village, un gros hameau plutôt, comptant 450 âmes administrées par trois communes et admirablement situé sur le canal du Midi. Notre coup de cœur entre Narbonne et Carcassonne. Bateaux et vedettes fluviales glissent sur l'eau douce, passent sous l'arche du vieux pont patiné surmonté d'une chapelle qui a les pieds dans l'eau ! Puis ils s'éloignent, grosses puces d'eau multicolores. Le Somail vit au rythme, lent et aquatique, du canal. C'est comme cela depuis plus de trois siècles. Rien n'a changé ou presque, sauf bien sûr le château d'eau qui domine le pays.

Adresses utiles

ℹ ***Office de tourisme du Somail :*** *168, allée de la Glacière. ☎ 04-68-41-55-70. • visit-lanarbonnaise.com • Pâques-Toussaint, tlj sf le mat sam-dim et j. fériés, 9h-13h, 14h-18h (19h juil-août) ; le reste de l'année, slt l'ap-m en sem.* 📶 Intéressante expo interactive sur le canal du Midi.

La Péniche Épicière : *allée de la Glacière, au pied du pont (rive gauche). ☎ 04-68-46-95-11. Avr-oct, tlj 7h30-13h30, 15h30-19h30.* Une épicerie flottante où se ravitailler (et se dépanner) en produits alimentaires et autres. Le matin, on y trouve des viennoiseries (mieux vaut réserver). Très sympa.

– ***Librairie ancienne :*** *28, allée de la Glacière. ☎ 04-68-46-21-64. • le-trouve-tout-du-livre.fr • Tlj sf mar hors juil-août, 10h-12h, 14h30-18h30 ; déc-mars, fermé le mat.* Une librairie hors du commun, montée par un ancien bouquiniste de Paris tombé amoureux du Somail. Nelly, sa fille, a repris le flambeau. Près de 50 000 ouvrages méticuleusement classés, et dont certains sont très rares, s'étagent du sol au plafond (et il est haut !). Fabuleux.

Où dormir ? Où manger ? Où boire un verre au Somail et dans les environs ?

De bon marché à prix moyens

Le Comptoir Nature : *1, chemin de Halage, Le Somail. ☎ 04-68-46-01-61. • lecomptoirnature@hotmail.fr • Avr-nov, tlj. Résa vivement conseillée. Formules 14,50 € le midi en sem, 17,50 € le soir ; menus 23-32,50 €. Concerts jazz mer soir de mi-juin à mi-sept, chanson française ven. Apéritif offert sur présentation de ce guide.* Ce café-resto est idéalement situé avec sa terrasse ombragée au bord du canal, en contrebas du petit pont et de l'église. Défenseur du terroir, sa cuisine est « nature », sans sophistication, pour valoriser toute la saveur des produits toujours frais. C'est réussi, les assiettes de pays, glaces artisanales et autres viandes *a la plancha* sont délicieuses. Jus de fruits bio, vins et produits du pays cathare. C'est aussi un lieu d'expression artistique : expositions, concerts, soirées contes...

La Grange : *La Bouillette, 11120* ***Bize-Minervois.*** *☎ 04-68-48-18-90. • tres-omes@orange.fr • À 8 km au nord-ouest du Somail, au bord de la D 26. Ouv le soir sf lun, plus le dim midi. Assiette-repas env 22 € ; menus 26-35 €. Concert gratuit ven.* Il y a des lieux comme ça, improbables et réussis. Noyée dans le terroir profond du Minervois, petit bout d'hacienda mexicaine à l'extérieur, cette *Grange* se fait occitano-contestatrice à l'intérieur (avec de jolies nappes, tout de même !). La cuisine aussi décoiffe et conteste la pensée unique. Et puis l'ambiance est extra, de l'accueil à la musique de fond, qui se fait même parfois concert.

Café du Port : *rue du Port, 11200* ***Paraza.*** *06-28-82-80-42. À 8,5 km au sud-ouest du Somail. Avr-fin oct, tlj sf sam midi et dim-lun. Congés : nov-mars. À la carte slt le midi, plat du jour 12 € ; le soir, formule et menu 23-29 €. CB refusées.* Cadre sympa dans un ancien caveau et terrasse au bord du canal pour grignoter sans façons.

De prix moyens à chic

Chambres d'hôtes Domaine de Fraissinet : *av. de Capestang, 11590* ***Ouveillan.*** *☎ 04-68-46-84-09. • jlouismora@orange.fr • fraissinet.com • Dans le village, prendre la D 418 sur 1 km en direction de Capestang, c'est à gauche. Doubles 60-70 €.* Cette grande bâtisse, en pleine campagne, abrite de non moins grandes chambres. Toutes sont décorées et meublées à l'ancienne, agrémentées de cheminées et de jolis sols en terre cuite ou ciment décoré. Et puis il y a cette imposante entrée, avec son escalier, immense... comme le sens de l'accueil de Monique. Pour compléter ce beau tableau, un joli parc planté d'essences nobles. Une adresse au calme assuré.

« Plan B » – Chambres d'hôtes L'Aur Blan : *135, rue de la Bergerie, Le Somail. ☎ 04-68-46-28-08 (chambres d'hôtes). 06-71-88-41-48 (resto). • plan.b.somail@gmail.com • aur-plan.com • Double 65 €. Menu 20 € ; carte env 30 €. CB refusées (plans A et B). Au resto, café offert sur présentation de ce guide.* Double plan ! Un plan A avec Gilles, qui s'occupe des chaleureuses chambres d'hôtes modernes. Coin piscine. Un plan B très sympathique, géré par Dominique, pour une cuisine familiale faite maison, boire un petit verre ou un des nombreux cocktails maison. Musique d'ambiance, jazz et salsa latina.

Chambres d'hôtes Les Volets Bleus : *43, quai d'Alsace, 11590* ***Sallèles-d'Aude.*** *☎ 04-68-46-83-03. • lvb.aude@gmail.com • les-volets-bleus.com • À 5 km à l'est du Somail. Doubles 60-100 € selon confort et saison. Table d'hôtes 30 €.* Maison de maître au bord du canal avec une miniterrasse ombragée et des volets... bleus. Les intérieurs sont superbes avec leurs peintures murales en faux marbre, stucs aux plafonds, bel escalier monumental et grandes chambres meublées à l'ancienne. La moins chère a sa salle de bains de l'autre côté du couloir. Les propriétaires, écossais, sont adorables. Les dîners partagés entre tous sont souvent polyglottes, ce qui donne un charme supplémentaire !

Manifestations

– ***De l'Art et des Mots au bord de l'Eau :*** *w-e de Pâques.* Expo d'art contemporain le long du canal et chez les habitants du Somail. Sympa !
– ***Festival Convivencia :*** *1 j. mi-juil.* Musique au fil du canal du Midi.

À voir dans les environs

Amphoralis, musée des Potiers gallo-romains : *allée des Potiers, 11590* ***Sallèles-d'Aude.*** *☎ 04-68-46-89-48. • amphoralis.com • ♿ Depuis Sallèles, suivre le canal en direction de Mirepeisset (fléché à droite). À 100 m de l'écluse d'Emparé (canal de la Robine). Juin-sept, tlj sf lun 10h-12h, 15h-19h ; oct-mai, mar-ven 13h30-17h, sam-dim 10h-12h, 14h-18h. Entrée : 5 € ; réduc. Livret enfants (1 €).* Le musée domine ce qui fut une véritable cité industrielle antique où l'on fabriqua, trois siècles durant, amphores, tuiles, briques, vaisselle, etc. On y découvre nombre d'amphores, notamment les « Gauloises 4 », qui servirent au transport du vin tout autour de la Méditerranée. Dans le parc du musée, reconstitution de fours, d'un habitat et d'un jardin. Arboretum. Nombreuses animations toute l'année dont certaines réservées aux enfants (atelier poterie, stage, conte, visites, démonstration de tournage gallo-romain, etc.).

UN VENT AUGUSTE

Le Cers est un vent qui chasse les nuages du Languedoc, lui assurant l'un des taux d'ensoleillement les plus élevés de France. L'empereur Auguste ne s'y trompa guère, en louant ce bénéfique Circius et en lui faisant ériger un temple sur la colline de Sallèles. Le temple a disparu, le Cers demeure...

Le château Cabezac : *hameau de* ***Cabezac.*** *☎ 04-68-46-23-05. • chateaucabezac.com • ♿ À 5,5 km au nord-ouest du Somail ; au bord de la D 5. En été, tlj 10h-13h, 14h30-19h ; le reste de l'année, fermé dim. Dégustation en boutique. Visite guidée de la cave sur résa (compter 1h30 ; 12 €/pers).* Un domaine viticole dont la renommée n'est plus à faire. Animations autour du vin dont des ateliers pour enfants.

La coopérative L'Oulibo : *hameau de* ***Cabezac.*** *☎ 04-68-41-88-84. • loulibo.com • ♿ Au croisement entre D 5 et D 26. Tlj : juin-sept, visite à 11h, 15h, 16h et 17h (plus 18h juil-août) ; oct-mai, à 10h30, 14h30 et 16h. Visite commentée : 6 € ; réduc. Magasin de produits régionaux ouv tlj 8h (9h sam, 10h dim)-12h, 14h-18h (20h en été, ouv non-stop).* Visite commentée du moulin à huile et de la coopérative, suivie d'une projection de 20 mn *L'Odyssée de l'olivier* et d'une dégustation. On peut y acheter notamment la Lucques, fameuse olive verte de table en forme de ballon de rugby.

ENTRE MINERVOIS, CABARDÈS ET MONTAGNE NOIRE

Au nord de Carcassonne commence le Cabardès, qui s'étend jusqu'au pied de la Montagne Noire, début du Massif central et frontière naturelle entre l'Aude, le Tarn et l'Hérault. Un secteur très riche en sites naturels et villages typiques.

CAUNES-MINERVOIS

(11160) 1 710 hab. *Carte Aude, C1*

Caunes était un village fortifié dont les origines remontent au VIIIe s, lorsque l'abbé Anian y fonda une abbaye. Il possède encore les quelques vestiges laissés après le passage ravageur du duc de Joyeuse, chef de la Ligue du Languedoc, dont la très belle abbatiale Saint-Pierre-et-Saint-Paul, ainsi qu'un remarquable centre ancien. Bien campé dans les plaines viticoles et déjà à la porte de la Montagne Noire, Caunes se situe sur le cours de l'Argent-Double, qui doublerait les récoltes lorsqu'elle déborde.
En amont, le charmant village de Citou, capitale de l'oignon doux (et plat).

UNE CARRIÈRE DANS LES ARTS

Caunes-Minervois est connu pour ses carrières de marbre dont on extrait des roches allant du rouge au vert. Un marbre employé, entre autres, au Grand Trianon, à l'Opéra de Paris, dans la grande mosquée de Cordoue, au Capitole de Toulouse, ou encore au palais de Chaillot. Voilà une carrière qui a su faire son trou !

Adresse et info utiles

Office de tourisme Haut Minervois de Carcassonne Agglo : *3, ruelle du Monestier. ☎ 04-68-76-34-74. • tourisme-haut-minervois.fr • ♿ À côté de l'abbaye. Tlj 10h-13h, 14h-19h (18h avr-mai ; 17h le reste de l'année). (payant).* Visites guidées du village en été *(lun, mer et ven à 10h30, sur résa ; 3 €).*

➢ ***Balades vigneronnes*** dans le haut Minervois en été : les vignerons font découvrir leur domaine de manière originale, autour de balades à pied, dégustation, assiette repas... *Programme disponible à l'office de tourisme.*

Où dormir ? Où manger ?

Hôtel-restaurant d'Alibert : *pl. de la Mairie. ☎ 04-68-78-00-54. • hotel-dalibert.com • ♿ Resto fermé dim soir-mar midi. Congés : déc-fév. Double 90 €, petit déj compris. Menu unique 29 €.* Situé au cœur du village, au milieu des ruelles et placettes anciennes, ce superbe hôtel particulier avec sa belle petite cour et son puits à baldaquin est tout droit sorti du XVIe s. M. et Mme Guiraud veillent depuis de longues années sur cette perle avec amour et gentillesse. Une poignée de chambres bien entretenues et agréables, simples et spacieuses. Cuisine du terroir réalisée avec beaucoup de sincérité et de savoir-faire, à déguster dans une salle à la déco fraîche et colorée.

À voir

L'abbatiale Saint-Pierre-et-Saint-Paul : *☎ 04-68-78-09-44. Juil-août, tlj 10h-19h ; hors saison, tlj 10h-12h, 14h-18h (17h nov-fév). Fermé en janv. Entrée : 5 € ; réduc (notamment avec le Passeport des sites). Visites guidées slt juil-août (1 € en sus).* La visite commence par l'austère cloître mauriste (XVIIIe s), contemporain des bâtiments conventuels. Un petit escalier permet d'accéder aux vestiges de pavement en « calade » (galets posés de chant) du cloître roman (XIIe s). L'église abrite les reliques des martyrs de Caunes (Armand, Luce, Audalde et Alexandre). Chœur du XIe s avec de faux joints rouges (trompe-l'œil imitant la pierre de taille), transept du XIIe s, le reste court du XIVe au XVIIIe s. Après avoir admiré le beau maître-autel ciselé en marbre de Caunes et de Carrare (fin XVIIIe s), on accède aux vestiges de la première église du VIIIe s, dans une crypte. À l'extérieur, superbe ensemble du XIIe s avec son chevet à chapiteaux sculptés de volutes et de palmettes, la tour du clocher et la tour du Trésor qui abritait le chartrier des moines (la chambre forte contenant les chartes et titres de propriété). Un bel ensemble qui ravira les amoureux d'art roman.

La chapelle Notre-Dame-du-Cros : *à 2 km au nord-est, par la route de Trausse puis fléché à gauche. Tte l'année, tlj 10h-18h.* Assez perdue dans un site charmant, cette chapelle dédiée à la Vierge est l'un des plus importants lieux de pèlerinage du Minervois (pardi, il a été construit près d'une source miraculeuse !). À l'intérieur, grand décor de chœur et marbres polychromes (XVIIe et XVIIIe s).

Les carrières de marbre rouge :
– ***Carrière du Roy*** *(désaffectée) : accès fléché depuis le nord du bourg, à 4 km en voiture, puis 20 mn de marche env.* Ne pas confondre avec celles à gauche du sentier, toujours exploitées.
– ***Carrières de Villerambert*** *(encore en exploitation ; visite guidée) : 06-80-96-22-26. Juin-sept, 1 visite/j. (se renseigner). Tarif : 10 €. Durée : env 1h15. Chaussures de marche nécessaires.* Découverte du gisement de marbre rouge, des méthodes de forage, de sciage...

Fête et manifestations

– ***Fête de la Sculpture et du Marbre :*** *1 sem en juin. • lesmarbrieresdecaunes.fr •* Visite des carrières, démonstrations, ateliers pour enfants ou adultes, sculptures d'art et expos thématiques, animation de rue.
– ***Les Vendredis classiques :*** *musique et art vocal, chaque ven de juil et début août au chevet de l'abbatiale. Rens : ☎ 04-68-76-34-74 (office de tourisme). • lesvendredisdecaunes.fr •*
– ***Jazz au caveau :*** *1 fois/mois hors été dans le caveau de l'abbaye. ☎ 04-68-76-34-74.* Concerts payants.

DANS LES ENVIRONS DE CAUNES-MINERVOIS

– ***Les Bains de Minerve :*** *5, chemin de Sainte-Marie, 11160* ***Peyriac-Minervois.*** *☎ 04-68-24-67-89. • lesbainsdeminerve.fr • À 6 km au sud-est de Caunes-Minervois. Vac scol, lun-sam 10h-20h (22h jeu), dim 9h-19h ; le reste de l'année, horaires réduits, se renseigner. Tarifs : 6,20 € ; 5 € 3-11 ans.* Espace aquatique avec bassin extérieur en été, hammam et sauna.

RIEUX-MINERVOIS

Outre le château, quelques belles maisons anciennes, un pont franchissant l'Argent-Double qui mène à la chapelle Notre-Dame-du-Bout-du-Pont (Rieux vient de *rivus,* « rivière » en latin), on vient, on court, on vole ici pour la sublime église Sainte-Marie.

Adresse utile

Point information touristique : *5, rue Saint-Blaise. ☎ 04-68-78-13-98. Dans le presbytère. Mar-sam 10h-12h, 14h-18h. Fermé déc-fév.* Organise des visites accompagnées de l'église *(3 €)*. Petite boutique de produits et artisanat locaux.

À voir

L'église Sainte-Marie : *mêmes horaires que le point information touristique (fermé dim-lun hors offices).* Cette église heptagonale du XIIe s est un curieux joyau de l'art roman renommé pour son plan insolite, unique dans tout le Languedoc (voire au-delà !). L'église renferme un sanctuaire couvert d'un dôme à sept pans. Le chiffre 7, directeur du plan, ne se trouve dans aucune autre construction ronde d'église. On a voulu y voir le rappel de la phrase du *Livre des proverbes* : « La Sagesse a bâti sa maison, elle a taillé ses sept colonnes. » Romane par la construction, son ornementation est byzantine. Sur les murs du déambulatoire, 14 chapiteaux magnifiques d'influence corinthienne représentant une mémorable Assomption, la Vierge en gloire soutenue par des anges, etc. Le Maître de Cabestany a sévi ici. Mise au tombeau polychrome de l'école bourguignonne (XVe s). Une statue de saint Jacques (XVIe s) rappelle que Rieux est sur l'un des chemins vers Saint-Jacques-de-Compostelle. On en sort tout « estabousi » !

LES GORGES DE LA CLAMOUX ET LA MONTAGNE NOIRE

Carte Aude, B-C1

La Clamoux dévale de la Montagne Noire en passant par des gorges (jolies faute d'être spectaculaires) que longe la D 112. Au-delà de Cabrespine culmine le pic de Nore (1 210 m), sommet de la Montagne Noire.

VILLENEUVE-MINERVOIS (11160)

Où manger ?

La Table du Pareur : *14, av. de la Clamoux. ☎ 04-68-10-01-16. Tlj sf sam midi, dim soir et lun. Formules et menus déj sf dim et j. fériés 12-14 €, puis 18,80-26,80 €.* Un sympathique restaurant aux robustes murs en pierre qui navigue avec aisance entre tradition et modernité, tant au niveau du cadre que de la carte. Cuisine d'inspiration régionale, plaisante et appliquée, le tout à des prix vraiment sages. Terrasse sous les platanes. Une table bienvenue entre deux escapades.

À voir à Villeneuve et dans les environs

Le moulin à vent de Villeneuve-Minervois : *☎ 04-68-26-57-56. • moulin-benazeth.fr • Prendre la D 111 sur 1,5 km en direction de Salsigne (fléché). Juil-août, lun-ven 10h-18h30, sam-dim 13h30-18h ; avr-juin et sept, tlj 14h-17h (17h30 mai-juin). Entrée : 7 € ; réduc ; gratuit moins de 6 ans. Visite guidée d'env 45 mn.*

Pour voir fonctionner un moulin à vent construit en 1819 et toujours en activité. Farine produite en vente à la boutique. Le propriétaire, également récoltant, produit un vin qu'il fait vieillir dans le gouffre de Cabrespine !

La Maison de la truffe audoise : *av. du Jeu-du-Mail. ☎ 04-68-72-35-47. • maisondelatruffedulanguedoc.com • Attenant à la mairie. Juil-août, tlj 10h-12h, 14h-18h ; le reste de l'année fermé dim, mer mat (plus sam oct-mai). Entrée : 5 € ; réduc ; gratuit moins de 9 ans.* Musée pour tout savoir sur la *Tuber melanosporum.* Noter que c'est à Villeneuve-Minervois qu'est née la première (et la seule) confrérie languedocienne dédiée au « diamant noir ». Boutique. Démonstration possible de récolte de truffe *(sur résa, déc-mars).*

Le gouffre géant de Cabrespine : *indiqué le long de la D 112. ☎ 04-68-26-14-22. • grottes-de-france.com • Fév-mars et nov-déc, tlj 14h-17h30 (dernier départ) ; avr-juin et sept-oct, tlj 10h30-17h30 ; juil-août, tlj 10h15-18h. Visites env ttes les 45 mn en saison (hors saison, se renseigner). Ne pas oublier sa petite laine, il fait 14 °C à l'année. Entrée : 10,30 € ; 6,20 € 5-12 ans ; réduc ; safari souterrain de 5h pour les initiés (☎ 04-67-66-11-11 ; • safari@grottes.com • ; compter 39 €/pers).* Vraiment géant ce gouffre extra-large et profond de 250 m : la tour Eiffel y tiendrait presque ! C'est d'ailleurs la plus grande salle d'Europe ouverte au public. La taille des cristaux est également prodigieuse, et le spectacle son et lumière très impressionnant. Sensation forte assurée depuis le balcon de verre suspendu dans le vide (près de 200 m sous vos pieds, quand même !). Vous y trouverez tout ce que le milieu souterrain offre de plus prestigieux : disques, excentriques, aragonites, draperies, colonnes, cascades... Un ensemble karstique exceptionnellement riche, qui pourrait être classé, prochainement, au Patrimoine mondial de l'Unesco.

Les lamas de la Montagne Noire : *Les Vernèdes, route de Pradelles (D 89), 11160* ***Castans.*** *☎ 04-68-26-60-11. • lamabalade.fr • Tte l'année de 9h au coucher du soleil, tlj sur résa slt hors vac scol. Visite commentée : 5,50 € ; 2 € 6-14 ans ; gratuit moins de 6 ans accompagnés. Minirando et balade famille : 10-15 €/pers (sur résa, 4 pers min).* Si vous voulez balayer toutes vos idées fausses sur ce camélidé, vous êtes au bon endroit... Vous pourrez l'approcher, le toucher et même le nourrir. Une douzaine d'animaux dont s'occupent Jean-Louis et Hélène, tous deux très écolos.

Le pic de Nore : ça vaut la peine de pousser jusqu'au pic de Nore (1 211 m), sommet de la Montagne Noire. En voiture par la D 87 ou à pied (environ 3h) depuis la mairie de Pradelles-Cabardès. Mont pelé où se dresse la tour d'un relais hertzien, on y jouit d'un panorama formidable (table d'orientation) sur les Corbières jusqu'au Canigó. Extra ! C'est aussi un haut lieu du cyclisme, en témoigne une plaque où sont gravés les noms de plusieurs vedettes du cyclisme.

Manifestations

– ***Marchés aux truffes :*** *déc-fév.* Une fois par mois, un marché aux truffes et produits du terroir donne lieu à des conférences, ateliers cuisine, repas gastronomiques (seulement en février, pour la nuit de la truffe)...
– ***Les Mardis de Villeneuve :*** *mar soir en juil-août.* Repas avec découverte des crus d'un viticulteur et animation musicale.

LE HAUT CABARDÈS

Carte Aude, B1

Jolies petites routes pour rejoindre les châteaux de Lastours, Limousis ou le charmant village de *Mas-Cabardès.*

Adresse utile

🛈 **Office de tourisme :** *av. Maurice-Sarraut, 11310* ***Saissac.*** *☎ 04-68-76-64-90. En été, tlj sf mer ; le reste de l'année, horaires variables.* Plus de 30 boucles de rando proposées aux amateurs.

Où dormir ? Où manger dans le haut Cabardès ?

Campings

⛺ ***Camping Le Moulin de Sainte-Anne :*** *2, chemin de Sainte-Anne, 11600* ***Villegly.*** *☎ 04-68-72-20-80. 📱 06-71-22-88-52 ou 53. • contact@moulinsainteanne.com • moulindesainteanne.com • ♿ Sur la D 6113 direction Carcassonne, prendre Trèbes centre-ville, puis suivre la direction de Villalier puis Villegly ; fléché à l'entrée du village. Ouv fin mars-oct. Selon saison, compter 18-30 € pour 2 ; cotton lodges nature et chalets 270-770 €/sem. 60 empl.* 📶 Ce camping offre des emplacements ombragés bien délimités, une piscine chauffée, une aire de jeux pour enfants... L'ambiance est familiale.

⛺ ***Camping Le Belvédère :*** *10, route du Belvédère, 11600* ***Lastours.*** *☎ 09-62-01-29-28. 📱 06-18-94-41-27. • campingdelastours@orange.fr • campingdelastours.com • Juste au sud de l'entrée des châteaux, prendre la D 701 en direction du belvédère ; fléché à droite 1 km plus haut. Ouv mai-oct. Selon saison, compter 10-15 € pour 2 ; mobile homes 240-400 €/sem. Réduc de 10 % sf de mi-juil au 20 août sur présentation de ce guide.* Campé sur sa crête, ce petit terrain herbeux sous les chênes bénéficie d'une vue panoramique imprenable sur les châteaux. Côté équipements, c'est le strict minimum.

De prix moyens à chic

🏠 ***Chambres d'hôtes Domaine de Malouziès :*** *chez Émilienne et Jacques Gualde, rue du Bois, 11390* ***Fontiers-Cabardès.*** *☎ 04-68-26-59-53. 📱 06-71-10-49-82. • jean-michel.gualde@wanadoo.fr • malouzies.com • À 300 m slt du village. Fléché à droite sur la D 203, sur le haut du village. Doubles 60-75 €. Table d'hôtes 22-25 €.* 📶 Dans une grande propriété où l'on ne se marche pas sur les pieds, une maison en pierre du XVIIIe s dans laquelle se côtoie mobilier rustique et néorustique. En été, les chambres du bas, dont la baie vitrée ouvre sur le grand jardin, sont agréables car moins exposées à la chaleur que celles perchées dans le pigeonnier. L'une des chambres familiales possède un passage secret... Environnement propice à la détente, et piscine pour se mettre les orteils en éventail. Sauna (payant).

🍽 ***Le Puits du Trésor :*** *21, route des Quatre-Châteaux, 11600* ***Lastours.*** *☎ 04-68-77-50-24. • contact@lepuitsdutresor.com • ♿ Fermé lun-mar, plus dim soir hors saison. Congés : fin fév-début mars. Côté bistrot, menus 18-27 € ; env 30 € à l'ardoise. Côté gastro, menus 47,50-93 € (avec accord des vins).* Les 160 âmes du village se sont trouvé un chef, et pas n'importe lequel. Passé chez des toqués de grand renom, Jean-Marc Boyer a dressé ses nappes dans cette ancienne usine textile, à l'entrée des célèbres châteaux. Soucieux de n'oublier personne, il a coupé sa cuisine en 2. D'un côté le bistrot, avec sa terrasse et ses menus intéressants ; de l'autre, le grand jeu avec la haute gastronomie et quelques tables en salle réservées aux privilégiés où le vrai trésor est incontestablement dans les assiettes. Service pro et avenant.

🍽 ***Le Sire de Cabaret :*** *11380* ***Roquefère.*** *☎ 04-68-26-31-89. • siredecabaret@wanadoo.fr • Tlj sf mer (plus le soir dim-jeu hors saison). Formule déj en sem 13 € ; menus 15-40 €.* Au pied de l'église, une magnifique maison dans un joli village perdu au milieu de la Montagne Noire et du Cabardès. Quelques tables dans le jardin aux beaux jours. La salle en pierre et bois, avec son imposante cheminée, pour les grillades, annonce tout de suite la couleur. Alors, sans trop hésiter, on s'assoit et on commande une assiette de charcuterie, un petit plat genre côte de porc du pays cathare... C'est copieux, bon et sympa.

À voir dans le haut Cabardès

Les châteaux de Lastours : *à* ***Lastours.*** *☎ 04-68-77-56-02. • chateauxdelastours.fr • Juil-août, tlj 9h-20h ; avr-juin et sept-oct, tlj 10h-18h (17h oct) ; fév-mars et nov-déc, slt w-e et vac scol 10h-17h. Congés : janv. Entrée : env 6 € (accès au belvédère de Montfermier inclus) ; réduc (notamment avec le Passeport des sites). Compter 15-20 mn d'ascension (chaussures de marche recommandées) et env 2h de visite.* La visite du site s'effectue depuis une usine de textile reconvertie en centre d'accueil et où l'on peut voir une exposition archéologique. Le long de la rampe d'accès qui mène aux châteaux (120 m de dénivelée, quand même !), panneaux sur la géologie, la faune et la flore. On passe d'un château à l'autre (Cabaret, tour Régine, Surdespine et Quertinheux) en longeant la ligne de crête. Les ruines se détachent magiquement sur le fond sombre de la Montagne Noire. Ce fût l'une des forteresses les plus audacieuses du catharisme. Les assiégés se rendirent en 1229. Au pied du château de Cabaret, jolis vestiges du village médiéval.

Le belvédère de Montfermier : *à 1,5 km du village de Lastours. ☎ 04-68-77-56-02. Mêmes horaires que les châteaux sf 10h-19h en été. Accès : 2 € ; gratuit moins de 15 ans.* Un site sublime, qui permet d'embrasser d'un coup d'œil les quatre châteaux dans une perspective hallucinante !

Les grottes de Limousis : *☎ 04-68-26-14-20. • grottes-de-france.com • Tlj : juil-août, 10h15-18h (dernier départ) ; avr-juin et sept, 10h30-17h30 ; mars et d'oct à mi-nov, 14h30-16h30. Petite laine de rigueur, même en été ! Entrée : 10,30 € ; 6,20 € 5-12 ans ; réduc.* Cette grotte accueillait un ancien affluent souterrain de Cabrespine. Surprenants cristaux très colorés dans les tons ocre et rouge. Dans la dernière des huit salles, extraordinaire lustre d'aragonite, tout à fait unique. Bel aménagement et spectacle son et lumière. Depuis le village de Limousis, les courageux pourront également s'offrir une jolie tranche de balade (facile, même avec des enfants) sur un sentier balisé (boucle de 3,5 km ; durée 1h50 environ ; balisage jaune et bleu).

La cascade de Cubserviès : Cubserviès est un tout petit village accroché à la pente, avec la belle chapelle romane Saint-Sernin (Xe s). Superbe vue sur la cascade, qui mesure 90 m et dont 35 m sont visibles. Elle mérite le détour...

Fête et manifestations

- ***Festival Guitares à travers Chants :*** *fin juil-début août. ☎ 04-68-26-31-24. • guitares-a-travers-chants.fr •* Concerts dans différents villages de la Montagne Noire.
- ***Festival Jazz sous les châtaigniers :*** *1er w-e d'août, à* ***Roquefère.*** *Mairie : ☎ 04-68-26-31-24. • jazz-roquefere.com •*
- ***Fête des Châtaignes, du Vin primeur et de l'Agneau du pays cathare :*** *fin oct-début nov, à* ***Villardonnel.*** *☎ 04-68-26-52-41.*

MONTOLIEU (11170) 885 hab. *Carte Aude, B1*

Le village, bâti tel un amphithéâtre, accroché au flanc rocailleux de deux ravins, surplombe les impressionnantes gorges de l'Alzeau et de la Dure. À l'origine de la ville, la fondation de l'abbaye bénédictine de

Saint-Jean-de-Mallast en 800. Pillé et détruit à de nombreuses reprises, le village fut reconstruit par Roger de Trencavel, vicomte de Carcassonne. Il l'entoura de fortifications... Une habitude ! Au XIIIe s, la ville s'appelait poétiquement *Mount a Ouliou* (le mont des Oliviers). Au XVIIe s, Colbert y établit une manufacture royale de draps qui fit la prospérité du village jusqu'au début du XXe s. Depuis 1990, Montolieu est devenu l'une des six cités du livre que compte l'Hexagone. Libraires (une quinzaine en tout), bouquinistes, éditeurs, artistes et galeries d'art se sont installés ici sous l'impulsion de Michel Braibant, relieur à Carcassonne. Une ambiance un poil intello-bobo quand même...

Adresses utiles

Office de tourisme du Cabardès au canal du Midi : *pl. Jean-Guéhenno.* ☎ *04-68-24-80-80.* • *tourisme-cabardes.fr* • *Juil-août, tlj ; hors saison, fermé lun, plus w-e en hiver.* Documentation sur le village (plan, liste des libraires, activités, animations, programme culturel...) et les alentours.

– ***Location de VTT :*** ***VTT 11,*** *8, chemin du Camp-Naout, 11310* ***Saint-Denis.*** ☎ *04-68-47-61-82.* *06-03-48-87-64.* • *vtt11.com* • *Compter 12 € la ½ journée ; 19 €/j.* Livraison possible.

Où dormir ? Où manger ?

Camping

Camping La Porte d'Autan : *rue Boris-Vian, 11310* ***Saissac.*** ☎ *04-68-76-36-08.* • *laportedautan@yahoo.fr* • *laportedautan.fr* • *À la sortie de Saissac, en direction de Revel, au niveau du rond-point, fléché sur la gauche. Ouv d'avr à mi-oct. Selon saison, compter 17-28 € pour 2 ; mobile homes 4-6 pers 260-610 €/sem. 78 empl.* Un camping plaisant, au bord d'une zone pavillonnaire tranquille, avec des emplacements délimités par des haies et assez bien ombragés. Certains bénéficient d'une belle vue sur la plaine du Lauraguais. Piscine.

De prix moyens à chic

Les Anges au Plafond : *rue de la Mairie.* ☎ *04-68-24-97-19.* • *info@lesangesauplafond.com* • *lesangesauplafond.com* • *Resto ouv le midi tlj sf mer, plus le soir ven-sam, ainsi que jeu, dim et lun en juil-sept. Congés : 10 j. en fév, 1 sem en juin et 1 sem en nov. Doubles 65-75 € selon taille, petit déj inclus. Menus 14,50 € (midi en sem)-23 €.* Un des anciens bistrots du village, à la déco années 1930, est devenu cette sacrément bonne adresse, où l'on vient se ressourcer entre deux bouquins. 3 chambres accueillantes, raffinées et gaies à l'étage. Côté resto, monsieur en cuisine vous fait monter au plafond ! Une belle maîtrise des saveurs d'ici et d'ailleurs. Quant à madame, elle a l'accent britannique... d'un ange. Ciel, que c'est bon ! Organise des concerts de temps en temps.

Chambres d'hôtes Château de Villeneuve : *chez Guy François.* ☎ *04-68-24-45-76.* • *info@chateauvilleneuve.com* • *chateauvilleneuve.com* • *À 2 km de Montolieu direction Saissac. Doubles 80-110 €. Table d'hôtes 25 €.* Cette maison a un sacré cachet, une terrasse ombragée par un bouquet de glycine ainsi qu'un grand jardin avec piscine. La plupart des chambres sont spacieuses, colorées et décorées autour de différents thèmes : médiéval, marine, coquelicot, etc. Les repas sont concoctés avec les légumes du jardin et des produits bio. Pour les enfants, balades à dos d'âne.

Où dormir ? Où manger dans les environs ?

Camping

Camping Le Martinet Rouge : *2, chemin du Lac-des-Rochers, 11390* ***Brousses-et-Villaret.*** *☎ 04-68-26-51-98. 06-19-34-41-60. • info@camping-martinet.com • camping-martinet.fr • Depuis Carcassone, suivre la D 118 direction Mazamet sur 17 km ; le village et le camping sont fléchés. Ouv de fin mars à début nov. Selon saison, compter 15-20 € pour 2 selon ; mobile homes ou chalet (2-6 pers) 245-695 €/sem ; frais de dossier (pour ts) 12 €.* Un camping champêtre bien équipé. Les emplacements pour les tentes, un peu en hauteur vers les rochers, sont vraiment extra, bien ombragés. Les mobile homes, les bungalows et le chalet sont dans un autre espace. Nombreuses distractions pour les enfants : terrain multisports, piscine avec toboggan, ping-pong. Également un billard.

Prix moyens

Chambres d'hôtes de l'Abbaye de Villelongue : *dans l'abbaye, chez Jean Eloffe, 11170* ***Saint-Martin-le-Vieil.*** *06-61-44-36-24. • abbaye-de-villelongue.com • À 4 km à l'ouest de Montolieu par la D 64. Fermé à Noël. Double 79 € (75 € sur présentation de ce guide).* 5 chambres occupent l'ancien dortoir des moines, charmantes et donnant sur le cloître (l'une d'elle à même une fenêtre avec vue sur la nef de l'église !). On ne peut rêver mieux pour un week-end empreint de tranquillité : plein de recoins où installer sa chaise longue, dans le cloître recouvert de glycine, dans le malicieux jardin de *Jean le Bleu* peuplé de courges et d'épouvantails, vers la bambouseraie ou à l'étage du pigeonnier ! Pour la visite de l'abbaye, le délicieux maître de séant vous fera le chapitre.

La Table du Rebombier : *lieu-dit du Rebombier Nord, 11390* ***Brousses-et-Villaret.*** *☎ 04-68-26-47-72. Depuis Brousses, suivre la direction Villaret sur 1 km, c'est fléché à gauche. D'avr à mi-oct, tlj sf dim soir et lun, plus mar-mer hors saison. Menu-carte 26 € et carte. CB refusées.* Au bout d'un long cheminement sylvestre, la petite masure vous attend sagement, où Samuel La Marca vous accueillera. Ce n'est rien de dire que les produits sont frais, puisqu'ils viennent soit du potager du lieu, soit de producteurs-éleveurs proches (traçabilité garantie). Et le résultat final tient la route. Épaule d'agneau farcie, poularde maison et – un must – un succulent nougat glacé sont un mince extrait de ce qui vous attend dans la salle simplissime, ou dans le grand jardin, juste devant... Là, on se dit que le bonheur est dans le pré !

De chic à plus chic

Chambres d'hôtes La Rougeanne : *chez Monique et Paul-André Glorieux, 8, allée du Parc, 11170* ***Moussoulens.*** *☎ 04-68-24-46-30. • info@larougeanne.com • larougeanne.com • À 100 m de l'église. Congés : janv-mars. Doubles avec douche 100-130 €.* De vraies chambres pleines de charme et de vie tout à la fois, dans une ancienne maison vigneronne. Calme et fraîcheur aux heures chaudes, piscine et parc en face de la maison, et Pyrénées dans le lointain. Des teintes douces et apaisantes, des meubles de famille, des livres, tout incite à se poser, pour un temps, avant d'aller visiter le Cabardès, que Paul-André connaît bien. Les 2 chambres les plus récentes donnent sur un ravissant petit jardin, une chambre sous les combles est très subtilement divisée en 2 avec une partie plus basse meublée et équipée « que pour les enfants ». Un accueil exquis.

Où boire un verre ?

L'Apostrophe Bar : *impasse de la Manufacture. ☎ 04-68-24-80-18. Avr-Toussaint, tlj sf dim soir et lun ; tlj juil-août jusqu'à minuit.* Un bel espace que cette manufacture réhabilitée mais restée ce qu'il faut en friche. Un cadre propice à la dégustation de vins régionaux et d'ailleurs. On peut aussi se laisser tenter par un cocktail à siroter entre salons, bar et patio, accompagné de quelques tapas. Un lieu chaleureux à toute heure, qui se dévergonde volontiers dès l'apéro.

À voir. À faire

Le musée des Arts et Métiers du livre : *39, rue de la Mairie, à 50 m de l'office de tourisme. ☎ 04-68-24-80-04. • montolieu-livre.fr • (rdc slt). D'avr à mi-nov, tlj sf le mat sam-dim, 10h-12h, 14h (15h dim et j. fériés)-18h ; hors saison, l'ap-m slt, jusqu'à 17h. Entrée : 3 € ; visite guidée : 5 € ; gratuit moins de 6 ans.* Un petit musée qui évoque l'histoire de l'écriture depuis la nuit des temps, ainsi que les arts et métiers du livre (typo, calligraphie, reliure, imprimerie, etc.). Expos temporaires à l'étage.

La Coopérative – collection Cérès Franco : *route d'Alzonne. ☎ 04-68-76-12-54. • lacooperative-collectionceresfranco.com • Mai-oct, tlj sf lun 14h-19h. Entrée : 5 € ; gratuit moins de 16 ans. Visite guidée sur résa : 6 €. Des rencontres sont organisées 1 fois/mois.*
Une fabuleuse collection privée qui constitue le travail de toute une vie : celle de Cérès Franco qui, par amour de l'art contemporain, a acheté, dès les années 1950, des milliers d'œuvres d'artistes inconnus pour les aider à gagner leur place sur la scène artistique. Les œuvres sont exposées par roulement et par thèmes. Un haut lieu de l'art contemporain, époustouflant de richesse et de variété.

La cactuseraie d'Escaïre Figue : *à la sortie du village, en direction de Carcassonne. ☎ 04-68-24-86-59. • cactuseraie.free.fr • En été et pdt les vac scol, ouv tlj ; le reste de l'année, mer-ven 14h-19h, sam-dim 9h-19h. Entrée : 4 € (4,50 € en visite guidée) ; gratuit jusqu'à 12 ans.* Un lieu et un personnage hauts en couleur, pour tout savoir sur le cactus. Plus de 1 000 variétés, gare où vous mettez les doigts. Foire aux cactus le 3e week-end de juin.

Manifestations

– **Expositions, théâtre et rencontres littéraires :** *tte l'année. ☎ 04-68-24-80-04.*
– **Salon du livre ancien :** *le w-e de Pâques.*

DANS LES ENVIRONS DE MONTOLIEU

L'abbaye de Villelongue : *11170* ***Saint-Martin-le-Vieil.*** *À 4 km à l'ouest de Montolieu. ☎ 04-68-24-90-38. • abbaye-de-villelongue.com • Avr-juin et sept-Toussaint, tlj sf lun, 10h-12h, 14h-18h30 (16h sam) ; juil-août, tlj 10h-19h. Fermé le reste de l'année. Entrée : 5 € ; réduc (notamment avec le Passeport des sites).*
Comme la plupart des abbayes cisterciennes, celle de Villelongue sait se faire discrète, ceinte d'un mur et bâtie en contrebas du chemin pour s'extraire du monde. Datant du XIIe au XIVe s pour l'essentiel, elle conserve de très beaux restes de son passé et a délaissé la robe de bure pour une robe de chambre… d'hôtes (voir plus haut « Où dormir ? Où manger dans les environs ? »). Belle galerie de cloître (dont une partie serait, paraît-il, conservée dans la réserve des fameux *Cloisters* de New York). Église largement en ruine (le fait qu'elle soit à ciel ouvert contribue à son charme), impressionnante par ses dimensions. Elle compte de nombreux détails d'ornementation sur les culots et chapiteaux, dont les sculptures représentatives du gothique méridional languedocien rompent avec la rigueur habituelle

des abbayes cisterciennes. En particulier les décorations humaines et animales, rares chez cet ordre. Régulièrement y sont organisés des concerts et des lectures.

Le Moulin à papier : *11390* ***Brousses-et-Villaret.*** *À 8 km au nord de Montolieu. ☎ 04-68-26-67-43. • moulinapapier.com • Prendre la D 103 direction Brousses. Monter dans le village et passer devant l'église. Visites guidées tte l'année sf Noël et Jour de l'an ; 2-8 visites/j. selon saison (se renseigner ; durée : 1h). Entrée : 7,50 € ; 4 € 5-12 ans. Ateliers (sur résa) pdt vac scol.* Le dernier survivant des moulins à papier du XVIIIe s (en 1845, Brousses en comptait encore une dizaine en activité) rappelle qu'autrefois le versant sud de la Montagne Noire faisait partie des grands centres papetiers du Languedoc. Depuis sept générations (1870), il appartient à la même famille, aujourd'hui papetiers à Brousses. Accès par un joli petit sentier botanique qui surplombe la rivière. À la fin de la visite, on fabrique une feuille de papier. Manifestations culturelles en juillet-août notamment la *Nuit des Papyvores*.

Le musée de la Chevalerie : *1, ruelle de la Mairie, 11170* ***Villesèquelande.*** *À 15 km au sud de Montolieu. ☎ 04-68-71-48-89. 06-62-95-66-42. • musee-chevaerie.fr • De mi-fév à nov, tlj sf dim mat et lun 10h-12h, 14h (15h dim)-19h ; tlj en juil-août. Le reste de l'année, téléphoner avt. Fermé : janv. Entrée : 6 € (8 € avec visite commentée de 1h30 env que l'on vous conseille vivement) ; réduc ; gratuit moins de 7 ans.* Gilles Alessandri s'est pris de passion pour le monde chevaleresque du Moyen Âge et redonne vie aux armes, costumes, armures et objets qui composent sa collection, à travers moult démonstrations. Les enfants adorent !

SAISSAC *(11310)*

Village très pittoresque de la Montagne Noire, Saissac a conservé d'importants vestiges de ses fortifications féodales : plusieurs tours, une porte à mâchicoulis et, en contrebas du village, les impressionnantes ruines du château fort

Le château : *rens au ☎ 04-68-24-46-01. • saissac.fr • En été, tlj 9h-20h ; mars-juin et sept-oct, tlj 10h-18h (17h mars et oct) ; le reste de l'année, w-e et vac scol 10h-17h. Fermé en janv. Entrée : 5 € ; réduc (notamment avec le Passeport des sites).* Perché sur un éperon rocheux, le château de Saissac est l'un des plus vastes du Languedoc. Il apparaît en contrebas, comme suspendu à la proue du village. Reconstruit après la croisade contre les cathares (donjon et courtines de la fin du XIIIe s), il fut modifié au XVIe s par la famille Bernuy, puis au moment des guerres de Religion, avec l'ajout de nombreuses canonnières. Un corps de logis datant du XVIe s a été restauré avec sa charpente « en coque de bateau », ses dallages de granit et ses fenêtres à meneaux. Deux salles accueillent également une exposition sur le trésor de Saissac (2 000 deniers du XIIIe s retrouvés en 1979) : panneaux pédagogiques, film d'une vingtaine de minutes entremêlant histoire et fiction. Du château, remarquable vue panoramique avec la chaîne des Pyrénées. Un sentier permet de faire le tour extérieur des remparts.

LE PAYS LAURAGAIS

À l'ouest de la Montagne Noire, par-delà le Cabardès, le Lauragais déroule sa plaine fertile jusqu'au col de Naurouze. Sa vocation agricole remonte à l'Antiquité. Au XVIe s, la culture du pastel assura la fortune de la région. Aujourd'hui, l'opulente campagne autour de Castelnaudary fait son blé dans

les céréales et le maïs, tandis que la culture maraîchère approvisionne les marchés en asperges, tomates et melons.
Cette région fut également le berceau historique du catharisme, et saint Dominique choisit de se fixer à Fanjeaux pour ramener les brebis égarées dans le droit chemin.

CASTELNAUDARY (11400) 12 045 hab. *Carte Aude, A1*

• Plan *p. 193*

Capitale du Lauragais, Castelnaudary dominait autrefois une vallée plantée de moulins à vent, que Don Quichotte n'aurait pas reniée. Désormais, la vie de ce bourg paisible tourne autour d'une image « rugby-cassoulet ». Les vestiges d'une époque où Catherine de Médicis avait élevé la ville au rang de sénéchaussée sont encore présents, et la vieille cité aux allures méridionales se reflétant dans le bassin du canal du Midi a quelques atours. La cité s'anime bigrement le lundi, à l'occasion du grand marché. C'est à 13 km à l'ouest de Castelnaudary que se trouvent le seuil de Naurouze, le point le plus haut du canal du Midi, et la ligne de partage des eaux entre les Bassins méditerannéen et atlantique.
Quant à ceux qui nous suivent en bateau, ils savent déjà que la ville est une étape importante le long du canal du Midi, avec le plus grand plan d'eau du canal (7 ha !) et quatre écluses.

LA CAPITALE DU CASSOULET

Capitale « mondiale », même, ajoutent les Chauriens (habitants de Castelnaudary), avec un zeste de chauvinisme ! Les gastronomes reconnaissent Castelnaudary comme le Père du cassoulet (qui y est né au XVe s), Carcassonne en étant le Fils et Toulouse le Saint-Esprit ! Ici, la tradition est stricte. La *cassole* (grand bol qui a donné son nom au plat) doit être en argile d'excellente qualité. Les produits doivent (forcément) être de la région. Le plat s'oublie auprès du four de boulanger, avec des ajoncs de la Montagne Noire, pour une cuisson douce et longue, les haricots cuisant dans l'eau de la ville... non mais !
Côté haricot, on préférera le lingot qui sait rester ferme. Côté viande, la composition diffère des rivaux voisins : confit de canard ou d'oie, saucisses de Castelnaudary (de Toulouse à la rigueur), couennes, jarret de porc. Et avec tout ça, à quand l'invention du cassoulet light ?

LE MARIAGE, C'EST PAS LA FIN DES HARICOTS

Tout récemment importés d'Amérique du Sud, les haricots lingots valaient de l'or au XVIe s. Alexandre de Médicis en offrit d'ailleurs un sac comme cadeau de mariage à sa sœur Catherine, qui épousait le futur roi de France Henri II. L'histoire ne dit pas si le jeune couple a placé ses lingots en Suisse...

Adresses et info utiles

🅸 ***Office de tourisme*** *(plan A1)* **:** *pl. de la République.* ☎ *04-68-23-05-73.* • *castelnaudary-tourisme.fr* • *Juil-sept, tlj 9h30-13h, 14h-18h30 ; le reste de*

l'année, tlj sf sam ap-m et dim (w-e nov-fév). Visites guidées thématiques payantes sur résa. À l'extérieur, écran tactile délivrant 24h/24 des infos sur les animations, services, hébergements, etc.
– Une « route du cassoulet de Castelnaudary » permet de rencontrer les producteurs de haricots, éleveurs, viticulteurs et autres potiers qui réalisent les *cassoles*.
Gare *(hors plan par A3)* **:** *av. de la Gare. ☎ 36-35 (0,34 €/mn).*
Bus : pour Toulouse (départs quotidiens) et Revel (2 départs/sem) avec la compagnie *Teste* *(☎ 05-34-66-62-22 ; • autocars-teste.com •).* Départs devant la gare.

Promenade en bateau à bord du Saint-Roch *(plan A2-3,* ***1****)* **:** *quai de Labouisse-Rochefort. ☎ 04-68-23-49-40. 06-62-03-49-40. • saintroch11.com • Tlj, avr-oct. Compter 8-11 € pour 1-2h ; réduc.* Loue aussi des bateaux sans permis.
Location de bateaux : **Le Boat** *(plan B3,* ***2****), quai du Canelot, au sud du Grand Bassin. ☎ 04-68-94-42-40. • leboat.fr • Fermé dim hors saison.* Siège et base de départ/arrivée des bateaux de cette compagnie.
Marché : *lun mat, pl. de la République (plan A1).*

Où dormir ? Où manger ?

Camping

Camping municipal de la Giraille *(hors plan par A2,* ***10****)* **:** *chemin des Fontanilles. ☎ 04-68-23-74-79 ou 04-68-94-11-28 (mairie). 06-16-94-37-78. • castelnaudary@gmail.com • ville-castelnaudary.fr • De l'hôtel de ville, descendre le cours de la République, tourner à droite avt le canal et suivre successivement l'av. G.-Pompidou et l'av. de l'Europe ; c'est tt au bout. Ouv de mi-juin à août. Compter env 12 € pour 2.* Un petit camping sans prétention, au calme, en bordure du canal du Midi, dans un environnement champêtre. L'accueil sympathique compense le manque de services.

De bon marché à prix moyens

Le Petit Gazouillis *(plan A1,* ***11****)* **:** *5, rue de l'Arcade. ☎ 04-68-23-08-18. Fermé mer-jeu hors saison. Menus 14,50-23,50 € ; 20-25 € à la carte.* Rien de bien compliqué dans ce petit resto (cassoulet, tripes et confit de canard aux cèpes), mais un très bon rapport qualité-prix. Même les salades sont pantagruéliques. Un service sympathique, des plats copieux et pour tous les goûts. Que demander de plus ?
Chez David *(plan A2,* ***12****)* **:** *49, rue Général-Dejean. ☎ 04-68-94-86-92. • campidavid@aol.fr • Fermé dim-lun. Formule et menu déj en sem 15-18 €, menu cassoulet 25 € ; carte env 30-35 € ;* Avec son sympathique look de *biker*, c'est de l'autre côté de l'Atlantique que David va chercher quelques idées culinaires, sans renier pour autant les traditions de son cher Lauragais. Ça donne des plats francs et généreux, comme cet original poulet fermier au sirop d'érable que l'on sauce jusqu'à la dernière goutte. Jolie salle aux murs de pierre et terrasse au bord de la rue lorsqu'il fait beau. Concerts certains week-ends.

De prix moyens à chic

Hôtel du Canal *(hors plan par A2,* ***13****)* **:** *88, av. Arnaut-Vidal. ☎ 04-68-94-05-05. • contact@hotelducanal.com • hotelducanal.com • Face à la gendarmerie, à 300 m de la gare. Doubles 59-81 € ; familiales 72-99 €. Parking gratuit et local à vélos.* Hôtel de construction récente, au bord du canal du Midi. Les chambres sont classiques, bien tenues, avec clim côté jardin et ventilo côté canal. Terrasse pour prendre son petit déj devant le canal et un agréable parc sur l'arrière. Un bon point de chute pour une halte en ville.
Hôtel-restaurant du Centre et du Lauragais *(plan A2,* ***14****)* **:** *31, cours de la République. ☎ 04-68-23-25-95. • hcl11@live.fr • hotel-centre-lauragais.fr • Resto tlj sf dim soir hors*

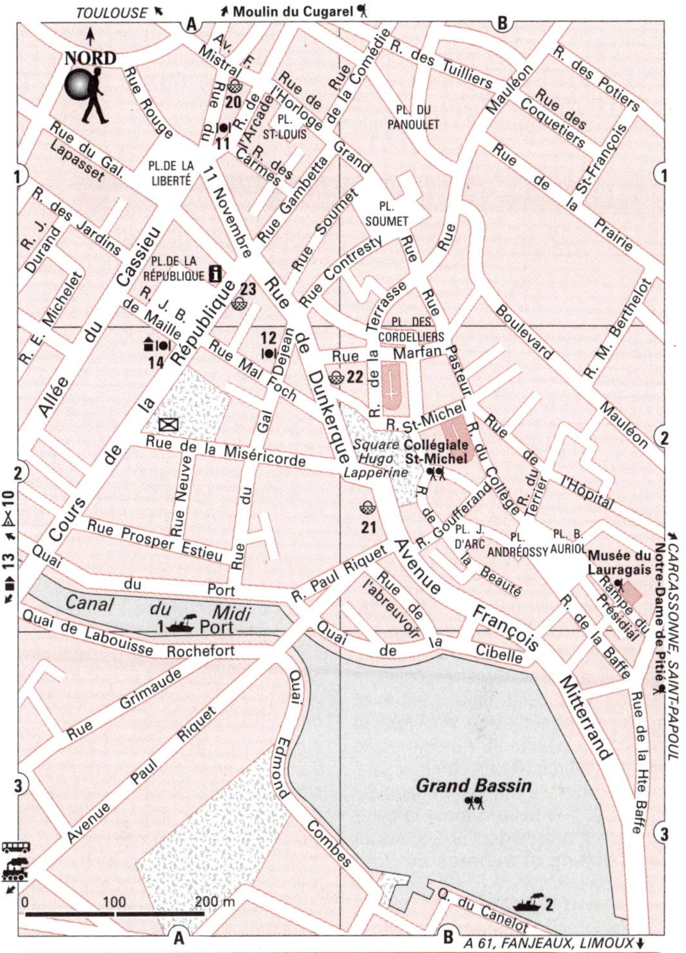

CASTELNAUDARY

Adresses utiles

- Office de tourisme
- 1 Départs du Saint-Roch
- 2 Le Boat (location de bateaux)

Où dormir ? Où manger ?

- 10 Camping municipal de la Giraille
- 11 Le Petit Gazouillis
- 12 Chez David
- 13 Hôtel du Canal
- 14 Hôtel-restaurant du Centre et du Lauragais

Où acheter de bons produits

- 20 Pâtisserie Belloc
- 21 Maison Escudier
- 22 Maison Albert Escourrou
- 23 La Ferme du Pays d'Oc

saison. Doubles 69-84 €. Formules et menus déj en sem 18-22 €, puis 25-39 €. À l'intérieur d'une massive maison bourgeoise en plein centre, des chambres restaurées dans un esprit sobre et contemporain. Le double vitrage est efficace. La salle de resto, entièrement parée de noir et de blanc, est plus clinquante avec ses touches néobaroques. Cuisine réussie. Bon accueil.

Où dormir ? Où manger dans les environs ?

De bon marché à prix moyens

Camping et chambres d'hôtes Domaine de la Capelle : *11400* **Saint-Martin-Lalande.** *☎ 04-68-94-91-90. • lacapelle2@orange.fr • domainedelacapelle.fr • À 6 km à l'est de Castelnaudary, fléché sur la route de l'abbaye de Saint-Papoul (D 103). Camping ouv avr-sept ; compter 12,40 € pour 2. Doubles 99-123 € ; apparts 80-130 € (2-4 pers ; petit déj en supplément). Table d'hôtes 30-60 €. (à la maison).* Superbe espace boisé pour camper, vraiment tranquille, installé à 200 m de la maison de famille où prennent place les chambres d'hôtes de charme. Poutres apparentes, tomettes, couleurs délicates. Cassoulet maison fait avec amour, pain et pichet de vin livrés au camping sur demande. Au-delà d'une tarification à tiroir un brin commerciale, accueil cordial de Maryse et Jacques Sabatte, et très belle vue sur la campagne environnante depuis la terrasse.

Camping et auberge Le Bout du Monde : *ferme de Rhodes, 11400* **Verdun-en-Lauragais.** *☎ 04-68-94-95-96. • info@campingleboutdumonde.fr • leboutdumonde.fr • À 15 km de Castelnaudary par la D 103, puis la D 803 à Saint-Papoul en direction de Verdun (fléché à droite). Ouv Pâques-sept. Resto sur demande, sf le soir jeu-sam, plus sam midi, dim midi et j. fériés midi. Compter 19-37 € pour 2 en tente ; chalets ou yourtes 40-147 €/nuit. Formule et menu 25-40 €. Apéritif maison offert sur présentation de ce guide.* Dans un cadre superbe (120 ha entre bois, landes et pâturages), un camping écolabellisé, avec 2 piscines (dont une naturelle), tennis et lac de pêche. Ferme pédagogique et différentes activités pour les enfants (ateliers de peinture, poney, etc.). Idéal en famille. C'est aussi dans ce bout du monde que vivent les dignes héritiers de Pantagruel. Dans une salle à manger à l'ancienne, on est accueilli par des miches de pain géantes. Navarin d'agneau, canette à la broche, pintade farcie... Interdit à celle ou celui qui picore ou qui est au régime ! Bar avec concert le samedi soir.

Camping Le Cathare : *château de la Barthe, 11410* **Belflou.** *☎ 04-68-60-32-49. • cazanave.monique@wanadoo.fr • auberge-lecathare.com • Depuis Castelnaudary, suivre la D 624 direction Mazères ; après l'autoroute, prendre à droite la D 415 ; puis fléché. Camping ouv slt sur résa ; selon saison, compter 13,60-24 € pour 2 ; chalets (ouv tte l'année) et mobile homes 247-647 €/sem. Doubles sans ou avec sdb 41-54,50 € ; petit déj en sus. Digestif maison offert sur présentation de ce guide.* Sur les hauteurs des rives du lac (barrage de la Ganguise), ce terrain s'organise en 3 secteurs. Celui des chalets bien ordonnés (trop ?) en terrasses, celui pour les caravanes avec vue sur les flots et celui pour les tentes, le plus ombragé. On peut faire trempette dans le lac. L'auberge, dans un ancien prieuré, propose des chambres simples mais propres. Repas de groupe et animations.

Hostellerie Étienne : *1, rue Saint-James (D 6113), 11320* **Labastide-d'Anjou.** *☎ 04-68-60-10-08. • hostellerie.etienne@orange.fr • Congés : de mi-déc à mi-janv. Ouv le midi tlj sf dim-lun hors saison ; téléphoner avt pour le soir. Menus 14 € (déj en sem), puis 16 € (sf w-e)-28 €.* Au milieu d'un parc peuplé d'oiseaux, le cadre est bien sympathique. Quant à la cuisine, elle est toujours aussi mémorable, servie par les rois du cassoulet, baptisé

« impérial ». Celui-ci a fait la renommée du père, aux innombrables diplômes, et il fait maintenant celle du fils. Terrasse en été.

Le Pas de Naurouze : *80, route de Ségala, 11320* ***Montferrand.*** *☎ 04-68-23-31-15. À 13 km à l'ouest de Castelnaudary par la D 6113 vers Toulouse. Fermé dim soir et lun hors saison. Résa conseillée. Menus 15 € (déj en sem), puis 21-29 €.* Pour ceux qui seraient en quête d'une cuisine autre que le traditionnel cassoulet, voilà l'adresse qu'il vous faut ! À deux pas du seuil de Naurouze, ce restaurant au cadre sobre et actuel propose une cuisine renouvelée, des plats légers (alléluia !), des mariages de saveurs enchanteurs et toujours bien sentis. Les légumes non traités proviennent du grand potager. Terrasse ombragée par des cannisses. C'est frais et bienvenu, vraiment. Le seuil de Naurouze se trouve à quelques centaines de mètres !

Auberge La Calèche : *1, rue de la Croix, 11400* ***Peyrens.*** *☎ 04-68-60-40-13. À 4 km au nord de Castelnaudary par la D 624 vers Revel. Tlj en été ; hors saison, fermé le soir dim-mer et j. fériés, plus mer midi. Menus 17 € (sf dim et j. fériés), puis 20-26 €. Apéritif offert sur présentation de ce guide.* Un cassoulet si bon que l'on fait la route depuis Toulouse pour venir le manger ici ! Sans oublier quelques spécialités fameuses, le millefeuille de légumes, les aiguillettes de canard aux pruneaux ou le filet de truite aux écrevisses. On en sort gavé comme une oie ! Plaisante salle rustique et coquette.

De chic à plus chic

Chambres d'hôtes Château Coquelicot : *chez Françoise et Frédéric Bernier, 250, route de Castelnaudary, 11400* ***Souilhanels.*** *☎ 04-68-60-29-33. 06-42-74-55-90. • info@chateaucoquelicot.com • chateaucoquelicot.com • À 6 km au nord-ouest de Castelnaudary par la D 113. Double 95 €. Table d'hôtes 25 €.* Une grosse maison du XIXe s, posée au bord du village, sur un ancien domaine viticole. Les chambres, spacieuses et raffinées, ont vue sur les champs ou sur la cour et la piscine de poche. Clin d'œil à l'ancien métier de la propriétaire, elles portent chacune le nom d'un parfum. Pour les familles, possibilité de loger les enfants dans une chambre attenante. Une adresse sympathique.

Hostellerie du château de la Pomarède : *11400* ***La Pomarède.*** *☎ 04-68-60-49-69. • hostellerie-lapomarede@wanadoo.fr • hostellerie-lapomarede.com • À 10 km au nord de Castelnaudary ; D 624 via Peyrens, puis D 302. Resto fermé dim soir-mar midi hors saison. Doubles ou suite 99-200 €. Formule et menu en sem 16-21 € ; menus 39-98 €.* Dans l'enceinte de ce château cathare qui surplombe la plaine du Lauragais, l'ancien et le moderne se sont donné rendez-vous. Une rencontre sous le signe de l'élégance dans une ambiance détendue. Derrière les épais murs de pierre, le voyageur profite de belles chambres qui s'ouvrent sur la cour du château ou sur la plaine. Résolument contemporaines, les plus récentes sont en contrebas, dans l'ancien presbytère ! Terrasse pour celles à l'étage, et, dans l'une d'elles, un vitrail donnant sur l'église. Calme et sérénité pour mieux vous faire apprécier la cuisine étoilée de Gérald Garcia, précise et inventive. Un pur moment de bonheur, dès le 1er menu du déjeuner... Terrasse et piscine aux beaux jours.

Où acheter de bons produits ?

Pâtisserie Belloc *(plan A1,* ***20****) : 48, rue du 11-Novembre. ☎ 04-68-23-02-20. Tlj sf mar. Congés : 2 sem fin juil.* On y fabrique les *Gloria* et *Alléluia de Castelnaudary,* une roborative spécialité faite d'un biscuit croquant (ô combien) fourré de cédrat confit et recouvert d'un glaçage parfumé à la vanille et au citron. Une recette rapportée de ses pérégrinations par un soldat de l'Empire, baptisée plus tard *Alléluias* en hommage au pape Pie VII, qui séjourna face à la pâtisserie.

Maison Escudier *(plan B2,* ***21****) : 11,*

rue de Dunkerque. ☎ *04-68-23-12-79. Tlj sf dim ap-m.* On y trouve cassoulets, confits, foies gras et charcuterie maison. Et même l'authentique haricot lingot.

Maison Albert Escourrou *(plan A1,* **22***) : 30, rue de Dunkerque.* ☎ *04-68-23-13-93. Tlj sf mar et l'ap-m dim-lun.* Boudin audois à la fleur de thym, cou de canard farci au foie gras, sans oublier le cassoulet traditionnel au confit de canard ou d'oie et le haricot-lingot.

La Ferme du Pays d'Oc *(plan A1,* **23***) : 38, cours de la République.* ☎ *04-68-23-56-12. Tlj sf dim ap-m.* Une boutique pour remplir son cabas de bons produits du Lauraguais, et bien au-delà !

À voir

Le Grand Bassin *(plan B3)* **:** l'attraction n° 1. Quatre écluses y retiennent l'eau du canal du Midi, qui traverse la ville au sud. Base de navigation en été, c'est aussi un lieu agréable de promenade.

La collégiale Saint-Michel *(plan B2)* **:** *dans la partie haute de la ville ancienne. Juil-août, tlj sf sam ap-m et dim mat, 10h-12h30, 15h-18h30. Visite guidée sur rdv auprès de l'office de tourisme.* Étonnante tour-clocher haute de 56 m, à cheval sur une petite rue (on passe sous son arcade brisée). L'imposante église, édifiée au XIIIe s, est typique du gothique méridional. Nef unique longue de 40 m, orgues Cavaillé-Coll superbes du XVIIIe s, belle croix de pierre sculptée du XVIe s sous la tribune.

Le musée du Lauragais *(plan B2)* **:** *rampe du Présidial.* ☎ *04-68-23-00-42. Fléché depuis la collégiale. Juil-sept, tlj sf lun, 14h30-18h30. Entrée : 2 € ; réduc ; gratuit moins de 25 ans.* Ancien tribunal civil et criminel créé par Catherine de Médicis en 1554. Une prison lui fut adjointe au XVIIe s. Aujourd'hui, il accueille des expositions temporaires.

La chapelle Notre-Dame-de-la-Pitié *(hors plan par B2)* **:** *rue de l'Hôpital. Visite guidée sur rdv auprès de l'office de tourisme.* À voir pour son magnifique ensemble de 10 panneaux en bois doré du XVIIIe s, sur le thème de la Semaine sainte et de la passion du Christ.

Le moulin de Cugarel *(hors plan par A1)* **:** *à 300 m du centre, fléché depuis la rue de l'horloge en centre-ville. En été, tlj sf lun. GRATUIT. Visite guidée sur rdv auprès de l'office de tourisme.* Entièrement restauré et parfaitement représentatif des 32 moulins à vent que comptait autrefois Castelnaudary.

Fête et manifestations

– **Marchés nocturnes :** *de fin juin à mi-août, jeu 18h30-23h.* Des marchés de produits de terroir et d'artisanat d'art à Castelnaudary ou dans un des villages de la communauté de communes.
– **Fête du Cassoulet :** *dernier w-e d'août.* Diverses animations, corso fleuri, concerts, etc.
– **Festival de la caricature et du dessin de presse :** *fin nov-début déc.* • *croquignous.free.fr* • Avec l'association Los Croquignous !
– **Foire au gras :** *1er dim de déc.*

DANS LES ENVIRONS DE CASTELNAUDARY

L'abbaye de Saint-Papoul : *5, pl. Monseigneur-de-Langle, 11400* ***Saint-Papoul.*** ☎ *04-68-94-97-75.* • *abbaye-saint-papoul.fr* • *À 7 km au nord-est de Castelnaudary. Juil-août, tlj 10h-19h ; avr-juin et sept-oct, tlj (sf dim oct),*

10h-12h, 14h-18h ; le reste de l'année, slt sam, dim ap-m et vac scol 10h-12h, 14h-17h (fermeture des guichets 30 mn avt). Fermé en janv et vac de Noël. Entrée : 4 € ; réduc (notamment avec le Passeport des sites). Fondée au VIIIe s, Saint-Papoul était le siège d'un évêché de 1317 à la Révolution, d'où l'importance de son abbaye. Cette ancienne cathédrale possède de remarquables chapiteaux extérieurs, attribués au sculpteur roman dit le Maître de Cabestany. Une expo permanente lui est d'ailleurs consacrée. Beau cloître à décor végétal du XIVe s, où subsistent des monstres inspirés du bestiaire roman. Un enduit gris recouvre certaines colonnes, cachant la brique, visible sur d'autres. Dans l'église, buffet d'orgue du XVIIIe s. Notez aussi, du chevet, la vue sur le toit de l'abside en grès sculpté : rarissime. En été, de nombreuses animations culturelles y ont lieu.

Poterie Not Frères : *11400* ***Mas-Saintes-Puelles.*** *☎ 04-68-23-17-01. À 12 km à l'ouest de Castelnaudary par la D 6113 (fléché). Lun-ven 8h-12h, 14h-18h (17h ven) ; plus sam 9h-12h, 14h30-18h et dim ap-m avr-juin. Fermé de début août à début sept et fêtes de fin d'année.* Les bonnes maisons n'achètent pas leurs *cassoles* n'importe où mais ici, dans cette entreprise familiale qui travaille artisanalement, avec d'anciens tours à pied. Si ce n'est pas la bousculade, l'un des associés pourra vous montrer l'atelier, le four à bois, et vous expliquer leur passionnant savoir-faire qu'ils se transmettent de génération en génération. Plein d'idées de cadeaux à rapporter, dont de jolis vases à quatre anses, typiques du Lauragais.

– ***Voile sur le lac de Ganguise :*** *à l'****École française de voile,*** *base du lieu-dit En Gaillard, à* ***Belflou.*** *☎ 04-68-60-35-68. • ganguise.com •* Propose stages d'initiation et de perfectionnement. Location de bateaux à voile, planches à voile, canoës, *paddle,* embarcations à pédales et VTT. Boucle de randonnée de 2h30 au départ de la base pour découvrir la riche faune de ce milieu humide.

FANJEAUX (11270) 860 hab. *Carte Aude, A1*

Adorable vieux village bâti sur une colline, un site oublié des visiteurs, aux rues authentiques, où l'on dit que chaque maison abrite un puits. Voir les halles, superbes avec leur charpente en chêne, l'église gothique pour son chœur baroque, ses tableaux, son trésor... On y sonne encore manuellement le carillon. Fanjeaux est remarquable pour son superbe panorama sur les environs, du haut du Seignadou, à l'endroit même où saint Dominique aurait vu des boules de feu s'abattre sur le hameau voisin de Prouilhe. Pour fêter cette « vision », il y fonda sa première communauté en 1206. Rasé pendant la Révolution, le couvent a été remplacé par un monastère où vit une communauté internationale de moniales. Dans les environs, on peut aller jeter un œil à l'église romane des XIe et XIIe s à Cazalrenoux

Adresse et info utiles

Office de tourisme de la Piège-Lauragais-Malpère : *pl. du Treil. ☎ 04-68-24-75-45. • collinescathares.com • ♿ En été, tlj 10h-13h, 14h30-18h30 ; le reste de l'année, lun-ven 10h-12h, 14h-17h.*

– ***Marché :*** *sam mat.*

Où camper ?

⛺ ***Camping Les Brugues :*** *aux Brugues. ☎ 04-68-24-77-37. • les brugues@free.fr • lesbrugues.free.fr • ♿ À la sortie du village, D 119 puis prendre à gauche la D 112 direction La Courtète ; 200 m plus loin, prendre à droite sur 2,5 km ; fléché. Ouv juin-sept. Compter 18,10-20 € pour 2 selon saison. CB refusées.* Une belle aire naturelle avec une grosse poignée d'emplacements en pleine nature, au milieu d'une grande prairie arborée et au bord d'un lac. Convivialité et calme assurés. Sanitaires impeccables, salle commune couverte. Ce qu'on aime ici, c'est qu'il y a plus de brebis que de campeurs !

LA HAUTE VALLÉE DE L'AUDE

Le littoral se trouve à plus de 100 km et le paysage change très vite. Ici, le Languedoc perd insensiblement sa coloration méditerranéenne pour se faire paysage de piémont. Le Razès limouxin vallonné et planté de vignes n'a rien à voir avec le relief escarpé qui vous attend au-delà de Quillan où, surplombant les plateaux de la haute vallée de l'Aude, le donjon d'Arques, les châteaux de Puilaurens et Puivert, campés sur leurs promontoires, vous invitent à un joli voyage dans le temps.

LE RAZÈS

De Limoux à Rennes-le-Château, l'Aude traverse le Razès. Aussi appelée pays de Rhedez, du nom de l'ancienne ville wisigothique Rhedæ (l'actuel Rennes-le-Château), cette microrégion s'étendait au Moyen Âge de l'Espagne à Carcassonne et de Termenès à Foix. Aujourd'hui, sa capitale n'est autre que Limoux.

LIMOUX (11300) 10 815 hab. *Carte Aude, B2*

Quand on dit Limoux, les bons élèves répondent : blanquette. Et ceux qui disent blanquette de veau, c'est 1h de colle ! La blanquette qui nous intéresse ici, loin d'être une copie du champagne, lui est de loin antérieure (elle fut inventée au XVIe s !). Et sa qualité peut même égaler certains crus champenois. Élevée selon deux méthodes, traditionnelle ou ancestrale, elle a pour petit frère le crémant-de-limoux (voir plus haut la rubrique « Vins et alcools » dans le chapitre « Hommes, culture, environnement »). Peut-être est-ce la raison pour laquelle la ville est si animée, si active, si... effervescente, malgré son industrie textile aujourd'hui disparue. Et puis on vient ici pour le carnaval, une tradition qui remonterait au XIVe s. Les meuniers célébraient la remise de

leurs redevances au monastère de Prouilhe. Ces us séculaires se perpétuent aujourd'hui dans une profusion de confettis... carnavalesques.

Adresses et infos utiles

Office de tourisme : *7, av. du Pont-de-France. ☎ 04-68-31-11-82. • tourisme-limoux-in-aude.fr • Juil-août, tlj ; hors saison, tlj sf dim et j. fériés.* Propose un topo historique de la ville. Les randonneurs y trouveront aussi le topoguide du Limouxin. Livrets sur la richesse des milieux naturels alentour.

– Une dizaine de ***trains*** ou ***bus*** (compagnie *Keolis,* ☎ *04-68-25-13-74*) tlj pour ***Carcassonne*** et ***Quillan*** ; 3 départs le dim.

– ***Canoë :*** *avec* ***Club Canoë Kayak Limoux,*** *2 bis, rue des Violettes (en direction du camping). 06-86-57-80-68. • canoelimoux.fr • Base ouv tlj en été ; le reste de l'année, se renseigner.* Location de canoës-kayaks, et même d'embarcations à pédales en rivière...

– ***Équitation :*** *ranch* ***Au Petit Mas,*** *à la sortie de Limoux, route de Castelnaudary. 06-31-94-97-93. • chevalcatharelimoux.fr • Compter 18-32 € pour 1-2h.* Balades encadrées par un accompagnateur de tourisme équestre dans les vignobles audois.

Confiserie Bor : *23 bis, av. Fabre-d'Églantine. ☎ 04-68-31-02-15. • nougat-bor.com • Tlj sf dim 9h-12h, 14h-19h.* Pour goûter et, bien sûr, acheter le nougat maison, confiserie limouxine par excellence, le *tap,* chocolat en forme de bouchon de blanquette, parfumé au marc de chardonnay...

– ***Marché :*** *ven, pl. de la République, aux halles et allée des Marronniers. Nocturne mar pdt l'été 17h-23h.* Nombreux producteurs et maraîchers locaux.

Où dormir ? Où manger ?

Camping

Camping municipal du Breil : *av. Salvador-Allende. ☎ 04-68-31-13-63 ou 04-68-31-85-01. • camping.limoux@gmail.com • sports@limoux.fr • limoux.fr • Sur la D 118, dépasser le centre-ville ; traverser le dernier pont direction Saint-Polycarpe ; fléché à droite. Ouv juin-sept. Compter 7,80 € pour 2. CB refusées.* Très bien situé, au sud de la ville et au bord de l'Aude. Équipements et services limités (douches fermées de 23h à 7h, par exemple), un règlement un peu strict, mais bien ombragé et des prix doux. Piscine et tennis à côté (tarifs préférentiels).

Bon marché

La Goûtine : *10, rue de la Goûtine. ☎ 04-68-74-34-07. • yvane.jezequel@wanadoo.fr • Tlj sf dim (hors carnaval)-lun, plus le soir mar-jeu hors saison. Formules et menus 14-16 € le midi, 21,50-24 € le soir. Café, thé ou tisane offert sur présentation de ce guide.* Un p'tit resto nature qui propose une cuisine végétarienne et bio (la clim est remplacée par un éventail), mais aussi végétalienne et sans gluten. Belle alternative aux plantureux plats traditionnels de ce terroir ! Yvane, la propriétaire, apporte un soin particulier aux jolies et copieuses assiettes qu'elle propose : de la saveur, de la couleur, de la chaleur en hiver et de la fraîcheur en été.

De chic à plus chic

Chambre d'hôtes La Monèze Basse : *domaine La Monèze Basse. ☎ 04-68-31-66-43. • lamoneze@orange.fr • lamoneze.com • À 2,5 km du centre. Suivre la D 620 direction Mirepoix, puis la D 102 à droite, c'est fléché ensuite à gauche. Doubles 79-99 € selon taille et saison.* Jérémy et Tania ont admirablement rénové cette vieille bâtisse vigneronne plantée sur un ancien domaine limouxin. Ils vous accueillent de façon vraiment chaleureuse. Au salon comme dans les chambres, vieux matériaux côtoient mobilier et tons contemporains au gré d'une décoration de très bon goût. Certaines chambres donnent sur la campagne, d'autres sur le parc, la plus grande ayant les 2 expositions. Petit déj pris dans le jardin, aux beaux jours ; quant au parc, il vous tend les bras pour un moment de détente. Piscine.

Grand Hôtel Moderne et Pigeon – Restaurant Tantine et Tonton : *1, pl. du Général-Leclerc. ☎ 04-68-31-00-25. • hotelmodernepigeon@wanadoo.fr • grandhotelmodernepigeon.fr • À côté de la poste, tt près de la pl. de la République. Resto tlj sf dim et lun soir. Doubles 101-110 €. Formules déj en sem 19-25,50 € ; menus 32-60 €.* Cette superbe maison fut un couvent, puis l'hôtel particulier d'une grande famille, puis une banque, avant de se transformer en hôtel au début du XXe s. Les chambres sont plaisantes, mais on apprécierait une meilleure isolation phonique. Du coup, on s'est concentré sur la table, et on n'a pas regretté ! Le chef suggère une cuisine inventive qui révèle le goût des produits et va à l'essentiel. Les cuissons sont maîtrisées, les notes d'épices parfaitement dosées, et la carte défile au rythme des saisons. Service soigné dans une salle au décor raffiné et à l'ambiance feutrée, presque surannée. Aux beaux jours, on préfère le patio fleuri.

Où dormir ? Où manger dans les environs ?

Chambres d'hôtes Chamb'Art : *3, av. du Béal, 11250* ***Saint-Hilaire.*** *☎ 04-30-07-36-81. 07-79-80-25-24. • chamb-art@outlook.fr • chamb-art.fr • À 14 km au nord-est de Limoux par la D 104. Ouv de fin mars à mi-nov. Double 65 € (loc à la sem privilégiée en juil-août). Garage payant.* Derrière une façade qui n'attire pas le regard, se cachent de charmantes chambres avec parquet, tomettes, carreaux de ciment, murs de pierre ou bardés. Tout a été restauré par Frieda, la sympathique propriétaire qui a le sens de la déco, et le don de restaurer les vieux fauteuils (c'est d'ailleurs son métier !). Son compagnon, lui, est peintre. À l'arrière, un jardin s'étire jusqu'à la rivière. Cuisine à disposition et barbecue. Un endroit reposant.

Domaine Gayda : *11300* ***Brugairolles.*** *☎ 04-68-20-65-87. • info@maisongayda.com • À 10 km au nord-ouest de Limoux par la D 118, puis la D 623 (direction Castelnaudary) ; tourner à droite direction Brugairolles ; c'est à 800 m du village, sur la D 19. Fermé dim soir et lun-mar hors saison. Résa impérative. Menus déj en sem 23,50 €, puis 36-46 € ; carte env 45-50 €. Cours de dégustation (• vinecole.com •).* Tout ici en impose : depuis la grande allée qui mène à l'énorme bâtisse jaune jusqu'à l'immense hall d'entrée. Le resto est tout aussi bluffant avec sa jolie salle mais surtout sa vaste terrasse qui ouvre sur un paysage de vignobles, de champs et au loin les Pyrénées. Les plus romantiques préféreront les quelques tables posées dans la pinède. Des plats d'une extrême finesse, des alliances de textures et de saveurs subtiles. Et des vins qui s'accordent parfaitement avec cette cuisine moderne basée sur des produits de terroir. Vous êtes sur un domaine viticole, et une visite de la cave après le repas s'impose.

Les caves à Limoux et dans les environs

Plutôt blanquette ?

Vous êtes venu pour ça, avouez-le... L'office de tourisme diffuse la brochure « Carnet de voyage » de cette AOC.

■ **Coopérative Sieur d'Arques :** *av. du Mauzac. ☎ 04-68-74-63-46. • sieurdarques.com • À l'est de la ville par l'av. Charles-de-Gaulle, en direction de Mirepoix. Tlj sf dim ap-m, 9h-12h30, 14h-19h. Visite libre.* Film, puis dégustation gratuite de blanquette et autre...

■ ***Caveau Satgé :*** *19, rue Blanquerie.* ☎ *04-68-31-40-60. Sur la rive droite, proche du pont Vieux. Tlj 10h-12h, 14h-19h (9h30-20h30 en été).* Dans une ancienne écurie, au milieu des photos souvenirs et d'outils anciens, on déguste la blanquette produite par ce célèbre vigneron-rugbyman (champion de France en 1968) qui prêta son image pour vanter les bulles de son pays. Ici, un mot d'ordre : « Au ciel il n'y a pas de vin. Buvons sur terre ! »

■ ***Domaine Delmas :*** *11, route de Couiza, 11190* ***Antugnac.*** ☎ *04-68-74-21-01. • blanquette-delmas-bio.com • À 19 km au sud de Limoux par la D 118 puis, à Couiza, la D 52. Lun-ven 9h-12h, 14h-18h ; w-e sur rdv.* Ce domaine est dans la famille depuis 3 générations et cultive en bio depuis 1986. Blanquette, crémant, AOC limoux, tout y passe, jusqu'à innover avec un élevage en fût de chêne.

Ou plutôt vins tranquilles ?

■ ***Domaine de Matibat :*** *près de* ***Saint-Martin-de-Villereglan.*** ☎ *04-68-31-15-52. • domaine-de-matibat.com • À 8 km au nord de Limoux par la D 118 puis la D 19. Tlj sf sam ap-m et dim, 8h-12h, 14h-18h30.* M. Turetti produit le meilleur malepère rouge qui soit et un blanc (chardonnay) formidable, ce qui est assez rare ici pour être souligné.

■ ***Domaine Gayda :*** *voir accès plus haut dans « Où dormir ? Où manger dans les environs ? ».* ☎ *04-68-31-91-45. • magasin@domainegayda.com • domainegayda.com • Lun-ven 10h-17h.* Un domaine récent, des méthodes traditionnelles mais des techniques modernes, une récolte à la main et selon les canons du bio. Des cépages classiques (chenin, grenache, syrah...) et d'autres moins (maccabeo, roussane, viognier...) donnent des rouges, rosés et blancs baptisés de noms bien dans le goût du temps.

À voir. À faire

La place de la République : le poumon de la ville pendant le marché, son cœur pendant le carnaval. Belles arcades surnommées « couverts ». Ces anciennes galeries en bois, victimes d'incendies, ont été reconstruites en pierre, surmontées de maisons à pans.

L'église Saint-Martin : *tlj sf dim.* On l'appelle aussi improprement cathédrale, l'église romane (dont il reste un beau portail) ayant été élevée à ce rang au XIVe s. Mais l'annulation des travaux stoppa l'élégant vaisseau dans son envol. À l'intérieur, grand retable du maître-autel (XVIIe s), jolies toiles françaises du XVIIIe s et surtout statue du XVe s, représentant saint Martin, recouverte de vermeil et d'argent (dans la sacristie).

Au gré des ruelles voisines, ***autour de l'église et sur les bords de l'Aude,*** d'agréables surprises architecturales, comme dans la rue de la Mairie (beaux hôtels particuliers), celle de la Blanquerie, sur l'autre rive, la rue Jean-Jaurès, celle du Palais...

Le pont Neuf : appelons-le ainsi même si le pont Vieux, 200 m en amont, est le plus jeune des deux ! Construit au début du XIVe s, le faux pont Neuf ressemble assez au vrai pont Vieux de Carcassonne avec ses belles arches « à becs ». Jolie vue sur le clocher et l'église Saint-Martin.

Le musée du Piano : *pl. du 22-Septembre, église Saint-Jacques.* ☎ *09-63-68-34-54. De mi-juin à mi-sept, mer-dim 10h-12h30, 14h-18h30. Entrée : 3,50 € ; réduc.* Collection d'une centaine de pianos du XVIIIe s à nos jours : Pleyel à ornements dorés, pianos droits à clavier basculant ou cylindre tournant, Érard « Belle Époque » et pianos mécaniques... Auditorium où se déroulent différents concerts dont ceux du festival Radio France en juillet.

Le musée Petiet : *32, promenade du Tivoli. ☎ 09-63-68-34-54. • musee-petiet-limoux.sitew.fr • De mi-juin à mi-sept, mêmes horaires que le musée du Piano. Le reste de l'année, mer-ven 10h-12h, 14h-18h. Entrée : 3,50 € ; réduc.* Collection de peintures françaises (XIXe et XXe s) dont celles de Marie Petiet, d'Achille Laugé ou d'Henri Le Sidaner dans de beaux salons.

Le musée de l'Imprimerie : *allée du 19-Mars. ☎ 09-63-68-34-54. • museedelimprimerie.fr • Juil-août, tlj sf lun 10h-12h30, 15h-18h30. Entrée : 3,50 € ; réduc.* Un petit musée pour se plonger dans l'époque de Gutenberg (atelier de typographie, ancien matériel de presse, etc.).

Le jardin aux plantes parfumées La Bouichère : *domaine de Flassian, rue Dewoitine (à l'entrée de Limoux, en venant de Carcassonne par la D 118). ☎ 04-68-31-49-94. • labouichere.com • Mai-sept, tlj sf lun-mar (plus sam mai-juin et sept), 13h-18h. Entrée : 8 € ; réduc.* Sur 2 ha, c'est un jardin extraordinaire créé il y a plus de 20 ans, bien avant que les grandes surfaces ne poussent autour comme du chiendent. Gabrielle et Pierre ont planté au gré des saisons des arbres aujourd'hui magnifiques, collectionné des plantes aromatiques oubliées issues de plusieurs continents, créé des vergers regorgeant de fruits de toutes sortes. Une succession de jardins à thème qui s'entremêlent en toute harmonie : jardins aux épices, aquatique, médiéval, tropical, verger, potager... Une prairie, un jardin sec, un jardin du clair de lune, autant d'espaces colorés et pleins de poésie. Des bancs çà et là, quelques animaux pour la joie des enfants et un très agréable petit snack. Malgré l'environnement peu propice, le lieu conserve un vrai charme et un côté enchanteur.

La basilique Notre-Dame-de-Marceille : *un peu excentrée, au nord-est de la ville par la D 104. Ouv tlj.* Célèbre chapelle du XIIe s, dont la source « miraculeuse » attire de nombreux pèlerins le 7 septembre. Selon la croyance, son eau soignerait les maladies des yeux. Dans la basilique, copie d'une statue de la Vierge noire (l'original date du XIe s). Petit musée des Arts sacrés *(tlj 9h-19h ; GRATUIT).*

Manifestations

– ***Carnaval :*** *de mi-janv à fin mars, le w-e et Mardi gras. 3 « sorties », à 11h, 16h30 et 22h. Et durant un des w-e de mars, le sam est consacré aux carnavals du monde, le dim à la sortie de ttes les bandes (500 carnavaliers, 100 musiciens).* À ne manquer sous aucun prétexte, c'est le carnaval le plus long du monde ! Les « bandes » font le tour de la place des Arcades en dansant sur un rythme précis (musique composée par des Limouxins) et les Fécos mènent la danse dans leurs somptueux déguisements. En chemin, les joyeux drilles s'arrêtent dans tous les bistrots ; chaude ambiance !
– ***Toques et Clochers :*** *w-e avt Pâques. Rens : ☎ 04-68-74-63-47.* Grande fête de la gastronomie dans l'un des villages du Limouxin. Organisée par les vignerons, cette fête réunit des professionnels du monde entier (les « Toques ») comme le grand public (le samedi). Une vente de vin est organisée au profit de la sauvegarde du patrimoine architectural local (les « Clochers »).
– ***Brass Festival :*** *4 j. autour du 1er mai. ☎ 04-68-31-55-05. • limouxbrass.fr •* Festival de cuivres invitant des artistes de renommée internationale.
– ***Festival NAVA*** *(Nouveaux auteurs en vallée d'Aude)* ***:*** *10 j. fin juil-début août. Rens : ☎ 04-68-31-85-08. • festival-nava.com •* Un festival d'avant-premières de pièces de théâtre, lecture de textes par des comédiens.
– ***Les Bulles Sonores :*** *4 j. vac de la Toussaint. • limouxbrass.fr •* Concerts à dominante pop-rock, pas mal de têtes d'affiches.

DANS LES ENVIRONS DE LIMOUX

L'abbaye de Saint-Hilaire : *à 12 km au nord-est de Limoux par la D 104, dans le village de* **Saint-Hilaire.** *☎ 04-68-69-62-76. • perso.orange.fr/abbayedesainthilaire • Tlj : juil-août, 10h-19h ; hors saison, 10h-18h (17h nov-mars). Entrée : 5 € ; réduc (notamment avec le Passeport des sites) ; 4 € sur présentation de ce guide.* C'est dans les celliers taillés dans la roche qu'est né, dit-on, le premier brut du monde. Traduction : on doit à un moine de l'abbaye la découverte, en 1531, de la mutation du vin tranquille en effervescent. À voir plus sérieusement pour les fines colonnades de son merveilleux cloître du XIVe s, pour le plafond peint du logis abbatial (XVe s) et pour le sarcophage, œuvre maîtresse du Maître de Cabestany (XIIe s) retraçant l'arrestation et le martyre de saint Sernin, premier évêque de Toulouse au IIIe s. Le réfectoire a été entièrement restauré il y a quelques années de façon très contemporaine, et il accueille des expositions temporaires tous les mois... La chaire de lecture du XIVe s, unique en France, est tout à fait originale : creusée dans l'épaisseur du mur séparant les deux réfectoires (celui des moines bénédictins et celui réservé aux hôtes de passage), elle permettait au récitant de faire la lecture à tous sans être vu, respectant ainsi la règle. Au fond du cloître, un escalier mène à la partie fortifiée de l'abbaye, et notamment à l'ancienne cave des moines.

ATTENTION GALANTE

Le logis de l'abbaye de Saint-Hilaire possède un superbe plafond peint du XVe s sur lequel figurent différentes scènes, certaines truculentes. Dans l'une d'elles, une femme nue prend son bain. Un homme (pas un moine !) lui glisse discrètement la main entre les jambes. Ce n'est qu'en 2014 que fut traduite la phrase du phylactère. La belle susurre « Qu'attendez-vous pour me dépouiller ? », tandis que l'homme répond : « Je n'attendais que votre invitation. » Que de délicatesse...

ALET-LES-BAINS

(11580) 460 hab. *Carte Aude, B2*

Cette petite station thermale en bordure de l'Aude existait déjà au temps des Romains, qui, pas fous, appréciaient les vertus de ses eaux réputées soigner efficacement les maladies du tube digestif et du système nerveux. Au lavoir, on peut d'ailleurs remplir ses bouteilles d'eau minérale.
Alet fut ensuite surtout célèbre pour son évêché. La cathédrale bâtie au XIIe s fut un monument splendide, détruit par la folie des guerres de Religion en 1577. Les protestants saccagèrent l'église, aujourd'hui en ruine. Elle ne fut jamais reconstruite.
Ce petit village discret et préservé a gardé un bien joli cachet avec ses ruelles secrètes bordées de superbes demeures des XIIIe, XIVe et XVe s. Colombages, encorbellements, fenêtres géminées... Séduisant !

Adresses utiles

Point Accueil Abbaye : *av. Nicolas-Pavillon. ☎ 04-68-69-93-56. • aletlesbains.com • Du w-e avt Pâques à la Toussaint : tlj 14h-18h (10h-12h30, 14h-18h juil-août).* Bien documenté et pro.

Piscine : *☎ 04-68-69-91-20. Tlj sf jeu en été 11h-13h, 15h-19h. Tarifs :*

3 € ; réduc. Piscine d'eau thermale, en plein air.

■ ***Alet Eau Vive :*** *allée des Thermes. ☎ 04-68-69-92-67. • aleteauvive.fr • Rafting, hydrospeed, canyoning 20-55 €. Canoë 15-25 € (6-15 km).* Agréables barbotages (dont certains dynamiques !) dans les gorges d'Alet.

■ ***Accro'Parc :*** *Le Moulin. ☎ 04-68-69-94-86. À 100 m du casino. Résa obligatoire. Adulte 20 € ; 17 € moins de 12 ans.* 4 niveaux de crapahutage, avec pont de singe, saut de Tarzan et passage au-dessus de la rivière... dans les arbres et en toute sécurité.

Où dormir ? Où manger ?

Camping

Camping Le Val d'Aleth : *chemin de la Paoulette. ☎ 04-68-69-90-40. 06-83-62-01-52. • camping@valdaleth.com • valdaleth.com • Au cœur du village. Ouv tte l'année. Selon saison, compter 17-18 € pour 2 au camping, doubles 58-62 €.* Terrain agréable, en bord de rivière, très bien tenu et parfaitement ombragé. Certains emplacements adossés aux ruines de l'abbaye et aux remparts. Rien de bien grave, mais on entend un petit peu le bruit de la route. Également 3 chambres d'hôtes. Location de VTT.

Prix moyens

Chambres d'hôtes L'Escalette : *9, rue Calvière. ☎ 04-68-69-99-25. • infos@escalette11.com • escalette11.com • Ouv avr-oct. Double 60 € ; réduc de 10 % à partir de la 3e nuit. Également un appart (loc à la sem).* Au cœur du village, Catherine et Gérard ouvrent leur maison du XVIIe s, en toute simplicité. Les 3 chambres ne sont pas dénuées de charme avec leur parquet et leurs murs en pierre. Chambre familiale avec mezzanine. Le petit jardin à l'arrière, un brin sauvage, est séduisant dès qu'il fait beau. Salon avec TV, cuisine à disposition. Tout pour se sentir à l'aise.

Hostellerie de l'Évêché : *2, av. Nicolas-Pavillon. ☎ 04-68-69-90-25. • contact.eveche@free.fr • hotel-eveche.com • Ouv avr-oct. Doubles 76-86 € ; petit déj 12 €. Menus 16-33 €. Café offert sur présentation de ce guide.* Soyons clair, on vient surtout pour s'attabler au restaurant établi sur les berges de l'Aude dans un splendide parc aux arbres séculaires, à l'ombre des ruines de l'abbaye. Cuisine de terroir pur jus, à apprécier dans une salle rustique-chic ou sous le grand marronnier aux beaux jours. En revanche, les chambres situées dans 2 corps de cet ancien palais épiscopal, ont un look suranné (pas de TV).

À voir

Les ruines de l'abbaye Notre-Dame d'Alet : *billetterie au Point Accueil Abbaye. Entrée : 4 € ; réduc (notamment avec le Passeport des sites).* L'abbaye bénédictine fut fondée en 813 et promue cathédrale en 1318. Elle conserve des éléments d'architecture carolingienne romane avec sa superbe abside à cinq pans du IXe s, à laquelle est venue se greffer la cathédrale gothique au XIVe s.

Fête

– ***Fête de l'Eau :*** *un w-e de juin.* Repas, feu d'artifice, animations de rue, brocante, foire gourmande, etc.

ESPÉRAZA

(11260) 2 030 hab. *Carte Aude, B2*

Installée sur un méandre de l'Aude, Espéraza fut le deuxième centre mondial de la chapellerie au début du XXe s et compta jusqu'à 16 usines. Normal donc que cette ville, qui « travailla du chapeau » jusque dans les années 1960, propose un *musée de la Chapellerie.* On y découvre également quelques intrigants reptiles préhistoriques, mais ça, c'est une autre histoire ! Que cela ne vous empêche pas d'aller randonner autour du bourg (les tyrannosaures n'y fourmillent plus).

Où dormir ?

Chambres d'hôtes Domaine de Pailhères : *chez Monique et André Pons. ☎ 04-68-74-19-23. • monique.pons.11@wanadoo.fr • domaine-de-pailheres.fr • Depuis la D 118, à la fin de la 2x2 voies en venant de Quillan, fléché sur la droite ; c'est 2 km pus loin. Double 50 €. Repas mars-oct slt 19 €.* Le petit chemin qui mène à la ferme serpente au milieu des prairies. Ici, on est vignerons et éleveurs depuis plusieurs générations. Dans une ancienne grange à l'écart de la maison d'habitation, 5 chambres mignonnettes et de bon confort, avec accès indépendant. Repas du terroir dans la salle à manger, avec sa cheminée et sa vieille horloge au tic-tac imperturbable ; priorité aux produits de la ferme. Accueil authentique.

À voir

Le musée des Dinosaures : *av. de la Gare. ☎ 04-68-74-26-88. • dinosauria.org • En été, tlj 10h-19h ; hors saison, tlj 10h30-12h30, 13h30-17h30. Fermé déc-janv hors vac scol. Entrée : 8,70 € ; 6,20 € 5-12 ans ; réduc. Ateliers de moulage d'empreinte (6 €), de fouille (3 € ; vac scol de l'académie de Montpellier slt).* Dino-quiz et Dino-récré pour les petits. On pénètre par une galerie qui illustre l'évolution de la vie sur 4 milliards d'années : intéressant de comprendre que les reptiles se font peu à peu oiseaux (on ne vous parle pas des scorpions géants pour ne pas vous effrayer !). Suit une serre évoquant le paysage audois de ces époques lointaines, puis des moulages de squelettes grandeur nature (le plus grand mesurant 22 m !) dont Eva, un ampelosaure découvert dans la vallée de l'Aude. La visite s'achève par un espace dédié au tyrannosaure et à la culture populaire qui s'est développée autour des dinosaures.

Le musée de la Chapellerie : *av. de la Gare. ☎ 04-68-74-00-75. • musee-chapellerie.fr • Tte l'année sf 1er janv et 25 déc ; mêmes horaires que le musée des Dinosaures. Entrée : 2 € (visite guidée 3 €) ; gratuit moins de 12 ans.* Musée aménagé comme un atelier de confection, détaillant les différentes étapes de la fabrication des chapeaux de feutre (une centaine de modèles exposés). Débuter la visite par le film de 20 mn, tourné dans la seule usine encore en activité du coin, qui détaille le procédé : traitement de la laine, « clochage » ou moulage du chapeau, finitions... Intéressant. Chapeau bas !

RENNES-LE-CHÂTEAU (11190) 65 hab. *Carte Aude, B2*

Mignon et pacifique petit village perché, Rennes fait l'objet d'un impressionnant nombre de légendes et fantasmes autour de trésors enterrés ici... Si vous avez oublié votre pioche, vous profiterez d'un très joli panorama sur les alentours.
Du temps de Charlemagne (IXe s), *Redhae* (le petit nom médiéval de Rennes) était une place forte. Certes, cet éperon rocheux s'y prêtait à merveille. Forteresse mise à mal par les troupes du roi d'Aragon en 1170, Simon de Montfort l'ignore royalement (une fois n'est pas coutume !) lors de sa croisade en 1207. Et c'est en 1362 que les « routiers aragonais » (des pillards) l'assiègent puis la détruisent définitivement. Suite de l'épisode six siècles plus tard...
– Parking obligatoire gratuit en été (9h-19h) en contrebas du village, puis suite du trajet à pied (12 mn tranquillement) ou en navette régulière avec le petit train touristique (2 € l'aller-retour).

L'INCROYABLE HISTOIRE DE L'ABBÉ SAUNIÈRE

En 1885, l'abbé Saunière, nommé curé de Rennes-le-Château, entreprend la restauration de l'église Sainte-Madeleine. Les sommes qu'il y dépense sans compter intriguent la hiérarchie de l'Église jusqu'au Vatican. Soupçonné de violation de sépultures (une réputation à en faire frissonner les vampires des Carpates), de trafic de messes, il échappe cependant à toute poursuite. Saunière engloutit des sommes somptuaires, achète des terrains autour du presbytère et fait construire une tour néogothique, une belle maison (la villa Béthania), un parc avec fontaines et un jardin d'hiver (ou orangerie). Puis il s'éteint en 1917, « avec des dettes d'épicerie » sans qu'on en sache plus sur la source de ses richesses. Malgré les nombreuses supputations qui inspirèrent tant de littérateurs et plusieurs versions, toutes plus abracadabrantes les unes que les autres, le secret de cette richesse reste entier.

PRIX NOBEL DE L'ABBÉ-TISE

En inventant la dynamite, M. Nobel n'imaginait pas qu'elle pût être utilisée pour éventrer les rues de Rennes-le-Château à la recherche d'un hypothétique trésor... Et ce fut le cas ! Le sous-sol se faisant de plus en plus gruyère sous l'appétit ravageur des chercheurs de trésor, le maire du village dut interdire formellement toute fouille souterraine.

Adresse utile

Office de tourisme du pays de Couiza : *17, route des Pyrénées, 11190* ***Couiza.*** ☎ *04-68-69-69-85.* • *paysdecouiza.com* • *Ouv en sem, plus sam et dim mat en saison.*

Où dormir ? Où manger dans les environs ?

Campings

Maison de la Nature et de la Randonnée : *11190* ***Bugarach.*** ☎ *04-68-69-83-88.* *06-81-20-91-73.* • *maisondelanature@aol.com* • *maison-nature-rando.com* • *À 1 km du village (fléché). Ouv d'avr à mi-nov (camping : juin-sept). Compter 13 € pour 2 en tente ; dortoirs 4-6 lits*

18 €. Double 42 €. CB refusées. 20 empl. Au pied du point culminant des Corbières, le Pech de Bugarach, et en pleine nature, voilà une aire naturelle de camping et gîte d'étape gérée avec plein de dynamisme et entièrement rénovée. Superbe. Des emplacements pour tentes à la vue imprenable, des sanitaires joliment décorés, une pelouse avec transats, et la possibilité de prendre ses repas (sur résa) dans le gîte d'étape. L'accueil est excellent, l'ambiance chaleureuse et conviviale. Un très bon point de départ pour toutes les randonnées.

Camping La Bernède : *19, chemin de la Bernède, 11190* ***Rennes-les-Bains.*** *☎ 04-68-20-07-30. • infos@labernede.fr • Sur la D 14, à la sortie du village vers Bugarach. Ouv de mars à mi-nov. Selon saison, compter 17-18,50 € pour 2 ; mobile homes 295-490 €/sem.* Un camping bien tranquille, ombragé, aux îlots de 4 à 6 emplacements délimités par des haies de troènes. Situé près d'une rivière, il est très convivial.

De bon marché à prix moyens

L'Écluse au Soleil : *le village, 11190* ***Sougraigne.*** *☎ 04-68-69-88-44. • contact@ecluseausoleil.com • ecluseausoleil.com • À 13 km au sud-ouest de Rennes-le-Château, au centre du village (fléché). Resto ouv de mi-mars à mi-déc, le soir slt et sur résa. Doubles 53-69 € ; petit déj 9 €. Menus 17-24 €.* Sur le sommet de Sougraine, cette auberge, imbrication de petites maisons, constitue un petit bout de village, avec des cours et jardins secrets, dans l'un desquels une piscine offre une vue magnifique sur les contreforts des Pyrénées. Un endroit vraiment reposant, où l'on est choyé par des hôtes à l'accueil délicieux. La cuisine de terroir est particulièrement savoureuse.

Chambres d'hôtes Le Presbytère : *le village, 11190* ***Bugarach.*** *☎ 04-68-69-82-12. • info@presbyterebugarach.fr • presbyterebugarach.fr • À 13 km au sud-ouest de Rennes-le-Château, au centre du village, derrière l'église. Congés : janv-fév. Double 67,50 € ; réduc à partir de 3 nuits. Table d'hôtes 27,50 €.* Un couple néerlandais très sympa a investi l'ancien presbytère pour en faire un lieu de convivialité partagée. Autour de la grande table de la salle à manger ou de la terrasse pour une cuisine fraîcheur, de produits régionaux et de légumes du jardin. Les 5 grandes chambres classiques ou stylées (une de plain-pied et une plus petite, avec mezzanine et petite terrasse séparée) permettent de profiter du calme et du paysage. On y resterait jusqu'à la fin du monde...

Le Jardin de Marie : *rue de l'Église, 11190* ***Rennes-les-Bains.*** *☎ 04-68-20-99-71. • morganrennois@hotmail.com • Ouv avr-oct ; fermé mer (mer soir slt en été). Formule déj 15,50 € ; menus 20-25 €.* La salle fait quelque peu penser à un préau d'école qui aurait changé de vocation. En revanche, s'attabler dans l'ancien jardin du domaine de l'abbé Saunière, est un moment réjouissant lorsqu'il faut beau. Rien de compliqué, mais des préparations honnêtes et efficaces à commander sur une carte qui propose principalement des grillades. On peut aussi juste y prendre un verre.

De chic à plus chic

Château des Ducs de Joyeuse : *11190* ***Couiza.*** *☎ 04-68-74-23-50. • reception@chateau-des-ducs.com • chateau-des-ducs.com • Fléché depuis la D 118. Hors saison, resto fermé le midi lun-ven. Doubles 119-160 € selon saison ; petit déj-buffet 17 €. Menus 36-79 €. Réduc de 10 % sur le prix de la chambre avr et oct sur présentation de ce guide à l'arrivée.* Construit par Jean de Joyeuse, premier gouverneur de Narbonne, au milieu du XVIe s, le château devint hôpital militaire, gendarmerie, magasin de laine. Désormais classé Monument historique, il a revêtu la robe de chambre d'un

L'AUDE, PAYS CATHARE

bel hôtel cossu et plein de charme. La vraie vie de château avec les lits à baldaquin, de belles chambres, des tours ou des suites. Piscine et tennis. Côté resto, c'est une cuisine gastronomique pleine de fraîcheur qui vous attend. Créative, elle joue avec les épices et aromates de bien belle façon.

Le Domaine de Mournac : *11190* ***Antugnac.*** *☎ 04-68-74-21-10. 06-03-90-63-06. • contact@mournac.com • mournac.com • À 8 km de Rennes-le-Château. Fléché dans Antugnac. Doubles, studios ou suites 90-148 €. Réduc de 10 % sur le prix de la chambre à partir de 2 nuits hors saison et vac scol sur présentation de ce guide.* Difficile de trouver mieux pour un séjour « chic décontracté » au calme. Vue panoramique sur la chaîne des Pyrénées et la vallée. Superbes terrasses, pour le petit déj. Piscine. Possibilité de pique-niquer sur place, aux beaux jours (barbecue, coin cuisine). Le domaine possédant 9 ha de terrain en pleine nature, vous n'aurez d'autres voisines que les poules de la maison produisant les œufs du petit déj. Chambres confortables bichonnées par Arlette, discrète mais aux petits soins pour ses hôtes.

À voir. À faire

Le domaine de l'abbé Saunière : *rue de l'Église. ☎ 04-68-31-38-85. (accès partiel). Mai-sept, tlj 10h-19h15 (20h15 de juil à mi-sept) ; mars-avr et d'oct à mi-nov, tlj 10h-13h, 14h-17h15. Fermé de mi-nov à début mars. Entrée : 5 € ; réduc.* Voilà le domaine mystérieusement construit par l'abbé Saunière. Dans l'ancien presbytère, un petit musée retrace l'histoire du village et présente cet étonnant curé. La visite se poursuit par la chapelle de la villa Béthania, les jardins et la tour Magdala qui fut la bibliothèque de l'abbé et offre un superbe panorama à 360°. Dans la boutique, noter le départ de fouilles qui date des années 1960 !

L'église Sainte-Marie-Madeleine : *ouv tte l'année ; de début mars à oct, mêmes horaires que le domaine ; le reste de l'année, c'est variable.* Le secret serait à l'intérieur de cette église restaurée par l'abbé Saunière durant 9 années. Tout dans cet édifice sulpicien donnerait matière à interprétation. À l'entrée, le diable Asmodée vous accueille, planqué sous le bénitier, surmonté de quatre anges qui se signent. Mais ce n'est pas l'original qu'on voit ici, dont la tête et les bras ont été volés en 1996. Le dallage constitue un échiquier. Dans le chœur, deux statues représentant Joseph et Marie, chacun portant l'Enfant Jésus. Les statues de sainte Germaine, saint Roch, saint Antoine, saint Antoine de Padoue et saint Luc sont disposées en « M », rappelant celui de Marie-Madeleine ; les initiales des cinq saints forment le mot « Graal ». Jeux de lumière dans les vitraux le 17 janvier, chemin de croix codé (chercher la lune étrangement ajoutée sur le tableau XIV...)

Le circuit des remparts : le *sentier du Ritou* (compter 3-4 h de marche) permet d'effectuer un tour complet du promontoire, avec des panoramas d'exception.

DANS LES ENVIRONS DE RENNES-LE-CHÂTEAU

RENNES-LES-BAINS *(11190)*

Ses eaux thermales à 33 °C soulagent les rhumatismes... On peut aussi y détendre ses muscles courbatus après l'une des multiples randonnées proposées dans ces Pyrénées audoises. D'avril à novembre, piscine d'eau thermale, hammam, jacuzzi, mais aussi soins balnéo et esthétiques sont à disposition (● thermes-rennes lesbains.fr ●). Le village vaut aussi une balade : perdu au cœur d'un écrin vert, il est charmant.

ARQUES *(11190)*

Un village riche en activités de pleine nature (lac de 8,5 ha, arboretum du Planel dans les environs) et célèbre pour son donjon du XIIIe s.

LA FIN D'UN MONDE

Une vague prophétie, un alignement des planètes, la fin du calendrier maya auguraient d'une fin du monde le 21 décembre 2012. Selon une autre croyance, plus singulière encore, le pic de Bugarach abritait des engins extraterrestres censés sauver les chanceux qui se trouveraient par là. Finalement, si ce n'est un déploiement galactique de la maréchaussée pour prévenir suicides collectifs et autres sottises, rien n'advint ! Pour les crédules de ce message apocalyptique, ce fut... la fin d'un monde.

À voir. À faire

Le château d'Arques : ☎ 04-68-69-84-77. ● chateau-arques.fr ● *Juil-sept, tlj 10h-13h30, 14h-19h ; sinon 10h-13h, 14h-17h (18h avr-juin et sept). Fermé de mi-nov à début mars. Entrée : 6 € ; réduc (notamment avec le Passeport des sites) ; gratuit moins de 6 ans.* Simon de Montfort s'empara en 1210 du village fortifié d'Arques et en fit baron Pierre de Voisins, son compagnon d'armes, en 1226. Le château fut l'œuvre de ses descendants, aux XIIIe et XIVe s. Il se compose d'une enceinte rectangulaire entourant un donjon carré de quatre niveaux, chef-d'œuvre d'architecture militaire gothique.
Le billet donne droit à la visite (sur résa) de la ***maison de Déodat Roché*** (historien du catharisme), musée qui abrite une exposition permanente, au cœur du village d'Arques.

➢ ***Promenades à cheval :*** *au village d'Arques, avec* ***Cheval N'Arquois,*** *42, route des Corbières (face à l'église).* ☎ *04-68-69-86-65.* Promenade ou rando à cheval ou à poney « à hennir de plaisir », paraît-il.

LES PYRÉNÉES AUDOISES

Comme son nom l'indique, ce secteur offre un paysage de massif ancien, de villages de montagne, d'herbages à vaches, de gorges et de torrents. Bref, un paysage pyrénéen. Quillan en est l'avant-poste et la capitale : on y vient au marché, on s'y rencontre aux terrasses des cafés. Vers l'ouest, le Quercorb, vieux pays au relief assez doux, d'élevage et de forêt, que dominent Puivert et son château cathare ; plus haut, plein sud, Axat et les gorges de l'Aude, haut lieu de la rando et des activités en eaux vives ; entre les deux, le plateau de Sault, de 900 à 1 200 m d'altitude, aux paysages montagnards, bordé de hauts sommets (pic d'Ourthizet, 1 904 m), ça grimpe !

QUILLAN (11500) 3 370 hab. *Carte Aude, B2*

Le bourg s'étire le long de l'Aude et conserve une atmosphère bien sympathique, très couleur locale avec son vieux centre et sa promenade. Dans les

années 1950-1970, la ville connut un prodigieux essor grâce au développement de l'industrie du stratifié, le *formica*. À voir, dans le centre ancien, la curieuse église (fin XIIe s, agrandie au XVIIe s) recouverte de galets de rivière.

Adresse et infos utiles

Office de tourisme des Pyrénées audoises : *sq. André-Tricoire, face à la gare SNCF. ☎ 04-68-20-07-78. • pyreneesaudoises.com • En saison, tlj sf dim ap-m, 9h-12h30 (13h dim), 14h-19h ; hors saison, lun-ven, plus sam avr-juin et sept.*

➢ Une dizaine de ***trains*** ou ***bus*** (compagnie *Keolis*, *☎ 04-68-25-13-74*) tlj pour ***Carcassonne*** et ***Limoux*** ; 3 départs le dim.

– ***Marchés :*** *mer mat et sam mat, bd Jean-Jaurès ; mer mat, pl. de la République (où donne le pont Vieux). Marché nocturne pl. de la République jeu soir en juil-août, avec animation musicale.*

– ***Sports en eaux vives :*** 12 km de rivière sportive (rafting, nage en eaux vives, hydrospeed, kayak) entre les gorges de Saint-Georges et celles de la Pierre-Lys. *Infos à l'office de tourisme.*

Où dormir ? Où manger ?

Camping

Camping municipal de la Sapinette : *21, rue René-Delpech. ☎ 04-68-20-13-52. • campingsapinette@wanadoo.fr • camping-quillan.fr • À 1 km env du centre-ville ; direction Ginoles, puis fléché. Ouv avr-oct. Selon saison, compter 16,60-19,60 € en tente pour 2 ; chalets 250-730 €/sem.* Camping au calme, en lisière de village et parfaitement entretenu. Les emplacements sur le versant ombragé, dans la pinède, sont parfaits. Piscine. Tous les matins sauf le mercredi, la boulangère de Quillan passe dans les allées pour livrer croissants et chocolatines ! Bon accueil.

Bon marché

Auberge de jeunesse La Forge : *route de Perpignan. ☎ 04-68-20-23-79. • laforge.quillan@gmail.com • laforgedequillan.fr • Ouv d'avr à mi-sept. Nuitée en dortoir (2-8 pers) 20 €/pers, avec draps fournis. ½ pens 34 €/pers en dortoir. Camping possible (min 8 pers). Cuisine à dispo.* En dehors de la ville, une auberge de jeunesse qui joue la carte des activités de pleine nature... Une étape surtout réservée aux sportifs, donc.

Prix moyens

Chambres d'hôtes Casalys : *49, grand-rue Vaysse-Barthélemy. ☎ 09-53-71-70-45. 06-83-17-27-92. • maguy@casalys.com • casalys.com • Doubles 60-64 €.* 3 chambres en ville, pleines de charme. Une ambiance toute latine pour cette maison du XVIIIe s aux multiples patios, cours et terrasses, pleine de coins et recoins pour se reposer, et des chambres très vastes aux murs patinés. Un faible pour celle « des Arts » et la suite (famille) méditerranéenne. Adorable terrasse au dernier étage pour prolonger les soirs d'été. Excellent accueil. Expos d'artistes.

Hôtel-restaurant Cartier : *31, bd Charles-de-Gaulle. ☎ 04-68-20-05-14. • contact@hotelcartier.com • hotelcartier.com • Doubles 60-80 € ; familiales 75-95 €. Également des studios et des apparts. Formule et menu 15-21 € ; carte env 35 €. Parking payant.* Proche de la gare et du centre, une valeur sûre de tradition familiale. Les chambres sont de beau confort, celles donnant sur l'avenue sont insonorisées. Au restaurant, cuisine traditionnelle autant que régionale. Service souriant !

La Galerie : *12, bd Jean-Bourrel. ☎ 04-68-31-55-94. Fermé lun midi et jeu midi en été ; mer-jeu hors saison.*

Formule déj en sem 17 € ; menus 24,90-39,90 €. Le genre de petit resto appréciable dans une ville où les adresses pour se sustenter ne courent pas les rues. La cuisine est à l'image du cadre, entre tradition et modernité. Le tout est soigné.

Manifestations

- ***Festival de guitare :*** *1 sem en juil. Ts les soirs, concerts gratuits à partir de 21h30.*
- ***Festival de jazz :*** *début août.* Concerts gratuits.
- ***Festival de polyphonie :*** *1 sem début sept.* Des chants traditionnels font vibrer à l'envi et à l'entour églises et chapelles.

PUIVERT (11230) 530 hab. *Carte Aude, A-B2*

À 16 km au nord-ouest de Quillan par la D 117, un lieu incontournable. Même Simon de Montfort y a fait une halte... le temps d'en prendre le château qui veille sur le village. Vous aussi vous pourrez le prendre, en photo.

Où dormir ?

Gîte d'étape Le Relais des Marionnettes : *chez Françoise et Michel Dubrunfaut, 19, route 117. ☎ 04-68-20-80-69. • lesmarionnettes@free.fr • gite-puivert.com • Ouv tte l'année. Nuitée 15 €/pers (loc draps 3 €) ; doubles sans ou avec sdb 30-40 € ; petit déj 7 € ; ½ pens 37-40 €/pers.* Accueil tout simplement gentil de ce couple qui a longtemps fabriqué des marionnettes. Chambres façon dortoirs avec pour la plupart un bac à douche posé à même la chambre (pour certaines, c'est sur le palier que ça se passe). Cuisine et grande salle commune finissent de conférer au lieu une ambiance conviviale de gîte de montagne.

À voir

Le musée du Quercorb : *16, rue Barry-du-Lion. ☎ 04-68-20-80-98. • museequercorb.com • De mi-juil à fin août, tlj 10h-19h ; de mi-avr à mi-juil et 1re quinzaine de sept, mer-dim 10h-13h, 14h-18h. Fermé le reste de l'année. Entrée : env 4,10 € ; réduc (notamment avec le Passeport des sites).* Intéressant musée des Arts et Traditions populaires, avec reconstitution d'une cuisine d'antan, d'une forge, d'un atelier de tourneur sur bois et même des calorifères et autres sonnailles (les cloches à vaches). La salle de l'*instrumentarium* présente huit instruments de musique du Moyen Âge, reconstitués d'après les sculptures du château de Puivert. Une partie du musée est consacrée à l'histoire du château et à celle des cathares en Quercorb. Le verger renferme un alambic et des variétés anciennes d'arbres fruitiers. Régulièrement des expos temporaires, parfois des spectacles, ateliers et animations (plutôt en été, sur résa).

LE PAYS DE SAULT

Carte Aude, A2-3

À l'ouest de Quillan, au sud de Puivert, on entre dans un pays servi sur un plateau, et même deux plateaux séparés par la vallée du Rébenty. Un coin de montagnes tapissé d'épaisses forêts (*saltus* en latin... sault en français), balafré par le défilé de Joucou et les gorges du Rébenty. Sauvage, la région est ignorée des touristes mais grandement appréciée des randonneurs et autres mordus de nature, avec la station de ski de Camurac, à la frontière ariégeoise.

Où dormir ? Où manger ?

Camping

⛺ ***Camping La Mare aux Fées :*** *rue de l'Église, 11340* ***Roquefeuil.*** *☎ 04-68-31-11-37. • contact@camping-lamareauxfees.com • camping-lamareauxfees.com • ♿ Au centre du village. Ouv fév-oct. Compter 16 € pour 2. Chalets et mobile homes 4-6 pers 360-560 €/sem selon taille et saison ; possibilité de loc à la nuit hors juil-août.* Un petit camping coquet, coincé entre l'ancien abreuvoir et l'église. Piscine, snack et équipement bien complet. Manque un peu d'ombrage sur certains emplacements. Loue des VTT.

De bon marché à prix moyens

🏠 |●| ***Gîtes et Loisirs de Montagne :*** *chez Anne Pagès, 11340* ***Comus.*** *☎ 04-68-20-33-69. 📱 06-70-38-83-86. • anne@gites-comus.com • gites-comus.com • Fermé de mi-nov à mi-déc. Gîte d'étape situé dans le haut du village, dans l'ancien presbytère. Nuitée en dortoir 20-22 €/pers (loc de draps, en été slt, 5 €). ½ pens 40,50-43,50 €/pers. Repas 19 €. Réduc de 10 % sur présentation de ce guide.* LE village de la rando aux confins de l'Aude et de l'Ariège : sentier cathare, chemin des Bonshommes (GR 107), sentier d'Émilie, gorges de la Grau, etc. Plein de documentation, des topoguides et les conseils d'Anne vous aideront à profiter de votre séjour. Bois offert pour la flambée du soir et couvertures fournies. Sanitaires en commun. Également 2 gîtes ruraux installés dans l'ancien presbytère. Hiver comme été, des repaires douillets pour les amoureux de nature.

|●| ***Le Relais du Pays de Sault :*** *3, pl. du Calcat, 11340* ***Espezel.*** *☎ 04-68-20-72-89. • relaislouis@hotmail.fr • ♿ Au centre du village, sur la place. Ouv le midi mar-dim et j. fériés, plus le soir sam. Menus 24-34 € (5 services, apéro et vin compris). Apéritif offert sur présentation de ce guide.* On connaît bien l'adresse dans la région, pour son bon rapport qualité-quantité-prix. 2 salles rustiques, tablées de 4 ou 6, ambiance bonne franquette. Louis, ancien rugbyman, est une figure, une véritable institution dans tout le département. On retrouve parfois ici ses ex-coéquipiers et amis à table pour partager ses charcuteries maison et sa généreuse cuisine gastronomico-pantagruelo-savoureuse. Agréable terrasse couverte (réserver). Également gîte d'étape.

AXAT

(11140) 630 hab. *Carte Aude, B3*

Modeste village, Axat est bâti à flanc de coteau dans un site pittoresque, environné de monts. Son histoire et son nom sont liés à l'Aude, dont la

dénomination gauloise était *Atacine,* signifiant « fleuve audacieux ». Et c'est justement dans les environs d'Axat, sur le site de Saint-Georges, que fut mise en service l'une des premières centrales hydroélectriques de France, le jour de Noël 1900.
Ce « fleuve audacieux » demeure l'atout principal d'Axat, point de départ de randonnées et d'activités diverses : canoë-kayak, rafting ou hydrospeed dans les gorges de l'Aude, où l'on trouve des rapides aux noms évocateurs *(la Triple Chute, le Flipper...),* mais aussi grimpette et descente, à pied, à vélo ou à cheval, tir à l'arc, lancer de marteau, etc.

Adresses utiles

Office de tourisme des Pyrénées audoises : *☎ 04-68-20-59-61. • pyreneesaudoises.com • Sur la D 117, au rond-point avt le village. Juil-août slt, tlj 10h-12h30, 15h-18h30 ; dim : 10h-13h ; le reste de l'année, rens à l'office de tourisme de Quillan.* Bonne documentation et fiches rando. Accueil sympa. Boutique de produits locaux.

Association Pyrène : *camping du Pont-d'Aliès. ☎ 04-68-20-52-76. • pyrenerafting.com • Tte l'année.* Hydrospeed, canyoning, rafting, hot-dog, air boat... Fine équipe de fanatiques fort sympathiques.

Sud Rafting : *pont d'Aliès. ☎ 04-68-20-53-73. • sudrafting.fr • Ouv printemps-sept.* Raft et fun-raft, hydrospeed et canyoning, canoë et parcours forestier. Également des sorties le week-end et des stages de 5 jours. Monos sympathiques et passionnés.

Où dormir ? Où manger à Axat et dans les environs ?

Camping

Camping La Crémade : *route de Perpignan. ☎ 09-50-44-54-63. • campinglacremade@free.fr • campinglacremade.com • ♿ À 3 km d'Axat ; prendre la D 117, direction Perpignan, puis fléché sur la droite. Ouv mai-sept. Compter 12,50-16 € pour 2 ; mobile homes 225-440 €/sem ; possibilité de loc à la nuitée. CB refusées.* Site superbe, dans une pinède, avec une vue splendide sur les montagnes alentour. Terrain au calme très bien tenu et ombragé, avec un accueil des plus chaleureux.

Prix moyens

Chambres d'hôtes Les Terrasses de Cailla : *impasse du Forgeron, 11140* ***Cailla.*** *☎ 04-68-20-59-50. 📱 06-74-35-54-74. • lesterrassesdecailla@sfr.fr • Entre Quillan et Axat, un hameau sur la gauche, puis c'est tt en haut du village, vers la petite église. Doubles 52-57 € ; familiales 74-91 €. Table d'hôtes 20 €. Réduc de 10 % sur le prix de la chambre sur présentation de ce guide.* Une maison à flanc de montagne avec une très belle vue sur le piémont pyrénéen et le village dont on profite depuis la grande terrasse. 3 chambres à l'étage, dont une familiale, et une, un peu plus chère, au rez-de-chaussée avec accès direct à la terrasse. Elles sont toutes aménagées avec goût et le souci du détail. Accueil familial et chaleureux de cette famille d'éleveurs qui propose une table d'hôtes très terroir, utilisant les produits de la ferme.

Chambres d'hôtes Aux Quatre Saisons : *101, route de Font-Romeu. ☎ 04-68-20-14-67. • pauletval.bridgestock@orange.fr • sudfrancechambresdhotes.com • Sur la D 118, à la sortie sud du village. Doubles 50-55 € ; également un appart. Table d'hôtes, sur résa, 25 € avec boisson.* On arrive chez Valery et Paul comme chez des amis. La maison et ses chambres (avec minibar et bon confort) sont meublées à l'ancienne, cosy, un rien comme un *B & B British.* Normal, vos hôtes sont anglais. L'une des chambres est aménagée dans un chalet du jardin, profitant du paisible glouglou d'un ruisseau qui fait vite oublier la proximité de la route.

Domaine des Massols : *11140* ***Marsa.*** *☎ 04-68-31-89-81. 06-32-57-80-70. • lesmassols@orange.fr • domainedesmassols.com • À 14 km d'Axat, par la D 107 ; à Marsa, direction Joucou, puis à 4 km, bifurquer à gauche (c'est 2 km plus loin). Resto ouv sam soir et dim midi ; tlj pour les résidents. Doubles 60-80 € ; familiales 80-120 €. Repas 30 €.* L'adresse perdue au bout d'une route qui part vaillamment à l'assaut de la montagne. Eve et Antony ont relevé les murs de l'ancienne ruine pour aménager 4 chambres sobres, spacieuses et boisées du plancher jusqu'au plafond (certaines avec mezzanine). Magnifique salle de resto baignée de lumière et parée de lustres provenant d'une salle de bal. À table, un maximum de produits locaux et bio. Leur verger et la production de safran complètent leur projet de vie.

Ferme-auberge Le Cochon du Madrès : *le village, 11140* ***Escouloubre.*** *☎ 04-68-20-44-02. 06-70-35-22-41. • lecochondumadres@orange.fr • À 22 km au sud-ouest d'Axat (bien fléché depuis les gorges de l'Aude). Tlj le midi de mai à nov. Résa impérative. Menu 25 € (apéro, vin et café compris).* Vous ne passerez pas par hasard dans ce croquignolet village accroché à sa montagne. C'est sur ces pentes herbeuses que Patricia et Christian ont lâché leurs veaux, vaches et cochons. Résultat, jambon, salaisons et fromages maison dans la boutique ou sur la table de cette auberge improvisée. S'y ajoutent d'autres productions locales (jus de fruits, pain de campagne, miel), bienvenues pour un pique-nique dans la montagne, si on n'a pas choisi le pantagruélique menu du midi. Accueil chaleureux dans un environnement joliment désordonné. Également des chambres pour un séjour bucolique.

L'AUDE, PAYS CATHARE

DANS LES ENVIRONS D'AXAT

Le défilé de la Pierre-Lys : la route de Quillan à Axat longe l'Aude par ce spectaculaire défilé. On emprunte trois tunnels, dont le dernier, appelé Trou du Curé, est l'œuvre d'une figure locale, le père Félix Armand (1742-1823). Cet homme extraordinaire perça, à coups de pioche, ce tunnel de ses propres mains (avec l'aide de ses paroissiens, quand même).

La grotte de l'Aguzou : *☎ 04-68-20-45-38. • grotte-aguzou.com • À 15 km au sud-ouest d'Axat par la D 118 vers Mijanès. Ouv sur résa slt. Visite d'une journée (12 pers max) avec repas à 600 m sous terre. Tarif : 60 €/pers pour la journée, 40 €/pers pour la ½ journée (loc du matériel, guide et assurances compris ; apporter son pique-nique).* En tout, 7h à la Jules Verne ! On visite la salle des Mille et Une Nuits, celle de la Couronne de la reine (féerique), les cierges bougeoirs, etc. Et on boit l'eau des fontaines souterraines ! Un peu cher, mais un sacré moment dans cette caverne classée et protégée.

Les gorges de l'Aude : *parcourues par la D 118 à l'extrême sud-ouest du département, à un jet de pierre des voisins de l'Ariège...* Espèce d'intestin grêle d'une vingtaine de km qui débute près d'Axat et longe la frontière départementale pour conduire à Mont-Louis (Pyrénées-Orientales). Sur la D 118, 2 km après Axat, on longe les gorges Saint-Georges, peu étendues mais étroitement bordées de hautes falaises. Suit un décor montagneux bordé par la forêt de Gesse, puis apparaissent dans la végétation luxuriante des blocs de pierre aux formes rebondies. On entre dans les gorges de l'Aude, pas si impressionnantes mais tout de même assez sauvages, au fur et à mesure que la route se fait plus étroite...

LE CHÂTEAU DE PUILAURENS

Carte Aude, B3

C'est dans cette citadelle vertigineuse, remarquable par son état de conservation, que se réfugièrent les cathares, à la chute de Montségur, là qu'ils survécurent, avec la complicité du peuple, avant d'être exterminés jusqu'au dernier…

Où dormir ? Où manger dans les environs ?

Hostellerie du Grand Duc : *2, route de Boucheville, 11140* ***Gincla.*** *☎ 04-68-20-55-02. • hotelgranduc@wanadoo.fr • hostelleriedugrandduc.com • À 5 km au sud du château de Puilaurens ; fléché dans le village. Ouv d'avr à fin oct, tlj sf mer midi. Doubles 86-106 €. Formule et menu (midi et soir sf dim et j. fériés) 27-32 € ; autres menus 35,50-86 € ; carte env 55 €.* Ancienne maison de maître agréable et pleine de charme, dans un joli jardin agrémenté d'un bassin. Des chambres rustico-bourgeoises cossues et pimpantes, avec des salles de bains joliment refaites. Table créative et raffinée, qui joue une partition inventive au fil des saisons. Les épices sont subtilement dosées, les desserts savoureusement mitonnés. Côté boisson, on se laisse volontiers conseiller parmi la sélection de vins de Corbières. Une très belle adresse, fraîche et cosy, qui fait de ce lieu une étape reposante. Service attentionné.

À voir

Le château : *☎ 04-68-20-65-26. Accès par un sentier forestier et montagnard. Juil-août, tlj 9h-19h ; juin et sept, tlj 10h-19h ; mai, tlj 10h-18h ; avr et oct-nov, tlj 10h-17h ; mars, w-e 10h-17h. Fermé de mi-nov aux vac de fév. Entrée : 5 € ; 3 € enfant ; réduc (notamment avec le Passeport des sites). Compter 12-20 mn de grimpette (bien se chausser ; chemin glissant par temps de pluie) ; fermé en cas d'orage.* Posée sur un piédestal à quelque 700 m de hauteur, la silhouette féodale du château découpe sur le ciel ses gros donjons et remparts épais. Puilaurens verrouillait la haute vallée du Fenouillèdes. Pas compliqué, la seule route passait juste au pied. Puilaurens est un modèle d'architecture militaire, dont chaque élément avait une logique de défense rendant sa prise pratiquement impossible. Propriétaires des lieux, les seigneurs occitans y protégèrent les cathares. Cette forteresse fut l'un de leurs derniers refuges. Plutôt sûr comme refuge ! D'ailleurs, le château résista bien aux croisés, après que Montségur fut vaincu. Passé sous contrôle royal, en 1255 Saint Louis ordonna de renforcer ses fortifications. Mais, à la signature du traité des Pyrénées au milieu du XVIIe s, le château, n'ayant plus de mission de protection des frontières, perdit de sa superbe. Transformé un temps en prison, il fut abandonné aux vents, au temps et… l'est désormais aux touristes. Depuis le sommet, vue sur le pic de Bugarach, point culminant des Corbières.

CHÂTEAUX CATHOS

Alignée comme à la parade, l'escouade de châteaux qui ponctue les crêtes du sud de l'Aude n'a pas vraiment été bâtie par les cathares (pacifistes convaincus). Pour se défendre contre les croisés, ils y ont trouvé refuge. Le roi de France fit ensuite établir ici une ligne de fortification pour défendre la frontière du royaume des invasions aragonaises : les « cinq fils de Carcassonne », Aguilar, Quéribus, Termes, Peyrepertuse et Puilaurens. Le créneau de ces châteaux est donc plus catho que cathare !

LE PAYS CORBIÈRES-MINERVOIS

• Carte *p. 217*

Balade originale de vignes en châteaux, ceux-ci n'ayant rien, évidemment, de ceux que vous pourriez rencontrer dans d'autres régions viticoles. Au cas où vous n'auriez pas bien regardé les panneaux sur la route, vous êtes ici, plus que jamais, en pays cathare.
Première image en évoquant le pays des Corbières, celle du vin classé AOC, produit sur près de 13 500 ha. La montagne à vin permet de découvrir des paysages insensés. Chaos de monts rocailleux, vallons étroits et torturés, coteaux escarpés... Derrière une apparence rude, et même dure, l'endroit garde son unité dans la clarté lumineuse du ciel, dans son climat tout méditerranéen et dans le charme presque magnétique des couleurs et des paysages, qui opère dès que l'on pénètre dans ces reliefs chargés d'histoire et de drames. Dans chacune des garrigues parfumées, derrière tous les cyprès ballottés par les vents, on s'attend à trouver quelque chose d'encore plus beau.
Certes, la terre est rude, mais la vigne récompense amplement ceux qui l'aiment. Les vins élevés dans ces vignobles reflètent parfaitement les paysages. Tendres et veloutés dans la partie maritime, ils deviennent charpentés et tanniques dans les hautes Corbières. Dans les monts d'Alaric (entre Narbonne et Carcassonne), où l'influence atlantique se fait sentir, ils prennent des arômes et une fraîcheur bien agréables. Dans le centre, où les variations de température sont importantes, les vins sont très complets et de grande classe. D'autant que l'époque des productions intensives est passée, la qualité primant largement sur la quantité. Qui s'en plaindra ?
Toutefois, l'essentiel n'est pas là. La nature sauvage et torturée des Corbières, les vallées de terre rouge, les collines dénudées frisant l'ascétisme constituèrent l'un des terreaux du catharisme. Dans les Corbières, l'histoire se confond avec la géographie, et les citadelles de pierre fusionnées dans la roche scandent le pays cathare.

LES GORGES DE GALAMUS

Carte Aude, B2

Ces gorges somptueuses griffent profondément la frontière entre l'Aude et les Pyrénées-Orientales, la plus belle partie se trouvant sans conteste dans l'Aude... que les P.-O. nous pardonnent ! En les descendant, du nord au sud, on découvre à quel point l'Agly a creusé ici l'une des plus belles cluses de la région. Sur 4 km, ce ne sont qu'escarpements où seuls quelques

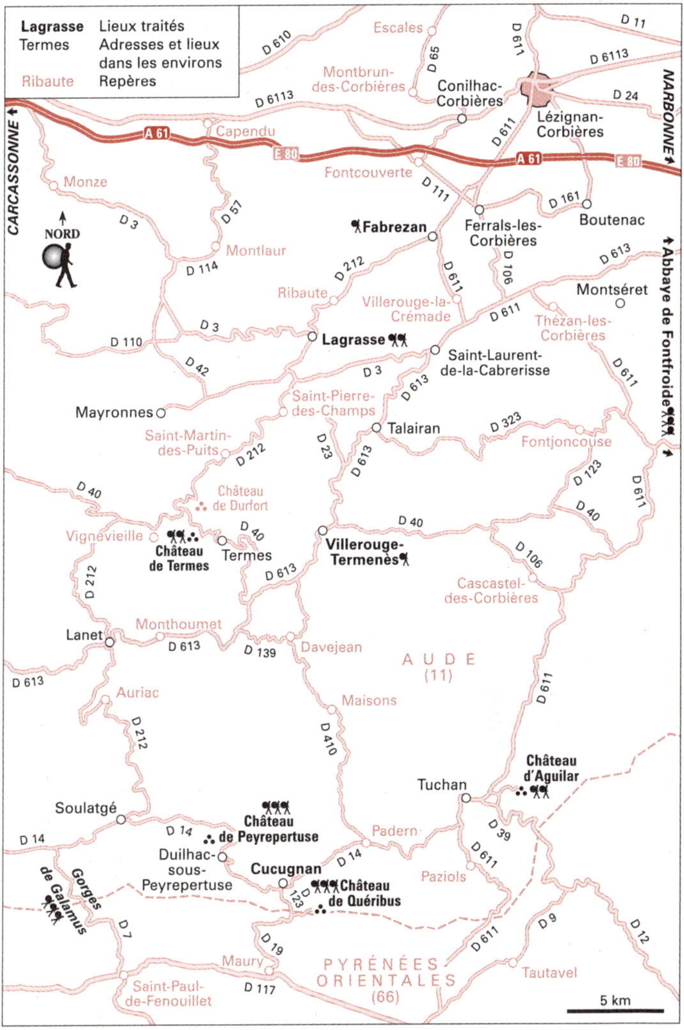

LES CORBIÈRES

genêts, arbousiers et chênes kermès parviennent à se cramponner. Au fond de ce ravin par endroits proprement vertigineux, le torrent tumultueux fait courir ses eaux turquoise. Quelques marmites géantes font office de bassins naturels. On ne peut rêver piscine plus agréable...
On est frappé par la blancheur de la roche. Après un tunnel creusé dans la falaise, un parking-belvédère surplombe les gorges. Bien observer les parois rocheuses : là, en face, lovées comme une portée de lézards-caméléons, de minuscules façades épousent la couleur du rocher, reconnaissables aux

tuiles mordorées de leurs toits... On se demande comment la foi a permis un tel prodige. Est-ce l'homme qui soulève les montagnes ? Ou l'inverse ? En descendant le sentier qui part de l'aire de stationnement, on aboutit à cet *ermitage* créé au VIe s. Planquée dans la paroi rocheuse, une incroyable chapelle...
Pour revenir un peu sur terre, autant être clair. L'étroitesse des voies rend fastidieuse la traversée en voiture à certaines époques. En juillet-août, la circulation est alternée par deux feux (l'un à l'entrée des gorges, l'autre à la sortie) et interdite aux camping-cars. Alors, pour vous éviter tout stress, laissez plutôt la voiture se reposer sur l'un des parkings d'entrée, et hardi le mollet ! Sinon, prenez la petite *diabline,* une navette gratuite qui circule entre les deux parkings.

LE CHÂTEAU DE PEYREPERTUSE

Carte Aude, C2

Une des plus fascinantes « citadelles du vertige », élevée au XIe s par les comtes catalans en guerre contre Carcassonne. Ce n'est pas seulement l'amour de l'Histoire qui pousse aujourd'hui des milliers de nos contemporains à aller se perdre sur ces chemins escarpés. C'est un rêve étrange, un rêve de pureté, se jouant de la stricte réalité, la majorité des vestiges que l'on aperçoit étant bien postérieurs à l'époque qui vit se propager sur les terres languedociennes la religion cathare...

Où dormir ? Où manger dans le coin ?

De bon marché à prix moyens

Gîte d'étape communal Moulin Solange : *3, rue de la Garrigue, 11350* ***Duilhac-sous-Peyrepertuse.*** *☎ 04-68-45-01-74. • gite.duilhac@wanadoo.fr • Situé sur le GR 36 et le sentier cathare ; derrière l'église et la mairie-poste. Ouv tte l'année. Nuitée 14 €, draps non compris.* 3 dortoirs de 4, 7 et 8 places, un poil vieillissants. Possibilité de cuisiner.

Chambres d'hôtes La Giraudasse : *chez Katia Tiberghien et Anibal Somoza, 2, pl. de la Fontaine, 11330* ***Soulatgé.*** *☎ 04-68-45-00-16. • info@giraudasse.com • giraudasse.com • Tlj sf mer soir et dim soir. Congés : de mi-déc à fév. Double 69 € ; familiale 79 €.* Parmi les 4 chambres, « Belles de nuit » et « Valériane des jardins » ont une belle vue sur la montagne. La maison, du XVIIe s, est calme, magnifique, et le jardin reposant, verdoyant au milieu du village. Les hôtes ont le sens de l'art décoratif. C'est sobre, raffiné et élégant.

Hôtellerie et auberge du Vieux Moulin : *9, rue de la Fontaine, 11350* ***Duilhac-sous-Peyrepertuse.*** *☎ 04-68-48-95-34. • contact@auberge-vigneron.com • auberge-vigneron.com • Resto ouv de mars à mi-nov tlj sf lun hors saison. Doubles 59-69 € selon saison. Menus 19-27 € ; carte env 35 €.* Après le curé de Cucugnan, au village voisin, on pénètre ici un peu « le secret de maître Cornille » en cet ancien moulin oléicole familial. La salle, convertie en resto, aligne de beaux souvenirs de son passé meunier. Sur le devant, une petite terrasse exhibe de grosses meules de pierre, bercée par l'agréable murmure de l'eau. Côté assiette, peu d'envolées lyriques mais une cuisine roborative, accrochée à son terroir comme un olivier à sa terre. De l'autre côté de la rue, une quinzaine de chambres simples, au confort suffisant.

Mon Grain de Sel : *23, rue Neuve, 11330* ***Soulatgé.*** *☎ 04-68-27-06-34.*

• joelle.casties@orange.fr • ♿ À 8 km de Duilhac par la D 14. Tlj sf lun 12h-19h (sur résa le soir hors saison). Congés : de fin janv à fin fév. Formule 17,50 € ; menus 19-25 €. Apéritif offert sur présentation de ce guide. C'est dans une vieille maison du village, à la salle rafraîchie de couleurs vives, que Joëlle régale ses convives. Femme-orchestre, elle s'active aux fourneaux et au service d'une petite dizaine de tables. Les plats bio, copieux et sincères, servent la plus pure tradition locale : joue de porc, lapin des garrigues... conclus par des desserts maison. Tous ces produits viennent du coin, jusqu'aux pichets et salières fabriqués par son potier de voisin.

À voir

Le château de Peyrepertuse : *☎ 04-82-53-24-07. • chateau-peyre pertuse.com • Accès fléché depuis Duilhac ; depuis la billetterie, 20-25 mn à pied jusqu'à la porte du château (sentier escarpé et glissant, chaussures de marche de rigueur) ; fermé en cas d'orage. Avr-sept, tlj 9h-19h (20h30 juil-août) ; oct-mars, tlj 10h-17h (18h30 oct). Entrée : 6,50-9 € selon saison ; réduc (notamment avec le Passeport des sites, et sur présentation de ce guide, pour 2 pers max). Audioguide : 4 € (le 2e gratuit). Prévoir 1h30 de visite.* Possibilité de laisser à l'accueil blouson et casque (de moto, pas votre heaume !). En revanche, n'oubliez pas l'appareil photo : les ruines de cette énorme construction militaire médiévale sont fabuleuses, sur fond de paysages époustouflants. Depuis la route, les remparts blanchis par le temps se confondent avec l'arête rocheuse de la montagne. Plus on s'approche, plus l'émerveillement est grand : il y a bien 2,5 km de murs de pierre, enserrant ce qui fut presque une ville ! Édifiée au début du XIe s, la citadelle fut renforcée sous Saint Louis d'un second château, auquel on accède, depuis l'enceinte du premier, par un escalier taillé dans le roc (très glissant). En été, fauconnerie dans le château et festival médiéval (2 jours début août, avec des animations au village et au pied du château).

CUCUGNAN ET LE CHÂTEAU DE QUÉRIBUS

(11350) 135 hab. *Carte Aude, C2*

« L'abbé Martin était curé... de Cucugnan. Bon comme le pain, franc comme l'or, il aimait paternellement ses Cucugnanais ; pour lui, son Cucugnan aurait été le paradis sur terre, si les Cucugnanais lui avaient donné un peu de satisfaction... » Tirée des *Lettres de mon moulin,* l'édifiante histoire du curé de Cucugnan narrée par Alphonse Daudet allait immortaliser ce charmant village que presque tout le monde croit facilement imaginaire !
Joliment posé sur une butte au pied baigné de vignes, Cucugnan est l'archétype du village pittoresque : ruelles anciennes, maisons aux couleurs chaudes, échoppes d'artisans, population débonnaire...

Adresse et info utiles

Office intercommunal de tourisme des Corbières sauvages : *2, route de Duilhac. ☎ 04-68-45-69-40. • cor bieres-sauvages.com • Juil-août, tlj 10h-19h ; avr-juin et de sept à mi-nov, tlj sf dim, 10h-18h (17h avr et d'oct à mi-nov) ; le reste de l'année, ouv slt ven-sam 10h-17h.* Documentation très complète sur les environs, cartes pour la rando. Excellent accueil.

– ***Cave-i-art :*** *de mi-juil à mi-août.* Balades artistiques de cave en cave, avec expositions d'art et rencontres avec les artistes autour d'apéritifs musicaux.

Où dormir ? Où manger ?

Prix moyens

Chambres d'hôtes L'Écurie de Cucugnan : *chez Lydie et Joël Gauch, 18, rue Achille-Mir. ☎ 04-68-33-37-42. 06-76-86-38-52. • ecurie.cucugnan@orange.fr • Doubles 71-75 € ; familiales 86-90 €.* Inutile de vous expliquer l'origine de la maison, et vous serez agréablement surpris par la qualité de la rénovation. 5 chambres climatisées, agréables, certaines avec terrasse privée, meubles anciens et lit en fer forgé. L'entretien est scrupuleux. Bel accueil, belle vue, ce qui ne signifie pas un accueil qui en met plein la vue, loin de là. Jardin avec piscine.

La Table du Curé : *25, rue Alphonse-Daudet. ☎ 04-68-45-01-46. • latableducure@orange.fr • auberge-la-table-du-cure.com • À l'entrée du village, à droite. Resto tlj sf mer hors saison. Congés : de mi-nov à fin janv. Doubles 60-70 €. Formule déj sem 16 € ; menus 20-30 €.* Maison à la façade ocre, avec à l'arrière un jardin aux essences méditerranéennes. La salle de ce « café de pays » est toute simple mais agréable avec ses larges baies ouvrant sur le jardin et le moulin. Aux beaux jours cependant, c'est en terrasse que se déguste la cuisine de terroir inventive et subtile. 3 chambres lumineuses, soignées et climatisées à l'étage. Accueil familial.

Chic

L'Auberge du Vigneron : *2, rue Achille-Mir. ☎ 04-68-45-03-00. • contact@auberge-vigneron.com • auberge-vigneron.com • Face au théâtre Achille-Mir. Resto tlj sf lun. Doubles 90-160 € selon confort et saison. Formule déj sf dim 18,90 € ; menus 22,90-39 €.* *L'Auberge du Vigneron* offre 5 chambres de bon confort, rénovées. En bas, dans l'ancien chai du vigneron, belle salle de resto rustique, où sont servis de copieux petits déj, avec des tonneaux géants, cheminée pour les journées d'hiver et, aux beaux jours, terrasse avec une vue exceptionnelle et Quéribus en toile de fond. Cuisine régionale de caractère, à l'image du patron, qui ne s'en laisse pas conter. Le choix reste limité mais les produits sont frais.

Maison d'hôtes La Tourette : *4, passage de la Vierge. 06-09-64-60-47. • perriercorinne@sfr.fr • latourette.eu • Doubles 100-120 €.* Une très belle adresse, accueillante, reposante, sur les hauteurs du village, près du moulin et de l'église. Corinne Perrier aime voyager, ça se sent, et elle sait faire plaisir à ceux qui, au bout de leur périple, trouvent ici une maison confortable où se poser. 2 suites et une grande chambre aux grands lits, où chacun a ses aises. Clim. Petit déj avec un maximum de produits bio. Jacuzzi et patio coloré pour ajouter à la détente.

Où dormir dans les environs ?

Camping

Camping Domaine de la Peirière : *route de Paziols, 11350* ***Tuchan.*** *☎ 04-68-45-46-50. • lapeiriere@lapeiriere.com • lapeiriere.com • À 13 km au nord-est de Cucugnan, par la D 14. Ouv avr-sept ; fév-nov pour les loc. Selon saison, compter 15-17 € pour 2 ; mobile homes et chalets (2-6 pers) 260-530 €/sem.* On peut planter sa tente dans la garrigue sous des arbustes (on y gagne en intimité et en sol irrégulier) ou sur le bas du terrain, plat, accessible aux caravanes, et plus standard. Piscine, bar-resto sympa, étang de pêche, et même une petite basse-cour. Ambiance familiale.

À voir. À faire

Le théâtre Achille-Mir : *04-68-45-03-69. Ouv tte l'année ; horaires variables, se renseigner. Entrée : 2 €.* Au cœur du village, un théâtre de poche, dédié à Achille Mir, écrivain audois et auteur d'une version en occitan et en vers du « sermon du curé de Cucugnan » d'Alphonse Daudet. Dans ce théâtre, un nouvel abbé sert de fil conducteur à un insolite voyage à travers la croisade, le catharisme et l'histoire du sermon.

L'église : *mêmes horaires que le théâtre Achille-Mir.* Elle mérite le détour pour sa chaire d'où l'on sermonnerait volontiers les Cucugnanais, mais surtout pour sa statue d'une Vierge... enceinte !

Le moulin de Cucugnan : *rens au 04-68-33-55-03. • farinesdemeule.com • Ouv Pâques-Toussaint slt, tlj sf lun hors saison, 9h-19h. Entrée : 3 € ; gratuit moins de 12 ans.* Beau retour à la vie pour ce moulin à vent perché au-dessus du village, resté en sommeil depuis 1810 avant d'être restauré à l'identique et remis en activité. À l'intérieur, tout l'univers de la meunerie : ailes orientables selon le vent, charpente tournante, mécanisme des meules à grain, etc. Mais aussi pour goûter aux pains au miel, fougasses, croquants, macarons épicés et autres trouvailles du meunier, un sacré personnage qui vous surprendra avec les créations des « Maîtres de mon Moulin ».

Le château de Quéribus : *04-68-45-03-69. 06-71-72-64-01. • cucugnan.fr • À 5,5 km par la D 123. Accès en 10 mn de marche facile depuis le parking. Juil-août, tlj 9h-20h ; mai-juin et sept, tlj 9h30-19h ; avr et oct-fév, tlj 10h-18h (17h en hiver). Entrée : 6,50 € ; réduc (notamment avec le Passeport des sites). Audioguide : 4 € (le 2e gratuit).* Du haut de ses 730 m, la citadelle surveille la plaine du Roussillon, tournant le dos à l'Aude (on est à la frontière des deux départements). Édifiée au XIe s, la forteresse de Quéribus est l'un des derniers bastions de la résistance cathare. Aux confins du royaume de France, elle défendra ensuite la frontière contre l'Aragon du XIIIe au XVIIe s. Transformé aux XIIIe et XIVe s, son imposant donjon présente une belle salle voûtée de style gothique. La visite permet aussi de réviser tous les éléments d'architecture militaire : mâchicoulis, échauguette, assommoir, etc. La grimpette est récompensée par un superbe panorama circulaire sur les Corbières et les Pyrénées avec le Canigou (table d'orientation).

➢ **La boucle de Quéribus :** *fiche détaillée disponible à l'office de tourisme.* Un sentier balisé de 10 km, prévu en 3h... et un peu plus même si on compte la visite du château, avec 350 m de dénivelée et quelques passages peu évidents (à déconseiller aux jeunes enfants). Départ au théâtre Mir. Une belle découverte du vignoble, de la forêt et de la garrigue. En plus du château, bien sûr.

DANS LES ENVIRONS DE CUCUGNAN

Le château d'Aguilar : *à 4 km à l'est de Tuchan. 04-68-45-51-00 (mairie). • payscathare.org • De mi-juin à mi-sept, tlj 9h-19h ; d'avr à mi-juin et de mi-sept à fin oct, tlj 10h30-17h30. Fermé le reste de l'année. Entrée : 4 € ; réduc (notamment avec le Passeport des sites). Accès en 5 mn depuis le parking.* Fièrement campé du haut de ses 400 m, Aguilar est de ces citadelles qui marquent le profil des crêtes audoises. C'est un site fortifié très ancien qui contrôlait l'accès aux Corbières centrales. Il compte deux enceintes polygonales couronnées de six tours. Légué à la famille de Termes, vassaux des Trencavel, il fut occupé en 1210 par les troupes de Simon de Montfort, lors de la croisade contre les albigeois. Puis, devenu forteresse royale sous le règne de Saint Louis, le château fut fortifié pour surveiller la frontière aragonaise. Beau panorama sur les Corbières.

– ***Les Médiévales d'Aguilar :*** *2-3 dates en août.* Animations, jeux médiévaux et visites guidées du site.

VILLEROUGE-TERMENÈS (11330) 150 hab. *Carte Aude, C2*

Dans un décor sauvage de collines rouges, de maquis et de vignes, un pittoresque village médiéval blotti autour de son imposante forteresse sauvée des ruines. Le château de Villerouge est connu pour avoir été le théâtre de la fin officielle du catharisme languedocien. Le dernier des « parfaits », Bélibaste, y fut brûlé en 1321. Le village garde de jolies traces du passé : pont Vieux, vestiges des portes et des remparts, petites ruelles et maisons des XVIe et XVIIIe s, jardin des simples...

Où dormir ? Où manger à Villerouge et dans les environs ?

De prix moyens à chic

Maison d'hôtes du Pont d'Orbieu : *11330* ***Lanet.*** *☎ 04-68-70-09-34. • jmc.livet@orange.fr • lamaisondupontdorbieu.com • À 16 km à l'ouest de Villerouge par la D 613, au croisement avec la D 212 (à 1,5 km de Lanet). Congés : déc-janv. Doubles 80-90 € selon confort (réduc à partir de 2 nuits). Table d'hôtes 27 € et menu végétarien.* Une belle adresse où l'on ne vient pas vraiment en famille, mais en amoureux, entre amis, pour profiter du calme. Seulement 6 habitations à un croisement où il ne passe pas souvent de voitures, dont cette belle maison audoise, une ancienne vannerie, transformée par Marie-Claude et Jean-Marie. Ce couple aime recevoir, autour d'une table (Jean-Marie est un ancien chef parisien), à commencer par celle du petit déj, avec toutes les confitures maison. Dans les chambres, de beaux parquets et d'authentiques meubles rustiques.

Le Moulin Neuf de Lanet : *le Moulin Neuf, 11330* ***Lanet.*** *☎ 04-68-45-70-92. • lemoulinneuf11@gmail.com • Depuis Villerouge, après 16 km sur la D 613, prendre à droite la D 212 vers Lanet ; 800 m après le village, fléché sur la gauche. Congés : déc-fév. Avr-juin et sept-oct, tlj sf lun-mar ; juil-août, tlj sf dim soir et lun ; hors saison, slt ven-dim midi. Résa conseillée le soir. Menus 24-30 €.* Tout d'abord, le site : un creux de vallon ourlé d'une rivière en lisière de bois. Ensuite, la cuisine : composée devant vous, y compris pain et dessert. Enfin, les produits : difficile de faire plus frais que cette truite pêchée sous vos yeux dans le bassin de pisciculture bio ! Pour parachever le tout, un service souriant.

La Rôtisserie Médiévale : *le château. ☎ 09-81-64-09-11. • contact@restaurant-medieval.com • Juil-août, tlj le midi ; le soir sur résa (48h à l'avance) ; hors saison, fermé lun et résa indispensable. Congés : déc-fév. Menus 35-42 € (boissons comprises).* Enfant, vous rêviez de tours et de châteaux ? Vous voilà en plein dedans, mais cornegidouille laissez vos dagues et votre destrier au vestiaire ! On y ripaille costumé, à l'aide d'un tranchoir et d'une pince-monseigneur, autour de longues tablées, sur fond musical de troubadours. Aux menus, une jolie brochette de mets du temps jadis. Certes, pas de quoi grimper aux lourdes tentures moyenâgeuses ni sauter au plafond barré de superbes voûtes en pierre, mais c'est plutôt bon et copieux.

À voir

Le château : *☎ 04-68-70-09-11. • chateau.villerouge@villerouge.fr • Juil-août, tlj 10h-19h30 ; avr-juin et de début sept à mi-oct, tlj 10h-13h, 14h-18h (sans coupure déj le w-e) ; mars et de mi-oct à mi-déc, slt w-e et j. fériés 10h-17h (tlj pdt vac de la Toussaint, avec coupure déj) ; dernière visite 1h avt fermeture. Fermé de mi-déc à fin fév. Entrée : 6 € ; réduc (notamment avec le Passeport des sites et sur présentation de ce guide).* Gros quadrilatère protégé par de massives tours circulaires, il a été restauré et a retrouvé son éclat d'antan. Intéressant parcours scénographique avec audioguide qui permet de découvrir, au travers d'animations audiovisuelles, l'histoire de Villerouge au XIVe s. Au rez-de-chaussée, la vie du dernier des cathares (Bélibaste) : un « parfait » (auteur quand même de quelques menus larcins avant d'être ordonné prêtre cathare... pas si parfait, donc). Au 1er étage, explications sur l'archevêque de Narbonne et le pouvoir de l'Église catholique au XIVe s. Le 2e étage est consacré à la vie quotidienne au Moyen Âge.

L'église Saint-Étienne : *15 juil-15 août, tlj 16h30-17h (visez juste !) ; visite commentée gratuite.* Abrite un étonnant retable espagnol du XVIe s composé de huit panneaux en bois peint.

DANS LES ENVIRONS DE VILLEROUGE-TERMENÈS

Le château de Termes : *2, Camin dal Castel. ☎ 04-68-70-09-20. • chateau-termes.com • À 12 km à l'ouest de Villerouge. Accès par la D 613 puis la D 40 au col de Bedos ; compter 15 mn d'ascension à pied (sans difficulté). Avr-11 nov, tlj 10h-18h (19h30 juil-août) ; mars et fin nov, w-e, j. fériés et vac scol 10h-17h. Fermé déc-fév. Possibilité de visites guidées de mi-juil à mi-août, l'ap-m. Entrée : 4 € ; 2 € 6-15 ans ; réduc (notamment avec le Passeport des sites).* Véritable nid d'aigle, cette citadelle cathare du XIe s se rendit après un siège de 4 mois, ses courageux occupants ayant été vaincus par la soif et la dysenterie ! Mais les vestiges bien pittoresques de la double enceinte, qu'on peut arpenter, dateraient du XIVe s. On peut poursuivre avec une petite balade agréable dans le village de Termes. Belle église du XIIe s ouverte aux horaires du château.

➢ Dans les environs, route magnifique via les gorges du Termenet, sous le château, par la D 40 puis la D 212, en direction de Saint-Pierre-des-Champs.

LAGRASSE (11220) 570 hab. *Carte Aude, C2*

Lagrasse est une petite ville au superbe patrimoine médiéval : vieux pont, ruelles, vieilles halles de toute beauté... sans compter sa fameuse abbaye. Une halte incontournable lors d'un périple au cœur des Corbières.

Adresse utile

Office de tourisme de Lagrasse : *Maison du Patrimoine, 16, rue Paul-Vergnes. ☎ 04-68-43-11-56. • lagrasse.com • Dans le centre, dans la Maison du patrimoine. Juil-août, tlj 10h30-13h, 14h30-19h ; à la mi-saison, tlj 10h30-13h, 14h-18h ; le reste de l'année, lun-ven 10h30-12h30, 14h-17h.* Toutes les infos sur le coin. Mais il faut aussi y passer pour admirer une expo sur les plafonds peints du Languedoc-Roussillon, au Moyen Âge. Certains dessins sont particulièrement truculents...

Où dormir ? Où manger ?

Camping

Camping Boucocers : *route de Ribaute.* ☎ *04-68-43-15-18 ou 04-68-43-10-05 (mairie).* • *mairie lagrasse@wanadoo.fr* • *lagrasse.fr* • *Au nord du bourg, à 1,5 km par la D 212 vers Fabrezan. Ouv de mi-mars à mi-oct. Compter 13 € pour 2.* Une pelouse moyennement ombragée (les arbres sont encore petiots), mais au calme, et avec une vue imprenable sur le village.

De bon marché à prix moyens

Chambres d'hôtes Les Glycines : *bd Charles-Cros.* ☎ *04-68-43-14-54.* *06-42-45-10-30.* • *jh.guillot@wanadoo.fr* • *gites-les-glycines.fr* • *Dans le vieux village. Double 60 €.* Une adresse de grand charme et de quiétude. La cour et les patios aussi fleuris et verdoyants que la façade contribuent à faire de ce lieu un havre de paix. Chambres harmonieuses et 2 très beaux gîtes (l'un indépendant, l'autre avec terrasse) complètent l'offre des chaleureux propriétaires, Nicole et Jean-Hugues. Coup de cœur évident !

La Petite Maison : *12, bd de la Promenade.* ☎ *04-68-91-34-09.* • *lapetitemaison.adeline@gmail.com* • *Avr-oct, tlj sf mer 8h-18h. Formule et menu 16-18 €.* Un p'tit resto à la déco pleine de fraîcheur et tenu par une équipe de femmes efficaces, enjouées et rayonnantes. Rien qu'en parcourant le tableau noir qui énumère les préparations du jour, les papilles commencent sérieusement à s'agiter : savoureuses tartes accompagnées d'une salade colorée, originales lasagnes comme on en a rarement mangé, desserts auxquels on ne peut résister. Les produits viennent du coin et les vins sont bio. Fait aussi salon de thé. Terrasse. Une adresse qui met en joie.

La Cocotte Fêlée : *2, bd de la Promenade.* ☎ *04-68-75-90-54.* • *lacocotte.felee@yahoo.fr* • *Tlj sf lun et mar midi, plus dim soir hors saison. Formule déj en sem 16 € ; formule et menu 22-28 €.* Pas si fêlée que ça, la cocotte ! Elle est allée chercher l'inspiration de sa cuisine au coin de la rue, et puis ailleurs aussi. Au fin fond de l'Asie, pour tout dire. Le résultat fusionne bigrement bien, dans les textures comme dans les saveurs. On picore à l'envi de ce terroir, là où le confit de canard se fait virer du poulailler par un suprême de volaille farci au lait de coco. Et on accomplit ce voyage culinaire dans 2 mignonnes petites salles ponctuées de souvenirs du Laos ou de Thaïlande. Terrasse. Accueil sympa.

Où dormir dans les environs ?

Chambres d'hôtes La Talayrane : *Paule et Pierre Chertier, 12, pl. de la République, 11220* ***Talairan.*** ☎ *04-68-44-09-92.* • *p-chertier@wanadoo.fr* • *À 11 km au sud-est de Lagrasse, au centre du village. Fermé pour les fêtes de fin d'année. Doubles 63-73 €.* Dans ce petit village pittoresque, sur une placette tranquille avec une fontaine, grande demeure tarabiscotée, dont une partie appartient à l'ancien château. À l'étage, 3 chambres stylées et douillettes. Meubles anciens, nombreux bibelots, tableaux et murs enduits à la chaux. Atmosphère empreinte d'authenticité, jusqu'au petit déj servi dans de la belle vaisselle ancienne. Agréable patio et terrasse d'été.

Où boire un verre ?

Lou Recantou : *2, rue de la Porte-d'Eau.* ☎ *04-68-49-94-73. Mai-fin sept, tlj.* Agréable petite terrasse, dressée en surplomb de la rivière, juste en face de la massive silhouette de l'abbaye.

Où acheter de bons produits ?

Maison du Terroir : *6, bd de la Promenade. ☎ 04-68-43-11-56. Avr-oct, tlj 10h-12h30, 15h-19h ; nov-mars, slt ven-dim, vac et j. fériés.* Beau choix de produits locaux au prix des domaines : vins, miels, confitures, pâté, pain d'épice. De quoi se préparer un pique-nique gourmand, ou rapporter un cadeau à belle-maman qui a gardé la minette...

À voir

L'abbaye Sainte-Marie-d'Orbieu : on ne devine pas son âge en découvrant son aspect extérieur. Pourtant, cette abbaye a plus de 12 siècles ! Fondée sous la protection de Charlemagne, elle connut un développement rapide qui en fit longtemps l'une des abbayes les plus prospères du Midi de la France. Du XIIIe au XVIIIe s, les 64 abbés qui s'y succédèrent participèrent activement à la vie politique et religieuse du Languedoc et de la Catalogne. Divisé à la Révolution, et les moines chassés des lieux, ce Monument historique est aujourd'hui encore séparé en deux parties distinctes, l'une gérée par le département de l'Aude, et l'autre par une communauté de chanoines réguliers, revenus s'installer dans l'abbaye. Pour visiter l'intégralité du bâtiment, il vous faudra donc emprunter deux entrées distinctes et acquitter chaque fois un droit de visite.

– **La partie médiévale (le logis abbatial, les communs, le dortoir et la chapelle) :** *1re porte d'entrée. ☎ 04-68-43-15-99. • abbayedelagrasse.com • ♿ (visite partielle). Tlj 10h-19h (18h d'avr à mi-juin et de mi-sept à oct, 17h nov-mars) ; dernière entrée 1h avt fermeture. Fermé de mi-déc à mi-janv. Entrée : 4 € ; réduc (notamment avec le Passeport des sites).*

Après avoir franchi la première porte à gauche, on visite la partie médiévale. Dans l'ordre, la cour du logis (XIIIe s) avec son chapiteau de marbre blanc figurant « la luxure » et une étonnante clef de voûte en dents-de-scie. Juste après, la chapelle basse où est projeté un film de 10 mn, le cellier, la boulangerie, la sacristie, le transept nord de l'église, une tour préromane (VIIIe s) partiellement éventrée pour construire le grand escalier, un grand dortoir du XIIIe s aux arcs magnifiquement conservés représentant une coque de vaisseau renversée. Enfin, la chapelle privée de l'abbé, au somptueux décor polychrome et au tapis de terre cuite vernissée que l'on observe à travers une fenêtre depuis le vestibule, doté lui aussi d'un magnifique décor polychrome de la fin de XIIIe s. Dans la salle du Maître de Cabestany, noter le gisant de l'abbé Auger qui servit de canal d'adduction d'eau de l'abbaye (sacrilège !). Belle salle d'apparat avec son imposante cheminée en stuc de style Renaissance.

Café-librairie dans le parc *(15 juin-15 sept et vac scol de l'académie de Montpellier, tlj 11h-19h ; le reste de l'année, slt w-e).* Cet espace prolonge agréablement la visite. Il est tenu par l'association Le Marque-Page, qui organise les festivals du Banquet du livre et d'autres rendez-vous littéraires.

– **Le cloître et l'église de l'abbaye, le jardin et le monastère des chanoines :** *l'accès par le portail en grès rose à droite de l'entrée précédente. ☎ 04-68-58-11-58. • chanoines-lagrasse.eu • De mi-avr à mi-nov, tlj sf jeu, 15h15-18h ; de mi-nov à mi-avr, slt w-e et j. fériés ; dernière entrée 35 mn avt fermeture. Fermé 1 sem en sept. Entrée : 4 € ; visite commentée estivale (départ à 15h30 ; compter 1h) 5 € ; réduc.* En restauration par les chanoines réguliers de la Mère de Dieu, les bâtiments conventuels se déploient autour de la cour d'honneur, d'un sobre classicisme auquel le grès rose donne un éclat presque joyeux. Du même style, le cloître de 1760 rayonne de majesté. L'église gothique (XIIIe s), bâtie sur les fondations d'une basilique carolingienne, impressionne par son acoustique remarquable. Elle s'ouvre sur un transept roman du XIe s. La tour-clocher s'élève à 42 m. Trois absidioles romanes déploient leur charme sur un jardin monastique : jardin des simples réalisé sur le modèle médiéval et jardin d'inspiration Renaissance. Curiosités à ne pas manquer, sinon : le chapiteau du Maître de Cabestany représentant Adam et Ève chassés du paradis et un couvercle de sarcophage du VIe s.

Le pont Vieux : belle arche légèrement bombée, du XIIe s, reliant la rive de l'abbaye au village.

Dans le village : grande halle du XIVe s aux imposants piliers. Quelques vestiges des anciens remparts disséminés, comme la porte de l'Eau, la tour de Plaisance, etc. La ***Maison du patrimoine,*** qui abrite l'office de tourisme (voir « Adresse utile »), accueille une intéressante expo sur les plafonds à métope (XIIIe s-début du XVIe s ; *entrée libre*).

Le musée-caveau Le 1900 : *13, bd de la Promenade. ☎ 04-68-32-18-87. • 1900-lagrasse.com • Juil-août, tlj 10h-12h, 14h-19h ; avr-juin, sept-oct et vac de Noël, tlj sf mar, mêmes horaires ; le reste de l'année, ouv vac scol, tlj l'ap-m slt. Entrée : 4,50 € ; réduc.* Expo rétro de jouets, métiers d'antan... et spectacle sur le patrimoine bâti régional. Caveau et boutique.

L'AUDE, PAYS CATHARE

Manifestations

– **Le Banquet du livre :** *3 j. en mai et nov, et 1 sem en août à l'abbaye. Rens : ☎ 04-68-32-63-89. • lamaisondubanquet.fr •* Des balades, rencontres, conférences, lectures, concerts, exposition, une librairie, un bistrot... pour les amoureux de littérature, philosophie et musique classique.
– **Festival de Piano :** *1re sem de juil. • enblancetnoir.com •*
– **Festival des Abracadagrasses :** *3e w-e de juil, pl. des Halles. ☎ 04-68-43-11-56.* Musiques actuelles autour du monde. Concerts et animations.
– **Marché des potiers :** *3e w-e d'août, pl. des Halles.*

DANS LES ENVIRONS DE LAGRASSE

➢ **Le sentier des Orchidées – chemin des Planètes :** *domaine Serres-Mazard, 11220 Talairan. ☎ 04-68-44-02-22. • mazard.jeanpierre@free.fr • ♿ À 11 km au sud-est de Lagrasse. Domaine fléché dans le village ; chemin à 2,5 km du village sur la hauteur (en direction de Villerouge-Termenès). Résa impérative. Tarif : 5 € (8 € avec la visite du cellier). Compter 2h-3h min (voire la journée...).* Jean-Pierre Mazard est un vigneron passionné d'histoire de *soun pais,* de sa terre, de sa vigne, de son vin. Cette visite est l'occasion d'aborder tous ces sujets, au caveau du domaine, puis au gré d'un original chemin de 1,5 km en boucle, ponctué de panneaux explicatifs. On ressort proprement enivré de ces senteurs et de l'incroyable profusion d'orchidées sauvages. Une douzaine d'espèces, dont certaines endémiques, fleurissent de mi-mars à fin juin. Le parcours peut se faire seul, mais on recommande la visite accompagnée, pour déceler les bonnes orchidées parmi les triviaux pissenlits !

➢ **Mayronnes** *(11220)* **:** *au sud-ouest de Lagrasse.* Exposition de sculptures (d'avril à septembre), sur une boucle de 5 km empruntant en partie le GR 36 à travers la garrigue. Compter environ 2h30 de balade pour parcourir ce « sentier sculpturel » qui allie art et nature. On peut aussi prendre, sur les crêtes, le chemin panoramique (16 km et 6h de marche) qui emprunte le sentier sculpturel au retour.

FABREZAN (11200) 1 315 hab. *Carte Aude, C2*

Un gros village qui doit son nom à une lointaine villa, cadeau de César fait à un certain Fabricius (tiens, ça rappelle Astérix, ça !). Puis le temps coula, et

on retrouve aujourd'hui un patelin en pleine forme, au cœur duquel est venue se planter une tour médiévale et où il fait bon dresser le camp pour la découverte des environs et déguster son *Kina Karo,* un apéro inventé ici, en lisant une poésie de Charles Cros, également originaire de Fabrezan.

Où dormir ? Où manger ?

Le Clos des Souquets : *47, av. de Lagrasse. ☎ 04-68-90-48-04. • le-clos-des-souquets.com • À gauche en sortant du centre-ville sur la route de Lagrasse. Congés : des fêtes de fin d'année à mi-fév. Doubles 60-90 € selon vue et saison.* Petite adresse simple et sympa comprenant 5 chambres à peine (notre préférence va à la « Provençale ») et un studio. Les plus chères donnent à l'arrière, côté jardin et piscine.

Les Calicots : *17, rue du Commerce. ☎ 04-68-49-18-54. • lescalicots@orange.fr • Au centre du vieux village. Tlj sf mar. Congés : nov-mars. Résa vivement conseillée. Formule déj en sem 15 € ; menus 21-32 € ; carte env 40 €. Café offert sur présentation de ce guide.* Bien caché dans une petite rue, ce restaurant est connu des gourmets du coin. De grands classiques régionaux comme le cassoulet, mais aussi des créations plus folles comme les nems au confit de canard... Beaucoup d'originalité, donc, pour un résultat délicieux et haut en saveur. Les assiettes déjeuner sont copieuses, le service souriant et efficace. Et la salle, lumineuse grâce à son patio fleuri (et sa courette) au fond, a du cachet avec ses vieux murs en pierre, ses tons paille et ses étagères où s'alignent de vieilles boîtes en fer de bouillon Kub, rappelant qu'ici, autrefois, c'était un commerce. Une petite merveille à découvrir...

Où dormir ? Où manger dans les environs ?

Camping

Camping La Pinède : *route des Roussillous, 11200* ***Lézignan-Corbières.*** *☎ 04-68-27-05-08. 06-98-54-61-89. • reception@campinglapinede.fr • campinglapinede.fr • Par la D 6113, à l'entrée de la ville en venant de Carcassonne ; bien fléché. Ouv avr-oct. Selon saison, compter 15,80-20 € pour 2 ; écolodges et mobile homes (2-8 pers) 190-760 €/sem.* Joli camping bien ombragé, comme son nom le laisse supposer, sur plus de 3 ha de terrain. Accès gratuit à la piscine municipale voisine, tennis, jeux pour enfants et resto sympa. Au départ de sentiers de randonnée et tout près du centre-ville, accessible à pied... un camping entre ville et campagne.

De prix moyens à chic

Chambres d'hôtes Domaine Sainte-Marie-des-Ollieux : *11200* ***Montséret.*** *☎ 04-68-43-59-20. 06-75-51-48-65. • sylvette-mounie@orange.fr • ste-marie-des-ollieux.com • À 13 km à l'est de Fabrezan par la D 611, puis la D 613 direction Narbonne ; au bord de la route, à l'angle avec la D 123. Ouv tte l'année. Double 65 €.* Ce domaine viticole du XIXe s est la propriété familiale de Sylvette, nichée dans un vaste parc propice à la détente. 3 chambres de bon confort (clim) à la déco qui se la joue gentiment *Côté Sud.* Une bonne adresse pour partir à la conquête des châteaux et abbayes du coin, en prêtant l'oreille à Martine, la sœur de Sylvette, historienne de l'art...

Domaine du Griffon : *8, route de Ferrals, 11200* ***Boutenac.*** *☎ 04-68-27-07-29. 06-73-23-23-81. • domaine-de-griffon@wanadoo.fr • domaine-de-griffon.com • À 10 km à l'est de Fabrezan. Doubles 65-95 € selon taille et saison. Table d'hôtes 32 €.* Une ravissante demeure vigneronne du XIXe s, placée sous le signe du griffon, une créature ailée au corps de lion que l'on imagine volontiers échappée d'une forteresse cathare. Les 5 chambres (4 suites) sont tout aussi fantastiques avec leur parquet, leurs carreaux de ciments et leurs meubles anciens. L'été, difficile de résister à une sieste dans le jardin entre deux escapades bucoliques.

Hôtel-restaurant Le Tournedos : *rond-point du Maréchal-de-Lattre-de-Tassigny, 11200* ***Lézignan-Corbières.*** *☎ 04-68-70-29-19. • letournedos@orange.fr • Resto fermé dim-lun. Formule déj en sem 14 € ; menus 17,50 € (sf sam)-46 €.* Une excellente maison traditionnelle et familiale, avec raison très fréquentée. Tout est bon et généreux, les produits locaux, les charcuteries excellentes et le cassoulet extra.

De chic à plus chic

Chambres d'hôtes Château La Sabine : *11220* ***Saint-Laurent-de-la-Cabrerisse.*** *☎ 04-68-44-09-64. • contact@lasabine.com • lasabine.com • À 7 km au sud de Fabrezan par la D 611 puis la D 106 vers Fontjoncouse. Ouv avr-déc. Doubles 90-140 €. Table d'hôtes sur résa.* Un domaine viticole au milieu des campagnes et des vignes, où l'on peut faire plein de choses : traditionnelle visite du domaine et des chais, dégustation, balade sur un sentier ornithologique, découverte des produits du terroir (boutique)... C'est aussi un lieu convivial qui accueille des expositions temporaires, des concerts... Plein de bonnes raisons d'y rester au moins une nuit, dans des chambres d'hôtes vastes et claires, joliment colorées et tout confort, avec de très grands lits.

Auberge Côté Jardin : *7, av. 113 (D 6113), 11200* ***Conilhac-Corbières.*** *☎ 04-68-27-08-19. • contact@auberge-cotejardin.com • auberge-cotejardin.com • À 7,5 km au nord de Fabrézan par la D 212, puis la D 211, puis (à Fontcourverte) la D 165. Oct-avr, hôtel fermé dim soir, resto dim soir-mar midi ; sinon, resto fermé le midi lun-mar. Doubles 79-155 €. Formule déj en sem 19,50 € ; menus 28,80-60 €.* Un hôtel aménagé dans un ancien relais de poste en bord de la passante départementale. Une poignée de chambres sobrement et joliment décorées, toutes de blanc crème vêtues, avec, pour chacune, des touches d'une autre couleur. Double vitrage efficace pour les quelques chambres qui donnent sur la rue. Les autres contemplent la campagne. Également une piscine, une jolie terrasse fleurie, et un resto pour ceux qui ne voudraient plus quitter ce bel endroit. Avec notamment LE cassoulet « revisité » parmi la belle carte régionale.

En Catimini : *16, pl. de la République, 11200* ***Ferrals-les-Corbières.*** *☎ 04-68-41-62-53. • en-catimini@live.fr • À 3,5 km à l'est de Fabrezan. Au centre du bourg. Fermé le lun midi, plus le soir lun et j. fériés hors saison. Congés : 2 sem en nov et de janv à mi-mars. Formule et menu déj en sem 19-22 € ; menus 29-65 €.* La façade XIXe s n'exagère en rien le raffinement de ce lieu au décor bourgeois exquis. Plafonds finement peints, escalier monumental, opulente cheminée, c'est un festival. Et la carte tient toutes ses promesses, chaque plat étant savamment fouillé, inventif et restituant dans l'assiette son alléchant intitulé. La chef, Catherine Baroit, n'hésite pas à déléguer en salle son second (sa fille Hermine) pour présenter le résultat de ce travail, fait de produits choisis et d'origine principalement locale. C'est monsieur qui mène la barque du service chic-décontract'.

À voir. À faire à Fabrezan et dans les environs

Le musée Charles-Cros : *av. de la Mairie. ☎ 04-68-27-81-44. Au 1er étage de la mairie (clés à retirer au secrétariat du rdc). Lun-ven 9h-12h, 16h-17h30 (14h-16h30 ven). GRATUIT.* Cette modeste collection illustre qui était ce Fabrezanais. Un poète qui sévit dans les cabarets parisiens à la fin du XIXe s : il est de ceux qui feront du *Chat Noir* un lieu à la mode. Mais Charles Cros est également inventeur. On lui doit le procédé de trichromie pour donner de la couleur à la toute jeune photographie. Son œuvre majeure, ancêtre de l'iPod, est le phonographe. D'où le prix Charles-Cros, mais c'est bien sûr !

La miellerie des Clauses : *8, pech de la Garrigue, hameau des Clauses, 11200* ***Montséret.*** *☎ 04-68-43-30-17. • miellerie-des-clauses.com • Bien fléché depuis la D 123, à 1 km au sud de Montséret. Tlj 9h-12h, 14h-18h. Visite juil-août lun-ven à 10h30, 14h30, 16h et 17h30, w-e et j. fériés à 10h30, 15h et 16h30 ; de mi-avr à juin et sept tlj à 14h30 et 16h. Tarif : 5,50 € ; gratuit moins de 12 ans.* Tout, tout, tout, vous saurez tout sur l'*Apis mellifera.* Mieux qu'un feuilleton de Maïa l'abeille, informations complètes et passionnées sur l'environnement de butinage de ces abeilles, avec, à la clé, l'ouverture d'une ruche. Boutique. Possibilité de balade à poney pour les plus de 4 ans *(juil-août mar et jeu, sur résa ; tarif : 10 € la ½ h).*

LE PAYS DE LA NARBONNAISE

De Narbonne à la frontière séparant l'Aude des Pyrénées-Orientales se déroule une côte plutôt bien préservée. Hormis les stations balnéaires de Port-la-Nouvelle ou de Port-Leucate, très bétonnées mais circonscrites à quelque 5 ou 10 km de littoral, s'étirent de vastes étendues de plages de sable fin. Les magnifiques paysages du massif de la Clape complètent cette palette au cœur du parc naturel régional de la Narbonnaise en Méditerranée. Dans les étangs se nichent une faune et une flore exceptionnelles, où cohabitent flamants roses et vieux villages de pêcheurs.

NARBONNE (11100) 54 370 hab. *Carte Aude, D1*

• Plan *p. 232-233*

Environ 500 ans avant notre ère, Narbonne était une halte bienvenue sur la route allant de Marseille vers l'Espagne. Les Romains en firent leur capitale, commandant toute la région – d'ailleurs appelée Narbonnaise. « La Narbonnaise, disait Pline, n'est pas une province : c'est l'Italie. » D'une ville grise, triste, aux maisons de torchis, le génie architectural de la Rome toute-puissante en fit un port magnifique.
Place commerciale de premier ordre (les canaux y transportaient le fromage de Lozère, les conserves d'huîtres de la côte et le vin de Béziers), port important, industrie drapière florissante, l'âge d'or dura du VIIIe au XIVe s. Les événements du XIVe s (peste, guerre de Cent Ans, piraterie) entraînèrent le déclin de la ville. Puis Louis XII en fit une place forte, édifiant remparts et tours avec les pierres des monuments romains et détruisant ainsi un témoignage unique de la période la plus faste de la ville. Son rôle militaire s'acheva à la signature du traité des Pyrénées. La frontière s'éloignait, la menace aussi.

L'AUDE, PAYS CATHARE

Aujourd'hui, le voyageur prendra plaisir à flâner en son centre et le long du romantique canal de la Robine, classé au Patrimoine mondial de l'Unesco. La richesse patrimoniale de Narbonne lui vaut le label « Ville d'art et d'histoire ».

Adresses et infos utiles

Office de tourisme *(plan B2)* **:** *31, rue Jean-Jaurès. ☎ 04-68-65-15-60. • narbonne-tourisme.com • 1er avr-14 sept, tlj 9h-19h ; 15 sept-31 mars, tlj sf dim 10h-12h30, 13h30-18h.* À l'extérieur, borne interactive tactile délivrant 24h/24 des infos sur les animations, services, hébergements.

Annexe de l'office de tourisme à Narbonne-Plage : *☎ 04-68-49-84-86. • narbonne-tourisme.com • À 17 km de Narbonne. Juil-août, tlj 9h-19h ; avr-juin et sept, lun-sam 10h-12h30, 13h30-18h (fermé dim sf animations et événements).* En façade, une borne interactive tactile délivre les infos sur les animations, services, hébergements.

Gare SNCF *(plan C1)* **:** *av. Carnot. ☎ 36-35 (0,34 €/mn). Au nord-est du centre-ville.*

Citibus – Transports du Grand Narbonne *(plan C1,* ***3****)* **:** *8, av. Maréchal-Foch. ☎ 04-68-90-18-18. • citibus.fr • Départ Narbonne, agglomération et plages, bd Mistral, devant le Palais des Sports (plan B1-2,* ***1****) ; départ villages environnants, à la gare routière, bd Docteur-Léon-Augé (plan B1,* ***2****). Les tickets à l'unité s'achètent dans le bus.* Les plages accessibles pour 1 € !

Location de vélos : *chez* ***Languedoc VTT Évasion,*** *12 bis, rue Guiraut-Riquier. 06-74-89-75-98. • languedocvttevasion.over-blog.com • Tte l'année, tlj 8h-20h. Compter 17 €/j.* Pas d'agence à proprement parler, il s'agit d'un moniteur sportif qui accueille ses clients directement chez lui, sur réservation. Location de VTT et VTC, vélos à assistance électrique. Bon accueil, bon matériel et conseils en prime.

– **Marchés :** *aux halles, tlj 7h-13h.* **Marché bio :** *pl. du Forum, sam mat.* **Marchés forains :** *promenade des Barques et cours Mirabeau, jeu (tte la journée), dim mat ; quartier Razimbaud, bd du Roussillon, mar mat ; quartier Saint-Jean-Saint-Pierre, sam mat.* **Marché aux fripes :** *pl. Voltaire, mar mat.*

Où dormir ?

Bon marché

Centre international de séjour *(plan B2,* ***11****)* **:** *pl. Roger-Salengro. ☎ 04-68-32-01-00. • contact@cis-narbonne.com • cis-narbonne.com • Accueil 24h/24. En dortoir avec lavabo (4-6 lits) 19,40 €/pers ; en chambre 24,60-32 €/pers selon confort ; petit déj compris. ½ pens 30-41 €. Sans adhésion. CB refusées.* Couleurs pêchues pour ce centre moderne et bien tenu, qui rappelle une auberge de jeunesse. En tout, une centaine de lits. Chambres avec 2 ou 3 lits, douche et lavabo, w-c sur le palier pour certaines. Foyer TV mais pas de cuisine à disposition.

De bon marché à prix moyens

Hôtel Le Régent *(plan D2,* ***12****)* **:** *15, rue Suffren. ☎ 04-68-32-02-41. • hotelleregent@wanadoo.fr • leregentnarbonne.com • Doubles env 40-60 € selon confort et saison. Parking payant.* Une chambre a une terrasse avec vue sur la ville, les autres donnent sur la rue ou le petit jardin (nos préférées), avec ou sans w-c. Un petit hôtel à proximité du cœur de Narbonne. Sans prétention, mais rafraîchi, pratiquant des prix raisonnables, et l'accueil étant bon, on lui pardonne vite ses quelques petites imperfections (isolation phonique un peu faiblarde entre les chambres par exemple).

Hôtel de France (plan C3, **13**) : *6, rue Rossini. ☎ 04-30-37-01-47. • accueil@hotelnarbonne.com • hotelnarbonne.com • Doubles 65-85 € selon confort et saison.* À deux pas du centre et dans une rue calme, gageons que la nouvelle direction qui a repris les rênes de cet hôtel saura donner le souffle nouveau que mérite ce bel établissement. À tour de rôle, les chambres connaissent une nouvelle jeunesse (parquet et carreaux de ciment retrouvent leur lustre d'antan). Clim, coffre et frigo dans chacune d'elles. Bon accueil.

De chic à plus chic

Hôtel La Résidence (plan B2, **14**) : *6, rue du 1er-Mai. ☎ 04-68-32-19-41. • contact@hotel-laresidence-narbonne.fr • hotel-laresidence-narbonne.fr • Doubles 95-145 € ; petit déj 12 €. Garage privé payant.* Dans une petite rue calme, cet ancien hôtel particulier cache une trentaine de chambres de grand confort, raffinées et climatisées. Certaines ont vue sur la cathédrale. Derrière une façade blanche de style haussmannien, la décoration classique et stylée, le mobilier XIXe s, les salons et les hauts plafonds lui confèrent un charme certain. Il règne ici une agréable tranquillité, une ambiance cosy. Emplacement stratégique pour partir à pied à la découverte de Narbonne.

Où dormir dans les environs ?

Camping

Les Mimosas (hors plan par A3, **10**) : *chaussée de Mandirac. ☎ 04-68-49-03-72. • info@lesmimosas.com • lesmimosas.com • Sortir de Narbonne par la D 6009 vers le sud ; au niveau de la sortie 38 de l'A 9, suivre la direction « La Nautique » et la D 32. Fléché. Ouv de fin mars à oct. Selon saison, compter 17-49 € pour 2 ; chalets et mobile homes 4-6 pers 217-1 470 €/sem.* À proximité de l'étang de Bages, en pleine nature. Plus qu'un camping, c'est un village-camping pour la détente, le sport (piscines, parc aquatique, sauna, tennis, minigolf, espace bien-être), avec services et animations *(avr-sept)*. Beaux emplacements, spacieux et bien ombragés.

De prix moyens à chic

Douce France (hors plan par C1, **15**) : *2 bis, rue des Vignerons, 11590* ***Cuxac-d'Aude.*** *☎ 04-68-93-75-09. • douce-france@ansei.fr • douce-france-cuxac-d-aude.jimdo.com • À 8 km au nord de Narbonne. Resto le midi en sem slt. Doubles 55-65 €. Menu 15,50 €.* Un hôtel pas tout à fait comme les autres puisqu'il est géré par l'association narbonnaise pour le soutien, l'épanouissement et l'insertion. Avec l'appui d'éducateurs, l'association a pour vocation d'accompagner de jeunes gens confrontés à de petites difficultés dans la vie. Modernes et de très bon confort (clim), les chambres n'ont rien à envier aux hôtels de bonne tenue. Un excellent rapport qualité-prix et une démarche à soutenir. Resto de l'autre côté de la rue.

Hôtel de la Clape (hors plan par D3, **16**) : *4, rue des Fleurs, 11100* ***Narbonne-Plage.*** *☎ 04-68-49-80-15. • resa@hoteldelaclape.com • hoteldelaclape.com • À 17 km à l'est de Narbonne ; 100 m en retrait de la plage. Congés : de mi-déc à mi-mars. Resto le soir slt sf dim hors saison. Doubles 80-90 € avec ou sans balcon ; suites plus chères. Menus 20-34 €. Parking privé.* Dans la jungle touristico-industrielle du littoral, c'est avant tout à l'accueil que nous sommes sensibles. L'hôtel se distingue par sa démarche écologique concrète (ampoules, produits d'entretien, isolation...), mais aussi par son calme, son confort et sa qualité. Déco fraîche et pimpante (clim dans toutes les chambres). Cuisine méditerranéenne du marché. Belle adresse où le seul stress sera de savoir si l'on préfère la piscine... ou la plage.

■ Adresses utiles

- i Office de tourisme
- 1 Bus pour Narbonne-Plage
- 2 Gare routière
- 3 Citibus – Transports du Grand Narbonne (boutique)

Où dormir ?

- 10 Les Mimosas
- 11 Centre international de séjour
- 12 Hôtel Le Régent
- 13 Hôtel de France
- 14 Hôtel La Résidence
- 15 Douce France
- 16 Hôtel de la Clape

Où manger ?

- 20 Le Mallicolo
- 21 Chez Bébelle et Les Tapas de la Clape
- 22 En Face
- 24 L'Entre Temps
- 25 Le Petit Comptoir
- 26 La Table Saint-Crescent

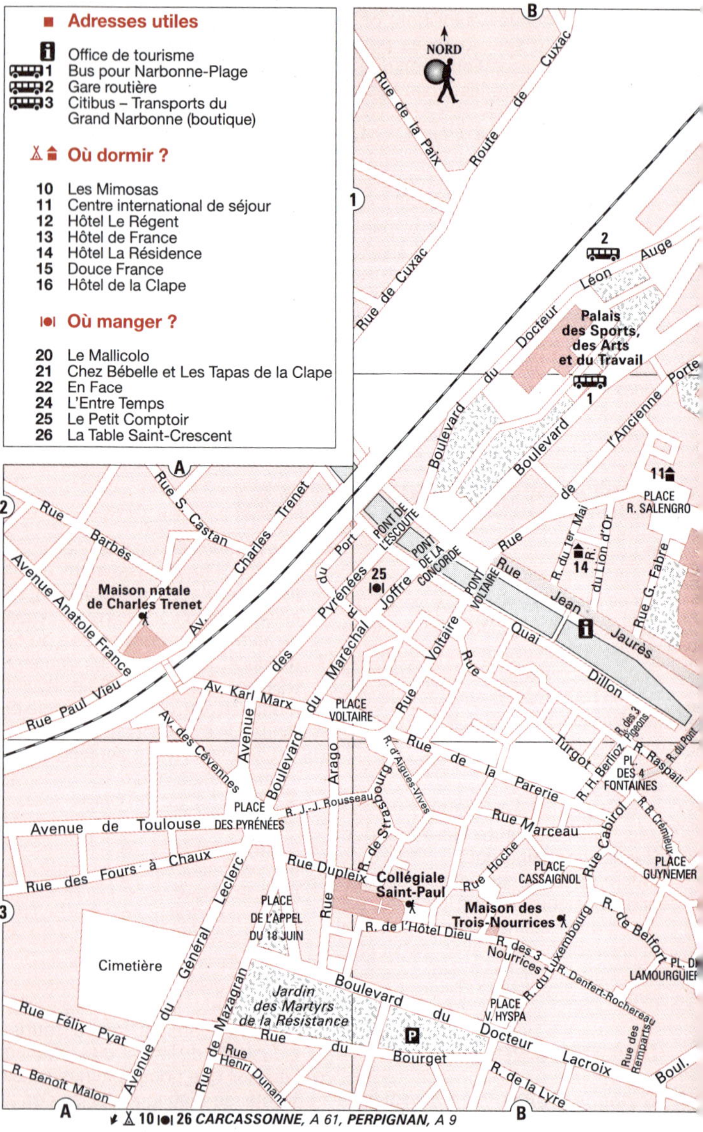

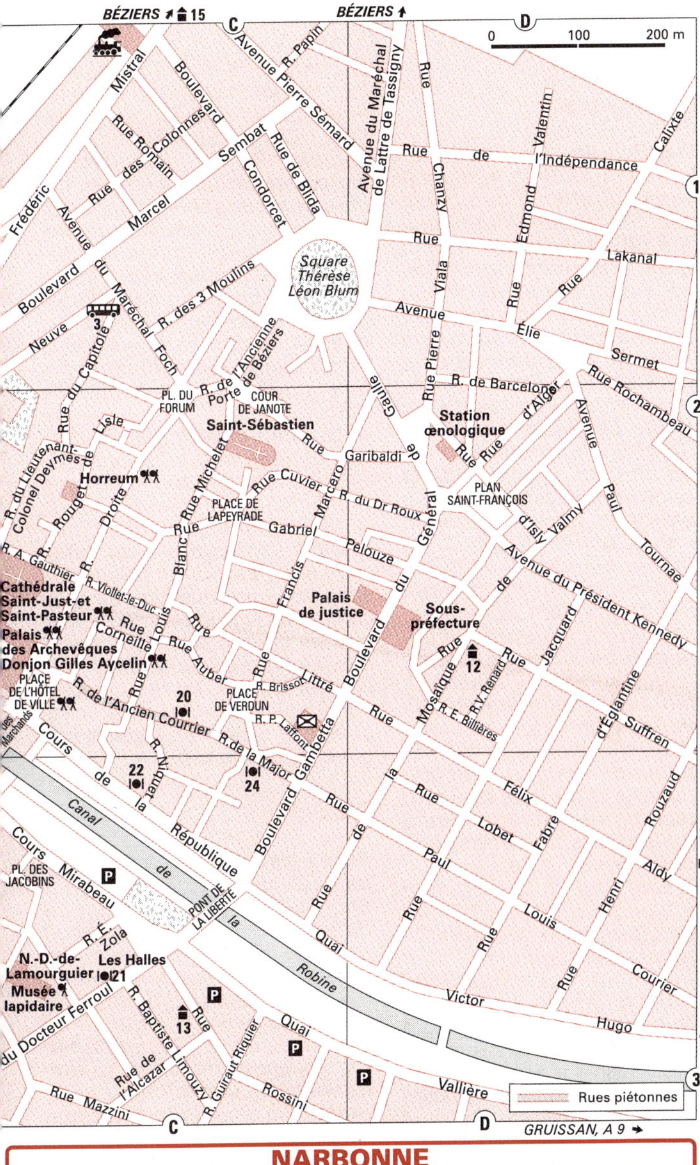
BÉZIERS 15
BÉZIERS
C
D
0
100
200 m
Avenue Pierre Sémard
R. Papin
Avenue du Maréchal de Lattre de Tassigny
Rue Chanzy
Valentin
Calixte
Rue de l'Indépendance
Mistral
Boulevard Sembat
Rue Romain
Rue des Colonnes
Condorcet
Rue de Blida
Frédéric
Avenue
Rue
Marcel
Boulevard
Rue Lakanal
Edmond
Square Thérèse Léon Blum
Rue Viala
Rue
Rue
Avenue Élie
Sermet
Neuve
3
du Maréchal Foch
R. des 3 Moulins
R. de l'Ancienne Porte de Béziers
Rue Pierre
R. de Barcelone
Rue Rochambeau
Rue du Capitole
PL. DU FORUM
COUR DE JANOTE
Saint-Sébastien
Gaulle
Station œnologique
d'Alger
Avenue
Lisle
Rue Garibaldi
de
Rue
Rue
R. du Lieutenant-Colonel Deymes
Horreum
Rue Michelet
Rue Cuvier
Marcero
R. du Dr Roux
Général
PLAN SAINT-FRANÇOIS
Paul
Rougé
Droite
PLACE DE LAPEYRADE
Rue Gabriel
d'Isly
Valmy
Tournae
R. A. Gauthier
R.
R.
Blanc
Pelouze
Avenue du Président Kennedy
R. Viollet-le-Duc
Francis
du
de
Cathédrale Saint-Just-et Saint-Pasteur
Palais de justice
Sous-préfecture
Palais des Archevêques
Rue Corneille
Louis
Rue
Boulevard
Rue
Jacquard
Donjon Gilles Aycelin
Rue Auber
Rue
12
Rue
PLACE DE L'HÔTEL DE VILLE
R. de l'Ancien Courrier
20
PLACE DE VERDUN
R. Brisson
Littré
Mosaïque
R. V. Renard
Églantine
Rue
R. E. Billières
d'
Suffren
des Marchands
R. P. Laffont
Rue
Cours
R. Niquet
R.de la Major
Gambetta
22
24
de la
de
la
Rue
Félix
Rozaud
Canal
de la
Rue de
Rue Lobet
Fabre
Boulevard
République
Paul
Aldy
Cours Mirabeau
PL. DES JACOBINS
P
de
PONT DE LA LIBERTÉ
la
Rue
Rue
Henri
Louis
Quai
Rue
R. E. Zola
Robine
Rue
Courier
N.-D.-de-Lamourguier
Les Halles
21
Musée lapidaire
du Docteur Ferroul
R. Baptiste Limouzy
Rue
13
P
Quai
Victor
Rue
Hugo
P
Rue de l'Alcazar
R. Guiraut Riquier
P
Vallière
Rue Mazzini
Rossini
1
2
3
Rues piétonnes
NARBONNE-PLAGE, 16
PERPIGNAN, BÉZIERS A 9
GRUISSAN, A 9

NARBONNE

Où manger ?

De bon marché à prix moyens

Chez Bébelle (plan C3, **21**) : *les Halles. 06-85-40-09-01. • belzons@gmail.com • Tlj sf lun jusqu'à 14h slt (15h dim). Plats 12-18 €.* Ancien joueur de rugby, Bébelle tient son bar-resto en famille. On lui commande une viande, il interpelle le boucher en face avec un mégaphone. Livraison immédiate, par voie aérienne (!). Frites maison et verre de vin de pays viennent s'y adjoindre, à même le zinc. Mais il faut arriver tôt, c'est pris d'assaut ! Plus « tranquille », sur le côté, ***Les Tapas de la Clape*** (*06-23-47-06-41*), un resto-bar à vins qui sert *ensaladas, planchas* et *tapas* à base de bons produits. De sympathiques formules apéritives également.

Le Mallicolo (plan C2, **20**) : *43, rue de l'Ancien-Courrier. ☎ 04-68-49-78-99. Tlj sf dim et j. fériés, 12h-16h. Congés : 1 sem fév et 1 sem nov. Formule 12 € ; carte env 20 €.* Une cuisine simple mais ouverte sur le monde d'un couple voyageur. « Mallicolo » ? Demandez-leur ! Un nom de rêve(s) pour un petit resto hyper sympa. Une salade, une tourte, une (copieuse) *bruschetta,* une assiette du monde qui jouent finement avec les épices et les saveurs ou une composition végétarienne. Sourire et conseils compris. Un vrai plaisir, pour déjeuner ou prendre un thé.

En Face (plan C3, **22**) : *27, cours de la République. ☎ 04-68-75-16-17. • james.wickenden@wanadoo.fr • Fermé mar soir et mer. Formule déj sf dim 11,50 € ; menus 17,50 € (19,50 € dim)-23,50 €.* Ce resto aux allures de bistrot, avec son comptoir, sa longue salle et ses petites tables aux nappes à carreaux rouges et blancs, propose une cuisine simple faite de produits du terroir, à prix tassés. Terrasse ombragée.

De prix moyens à chic

L'Entre Temps (plan C3, **24**) : *13, rue de la Major (prolongement de la rue de l'Ancien-Courrier). ☎ 04-68-32-56-22. Tlj sf dim-lun (ouv dim midi hors saison). Formule et menu déj 16,80-17,80 € ; autres menus 22,80-36,80 €. Apéritif maison offert sur présentation de ce guide.* C'est sur une terrasse dans la rue ou dans une jolie salle aux tons bois grisé, chocolat avec des touches pistache, que Bernard Finand sert sa cuisine. La daurade tutoie la tapenade, le lieu côtoie le chorizo, la joue de porc embaume les herbes de la garrigue. Originalité à tous les étages. La formule du jour tient la route, et les menus mettent en exergue toute la créativité de ce chef. Service détendu.

Le Petit Comptoir (plan B2, **25**) : *4, bd du Maréchal-Joffre. ☎ 04-68-42-30-35. • camille@petitcomptoir.com • Tlj sf dim-lun. Résa conseillée. Menus 17-20 € déj en sem, puis 28-38 €.* Ce « resto-bistronomique » est assez couru grâce à son cadre plaisant et à son patron enjoué toujours attentif au choix de ses produits. La carte change tous les mois et la cuisine créative évolue en fonction des arrivages et de l'humeur du chef. C'est ce qu'il appelle « la cuisine spontanée ». Une bonne adresse, et surtout, un excellent rapport qualité-prix le midi.

Plus chic

La Table Saint-Crescent (hors plan par A3, **26**) : *68, av. du Général-Leclerc. ☎ 04-68-41-37-37. • saint-crescent@wanadoo.fr • Dans le Palais du Vin et aux portes de Narbonne (route de Perpignan). Tlj sf dim soir et lun, plus mar hors saison. Congés : 2 sem en janv, et 2 sem fin sept-début oct. Formule déj en sem 31 € ; menus 59-89 €.* Belle maison de pierre ancienne dans un environnement de centres commerciaux. La salle, à la déco très contemporaine, design et épurée, a été aménagée dans une ancienne chapelle, ce qui renforce le sentiment de décalage avec l'environnement extérieur. Le chef, Lionel Giraud, a travaillé chez les plus grands (aux *Ambassadeurs,* au *Ritz...*). Le premier menu relève du prodige et change régulièrement avec le marché et les saisons.

Où acheter du vin dans les environs ?

Château Pech-Celeyran : *11110 Salles-d'Aude. ☎ 04-68-33-50-04. • pech-celeyran.com • Sur la D 1118 vers Coursan.* Presque 100 ha de vignes sur ce domaine où Toulouse-Lautrec venait jouer enfant. Sur des toiles exposées au musée d'Albi, on retrouve d'ailleurs le château de Celeyran (de l'autre côté de la route), qui appartenait aux grands-parents du peintre. Ici, Nicolas de Saint-Exupéry élabore des vins d'appellation contrôlée « coteaux du Languedoc - La Clape » et des vins de cépages. L'occasion de découvrir une belle propriété et l'activité viticole d'un sympathique vigneron. S'il n'est pas trop pressé, il vous montrera l'imposant chai de foudres.

À voir. À faire

- Pour découvrir le patrimoine narbonnais, ***visites commentées et animations jeune public*** (6-12 ans) sont organisées par les guides-conférenciers en semaine pendant les vacances scolaires (sur rendez-vous pour les groupes sinon). *Prix : 6,50 € ; réduc.*
- ***Pass Monuments et Musées :*** *9 € ; réduc ; valable 15 j.* Inclut l'entrée à cinq musées (Musée archéologique, musée d'Art et d'Histoire, *Horreum* romain, Musée lapidaire et maison natale de Charles Trenet), le donjon Gilles-Aycelin et le trésor de la cathédrale.

La place de l'Hôtel-de-Ville *(plan C2)* **:** la mairie occupe le palais des Archevêques. La façade du palais Neuf (actuelle mairie) entre les deux tours a été rebâtie au XIXe s par Viollet-le-Duc. À droite du très joli passage de l'Ancre s'élève le palais Vieux. À voir également, le très beau bâtiment néobaroque des Dames de France. Et pour finir... par le commencement, une microportion de l'ancienne *Via Domitia* a été dégagée sur le parvis.

Le donjon Gilles-Aycelin : *accès par la boutique du Palais. Mêmes horaires que le palais des Archevêques. Entrée : 4 €, incluant l'accès au trésor de la cathédrale.* Belle tour défensive de la fin du XIIIe s érigée par un archevêque soucieux d'affirmer son pouvoir... Depuis le sommet, terrasse panoramique sur la ville et jusqu'aux Pyrénées.

Le palais des Archevêques *(plan B-C2)* **:** *pl. de l'Hôtel-de-Ville. ☎ 04-68-90-30-54. Juin-sept, tlj 10h-18h ; oct-mai, tlj sf mar, 10h-12h, 14h-17h. Musées fermés 1er janv, 1er mai, 1er et 11 nov, et 25 déc. Entrée (pour chacun des musées) : 4 €.* Deux parties distinctes, l'une du XIIe s et l'autre du XIVe s. Cette dernière abrite le Musée archéologique et le musée d'Art et d'Histoire. Également une salle consacrée à la préhistoire.
- ***Le Musée archéologique*** présente une importante collection de documents lapidaires et de la vie quotidienne évoquant la Narbonne romaine, mais aussi un exceptionnel ensemble de peintures murales à fresques.
- ***Le musée d'Art et d'Histoire*** occupe les anciens appartements des archevêques, où séjournèrent Louis XIII – pendant le siège de Perpignan –, puis Louis XIV. La chambre du roi possède un magnifique plafond à caissons. Au sol, une belle mosaïque romaine, et aux murs, de très académiques tableaux du XVIIe s. La grande galerie se distingue par sa collection de pots à pharmacie en faïence de Montpellier. Un peu partout, des tableaux italiens et flamands. Les deux dernières salles sont consacrées à la peinture orientaliste. Cette exposition permanente est l'une des plus remarquables de France. Également des expos temporaires.

Le passage de l'Ancre *(plan B-C2)* **:** superbe retour six siècles en arrière dans cet admirable bout de ruelle pavée, enchâssé entre le palais Neuf et le palais Vieux.

Le cloître *(plan B-C2)* **:** *accès par le passage de l'Ancre ou la cathédrale ; tlj 9h-12h, 14h-18h. GRATUIT.* De la seconde moitié du XIVe s, avec de remarquables gargouilles sculptées.

La cathédrale Saint-Just-et-Saint-Pasteur *(plan B-C2)* **:** *accès rue Armand-Gautier ou cloître. Tlj 9h-12h, 14h-18h. Fermé 1er janv, 1er mai et 11 nov.*
Au XIIIe s, seul son chœur fut construit, ce qui en explique sa forme atypique et ramassée. Les consuls de la ville s'opposèrent à la poursuite des travaux au XIVe s pour éviter la destruction d'un rempart d'origine romaine. L'histoire leur donna raison d'une certaine manière, le rempart ayant, par la suite, protégé Narbonne des Anglais... D'un style gothique rayonnant à tendance flamboyante avec ses pinacles, l'édifice est une belle réussite, à commencer par sa voûte, l'une des plus hautes de France. Dans le chœur : orgue somptueux, orné d'anges musiciens, maître-autel dessiné par Hardouin-Mansart et belles stalles...
Dans les ***chapelles,*** vitraux des XIIIe et XIVe s et très riche mobilier. Dans la chapelle Notre-Dame-de-Bethléem, superbe retable de pierre polychrome datant du XIVe s. À la clôture du chœur, des tombeaux d'archevêques révèlent le prestige de ces grands prélats.
Du même côté, accès à la ***salle du trésor*** : *15 juil-août, tlj sf dim mat, 10h-11h45, 14h-17h45 ; le reste de l'année, tlj sf dim mat et mar, 14h-17h sur demande aux gardiens. Entrée : 4 € incluant l'accès au donjon Gilles-Aycelin.* Sa voûte ellipsoïdale en brique lui donne une curieuse résonance. On y trouve d'admirables raretés, comme la tapisserie flamande de la Création (début XVIe s), une plaque en ivoire du IXe s, des pièces d'orfèvrerie, des livres enluminés, un coffret en cristal, etc.

L'Horreum romain *(plan C2)* **:** *rue Rouget-de-Lisle. ☎ 04-68-32-45-30. Juin-sept, tlj 10h-18h ; oct-mai, tlj sf mar 10h-12h, 14h-17h. Fermé 1er janv, 1er mai, 1er et 11 nov, et 25 déc. Entrée : 4 €.* Ce sont les fondations d'un entrepôt romain et le seul monument antique conservé par la ville, ce qui est tout de même un comble quand on sait l'importance qu'elle eut pour les Romains. Longtemps enterrées, les longues galeries de l'*horreum* (« grenier » en latin) ne furent explorées qu'au début du XXe s. Les recherches ne sont d'ailleurs pas terminées, tant ces anciens sous-sols sont immenses. On ne connaît pas précisément la fonction exacte de cet *horreum.* Visite intéressante, et bien agréable en été (fraîcheur constante). Dans les nombreuses petites cellules jouxtant les galeries, expos sur les techniques de construction, de transport et sur la vie quotidienne de l'époque.

La maison natale de Charles Trenet *(plan A2)* **:** *13, av. Charles-Trenet. ☎ 04-68-58-19-13. Juin-sept, tlj 10h-18h ; oct-mai, tlj sf mar, 10h-12h, 14h-17h. Fermé certains j. fériés. Entrée : 6 € ; réduc.* Pour une immersion dans l'univers du « Fou chantant », la maison où est né le 18 mai 1913 et où a grandi le chanteur-compositeur de *Y'a d'la joie, Douce France* et de tant d'autres tubes. Beaucoup de souvenirs drôles, émouvants, dans cette maison familiale où rien n'a changé depuis les années 1950-1960 et cédée à la Ville en 1997.

➢ ***Promenades sur le canal de la Robine.***
– ***Les Petits Bateaux du Canal :*** *06-15-65-12-51. D'avr à mi-oct, tlj. Loc de bateaux électriques sans permis 5-7 pers (30 mn-1h) : 17-33 €.* Sur les berges du canal de la Robine (promenade des Barques), en face des halles.
– ***Le Solal :*** *06-79-55-93-43. Juin-sept, tlj.* Balade (durée : 1h) en gabarre sur le canal de la Robine en plein cœur de Narbonne.

La collégiale Saint-Paul *(plan A-B3)* **:** *dans le quartier de Bourg. Tlj sf dim, 9h-12h, 14h-18h. Pour visiter la crypte paléochrétienne, demander la clé au gardien.* D'un style gothique méridional précoce, cet édifice a été édifié sur le tombeau du premier évêque évangélisateur de Narbonne. Selon un poète local, « le vieux clocher de Saint-Paul est l'âme de Narbonne ». Le chœur (du XIIIe s) impressionne par ses dimensions. Riche mobilier : tapisseries d'Aubusson, retables, reliques, tableaux, grandes orgues, etc. Le *bénitier à la Grenouille* s'accompagne d'une amusante légende : troublant une messe de ses coassements hérétiques, la pauvre bête aurait été pétrifiée sur place ! Quant au cimetière paléochrétien, il recèle d'intéressants sarcophages, dont l'un, sculpté, serait le plus vieux de la Gaule chrétienne.

La maison des Trois-Nourrices *(plan B3)* ***:*** *accès rue de l'Hôtel-Dieu. Visite slt pour groupes, sur résa ; rens à l'office de tourisme.* Une façade du XVIe s exceptionnelle, au décor foisonnant constitué notamment de cariatides aux formes généreuses... qui valurent le surnom à la maison. À l'intérieur, magnifique salle décorée par un artiste contemporain qui s'est inspiré de la Renaissance.

L'ancienne église Notre-Dame-de-Lamourguier *(plan C3)* ***:*** *derrière les halles. Juin-sept, tlj 10h-18h ; oct-mai, tlj sf mar, 10h-12h, 14h-17h. Pourrait fermer ses portes courant 2017. Se renseigner. Entrée : 4 €.* L'église du XIIIe s, désaffectée, abrite le ***Musée lapidaire*** de la ville. Plus de 1 500 pièces y sont rassemblées : souvenirs de l'époque romaine, fragments de monuments funéraires...

L'AUDE, PAYS CATHARE

Manifestations

- ***Clap d'été :*** *juil-août.* Différents concerts, spectacles durant tout l'été. Se termine le dernier w-e d'août, par le festival *Barque en Scène.*
- ***Jazz in l'Hospitalet :*** *dernier w-e de juil, au domaine viticole de l'Hospitalet, dans le massif de la Clape.* Régulièrement, de grandes figures.
- ***Féeries de Noël :*** *autour de... Noël.* Marché de Noël, spectacles, animations dans les rues, ateliers et jeux pour enfants.

DANS LES ENVIRONS DE NARBONNE

L'île Sainte-Lucie : *à env 15 km au sud de Narbonne. Depuis Port-la-Nouvelle, suivre le canal de la Robine le long du chemin de halage jusqu'à un parking : de là, poursuivre à pied sur 500 m env ; sinon, se rendre à* ***Mandirac,*** *puis 11 km à vélo.*

La fine bande de terre du chemin de halage défile entre roseaux et genêts, tandis que le canal se faufile entre les ***étangs de Sigean*** et de l'***Ayrolle.*** Terre, eau et ciel semblent se confondre, et même la voie ferrée, seul élément de modernité dans cet univers aquatique, ne la ramène pas.

Autrefois nommée Cauquène, l'île Sainte-Lucie fut une zone de troc importante dès l'Antiquité. Elle oublie désormais ce riche passé dans l'isolement des étangs narbonnais. Gérée par le Conservatoire du littoral. Les chiens et le camping y sont interdits. Végétation particulièrement riche : plus de 300 plantes et fleurs, dont un tiers d'espèces rarissimes. Une demi-journée de marche permet d'en faire le tour.

Le massif de la Clape : entre Narbonne et la mer, le massif de la Clape se parcourt à pied, à cheval ou à vélo ; des routes secondaires le traversent également, à travers pierres et vignes, en passant par de pittoresques villages. Le massif est un site naturel au relief étonnant (gorges, falaises, chaos de pierre blanche) qui abrite une flore et une faune riches et singulières : essences méditerranéennes (pin d'Alep, pin parasol, quelques chênes verts ou kermès, genêts et pistachiers) et de belles plantes qui fleurissent en avril-mai : orchidée, tulipe sauvage, genévrier... On y trouve aussi une centaurée acaule (sans tige apparente) unique au monde : la *Corym bosa,* qui, certainement, fait bon ménage avec les criquets – dont trois espèces sont également uniques au monde.

Pour les chemins de rando, se renseigner aux offices de tourisme de Narbonne, Gruissan ou de Saint-Pierre-la-Mer.

Au nord du massif, entre Saint-Pierre-la-Mer et Fleury, le spectaculaire ***gouffre de l'Œil-Doux*** forme une piscine naturelle (baignade interdite) mais traître. ***ATTENTION !*** Plusieurs disparitions d'imprudents, mystérieusement happés par le gouffre...

Narbonne-Plage : *à 15 km de la ville par la D 168.* Station touristique et balnéaire sans grand charme, Pavillon bleu depuis 1988 sans interruption. La plage de sable fin s'étend en ligne droite sur 5 km. Activités sportives multiples à la base de loisirs : plongée, char à voile, pêche, golf, parc d'attractions.

L'ABBAYE DE FONTFROIDE

Carte Aude, C2

L'une des plus belles abbayes de la région, dans un site enchanteur et sauvage, propice au recueillement et au calme. Fondée au XIe s, elle prospéra pendant les XIIe et XIIIe s, donnant un pape, quelques cardinaux, et aussi naissance à d'autres abbayes. Ses biens furent vendus après la Révolution, puis la propriété devint privée au début du XXe s.

À voir

L'abbaye : *accès par la D 6113, direction Lézignan-Corbières, puis la D 613. ☎ 04-68-45-11-08. • fontfroide.com • ♿ (sf à l'étage et dans les jardins en terrasse). Visite avec tablette multimédia ou avec guide (env 1h) tlj : juil-août, 9h30-19h (visite guidée à 11h, 12h, 15h et 16h) ; avr-juin et sept-oct, 10h-18h (visite guidée à 11h et 15h) ; nov-mars, 10h-12h30, 13h30-17h. Juil-août, nocturnes mar-ven à partir de 21h30 (sf soirs de concert). Entrée : 11 € (13 € visite guidée) ; réduc (notamment avec le Passeport des sites). La bibliothèque se visite 1 fois/mois slt, sur rdv ; supplément 8 €. Juil-août, en sem, démonstration autour d'un métier du Moyen Âge.*

Au programme de cette visite :
– *la cour d'honneur :* construite au XVIIe s, elle donne un air de château ;
– *l'ancien réfectoire :* avec sa superbe voûte et des ajouts décoratifs du XXe s (cheminée, grilles en fer forgé) ;
– *la cour Louis-XIV :* bâtiment du XIIIe s, fronton du XVIIe ;
– *le cloître :* de la seconde moitié du XIIe s. D'une élégance rare avec ses colonnettes géminées en grès et en marbre de Caunes, finement sculptées. Voûte du XIIIe s. Les larges oculi des arcades permettent un meilleur éclairage des galeries, qu'apprécieront les photographes ;
– *la salle capitulaire :* salle de réunion des moines construite entre 1180 et 1280, qui allie sobriété et majesté ;
– *l'église abbatiale :* édifiée au XIIe s. La grâce touchante des proportions parfaites et la chaude couleur de ses pierres contrastent avec la nudité austère des lieux. La voûte en berceau brisé de 20 m de haut en fait l'une des plus hautes abbayes cisterciennes de France. Des messes y sont encore dites et des chorales viennent y chanter ;
– *la chapelle Saint-Bernard :* les vitraux contemporains du père Kim En Joong illuminent cette petite chapelle du XIIIe s ;
– *le dortoir des frères :* splendide grâce à ses tons ocre, orangés, roses. Le silence y était obligatoire. Les frères n'avaient d'ailleurs le droit de s'adresser la parole qu'un quart d'heure par jour (!) ;

– *le cellier :* construit en partie dans la roche. Ses dimensions rappellent qu'il y avait 300 bouches à nourrir ;
– *la roseraie :* elle contient plus de 2 000 rosiers joliment disposés autour d'un bassin, dont la rose de Fontfroide.
– *les jardins en terrasses :* un voyage à travers l'histoire de l'art des jardins, depuis le Moyen Âge jusqu'à nos jours. Magnifiques vues sur l'abbaye.
– *La visite privilège : avr-sept, mar à 11h et sam à 15h, sur résa slt 24h à l'avance (19 pers max ; compter 2h) ; tarif : 19 €, réduc.* Il s'agit d'une visite approfondie de l'abbaye autour de trois artistes : Odilon Redon, Gustave Fayet et Richard Burgsthal. Elle permet d'accéder à des salles habituellement fermées. La visite inclut notamment la bibliothèque qui renferme les plus grandes toiles de Redon, *Le Jour, La Nuit* ainsi que *Le Silence* ; la salle Fayet avec une présentation de l'artiste et de ses différents talents et enfin, les vitraux de Richard Burgsthal.

La Table de Fontfroide : *☎ 04-68-41-02-26. • latable@fontfroide.com • ♿ Ouv le midi tlj, plus le soir mar-sam juil-août. Congés : de mi-déc à mi-fév. Formule et menu déj 21-25 €, puis menus 35-39 €. Apéritif offert sur présentation de ce guide.* Une bonne table, aux portes de l'abbaye, dans un cadre de vieilles pierres. Terrasse très agréable.

Fête et manifestations

– ***Fête des Plantes et du Massif :*** *1er w-e de mai.* Vente, expo, artisanat, conférences, ateliers, etc.
– ***Vieux métiers d'antan et rendez-vous au Jardin :*** *1er w-e de juin.* Pour découvrir les métiers du Moyen Âge : démonstrations, animations.
– ***Violoncelles à Fontfroide :*** *début juil.* Concert de clôture des master classes.
– ***Festival Musique et Histoire :*** *3e sem de juil. Rens : ☎ 04-68-45-50-47.* Concerts dans l'abbaye avec des artistes tels que Jordi Savall.
– ***Orchidées à Fontfroide :*** *1er w-e d'oct.* Vente, expo, conférences, ateliers.

GRUISSAN

(11430) 4 815 hab. *Carte Aude, D2*

À 10 km au sud de Narbonne-Plage, Gruissan se mire dans les eaux des étangs peuplés de flamants roses. Le vieux village possède un beau cachet avec ses maisons couleur de terre brûlée par le soleil, aux toits rouges. Bâti sur un plan circulaire, il semble encore sous la protection du château de Barberousse. Un « tribunal des prud'hommes pêcheurs » et le *Café de la Paix,* siège du club de rugby, achèvent de conférer au lieu toute son authenticité. Voilà pour le côté charmant de l'endroit ! En 1963, avec la complicité de l'État, les promoteurs investirent les lieux. On creusa une marina, et Port-Gruissan sortit de terre. Le résultat peut plaire : les goûts et les couleurs...

Adresses utiles

Office de tourisme : *bd du Pech-Maynaud. ☎ 04-68-49-09-00. • gruissan-mediterranee.com • En été, tlj 9h-20h ; hors saison, tlj 9h-12h, 14h-18h (16h w-e). (payant).* Organise des visites guidées payantes *(avr-sept)* à pied ou en gyropode *Segway,* des balades vigneronnes et des sorties photo.
■ ***Bus :*** tlj sf dim hors saison pour

Narbonne. ☎ *04-68-90-18-18.* • *citibus.fr* •

■ **Location de vélos :** ***Les Logis du Languedoc,*** *118, rue du Loch.* ☎ *04-68-49-17-26.* • *cycleaventure gruis.wix.com/cycle-aventure* • *Compter 11 € la ½ journée ; 15 € la journée.* Location de VTT et de vélos électriques. *Également* ***Vacances Confort,*** *pl. du Cadran-Solaire.* ☎ *04-68-49-13-35.* • *vacances.confort.free.fr* • *Tarifs similaires.*

■ **Gruissan Sailing Center :** *étang de Mateille.* ☎ *04-68-49-88-31.* • *gruissansailingcenter.com* • *Ouv début avr-oct.* Stages et location de planches à voile, catamarans, Optimist, canoë de mer, *paddle* et funboard.

■ **Ligue pour la protection des oiseaux :** *Maison Saint-Louis, route de Mandirac.* ☎ *04-68-49-12-12.* • *aude.lpo.fr* • *À 4 km à l'ouest du village par la D 32.* Toute l'année, sorties nature gratuites autour des salins et de l'île Saint-Martin.

Où dormir ?

Camping

Les Ayguades – Loisirs Vacances Languedoc : *av. de la Jonque.* ☎ *04-68-49-81-59.* • *infos@loisirs-vacances-languedoc.com* • *loisirs-vacances-languedoc.com* • *En venant de Gruissan, à droite sur la route de Narbonne-Plage, fléché dans le quartier des Ayguades. Ouv de fin mars à mi-nov. Compter 20-35,30 € pour 2 selon saison (6 nuits min en été) ; chalet et mobile homes (4-6 pers) 325-1 215 €/sem.* Un camping très soigné entre Gruissan et Narbonne, avec un accès direct à la mer. Des tamaris et lauriers-roses pour délimiter les emplacements, et toutes les infrastructures de loisirs possibles : jeux pour enfants, piscine chauffée, terrain multisport avec *skate park*, resto, commerces...

De prix moyens à chic

Chambres d'hôtes La Planque : *10, rue Passenaud, Gruissan-Village.* ☎ *04-68-49-71-02.* *06-58-05-60-82.* • *planque.blogspot.fr* • *Double 75 €. Table d'hôtes 20-30 €.* Dans une belle maison ancienne du vieux village, en contrebas de la tour, 4 chambres auxquelles on accède par un escalier étroit. Spacieuses et claires, mais l'équipement est plutôt succinct. Le resto des propriétaires à quelques maisons de là propose une cuisine variée, de terroir mais aussi du monde.

La Maison de Gruissan : *16, av. du Général-Azibert, Gruissan-Village.* *06-58-55-89-44.* • *lamaisondegruissan@gmail.com* • *chambre-hote-gruissan.fr* • *Doubles 60-90 € selon saison et confort.* Une ancienne maison de maître du XIXe s, restaurée avec goût et caractère : tomettes et carreaux de ciment d'origine, anciens meubles de famille ou chinés. Il y a même du mobilier signé par un architecte. Les couleurs sont apaisantes et l'endroit est empreint d'une douce atmosphère. En famille, demander la suite avec les 2 chambres qui communiquent par un passage secret... les enfants adorent ! Terrasse, prêt de vélos. Accueil à la hauteur des lieux.

Best Western Hôtel du Casino Le Phoebus : *bd de la Planasse.* ☎ *04-68-49-03-05.* • *hotel.lephoebus@casinos-sfc.com* • *hotels-gruissan.com* • *À droite en sortant par la D 32 vers Narbonne, à côté du casino. Doubles 60-120 €. Formule déj 11 € avec un max de produits issus du commerce équitable ; menus 21-40 €.* Au bord de l'étang du Pech-Maynaud, un grand hôtel (50 chambres, avec clim) style motel, moderne, très confortable. Certaines chambres, ouvertes sur l'étang, bénéficient d'une terrasse ou d'un jardin pour les plus chères. Piscine. Et casino pour d'autres jeux ! Au resto, cuisine classique de belle facture.

Où manger ? Où prendre un verre ?

De bon marché à prix moyens

L'Ardoise d'Antonin : *4, Grand-Rue, Gruissan-Village. ☎ 04-68-32-96-44. Juil-août, tlj ; hors saison, fermé mer et dim soir sf vac scol. Formule et menu sf dim et j. fériés et hors juil-août 12-15 € ; menu 18,50 €.* Les suggestions d'Antonin sont sur... l'ardoise ! Une constante dans ce cadre classique et simple : la fraîcheur des fruits de mer et des poissons. Quelques desserts gourmands pour finir en beauté. À prix doux, sans devoir laisser d'ardoise ! Le service est toute de même parfois un peu longuet.

L'Estagnol : *quai de l'Étang, Gruissan-Village. ☎ 04-68-49-01-27. Juste en face de l'étang. Tlj sf lun. Congés : vac scol de fév (académie de Montpellier). Formule déj en sem 14 € ; menus 25-32 € ; carte env 38-40 €.* Une ancienne maison de pêcheur tenue par la même famille depuis des lustres. On s'y délecte de *zarzuela* à la langouste ou encore d'une potée du pêcheur aux petits légumes, au gré de portions... congrues. Déco d'un grand classicisme et terrasse vers l'étang.

Prix moyens

La Barque Bleue : *quai Ponant. ☎ 04-34-36-06-68. Tlj sf mer midi, plus mer soir hors saison. Menus 20-35 € ; carte env 35-40 €.* Face aux voiliers, une petite adresse inattendue qui navigue à contre-courant, et à son rythme, pour notre plus grand bonheur. Qui sait ce que le tableau noir proposera ? Une chose est sûre : les produits seront frais et de saison, les plats préparés sur-le-champ, de l'entrée jusqu'au dessert, avec le même dévouement. Terrasse tournée vers le port de plaisance. Rien à redire, sinon merci !

La Cambuse du Saunier : *route de l'Ayrolle ; salin de l'île Saint-Martin. ☎ 04-84-25-13-24. • contact@lesalindegruissan.fr • À 1 km env de Gruissan-Village. Avr-oct, tlj 10h30-18h (23h mai-sept) ; le reste l'année, ven et w-e. Congés : de janv à mi-fév. Assiettes de coquillages et fruits de mer 7-16 € (dégustation à tte heure de la journée en été) ; carte env 35 €. Résa conseillée.* Imaginez une cahute en bois, aux larges baies vitrées, dotée d'une terrasse au bord du salin, dans un silence à peine distrait par le cri des goélands. Vous en rêviez ? On l'a trouvée ! On peut y manger ou simplement déguster une assiette d'huîtres affinées sur place, palourdes, crevettes, bulots... À 50 m de là, *La Terrasse du Salin* sert cocktails et glaces en hauteur ; parfois des concerts en saison. Top !

Où trouver de bons produits du cru ?

Depuis plus de 2 millénaires, on fabrique du vin à Gruissan...

Château Bel-Évêque : *sur l'île Saint-Martin. ☎ 04-68-75-00-48. • vinspierrerichard.com • Sortir du vieux village par le sud, suivre la route de l'Ayrolle (D 232) sur 4,5 km (1 km de piste). Mer-sam 10h-13h, 14h-17h ; juin-sept, tlj sf dim jusqu'à 19h.* Le domaine de Pierre Richard. Soirées dédicaces en été.

La Perle Gruissanaise : *6-7, av. de la Clape, base conchylicole. ☎ 04-68-49-23-24. À 1 km au-delà de la zone des chalets. Tlj 9h-19h (20h en été).* Huîtres, moules et palourdes de pleine mer. Épicerie, produits régionaux. Formule dégustation très sympa à l'heure de l'apéro.

À voir

La tour (dite « de Barberousse ») : *au sommet du vieux village ; accès par un escalier qui débute derrière l'église. De juin à mi-sept, tlj 7h-19h30 ; le reste* *de l'année, 8h-18h. GRATUIT. Visite guidée possible (rens à l'office de tourisme).* Vestige d'un château médiéval du XIIIe s. Panorama admirable sur les étangs, le massif de la Clape, la plage des chalets sur pilotis. On y remarque l'étonnante construction en circulade (coquille d'escargot) du village, et la belle couleur des toits de tuile.

Les chalets sur pilotis : *à 3 km du vieux village.* Vers 1850, les bains de mer deviennent un phénomène de société. Les Narbonnais qui peuvent se le permettre construisent à Gruissan des chalets en bois, sans eau ni électricité, mais avec la fraîcheur des embruns maritimes. Ces habitations de vacances n'ont jamais été des maisons de pêcheurs, ces derniers habitant le village : chacun chez soi, et les huîtres étaient bien gardées ! Dans les années 1960, pas moins de 1 300 chalets s'alignaient sur 10 rangs. En 2011, une 11e rangée a vu le jour, dans le respect de l'architecture d'origine. Aujourd'hui, ils ont l'eau courante et l'électricité, et sont souvent crépis ou adjoints d'annexes qui cassent un peu la belle uniformité de ces corons du loisir. L'endroit servit aussi de décor au film de Jean-Jacques Beineix *37°2 le matin,* tourné en 1986.

La chapelle des Auzils et le cimetière marin : *à 4 km au nord ; parking au cimetière marin, puis 20 mn à pied.* Une allée de cyprès monte vers ce sanctuaire bordé de cénotaphes. D'émouvantes inscriptions revêtent les dalles du cimetière marin. Des ex-voto en trompe l'œil sur les murs et de belles peintures ornent l'intérieur de la chapelle, juste devant le socle très particulier de l'autel. Une figure de proue, quelques maquettes et tableaux en hommage aux marins disparus complètent l'ambiance des lieux. Beau panorama.

Les salins de l'île Saint-Martin : *route de l'Ayrolle. ☎ 04-82-53-10-61. • lesalindegruissan.fr • Sortir du vieux village par le sud, suivre la route de l'Ayrolle (D 232) sur 2 km. Fermé de janv à mi-fév. Visite env 1h30 ; départs à 11h, 15h et 16h30 (et 18h en été). Tarif : 7,60 € ; enfant 4,50-6 €.* Parcours pédestre de 2 km dans le salin de l'île Saint-Martin, où le sel est toujours produit selon la technique des marais salants. Une balade avec présentation des différentes phases de production et usages du sel, récolte « muséale ». Observations ornithologiques et biologiques passionnantes. En fin d'après-midi, à la fraîche, on a plus de chances d'apercevoir de multiples oiseaux... au soleil presque couchant ! L'écomusée *(GRATUIT)* témoigne de la récolte du sel et présente la faune et la flore des milieux salés.

Fêtes et manifestations

- **Rencontres autour de la B.D. :** *un w-e en avr.*
- **Défi wind et Défi kite :** *w-e de l'Ascension.* Le plus grand rassemblement de pros et d'amateurs de windsurf du monde !
- **Les Festejades :** *à la Pentecôte.* 3 jours de fête occitane dans les rues du village avec musiques, bodegas...
- **Fête des Pêcheurs :** *à la Saint-Pierre, les 28 et 29 juin.* Messe spéciale, où l'on danse la *scottish,* procession et bénédiction des flots !
- **Fête des Vendanges :** *fin oct.* Défilé en costumes, dégustations...

BAGES (11100) 895 hab. *Carte Aude, D2*

À 10 km au sud de Narbonne par la D 609 et déjà si loin du monde. On se faufile parmi les étangs d'où émerge ce mamelon couvert d'habitations. Un

lieu touchant et pittoresque, miraculeusement préservé du syndrome de « plagification ». Son histoire se lit au gré d'un sentier du patrimoine intitulé « Dans le sillage de l'anguille », qui serpente dans les vieilles rues... Des étendues sauvages d'étangs, par-delà les toits des maisons recouverts de lichen. À visiter par un matin ensoleillé...

Adresse utile

Syndicat d'initiative : *à la Maison des arts, 8, rue des Remparts. ☎ 04-68-42-81-76. • bages.fr • Juil-août, tlj 15h-20h ; le reste de l'année, mer-dim et j. fériés 14h-19h.* Expos temporaires (accès gratuit).

Où manger ?

Le Portanel : *la Placette. ☎ 04-68-42-81-66. • leportanel@orange.fr • Dans le village ; se garer en bas, vers le port puis monter à pied. Fermé dim soir et lun. Congés : 2de quinzaine de nov. Formule déj en sem 21 € ; menus 31-62 €.* Le *Portanel,* c'est d'abord une table avec une vue panoramique ! Une référence régionale, réputée pour la qualité des produits : les poissons de Bages et d'ailleurs, frais pêchés de l'étang. La spécialité : l'anguille. Si vous avez réservé assez tôt, vous serez sous la véranda qui domine le village et l'étang. Sinon, dans la belle salle pour bénéficier d'un service très pro. La carte des vins est à la hauteur et garde des prix corrects.

DE BAGES À LA RÉSERVE AFRICAINE PAR LES ÉTANGS

Prendre la D 105, direction Peyriac-de-Mer. On ne vous le conseille même pas ! On vous l'impose pratiquement... On chemine alors sur une étroite bande de terre bordée à droite par les marais salants, à gauche par les étangs de Bages et Sigean. Magnifique, surtout quand les colonies de flamants sont de la partie. Nature sauvage splendide !

SIGEAN

(11130) 5 560 hab. *Carte Aude, D2*

Tranquille et pas trop envahie de touristes, l'ancienne ville-étape de la voie romaine Domitienne possède de vieilles rues pittoresques... des girafes, des éléphants et des fauves... presque en liberté !

Adresses utiles

Office de tourisme : *11, pl. de la Libération. ☎ 04-68-48-14-81. • tourisme-sigean.fr • Juil-août, tlj (sf dim ap-m) 9h-13h (12h30 sam), 15h30-18h30 (17h30 sam) ; le reste de l'année, tlj sf dim (plus sam ap-m Toussaint à Pâques).* Infos sur les promenades possibles autour de l'étang et des anciens Salins. Circuit de découverte de la ville.

➢ **Bus :** bus tlj sf dim pour **Narbonne** et **Port-Leucate,** via **Leucate-Village.** *☎ 04-68-90-18-18. • citibus.fr •*

Cercle nautique des Corbières : *base nautique de Port-Mahon. ☎ 09-60-18-13-70.* Canoë, catamaran, planche à voile...

– **Marchés :** *mar mat et ven mat.*

Où dormir ? Où manger à Sigean et dans les environs ?

Camping

Domaine de La Palme : *79, chemin du Stade, 11480* ***La Palme.*** *☎ 04-68-48-50-40. 06-51-49-19-02. • info@camping-la-palme.com • camping-la-palme.com • À 7,5 km au sud de Sigean ; fléché à la sortie de La Palme en direction de Port-la-Nouvelle. Ouv de fin mars à début oct. Selon saison, compter 12,50-30 € pour 2 ; écolodges et chalets (2-5 pers) 200-770 €/sem.* Enfin un camping ! Un vrai comme du temps de papa et tenu par d'aimables proprios, Delphine et Michel. Authentique, avec des emplacements pour tentes et caravanes, mais aussi dans le vent, avec des écolodges, chalets et même des bivouacs sous les étoiles. Le tout à taille humaine et à 5 mn de la mer et des spots de kitesurf.

Prix moyens

Chambres d'hôtes L'Oustal dal Cantou : *chez Véronique Rolland, 7, rue Nationale. ☎ 04-68-41-53-19. • verrolland.oustal@orange.fr • oustal-dal-cantou.com • Dans une petite rue de la vieille ville ; fléché (stationnement compliqué en été). Doubles 63-73 €.* Mamy Nicole et sa fille Véronique veillent au confort douillet des hôtes dans cette « maison du coin », familiale et conviviale. D'une ruine, elles ont fait une belle demeure authentique, avec ses murs mêlant pierres apparentes et couleurs vives. Les 5 chambres sont coquettes. Accueil plus que charmant : on est chez soi, chez elles !

Chambres d'hôtes Zenaïde : *27, rue des Chasseurs, 11540* ***Roquefort-des-Corbières.*** *☎ 04-68-48-66-09. • zenaide@wanadoo.fr • zenaide.net • Double 65 €. Table d'hôtes sur résa 18 €.* Dans ce mignon patelin, une belle et grande maison vigneronne du XIXe s accueille 5 chambres (2 d'entre elles peuvent former une familiale). La déco élégante prend des côtés brocante avec cette antique chaise bébé transformée en chevet, ces cadres de grands-parents au mur... Les nostalgiques du métro-dodo demanderont la chambre avec sa baignoire revêtue de carreaux façon métro parigot. Cet aspect rétro n'empêche en rien un équipement moderne et complet, dont la clim. Accueil charmant de la propriétaire, fin cordon-bleu qui vous régalera de bons plats (tendance bio) servis dans l'ancien chai.

Les Terrasses de la Berre : *106, av. des Corbières, 11490* ***Portel-des-Corbières.*** *☎ 04-68-41-92-43. • lesterrassesdelaberre@orange.fr • Dans la rue principale. Tlj sf lun-mar hors saison. Fermé pour les fêtes de fin d'année. Menus 14 € (déj en sem)-22 € et carte.* Si la visite de la proche réserve de Sigean vous a donné un appétit de lion, vous pourrez l'assouvir ici. Une cuisine aussi classique que copieuse est servie de façon très sympathique dans la salle avec sa cheminée où mijotent les soupes en hiver, ou sur une vertigineuse terrasse en encorbellement sur une *gorgette* où court la Berre. Vue sur la savane alentour : pas de girafe en vue ?

Le Potager : *28, av. de Perpignan. ☎ 04-68-48-42-76. Ouv avr-sept slt ; tlj sf lun en été ; ven et w-e slt hors saison. Formule déj en sem 16 € ; carte 35-40 €.* Dans une demeure vigneronne patinée par 300 ans d'histoire, Dominique Macquart a trouvé l'accord parfait pour conjuguer ses deux passions : la vigne et la bonne bouffe. Les vins bio produits sur le domaine accompagnent salades parfumées à l'huile d'olive, entrecôte, magret, boudin catalan et autres viandes que Dominique fait griller sur le foyer, un p'tit ballon de rouge à la main. Les soirs d'été, au bord du potager, on est vraiment bien !

Chic

Hôtel Andemar : *41, av. de Narbonne. ☎ 04-68-27-08-73. • andemar11@orange.fr • Dans la rue principale. Doubles 92-110 € selon saison ; petit déj 12 €.* Cette ancienne demeure de maître, entièrement restaurée, propose une douzaine de chambres climatisées et équipées d'un frigo et d'une kitchenette, histoire de se préparer une boisson chaude (mais pas de quoi cuisiner). Déco moderne et sobre dans les chambres, plus clinquante dans les parties communes. Patio pour prendre le petit déj lorsque le temps le permet, c'est à dire souvent ! Préférez les chambres donnant à l'arrière, mais si elles sont toutes équipées de double vitrage.

À voir. À faire

Le musée des Corbières : *☎ 04-68-41-59-89. • musee-sigean@orange.fr • Tte l'année, lun-mar et jeu-ven 14h-15h45 (15h-18h juil-août) ; avr-oct, visite guidée mer 9h-12h ; nov-mars, sam 9h-12h. Entrée : 3 € ; réduc. Visite guidée : 6 € (comprend le musée et l'oppidum).* Musée d'archéologie présentant urnes funéraires, amphores, poteries, outils et bijoux divers, autant de témoignages anciens (phéniciens, grecs, étrusques, romains et gallo-romains), trouvés lors des fouilles de Pech Maho. Parmi les pièces les plus remarquables, des tablettes en plomb sur lesquelles figurent des textes non déchiffrés, en ibère.

La Réserve africaine de Sigean : *☎ 04-68-48-20-20. • reserveafricainesigean.fr • Tlj 9h-18h30 (entre 16h et 18h sept-mars selon mois). Entrée : 32 € ; 23 € 4-14 ans. Cafétéria et aires de pique-nique. Respecter scrupuleusement les consignes de sécurité. Prévoir une journée pour profiter de l'ensemble du parc... et rentabiliser le prix d'entrée.*
L'un des rares « espaces de liberté » pour animaux en France, sur plus de 300 ha de garrigue et d'étangs. La réserve accueille aujourd'hui plus de 3 800 animaux, dont de nombreuses espèces en voie de disparition : lycaon, girafe péralta, zèbre de Hartmann, chimpanzé, éléphant d'Afrique, âne de Somalie, rhinocéros blanc, ours du Tibet... Outre ces animaux devenus rares, le site fait l'intérêt des lieux, avec sa végétation de type quasi africain et son superbe étang peuplé de flamants roses, de hérons, de pélicans, d'oies sauvages...
À voir également, sur le circuit à pied et le chemin panoramique qui domine les enclos, les différents parcs surplombant l'étang, menant à la « plaine africaine » et à l'île où vit un groupe de chimpanzés. On y trouve dromadaires, éléphants, zèbres, suricates, guépards, girafes, impalas, wallabies, cochons du Vietnam... Un vivarium abrite toutes sortes de reptiles : tortues aquatiques et terrestres, serpents (boas, pythons, couleuvres), crocodiles et alligators.
À découvrir en voiture : les parcs de la brousse et de la savane qui présentent les autruches, les buffles de forêt, les rhinocéros blancs, une flopée d'antilopes...

➢ Une ***promenade*** sympa si l'on a du temps : l'***étang à Port-Mahon*** et ***Les Cabanes.*** Deux itinéraires en boucle (10,5 km et 12 km) qui traversent les anciens salins, un véritable havre de paix (compter 2h30 et 3h30). Le calme environnant, percé du cri des mouettes et du chant des cigales dans les pins, ajoute une touche poétique. Descriptif des balades disponible à l'office de tourisme et à la mairie.

DANS LES ENVIRONS DE SIGEAN

Terra Vinea, les caves Rocbère : *chemin des Plâtrières, 11490* ***Portel-des-Corbières.*** *☎ 04-68-48-64-90. • terra-vinea.eu • Tte l'année sf janv, tlj ; visites guidées régulières 10h30-17h30 en juil-août (horaires fluctuants le reste de l'année, voir sur le site). Entrée : 8,90 € ; réduc.* Le vocable Rocbère synthétise le roc et la Berre, rivière qui arrose Portel. Ces caves ont été singulièrement aménagées dans d'anciennes mines de gypse reconverties. Longues, larges et fraîches galeries bordées de fûts millésimés, plus de 1 500 barriques ! Quelques mises en scène : son et lumière après le cinéma et le parcours en petit train, villa gallo-romaine modestement reconstituée, taverne médiévale, tonnellerie, expo de matériel de viticulture et musée de la mine. Une visite qui se termine, côté boutique, par une dégustation.

Le domaine de Jugnes et sa baleine : *av. de Catalogne, 11210* ***Port-la-Nouvelle.*** *☎ 04-68-48-00-39. Depuis Sigean, prendre la D 3009 sur 5 km, puis la D 709 (route de La Palme) à droite ; fléché 1 km plus loin à droite. Pâques-fin sept, tlj sf dim 15h-19h. GRATUIT.* Vigneron à la retraite, Jean-Louis Fabre ramena chez lui un jour de 1989 une baleine échouée sur la plage de Port-la-Nouvelle. Il a fallu dépecer ce monstre de 40 t, démonter le squelette et le remonter, blanchir les os : un sacré boulot ! Aujourd'hui, on peut voir le squelette de baleine long de 20 m dans le chai.

LEUCATE (11370) 4 335 hab. *Carte Aude, D2*

À 15 km au sud-ouest de Sigean. Il y a Leucate, village d'un certain charme, et Leucate-Plage, offrant un des meilleurs spots de planche à voile et de kitesurf d'Europe. La plage de sable s'étend à perte de vue de Cap-Leucate à Port-Leucate, bien moins courue que celle de Narbonne en saison. Le village de La Franqui, parfait pour planter le camp, est familial et bien pépère.

Adresses et info utiles

Office de tourisme : *espace Henry-de-Monfreid, BP 17,* ***Port-Leucate.*** *☎ 04-68-40-91-31. • tourisme-leucate.fr • Juil-août, tlj 9h-20h ; fermé dim ap-m d'oct à mi-juin, plus dim mat oct-mars et mar ap-m de nov à mi-fév. (payant).* Nombreuses infos, notamment sur les spots de kitesurf.

Bureaux d'information touristique : *à* ***Leucate-Village,*** *pl. Gonzalès. À* ***La Franqui,*** *rue Henry-de-Monfreid. De mi-juin à mi-sept, tlj 9h30-12h30, 15h-18h.*

Bus : bus tlj sf w-e reliant ***Port-Leucate*** et ***Narbonne,*** via ***Leucate-Village*** et ***La Franqui.*** *Rens : 04-68-90-18-18. • citibus.fr •*

Location de VTT : ***Roue Libre,*** *résidence L'Albatros, à* ***Port-Leucate.*** *☎ 04-68-40-66-16. Ouv tte l'année (sur rdv en hiver).* ***Loca Détente,*** *quai du Paurel, à* ***Port-Leucate*** *(face à l'office de tourisme). ☎ 04-68-40-89-73. 06-08-64-94-50. Ouv avr-sept.* ***La Stregheria,*** *18, av. de la Méditerranée, à* ***La Franqui.*** *☎ 09-81-93-93-25. Ouv avr-sept.* ***Mer-Sable-Soleil,*** *chemin du Mouret, à* ***Leucate-Plage.*** *☎ 04-68-40-00-90. Ouv de mi-mars à mi-nov.*

Où dormir ? Où manger à Leucate et dans les environs ?

Du côté du centre ostréicole de Leucate (route de Port-Leucate), une grosse douzaine de gargotes s'accroche aux 2 rives pour déguster les huîtres « Castillon », la (délicieuse) spécialité locale, ou autres coquillages, ultra-frais évidemment. Très fréquentés le soir, pensez à réserver !

De bon marché à prix moyens

Le Patio : *119, av. Jean-Jaurès,* ***Leucate-Village.*** *☎ 04-68-41-74-07. Tlj sf jeu midi et ven midi. Congés : nov-déc. Formule midi en sem 16 € ; menus 22-32 €. Apéritif maison offert sur présentation de ce guide.* Agréable patio niché dans un recreux, sur la rue principale, ou salle à la déco hétéroclite... Plats classiques, mâtinés de belles touches inventives. Une bonne option, copieuse comme il faut, pour ne pas s'envoler avec le kitesurf !

Les Pilotis : *sur la plage, entre Port-Leucate et Leucate-Plage (Club Mistral ; fléché) ; adresse postale : Philippe Gasch, 1, impasse Fénelon, 66250 Saint-Laurent-de-la-Salanque. 06-26-34-17-86. Fin mai-début sept, tlj. Résa indispensable. Carte 30-35 €.* On vient se percher sur ces pilotis saisonniers pour la vue, la mer et l'assiette ! Large palette de plats et de prix, de la salade aux poissons *a la plancha.* Après les entrées (goûtez la tartine majorquine ou l'*esquixade* de morue), spécialités immanquables, fraîches et copieuses : *parrillada* de poissons ou, mieux, la Royale ou la *zarzuela* ! C'est du vrai, pas du « pipole » !

Chic

Chambres d'hôtes chez Nathalie Chappert-Gaujal : *20 bis, rue de la Fount-d'Amand,* ***La Franqui.*** *06-79-18-37-30. • chappert-gaujal@wanadoo.fr • chambreslafranqui.com • Dans le village, suivre l'av. du Languedoc, puis la rue de la Falaise (fléchage La Chapelle). Doubles 100-125 € selon saison.* Une passerelle, une porte qui s'ouvre, et la vue apparaît dans toute sa splendeur. Les 3 chambres (accès indépendant) d'un charme fou sont arrimées à la terrasse qui s'étend vers le lac marin, la plage et la mer ! Des chambres luxueuses, fraîches et design, aménagées par Nathalie et décorées d'œuvres de son artiste de mari. Confort douillet, vue imprenable sur l'horizon au-dessus des pins, accueil chaleureux. Cadre d'exception pour un petit déj sur la terrasse. Un coup de cœur !

Où trouver de bons produits ?

Mas des Caprices : *rue du Boulodrome,* ***Leucate-Village.*** *☎ 09-82-29-98-53. 06-89-15-18-50. • masdescaprices@free.fr • mas-des-caprices.com • Depuis la rue principale, prendre la rue du Soleil-Levant jusqu'au parking boulodrome. Juil-août, cave tlj sf lun 18h-20h (11h-13h dim) ; sinon, sur rdv.* Mireille et Pierre Mann-Meyer, un couple alsacien sympa et passionné, revient aux sources de la terre. Et à la vigne en bio et biodynamie ! Une palette de prix très abordables avec quelques vins d'exception : Blanc de l'Œuf, Gris Gris, rosé Ozé, muscat sec (une merveille), RAS (« rouge à siroter » !) ou Fitouthérapie. Une recette en accord ? Pierre est là pour vous la donner.

Manifestations

- ***Mondial du vent :*** *1 sem pdt les vac de Pâques. • mondial-du-vent.fr •* Championnat et coupe du monde de windsurf et de kitesurf.
- ***Sol y Fiesta :*** *w-e de l'Ascension, à* ***Leucate-Village.*** *• solyfiesta.fr •* Spectacles et animations de rue, fanfares, *bandas,* concerts, etc.
- ***Voix d'Étoiles :*** *5 j. pdt les vac de la Toussaint, à* ***Port-Leucate.*** *• voixdetoiles.fr •* Festival dédié aux voix de l'animation. Projection de courts et moyens-métrages, avant-premières et ateliers découverte.

FITOU

(11510) 1 040 hab. *Carte Aude, D2*

Vieux village vigneron aux toits devenus ocre jaune sous l'action conjuguée du lichen et du soleil... célèbre pour son vin et ses champs... d'éoliennes ! Au nord du village, au lieu-dit la Joncasse, la tour carrée de l'ancien télégraphe Chappe domine encore le paysage. Et dans les environs, près de 200 capitelles, de petits abris en pierre, certains retapés.

Adresse utile

Office de tourisme : *rue de la Mairie. ☎ 04-68-70-28-43. • fitou.fr • Juil-août, tlj sf dim ap-m et lun 9h30-19h ; avr-juin et de sept à mi-oct, tlj sf dim 9h-12h ; fermé le reste de l'année.* Dépliant gratuit sur le village et les 3 boucles pédestres balisées (8, 11 et 30 km de superbes paysages). Organise des visites du village (gratuit) et d'espaces naturels *(3 €).* En face de l'office de tourisme, remarquer l'amusante pancarte du « Crieur public ».

Où manger ? Où boire un verre ?

Auberge Lou Courtal des Vidals : *13, rue des Courtals. ☎ 04-68-45-62-58. • jean-luc.vidal13@orange.fr • Fermé le midi lun-mar ; hors saison, ouv du ven soir au dim midi. Congés : des fêtes de fin d'année à fin janv. Résa (vivement) conseillée. Menus 23-35 €.* Au pays, on va « Chez Vidal », au resto du domaine viticole, pour la cargolade (escargots par centaines), la *parrillada* ou les grands buffets servis dans une ambiance pleine de bonhomie. Le dimanche, dans les salles ou sur la terrasse, « Papy Vidal » vous joue un air de saxo. Avé l'accent ! Il vous raconte qu'il a ouvert la première pension de famille il y a 40 ans et le premier resto il y a 30 ans.

Le Presbytère du Château : *au château. ☎ 04-68-45-80-01. À 1,5 km env du village. Congés : déc-mars. Tlj sf mar juil-août (mer hors saison).* Au pied du château, une terrasse faite de bric et de broc, à ne pas rater pour prendre un verre, surtout à l'heure de l'apéro. Vue géniale sur le village et, au loin, sur le rivage. Quelques petites choses à grignoter, parfois des concerts.

À voir

Le château féodal : *privé, ne se visite pas.* Monument imposant, dominant les collines et la mer du haut de ses 1 000 ans. Le château a été pillé et brûlé en 1843 mais il conserve une superbe vue sur les étangs environnants.

La chapelle Saint-Joseph (XIXe s) **:** *à proximité des ruines du château.* Soirées musicales (musique occitane, flamenco, guitare...) et expos gratuites en été *(rens à l'office de tourisme).* En haut du village, très belle petite église paroissiale fortifiée, ***Saint-Julien-Sainte-Basilisse,*** datée du XIIe s et joliment restaurée (accessible lors des visites guidées de l'office de tourisme).

Fête

– ***Fête du Vin :*** *3e jeu de juil.* Apéro, danses folkloriques, animations de rues et surtout... dégustations.

L'HÉRAULT

- Carte *p. 250-251*

ABC de l'Hérault

- ***Superficie :*** 6 224 km².
- ***Population :*** 1 062 036 hab.
- ***Préfecture :*** Montpellier.
- ***Sous-préfectures :*** Béziers, Lodève.
- ***Signes particuliers :*** plus de 100 000 ha de vignes (la plus grande production de la région), 100 km de côtes et 3 stations thermales.

Imaginez un amphithéâtre adossé aux contreforts du Massif central, descendant vers la mer.
Au poulailler, le parc naturel régional du Haut-Languedoc, les forêts du massif de l'Espinouse, les premiers contreforts du Larzac et des Cévennes, creusés par endroits de gorges profondes, celles d'Héric, de l'Orb, de la Vis...
Un rang plus bas, au balcon, les garrigues, au nord et à l'ouest de Montpellier, dominées par la silhouette tranchante du pic Saint-Loup, parcourues de rivières, de sentiers qui mènent à la découverte d'une commanderie perdue, d'une chapelle isolée ou de la somptueuse abbaye de Saint-Guilhem-le-Désert.
À l'orchestre, la plaine et ses vignes émaillées de villages à l'accent du Sud. Et Montpellier, bien sûr.
À l'avant-scène, la mer et le littoral, par endroits malheureusement bétonné, mais, ce qu'on sait moins, non construit et préservé à 60 %. De vastes horizons de sable, d'étangs et de lagunes. Un pays entre terre et eau, traversé il y a 350 ans par la première autoroute maritime, le canal du Midi, rêve de Louis XIV réalisé par le Biterrois Pierre-Paul Riquet, qui donna naissance du coup au port de Sète, qui n'était avant que du sable et du rocher. En haut du mont Saint-Clair, on peut encore imaginer la vue que les pirates et les pêcheurs de l'époque pouvaient apercevoir.
L'Hérault est donc une terre de contrastes, grâce au fleuve qui lui a donné son nom, la vraie ligne de partage entre les « deux Sud », Languedoc et Provence, aux cultures bien marquées. À cette variété s'ajoute celle de villes à caractère fort. Montpellier la jeune, l'active, l'insatiable, qui grignote tout autour d'elle, Béziers l'authentique, la rude, et Sète l'inclassable, la presque insulaire. Des villes où l'art roman s'est épanoui, avant que le XVIIᵉ s ne donne naissance à de beaux ensembles urbains (Pézenas, bien sûr, mais aussi Montpellier)...
Difficile alors de parler d'identité héraultaise, tant on y trouve de paysages, de figures et d'attraits. Tout de même, le soleil et la vigne sont partout présents (même à Sète, sur le sable du lido !), les bonnes tables aussi. Ajoutez-y la grande bleue et la belle nature de l'arrière-pays, et vous saurez où passer vos vacances.

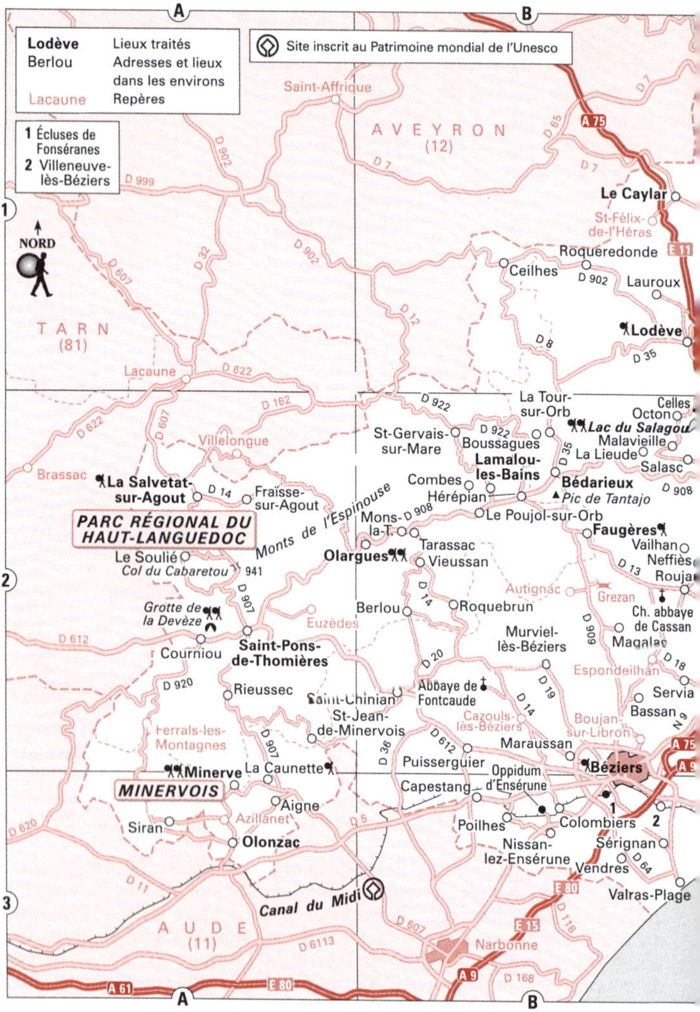

Adresses et info utiles

ℹ *Hérault Tourisme / Agence de développement touristique Hérault :* *Maison du tourisme, 1977, av. des Moulins, 34184* ***Montpellier*** *Cedex 4.* ☎ *04-67-67-71-71.* • *herault-tourisme.com* • Publie, entre autres, des brochures thématiques sur les fêtes, festivals,

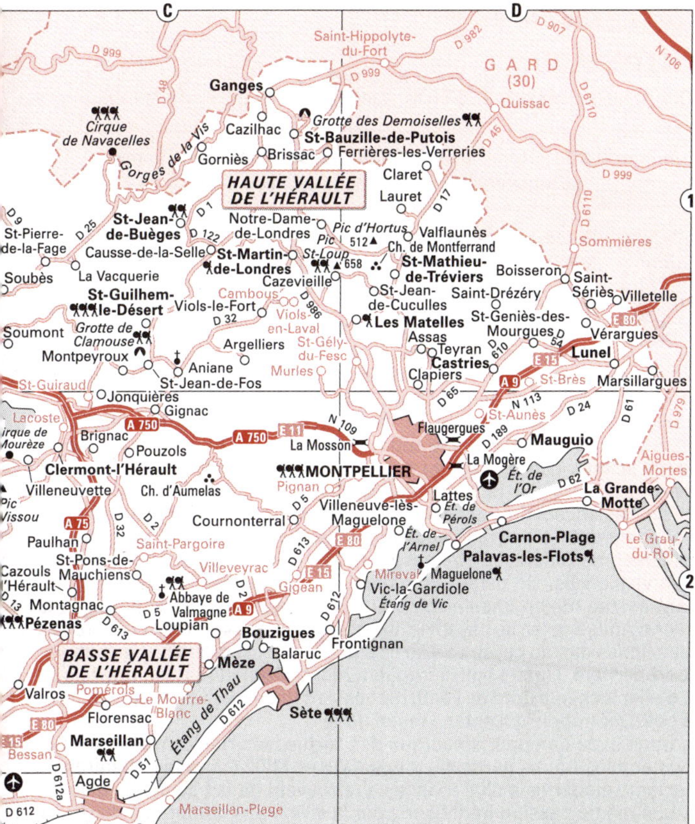

L'HÉRAULT

animations, etc. Site très bien fait.

■ ***Relais départemental des Gîtes de France :*** *même adresse que* Hérault Tourisme. ☎ *04-67-67-71-62.* ● *gites-de-france-herault.fr* ●

– La Fédération française de randonnée pédestre a édité un topoguide très complet, *L'Hérault à pied,* décrivant les plus belles randonnées, du Haut-Languedoc aux portes de Montpellier. 54 circuits remarquablement commentés, bien balisés sur le terrain. En vente en librairie.

MONTPELLIER

(34000) 268 500 hab. (542 867 hab. dans l'agglomération) *Carte Hérault, D2*

• Pour le plan général, le plan centre, le zoom et le plan du tramway, se reporter au plan détachabe en fin de guide.

Force est de reconnaître une chose : en doublant sa population en quatre décennies, en quadruplant le nombre d'étudiants en 20 ans, Montpellier démontre un incroyable pouvoir d'attraction ! Il doit bien y avoir une (ou des) raison(s) à cela. Eh oui, le soleil n'explique pas tout !
Montpellier se révèle avant tout une ville avec une qualité de vie exceptionnelle, pour une métropole. Outre un vieux centre plein de charme, la plus grande zone piétonne de France ponctuée de places où le soleil fait fleurir les terrasses, la ville se targue d'afficher des ambitions architecturales et urbaines d'une audace sans pareille : rien de moins que de s'étendre jusqu'à la mer, doubler sa surface, tout en maintenant cette qualité de vie qui attire les plus jeunes sans faire fuir les anciens. Ceux qui furent il y a 30 ans les adversaires les plus farouches du Polygone, d'Antigone et du nouvel opéra ont fini par reconnaître que c'est une réussite quasi totale. Ils se sont intégrés, à défaut d'être encore totalement acceptés. Pas de divorce avec la vieille ville. Un centre commercial qu'on devrait maudire spontanément assure même une liaison crédible entre le vieux Montpellier et le quartier d'Antigone (en se payant le luxe d'être l'un des centres commerciaux les plus florissants du pays). La ville ne s'arrête plus de grandir, et le tramway lui court derrière. Quatre lignes irriguent Montpellier, et tentent, une fois de plus, d'aller lécher le bord de l'eau, repoussant toujours plus loin les voitures dans cette métropole qui entend rester verte.
Vous nous avez compris, amoureux des tortueuses ruelles médiévales et des vénérables hôtels particuliers des XVIIe et XVIIIe s comme chantres de l'urbanisme moderne le plus avancé se retrouvent de fait au coude à coude dans une même passion frénétique pour la ville. Sans compter, à deux pas, de vieux quartiers populaires multiethniques et bien vivants, même s'ils se « boboïsent » peu à peu en raison de la hausse du prix de l'immobilier.
Une ville jeune, donc, du dynamisme à revendre, à l'image des événements qui animent la cité tout au long de l'année, un patrimoine historique hors pair, du soleil dans le ciel, dans les yeux, dans l'accent et dans les assiettes, le tout à 3h30 de TGV seulement de Paris : ne cherchez plus les raisons de tous ceux qui rêvent de Montpellier, une ville tout à la fois à la campagne et à la mer.

Arriver – Quitter

De et vers l'aéroport

✈ ***Aéroport Montpellier Méditerranée*** *(hors plan détachable par G3) : à 8 km du centre-ville en direction des plages.* ☎ *04-67-20-85-00.* • *montpellier.aeroport.fr* • Vols nationaux vers Paris (Orly et Roissy), Lyon, Nantes, Strasbourg, Bordeaux, Brest et Ajaccio. Vols internationaux directs de plus en plus nombreux (consulter le site).
– Les liaisons de la ***navette Montpellier-aéroport*** se font à partir du bd de l'Aéroport-International (*Ⓣ Place-de-l'Europe – lignes 1 et 4 ; plan détachable F3-4,* ***2***). Renseignements auprès de ***Hérault***

Transport (☎ 04-34-888-999 ; • herault-transport.fr •). De l'aéroport, départ ttes les heures env 9h-23h10 (5h35-20h30 de Montpellier) ; moins de fréquences dim. Compter 15-20 mn de trajet (sauf bouchons !). Prix aller simple : 1,60 € ; 2,60 € avec le trajet tramway inclus.

– Tête de station de taxis à la sortie du hall des arrivées, porte A. Borne d'appel : ☎ 04-67-20-65-29.

– Enfin location de voitures et 4 parkings de stationnement courte (P2/P3) et longue durée (P4/P6).

■ ***Air France :*** *infos et résas à l'aéroport, ☎ 36-54 (0,34 €/mn).*

De Montpellier vers les autres villes

En train

Gare SNCF Montpellier Saint-Roch *(plan détachable D4)* **:** *pl. Auguste-Gibert. Rens : ☎ 36-35 (0,34 €/mn). À 5 mn à pied de la pl. de la Comédie. Ts les trams s'y arrêtent.* Départs fréquents pour Paris, Bordeaux, Lille, Marseille, Nice, Toulouse... Nombreux trains express pour Agde, Béziers, Lunel, Nîmes, Sète, mais aussi le *Talgo* pour Barcelone. Le TGV Paris-Montpellier effectue son trajet en 3h20 env. Pour les petits portefeuilles, le TGV *low-cost* Ouigo permet de relier Montpellier à Marne-la-Vallée en 3h30 env. Ajouter environ 1h de trajet pour relier Marne-la-Vallée au cœur de la capitale avec les trains de banlieue.

En bus

Gare routière *(hors plan détachable par C6,* ***1****)* **:** *Ⓣ Sabines (ligne 2). C'est de là que partent, pour les destinations internationales, les bus* ***Eurolines*** *(bureau au 8, rue de Verdun ; ☎ 0892-89-90-91 – 0,35 €/mn ; • eurolines.fr • ; lun-ven 10h-12h, 13h-18h),* ***Linebus*** *(☎ 04-67-58-95-00 ; • linebus.es •) et* ***Ouibus*** *(☎ 0892-68-00-68 – 0,40 €/mn ; • fr.idbus.com •). Il faut désormais aussi compter avec* ***Flixbus*** *(• flixbus.fr •),* ***Megabus*** *(• megabus.com •),* ***Albatros Bus*** *(• albatrosbus.pl •). Voir les différents sites.*

Le département, et notamment l'arrière-pays (Clermont-l'Hérault, Saint-Pons-de-Thomières, Bédarieux, Lamalou-les-Bains, Ganges...) et certaines communes des départements limitrophes (Millau, Aigues-Mortes, Quissac...), est desservi par ***Hérault Transport*** *(☎ 04-34-888-999 ; • herault-transport.fr •).* Les bus partent de différents points de la ville en fonction de leur destination (des stations de tram en général). Le ticket coûte 1,60 € quelle que soit la destination (sauf correspondances), 10 € le carnet de 10. Certaines lignes sont saisonnières.

Sur l'eau

En pénichette : au départ de port Marianne à Lattes (à 8 km de Montpellier) vers le canal du Midi ou le canal du Rhône à Sète.

En canoë : sur le Lez *(• eauxvives.celeonet.fr •).*

En bateau : au départ de Sète (à 30 km de Montpellier) vers Barcelone et le Maroc.

■ ***Euro-Mer :*** *5, quai de Sauvages, 34078 Montpellier Cedex 3. ☎ 04-67-65-67-30. • euromer.com • Ⓣ Du Guesclin (ligne 1). Lun-sam 9h-19h (18h sam).* Spécialiste des traversées maritimes au départ d'Europe, *Euro-Mer* propose plus de 150 lignes maritimes comme Sète-Tanger. Possibilité de réservation d'hôtels on line.

L'HÉRAULT

Comment se déplacer en ville ?

À pied

Laissez votre voiture dans un des parkings souterrains ou extérieurs pour découvrir le centre ancien (interdit à la circulation, en grande partie). C'est à pied que l'on découvre cette vaste zone délimitée au nord par le boulevard Louis-Blanc, au sud par le boulevard du Jeu-de-Paume, à l'ouest par la promenade du Peyrou et à l'est par la gare.

En transports en commun

TaM gère les transports en commun de Montpellier et sa métropole. La société dispose d'un réseau d'autobus, de lignes de tramway, elle gère également les horodateurs et certains parkings en ville, et elle assure même un service de bus desservant les boîtes de nuit et de location de vélos.

■ ***Espaces Mobilité*** *(TaM ; plan centre détachable D4,* ***5****)* ***:*** *27, rue Maguelone ; également 6, rue Jules-Ferry, face à la gare et à la station de tram Mosson. ☎ 04-67-22-87-87. • tam-voyages.com • Lun-sam 9h-12h, 14h-17h (rue Maguelone et Mosson) ou 7h-19h (rue Jules-Ferry).* Service très efficace avec vente de tickets, forfaits et une documentation très fournie sur les divers itinéraires. Tarifs indicatifs variables selon la durée du séjour : ticket 1 voyage 1,50 €, valable 1h avec correspondance (A/R interdit) ; *pass* journée 4 € ; ticket de 10 voyages 10 € ; forfait 7 j. 15,60 € ; forfait famille (5 personnes, valable 24h) 6 € ; et des abonnements mensuels et annuels.

Le tramway

Montpellier est parcourue par 4 lignes de tram qui se rejoignent toutes à la gare Saint-Roch. La ***ligne 1*** circule de Mosson (nord-ouest) à Odysseum (sud-est). La ***ligne 2*** circule entre Jacou, Castelnau-le-Lez (nord) et Saint-Jean-de-Védas (sud-ouest). La ***ligne 3*** relie Juvignac (nord-ouest) à Lattes ou Pérols (sud-est). Du terminus de Pérols, on est tout près de la mer (facilement accessible en vélo ensuite). Enfin, la ***ligne 4*** irrigue le « Grand Cœur » de Montpellier, opérant un tour élargi du centre-ville. Les tickets 1 voyage et 10 voyages permettent de voyager sur l'ensemble du réseau pendant 1h, correspondances avec les autres lignes comprises. Distributeurs automatiques à chaque station, mais pas de vente à bord du tramway. Service assuré de 5h ou 6h à env 1h. Consultez les horaires auprès de TaM car ils varient selon les jours et les saisons. Comptez un tram ttes les 5 mn en journée et ttes les 15-20 mn après 20h ; fréquences réduites dim, j. fériés et pendant les vac scol.

Le bus

TaM dessert Montpellier et sa métropole. Ticket 1 voyage slt auprès des conducteurs de bus. Le service se termine vers 20h30.

– Les lignes n°s 6 à 17 plus la n° 19 desservent la ville seulement. La ligne n° 9 conduit au domaine de Grammont, où l'on trouve notamment la salle de concerts du Zénith, un complexe sportif et Odysseum.

En revanche, sauf pour relier Villeneuve-lès-Maguelone (ligne n° 32, départ de l'arrêt Garcia-Lorca du tram 4), les lignes à destination des plages sont gérées par ***Hérault Transport*** *(☎ 04-34-888-999 ; • herault-transport.fr •).* Pour Carnon-Plage du Grand-Travers – La Grande-Motte, ligne n° 106, départ de l'arrêt du tram 1 Place-de-France. Plusieurs services dans la journée. En été, départ env ttes les 15 mn 6h (7h30 pour Palavas ligne n° 131, tram 4 arrêt Garcia-Lorca)-20h. Dernier retour vers 20h30. Le ticket ne coûte que 1,60 €, quelle que soit la destination (et la carte 10 trajets est à 10 €). Navette des plages en juillet-août entre Pérols (ligne 3, Étang-de-l'Or) et Le Grand-Travers à Carnon, accessible avec un ticket TaM.

– ***L'Amigo :*** *☎ 04-67-22-87-87.* Ce bus dessert des boîtes de nuit de Montpellier et Lattes (une dizaine de discothèques, entre autres celles du *Paladium* et de l'espace *Latipolia*) du jeudi au samedi de minuit à 5h (6h juillet-août). Départs de la gare Saint-Roch et de l'arrêt de tram Garcia-Lorca toutes les 20 min de minuit à 1h40. Retour (avec plusieurs arrêts) à env 2h40, 3h55 et 5h10. Mêmes titres de transport que sur le reste du réseau.

– ***Navette Agropolis*** *(ligne n° 13)* ***:*** liaisons en bus depuis la station de tram Saint-Éloi (ligne 1), vers Agropolis. Fonctionne ttes les 10 mn en journée lun-ven, dans les 2 sens 6h-0h35.

En taxi

Rue Victor-Hugo (à l'entrée de la pl. de la Comédie) ou devant la gare (ce sont les 2 endroits où l'on en trouve le plus). *☎ 04-67-58-10-10 (24h/24).*

À vélo

Avec 158 km de pistes cyclables, c'est un bonheur de découvrir le centre (ça grimpe...) et toute la métropole montpelliéraine en pédalant. Un must : la piste qui mène aux plages en longeant les étangs.

– ***Vélomagg :*** *infos et plan des vélostations auprès de TaM :* ☎ *04-67-22-87-87.* • *tam-voyages.com* • Le « Vélib' » de Montpellier, avec 56 vélostations réparties dans toute la métropole. Les vélos sont en libre-service tlj 24h/24. Pour en louer, 3 solutions.

La ***location temporaire*** (valable 7 j.) s'opère directement à la borne de la vélostation, soit en insérant sa carte bancaire (seules 25 stations sont équipées d'un lecteur de carte), soit par téléphone au ☎ 09-69-39-00-99 (serveur vocal au prix d'un appel local, pensez à désactiver l'option « numéro masqué » de votre téléphone). Comptez ensuite 0,50 €/h. On peut redéposer son vélo dans n'importe quelle station et garder un même vélo au maximum 24h.

2de solution, l'***extension Vélomagg Libre-Service*** (10 €, valable 1 an), qui permet de disposer d'une carte qu'il suffit ensuite de valider sur le boîtier du vélo. Cette extension vous permettra de bénéficier de la gratuité de la 1re heure de location pour chacune de vos locations. À compter de la 2e heure, le tarif de 0,50 €/h sera débité directement sur votre compte.

Dernière solution et en complément d'un abonnement transport annuel, vous pouvez souscrire gratuitement à l'***option Vélomagg Libre-Service.*** Pour créer sa carte, se rendre aux Espaces Mobilité *TaM* (voir adresses plus haut). L'abonnement donne accès aux 18 véloparcs sécurisés, situés en centre-ville et dans certaines stations de tram (penser à bien attacher son vélo avec un cadenas). Ceux qui disposent d'un smartphone pourront télécharger l'application permettant de connaître la disponibilité des vélos en temps réel, la station la plus proche, etc.

Au terminus de la ligne 3 du tram Pérols-Étang-de-l'Or, on peut louer un vélo pour couvrir le kilomètre et demi de piste cyclable qui rejoint la mer. Un bon plan aussi, valable en été seulement : sur présentation de votre ticket de transport validé ou de votre abonnement et d'une pièce d'identité, on vous prête un vélo gratuitement pour arpenter le bord de mer à Villeneuve-lès-Maguelone. Se rendre à la station Pilou, arrêt de la ligne n° 32 (départ du bus n° 32 à l'arrêt Garcia-Lorca de la ligne de tram 4). On trouve à cette stations des vélos enfants, des remorques, des sièges bébés *(fonctionne juil-août tlj 9h-19h, et le w-e en juin).*

Location de voitures

■ ***Les agences dans le centre :*** *sur le parking de la gare, à 200 m des quais (fléché).* ***Hertz,*** ☎ *04-67-06-87-90,* • *hertz.fr* • *;* ***National Citer,*** ☎ *04-67-06-51-80,* • *citer.fr* • *;* ***Sixt,*** ☎ *0820-007-498 (0,14 €/mn),* • *sixt.fr* • *;* ***Avis,*** ☎ *0820-611-643 (0,14 €/mn),* • *avis.fr* •

Stationnement et parkings

On vous déconseille fortement de vous enfoncer dans Montpellier en voiture. Vous pouvez opter pour l'un des nombreux parkings souterrains très pratiques (mais assez chers, surtout celui de la Préfecture), pour l'un des parkings les plus proches du Corum (Joffre, découvert) ou du Polygone, meilleur marché, surtout le soir (0,50 €/h dès 18h), ou pour le parking découvert des Arceaux.

Pour aborder la ville en douceur et alléger la note de stationnement, ***le plus simple est d'utiliser les parkings périphériques de TaM,*** qui propose une formule intelligente parking-tramway (4,60 € ; ou 3,40 € sur présentation du *Pass Métropole*), comprenant le stationnement et l'aller-retour dans la journée pour tous les occupants du véhicule. Côté sud, vers l'A 9 et les plages, on peut garer sa voiture dans les parkings des stations Odysseum (ligne 1), Saint-Jean-le-Sec et Sabines (ligne 2), ou Garcia-Lorca (ligne 4). Côté nord, vers l'arrière-pays, l'A 75 et la route de Nîmes, on peut se garer aux stations Mosson (lignes 1 et 3), Euromédecine et Occitanie (ligne 1) ou Notre-Dame-de-Sablassou (ligne 2).

Adresses et infos utiles

Infos touristiques

Office de tourisme *(zoom détachable D3,* ***1****) : 30, allée Jean-de-Lattre-de-Tassigny, pl. de la Comédie. ☎ 04-67-60-60-60. • montpellier-tourisme.fr • Ⓣ Comédie (lignes 1 et 2). Lun-sam 9h30-18h (19h30 juil-sept), dim 10h-17h. Fermé 1er janv et 25 déc.* Équipe très dynamique qui dispose d'une documentation bien fournie, d'un comptoir pour les demandes d'hébergement et d'une billetterie pour les spectacles. Organise également des visites guidées historiques et thématiques passionnantes (lire la rubrique « À voir »). Possibilité de réserver son séjour (hébergements, visites...) directement sur le site.

– ***City Card Montpellier :*** *formules 24h, 48h ou 72h, 15-28 € ; ½ tarif enfants jusqu'à 18 ans.* Cette carte offre la gratuité dans les transports *TaM* (bus et tramway), dans certains sites et activités (musées, sites et visites guidées) à Montpellier et aux alentours, et fait bénéficier de réductions (loisirs, spectacles, shopping) dans plusieurs autres. En vente à l'office de tourisme.

Presse

– ***Le Midi libre :*** quotidien régional. Pages d'infos locales et nationales. Assez consensuel. Excellent pour mettre les deux pieds dans le grand bain montpelliérain.

– ***L'Hérault du jour :*** une déclinaison locale du journal *La Marseillaise* proche du parti communiste.

– ***La Gazette de Montpellier :*** en plus des pages d'infos générales, la partie agenda recense toute l'actualité des cafés littéraires, des bars musicaux, des concerts et cafés-théâtres, et toutes les activités culturelles ou autres du moment.

– ***MNV*** *(Montpellier notre ville)* **:** mensuel municipal d'informations. Il est gratuit et se trouve un peu partout. Dossiers, agenda, débats...

– ***Mama Sound :*** un mensuel petit format, gratuit, qui répertorie tous les concerts, petits ou grands. Pratique et clair.

Où dormir à Montpellier et dans les environs ?

Le parc hôtelier de Montpellier se révèle plutôt restreint, compte tenu de la demande croissante due en grande partie aux nombreux congrès et festivals qui s'y succèdent. Ajoutez à cela l'arrivée régulière d'étudiants venus passer un concours ou soutenir une thèse, et vous voici condamné à dormir dans une ville voisine si vous n'avez pas de réservation.

CAMPINGS (DANS LES ENVIRONS)

Camping Le Parc : *sur la D 172, 34970* ***Lattes.*** *☎ 04-67-65-85-67. • camping-le-parc@orange.fr • leparccamping.com • À 4 km à l'est de Montpellier et à 4 km de Carnon-Plage. Ⓣ Boirargues (ligne 3). Ouv tte l'année. Compter 17-29 € pour 2 selon saison ; loc de mobile homes 265-785 €/sem. Parking. Réduc de 5 % sur le prix des emplacements sept-juin sur présentation de ce guide.* En retrait d'une zone commerciale, un petit camping familial aux emplacements ombragés très convenables, bien délimités et bien entretenus. Animations en saison, mais juste ce qu'il faut pour ne pas troubler la quiétude des vacanciers. Bons équipements : piscine, jeux, épicerie d'appoint, snack en saison...

Camping Le Plein Air des Chênes : *route de Castelnau (D 112), 34830* ***Clapiers.*** *☎ 04-67-02-02-53. • pleinairdeschenes@sandaya.fr • sandaya.fr • À 6 km au nord de Montpellier. Ⓣ Charles-de-Gaulle (ligne 2) puis bus n° 36, arrêt Idate. Ouv avr-oct. Compter 252-1 595 €/sem (emplacements, lodges ou cottages). 75 empl.* Installé dans une belle pinède, un camping immense, très aéré, vert et ombragé. Emplacements bien délimités, avec de petites terrasses. Innombrables activités et animations : soirées à thème, concerts, minigolf, miniclub, tennis, terrain multisports pour les bambins et un parc aquatique XXL (1 200 m²) ouvert à tous. Snack, glacier, resto.

Camping de Fondespierre : *277, chemin du Pioch-Viala, 34160* ***Castries.*** *☎ 04-67-91-20-03. • accueil@campingfondespierre.com • campingfondespierre.com • À 18 km de Montpellier. Congés : 2 sem en déc. Compter 18-28 € pour 2 ; loc de tentes familiales, chalets et mobile homes 2-6 pers 224-790 €/sem.* Un camping nature très agréable et convivial, au beau milieu des oliviers et des chênes. Une centaine d'emplacements au sol caillouteux mais ombragés, et pas mal de petits plus : pataugeoire et jeux pour enfants, piscines, buvette, location de VTT (petit circuit à l'intérieur du camping), lave-linge, sèche-linge, terrain de beach-volley, pétanque (prêt de boules), petite épicerie pour dépanner. Bonne ambiance, à l'image de l'accueil très sympa.

CHAMBRES D'HÔTES

L'office de tourisme propose une liste de meublés touristiques et de chambres d'hôtes à Montpellier et dans les alentours. Tous vérifiés et classés. Brochure disponible à l'office ou téléchargeable sur *• montpellier-tourisme.fr •*

Dans l'Écusson

Chambre d'Autres et Suites du Merle Blanc *(plan centre détachable C3,* ***11****) : chez Alexandre Gumbau, 3, impasse du Merle-Blanc. 06-62-07-33-52. • gumbau@sfr.fr • alexandre-gumbau.fr • Ⓣ Comédie (lignes 1 et 2). Chambres à partir de 125 €, petit déj compris ; apparts 2-4 pers 140-180 €/nuit.* Au cœur du centre historique, une chambre d'hôtes de charme, spacieuse, lumineuse et confortable, installée dans un immeuble ancien. Un univers sophistiqué empli de beaux objets, de plantes. Excellent accueil du maître des lieux. Copieux petit déj (pour la chambre d'hôtes). 2 charmant appartements d'hôtes à louer, tendance chic et bohême, pour 2 ou 4 personnes. Cuisine équipée, écran plat.

Un peu plus loin

Maison d'hôtes Les 4 Étoiles *(plan détachable B3,* ***13****) : 3, rue Delmas. ☎ 04-67-02-47-69. • pierre.migayrou@les4etoiles.com • les4etoiles.com • Ⓣ Les Arceaux (ligne 3). Ouv tte l'année. Doubles 94-135 €. Parking 10 €.* Luxe, calme et design, à deux pas du centre historique, ou presque. Dans le quartier des Arceaux, une maison qui a résisté à l'avancée du béton, extérieurement du moins. Car de la maison de sa grand-mère, Pierre Migayou a fait un bel espace de détente contemporain, vivant, coloré, avec une terrasse intérieure, et tout le confort qu'on peut espérer aujourd'hui.

Maison d'hôtes Mon Jardin en Ville *(plan détachable E5,* ***14****) : 23, av. de Palavas. ☎ 04-67-64-00-35. 06-16-24-20-77. • contact@monjardinenville.com • monjardinenville.com • Ⓣ Place-Carnot (ligne 2). Doubles 140-160 € ; 240 € pour 4.* À seulement 10 mn à pied du centre-ville, une maison fin XIXᵉ s métamorphosée au XXIᵉ s par son propriétaire architecte. On loge ici au centre d'un immense jardin, hérissé de hauts arbres au pied desquels on descend déjeuner dès les premiers jours de l'été. Un escalier indépendant mène à la chambre et aux 2 suites claires, climatisées, d'une sobriété très au goût du jour. Petit espace commun pour se préparer une dînette sur le pouce. Enfin (et surtout), grande piscine bordée de transats.

HÔTELS

Dans l'Écusson et près de la gare

De bon marché à prix moyens

Hôtel Les Fauvettes *(plan détachable C2,* ***16****) : 8, rue Bonnard. ☎ 04-67-63-17-60. • lesfauvettes4@wanadoo.fr • Ⓣ Place-Albert-Iᵉʳ (lignes 1 et 4). Derrière le Jardin des plantes. Doubles 38-54 € selon confort*

L'HÉRAULT

(sans ou avec w-c et douche) ; familiale 98 €. Tenue par un duo d'Alsaciennes, cette petite maison postée dans une rue calme est l'adresse la moins chère de la ville. Les chambres, propres, vraiment toutes simples (pas de TV), donnent presque toutes sur une cour intérieure fleurie (seulement 2 côté rue). On y prend d'ailleurs le petit déj (buffet très complet avec pain et confitures maison), à moins de se réfugier sous la véranda lumineuse les jours où il fait frisquet. Un vrai bon plan pour le prix.

Hôtel Le Strasbourg *(plan détachable E4,* ***35****) : 39, bd de Strasbourg. ☎ 04-67-65-19-00. • reception@le-strasbourg.com • le-strasbourg.com • T Voltaire (ligne 2). Doubles 50-70 € selon taille et équipement. Garage payant. Un petit déj/chambre et par nuit offert sur présentation de ce guide.* Posté derrière la gare au bord d'une avenue passante, cet établissement pratique abrite des chambres bien tenues, donnant sur la rue ou sur une cour de service à l'arrière. Toutes disposent d'une étroite salle de bains avec douche, parfois sans cloison. TV satellite. Clim ou ventilo (ou rien).

Hôtel Le Mistral *(plan centre détachable D4,* ***19****) : 25, rue Boussairolles. ☎ 04-67-58-45-25. • hotel-le-mistral@wanadoo.fr • hotel-le-mistral.com • T Comédie (lignes 1 et 2) ou Du Guesclin (ligne 1). Congés : de mi-déc à début janv. Doubles 69-90 € et familiales 99-105 €. Parking sur résa. Un petit déj/chambre offert la 1re nuitée sur présentation de ce guide.* Une petite vingtaine de chambres, douces et impeccables, soigneusement décorées et rénovées, sans pour autant abandonner leurs armoires patinées. Bon niveau de confort (salles de bains modernes, TV écran plat), avec parfois un petit balcon. Les chambres les plus grandes, plus lumineuses, donnent sur la rue (double vitrage). Excellent accueil. Ascenseur.

Hôtel des Arts *(plan centre détachable D4,* ***20****) : 6, bd Victor-Hugo. ☎ 04-67-58-69-20. • hoteldesarts@free.fr • hotel-des-arts.fr • T Comédie (lignes 1 et 2). Congés : autour des fêtes de fin d'année. Doubles 78-107 € ; familiales 135-143 €. Parking payant 8 €. Café offert sur présentation de ce guide.* Idéalement situé entre la gare et la Comédie, ce petit hôtel propose des chambres simples, claires, agréables (TV et AC) et bien tenues, rénovées dans un esprit contemporain. Un bon point de chute, d'autant que l'accueil est très sympa.

Hôtel de la Comédie *(zoom détachable D3-4,* ***21****) : 1 bis, rue Baudin. ☎ 04-67-58-43-64. • info@hoteldelacomedie.fr • hoteldelacomedie.fr • Congés : des fêtes de fin d'année à mi-janv. T Comédie (lignes 1 et 2). Doubles 76-82 €.* Difficile de faire plus central : au bout d'une rue calme débouchant sur la Comédie. Pour le reste, c'est un petit hôtel bien tenu, aux chambres simples et sans prétention, climatisées et dotées de fenêtres insonorisées.

Appart'hôtel Odalys Les Occitanes *(plan détachable D4,* ***28****) : 20, rue de la République. ☎ 04-67-02-92-50. • reception.occitanes@odalys.fr • odalys-vacances.com • T Gare-Saint-Roch (lignes 1, 2, 3 et 4). Apparts à partir de 120 €/nuit (linge de lit et de toilette fournis, ménage quotidien). Réduc de 10 % sur présentation de ce guide.* Aménagé dans l'ancien siège de la Région, situé à 300 m de la place de la Comédie et du centre historique, à proximité du palais des congrès et des cinémas, ce bel *Appart'hôtel* comprend 92 appartements entièrement équipés (kitchenette) et un vaste espace bien-être (hammam, bassin de nage à contre-courant et salle de fitness).

Chic

Hôtel du Palais *(plan centre détachable C3,* ***22****) : 3, rue du Palais-des-Guilhem. ☎ 04-67-60-47-38. • hoteldupalais2@wanadoo.fr • hoteldupalais-montpellier.fr • T Place-Albert-Ier (lignes 1 et 4). Chambres climatisées avec double vitrage 90-105 € ; familiale 135 €.* Cet hôtel douillet a tout pour plaire : une situation idéale, au calme près de la jolie place de la Canourgue, une petite trentaine de chambres coquettes et climatisées, meublées de copies d'ancien, des salles de bains rénovées et un accueil très aimable. Un vrai cocon à l'anglaise. Bon petit déj à prendre, pourquoi pas, sur l'une des quelques tables en terrasse.

Royal Hôtel *(plan centre détachable D4,* ***24****) : 8, rue Maguelone. ☎ 04-67-92-13-36. • resa@royalhotelmontpellier.com • royalhotelmontpellier.com • Ⓣ Gare-Saint-Roch (lignes 1, 2, 3 et 4) ou Comédie (lignes 1 et 2). Doubles 85-165 € selon confort et saison.* Bel établissement, idéalement placé entre la gare et la place de la Comédie. On y trouve une quarantaine de chambres teintées de couleurs chaudes, cossues et bien finies, avec douche ou bains. TV satellite. Accueil pro et vraiment sympa. On en oublierait presque les passages du tram.

Hôtel Best Western Eurociel *(plan centre détachable D-E4,* ***27****) : 1, av. du Pont-Juvenal. ☎ 04-67-07-51-61. • info@hoteleurociel.fr • hoteleurociel.fr • Ⓣ Du Guesclin (ligne 1). Doubles 95-125 € selon saison. Parking 12 €.* Posé en lisière de l'Écusson, ce drôle de bâtiment cubique tapissé de carrés colorés offre sur 5 niveaux une quarantaine de chambres au standard *Best Western* (clim, minibar...). Chaque étage se réfère à un pays européen et chaque chambre à une ville, avec photo de celle-ci au-dessus du lit. Rigolo. Terrasse-solarium au 3e, en « Allemagne », donc...

De plus chic à beaucoup plus chic

Hôtel Le Guilhem *(plan centre détachable C3,* ***26****) : 18, rue Jean-Jacques-Rousseau. ☎ 04-67-52-90-90. • contact@leguilhem.com • leguilhem.com • Ⓣ Louis-Blanc (lignes 1 et 4). En plein cœur du centre historique, zone piétonne. Chambres 90-215 € (plus cher pdt les congrès).* Affiliée à la chaîne *Best Western,* cette maison du XVIe s se cache dans une petite rue pleine de charme. Soigneusement rénovée dans les tons pastel, elle livre une trentaine de chambres personnalisées, sortes de petites bonbonnières meublées avec goût dans un style ancien. La suite donne sur un jardin mystérieux digne des Feuillantines et, plus loin, sur la cathédrale, comme la plupart des autres chambres. Les cloches rythment donc la vie mais respectent votre sommeil. Pour le petit déj, belle terrasse suspendue au-dessus du jardin. Parking à proximité. Bon accueil.

Hôtel d'Aragon *(zoom détachable D4,* ***29****) : 10, rue Baudin. ☎ 04-67-10-70-00. • info@hotel-aragon.fr • hotel-aragon.fr • Ⓣ Comédie (lignes 1 et 2). Congés : 3 sem début janv. Doubles 88-210 € selon chambre et saison. Si résa en direct, un petit déj/chambre et par nuit offert sur présentation de ce guide (non cumulable avec une autre offre).* Cet hôtel de charme tient plus de la maison d'hôtes, avec ses 12 chambres aussi luxueuses qu'élégantes. Beaucoup de confort : clim, douches à hydrojets, voire baignoire dans la chambre balnéo. Dans les chambres luxe, machine expresso avec capsules offertes. Autre point non négligeable : téléphone gratuit pour 29 pays. Bref, on pose sans hésiter ses valises, d'autant plus que le petit déj soigné servi dans une véranda lumineuse et l'accueil convivial complètent ce tableau déjà flatteur...

Grand Hôtel du Midi *(plan centre détachable D4,* ***18****) : 22, bd Victor-Hugo. ☎ 04-67-92-69-61. • hoteldumidi@maranatahotels.com • grandhoteldumidimontpellier.com • Ⓣ Comédie. Doubles 99-250 €. Petit déj buffet 17 €.* Entièrement rénové, ce bel immeuble d'angle dont la proue s'avance face à la place de la Comédie réserve un séjour cocooning à ses hôtes. Les parties communes ont recouvré tout leur lustre, un savant mélange de moulures et de vitraux anciens dans un environnement contemporain et théâtral au goût du jour. Soignées, bien conçues, les chambres arborent des lignes sobres et modernes pour certaines, classiques et élégantes pour d'autres. Le tout est très cossu, l'accueil très agréable.

Vers les Beaux-Arts et un peu plus au nord

Prix moyens

Hôtel Les Troènes *(hors plan détachable par B1, **31**) : 17, av. Bertin-Sans. ☎ 04-67-04-07-76. • hotel-les-troenes@wanadoo.fr • hotel-les-troenes.fr • Ⓣ Saint-Éloi (ligne 1), puis suivre les rails direction Mosson sur 200 m. Doubles 67-70 €.* Dans le quartier des facs, un petit établissement d'une quinzaine de chambres, installé dans un pavillon des années 1970 coincé entre les immeubles bas et les villas. Chambres simplettes, pas bien grandes mais impeccables, avec TV, clim et sèche-cheveux. Pour 1 ou 2 € de plus, préférer celles donnant sur l'arrière. Quelques tables sous les pins pour déjeuner au soleil. Accueil franc.

Chic

Hôtel du Parc *(plan détachable C2, **32**) : 8, rue Achille-Bégé. ☎ 04-67-41-16-49. • hotelduparcmtp@wanadoo.fr • hotelduparc-montpellier.com • Ⓣ Place-Albert-Ier (lignes 1 et 4). À 300 m de la cathédrale, de l'autre côté des quais du Verdanson. Doubles 90-115 € ; familiale 130 €. Parking privé gratuit.* Belle demeure languedocienne du XVIIIe s, réaménagée avec goût pour accueillir une vingtaine de chambres coquettes, personnalisées et très confortables. Beaux volumes pour certaines (d'autres plus petites), petits balcons dans les chambres du rez-de-chaussée, terrasses fleuries, tenue parfaite. Un lieu de charme dans un jardin très calme (éviter les chambres côté rue). Bref, une excellente adresse.

Hôtel Ulysse Montpellier Centre *(plan détachable E2, **33**) : 338, av. de Saint-Maur. ☎ 04-67-02-02-30. • hotelulysse@free.fr • hotel-ulysse.fr • Ⓣ Corum (lignes 1 et 2). Doubles 90-150 €. Parking 12 €.* « Heureux qui comme Ulysse a fait un beau voyage » pour arriver dans ce quartier calme et y découvrir cette longue maison récente entièrement rénovée. Parquet, tons pastel provençaux, mobilier en bois et fer forgé, clim... Les chambres sont agréables, et 3 d'entre elles s'ouvrent sur un balcon. Salles d'eau impeccables. Terrasse à l'arrière pour prendre son petit déjeuner. Une option intéressante pour ceux qui craignent l'agitation du centre-ville, distant d'à peine un arrêt de tram ou de 10 mn de marche.

Plus chic

Hôtel La Maison Blanche *(plan détachable G1, **37**) : 1796, av. de la Pompignane. ☎ 04-99-58-20-70. • hotelmaisonblanche@wanadoo.fr • hotel-maison-blanche.com • Ⓣ Charles-de-Gaulle (ligne 2), puis bus La Ronde, arrêt Pastourelles. À l'angle de la rue des Salaisons, sur la route de Castelnau. Resto tlj sf sam midi et dim (ven soir et sam-dim hors saison). Doubles 125-155 € selon saison. Carte env 25 € et menus. Parking gratuit.* Dans un petit parc touffu et classé aux arbres pluriséculaires, une maison insolite tout en bois, de style sudiste digne d'*Autant en emporte le vent*. Ambiance très cosy, à l'image du piano-bar intimiste. Les chambres sont plus banales mais se révèlent tout à fait agréables lorsqu'elles donnent sur la galerie surplombant les palmiers. Resto à prix doux sur place, et une irrésistible piscine bien cachée dans un écrin de verdure.

Aux Arceaux

De chic à plus chic

Hôtel des Arceaux *(plan détachable B3, **34**) : 33, bd des Arceaux. ☎ 04-67-92-03-03. • contact@hoteldesarceaux.com • hoteldesarceaux.com • Ⓣ Les Arceaux (ligne 3). Derrière la promenade du Peyrou. Doubles 85-160 € selon confort. Parking 7 € ; box 10 €.* Cachées derrière la verdure, face à l'aqueduc du XVIIe s, ces 2 jolies maisons bourgeoises accolées profitent d'un luxuriant jardin intérieur exposé plein sud, très agréable. À l'intérieur, ambiance lounge, cosy, avec beau parquet, clim, douches à l'italienne... Seule une chambre, la plus modeste, à 80 €. Demandez si possible celles donnant sur le jardin. Restauration légère sur place.

Où manger ?

Montpellier aligne un resto tous les 100 m, de nouvelles adresses ouvrent tous les ans, le pire ne côtoie pas toujours le meilleur, mais il y a toujours quelques agréables surprises qui nous font aimer cette ville où la gastronomie passe après la volonté de sortir, s'offrir un déjeuner au soleil ou un apéro prolongé en le regardant se coucher. Voici notre sélection du moment, mais peut-être trouverez-vous au hasard de vos pérégrinations d'autres terrasses à votre goût...

Dans l'Écusson

De très bon marché à bon marché

L'Oignon Givré *(zoom détachable D3, **49**) : 46, rue de l'Université. Ⓣ Louis-Blanc (lignes 1 et 4). Ouv le midi lun-ven. Formule et menu 7-9 €. CB refusées.* On pousse la porte de cette cantine du midi pour chiper une délicieuse part de quiche maison au comptoir avant de se faufiler au buffet illimité de salades. Des salades composées aussi fraîches que colorées. Arrivez tôt, il y aura plus de choix dans les saladiers et vous pourrez poser une fesse en terrasse. Décontracté et sans chichis, on débarrasse son assiette avant de partir, à la bonne franquette !

Bistrot d'Alco *(zoom détachable D3, **50**) : 4, rue Bonnier-d'Alco. ☎ 04-67-63-12-89. Ⓣ Comédie (lignes 1 et 2) ou Louis-Blanc (lignes 1 et 4). Derrière la préfecture. Tlj sf dim-lun. Le midi au bistrot 12-16 € ; menus 21-24,90 €. Apéritif maison offert sur présentation de ce guide.* Qu'est-ce qui explique le succès de ce petit bistrot de quartier, isolé à l'angle d'une rue calme et peu touristique ? Ses tarifs ? Pas seulement. Car les habitués connaissent bien la qualité régulière de ses menus, et surtout ce petit quelque chose en plus pour faire d'un plat traditionnel tout simple une agréable spécialité bien ficelée. C'est bon, copieux et souvent pris d'assaut (surtout la petite terrasse). Accueil très gentil.

Pizza Pizzetta *(zoom détachable D2, **51**) : à l'angle du bd Louis-Blanc et de la rue Ferdinand-Fabre. ☎ 04-67-02-41-89. Ⓣ Louis-Blanc (lignes 1 et 4). Tlj sf dim, 11h30-21h30. Congés : 2 sem en août et fêtes de fin d'année. Parts de pizza à partir de 2,30 €.* Une trentaine de *pizze* fondantes découpées *al taglio* (à la part), à arroser d'un verre de chianti ou de lambrusco, d'une bière Moretti ou, bien sûr, d'un *espresso*. Le comptoir donne sur le trottoir, une volée de tables squattent le soleil, et s'il fait frisquet, on se presse dans la minuscule salle tartinée d'une fresque vénitienne. Pour rythmer le tout, du rock, du blues. De quoi se caler le petit creux sans perdre l'envie de sourire.

Burger et Blanquette *(zoom détachable D3, **48**) : 27, bd Sarrail. ☎ 04-67-86-72-73. Ⓣ Comédie (lignes 1 et 2). Tlj jusqu'à 23h. Plats 10,90-26,90 €.* On ne vient pas vraiment là pour grignoter une salade, vous l'auriez deviné. Mais le choix est malin, et la recette fonctionne, plus auprès de la génération burgers-frites que pour la précédente, élevée à la blanquette maison. Les produits sont bons, le cadre est rassurant, et le tartare de saumon très correct pour qui serait indécis lors de la commande. Autre adresse : 1, rue Rossette, près de la Préfecture, mais on aime bien celle de l'Esplanade, pour la vue, côté terrasse.

El Chivito *(zoom détachable D3, **53**) : 54, rue de l'Aiguillerie. ☎ 04-99-62-89-64. Ⓣ Louis-Blanc (lignes 1 et 4). Tlj 12h-14h30, 18h30-23h30 (non-stop le w-e). Sandwichs 8,30-13,20 € ; plats 12,50-15 € ; formules 15,50 €, 24 € pour 2.* Snack-resto sud-américain, nommé en l'honneur du roboratif plat national uruguayen,

L'HÉRAULT

et couvert de lattes bois pour recréer l'ambiance gaucho. En sous-sol, une 2e salle, calée sous une voûte, où l'on mange au coude à coude, alignés sur des bancs. À la carte, *empanadas, chivitos,* tacos... servis version tapas, sandwich ou plat. Et si vous ne savez pas choisir, optez pour la formule dégustation. Rythmes latinos pour faire vibrer tout ça.

Les Tontons Zingueurs *(zoom détachable D3,* **54***) : 53, rue de l'Aiguillerie. ☎ 09-81-97-86-42. • restaurantconnexion34@gmail.fr • Ⓣ Louis-Blanc (lignes 1 et 4). ♿ Ouv le soir tlj sf dim. Menu 16 € ; formule 23 €.* Ces tontons-là, des tantines plutôt, ne sont pas du genre à vous tirer une balle dans le dos. Tians frais de légumes, salade géante ou beignets d'aubergines, on déguste ici une cuisine du soleil plutôt costaude et variée, que l'on garnit d'accompagnements au choix à croquer aussi façon tapas, autour d'un verre de vin et d'un petit concert.

Le Petit Bistrot *(plan centre détachable C3,* **55***) : 1, rue de la Friperie. ☎ 04-67-67-12-72. • beisbardtnicolas@yahoo.fr • Ⓣ Comédie (lignes 1 et 2). Lun-mar 11h30-16h, mer-ven en continu jusqu'à 22h. Plat du jour 12,90 € ; formule 19,90 €. Carte 25 €. Café offert sur présentation de ce guide.* On vous prévient, ne pas y venir en bande ! Il n'y a qu'une seule table à l'intérieur et 4 dehors en terrasse, et puis c'est tout. Nicolas, le patron-chef cuisinier-serveur, est bien à l'aise dans sa petite affaire. On s'y donne rendez-vous pour l'un des 3 plats (pas un de plus !), servis à toute heure (un point fort !) et réalisés avec maîtrise. Le genre d'adresse que l'on est content d'avoir dénichée et qu'on se refile au creux de l'oreille.

Pizzeria du Palais *(plan centre détachable C3,* **56***) : 22, rue du Palais-des-Guilhem. ☎ 04-67-60-67-97. • pizzeria.du.palais@sfr.fr • Ⓣ Comédie (lignes 1 et 2). Mar-sam, midi et soir. Congés : 1 sem en fév, 2 sem en juil et 1 sem en août. Pizzas 9,70-19,30 € selon taille et garniture ; pâtes fraîches 10-13 €.* On s'en voudrait de ne pas vous signaler la pizzeria la plus ancienne de la ville, tenue par une famille sicilienne depuis 1965, et qui régale les habitués de ses pizzas au feu de bois.

La Tomate *(plan centre détachable C4,* **57***) : 6, rue Four-des-Flammes. ☎ 04-67-60-49-38. • latomate974@orange.fr • Tlj midi et soir sf dim midi. Fermé 1er janv, 24, 25 et 31 déc. Formule déj 10,90 € ; menus à partir de 16,50 € ; carte env 22 €.* Une étroite salle aux nappes à carreaux, une rangée de tables dans la ruelle, et dans l'assiette, une cuisine traditionnelle maison et roborative, comme celle de mamie. Soupe de poisson, cassoulet, c'est simple et sans flonflons, et d'un rapport qualité-prix imbattable.

De bon marché à prix moyens

La Grange *(plan centre détachable C3,* **59***) : 30, rue Jean-Jacques-Rousseau. ☎ 04-67-54-68-80. Ⓣ Place-Albert-Ier (lignes 1 et 4). Ouv le soir tlj sf mer, dim et certains j. fériés ; service jusqu'à 21h. Congés : juil. Formules à partir de 21 € ; carte 30-40 €. Café offert sur présentation de ce guide.* Pour les p'tites faims, de fraîches salades composées, des toasts campagnards, des terrines maison, un plat du jour, des poissons marinés. Que des bons produits, une cuisine proprette et 2 petites salles très agréables, au milieu d'un sympathique bric-à-brac façon antichambre de brocanteur. Très chaleureux, à l'image des maîtres des lieux.

Le Bouchon Saint-Roch *(plan centre détachable C4,* **62***) : 14, rue du Plan-d'Agde. ☎ 04-67-60-94-18. Ⓣ Comédie (lignes 1 et 2) ou Observatoire (lignes 3 et 4). ♿ Service en continu tlj 12h-minuit. Formule déj 15 € env ; carte env 25 €.* La devanture l'affirme : la maison a été « fondée ici depuis bien longtemps ». Ça fait donc un bail qu'on s'attable à toute heure devant une douzaine d'huîtres ou un petit plat de brasserie pas compliqué, qu'on fait tinter les fourchettes sans prise de tête entre tablées de copains, calé sur les nappes à carreaux de la terrasse ou dans la salle de bistraque décorée d'un joyeux bric-à-brac. En cas d'affluence, ça bouchonne en cuisine, forcément.

La Cocotte *(plan centre détachable C4, **63**) : 20, rue du Petit-Saint-Jean (quartier Saint-Roch). ☎ 04-67-86-74-95. Ⓣ Comédie (lignes 1 et 2) ou Observatoire (lignes 3 et 4). Tlj sf mar-mer. Assiette-repas le midi en sem 13 € ; menus 26-30 €.* Quelques tables sur la placette, une petite salle voûtée et coquette, le cadre est raccord avec l'assiette, garnie d'une gentille cuisine maison qui s'appuie sur les produits de saison sans oublier de surfer sur l'air du temps. La spécialité, ici, c'est le plat mijoté à la cocotte, comme son nom l'indique, et il se réinvente chaque jour. Et si le chef aime cuisiner le canard, il n'oublie pas non plus les végétariens. Pour accompagner, petits vins de pays. Jolis desserts... Accueil simple, sympa.

Les Vignes *(zoom détachable D3, **74**) : 2, rue Bonnier-d'Alco. ☎ 04-67-60-48-42. Tlj sf lun-mar, et mer soir. Le midi, menu du marché 15 € ; le soir, carte 26 €.* Un restaurant qui fait dans le semi-gastronomique, mais du bon côté du semi, ce qui n'est pas toujours le cas. Menu du marché impeccable le midi. Le soir, c'est un ton au dessus, avec un travail plus poussé sur les produits de la région. Si vous êtes avec quelqu'un qui n'aime pas la fleur de thym, les olives à la picholine, le Maury, c'est ennuyeux. Le mieux, c'est de rester seul et de profiter de l'instant. D'autant que la cour intérieure est superbe (patio d'un hôtel particulier).

Thym et Romarin *(plan centre détachable C4, **64**) : 14, rue Roucher. ☎ 04-99-61-72-29. Ⓣ Observatoire (lignes 3 et 4). Ouv ts les soirs sf dim. Menus 18,90-21,90 €. Apéritif offert sur présentation de ce guide.* Perdue dans une rue oubliée, voilà une petite adresse où l'on ne triche pas, ni sur les produits ni sur le tour de main. L'assiette est à l'image du cadre, traditionnel, sincère, avec sa cuisine ouverte, sa minuscule salle où affleurent le bois et la pierre, sa cave voûtée au sous-sol. Dehors, une table, une seule, on fait petit mais on fait bien. L'ardoise est courte, gage de qualité. Tout a du goût, les légumes, les sauces. Et le prix reste sage.

Anga *(plan centre détachable C3, **58**) : 19, rue du Palais-des-Guilhem. ☎ 04-67-60-61-65. Ⓣ Louis-Blanc (lignes 1 et 4). Tlj le midi, sf dim, et le soir mer-ven. Menus 21 € le midi, 29 € le soir.* Une adresse improbable, avec juste quelques tables pour 2 et une grande table d'hôtes pour les autres. Ici, c'est l'association de trois fous de cuisine et de vin qui a réussi ce pari de reprendre un lieu où il faut ressortir sur le trottoir pour faire entrer les mères de famille avec des poussettes. Cuisine ouverte sur la salle et sur le monde, car on retrouve dans l'assiette des parfums d'Asie. Une cuisine qui éclate en bouche, qui réveille les sens. Bout de terrasse, heureusement.

Le Comptoir de l'Arc *(plan centre détachable C3, **66**) : pl. de la Canourgue. ☎ 04-67-60-30-79. Ⓣ Louis-Blanc (lignes 1 et 4). Tlj jusqu'à 1h (cuisine jusqu'à 23h). Fermé 1er janv et 25 déc. Plat du jour 14 € (tlj sf dim) ; tapas à partir de 6,50 €. Happy hours 18h-21h.* Sympathique restaurant un rien branché, dont le cadre surfe adroitement entre une tonalité moderne et un petit côté patiné par les années. Également une agréable terrasse ombragée sur la jolie place. Cuisine d'ailleurs qu'on aime bien ici (acras, nems, keftas, etc.). Service parfois un peu long le midi, mais c'est vrai que la terrasse est prise d'assaut dès qu'il fait beau. Sympa aussi pour prendre l'apéro ou pour dîner sur le tard.

Brasserie du Théâtre *(plan centre détachable D4, **67**) : 22, bd Victor-Hugo. ☎ 04-67-58-88-80. Ⓣ Comédie (lignes 1 et 2). ♿ Tlj sf dim ; service midi et soir jusqu'à 23h. Formule déj 17 € ; carte 30-45 €.* La brasserie telle qu'on se l'imagine : un service à toute heure, un personnel stylé (en tenue !) et efficace, une cuisine traditionnelle plutôt bien faite et régulière, le tout dans le cadre élégant des brasseries d'avant guerre. Dès que les nuits se font câlines, la terrasse en surplomb de la rue est prise d'assaut, et c'est à qui sera le plus proche de la fontaine fleurie qui glougloute.

Via Pila *(zoom détachable D3, **81**) : 2, rue du Pila-Saint-Gély. ☎ 04-67-60-71-19. • viapila@gmail.com • ♿ Ouv le soir tlj. Pâtes et plats 11,50-18 € ; repas complet env 30 €.* Vraiment, tout est généreux ici. Pas étonnant donc que les Montpelliérains d'origine transalpine s'y retrouvent comme chez eux ! Également des grappes de jeunes, attirés non seulement par le copieux des assiettes mais aussi par les prix qui ont su rester sages. Quelques tables en terrasse, évidemment prises d'assaut.

Le Café de la Panacée *(zoom détachable D3, **70**) : 14, rue de l'École-de-Pharmacie. ☎ 04-99-63-45-68. • contact@lapanacee.org • Ⓣ Louis-Blanc (lignes 1 et 4). Tlj sf lun-mar, 10h-1h (18h dim). Formule 16 € le midi, en sem, brunch 14 € le w-e. Tapas-mix en soirée 3-8 €.* Un bar à manger extra dans un centre d'art contemporain à découvrir dare-dare, car c'est tout ce qu'on aime : un lieu de vie, avec une cour pour se poser autour de tables en bois brut, un lounge « tubé » néon où l'on se sent bien, un long bar où l'on trouve toujours quelqu'un avec qui causer. Une équipe en cuisine éclectique qui cuisine vraiment, du frais, du convivial. Tapas le soir avec soirée très courue le jeudi.

Le Chat Perché *(zoom détachable D3, **69**) : rue du Collège-Duvergier, à l'angle avec la rue des Écoles-Laïques. ☎ 04-67-60-88-59. Ⓣ Louis-Blanc (lignes 1 et 4). Tlj sf dim, le soir slt. Résa conseillée. Menus 23-28 €. Digestif maison offert sur présentation de ce guide.* Une petite salle, quelques tables sur la rue et surtout une mignonne terrasse au bord des toits, écrin romantique pour déguster une cuisine classique et ensoleillée, réinventée avec finesse. Véranda en hiver.

De prix moyens à chic

Chez Boris et Laeticia *(zoom détachable D3, **68**) : 20, rue de l'Aiguillerie. ☎ 04-67-02-13-22. • contact@chezboris.com • Ⓣ Comédie (lignes 1 et 2). ♿ Ouv tlj. Fermé 24-25 déc. Plat du jour 16 € ; repas env 40 €.* Un bistrot des temps modernes, où l'on vient siroter un verre de vin autour de plats classiques et généreux. Convivial en diable, que ce soit en terrasse, sur un tabouret de bar ou dans la salle du fond.

Le Vieux Four *(zoom détachable D3, **72**) : 59, rue de l'Aiguillerie. ☎ 04-67-60-55-95. • contact@levieuxfour.fr • Ⓣ Louis-Blanc (lignes 1 et 4). Congés : 1re sem de janv et 3 sem en juil. Grillades 18-25 € ; menus 19,50-29,50 €. Digestif maison offert sur présentation de ce guide.* Murs de pierres blanches, ambiance intime et boisée, lumières tamisées et bougies. Un cadre classique et chaleureux pour déguster de superbes grillades. Pièces de viande généreuses (pavé, entrecôte, côte à l'os, mais aussi tartare) et de grande qualité. Un rendez-vous classique des viandards, depuis 1976.

De chic à plus chic

La Table d'Ott *(plan centre détachable C3, **71**) : 4, rue du Puits des Esquilles. ☎ 04-67-58-97-42. • contact@table-ott.fr • Tlj sf lun, ainsi que sam midi et dim midi. Ⓣ Comédie (lignes 1 et 2). Formules le midi 17-21 € ; menus 24,50-50 €.* Petite maison, petite carte mais grande table. Cuisine franche, précise, pleine de subtilité et de saveurs, réalisée par un passionné que l'on voit travailler pendant qu'on surveille l'arrivée des plats de ses voisins. Chaque menu va à l'essentiel (2 entrées, 2 plats, 2 desserts) mais c'est du frais, du local, avec des produits plus ou moins nobles selon celui qu'on choisit, forcément. Lorsqu'il a fini le service, Nicolas Ott (mais si !) passe en salle raconter son parcours et ses plats, ça aussi c'est pas mal.

La Diligence *(zoom détachable D3, **75**) : 2, pl. Pétrarque. ☎ 04-67-66-12-21. • info@la-diligence.com • Ⓣ Comédie (lignes 1 et 2). ♿ Ouv le midi mar-ven et le soir lun-sam. Menus 25-30 € déj en sem, puis 39-70 € ; carte 40 €. Apéritif offert sur présentation de ce guide.* Logée à l'enseigne du prestigieux hôtel de Varennes, *La Diligence* répartit ses tables entre des salles superbes sous croisées d'ogives, une cour classée agrémentée d'une magnifique porte du XVIe s, ou une galerie médiévale voûtée. Du sérieux, mais pas de quoi vous sentir mal à l'aise. D'autant que l'assiette redonne un coup de jeune à l'ensemble. Le chef aime travailler les produits sans trop masquer le goût, et le sommelier aime son métier.

Restaurant Cellier & Morel – La Maison de la Lozère (*zoom détachable D3,* ***76****)* : *27, rue de l'Aiguillerie.* ☎ *04-67-66-46-36.* • *contact@celliermorel.com* • Ⓣ *Comédie ou Louis-Blanc (ligne 1).* ♿ *Fermé le midi lun, mer et sam, plus dim et j. fériés. Congés : 1re quinzaine d'août. Menus 37 € déj en sem, puis 59-75 €.* Le top, tout simplement, depuis 20 ans. Un classique qui a du peps, un lieu classe où l'on se sent bien, c'est rare. Éric Cellier, l'un des meilleurs chefs de l'Hérault, continue de revisiter avec un sens étonnant des nuances et des parfums un terroir qui fait le grand écart entre les Causses (il est originaire de Lozère) et les rivages de la Méditerranée. Service très agréable dans une salle design nichée sous des voûtes du XIIIe s, ou dans la cour aux beaux jours. Très belle carte des vins avec notamment de savoureux crus du Languedoc, sélectionnés par Pierre Morel, grande figure montpelliéraine qui parle vin avec autant d'amour que d'humour.

Dans le quartier de la gare

De bon marché à prix moyens

L'Écaille Poissonnerie (*plan détachable D4,* ***60****)* : *12, rue Durand.* ☎ *04-99-62-64-82.* Ⓣ *Gare-Saint-Roch (lignes 1, 2, 3 et 4).* ♿ *Tlj sf dim ap-midi et lun. Formule déj 12 € ; carte 17-20 €.* *L'Écaille* n'est pas une poissonnerie comme les autres car ici, on peut demander de se faire cuisiner directement le poisson qui nous fait envie. Poisson à choisir sur l'étal, à l'intérieur, choix de tapas marins succulents, et plateaux de fruits de mer, forcément. À midi, les quelques tables en terrasse sur le trottoir sont prises d'assaut. Formule déjeuner impeccable, à accompagner d'un verre de blanc.

La Petite Aphrodite (*plan détachable E4,* ***77****)* : *11, rue du Pont-de-Lattes.* ☎ *04-67-65-44-82.* • *lapetiteaphrodite@hotmail.fr* • Ⓣ *Gare-Saint-Roch (lignes 1, 2, 3 et 4) ou Place-Carnot (ligne 3). Tlj sf dim-lun et mar soir. Congés : sept. Formules 12 € déj, puis 15-17 € ; carte env 20 €.* Le patron, Charalambos, navigue entre salle et fourneaux depuis 35 ans. Tout en rondeur et en sourires, il dépose en passant tout un panel de spécialités (feuilles de vignes, caviar d'aubergine, moussaka, calamars farcis...) sans se soucier de les présenter. Ça ne régale pas la vue, mais ce qu'on demande, c'est le goût, et tout y est. Reste plus qu'à faire glisser avec un verre de retsina...

Le Maquis (*plan détachable E4,* ***78****)* : *20, rue de la Méditerranée.* ☎ *04-67-65-34-95.* • *le.maquis@laposte.net* • Ⓣ *Gare-Saint-Roch (lignes 1, 2, 3 et 4) ou Place-Carnot (ligne 3). Prendre le pont qui enjambe la voie ferrée sur la gauche quand on est face à la gare. Tlj sf dim midi et lun. Menus 20-30 €.* Une salle informe, une ambiance rugissante et bon enfant, et de copieuses spécialités de toute l'Afrique de l'Ouest, voguant même jusqu'au Soudan. Excellent *tiep* sénégalais et plein d'autres spécialités à découvrir. LA cantine africaine de Montpellier, où vous aurez largement de lire la suite du guide en attendant votre plat, ne venez pas là avant de prendre votre TGV.

Le Ban des Gourmands (*plan détachable D4,* ***79****)* : *5, pl. Carnot.* ☎ *04-67-65-00-85.* • *bandesgourmands34@live.fr* • Ⓣ *Place-Carnot (ligne 3). Fermé sam midi et dim-lun. Congés : 2 sem en août et 1 sem à Noël. Résa conseillée. Formules 16-18 € ; carte env 35 €.* Un ban pour ce petit resto qui ne paye pas de mine mais qui propose une belle et saine cuisine aux accents méditerranéens. Du simple, du bon, du corse, aussi, du vrai. Figatellu braisé sur une tartine, gigot d'agneau de 10 heures, ici on prend le temps de manger, et de boire. Pas de chichis, la vie, tout simplement.

Dans le quartier des Beaux-Arts et au nord-est

Bon marché

Chez Vincent (*plan détachable D2,* ***80****)* : *23, pl. Émile-Combes.*

☎ 04-67-79-64-62. Ⓣ Beaux-Arts (ligne 2). Fermé lun et le midi des sam-dim et j. fériés. Congés : fêtes de fin d'année. Formule déj 12,90 € ; carte env 18 €. Apéritif offert sur présentation de ce guide. Resto italien populaire proposant parmi les meilleures pizzas au feu de bois de ce côté de la ville. Et ça dure depuis 1971 ! La maison aligne 3 salles simples et agréables, mais c'est évidemment la terrasse au milieu de la place qui remporte tous les suffrages en été. À la carte, de copieux *antipasti* pour s'ouvrir l'appétit et d'excellentes pâtes fraîches, ou de bonnes viandes et salades pour ceux qui boudent les célèbres pizzas.

Art Café (plan détachable D2, **133**) : *13, rue Proudhon. ☎ 04-67-72-29-63. Ⓣ Corum ou Beaux-Arts (lignes 1 et 2). Tlj. Apéro-salsa mer soir 18h30-20h30. Plat du jour 9,50 € le midi, assiettes pintxos et tapas le soir 10-15 €.* Un des cafés-restaurants des Beaux-Arts parmi les plus populaires. C'était autrefois le grand rendez-vous des bouchers quand il y avait encore les abattoirs. Cuisine du marché le midi. Cadre coloré, expos d'artistes, et surtout, une terrasse irrésistible sur la place, très animée le matin, avec le marché. Ensuite, on pousse les tables.

Pimpon Restaurant (plan détachable D2, **134**) : *4, pl. des Beaux-Arts. ☎ 04-34-00-66-02. • lespimpon@gmail.com • Lun-ven, 10h30-14h30, et le soir mer-ven. Formules 13-16 € le midi.* Un resto-épicerie de poche où il fait bon se réfugier le midi, pour manger sain, bon et original. Ce qui, quand on y pense, n'est pas si courant. Plats mitonnés, tout simplement délicieux. Bons crumbles en dessert, réellement du jour, comme vous le verrez si vous arrivez en fin de matinée, quand le chef est dans le jus, car rien n'est prêt. Sauf la terrasse, où vous pouvez vous installer, pour profiter du spectacle de la rue (à l'ombre le midi, mais en plein été, on apprécie).

De chic à plus chic

La Réserve Rimbaud (plan détachable F2, **82**) : *820, av. Saint-Maur. ☎ 04-67-72-52-53. • contact@reserve-rimbaud.com • Ⓣ Les Aubes (ligne 2). ♿ Fermé sam midi, dim soir et lun. Formule déj (entrée-plat ou plat-dessert) 32 € ; menus 40 € (midi)-75 € et carte.* Autrefois, il y avait là, au bord du Lez, une guinguette qui ouvrit ses volets en 1835, fut reprise à différentes reprises (notamment par Titus Rimbaud, qui lui donna son nom en 1875), et resta une référence culinaire en ville. Mais rien à voir avec la cuisine légère, intelligente, passionnée, de son dernier acquéreur. Chef brillant, Charles Fontès a choisi de jouer la simplicité, ce qui est du dernier chic, travaillant les saveurs sans jamais dénaturer les produits du pays. Côté cadre, une terrasse immense sous les platanes, pour profiter du calme et de la vue plongeante sur la rivière, ou une salle lumineuse à la déco épurée : à chaque saison ses plaisirs.

Dans les quartiers de Figuerolles, du faubourg du Courreau et de Gambetta

De très bon marché à bon marché

Le Repalatin (plan détachable B4, **84**) : *42, rue du Faubourg-Figuerolles. ☎ 04-67-92-27-85. Ⓣ Plan-Cabanes (ligne 3). Tlj sf dim et j. fériés. Carte 20-25 €.* Seulement 4 tables dans ce minuscule caboulot, alors n'oubliez pas de réserver ou gardez une place au chaud sur un banc du square d'en face. Cadre et accueil chaleureux au possible, on croirait manger dans le salon du pizzaiolo, avec des bouquins qui s'empilent dans un coin. Ici, on vous concocte des pizzas au feu de bois de légende. Produits frais (figues, fromages...) et pâtes charnues.

L'Île de Djerba (plan détachable B4, **85**) : *3, pl. Roger-Salengro. ☎ 04-67-58-34-24. Ⓣ Plan-Cabanes (ligne 3). Tlj 8h-1h. Couscous et tajines 8,90 € (végétarien)-18,90 € (le « royal »).* Décor oriental dans cette minuscule cantine de quartier. Parmi les meilleurs couscous et tajines du coin, sans oublier les grillades et côtelettes d'agneau. En outre, généreusement servis et à des prix hyper démocratiques. En face, le convivial bar *La Pleine Lune* pour l'apéro ou le café. Y a pas à dire, Figuerolles, c'est un quartier vraiment épatant !

Les Saveurs du Liban *(plan détachable B4,* ***86****) : 7, rue du Faubourg-Figuerolles. ☎ 04-30-10-83-36. 06-11-83-36-74. • ibtissamelhachem@gmail.com • Plan-Cabanes (ligne 3). Tlj sf lun, 11h30-22h30. Congés : fin déc-début janv. Formule déj 10,80 € ; assiettes 8,50-11,50 €. CB refusées.* Minuscule traiteur libanais, où piocher en vitrine de quoi se concocter une délicieuse assiette-repas aux saveurs de là-bas, servie plein sourire par la maîtresse des lieux. Taboulé, houmous, falafel, viandes marinées... tout est cuisiné maison. Également des sandwichs.

Les Doigts d'Or de Fès *(plan centre détachable C4,* ***104****) : 39, rue du Faubourg-du-Courreau. ☎ 09-54-98-10-54. Plan-Cabanes (ligne 3). Tlj en continu 11h-21h. Fermé le dernier dim du mois. Congés : août. Plat 7,50 € ; soupe 3 €.* Petite affaire familiale réputée pour ses bonnes pâtisseries orientales maison, que l'on avale en sirotant un thé à la menthe, ses soupes, ses sandwichs et surtout ses plats (pastilla, *harira,* grillades, tajines, couscous, sandwichs, etc.). Tentez de squatter l'une des quelques tables sur le trottoir, maintenant que la rue est devenue (quasi)piétonne. Le tout à des prix imbattables. Accueil en or.

La Ferme du nouveau monde *(plan détachable B4,* ***89****) : 1, rue Édouard-VII. ☎ 04-34-81-36-16. Midi lun-ven et soir jeu-sam. Congés : 2 sem début août. Résa vivement conseillée. Formules déj en sem 15-22 € ; menus 20-25 € le soir.* Cuisine du marché, produits frais, déco rustique : voilà la recette de *La Ferme.* Yann, qui a fait ses armes aux côtés de Thierry Marx, est secondé de Julien pour un service au poil. Le soir, c'est grillades cuites au feu de bois : bavette de veau de l'Aveyron, Aubrac pour le bœuf ou encore *pluma de pata negra.* Produits du terroir donc, mais également cuisine du monde selon l'inspiration du chef, qui a pas mal voyagé (la carte des poivres et sels en témoigne).

À Antigone

Bon marché

Brasserie de l'Hortus *(plan détachable E4,* ***87****) : 36, pl. du Millénaire. ☎ 04-67-64-55-96. Antigone ou Place-de-l'Europe (ligne 1). En saison, ouv lun-sam ; le reste de l'année, ouv slt le midi lun-ven. Congés : vac scol de déc. Plat du jour 9,50 € ; formules 12,90-15 €. Apéritif offert sur présentation de ce guide.* Une adresse familiale où l'on concocte une gentille cuisine du marché, entièrement réalisée maison, sur l'une des plus grandiloquentes places « bofilliennes ». Il n'en faut pas plus pour attirer les employés des administrations qui occupent les nombreux bureaux alentour. Terrasse aux beaux jours.

À Port-Marianne

Prix moyens

Chez Cui-Cui *(plan détachable G5,* ***90****) : 181, rond-point Ernest-Granier. ☎ 04-99-54-59-56. • info@chezcuicui.com • Port-Marianne (lignes 1 et 3). Sortie Odysseum. Fermé le soir et dim. Formules déj 24-29 € ; plats 15-18 €. Carte 35 €.* Plus rien à voir avec le *café-épicerie des Beaux-Arts* où Nathalie la Sétoise avait fait ses débuts à Montpellier. Resto, trattoria, salon de thé au design chic, à l'image du quartier. Plats du sud beaux et plutôt bio le midi, cuisine familiale qui a du caractère, comme la chef, à savourer en poussant des petits soupirs en terrasse, sur les marches de la place. Les amateurs de goûters savoureux seront ravis (clafoutis et tartes à se damner).

Plus chic

Mia by Pascal Sanchez *(plan détachable G5,* ***88****) : 609, av. Raymond-Dugrand. ☎ 04-67-73-14-26. Port-Marianne (lignes 1 et 3). Au rdc du*

RBC Design Center, *à côté du rond-point Ernest-Granier. Tlj sf dim et lun midi. Formule 36 € le midi ; le soir, compter 65-85 €.* Un lieu contemporain (nuances de gris et blanc, grand comptoir de béton, luminaires nuages) et lumineux. Contemporaine et lumineuse, ainsi peut-on également qualifier la cuisine, allègre et d'actualité, vivifiante et copieuse tout à la fois, signée Pascal Sanchez, chef ayant travaillé 10 ans pour Pierre Gagnaire. L'ambiance est branchée (façon copains bien dans leurs baskets) mais pas frime du tout, et le repas réussi de bout en bout, orchestré avec fraîcheur par un service impeccable et avenant. Et des desserts de toujours, joliment réinventés ! Quand le soleil donne, la généreuse terrasse fait le plein, malgré les prix qui ont grimpé.

Où grignoter sur le pouce ? Où prendre un thé avec une petite douceur ?

Voir aussi, plus loin, les boulangeries citées dans « Où acheter de bons produits ? » et plus haut des adresses comme ***Les Doigts d'Or de Fès*** *(zoom détachable D4,* ***104****)* pour les amateurs de pâtisseries orientales avec un thé à la menthe. Ou ***Chez Cui-Cui,*** *(plan détachable G5,* ***90****)* l'adresse chic de Port-Marianne, qui fait salon de thé l'après-midi.

Dans l'Écusson

☕ |●| ***Le Pré Vert*** *(plan centre détachable C3,* ***102****)* **:** *10, rue Sainte-Anne. ☎ 04-67-02-72-81. 📱 06-80-73-51-30. Ⓣ Comédie (lignes 1 et 2). ♿ Tlj sf dim soir et lun, 9h-minuit. Congés : fin nov-1er mars. Plat du jour 11 € ; menus 16-22 € ; brunch dim 22 €.* Sur le flanc de l'église Sainte-Anne, on repère rapidement les chaises longues colorées de la terrasse égayant ce petit bout de rue. La salle n'est pas en reste, tout aussi joyeuse. Pour un thé, un gâteau, un café gourmand ou un déjeuner léger, voici un salon plein de charme, frais et sympa, niché dans un coin super tranquille.

☕ |●| ***L'Heure Bleue*** *(zoom détachable D3,* ***103****)* **:** *1, rue de la Carbonnerie. ☎ 04-67-66-41-05. Ⓣ Corum ou Comédie (lignes 1 et 2). Tlj sf dim-lun, 12h-19h ; salon de thé à partir de 14h. Congés : 3 sem en août. Le midi, assiettes salées très copieuses 14-18 € ; théières 4-6 € ; pâtisseries maison 7-8,50 €.* Installé dans un charmant hôtel particulier du centre-ville, ce salon de thé (une quarantaine de sortes !) gentiment suranné affiche dans ses 3 salons une déco aussi baroque que surchargée, que l'on aime beaucoup. Mise en avant de thés issus du commerce équitable et de l'agriculture bio. Également des plats et pâtisseries sans gluten. Un autre salon fait boutique de vêtements et accessoires *second hand,* dégriffés et vintage.

☕ |●| ***Le Gram*** *(plan centre détachable C3,* ***105****)* **:** *14, rue du Palais-des-Guilhem. ☎ 04-67-60-61-65. Ⓣ Louis-Blanc (lignes 1 et 4). Mer-dim 11h-19h (18h dim). Formule complète du jour 15 €.* 📶 Juste en face d'*Anga,* une pâtisserie-salon-de-thé très tendance ouverte par Audrey et Marion. Univers pastel et *girly* pour amateurs de pause sucrée-salée. Petits salons très chou (cosy, quoi !) en haut. Plats du jour frais plus new-yorkais que montpelliérains, pâtisseries françaises originales. Résa souhaitable car lieu pris d'assaut le midi en plus de l'après-midi.

☕ |●| ***Mezzanine*** *(zoom détachable D3,* ***100****)* **:** *39, rue de l'Aiguillerie. ☎ 09-84-08-46-80. • mezzanine.bd@gmail.com • Mar-sam 10h-19h (parfois plus tard). Tlj sf lun et j. fériés. Plats 4-6 €.* On ne savait pas trop où classer cette sympathique adresse. Sans doute parce qu'elle est inclassable. À la fois boutique de pierres, salon de thé, lieu de relaxation, espace musical, un lieu bien cool, à l'esprit bien montpelliérain, qui propose une petite restauration végétalienne.

Où boire un verre ?

Avec ses dizaines de placettes ombragées, ses grandes esplanades et ses petites terrasses camouflées, Montpellier est la ville rêvée pour faire une pause au soleil ou pour venir la nuit tombée à la recherche de la fraîcheur de ses rues piétonnes. Dans cette ville, étudiante par excellence, les bars font souvent office de QG, de bureau, de lieu de rencontres, voire de salle de lecture où potasser les cours... En revanche, à 1h (2h en été), rideau ! Tant pis pour les noceurs, qui n'auront d'autre choix que de se rabattre sur les boîtes de nuit côté plages ou sur le *Rockstore* (lire plus loin « Où écouter de la musique ? Où assister à un spectacle ? » et « Où danser à Montpellier... ? »). En attendant, voici quelques propositions, mais vous en rencontrerez bien d'autres en vous baladant.

Dans l'Écusson, plutôt dans la journée

🍷 ***Le Café Riche*** *(zoom détachable D4,* ***110****)* **:** *8, pl. de la Comédie. 📱 06-98-95-28-35. • contact@cafe-riche.com • Ⓣ Comédie (lignes 1 et 2). ♿ Tlj 7h-minuit.* Du vieux *Riche* aux allures 1900 (il existe depuis 1893) ne subsiste que l'auvent en fer forgé. Pour se consoler, il reste la terrasse, que l'on préfère matinale et ensoleillée, quand elle est tranquille. Un point de rencontre idéal, escale parmi d'autres sur la place de la Comédie squattée par une dizaine de cafés-terrasses. Certains – dont le *Riche* – font aussi brasserie avec service continu.

🍷 ***Rebuffy Pub*** *(plan centre détachable C3,* ***111****)* **:** *2, rue Rebuffy. ☎ 04-67-66-32-76. • rebuffypub@aol.com • Ⓣ Comédie (lignes 1 et 2). Sur une place à deux pas de la préfecture. Ouv tlj.* 📶 Une terrasse ombragée, gentiment alternative, pour « apéroter » et disputer au calme une partie de Scrabble ou de Trivial Pursuit. Fréquenté par les commerçants du quartier et les chalands pendant la journée, clientèle principalement universitaire en fin d'après-midi et le soir. Ce petit pub convivial et sans chichis, tapissé de vieilles affiches, toujours bondé, est souvent animé jusqu'à une heure tardive. Parfois soirées à thème (théâtre, courts-métrages...).

🍷 ***Café de la Mer*** *(zoom détachable D3,* ***112****)* **:** *5, pl. du Marché-aux-Fleurs. ☎ 04-67-60-79-65. Ⓣ Louis-Blanc (lignes 1 et 4).* 📶 Très fréquenté, ce bar minimaliste *gay friendly* borde une place au si joli nom qu'on la rêverait autrement, plus jolie, plus vive, plus colorée. Néanmoins, elle est inondée de soleil une bonne partie de la journée, un petit plus en automne et en hiver où l'on s'installe en terrasse pour prendre des couleurs, et un petit moins en été où, malgré les parasols, on risque de dessécher ! Quelques acras et autres encas à grignoter.

🍷 ***Le Saint-Roch*** *(plan centre détachable C4,* ***113****)* **:** *22, rue du Petit-Saint-Jean, au croisement de la rue du Plan-d'Agde. ☎ 04-67-66-09-55. Ⓣ Observatoire (lignes 3 et 4). Tlj jusqu'à 1h.* Rien de joli, rien de cosy, seulement une poignée de tables en fer jetées sur la placette, où la mousse coule à toute heure et surtout à l'apéro, prompte à rafraîchir une clientèle mélangée de touristes étrangers et d'habitués du quartier, d'étudiants mal rasés et de piliers de comptoir, uniformément tutoyés par des serveurs pas toujours bien lunés. Un troquet, un vrai.

🍷 ***Le Bar du Palais des Congrès*** *(zoom détachable D3,* ***114****)* **:** *22, bd Louis-Blanc. ☎ 04-67-54-02-25. • masami0812@hotmail.fr • Ⓣ Louis-Blanc (lignes 1 et 4) ou Corum (lignes 1, 2 et 4). Tlj sf dim et j. fériés, jusqu'à 1h. Congés : de mi-déc à mi-janv.* Il n'a l'air de rien ce minuscule troquet, et pourtant il ne désemplit pas, du petit noir du matin à la bibine du soir, si bien que ce n'est pas toujours facile de trouver à se poser sur la petite terrasse chauffée. Faut dire qu'on est tout simplement bien calé, bien accueilli, chez Julien et Masami. Un vrai bar de quartier, de ceux où l'on refait le monde, de ceux où l'on se file rencard, de ceux où l'on se pose vite fait entre deux courses en ville pour finalement s'attarder. Quelques bêtises à grignoter, genre chips, patates fourrées et planches charcut'-fromage, pour mieux faire durer la soirée. Et pour varier de la blonde, saké et whisky japonais.

Dans l'Écusson, plutôt en soirée, bars et bars à vins

Les Enfants rouges (plan centre détachable C3, **111**) : *11, rue Rebuffy. 06-62-13-14-12. Programmation soirées sur le site • lesenfantsrouges.fr • Comédie (lignes 1 et 2). À deux pas (trois, allez !) du Rebuffy Pub. Tlj 11h30-16h, 18h-1h (sf dim-lun midi).* Un bar à vins qui ne désemplit pas et pour cause : les tapas et les vins sont tout simplement excellents, voilà, c'est dit. Une belle adresse pour passer une soirée entre amis et/ou pour tous les amoureux du vin. N'oubliez pas de réserver si vous voulez être sûr d'avoir une table le soir !

Le Circus (zoom détachable D3, **115**) : *3, rue Collot. ☎ 04-67-60-42-05. Comédie (lignes 1 et 2). Tlj 18h-1h (2h en été). Congés : 21 juin-20 août.* L'un des bars les plus prisés de Montpellier. Les places sont chères en seconde partie de soirée, lorsque les canapés et le comptoir sont pris d'assaut par une joyeuse bande d'étudiants bien mis. Bonne vibe, bon son, bref, un before parfait avant la tournée des boîtes. En été, jolie terrasse dans une cour à l'arrière.

Fitzpatrick's (plan centre détachable D4, **116**) : *5, pl. Saint-Côme. ☎ 04-67-60-58-30. • contact@fitzpatrick.fr • Comédie (lignes 1 et 2). Tlj 13h-1h (ou 2h).* Un pub irlandais authentique et sans concession. *Guinness on tap* à savourer en terrasse ou dans la salle aux vieilles pierres envahie de bibelots hétéroclites. Concerts folk certains soirs, et retransmission des matchs de rugby. Sur la place, petite annexe pour s'exercer au billard.

Les anglophones se retrouvent aussi au **O'Carolan's** *(plan centre détachable C3, **117** ; pl. du Petit-Scel ; lun-ven 14h-1h, sam-dim 13h30-1h ; jusqu'à 2h en été).* Mêmes boiseries lustrées, même ambiance *Irish* (plus branchée foot cette fois-ci), et une jolie terrasse étendue autour d'une fontaine moussue, au pied de l'église Sainte-Anne.

Shakespeare *(zoom détachable D3, **118** ; rue de la Petite-Loge ; dim-ven 16h-1h, sam 14h-1h, jusqu'à 2h juin-août).* Encore un pub, plus *British* qu'*Irish* celui-ci, niché dans une jolie salle voûtée aux confortables fauteuils de cuir. Petite terrasse sur la tranquille place Pétrarque, quiz tous les jeudis, et étudiants tous les soirs.

Times Café (plan centre détachable C4, **119**) : *7, rue des Teissiers. ☎ 04-67-12-00-02. Comédie (lignes 1 et 2). Tlj 17h30-1h.* Au *Times*, il n'y a pas d'heure pour goûter un petit cru de derrière les fagots. Un petit bar à vins mignon comme tout, tenu par une équipe souriante et de bon conseil. Quelques tables en terrasse, souvent trustées par une clientèle chaleureuse d'étudiants et de post-étudiants réunie par l'amour du divin breuvage.

Le Baron Rouge (zoom détachable D3, **120**) : *2, rue Delpech. ☎ 04-67-59-65-38. Comédie (lignes 1 et 2). Tlj sf dim, 17h-1h (2h fin juin-fin août). Vins au verre 3,50-5 €. Quelques planches et tartines.* Des tables haut perchées sur le devant et un salon avec canapés au fond, plus confortable, parfait pour prendre le temps de déguster l'un des coteaux-du-languedoc proposés à la courte carte. Jeune, sympa comme tout, et fond musical pop-rock. Pour une petite grignote, tartines de bon aloi.

Le Merle Blanc (plan centre détachable C3, **122**) : *22, rue Saint-Firmin. ☎ 04-67-58-93-06. Comédie (lignes 1 et 2). Mar-sam 18h-1h. Menus 10-45 €. Café offert sur présentation de ce guide.* Un bar de poche, c'est rien de le dire. On a de la chance si on trouve de quoi s'accouder au comptoir de bois, pour siffler l'un des quelques vins de la sélection régionale accompagné de quelques tapas. Rendez-vous copains-copains, plutôt jeune, parfait avant d'aller dîner, dans une atmosphère musicale rock.

Le Barberousse (zoom détachable D4, **123**) : *6, rue Boussairolles, près de la pl. de la Comédie. ☎ 04-67-58-03-66. • montpellier@barberousse.com • Comédie (lignes 1 et 2). Mar-sam 18h (19h en été)-2h. Happy hours*

18h-20h (19h-21h en été). Une porte étroite, un escalier abrupt, et tout en bas... une « authentique » taverne à matelots ! Boiseries, tonneaux et filets de pêche ont tout de la cale d'un galion qui se serait échoué un jour de tempête. Pour rester dans l'ambiance vieux pirate, la cambuse renferme *shooters,* planteurs et vieux rhums des plus variés, et goûter autre chose relève presque du sacrilège.

Los Parigos *(zoom détachable D3,* ***124****) : 3, rue de la Petite-Loge (une ruelle qui s'échappe de la pl. Jean-Jaurès). 06-32-33-17-89. Ⓣ Comédie (lignes 1 et 2). Mar-sam 18h-1h (2h en été).* Une minuscule salle tout en longueur, qu'une mezzanine peine à agrandir. Toujours bondée, dans une ambiance électro-latino collé-serré. La clientèle, *mojito* en main, déborde largement sur la rue, au grand dam des riverains.

La Distillerie *(zoom détachable D3,* ***125****) : 67, rue de l'Aiguillerie. 07-86-86-96-41. • williampages@hotmail.com • Ⓣ Louis-Blanc (lignes 1 et 4). Tlj sf dim en basse saison, 18h-1h (2h en été).* « De la bière, du rhum et du rock. » Tout est dit, ou presque, dans l'épitaphe de cette rhumerie aux tables collantes et aux guitares hurlantes, point de chute de la jeunesse débraillée. 100 m plus bas, rue du Pila-Saint-Gély, une seconde rhumerie, ***La Taverne du Perroquet*** *(zoom détachable D3,* ***126*** *; lun-sam 18h-1h),* presse citrons et sert rhums arrangés dans une ambiance plus électro, voire reggae ou hip-hop.

Le Café Joseph *(zoom détachable D3,* ***127****) : 3, pl. Jean-Jaurès. ☎ 04-67-66-31-95. • cafejoseph@gmail.com • Ⓣ Comédie (lignes 1 et 2). Tlj 9h-1h (2h en été).* Ici se retrouve une jeunesse estudiantine branchée, au milieu d'une déco baroco-chic assommée d'électro... et souvent délaissée au profit de la grande terrasse. Carte pour grignoter de midi à minuit (pas négligeable !).

The Beehive *(plan centre détachable C4,* ***129****) : 15, rue du Plan-d'Agde (quartier Saint-Roch). ☎ 09-66-94-53-71. Ⓣ Observatoire (lignes 3 et 4) ou Comédie (lignes 1 et 2). Tlj 12h-1h.* Planté dans l'une des rues les plus animées de l'Écusson, un minuscule pub furieusement *British,* où s'envoyer un *fish & chips,* un burger ou un *chicken curry,* entre deux pintes de bières qui font le tour du monde. Pour les fumeurs, 2 tables dans la rue, pas plus !

The Egg *(plan centre détachable C4,* ***129****) : 11, rue du Plan-d'Agde (près du précédent). ☎ 09-53-62-70-85. Ⓣ Observatoire (lignes 3 et 4) ou Comédie (lignes 1 et 2).* « Toutes les identités de tous les pays unissez-vous et buvez un coup », telle pourrait être la devise de ce pub. On y passe pour déguster des bières artisanales (ou pas) à des prix très honnêtes. Pourquoi « l'œuf » ? En hommage à un pub irlandais et aussi pour dire qu'un œuf c'est simple et c'est bon et que ça ressemble à l'esprit de ceux qui font vivre ce lieu. Ici on peut avaler du saucisson, du fromage et un œuf dur pour 1 € si l'estomac vous en dit !

Le Bric à brac *(zoom détachable D3,* ***130****) : 26, rue des Écoles-Laïques. Tlj 18h-1h. 07-81-16-43-52.* Un bar de quartier à la programmation et à la déco éclectiques. Concerts rock tous les week-ends, tournois de coinche le mardi. Convivialité et mixité sont les maîtres mots du lieu.

The Black Sheep *(zoom détachable D2,* ***131****) : 21, bd Louis-Blanc. ☎ 04-67-58-08-65. • theblacksheep.fr • Ⓣ Louis-Blanc (lignes 1 et 4). Tlj 18h-1h. Concerts en principe mer-sam (participation 5 €).* Une quinzaine à la pression, 300 en bouteilles, au *Black Sheep* il y a de la bière... et du rock ! Concert presque tous les soirs, au sous-sol, avec une programmation qui tient bien la mesure. Sinon, ambiance *dark,* murs repeints en noir, tables qui collent et, dans un coin, une étagère bourrée de bouquins... Pour quoi faire ?

Gazette Café *(plan détachable D4,* ***132****) : 6, rue Levat. ☎ 04-67-59-07-59. • contact@gazettecafe.fr • gazettecafe.fr • Ⓣ Gare-Saint-Roch (lignes 1 à 4). Tlj 17h-1h.* L'ancien garage Peugeot a été reconverti en un spacieux bar avec un superbe comptoir en bois et métal, un coin lecture avec magazines à disposition (on y trouve évidemment *La Gazette*), mais aussi une bibliothèque où l'on pioche des livres à bouquiner dans les canapés. Le soir, on descend quelques verres autour de l'olivier planté sous la verrière, en profitant des concerts quotidiens.

Aux Beaux-Arts

Art Café *(plan détachable D2,* ***133****) : 13, rue Proudhon. ☎ 04-67-72-29-63. Ⓣ Corum ou Beaux-Arts (lignes 1 et 2). Tlj sf dim. Petite restauration le midi et tapas le soir.* Un des cafés des Beaux-Arts parmi les plus populaires, où l'on vient se dorer au soleil en journée, sur la place, quand la terrasse repousse les étals du marché. Un lieu de rencontre particulièrement renommé, surtout les soirs de flamenco (voir plus haut, « Où manger ? »).

Bar des Super Vedettes *(plan détachable D2,* ***134****) : 4, pl. des Beaux-Arts. ☎ 04-67-79-45-00. Ⓣ Corum ou Beaux-Arts (lignes 1 et 2). Tlj sf dim de 7h au dernier client (dans la limite des 1h du mat réglementaires).* L'indécrottable bar de quartier, aussi popu que sympa et qui en voit passer des vedettes, mais pas forcément de celles qui signent des autographes. Que ce soit pour le café du matin, le petit plat du midi ou la mousse du soir, tout ce qui se déplace sur deux jambes dans le coin finit par marquer l'arrêt. C'est toujours l'heure de s'attabler en terrasse sur la place, ou dans la salle qui exhale encore les relents de l'apéro de la veille. Concert tous les 1ers vendredis du mois.

Aux Arceaux

La Cigale *(plan détachable B3,* ***135****) : 7, bd des Arceaux. ☎ 04-67-92-66-30. Tlj sf dim et j. fériés ; service 11h30-15h, plus le soir jeu-ven. Plat 9,90 €. Menus à partir de 15 €. Apéritif offert sur présentation de ce guide.* C'est le QG de la vie associative du quartier des Arceaux. On ne vient pas pour la déco, un sépia d'une époque révolue, mais pour son ambiance sympa et sa terrasse face aux célèbres arches de l'aqueduc, un peu perturbée par le flot des voitures. Idéal avant d'attaquer les marches de la promenade du Peyrou, et très pratique quand on fait son marché bio le samedi. Possibilité de se restaurer de façon simple et correcte.

Au nord-ouest, près du stade Philippidès

Couleurs de Bières *(plan détachable B2,* ***136****) : 48, rue du Faubourg-Saint-Jaumes (sur la fourche qui fait l'angle avec la rue Broussonnet). ☎ 04-67-03-31-54. Ⓣ Stade-Philippidès (ligne 1). Face au stade. Lun 17h-23h ; mar-sam 17h-1h.* Un peu à l'écart du centre, bien calé sur sa fourche, le repaire des amateurs de bière. Francis, le patron, les importe du monde entier, on fait son choix parmi près de 800 variétés. Sans oublier les artisanales, de fabrication locale. Le tout à consommer sur place (microterrasse le nez dans les voitures et salle quelconque à l'étage) ou à emporter.

Où écouter de la musique ? Où assister à un spectacle ?

Qu'il s'agisse de découvrir un nouveau talent dans un obscur café-théâtre, de consacrer un artiste au Zénith ou à l'Arena, d'applaudir une diva à l'Opéra Berlioz, Montpellier possède des salles de toutes les tailles et un éventail de spectacles pour tous les budgets. Ajoutez à cela les nombreux festivals qui s'y déroulent toute l'année (voir la rubrique « Fêtes, manifestations et festivals » plus loin), et vous obtenez l'équation parfaite de la ville méridionale dynamique à la pointe de la culture. Et si vous n'avez plus de sous à investir dans un billet d'entrée, pas de souci. De nombreux événements sont gratuits, et la place de la Comédie fait office toute l'année de scène de plein air pour une foultitude d'artistes de rue...

Pour connaître les événements et les soirées dans la ville (et dans la région), consulter l'agenda de l'office de tourisme, l'hebdo du jeudi ***La Gazette*** ou se procurer le mensuel gratuit ***Le Tafeur.***

Bars musicaux

La Pleine Lune *(plan détachable B4,* ***141****) : 28, rue du*

Faubourg-Figuerolles. ☎ 04-67-57-60-26. Ⓣ Plan-Cabanes (ligne 3). ♿ Tlj 7h-1h. Service en sem 12h-15h et tapas le soir. Au carrefour stratégique de Figuerolles, une *Lune* pleine tous les jours, à toutes les heures. Hier un rien marginal, aujourd'hui beaucoup plus réglo, ce zinc n'a pas perdu pour autant les faveurs des gens du quartier, prompts à squatter son immense terrasse dès le premier rayon de soleil. 4 concerts par semaine à 21h, de tout genre (tzigane, hip-hop, salsa, jazz, world, etc.) ; petit droit d'entrée variable.

Chez Félix *(zoom détachable D4,* ***142****) : 1, rue Vanneau. ☎ 04-67-92-66-83. Ⓣ Comédie (lignes 1 et 2). Tlj 11h-15h, 17h-1h (en continu le w-e) ; resto le midi et le soir 18h-23h. Concerts ven et dim soir. Pas de droit d'entrée ni supplément sur les consos, c'est à noter.* Une terrasse, une mezzanine, un long bar d'angle, une déco hétéroclite et un bout de scène, où se produisent tous les soirs des groupes du coin. Ça swingue, ça blues, ça manouche, dans une atmosphère conviviale de bistrot d'aujourd'hui, un peu bobo mais pas trop. On peut aussi y manger, plutôt bien qui plus est. Une bien bonne adresse.

Trinque-Fougasse O'Nord *(hors plan détachable par B1,* ***145****) : 1581, route de Mende (dans le quartier des facs). ☎ 04-99-23-27-00. • trinquefougasse.com • Ⓣ Saint-Éloi (ligne 1 ; c'est ensuite à 1 bon km à pied). Tlj sf dim, 10h-12h en continu (cuisine fermée l'ap-m). Planches 16-25 € ; carte 30 €.* Une institution, depuis 30 ans. On s'y attable entre amis autour d'un vin de la région à prix très accessible et d'une planche de charcuterie ou de fromages, bercé par le concert du soir, souvent jazzy, parfois swing, et on pousse alors les tables pour mieux guincher. Grand patio. Une 2e adresse : ***Trinque-Fougasse O'Sud*** *(à Port-Marianne, bassin Jacques-Cœur ; ☎ 04-99-23-27-05 ; Ⓣ Port-Marianne – lignes 1 et 3 ; musique live slt jeu-sam ; également une épicerie fine de produits régionaux).*

Salles de concerts

Rockstore *(plan centre détachable D4,* ***150****) : 20, rue de Verdun. ☎ 04-67-06-80-00. • rockstore.fr • Ⓣ Du Guesclin (ligne 1). ♿ Mar-sam 18h-5h.* Le temple du rock montpelliérain, le mot n'est pas trop fort. L'arrière de la Cadillac qui gicle de la façade donne le ton : pas moins de 3 bars, une salle électro et une vaste scène pour des concerts fougueux. Et ça fait 25 ans que ça dure ! Les soirs sans affiche, le *Rockstore* joue les bars-boîtes, guitare en bas, branchouille en haut, et ferme tard, une denrée rare dans le centre.

L'Antirouille *(plan centre détachable D4,* ***151****) : 12, rue Anatole-France. ☎ 04-67-06-51-68. Programmation sur • antirouillemontpellier.com • Ⓣ Observatoire (lignes 3 et 4). Ouv selon programme et ts les w-e jusqu'à 5h. Congés : de mi-juil à mi-août et sem de Noël. Entrée : 25 €. Verre de planteur maison offert sur présentation de ce guide.* Calée en haut d'un étroit couloir, cette petite salle dédiée aux musiques actuelles compte parmi les adresses historiques du live à Montpellier. Programmation éclectique (reggae, rock, électro, chanson...). Le dimanche, scène ouverte *(entrée libre).*

Le Zénith Sud *(hors plan détachable par G3,* ***152****) : domaine de Grammont, 2733, av. Albert-Einstein. ☎ 04-67-64-68-83. • montpellier-events.com • Sortie autoroute n° 29 Montpellier-Est. Lors des grands concerts, un bus dessert le site avt et après le spectacle.* Le *Zénith Sud* peut accueillir jusqu'à 6 000 spectateurs.

Le JAM *(plan détachable D6,* ***153****) : 100, rue Ferdinand-de-Lesseps. ☎ 04-67-58-30-30. • lejam.com • Ⓣ Saint-Martin (ligne 4). ♿ Oct-juin, mer-dim. Concerts 3-4 fois/sem en moyenne, parfois gratuit.* Le jazz-club de Montpellier est installé dans un ancien chai de 1 000 m² et affiche une programmation de haut niveau. Le *JAM* (Jazz Action Montpellier) est aussi une école, avec ses master classes et ses artistes en résidence. Concerts gratuits tous les jeudis, accueillant des groupes, suivis de bœufs par les élèves de ce conservatoire hors du commun. Les vendredi et samedi, le programme alterne jazz et musiques du monde.

♩ **Park and Suites Arena :** à proximité du parc des Expos et de ses 10 halls (route de La Grande-Motte). ☎ 04-67-61-67-61. • ps-arena.com • Ⓣ Parc-Expo (ligne 3). 2e salle la plus grande de France après Bercy, avec une configuration maximale de 14 000 places et une modularité permettant son adaptation à plusieurs fonctions : concerts, matchs de handball, tournoi de tennis...

♩ **Victoire 2 :** domaine du Mas-de-Grille, 2, rue Renaudot, 34430 **Saint-Jean-de-Védas.** ☎ 04-67-47-91-00. • victoire2.com • Ⓣ Victoire 2 (ligne 2). Salle gérée par Montpellier Métropole et dédiée aux musiques actuelles. Nombreux concerts qui déménagent bien comme il faut.

♩ **Secret Place :** ZI de la Lauze, 25, rue Saint-Exupéry, 34430 **Saint-Jean-de-Védas.** ☎ 09-64-00-87-11. • toutafond.com • Ⓣ Saint-Jean-le-Sec (ligne 2). Food truck à partir de 8 €. Demi pression offert sur présentation de ce guide. Salle alternative, punk à l'origine mais désormais bien plus éclectique, tenue par l'asso qui édite *Le Tafeur,* répertoire des concerts de la région. Rap, death metal, electro post punk, speed rock et toutes les variantes.

Où danser à Montpellier et dans les environs ?

Voici une ville jeune située en plein milieu de l'axe fêtard nord-sud qui s'étire de Bruxelles à Barcelone. Elle est décidément moins frime que ses voisines de la Méditerranée, et plus abordable aussi, car les clubbeurs sont pour l'essentiel des étudiants. Pour s'attirer les faveurs d'une telle population (près de 70 000 universitaires par an, en moyenne), les organisateurs de soirées ne cessent de faire tourner les DJs et de varier les thématiques : kitsch, déguisements, soirées blanches avec cadeaux à la clé... Les boîtes de nuit de Montpellier exercent leur magnétisme bien au-delà de l'agglomération, se plaçant parmi les plus réputées du Sud. De plus, elles restent ouvertes toute l'année, un avantage de taille ! Leur seul inconvénient : le couvre-feu est à 4h, arrêté préfectoral oblige, et les afters ne courent pas la garrigue. Du coup, les bars du centre-ville font le plein jusqu'à 1h (2h en été) et les noctambules empruntent le chemin des plages – Palavas, La Grande-Motte – pour rejoindre les discothèques qui s'enfièvrent à partir de 2h du mat. Gaffe, les routes de l'Hérault comptent parmi les plus meurtrières de France. Alors, un conseil, que celui ou celle qui en est à son troisième Vittel-menthe soit seul(e) à prendre le volant et que les autres bouclent leur ceinture. Autre option, le bus *L'Amigo,* qui fait la navette entre la ville et les boîtes (lire plus haut « Comment se déplacer en ville ? En transports en commun »).

Une dernière précision : Montpellier a décroché la palme de la deuxième ville gay de France après Paris. Ce qui lui vaut une réputation de tolérance doublée d'une image de marque *hype*... branchée, quoi !

♫ **La Villa Rouge** (hors plan détachable par E-F6, **154**) **:** allée de la Calade, route de Palavas (sur l'A 9, sortie Sud-Montpellier), 34970 **Lattes.** ☎ 04-67-06-52-15. • la-villa-rouge.com • Tte l'année, mer-dim. Club gay incontournable à dominante électro : un patio et pas moins de 3 *rooms,* dont un vaste *dance floor* et un bar super coloré (le *Cat's Club*), le tout pouvant accueillir jusqu'à 2 000 clubbeurs. Juste à côté, l'*espace Latipolia* abrite plusieurs autres boîtes (*L'Osmose, Le Pulp...*).

♫ **La Dune Club :** le Grand Travers, 34280 **La Grande-Motte,** face à la plage. ☎ 04-34-00-20-31. Avr-juin et sept, jeu-sam et veilles de j. fériés ; juil-août, tlj 23h-6h. Entrée : 10-15 €. Cette discothèque réputée programme de la house et de la techno en priorité. Du beau monde entre 20 et 40 ans, dents brossées et pompes bien cirées, qui vient se trémousser sur le son des meilleurs DJs.

Culture

Théâtre, danse et opéra

Opéras de Montpellier : *11, bd Victor-Hugo. ☎ 04-67-60-19-99. • opera-orchestre-montpellier.fr •* 2 lieux de spectacle : l'Opéra Comédie (1 200 places) et l'Opéra Berlioz au Corum (2 000 places). Superbe programmation.

Orchestre national de Montpellier-Languedoc-Roussillon : *le Corum, esplanade Charles-de-Gaulle. ☎ 04-67-60-19-99. • opera-orchestre-montpellier.fr •* Dans la superbe salle du Corum.

Centre chorégraphique national de Montpellier : *Agora, Cité internationale de la danse, bd Louis-Blanc. ☎ 04-67-60-06-70. • ccnmlr.com •* Centre expérimental unique en Europe. Au sein de ce superbe couvent des Ursulines défilent toute l'année les plus grandes compagnies de danse internationales.

Théâtre humains Trop humains : *domaine de Grammont, av. Albert-Einstein. ☎ 04-67-99-25-25. • theatre-13vents.com •* C'est le centre dramatique national de Montpellier, qui offre de remarquables créations théâtrales.

Domaine d'Ô : *château d'Ô. ☎ 04-67-67-31-00.* Théâtre de plein air. Intéressant programme par de jeunes compagnies européennes. Ici se déroule lefestival pour jeune public Saperlipopette !

Théâtre Pierre-Tabard-Lakanal : *17, rue Ferdinand-Fabre (quartier des Beaux-Arts). ☎ 04-99-62-83-13. • theatretabard.com • Tte l'année.* Bonne programmation de spectacles pour toute la famille.

Théâtre Le Point Com' *(zoom détachable D3) : 9, rue Sainte-Ursule. 06-04-14-76-08. • theatrelepointcom.net • Ⓣ Louis-Blanc (lignes 1 et 4). Spectacles à 19h30 et/ou 21h15 selon saison.* À l'affiche de ce théâtre de poche, des comédies, des one man shows. Et des impros les 1er et 3e mercredis du mois à 21h.

L'HÉRAULT

Où acheter de bons produits ?

Halles et marchés

Les halles Castellane *(zoom détachable D3, **180**) : sur la place du même nom, à deux pas de la Comédie. Tlj 7h30-19h30 (13h30 dim).*

Les halles Jacques-Cœur *(plan détachable E3, **181**) : bd d'Antigone. Tlj 8h-20h30 (14h dim).* Elles ont redonné vie au quartier dessiné par Bofill.

2 grands marchés : un ***marché paysan*** à Antigone *(plan détachable E4, **182** ; av. Samuel-Champlain, dim 8h-13h ; slt des producteurs locaux)* et le ***marché des Arceaux,*** sous les arches de l'aqueduc *(plan détachable B3, **183** ; mar, et pour les amateurs de produits bio sam 7h-13h30).*

Également : ***marché des Beaux-Arts*** *(plan détachable D2, **184** ; pl. des Beaux-Arts, lun-sam 7h-13h),* ***marché aux plantes*** *(à l'espace Mosson, mar 7h-19h ; Ⓣ Mosson, lignes 1 et 3)* et ***marchés en nocturne*** en été.

Pour ceux qui rechercheraient le dépaysement, un incontournable : le ***marché du quartier de Figuerolles*** *(plan détachable B4, **185** ; pl. Roger-Salengro, tlj 7h-13h).* Si vous voulez manger sur le pouce, arabe ou turc, c'est là qu'il faut aller traîner, en fin de matinée, en allant notamment piocher dans les étals alléchants du traiteur-pâtissier *Marché de Délices Oriental (bd Renouvier, face au marché, tlj).* Brick, pains arabes fourrés, *harira,* cornes de gazelle et autres pâtisseries.

Le marché aux puces *(hors plan détachable par A3) : à la station Mosson, au terminus des trams 1 et 3. Dim mat jusqu'à 13h.* Populaire. On y trouve de tout, et de rien, évidemment.

Boutiques et boulangeries

Dans l'Écusson et le quartier Gambetta

Boulangerie Lomonaco *(plan centre détachable C3, **161**) : 8, rue Jean-Jacques-Rousseau.*

☎ 04-67-60-76-07. Ⓣ Place-Albert-Ier (lignes 1 et 4). Tlj sf dim, 7h30-13h30, 16h-20h. Congés : 3 sem en août. Toute petite boutique dans une rue charmante. Tout comme le service, aimable, et la baguette payse, délicieuse, ainsi que les petits pains aux olives, les tartes sucrées, les pizzas...

Le Panier d'Aimé (*plan centre détachable C3,* ***168***) : 6, rue du Plan-du-Palais. ☎ 09-83-29-98-62. • lepanierdaime.fr • À deux pas de la boulangerie Lomonaco. Tlj sf dim, 9h30-19h. Une épicerie fine de terroir qui va prendre la place de *Pinto* dans le cœur de nombreux gourmets. Bel accueil.

Boulangerie Buzon, l'Authentique (*plan centre détachable C4,* ***162***) : 7, rue du Faubourg-de-la-Saunerie. ☎ 04-67-92-68-69. Ⓣ Observatoire (lignes 3 et 4). Tlj sf dim et j. fériés, 6h30-19h30. Congés : env 10 j. en été. Four à l'ancienne au fond de la boutique, et au comptoir, un choix de feuilletés (brandade, allumettes aux anchois) et de pâtisseries succulentes.

La Crèmerie du Faubourg (*plan centre détachable C4,* ***171***) : 16, rue du Faubourg-de-la-Saunerie. ☎ 09-50-51-27-26. Ⓣ Observatoire (lignes 3 et 4). Tlj sf dim-lun. Déjà, la vitrine dans la rue donne envie de s'arrêter, et l'étalage des fromages donne envie de tout goûter. Cécile et Nina assurent un excellent accueil et connaissent parfaitement leurs produits. Pas de quoi en faire un fromage ? De cette boutique là, si !

Sentiers de Cévennes (*plan centre détachable C4,* ***163***) : 28, rue Paul-Brousse. ☎ 04-67-56-39-64. Ⓣ Observatoire (lignes 3 et 4). Mar-sam 10h-19h. Cette boutique paysanne regroupe une quinzaine d'agriculteurs, en majorité cévenols, qui viennent ici proposer leurs vins, miels, confitures, jus de fruits, légumes, viandes, huiles d'olive et vinaigres aromatisés, pâtés et foie gras... et se relaient pour tenir la caisse. Un marché paysan en pleine ville.

Si le Thé m'était conté (*plan centre détachable C3,* ***164***) : 12, rue Saint-Firmin. ☎ 04-67-02-81-57. • si-le-the.com • Lun 14h-19h, mar-sam 10h-19h. La caverne d'Ali Baba des amateurs de thés et tisanes. Les étagères débordent de centaines de variétés venues du monde entier, et de créations étonnantes, comme ce thé des Flandres aromatisé au spéculoos.

Au Petit Grain (*zoom détachable D3,* ***170***) : 4, rue de la Carbonnerie. ☎ 04-67-52-72-82. • aupetitgrain.com • Mar-ven 10h-14h30, 15h30-19h30 ; sam 10h-19h30. Minuscule bar à café et cave à vins tout à la fois, où l'on torréfie (le mardi) de beaux et bons grains en provenance des meilleures terres de production. Moulu à la demande ou consommé sur place. Également vente de chouettes petits vins de la région et jus de fruits bio des Cévennes, aux mélanges intéressants. 2 tables en terrasse.

Dans le quartier du Courreau

Sésame (*plan centre détachable C4,* ***165***) : 41, rue du Faubourg-du-Courreau. ☎ 04-67-58-04-86. Ⓣ Plan-Cabanes (ligne 3). Mar-sam 10h-13h30, 15h-20h. Même les portes fermées, on n'échappe pas aux parfums enivrants émanant de cette modeste boutique, aux rayonnages garnis de produits exotiques et d'épices.

Guy Auzier (*plan centre détachable C4,* ***166***) : 3, rue du Faubourg-du-Courreau. ☎ 04-67-92-63-35. Ⓣ Plan-Cabanes (ligne 3). Tlj sf lun, 9h-12h, 14h-18h. Un véritable temple de la haute dragée, des gommes, guimauves et autres réglisses. Régale presque tous les mariages et baptêmes au sud de la Loire depuis les années 1920, c'est dire, le tout dans une atmosphère presque anachronique.

Aux Arceaux

La Cave des Arceaux (*plan détachable B3,* ***167***) : 7, rue Marioge. ☎ 04-67-92-44-84. • cave-arceaux.com • Ⓣ Les Arceaux (ligne 3). Lun-ven 9h-13h, 16h-19h30 (20h ven) ; sam 9h-20h. Excellents conseils et superbe sélection de vins de propriété (avec évidemment une prédilection pour ceux du Languedoc). Dégustation-rencontre le samedi toute la journée.

Valgalier (*plan détachable C2,*

168) : *18, rue du Faubourg-Saint-Jaumes. ☎ 04-67-63-30-61. Ⓣ Place-Albert-Ier (lignes 1 et 4). À l'angle de la rue Bonnard. Mar-sam 6h-12h45, 14h30-19h45 (en été, mar-sam 6h-13h, 16h-20h ; dim 6h-19h30).* Ça sent bon les macarons et le chocolat maison dans cette boulangerie-pâtisserie en contrebas du Jardin des plantes. Sa spécialité, « l'Écusson », un petit carré fourré de pâte d'amandes, parfumé aux écorces d'orange et enrobé de chocolat blanc.

À voir. À faire

À Montpellier, de jour comme de nuit, il y a toujours de quoi faire marcher agréablement la tête et les jambes.

– ***Visite guidée du centre historique :*** *infos au ☎ 04-67-60-60-60. Tlj pdt vac scol ; sinon, mer et sam-dim. Résa obligatoire par tél auprès de l'office de tourisme ou sur • montpellier-tourisme.fr • Tarif : 9 € ; réduc ; gratuit moins de 18 ans accompagné d'un parent. Programme édité chaque trimestre.* Balade culturelle et historique de 2h, très pédagogique, organisée par l'office de tourisme. Donne accès à de nombreux lieux habituellement fermés au public.

– ***Visites à thème :*** *compter 9-12 €/adulte selon visites ; certaines plus chères pour des thèmes spécifiques ; réduc. Programme édité chaque trimestre.* Balades originales au cœur des hôtels particuliers, de la faculté de médecine, de la pharmacie de la Miséricorde, autour du street art, de l'histoire de la communauté juive, à l'Opéra Comédie, ou encore à Port-Marianne et à l'hôtel de ville, visite guidée-jeu de piste pour les familles...

– ***Applications pour smartphone :*** les aficionados de l'architecture contemporaine peuvent aussi télécharger sur leur smartphone une application audioguide gratuite, « Montpellier contemporain », qui leur permettra d'explorer différents quartiers à travers trois parcours.

BALADE DANS LE VIEUX MONTPELLIER

Cette ville de prime abord ouverte, facile et par certains côtés un peu superficielle, est en réalité discrète, secrète. Malmenée par l'Histoire – toutes ses églises ont été rasées au XVIe s durant les guerres de Religion, sauf la cathédrale –, Montpellier a toutefois gardé, à peu de chose près, son plan médiéval dans tout l'Écusson, bâti sur une butte. Ruelles et placettes ombragées, à la place des lieux de cultes d'autrefois, et, ici et là, quelques nefs romanes ou gothiques, vestiges de maisons civiles des XIIIe et XIVe s. On remarque surtout les belles façades d'hôtels particuliers, redessinées à l'époque classique (XVIIe et XVIIIe s). Nous n'allons pas vous les décrire une par une, car elles possèdent des plaques permettant de les identifier toutes. Il suffit de lever le nez, ou de suivre une des visites guidées de l'office de tourisme, la plus originale étant peut-être celle qui mêle la découverte des dernières créations du street-art local à celle des façades d'autrefois.

Ces maisons de ville, sobres d'aspect, cachent (tradition méditerranéenne oblige) des cours intérieures lumineuses et fraîches, avec parfois de superbes escaliers monumentaux : pour y avoir accès, suivre une visite guidée, donc, ou espérer qu'un propriétaire amoureux de sa ville (et ils sont nombreux) vous ouvre son portail, ce qui arrive souvent (notamment le samedi !), s'il vous sent intéressé.

Si vous préférez partir seul à l'aventure, voilà de quoi vous permettre une approche ludique et historique du vieux Montpellier, à faire le matin ou le soir, de préférence, quand les magasins sont fermés.

Au cœur du vieux Montpellier, à l'est de l'Écusson

La place de la Comédie *(zoom détachable D4)* **:** aménagée au milieu du XVIIIe s, presque en même temps que le théâtre, cette place se modifia doucement au cours du temps, sans jamais perdre ses proportions, jusqu'à devenir, en 1985, le cœur de la ville, de jour comme de nuit (hélas pour les riverains). Créée en 1753, elle s'appela successivement place d'Armes, place du Palais-du-Gouverneur et, sous la Révolution, place de la Salle-de-Spectacle. Encombrée par la circulation jusqu'en 1985, elle a été rendue aux piétons lors des fêtes du millénaire de la ville. Cela donne un gigantesque espace libre (et souvent ensoleillé) où s'étalent les terrasses des cafés, véritable carrefour de rencontres et d'échanges.
La fontaine des Trois-Grâces, de la fin du XVIIIe s, complète harmonieusement l'ensemble d'immeubles refaits dans la foulée de l'Opéra Comédie (voir ci-après) dans un style haussmannien. Ces trois Grâces sont Euphrosine, Aglaé et Thalie (les préférées parmi les copines d'Apollon). En fait, c'est une copie. L'originale est dans le théâtre.

Rénové en 2012, plusieurs fois incendié, l'***Opéra Comédie,*** le plus grand théâtre de province après celui de Bordeaux, prit son allure définitive à la fin du XIXe s sous l'égide de Garnier, qui venait de terminer celui de Paris. L'Opéra Comédie est un lieu assez magique, avec ses 1 600 fauteuils recouverts de velours rouge et son escalier décoré de mosaïque et marbres polychromes. Dans la foulée, on refit donc les immeubles aux alentours dans le goût haussmannien, avec toits d'ardoises (une erreur sous un tel soleil !) et façades chargées : balustrades, pilastres, masques, mascarons, guirlandes, tourelles, alternant les balcons de fer forgé et ceux de pierre, les avancées et les parties en retrait.
Contourner l'Opéra pour rejoindre la place Molière, puis en descendant la rue Richelieu, jolie façade rétro des ex-bains publics de la ville. On arrive à la tour de la Babote, porte d'accès à la ville basse et au quartier de la gare, en plein réaménagement.

LE PARAPLUIE VOLANT

C'est du haut de la tour de la Babote qu'en 1783, Louis-Sébastien Lenormand, en présence de Joseph de Montgolfier, s'élança à bord de sa machine qu'il nomma lui-même « parachute », en fait un parasol de 60 pouces de diamètre avec manche renforcé. Un saut qui n'a jamais été homologué, malgré la gravure d'époque authentifiant l'événement.

La tour de la Babote et sa placette *(plan centre détachable D4)* **:** *angle bd de l'Observatoire et bd Victor-Hugo.* Remarquablement restaurée, ancien vestige des fortifications appelées commune clôture. Avec la tour des Pins, la *tour de la Babote* joua un grand rôle. Édifiée au XIIe s, elle était entourée de créneaux et de mâchicoulis. Rehaussée aux XIVe et XVIIIe s, additionnée de tours (notamment pour accueillir l'observatoire astronomique de la Société royale des sciences et, plus tard, le télégraphe), elle prit une élégante allure. La porte à la base ne fut ouverte qu'à la fin du XVIIIe s. Cette fameuse porte dissimule une charmante placette, fraîche et calme, idéale pour une pause avec ses jolies terrasses ombragées.

Balade street-art *(plan centre détachable D4)* **:** plusieurs balades à thème sont proposées par l'office de tourisme (voir plus haut) mais une des plus originales est celle que vous pourrez faire dans ce quartier de la gare en pleine mutation. Au cours de la visite street-art, ce ne sont pas seulement les murs peints, les nouvelles halles et certains détails architecturaux hauts en couleurs qui vous feront lever le nez, mais c'est toute une vie de quartier que vous découvrirez, autour du CAC, le futur Centre d'art contemporain aménagé rue de la République au sein de l'hôtel Montcalm (ouverture en 2019).

La grand-rue Jean-Moulin *(plan centre et zoom détachables D4)* **:** plusieurs hôtels particuliers intéressants. Au nº 25 (en face de l'hôtel Saint-Côme), très imposant ***hôtel de Fourque.*** Façade austère malgré le festival de consoles sur la corniche. C'est ici que se réfugièrent en 1645 les collecteurs d'impôts fuyant la colère populaire. Au nº 27, ***hôtel de Bossugues*** (membre de la Cour des comptes), du XVIIIe s. Au nº 21, ***hôtel Rey,*** de la fin du XVIIe s. Jean Moulin y vécut (plaque au 1er étage, visible de loin).

L'hôtel Saint-Côme *(plan centre et zoom détachables D4)* **:** *32, grand-rue Jean-Moulin.* Ancien amphithéâtre d'anatomie. Lapeyronie, le chirurgien de Louis XV, légua à sa mort, en 1747, une grosse somme d'argent afin de construire un amphithéâtre anatomique, pour la dissection des cadavres. Il fonctionna de 1757 à 1794, date à laquelle tout fut regroupé à l'école de santé nouvellement créée par la Convention (au palais épiscopal, près de Saint-Pierre). Au début du XXe s, il accueillit la chambre de commerce. À l'arrière de l'hôtel, la ***place Saint-Côme*** et ses terrasses.

L'HÉRAULT

L'église Saint-Roch *(plan centre détachable C4)* **:** en fait, c'est plus l'environnement serein de sa place et du quartier alentour qui est sympa que l'église elle-même. Il y eut une première église, démolie par les protestants en 1562. Rebâtie, elle fut à nouveau victime des bombardements du siège de 1622. En 1854, il fut décidé de la reconstruire en plus grand encore et de la dédier à saint Roch. Pas de chance, elle ne fut jamais terminée. Les niches attendent toujours leurs statues, les gargouilles restent à l'état de pierre brute et les deux flèches n'ont pas quitté la table à dessin de l'architecte. À l'intérieur, voir tout de même les vitraux et les innombrables plaques de remerciements à saint Roch et à sainte Rita. Ne manquez pas le *mur peint en trompe l'œil* devant l'église, impressionnant par sa taille ; depuis son inauguration en mai 2005, il ne cesse d'attirer les curieux. Nombreux petits restos et bars à vins dans les ruelles alentour. Un quartier où il fait bon traîner à toute heure du jour et de la nuit (enfin, presque !).

La rue de l'Ancien-Courrier *(plan centre détachable C-D3-4)* **:** s'y trouvait jadis l'*hôtel des Postes.* Ancienne rue de l'Annellerie, car c'est ici que les paysans accrochaient leurs ânes. Pittoresque avec ses commerces installés sous des voûtes médiévales. Tous ces rez-de-chaussée étaient autrefois des entrepôts. Intéressant, le nº 15 abrite une petite *église orthodoxe* (fenêtre géminée au rez-de-chaussée, fresques très curieuses à l'intérieur). Bon accueil au moment des offices, tendez l'oreille en passant, pour vous repérer. Au nº 13, ***hôtel Lecourt*** ; c'est là que précisément se nichait la poste au XVIIIe s. Beau balcon en fer forgé sur hautes fenêtres. Perpendiculaire, la croquignolette ***rue du Bras-de-Fer*** avec ses marches et son passage voûté (l'un des trois derniers de la ville). Nom provenant d'une enseigne.

La place Saint-Ravy *(zoom détachable D3)* **:** beau décor avec quelques éléments médiévaux. Sur une façade, on devine encore les tracés gothiques des fenêtres et des claires-voies fermées au XVIIIe s. Les rois d'Aragon auraient, dit-on, séjourné ici. Jolie fontaine centrale. En levant la tête, on remarque ici un délicat balcon en fer forgé, là un bow-window... Les différents styles font tout le charme de la place. Quant à l'***Espace Saint-Ravy,*** c'est une salle d'exposition comportant de superbes voûtes gothiques que la Ville de Montpellier met à disposition des plasticiens développant leur expression artistique, comme on dit, sur le territoire montpelliérain. L'entrée aux expositions est gratuite, profitez-en !

La rue de l'Argenterie *(zoom détachable D3-4)* **:** au nº 3, ***hôtel de Pommier-Layrargues.*** Façade avec de nombreux mascarons aux fenêtres. Au nº 8 (impasse Barnabé), ***hôtel Hostelier-Saint-Jean.*** Porte à bossage (ou pointes de diamant) avec un curieux masque au fronton. Imposte en bois sculpté. Au nº 10, ***hôtel de***

Clair, dit des rois d'Aragon. Porte du XIVe s, l'un des derniers vestiges du passage des rois d'Aragon.

Les halles Castellane *(zoom détachable D3)* **:** *rue de la Loge (et rue Saint-Guilhem).* Marché couvert construit en 1859 sur le modèle des halles de Baltard à Paris (premier ouvrage à utiliser la technique du fer à Montpellier). Depuis sa restauration, il a intégré tous les commerçants qui officiaient autour. Pratique : on achète à l'intérieur, on grignote en terrasse, en profitant de l'animation de la rue.

La rue de la Loge *(zoom détachable D3)* **:** grande rue commerçante, l'un des axes majeurs de la ville et la rue principale au Moyen Âge (qui s'appelait à l'époque la rue Dorée, à cause des nombreuses boutiques de bijoutiers). En 1445, Jacques Cœur fit édifier une loge des Marchands (bourse des marchandises et tribunal de commerce), immeuble de prestige, situé à l'époque au coin de la rue de l'Aiguillerie. À côté, une petite loge s'occupait plus particulièrement des affaires des marchands d'épices. Hélas, totalement ruinées par les guerres de Religion, les loges disparurent. Restent un nom et le souvenir.

– Au 19 bis, rue de la Loge, découvrez le ***lieu de naissance de saint Roch*** (1295-1327). Plaque et statue dans une niche. Au fond de la maison se trouve le vieux puits de Saint-Roch où le saint fit provision d'eau avant d'entamer son long périple. On ne peut voir le puits que le 16 août, lors du pèlerinage qui amène de nombreux fidèles à recueillir l'eau du puits. Autrefois, on en gardait une fiole toute l'année pour traiter non seulement la peste, mais aussi blessures et plaies, fièvres diverses et toute épidémie. Une autre tradition consistait aussi à fabriquer du pain avec cette eau, le *pan bénit,* qui était distribué dans les églises le même jour.

– Au 11 bis, rue de la Loge, ***hôtel du Pont-de-Gout*** (accessible dans le cadre des visites guidées de l'office de tourisme) construit en 1667, mais côté rue, balcons et verrière datent du XIXe s. En revanche, à l'intérieur, on retrouve l'ordonnancement traditionnel du XVIIe s.

La place Jean-Jaurès *(zoom détachable D3)* **:** l'épicentre de l'activité commerciale au Moyen Âge. C'est là qu'aboutissaient les routes de Toulouse, de Nîmes et du port maritime. À l'entrée de la *rue de la Petite-Loge,* on trouvait précisément la *petite loge des pépriers* (importateurs du poivre). Statue de Jean Jaurès, ça va de soi. La crypte Notre-Dame-des-Tables, d'origine romane, est toujours fermée.

La rue Embouque-d'Or *(zoom détachable D3)* **:** l'une des rues les plus séduisantes de la ville, bordée d'hôtels particuliers. Pas souvent ouverts, mais certains se visitent avec l'office de tourisme.

– Au no 1, l'***hôtel de Baschy-du-Cayla,*** construit au milieu du XVIIIe s. Très belle porte sculptée, mais, étroitesse du terrain oblige, elle se révèle très en biais pour permettre l'entrée des carrosses. D'ailleurs, le montant de porte gauche est deux fois plus large que le droit. Fenêtres cintrées ornées d'un mascaron et balcons au fin fer forgé. L'une des façades arbore une ornementation aux trois ordres (dorique, ionique et corinthien).

– Au no 4, l'***hôtel de Manse*** *(zoom détachable D3).* Ici habita l'un des personnages les plus importants de la région : Jacques de Manse, trésorier de France. Hôtel reconstruit en 1667. Peu de chances qu'elle soit ouverte, mais sachez que la cour intérieure propose une magnifique façade à l'italienne. Belle porte sculptée.

L'hôtel de Varennes, le musée du Vieux-Montpellier et le musée du Fougau *(zoom détachable D3)* **:** *pl. Pétrarque.* Jetez un œil, avant d'entrer, sur la façade du XVIIIe s rapportée sur les structures d'une vieille demeure médiévale, dont l'histoire se lit dans la pierre. Le long hall d'entrée à voûtes ogivales était initialement une rue. Dans la cour, environnée de salles gothiques voûtées, vénérable puits de 23 m de fond. Très belle salle Pétrarque (utilisée pour des expos) du XIVe s, qui pourrait être la salle basse du premier château des Guilhem. Dans la petite cour sur la gauche, jolie porte du XVIe s très ornementée (feuillages et bestiaire).

– Au 1er étage, ***musée du Vieux-Montpellier*** : *tlj sf lun, 10h-13h, 14h-18h. ☎ 04-67-66-02-94. Entrée : 3 € (billet commun avec la pharmacie et la chapelle de l'Œuvre de la Miséricorde) ; réduc ; gratuit moins de 26 ans et plus de 60 ans. Visite guidée possible de 45 mn (sans supplément) mar-sam à 14h30 et 16h, dim à 14h30 (musée, pharmacie et chapelle).* Petit musée consacré, en sept salles, à l'histoire de Montpellier. Une brochure détaille certains des objets présentés. Dans la première salle, superbe maquette du vaisseau *Languedoc,* du XVIIIe s, et cabinet doré qui contient une partie des archives de la ville jusqu'en 1789. Étonnant reliquaire du XIVe s, avec ses multiples portes dorées, contenant une Vierge à l'Enfant. Sur la droite, la salle des Processions. Changement d'ambiance dans le cabinet de curiosités avec ses tiroirs d'ivoire gravés de scènes mythologiques. Petite salle d'histoire révolutionnaire et Empire (maquette de la Bastille, vaisselle, quelques vêtements, objets et souvenirs liés aux vedettes locales comme Cambon et Cambacérès, et quelques objets du Premier Empire). Dans l'ancienne cuisine, dite salle de la cheminée, qui a gardé son sol d'origine, on trouve, accroché au mur, un très vieux jeu montpelliérain, le mail, genre de golf pour nobliaux de l'époque.

– Au 2e étage, le ***musée du Fougau*** *(☎ 04-67-84-31-58 ; mer-jeu 15h-17h30 ; GRATUIT). Lou Fougau* (« le foyer » en occitan) est installé dans un appartement typique du XVIIIe s, avec des barres de Montpellier au sol, sur lesquelles on peut encore observer des coquilles incrustées dans le calcaire. Tous les objets exposés ont été donnés par des Montpelliérains fiers de leur patrimoine. Costumes traditionnels, belles poteries, portrait d'une « griseta » ou couturière, ustensiles de cuisine, etc. Demander aux bénévoles passionnés qui permettent à ce petit musée d'Art et traditions populaires de survivre les explications sur le jeu de tambourin ou encore le jeu de mail, ancêtre du golf. Pittoresque et charmant.

L'HÉRAULT

La préfecture *(plan centre et zoom détachable D3)* **:** comprend deux corps de bâtiment. L'*hôtel de Ganges* fut le siège de l'intendance à partir de 1718, puis préfecture sous le Premier Empire. En 1869, on lui adjoignit de nouveaux bâtiments côté place des Martyrs-de-la-Résistance, en même temps que s'ouvrait la rue Impériale (rue Foch aujourd'hui). Sur la place Chabaneau, fontaine de 1775 qui personnifie la ville (une femme assise sur le Peyrou entre deux enfants symbolisant les sources du Lez et de la Mosson).

La rue de l'Université *(zoom détachable D3)* **:** ancienne rue de la Blanquerie, car autrefois des entreprises de blanchisserie s'élevaient au bout de cette rue, au bord du canal Verdanson. Au no 31, l'ancien *hôpital Saint-Éloi,* qui fut le siège des universités de sciences, lettres et droit (lettres effacées en façade) de 1890 à 1966. Paul Valéry y étudia le droit en 1892. La fac de droit est installée au no 39. Du coup, population étudiante oblige, la rue aligne pas mal de snacks.

L'ancien couvent des Ursulines – Cité internationale de la danse *(zoom détachable D2-3)* **:** *entre les rues Sainte-Ursule et Louis-Blanc.* Il fut construit en 1670, puis transformé en prison pour femmes en 1805. On notera effectivement son aspect forteresse dès l'origine, avec son architecture ronde et ses demi-tours en contrefort. C'est aujourd'hui l'Agora, Cité internationale de la danse, qui abrite le Centre chorégraphique national de Montpellier-Languedoc-Roussillon *(● montpellierdanse.fr ●).* Tout au bout de la rue de l'Université, la *porte de la Blanquerie,* porte de ville du XVIIe s, qui remplaça celle, plus ancienne, de la commune clôture (du XIIe s).

Du boulevard Louis-Blanc, on peut remonter par la pittoresque ***rue du Pila-Saint-Gély*** (entre autres, rue à restos). Au no 27, l'***hôtel du Chapeau-Rouge*** *(zoom détachable D3),* imposante façade d'une grande sobriété et percée de 12 fenêtres à meneaux. Construit en 1447, remanié au XVIIe s, il fut le premier hôtel particulier de Montpellier, et une étape incontournable vers Saint-Jacques-de-Compostelle. Vaste entrée à croisée d'ogives.

Prendre l'escalier pour la *rue Descente-en-Barrat* menant à la ***rue de la Salle-l'Évêque*** *(zoom détachable D3).* Calme, déserte la nuit.

– Au passage, au nº 12, l'***hôtel de Bocaud,*** du XVIIe s (régent de l'université, Bocaud fut le premier Montpelliérain à demander une inhumation huguenote). Vieux pavage, large porche en plein cintre. Noter le heurtoir en forme de lyre. Toute la rue est d'ailleurs jalonnée de beaux hôtels particuliers, nobles et imposantes demeures.

– En particulier, au nº 5, l'***hôtel de Graves*** (de 1698). Ancien palais des évêques de Maguelone. Possibilité d'en avoir un bon aperçu la journée, car il abrite aujourd'hui la DRAC et le Centre de documentation du patrimoine. Ne pas manquer de descendre au sous-sol pour les belles voûtes en croisée d'ogives des salles de documentation. Tout au fond du couloir, vieux puits.

– Au nº 2, l'***hôtel de Girard,*** du XVIIe s. Inscription au-dessus *(rue Boc).* Au coin de la rue, de l'autre côté, sur l'*hôtel de Noailles,* d'autres inscriptions anciennes (*rue des Jésuites,* et le nom du quartier : *Isle de l'Oratoire*). Arrivée rue Vieille-Aiguillerie et place Notre-Dame.

L'église Notre-Dame-des-Tables (même nom que celle qui disparut place Jean-Jaurès ; *zoom détachable D3*) **:** *pl. Notre-Dame.* Construite par les jésuites en 1748 (façade dessinée par Giral). En façade, saint Jean à gauche et saint Joseph à droite. Belle porte intérieure sculptée de la même époque (côté nef).

La Panacée *(zoom détachable D3)* **:** *14, rue de l'École-de-Pharmacie.* ☎ *04-34-88-79-79.* • *lapanacee.org* • Un lieu chargé d'histoire désormais dédié à l'art contemporain et à la création. Ateliers, résidence d'artistes, plate-forme de création, il est ouvert à la visite et on peut y faire halte pour prendre un verre, ou plus si affinités (voir plus haut « Où manger ? ») en s'imprégnant de l'atmosphère créative du lieu.

La rue du Cannau *(zoom détachable D3)* **:** l'une des rues les plus aristocratiques de la ville, festival de beaux hôtels particuliers, notamment l'***hôtel de Roquemaure*** au nº 1 (début du XVIIe s), rythmé de pilastres corinthiens jusqu'au toit orné de volutes. Porche en pointes de diamant. Au nº 3, ***hôtel d'Avèze*** (XVIIe s). Logement en 1678 d'un trésorier général de France. À l'intérieur, superbe péristyle à colonnes et escalier avec jolie rampe en fer forgé. Au nº 6, ***hôtel de Baulac,*** ancien intendant des gabelles (XVIIe et XVIIIe s). Belle cour intérieure sculptée et richement ornementée, notamment la façade à colonnes corinthiennes de l'escalier. Voir aussi, au nº 8, l'***hôtel Deydé,*** construit par Simon Levesville en 1644, puis acquis et modifié par le célèbre architecte Charles d'Aviler, l'auteur de l'arc de triomphe (1692). Portail monumental avec fronton triangulaire.

Au ***1, rue de la Carbonnerie*** *(zoom détachable D3),* l'***hôtel de Baudon-de-Mauny*** (1777), construit pour le directeur des domaines du roi, est devenu aujourd'hui une des plus belles maisons d'hôte de la ville, avec des prix en conséquence *(☎ 04-67-02-21-77).* En haut, masques et gargouilles sur oculus. Façade ornée de guirlandes. Au nº 2, rue Delpech, ***hôtel de Grasset*** (XVIIIe s) aux hautes fenêtres.

La rue Fournarié *(zoom détachable D3)* **:** au nº 1, ***hôtel de Solas*** (XVIIe s). C'est le marquis de Solas qui fit creuser le canal entre Lattes et le port Juvenal. Mazarin logea ici en 1660. Au dernier étage, deux très belles gargouilles. Au nº 3, ***hôtel d'Uston*** (XVIIIe s). Porche en retrait pour aider à l'entrée des carrosses. Œuvre de Daviler dont on pense que c'est son plus beau porche en ville. Noter le magnifique fronton sculpté symbolisant l'opulence : débauche de guirlandes, de fleurs, d'Amours bien joufflus. Au nº 6, ***hôtel de Marveille*** et sa large entrée en voûte d'ogives. Au nº 8, rare tourelle d'escalier angulaire.

La rue de l'Aiguillerie *(zoom détachable D3)* **:** sympathique artère commerçante et populaire, en pente raide et qui propose son pesant de beaux hôtels particuliers.

La rue du Collège *(zoom détachable D3)* rappelle l'existence du collège des jésuites, fer de lance de la Contre-Réforme. Au nº 14, l'***hôtel de Joubert,*** du XVIIIe s. Imposantes façade et porte cochère. Rue Montpellieret, ***hôtel Sicard,*** du XVIIIe s. Au nº 13, ***hôtel de Massilian,*** des XVIIIe et XIXe s, qui remplaça celui où joua Molière en 1654 (aujourd'hui, *musée Fabre*). Au nº 6 bis, ***hôtel de Cabrières,*** du XIXe s.

Le musée Fabre *(zoom détachable D3)* **:** *39, bd Bonne-Nouvelle. ☎ 04-67-14-83-00. • museefabre.fr • Ⓣ Corum ou Comédie (lignes 1 et 2). ♿ Entrée par l'esplanade Charles-de-Gaulle. Tlj sf lun, 10h-18h (19h expo estivale). Fermé 1er janv, 1er mai, 1er nov, 11 nov et 25 déc. Entrée (billet cumulé avec le département des Arts décoratifs du musée) : 7 € ; réduc. Visites guidées (générales, thématiques, en famille) des collections et des expositions : 8-13 €. Pour info, le musée étant vivant et dynamique, il arrive que certaines œuvres soient prêtées ou changent de salle pour des accrochages spécifiques. Resto-brasserie design. Librairie bien fournie.*

Demandez un plan (gratuit) pour vous repérer, car la présentation des collections peut changer en fonction de la grande exposition de l'été. Et rien ne vous dit que la collection Fabre sera exposée dans la salle du même nom, tout comme la collection Greuze, etc. Ici, mieux vaut demander aux médiateurs (on ne parle plus de gardiens et gardiennes, attention !) votre chemin, si vous désirez voir telle œuvre en particulier qui ne serait pas visible dans la salle censée l'accueillir. C'est un musée vivant que vous traversez, une machine à remonter le temps capricieuse mais fascinante, qui vous déposera sans que vous vous en doutiez parfois devant un chef-d'œuvre accroché discrètement dans un couloir ou une petite salle que vous avez failli manquer. Laissez-vous surprendre.

La collection permanente est d'une richesse exceptionnelle et présente des œuvres du XIVe à nos jours. Elle suit un parcours chronologique, dont nous vous présentons les grands axes. Voici nos coups de cœur.

– ***Salles 3 à 8, au niveau -1 :*** on découvre des chefs-d'œuvre de la ***peinture flamande*** *(salle 3)* ***et hollandaise*** *(4 salles),* avec une *Allégorie de l'Autriche catholique attaquée par des princes protestants* de ***Rubens*** *(salle 3),* où l'Autriche est une femme assise sur une sphère, symbole du pouvoir, les yeux tournés vers le ciel, implorant l'aide de Dieu. Les couleurs sont blanches, brunes, jaunes, et les lumières bien esquissées. De Rubens également, portrait de *Frans Francken l'Ancien,* ami du peintre, qu'il représente avec beaucoup d'empathie (profondeur du regard). Voir aussi *Guirlande avec l'apparition de la Vierge à saint Léopold* de ***Seghers,*** élève de Brughel de Velours. Grand peintre illusionniste de fleurs du XVIIe s, il peint sur plaque de cuivre pour donner à son travail un lissé parfait. De ***Teniers,*** huit toiles, dont *Kermesse de la Saint-Georges,* très vivante. ***Van Ruisdael*** est présent avec un *Paysage par temps d'orage.* De ***Dou,*** élève de Rembrandt, grand peintre de genre, voir *La Souricière,* peint sur bois, scène assez énigmatique. De ***Steen,*** *Comme les vieux chantent, les enfants piaillent,* vieux dicton flamand, où les enfants reproduisent les vices des parents, tableau hautement moraliste sur lequel Paul Claudel a écrit de très belles pages (*L'œil écoute*) Puis ***Metsu*** avec *Jeune homme écrivant.* Quelques belles natures mortes de ***Huysum,*** grand peintre floral du XVIIIe s, dont les travaux marquèrent toute la peinture de ce siècle en Europe.

– ***Salles 9 à 19, au niveau 1 :*** panorama de la peinture et de la sculpture européenne du XVe s au milieu du XVIIIe s. *Salle 9* (XIVe-XVIe s). ***Kempeneer*** (XVIe s) présente une pathétique *Descente de croix,* où le Christ est complètement déhanché. La toile mélange les styles italien, flamand et espagnol. Rendu exceptionnel, puissance remarquable. Le tableau respire la mort et le drame avec des expressions d'une grande force. De ***Véronèse,*** *Le Mariage mystique de sainte Catherine,* où l'on retrouve la patte particulière, la sensualité, les tons chauds et la douceur dans les visages peints par l'artiste.

Arrêt obligatoire dans la ***galerie des Griffons*** *(salle 11).* Levez la tête et appréciez déjà cette hauteur sous plafond, restituée grâce à la rénovation, et surtout

BIENS MAL ACQUIS

Les deux tableaux de Zurbarán que l'on peut admirer au musée Fabre proviennent d'une vente aux enchères de 1852 de la collection du maréchal Soult. Alors qu'il était général en chef des troupes françaises en Espagne durant les guerres napoléoniennes, le maréchal se servit allègrement dans les églises et les couvents. Quelques décennies plus tard, « sa » collection fut mise en vente, et les musées européens vinrent tranquillement faire leur marché contre l'avis des ayant-droits.

cette frise qui a retrouvé toute sa splendeur, avec ces animaux fabuleux, mi-aigle, mi-lion, qui veillent sur les candélabres de cette section de l'ancien hôtel de Masillian. On peut y admirer *L'Homme aux rubans noirs,* œuvre de **Bourdon,** peintre né à Montpellier. De **Poussin,** *Vénus et Adonis,* tableau qui fut coupé en deux à la fin du XVIIIe s : la partie droite appartenant au musée et la partie gauche étant détenue par un collectionneur privé. Cette dernière fut rachetée en 2010 par le musée et les deux parties magnifiquement rassemblées. De **Ribera,** remarquable *Sainte Marie l'Égyptienne* (1641), au visage prenant, aux mains touchantes, à l'expression saisissante. Le crâne témoigne de la fragilité de la vie. Voir encore *Lamentation sur le Christ mort* de **Spada** acquis en 2012. *Sainte Agathe* de **Zurbarán** vous attend *salle 14,* ployée, tendant le plateau sur lequel sont posés ses seins tranchés. Émouvant (ou déroutant), comme cet *Ange Gabriel,* juste à côté, à la figure poupine et irréelle. Autant de figures de la Contre-Réforme. Autre grand moment de la visite, la ***galerie des Colonnes*** *(salle 18),* imposante, avec ses colonnes en stuc, construite entre 1875 et 1878 pour la collection d'***Alfred Bruyas,*** l'autre grand donateur du musée. C'est la couleur rouge qui saute aux yeux dans cette galerie qui accueille les tableaux *d'**Antoine Coypel*** qui décoraient, au XVIIIe s, la galerie du Régent au Palais Royal à Paris. On peut en admirer ici trois (peints vers 1715), tous liés à l'histoire d'Énée, dont *Énée et Achate apparaissant à Didon,* et surtout *La Mort de Didon* : audaces des coloris chatoyants, beaux effets de mouvements montants, guidés par la posture des corps. Visages remarquables, traités à la Rubens. Également, de ***Dandré-Bardon,*** *Tullie faisant passer son char sur le corps de son père...* Les naseaux frémissants du cheval sont encore tout baveux ! C'est l'un des tableaux importants de l'époque, plein de mouvements et d'énergie. *Vertumne et Pomone,* tableau phare de la collection du XVIIIe s, signé ***Jean Ranc,*** un Montpelliérain qui travailla à Paris et à Madrid. Très beaux coloris, visage stylisé, teintes acidulées et superbe traitement des étoffes. Vertumne est représenté en vieille femme, afin de séduire la nymphe Pomone. De ***Jean Raoux,*** encore un Montpelliérain, cinq tableaux de scènes mythologiques. De ***Deshays,*** un *Hector exposé sur les rives du Scanandre,* traité de manière très décorative, à opposer à la *Sainte Élisabeth en oraison* de ***Louis Joseph le Lorrain,*** d'un classicisme pur jus. Au fond de la salle, les visiteurs sont également désormais invités, jusqu'au début 2017, à venir toucher la réplique du *Voltaire assis* de Houdon, en terre cuite.

– ***Salles 19 à 28, niveau 1 :*** place à la peinture et à la sculpture néoclassiques du milieu du XVIIIe au milieu du XIXe s. Tous les grands sont réunis ici. Un petit faible pour les sculptures scandaleuses de ***Houdon.*** Son *Hiver* n'a pas les traits d'une vieille mégère mais bien ceux d'une gracieuse à moitié nue (rare pour le XVIIIe s), une urne brisée à ses pieds. *L'Été,* face à elle, renouvelle les codes, avec une jeune fille sûre d'elle et déterminée, un arrosoir moderne à la main et un pudique téton montrant la fertilité de l'été. *Salle 20,* bel ensemble de ***Greuze.*** Voir *Le Gâteau des rois,* bel exemple de scène de genre, à portée moralisante (où l'on partage un gâteau autour du patriarche d'une famille vertueuse). Adorable *Petit paresseux,* où un gamin s'endort sur ses devoirs. De ***Reynolds,*** *Le Petit Samuel en prière,* premier tableau anglais important qui entra dans un musée français. D'autres petits bonheurs artistiques, avec *Bélisaire* de ***Vincent*** (un rival de David), ***Vernet*** *(Les Abords d'une foire)* ou ***David*** avec *Portrait d'Alphonse Leroy (salle 21). Salle 22,* grands formats néoclassiques. ***David*** est évidemment présent avec un académique *Hector,* où le peintre réunit toutes ses qualités techniques (raccourcis, couleurs, anatomie, clair-obscur...). Nombreux tableaux de ***Fabre*** lui-même, qui fut, rappelons-le, l'élève de David : *La Mort d'Abel,* vraiment superbe. Les thèmes mythologiques ou religieux de sa jeunesse sont précis, riches comme dans *Saul agité par ses remords...* Cet homme était loin d'être un simple collectionneur éclairé ! Plusieurs Pajou également et une belle *Vénus couchée* de ***Bartolini,*** inspirée de l'antique. *Salle 23* sont exposés par roulement des dessins du fonds du musée.

AFFAIRE DE FESSES

La sculpture L'Hiver de houdon *semble anodine. Du marbre lisse, des courbes élégantes. Une œuvre classique. Alors pourquoi fit-elle scandale et fut-elle refusée au Salon du roi ? Regardons-y de plus près. À l'époque, on dit qu'une femme complètement nue n'aurait pas autant choqué que de la voir à moitié dévêtue. En fait, les fesses sont la seule partie visible de son anatomie. La jeune fille se préserve du froid par un châle. Le réalisme de la statue évoque un érotisme débordant, provoquant l'émoi des visiteurs... et le rejet de l'œuvre au salon de l'Académie Royale.*

– ***Salles 24 à 27 :*** dans quatre petits salons, le néoclassicisme est évoqué de manière thématique avec paysages, portraits, scènes de genre ou d'histoire où l'on retrouve ***Robert, Girodet, Gauffier*** et encore de nombreux ***Fabre*** et quelques Nordiques. De ce dernier, voir *Le Retour d'Ulysse,* très mis en scène et utilisant la technique du clair-obscur dans les grandes largeurs. Plusieurs petits formats très léchés. *Salle 24,* Noter le petit ***Guardi,*** *Vue du Grand Canal. Salle 27,* portrait de Fabre âgé, par lui-même.

– ***Salles 29 à 36 :*** *salle 30,* on s'arrêtera avec gourmandise dans ces salles dédiées au romantisme et à l'académisme du XIXe s. De ***Monvoisin,*** *La Mort de Charles IX.* Noter la petite taille des pieds. En fait, ce tableau était conçu pour être placé en hauteur et l'artiste avait prévu l'effet de contre-plongée. *Salle 32,* admirez le voluptueux tableau de ***Delacroix,*** *Femmes d'Alger,* plein de ce rêve oriental, à la torpeur méditative, qui respire le repos et la mélancolie. Du même artiste, *Exercices militaires des Marocains,* premier tableau du genre. Remarquez aussi, dans la même salle, *Bruyas,* à l'origine de presque toute la collection de peinture du XIXe s, peint par Delacroix, avec son mouchoir dans la main gauche (il était tuberculeux... et peut-être aussi un peu mégalo, au corps las, au regard intériorisé ; Delacroix n'est pas le seul à lui avoir tiré le portrait, loin de là !). Toujours de Delacroix, *Aspasie,* une toile impressionnante et tellement vraie. *Étude de pieds et de main* de ***Géricault.*** Le couloir *(salle 31)* abrite de nombreuses peintures de l'école de Barbizon (Daubigny, Huet, Corot, Rousseau...). *Salle 33,* rendez-vous avec l'académisme d'***Ingres.*** On y voit l'histoire de *Stratonice et Antiochus,* où le jeune Antiochus tombe amoureux à en mourir de sa belle-mère. Son père, le roi Séleucos, qui régna en Syrie au IVe s av. J.-C., ira jusqu'à s'effacer pour laisser les deux amants s'unir... De ***Lehmann,*** *Sainte Catherine portée au tombeau* (début XIXe s), peinture tournée vers une religiosité primitiviste, proche du piétisme et de la Renaissance italienne. On découvre encore la langueur qui s'échappe des tableaux de ***Cabanel*** *(salle 35),* l'un des grands peintres pompiers du Second Empire : *L'Ange déchu,* mais aussi les ténébreuses *Phèdre* ou *Albaydé,* inspirées du poème *Les Orientales,* d'Hugo, où il s'écrie : « On croyait voir un ange ! » *Salle 34,* autre salle de dessins, et *salle 36,* couloirs de sculptures du XIXe s.

– ***Salles 37 et 38 :*** on passe à la modernité (XIXe s) et surtout à la salle ***Courbet,*** qui présente 13 toiles. Il y a là *Les Baigneuses,* qui choquèrent tant à l'époque mais que s'était procuré Bruyas (pour 3 000 francs-or !), avant-gardiste qu'il était, pour faire vivre « un art libre ». Quel flair ! Autres tableaux majeurs, *Le Portrait de Baudelaire* et *La Rencontre,* qui fit sensation au Salon. Le sujet évoque la rencontre du peintre et de son mécène, Bruyas. Courbet n'hésita pas à se peindre

avec un air supérieur, et Bruyas en mineur. Le peintre voulut montrer son indépendance et l'égalité de celui qui détient l'argent par rapport à celui qui possède des qualités artistiques.
– ***Salles 39 à 42 :*** l'importance de l'art moderne se poursuit avec ***Bazille,*** peintre montpelliérain disparu trop tôt, il meurt à 28 ans lors de la guerre contre la Prusse. Avant de pénétrer dans ces salles, voir le petit film consacré à ce peintre méconnu, pourtant aux origines de l'impressionnisme, très proche de Monet et qui fréquenta Sisley et Renoir. Voir cet étrange et touchant portrait de la *Petite Italienne chanteuse des rues,* si moderne avec son costume trop grand et ces touches précises, des couleurs audacieuses et un sentiment de vérité. Appréciez aussi *La Vue de village,* avec ce portrait qui fit dire à Berthe Morisot que le peintre avait réussi la gageure d'inclure une figure dans un paysage. Rien que ça ! ***Renoir, Sisley*** et ***Manet*** avec un portrait d'Antonin Proust sont également présents. Toujours de Bazille, *Les Remparts d'Aigues-Mortes,* et cette presque indécente *Toilette,* aux tendances orientalistes. On trouve aussi ***Sonia et Robert Delaunay*** *(salle 42),* avec cette *Nature morte portugaise* réalisée pendant le séjour de l'artiste au Portugal. On aimerait aussi vous citer ***Degas, Fantin-Latour, Van Dongen*** (superbe *Portrait de Fernande Olivier,* compagne de Picasso, et *Danseuse espagnole* remarquable)...
– ***Les couloirs des salles 43*** présente l'abstraction des années 1950 de l'école de Paris. S'attarder encore dans la *salle 45* pour les sculptures de ***Germaine Richier,*** formée dans l'atelier du sculpteur Antoine Bourdelle à Paris dans les années 1920, elle y rencontre Giacometti puis devient l'une des plus grandes artistes des années 1950 *(L'Escrimeuse, L'Araignée...).*
– ***Salles 46 et 47 :*** voici le très moderne et épuré Pavillon, espace entièrement dédié à ***Pierre Soulages,*** tout en verre et en béton qui présente une vingtaine d'œuvres au visiteur ébloui par cette lumière blanche où le noir des œuvres du peintre né à Rodez éclate étonnamment. Avec lui, noir c'est noir ! Et puis on découvre les autres couleurs, le bleu, le rouge, qui s'immiscent dans les interstices de cette création finalement lumineuse. C'est beau, tout simplement.
– La fin du parcours, ***salles 48 à 52,*** offre un bel ensemble de peinture contemporaine, avec ***Aurélie Nemours*** ou encore ***Simon Hantaï*** et le groupe ***Supports/Surfaces.***

L'hôtel de Cabrières-Sabatier-d'Espeyran – Département des Arts décoratifs du musée Fabre *(zoom détachable D3) : 6 bis, rue Montpellieret. Accueil et billetterie au musée Fabre (voir ci-avant). Ouv lun, sam et dim 14h-18h. Tlj sf lun pdt l'expo estivale.*
Cette belle demeure, construite en 1875, permet de découvrir, fait unique à Montpellier, un certain art de vivre de la grande bourgeoisie à la fin du XIXe s. Elle présente l'ensemble des Arts décoratifs du musée Fabre réparti en trois étages : au rez-de-chaussée, collections de céramiques ; au 1er étage, les appartements d'apparat du comte Despous de Paul (fin XIXe s) ; et au 2e étage, mobilier et objets d'art du XVIIIe s, donnés en même temps que l'hôtel.
– ***Rez-de-chaussée :*** collections de céramiques du XVe au XIXe s, la plupart provenant du Languedoc. Quelques céramiques européennes et asiatiques. On notera le superbe plat en céramique d'Urbino représentant l'enlèvement d'Hélène (1543). Intéressante collection de vases de pharmacie de Montpellier dans les bleus et blancs. Faïence de Moustiers, traitée en décor de grand feu. Dans la deuxième salle, faïence de Strasbourg, Delft, porcelaines de Chine et européennes (Meissen, Sèvres). Vitrine d'orfèvrerie du Languedoc.
– ***1er étage, salles Despous de Paul :*** on pénètre dans les pièces d'apparat du comte reconstituées « à l'identique ». Il restitue avec précision les tendances, les usages, les rituels, plus que l'atmosphère, de la société bourgeoise montpelliéraine du XIXe s avec ses décors d'origine (mobilier, orfèvrerie et céramique). Cinq pièces où l'on retrouve les grands traités de décoration de la fin du XIXe s marqué par l'historicisme. Pas d'harmonie d'ensemble, mais chaque salle répond à une

atmosphère particulière, reflétant un académisme parfait. ***Salle à manger*** néo-Renaissance. ***Salon vert*** néo-Louis XIV, nourri de l'éclectisme du XIXe s. Le décor mural rappelle la tendance politique royaliste du comte. Le ***salon rouge*** est un mélange de plusieurs styles « néo » (vitrine inspirée du style Louis XVI, fauteuil crapaud à capitonnage, abondance de tapisseries montrant l'opulence des proprios). Noter le cordon d'appel des domestiques. L'***antichambre*** et le ***vestibule*** (avec deux beaux meubles d'appui, applications de bronze et plaques de porcelaine) complètent l'ensemble.

– ***2e étage, salles Sabatier-d'Espeyran :*** mobilier du XVIIIe s essentiellement, provenant de la collection de leur appartement parisien. ***Antichambre*** avec tapisserie d'Aubusson, style Régence où l'on s'affranchit des lourdeurs du mobilier Louis XIV. Le ***salon d'angle*** présente un beau mobilier marqueté (commode et bureau). Voir le régulateur de parquet (horloge appelée ainsi car posée sur le sol et très précise grâce à son long balancier). Elle servait à régler toutes les pendules de la maison. Belle *duchesse brisée* assez étonnante (fauteuil en trois parties) et beau mobilier « volant » (voir l'encadré). Tapisserie d'Aubusson. La ***chambre*** est intime, bien que l'on y reçût beaucoup. Joli petit bonheur du jour. Le ***cabinet de travail*** présente un mobilier de transition, fin XVIIIe s, déjà néoclassique, avec un ensemble de mobilier ancien régime (secrétaire à cylindre, garniture de cheminée néoclassique pur jus et cabinet de travail, lit bateau...).

MOBILIER « VOLANT » ET MOBILIER « MEUBLANT »

Au XVIIIe s, le mobilier des maisons bourgeoises était dit « volant » ou « meublant ». Le premier était destiné à passer d'une pièce à l'autre en fonction des besoins. Il était léger tandis que le second était plus lourd et devait rester dans une même pièce. Le mobilier de l'époque répondait à des critères très précis, particulièrement codifiés.

La pharmacie de l'Œuvre de la Miséricorde et la chapelle *(zoom détachable D3)* **:** *1, rue de la Monnaie. ☎ 04-67-67-93-32. Entrée : 3 € (billet commun avec la crypte Notre-Dame et le musée du Vieux-Montpellier ; mêmes horaires) ; réduc.*
La communauté de la Miséricorde abrita la pharmacie des sœurs jusqu'en 1965. Œuvre sociale depuis 1622, cette association laïque fit appel aux sœurs de Saint-Vincent-de-Paul pour mettre en œuvre l'aide aux déshérités et faire fonctionner la pharmacie (dont la fabrication des médicaments). Cette aide se poursuit sous une autre forme aujourd'hui, avec la présence d'un Centre communal d'action sociale juste à l'arrière. Ici on fabriquait médicaments, onguents, etc., donnés gratuitement aux pauvres.

– Quant à la ***chapelle,*** du XIXe s, elle est aménagée dans l'ancien atelier monétaire où l'on frappait les monnaies. Sur les murs, *La Sainte Famille* de Reynaud le Vieux (sur la droite). Dans le chœur, de part et d'autre, deux tableaux illustrant les œuvres de la Miséricorde, dont *Les Dames de la charité* de Glaize, où Saint-Vincent-de-Paul présente les enfants trouvés aux dames patronnesses.

THÉRIAQUE FINE, PANACÉE DU PAUVRE

Parmi les décoctions mises au point à la pharmacie de l'Œuvre de la Miséricorde, on découvre la curieuse thériaque fine, préparation dans laquelle intervenaient plus de 80 ingrédients différents, mais aussi de la poudre de couleuvre, ainsi qu'une pointe d'opium. La thériaque fine calmait bien des maux, disait-on...

La rue Jacques-Cœur *(zoom détachable D3)* **:** l'une des rues les plus anciennes. On passe sous l'une des dernières arches du XVIe s. Elle relie la *chapelle des Pénitents-Blancs* à l'*hôtel des Trésoriers-de-France,* qui abritait le Musée languedocien, fermé jusqu'à nouvel ordre. D'abord palais de Jacques Cœur, grand argentier de Charles VII, il devint au XVIIe s le siège des trésoriers de France en charge des domaines royaux pour la région. L'architecte Alexis de La Feuille, responsable des travaux du canal du Midi, travailla avec l'un des plus grands constructeurs de l'époque, Antoine Arman. Leur grand escalier sur la cour reste le plus monumental de la ville. Fronton triangulaire du XIXe s, siècle durant lequel l'hôtel fut racheté par la famille Lunaret, qui le transforma en maison d'habitation et rajouta un étage à l'escalier. À gauche, au rez-de-chaussée, un couloir de style gothique. Pilier avec les armes de Jacques Cœur, avec moult symboles alchimiques, dragon ailé, petit singe, poisson à deux têtes, chouette, salamandre, etc.

***La chapelle des Pénitents-Blancs** (zoom détachable D3)* **:** *rue Jacques-Cœur. 2 messes/sem, mar à 18h30 et jeu à 9h45 ; sinon, ouv au public sur demande.* Ancienne chapelle Sainte-Foy de 1243, elle fut annexée par les Pénitents (un ordre de catholiques laïcs pratiquants dont les origines remontent aux XIIe et XIIIe s) en 1623, peu après la défaite des protestants et la reprise de la ville par les catholiques. À l'intérieur de l'église, décor très sombre du XVIIe s et atmosphère un peu mystérieuse. Chœur de 1875 avec des éléments de l'ancien retable. Grand tapis reproduisant les noms de toutes les confréries dépendant de Montpellier. Derrière, le chapitre des pénitents. Le plus intéressant, c'est le plafond peint, typique de la Contre-Réforme.

Retour sur la place de la Comédie, pour boire un verre et préparer la suite du programme : l'ouest de l'Écusson, qu'on rejoint en 5 mn, en remontant la rue de la Loge, et ensuite la balade dans les anciens faubourgs. À moins de préférer la découverte de la ville dite nouvelle, à l'est, au départ du Polygone *(voir plus loin).*

Balade à l'ouest de l'Écusson, entre Préfecture et Peyrou

***La rue Foch** (plan centre détachable C-D3)* **:** l'une des rares percées de type haussmannien (1878), bordée de boutiques chic. Une sorte de mini-Champs-Élysées de Montpellier, agréablement arborée.
– Au n° 6, bel ***hôtel Paul.*** Un hôtel de la fin du XVIIe s (dessiné par Daviler), qui ne fut pas démoli au moment du percement de la voie. Porte ornée d'un Hercule revêtu de la peau du lion de Némée.
– En face, le ***palais de justice,*** construit en 1853 à partir de l'ancien palais des Guilhem, tombé en ruine au début du XIXe s. On lui adjoignit cette monumentale colonnade corinthienne, surmontée d'un fronton avec une allégorie en haut-relief : « La Justice protégeant l'Innocence et dévoilant le Crime ». À l'intérieur, d'intéressantes fresques, notamment celle de la 1re chambre de la cour d'appel, œuvre de Joseph-Marie Vien figurant le Languedoc sous la protection de la Justice. Dans la 3e chambre, peinture de Jean Troy, un Louis XIV en Apollon entre la Justice et la Religion. La bâtisse mitoyenne, donnant sur les jardins du Peyrou, n'est autre que l'ancienne prison de la ville.

***Le Carré Saint-Anne** (plan centre détachable C3)* **:** *ouv mar-dim 10h-13h, 14h-18h (l'été 11h-13h,14h-19h) ; visites guidées dim à 11h, 14h30 et 16h. ☎ 04-67-66-88-91. GRATUIT.* Depuis quelques années, le Carré Sainte-Anne est devenue une véritable vitrine majeure de l'art contemporain à Montpellier et dans la région. Les 600 m^{2} de surface d'exposition de l'ancienne église ont permis à des artistes internationaux de proposer des évènements-phares. Comme la japonaise Chiharu Shiota en 2013 avec sa spectaculaire installation *After the dream.*

***La place de la Canourgue** (plan centre détachable C3)* **:** la plus connue des petites places montpelliéraines doit son existence, comme beaucoup de ses consœurs, à la chute d'un bâtiment religieux. Comme la cathédrale Saint-Pierre

avait été très endommagée par les guerres de Religion, il fut décidé d'en construire une autre à cet emplacement. Mais les travaux furent arrêtés par Richelieu. Seuls vestiges de cette cathédrale avortée, les gros piliers qui servent aujourd'hui de soutènement au jardin. Au point le plus élevé de la place, saisissant paysage urbain en plongée. Belle fontaine dite « des Licornes », de 1770, dont le cheval fut cassé lors du transfert. Bancs et ombrages du jardin fort recherchés pour lire et se reposer. Il faut dire que l'environnement est d'un charme fou. On ne se croirait vraiment pas au cœur d'une grande ville.
– ***L'hôtel Richier de Belleval,*** à l'angle de la place et de la rue du Vestiaire, est un élégant bâtiment édifié au XVIIe s à l'emplacement du palais de Guilhem VI. Il abrita l'hôtel de ville de 1816 à 1971. Il abritera demain (en 2019) le nouveau restaurant des ***Frères Pourcel,*** qui ont tourné une page de l'histoire gastronomique de la ville en fermant *Le Jardin des Sens* en mars 2016 (après 28 ans de bons et loyaux services).
– Au 3, rue de Sainte-Croix, l'***hôtel Cambacérès,*** œuvre du grand architecte Jean-Antoine Giral en 1723 pour Dominique Cambacérès, conseiller à la Cour des comptes et finances de la ville. L'un des plus beaux exemples d'hôtels de l'aristocratie du XVIIIe s. Façade s'inspirant de celles des grands hôtels parisiens de la même époque, avec fenêtres ornées de figures sculptées.
– Enfin, l'***hôtel de Sarret,*** au sud de la place, au 6, rue du Palais-des-Guilhem. Sobre, massif, il fut le logement du conseiller du roi à la Cour des comptes, reconstruit en 1636. L'exemple parfait de la maison de ville de la période Louis XIII.

L'HÉRAULT

L'ancien quartier juif *(plan centre détachable C3)* **:** celui-ci n'a jamais été un ghetto. Circonscrit grosso modo par les rues de la Barralerie, Castel-Moton, du Figuier et du Palais-des-Guilhem. Treillis de rues étroites bordées d'élégantes maisons de ville et d'hôtels particuliers, dont beaucoup héritèrent au XVIIIe s de larges fenêtres « en davilerte » (ouverture à arc surbaissé). C'est désormais le quartier des antiquaires. On a localisé l'ancienne synagogue et des bâtiments annexes au sein d'un groupe d'immeubles, près du *mikvé.*

Le mikvé *(plan centre détachable C3)* **:** *1, rue de la Barralerie (vient de* barralier, *« fabricant de tonneaux »). On ne peut le voir que lors des visites guidées de l'office de tourisme.* Le *mikvé,* ou bain rituel juif, fut découvert par hasard dans les années 1970. En recherchant les causes de l'humidité, on découvrit d'abord un puits dans une boutique, puis, dans la foulée, le fameux *mikvé* dans un sous-sol. Par un étroit escalier, on parvint à cette petite piscine d'environ 3 m x 2 m aux eaux très pures et d'un vert profond provenant directement de la nappe phréatique, séparée de la salle de déshabillage (avec banquette de pierre) par un mur percé d'une fenêtre géminée (appelée « fenêtre des témoins »). Les bains rituels se prenaient à partir de 12-13 ans, notamment lorsqu'on avait eu un décès dans une famille ou avant le mariage. Parmi les plus anciens *mikvé* d'Europe. Une « plongée » assez fascinante dans le XIIe s.

La rue de la Vieille-Intendance *(plan centre détachable C3)* **:** l'une des rues qui montent vers la place de la Canourgue. Au no 9, ***hôtel de la Vieille-Intendance*** (accessible dans le cadre des visites guidées de l'office de tourisme). Construit en 1638, un des premiers hôtels à la française, typique de l'architecture Louis XIII. En 1685, Nicolas Lamoignon de Basville, intendant de la province, y habitait, d'où son nom. La grande Mademoiselle, cousine germaine de Louis XIV, y dormit lors d'un passage dans la ville et l'hôtel connut deux locataires célèbres, Auguste Comte et Paul Valéry. Belle cour intérieure avec élégante porte et escalier dit « droit à rampes alternatives avec palier à mi-étage ». Belles lucarnes cintrées sur deux consoles.

La cathédrale Saint-Pierre *(plan centre détachable C3)* **:** *tlj sf dim ap-m, 9h30-12h, 14h30-18h30.*
Ancienne chapelle d'un collège bénédictin, cet édifice austère frappe par ses dimensions bibliques. Observez le porche. Deux tours rondes de 4,50 m de

diamètre, terminées en poivrière, servent d'appui à un monumental ***baldaquin*** qui garde l'entrée. Ce porche, impressionnant et rare dans ces dimensions, est l'un des seuls éléments architecturaux d'origine, avec les tours au-dessus du chœur et de la nef. Cette véritable forteresse fut édifiée au XIVe s. Au moment du transfert du siège épiscopal à Montpellier en 1536, l'église fut érigée en cathédrale et prit le nom de Saint-Pierre. Les guerres de Religion l'endommagèrent en grande partie avant qu'elle ne soit restaurée au XVIIe s. Sur la gauche, la façade se prolonge par la faculté de médecine (ancien palais de l'archevêché).

– Sur le flanc droit, côté rue du Cardinal-de-Cabrières, superbe ***portail sculpté de la Vierge,*** réalisé au XIXe s dans un style néogothique et surmonté d'une immense rosace. Au tympan, *Nativité* d'un côté et *Mise au tombeau* de l'autre.

– À l'intérieur, la ***nef du XIVe s*** constituait la chapelle du monastère bénédictin (95 m de long). Ne manquez pas le *Coretto Choretto* (vestige de l'ancien cloître du monastère, intégré à la cathédrale lors de la restauration du XIXe s). Les chapelles abritent quelques toiles de l'école française du XVIIe s inspirées de Poussin et d'assez belle facture. Chapelle Saint-Michel, voir *Saint Michel terrassant le démon.* Dans la chapelle Saint-Joseph, tableau de Nicolas Mignard, le *Songe de Joseph* (1664). Enfin, dans le transept à droite, notez la *Chute de Simon le Magicien* par Sébastien Bourdon, né à Montpellier en 1616 et l'un des artistes les plus brillants de son temps. Ce tableau, exécuté en 1657, fit presque scandale à l'époque par sa modernité.

Dans le transept gauche, de face, on n'échappe pas au paysage médiéval et, en dessous, à la *Remise des clés à saint Pierre.* À gauche, *Saint Pierre guérit un paralytique* (à ses côtés, toujours saint Jean et sa toge rouge). Observer enfin le superbe buffet d'orgue (fin XVIIIe), ainsi que le *monument funéraire du cardinal de Cabrières.*

La faculté de médecine *(plan centre détachable C3)* **:** *rue de l'École-de-Médecine. Possibilité de pénétrer dans le grand hall d'entrée et, éventuellement, de jeter un œil sur la cour intérieure. Mais nous conseillons vraiment de suivre l'une des visites guidées de l'office de tourisme pour pouvoir accéder aux parties les plus intéressantes.*

On doit au pape Urbain V (qui avait été professeur à Montpellier) la construction à partir de 1364 d'un monastère-collège bénédictin à cet endroit (on dut incendier 23 maisons pour dégager le terrain). L'idée étant d'y accueillir des moines – enseignants et étudiants. De grands savants vinrent y étudier ou enseigner, dont Rabelais (qui obtint son doctorat en 1537) et Nostradamus. À la même époque, le bâtiment devint le siège de l'épiscopat. Au moment des guerres de Religion, ce fut bien entendu une solide enclave catholique. Importantes transformations au XVIIIe s. De part et d'autre du portail d'entrée, placées en 1864, les statues de bronze de Lapeyronie (médecin de Louis XV) et de Barthez (médecin de Louis XVI, puis de Napoléon Ier) avec une perruque (pour cacher sa calvitie ?). Au début de la Révolution française, le palais épiscopal fut transformé en prison, puis, en 1795, en école de santé destinée à la formation des chirurgiens militaires. En 1803 lui succéda l'école de médecine proprement dite, qui fonctionne toujours. En se glissant le long des couloirs voûtés, ornés de maximes en latin gravées il y a plus de cinq siècles, les apprentis médecins doivent parfois avoir l'impression d'étudier à Poudlard, l'école d'Harry Potter...

LA MÉDECINE DES ODEURS

Au XIXe s, on repérait les maladies par leur odeur : viande avariée pour la fièvre jaune, pain chaud pour la typhoïde ou poulet grillé pour la rubéole. Une technique bien peu efficace. Et pourtant, aujourd'hui, certains chiens repèrent le cancer de la vessie ou certains cancers de la prostate en reniflant l'urine.

Si les anciens appartements de l'évêque ne sont plus ouverts au public, vous pourrez, en suivant une visite guidée ou avec un peu de chance, jeter un œil sur l'intérieur. Grand hall, salle des Actes, cour intérieure, amphithéâtre d'anatomie et salle Delmas-Orfira-Rouvière, dernière ouverte et qui regroupe la collection particulière de l'ancien Musée forain du docteur Spitzner.

Le Conservatoire d'anatomie *(plan centre détachable C3)* **:** *dans l'enceinte de la faculté de médecine. Rens à l'office de tourisme. Cette visite de la faculté en son ensemble est limitée à 20 participants. Tarif unique : 12 €.* C'est l'un des lieux les plus secrets de la ville. Un conservatoire, un lieu destiné à l'étude, qui garde la mémoire de l'avancée des connaissances médicales au fil des siècles. En montrant que les maladies naissent et meurent, c'est à l'avenir de l'humanité qu'il était destiné, à travers la formation des étudiants. Bien sûr, sans les commentaires appropriés, on passerait à côté de l'essentiel. Tout ici est resté en place, soit plus de 500 pièces, disposées dans des armoires et des meubles vitrines. Depuis 1852, seuls les étudiants sont venus s'asseoir sur les petites chaises pour dessiner et écouter les professeurs commenter l'anatomie humaine et animale, la normale et la pathologique.

UNE VISITE PATHOLOGIQUE

Il faut avoir le cœur bien accroché pour suivre l'excellente visite du Conservatoire d'anatomie. On comprend comment se développent les maladies et la manière avec laquelle elles torturent le corps. Heureusement qu'elles sont enfermées dans des bocaux ! On saisit alors un peu mieux le mystère de la vie en observant, médusé, les cires inquiétantes de Fontana, les monstres tapis dans le formol et les maladies sexuellement transmissibles en 3D. On en ressort en aimant la vie encore plus fort.

Le musée Atger *(plan centre détachable C3)* **:** *dans l'enceinte de la faculté de médecine. ☎ 04-67-41-76-30. • biu-montpellier.fr • Ⓣ Place-Albert-Ier (ligne 1). Slt lun, mer et ven 13h30-17h45. Fermé en août et à Noël. GRATUIT.* Un autre véritable joyau méconnu regroupant la collection léguée à la bibliothèque de la fac de médecine par l'amateur d'art éclairé Jean-François Xavier Atger (1758-1833), un Montpelliérain. Cette étonnante collection répartie sur deux salles intéressera surtout les passionnés de dessin. Au total, près de 1 000 dessins et 5 000 estampes constituent un ensemble absolument remarquable et étonnamment méconnu. Le musée ne peut présenter en permanence que les 500 principales œuvres. Dans des armoires, qui s'ouvrent comme un millefeuille, sont conservés les dessins des plus grands maîtres européens du XVIe au XVIIIe s, notamment les écoles française, italienne et flamande. Les armoires sont classées par écoles. L'ensemble le plus complet (première salle, premier placard à gauche) est constitué par les 56 dessins de Natoire (1700-1777), qui présente des œuvres de toute beauté (prenez le temps de les admirer). On verra encore des Tiepolo (avec 23 dessins, la plus importante collection publique de France), Véronèse, Donatello, Bandinelli, Carrache, mais aussi Rubens, Jordaens, Brueghel de Velours, Kuyper. Côté français, on retrouvera Champaigne, Poussin, Rigaud, Fragonard, Watteau, Vigée-Lebrun, Manglard (très belle *Tempête*)...

La bibliothèque universitaire de médecine : la plus riche de province. On l'estime à plus de 100 000 volumes datant d'avant le XIXe s, dont 300 incunables, 900 volumes de manuscrits médiévaux (dont de rares de la période carolingienne), le *Roman de la Rose,* de magnifiques enluminures, etc. Encore grâce à Chaptal, qui chargea Gabriel Prunelle, médecin et bibliothécaire, de constituer le fonds en récupérant le maximum de choses, juste après les désordres de la Révolution française.

La tour des Pins *(plan centre détachable C3)* **:** l'une des deux dernières survivantes des 25 tours qui composaient au XIIe s l'enceinte médiévale, appelée la *commune clôture* (l'autre, c'est la *Babote*). Certains mâchicoulis du XIVe s sont d'origine. À propos, pourquoi *tour des Pins* ? Ils existaient sûrement puisque Nostradamus affirma dans l'une de ses prophéties que « si les pins mouraient, la ville serait détruite » ! Cela dit, les cyprès qui les remplacèrent firent peut-être illusion ! En 1562, les protestants de la ville se réfugièrent dans la tour. Sous la Révolution, elle servit de prison et, dans les années 1825, de couvent de jeunes filles. Aujourd'hui, elle ne veille plus que sur un square touffu.

Le Jardin des plantes *(plan centre détachable C3)* **:** *1, bd Henri-IV.* ☎ *04-67-63-43-22. Tlj sf lun, 12h-20h (18h oct-mai). GRATUIT.*
Fondé en 1593 par Henri IV pour l'étude des plantes médicinales, c'est aujourd'hui un jardin universitaire de 4,5 ha, géré par la faculté de médecine. Dès son origine, le « jardin des simples » servit à enseigner la botanique au moment où la connaissance de l'histoire naturelle était indispensable à la fabrication de remèdes. L'instigateur du projet fut Pierre Richer de Belleval, docteur en Avignon, à l'occasion d'une épidémie de peste ayant sévi à Pézenas dans les années 1580.
Ce jardin, le plus ancien de France, est un modèle d'approche rationnelle de la nature, et en cela, il rejoint la philosophie des Lumières. Après la Révolution, le jardin fut embelli par des constructions, puis étendu au-delà de ses limites originelles. Il sera enfin ouvert au public en 1841. Aujourd'hui, on peut y voir, non sans émotion si l'on est un amoureux des jardins, la montagne archéologique et son *Phillyrea* au tronc crevassé recueillant messages d'amour et vœux, l'école forestière, la bambouseraie et le jardin anglais avec le bassin au *Nelombos,* ou simplement flâner dans les allées, au hasard de essences. Les serres se visitent sur réservation.

L'arc de triomphe *(plan centre détachable C3)* **:** édifié en 1691 en remplacement de l'ancienne porte médiévale, pour célébrer les victoires de Louis XIV (sur le modèle de celui de la porte Saint-Martin à Paris). Côté ville, deux médaillons. L'un symbolise la révocation de l'édit de Nantes, l'autre la jonction de l'océan Atlantique et de la Méditerranée grâce au canal du Midi. Côté extérieur, un médaillon représentant Hercule terrassant un lion (entendez l'Angleterre), et un autre dédié à la prise de Mons et Namur. Sommet accessible dans le cadre des visites guidées.

La promenade du Peyrou *(plan centre détachable C3)* **:** s'étendant face à l'arc de triomphe, cette longue place royale de pierre *(peyrou)* fut réalisée par J.-A. Giral. Auparavant, ce n'était qu'une promenade quasi sauvage d'où Louis XIII fit tirer au canon sur la ville, au moment du siège de 1622. Les travaux d'aménagement débutèrent au début du XVIIIe s, et la promenade devint un lieu de fêtes, de foires et de réjouissances sous Louis XIV. Au centre, statue équestre de Louis XIV. On dit que les édifices entourant la promenade ne devaient pas être plus élevés que le bras tendu du roi. Aujourd'hui, on vient y buller sur les pelouses, gratter trois cordes de guitare à l'ombre des platanes impeccablement taillés. L'arrivée du tramway devant l'entrée, en 2016, apporte un flux nouveau de clientèle à cette promenade déjà très fréquentée.
Au bout de la promenade, quelques marches mènent à un château d'eau en forme de temple corinthien entouré d'une pièce d'eau. De là, vue panoramique sur la ville et même sur le pic Saint-Loup et la mer au loin. Dans l'axe, l'aqueduc Saint-Clément. Dessiné sur le modèle du pont du Gard, ce bel ensemble prolonge

LES TRIBULATIONS D'UN ROI

Au beau milieu de la promenade du Peyrou, trône une statue équestre à la gloire du Roi-Soleil. Pour arriver là, elle effectua une belle balade : fondue à Paris, elle rejoignit Le Havre, d'où elle embarqua pour Bordeaux. Puis croisière sur la Garonne et le canal du Midi jusqu'à Frontignan. Là, un canal spécial fut creusé pour l'emporter au Lez et enfin à Montpellier. L'originale ayant été fondue à la Révolution, celle-ci est une réplique du XIXe s.

harmonieusement la promenade. À l'entrée des *Arceaux,* les lions et les Amours datent de 1883.

L'aqueduc des Arceaux *(plan détachable B3)* **:** édifié de 1753 à 1766, long de près de 14 km (dont les deux tiers en souterrain), avec 4 m de dénivelée. Il fournissait l'eau potable de la ville à partir des sources de Saint-Clément-de-Rivière. Dans sa partie finale, il promène à 21 m de hauteur 53 grandes et élégantes arches et 183 petites. En été, les habitants du quartier viennent disputer des parties de pétanque sous les arcades.

LES FAUBOURGS

Il ne faudra guère aller loin pour les découvrir. Pour certains d'entre eux, nul besoin de parler « d'exil banlieusard », ce sont carrément les faubourgs de l'Écusson. Esprit, voire identité de quartier, cependant très fort.

Le quartier du Courreau *(plan détachable B-C3-4)* **:** miniquartier, vertébré par le faubourg du Courreau. Sa partie nord se confondrait presque avec le quartier des Arceaux. Dans sa partie sud, vers la trouée Gambetta, on est quasi dans Figuerolles. Le **faubourg du Courreau** est une pittoresque rue commerçante, à vocation piétonne à priori (tout est relatif ici) et particulièrement animée. Population ouvrière et immigrée. On n'est pas étonné d'y découvrir de nombreuses plaques rappelant l'héroïsme des habitants pendant la Résistance. Rue réputée pour ses excellentes boutiques de produits (voir le chapitre « Où acheter de bons produits ? » plus haut). Encore quelques artisans, dont un bijoutier qui travaille même en vitrine.

Le quartier de Figuerolles *(plan détachable B4)* **:** le plus emblématique, le plus populaire de Montpellier. Il prolonge, au-delà du cours Gambetta, le quartier du Courreau. Ces Figuerolles (littéralement : « là où il y a des figuiers », encore que des historiens prétendent que c'est une grande famille foncière, les *Figayrolles,* qui donna son nom au quartier) se sont construites au fil des vagues d'immigration. Quartier éminemment populaire, avec encore quelques artisans et de nombreux petits commerces. En attendant les mutations sociales inévitables, depuis l'arrivée du tram, venez donc apprécier la santé pétante des petits commerces de Figuerolles. Record de coiffeurs-barbiers, boucheries, bazars, kebabs, dans les rues Daru, du Faubourg-Figuerolles, Vincent et du cours Gambetta, où l'on vend des bottes de menthe à même le trottoir. En prime, une riche vie associative – le quartier compte même une librairie libertaire –, et *La Pleine Lune,* bar musical parmi les plus sympas de Montpellier (voir « Où écouter de la musique ? Où assister à un spectacle ? »)... Et quand il n'y a pas de musique, reste la terrasse sur la place Salengro. Curieusement, l'apéro y possède un autre goût et l'atmosphère se révèle nettement plus grecque et méditerranéenne qu'à Antigone...

LIBRE-ÉCHANGE

Dans Figuerolles flotte comme un esprit anar, qui date de l'après-guerre, quand des habitants du quartier fondèrent la Commune libre de Figuerolles, municipalité parallèle, laïque et apolitique, élisant son maire et ses conseillers municipaux. Une expérience qui dura de 1948 à 1962, soit 15 ans d'actions solidaires (repas pour les personnes âgées, arbre de Noël, charbon distribué aux nécessiteux, etc.) et festives. La Commune libre organisait ainsi sa cavalcade, avec élection d'une reine. La première fut une mamie, la deuxième un homme ! Cool.

Le quartier des Arceaux *(plan détachable B3)* **:** à l'ouest du Peyrou, délimité par les avenues d'Assas et de Lodève. L'aqueduc des Arceaux en est la moelle épinière. Jusque dans les années 1960, il suffisait de suivre les bons effluves de

L'HÉRAULT

cacao dispensés par la chocolaterie *Matte* pour dénicher ce quartier populaire désormais embourgeoisé. Beaucoup de pavillons et de petits immeubles discrets. Edmond Leenhardt, un fameux architecte local, spécialiste des bureaux de poste, construisit une dizaine de villas aux Arceaux (pour ceux que ça intéresse, liste et adresses dans *L'Annuaire des Arceaux*). Petite vie villageoise autour des rues Marioge, Subleyras, etc. Nombreux petits commerces et jolies maisons basses avec balcon de fer forgé. Marché bio le mardi et surtout le samedi matin. Pour les amateurs, prolonger le plaisir du marché en faisant un tour rue Marioge. Ambiance de village dans la ville, avec un super boucher, une bonne boulangerie, une vendeuse de fruits et légumes, bio forcément, et des lieux pour boire et manger de plus en plus courus *(International Loulou, Le Bistrot de Bacchus...)*.

Le quartier des Beaux-Arts *(plan détachable C-D2)* **:** délimité par les quais des Tanneurs, du Verdanson et l'avenue de Nîmes. Venant de l'Écusson, on traverse un canal à sec (parfois recouvert par la chaussée), le Verdanson. Le lit du canal, aujourd'hui bétonné, voit désormais fleurir les graffs géants le long de ses parois, devenant ainsi une immense galerie d'art urbain à ciel ouvert, sans cesse changeante. Ceux qui s'enhardiront assez pour y descendre passeront, entre deux graffitis, devant l'ancienne ***fontaine de la Putanelle*** (entre les stations de tram Place-Albert-Ier et Stade-Philippidès), bâtie sur ordre de Jacques Cœur au XVe s et récemment réhabilitée. Là, à l'abri des regards, se retrouvaient jadis les amoureux, si bien qu'une chanson de l'époque mettait en garde les jeunes filles contre leur désir d'aller roucouler là où « plus d'une jouvencelle brisa son petit cruchon »... Au-dessus de cette fontaine s'élève l'***ancienne clinique Saint-Charles,*** bâtie au début du XXe s et reconvertie 100 ans plus tard en immeuble d'habitations. Belle façade sculptée Art déco *(plan détachable C2 ; T Place-Albert-Ier – lignes 1 et 4)*. Enfin, de l'autre côté des quais, nous voilà arrivés aux ***Beaux-Arts,*** quartier recherché pour son côté tranquille, villageois et convivial, presque bobo. La rue Ferdinand-Fabre donne le ton : quelques hôtels particuliers à deux étages avec des portails travaillés. Derrière de hauts murs, on devine de beaux jardins secrets. Des bornes anti-carrosses subsistent encore. Dans les rues Lakanal et Villefranche, demeures typiques du XIXe s, de l'époque où le coin fut loti. Beaucoup de maisons d'un étage avec fin balcon de fer forgé. L'animation culturelle locale tourne autour des cafés et restos de la ***place des Beaux-Arts*** *(Art Café, Pimpon, Bar des Super Vedettes...)*.

LA MÉMOIRE DES ODEURS

Le canal du Verdanson portait autrefois le surnom de Merdanson. C'est là en effet que les tanneurs lavaient leurs peaux. Les effluves abominables qui s'en dégageaient et que l'on peut facilement imaginer lui valurent ce patronyme, qui fut changé en Verdanson quand les tanneurs cessèrent leur activité. Curieusement, peu de gens dans le quartier connaissent l'origine de ce nom. Parfois, on préfère oublier.

L'atelier-musée Fernand-Michel – musée de l'Art brut *(plan détachable D2)* **:** *1, rue Beau-Séjour. ☎ 04-67-79-62-22. • atelier-musee.com • Ouv mer-dim 10h-13h, 14h-18h. Entrée : 8 € ; réduc.* Un coup de poing dans la gueule, c'est l'impression que beaucoup ressentiront en découvrant cette collection, riche d'un fonds de 750 œuvres de créateurs appartenant à la mouvance « art brut ». L'art « des fous », des marginaux, des visionnaires. Un art modeste, qui serait le préféré des Français, selon Dubuffet, le « pape » de cet art brut et singulier à la fois, qui le définissait ainsi : « des ouvrages exécutés par des personnes indemnes de culture artistique, dans lesquels donc le mimétisme, contrairement à ce qui se passe chez les intellectuels, ait peu ou pas de part, de sorte que les auteurs y tirent tout de leur propre fond et non pas des poncifs de l'art classique ou de l'art à la mode... ». Pourquoi ici ? Pourquoi maintenant ? L'atelier-musée en lui-même a été créé par Fernand Michel il y a plus de 50 ans ici, au rez-de-chaussée de la maison où sont nés et ont vécu ses enfants. Ce sont eux qui sont aujourd'hui à l'origine de ce nouveau musée d'Art brut qui ne laisse personne indifférent. Artiste zingueur hors norme, leur père avait laissé à sa mort, en 1999, une œuvre personnelle choc, complétée au fil des année d'acquisitions auprès de nombreux créateurs, précurseurs et initiateurs de l'art brut dont les noms parleront aux initiés tandis que les autres, les plus nombreux, resteront sous le charme, ou plutôt le choc, de la rencontre. Salles d'expos permanentes et temporaires, jardin agrémenté de sculptures, boutique-librairie.

Au nord du quartier des Beaux-Arts, un quartier plus tranquille, le ***cimetière Saint-Lazare,*** walhalla de la bourgeoisie montpelliéraine *(plan détachable E-F1 ; Ⓣ Saint-Lazare (ligne 2) ; tlj de 8h – 9h dim et j. fériés – à 17h ou 18h selon saison).* Ouvert en 1849, il abrite les sépultures des grandes familles de la ville qui ont donné leurs noms aux rues ou grands hôtels particuliers, comme les *Baschy de Cayla, Cambacérès, Lunaret, Montcalm, Sabatier d'Espeyran...* Quelques tombeaux caractéristiques, comme celui de la *reine Hélène d'Italie,* les mausolées des familles *Polge* et *Alicot-Bruyas,* de pittoresques chapelles funéraires. Mais c'est surtout le tombeau de la famille *Sylvestre* qui retient l'attention. Fascinée par l'histoire d'amour d'Héloïse et Abélard et par leur superbe tombeau de style gothique (au Père-Lachaise à Paris), elle en fit édifier une très fidèle reproduction...

LA VILLE NOUVELLE

L'esplanade Charles-de-Gaulle et le jardin du Champ-de-Mars (plan centre détachable D3)

Un autre Montpellier, encore un, trait d'union parfait entre la place de la Comédie et le Corum (lire plus bas). Sortant du musée Fabre, ou revenant en centre-ville, le visiteur découvre, ravi, un parc en plein cœur de la cité, semé de bancs, d'un kiosque à musique, d'une drôle d'aire de jeux, d'un manège et de terrasses de cafés. Ancien terrain vague et dépotoir, il fallut attendre le XVIIIe s pour que ce bel espace fût organisé en promenade, aujourd'hui ombragée d'allées de platanes et rafraîchie par des bassins, fontaines et jets d'eau. Sur la droite de l'esplanade, le jardin du Champ-de-Mars, son étang et ses pelouses souvent accessibles aux beaux jours pour s'allonger. Le long du boulevard Sarrail, le musée Fabre (voir plus haut « Balade dans le vieux Montpellier»).

Le Pavillon populaire – Espace d'art photographique *(plan centre détachable D3)* **:** *esplanade Charles-de-Gaulle. ☎ 04-67-66-88-91. Tlj sf lun, 10h (11h en été)-13h, 14h-18h (19h en été). Fermé 1er janv, 1er mai et 25 déc. GRATUIT. Visite guidée (gratuite également) sam à 11h, 14h30 et 16h.* Cette ancienne maison populaire à la fière allure, à deux pas de la Comédie, a été transformée en temple de la photo, présentant des expos de grande qualité, contemporaines ou historiques.

L'espace Dominique-Bagouet *(plan centre détachable D3)* **:** *esplanade Charles-de-Gaulle. ☎ 04-67-68-88-91. • montpellier.fr • Mêmes horaires que le Pavillon populaire. Visite guidée mer à 16h. GRATUIT.* L'ancienne Maison de l'énergie a été transformée en espace d'exposition dédié aux artistes contemporains régionaux reconnus ou en devenir, ainsi qu'à des collections rarement présentées. En général, trois expos par an.

Avant d'arriver au Corum, on tombe sur les cinq étranges ***allégories en résine*** de polyester coloré de l'artiste américain Allan McCollum. Elles reproduisent les sculptures mutilées qui furent trouvées dans le château Bonnier-de-la-Mosson, dans les environs de Montpellier.

> ## UN OPÉRA QUI A DU RESSORT
>
> *Le bâtiment de l'Opéra Berlioz a bénéficié d'une grande innovation technologique. 280 boîtes à ressorts de 50 cm chacune supportent les 23 000 t de la grande salle et de la cage de scène. Cela afin de supprimer les vibrations du tramway et du TGV qui circulent à proximité. Un procédé que l'on utilisait jusque-là pour protéger le cœur des centrales nucléaires.*

Le Corum *(zoom détachable D3)* **:** *tt au bout de l'esplanade Charles-de-Gaulle.* L'opéra-palais des congrès imaginé par l'architecte Claude Vasconi a fini par se fondre dans le paysage de la ville mutante. Son nom composite qualifierait les fonctions cumulées de palais des congrès et d'auditorium. D'aucuns s'inclinent pour un rapprochement linguistique plus exact entre le cœur et le forum. Vue extérieure : béton et granit rose de Finlande. Vue intérieure : tout d'un hall d'aéroport (d'ailleurs, il y a même un héliport sur le toit !). Il abrite un écrin : une superbe salle de 2 000 places, inaugurée en 1990, l'***Opéra Berlioz,*** complément moderne de l'*Opéra Comédie.* Il figure au troisième rang français par sa fréquentation, avec une moyenne de 130 représentations annuelles.

Antigone *(plan détachable E-F4)*

Sur 1 800 m, la longueur exacte des Champs-Élysées parisiens, l'architecte catalan Ricardo Bofill s'est inspiré d'un style que l'on peut qualifier de néoclassique monumentalisé pour dessiner ce vaste ensemble de logements sociaux, bureaux et commerces, grandiloquent décor de théâtre faussement antique qui s'anime peu à peu, grâce aux halles, à la piscine olympique Antigone, à la médiathèque Émile-Zola et aux restaurants en bordure du fleuve.

➢ De la place de la Comédie, on accède à Antigone par le tram (le plus sympa, en fait) ou en traversant le centre commercial (climatisé en été, ça peut avoir son charme) du ***Polygone,*** érigé sur le terrain de l'ancien champ de manœuvres (polygone de tir). Œuvre colossale, Antigone (clin d'œil au théâtre grec mais surtout anti-Polygone !) est le fruit de réflexions savantes et de calculs secrets et complexes, comme celui des proportions de la ***place du Nombre-d'Or.*** Laissant les ***Échelles de la Ville*** (les escaliers qui relient le niveau de la place de la Comédie et celui d'Antigone) derrière nous, on parvient à cette place qui se prolonge par une longue esplanade bordée d'immeubles. D'allure austère au départ, elle s'est ouverte du côté du Polygone par une arche impressionnante et s'est ornée d'une fontaine doublement rafraîchissante, puisqu'on peut s'amuser à la traverser, en choisissant bien le moment où l'eau jaillit ! Les façades intérieures sont surmontées d'une corniche très saillante, l'amorce d'une « coupole imaginaire » selon Bofill, qui, entre mathématiques et lyrisme, conçoit le ciel comme un plafond toujours changeant. La place du Nombre-d'Or est à la fois la clé de voûte et la référence du projet Antigone. Son module de base, un carré de 48 m de côté, sert de modèle aux places suivantes, toutes combinant le carré et le cercle en plan mais dans une configuration toujours différente. La ***place du Millénaire,*** large de 48 m, semble, à l'œil nu, plus étroite par la présence des cyprès. Quant à la ***place de Thessalie,*** elle offre la variante d'un jardin carré et deux amphithéâtres également plantés.
Après avoir traversé la rue de l'Acropole et toujours dans le sacro-saint respect des proportions, on tombe nez à nez avec la ***piscine olympique Antigone*** conçue par Bofill *himself* et, sur la gauche, la ***médiathèque centrale d'Agglomération Émile-Zola.*** Entre les deux bâtiments, la *place Dionysos,* aménagée en amphithéâtre avec 300 places assises. De l'autre côté du boulevard, les halles Jacques-Cœur, contemporaines juste ce qu'il faut, restituent une ambiance moins

solennelle au quartier. La bibliothèque, œuvre des architectes Chemetov et Huidobro, abrite son espace d'archives sur la façade sud couverte par un mur plein, laissant la partie nord ouverte sur de grandes baies vitrées. C'est justement là que l'on peut consulter revues et journaux ou faire une halte à la cafétéria, de préférence autour de 17h, lorsqu'un écran géant descend pour projeter des émissions littéraires autour desquelles les visiteurs engagent souvent le débat.
On finit avec l'***esplanade de l'Europe,*** qui permet de rendre le Lez à la ville, délimitée par un croissant d'immeubles d'habitation qui s'ouvre sur le plan d'eau. Sur l'autre rive, le bâtiment de l'hôtel de région se reflète dans un bassin-miroir qui n'est pas sans rappeler celui qui décore certaines « folies » montpelliéraines.
Antigone est un défi urbanistique, un essai en perpétuelle transformation. Et les projets ne s'arrêtent pas là. L'axe central entre l'agglomération et ses plages sera l'autoroute, et le Lez sa colonne vertébrale. Deux solutions sont envisagées afin de le rendre navigable : lui réinjecter de l'eau des nappes souterraines ou du Rhône. En attendant, les nouveaux quartiers sortent de terre sur des centaines d'hectares : le pôle universitaire Richter, les résidences chic de Port-Marianne autour du bassin Jacques-Cœur, le centre de loisirs d'Odysseum avec sa patinoire et son grand aquarium (voir plus loin « Montpellier toujours, un peu plus loin »)...

MONTPELLIER TOUJOURS, UN PEU PLUS LOIN

Au nord, dans le quartier des facs

Ville universitaire, Montpellier accueille ses 60 000 étudiants dans une vaste zone aérée plutôt résidentielle, située un peu à l'écart du centre. Au nord, ce grand quartier qui regroupe aussi les hôpitaux est bordé par un immense espace naturel préservé, où les collines de garrigue viennent lécher le Lez. Là s'étendent le zoo et le bois de Montmaur. Pas grand-chose à faire dans le coin sinon, si ce n'est étudier bien sûr, et buller sur les pelouses de la fac de lettres, l'université Paul-Valéry. Quelques équipement culturels tout de même (cinéma d'art et d'essai *Utopia* – lire plus haut « Culture » –, théâtre La Vignette et bar à vins et à concerts *Trinque-Fougasse O'Nord* – lire plus haut « Où écouter de la musique ? Où assister à un spectacle ? Bars musicaux »). *Pour y aller* Ⓣ *Saint-Éloi ou Universités-des-Sciences-et-des-Lettres (ligne 1).*

Le musée de la Pharmacie *(plan détachable A1)* **:** *faculté de pharmacie, 15, av. Charles-Flahault. ☎ 04-11-75-93-55.* Ⓣ *Boutonnet (ligne 1). Mar et ven 10h-12h. Fermé 1er janv, 1er mai, en août et pdt les congés universitaires. GRATUIT.*
Installé dans l'ancienne bibliothèque de la faculté, il retrace toute l'histoire de la pharmacie du XIIe s à nos jours. Impossible de tout décrire, mais signalons les trois officines de pharmacie reconstituées dans leur intégralité et assez fascinantes. Notamment celle Art déco de 1925 et celle de style Empire qui fonctionna de 1820 à 1973. Comptoir avec meuble à ordonnancier, miroirs qui dissimulaient l'armoire à poisons et à stupéfiants, vénérables bocaux étiquetés d'époque, cages à sangsues, ventouses, canules, moules à ovules, appareils à fabriquer les cachets, balances de précision, microscopes, galvanomètres, etc., toute une série d'objets, appareils et outils insolites... Également de nombreux livres et manuscrits très anciens, comme ce fragment de l'une des copies de la bulle du pape qui fonda l'université en 1289, ou la première pharmacopée qui tenta d'unifier les pratiques des apothicaires de la ville en 1574.

Au nord-ouest

La Mosson : Ⓣ *Mosson (lignes 1 et 3).* Une destination connue tant pour son stade de foot que pour ses tours bâties il y a 40 ans, au nord de la ville, pour loger

les travailleurs immigrés et leurs familles. On peut se contenter d'une balade le dimanche matin au marché aux puces (près du stade de la Mosson). En remontant entre les tours, grand marché tous les matins aux halles de la Paillade, l'ancien nom du quartier encore utilisé par tous mais jugé péjoratif par la municipalité, qui l'a donc rebaptisé « Mosson ».
Face aux halles, théâtre Jean-Vilar et grand parc boisé sur les berges de la Mosson *(T Halles-de-la-Paillade – ligne 1).* Les fans d'architecture contemporaine pourront aussi en profiter pour jeter un œil aux nouvelles Archives départementales (« Pierres vives »), abritées dans un immense paquebot aux courbes de béton et de verre dessiné par Zaha Hadid.
En remontant vers le centre par la ligne n° 3 du tramway, arrêt à la station ***Celleneuve*** pour flâner dans le quartier éponyme. Une ancienne bourgade médiévale (voir la massive église Sainte-Croix, du XIIe s) depuis longtemps intégrée à la ville, mais qui a gardé un petit quelque chose de son atmosphère villageoise, surtout lorsque l'on s'enfonce dans le lacis de ruelles s'échappant de la place Renaudel. De nombreux petits commerces jalonnent ce quartier sympathique, riche d'une remarquable mixité sociale et culturelle.

En allant vers la mer

Le quartier de Port-Marianne et Jacques-Cœur *(plan détachable G5-6)* **:** *T Port-Marianne (lignes 1 et 3).*
Prolongeant le quartier d'Antigone, il suit les rives du Lez, bordées de pistes cyclables et d'espaces verts. Car ce nouveau quartier se veut écolo, autant que possible. Et l'ensemble a vraiment de la gueule. De la friche est né un nouveau pôle de vie, loin d'être terminé certes, mais qui prend déjà ses marques dans l'esprit des Montpelliérains. Ici, pas de néo-antique, mais des immeubles résidentiels plutôt bas, projetant dans les airs leurs multiples terrasses. De la couleur, des formes élancées, du verre, du métal, du béton, mais aussi du bois, du vert, de l'eau, l'ensemble jouant merveilleusement avec la lumière. Les parcs, les espaces ouverts, les esplanades et les allées piétonnes ponctuent ce nouveau lieu de vie, prouvant qu'urbain peut aussi rimer avec humain. Au cœur du quartier, le ***bassin artificiel Jacques-Cœur,*** de 1,3 ha, mangé par les roselières, cerné de palmiers *Washingtonia filifera* et encadré de terrasses de restos.
Toujours plus vers la mer, la ville a installé sa ***nouvelle mairie*** au cœur de ce quartier *(plan détachable F-G5)*, faisant le choix de s'excentrer. Dessiné par Jean Nouvel et François Fontès, un grand cube bleuté de verre et d'acier, évidé sur l'arrière où ses ailes deviennent passerelles pour mieux encadrer une retenue d'eau. Un bâtiment qui aura divisé les Montpelliérains, tant par sa forme que par son coût. On peut jeter un œil à la structure en pénétrant dans le hall pendant les heures d'ouverture de la mairie (en semaine), ou suivre une visite guidée de l'office de tourisme.
Toujours en quête de modernité et de lignes épurées, on pourra pousser jusqu'au ***RBC Design Center*** *(plan détachable G5,* ***88*** *; 609, av. Raymond-Dugrand ; ☎ 04-66-73-30-00 ; lun-sam 10h-19h),* dessiné lui aussi par Jean Nouvel et qui abrite derrière ses verrières le temple de la ligne pure. Étonnant show-room des grandes marques de mobilier contemporain, et librairie particulièrement bien fournie (urbanisme, arts, architecture...). Au rez-de-chaussée du même édifice, on trouvera aussi une table de grand chef : *Mia by Pascal Sanchez* (voir « Où manger ? »).

Odysseum *(hors plan détachable par G5)* **:** *à la sortie de l'autoroute, à la périphérie est de la ville. T Place-de-France ou Odysseum (terminus ligne 1).* Un grandiloquent temple de la consommation et du ludisme, à proximité de Port-Marianne, mais qui manque encore un peu d'âme. Outre le méga-complexe de cinémas Gaumont, on y trouve l'aquarium *Mare Nostrum,* mais aussi un planétarium, une patinoire, un bowling, etc.

L'aquarium Mare Nostrum de Montpellier Méditerranée *(hors plan détachable par G5)* **:** *allée Ulysse, dans la zone de loisirs Odysseum. ☎ 04-67-13-05-50. • aquariummarenostrum.fr • Ⓣ Place-de-France (ligne 1). ♿ Tlj 10h-19h (20h juil-août) ; les caisses ferment 1h avt. Entrée : 15,50 € ; 10,50 € 5-12 ans ; forfait famille 48 € ; réduc ; gratuit moins de 5 ans. Compter 2h pour la visite. Programme hebdomadaire des animations sur Internet.*
Ce vaste aquarium est l'un des plus grands modèles du genre en Europe, avec 24 bassins et près de 400 espèces animales différentes. Découverte du monde marin au sens large, et de la Méditerranée en particulier, dans des ambiances lumineuses et sonores particulièrement réussies. Également des activités culturelles, pédagogiques et ludiques. Jeux d'énigmes pour les enfants et animations tout au long de la journée. L'aquarium se présente comme un tour du monde des océans. Tel un véritable explorateur, vous partez à la découverte de huit zones de biodiversité remarquables ! Bon voyage !

LÉNINE FAIT SON COME-BACK

Le complexe commercial Odysseum abrite la controversée place des Grands-Hommes imaginée par feu le président de l'agglomération de Montpellier, l'inénarrable Georges Frêche. Une ronde de statues en pied de Churchill, Roosevelt, Jaurès, Gandhi, Mandela, Golda Meir, de Gaulle... mais aussi Mao et Lénine, dont l'aménagement suscita une sacrée polémique. Quant à Georges Frêche, il a aussi eu droit à sa statue devant le lycée hôtelier voisin qui porte désormais son nom...

Le planétarium Galilée de Montpellier Métropole *(hors plan détachable par G5)* **:** *dans la zone de loisirs Odysseum. ☎ 04-67-13-26-26. • planetarium-galilee.com • Ⓣ Place-de-France (ligne 1). Mer, w-e et tlj pdt vac scol de la zone A ; séances ttes les heures 14h-17h, plus à 18h30 et 20h sam. Entrée : 6,30 € ; réduc.* Projection sur un grand écran en demi-sphère, suivie d'une explication des phénomènes astronomiques par un animateur. Le sujet est différent selon la séance (planètes, galaxies ou espace), mais bon, on ne s'écarte pas de la thématique : l'univers...

Le château de Flaugergues *(hors plan détachable par G3)* **:** *1744, av. Albert-Einstein, le Millénaire. ☎ 04-99-52-66-37. • flaugergues.com • Bus n° 9 direction Odysseum, arrêt Évariste-Galois. ♿ (en extérieur et au rdc). En voiture, Montpellier-Est (sortie n° 29), direction « le Millénaire », puis direction « Sapeurs-pompiers » (le château est en face). Château : juin-juil et sept, tlj sf lun, 15-17h ; le reste de l'année, sur rdv. Pour les jardins : tlj sf dim et j. fériés oct-mai, 9h30-18h (sam slt l'ap-m). Visite complète (guidée) : 9,50 €. Visite libre des jardins et du caveau : 7 € (billet valable 6 mois) ; réduc. Fait partie des Sites d'exception en Languedoc.* C'est au magistrat Étienne de Flaugergues que l'on doit la plus ancienne des « folies » montpelliéraines, un petit château fin XVIIe-début XVIIIe s harmonieux, dont la sobriété de la façade ocre n'est pas sans rappeler les villas toscanes. À l'intérieur, on s'attardera sur l'exceptionnel escalier aux voûtes à clé pendante, avant de découvrir le salon, la salle à manger et différentes salles à l'étage, dotées d'un magnifique mobilier d'époque. Voir notamment de précieuses tapisseries flamandes du XVIIe s. La terrasse surplombe un beau jardin à la française, mais c'est dans le parc botanique attenant qu'on ira volontiers se perdre le temps d'une balade. Sur 4 ha, le jardin à l'anglaise, classé Jardin remarquable, romantique à souhait, dévoile tour à tour une bambouseraie, des palmiers, un séquoia géant ou encore un astucieux jardin des cinq sens... Détour par le chai pour goûter le vin du château, en vente ici. Et par le restaurant, *Le Folia,* pour reprendre des forces *(ouv le midi lun-ven).* Cuisine du marché servie dans une sympathique cour ombragée.

Le château de la Mogère *(hors plan détachable par G6)* **:** *2235, route de Vauguière. ☎ 04-67-65-72-01. • lamogere.fr • Ⓣ Odysseum (ligne 1), puis passer* *sous l'autoroute. Juin-sept, tlj 14h30-18h30 ; oct-mai, slt l'ap-m w-e et j. fériés. Entrée : 7 € ; jardin seul : 3,50 €.* Classé Monument historique, le château, autre « folie » montpelliéraine, est un excellent exemple de ces maisons de plaisance raffinées, érigées entre le XVIe et le XVIIIe s pour la haute société. Les héritiers ouvrent au public leurs salons et une chambre, où l'on verra notamment les gypseries caractéristiques de l'époque (moulures en plâtre sur le thème des quatre saisons) et une belle armoire cévenole du XVIIe s. Dans le parc à la française, un beau buffet d'eau de style rocaille.

Où se mettre au vert ?

Le zoo de Lunaret : *50, av. d'Agropolis. ☎ 04-67-54-45-23. • zoo.montpellier.fr • Ⓣ Saint-Éloi (ligne 1 ; direction Mosson), puis bus « LaRonde Agropolis » direction Universités (arrêt Zoo). ♿ Tlj sf lun non fériés (tlj pdt vac scol zone A) : oct-mars, 10h-18h (17h nov-janv) ; avr-sept, 9h30-18h. Possibilité de visites guidées sur résa. GRATUIT.*
Véritable parc méditerranéen déroulé à flanc de collines dans un beau paysage de garrigues et de pinèdes. Il accueille 130 espèces différentes réparties en fonction de leur continent d'origine. Tant mieux si la grande taille de leurs enclos ne permet pas toujours de les apercevoir, la balade gagne en magie, car c'est la chance et le hasard qui vous feront rencontrer lions, ours bruns, rhinocéros, zèbres, autruches, antilopes, guépards, wallabies, girafes, mouflons... Le parc œuvre aussi activement pour la préservation des espèces menacées, avec plusieurs spécimens rares : bongos, lycaons, loups à crinière, loups ibériques, ânes de Somalie, tapirs, lémuriens...
On peut aussi visiter la grande ***serre amazonienne*** *(entrée : 6,50 € ; réduc)*, la plus vaste de France (2 600 m²). Plus de 500 animaux et 3 500 végétaux sont présentés dans l'atmosphère typique de l'Amazonie, au travers de sept espaces divers. L'occasion d'un court voyage au fil du fleuve Amazone, de son estuaire à sa source.
Un lieu d'études et d'observation scientifique pour comprendre la biodiversité, mais aussi et surtout un lieu de découverte ludique, pour tous les âges.
➢ En face, balade et parcours sportif au bois de Montmaur.

La réserve naturelle de Lunaret : *dépasser le zoo, descendre la rue Val-de-Montferrand, prendre à gauche au feu puis continuer sur la rue de Ferran. En bus, prendre le n° 10 jusqu'au terminus Aiguelongue-Jussieu, correspondance avec le tram (Saint-Éloi, ligne 1). Tlj sf lun (tlj pdt vac scol zone A), 9h-17h (18h en été). Accès libre. Animaux et vélos interdits.* Une balade facile, en pleine nature et pourtant aux franges de la ville, le long des paisibles berges du Lez aux eaux à l'étonnante teinte turquoise. Bien compter 2h aller-retour. Au débouché du sentier, possibilité de poursuivre l'escapade par le domaine de Méric (lire par ailleurs). Descendre alors la rue de Ferran sur 400 m. De là, prendre le tram à la station Saint-Lazare puis le bus pour revenir au point de départ.

Le domaine de Méric : *rue de Ferran. ☎ 04-67-79-00-95. Ⓣ Saint-Lazare (ligne 2). Tlj 8h-21h30 l'été, 20h au printemps, 18h l'hiver. GRATUIT.* Un beau parc aménagé au bord du Lez au XIXe s par la famille du peintre Frédéric Bazille. Orangerie, jardin anglais et voluptueuses essences méditerranéennes...

Le domaine de Grammont (hors plan détachable par G3) **:** *av. Albert-Einstein, le Millénaire. ☎ 04-67-64-32-90. À l'entrée est de Montpellier. Bus n° 9 depuis Odysseum. Tlj 5h-23h.* Ce domaine de 90 ha accueille de multiples activités, dont celles du Centre d'art dramatique du théâtre des Treize-Vents et le Zénith. Vaut surtout le détour pour son parc. Cèdres impressionnants (dont un plusieurs fois centenaire). Escalier extérieur à double volée, belles salles romanes au rez-de-chaussée. Un peu à l'extérieur en suivant les flèches, la mare écologique, microréserve pour les oiseaux et la flore en perdition. Également complexe sportif.

Fêtes, manifestations et festivals

Montpellier est une ville culturelle d'un dynamisme qu'on ne présente plus. Toutes les fêtes et tous les festivals sont mis à jour sur le site de l'office de tourisme.

– ***Le FISE World Montpellier, Festival international des sports extrêmes :*** *le w-e de l'Ascension, sur les rives du Lez. ☎ 04-67-40-15-35. • fise-events.com •* Premier rassemblement européen de sports extrêmes qui accueille les meilleurs *riders* du moment pour défier les lois de la gravité en roller, skateboard, BMX, wakeboard sur les rives du Lez... Et après les compétitions, place aux DJs...
– ***Saperlipopette ! :*** *en mai, au Domaine d'O, et en tournée dans l'Hérault. ☎ 0800-200-165. • domaine-do-34.eu •* Le festival des petits qui s'initient à toutes les disciplines du spectacle : théâtre, musique, arts plastiques, danse...
– ***Festival Arabesques :*** *mi-mai, au Domaine d'O. ☎ 04-99-77-00-17. • festivalarabesques.fr •* Rencontre des arts du Monde arabe, avec concerts en plein air.
– ***Comédie du livre :*** *un w-e fin mai-début juin, sur l'esplanade Charles-de-Gaulle. ☎ 04-67-29-74-99. • comediedulivre.montpellier.fr •* Un événement qui réunit écrivains, auteurs de B.D., éditeurs et libraires autour d'un thème ou d'un pays (débats, conférences, rencontres...).
– ***Le Festival des fanfares :*** *un w-e fin mai-début juin, dans les quartiers Beaux-Arts et Boutonnet. • festivalfanfare.free.fr •* Une quinzaine de fanfares envahissent les places du quartier. Un minifestival festif et populaire, ça swingue dans les rues.
– ***Le Printemps des comédiens :*** *en juin, au Domaine d'O. ☎ 04-67-63-66-67. • printempsdescomediens.com •* Un excellent festival de théâtre généraliste, qui se déroule en plein air, dans le parc du Domaine d'O, riche d'une programmation heureusement éclectique et de belle qualité. Le Printemps, depuis plus de 20 ans, a accueilli des artistes aussi divers que la troupe de Royal de Luxe, le cabaret Footsbarn, le cirque Fratellini, le *Mahabharata* mis en « espace » par Peter Brook, les Catalans de la Fura dels Baus et leur théâtre total, des marionnettistes indiens, des voltigeurs mexicains, des conteurs africains, ainsi que des musiciens et des groupes de danse du monde entier.
– ***Festival des architectures vives :*** *mi-juin. ☎ 04-67-92-51-17. • festivaldesarchitecturesvives.com • GRATUIT.* De jeunes architectes, paysagistes, scénographes... investissent des cours d'hôtels particuliers pour mieux les réinventer. L'occasion de découvrir un patrimoine souvent privé, et donc fermé au public.
– ***Festival Montpellier Danse :*** *fin juin-début juil. ☎ 04-67-60-83-60 ou 0800-600-740 (résas). • montpellierdanse.com •* Un festival, mondialement reconnu, dans un domaine où Montpellier se distingue particulièrement. Mieux vaut donc réserver longtemps à l'avance. Les cartes *Agora* offrent des réductions jusqu'à 85 % pour le festival et tout au long de la saison. Parmi les pointures de la danse contemporaine qui assurent leur présence régulière, Emmanuel Gat William Forsythe, Angelin Preljocaj, Anne-Teresa De Keersmaeker ou encore Maguy Marin. Les spectacles ont lieu dans le théâtre de plein air de l'Agora, cité internationale de la danse (ex-couvent des Ursulines) mais également au Corum, à l'Opéra Comédie, à Grammont et dans diverses communes de la métropole.
– ***Festival de Radio France et Montpellier Languedoc-Roussillon :*** *en juil. ☎ 04-67-02-02-01. • festivalradiofrancemontpellier.com •* L'un des festivals de musique classique les plus courus en France. On y entend des airs connus interprétés par de jeunes artistes, on y redécouvre des merveilles dégotées dans des fonds de tiroirs et interprétées par des vedettes internationales. Également de nombreux concerts de jazz, musique de chambre, musiques du monde au Corum, à l'Opéra Comédie au Domaine d'O et dans plusieurs communes de la métropole et de la région. 90 % des manifestations sont gratuites.

– ***Les Estivales :*** *ven 18h-minuit en juil-août, sur l'esplanade Charles-de-Gaulle.* • *montpellier-tourisme.fr* • Rencontres conviviales autour de dégustations d'huîtres, de vins du terroir, d'artistes et d'artisans... Et quand viennent les frimas, place aux ***Hivernales*** !

– ***La Métropole fait son cinéma :*** *tt le mois d'août.* Cette manifestation est un temps fort de l'agenda culturel. Avec 6 000 spectateurs chaque année, ce festival de cinéma gratuit porte la culture au plus près des habitants et vacanciers, dans une ambiance conviviale et décontractée. Les films sont projetés en plein air sur écran géant, à la tombée de la nuit, dans les 31 communes de la métropole.

– ***Les Internationales de la guitare :*** *de fin sept à mi-oct.* ☎ *04-67-66-36-55.* • *les-ig.com* • Belle programmation pour une série de concerts explorant la guitare dans tous ses styles, du rock à l'andalou, en passant par le jazz, le blues, le manouche...

– ***Festival du cinéma méditerranéen :*** *fin oct-début nov.* ☎ *04-99-13-73-73.* • *cinemed.tm.fr* • Cannes sans les paillettes. Tous les films sont axés sur la culture méditerranéenne au sens large.

DE MONTPELLIER À LA MER

Un jour, légende antique ou promesse électorale en toc, l'agglomération de Montpellier s'étendra jusqu'à la mer. En attendant, dès les premiers beaux jours, voici quelques lieux où vous risquez de rencontrer pas mal de citadins. Patience sur les routes : vous n'êtes pas le seul à vouloir fuir la ville. Si les bains de mer ne vous tentent pas, allez vous promener autour des étangs, qui s'étendent sur une trentaine de kilomètres au sud de Montpellier : étangs du Méjean, de Mauguio, de l'Arnel, de Vic, de Pierre-Blanche et du Prévost, pour ne citer que les plus proches.

PALAVAS-LES-FLOTS (34250) 5 420 hab. *Carte Hérault, D2*

• Plan *p. 304-305*

Station balnéaire populaire la plus proche de Montpellier, bondée en été. Rendu célèbre au début des congés payés, son village fut immortalisé par le dessinateur Dubout, qui le découvrit dans les années 1920. Son fameux petit train, qui amenait à la mer les citadins accablés par la chaleur, n'a certes plus rien à voir avec celui qui circule encore dans les rues en été. Le vieux Palavas, avec ses maisons anciennes au cachet particulier et son port de pêche tout mignon, n'a toutefois rien perdu de ses attraits colorés. Il faut néanmoins passer outre les innombrables nouvelles constructions sans charme et se contenter d'une balade dans les vieilles rues étroites, typiquement méditerranéennes, et sur les quais. Rien de tel sinon qu'un séjour en dehors des heures chaudes du plein été pour se rendre compte que Palavas-les-Flots reste une sympathique station balnéaire.

Légèrement en retrait des plages, on peut aussi passer quelques heures au calme parmi la faune et la flore des lagunes, dans un site exceptionnel classé Natura 2000, aux portes de la Camargue.

UN PEU D'HISTOIRE

Édifié en 1743 pour protéger la côte, le fortin faisait partie des sept tours de guet autour desquelles s'étaient installées les premières cabanes de jonc des pêcheurs, qui avaient la mer à portée de barque, aux beaux jours, et les étangs, quand le temps était capricieux...

Ainsi naquit le village de Palavas (*palus avis* : l'« oiseau des marais »). La suite est plus anecdotique. Les Clapassiers (gens de Montpellier) s'y rendaient sous le Second Empire à cheval ou en omnibus. Il faudra attendre l'inauguration en fanfare du petit train, en 1872, pour que Palavas prenne vraiment son essor.

Jusque dans les années 1960, les Montpelliérains s'installaient en famille à Palavas, dès le printemps et jusqu'en septembre, louant ce qu'on appelait des « chalets » au bord de la mer. Une tradition qui a perduré avec le développement des résidences secondaires...

TOUCHÉ, COULÉ !

Au début du XXe s, les bourgeois montpelliérains qui fréquentaient « la plage » de Palavas appelaient les pêcheurs au teint buriné les pas lavas *(les « pas-lavés » en patois), en vertu de quoi les pêcheurs surnommaient les gens de la ville les* trempa cioul *(traduction : « trempe-cul » !). Le tout faisait partie du folklore, dans une ambiance de franche gaieté qu'on peut encore imaginer.*

L'HÉRAULT

Adresse et infos utiles

i ***Office de tourisme*** *(plan zoom)* **:** *phare de la Méditerranée.* ☎ *04-67-07-73-34.* • *ot-palavaslesflots.com* • *Juil-août, tlj 10h-20h, sinon tlj 10h-13h, 14h-18h (fermé dim oct-mars).*

Bus : ☎ *04-34-88-89-99.* Ligne n° 1 Transp'Or Salle bleue/station Étang-de-l'Or de la ligne 3 du tramway.

– ***Stationnement :*** tous les parkings sont gratuits.

– ***Vel'euro :*** *aire d'accueil des camping-cars, au bord du Lez.* Location d'un vélo pour 1 € la demi-journée et 2 € la journée afin de sillonner la station et de découvrir les nouvelles pistes cyclables.

– ***Marchés :*** ***alimentaire*** *tte l'année, lun parking des Arènes ;* ***mixtes*** *mer (rue Saint-Roch) et ven mat (rue Maguelone).* ***Grand marché*** *dim avr-nov, au parking des Arènes, ainsi qu'un* ***marché nocturne*** *(18h-22h)* ***d'art et gourmandises*** *jeu juil-août, esplanade du port de plaisance.*

– ***Vente de poisson en direct :*** le matin, sur les quais du canal qui traverse la ville, les pêcheurs débarquent poissons ou crustacés.

– ***Marché aux puces, à la brocante et aux fleurs :*** *sam mat, à côté des arènes.*

Où dormir ?

Campings

Palavas Camping *(plan A2,* ***10****)* **:** *route de Maguelone.* ☎ *04-67-68-01-28.* • *adjpalavas@tohapi.fr* • *palavas-camping.fr* • *Le dernier camping après le grau de Prévost ; rive droite, avt le parking pour Maguelone. Ouv d'avr à fin sept. Compter 26-52 € pour 2 ; mobile homes 4-6 pers 435-1 778 €/sem selon taille et saison. 430 empl.* Camping 5 étoiles, de taille encore raisonnable, peu

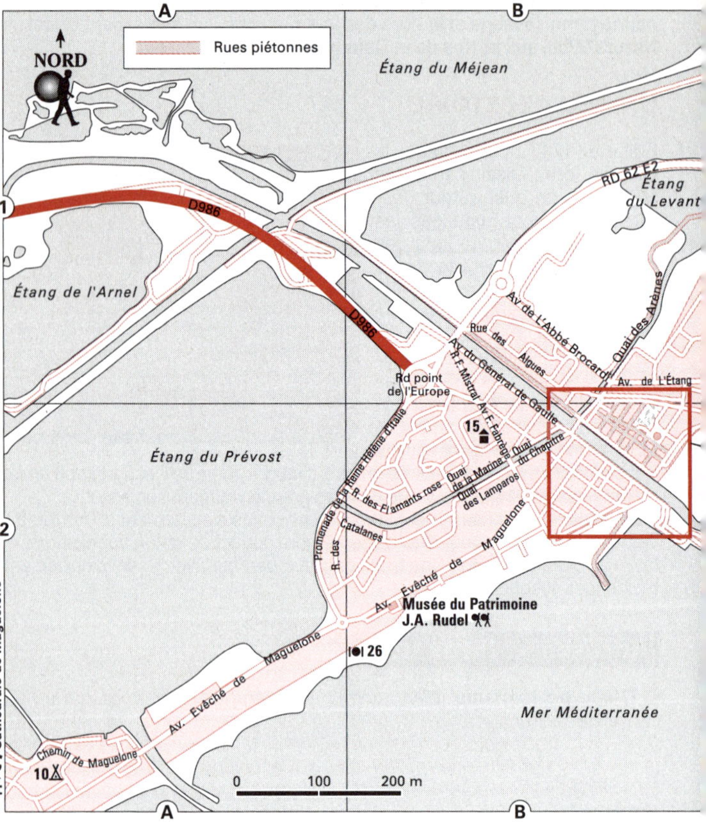

Où dormir ?

- **10** Palavas Camping
- **11** Camping des Roquilles
- **12** Hôtel-restaurant Le Grand Large
- **13** Hôtel de la Plage
- **14** Hôtel Tanagra *(zoom)*
- **15** Hôtel Amérique

Où manger ?

- **20** Au Poisson Bleu *(zoom)*
- **21** Piccolino *(zoom)*
- **22** La Rôtisserie Palavasienne *(zoom)*

ombragé mais sur la plage. Cadre somme toute très agréable si on fait abstraction des bungalows à touche-touche. Beaucoup de locatif, mais les emplacements tentes et caravanes sont bien placés, en première ligne devant la mer. Piscine et bains à bulles, ping-pong, jeux pour enfants.

Camping des Roquilles *(plan D1, **11**)* **:** *267 bis, av. Saint-Maurice. ☎ 04-67-68-03-47. • roquilles@wanadoo.fr • camping-les-roquilles.fr • Rive gauche. Ouv de fin avr à mi-sept. Compter 22-40 € pour 2*

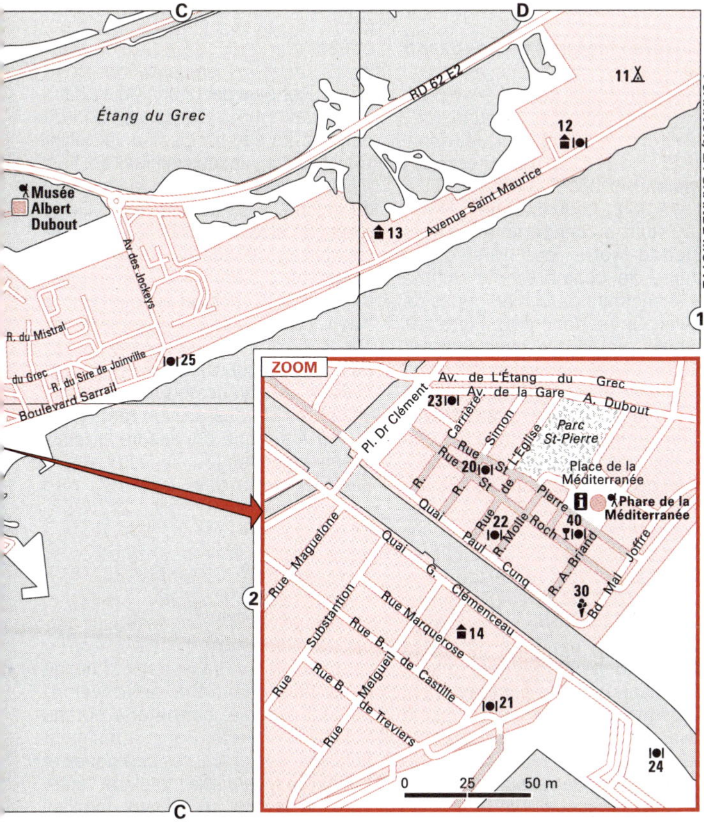

PALAVAS-LES-FLOTS

23 La Grange *(zoom)* **24** L'Artimon *(zoom)* **25** La Banane **26** Le Zénith Plage	**Où boire un verre ?** **Où grignoter sur le pouce ?** **40** La Cave d'Aristide *(zoom)* **41** Le Windsurf
Où manger une bonne glace ? **30** Glacier Catalan *(zoom)*	

selon saison ; chalets, mobile homes et roulottes 265-1 325 €/sem. Env 700 empl. Apéritif maison offert sur présentation de ce guide. Un immense camping partiellement ombragé par des tamarins, avec pas moins de 3 piscines, un toboggan aquatique, des terrains multisports (basket, volley), tennis et pétanque, une épicerie, un resto et un bar. Même un château gonflable en été. Un peu la cohue en haute saison. Ceux situés près de l'étang sont les plus agréables.

De prix moyens à chic

Hôtel-restaurant Le Grand Large (plan D1, **12**) : *279, av. Saint-Maurice. ☎ 04-67-68-01-47. • patricia.schmitt55@sft.fr • legrandlarge-palavas.com • Congés : déc-janv. Doubles 59-120 € ; familiales et suites (4-5 pers) 149-250 €. Menus 13,90 € (midi)-19,80 €. Parking gratuit.* Un peu à l'écart du centre en allant vers La Grande-Motte, cet hôtel d'une vingtaine de chambres n'a qu'une route le séparant de la mer, et pas de vis-à-vis. Optez donc pour l'une des chambres pimpantes avec vue sur la grande bleue. Les salles de bains sont un peu étriquées, mais le rapport qualité-prix reste avantageux ! Poissons et fruits de mer *a la plancha* servis sous les paillottes en terrasse.

Hôtel de la Plage (plan D1, **13**) : *99, av. Saint-Maurice. ☎ 04-67-68-95-43. • hoteldelaplage34@orange.fr • hotel-palavas-plage.fr • Doubles 55-110 € selon vue et saison. Parking privé 10 € ou parking extérieur gratuit. Café offert sur présentation de ce guide.* Petit hôtel des années 1960 à 50 m de la plage, relooké dans un style contemporain. Les chambres, toutes sur le même modèle, répondent aux standards de l'hôtellerie classique. Moquette, mobilier simple. Pas de révélation esthétique, mais un accueil pro et motivé. Quant à la mer, même si on ne la voit pas depuis sa chambre, elle est juste de l'autre côté de la route. À l'arrière, vue sur l'étang.

Hôtel Tanagra (plan zoom, **14**) : *2, rue Saint-Louis. ☎ 04-67-68-00-16. • contact@hotel-tanagra-palavas.com • hotel-tanagra.com • Rive droite. Doubles 50-105 € (petit déj express compris). Cadeau de bienvenue offert sur présentation de ce guide.* Pas plus de 12 chambres dans ce modeste hôtel, le plus ancien de Palavas. En son temps, il a vu défiler Trenet, Delon, Jacqueline Maillan, Luis Mariano, qui appréciaient la proximité du casino, à défaut du faste. De la réception aux chambres, la déco personnalisée dégage une atmosphère charmante : carreaux de céramique, murs orangés, mobilier en rotin dans le salon. Pour le même prix, préférez les chambres donnant sur le canal. Salles de bains exigües. Pas de petit déj, mais un plateau de courtoisie dans la chambre. Si vous arrivez tard, c'est l'*Hôtel Amérique* qui assure le relais (même gérance).

Hôtel Amérique (plan B2, **15**) : *7, av. Frédéric-Fabrèges. ☎ 04-67-68-04-39. • contact@hotelamerique.com • hotelamerique.com • Rive droite. Doubles 65-114 € selon saison ; familiales 88-146 €. Parking privatif payant (extérieur gratuit). Cadeau de bienvenue offert sur présentation de ce guide.* Engagé dans une démarche de développement durable, cet hôtel a obtenu le label Clef verte. Dans le bâtiment principal, des chambres classiques et climatisées. La partie motel, de l'autre côté de la rue, plaira aux familles grâce à la piscine et au spa, même si l'ensemble est plus fonctionnel que charmant. Si vous cherchez à la fois la piscine, la plage à proximité et l'animation des quais (allez savoir !), vous serez servi.

Où manger ?

Dans le vieux Palavas et sur la route des plages

De prix moyens à chic

Au Poisson Bleu (plan zoom, **20**) : *10, rue Simon. ☎ 04-67-68-42-98. • sandrine.perillou@sfr.fr • Tlj. Congés : janv, 15-30 nov. Menu 11,90 € ; carte 20-30 €. Un verre de vin offert sur présentation de ce guide.* LA poissonnerie au cœur du village. Sa devise : *De l'étal à la table.* Les tables sont installées à même le pavé dans l'artère principale du vieux village. Il suffit d'entrer, de choisir : on déguste son poisson des yeux en le voyant dorer *a la plancha,* avant de le savourer dans l'assiette. Dans la

L'HÉRAULT

pure tradition locale : convivialité et bonne humeur ! Sandrine Arnal, la maîtresse des lieux, fille et petite-fille de pêcheur, cuisine aussi quelques spécialités dans son autre resto à quelques enjambées, sur la place de l'église.

|●| ***Piccolino*** *(plan zoom,* ***21****) : 3, bd du Maréchal-Foch. ☎ 04-11-75-80-52. • velascorobert34@gmail.com • ♿ Ouv mer-dim midi et j. fériés. Menus 22-25 € ; carte env 32 €.* Sur le port et accolé au casino, ce resto fait mouche avec des saveurs méditerranéennes voyageant « de Palavas à la Sicile ». Un menu qui fourmille d'idées, et des tapas tout aussi gourmandes. Comme l'adresse propose un tiercé gagnant (qualité-prix-accueil), il est prudent de réserver.

|●| ***La Rôtisserie Palavasienne*** *(plan zoom,* ***22****) : 5, rue de l'Église. ☎ 04-67-68-52-12. Ouv ts les soirs en saison ; hors saison, midi et soir mer-sam et dim midi. Résa obligatoire en hte saison. Menu 25 € ; carte env 40 €. Apéritif ou café offert sur présentation de ce guide.* Une institution qui a assis sa réputation sur la chaleur du lieu, la qualité s'alliant au folklore pour donner vie à une table d'hôtes à la mode du pays. Didier Jimenez tient cette cantine coquette à la Dubout à côté de sa rôtisserie, proposant chaque jour, depuis 1978, des plats typiques qui varient selon la pêche du jour et l'humeur du chef, avec ses hauts et quelques bas.

|●| ***La Grange*** *(plan zoom,* ***23****) : 14, av. de la Gare-Albert-Dubout. ☎ 04-67-68-25-01. • naththierry@live.fr • Juil-août, ouv le soir tlj ; sept-juin, ouv le soir tlj sf mar, plus le midi jeu-dim. Congés : 10 j. fin janv, fin juin et à la Toussaint. Formule déj 20 € ; menus 27-40 €. Apéritif ou digestif maison offert sur présentation de ce guide.* Nathalie et Thierry Braut ont créé leur resto dans une ancienne maison de pêcheurs. Les murs bardés de bois blanc donnent à l'intérieur une atmosphère chic et décontractée. Thierry propose une cuisine méridionale et authentique : soupe de poissons, cuisses de grenouilles, encornets farcis... La chaleur du lieu, l'ambiance détendue et festive, et la jolie sélection de vins de producteurs contrebalancent largement l'emplacement du resto, dans une rue envahie par les voitures.

|●| ***L'Artimon*** *(plan zoom,* ***24****) : port de plaisance. ☎ 04-67-68-45-02. • lartimon@wanadoo.fr • ♿ Ouv tlj, 365 j./an ! Menus 34 € (déj en sem)-84 €.* Une des adresses où se retrouvent les amateurs de bouillabaisse à la marseillaise (sur commande) et de poissons grillés ou cuisinés en général. Chef amoureux des produits, d'une fraîcheur réjouissante ! Il n'y a pas à tortiller, on vient autant pour la cuisine constante que pour la jolie salle qui surplombe le port.

|●| ***La Banane*** *(plan C1,* ***25****) : 37, bd Sarrail. ☎ 04-67-50-73-93. • bruno.torres4@orange.fr • ♿ Tlj sf lun. Carte env 50 €. Café offert sur présentation de ce guide.* Au rez-de-chaussée d'un immeuble des années 1970, une salle à la déco contemporaine, plutôt élégante et soignée, pour qui souhaite s'offrir un resto de poisson un peu chic. L'accueil est chaleureux et les portions sont belles. Terrasse côté mer.

Sur la plage

|●| ***Le Zénith Plage*** *(plan B2,* ***26****) : av. de l'Évêché-de-Maguelone, rond-point du Zénith. 📱 06-09-97-63-65. • info@zenithplage.com • ♿ Rive droite. Mai-sept, tlj 9h-23h. Salades 14-18 € ; tapas 6-15 € ; plats 20-25 €. CB refusées.* Une cabane toute simple, où la plage fait office de salle à manger. Poissons *a la plancha*, salades... Plats du marché, tapas et vins de la région. Bonne ambiance. Location de *paddles*, canoës et de matelas.

|●| 🍷 ***La Plage des Lézards :*** *1269, av. de l'Évêché-de-Maguelone (rive droite). ☎ 04-67-85-62-11. • laplagedeslezards@orange.fr • ♿ Formule déj en sem 16 € ; menu 32,50 € ; carte 30-40 €.* Grande paillote confortable à la déco très tendance, et plage privée pour jouer les lézards, entre ombre et soleil. Le resto a quitté la plage pour la rive droite. Restauration méditerranéenne en diable, salades et encas.

Où manger une bonne glace ?

Glacier Catalan (plan zoom, **30**) : *5, quai Paul-Cunq. ☎ 04-67-68-44-45. Tlj 10h-minuit env (2h en été). Congés : déc-janv.* Une adresse le long du canal pour déguster en terrasse ou en salle (climatisée) d'énormes coupes de glaces artisanales. On peut aussi acheter à emporter des cornets bien croustillants.

Où boire un verre ? Où grignoter sur le pouce ?

La Cave d'Aristide (plan zoom, **40**) : *13, rue Aristide-Briand. ☎ 04-67-47-17-93. • cavearistide@hotmail.fr • Tlj sf dim ap-m et lun ; tlj en saison.* Dégustation de vins de pays et AOC du Languedoc, accompagnée de planches apéro (le w-e), à deux pas de l'office de tourisme. Compétent, accueillant et climatisé.

Le Windsurf (hors plan par A2, **41**) : *plage de Maguelone. ☎ 04-67-68-01-57. Rive droite. À gauche du parking (4 €/j. ; gratuit à partir de 20h) ; également un parking gratuit (à 15 mn) juste avt de passer le canal. Mai-sept, tlj 9h-20h (1h juin-sept ; service le soir jusqu'à 23h env).* À l'écart de la foule, cette plage est devenue le rendez-vous des amoureux de vagues (spot de *windsurf*) et de farniente. Ici, dans cette guinguette en bois exotique grand ouverte sur l'extérieur, l'apéritif se prolonge tard dans la soirée. Location de matelas sur la plage et de *paddles*.

L'HÉRAULT

À voir

Le phare de la Méditerranée (plan zoom) : *pl. de la Méditerranée.* Palavas-les-Flots a reconverti son ancien château d'eau en phare, et l'a doté d'un centre des congrès et de séminaires, de locaux pour l'office de tourisme et d'un restaurant panoramique tournant *(☎ 04-67-68-61-16 ; • restaurantlephare.fr • ; vue à la fois sur Palavas et sur une cuisine en marche, produits frais).* De 10h à minuit, on accède au sommet du phare en empruntant un ascenseur *(2 €/pers).* Du haut de ses 34 m, ce site panoramique avec bar surplombe la ville et offre une vue imprenable sur la région. Audioguides à disposition. Exposition permanente et surprenante sur l'artisanat des Poilus, cadeau d'un particulier à la ville.

le musée Albert-Dubout (plan C1) : *dans la redoute de Ballestras. ☎ 04-67-68-56-41 ou 04-67-07-73-82. • ot-palavaslesflots.com • Accessible par une passerelle depuis le parc du Levant. Juil-août, tlj 10h-13h, 16h-20h ; mars-juin et sept-nov, tlj sf lun, 14h-18h ; déc-fév, w-e, j. fériés et vac scol, tlj sf lun 14h-18h. Entrée : 5 € ; réduc ; gratuit moins de 12 ans. Livret jeux disponible à l'accueil ou sur le site internet.* Tels les cloîtres reconstruits pierre par pierre à New York, la petite redoute du XVIIIe s a émergé de sa cachette dans l'ancien château d'eau (elle fut ainsi à l'abri des vandales !) et s'est réimplantée sur l'étang. Le musée renferme les œuvres du célèbre dessinateur, revenu à la mode après un long purgatoire. Les expositions tournantes présentent des photographies, des objets personnels de l'artiste et différentes sélections de caricatures hilarantes, dont les plus fameuses concernent bien sûr le petit train de Palavas. On n'en finit plus de redécouvrir ces images d'un monde disparu, pleines de tendresse et de fous rires cachés. Albert Dubout (1905-1976) adorait croquer la foule en délire tout en s'en tenant lui-même éloigné. Comme disait Wolinski : « Dubout est surtout génial parce qu'il fait rire même les imbéciles. » Prenez le temps de scruter les détails !

Complément facultatif mais hautement conseillé : le ***musée du Patrimoine Jean-Aristide-Rudel*** *(plan B2),* qui fait revivre le Palavas d'hier et même d'avant-hier (du XVIIIe s aux années 1960) : *533, av. de l'Évêché-de-Maguelone.*

☎ 04-67-07-73-34. • musee.jeanrudel@orange.fr • Juil-août, tlj 10h-13h, 16h-20h ; expos ponctuelles hors saison. Entrée : 5 € ; réduc. Bel accueil, avec des commentaires qui vous accompagneront dans ce voyage dans le temps. Premiers touristes, anciens pêcheurs, fêtards d'hier, tous revivent, le temps d'une photo, d'une vidéo. Attachant.

À faire

Un plouf et une bronzette à la plage, bien sûr, même si ce n'est pas la plus belle de la Méditerranée... Beaucoup de monde en saison, l'eau est du coup un peu sale.

➢ ***Visites guidées :*** *Infos et résa à l'office de tourisme. Départ 9h30. Tarif : 5 € ; réduc.* Deux visites au choix (avr-fin sept). La première, le mardi, sur le thème « Palavas d'hier à aujourd'hui ». Promenade commentée et anecdotes sur l'histoire locale, du XVIIIe s à nos jours, dans le vieux centre. Autre visite le jeudi : balade « Entre canal et étang » pour découvrir et décoder un milieu naturel secret, classé Natura 2000. Enfin mercredi en juil-août, « Rencontre avec les pêcheurs ».

➢ ***Découverte du patrimoine lagunaire :*** *programme et infos à l'office de tourisme.* Cet espace naturel, essentiellement lagunaire et situé aux portes de la ville, est séparé de la mer par un très mince cordon littoral sablonneux. C'est un autre monde, secret et discret, un ensemble d'étangs, autrefois exploités par les saliniers et les pêcheurs. Ils sont aujourd'hui le lieu de nourrissage et de nidification de nombreux oiseaux, qu'ils soient sédentaires ou migrateurs : huîtrier pie, aigrette garzette, mouette rieuse, flamant rose, avocette, sterne naine... Ces milieux naturels salés ne sont propices qu'à une végétation très spécifique : salicorne, obione, soude, saladelle...

– ***Le Transcanal Mickey :*** *au bout du canal. Juil-août, tlj 10h-minuit ; hors saison, w-e et vac scol. Compter 1,60 € (2,20 € l'A/R).* Un télésiège qui permet de traverser cette « monumentale » (sic !) pièce d'eau. Certainement l'une des plus grandes inventions de l'homme depuis le feu, l'avion et le téléphone ! Pas très esthétique, mais les enfants adorent !

– ***Ateliers « Une histoire de poissons » et « Trésors du bord de mer » :*** *juil-août slt. Tarif : 5 € ; gratuit pour un adulte accompagnateur.* Ateliers parents-enfants axés sur la découverte des milieux naturels aquatiques, sous forme d'activités ludiques.

➢ ***Les Portes de la Camargue en kayak de mer :*** *infos et résas au ☎ 04-67-50-79-84. Un départ tlj en juil-août, en fin d'ap-m. Tarif : 25 €/pers (matériel, encadrement et assurances inclus) ; réduc.* Une balade de 3h organisée par l'association Palavas Kayak de mer. Une belle façon de découvrir la faune et la flore camarguaises sur les canaux palavasiens, puis en suivant le canal du Rhône à Sète jusqu'à l'étang.

Fêtes et manifestations à Palavas-les-Flots et dans les environs

– ***Feria de la Mer :*** *début mai.* Marque le début de la saison. Bodegas, animations taurines, danses sévillanes, courses camarguaises, etc.
– ***Festival de musique :*** *1re quinzaine de juin. Infos et résas : ☎ 04-67-60-69-92.* Concerts de musique ancienne et baroque à la cathédrale de Maguelone.
– ***Grand tournoi de joutes :*** *1 j. fin juin, les 14 juil et 15 août, et 1 j. début sept.* Sur le canal.

L'HÉRAULT

– ***Grands spectacles et concerts aux arènes :*** *tt au long de l'été. Infos : ☎ 04-67-50-39-56.* Également diverses animations en juillet-août, cinéma en plein air, bals...
– ***Fête de la Mer :*** *dim début juil.* Procession de la Saint-Pierre, bénédiction des bateaux en mer, tournois de joutes sur le canal, feux d'artifice, bal.
– ***Les Voix de Maguelone :*** *2de quinzaine de sept. Infos et résas : ☎ 04-67-50-49-88.* Le rendez-vous de la cathédrale de Maguelone.
– ***Feria d'automne :*** *fin sept.* Cette fête née au début du siècle dernier marque la fin de la saison. Bodegas, *abrivados* sur la plage, courses camarguaises et danses sévillanes.

DANS LES ENVIRONS DE PALAVAS-LES-FLOTS

VILLENEUVE-LÈS-MAGUELONE (34750)

La cathédrale Saint-Pierre : *en saison, tlj 9h-18h. Entrée libre, mais attention, mai-août, à partir de 9h (10h en mai), on doit obligatoirement stationner sur le parking payant (4 €), situé à 3 km de la cathédrale ; le tarif inclut le transfert en petit train. Sur place, centre d'accueil et d'info avec restauration et possibilité de dégustation de vins produits sur place. Audioguide : 3 €. Intéressant Festival de musique en juin (voir ci-avant « Fêtes et manifestations »).*
Au milieu des vignes, sur une île reliée à la terre au XVIIIe s, l'ancienne cathédrale Saint-Pierre se dresse au milieu d'une pinède, témoin de l'époque lointaine où la chrétienté médiévale édifiait des églises-forteresses. Elle devient siège épiscopal du VIe s jusqu'au VIIIe s, puis du XIe s au XVIe s.
Les Wisigoths rendent l'endroit prospère et célèbre. Devenue base mauresque, la ville sera rasée par Charles Martel en 737. Et ce n'est que trois siècles plus tard que la cathédrale sera reconstruite en calcaire coquiller. Tête de pont catholique dans un monde cathare, la cathédrale résistera face à l'hérésie, mais les querelles politiques des souverains auront raison de ce lieu de méditation incomparable. En 1536, l'évêché est transféré à Montpellier.
La magistrale unité architecturale de ce grand vaisseau de la chrétienté est frappante, et représente un magnifique témoignage de l'art roman. Portail merveilleux surmonté d'un linteau trop long pour la porte et d'un art très évolué. Il est orné de rosaces et de feuillages (acanthes) d'une perfection totale.
À l'intérieur, nef unique de 28 m x 10 m par laquelle on se sent comme écrasé. Pas de sculptures (les murs étaient peints). La tribune était destinée aux chanoines. Çà et là, des dalles funéraires d'anciens évêques (XIVe et XVIIe s) et, dans la chapelle de Saint-Augustin qui date du Xe s (c'est la partie la plus ancienne de l'édifice), mausolée du cardinal de Canilhac et sarcophage en marbre gris à pilastres cannelés qui serait le tombeau de la Belle Maguelone. Beau travail sur la lumière, que vous pourrez admirer encore plus les soirs de concerts (voir plus haut « Fêtes et manifestations »).

Maison Fabreges : *rens au point d'accueil. ☎ 04-67-50-49-88. Côté terrasse, en été, au pied de la cathédrale. Ouv le midi tlj. Dégustation d'huîtres 6-7 € ; assiette-repas 12,50 €.* Un lieu magique, côté parc, entrouvert seulement le temps d'un repas, qui laisse découvrir l'étendue des vignes, de l'étang où se font « Les Récoltes des Compagnons », pour reprendre l'intitulé de l'organisme qui s'occupe tout à la fois de la vente de produits en magasin et de cette petite restauration. Dégustation des vins du domaine.

– ***Les Rochers de Maguelone :*** *chemin de la Diligence. ☎ 04-67-27-86-26. • les-rochers-de-maguelone.com • Juil-août, tlj 10h-19h ; avr-juin et de sept à mi-oct, dim et j. fériés 10h-19h, mer et sam 13h30-19h, tlj pdt vac scol ; fév-mars et de mi-oct à nov, mer, w-e et j. fériés 13h30-18h, tlj pdt vac scol. Fermé déc-janv. Tarifs*

Accro'parc : 16-24,50 € selon âge. Tarif Explor'parc : 10-12 € ; réduc. Dès 3 ans. Trois parcs d'aventure sportifs et récréatifs pour tous les âges : *Accro'parc* avec une bonne vingtaine de parcours, tyroliennes, etc. ; *Explor'parc,* un autre parc de loisirs pour toute la famille ; et *Laser'parc,* un *laser game* dans la forêt.

LATTES (34970)

La Maison de la nature : *chemin de l'Étang. ☎ 04-67-22-12-44. À 9 km au nord de Palavas par le D 986 (vers Montpellier). Juil-août, tlj sf lun, 9h-12h, 16h-20h, sentiers accessibles 9h-19h30 ; le reste de l'année, tlj sf lun, 14h-18h. Fermé les 1er janv, 1er mai, 14 juil et 25 déc.* Isolée au bord du site protégé du Méjean, elle a pour vocation de sensibiliser le public à la faune et à la flore des étangs à l'aide d'une expo interactive, d'une caméra qui filme en continu un nid de cigognes et de deux sentiers de promenade réglementés en accès libre sinuant entre prés-salés et roselières... Bucolique à souhait. Un sentier de 2,5 km est accessible aux personnes handicapées. Organise aussi des visites guidées à thème une matinée par semaine en été *(sur résa ; compter 4 €/pers pour une visite de 2-3h ; jumelles fournies).*

Le site archéologique Lattara – Musée Henri-Prades : *390, route de Pérols. ☎ 04-67-99-77-20. • museearcheo.montpellier3M.fr • Lun et mer-ven 10h-12h, 13h30-17h30 ; sam-dim 14h-18h (ou 19h). Fermé 1er janv, 1er mai, 14 juil, 15 août, 1er nov et 25 déc. Entrée : 3 € (4 € avec les expos temporaires) ; réduc ; gratuit moins de 6 ans et pour ts le 1er dim du mois.* Ce musée intéressant et très lisible est implanté sur le site archéologique de l'antique Lattarra, port lagunaire occupé du VIe s av. J.-C. au IIIe s apr. J.-C. On y découvre le résultat des nombreuses campagnes de fouilles menées d'abord par Henri Prades, puis par les chercheurs du CNRS. L'exposition permanente témoigne de l'activité de la région depuis le Néolithique jusqu'à son âge d'or à l'époque gallo-romaine : monnaies, verres soufflés, objets votifs, bijoux, statues, etc. Au 1er niveau, expositions temporaires toujours passionnantes. Vue imprenable sur le site de fouilles.

Restaurant Sensation : *2, rue des Consuls, résidence del Rey, Port-Ariane. ☎ 04-67-50-39-31. • restaurantsensation@hotmail.fr • Tlj sf sam-lun et j. fériés en basse saison, slt sam en hte saison. Menus 25 € déj en sem, puis 39-77 €. Parking Jacques-Cœur à proximité gratuit.* Une adresse dans l'air du temps, intimiste, qui joue à l'atelier de cuisine, mais sans élèves dissipés. Sous vos yeux attentifs, Romain Salamone, formé à l'école des Pourcel, prépare une cuisine méditerranéenne contemporaine, osée et savamment dosée tout à la fois. Sensations nouvelles, contrastes forts, on adore ! Belle carte des vins régionale. Service souriant et efficace d'Angélique.

DE PALAVAS À LA PETITE CAMARGUE

CARNON-MAUGUIO

(34280 et 34130) 15 700 et 3 200 hab. *Carte Hérault, D2*

Deux villages, séparés par l'étang de l'Or, mais une seule entité administrative. Sur la D 21 à l'est de Palavas, Carnon étale ses 7 km de sable fin entre l'étang et la Méditerranée. C'est à deux pas du port, dans un environnement

pas mal bétonné, que vous trouverez l'office de tourisme de la ville aux deux visages. Pour découvrir Mauguio, il vous faudra reprendre la voiture, en direction de la Petite Camargue dont le village est déjà l'avant-poste...

UN PEU D'HISTOIRE

Carnon, cet « endroit des pierres » au sens premier, fut de tout temps un lieu de pêcherie, avec quelques refuges en bois ici ou là. Au début du XIXe s, certains pêcheurs choisissent de vivre sur cette étroite bande de terrain. Beaucoup se lancent dans l'exploitation des bains avec l'ouverture de buvettes, la location de cabines (un sou la journée) et de transats. Le temps a passé, le béton a coulé plus vite que le sable dans le sablier, mais Carnon a conservé ses fidèles. La station est aujourd'hui la base de départ pour les croisières sur le canal du Rhône à Sète.
De l'autre côté de l'étang de l'Or, ***Mauguio*** est un site protégé hébergeant de nombreux oiseaux et une flore particulière, situé à l'extrême limite de la Petite Camargue. Charmant village en circulade autour de sa motte féodale, qui a su préserver son petit côté provençal. Autour de l'an mille, on y frappait monnaie, le denier melgorien, qui a d'ailleurs laissé son nom aux habitants actuels. Des habitants qui s'enorgueillissent d'une autre histoire, due à la forte proportion de population espagnole qui s'est fixée ici durant l'après-guerre et qui donne à la ville son image la plus festive, 3 jours durant, en juin : la *Romeria del encuentro.*
Et puis Mauguio est bien placé sur la route des Vins, avec son terroir de la Méjanelle, cru des coteaux du Languedoc, à découvrir au domaine du même nom, à la cave des Vignerons de l'Or, au mas Ministre ou au mas Combet.

L'HÉRAULT

Adresse et infos utiles

Office de tourisme de Mauguio-Carnon : *rue du Levant, dans le centre administratif, 34280* ***Carnon.*** *☎ 04-67-50-51-15. • carnontourisme.com • Lun-ven 9h-12h30, 13h30-17h, sam 9h-13h.* Très dynamique et sympathique. Nombreux ouvrages et dépliants, conseils judicieux.

Bus Hérault Transport : *☎ 0825-34-01-34 (0,15 €/mn).* En été : lignes n° 106 Montpellier-Carnon et n° 107 Montpellier-Mauguio. Navette gratuite vers les plages du Petit-Travers à partir du terminus de la ligne 3 du tramway. Toute l'année : Nova Bus, sur inscription à la mairie. 1 € le trajet dans toute la communauté de commune.

– **Les marchés typiques de plein air :** *marché aux fleurs dim mat sur le bd de la Démocratie et marchés traditionnels mar et jeu pl. de la Libération à* ***Mauguio.*** *À* ***Carnon*** *: sam mat tte l'année, mar et jeu de mi-juin à mi-sept, mer tte la journée et en nocturne en juil-août sur le port (artisanat).*

Où dormir ?

Hôtel Le Carnon : *9, pl. Cassan, 34280* ***Carnon-Plage.*** *☎ 04-67-68-55-55. • hotel.carnon@laposte.net • hotel-le-carnon.com • Fermé en hiver. Doubles 49-79 €.* À deux pas de la plage et de l'animation, un petit hôtel d'une douzaine de chambres peu coûteuses et climatisées. Simples mais soignées, elles sont d'une blancheur éclatante, et dans certaines, un lit en hauteur permet d'accueillir une 3e personne. Une chambre un peu à l'écart s'ouvre sur une terrasse. Petites salles de bains fonctionnelles. Les moins chères donnent sur l'arrière, elles ne voient donc pas la mer mais sont plus calmes.

Hôtel Neptune : *port de plaisance, 34280* ***Carnon.*** *☎ 04-67-50-88-00. • hotel-neptune@wanadoo.fr • hotel-neptune.fr • Doubles 90-140 €.* Aux premières loges devant les bateaux, l'hôtel d'une cinquantaine de chambres a des arguments solides pour attirer une clientèle hétéroclite de vacanciers et commerciaux. De l'espace à l'accueil jusqu'aux chambres, c'est moderne et fonctionnel. L'accueil pro agrémente encore les bonnes prestations de l'établissement (plancher, Canal+, toilettes séparées) et le confort des chambres. Lors de la réservation, demandez-en une avec vue sur le port et la piscine.

Où manger ?

À Carnon

De bon marché à prix moyens

|●| ***Anisette et Brochettes :*** *37, av. Grassion-Cibrand. 06-12-19-17-31. • andremedan@hotmail.com • Ouv tlj. Compter env 20 €.* Une adresse bonne franquette, éminemment sympathique même si elle n'est pas pied dans l'eau. Ici, c'est ambiance guinguette, en salle comme dans la cour arrière où les tables sont réparties sous la treille. Au choix, brochettes de poulet, bœuf, magret, seiche, thon ou gambas grillées au feu de bois et accompagnées de frites maison. Simple et bon, comme on aime.

|●| ***Le J :*** *8, av. Grassion-Cibrand. ☎ 04-67-50-34-99. Tte l'année 8h-minuit. Midi en sem, formules 16-19 € ; menu-carte 36 €. Chambres 50-75 €.* Un emplacement royal, les pieds dans le sable, face à la mer ! Autant vous dire que par beau temps (souvent !), la réservation est indispensable pour cette adresse dans le vent. Ambiance vacances, en terrasse comme en salle, appuyée par un service jeune et décontracté, parfois débordé. À la carte, souvent des poissons entiers ou des seiches *a la plancha,* des salades généreuses... Rien de fracassant mais dépaysement assuré, et détente totale pour les familles : de la plage à l'assiette, il n'y a qu'un pas. En plus, les enfants sont ici super bien accueillis.

L'HÉRAULT

À faire au départ de Carnon

➢ ***Caminav :*** *base fluviale de Carnon. ☎ 04-67-68-01-90. • caminav.com •* Loue des péniches ou de petits bateaux, à la journée ou plus. Bon accueil et beaucoup de sérieux.

➢ ***Balade*** des cabanes de Carnon aux dunes du Petit-Travers, recommandée, à pied, le long du chemin de halage, au bord du canal du Rhône à Sète, mais aussi au bord des étangs de Pérols et Mauguio. Après le Petit-Travers, des dunes et une immense plage très fréquentée.

À voir au départ de Mauguio

Le jardin de la Motte féodale : *☎ 04-67-29-65-35. Mar-sam 8h-19h (17h nov-mars), dim 9h30-18h30 (17h nov-mars). Fermé lun et j. fériés. Accès libre. Visite guidée possible (7 pers min).* Butte plantée d'essences typiques comme exotiques, que l'on découvre au gré d'un parcours modestement labyrinthique. Rien d'extraordinaire, seulement un îlot de verdure au cœur du vieux village. Du belvédère, joli panorama.

Les berges de l'étang de l'Or : *balades accompagnées jeu mat en juil-août, 2h env (gratuit sur simple inscription à l'office de tourisme).* Sur 5 km, on suit le chemin de la Capoulière (nom du ruisseau que l'on traverse). Chemin pédestre dit « du Cabanier ».

Fête et manifestations

– ***Animations estivales :*** *juin-sept.* Animations musicales gratuites sur le port de Carnon, cinéma de plein air, activités pour les enfants...
– ***La Romeria :*** *chaque année, à* ***Mauguio,*** *un w-e début juin.* Grande fête espagnole, sévillanes, bodegas, *novillada,* corridas.
– ***Fête votive de Mauguio :*** *10 j. autour du 15 août.*

LA GRANDE-MOTTE (34280) 8 200 hab. *Carte Hérault, D2*

Le temps a plutôt été clément pour cette ville nouvelle désormais entourée de verdure, et classée au « Patrimoine du XXe siècle » par le ministère de la Culture. Symbole du tourisme de masse à la fin des années dites heureuses, La Grande-Motte ne laisse personne indifférent. Certains jurent ne pouvoir passer leurs vacances ailleurs qu'ici, d'autres fuient cet endroit, archétype de la destruction d'un littoral qui n'en avait pas besoin. Toujours est-il que La Grande-Motte répondait à une attente au début des années 1960...

UN PEU D'HISTOIRE

En 1958, le gouvernement prit la décision d'aménager les 200 km du littoral du Languedoc-Roussillon. Il fallait absolument fixer le tourisme pour éviter la trop forte migration vers l'Espagne et surtout empêcher un développement anarchique qui aurait été catastrophique, d'autant que cette zone souffrait d'insalubrité depuis toujours. En 1966, la première pierre est posée...
Dans un premier temps, on entreprit une gigantesque opération de démoustication.
Une fois ce problème réglé, l'architecte pouvait entrer en scène. Jean Balladur, cousin d'un certain Édouard, établit les plans de la ville balnéaire en se démarquant totalement de l'esthétique fonctionnaliste de l'architecture française. Se lançant dans une recherche sur un nouveau « baroque », il associa des volumes originaux (pyramides...) à une logique de courbes, de triangles et de trapèzes afin de rétablir la primauté de la forme plastique sur les contraintes fonctionnelles. Vous suivez ?
En 1974, la commune de La Grande-Motte est officiellement créée. Depuis, la ville n'a cessé de bouger, de grandir, de vivre. Et d'atteindre un équilibre inattendu, quand la verdure commença à humaniser l'ensemble.

CONCEPT FUMEUX

La démarche de Jean Balladur, l'architecte qui conçut La Grande-Motte, s'est articulée autour de trois idées. Tout d'abord, il s'inspira du temple de Teotihuacán au Mexique (pas vraiment local). Ensuite, il imagina un espace mâle, ordonné et un peu raide (les pyramides du centre-ville) et un espace femelle, aux lignes courbes (le Couchant). Enfin, il souhaita nourrir La Grande-Motte de symboles spirituels. Il dédia alors sa ville au soleil. Et on interdit la fumette.

RÉFÉRENCE OBLIGÉE

Après l'obtention du label Patrimoine du XXe siècle en 2010, habitants et vacanciers se sont soudain rendu compte des qualités architecturales de la ville.

Aujourd'hui, on est surpris du caractère visionnaire de la cité : plus de 25 km de circulation douce (piétons, vélos) intra-muros, une végétation luxuriante qui domine le béton (oui, oui !) et ces bâtiments, tantôt fiers, tantôt courbes, qui ne cessent de vous surprendre à tous les coins de rue.
Si les espaces verts occupent un tiers de la superficie totale, les équipements sportifs et de loisirs jouent quant à eux la carte du haut de gamme : un port de plaisance, un golf international dessiné par Trent Jones, un centre aquatique, un centre nautique, des dizaines de courts de tennis, un institut de thalassothérapie, un centre hippique, un casino... Tous les équipements de loisirs fonctionnent à l'année, une rareté sur le littoral languedocien.
Une plage de sable fin de 7 km (avec quelque 15 plages privées) offre aux enfants la sécurité de sa pente douce et aux parents (voire grands-parents) confort et tranquillité.

Adresse et infos utiles

Office de tourisme : *55, rue du Port. ☎ 04-67-56-42-00. • lagrandemotte.com • Tte l'année, Oct-mars 9h-12h30, 14h-18h. Avr-juin et sept, 9h30-12h30, 14h-18h30. Juil-août, 9h-20h.* À disposition, un guide de balades à réaliser à pied ou à vélo. Si vous êtes équipé d'un smartphone, possibilité d'accéder à un contenu audio exclusif en flashant l'un des 10 QR Codes positionnés à proximité des lieux remarquables de la ville. Organise en été des chasses au trésor (gratuit) pour les familles.
- ***Visites guidées :*** *avr-sept.* Plusieurs visites thématiques : architecture et symboles ; sculptures ; faune et flore. Programme disponible à l'office de tourisme.
- ***Chasses au trésor :*** *juil-août. Gratuites.* Les chasses au trésor s'adressent à toute la famille selon 3 niveaux de difficulté. Elles entraînent petits et grands sur les pas de cités enfouies ou de machines miraculeuses et permettent d'aborder la ville sous un angle nouveau. Livrets à retirer à l'office de tourisme.
- ***Nautipass :*** en vente à l'office de tourisme *(1 €).* Il donne accès aux activités nautiques de la station (stages de voile, location de bateaux, kitesurf, *stand up paddle...*) à tarif préférentiel. Il est valable pour toute la famille.

Où dormir ? Où manger ?

Prix moyens

L'Entre Potes : *35, av. Pierre-Racine. ☎ 04-67-84-36-60. Ouv tlj. Résa conseillée. Formules déj 12,50-15 € ; menus 26,60-45 € (accord mets-vins).* Mettez une croix sur la vue sur mer et vous n'aurez pas de motif de plainte. Il y a de l'idée dans cette cuisine de marché joliment tournée, et même la suggestion du midi ne fait pas grise mine. L'art de bien vivre est cultivé par ces potes accueillants, qui vous reçoivent justement comme des amis, avec la ferme résolution de vous faire plaisir. L'échappée gourmande se passe sous la véranda abritée ou en terrasse (sur rue, malheureusement). Belle sélection de vins de la région, presque tous servis au verre.

Umami : *esplanade Maurice-Justin, le Forum. ☎ 04-67-60-20-76. Mai-août, tlj ; hors saison, tlj sf lun-mar. Formule déj 11,90 € ; menus 15,50-25,50 €.* La terrasse de ce petit resto japonais, on l'aurait préférée côté port, bien entendu. On se console vite avec les classiques de la cuisine nippone préparés méticuleusement sous nos yeux : sushis, *gyozas*, tempura... C'est bon, et les prix n'ont pas enflé avec l'air du large.

La Grande Plage Bohème : *1, esplanade Jean-Baumel (sur la plage, à quelques pas du port, au niveau du yacht club). ☎ 04-67-29-29-29. Ouv midi et soir de mi-avr à mi-oct. Formules déj en sem 19-25 €. Carte 30-40 €.* Un vaste resto de plage, où les allers-retours de la table au transat en passant par le bar peuvent tourner à l'habitude. Emplacement idéal, et cuisine étonnement savoureuse pour un lieu qui pourrait abuser de sa situation les pieds dans le sable. Produits frais, plats bien servis et planches de tapas sympathiques. Quant aux desserts de Gérard Cabiron, Meilleur ouvrier de France, c'est un régal ! Soirées musicales en été.

De chic à plus chic

Hôtel Azur Bord de Mer : *pl. Justin. ☎ 04-67-56-56-00. • hotelazur@gmail.com • hotelazur.net • Doubles env 70-174 €. Parking privé (peu de places) payant.* Situation de rêve pour ce petit hôtel intime, le nez dans les haubans et le regard portant sur l'horizon marin. Et quitte à bien faire, les chambres les moins chères, situées au rez-de-chaussée, donnent sur un paisible jardin luxuriant, organisé autour d'une grande piscine chauffée. On oublie vite l'univers minéral de la ville ! Accueil très pro et avenant. Loue des vélos.

Hôtel Saint-Clair : *av. de l'Europe. ☎ 04-67-56-57-77. • hotelstclair@wanadoo.fr • hotelsaintclair.com • Doubles 100-120 €. Parking payant.* D'un côté, l'entrée, planquée entre 2 immeubles ; de l'autre, la coulée verte (privatisée en été) et... la plage à 30 m ! Chassez les préjugés, l'intérieur est à l'image de l'accueil, charmant. Les chambres, toutes de plain-pied, ont un balcon et sont à peine plus chères avec la vue mer. Bon confort et déco zen, en accord avec l'atmosphère sereine. Petit déj servi dans le patio fleuri.

Hôtel Le Méditerranée – Restaurant Le Prose : *277, allée du Vaccarès. ☎ 04-67-56-53-38. • hotel-le-mediterranee@wanadoo.fr • hotellemediterranee.com • Doubles avec TV 115-130 € ; familiales 150-165 € ; suites 250-320 €. Au resto, formules 19 € (déj)-39 €. Parking. Apéritif maison offert sur présentation de ce guide.* Une trentaine de chambres dessinées et décorées par des artistes locaux, qui ont réussi à donner un énorme cachet et de la tendresse à cette bâtisse en béton, au point qu'on s'y sent particulièrement bien. Belle piscine entourée de verdure à l'arrière, et resto sympa, en terrasse.

À faire

– **Sortie à la voile en catamaran :** *sur le bateau Lucile 2. Stand sur le quai, face à l'hôtel Mercure. 06-08-78-92-61. • catamaranlucile2.com • À partir de 20 €/pers pour 1h30 de navigation ; réduc.* Plusieurs sorties quotidiennes, avec possibilité de déjeuner, apéritif ou dîner en mer.

Manifestations

– **Festival des architectures vives :** *1 sem en juin.* Découverte d'un patrimoine architectural contemporain qui sera revisité, réinscrit, parfois réécrit par de jeunes architectes.
– **Les Nuits d'or :** *de mi-juil à fin août.* Festival pyromélodique (feu d'artifice sonorisé une fois par semaine).
– **Carnaval :** *dernier w-e d'août (original !).* Défilés et spectacles de rue.

DE PALAVAS À SÈTE

VIC-LA-GARDIOLE (34110)

Un charmant village qui résiste au tourisme de masse pour avantager le durable et l'écologique. Parcours cyclable varié pour les amateurs, avec descente sportive dans le massif de la Gardiole, longs méandres plats de sentiers et d'allées cavalières entre étang et plage des Aresquiers. Sur une colline dominant l'étang, le village lui-même a conservé quelques vestiges de remparts. Église romane du XIIe s en « cul-de-four ».

Où manger dans les environs ?

La Ferme Marine des Aresquiers : *entre le village et la plage des Aresquiers, par la route qui longe le bord de mer ; repérer sur la gauche le panneau « Producteur de coquillages ». 06-09-76-78-67. De début juin à mi-sept, mer-sam à partir de 20h, plus dim midi juin et sept, dim soir juil-août. Résa obligatoire (le j. même). Assiettes 8-18 €, plus 6-10 €/pers pour les musiciens les j. de concert (ven-sam).* Au bord de l'étang, ce producteur de coquillages (vente directe) a monté une petite bicoque de bois, installé quelques tables, et il invite des groupes du coin à s'y produire en été. On commande au comptoir des assiette sétoise, de moules au gingembre, de crevettes ou de fromages, à arroser d'un muscat sec produit par les propriétaires. Rien autour, si ce n'est l'étang, les pirouettes des poissons et parfois un vol de flamants. Les soirs de musique live, quand la nuit succède au soleil rasant, les guirlandes électriques s'allument et le brasier s'enflamme pour préparer une succulente *brasucade*. Des moules bien charnues, grillées au feu de bois avec une sauce herbes et vin blanc, servies à la bonne franquette. Prévoir un répulsif antimoustiques.

L'HÉRAULT

À faire

La plage des Aresquiers : ses galets sont très appréciés des naturistes.

➢ La route qui passe ensuite par Frontignan-Plage permet de rejoindre Sète par le chemin des pêcheurs.

➢ **Promenades** sur le massif ou autour de l'étang pour les flamants roses, les mouettes, les canards sauvages. En tout, 50 km de sentiers balisés.

COURNONTERRAL (34660)

À 5 km de Pignan et 13 km de Montpellier par la D 5.
Gros bourg vigneron groupé dans les terres, il est encore entouré de vestiges de ses remparts du XIVe s, percés d'une ouverture pour permettre aux habitants d'aller tirer l'eau à la fontaine hors les murs. Une fontaine qui aurait vu passer du beau monde, puisque Hannibal y aurait fait boire ses éléphants... L'épisode aurait d'ailleurs donné son nom à ce village un peu gaulois fier de ses traditions (voir l'encadré). Alors qu'un de ses soldats lui suggérait de marquer l'arrêt à la fameuse fontaine, le général carthaginois aurait répondu « *cur non* », c'est-à-dire « pourquoi pas »...
Plutôt que de se perdre en conjectures historiques, on pourra jeter un œil à la *tour sarrasine,* vestige du château féodal, à la pittoresque *rue des Huguenots* et à la *rue du Docteur-Malabouche,* bordée de maisons traditionnelles de viticulteurs, avant d'aller flâner dans le parc touffu du *château Mallet,* une folie du XVIIIe s, vous l'aurez deviné *(parc ouv lun-ven 7h30-19h, sam 7h30-13h).* Marché les mercredi et samedi matin sur l'esplanade.

FRONTIGNAN *(34110)*

Célèbre pour son muscat, dont les origines remontent à l'Antiquité. Importé par les Romains, il eut même droit aux honneurs dans les *Lettres* de Pline le Jeune.

Au XVIe s, la cité résista victorieusement aux protestants. La Réforme ne passa pas par là. En récompense, Richelieu et Louis XIII firent de la cité une amirauté. Le port s'agrandit et, sous Louis XIV, il fut le plus grand du Languedoc, sans aucun rival. C'était le bon temps !

Entre Méditerranée et collines de la Gardiole, sur plus de 7 km de littoral préservé et d'espaces naturels protégés, le territoire de Frontignan offre un éventail complet d'activités nautiques et d'escapades multiples. Petite station balnéaire familiale et résidentielle à Frontignan-Plage (port de plaisance), entre mer et étang.

LE PRESTIGE DE L'UNIFORME

Au XIVe s, l'administrateur du village de Cournonterral eut l'idée d'habiller les habitants avec un sac de jute piqué de buis et de plumes de dinde, une peau de blaireau sur la tête. L'objectif ? Leur donner une allure terrifiante pour effrayer l'armée d'Aumelas, un village voisin. Depuis, on rejoue chaque année la mythique bataille. Le mercredi des Cendres, des jeunes enfilent ce costume dit « des pailhasses », d'autres se roulent dans la lie de vin, et tous poursuivent quiconque traîne dans la rue, avec la ferme intention de le maculer à son tour. Et personne n'y échappe. Tous ceux passant dans le village sont alors considérés comme participant à la fête, et ce « à leurs risques et périls » (sic)...

Adresses et info utiles

Point info tourisme : *3, rue Lucien-Salette. ☎ 04-67-18-50-04. • frontignan-tourisme.com • Juil-août, tlj sf dim ap-m, 9h-13h, 16h-19h ; hors saison, tlj sf sam ap-m et dim, 9h-12h, 14h-17h30.* Bon accueil. Organise des sorties (gratuites ou payantes en fonction de la balade) à la découverte des anciens salins, de la faune et de la flore, sur le massif de la Gardiole et le littoral, ainsi que la visite des domaines de muscat. Également des balades écolos pour enfants.

Office de tourisme : *Maison du tourisme et de la plaisance, av. des Étangs, Frontignan-Plage. ☎ 04-67-18-31-60. Juil-août, tlj 9h-19h ; le reste de l'année, horaires variables et fermé dim.*

Biscuiterie artisanale La Belle Époque : *ZI Barnier. Tte l'année, lun-ven 9h-12h, 14h-17h30 ; juil-août, lun-sam 9h30-12h30, 16h30-19h.* Les fameuses « zézettes de Sète » sont en fait fabriquées ici. Profitez des prix fabrique.

– ***Marchés :*** *jeu et sam mat, en plus du marché couvert qui se tient ts les mat sf lun, en centre-ville. À* ***Frontignan-Plage,*** *marché de quartier lun mat en juil-août et marché aux puces ts les dim mat, av. du Muscat et rue d'Aigues, ZA Mas de Klé II.*

À voir

Prenez la route du littoral pour découvrir cette petite ville qui se divise en deux parties, Frontignan et Frontignan-Plage, quartier en bord de mer évidemment.

L'église Saint-Paul : *entrée libre ; en saison, visite guidée chaque mer.* Édifice trapu, massif, imposant et fortifié, construit entre les XIIe et XIVe s. Portail principal à archivolte et frise de poissons et de bateaux. Normal, le port était important !

Le musée de Frontignan : *4 bis, rue Lucien-Salette. ☎ 04-67-18-50-05. Ouv de mars à fin nov, tlj sf mar 10h-12h, 15h-18h.* Juste à côté de l'église, il est installé dans l'ancienne chapelle des Pénitents-Blancs, édifiée au XVIIe s. Il retrace l'histoire locale au travers des activités commerciales : la pêche, le sel, les joutes nautiques, les traditions et le vin, évidemment.

Les caves de muscat : plusieurs caves de muscat proposent des visites et dégustations. Liste des caves à l'office de tourisme.

Fêtes et manifestations

– **Festival international du roman noir :** *dernière sem de juin.* • *polar-frontignan.org* • Littérature, B.D., cinéma, tous les auteurs de la planète « polar » se retrouvent à Frontignan.
– **Festival du muscat :** *mi-juil.* Marché « des goûts et des saveurs », visite des caves et domaines de muscat, ateliers de dégustation, joutes nautiques, bals populaires, etc.
– **Fête de la Mer :** *dernier dim de juil.* Sorties en mer.
– **À la Rencontre des Sud :** *2 sem fin juil-début août.* Rencontres culturelles autour de l'Espagne, l'Italie, le Portugal et les pays méditerranéens. Concerts, théâtre et Journées andalouses.
– **Fête du Port de plaisance :** *14 août.* Régates, concours de pêche, marché artisanal, animations enfants, feu d'artifice, etc.

L'HÉRAULT

SÈTE ET L'ÉTANG DE THAU

On connaît les huîtres de Marennes, mais il y a aussi les huîtres de Bouzigues, et depuis longtemps, puisque les Romains les élevaient déjà. Bien que très construits, les abords de l'étang ne manquent pas de charme et d'attractions diverses : les villages de Bouzigues, Mèze, Marseillan, avec les parcs à huîtres et l'arrivée du canal du Midi... et bien sûr la capitale, Sète. La « petite Venise du Languedoc », dominée par le mont Saint-Clair (182 m !), qui fait penser à une baleine surplombant la mer, d'où son nom *Cette* en référence au cétacé, puis *Sète* depuis 1927, célébrée par Paul Valéry et Georges Brassens, le copain des copains...
– Pour les amateurs, une application pour smartphone « Vignobles et découvertes en pays de Thau ».

SÈTE

(34200) 43 300 hab. *Carte Hérault, C2*

• Plan *p. 322-323*

Elle apparaît comme un mirage. Au loin, cette montagne au bord de la mer ressemble à une île, coincée entre l'étang de Thau et la grande bleue. Singulier, non ? C'est le petit nom de Sète, l'« île singulière ». Sète et ses 12 ponts est avant tout une ville ouverte sur la mer. Elle détient le titre de deuxième

port de commerce et de premier port de pêche du littoral français méditerranéen, accueillant encore une flottille de chalutiers. On pourrait dire aussi qu'elle détient le titre de ville la plus méditerranéenne de France – avec, peut-être, Marseille. C'est que, en effet, cette ville jeune, née du canal du Midi (qui rejoint la mer par l'étang de Thau), s'est surtout peuplée de colonies méditerranéennes, et d'abord italiennes : prenez l'annuaire, vous comprendrez. Ainsi retrouve-t-on, côté maternel, du sang italien chez ces deux monuments sétois, Paul Valéry et Georges Brassens.

SÈTE, UNE MUSE

De Paul Valéry à Agnès Varda, de Jean Vilar à Georges Brassens, d'Hervé Di Rosa à Robert Combas, la « petite Venise du Languedoc » inspire. Ils sont nombreux à l'avoir prise pour modèle, à l'avoir chantée, peinte, filmée. Il s'y passe toujours quelque chose en toute saison. Photogénique, Sète ? Sa filmographie en dit long, de *Pépé le Moko* (1937) de Julien Duvivier à *Coup d'éclat* (2011) de José Alcala !

SÈTE, C'EST (UN AMOUR) DURABLE

On vient à Sète pour le charme du port et des canaux, du mont Saint-Clair, pour les plages de la Corniche et de Villeroy (promenade piétonne très agréable), pour se régaler (de poisson notamment), pour les musées et les quelques lieux animés le soir. On vient à Sète parce qu'on aime cette ville, cet endroit, son atmosphère unique. En revanche, si ça continue, on ne pourra plus en ressortir, les bouchons de Sète, en été, étant devenus quasi légendaires (la population de la ville triple en été !). Alors mieux vaut opter pour le parking gratuit prévu par la municipalité à l'entrée de la ville (parking du Mas-Coulet ou celui du Théâtre-de-la-Mer), et ne pas hésiter à emprunter les navettes fluviales pendant les festivals d'été. C'est magique ! Idem côté littoral avec le Lido.

Après la sauvegarde des 12 km de son littoral d'une érosion certaine, l'île singulière continue son engagement dans le développement durable. Renouvellement du parc automobile en véhicules électriques, 15 km de piste cyclable, navettes fluviales pendant les festivals d'été pour éviter les embouteillages, et même des verres consignés lors des manifestations pour éviter les montagnes de déchets. À suivre...

CAPITALE DES JOUTES

Les tournois de joutes, une tradition qui remonte au Moyen Âge. Pour tromper leur ennui avant de partir pour les croisades, les soldats et matelots montaient sur de légères embarcations et se combattaient. Le jour de la Saint-Louis, autour du 25 août (Louis IX est mort pendant les croisades), les rouges et les bleus s'affrontent en tournois singuliers. Le règlement de ce sport est fort complexe : pas moins de 20 articles dont on vous épargnera la liste, sans compter les variantes lyonnaises et parisiennes. En résumé, sur la *tintaine,* sorte d'échelle à l'arrière des barques, le jouteur – ou « chevalier de la tintaine » –, habillé de blanc, armé d'une lance et protégé d'un pavois (bouclier ou écu), croise le jouteur de l'équipe adverse qu'il doit envoyer à l'eau ; on dit « le tomber ». Pas n'importe comment, avertissements et disqualifications pleuvent. Le tout se déroule dans une ambiance pittoresque au son des fanfares, vieux hautbois et tambours, installés sur les barques. Les villes se rencontrent pour des championnats très sérieux où la troisième mi-temps est copieusement arrosée.

À TABLE !

Il existe une cuisine proprement sétoise, issue d'une longue tradition de bien manger et d'un mélange de cultures unique. Languedocienne et méditerranéenne, riche d'apports italiens et nord-africains, forte de bons produits (huîtres et moules de Thau, picpoul mûri sur le lido, poisson bien sûr mais aussi fromages, charcuterie, vins, fruits et légumes de l'arrière-pays)... Et quelques spécialités magnifiques, à commencer par la fameuse *tielle* (tourte au poulpe et à la sauce tomate relevée) qui résume à elle seule l'histoire de Sète, puisque les *mamma* italiennes la confectionnaient avec la part du matelot (personne ne voulait des poulpes à l'époque) et un fond de pâte à pain qu'elles tapissaient avec la sauce tomate préparée à leur façon.

Parmi les autres plats qui sont la fierté de la ville : sardines à l'escabèche, seiche « à la sétoise », *piste* de moules ou petits calamars, *poulpita* aux olives noires, loup en gibelotte... Typiques, aussi, les encornets et moules farcis, ainsi que les poissons à l'eau-sel, autre recette que l'on doit aux pêcheurs sur leurs bateaux, utilisant les restes de la pêche pour faire un genre de bouillabaisse « blanche », avec des pommes de terre cuites dans un court-bouillon très relevé. Sans oublier la sacro-sainte *macaronade aux brageoles,* de gros macaronis farcis avec des alouettes sans tête, des saucisses et de l'échine de porc, servis avec une vraie bonne sauce tomate et du parmesan, une préparation typiquement sétoise, populaire et familiale.

Adresses et infos utiles

Office de tourisme *(plan zoom)* **:** *60, grand-rue Mario-Roustan. ☎ 04-99-04-71-71. • tourisme-sete.com • Tlj sf 1er janv et 25 déc.* Propose différentes visites guidées : quartier de la pointe Courte, criée, visite guidée en minibus climatisé... Également 2 applications pour des itinéraires découverte de la ville (lire plus loin la rubrique « À voir »). Location de poussettes, billetterie des spectacles et des loisirs en général (kayak, sorties en bateau, randonnées à thème...). Visite de la ville et minividéos en langue des signes (française). Vente de produits du terroir. Projection possible d'un film *(La Cité de la pêche)* de 20 mn.

Gare routière *(plan D1)* **:** *Thau Agglo* gère le réseau de bus de Sète et de l'agglomération. *Rens : agence commerciale au quai de la Résistance, passage Le Dauphin. ☎ 04-67-74-18-77 ou 04-67-53-01-01.*

Gare SNCF *(hors plan par D1)* **:** *quai du Maréchal-Joffre. ☎ 36-35 (0,34 €/mn). Au bout de l'av. Victor-Hugo.* Un départ ttes les 30 mn env pour Montpellier, Nîmes et Avignon, 5h15-23h, ainsi que pour Agde, Béziers et Narbonne, 6h-23h.

Aéroport : à Montpellier (compter 30 mn en voiture) et à Béziers-Cap-d'Agde (35 mn).

Parkings : nombreux (mais insuffisants en haute saison), gratuits ou payants.

– **Déplacements verts :** une ligne estivale en bus relie les plages de Sète à Marseillan. Par ailleurs, des bateaux navettes sont mis en service les soirs de spectacle au Théâtre de la Mer, depuis l'entrée est de ville. Enfin, mention spéciale pour la piste cyclable qui longe les 12 km de plages.

■ **Location de vélos : BikeMed** *(plan zoom), 19, quai de la Consigne. 06-95-63-12-75.* **Le Venise** *(hors plan par A3), plage de la Corniche. ☎ 04-67-53-02-86 ; 06-16-35-48-95. Également* **Au Valéry** *(hors plan par D1), 20, rue Denfert-Rochereau. ☎ 04-67-74-77-51. Loc de vélos également à proximité de la gare.* Idéal pour partir sur la piste cyclable qui mène à Marseillan.

■ **Location de vélos électriques : Flying Cat** *(plan zoom), 8 et 13, quai Aspirant-Herber. 06-70-76-64-00 ou 06-09-83-73-73. Tlj sf dim. Compter 23 €/j., 90 €/sem.*

■ **Location de scooters : Midi Sport Location** *(plan D1), 3, av. Victor-Hugo. ☎ 04-67-74-93-52. 06-43-20-97-37. • scooter.site.voila.fr • Mar-sam 9h-12h, 14h-19h. Résa conseillée en été. Compter 29-59 €/j. pour un scooter de 50 à 125 cc (pour 150-300 km, assurances incluses).*

– **Marchés :** *ts les mat sous les halles, 7h-13h ; lun sur l'île de Thau (marché populaire pas cher) ; mer rue Alsace-Lorraine et pl. Léon-Blum (lieu du*

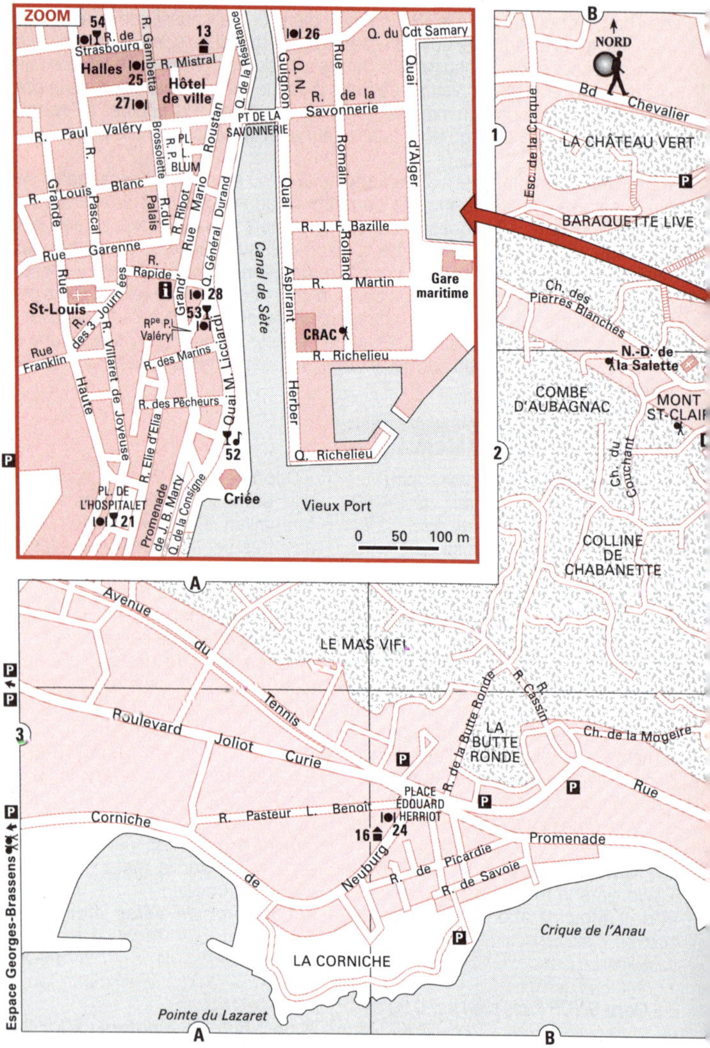

Où dormir ?

10 Auberge de jeunesse
12 Chambres d'hôtes Le Mazet Saint-Louis
13 Hôtel de Paris *(zoom)*
14 Le Grand Hôtel
15 Hôtel Le National
16 Hôtel Venezia

Où manger ?

21 Café Le Social *(zoom)*
22 Paris Méditerranée
23 Là-Haut
24 Le Petit Bistrot
25 La Cantine de l'Entonnoir *(zoom)*

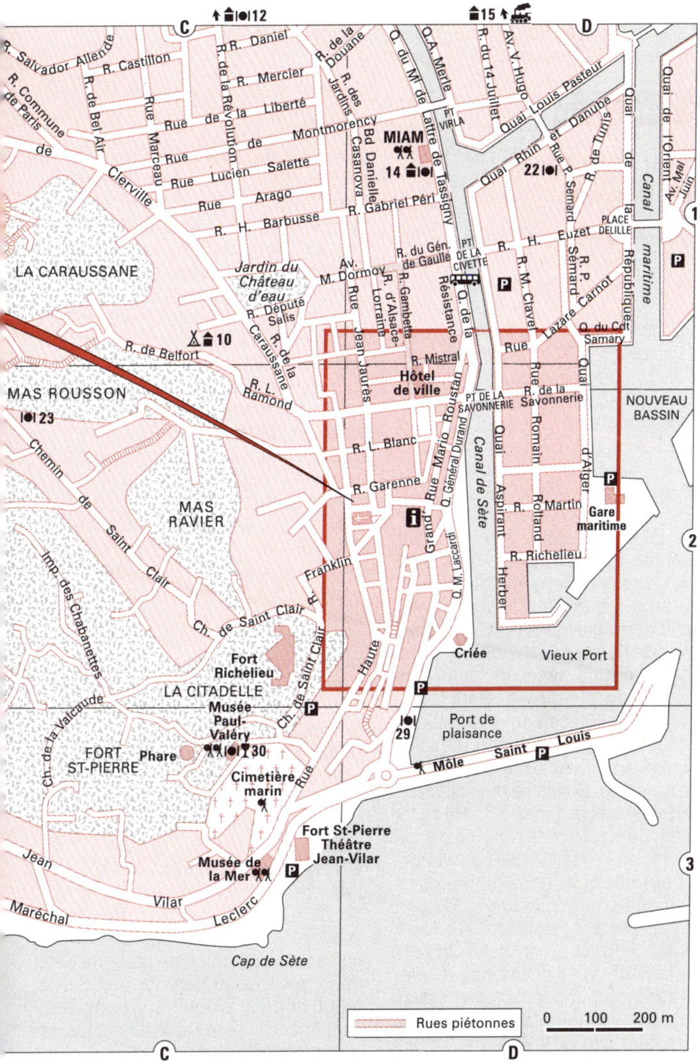

SÈTE

26 The Marcel *(zoom)*
27 L'Épicerie-Sète
28 Restaurant La Palangrotte *(zoom)*
29 Terre et Mer
30 Brasserie des Arts – Musée Paul-Valéry

Où boire un verre ? Où sortir ? Où grignoter sur le pouce ?

52 BDVP, le Bar du Vieux Port *(zoom)*
53 Le Saint-Clair *(zoom)*
54 Le Bistrot du Marché *(zoom)*

marché aux fleurs) ; jeu (marché des producteurs) sur la Corniche ; ven grand marché sur la belle av. Victor-Hugo, bordée de platanes, quartier du Théâtre.

Où dormir ?

De bon marché à prix moyens

Auberge de jeunesse (plan C1, **10**) : *villa Salis, 7, rue du Général-Revest (à pied), ou rue de Belfort (en voiture). ☎ 04-67-53-46-68. • sete@hifrance.org • hifrance.org • Accueil 7h30-minuit (8h-12h, 18h-22h hors saison). Fermé dans le courant de l'hiver. Compter 23,40 €/pers en chambre de 4 pers ou env 14,50 €/pers en camping (ouv juil-août slt), petit déj compris ; doubles 52-57 €. Repas 12,50 €. Carte FUAJ demandée. Verre de picpoul offert sur présentation de ce guide.* Perchée à flanc de colline sur les pentes du mont Saint-Clair, l'AJ profite d'une très belle vue depuis son jardin arboré dominant le vieux Sète. Les chambres basiques (4 lits, douches et w-c communs) se répartissent entre une villa début XXe s et différents bâtiments de plain-pied. Petit camping de 15 emplacements en paliers, ombragé et sans électricité (familles déconseillées). Snack-bar sur une terrasse agréable. Cuisine à disposition.

Hôtel Venezia (plan B3, **16**) : *Les Jardins de la Mer, 20, corniche de Neuburg. ☎ 04-67-51-39-38. • info@hotel-sete.com • hotel-sete.com • Congés : déc. Doubles 57-92 € petit déj compris ; familiales 82-135 € petit déj compris. Parking.* Un petit hôtel familial de 18 chambres, récemment rénové et impeccablement tenu. Le couple de gérants travaille seul, alors autant dire qu'il y est pleinement investi. Chambres calmes, agréables, bien équipées, toutes avec TV et balcon (sur le parking...). Douche ou baignoire, lits plus ou moins grands... : à vous de choisir. Bonne atmosphère. Et la plage est à 50 m !

Chambres d'hôtes Le Mazet Saint-Louis (hors plan par C1, **12**) : *15, rue Martial-Perret. ☎ 04-67-78-60-30. • lemazetsaintlouis@orange.fr • lemazetsaintlouis.fr • Double 75 € au lieu de 80 € sur présentation de ce guide. Table d'hôtes 25 €.* Une petite maison colorée, à 5 mn à pied du MIAM, dans un quartier résidentiel. On se sent bien chez Maryse Charrié, dans son intérieur épuré et lumineux, aux volumes ouverts. Les 2 chambres sont sobrement aménagées dans un autre bâtiment attenant, un petit salon entre les 2, et table et chaises dans la courette de l'entrée. Le petit déjeuner est servi sous la treille, la table d'hôtes est un pur moment de convivialité, en toute simplicité. On se régale d'huîtres au four, d'encornets farcis, de gâteau de riz, sous le regard de Dyonis, le cocker de la maison.

Hôtel Le National (hors plan par D1, **15**) : *2, rue Pons-de-l'Hérault. ☎ 04-67-74-67-85. • hotel.national@wanadoo.fr • hotelnational.fr • Doubles 58,60-77,20 € selon saison ; également des familiales.* Une jolie surprise que cet hôtel caché à l'ombre d'un théâtre à l'ancienne, où tout est nickel. Ensemble suffisamment agréable pour qu'on se sente coupable de lui préférer un faux hôtel design ou un hôtel de chaîne. Mieux vaut réserver si vous voulez en plus profiter des petits balcons, ou des chambres au dernier étage.

Résidence Odalys Terra Gaïa : *ZAC Les Salins, entrée Ouest n° 5. ☎ 04-67-53-53-12. • odalys-vacances.com • Compter 80-120 € la nuit pour 4.* Situation au cœur de Sète, dans le nouveau quartier des Salins, à 300 m de la plage de Villeroy. Pouvant accueillir 2, 4 ou 6 personnes, les appartements sont prolongés d'une terrasse. Au moment de la réservation, pensez à préciser que vous voulez une vue mer. Piscine extérieure, salle de petit déjeuner et espace bien-être avec spa, jacuzzi, sauna et salle de fitness.

Chic

Hôtel de Paris (plan zoom, **13**) : *2, rue Frédéric-Mistral.*

L'HÉRAULT

☎ 04-67-18-00-18. • contact@hoteldeparis-sete.com • hoteldeparis-sete.com • ♿ Doubles 109-139 € selon saison ; junior suites et suites à prix conséquent. 💻 📶 Dans cet hôtel, les architectes ont misé sur les couleurs, l'humour, pour optimiser la place, sans tomber dans le luxe. Mais ils n'ont pas joué sur la durée pour la peinture et les matériaux. Dommage. Prix un poil gonflés eux aussi, mais profitez des offres Internet. Heureusement, il y a le bar et l'accueil qui jouent toujours la carte de la convivialité et du charme. Également un spa, ce qui ne gâche rien. Petit déjeuner sans grand intérêt, en revanche.

Le Grand Hôtel *(plan D1, **14**) : 17, quai de Tassigny. ☎ 04-67-74-71-77. • info@legrandhotelsete.com • legrandhotelsete.com • ♿ Resto fermé sam midi et dim. Doubles 95-145 € selon confort et saison. Menus 20-47 €.* 💻 📶 Spacieux, meublé d'époque en partie, ce *Grand Hôtel* bâti dans les années 1880 a conservé son charme Louis-Philippe et grand bourgeois tout en se mettant au goût du jour. Ses chambres climatisées, toutes différentes (préférer celles qui donnent sur le canal) et articulées autour du patio central protégé par une verrière (sonore), font preuve d'originalité dans la déco, tandis que ses ferronneries modernes et son bar aux allures de néobistrot branché sont bien dans l'esprit du temps. Apéro tapas 18h-20h. Service impeccable. Rapport qualité-prix du petit déj un peu cher.

Où manger ?

De très bon marché à bon marché

Là-Haut *(plan C2, **23**) : 1188, chemin Saint-Clair. 📱 06-95-58-60-68. Panoramique Saint-Clair, côté Croix. Tlj sf mer 9h-19h avr-oct ; nov-mars le w-e 9h-13h. Salade 6 €, panini 4 €. Service au comptoir.* Olivier Nocca, ancien marin pêcheur, et sa femme Virginie sont aux commandes de ce chouette snack qui donne l'occasion de prendre un peu de hauteur. Quelques salades et paninis (dont un... à la *tielle*), et, bien sûr, la fameuse *tielle* justement. Et pourquoi pas une crêpe ou une gaufre pour conclure, à accompagner d'un smoothie ? Également des glaces (pas artisanales malheureusement). Terrasse gravillonnée et mobilier en bois.

L'Épicerie-Sète *(plan zoom, **27**) : 9, rue Gambetta. ☎ 04-67-74-35-49. Tlj sf mer et dim, 10h-19h. Plat autour de 16 € ; formule en sem 24 €.* Entrez dans l'univers gourmand de Clémentine et Sébastien Terron. Maquereaux au confit de citron, crème de lentilles chantilly aux épices... Chouette salle gaie et en retrait de la rue. Une poignée de tables en terrasse pour ceux qui préfèrent. Rafraîchissante citronnade « comme à Tanger ». Glaces artisanales. Boutique-épicerie (épices, chocolat, sirops Monin...).

Café Le Social *(plan zoom, **21**) : 35, rue Villaret-de-Joyeuse. ☎ 04-67-74-54-79. En haut de la pl. de l'Hospitalet. Juil-août, ouv le soir à partir de 18h tlj ; hors saison, ouv le soir tlj sf lun, plus le midi dim. Congés : janv. Carte de tapas, charcuterie et plats à partir de 4,50 € ; compter 15-20 €/pers. CB à partir de 15 €.* 📶 Ce bar des copains, coloré, accueille le siège de la *Jeune Lance sétoise,* une des grandes sociétés de joutes locales. Une ambiance de quartier sympathique et populaire, face à la (bonne) mère de Di Rosa, l'incroyable *Mamma,* plantée au milieu de la place de l'Hospitalet. Entre une clientèle un rien bohème et un brin branchée, *Le Social* vit tranquillement sa vie tard le soir. Ceux qui auraient plus envie de solide pourront opter pour des *piquillos* farcis, un steak tartare, du chorizo grillé ; frites fraîches. Dommage que la terrasse donne sur une place transformée en parking... Heureusement, au-delà, on voit la Grande Bleue.

Prix moyens

La Cantine de l'Entonnoir *(plan zoom, **25**) : dans les halles, rue*

Gambetta. 06-73-14-91-43. Tlj sf lun-mar, 12h-13h30. Plat autour de 19 € ; carte 25-30 €. Un lieu singulier où l'on vient déjeuner à la fin de son marché. Au comptoir, des Sétois prolongent l'apéro, panier au pied, pendant que les étals replient. L'ardoise est dictée par les achats dans les halles. Selon les arrivées, Angélique nous régale d'un gratin de poissons, d'une friture de crevettes ou de supions à l'encre.

Le Petit Bistrot *(plan B3, **24**) : 20, corniche de Neuburg. ☎ 04-99-02-43-89. En face de l'église très moderne. Ouv mar-dim midi. Résa impérative. Formule du jour 19 € ; menu 32 € ; suggestions à l'ardoise min 20 €.* En guise d'apéro, on vous dépose un bon pot de rillettes et du pain ; ça commence bien. Et ça se poursuit bien aussi : supions *a la plancha*, noix de ris de veau au muscat, filet de sole aux poivrons... De bons plats servis dans un cadre moderne, sobre mais assez sonore. Service sympa et pro, un poil long. Une bonne escale.

Brasserie des Arts – Musée Paul-Valéry *(plan C3, **30**) : rue François-Desnoyer. ☎ 04-99-02-36-92. • brasseriedesartssete@gmail.com • Mêmes j. d'ouverture que le musée. Plats 16-31 €, pâtisseries 7,50-10 €.* Une adresse qui permet de prendre un peu de hauteur pour capter l'air frais ; compter 15 mn à pied de la mairie. Belle terrasse qui donne sur la mer, agrémentée d'un peu d'eau et de verdure. On s'y attable, on grignote sur le pouce (dos de thon, pavé de bœuf, turbot sauvage...), ou on se contente d'y boire un verre accompagné d'une douceur sur fond de musique lounge.

Chic

Paris Méditerranée *(plan D1, **22**) : 47, rue Pierre-Sémard. ☎ 04-67-74-97-73. • parismed@outlook.fr • Fermé sam midi et dim-lun. Menus 28-35 €.* Si la déco donne gentiment dans le néobistrot branché, un brin rétro, avec cuir rouge et corbeilles à pain en plastique, enrichie d'expos des copains artistes, la cuisine est éminemment méditerranéenne : plats malins et bien fignolés (poêlée d'encornets à la soubressade, risotto à l'encre), évoluant au gré des saisons et de l'inspiration du chef. Atmosphère conviviale, avec tables en alignement, assurée par une équipe jeune et souriante. Patio ombragé.

The Marcel *(plan zoom, **26**) : 5, rue Lazare-Carnot. ☎ 04-67-74-20-89. Tlj sf dim-lun. Congés : fin juin-début juil et fin déc-début janv. Menu 18 € midi ; carte 30-40 €.* Un lieu de rencontre, de culture, de rencontre de cultures, quoi. Dans cette vaste salle cosy où sont exposées des toiles contemporaines, on ne se sent pas du tout compressé, pas davantage pressé, alors on prend le temps de déguster une cuisine de la mer correctement travaillée, sans fausse note, sur fond de jazz ou de classique. Moules tahitiennes, bourride de baudroie...

Restaurant La Palangrotte *(plan zoom, **28**) : 1, rampe Paul-Valéry, quai de la Marine. ☎ 04-67-74-80-35. Fermé lun (le midi slt juil-août). Formule 16,90 € ; menus 21,90-39,50 € ; carte env 45 €. Apéritif offert sur présentation de ce guide.* Déco contemporaine assez sage et cuisine méditerranéenne d'aujourd'hui mais sur des bases très traditionnelles ; spécialités sétoises. La mer fournit bien sûr la plupart des beaux produits à la carte. Foie gras maison.

Terre et Mer *(plan D3, **29**) : pl. du Souras-Bas. ☎ 04-67-74-49-43. • vives.tony@orange.fr • Tlj sf mar-mer. Congés : fin déc-fin janv. Menus 19,90-39,90 €. Digestif maison offert sur présentation de ce guide.* Une des meilleures adresses sétoises. C'est le mariage d'un Aveyronnais avec une Sétoise qui a enfanté cette réussite dans un lieu à priori pas très glamour, au pied de l'ensemble d'immeubles modernes. Alliance étonnante du foie gras et du poisson, de l'imagination et du réalisme, autour d'une cuisine de jeune chef plutôt brillante. À ne pas rater. Agréable terrasse, en retrait de la circulation.

Où boire un verre ? Où sortir ? Où grignoter sur le pouce ?

BDVP, le Bar du Vieux Port *(plan zoom,* ***52****)* **:** *12, quai Maximin-Licciardi. 06-26-91-42-80. Face à la criée, sur le port de pêche. En été, tlj 9h-2h ; hors saison, tlj sf dim-lun 9h-1h.* Un lieu plein de vie, qui commence tôt le matin avec les pêcheurs pour finir tard le soir avec la jeunesse survoltée et les babas très cool. Accoudé à de gros tonneaux ou installé sur la terrasse face aux chalutiers avec un verre de picpoul, une bière ou un pastis, on savoure l'ambiance copain que n'aurait pas reniée Brassens. Des tapas pour accompagner. Cloués sur le petit bar extérieur, les prénoms des habitués... De nombreux concerts sont organisés toute l'année *(2 ou 3 fois/sem juil-août)* : salsa, variété française... C'est aussi le rendez-vous des artistes, qui exposent dans la petite salle. Flipper et baby-foot.

Le Bistrot du Marché *(plan zoom,* ***54****)* **:** *1, rue d'Alsace-Lorraine. ☎ 04-67-74-82-26. Face aux halles. Tlj 8h-2h (1h en hiver).* Adil, le patron barbu, tout le monde le connaît et aime se réfugier dans son bistrot ! Son secret : la carte des vins et l'accueil. Certains soirs, on vient pour écouter de jeunes musiciens en sirotant ses fameux cocktails.

Le Saint-Clair *(plan zoom,* ***53****)* **:** *1, quai Maximin-Licciardi. ☎ 04-67-74-72-37. En été, tlj jusqu'à 2h ; hors saison sf vac scol, tlj sf lun.* Au cœur de la Marine, un bistrot-glacier cosy avec ses fauteuils club et sa terrasse dotée d'un élégant mobilier sur fond de palmiers. Concerts réguliers en saison. Salades, petite restauration.

Faites un détour par la pointe Courte *(hors plan par D1)* pour retrouver le mythique **Bar du Passage** *(à l'entrée du quai du Mistral ; ☎ 04-67-74-21-25 ; en été, tlj ; hors saison, le soir sur résa).* C'est l'endroit où il est de bon ton de se montrer, le temps d'avaler quelques brochettes ou de boire un verre ou deux.

Pour ceux qui veulent vraiment goûter au Sète non touristique, essayez d'aller tester les brochettes aux Pierres Blanches *(hors plan par B1)*. Demandez qu'on vous indique **L'Endroit,** à l'entrée du site naturel du mont Saint-Clair, caché à l'abri des regards sous les pins. Parmi le grand choix de brochettes à Sète, c'est certainement là que l'on mange les meilleures.

Les paillotes du Lido *(hors plan par A3)* **:** *avr-sept, le long des 12 km du littoral sétois.* Une dizaine de restaurants de plage investissent le sable. C'est une institution ! On y va pour louer un transat à la journée, siroter un verre et bien sûr savourer leur cuisine méditerranéenne. On ne vous les cite pas tous car chaque Sétois a sa préférence, et vous aurez la vôtre, selon l'humeur du temps ou la vôtre, mais vous trouverez la liste complète sur le site de l'office de tourisme. Petit coup de cœur pour **La Ola,** un des meilleurs rapports qualité-prix des établissements de plage. Tapas pour l'apéro, entrées et plats aux couleurs locales et de saison, et parfois macaronade le dimanche. Transats face à la mer, tout confort. Le vendredi, le patron est au gril pour offrir les brochettes pendant l'apéro au son d'un DJ local. *La Ola* est aussi partenaire des festivals musicaux de l'été.

L'HÉRAULT

Où acheter de bons produits ?

Les halles *(plan zoom)* **:** *rue Gambetta. Ouv tlj.* Le meilleur du terroir, côté terre et côté mer, au fil des allées rebaptisées « rue de la Tielle », « rue de la Farigoule », « rue de la Murge »... Bon plan : se faire un apéro-tapas ou déguster des huîtres dans l'un des bars du marché. Et côté marchés de plein air, rendez-vous le mercredi matin autour des halles et le vendredi matin avenue Victor-Hugo. Plus authentique encore, le ***marché paysan*** et ses produits du terroir, le jeudi matin en juillet-août, place du Galion-aux-Quilles.

Biscuiterie Pouget *(hors plan par D1)* **:** *47, quai de Bosc. ☎ 04-67-74-72-38. Tlj sf lun 8h30-12h30.* Adresse 100 % sétoise, qui se mérite (la façade de l'immeuble est sans intérêt). Entrez, les effluves de madeleines, de biscuits vous guideront. Jean-Marie et Marie-Thérèse Fabre ont repris cette biscuiterie créée en 1913. Dans la plus pure tradition d'autrefois, ils confectionnent chaque jour des navettes, des madeleines au chocolat et autres délices.

Paradiso *(plan D1)* **:** *11, quai de la Résistance. ☎ 04-67-74-26-48.* Alain Cianni, l'homme au bandana, vous racontera entre deux fournées l'histoire de sa grand-mère, Adrienne Verducci, qui fut la première à commercialiser la *tielle*.

L'Île Singulière *(plan A3)* **:** *16, rue de Provence. ☎ 04-67-51-59-65. Tlj sf lun.* Un petit creux en revenant de la plage par la corniche ? Alors, ça tombe bien. Il y a les délicieuses *tielles* mais aussi de succulents chaussons aux moules.

Boutique Azaïs Polito **:** *13, rue de Bruxelles. ☎ 04-67-51-89-89. Tlj sf w-e et j. fériés.* Soupe de poisson Label rouge, rouille à la sétoise, tapenade, brandade, tous les produits de la dernière conserverie de Sète, fondée en 1963.

L'HÉRAULT

À voir

➢ Une sélection d'***itinéraires avec iPad*** permet de découvrir à son rythme le vieux Sète et le cimetière marin, le port et l'étang de Thau. Également une chasse au trésor avec un petit cadeau à la clé. Location d'iPad auprès de l'office de tourisme (voir plus haut « Adresses et infos utiles »). On peut également télécharger l'application « Découvrez l'île singulière » depuis son téléphone. Chacun intègre un jeu de piste pour enfants avec un petit cadeau à la clé.

La pointe Courte *(hors plan par D1)* **:** dans le prolongement du canal Royal, petit port pittoresque, quadrillé de ruelles et de maisonnettes, et où sèchent les filets et mouillent les barques des Pointus (nom donné aux habitants du quartier) attendant de partir sur l'étang de Thau. Une pointe très courte, confetti de terre, où le *Bar du Passage* (voir plus haut la rubrique « Où boire un verre ? Où sortir ? Où grignoter sur le pouce ? »), à l'entrée du quai du Mistral, reste un endroit sympa pour manger des brochettes en toute décontraction au bord du canal.

Le MIAM *(musée international des Arts modestes ; plan D1)* **:** *23, quai du Maréchal-de-Lattre-de-Tassigny. ☎ 04-99-04-76-44. • miam.org • ♿ Avr-sept, tlj 9h30-19h ; oct-mars, tlj sf lun, 10h-12h, 14h-18h. Entrée : 5,60 € ; 2,60 € 10-18 ans ; réduc.* Une fois passé la porte de cette caverne d'Ali Baba, on découvre les caravanes de Di Rosa, pleines de bouddhas clignotants, de Goldorak, de jouets africains, de petits jésus en plastique, ainsi que des expositions temporaires, toujours surprenantes, voire décoiffantes. Au 2e étage, les vitrines de Belluc sont en revanche fidèles au poste, remplies d'un bric-à-brac délirant constitué d'objets des années 1950-1960 aussi hétéroclites qu'inutiles. Mais ces vieilleries bariolées sont la mémoire d'une génération, les témoins d'un temps que les moins de 20 ans ne pourraient déjà plus comprendre s'ils ne le découvraient ici, ravis. Un régal que ce MIAM !

Le CRAC *(Centre régional d'art contemporain ; plan zoom)* **:** *26, quai Aspirant-Herber. ☎ 04-67-74-94-37. • crac.languedocroussillon • ♿ Tlj sf mar, 12h30 (14h w-e)-19h (15h-20h le w-e en été). Visites commentées w-e à 16h et sur demande. GRATUIT.* L'art contemporain à Sète est présent partout : il stimule les rues et les places, amuse les galeries. Normal de le retrouver dans ce lieu qui montre la diversité des champs de création, d'artistes non seulement régionaux mais aussi français et étrangers, au travers d'échanges fructueux entre musées. Dans un ancien centre de congélation et de conservation du poisson, laissez-vous surprendre par cet autre visage de Sète, un des chantiers les plus créatifs de l'art contemporain.

La Mamma et le Quartier Haut *(plan zoom)* **:** la célèbre statue aux formes opulentes du Sétois Richard Di Rosa, alanguie et mutine sur son coussin de granit, trône sur la place de l'Hospitalet. À ses pieds, les joueurs de pétanque. La place du Quartier Haut que vous atteindrez, en soufflant un peu, une fois passé l'office de tourisme, après avoir gravi la rue Rapide (on lui préfère son ancien nom, plus évocateur, de rue Rompe-Cul) et tourné dans la rue des Trois-Journées. Après la décanale (l'église) Saint-Louis, continuez par la rue Villaret-de-Joyeuse, typique de ce quartier bâti au XVIIe s pour abriter les travailleurs du môle. Un quartier resté dans son jus, avec ses petites maisons toutes simples à deux étages, très colorées, avec leur balcon, face à la mer. Arrêtez-vous en fin de journée pour grignoter sur le pouce ou boire un verre au *Café Le Social,* à l'enseigne de la *Jeune Lance sétoise* (voir plus haut la rubrique « Où manger ? »). Si vous voulez du typique, vous allez être servi.

Le môle Saint-Louis *(plan D3)* **:** le port de plaisance, très couru par les amateurs de voile depuis que Marc Pajot s'y est entraîné.

Le cimetière marin *(plan C3)* **:** *rue François-Desnoyer. Tlj 8h-18h (19h en été).* Sur le caveau de famille de Paul Valéry (famille Grassi) par ailleurs très sobre, cette inscription : « Ô récompense après une pensée, / Qu'un long regard sur le calme des dieux. » Bel endroit que ce cimetière qui s'étage au bas du flanc sud-est du mont Saint-Clair et domine les flots. À voir, en aval, dans l'autre partie du cimetière, la sépulture somptueuse des époux Paul Goudart, et celle, modeste, des deux courageux pilotes, Richard et Barthélemy, qui ont péri en mer, le 6 janvier 1867, en allant porter secours à un navire américain. Repose également face au théâtre de la Mer qui porte son nom le célèbre homme du TNP et du festival d'Avignon : Jean Vilar.

Le musée Paul-Valéry *(plan C3)* **:** *rue François-Desnoyer. ☎ 04-99-04-76-16. • mediationpaulvalery@ville-sete.fr • museepaulvalery-sete.fr • ♿ Derrière le cimetière marin. Avr-oct, tlj 9h30-19h ; nov-mars, tlj sf lun, 10h-18h. Fermé 1er nov. Entrée : 9 € (collection permanente) ; réduc ; accès à la collection permanente gratuit pour ts le 1er dim du mois. Visite guidée de la collection permanente en été (supplément 1 €) tlj sf dim, à 10h, 14h30 et 16h.* Brasserie des Arts *pour déjeuner ou boire un verre (voir « Où manger ? »).* L'endroit en lui-même est sublime : un jardin sur les flancs du mont Saint-Clair, avec vue sur la grande bleue et le cimetière marin. Le musée, conçu par l'architecte Guy Guillaume dans la lignée des bâtiments de Le Corbusier, a conservé ses trois thématiques : la peinture, avec 700 œuvres, des orientalistes jusqu'à la Figuration libre (Di Rosa, Combas) ; le fonds Valéry, qui présente 300 documents, dont le premier manuscrit du *Cimetière marin,* et des dessins et pastels signés de la main de l'écrivain ; la collection d'arts et traditions populaires. Deux expositions par an : Louis Valtat, Juan Gris, Agnès Varda, Miró... Et une programmation toute l'année de cafés littéraires, dans les jardins en saison.

Le mont Saint-Clair *(plan B2)* **:** il domine fièrement la ville du haut de ses 182 m. À pied, commencer l'ascension en partant de l'hôtel de ville, prendre la rue Paul-Valéry puis, presque en face, la rue Ramond, qui se prolonge par la rue Belfort. Ça grimpe, ça fait du bien. Un peu plus haut sur la gauche, le chemin de Biscan-Pas et son escalier qui mène au sommet. Vue sur le port. De là, le chemin des Pierres-Blanches conduit au lieu-dit du même nom, de l'autre côté du mont ; au bout, table d'orientation : panorama sur la mer et l'étang. Sympathique snack (voir « Où manger ? »).

La chapelle Notre-Dame-de-la-Salette *(plan B2)* **:** au mont Saint-Clair, tout là-haut, cet ancien ermitage construit sur les vestiges d'un fortin reçoit pèlerins et touristes indifféremment le 19 de chaque mois, et plus particulièrement le 19 septembre, anniversaire de La Salette. Curieuse chapelle, basse et sombre, dont les murs ont été décorés de fresques par Bringuier en 1952 : vision très sombre et expressionniste de l'apparition de la Vierge à La Salette, en 1846. Un peu spécial, et peut-être angoissant, mais non dénué d'intérêt. Beau panorama à 360° du haut du presbytère voisin.

Le cimetière Le Py *(hors plan par A2)* **:** *bd Camille-Blanc. Ouv tlj 9h-18h (19h en été).* Brassens (1921-1981), à défaut d'un « petit trou moelleux sur la plage de la Corniche » *(Supplique pour être enterré sur la plage de Sète),* repose auprès de sa demi-sœur et de son beau-frère, Simone et Yves Cazzani, ainsi que de Joha Heiman dite « Püppchen » (l'amante non demandée en mariage). Dans ce cimetière, plus modeste et populaire que le cimetière marin, sont enterrés les notables.

L'espace Georges-Brassens *(hors plan par A3)* **:** *67, bd Camille-Blanc (face au cimetière Le Py).* ☎ *04-99-04-76-26.* • *espace-brassens.fr* • *Ne pas confondre avec la salle du même nom, située en centre-ville. Juin-sept, tlj 10h-18h ; hors saison, tlj sf lun et j. fériés (sf 1er nov), 10h-12h, 14h-18h. Entrée : 5,60 € ; réduc. Compter 1h de visite. Parking gratuit en face.* Qu'on aime ou non Brassens, cet endroit formidable est un rendez-vous intime avec un artiste dont le nom reste étroitement lié à Sète. C'est lui qui nous guide de salle en salle, par l'intermédiaire d'un casque audio, livrant toutes sortes de confidences sur les femmes, la poésie, le bon Dieu, l'anticonformisme, la mort, la musique et la chanson, et bien sûr l'amitié. De la jeunesse à Sète au milieu des copains à la montée à Paris avec l'impasse Florimont et Jeanne, des débuts de l'artiste dans les cabarets jusqu'à l'homme de scène... Une rencontre, un moment d'émotion, un instant d'intimité rare avec l'auteur de *La Mauvaise Réputation* et des *Copains d'abord.* Alors, grand merci aux initiateurs et fondateurs de cet espace, qui ont su restituer l'essentiel d'une œuvre et la présenter de façon vivante et synthétique, en respectant Georges Brassens, sa pudeur et le sens de son travail. La salle « Georges Brassens le libertaire » permet désormais de découvrir le poète et musicien à travers de nombreux documents originaux et inédits.

Le musée de la Mer *(plan C3)* **:** *rue Jean-Vilar.* ☎ *04-99-04-71-55. Tlj sf lun, 10h-19h (9h30-18h nov-avr). Entrée : 3,50 € ; gratuit moins de 12 ans. Audioguide gratuit. Parking gratuit.* Situé en balcon sur la Méditerranée, le musée, tout nouveau tout beau, retrace l'histoire du port de Sète depuis le XVIIIe s, de la pêche et des fameuses joutes. Il abrite aussi la collection de maquettes de bateaux d'André Aversa, qui a voué sa vie à la charpenterie de marine. Un bel espace, une bien jolie vue – de circonstance, étant donné l'objet du musée – et une muséographie contemporaine. Clair, intéressant et bien présenté. Petits films thématiques.

Le MaCO : si New York a son MoMA, Shanghai son MoCA, Sète, en toute modestie, a son MaCO, Musée à ciel ouvert. On applaudit des deux mains l'initiative lancée en 2008 par le festival K-LIVE de *street art.* Chaque année, l'artiste vedette du festival laisse une œuvre sur les murs de la ville. Résultat : un parcours d'une dizaine d'œuvres dont celles de M. Chat, Epsylon Point, L'Atlas, Chanoir, C215, KASHINK... Que des grands noms du street-art. Ouvrez l'œil ! *Parcours disponible à l'office de tourisme.*

À faire

– ***Balades sur les canaux, sorties en mer et sur l'étang :*** **Sète Croisières** *(plan zoom), quai du Général-Durand, près du pont de la Savonnerie.* ☎ *04-67-46-00-46.* • *sete-croisieres.com* • *Bateaux bleus* Canauxrama, *tlj avr-sept 11h15-17h (18h en été), compter 45 mn et 9 €, réduc. Bateaux rouges* Aquarius promenades en mer, *avr-déc 11h15-18h15, compter 1h et 12 €, réduc. Bateaux jaunes* Sub Sea Explorer l'étang de Thau, *avr-sept 10h45-18h30, compter 1h30 et 14 €, réduc.* Pour découvrir la ville et ses environs autrement, et mieux comprendre le monde des pêcheurs. Les bateaux jaunes et rouges offrent une vision sous-marine.

– ***Pêche à la daurade :*** fin septembre-début octobre, les daurades transhument par bancs entiers de l'étang vers la mer. Difficile alors de se faire une petite place le long du canal et plus encore à la « plagette », face à la pointe Courte, au milieu des pêcheurs au coude à coude.

➢ ***Randonnées*** dans les environs, autour du bassin de Thau ou le long de la plage. De préférence le soir en saison. Belle lumière. Super clichés assurés. Et pourquoi ne pas pousser jusqu'au massif de la Gardiole ? Contactez l'association ***Sète Escapade*** *(4, rue de Brick-Goelette ; ☎ 04-67-78-08-79).*

– ***Catamaran, kayak et paddle :*** *☎ 04-67-74-49-23. 📱 06-95-63-12-75. • kayakmed.com •* Randos possibles en catamaran sur la grande bleue, ou bien sorties nature ou coucher de soleil en kayak guidées par un pro. Balades encadrées en kayak de mer, *stand up paddle* et pirogue polynésienne. Accessibles à tous, ces circuits abordent l'environnement, l'histoire, le patrimoine, la gastronomie, la culture... en toute convivialité.

Manifestations

– ***Festival de la photo ImageSingulières :*** *15 j. à partir de l'Ascension, en centre-ville.*
– ***Festivals d'été au théâtre de la Mer :*** pointures de la chanson française *(en juin)* ***« Quand je pense à Fernande ! »*** ainsi que le ***festival K-live, Worldwide Festival*** *(début juil* ; musique électro), ***Sunsete Festival*** (*début juil* ; film), ***Jazz à Sète*** *(mi-juil)*, ***Fiesta Sète*** et ses musiques du monde *(début août)* et ***Demi-Festival*** consacré au hip-hop *(mi-août)*. Surveillez la programmation, toujours riche et surprenante, ininterrompue de mi-juin à fin août *(• seteenlive.fr •)*. Sans oublier les ***Voix vives de Méditerranée en Méditerranée,*** festival de la poésie *(en juil)*.
– ***Grand pardon de la Saint-Pierre :*** *début juil.* Sortie en mer du saint patron des pêcheurs. Procession dans toute la ville, manifestation haute en couleur.
– ***Tournois de joutes :*** depuis le XVIIe s, une institution à Sète, qui culmine le lundi de la Saint-Louis (patron du port de Sète), autour du 20 août, et anime la ville et le Grand Canal pendant tout l'été. Très touristiques mais aussi très authentiques. On ne plaisante pas avec les règles de la *tintaine.* La traversée de Sète à la nage est une épreuve également disputée pendant ces fêtes. Animations de rues et *baraquai* font que vous ne risquez pas de vous ennuyer.

BOUZIGUES (34140) 1 200 hab. *Carte Hérault, C2*

Capitale languedocienne des coquillages, déjà très appréciés par les Grecs et les Romains, qui n'étaient pas si fous que ça. À déguster de préférence à la fraîche, en profitant du soleil couchant sur l'étang de Thau, ce « morceau de mer prisonnier des collines », qui couvre quelque 7 500 ha (20 km de long et 5 km de large, si c'est plus parlant) et a une salinité proche de celle de la Méditerranée.
L'étang, les poissons s'y réfugient pour frayer au printemps et ils regagnent la mer en

L'HIPPOCAMPE, DRÔLE DE BESTIAU

Il vit dans l'étang de Thau. C'est un poisson solitaire qui a la particularité de nager debout. Le mâle couve les œufs déposés par la femelle. Avec ses nageoires minuscules et mal fichues, il se déplace lentement. Sa queue est de section carrée et ne porte pas d'écailles mais de petites plaques osseuses.

automne. C'est le moment préféré des riverains, qui viennent pêcher daurades, loups, anguilles, au filet ou à la ligne. Quant aux coquillages, succulents, ils vous seront servis sur un plateau chez un producteur, avec un verre ou deux de picpoul de Pinet. Faites un tour en mer ou au musée, pour mieux comprendre les techniques d'élevage. Et n'oubliez pas qu'en dehors des huîtres, il y a aussi les moules et les palourdes, les « perles de l'étang de Thau ».

Adresse utile

Point info tourisme : *au musée de l'Étang-de-Thau (se reporter à la rubrique « À voir », plus loin). Mêmes coordonnées et horaires d'ouverture.*

Où dormir ? Où manger ?

Camping

Camping Lou Labech : *chemin du Stade.* ☎ *04-67-78-30-38.* • *contact@lou-labech.fr* • *lou-labech.fr* • *De l'autoroute A 9, prendre la sortie n° 33 en direction de Mèze. Ouv avr-oct. Compter 16,50-29,90 € pour 2 selon saison, avec électricité ; loc de caravanes et chalets en toile 169-699 €/sem pour 4 selon saison. CB refusées. 48 empl.* Petit camping sympa comme tout, convivial, au calme et tenu par des propriétaires accueillants. Des emplacements bien délimités et ombragés pour la plupart, et un café où l'on organise régulièrement des soirées dégustation.

De bon marché à prix moyens

On peut se faire ouvrir sa douzaine de coquillages à tous les coins de rue, même pendant les mois sans « r ». Fraîcheur garantie à priori, mais avec l'arrivée de l'été et des touristes, certains forcent sur les prix en oubliant la qualité. Faites comme les habitués, allez là où il y a encore des locaux qui se régalent de *tielles* chaudes et d'huîtres fraîches, et évitez les adresses aux menus longs comme le bras. On n'est pas là pour faire un grand repas, mais pour s'offrir une bouffée d'oxygène et un bol d'iode, en terrasse. Avec quelques moules et un picpoul de Pinet, tant qu'à faire...

De prix moyens à un peu plus chic

À la Voile Blanche : *301, quai du Port.* ☎ *04-67-78-35-77.* • *alavoileblanche@wanadoo.fr* • *alavoileblanche.fr* • *Sur le port, face aux bassins à huîtres. Resto ouv tlj. Doubles 70-115 € et suites. Formules déj en sem sf j. fériés 15-25 € ; carte env 30 €.* Idéalement situé, un petit hôtel de 8 chambres avec vue sur l'étang. Chacune d'elles a été personnalisée dans un esprit contemporain par une artiste. Les plus chères bénéficient d'une jolie vue sur Sète depuis leur terrasse. Restaurant-bar à huîtres très agréable par ailleurs, avec sa terrasse sur le port.

Chic

La Côte Bleue : *av. Louis-Tudesq.* ☎ *04-67-78-31-42 (motel) ou 04-67-78-30-87 (resto).* • *lacotebleue0572@orange.fr* • *la-cote-bleue.fr* • *(resto slt). Resto fermé mer hors saison. Doubles 75-110 €. Menus 19-28 € (sf w-e et j. fériés), puis 35-43 €. Café offert sur présentation de ce guide.* Bâtiment récent sans grand intérêt, assez discret avec ses toitures de tuiles et ses terrasses pied dans l'eau, très agréables. Chambres rénovées pour la plupart (ce qui ne change pas le tarif, donc privilégiez-les), calmes et confortables, donnant sur une piscine. Elles disposent d'un balcon à l'étage et d'un parking privé (gratuit) au rez-de-chaussée ; prix identique dans les 2 cas. Nos préférées : la poignée de chambres contemporaines un peu plus à part, à l'étage, qui partagent une terrasse. Bon restaurant pour profiter de la vue superbe sur les parcs à huîtres au coucher du soleil... Bons menus, mais régalez-vous surtout avec les plateaux de fruits de mer.

À voir

Le musée de l'Étang-de-Thau : *quai du Port-de-Pêche. ☎ 04-67-78-33-57. • bouzigues.fr/musee • ♿ Juil-août, tlj 10h-12h30, 14h30-19h ; hors saison, tlj 10h-12h, 14h-18h (17h en hiver). Fermé 1er janv et 25 déc. Entrée : 5 € ; réduc.*
Le musée est dédié aux pêcheurs et bien sûr aux fameux « paysans de la mer » (autrement dit : les conchyliculteurs). On y apprend qu'il faudra attendre 1908 pour assister aux premiers essais concluants d'élevage. Une très belle scénographie permet de découvrir les différentes techniques d'élevage conchylicole passées et présentes, les parcs d'élevage et le mas ostréicole, ainsi que le magasin du pêcheur, des aquariums, une nacelle (embarcation caractéristique) et deux films de 12 mn chacun, l'un sur la conchyliculture, l'autre sur la pêche.

Fête

– **Fête de l'Huître :** *un w-e d'août.* Près de 20 000 personnes défilent pour s'adonner à une dégustation monstre !

DANS LES ENVIRONS DE BOUZIGUES

La villa Loupian : *D 158 et E 4, 34140* **Loupian.** *☎ 04-67-18-68-18. • ccnbt.fr • ♿ À 4,5 km à l'ouest de Bouzigues par la D 613 (N 113), puis la D 158. Juil-août, tlj 13h30-19h (visite guidée musée + site à 11h ; l'ap-m visite guidée du site seul, ttes les heures à partir de 14h) ; le reste de l'année, tlj sf mar, 13h30-18h ; dernière entrée 1h avt fermeture. Congés : janv. Entrée : 5 € ; réduc. L'ensemble inclut un musée (visite libre ; muséo pas récente) et les vestiges d'une villa gallo-romaine (visite guidée ttes les heures fixes ; abritée). Le w-e tte l'année, visite guidée musée + villa à 11h.*
Une importante villa gallo-romaine fut implantée ici entre le Ier et le VIe s apr. J.-C. C'était à la fois un terroir sur lequel on cultivait la vigne et le blé (on a retrouvé le chai, l'atelier des potiers qui fabriquaient les amphores et même l'emplacement du port de départ pour le vin) et une grande résidence gallo-romaine, organisée autour d'un jardin d'agrément.
Un lieu de villégiature certainement agréable avec sa salle d'audience luxueuse, sa grande salle de banquet, sa galerie et ses pièces à vivre le long desquelles on se promène... sur une passerelle. Il fallait trouver en effet un moyen astucieux pour avoir à la fois une vision d'ensemble des vestiges et la possibilité d'approcher ces fameuses mosaïques polychromes du Ve s apr. J.-C., présentées in situ (rare), qui font la richesse du site. Espace dédié aux fouilles.

Le Jardin antique méditerranéen : *rue des Pioch, à* **Balaruc-les-Bains** *(à côté des serres municipales ; suivre les panneaux). Tlj 9h30-12h et 14h-18h30. Visite commentée mer 10h et 15h30, 6,80 € (sur résa). Visite libre : 4,70 € ; réduc.*
Étendu sur 1,7 ha face au bassin de Thau, un espace unique en France et sur le pourtour méditerranéen. Plus de 1 200 plantes nous font revivre l'évolution et la diversité des jardins de l'Antiquité. Petits et grands peuvent découvrir, à travers sept jardins thématiques, la flore méditerranéenne. Une façon ludique d'aborder la connaissance des essences végétales méditerranéennes et leurs usages. Le

parcours proposé permet de découvrir tout à la fois l'agriculture et l'horticulture des temps disparus, le sacré, la médecine, la magie, la cuisine ou la cosmétique.

Pour les petites faims, un resto au nom évocateur, où se poser au retour de la balade côté jardin : ***L'Arôme*** *(22, av. du Port ; ☎ 04-67-48-48-27).* Du frais, du bon, dans un cadre sympathique, en plein centre-ville.

MÈZE

(34140) 11 083 hab. *Carte Hérault, C2*

Cette bourgade sympathique, ramassée autour de son port animé, de son église du XVe s et d'une chapelle médiévale, peut servir de base de repli calme entre Sète et Agde. Les terrasses de cailloutis que vous apercevez à la sortie favorisent la production d'un vin blanc sec qui s'accorde tout naturellement avec les coquillages du bassin de Thau.

Adresse et info utiles

Office de tourisme nord bassin de Thau : *quai Baptiste-Guitard. ☎ 04-67-43-93-08. • tourisme-nordbassindethau.fr • En saison, tlj 9h30-12h30, 14h30-18h30 ; hors saison lun-sam mat 10h-12h, 14h-17h et mat des j. fériés (oct-avr fermé w-e et j. fériés).* En juillet et août, organise des visites nocturnes théâtralisées (gratuites).

– ***Marchés :*** *jeu mat et dim mat sur la pl. de l'Esplanade. En été,* ***marché artisanal*** *jeu 20h-minuit, sur le port.* ***Marché aux puces*** *sam mat.*

Où dormir ?

Prix moyens

Hôtel de Thau : *1, rue de la Parée. ☎ 04-67-43-83-83. • hoteldethau@orange.fr • hoteldethau-meze.com • À 100 m du port. Doubles 60-85 €. Parking payant à réserver.* Planté à une patte-d'oie dans le vieux village, ce petit hôtel est – bien – tenu par un couple et compte une quinzaine de chambres à la déco simple. Celles du rez-de-chaussée ont des fenêtres au verre brouillé. Bon rapport qualité-prix pour celles qui disposent d'un balcon.

Où manger ?

L'Atelier 35 : *35, rue Sadi-Carnot. ☎ 04-99-02-75-30. • atelier35@orange.fr • En saison, mar-dim ; hors saison, ven-sam, plus le midi mar-jeu et dim. Formule déj en sem 19 € ; salade-plat 19 € ; suggestions du jour 22-30 €.* En poussant la porte de *L'Atelier,* on découvre un cadre apaisant et contemporain. Cette bonne impression se confirme dans l'assiette. Le chef, que l'on voit s'affairer en cuisine, propose exclusivement des produits frais, d'où des plats – copieux – qui se comptent sur les doigts de la main et qui changent tous les jours. Le souci du travail bien fait se poursuit jusque dans la présentation, très soignée (un poil sophistiquée). Qualité du café gourmand un peu décevante, en revanche. Accueil très aimable. Quelques tables en terrasse, sur une place sans circulation.

À voir

La plaine des Dinosaures et le parcours sur l'évolution de l'homme : *entre Mèze et Montagnac, sur la D 613. ☎ 04-67-43-02-80. • dinosaure.eu • Juil-août, tlj 10h-19h ; fév-juin et sept-oct, tlj 14h-18h ; nov-déc, tlj 14h-17h. Fermé*

1er et 6-31 janv, 24, 25 et 31 déc. Entrée pour chaque parc (parc des dinosaures et parc de l'évolution) : 9,80 € ; 8,50 € 5-11 ans ; 5,40 € 3-4 ans ; sur présentation de ce guide 8,80 €, 7,50 € et 4,50 €. Entrée pour les 2 parcours : respectivement 16,50 €, 14 € et 6,50 € ; sur présentation de ce guide 15 €, 13,10 € et 5,50 €. C'est en mars 1996 qu'Alain Cabot fait une incroyable découverte sur la plaine de Mèze : l'un des plus importants gisements d'œufs de dinosaures (40 km²), datant de l'ère secondaire. La région de Mèze était le lieu de rassemblement des dinosaures en période de ponte. Ce gisement est maintenant devenu un musée en plein air, le plus grand d'Europe consacré aux dinosaures. Un parcours jalonné de vitrines, de panneaux explicatifs et de reconstitutions dévoile tous les secrets de ce monde disparu. Vous pourrez y voir notamment le plus grand squelette complet au monde, celui d'un brachiosaure, plus qu'impressionnant avec ses 25 m de long ! D'habiles reconstitutions présentent nos lointains cousins, comme Lucy (les pieds sur terre, pas encore *in the sky*), enrichies d'explications intelligentes sur la bipédie, la maîtrise du feu, la chasse et les prémices de l'artisanat...

Manifestations

– ***Cavalcades :*** *1er et 8 mai.* Folles cavalcades dans la cité. Chars, groupes folkloriques, ivresse des jours de fête.
– ***Festival de Thau :*** *1 sem mi-juil, autour de l'étang de Thau. Infos : ☎ 04-67-18-70-83. • festivaldethau.com •* Une ambiance festive avec concerts (musiques du monde), ripaille, débats...

L'HÉRAULT

MARSEILLAN (34340) 8 040 hab. *Carte Hérault, C2*

Port très animé avec l'arrivée des bateaux ayant fait le canal du Midi, Marseillan s'est refait une beauté au fil des ans. Quais en pierre basaltique, maisons en pierre noire du volcan d'Agde. Cette petite cité, qui a développé ses activités autour de la vigne et de la conchyliculture (n'hésitez d'ailleurs pas à emprunter la route des mas conchylicoles pour découvrir et déguster) s'enorgueillit de posséder la plus vieille Marianne de France (1878) et un château d'eau relooké avec... des coquilles d'huîtres !
Les travaux de réaménagement de l'avenue de la Méditerranée à Marseillan-Plage ont permis d'adoucir le choc que l'on pouvait avoir jusqu'alors en passant d'un monde à l'autre : aménagement piéton, mise en lumière, palmiers, fontaine, etc. On peut désormais aller de la ville à la plage en suivant des pistes cyclables sécurisées (près de 35 km sur la commune), voire pousser jusqu'à Sète pour découvrir le nouvel aménagement du littoral qui se prolonge jusqu'à Agde.

Adresse et info utiles

ℹ ***Office de tourisme :*** *av. de la Méditerranée, Marseillan-Plage. ☎ 04-67-21-82-43. • marseillan.com • En été, tlj 9h-19h ; le reste de l'année, horaires variables. Juil-août, également un point info tourisme dans le hall du théâtre Henri-Maurin, près du port (tlj 10h-13h, 15h-19h).* Des sorties nature *(5 €)* sont organisées le jeudi en juillet-août. Visite patrimoniale le vendredi matin *(5 €).* Activités autour des vignes et de la lagune *(balades en bateau, 11 € ; en calèche entre vignes et lagune, 15 € ; sentier sous-marin,12 €).*
– ***Marché artisanal :*** *jeu soir en juil-août, au port de Marseillan-Ville.*

Où dormir ?

Chambres d'hôtes Cosy : *16, rue du Capitaine-Bages. ☎ 04-67-31-76-75. 📱 06-14-18-13-36. • contact@cosy-chambresdhotes.fr • cosy-chambresdhotes.fr • Au centre du village ; depuis la mairie, prendre direction Agde. Double 95 € (dégressif) ; gîte 4-5 pers 900-1 200 €/sem. Apéritif offert et 5 % de remise sur le prix de la chambre sur présentation de ce guide.* Une maison de village de caractère qui cache bien son jeu. Derrière la porte, un univers où se mêlent harmonieusement objets chinés, éléments design et une palette couleurs dans l'air du temps. Un vrai décor de magazine, à ceci près qu'on y trouve de la vie ! Christel et Vincent, qui travaillent aussi dans le graphisme et la communication, ont aménagé 4 chambres chaleureuses et douillettes. La cuisine donne sur une terrasse ombragée, où est servi le petit déjeuner. Super adresse. Également un gîte au rez-de-chaussée.

Où manger ?

De bon marché à prix moyens

On peut là aussi se faire plaisir avec une douzaine de coquillages, et plus si affinités. Fraîcheur et bonne humeur garanties !

La Grande Bleue : *route de Mèze. 📱 06-60-82-20-60. • lagrandebleue-marseillan.fr • Ouv Pâques-Toussaint. Compter 5-7 €/pers pour la visite-dégustation mar, et 19-29 € le repas complet, le midi, sur résa (pour un petit groupe).* Stéphane Saez peut vous faire découvrir de façon passionnante toutes les techniques de l'élevage des huîtres et des moules durant 1h, avec film et dégustation de coquillages à la clé. Si vous avez manqué la démonstration, rattrapez-vous avec le repas préparé par sa femme, et accompagné de l'incontournable Picpoul-de-Pinet. Une authentique cuisine maison, sans prétention mais savoureuse. Terrasse offrant une vue panoramique sur l'étang.

La Ferme Marine : *route des Parcs. ☎ 04-67-21-21-20. • groupe.fermemarine@orange.fr • Tlj en saison. Formule buffet 29,90 € ; carte env 37 €.* Autre haut lieu attachant pour la découverte de « coquillages et fruits de mer en direct de chez le producteur ». Buffet à volonté d'huîtres, de crevettes, de palourdes, de bulots, mais on peut aussi prendre à la carte une assiette du pêcheur et un poisson grillé *a la plancha,* tout simple, tout bon. Accueil authentique de la part d'une famille de mareyeurs qui connaît son métier et sait faire partager sa passion. Terrasse là aussi sur l'étang de Thau.

Chic

Le Saint Barth' : *lieu-dit Montpenèdre, chemin des Domaines (suivre les panneaux). 📱 06-10-79-49-85. • contact@ets-tarbouriech.com • Mai-juin, ven soir-dim midi ; juil-août, tlj ; sept, ts les soirs sf lun et le midi sam-dim. Carte 25-30 €.* Un lieu de dégustation d'huîtres d'exception : les Spéciales Tarbouriech. Lieu entièrement recréé sur la base d'un ancien mas conchylicole. Le cadre est classe, comme son nom le laisse penser. Plagette, *brasucade* au bord de l'eau avec possibilité de balade dans les parcs qui se trouvent à quelques encablures, en bateau électrique. Réservation conseillée.

La Table d'Émilie : *8, pl. Carnot. ☎ 04-67-77-63-59. Fermé le midi lun en saison ; lun et mer plus dim soir hors saison. Congés : 1re quinzaine de janv et fin juin. Menus env 22 € déj en sem, puis 32-54 € ; carte.* Séduisante salle voûtée du XIIe s dans une petite maison face aux halles. Jardin-patio en été, à la fois rustique et sophistiqué. À l'image du cadre, la cuisine est à la fois originale, moderne et traditionnelle.

Où boire un verre ?

Delicatessen : *4, pl. du Général-Guillaut. ☎ 04-67-77-38-93.* Sur la façade, on lit « Apéro dînette » : ayè, le ton est donné. À l'intérieur, déco 70's – tables en formica ; sinon, une belle terrasse au pied de l'église. *The place to be* pour prendre l'apéro, en plein centre.

À voir. À faire

Les chais de Noilly Prat : *sur le port. ☎ 04-67-77-75-19 ou 20-15. • noillyprat.com • ♿ Ouv mars-nov. Visite guidée ttes les 30 mn env, tlj 10h-11h, 14h30-16h30 (18h mai-sept). Entrée : 7,50 € (15-30 € pour les « ateliers expériences ») ; réduc. Fait partie du réseau des Sites d'exception en Languedoc.* Pour découvrir les secrets de fabrication de ce célèbre apéritif né en 1813, balade gourmande de la boutique aux chais en passant par l'enclos, assez impressionnant, avec ses milliers de fûts vieillissant à ciel ouvert, et l'herboristerie, lieu magique devenu un musée où il fait bon remonter le temps, dans une douce pénombre.

➢ **Promenade à pied :** le long du chemin de halage, jusqu'à la pointe des Onglous, près des étangs et de la réserve naturelle du Bagnas. Pour le paysage, les oiseaux et le plaisir. Mais attention, pour visiter la réserve, il faut être accompagné obligatoirement par un guide naturaliste. Voir plus loin « La cité d'Agde. À faire » au Cap-d'Agde.

L'HÉRAULT

Manifestations

- Les festivités commencent ici début avril : bals et animations diverses (en juin).
- Côté ville ou côté plage, il se passe toujours quelque chose à Marseillan en juillet-août *(rens à l'office de tourisme).* Les 14 juillet et 16 août, ne manquez pas le traditionnel *Capelet* (course au chapeau sur mât savonné) et la fête de l'huître le dernier vendredi de juillet.

DANS LES ENVIRONS DE MARSEILLAN

FLORENSAC *(34510)*

Où dormir ? Où manger ?

Chambres d'hôtes Villa Les Olives : *21, av. de Pomerols. ☎ 04-67-30-20-81. • villalesolives@yahoo.fr • villa-les-olives.fr • Au centre du village, pl. de la République, prendre direction Pomerols ; au 2e rond-point, sur la gauche. Doubles 60-80 € ; tarifs dégressifs. Table d'hôtes 22 €.* Ici, ce qu'on apprécie avant tout, plus encore que la déco des chambres, c'est la piscine, le jardin et la terrasse pour les petits déj.

Le Bistrot d'Alex : *5, av. des Vendanges. ☎ 04-67-77-03-05. • lebistrotdalex@orange.fr • ♿ Ouv le midi mar-dim, le soir sam, plus ven en été. Menus 22,50 € en sem, 27,50 € le w-e.* Une immense brasserie à la déco très tendance, prolongement tout trouvé de la salle de dégustation où vous allez plancher sur les crus locaux. Vous allez ainsi goûter les vins qui pourront vous être servis au restaurant. Dans l'assiette, poissons de la criée, viandes et volailles de l'Aveyron. Que des bons produits.

À voir

Vinipolis : 5, av. des Vendanges. ☎ 04-67-77-00-20. • roubal.hicham@orange.fr • vinipolis.fr • Lun 9h (10h juil-août)-12h, 14h-18h (19h juil-août) ; mar-sam 10h-18h (19h juil-août) ; dim 11h-15h30 (10h-16h30 juil-août). Fait partie du réseau des Sites d'exception en Languedoc. Au fond de la cour de l'ancienne cave coopérative, un cube gris acier et béton vous invite à découvrir ce que doit être un caveau du troisième millénaire : codes couleurs, assistance informatique à la dégustation, découverte ludique des cépages, des arômes... Accueil d'une extrême compétence et des plus chaleureux. Boutique.

LA BASSE VALLÉE DE L'HÉRAULT

Le Cap-d'Agde est le nom générique que les visiteurs découvrent à leur arrivée sur cette terre « bénie des dieux » qui occupe une position unique en France, située au carrefour des eaux douces et salées de la Méditerranée, de l'Hérault et du canal du Midi. Le fleuve, ligne de séparation entre une civilisation de type ibérique à l'ouest et une civilisation influencée par la Grèce à l'est, joua aussi le rôle de frontière lors des guerres de Religion. Il facilita en revanche les échanges commerciaux en amont, permettant aux marchands de se rendre plus facilement aux foires de Pézenas-Montagnac. Implantée par les Grecs qui fondèrent l'antique cité d'Agde, la vigne est omniprésente sur ce territoire qui a pris le nom d'Hérault Méditerranée et se revendique comme « le vrai Sud ».

LE CAP-D'AGDE (34300) 22 000 hab. *Carte Hérault, C3*

• Plan *p. 339*

« Allez-y par quatre chemins ! » Telle est la devise de l'agglomération, anciennement d'Agde, répondant désormais au nom plus porteur de Cap-d'Agde, et présentant plusieurs visages : *Agde,* la cité grecque, qui a traversé le temps, depuis le Ve s avant un certain Jésus-Christ, en multipliant les métamorphoses ; *Le Grau-d'Agde,* village de pêcheurs situé sur la rive gauche de l'Hérault ; *La Tamarissière,* une pinède en bord de mer, face au Grau-d'Agde ; et bien sûr *Le Cap* lui-même, qui présente une mosaïque de quartiers tous dédiés aux vacances.
Pour vous y retrouver, réserver une location, choisir des activités pour petits et grands, un seul office de tourisme, qui se met lui aussi en quatre pour vous accueillir.

Adresses utiles

Office de tourisme : *rond-point du Bon-Accueil, bulle d'accueil, BP 544. ☎ 04-67-01-04-04. • capdagde.com • Tte l'année ; en été, tlj 9h-20h (plus nuit*

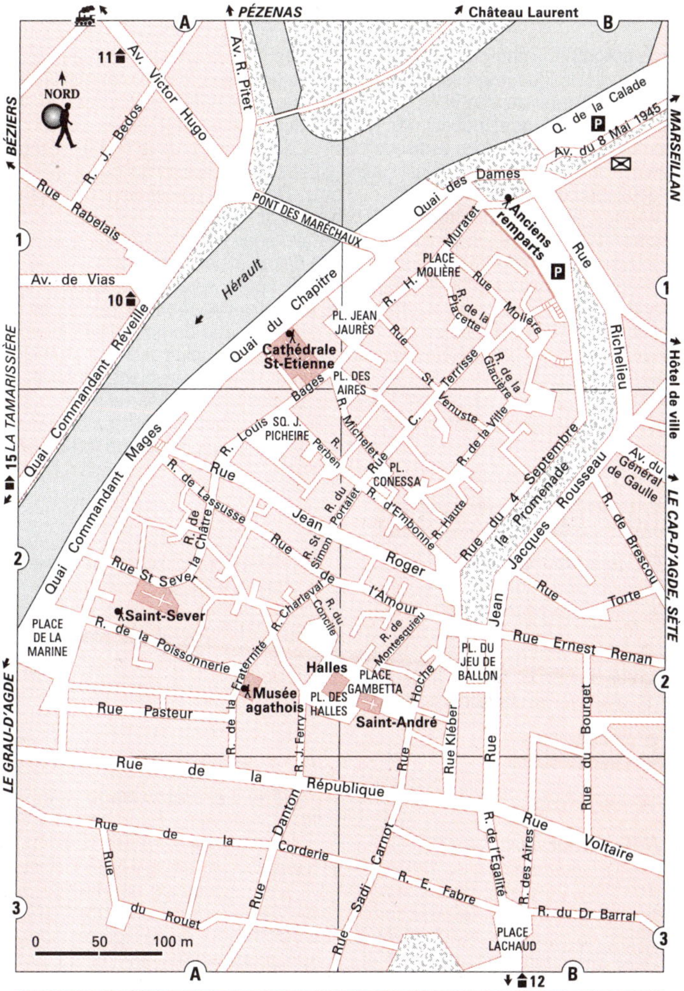

LA CITÉ D'AGDE

Où dormir ?	**12** Hôtel Les Grenadines
10 Hôtel Araur	**15** L'Éphèbe
11 Hôtel Le Victor Hugo	

du sam pour les remises de clés) ; le reste de l'année, horaires variables. 2 annexes : l'une au centre-port du Cap-d'Agde (Pâques-Toussaint), l'autre au Grau-d'Agde (début juin-début sept).

✈ ***Aéroport Béziers – Cap-d'Agde :*** *route d'Agde (15 km).* ☎ *04-67-80-99-09.* • *beziers.aeroport.fr* • Vols directs et *low-cost* (voir nos pages sur Béziers).

LA CITÉ D'AGDE

Agde (l'Agathé Tyché des Grecs, pour qui elle était la « bonne fortune ») vous laissera d'étranges impressions. Regardez la grosse cathédrale aux allures de forteresse, l'hôtel de ville et sa tour de l'Horloge, les hôtels particuliers de style Renaissance : à Agde, tout est noir. Nos Méditerranéens n'ont pas eu à aller chercher loin la lave : Agde est assise sur un volcan qui surgit de la mer il y a moins d'un million d'années. Agde, c'est l'autre extrémité de la fissure qui ouvre la France en deux, boutonnée par les volcans du puy de Dôme, du puy de Sancy, du Cantal, de l'Aubrac et de l'îlot de Brescou, au large du Cap-d'Agde.
Perdez-vous dans ce labyrinthe de ruelles avec des maisons de guingois. Vous découvrirez alors le fort caractère d'une ville de marins construite à la croisée des eaux douces et salées entre le canal du Midi, le fleuve Hérault et la Méditerranée. Abandonné par nombre de ses habitants, le centre-ville retrouve peu à peu ses couleurs et un aspect plus sympathique, mais à quand de nouvelles tables, de nouveaux lieux où faire la fête ? Ici, plus qu'ailleurs semble-t-il, il faut donner du temps au temps. Depuis le centre-ville, empruntez la piste cyclable et suivez les rives de l'Hérault qui serpentent jusqu'aux phares des villages de pêcheurs du Grau-d'Agde et de La Tamarissière. À moins que vous ne préfériez embarquer pour descendre l'Hérault jusqu'à la mer, longer l'ancienne prison du fort de Brescou et accoster sur les quais du Cap-d'Agde.

Adresse et info utiles

Office de tourisme : *pl. de la Belle-Agathoise. ☎ 04-67-31-87-50. • capdagde.com • En été, lun-sam 9h-19h ; dim 10h-13h, 14h30-18h30. Le reste de l'année, horaires variables.* Visites du cœur de ville (le mardi), mais aussi de la glacière souterraine construite autrefois pour stocker la glace (le jeudi).

➢ **Navette de bus :** *centre-ville. En saison, ttes les heures pour Le Grau-d'Agde et ttes les 30 mn pour Le Cap-d'Agde ; le reste de l'année, se renseigner.*

Où dormir ?

Prix moyens

Hôtel Araur (plan A1, **10**) **:** *7, quai du Commandant-Réveille. ☎ 04-67-94-97-77. 📱 06-09-09-09-00. • hotelaraur@gmail.com • hotelaraur.com • Doubles 45-74 €.* Un hôtel d'une dizaine de chambres, entièrement rénové de manière classique mais plutôt plaisante. Dommage toutefois que l'établissement soit situé en bordure d'une voie passante. Malgré le double vitrage, mieux vaut poser ses valises dans l'une des chambres qui donnent sur le côté, face à l'Hérault. La vue est plus belle et c'est plus calme !

Hôtel Le Victor Hugo (plan A1, **11**) **:** *13, av. Victor-Hugo. ☎ 04-67-21-14-42. • hotellevictorhugo@orange.fr • hotellevictorhugo.com • À moins de 5 mn à pied de la gare. Doubles 45-75 € selon saison.* 13 chambres, un chiffre qui devrait porter bonheur aux propriétaires, pleins de bonne volonté, décidés à retaper l'établissement petit à petit. Certaines chambres donnant sur l'avenue qui mène à la gare disposent de double vitrage. Sinon, pour plus de quiétude, préférer l'une des 4 chambres qui s'ouvrent sur l'arrière.

À voir

La vieille ville : à découvrir avec le guide disponible à l'office de tourisme, les visites guidées, ou baladez-vous selon votre humeur, un jour de marché, pour prendre l'ambiance.

La cathédrale Saint-Étienne (plan A1) : *quai du Chapitre. Visite guidée payante ; rens à l'office de tourisme.* Belle église romane fortifiée du XIIe s. Murs de 2 à 3 m d'épaisseur, taillés dans le basalte du mont Saint-Loup. À l'intérieur, retable monumental.

Le Musée agathois (plan A2) : *5, rue de la Fraternité. ☎ 04-67-94-82-51. Près des halles. Juil-août, tlj sf lun-dim et j. fériés, 9h12h et 13h30-17h30 ; hors saison, tlj 10h-12h, 14h-18h (17h dim). Entrée : 5 € ; réduc.* Le musée occupe le bel hôtel particulier de monseigneur Fouquet, frère du célèbre surintendant. Ses collections évoquent tour à tour l'histoire de la ville (l'accent est mis sur la période du XVIIe au XIXe s), les traditions populaires (les joutes, les costumes et coiffes locales, comme le *sarret*), la marine (maquettes, reconstitution d'une cabine de capitaine), la vigne, l'Église (collections de chasubles)... et même quelques sujets inattendus comme le mobilier art nouveau du château Laurent, ou ces belles armures de samouraïs rapportées par des capitaines agathois au long cours. Ateliers pour les 8-13 ans.

Les remparts (plan B1) : *pl. de la Belle-Agathoise.* Le rempart actuel, d'origine médiévale, suit le tracé du rempart antique. Vestiges des remparts grecs, un peu cachés, au bas de la promenade.

L'HÉRAULT

À faire

➢ À vélo ou à pied, prendre le ***chemin de halage*** jusqu'à Béziers ou jusqu'à l'écluse du Bagnas (soit 2 km), juste avant la réserve naturelle du même nom (voir ci-dessous).

➢ ***La réserve naturelle du Bagnas*** : *D 612. ☎ 04-67-01-60-23. • bagnas.n2000.fr • Rdv à la Maison de la réserve, domaine du Grand-Clavelet (prendre la D 612 vers Marseillan-Plage, puis à droite avt le 1er rond-point). Visites guidées sam 9h-12h (sur résa ; 5 €, réduc) avec un animateur et du matériel d'observation.* Une réserve naturelle de 560 ha qui abrite une avifaune particulièrement riche.

➢ ***Promenade*** jusqu'au sommet du ***mont Saint-Loup*** (113 m), le dernier volcan émergé de la chaîne des puys d'Auvergne. En saison, accès à pied obligatoire. Piste nature « Découverte du volcanisme agathois ». Magnifique panorama sur le golfe au sommet.

LES RIVES DE L'HÉRAULT : LE GRAU-D'AGDE ET LA TAMARISSIÈRE

Préférer la fin de journée pour explorer à pied ou à vélo les rives de ce fleuve qui serpente jusqu'à la mer. Le port d'Agde et la criée aux poissons marquent l'arrivée au Grau-d'Agde, qui a su conserver son identité de petit village de pêcheurs. Utiliser le service du passeur pour rejoindre La Tamarissière. Essayer de trouver une petite place au bord de la plage de La Tamarissière, boisée, en bordure de pinède.

Où dormir ?

L'Éphèbe (hors plan par A2, **15**) : *12, quai du Commandant-Méric,* ***Le Grau-d'Agde.*** *☎ 04-67-21-49-88. • hotel@lephebe.com • lephebe.eu • Ouv de mars à mi-nov. Doubles 49-69 € selon chambre et saison. Réduc de 10 % sur le prix de la chambre (sf juil-août) sur présentation de ce guide.* Cet *Éphèbe*-là n'est plus de la première jeunesse, mais sa situation de choix justifie une halte : sur le port et à deux pas de la plage ! Les chambres à l'ancienne mode sont convenables, les rénovées agréables et colorées, surtout lorsqu'elles donnent sur l'Hérault. Gardez toutefois à l'esprit qu'en été, c'est chaque soir que la foule des grands jours défile sur le quai où les restos jouent à touche-touche. Location de vélos.

À voir. À faire

Le fort de Brescou : *au large, à 15 mn en bateau.* Ancienne prison d'État, fermée à la visite. Moins prestigieux qu'If. Pour s'y rendre, emprunter les bateaux promenades au départ du Grau-d'Agde ou du Cap-d'Agde (*L'Évidence* et *Provence III*), qui organisent sur place des soirées sardinade.

La chapelle Notre-Dame-du-Grau : *à env 2,5 km du centre d'Agde. Prendre la direction du Grau-d'Agde en longeant l'Hérault.* Le lieu saint originel, restauré par le connétable de Montmorency. Juste à côté, la **chapelle de l'Agenouillade,** commémorant dans une pinède un miracle de la Vierge (agenouillée, elle aurait prié pour arrêter les flots). À l'ombre d'un petit bois de pins et de platanes, c'est devenu un rendez-vous de pétanque. Pittoresque.

– **Archipel – La Cité de l'eau :** *chemin de Notre-Dame, à Saint-Martin,* **Le Grau-d'Agde.** *☎ 04-67-35-32-00. • centre-larchipel.com • Ouv tte l'année.* Piscines, jeux d'eau, balnéothérapie, etc.

➢ **Croisière sur le canal du Midi jusqu'à l'étang de Thau :** *possibilité de croisière avec* **Le Millésime** *(quai Commandant-Méric ; ☎ 04-67-01-71-93 ; 📱 06-08-46-60-94 ; • agde-croisiere-peche.com •).* Passage de plusieurs écluses, dont celle d'Agde, très particulière : c'est la seule du parcours à être ronde, du moins à l'origine (aujourd'hui, elle a dû être mise aux normes, ce qui explique sa forme ovale) ! Réussite à la fois architecturale et technique, elle réunit trois niveaux d'eau différents et permet aux bateaux de tourner sur eux-mêmes pour prendre alors l'une des trois issues qui mènent l'une vers Toulouse, l'autre vers la cité d'Agde et la mer, la troisième vers l'étang de Thau par le cours de l'Hérault.

LE CAP-D'AGDE (LA STATION BALNÉAIRE)

L'extension balnéaire de l'antique cité d'Agde. Mais ici, changement radical de décor. On y accède par de grandes artères à quatre-voies, qui permettent une circulation fluide vers les différents quartiers, à l'arrière des lieux d'habitation et des voies pédestres et cyclables organisées en réseaux et qui sont au plus proche des plages et du chemin côtier. Résultat : pas de voitures en bord de mer, mais de l'espace et de la sécurité. Cette architecture a été voulue par Jean Le Couteur, l'architecte breton et marin qui a dessiné et construit Le Cap-d'Agde.

LE GÉNÉRAL ET LES NATURISTES

Dans les années 1960, le Languedoc-Roussillon était ignoré par les vacanciers, qui lui préféraient l'Espagne. Pour les retenir sur cette partie du littoral, en 1963, le général de Gaulle décida de créer six stations balnéaires, dont Le Cap-d'Agde. Mais au Cap, les frères Oltra accueillaient déjà, depuis une dizaine d'années, quelques campeurs naturistes. Un architecte conçut un vaste quartier réservé aux vacanciers peu adeptes de la feuille de vigne... Finalement, de Gaulle a créé le plus grand site naturiste d'Europe.

Autour du port s'étend la ville sortie de terre dans les années 1960. Malgré plus de 100 000 lits, certains y dorment peu, une partie des estivants préférant la chaleur des boîtes de nuit de l'île des Loisirs et des soirées prolongées dans l'un des nombreux bars-restos installés les pieds dans le sable. D'autres y passent tout de même des vacances paisibles

en famille. À l'écart de la ville, le premier quartier construit au Cap-d'Agde est aujourd'hui le village naturiste le plus important d'Europe. Là, dans un notable camping de 2 400 emplacements, quadrillé de 20 km d'allées, séjournent des milliers d'adeptes venus d'Europe du Nord, d'Italie et d'Espagne. En saison, ce quartier, auquel on accède par un péage, compte près de 40 000 personnes.
Mais au-delà de cette effervescence, Le Cap-d'Agde révèle un autre visage. Celui d'une station qui n'a pas tourné le dos à son patrimoine culturel (fêtes votives de la mer, des pêcheurs, de la Saint-Sever, joutes traditionnelles) et naturel : site d'archéologie sous-marine de premier ordre et seul musée de France sur la thématique, tourisme sportif et de loisirs, nautisme, tourisme balnéaire... Tout au bout du Cap, une plage de galets et de sable noir basaltique se cache au pied de l'une des trois rares falaises de la côte languedocienne (avec Sète et Cap-Leucate).

Adresse et info utiles

Office de tourisme : *bulle d'accueil, BP 544. ☎ 04-67-01-04-04. • capdagde.com • Ouv tte l'année ; en été, tlj 9h-20h (plus la nuit du sam) ; le reste de l'année, horaires variables.*

Pour acheter du poisson fraîchement débarqué des quais, rendez-vous, selon la météo, tous les jours à l'avant-port du Cap-d'Agde.

Où dormir ?

De prix moyens à chic

Hôtel Azur : *18, av. des Îles-d'Amérique. ☎ 04-67-26-98-22. • contact@hotelazur.com • hotelazur.com • Doubles 69-180 €. Parking payant (10 € l'hiver, 15 € l'été). Café offert sur présentation de ce guide.* Petit hôtel balnéaire moderne, aux chambres fonctionnelles, entièrement rénovées et équipées de l'AC. Les familles nombreuses apprécieront celles dotées d'une mezzanine. Piscine donnant sur la terrasse à l'arrière du bâtiment.

Hôtel Le Bellevue : *12, impasse des Gabelous. ☎ 04-67-26-39-10. • lebellevue@gmail.com • hotel-lebellevue.fr • À l'entrée du Cap-d'Agde, suivre la direction Avant-Port, toujours tt droit ; arrivé au 1er feu, bifurquer à gauche, puis 1re à droite et 1re à gauche. Congés : nov-mars. Doubles 59-120 €. Parking privé. Boisson offerte à l'arrivée sur présentation de ce guide.* Posé sur un petit promontoire rocheux face à la mer avec un brin de nature sauvage à proximité, *Le Bellevue* porte bien son nom ! Chambres à la déco somme toute classique mais confortables (balcon, clim). Bien sûr, celles offrant une vue panoramique sur le large sont un peu plus onéreuses. Hammam. Très bon accueil.

Hôtel Les Grenadines *(hors plan par B3,* ***12****) : impasse Marie-Céleste. ☎ 04-67-26-27-40. • contact@hotelgrenadines.com • hotelgrenadines.com • Congés : 6 nov-23 fév. Doubles 65-175 € selon confort et saison ; familiales. Panier pique-nique possible. Parking. Apéritif et café offert sur présentation de ce guide.* Dans un environnement très résidentiel mais tout près de la plage Richelieu, un hôtel à la déco soignée et personnalisée, bien plus agréable à l'intérieur que ce que l'extérieur ne laisse présager. 20 chambres avec ou sans balcon, douche ou bains. Le ton est donné dès la réception-salon-salle de petit déj, pas bien grande mais confortablement arrangée : bouquins, déco, TV... Donne sur une terrasse à dominante de bois, où s'installer dès le petit déjeuner. Chambres contemporaines et bien arrangées. Ensemble entièrement rénové il y a peu, et bien tenu depuis. Piscine. Jacuzzi extérieur (payant). Équipe sympathique.

Chambres d'hôtes Villa Lantana : *7, impasse de Mercure. ☎ 04-67-26-29-37. • capdagde@villalantana.com • villalantana.com • Suivre la* *direction « Maraval » jusqu'à l'av. Cassiopée ; l'impasse est au bout à droite. Doubles 115-164 € selon saison. Parking. Apéritif maison offert sur présentation de ce guide.* Une villa contemporaine de rêve. Tout est pensé pour satisfaire petits et grands : une piscine chauffée, un tennis, un spa, un hammam, un boulodrome, une aire de jeux pour les bambins... Chambres climatisées décorées sur le thème des fleurs (couleurs douces, tableaux d'artistes locaux).

Résidence Prestige Odalys Nakâra : *route de la Rochelongue, 34300 Agde. ☎ 04-67-01-84-80. • odalys-vacances.com • À partir de 80 € la nuit en chambre double selon saison (linge de lit et de toilette fournis, lits faits à l'arrivée et ménage quotidien).* Située à 200 m de la plage de Rochelongue, cette résidence séduit au premier coup d'œil pour son architecture zen à l'image des résilles ajourées qui recouvrent les parties communes et certaines façades. Appartements ou villas jumelées confortables entièrement meublés et équipés pouvant accueillir jusqu'à 8 personnes. Bel espace aquatique, espace bien-être, restaurant et club enfants gratuit en juillet et août.

Où manger ? Où boire un verre ?

Les Halles : *45, av. des Sergents. ☎ 04-67-26-82-93. • leshalles34@sfr.fr • Au niveau du parking P12. Menus 14-15 € en sem ; carte 30-40 €.* Point de halles, mais le marché sur la place, en face. Un concept assez prisé dans le secteur : une poissonnerie et un resto derrière, à la déco pastel qui évoque une cabane de pêcheur. On y vient pour ses poissons et ses fruits de mer tout droit débarqués des chalutiers et on se régale d'une rouille à l'agathoise ou de moules farcies à la sétoise. Quelques viandes également.

L'Écailler : *pl. du Barbecue. ☎ 04-67-26-55-42. Tlj de fin mars à mi-nov. Assiettes 5-20 €. Verre de vin offert sur présentation de ce guide.* Pas de salle, juste quelques tables en bois posées au bord du port. Idéal à l'heure de l'apéro avec un p'tit verre de blanc à la main accompagné, pourquoi pas, d'un plateau de fruits de mer. Ambiance bon enfant et décontractée. D'ailleurs, tout le monde y va !

La Cabane du Pêcheur : *rue de la Capitainerie. 06-52-22-80-24. • lacabanedupecheuragde@gmail.com • Ouv avr-sept, midi et soir quand il fait beau. Dégustation (6 huîtres + 1 verre de vin) env 9 € ; poisson sauvage a la plancha. CB refusées. Apéro offert sur présentation de ce guide.* Là encore pas de salle, juste une poignée de tables de jardin à l'air libre à côté d'un boulodrome. Tenu par un pêcheur qui sert aussi du poisson frais, en fonction de l'arrivage. Des habitués et encore des habitués qui se donnent rendez-vous dès le matin !

Parmi les ***restos de la plage Richelieu,*** le ***Jungle Beach*** *(☎ 04-99-41-20-88 ; tlj mai-sept, 9h-1h),* au cadre exotique et sa cuisine bien tournée, ou ***La Plage du Golf*** *(☎ 04-27-58-19-76 ; mai-sept),* un resto à l'image de l'hôtel, où les *Weston* sont plus courantes que les sandales.

À voir

Le musée de l'Éphèbe et d'Archéologie sous-marine : *mas de la Clape. ☎ 04-67-94-69-60. Juil-août, tlj 10h-18h ; sept-juin, tlj 10h-12h, 14h-18h (17h w-e). Fermé vac de Noël. Entrée : 5 € ; réduc.* Le seul musée d'archéologie sous-marine de France. Une muséographie particulièrement réussie fait revivre le passé d'Agde en s'appuyant sur de magnifiques collections d'archéologie sous-marine, rassemblées au gré des fouilles ou de découvertes dues au hasard. Un hasard qui fait particulièrement bien les choses : en plus d'une riche collection de vaisselle et d'armement d'époque Louis XIII, de cargaisons entières d'amphores gréco-romaines et d'une formidable mosaïque du Ier s en parfait état de conservation, ce musée est célèbre pour son département de bronzes antiques trouvés in situ. Grandes expositions temporaires.

À faire

➢ ***Bateaux de promenades Trans Cap Croisières :*** 06-08-47-22-32 (Cap'Némo) *ou* 06-08-31-45-20 (Diane I *et* Gulf Stream). • *transcapcroisieres.com* •

PÉZENAS (34120) 8 900 hab. *Carte Hérault, C2*

• Plan *p. 347*

Une petite ville coquette et apprêtée, drapée dans ses belles pierres chargées d'histoire, et parsemée de dizaines de boutiques colorées d'artisans-créateurs. Une cité touristique, donc – il faut dire que son patrimoine architectural est étonnamment riche –, prisée des visiteurs british, mais qui a su conserver son esprit méridional. Pézenas est aujourd'hui classée Ville d'art et d'histoire ; un label qui couronne une riche offre patrimoniale et touristique.

UN PEU D'HISTOIRE

En 1261, Saint Louis achète la ville, qui devient ***domaine royal.*** Un vrai tournant s'opère alors pour Pézenas. Le roi octroie un droit de foire, les états généraux du Languedoc se tiennent ici, des gouverneurs illustres se succèdent : ducs de Montmorency, prince de Conti... La cité méritait alors le nom de « Versailles du Languedoc ». Elle arbore dès cette époque le visage qu'on lui connaît encore aujourd'hui. Mais au début du XVIIIe s, les années brillantes prennent fin, sans pour autant que notables et commerçants ne désertent la ville.

DE MOLIÈRE À BOBY, DEUX POINTURES DE LA LANGUE FRANÇAISE

Marcel Pagnol l'affirma en son temps : « Jean-Baptiste Poquelin est né à Paris ; Molière est né à Pézenas. » Et il y a dans cette phrase quelque chose de vrai. Rejeté de la capitale en 1645, Poquelin décida de s'établir à Pézenas en 1650, après avoir sillonné 5 ans durant les routes de France. Il avait alors 28 ans. Sa troupe se retrouva quelques années plus tard sous la protection du prince de Conti, qui servit de modèle pour *Don Juan.* L'année 1657 marqua le départ de Molière et la fin de la protection princière. Aujourd'hui, de nouveaux comédiens ont repris le flambeau. Pézenas compte toujours son *Illustre Théâtre* – du nom de la compagnie qu'avait fondée Molière –, qui propose des spectacles toute l'année. L'autre figure de Pézenas s'appelle Boby Lapointe. Né en 1922, il connut un succès fulgurant à Paris. Spécialiste des chansons à texte loufoques, il maniait le français avec une dextérité qui lui était toute personnelle.
Aragon et Castille permit à Boby Lapointe d'être remarqué. En 1960, il accéda à la célébrité grâce à François Truffaut qui le fit tourner et chanter dans *Tirez sur le pianiste.* Il y interpréta *Avanie et Framboise,* accompagné par Charles Aznavour au piano. Tout en poursuivant sa carrière d'acteur-chanteur, il était mathématicien.

Adresses utiles

Office de tourisme de Pézenas Val d'Hérault *(plan B1)* **:** *hôtel de Peyrat, pl. des États-du-Languedoc. ☎ 04-67-98-36-40. • pezenas-tourisme.fr • Tlj, tte l'année.* Visites guidées, balades dans les vignobles des environs. Plan (payant) bien complet, avec histoire de la ville et itinéraire de balade détaillé. Livret-jeu pour les enfants à partir de 8 ans.

Maison des métiers d'art – Ateliers d'Art de France *(plan A1)* **:** *6, pl. Gambetta, dans l'ancienne maison des Consuls. ☎ 04-67-98-16-12. • pezenas@ateliersdart.com • Lun-sam 10h-20h (juil-août, fermé lun et nocturnes jusqu'à 22h mer et ven).* Expo-vente de pièces uniques et petites séries réalisées par 120 artisans d'art dans toute la France, dont Pézenas. Renouvellement des collections et expos toute l'année.

Goûts et Couleurs *(plan A1-2)* **:** *2, rue de la Foire. ☎ 04-67-98-24-99. Tlj sf lun hors saison, jusqu'à 19h.* Parmi une foultitude de gourmandises et de produits artisanaux, vous pouvez goûter, les yeux fermés, les confitures de dame Nadine de Brabandère. Elle arrivera toujours à vous piéger et à vous faire prendre pour des marrons ce qui est en fait de la patate douce. Étonnant.

Confiserie Boudet *(hors plan par B1)* **:** *chemin de Saint-Christol. ☎ 04-67-98-16-32. • lesberlingotsdepezenas.com • ♿ Au nord de Pézenas. Visite de la fabrique sur simple demande, de mi-juin à mi-sept, lun-ven 9h-11h30 (durée : env 30 mn). Groupe slt sur rdv.* Seule la maison *Boudet* continue aujourd'hui la fabrication artisanale des authentiques berlingots de Pézenas.

Maison Alary *(plan B1)* **:** *9, rue Saint-Jean. ☎ 04-67-98-13-12. • petitpatepezenas.com • Tlj sf lun hors saison, jusqu'à 19h30.* C'est à une recette anglaise mi-sucre, mi-mouton, apportée au milieu du XVIIIe s par le cuisinier indien de Lord Clive, le vice-roi des Indes venu se mettre au vert près de Pézenas, que l'on doit les fameux petits pâtés en croûte ; à consommer légèrement chauds, en apéritif ou en entrée, avec un blanc sec, genre Picpoul-de-Pinet. Bon accueil.

Marchés : *sam mat cours Jean-Jaurès, et pl. Gambetta pour le bio.*

Où dormir ?

Prix moyens

Chambres d'hôtes La Dordine *(plan A1,* ***10****)* **:** *9, rue des Litanies. ☎ 04-67-90-34-81. • info@ladordine.com • ladordine.com • Congés : 2 sem en déc-janv. Doubles 54-69 € ; également 3 studios pour 2 (voire 3) pers env 299-439 €/sem.* Cette sympathique maison ancienne est tarabiscotée à souhait et traversée par un escalier raide digne d'une tour de guet. Les chambres sont simples et mignonnettes. La plus sympa, mansardée et aux pierres apparentes, donne sur les toits de la ville. Également des studios équipés dans l'immeuble d'en face. Petit déj d'anthologie (pain, brioche, yaourts et confitures maison, jus artisanal). Enfin, accueil charmant et décontract'. On est vraiment chez l'habitant, faut faire gaffe à ne pas marcher sur les jouets des enfants ! Ces passionnés de vin ont également ouvert un caveau avenue de Verdun, route des Antiquaires.

Chambres d'hôtes Un Air de Vacances *(plan B2,* ***13****)* **:** *1, rue Calquières-Basses. ☎ 09-50-58-99-11. 📱 06-45-55-54-14. • robert.vivares@cote-sud.com • air-de-vacances.com • Double 65 € ; suites 129-148 € selon nombre de lits et saison. Parking public en face.* Cette maison du XIXe s, rénovée sans y perdre ses volumes, abrite 2 chambres et 2 belles suites avec coin cuisine, lumineuses et pétillantes de couleurs, à l'image de l'accueil des proprios et des chansons

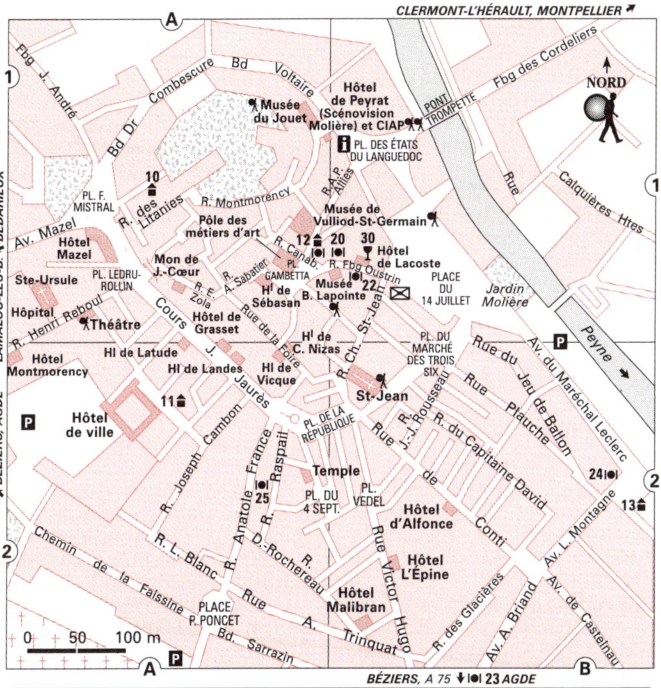

PÉZENAS

Où dormir ?	**Où manger ?**
10 Chambres d'hôtes La Dordine	**20** La Pomme d'Amour
11 Chambres d'hôtes Hôtel de Vigniamont	**22** Le Comptoir des Palmiers
12 Le 5	**23** Les Marronniers
13 Chambres d'hôtes Un Air de Vacances	**24** L'Entre-Pots
	25 L'Oustal
	Où boire un jus de fruits frais ?
	30 Ô.Ju ex Au

de Boby Lapointe dont elles portent le nom. Chacune joue sa partition – tout comme Robert, lui-même musicien : pierres apparentes et salle de bains ouverte sur la chambre (mais alors, fenêtres en hauteur), mezzanine ou salon-bibliothèque. Seul bémol, le « Joueur d'hélicon », assez banal. Jolie terrasse pour un petit déj (jus de fruits frais) au soleil. Soirées concerts de temps en temps. Comme un air de vacances...

Plus chic

Chambres d'hôtes Hôtel de Vigniamont *(plan A2,* ***11****)* ***:*** *5, rue Massillon. ☎ 04-67-35-14-88. 06-12-87-75-32. • info@hoteldevigniamont.com • hoteldevigniamont.com • Doubles 113-158 €. Apéritif offert pour 2 nuits sur place, sur présentation de ce guide.* Adresse de charme, dans un élégant hôtel particulier du XVIIe s. Organisées autour du patio mangé par le lierre, les belles chambres cadrent harmonieusement avec la noblesse des lieux. Délicate attention, les hôtes offrent pendant votre séjour une dégustation de vins régionaux sur la délicieuse terrasse perchée sur les toits. Petite kitchenette à disposition des hôtes.

Le 5 (plan A1, **12**) : *5, rue Canabasserie. ☎ 04-67-39-54-41. 06-07-23-05-37. • le5pezenas@gmail.com • sites.google.com/site/le5gallerypezenas • Resto fermé lun et hors saison ; menu 15 €, carte env 22 €. Doubles 90-130 €, petit déj inclus ; appart pour 2-4 pers.* Pour ceux qui aiment les adresses un peu secrètes, sans voisins pour les déranger. Imaginées par deux créateurs parisiens venus changer d'air en province, 2 suites de charme dans un cadre mariant vieilles pierres et lignes contemporaines. Si vous n'y logez pas, rien ne vous empêche de prendre seulement un carpaccio, une salade, un brunch ou une gourmandise dans la salle voûtée ou en terrasse, face à la butte du château.

Où manger ?

De bon marché à prix moyens

À ceux qui veulent manger sur le pouce ou aux familles, on recommande la crêperie **La Cour Pavée** *(48, rue Conti ; ☎ 04-67-90-79-60).*

La Pomme d'Amour (plan B1, **20**) : *2 bis, rue Albert-Paul-Ailiès. ☎ 04-67-98-08-40. Tlj sf lun hors saison. Congés : déc-fév. Formule 17,90 € ; menus 21,50-29,50 € ; carte env 36 €.* Dans le cœur historique, les vieilles pierres de la maison cachent un petit resto sans prétention, où les quelques tables se serrent sous les grosses poutres avant de déborder sur un joli petit bout de terrasse. Cuisine du terroir simple et correcte. Accueil agréable.

L'Oustal (plan A2, **25**) : *15, rue Anatole-France. ☎ 04-67-11-08-68. • t.bousquet34120@gmail.com • À deux pas du centre historique. Ouv le midi lun-sam, le soir mar-ven. Compter 20-30 €.* Dans son petit bistrot allongé d'une terrasse sur la rue, Thomas Bousquet, le jeune chef, concocte une cuisine de marché, simple, accessible et goûteuse, s'appuyant pour l'essentiel sur des producteurs régionaux. Ce qui ne l'empêche pas d'expérimenter quelques associations de saveurs originales et réussies. Le tout pour une addition modique qui nous amène à un excellent rapport qualité-prix.

Le Comptoir des Palmiers (plan B1, **22**) : *7, rue François-Oustrin. ☎ 04-67-09-42-56. Fermé le dim, plus lun-mar hors saison. Formule déj 17 € ; tapas env 7-10 €, plats 15-20 €. Un verre de blanc du pays offert sur présentation de ce guide.* Le Comptoir propose une cuisine méditerranéenne à l'ardoise qui change quotidiennement. On peut opter pour des tapas (rougail de moules, chorizo de Bellota...) ou pour un petit plat bien troussé comme le lapin à l'aïoli ou la saucisse-aligot. À découvrir attablé à l'intérieur ou dans une courette abritée par une tenture marocaine.

Les Marronniers (hors plan par B2, **23**) : *6, av. de Verdun. ☎ 04-67-90-13-80. • vaudon.daniel@orange.fr • Tlj sf dim-lun en saison. Formules déj en sem env 18,50-22,50 €. Café offert sur présentation de ce guide.* Un lieu branché dans ce qui fut une belle maison de maître, à l'entrée de Pézenas. Déco et accueil très sympas. Ici, le saucisson sec rencontre des tapas plus sophistiquées et les touristes de passage côtoient le notaire ou les brocanteurs du quartier. Bonne petite cuisine le midi ; le soir, on choisit à l'ardoise tapas et *plancha,* et la cuisson peut réserver des surprises. Ambiance détendue dans la salle façon bistrot ou sous les marronniers de la jolie terrasse.

L'Entre-Pots (plan B2, **24**) : *8, av. Louis-Montagne. ☎ 04-67-90-00-00. • entre-pots@orange.fr • À l'entrée de Pézenas, grand parking le long des quais. Tlj sf dim (hors juil-août)-lun. Menus 29 € le midi en sem, 31 € le soir ; carte env 50 €. Café offert sur présentation de ce guide.* Pas un gastro de plus mais un resto dans l'air du temps, dans l'assiette comme sur les murs. Un resto zen, à la déco épurée dans les tons beige, taupe et chocolat, où l'on se fait plaisir avec des plats de l'arrière-pays complétés par quelques escapades côté mer, le tout servi sans fioritures. Philippe Mouls, un des chefs sétois les plus sincères, tient cet ancien entrepôt à vins où vous pourrez goûter également quelques bons crus. Terrasse accueillante côté cour.

Où dormir ? Où manger dans les environs ?

Chambres d'hôtes L'Orangerie : *31, impasse du Portail, 34290* ***Valros.*** *☎ 04-67-09-96-90. • fbesset@yahoo.com • orangerie-france.com • Tte l'année sur résa. Double 75 € ; suite 125 € (+ 20 €/pers supplémentaire). Apéritif offert sur présentation de ce guide.* Séduisante maison de maître restaurée avec soin dans le respect du patrimoine (le mur de l'escalier n'est autre que celui de l'ancien rempart !). La déco est à l'avenant, élégante, mêlant des meubles choisis dans un environnement coloré aux tonalités douces. Des chambres douillettes, un salon TV reposant, une salle à manger égayée d'un bon feu de cheminée, et plein de petits plus comme la chaîne hi-fi dans la suite romantique à souhait ou la piscine-jacuzzi dans le patio. Un vrai cocon ! Accueil dynamique et pas compliqué.

Auberge de la Tour : *av. de Pézenas, 34290* ***Valros.*** *☎ 04-67-98-52-01. • aubergedelatour.valros@orange.fr • aubergedelatour34.com • (resto slt). En saison, resto fermé lun et mar midi ; hors saison, fermé dim soir-mar midi. Congés : de mi-oct à mi-nov, vac de Noël, 10 j. fin fév. Doubles 60-70 €. ½ pens 52-57 €/pers. Formule déj en sem 14,90 € ; menus 19,50-40 €. Café offert sur présentation de ce guide.* Très bon accueil dans ce petit hôtel charmant non loin de la côte méditerranéenne. On vous conseille les chambres à l'étage donnant sur la piscine ou sur les vignes. Plats régionaux raffinés au resto. N'hésitez pas à demander des idées de balades ou de visites aux patrons, qui se feront une joie de vous aider !

Où boire un jus de fruits frais ?

Ô.Ju ex Au *(plan B1,* ***30****) : 14, rue François-Oustrin. ☎ 04-67-62-44-94. • o.juexau@orange.fr • En saison, ouv le midi mar-mer, ven-dim, le soir mer et ven ; hors saison fermé ts les soirs. Congés : janv.* Un café concept culturel sans alcool, qui vous donne la pêche en toute saison, et même la banane, tous les fruits étant ici les bienvenus, en cocktails, en brochettes, en jus...

À voir

– L'office de tourisme de Pézenas organise des ***visites guidées du centre historique*** *(☎ 04-67-98-36-40, juil-août, lun-mer et ven à 17h, sam à 11h ; prix : 6 €).* Également des ***visites nocturnes théâtralisées*** avec des comédiens *(juil-août, mar à 20h30).*

La vieille ville : *se munir du plan vendu (2 €) à l'office de tourisme et suivre le fléchage correspondant, très bien fait.* Ne pas manquer la boutique du barbier Gély qui abrite le musée Boby-Lapointe, l'hôtel Carrion-Nizas (rue de la Foire) pour le souvenir de Molière, le quartier juif (le ghetto), l'hôtel de Lacoste et ses belles voûtes en croisée d'ogives... Bref, ouvrez l'œil pour ne pas manquer frontons, escaliers à vis, fontaines...

Les boutiques d'artisans : le riche patrimoine et le passé artistique de la ville ont encouragé l'installation d'artisans d'art, aujourd'hui nombreux puisque Pézenas en compte une quarantaine : doreur à la feuille, vitrailliste, accessoiriste de théâtre, brodeuse, mosaïste, tapissier, tourneur sur bois, souffleur de verre, ébéniste...
Vous pouvez avoir un aperçu du travail de certains d'entre eux – exposé, au rythme d'expos temporaires, au milieu des créations d'autres artisans de l'Hexagone – en poussant la porte de la Maison des métiers d'art, place Gambetta, installée dans l'ancienne maison consulaire (du XVIIIe s), ou bien leur rendre visite ; attention, tous n'ouvrent pas leur atelier au public. *Rens auprès de la Maison des métiers d'art (voir les « Adresses utiles ») ou de l'office de tourisme. • metiersdart.cahm.net/fr/pezenas.html •*

Le musée de Vulliod-Saint-Germain *(plan B1) : 3, rue A.-P.-Alliès. ☎ 04-67-98-90-59. De fév à juin, tlj sf lun, 10h-12h, 14h-17h30. Juin-sept, 10h-12h et 15h-19h (nocturnes mer et ven 21h). Fermé de mi-nov à mi-fév. Entrée : 1 €.* Dans un bel hôtel de la vieille ville, petite section lapidaire et reconstitution d'une cuisine languedocienne en sous-sol. Salons dans les étages meublés d'époque (du XVe au XVIIIe s) et agrémentés de cinq belles tapisseries d'Aubusson et de collections de faïences de Montpellier, de Moustiers et de Delft. Sans oublier bien sûr les souvenirs du passage de Molière : on y trouve l'authentique cathèdre du barbier Gély, l'ami du comédien. Expos temporaires.

L'église Saint-Jean *(plan B2) :* reconstruite au début du XVIIIe s. Contient des boiseries, stalles et tableaux. En face, superbe façade de la maison dite « des Commandeurs ».

Le musée Boby-Lapointe *(plan B1) : 1, pl. Gambetta (dans l'ancienne boutique du barbier Gély). ☎ 04-67-21-02-87. Avr-juin, tlj 10h-12h, 14h-19h ; juil-août, tlj 10h-13h, 15h-19h ; sept-mars, tlj sf lun, 10h-12h, 14h-18h. Fermé janv. Entrée : 2 € ; réduc ; billet valable pour plusieurs visites.* Fans de la première heure ou curieux bien inspirés iront visiter ce musée insolite, où une poignée d'irréductibles très accueillants présentent une série de panneaux retraçant la vie et l'œuvre aussi loufoques l'une que l'autre de Boby Lapointe, un passionné de mathématiques et d'aéronautique (diplômé de Centrale et Sup'Aéro !) devenu chanteur à drôles de textes. Également quelques photos rares, documents sonores et audiovisuels, clips et concerts notamment. En ressortant, vous serez incollable sur le système bibi-binaire, censé faire gagner du temps au langage... Les purs et durs ne manqueront pas de prendre date pour le prochain festival !

DES HAUTS ET DES BAS

Avant d'embrasser une carrière de chanteur, Boby Lapointe fut scaphandrier à La Ciotat puis poseur d'antennes sur les toits de Paris. En bon joueur de mots, il en tira la seule conclusion possible : « J'ai connu des hauts et des bas... »

Scénovision Molière *(plan B1) : hôtel de Peyrat, pl. des États-du-Languedoc, dans le même bâtiment que l'office de tourisme. ☎ 04-67-98-35-39. • scenovisionmoliere.com • Juil-août, tlj 9h (10h dim)-19h ; sept-juin, tlj 9h-12h, 14h-18h. Entrée : 7 € ; 6 € enfant. Durée de la visite : 55 mn (départ ttes les 15 mn ; dernier départ 1h15 avt fermeture). Fait partie des Sites d'exception en Languedoc.* Un parcours-spectacle particulièrement ludique pour se plonger de façon très originale dans le théâtre de Molière tout en suivant la carrière d'un comédien qui reste, curieusement, assez méconnu du grand public. La visite a été pensée comme une pièce de théâtre des temps modernes et s'articule en cinq actes !
Après une immersion dans l'univers du XVIIe s, on accompagne le jeune Jean-Baptiste Poquelin à Paris, au sein d'une foire. Avec des lunettes en 3D, on voit

L'HÉRAULT

forcément la vie autrement. Dans l'acte suivant, sa troupe nous emmène en tournée dans le Languedoc avec une étape à Pézenas. Ce fabuleux voyage dans le temps s'achève au Palais-Royal, avec la dernière représentation du *Malade imaginaire* et la mort de l'artiste. Une très belle visite, chargée de poésie et d'émotions.

Le CIAP *(Centre d'interprétation de l'architecture et du patrimoine ; plan B1)* **:** *à l'office de tourisme, pl. des États-du-Languedoc. ☎ 04-67-98-36-40. Mêmes horaires que l'office de tourisme (voir plus haut). Nocturne jusqu'à 22h mer et ven. GRATUIT. 2 livrets enfant, selon l'âge.* Bel espace muséographique récent qui permet de découvrir le riche patrimoine de la ville et le savoir-faire des artisans qui travaillaient la pierre, le bois, le métal, concourant ainsi à sa magnificence. Idéal avant de musarder dans les rues, pour percevoir comment, au XVIIe s – l'âge d'or de la ville –, on concevait le confort, la modernité, et comment on vivait à Pézenas. Et comme le CIAP est abrité dans les vénérables murs d'un bel hôtel de Peyrat, une poignée de petits panneaux (« ouvre l'œil ») attire notre attention sur les éléments remarquables du lieu. Textes, dessins, photos, objets et maquettes : la base d'une muséographie claire et contemporaine, et des informations bien mises en valeur. Un petit voyage dans le temps. Un étage plus haut, ville de Molière oblige, c'est de théâtre qu'il est question : là encore, une petite expo pédagogique sur les différentes formes de théâtre, d'ici et d'ailleurs.

Le musée du Jouet *(plan A1)* **:** *2 bis, rue Montmorency (à 10 m de l'office de tourisme). ☎ 04-67-35-92-88. • museedujouetpezenas.com • Juil-sept, tlj 10h-20h ; oct-juin, tlj sf lun, 14h-19h. Entrée : 5 € ; réduc.* Un inventaire à la Prévert autant entrepôt pour fouineurs nostalgiques de leur enfance que musée sagement ordonné. Des avions, des voitures de collection, des poupées de Peynet, des robots japonais, des jouets de guerre, d'autres, plus féminins, incitant à apprendre les vertus du travail... Beaucoup de choses originales !

Le Théâtre historique *(plan A1)* **:** *rue Henri-Reboul. Pour les visites, se renseigner à l'office de tourisme (compter 6 €/pers en juil-août).* Depuis 1947, plus personne n'était monté sur ses planches. Classé Monument historique, le petit théâtre à l'italienne de Pézenas, installé en 1803 dans une ancienne chapelle, a rouvert ses portes en 2012 après avoir été restauré dans son décor d'origine. Au cours des travaux, des objets ont été retrouvés : pipes, gants... On y donne à nouveau des spectacles, on y présente des expos. Une nouvelle page d'histoire pour ce lieu à tout faire...

Manifestations

– ***Printival :*** *3 j. en avr. • printivalbobylapointe.com •* Festival de chanson française. Soviet Suprême, Matthieu Boogaerts...
– ***Festival Molière dans tous ses états :*** *mi-juin.* Spectacles ouverts à tous dans les différents lieux patrimoniaux de la ville, et une représentation exceptionnelle à la nuit tombée au théâtre de verdure. Un grand moment.
– ***Les Nocturnes :*** *en juil-août, chaque mer et ven soir.* Échoppes d'artisans, boutiques de produits du terroir et lieux d'exposition participent à la grande veillée jusqu'à 23h au moins.
– ***Les Estivales :*** *en juil-août, ven 20h-minuit, cours Jean-Jaurès.* Découverte et dégustation des vins de l'AOC Terroir de Pézenas. Soirées conviviales en musique, autour de produits régionaux.

DANS LES ENVIRONS DE PÉZENAS

Grande plaine viticole et vallonnée étendue entre étangs et causses, la région de Pézenas est parcourue par un enchevêtrement de petites départementales, véritable toile d'araignée reliant de petits bourgs vignerons ombragés de platanes.

MONTAGNAC (34530)

L'histoire du village remonte au IXe s. Protégé par son enceinte fortifiée, Montagnac s'organise autour de son église Notre-Dame (aujourd'hui Saint-André), de style gothique méridional. Il devient ville royale au milieu du XIIIe s et domine le commerce languedocien avec de grandes foires nationales jusqu'à la Révolution. Le village se couvre alors de riches hôtels particuliers (XVe-XVIIe s), avec de beaux portails, façades et escaliers, encore bien conservés. On trouve aussi quelques maisons vigneronnes (avec le magasin en rez-de-chaussée, où étaient remisés les cuves, le pressoir, etc.), datant du XIXe s.

À faire

– ***La Forêt d'Acrobates :*** *sur la base départementale de Bessiles, route de Montagnac (fléché depuis la D 5 direction abbaye de Valmagne). 06-07-13-43-80. • loisirs-foret.com • Juin-début sept, tlj 9h-19h ; le reste de l'année, mer, w-e, j. fériés et vac scol 14h-18h. Fermé de déc à mi-fév.* Au milieu d'une forêt, cinq parcours acrobatiques dans les arbres, jeux en bois, sentier sensoriel à suivre pieds nus, minigolf, tir à l'arc, course d'orientation...

L'HÉRAULT

L'ABBAYE DE VALMAGNE

Prendre la D 5 à gauche à Montagnac, direction Villeveyrac (3 km). Infos : ☎ 04-67-78-06-09 ou 47-32. • valmagne.com • À partir de mi-juin, tlj 10h-18h (et 6 visites guidées/j.) ; à la mi-saison, lun-ven 14h-18h, w-e et j. fériés 10h-18h ; le reste de l'année, lun-sam 14h-18h, dim et j. fériés 10h-18h. Fermé pdt les fêtes de fin d'année. Entrée : 7,90 € ; réduc. Audioguide : 1,50 €, sinon document de visite. En juil-août, programmation régulière de spectacles. Fait partie des Sites d'exception du Languedoc. Bien bel ensemble que constituent l'église gothique convertie en chai après la Révolution, avec ses foudres impressionnants et sa croix en ceps de vigne (!), un cloître d'un charme fou, avec une fontaine, et une salle capitulaire d'une grande pureté. L'environnement est magnifique, et, surtout, vous pouvez tout savoir sur les jardins médiévaux grâce à celui réalisé avec amour et intelligence aux portes de l'abbaye *(accessible avr-Toussaint).* On y trouve aussi un verger, un jardin de simples (logique) et un cloître végétal. Également un conservatoire des cépages. Après ça, on en oublie de parler des vins de la maison. Tant pis, vous n'avez pas besoin de nous pour les acheter... Allez plutôt les déguster dans la grange de l'abbaye, reconvertie en ferme-auberge.

Restaurant Vigneron – Ferme-auberge de l'abbaye de Valmagne : *à l'entrée de l'abbaye. ☎ 04-67-78-13-64. • auberge@valmagne.com • En saison, ouv le midi tlj sf lun, plus le soir jeu-sam ; en basse saison, ouv dim et j. fériés. Congés : de mi-janv à fév. Formule et menu 20-35 €.* Dans les dépendances, près du bassin des moines. Grande salle avec une cheminée pour les jours sans soleil, et superbe terrasse dominant vignes et potager. Cuisine méditerranéenne utilisant les légumes du potager et les plantes aromatiques du jardin médiéval : petits farcis, viandes *a la plancha,* etc. Vins bio maison.

SAINT-PONS-DE-MAUCHIENS (34230)

Prendre la D 5 puis la D 161 (7 km). Visible à 10 lieues à la ronde, un de ces villages à plan circulaire longtemps appelés *circulades* et dont l'origine remonte au Moyen Âge. À voir : l'*église* du XIIe s, les vestiges des remparts et la maison dite « des

Consuls » construite en 1199 (on ne peut admirer en fait que la façade extérieure). Elle fut la résidence des évêques d'Agde au XIVe s. Voir aussi la façade de la *maison des Émigrants,* du XVIIe s. Dégustation de vins rouges, rosés et blancs à la cave coopérative de Saint-Pons, par n'importe quel temps.

PAULHAN *(34230)*

Paulhan est au cœur du réseau des villages dits circulaires, qualificatif plus correct, paraît-il, que ce nom de *circulades,* toujours utilisé ici. Pourquoi les étiquettes des bouteilles de vin sont-elles aussi jolies ? Elles reproduisent l'ermitage de Vareilles. Il est vrai qu'au milieu des vignes, hissé sur un monticule, protégé par un pin et un cyprès, il réjouit l'œil depuis le Xe s. Pour le dénicher, prenez la direction d'Adissan, et à gauche, vous apercevrez la butte.

Où dormir dans les environs ?

Chambres d'hôtes Villa Saint-Germain : *13, route de la Grange, 34120* ***Cazouls-d'Hérault.*** *☎ 04-67-25-28-06. • alixguy@free.fr • villa-saint-germain.com • À env 4,5 km de Paulhan, en direction de Pézenas. Congés : janv-mars. Doubles 95-100 € ; familiale 4 pers 135 €. Apéritif offert sur présentation de ce guide.* 3 chambres et une suite, aménagées dans une demeure de maître du XIXe s trônant au milieu d'un parc de 1 ha aux arbres centenaires. Beaucoup d'espace, de calme, et une déco qui met en valeur le cachet de l'ancien. Piscine. Une adresse de charme aux tarifs raisonnables.

L'HÉRAULT

ROUJAN *(34320)*

À 10 km de Pézenas, dernier arrêt avant de boucler la boucle (logique puisqu'on est au pays des *circulades*). À moins que vous n'ayez envie de rejoindre directement le Faugérois ou Clermont-l'Hérault (voir plus loin). Fini les routes droites, dans ce cas ; vous allez pouvoir faire un arrêt au barrage des Olivettes, et découvrir au passage de sympathiques auberges de villages...

Où manger dans les environs ?

De bon marché à prix moyens

Bistrot L'Escampette : *12, pl. Lieutenant-Gauffre, 34320* ***Neffiès*** *(à 3,5 km au nord). ☎ 04-67-24-83-99. • lescampette@laposte.net • Tlj sf sam midi ; hors saison, fermé mer, sam midi et dim soir. Formule déj en sem 12,50 € ; carte 21-25 €. Café offert sur présentation de ce guide.* Au sommet d'un petit village agrippé à une colline, un lieu sympa avec sa tonnelle donnant sur la place, endormie le midi mais animée le soir. Un petit troquet atypique, qui réunit toutes les générations autour d'un plat du jour, d'une viande grillée ou d'une blanquette piochés sur l'ardoise, ou tout simplement autour d'un verre. Produits frais et de saison.

Auberge du Presbytère : *4, rue de l'Église, 34320* ***Vailhan*** *(à 7 km au nord-ouest). ☎ 04-67-24-76-49. • aubergedupresbytere.fr • À la sortie de Pézenas, prendre direction Bédarieux ; à Roujan, à droite, direction Vailhan. Au centre du village. En saison, fermé mar-mer ; hors saison, lun, mar midi et mer. Congés : fin déc à mi-janv, fin sept-début oct. Résa conseillée. Formule 34 € ; menus 39-50 €.* Une des plus belles surprises de l'arrière-pays. Baptiste Fournier, jeune chef formé dans de grandes et belles brigades, tient avec sa femme cette jolie auberge cachée à l'ombre du clocher du village et dominant, de sa terrasse, le lac inférieur du barrage des Olivettes. Quel panorama ! L'important, c'est aussi ce qui se passe dans l'assiette, une cuisine élaborée, précise, sans esbroufe, s'appuyant sur les produits de saison et des environs.

À voir. À faire dans les environs

Vailhan *(34320)* : *à 7 km au nord-ouest par la D 125.* Minuscule village planté dans un chaos de collines, de garrigue et de rocaille, en surplomb du lac artificiel du barrage des Olivettes. Perchées au-dessus du village, les ruines d'un petit château, celui de Guillaume de Vailhan, seigneur local qui rentra des croisades accompagné de seulement sept soldats survivants.

Le château-abbaye de Cassan *(ancien prieuré royal)* : *sur RD13, entre Roujan et Gabian. • info@cassan.org • Juil-août, tlj 11h-19h ; avr-juin et sept, tlj 14h-19h ; oct, slt w-e 14h-19h. Fermé nov-mars. Entrée : 7,10 € (6,10 € sur présentation de ce guide, et réduc sur les concerts) ; réduc. Visite libre avec fascicule. Fait partie des Sites d'exception en Languedoc.* Fondée par Charlemagne, cette abbaye classique a depuis subi nombre de transformations du fait de ses fonctions successives. Il n'empêche, les murs chargés d'histoire et la façade du XVIIIe s du château qui supplanta le cloître poussent toujours à la rêverie, surtout par beau temps. Et jetez donc un coup d'œil sur la reconstitution de la cuisine et de l'herboristerie. Nombreux concerts et expos en saison, ainsi que des dégustations de vin.

L'HÉRAULT

LE BÉZIERS ET SES ENVIRONS

Depuis Servian (à la sortie de l'autoroute A 75), départ pour une escapade sur la route des Vins, dans cette grande plaine assez monotone dissimulant quelques bourgs vignerons typiques.

L'ARRIÈRE-PAYS

SERVIAN *(34290)*

Le jardin de Saint-Adrien : *sur la N 9, à mi-chemin de Pézenas et Béziers (à la sortie du nouvel échangeur de Servian). ☎ 04-67-39-24-92. • jardinstadrien@wanadoo.fr • stadrien.paysdepezenas.com • ♿ (accès partiel). Avr-mai et oct, w-e et j. fériés 14h-18h30 ; juin et sept, mer et ven 16h-19h (14h w-e et j. fériés) ; juil-août, tlj sf lun, 16h-19h (14h w-e et j. fériés). Visites guidées juin-sept, mer et ven à 17h. Entrée : 6 € ; réduc. Fait partie des Sites d'exception en Languedoc.* Un jardin hors normes, comme vous l'expliqueront ses créateurs, qui font eux-mêmes la visite. Il leur a fallu plus de 20 ans pour métamorphoser en un véritable jardin d'éden (classé Jardin remarquable) cette ex-décharge, ancienne carrière exploitée au Moyen Âge. Plusieurs essences magnifiques et différents bassins peuplés de poissons émaillent ce parc de 4 ha.

30 MILLIONS D'AMIS

Le crapaud à Bassan, le chameau à Béziers, le cerf à Servian... Chaque village du Biterrois est associé depuis le Moyen Âge à un animal totem. Un héritage pas toujours facile à porter. Véritables mascottes populaires, ils défilent lors de festivités locales. Méfiez-vous du bœuf de Mèze, il dévore les petits enfants...

BASSAN (34290)

À 3 km à l'ouest de Servian, un village vigneron typique, plein de charme, avec son église romane, ses vestiges de château, sa place ombragée de platanes et son incroyable petit musée.

Le musée des Meubles modestes : *2, rue des Remparts (au centre du village). ☎ 04-67-36-11-91. • fornells.alain@orange.fr • lesmeublesmodestes.com • Visite tlj, sur résa slt. Participation : 2 €/pers, et 5 € pour la visite contée.* Alain Fornells fait partie de ces rêveurs éveillés qui vous rendent la vie plus sereine. Cet infirmier à domicile redonne vie aux petits meubles abandonnés qu'il trouve par hasard. Bricolés, rafistolés, colorés, ils servent de point de départ à une balade contée, au fil des pièces de sa drôle de maison. Le musée imaginaire d'Alain Fornells n'a rien de mièvre : à travers ces meubles-objets issus (tout comme les contes qui s'y rapportent) de ses rêves, de ses fantasmes, il dit son histoire et celle de ceux qui l'ont précédé. Ce timide a eu besoin de ces objets fantastiques pour conter l'histoire de sa grand-mère au temps des vendanges, des réfugiés espagnols allant écouter les rumeurs dans les rues (et nous les entendons, par sa voix, par ses trucages), d'Henri le vagabond qui faisait le fou pour ne pas travailler. Quand les palettes de transport bleues ou rouges deviennent barque, et que la tempête se lève, on s'y croirait. Laissez-vous emporter par la musique des mots d'Alain, à travers l'un ou l'autre de ses cycles de contes.

MAGALAS (34480)

À 22 km au nord de Béziers, par la D 909. Un village en circulade où l'on prend du bon temps.

Adresse utile

Office de tourisme intercommunal : *Espace vins et campanes, ZAE L'Audacieuse. ☎ 04-67-36-67-13. • ot-magalas@wanadoo.fr • Mar-sam, plus lun ap-m juil-août.* Centre pédagogique et culturel sur la vigne, et *musée Granier (entrée : 3 €)* consacré à l'art campanaire, soit l'art des cloches. François Granier est l'un des derniers fondeurs du sud de la France. Expositions de peintures (toute l'année), concerts autour du carillon « Jan Donnes » (en été), composé de 40 cloches. Mais si vous ratez les concerts, les charmantes hôtesses se feront un plaisir de vous le faire carillonner, sur simple demande. Également une boutique de produits de terroir avec dégustation gratuite.

MURVIEL-LÈS-BÉZIERS (34490)

Au nord-ouest de Béziers, surplombant la vallée de l'Orb, un de ces villages en circulade, comme on dit toujours par ici. Porches restaurés, fenêtres à meneaux, venelles médiévales et surtout une dizaine de pigeonniers, particularité unique dans la région. Église classée des XIe-XVe s (abritant une exceptionnelle Mise au tombeau), ouverte le matin. À ne pas manquer non plus, entre le 14 juillet et le 15 août : le *mois des petetas* ! 150 poupées de chiffon, rembourrées en paille, sont réparties un peu partout dans le village, de la fin des moissons au début des vendanges.

Adresses et info utiles

Office intercommunal de tourisme des Pechs : *27, av. de la République. ☎ 04-67-35-90-07. • tourisme-des-pechs.com • Mar-ven 10h-12h, 14h-18h ; sam 10h-13h.* Visites du centre historique et des caveaux particuliers toute l'année. Nombreuses infos sur les communes environnantes.

Au Cochon Gourmet : *route de Cazouls (D 14). ☎ 04-67-36-32-99. Tlj sf dim-lun.* Une super adresse pour amateurs de charcuterie (vente à la ferme).

Réals Canoë-kayak : *à 4 km du village par la D 36 direction Saint-Chinian/Cessenon. ☎ 04-67-89-61-65. • base-reals.com •* Canoë-kayak sur l'Orb.

– **Marché :** *mar et sam mat, pl. Parech.*

L'ABBAYE DE FONTCAUDE

Sur la commune de ***Cazedarnes*** *(34460). ☎ 04-67-38-23-85. • abbaye-de-fontcaude.com • Juin-sept, tlj sf dim mat, 10h-12h, 14h30-19h (non-stop 10h-19h lun-ven en juil-août) ; oct-mai, tlj sf dim mat, 10h-12h, 14h30-17h30. Fermé en janv sf dim ap-m et vac scol. Entrée : 5 € ; réduc. Visite libre avec fascicule. Fait partie des Sites d'exception en Languedoc.* Égarés dans un hameau en bordure d'une minuscule route, les vestiges de l'abbaye de Fontcaude, joyau de l'art roman, ont été joliment restaurés, au point qu'ils accueillent désormais des concerts de chants grégoriens. Étape sur l'un des chemins de Saint-Jacques-de-Compostelle, l'abbaye a pourtant été en grande partie détruite. De l'église, seuls le transept, les deux absides et l'absidiole tiennent encore debout. À l'extérieur, il ne reste du cloître qu'une arcade, et des bâtiments conventuels qu'un pan de mur. Les chapiteaux sculptés sont exposés dans un petit musée attenant.

MARAUSSAN *(34370)*

Non loin de l'Orb, ce petit village s'enorgueillit d'avoir reçu la visite de Jaurès lors de la construction de sa cave coopérative, la plus ancienne de France. Château classé de Perdiguier, un régal pour les yeux ; très beaux chevaux. On ne le visite pas. Prenez le temps de vous balader, avant de reprendre la route de Béziers ; au détour d'une vigne se cachent un château, une chapelle, un bout de garrigue...

Où manger ?

Parfums de Garrigues : *37, rue de l'Ancienne-Poste. ☎ 04-67-90-33-76. • parfumsdegarrigues@yahoo.fr • Ouv mer soir-dim soir en juil-août, sinon jeu-dim midi et j. fériés. Formule déj en sem 20 € ; menus 30-68 €. Parking. Digestif offert sur présentation de ce guide.* Jean-Luc Santuré reçoit avec plaisir ses fidèles dans une jolie maison de pays, prolongée par une terrasse coquette disposée dans une cour intérieure paisible. Un lieu où tout le monde se sent bien, idéal pour se concentrer sur sa cuisine ingénieuse et odorante, véritable tour de force régional. Le tout animé par une équipe passionnée.

BÉZIERS (34500) 74 500 hab. *Carte Hérault, B2-3*

• Plan *p. 358-359*

Déjà, en arrivant par la route de Narbonne, la cathédrale Saint-Nazaire, dominant la plaine, vous en met plein les yeux. Une fois dans les faubourgs, l'image du pont Vieux sous la cathédrale forme à son tour l'une de ces cartes postales inoubliables. Perchée sur son éperon rocheux au-dessus de l'Orb, la capitale du vin veille jalousement sur la plaine alentour, ses immenses domaines et ses châteaux d'apparat bâtis au XIXe s dans le style manoir anglais, villa à l'italienne, châteaux Renaissance appelés « pinardiers », heureux souvenirs du temps de la fortune vinicole...
Le cœur de la cité ancienne, avec ses ruelles tortueuses, ses églises et ses hôtels particuliers, se révèle assez séduisant. Le véritable centre, ce sont les allées Paul-Riquet, longues, belles et ombragées. De l'autre côté, les quartiers populaires où l'on peut encore entendre parler espagnol. Béziers est une ville qui vit au rythme du canal du Midi, doucement, tout doucement. Malgré son accent chantant, d'aucuns pourront trouver qu'elle fait un peu grise mine, surtout le soir. Pas de grande animation, quoique... le réveil s'annonce, selon certains, qui préfèrent souligner les efforts faits ici et là sur le plan culturel ou touristique. Et il suffit que le soleil vienne allumer les allées, le canal, pour que Béziers retrouve ses couleurs du Sud.

UN PEU D'HISTOIRE

Étape importante sur la voie Domitienne, Béziers est l'***une des plus vieilles cités méditerranéennes,*** si l'on en croit les archéologues venus fouiller sur le chantier de la rocade nord. Une première occupation du site est attestée dès le VIIe s av. J.-C.
Dès le Ier s, on y cultive la vigne, dont le vin est exporté à Rome. La 7e légion romaine, qui passait par là, lui donne son nom de *Baeterra*... Non, rien à voir avec les premières bitures !
Au Moyen Âge, ***la ville est en partie détruite par les croisés lors du sac de Béziers du 22 juillet 1209*** en représailles contre les habitants qui ne voulaient pas livrer les cathares. Alors, pour être certain de les avoir tous, Arnaud Amaury, digne lieutenant de Simon de Montfort, prononça ces paroles légendaires : « Tuez-les tous, Dieu reconnaîtra les siens. » Il fit massacrer tous les Biterrois, cathares ou pas.
Cependant, très vite, Béziers redevient une ville prospère grâce à son vignoble. Alors que le phylloxera ravage alors la vallée du Rhône, les vignes du Biterrois prennent le relais. Ainsi, à la fin du XIXe s, Béziers est la ville la plus riche du Languedoc. Éclipsée aujourd'hui, elle demeure malgré tout une très importante place viticole que les corridas et le rugby contribuent par ailleurs à faire connaître au-delà de ses frontières régionales. Une ville à découvrir un jour de marché, quand elle prend son accent, ou mieux encore un jour de feria, quand elle prend son envol.

Adresses et infos utiles

ℹ ***Office de tourisme Béziers-Méditerranée*** *(plan B2)* **:** *2, pl. du Forum.* ☎ *04-99-41-36-36.* • *beziers-in-mediterranee.com* • *Juil-août, tlj 9h-19h ; hors saison, lun-ven 9h-18h.* Visites guidées générales ou thématiques toute l'année *(sur rdv ; 8 €, réduc).* Plan de la ville et documentation touristique

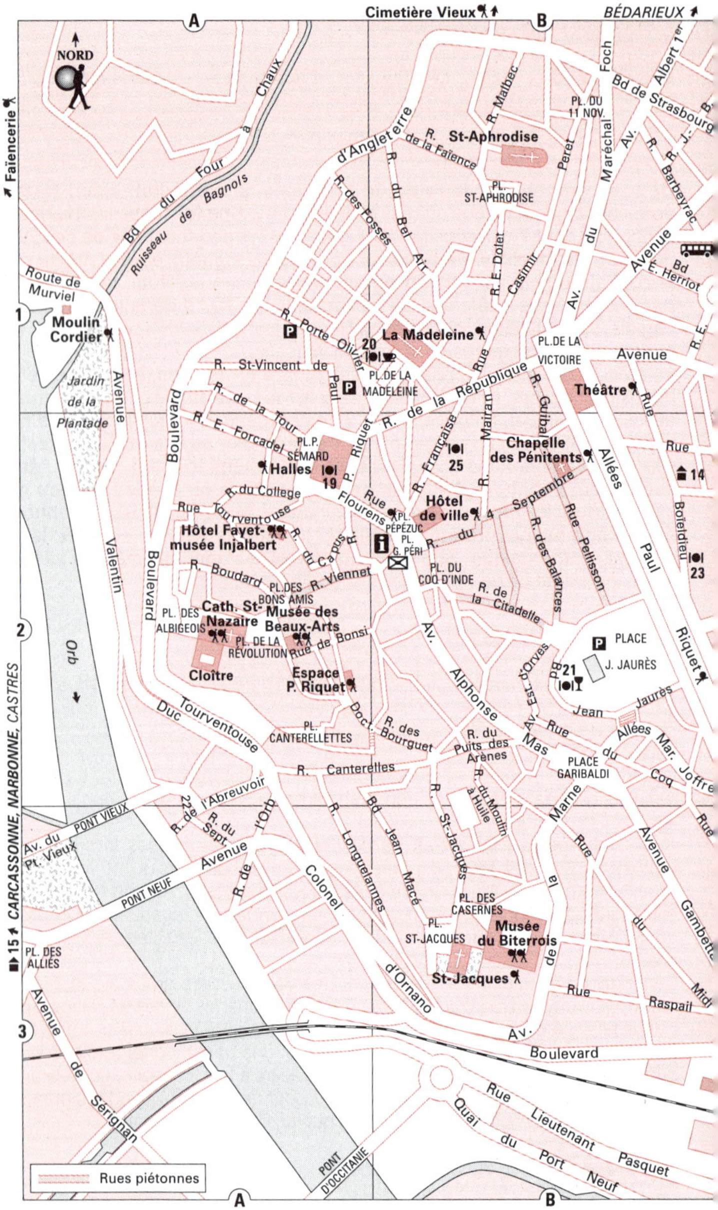

Cimetière Vieux
BÉDARIEUX
NORD
Faïencerie
CARCASSONNE, NARBONNE, CASTRES
15
A
B
1
2
3
Bd du Four à Chaux
Ruisseau de Bagnols
Route de Murviel
Moulin Cordier
Jardin de la Plantade
Avenue Valentin
Orb
St-Aphrodise
PL. ST-APHRODISE
R. de la Faïence
R. Malbec
PL. DU 11 NOV.
Foch
Bd de Strasbourg
Albert 1er
Av. Maréchal
Peret
R. Barbeyrac
Avenue du Av.
Bd E. Herriot
d'Angleterre
R. des Fossés
R. du Bel Air
R. E. Dolet
Casimir
La Madeleine
PL. DE LA MADELEINE
20
R. Porte Olivier
R. St-Vincent de Paul
PL. DE LA VICTOIRE
Avenue
Théâtre
R. de la République
Rue Mairan
R. Guibal
R. de la Tour
R. E. Forcadel
PL.P. SÉMARD
Halles
19
P. Riquet
R. Française
25
Chapelle des Pénitents
Allées Paul Riquet
Rue Boïeldieu
14
23
R. du Collège
Rue Tourventouse
Rue Flourens
Hôtel de ville
PL. PÉPÉZUC
PL. G. PÉRI
R. du 4 Septembre
Rue Pellisson
R. des Balances
Hôtel Fayet-musée Injalbert
R. du Capus
R. Boudard
PL. DES BONS AMIS
R. Viennet
PL. DU COQ D'INDE
R. de la Citadelle
PL. DES ALBIGEOIS
Cath. St-Nazaire
Musée des Beaux-Arts
PL. DE LA RÉVOLUTION
Rue de Bonsi
Cloître
Espace P. Riquet
Av. Alphonse Mas
Bd d'Orves
Av. Est.
PLACE J. JAURÈS
21
Rue Jean Jaurès
Allées du Coq
Mar. Joffre
Boulevard
Duc Tourventouse
PL. CANTERELLETTES
R. Doct. Bourguet
R. des Bourguet
R. Canterelles
R. du Puits des Arènes
PLACE GARIBALDI
Marne
Av. du PONT VIEUX
Pt. Vieux
22 de Sept.
R. du
l'Abreuvoir
R. de l'Orb
Avenue PONT NEUF
Colonel d'Ornano
R. Longuelannes
Bd Jean Macé
R. St-Jacques
R. du Moulin à Huile
Rue de la
Avenue Gambetta
Midi
PL. DES CASERNES
PL. ST-JACQUES
Musée du Biterrois
St-Jacques
Rue Raspail
Av. Boulevard
PL. DES ALLIÉS
Avenue de Sérignan
Rue Lieutenant Pasquet
Quai du Port Neuf
PONT D'OCCITANIE
Rues piétonnes

Adresse utile

Office du tourisme Béziers-Méditerranée

Où dormir ?

13 Hôtel des Poètes
14 Hôtel de France
15 Les Jardins du Rebaut
16 Clos de Maussanne
17 L'Hôtel Particulier

Où manger ?

19 La Gargote des Halles
20 Ô Soleil
21 Le Chameau Ivre
22 Le Café de Plaisance
23 Octopus
24 La Maison de Petit Pierre
25 Le Patio
26 L'Ambassade

Où boire un verre ? Où écouter de la musique ?

21 Le Chameau Ivre
22 Le Café de Plaisance
32 Le CapharnaRhum
33 O'Sully Irish Pub

BÉZIERS

et culturelle. Contacts des loueurs de péniches, vélos, etc.

Bureau d'information touristique Béziers Centre historique *au 2, pl. du Forum.* **Bureau d'information touristique du canal du Midi** *aux 9 écluses de Fonséranes.*

Points infos touristiques sur le territoire : *à* **Valras-Plage,** *à* **Sérignan-la-Cigalière** *; à* **Villeneuve-lès-Béziers** *; à* **Bassan** *point info i-mobile. Juil-août : tlj 9h-19h (avr-juin et sept 18h ; oct-mars lun-sam 10h-13h, 14h-18h) ; ☎ 04-99-41-36-36 (commun).*

Gare SNCF *(plan C3)* **:** *☎ 36-35 (0,34 €/mn).* Lignes pour Sète, Montpellier, Narbonne, Perpignan. TGV pour Paris.

Gare routière *(plan B1)* **:** *pl. du Général-de-Gaulle. Bureau ouv lun-ven 7h45-12h15, 13h30-18h15.* Sur cette grande place, vous trouverez plusieurs compagnies. Elles ont divisé la région par secteurs. Le mieux est d'appeler pour tout renseignement précis. **Béziers Méditerranée Transports,** *☎ 04-67-28-36-41 (bus de ville et périurbain) ;* **Hérault Transport,** *☎ 04-67-49-49-65 (bon, peu de réponse au bout du fil...) ;* **Cars GRV,** *☎ 04-67-28-25-92.*

Aéroport Béziers – Cap-d'Agde *(hors plan par D2)* **:** *route d'Agde. ☎ 04-67-80-99-09. • beziers.aeroport.fr •* Liaisons régulières avec *Ryanair* et *Flybe* entre Béziers et Paris-Beauvais, Bristol, Londres, Édimbourg, Düsseldorf, Stockholm, Oslo...

– **Marchés :** le vendredi, Béziers se transforme en un grand marché ambulant. Pour s'habiller : le vaste « Champ-de-Mars » (ou place du 14-Juillet). Sur ses pourtours : puces et brocante. La nourriture du terroir est plus fournie place David-d'Angers. Les fleurs, elles, s'épanouissent sur les allées Paul-Riquet. Marché paysan le mercredi place de la Madeleine ; fruits et légumes les mardi et dimanche sur les allées Paul-Riquet. Et du mardi au dimanche dans les halles elles-mêmes, de 6h à 13h, avec possibilité de déjeuner à *La Gargote des Halles* (voir plus loin « Où manger ? »).

Où dormir ?

Dans le centre

De bon marché à prix moyens

Hôtel des Poètes *(plan C3,* **13***)* **:** *80, allées Paul-Riquet. ☎ 04-67-76-38-66. • hoteldespoetes@gmail.com • hoteldespoetes.net • Doubles 50-80 € selon chambre et saison ; également des familiales. Garage payant. Prêt de vélos sur présentation de ce guide.* Coup de cœur pour ce petit hôtel de 14 chambres tout en hauteur (pas d'ascenseur), situé à deux pas de la gare et des allées, dans le centre mais au calme, face au parc. Avec un peu de chance, vous pourrez même trouver une place de stationnement juste devant. Rénové avec goût, il abrite des chambres accueillantes, claires et colorées dans des tons pastel, avec des salles de bains très petites. Bon petit déj dans une agréable salle ensoleillée. Bon rapport qualité-prix, surtout pour les chambres du 4e étage, qui, en plus d'être à 50 € toute l'année, ont une salle de bains un poil plus spacieuse. Accueil très aimable du couple des propriétaires.

Hôtel de France *(plan B2,* **14***)* **:** *36, rue Boïeldieu. ☎ 04-67-28-44-71. • accueil@hotel-2-france.com • hotel-2-france.com • Doubles 51-66 € ; familiales 65-98 €. Parking 7 €.* Petit hôtel idéalement situé à deux pas des allées Paul-Riquet, et tenu par de sympathiques propriétaires qui lui ont redonné vie et couleurs. Propreté impeccable et confort très honorable. Clim dans les chambres plus chères. Les premiers prix ont la salle de bains soit sur le palier, soit dans la chambre, mais, dans ce cas, sans cloison... Il faut être intimes !

Chic

L'Hôtel Particulier *(plan C2,* **17***)* **:** *65 bis, av. 22-Août-1944. ☎ 04-67-49-04-47. • contact@*

hotelparticulierbeziers.com • hotelparticulierbeziers.com • Doubles à partir de 95 €. Cette élégante maison du XIXe s a été rénovée pour en faire un lieu cocooning de grand confort au centre de Béziers. Beaux volumes dans les 9 chambres, mêmes pour les « intimes », sous les toits, dont les salles de bains modernes sont dotées de douche à l'italienne. Baignoire balnéo dans les suites et lits extra larges partout, machines espresso. Salons à disposition des clients, jardin et couloir de nage.

En dehors du centre

Clos de Maussanne – maison d'hôtes *(hors plan par D2,* ***16****) : domaine Montpeyroux, route de Pézenas. ☎ 04-67-39-31-81. • contact@leclosdemaussanne.com • leclosdemaussanne.com • À 5 mn de Béziers, sur la route de Pézenas, petit chemin à droite juste avt de traverser le Libron. Resto fermé dim soir et lun (sf pour les clients des chambres). Slt sur résa. Double 125 €. Menu-carte le soir sur résa 29 €. Apéritif offert sur présentation de ce guide.* Chambres élégantes, confortables, avec DVD, climatisation, plafond de 5 m de hauteur, tissus en toile catalane ou coton piqué, meubles signés Philippe Starck ou chinés Art déco... Tout est chic et raffinement dans cet ancien couvent aménagé en maison d'hôtes. Le soir, ambiance assez magique autour de la piscine. Sous la véranda, à la fraîche, bonne cuisine à partir de produits frais et de fruits et légumes du potager. De l'espace, de l'humour, de la gentillesse.

Les Jardins du Rebaut *(hors plan par A3,* ***15****) : Pierre Fernandez, chemin rural, 103, Rebaut-le-Bas. ☎ 04-67-28-68-58. • lesjardinsderebaut@wanadoo.fr • beziers-vacances.com • À deux pas de Béziers (3 km), direction Saint-Pons puis Maraussan. Double 85 € ; également une familiale 145 €.* 5 chambres à la déco thématique, avec TV et clim. L'adresse vaut surtout pour le jardin, la piscine, la bien belle vue sur la ville (pour 4 chambres sur 5). Et les propriétaires aimant les animaux, on pourra faire la connaissance des chiens, chats, chèvre, mouton et truie ! Accueil aimable et discret. De là, on accède à pied au centre de Béziers en 20 mn.

L'HÉRAULT

Où manger ?

Dans le centre

Bon marché

La Gargote des Halles *(plan A2,* ***19****) : dans les halles. ☎ 04-67-36-64-90. • lagargotedeshalles@gmail.com • Tlj sf lun, 7h-16h env. Formules déj 10-20 €. Une planche de cochonnailles offerte sur présentation de ce guide.* Une adresse d'habitués, incontournable quand on vient faire son marché. On boit un verre avec 6 huîtres, ou bien on donne sa viande ou son poisson achetés sur les étals, qui seront cuits selon l'humeur. Orange pressée pour le petit déj des plus matinaux !

De prix moyens à chic

Ô Soleil *(plan B1,* ***20****) : 1, pl. de la Madeleine. ☎ 04-67-28-54-26. Mar-dim 9h30-17h, plus le soir jeu-dim en saison. Assiette découverte 13,30 € ; menu 24,50 €. Café offert après un repas offert sur présentation de ce guide.* Ici, pas de doute, les produits sont frais et ne font que quelques mètres depuis les producteurs du marché des halles jusqu'aux assiettes. Les formules découvertes permettent de goûter par petites touches aux spécialités régionales. Les petites faims s'en contenteront, mais il serait dommage de faire l'impasse sur le tiramisù au citron. Christine a le même accueil prévenant pour ses habitués que pour les clients de passage, dans la jolie petite salle boisée ou sur la terrasse au pied de l'église de la Madeleine.

Le Chameau Ivre *(plan B2,* ***21****) : 15, pl. Jean-Jaurès. ☎ 04-67-80-20-20. • lechameauivre@orange.*

fr • ♿ *Tlj sf dim-lun et midi des j. fériés, 10h-15h, 18h-minuit. Formule complète déj 18 € (verre de vin et café inclus) ; menus le soir à partir de 25 €. Apéritif ou café offert sur présentation de ce guide.* Un lieu chaleureux qui doit son nom autant à l'animal totémique de Béziers qu'à un délire poétique. Un resto-bar à vins-bar à tapas qui réunit selon l'heure et l'humeur ceux qui viennent s'attabler ou ceux qui viennent y prendre un apéro tapas bien ficelé accompagné d'un verre de vin. À ce propos, les dizaines de bouteilles bien rangées dans leurs casiers, le long des murs – une vraie bibliothèque vigneronne ! –, témoignent de la passion de ceux qui vous accueillent. Bref, une escale où règne la bonne humeur, et qui ne désemplit pas ! Concert le 1er mercredi du mois.

Le Patio (plan B2, **25**) : *21, rue Française.* ☎ *04-67-49-09-45.* • *contact@restaurant-patio.fr* • *Fermé le midi dim, lun et j. fériés, hors saison dim, lun et j. fériés. Congés : 1 sem pdt vac d'avr et vac de Noël. Assiette gourmande le midi 17,50 € ; menus 22,50-28 €. Apéritif maison offert sur présentation de ce guide.* Mobilier en fer forgé pour un repas chaleureux autour de l'olivier, dans la cour rafraîchie par une fontaine, ou dans la salle, aménagée dans un esprit très sobre. Dans l'assiette, une cuisine inventive, piochant dans des produits d'ici et de plus loin. La recette d'un succès (mérité) qui perdure.

La Maison de Petit Pierre (hors plan par D2, **24**) : *22, av. Pierre-Verdier.* ☎ *04-67-30-91-85.* • *contact@lamaisondepetitpierre.fr* • ♿ *Ouv le midi tlj sf dim, plus le soir jeu-sam. Résa conseillée. Menus déj 15-23 € ; le soir 40-70 €. Café offert sur présentation de ce guide.* Il aura suffi d'une émission TV pour rendre « Petit Pierre » célèbre dans tout le Midi, et lui donner envie de reprendre l'ex-*Maison de Campagne* où il travaillait jusqu'alors aux côtés de son père, Pierre Augé, premier du nom, figure bien connue des Biterrois qu'il « traitait » depuis quelques décennies. On se régale ici dès le 1er menu, en laissant le chef libre de choisir les plats, ceux d'une cuisine du Sud, voguant entre terre et mer. Déco moderne et belle terrasse colorée côté jardin.

De chic à plus chic

Octopus (plan B2, **23**) : *12, rue Boïeldieu.* ☎ *04-67-49-90-00.* • *restaurant-octopus@orange.fr* • *Tlj sf dim-lun. Congés : 2de quinzaine d'août et vac scol de Noël. Formules déj en sem 26-33 € ; menus 55-90 € ; carte 70 €.* Fabien Lefebvre tient ce resto à deux pas des allées Paul-Riquet. Ce chef brillant affiche bonne humeur et couleurs vives ou revivifiées, dans l'assiette comme sur les murs. Plats du moment, qui sentent bon la mer – mais pas seulement – et son pays d'adoption. La sommelière a de la classe, et ses découvertes sont de vraies bonnes affaires. En prime, patio verdoyant très accueillant aux beaux jours.

L'Ambassade (plan C3, **26**) : *22, bd de Verdun, face à la gare.* ☎ *04-67-76-06-24.* • *lambassade-beziers@wanadoo.fr* • *Tlj sf dim-lun. Menus 30 € (sf w-e et j. fériés), puis 45-70 € ; carte env 65 €.* Patrick Olry propose une carte évolutive, qui respecte les saisons et les produits de région. Sa cuisine vous en met plein la vue, plein le nez mais pas plein la bouche, ce qui est plutôt bon signe. Desserts à la hauteur, c'est-à-dire au sommet. Bravo ! Avec ça, un service en costard croisé noir, pas guindé pour autant, au contraire, et de bons conseils en vins. Bref, à *L'Ambassade,* on a tout aimé, même l'addition.

Le long du canal du Midi

🍷 ***Le Café de Plaisance*** (hors plan par C3, **22**) : *1, quai du Port-Neuf.* ☎ *04-67-76-15-90.* • *cafedeplaisance@orange.fr* • ♿ *À la sortie de Béziers en direction du stade de Sauclières. Ouv slt le midi, nov-avr lun-ven, plus le sam midi mai-sept. Congés : oct. Formules 14,70-16,30 € ; plat env 17,50 €. Café offert sur présentation de ce guide.* Un bistrot de quartier au charme rétro, le long du canal du Midi. Une cuisine simple (souris d'agneau, seiche *a la plancha*...), à apprécier en terrasse, sous les platanes. Menu à l'ardoise, qui change tous les jours, et grillades *a la plancha.* On peut aussi s'y contenter d'un verre à toute heure.

Où boire un verre ? Où écouter de la musique ?

Pour profiter des beaux jours, direction les terrasses agréables de la place Jean-Jaurès.

Le Chameau Ivre (plan B2, **21**) : *lire plus haut la rubrique « Où manger ? ».*

Le CapharnaRhum (hors plan par C3, **32**) : *av. Joseph-Lazare, pont des Sauclières, à quelques encablures de la gare, sur le bord du canal du Midi. ☎ 04-67-35-17-81. • contact@capharnarhum.info • Mer-sam 19h-1h. Petit verre de planteur offert sur présentation de ce guide.* Amarrée sur le bord du canal du Midi, cette péniche multicolore verse de quoi rincer le gosier des pirates d'eau douce. Un spot sympa et original pour « apéroter » ou laisser filer la soirée, en l'arrosant d'un grand choix de cocktails à base de rhum, bien sûr ! Fréquents concerts et soirées DJ. Attention quand même à ne pas passer par-dessus bord...

O'Sully Irish Pub (plan C1, **33**) : *18, rue d'Alsace. ☎ 09-65-38-36-05. Tlj 16h30-1h.* L'indécrottable pub irlandais, avec son ambiance rugissante, ses boiseries lustrées, son service au comptoir, ses écrans plats pour jeter un œil distrait sur le match du soir. Gros tonneaux sur le trottoir pour siroter une pinte à la fraîche. Concerts le jeudi soir.

Pour une mousse, un verre de vin, un apéro entre copains, voir aussi plus haut le resto **Le Café de Plaisance** (hors plan par C3, **22**).

Zinga Zanga : *traverse de Colombiers-Montflourès, à l'entrée sud de Béziers. ☎ 04-67-36-44-45. • ville-beziers.fr/culture-et-loisirs/zinga-zanga-salle-de-spectacle •* L'une des grandes salles de concerts de musiques actuelles du département.

L'HÉRAULT

À voir

De beaux petits musées et une cathédrale merveilleusement située. Et ne manquez pas de déambuler le nez en l'air, pour repérer jolis balcons, gargouilles et mascarons. Achetez en passant quelques *riquets de Béziers* pour faire la route : composés de fines couches de nougatine et de praliné, ils ne fondent pas !

La vieille ville

Les allées Paul-Riquet (plan B-C2) : les *ramblas* locales, aménagées en 1827, et bordées de beaux immeubles bourgeois et de platanes, qui remplacent les arbres fruitiers d'origine – le créateur du canal du Midi en avait fait planter tout le long pour nourrir les ouvriers du chantier et les habitants des environs ! Magnifique statue de bronze du grand homme (1609-1680), dont on a simplifié le prénom au fil du temps : ses amis l'appelaient Pierre-Paul et les autres lui donnaient son titre de baron de Bonrepos. Tout le monde se retrouve à un moment ou à un autre sur les allées, que ce soit pour donner rendez-vous ou simplement prendre le frais.

La chapelle des Pénitents (plan B2) : *rue du 4-Septembre, face au n° 5 (et à l'angle de la rue Guibal).* Belle chapelle au double portail gothique du XVe s, encadrée de trois dais vides. C'est en fait tout ce qu'il subsiste d'un ancien couvent des Cordeliers. Lors de sa destruction, la chapelle fut réduite, témoin ce vaste trompe-l'œil réalisé au XIXe s. Malgré ses proportions bizarres, la chapelle ne manque pas de charme.

Le théâtre (plan B1) : *tt en haut des allées Paul-Riquet.* Érigé en 1844, un vrai théâtre à l'italienne, style Louis-Philippe, dans son décor « en bonbonnière », d'origine.

L'église de la Madeleine (plan B1) : *pl. de la Madeleine. Juin-sept, tlj 10h30-12h30, 16h-18h. Le reste de l'année, mer et ven 10h-12h, 14h-16h ; sam mat et* *dim mat.* L'un des plus beaux édifices romans de la ville. Elle abrita une grande partie de la population lors du siège de Béziers mené par Simon de Montfort, en 1209, pour réduire l'hérésie cathare. Lire plus haut l'introduction de la ville.

Les halles *(plan A2)* **:** *tlj sf lun, 6h-13h30.* De style Baltard. Superbement restaurées. Un marché fort connu ; pour certains, les meilleurs produits de la région. Et pourquoi ne pas y manger sur le pouce (voir plus haut la rubrique « Où manger ? ») ?

L'hôtel de ville *(plan B2)* **:** belle façade du XVIIIe s, due à Rollin ; prolongée par la cour Renaissance de l'hôtel de Ginestet. La salle du conseil municipal est ornée de fresques relatant l'histoire de la ville. De quoi se cultiver pendant les délibérations...

La place Pépézuc *(plan B2)* **:** mystérieuse statue qui se trouvait déjà là en 1348. Les historiens supposent qu'elle représente un empereur romain, mais selon la légende biterroise, il s'agirait plutôt d'un certain Montpézuc, qui aurait défendu la ville contre les Anglais. D'où le nom de la place, quelque peu modifié.

L'HÉRAULT

Le musée des Beaux-Arts *(hôtel Fabrégat ; plan A2)* **:** *pl. de la Révolution. ☎ 04-67-28-38-78. ♿ (rdc). Juin-août, tlj sf lun 10h-18h ; le reste de l'année, mar-ven 9h-17h, sam-dim 10h-18h. Fermé 1er janv, dim de Pâques, 1er mai et 25 déc. Entrée : 3 €, ou pass musée 5 €, donnant aussi accès au musée Fayet, au musée du Biterrois et à l'espace Taurin.* Dans la maison du maire Auguste Fabrégat (XIXe s), vaste mais tout de même un peu juste pour accueillir les nombreuses œuvres léguées depuis 1896. Quelques belles toiles des écoles italienne et flamande des XVe et XVIe s, et une notable *Vierge à l'Enfant* de Schaffner (fin XVe). La salle consacrée aux XVIIe et XVIIIe s présente les œuvres par écoles. Tableaux de Géricault, de Delacroix, ou encore *L'Étang de Ville-d'Avray,* de Corot. À l'entresol, le musée s'ouvre à l'art contemporain avec des peintres régionaux, comme Hervé Di Rosa et à la collection des dessins et œuvres de Jean Moulin. Au dernier étage, collection de faïences du XVIe au XIXe s de nombreuses régions françaises.

MOULIN N'A JAMAIS TIRÉ LA COUVERTURE À LUI !

Le grand résistant, natif de Béziers, collectionna Dufy, De Chirico ou Soutine, en tant que marchand d'art. Une « couverture » qu'il présentait aux occupants ? Pas seulement : il exerçait véritablement ce métier si l'on en juge par la collection que l'on peut découvrir au musée. Il avait lui-même un certain talent, comme en témoignent ses dessins, souvent humoristiques, légués au musée par sa sœur (500 au total, présentés par roulement).

L'hôtel Fayet – musée Injalbert *(plan A2)* **:** *9, rue du Capus. ☎ 04-67-49-04-66. Mêmes prix et horaires que le musée des Beaux-Arts.* Il s'agit toujours des collections du musée des Beaux-Arts. Un charmant hôtel particulier du XVIIe s, agrandi au XIXe s par Gustave Fayet, peintre et mécène. De beaux plafonds à la française et essentiellement des œuvres du sculpteur biterrois Injalbert (1845-1933) qui, entre autres, réalisa à Paris les cariatides de la façade des Gobelins. Pour le reste, à l'étage, accrochage serré de toiles hétéroclites et sans grandes signatures, du XIXe s ou début XXe. À signaler : un jardin intérieur très agréable en été, orné de sculptures romantiques. En juin, il sert d'écrin à des concerts de musique classique.

L'espace Taurin *(plan A2)* **:** *7, rue Massol. ☎ 04-67-28-44-18. Situé entre la mairie et la cathédrale. Mêmes prix et horaires que le musée des Beaux-Arts.* Cette ancienne chapelle des Dominicains accueille Musée taurin *(ouv de mi-juin à mi-oct, mar-dim 10h-18h).* Assez étonnant dans ce décor austère ou dans la salle voûtée à l'étage ! Remarquable plafond peint sur bois dans le style espagnol du

XVIIe s, exécuté par un peintre de l'école Ribera : Catayod. Du côté du musée, on peut notamment découvrir une série d'eaux-fortes de Goya.

La cathédrale Saint-Nazaire (plan A2) : *pl. des Albigeois. Sur un promontoire dominant superbement la vallée de l'Orb. Ouv à la visite tlj 9h30-18h en juil-août ; le reste de l'année, tlj 9h30-12h, 14h30-17h.*
Cathédrale fortifiée de style gothique, elle fut construite sur l'emplacement d'une église romane saccagée en 1209. Façade austère flanquée de deux tours massives, de petites lucarnes, d'une vaste rosace centrale et d'un portail gothique historié. Ce qu'on voit aujourd'hui date pour la majeure partie des XIVe et XVe s. À l'intérieur, plusieurs éléments notables très disparates : un chœur qui conserve de petites choses du XIIIe s, des fresques du XIVe s, un autel baroque, une jolie chaire du début du XIXe s avec panneaux de bois sculptés, un bel orgue du XVIIe s et une crypte (souvent fermée).
Les amateurs de sensations fortes ne rateront pas l'ascension du **clocher** *(accessible 11h-18h lun-sam, 13h-18h dim)* par ses 169 marches abruptes en colimaçon : superbe vue plongeante sur les toits de la vieille ville, les méandres de l'Orb et le canal du Midi.
À droite de la façade de la cathédrale, un petit porche donne accès au **cloître** gothique *(10h-19h en été ; sinon, 10h-12h, 14h-17h30)*, assez dépouillé, et pour cause : il ne fut jamais terminé. Belle vue sur le flanc de la cathédrale, ses tourelles, son clocheton en fer forgé... Puis un escalier donne accès au **jardin des Évêques**, d'où l'on embrasse un panorama étonnant sur les toits, le pont Vieux et l'Orb.

L'église Saint-Jacques (plan B3) : *pl. Saint-Jacques. Derrière la pl. des Casernes. Tlj 10h30-12h30, 16h-18h.* Située sur le flanc de la paisible place Saint-Jacques, où s'affrontent des joueurs de boules à l'ombre de platanes, la modeste église Saint-Jacques est un bel édifice roman sobre et joliment proportionné, cité déjà en l'an 853. Chevet pentagonal remarquablement décoré de chapiteaux et frises wisigothiques. À l'intérieur, belle Vierge en marbre du XVIIIe s, et grand tableau sombre, représentant saint Thomas d'Aquin. De la place ou du belvédère du jardin, derrière l'église, très belle vue sur la vallée de l'Orb.

Le musée du Biterrois (plan B3) : *rampe du 96e, caserne Saint-Jacques. ☎ 04-67-36-81-61. ♿ Sept-mai, mar-ven 9h-17h, sam-dim 10h-18h ; juin-août, mar-dim 10h-18h.* Aménagé sur 3 000 m² dans l'ancienne caserne Saint-Jacques, un espace très aéré, spacieux et clair. Très complet, il présente l'histoire du territoire biterrois, de la préhistoire à la Seconde Guerre mondiale. Aux collections classiques d'histoire et d'archéologie locales s'ajoutent d'intéressantes sections d'ethnologie et de sciences naturelles (fossiles, minéraux, oiseaux et insectes). Et pour ne pas oublier que Béziers fut aussi la capitale du vin de 1850 à 1940, trois salles présentent l'économie liée à la viticulture, et sa crise de 1907. À voir aussi : les portraits impériaux, les plats d'argent (« trésor de Béziers »), les chapiteaux médiévaux. Expos temporaires.

Le Plateau des Poètes (plan C3) : *tlj 7h-20h (18h en hiver). Accès libre.* Très romantique. Vaste jardin de 5 ha aménagé à l'anglaise, avec promenades, bassins, bosquets et essences rares, aire de jeux pour enfants. Créé au XIXe s par les frères Bühler, à qui l'on doit également le bois de Boulogne à Paris et le parc de la Tête-d'Or à Lyon ! Monument dédié à Jean Moulin, grandiloquent monument aux morts et nombreuses sculptures d'Injalbert *(Fontaine du Titan)*. C'est également un « refuge libre pour les oiseaux ». Il y a même de drôles d'oiseaux, parfois...

En dehors du centre ancien...

Les arènes (plan D2) : *infos et résas, ☎ 04-67-76-13-45.* Bâties en pierre et brique rouge à la fin du XIXe s, elles méritent une visite les jours de spectacle :

tauromachiques pour les amateurs, sportifs ou musicaux pour les autres. Rien à voir avec les anciennes arènes romaines situées rue du Moulin-à-Huile.

ARÈNES JOYEUSES !

Que le ténor Roberto Alagna puisse aujourd'hui triompher en chantant dans les arènes n'a rien de surprenant : celles de Béziers ont été créées... pour l'opéra, et ça n'avait rien de pompeux en ce temps-là. Les dames et les messieurs qui les fréquentaient n'appartenaient pas tous au grand monde.

Le moulin Cordier *(plan A1)* **:** *au bord de l'Orb, au départ de la route de Murviel en direction du château de Raissac.* Construit par le Biterrois Cordier en 1827 qui, grâce à un système d'adduction d'eau (une sorte de machine à vapeur), fit monter l'eau de l'Orb jusqu'à la ville. Un romantique moulin à écluses avec sa belle tourelle posée sur le bord de la rivière ; bucolique.

Le cimetière Vieux *(hors plan par B1)* **:** *situé au nord du centre, à 5 mn de la basilique Saint-Aphrodise, par l'av. du Cimetière-Vieux. Tlj 8h-17h45.* Ce cimetière du XIXe s abrite une statuaire remarquable. Cachées derrière des allées, recouvertes de lierre, de superbes sculptures signées Injalbert, Magrou, Millau... À vous de les repérer.

L'HÉRAULT

La faïencerie du château de Raissac *(hors plan par A1)* **:** *à 10 mn du centre, sur la route de Lignan. ☎ 04-67-49-17-60. 📱 06-11-27-05-61. • raissac.com • Slt sur rdv. Entrée : 8 € ; réduc.* Les anciennes écuries du château abritent tout un monde en trompe l'œil qui ravira les amateurs de barbotines anciennes et les connaisseurs en faïences et porcelaines du XIXe s. La propriétaire, Christine Viennet, y expose en outre ses propres créations exubérantes dans la lignée des trompe-l'œil de Bernard Palissy, et accueille des expositions d'artistes contemporains. La visite (compter 1h30) inclut celle du château, et la découverte du parc à l'anglaise dessiné par les frères Bühler. Fait chambres d'hôtes. Pour ceux qui préfèrent d'autres plaisirs de la table, les chais du XVIIe s et le caveau, à quelques kilomètres du château, sont également ouverts *(lun-sam 9h-13h, 14h30-18h).*

– **Les 9 écluses de Fonséranes :** *à env 3 km du centre de Béziers, vers l'ouest, au-delà du pont Neuf.* Voir plus loin « Le canal du Midi, de Béziers à Capestang ».

Manifestations

– ***Les jeudis de Béziers :*** *en juil-août (sf durant la feria) 19h-23h sur les allées Paul-Riquet.* Les vignerons et restaurateurs proposent des dégustations de vins et de tapas dans une ambiance musicale.
– ***Feria :*** *mi-août.* Quatre jours et quatre nuits en habits de lumière qui vous laisseront un autre souvenir de la ville. Corridas mais aussi défilés de chars, feux d'artifice. Certainement la feria la plus authentique de la région, à vivre absolument. Rues et places se métamorphosent avec les différents villages qui s'y installent. Concerts sur la place de la Madeleine.

DE BÉZIERS À LA MER

VENDRES (34350)

Jeter un œil au temple de Vénus en ruine et à l'aqueduc romain. Le village, lui, vous accueillera à l'ombre des platanes. Son étang, classé site protégé, est l'occasion d'une belle balade, avec ou sans accompagnement. Faites enfin un tour du côté du port conchylicole du Chichoulet si vous n'avez pas encore eu votre dose de fruits de mer.

SÉRIGNAN *(34410)*

Village viticole à l'embouchure de l'Orb, avec comme centre névralgique les allées de la République, où de sympathiques terrasses de troquets s'allongent sous les platanes. Bonne ambiance les lundi, mercredi et vendredi matin, jours de marché. Avant d'aller découvrir le musée d'Art contemporain, coup d'œil à la collégiale Notre-Dame, datant, pour partie, du XIIe s. À signaler aussi, la salle de spectacle *La Cigalière* entourée de son *parc du Rayonnant,* semé d'étonnantes colonnes de Buren (170 en tout), qui s'illuminent la nuit. À 4 km du village, Sérignan-Plage. Un port de plaisance a également été aménagé sur l'Orb.
Fin mai, les amateurs de bulles se retrouvent à Sérignan pour un festival de la bande dessinée.

Où dormir ? Où manger ?

De prix moyens à chic

Chambres d'hôtes Côté Collégiale : *26, rue Raymond-Lambert. 06-86-85-30-31. • pthib34@orange.fr • cote-collegiale.fr • À deux pas du musée. Doubles 50-70 € selon saison. Apéritif offert sur présentation de ce guide.* Une ancienne maison de maître et 4 belles chambres parquetées et baignées d'une douce atmosphère. Petites touches de couleur sur fond de murs blancs, bleus ou jaune orangé. Toutes disposent d'une salle de bains. L'adresse est le point de chute des artistes du musée d'Art contemporain, et vous aurez peut-être l'occasion de prendre le petit déj en leur compagnie dans le patio ombragé et fleuri. Jacuzzi. Bel accueil.

Cantinho Brasileiro : *28, pl. de la Libération, au centre du village. 06-89-96-44-19. • restaurantcantinhobrasileiro@hotmail.fr • Ouv ts les soirs sf mar hors saison ; service tardif possible sur résa quand soir de spectacle. Congés : déc-janv. Midi sur résa. Menus 21 € (végétarien)-25 €.* Puisque c'est les vacances et que le soleil brille, pourquoi ne pas s'offrir un petit voyage culinaire sur un air de samba ? Madame est originaire de São Paulo et mitonne pour qui veut les découvrir toutes les grandes spécialités du Brésil, à commencer par le plat national, la *feijoada,* une sorte de ragoût aux haricots (sur commande, à partir de 5 personnes). On vous prévient, ça tient au corps. Menu végétarien sinon, pour dîner plus léger. Terrasse sur la placette.

L'Harmonie : *chemin de la Barque. 04-67-32-39-30. • lharmonie@wanadoo.fr • lharmonie.fr • Tlj sf sam midi, dim soir et lun ; juil-août lun-mar et sam midi. Congés : vac scol de la Toussaint. Menus 18-25 €, déj en sem, verre de vin et café compris, puis 32-85 €. Également 2 chambres d'hôtes 65 €.* Un lieu et un personnage vraiment atypiques. Bruno Cappellari, autodidacte des fourneaux, est devenu une référence pour les gourmets, jouant les mélanges détonants d'épices et de saveurs, sur fond de bons produits. Il façonne sa cuisine au gré de ses rencontres, de ses découvertes, et c'est un vrai bonheur de passer un moment à (sa) table, dans cette belle maison ouverte sur un parc. En été, on profite de la terrasse, le service est bon enfant, la clientèle éclectique. On peut aussi opter pour le bar à tapas, dans le jardin.

Ma Ferme : *route de Valras. 04-67-32-26-20. • info@maferme.fr • En direction de Valras, donc ; au niveau du rond-point du* McDo, *en direction du lycée Marc-Bloch et prendre à gauche, puis fléché. En saison, ouv le soir tlj sf lun, plus dim midi ; mi-saison, mer-sam et dim midi, hors saison, le soir ven-sam et dim midi. Congés : en hiver, à Pâques et à la Toussaint. Assiettes-repas 25-40 € ; carte env 45 €.* Ces murs d'enceinte peu amènes dissimulent en réalité une maison au sympathique décor rustique hispanisant, ouverte sur un agréable patio ombragé. Huîtres gratinées au feu de bois, délicieuses, et excellentes grillades à la cuisson parfaitement maîtrisée ; également grill à tapas et bar à vins. Concerts de temps en temps.

À voir

Le musée de Sérignan *(musée d'Art contemporain)* **:** *146, av. de la Plage (à deux pas du centre).* ☎ *04-67-32-33-05.* • *mrac.languedocroussillon.fr* • *Tlj sf lun et j. fériés, 10h (13h w-e)-18h. Entrée : 5 € ; réduc. Possibilité de visite guidée mer à 11h et w-e à 15h. Divers ateliers pour les enfants, se renseigner. Parking gratuit.* La drôle de reconversion d'une ancienne propriété viticole, devenue caserne de pompiers puis musée d'Art contemporain, s'étendant sur près de 2 700 m². Au-delà des expositions temporaires, il présente en rotation une étonnante collection permanente : paysagisme abstrait, art conceptuel, figuration narrative et autres tendances très actuelles. Le résultat de 15 années de dons divers de la part d'artistes aujourd'hui célébrés dans le monde entier. Des œuvres parfois fort sombres mais dont la cruauté n'effraie pas les enfants, loin de là.

L'HÉRAULT

VALRAS-PLAGE *(34350)*

Station balnéaire familiale assez bétonnée, postée à 10 km au sud de Béziers, à l'embouchure de l'Orb. On peut y aller en bus. Au programme, tout plein d'activités nautiques, bien sûr, et une promenade sympathique sur le front de mer. Vers Sérignan, très belle plage de sable naturiste. Un jour de pluie, petits et grands enfants pourront s'offrir un pèlerinage au ***musée du Jouet,*** présentant une collection de maquettes en Lego et K'nex, primées pour certaines dans le *Livre Guinness des records (11, av. du Lieutenant-Panis ;* ☎ *04-67-39-13-53 ;* • *palaisdelamaquette.com* • *; avr-sept, tlj 10h-19h – 20h juil-août ; le reste de l'année, slt w-e et vac scol ; fermé en janv ; entrée : 5 €, réduc).*

Info utile

Ceux qui aimeraient s'approvisionner eux-mêmes en fruits de mer pourront embarquer pour une partie de pêche en mer – ou pour une simple balade – avec les bateaux ***Lily*** *(📱 06-16-17-50-59 ;* • *bateauecolelily.free.fr* • *).*

Où dormir ?

Hôtel de la Plage : *3, bd Saint-Saëns.* ☎ *04-67-32-08-37.* • *hotel-plage.com* • *Doubles 71-92 € selon confort en hte saison.* Pour qui veut loger près de la mer, un hôtel agréable et régulièrement rafraîchi par les proprios. Il est en plus posté en plein centre et à 50 m seulement de la plage. TV. Resto.

LE CANAL DU MIDI, DE BÉZIERS À CAPESTANG

• Carte *p. 648-649*

Il suffit de suivre les bucoliques rives du canal du Midi, dans l'Hérault, de Marseillan à la sortie de Béziers, pour comprendre l'importance économique prise en quelques années par le tourisme fluvial : de nombreuses sociétés de location de bateaux s'y sont installées, des bateliers se sont

reconvertis dans la promenade en péniche. Si vous devez rejoindre l'Aude, c'est un moyen de transport idéal, à compléter par des échappées libres à pied ou à VTT (voir « Canal du Midi » dans « Bon à savoir avant le départ » en début de guide).
Même si vous êtes en voiture, en partance pour le Minervois ou le parc régional du Haut-Languedoc, faites donc ici une pause fraîcheur, le temps de découvrir autrement les abords d'un canal qui sait jouer de ses charmes pour vous retenir.

VILLENEUVE-LÈS-BÉZIERS (34420)

Une ville de 4 000 habitants dans les faubourgs, à environ 6 km du centre de Béziers, vers l'est.
– ***Marchés :*** *le mat, mar, jeu et sam.*

Où dormir le long du canal ?

⛺ ***Les Berges du Canal :*** *promenade des Vernets, 34420* ***Villeneuve-lès-Béziers.*** *☎ 04-67-39-36-09. • contact@campinglbd.cfr • lesbergesducanal.com • ♿ Ouv de mi-mars à mi-oct. Compter 25 € pour 2 en hte saison ; mobile homes 195-525 €/sem selon taille et saison. 91 empl.* Au bord du canal, tout près de la ville et de ses commerces, un camping familial ombragé et très bien équipé. Animations en saison. Resto flanqué d'une terrasse, le nez dans les péniches. Location de bateaux et de vélos à proximité. On peut y venir en bus de ville depuis Béziers. Une bonne étape pour ceux qui longent le canal à vélo. Piscine.

🏠 ***L'Appart des Anges – Péniche Les Anges d'Eux :*** *canal du Midi, 34420* ***Cers*** *(prendre à droite vers le canal, juste après l'embranchement pour Cers). 📱 06-11-11-05-87. • contact@appartdesanges.com • appartdesanges.com • À 2 km de Villeneuve et à 6 km de Béziers. Fermé nov-mars. Doubles 138-165 €, petit déj-buffet brunch inclus. CB refusées. 💻 📶 Apéritif offert sur présentation de ce guide.* Amarrée au bord du canal, voilà une péniche retapée avec humour et amour, un repaire d'artistes, un lieu plein de couleurs, de chaleur, de produits rapportés des voyages au long cours par Jean-Philippe, sortis du magasin d'antiquités du frère de Christophe ou fabriqués simplement par eux. 3 chambres douillettes pour s'isoler (TV, lecteur DVD, thé et café, peignoirs), et sur le pont jardin, un petit bout de piscine chauffée adorable pour faire trempette ainsi qu'un jacuzzi. Un charme insolite qui explique le prix. Léger bémol, la rumeur de la route qui vient un peu – troubler la quiétude des lieux. Prêt de vélos.

LES ÉCLUSES DE FONSÉRANES

Dans les faubourgs de Fonséranes, à environ 3 km du centre de Béziers, vers l'ouest, au-delà du pont Neuf. Plan de circulation assez hallucinant pour y arriver depuis le centre de Béziers, la ligne droite n'étant pas ici le plus court chemin pour aller d'un point (ni d'un pont !) à un autre. Prenez le bus n° 9 ou le petit train touristique (départ de la cathédrale) si vous n'avez pas envie de tourner en rond dans le secteur.
Troisième monument le plus visité du Languedoc, ces écluses sont surtout l'ouvrage majeur de cette longue voie navigable qu'est le canal du Midi, œuvre du Biterrois Pierre-Paul de Riquet. Celui-ci, pour faire franchir à son canal une dénivelée de 25 m, a dû concevoir un étonnant escalier d'eau d'une longueur

de 312 m : neuf écluses à l'origine, « seulement » six aujourd'hui, permettent ainsi aux bateaux de monter en 45 mn et de descendre en 30 mn... au rythme des bassins qui se vident et se remplissent. Étonnant. Promenade et vue paisible sur la ville, guinguette pour grignoter une crêpe ou un sandwich en regardant passer les bateaux. Parallèle aux écluses, vous noterez un système hydraulique sur pneus qui était censé remplacer les écluses. Mais le système n'a jamais bien fonctionné et il fut abandonné. Un véritable petit scandale financier pour la ville !

COLOMBIERS *(34440)*

Avant de s'engager dans le tunnel (165 m), les péniches actionnent leur sirène et se dirigent vers Colombiers, dont le petit port sur le canal a été aménagé en demi-cercle, afin de permettre un amarrage plus facile. Location de péniches.

Adresse utile

La Maison du Malpas : *route de l'Oppidum (juste avt le site antique). ☎ 04-67-32-88-77. • ladomitienne.com • ♿ Mai-août, tlj ; hors saison, tlj sf lun. Congés : vac scol de Noël.* Un centre touristique et culturel, à deux pas du premier tunnel au monde creusé pour la navigation. Visites guidées sur demande. Espace documentaire, multimédia, maquette du site, boutique de produits du terroir, expos et manifestations culturelles.

Où manger ?

Chez l'Éclusier : *au port. ☎ 04-67-37-14-77. • restaurant.leclusier@yahoo.fr • Fermé le soir hors saison. Congés : de janv à mi-fév. Menus à partir de 16,50 € le midi, puis 25-50 €.* Une bonne étape pour les sorties en famille et une halte stratégique pour les explorateurs du canal du Midi. Menus très maritimes, d'un rapport qualité-prix honorable. L'intérieur a été relooké dans un esprit plutôt moderne. Et dès les premiers rayons de soleil, la terrasse donnant sur le port et le canal ne se refuse pas.

NISSAN-LEZ-ENSÉRUNE *(34440)*

On y va bien sûr pour le célèbre oppidum, vestiges d'une importante agglomération antique perchée sur une colline dominant toute la région. Mais le petit village, agréable, mérite aussi un détour.

Où dormir ? Où manger ?

Hôtel Résidence : *35, av. de la Cave. ☎ 04-67-37-00-63. • reservations@hotel-residence.com • hotel-residence.com • ♿ (au resto). Fermé pdt les fêtes de fin d'année. Doubles 75-85 €. Le midi en sem, formule et menu 14,90-19,90 € ; menus 27-33 € ; carte env 33 €. Parking 10 €. Apéritif maison offert sur présentation de ce guide.* Charmante maison provinciale du XIXᵉ s, abritant des chambres aux couleurs douces, impeccables et tout confort (toutes sont climatisées), à l'esprit rétro ou plus contemporain. Quelques « grand luxe », plus spacieuses, se nichent au calme dans une annexe voisine. Terrasse dans le jardin fleuri et ombragé, piscine. Resto dans la même veine, sympathique (cuisine traditionnelle).

À voir

L'oppidum d'Ensérune : *sur la route de Narbonne, au niveau du village de Nissan, prendre à droite en direction de la colline d'Ensérune. ☎ 04-67-37-01-23. • enserune.fr • Avr et sept, tlj sf lun, 10h-12h30, 14h-18h ; mai-août, tlj 10h-19h ; oct-mars, tlj sf lun, 9h30-12h30, 14h-17h30 ; caisses fermées 1h avt. Entrée : 5,50 € ; réduc ; gratuit moins de 26 ans.* Là, perchés sur cette forteresse naturelle aux flancs escarpés, les vestiges d'une ville préromaine habitée du VIe s avant notre ère au Ier s apr. J.-C. La voie Domitienne passait au pied de la colline. Les fouilles ont permis de dégager les grandes périodes d'occupation successives, jusqu'à la romanisation de la région. Fondations d'habitations de différentes époques, section bien conservée d'un mur d'enceinte percé d'une poterne, vaste nécropole et, bien sûr, une vue unique sur l'étang asséché de Montady. Le musée propose un petit film sur l'histoire du site et la vie quotidienne à l'époque romaine, ainsi que d'intéressantes collections sur l'habitat, l'artisanat et les objets découverts dans les tombes. Noter une belle série de vases attiques à figures rouges.

L'étang asséché de Montady : *pour admirer le site dans tte sa splendeur, prendre la route qui mène à l'oppidum d'Ensérune et qui surplombe l'ancien étang sur son côté droit.* L'un des plus étonnants « chocs visuels » que vous offre le Languedoc. Considéré comme « un lac infect dont les eaux stagnantes portent au loin la maladie et la mort », il fut asséché au XIIIe s. Autrefois source d'approvisionnement en poissons et coquillages, l'endroit fait rêver aujourd'hui la génération *X-Files* qui croit volontiers que les extraterrestres sont passés par là : sur plus de 430 ha, d'immenses parcelles triangulaires s'étendent tout en long, drainées grâce aux fossés qui collectent les eaux en direction du point central, donnant à cette cuvette une forme géométrique surprenante. Du centre part un fossé principal, construit à contrepente, qui évacue les eaux par un aqueduc long de 1 364 m. Les eaux rejoignent ensuite le fleuve Aude. Le site offre un spectacle mouvant et émouvant, changeant de couleur, passant du blanc au rouge et du vert au mauve, en fonction des récoltes (blé, tournesol, colza, tomates)...

La montagne et le tunnel du Malpas : *à deux pas de la Maison du Malpas.* Parmi les ouvrages qui jalonnent le canal du Midi, ce tunnel de 173 m est un véritable exploit ! C'est en effet la première fois que l'on faisait passer un canal sous une montagne (montagne relativement modeste tout de même, mais nous sommes au XVIIe s). Colbert refusa d'abord l'ambitieuse suggestion de Riquet de creuser un tunnel ; mais le Biterrois s'entêta et creusa un tunnel d'essai en 1 semaine avec succès ; le ministre s'inclina alors... Et puis l'exploit est renouvelé, au XIXe s, lorsque les ingénieurs du chemin de fer font passer la ligne Bordeaux-Sète dans un intervalle de 16 m (!), entre le canal et l'aqueduc d'assèchement de l'étang de Montady, qui lui aussi passe à cet endroit ! Possibilité d'emprunter sur environ 200 m la banquette qui longe le tunnel du canal. Ne vous privez pas de ce plaisir !

POILHES *(34310)*

Prononcez « poïle », pour éviter les confusions. Une escale particulièrement corsée pour les bateaux, plus paisible pour ceux qui les regardent passer. Il flotte dans ce village coquet comme un air de douceur de vivre qui pousse à s'y attarder. Voir les vestiges romains éparpillés dans le village et l'orme de Sully, arbre vénérable planté en 1608 près de la placette centrale.

Où dormir ? Où manger ? Où déguster les vins locaux ?

Vinauberge : *1, cours de la Cave, à l'entrée du village. ☎ 04-67-21-78-42. • info@vinauberge.com • vinauberge.com • Mai-sept, tlj 9h-minuit (mar-mer tapas slt) ; le reste de l'année, ven-lun 9h-19h plus le midi mar et jeu. 7 gîtes jusqu'à 15 pers, compter 600-980 €/sem. Au bistrot, menu 23 €, carte env 30 €. Parking. Apéritif offert sur présentation de ce guide.* Pour faire son marché vigneron, direction l'ancienne cave coopérative. Immense choix de vins de tout le Languedoc-Roussillon, classés par appellations et vendus à prix producteur. Pour tester la marchandise, on s'attable au frais dans la cave ou au soleil dans la cour, autour de quelques tapas. Pour prolonger le séjour, 6 gîtes aux grands volumes, bien équipés et sobrement décorés de meubles anciens, la plupart prolongés d'une terrasse ou d'un bout de jardin. Piscine – chacun – pour les 2 plus chers, dans une ancienne cuve à vin !

La Tour Sarrasine : *27, bd Paul-Riquet. ☎ 04-67-77-06-97. • latoursarrasine@sfr.fr • Tlj sf lun et mar midi. Menus 18-30 €. Café offert sur présentation de ce guide.* À l'entrée du village, un petit restaurant à l'atmosphère douce à vivre. Les produits sont de qualité, l'accueil sympathique, la terrasse en surplomb du canal agréable et ensoleillée, la salle climatisée. Cuisine traditionnelle travaillée, pleine de saveur et de fraîcheur.

L'HÉRAULT

CAPESTANG *(34310)*

Carrefour d'antiques routes commerciales et pérégrines, ce village situé « au cap de l'étang » se repère de loin, l'impressionnante tour-clocher (43 m !) de la collégiale Saint-Étienne dominant toute la région *(ven-dim 17h, accès clocher 4 €)*. Édifiée au XIIIe s, elle présente, vu de l'intérieur, des dimensions tout aussi spectaculaires. Beaux vitraux également. Au cœur du village, l'ex-château de l'archevêque de Narbonne, dont la façade est ajourée de belles fenêtres ogivales, mérite une visite pour le remarquable plafond peint du XVe s *(entrée : 2 € ; tlj 9h-12h, 14h-18h et w-e 17h-20h)* de la salle d'apparat (ou *tinel*). Balades agréables le long du canal du Midi.

Adresse et info utiles

Office de tourisme du canal du midi au Saint Chinian : *Maison cantonnière, quai Élie-Amouroux. ☎ 04-67-37-85-29. • tourismecanaldumidi.fr • En été, tlj 10h-12h30, 15h-18h30 ; hors saison, fermé w-e ou slt sam selon période. En saison, mar et jeu, balade à 17h suivie d'une dégustation de vins à 18h (gratuit).*

– **Marché :** *mer et dim mat, pl. Jean-Jaurès.*

Où dormir ? Où manger à Capestang et dans les environs ?

Chambres d'hôtes La Bergerie de l'Étang : *2, chemin du Sarcel, 34310* ***Montels.*** *☎ 04-67-93-46-94. • mdelaude@gmail.com • bergeriedeletang.com • À 4,5 km de Capestang. Suivre la D 16, en direction de Narbonne ; à Montels, fléché sur la gauche. Doubles 70-100 € ; également un gîte (5 pers).* À l'écart du village, cette ancienne bergerie réaménagée domine l'étang d'eau douce de Capestang, peuplé d'oiseaux sauvages et notamment de flamants roses (jusqu'au début du printemps). Jolie vue sur les alentours. Marion et Richard, vraiment charmants, aiment aller à la rencontre de leurs hôtes, avec simplicité et chaleur. À l'intérieur, des chambres cosy de belle taille, climatisées. Piscine.

La Galinière : *37, rue Gambetta. ☎ 04-67-26-14-77. ♿ Ouv mer-dim. Congés : 2-3 sem en oct. Menus 15 € déj en sem, puis 25-36 €.* Les propriétaires ont su créer une atmosphère chaleureuse de bistrot contemporain, attirant aussi bien les Capestanais que les touristes. Bonne cuisine du terroir (foie gras poêlé aux raisins, gambas sauce cognac...) et portions copieuses, sympathique terrasse sous une tonnelle donnant sur la fontaine de la place. Sébastien vous conseillera les petits vins de la région, qu'il connaît et qu'il aime. Un bon rapport qualité-prix. À côté du resto, un mur peint en trompe l'œil réussi.

À voir dans les environs

L'écomusée de la Vie d'autrefois : *rue Gaie-Sortie, 34620* ***Puisserguier.*** *☎ 04-67-93-79-58. 📱 06-76-47-20-57. À 4,5 km au nord de Capestang. Ouv tlj sur rdv (tél un peu à l'avance). Entrée : 3 €.* Les passionnés qui animent ce lieu ne font pas un travail d'historien mais de « passeurs de mémoire ». Les objets réunis proviennent de dons, d'achats ou de prêts, et datent majoritairement des années 1930 ou 1940. Une salle de classe et d'anciens commerces (salon de coiffure, mercerie...) ont été reconstitués. Dans la cour de cette ancienne école, matériel de pompiers, éléments d'anciens attelages, de garage ou liés au travail de la vigne, objets usuels de la maison...

L'HÉRAULT

LE MINERVOIS

Soleil blanc sur terres blanches, les rivières coulent sur lit de craie, et les reflets violets de la brousse le disputent aux vignes. Le Minervois est une région à part, un massif où il faut savoir se perdre au hasard des routes absurdes, des troquets nichés à l'ombre des villages médiévaux, des domaines viticoles aux crus tanniques. Nous avons déjà abordé cette terre du vin, qui se partage entre Aude et Hérault. Mais nous n'avions pas évoqué la perle de cette région : le site sublime de Minerve, qui rappelle que ces contreforts cévenols portent aussi les stigmates de la guerre albigeoise. Et en fait, c'est à Minerve que commence le parc naturel régional du Haut-Languedoc (voir plus loin).

OLONZAC

(34210) 1 600 hab. *Carte Hérault, A3*

À 2 km au nord d'Homps et à 10 km au sud de Minerve, cette grosse bourgade marque la porte d'entrée dans le Minervois, pour qui a suivi le canal du Midi jusqu'à Homps. Au centre, modeste musée archéologique exposant dans une poignée de vitrines le résultat de fouilles effectuées dans le Minervois et le Narbonnais *(9, bd Pasteur ; ☎ 04-68-91-25-24 ; sur rdv ; entrée : 4 €).* **Dans les environs, pause fraîcheur au lac de Jouarres (baignade surveillée de mi-juillet à mi-août, planche à voile).**

Adresse et info utiles

Office de tourisme intercommunal du Minervois : *le bureau d'Olonzac est fermé pour travaux. Contacter celui de Minerve : ☎ 04-68-91-81-43.*

– **Marché :** *mar mat.* Le plus important du coin.

Où dormir ? Où manger ?

Maison Éloi Merle : *1, av. d'Homps (en plein centre). ☎ 04-68-27-62-02. • eloimerle@yahoo.fr • eloimerle.com • Double 70 € ; gîtes 2 pers 350-650 €/sem selon saison. Table d'hôtes 28 €.* Grande demeure bourgeoise à l'atmosphère surannée (ouh, les sombres boiseries !), abritant une poignée de chambres spacieuses conçues dans le même esprit. Dans le salon, on se retrouve autour d'un billard, ou de la TV, mais c'est moins gai. À l'arrière, la jolie terrasse du petit déj donne sur un jardin touffu où se balancent quelques hamacs. Face à la piscine et au jacuzzi, 4 gîtes pour 2 personnes ont été aménagés en duplex dans les anciennes écuries. Cuisine au rez-de-chaussée, chambre et salle d'eau à l'étage. Et comme ici on aime les animaux, vous y croiserez chiens et chat.

Villa Limonade : *8, rue du Cers (dans le village, fléché). ☎ 04-68-41-78-09. • villalimonade@orange.fr • villalimonade.com • Congés : janv. Doubles 89-129 € selon chambre. Table d'hôtes sur résa 36 € (avec vins).* Une maison de village qui, si elle a gardé un petit quelque chose de son caractère ancien, affiche désormais des goûts bien d'aujourd'hui. Les chambres sont confortables, pétillantes même, pourtant la villa porte assez mal son nom. Plutôt que de limonade – que l'on vous proposera tout de même en cocktail –, c'est de vin qu'il est question ici. Les hôtes organisent ateliers et séjours œnologiques. Piscine dans le jardinet.

Restaurant du Minervois-BEL : *2, rue des Écoles. ☎ 04-68-91-20-73. • vilchez-francois@wanadoo.fr • Fermé ven et sam midi. Menus 15 € déj en sem, puis 23-40 €.* Vaste salle d'un classicisme bon teint, terrasse dans une jolie cour arborée et, surtout, bonne cuisine traditionnelle autour des produits du terroir. Des plats bien ancrés dans la terre, pas vraiment pour les petites faims. Riche carte de vins régionaux à bon prix. Accueil pro et sympathique.

DANS LES ENVIRONS D'OLONZAC

Siran (34210) : *à 8 km à l'ouest d'Olonzac.* Tout petit bourg, qui fait pourtant office de capitale des vins du Minervois. Détour de quelques kilomètres (fléché) jusqu'à l'*église Notre-Dame-de-Centeilles,* perdue dans les hauteurs et présentant de magnifiques fresques du XIVe s *(☎ 04-68-91-50-07 ; avr-déc, dim 15h-17h).*

La Livinière (34210) : *à 10 km à l'ouest d'Olonzac et 15 km au sud-ouest de Minerve.* Bâti sur un promontoire, un bourg médiéval, chef-lieu de l'appellation village AOC minervois-la-livinière. Sympathique balade dans les ruelles étroites, au gré des passages couverts, au pied des vestiges du château féodal, de la massive église Saint-Étienne (XIe s) et de son clocher en dôme carré. En contrebas du village, robuste et émouvante *chapelle Notre-Dame-du-Spasme,* entourée d'une pinède semée de tombeaux en partie affaissés, derniers témoins d'un autre siècle. Dans les environs s'élèvent de nombreuses *capitelles,* ces petits refuges de pierres sèches où s'abritaient les bergers.

La curiosité de Lauriole, ou « la route qui monte et qui descend » : *dans les environs du hameau du même nom (fléché). Compter 15 mn d'Olonzac ; coordonnées GPS : 43°20'52.74"N, 2°40'17.32"E.* On peut observer cette bizarrerie en posant une bouteille sur la route, par exemple. Une curiosité optique qui fit un temps les beaux jours des émissions télé de l'étrange.

MINERVE (34210) 133 hab. *Carte Hérault, A3*

La dernière des grandes « citadelles du vertige ». Superbe. Minerve, c'est d'abord une incroyable presqu'île, perchée sur un éperon rocheux au confluent du Brian et de la Cesse, deux rivières qui ont tracé au cours des millénaires deux larges canyons. Une cité plantée au cœur d'un plateau aride et solitaire, dans un paysage d'une beauté aussi grandiose que sauvage. Mais Minerve, c'est aussi une ville martyre, victime des bûchers de Simon de Montfort, ce croisé sanguinaire qui vainquit sans gloire les derniers cathares.
Jouissant de défenses naturelles exceptionnelles, la « forteresse hérétique » semblait pourtant inexpugnable lorsque le catharisme se répandit dans le Languedoc à la fin du XIIe s, et que le bien nommé pape Innocent III lança la croisade contre les albigeois. Il fallut donc à Simon de Montfort un siège de plus de 7 semaines et la destruction du puits Saint-Rustique, seul point d'eau du village, pour obtenir la capitulation de Guillaume de Minerve, seigneur des lieux, le 22 juillet 1210. Plus de 140 « parfaits » choisirent de se précipiter dans le bûcher plutôt que d'abjurer leur foi et de se soumettre à l'autorité de Rome. Aujourd'hui, s'élevant face à l'ancien puits, un trébuchet (sorte de catapulte) reconstitué vient rappeler ce triste épilogue.
Minerve est donc, à plus d'un titre, extraordinaire. Mieux vaut alors la découvrir en dehors du mois d'août...

Adresse et info utiles

Office de tourisme : *9, rue des Martyrs. ☎ 04-68-91-81-43. • minervois.tourisme.fr • Ouv mar, mer, ven et w-e 10h-13h, 14h-17h15.* Plan du village, mentionnant les principaux points d'intérêt (remparts, ponts naturels) ; fiches-rando en vente. Animations enfants juil-août *(mer ap-m ; 6 €).*
– ***Stationnement :*** *parking payant obligatoire (Pâques-oct ; gratuit la nuit), sur l'aire du Bouys, à env 200 m du village.* Point info touristique en été.

Où dormir ? Où manger dans le coin ?

De prix moyens à chic

Relais Chantovent : *17, Grand-Rue. ☎ 04-68-91-14-18. • relaischantovent@orange.fr • relaischantovent-minerve.fr • Resto fermé dim soir, mar soir et mer. Congés : janv. Double 53 €. Menus à partir de 22 €. 2 places de parking (env 8 €) pour ceux qui viennent à l'hôtel. Apéritif maison offert sur présentation de ce guide.* Une situation de rêve, en plein centre du village. Suspendue au-dessus du vide, la terrasse, formidable, surplombe les gorges du Brian, et s'il fait trop frais, on ne quitte pas la vue des yeux grâce à la baie vitrée. Et de toute façon, la salle, contemporaine et joliment aménagée en ces vieux murs, est très agréable aussi. Dans l'assiette, la cuisine, rafraîchissante, semi-gastronomique, donne sans le trahir un coup de jeune au terroir, et le tout au prix d'un bistrot ! Inutile de préciser que le rapport qualité-prix est excellent... Également 5 chambres simples, fraîches, impeccables et bon marché, dont 2 avec vue sur le causse. Petit déjeuner simple et de bonne qualité (mmh, la brioche maison...).

La Table des Troubadours : *1, rue du Porche. ☎ 04-68-91-27-61. • maynadier.alain@wanadoo.fr • Avr-juin et sept-oct, ouv le midi tlj ; juil-août, slt le soir. Congés : nov-mars. Menus 14,90-30 €. Apéritif offert sur présentation de ce guide.* On y va surtout pour la vue sur le pont et la vallée de la Cesse. Terrasse ombragée très agréable ou salle rustique confortable. Cuisine du terroir classique, élargie en saison aux grillades au feu de bois, pizzas au feu de bois et *bruschette*. Grillades aux ceps de vigne, à arroser des vins du domaine, car les troubadours sont aussi vignerons !

La Bastide des Aliberts : *à 1 km de Minerve, sur la gauche de la D 10 en venant d'Olonzac ou d'Azillanet. ☎ 04-68-91-81-72. • aliberts@wanadoo.fr • aliberts.com • Compter env 120 €/nuit pour 2 (longs séjours privilégiés en hte saison) ; gîtes 4-8 pers 800-2 200 €/sem selon capacité et saison.* 5 gîtes aménagés dans une noble bâtisse perchée du XIIe s, belle et tranquille dans son écrin de collines et de vignes. Bien belle vue à 360 °C. Une partie des cuisines et salles de bains vient d'être rénovée. Ameublement et déco très – trop ? – classiques. Petit jardin privé ou patio, et nature à perte de vue. Superbe piscine, ancrée à son rocher, jacuzzi, hammam... De nouveaux propriétaires viennent d'arriver au commandes, pleins d'énergie et de projets !

Où prendre un thé et manger une douceur ?

Librairie-café Paroli : *rue des Martyrs. 06-99-14-01-55. • alain.monge@hotmail.fr • En face de l'office de tourisme. Tte l'année, tlj 10h30-19h (11h-17h30 hors saison). Café offert sur présentation de ce guide.* Quelques tables posées au beau milieu d'étagères débordant de bouquins d'occasion. Un antre pour dévoreurs de livres ! Idéal pour une pause thé, café, chocolat (chocolat fondu en hiver) ou jus frais et minute, agrémentée d'une part de la pâtisserie du jour. Expo à l'étage.

À voir. À faire

Le village : on passe d'abord au pied des restes d'un pan de mur appelés *candela* (la « chandelle » en occitan), dernier vestige du château vicomtal du XIIIe s. Joli point de vue sur le pont. Puis on descend aux remparts d'où un escalier mène sur le chemin de ronde en contrebas du village. Depuis la *porte basse* du XIIIe s (remarquez les rainures par où descendait la herse), on rejoint les *« ponts naturels »*. Des tunnels plutôt, que la Cesse a patiemment creusés au fil des millénaires, abandonnant son lit là où il jouait des coudes pour mieux filer tout droit, sous la colline. On peut traverser ces ponts en été, quand la rivière est à sec. L'ancien lit de la Cesse est désormais occupé par des cultures agricoles. À noter, le sentier peut être glissant par temps de pluie.

Le Musée archéologique (Musée municipal) **:** *☎ 04-68-91-22-92 (mairie). De mars à mi-nov, tlj 10h-13h, 14h-18h. Entrée : 3 € ; réduc.* Deux vitrines et 13 panneaux présentant des collections archéologique, géologique et paléontologique réunies à la suite de dons et de fouilles réalisées autour du puits Saint-Rustique et des remparts. De quoi effectuer un modeste voyage dans le temps, de la protohistoire au XVIIe s. Différents objets du Néolithique et du Chalcolithique, fossiles du Languedoc, bifaces, fragments de céramique. Pas renversant, mais l'accès permet de visiter l'église Saint-Étienne, d'ordinaire fermée, qui renferme un autel en marbre blanc de 456 apr. J.-C., le plus ancien connu et daté en Europe.

UNE ARME REDOUTABLE

Le château de Minerve était réputé imprenable. En 1210, les croisés réussirent à y pénétrer en bloquant l'accès au puits. Avec une catapulte, ils projetaient des cadavres d'animaux dans le château pour créer des épidémies.

Le musée Hurepel : *☎ 04-68-91-12-26. (en majeure partie). Avr-fin oct, tlj 10h30-12h45, 14h-18h (10h-13h, 14h-19h de mi-juin à fin août). Entrée : 3 € ; réduc ; gratuit moins de 14 ans.* Toute l'épopée cathare racontée par d'habiles reconstitutions peuplées de figurines très expressives. Réalisées par Philippe et Myriam Assié, santonniers de leur état. Vraiment super, et impressionnant.

➢ ***Belle rando dans les gorges du Brian,*** taillées dans le causse et enfouies dans une végétation touffue, sauvage. Aller-retour de 40 mn jusqu'au petit pont romain. *Se renseigner à l'office de tourisme.*

Manifestation

– ***Visites nocturne :*** *lun soir juil-août. Visite contée (8 €).*

L'HÉRAULT

DANS LES ENVIRONS DE MINERVE

LA CAUNETTE (34210)

Agrippé à la colline, dominant la Cesse, relié à la route par un pont étroit, un petit village fortifié dont il ne reste qu'une porte du XIIIe s. À l'entrée du village, église Notre-Dame, du XIe s, au milieu du cimetière surplombant la rivière. Bucolique ! Fête de la Bigarrade le dernier week-end de février ou le premier week-end de mars. Marché du terroir, exposition et vente de plants d'agrumes et variétés méditerranéennes oubliées. Pour se requinquer, la terrasse du *Café de la Place* et ses en-cas pas chers payés, et celle du restaurant *La Cave.*

La Cave : *☎ 04-68-91-31-98. Tlj sf mar soir et mer. Congés : 2 sem début janv. Formule déj 16,50 € ; menus 20-38 € (vin compris). Parking pas forcément évident le long des petites rues du village. Apéritif offert sur présentation de ce guide.* Un cadre contemporain sur fond de pierres apparentes, où manger une cuisine de terroir.

AIGNE (34210)

Joli village au milieu des garrigues du Minervois, surplombant le ruisseau des Agneaux. Sa forme typique en spirale lui a valu son surnom d'Escargot. Boutiques d'artisanat d'art. Voir aussi l'église et sa cloche classée Monument historique.

Où manger ?

Restaurant Lo Cagarol : *pl. de la Fontaine. ☎ 04-68-27-84-22. • locagarol@orange.fr • Fermé mer plus, hors saison, le soir lun et dim. Congés : 1 sem en janv. Menus 16 € déj en sem, puis 20-45 € ; carte env 20 €. Apéritif maison offert sur présentation de ce guide.* Quand terroir et inventivité font bon ménage, comme dans la cuisine de Christophe Esperou, la clientèle se fidélise et en redemande. Assiettes fraîches et généreuses, à accompagner d'un vin rouge du Minervois, comme il se doit. En saison, la terrasse paisible au bord de la fontaine et sous les frondaisons est un autre argument de poids. Le jeudi soir, apéritif avec l'un des vignerons du Minervois.

SAINT-JEAN-DE-MINERVOIS (34210)

De grandes étendues de calcaire blanc sur lesquelles s'accrochent une vigne râblée, des parcelles entourées de murs de cailloux parfois creusés d'une cabane appelée ici *capitelle* : c'est le terroir du muscat-de-saint-jean-de-minervois, un divin breuvage à déguster bien frais à l'apéritif, avec du roquefort ou au dessert. Classé en appellation d'origine contrôlée depuis 1949. Pour les connaisseurs, rien ne vaut le domaine Barroubio, qu'on se le dise !
Le village est entouré de gorges et, au fond de l'une d'elles, on découvre l'*église de Saint-Jean-Dieuvaille,* bâtie au XIIIe s sur les fondations d'un ancien ermitage. Elle est si encaissée entre de hautes falaises qu'on l'a d'ailleurs surnommée Saint-Jean-du-Trou.

Où manger ?

L'Auberge de l'École : *route de Bize. ☎ 04-67-38-16-16. • auberge.st.jean@wanadoo.fr • Juil-août : mar soir-dim ; tlj pour les groupes. Hors saison : jeu-dim midi. Plats 12-17 €, assiettes de pays sucrées et salées.* Dans l'ancienne école du village, les charmants Patrick et Brigitte accueillent habitués et visiteurs de passage comme à la maison. Cuisine au diapason bien sûr, familiale (carré d'agneau, cassoulet), avec 3 ou 4 plats proposés quotidiennement. En hiver, la cheminée fonctionne et permet de griller la viande, et on déguste son repas au bruit du tic-tac de l'horloge et du gazouillis des perruches et des inséparables. Et Patrick vient volontiers engager la conversation.

LE PARC NATUREL RÉGIONAL DU HAUT-LANGUEDOC

Sur les derniers contreforts du Massif central, le parc naturel régional du Haut-Languedoc s'étend sur 92 communes de basse et moyenne montagne, également réparties sur deux départements, l'Hérault et le Tarn.
Sa situation à cheval sur la ligne de partage des eaux de l'Atlantique et de la Méditerranée lui donne son originalité, et explique les ambiances très contrastées que l'on y rencontre. Ses forêts aux essences variées abritent une flore exceptionnellement variée. Chênes verts, vigne et cerisiers dans les vallées de l'Orb et du Jaur ; hêtres, sapins et landes de bruyère du côté du Somail et de l'Espinouse ; sans oublier, côté faune, la plus importante réserve de mouflons d'Europe ! Mais aussi les écrevisses à pattes blanches,

les aigles royaux... Bref, une fabuleuse palette de couleurs et de senteurs, doublée d'un fonds patrimonial plutôt riche.

Le parc est un paradis pour randonneurs. On peut se procurer de la documentation dans tous les villages cités pour arpenter le Caroux, l'Espinouse, le Somail ou le Sidobre. Éditée par le parc naturel régional du Haut-Languedoc, une série de plaquettes permet de découvrir les différents territoires, des Avants-Monts du balcon méditerranéen que l'on traverse depuis Minerve, aux monts d'Orb, en passant par le plateau des lacs et le Caroux. Les amateurs de VTT ou d'équitation y trouveront plein de tuyaux, impeccablement répertoriés.

– Le PNR du Haut-Languedoc propose un guide sur la ***voie verte*** du Haut-Languedoc, *Passa pais,* (disponible gratuitement dans les offices de tourisme). Cette ancienne voie ferrée, qui se parcourt aujourd'hui à pied, à vélo, à cheval, etc., traverse le parc sur 75 km entre Mazamet, dans le Tarn, et Bédarieux, dans l'Hérault.

SAINT-PONS-DE-THOMIÈRES

(34220) 2 500 hab. *Carte Hérault, A2*

La ville est blottie dans la vallée du Jaur, au pied du Somail et des Avants-Monts. Le mercredi, jour de marché et en plein été, elle retrouve une animation qui fait oublier les volets fermés... ***Fête de la Châtaigne*** **en automne et** ***fête du Cochon*** **en plein cœur de l'hiver.**

Adresses et infos utiles

i @ ***Office de tourisme :*** *pl. du Foirail. ☎ 04-67-97-06-65. • ot-pays-saint-ponais.fr • Dans l'ancienne halle aux grains. Juil-août, tlj sf dim ap-m ; hors saison, mar-sam.* Bon accueil et nombreuses infos sur les possibilités de randonnées dans la région. Un audioguide proposé pour la cathédrale. Jeu de piste pour les enfants. Visites guidées de la ville et de la carrière de marbre voisine. Renseignements au sujet des possibilités de safaris spéléo dans la grotte de Ponderach. Vente de produits régionaux.

i ***Maison du parc naturel régional du Haut-Languedoc :*** *☎ 04-67-97-38-22. • parc-haut-languedoc.fr • Ouv lun-ven.* Découverte des paysages, de la faune, de la flore, des produits et des hommes. Toutes les informations sur place (ou dans les offices de tourisme des communes concernées) ou via le site internet.

Gare SNCF : *☎ 36-35 (0,34 €/mn).* Ligne Castres-Béziers.

Hérault Transports depuis Montpellier ou Béziers *(rens : ☎ 04-34-88-89-99 ; • herault-transport.fr •)* ou ***Tarn'Bus*** depuis Castres-Mazamet *(rens : ☎ 05-63-45-64-81 ; • tarnbus.tarn.fr •).*

– ***Marché :*** *mer mat.*

Où manger dans les environs ?

IOI ***Auberge Les Acacias :*** *à* ***Courniou*** *(34220), au bord de la route principale. ☎ 04-67-97-31-64. À 4,5 km de Saint-Pons. Fermé mer, plus le soir lun-mar hors saison. Menus 13,50 € déj en sem, puis 19-34 € ; carte env 30 €. Café offert sur présentation de ce guide.* Une petite auberge de village avec ses murs de pierre, ses vénérables poutres, sa cheminée, bref, son cadre rassurant. La solide cuisine joue dans un registre traditionnel, genre cassoulet et charcutaille maison. Agréable jardin ombragé à l'arrière pour les beaux jours.

IOI ***Auberge de Sainte-Colombe :*** *col de Sainte-Colombe, 34220* ***Rieussec.*** *☎ 04-67-97-16-45. • auberge-de-ste-colombe@wanadoo.fr • À 13 km au sud de Saint-Pons. Fermé le soir* *lun et mer, plus mar soir, mer midi et jeu soir hors saison. Menus 19 € déj en sem, puis 23-40 € ; carte env 30 €. Café offert sur présentation de ce guide.* Une auberge typique en vieille pierre du pays, établie depuis 1746 dans un environnement agréable. Terrasse. Plats du terroir bien préparés, cuisine saine élaborée avec de bons produits et atmosphère reposante. Pour gros mangeurs et non pour ceux qui ont un appétit d'oiseau. Goûtez la brouillade aux truffes du pays ! Idéal hors saison.

À voir

La cathédrale : *chœur et partie romane ne sont accessibles que via une visite guidée et en été (rens à l'office de tourisme).* Imposante, elle présente une étonnante juxtaposition de roman et de baroque. La sacristie occupe les deux premières travées de la basilique originelle et abrite le tombeau de l'évêque Percin de Montgaillard. Les marbres du maître-autel (XVIIIe s) méritent aussi le coup d'œil. Admirer également l'orgue de 1772 : parmi les plus prestigieux de France, il est classé Monument historique, ainsi que son buffet. Concerts le dimanche en été. Le cloître ? Envolé au Louvre, à Toulouse et aux États-Unis ! La façade classique donne sur la placette. La façade ouest est romane avec de très beaux tympans sculptés.

La résurgence de la source du Jaur : *à 200 m de l'office de tourisme, au creux d'une falaise.* Petit jardin public aménagé à ses abords.

Le musée de Préhistoire régionale : *☎ 04-67-97-22-61. • pays-saintpons.com • Juil-août, mar-dim 10h-12h, 15h-18h. Le reste de l'année, se renseigner auprès de l'office de tourisme. Entrée : 3,50 € ; réduc. Support de visite pédagogique pour les enfants.* Le musée présente une riche collection sur la préhistoire et différents objets découverts dans les grottes des environs. Impressionnante collection unique de statues-menhirs, certaines vieilles de 4 500 ans et joliment mises en valeur par un son et lumière. On les appelle les « déesses muettes », elles n'ont toujours pas livré leur secret. Projection vidéo sur les chasseurs préhistoriques (3900 à 2150 av. J.-C.). Une partie est consacrée aux fouilles de la source du Jaur.

DANS LES ENVIRONS DE SAINT-PONS-DE-THOMIÈRES

COURNIOU (34220)

La grotte de la Devèze : *☎ 04-67-97-03-24. • grottedeladeveze@orange.fr • cournioulesgrottes.fr • À 5 km en direction de Castres. D'avr à mi-juin et de mi-sept à fin sept, visites mer, sam-dim et j. fériés à 14h30 et 16h ; 2de quinzaine de juin, 1re quinzaine de sept, visites tlj à 14h30 et 16h ; juil-août, nombreuses visites 11h30-18h. Fermé nov-mars. Entrée : 8,50 € (grotte et espace pédagogique du monde souterrain) ; réduc. Durée de la visite : env 1h.* Célèbre pour la finesse de ses concrétions, véritables dentelles et fleurs de pierre blanche. La balade amène les visiteurs jusqu'à - 35 m, avant de remonter à 25 m au-dessus du niveau du sol. De loin en loin, des aragonites, des fistuleuses et des draperies aux formes évocatrices... Captivant. Ce sont les ouvriers travaillant sur la ligne de chemin de fer partant vers Mazamet qui mirent au jour, en 1886, à grand renfort de barre à mine, ce « palais de la Fileuse de verre » qui fera la renommée de Courniou. Pour compléter la visite, un espace découverte de la spéléo.

➢ Courniou, village de 600 habitants, ne vit pas que sous terre : ***pistes de VTT et de randonnée pédestre,*** et ***parcours de pêche*** sillonnent son territoire.

LA SALVETAT-SUR-AGOUT

(34330) 1 150 hab. *Carte Hérault, A2*

Du col du Cabaretou, à 21 km de Saint-Pons par la D 907, on arrive à La Salvetat-sur-Agout, posée à 700 m d'altitude. Y jaillit une source d'eau fameuse, naturellement pétillante et ferrugineuse, la répandue *Salvetat.* La Salvetat est au cœur du plateau des lacs, et dès les environs immédiats, la plage des Bouldouïres, au bord du lac de la Raviège, attire les touristes en été pour la baignade, la voile, la promenade et tout un tas d'activité nautiques et de plein air.
Mais La Salvetat, c'est aussi un village pittoresque et montagnard, développé à partir d'une « sauveté » fondée sur un promontoire rocheux au XIIe s par Raymond de Dourgne, alors abbé de Saint-Pons. Ses premiers habitants recevaient une maison et un lopin de terre qu'ils pouvaient exploiter librement, ce qui favorisa l'expansion de la communauté et nécessita la création d'infrastructures, tel le pont sur la Vèbre. Arrêtez-vous un peu plus loin pour admirer la chapelle Saint-Étienne, chapelle romane du XIIe s. Enfin (en toute faim, devrait-on dire), passez *Chez Cabrol* faire le plein de charcuteries du tonnerre, parmi les meilleures du département *(• cabrol-la-salvetat.com • ; tlj sf dim ap-m et lun).* **Et s'il fait chaud, sachez que vous pouvez vous baigner (baignade surveillée en juillet-août) sur l'une des deux bases de loisirs du lac de la Raviège : les Bouldouïres (locations diverses, parcours dans les arbres...) et le Gua des Brasses (récemment aménagée, baignade seulement).**

L'HÉRAULT

Adresse et infos utiles

i *Office de tourisme :* *pl. des Archers. ☎ 04-67-97-64-44. • salvetat-tourisme.fr • hautlanguedoc.fr • En saison, tlj sf dim ap-m ; mi-saison fermé dim, hors saison, fermé le w-e.* Beaucoup de documents pratiques et gratuits ; fiches rando et VTT en vente. En saison, visites du village, de l'usine d'embouteillage « Salvetat » et de la chapelle Saint-Étienne sur résa. Animations en été.

Bus vers le sud et Béziers : ***Hérault Transports*** *assure 1 liaison/j. lun-sam. Rens : ☎ 04-34-888-999. • herault-transport.fr •*

– ***Marchés :*** *jeu et dim mat.*

– ***Produits du terroir :*** *en vente à la supérette* Utile.

Où dormir ? Où manger ?

Camping

Camping Les Bouldouïres : *lac de la Raviège. ☎ 04-67-97-36-91. • camping.bouldouires@wanadoo.fr • campingbouldouires.fr • Ouv avr-oct. Forfait 2 pers 24 € en hte saison ; chalets et mobile homes 385-735 €/sem.* Des emplacements pas bien grands et très peu ombragés, mais le camping est bien placé juste au-dessus du lac et de ses activités nautiques. Snack-bar, épicerie de dépannage, lave-linge, salle de jeux, boulodrome, terrain de volley, animations en saison... Familial.

De bon marché à prix moyens

La Petite Table Tranquille : *esplanade des Troubadours. ☎ 04-67-97-24-11. Tlj en juil-août, fermé mer et le soir dim-jeu. Formule déj 13,50 € ; carte env 16 €.* Une escale – à vous de comprendre d'où vient le nom du resto – sans prétention, où flotte une atmosphère conviviale. Déco empreinte du temps jadis, cuisine ouverte, une poignée de bouquins et le journal du jour, voilà le décor planté. Au menu, présenté par le sympathique Fafi dans de vieux manuels scolaires, galettes et crêpes, viande grillée, salades ou omelettes. Terrasse.

Hôtel-restaurant La Plage : *au bord du lac de la Raviège, à 2,5 km du village. ☎ 04-67-97-69-87. • laplage.lac@wanadoo.fr • pageloisirs.com/hotel-la-plage • Resto fermé dim soir et lun hors saison. Congés : janv. Double 59 €. Formule déj en sem 14 € ; menus 26-38 € ; carte 35-40 €. Parking. Café offert sur présentation de ce guide.* Cette auberge, installée dans un bâtiment moderne, tourne rond depuis longtemps. Cuisine aveyronnaise solide, généreuse, volontiers viandarde même (gibier en saison), et salle à manger rustique. Bons vins au verre. L'hôtel est d'un honorable rapport qualité-prix : chambres sans charme mais bien tenues, sans autre prétention qu'une vue sympathique sur le lac.

Chambres d'hôtes L'Oustal de Rame : *lieu-dit la Moutouse. ☎ 04-67-97-61-63. 06-32-27-18-45. • cazals.magali@neuf.fr • loustal-lamoutouse.com • À la poste du village, emprunter la route de gauche sur 4 km, c'est toujours tt droit. Ouv Pâques-Toussaint. Double 50 €, ½ pens 40 €/pers. Table d'hôtes le soir 15 € tt compris. Cuisine à disposition.* Isolée dans un environnement superbe et à 870 m d'altitude, une adresse simple et bien tenue pour se mettre au vert. 3 chambres (notre préférée : celle qui est un peu à part) donnant sur la vallée, et surtout une bonne cuisine familiale préparée avec les produits de la ferme : charcuterie et pâtisseries maison, lapin fermier... Billard et cheminée dans la pièce commune. Nombreux sentiers de randonnée (un des chemins de Compostelle passe ici).

Où dormir ? Où manger dans les environs ?

Ferme-auberge Le Moulin : *Le Moulin, 34330* ***Le Soulié.*** *☎ 04-67-97-22-27. • fa.lemoulin@wanadoo.fr • Sur la D 150, entre La Salvetat et le col du Cabaretou, à 2 km du Soulié en direction d'Anglès. Resto fermé lun-mer, plus jeu et dim hors saison. Résa obligatoire. Double 40 € ; petit déj 5 €. Menus 24-32 €. Café offert sur présentation de ce guide.* À 900 m d'altitude, perdue dans la forêt au bord d'une rivière, une ferme-auberge dans la grande tradition, avec ses grosses pierres et son toit en ardoise. Charcuterie maison, omelette aux cèpes en saison et plats à base de veaux fermiers de la propriété, servis dans une salle en pierres apparentes flanquée d'une cheminée. Une petite dépendance rustique abrite 2 chambres avec salle de bains commune.

Manifestation

– ***À la Rencontre des terroirs :*** *un dim mi-août.* Une centaine d'exposants et de producteurs du coin. Dégustations. Belle ambiance populaire.

DANS LES ENVIRONS DE LA SALVETAT-SUR-AGOUT

Bienvenue dans les Hauts-Cantons, comme on dit par ici. Marqué par son relief accidenté et son altitude de moyenne montagne, ce vaste territoire de vertes prairies et d'immenses forêts est calé sur la ligne de partage des eaux entre Atlantique et Méditerranée, et on passe sans s'en rendre compte du Tarn à l'Hérault, et vice versa.

Fraïsse-sur-Agout (34330) : *à 10 km à l'est de La Salvetat, sur les rives de l'Agout.* Village montagnard aux toits en ardoise, coquet et fleuri, fier de son menhir de Picarel, décoré d'un serpent et d'un œuf. Petit lac dans les proches environs. Sentiers de randonnée balisés de différents niveaux ; à partir de 4 km *(rens à l'office de tourisme, ☎ 04-67-97-53-81).* Au hameau de Flacheraud (à 2,5 km de Fraïsse), un couple d'agriculteurs loue ânes et chèvres – pour les randonneurs plus aguerris – bâtés. De quoi prévoir une agréable balade familiale *(compter 28 € pour 2h, par exemple),* accompagnée ou pas. Vente de fruits et légumes (pour compléter son pique-nique...). *Rens : ☎ 04-67-97-57-48. • equipagesdujougnier.fr •*

Auberge de l'Espinouse : *allée des Frênes. ☎ 04-67-95-40-46. Ouv mars-déc. Résa conseillée. Double 62-69 €. Le midi en sem, menus 16-33 € ; carte env 30 €. Apéritif offert sur présentation de ce guide.* Auberge au cœur du village, au cadre chaleureux et rénové. 10 chambres (préférer celles qui donnent côté village) gentiment rénovées, à l'aménagement soigné et aux prix serrés. Au resto, bonne cuisine du pays. Viandes à la broche. Le 1er menu, servi en semaine, devrait déjà venir à bout des faims les plus tenaces ! Le dimanche, formule buffet. Pizzas à emporter sur commande. Terrines et plats mijotés « Les Cocottes de Claire » en bocaux à vendre. Terrasse.

OLARGUES (34390) 600 hab. *Carte Hérault, B2*

Ancienne capitale wisigothe, Olargues la pittoresque semble tirée d'une carte postale qu'on parcourrait en 3D, en se faufilant le long des ruelles pavées émaillées de passages couverts, en grimpant les escaliers de l'ancienne commanderie templière qui mènent à la tour-clocher du XIIe s. Chevauchant l'Orb, les ponts du petit bourg se répondent de siècle en siècle : pont en dos d'âne médiéval dit « pont du Diable » d'un côté, et pont Eiffel aux poutrelles métalliques tartinées de rouge de l'autre. Le village est classé parmi les Plus Beaux Villages de France, et c'est de surcroît un important centre de recherche géologique. Petit musée des Arts et Traditions populaires *(juil-août, mar-dim 15h-18h).* **Côté ventre enfin, on s'y régale de cerises, truffes et châtaignes.**

Adresses et infos utiles

Office de tourisme Caroux en Haut-Languedoc : *av. de la Gare. ☎ 04-67-23-02-21. • ot-caroux.fr • En saison, tlj sf dim ap-m, 9h-13h, 15h30-19h ; avr-juin et sept, fermé dim-lun ; hors saison, fermé dim-lun-jeu. Congés : fêtes de fin d'année.*

@ Centre multimédia Cébenna : *av. du Champs-des-Horts. ☎ 04-67-97-88-00. • cebenna.org • Juil-août, lun-ven 9h-13h, 16h-19h ; sam que le mat. Le reste de l'année, mar-mer-ven.* Une association vouée à la sauvegarde, à la recherche scientifique et à la découverte du parc naturel régional du Haut-Languedoc. Médiathèque. Balades guidées (payantes), expos, animations pour petits et grands, etc. Kaléidoscope géant.

- ***Marché :*** *dim mat.*
- ***Tables de pique-nique*** au vert, au bord du Jaur.
- Plusieurs ***toilettes publiques*** à travers le village.

Où dormir ? Où manger à Olargues et dans les environs ?

Campings

⛺ ***Camping Le Baous :*** *chemin du Baous.* ☎ *04-67-97-71-50 (mairie) ou 04-67-97-71-26 (office de tourisme).* 📱 *06-62-28-33-64.* • *info@campingolargues.com* • *campingolargues.com* • ♿ *Ouv de mai à mi-sept. Compter 13,60 € pour 2. CB refusées.* Un 2-étoiles sans prétention mais bénéficiant d'un très joli terrain tranquille et ombragé, au bord de la rivière. Location de vélos électriques.

⛺ ***Camping municipal Les Terrasses du Jaur :*** *34390* ***Prémian.*** ☎ *04-67-97-25-85 ou 04-67-97-06-40 (mairie).* • *contact@camping-premian.fr* • *camping-premian.fr* • *À env 10 km d'Olargues. Ouv de mi-mai à mi-sept. 13,60-15,60 € pour 2. Mobile homes 6 pers 190-250 €/sem. 28 empl.* Un petit camping tout simple, posté en surplomb de la rivière, face au village. Vastes emplacements, bien délimités et ombragés. Coin barbecue, lave-linge, sanitaires, une petite aire de jeux et c'est tout. Tranquille et pas cher. Nombreux départs de sentiers dans le coin.

Bon marché

🏠 ***Chambres d'hôtes Les Quatr'Farceurs :*** *rue de la Comporte.* ☎ *04-67-97-81-33.* • *contact@olargues.net* • *olargues.net* • *Double 59,50 €. Table d'hôtes 25 € tt compris. Repas végétarien sur résa.* 📶 Dans une maison du vieux village, 2 chambres étroites mais sympathiques, chacune avec sa salle de bains attenante (dont l'une est toute neuve). Peignoir, de quoi se préparer thé ou café... Salon pour les hôtes au rez-de-chaussée, qui donne dans la petite rue ; pas d'espace extérieur.

🏠 🍽 🍷 ***Hôtel-bar-resto Laissac-Speiser :*** *av. de la Gare.* ☎ *04-67-97-70-89.* • *contact@restaurant-laissac.com* • *Resto fermé mer hors saison. Congés : fin fév-début mars. Doubles 42-52 €. Menus 14 € (déj)-23 €.* 💻 📶 *Apéritif offert sur présentation de ce guide.* Une adresse tenue par la même famille depuis 5 générations. Le bar du village propose à l'étage une poignée de chambres impeccables, avec salle de bains (pas séparée de la chambre pour les moins chères), récemment rénovées et bien tenues. À table, casse-croûte basique genre salade au roquefort, steak-frites et assiettes de charcuterie. Terrasse.

Fêtes

- ***Fête de la Brouette :*** *dim suivant le 11 mai.*
- ***Fête médiévale :*** *3e w-e de sept.*
- ***Fête du Marron et du Vin nouveau :*** *1er w-e après la Toussaint.*

Plus d'infos sur • *olargues.org* •

DANS LES ENVIRONS D'OLARGUES

MONS-LA-TRIVALLE *(34390)*

Il s'agit en réalité de deux petits villages médiévaux accolés, départs des randonnées pour les gorges d'Héric et le mont Caroux, gigantesque chaos sculpté par l'eau et le vent depuis des millénaires. À voir, pour se rassurer, la chapelle de la Voulte, érigée au XIIe s (on ne peut pas y entrer). Après la balade, casse-croûte terroir à l'*Auberge du Caroux,* sur la place du village bas *(☎ 04-67-97-72-12).* En quittant le village par la D 14 direction Roquebrun, on pénètre dans les gorges de l'Orb, sauvages et verdoyantes.

L'HÉRAULT

Où dormir à Mons-la-Trivalle et dans les environs ?

Campings

Camping du Caroux : *le Verdier. 06-89-97-14-90. • campingducaroux@gmail.com • campingducaroux.com • Forfait tente 14-16 € pour 2. 3 tentes à louer : 4 pers 600 €/sem, 7 pers 790 €/sem en hte saison ; roulotte 4 pers 650 €/sem en hte saison.* Une bonne atmosphère flotte dans ce camping – une aire naturelle plus précisément – tenu par deux frères très sympas. Un projet qui complète leurs métiers d'origine : pompier-plongeur pour l'un, guide de haute montagne et canoë *(• canyoning-herault.com •)* pour l'autre. Ils proposent d'ailleurs des virées nature. 25 emplacements en terrasse, qui offrent une vue superbe sur les gorges d'Héric. On vient avec sa tente, ou on opte pour une tente *lodge* (luxueux, donc... cher). Murs de pierres sèches et structures neuves : tout est bien. La toute petite route qui le borde n'est pas franchement passante, et à pied, il faut 10 mn pour atteindre les commerces du village. Et il y aura bientôt un peu d'ombre, quand la végétation aura poussé.

Camping municipal de Tarassac : *à* **Tarassac.** *☎ 04-67-97-72-64. 06-72-43-74-73. • camping@monslatrivalle.fr • À env 1 km du village, après avoir franchi le pont suspendu. Ouv tte l'année. Compter 12-14 € pour 2. CB refusées.* Bordé par l'Orb (plagette), un camping au calme et parfaitement ombragé. Emplacements un peu étroits. Bar et alimentation d'appoint sur place. Nombreuses activités sportives à pratiquer dans les environs : kayak, canyoning, escalade...

Prix moyens

Manoir La Trivalle : *route des gorges d'Héric, dans le village bas. ☎ 04-67-97-85-56. • info@monslatrivalle.com • monslatrivalle.com • Doubles 60-65 € ; gîtes 2-5 pers 460-530 €/sem selon saison. Table d'hôtes 22 € sur résa. Parking. Apéritif maison offert sur présentation de ce guide.* Grand manoir resté dans son jus, et tenu tout sourire par Bert et Hennie, un couple venu de l'autre pays du fromage. 4 chambres aux couleurs provençales gentiment désuètes, dont 2 partageant la même salle de bains. Également un gîte tout équipé. On peut aussi louer la maison en entier. Immense jardin ponctué de plusieurs terrasses et d'une belle rotonde où prendre le petit déj. Piscine. Location de vélos pour partir explorer la voie verte. Atmosphère familiale.

L'HÉRAULT

À voir. À faire

Les gorges d'Héric, site naturel classé et le col de l'Ourtigas mènent au ***sommet du Caroux*** (parking payant en été). La randonnée de rêve, variée ; une des plus belles du coin pour sa richesse en paysages. Compter 2h de grimpette jusqu'au hameau d'Héric, par une petite route. Pour atteindre Douch, sur le plateau du Caroux, on est encore bien plus loin, à peine à mi-chemin. En route, arrêts baignade dans des vasques d'eau fraîche où écument des cascades cristallines... Le secteur se prête à une multitude d'activités nature : rando, trail, escalade sur les falaises du Caroux, spéléo, canyoning, canoë sur l'Orb, VTT et même trottinette tout terrain ou encore sortie nature à la rencontre des mouflons, maîtres des lieux !

➢ ***Canoë :*** *au départ de Tarassac, vers Roquebrun. Loc de canoës au Moulin de Tarassac, à* ***Mons-la-Trivalle*** *(☎ 04-67-97-74-64 ; • canoe-tarassac.com •).* Balade, pas trop sportive, encadrée si on le souhaite. 15 km de navigation (environ 5h). On débarque à Roquebrun.

ROQUEBRUN (34460)

Posté à la porte d'entrée sud des gorges de l'Orb, ce joli village traditionnel est surnommé le « Petit Nice » en raison du microclimat insolite dont il bénéficie. Glissez-vous entre les hautes maisons à arcades, descendez, de ruelle pavée de galets en placette ombragée, jusqu'aux rives rafraîchissantes de l'Orb pour y piquer une tête (plage). Point de vue agréable sur les vignes environnantes ; on est au cœur du territoire de l'AOC saint-chinian. Plusieurs restos dans le village.

Adresse utile

Office de tourisme intercommunal : *av. des Orangers. ☎ 04-67-23-02-21. • tourisme@ot-caroux.fr • En saison, tlj sf dim ap-m, 9h-13h, 15h30-19h ; hors saison, fermé dim-lun. Congés : fêtes de fin d'année.* Organise des visites accompagnées du village, sur résa. Également des fiches rando.

Où dormir ? Où manger dans le coin ?

Camping

Camping Campotel Le Nice : *rue du Temps-Libre. ☎ 04-67-89-61-99. • camping-campotel@wanadoo.fr • camping-lenice.com • Sur la rive opposée au village, une fois passé le pont. Ouv de mi-mars à mi-nov (loc tte l'année sf 1re quinzaine de janv). Compter 13,60 € pour 2 en hte saison ; gîtes et chalets 250-476 €/sem. 20 % de réduc sur les activités sportives et détente sur présentation de ce guide. 25 empl.* Petit camping familial, à seulement deux volées de marches des berges de la rivière. Propret, ombragé, il est doté de gîtes et chalets bien équipés avec cuisine, terrasse, linge, barbecue. Emplacements tente un peu rabougris, en revanche. Pour les actifs, tir à l'arc, court de tennis, ping-pong, boulodrome, base de canoë-kayak (payant), d'embarcations à pédales (payant) et jeux pour enfants. Belle vue sur le village et ses collines.

Bon marché

Le Lézard Bleu : *34390* ***Vieussan.*** *☎ 04-67-97-10-21. • mannerik.kat@free.fr • À 6 km au nord de Roquebrun. Tlj sf mar, plus lun, mer hors saison. Résa conseillée le soir. Formules 13,50-16,50 €. Café offert sur présentation de ce guide.* Au menu, petite dînette du Sud, tapas, salades-repas et plats végétariens. Côté bar, l'autre raison d'être du lieu, grand choix de bières, belges en particulier. Posé peinard dans la salle à manger, au pied du poêle et des bouquins entassés, on croirait casser la croûte chez des potes. Et dès que le soleil pointe son nez, direction la terrasse ou le jardin et ses nombreux jeux pour enfants. Un spot idéal pour lézarder !

Prix moyens

Le Faitout : *34360* ***Berlou.*** *☎ 04-67-24-16-99. • lefaitout@gmail.com • Au cœur du village. À 11 km à l'ouest de Roquebrun par la D 14 puis la D 177. Fermé dim soir et lun, ainsi que mar-mer hors saison. Assiette terroir 17,50 € ; menus 23-32 €. Café offert sur présentation de ce guide.* Sous les lampions de la terrasse comme dans la salle aux couleurs du temps, on se régale d'une cuisine enjouée et qui s'éloigne sans complexe des classiques régionaux. C'est parfois surprenant, toujours fin et goûteux. Frédéric Révilla sait aussi varier les plaisirs : soirées pique-nique chez les vignerons, soirées œnologie avec conteur, etc. Un resto qui ravira les amoureux d'escapades champêtres et culinaires. Petit gîte indépendant pour 2 (peut être loué en chambre d'hôtes) au milieu des vignes.

À voir

Le Jardin méditerranéen : *rue de la Tour. ☎ 04-67-89-55-29 (CADE). • jardin-mediterraneen.fr • Juil-août, tlj 9h-19h ; 2e dim de fév-juin et sept-3e w-e de nov, tlj sf sam mat, 9h-12h, 13h-17h30. Entrée : 5,50 € ; réduc.* Charmant sentier botanique que l'on découvre en se hissant jusqu'au sommet du village, à l'ombre de la tour médiévale. À voir et à sentir, plus de 4 000 plantes de 400 espèces différentes, parmi lesquelles 80 variétés de figuiers de Barbarie, une vingtaine d'agaves et d'aloès, mais aussi des succulentes et ces fameux mimosas qui valent au village de revivre, chaque deuxième dimanche de février, une fête étonnante aux couleurs du carnaval d'autrefois. Vente de produits du terroir.

SAINT-CHINIAN *(34360)*

Semée de placettes, traversée par le Béal, ombragée de platanes, cette grosse bourgade est surtout célèbre pour l'AOC à laquelle elle a légué son nom et qui couvre une palette de terroirs variés s'étendant sur 20 villages. Au centre du bourg, passage par la *Maison des vins* *(av. de la Promenade ; ☎ 04-67-38-11-69 ; lun-ven 9h-19h, sam 10h-13h, 14h30-18h30, plus dim mat juil-août)* pour tester avant d'acheter les crus du coin, rouges, blancs et rosés. *• saint-chinian.com •*

LAMALOU-LES-BAINS (34240) 2 206 hab. *Carte Hérault, B2*

Une station thermale hors du temps, où l'on vient plus en convalescence qu'en vacances. Centres de cure et de rééducation y nichent entre les platanes, les villas Belle Époque et le casino, animé en été par un très kitsch festival d'opérettes. La station fut fréquentée par de nombreuses célébrités (Alexandre Dumas fils, Alphonse Daudet, le sultan du Maroc, André Gide...), souffrant toutes de rhumatismes, de maladies du système nerveux ou de troubles moteurs.

Adresses utiles

Office de tourisme : *1, av. Capus. ☎ 04-67-95-70-91. • ot-lamaloulesbains.fr • En saison, tlj et le mat des j. fériés ; hors saison, lun-ven et sam mat.*

Les Marcheurs du Caroux : *☎ 04-30-40-47-34. • lesmarcheursducaroux.com •* Propose des randos de 2 à 7 jours dans la région, et même au-delà, avec logements et transport des bagages.

Spa Thermal : *av. Clemenceau. ☎ 0825-825-007. Ouv de mi-fév à mi-déc.* Formules à la demi-journée ou soins à la carte.

Où dormir ? Où manger ?

Chambres d'hôtes La Chemin'hôte : *av. de la Gare. ☎ 04-67-97-39-08 ou 04-67-23-69-15. • information@lacheminhote.com • lacheminhote.com • En entrant dans Lamalou, en venant de Saint-Pons ou de Béziers, 1re av. à gauche. Double 71 € ; gîte 2-3 pers 280-360 €/*

sem. Réduc de 10 € sur les doubles sur présentation de ce guide. L'adresse a fait son nid dans l'ancienne gare, conservant sa structure initiale, notamment la marquise en ferraille côté jardin, et même l'horloge qui n'indique plus l'heure des trains, ni l'heure du tout, d'ailleurs. Il y a de l'humour dans le nom, de la bonne humeur dans la maison, bref, c'est pas mal du tout. 2 chambres seulement. Kitchenette et petit salon TV à disposition des hôtes. Piscine hors sol. Propose également un gîte.

L'Heure des Thés : *2, av. du Maréchal-Joffre. ☎ 04-67-95-83-67. • heuredesthes@hotmail.fr • Au centre de Lamalou, près du casino. Tlj sf lun et mer-jeu, 8h30-18h30. Formule 10,20 € (12,20 € avec boisson). Café offert sur présentation de ce guide.* Adresse colorée et accueillante où l'on se retrouve le midi pour grignoter, en salle comme en terrasse, tartes salées, salades, etc. L'après-midi, c'est l'heure des chocolats maison et autres douceurs.

Où dormir ? Où manger dans les environs ?

La Maison d'Hôtes : *11, pl. de l'Église, 34600* **Le Poujol-sur-Orb.** *☎ 04-67-95-71-80. • maisondhotes@neuf.fr • la-maison-dhotes.com • À env 2,5 km de Lamalou par la D 908 en direction de Saint-Pons. Congés : de mi-nov à mi-déc. Doubles 59-80 € selon chambre. Réduc de 10 % sur le prix de la chambre hors juil-août et pour 3 nuits consécutives min sur présentation de ce guide.* Qu'elle est douillette, cette ancienne demeure de village superbement retapée par un couple fort sympathique et adepte de rando ! Des espaces apaisants, comme le salon à l'étage, immaculé, baigné de lumière et au superbe sol dallé, ou comme le jardinet fleuri pour se poser au bord du puits. Dans les anciennes cuves à vin voûtées, on bouquine, on papote autour d'un verre et on peut même faire une partie de billard. Chambres confortables, aménagées dans un esprit de sobriété (dont une familiale, sous les toits).

Des Lits sur la Place : *12, pl. de la Croix, 34600* **Hérépian.** *06-41-61-43-44. • contact@deslitssurlaplace.fr • deslitssurlaplace.fr • À 4,5 km de Lamalou. Doubles 67-92 €.* Grosse maison de maître début XIXe s sur une jolie placette du bourg, qui fut en son temps un relais de poste. L'album des travaux témoigne du labeur accompli par les propriétaires pour lui redonner vie. Elle abrite aujourd'hui 5 chambres récentes et confortables, pas particulièrement lumineuses, en revanche. Terrasse bien aménagée, avec un espace thé/café. Tout y est très soigneusement arrangé. Petit déj aussi complet que bon : yaourts, gâteaux, beau choix de confitures. Resto sur place (le chef est maître restaurateur). Accueil aimable et posé.

Auberge de Combes : *34240* **Combes.** *☎ 04-67-95-66-55. • contact@aubergedecombes.com • aubergedecombes.fr • À env 10 km à l'ouest de Lamalou-les-Bains. Prendre la D 908 vers Olargues, puis à droite la D 180 vers Combes. Fermé lun, plus mar nov-avr. Congés : janv. Menu déj en sem 25 € ; beaux menus 32-57 €.* Un vrai nid d'aigle joliment situé au cœur de Combes, village pittoresque accroché aux contreforts des monts de l'Espinouse. Vue panoramique sur la vallée de l'Orb depuis la terrasse ou la véranda, et cuisine gourmande, au goût du jour, mitonnée à quatre mains par le père et son fils : foie gras de canard mi-cuit fumé aux sarments, gibier en saison, etc. Bonne option, l'assiette de tapas qui donne un aperçu de la cuisine. Service pro et charmant.

Randonnées

➢ ***Sentiers de randonnée :*** les possibilités de rando ne manquent pas dans le coin ! Lamalou-les-Bains est située sur le GR 7 ainsi que sur l'un des chemins de Saint-Jacques-de-Compostelle. Sinon, plusieurs sentiers autour de

Lamalou-les-Bains : Notre-Dame-de-Capimont, la croix des Baussels, Saint-Michel-de-Mourcayrol notamment. Ce dernier sentier permet de découvrir le château de Mourcayrol, l'église Saint-Michel et le pic de la Coquillade. Boucles de 9 à 12 km ; balisage jaune. Gourde et bonnes chaussures indispensables.
On peut bien sûr se lancer aussi à l'assaut du Caroux, par exemple à partir du pittoresque ***hameau montagnard de Douch,*** sur la commune de Rosis, à environ 15 km au nord de Lamalou. Une variante – plus facile – de la rando via les gorges d'Héric proposée plus haut au départ de Mons-la-Trivalle. Au programme, des mouflons, et l'exceptionnel belvédère du col de l'Ourtigas dominant les vallées de l'Orb et du Jaur, de Bédarieux à Olargues. Compter 3h de marche. À Douch, détour par la *Maison du mouflon (mai-sept, mer-dim 15h-18h).* Gîtes sur place. Il y a aussi la voie verte *Passa païs,* aménagée sur 75 km entre Bédarieux et Mazamet (Tarn). Documentation sur les randos disponible à l'office de tourisme.

Festival

– ***Festival d'opérettes :*** *fin juil-fin août, au Théâtre municipal. ☎ 04-67-95-67-35 (en saison) ou 04-67-95-70-91 (office de tourisme).* Sur la place aux platanes, devant le casino, le soir venu on fait la queue, comme il y a 40 ou 50 ans, pour avoir des ultimes places pour *Hello Dolly* ou *Valses de Vienne.* L'ensemble architectural construit en 1894 dans le style moderne Belle Époque comprend le casino et un théâtre de 600 places, petite bonbonnière à l'italienne qui fait le plein à chaque représentation.

L'HÉRAULT

DANS LES ENVIRONS DE LAMALOU-LES-BAINS

SAINT-GERVAIS-SUR-MARE *(34610)*

Un petit village pittoresque avec ses calades (rues pavées) entrecoupées de passages et d'arches. Un haut lieu des châtaigneraies, à la croisée des monts d'Orb, du Caroux et de l'Espinouse. Belle route pour repartir vers le plateau des lacs (voir plus haut « La Salvetat-sur-Agout »).

Adresse et info utiles

ℹ ***La Maison cévenole – Office de tourisme :*** *12, rue du Pont. ☎ 04-67-23-68-88. • saintgervais-hautlanguedoc.fr • stgervaissurmare.fr • Lun-ven (sf ven ap-m) 9h-12h, 14h-18h (15h-19h tlj juil-août).* Accueil dynamique. Organise des visites guidées (payantes) du village et du site archéologique de Neyran, perché sur un éperon rocheux, ainsi que des activités autour du patrimoine naturel et des traditions locales.

– ***Marché :*** *jeu mat tte l'année.*

Où dormir à Saint-Gervais et dans les environs ?

Prix moyens

Chambres d'hôtes Chez Camille : *8, pl. du Quai. ☎ 04-67-23-07-22. • bruno.bousquet@free.fr • camille.stgervais.free.fr • Résa vivement conseillée. Double 62 €. Table d'hôtes 22 € tt compris.* 4 chambres simples et spacieuses (25 m² environ), idéalement situées au cœur du village ; 2 ont vue sur un joli jardin. Petit déj servi dans la véranda, donnant le jardin. Calme et repos assurés entre deux escapades.

L'Atelier du Savetier : *le Mas de l'Église, 34610* ***Castanet-le-Haut*** *(à 800 m du village).*

☎ 04-67-95-25-60. • bernard-ebrat@neuf.fr • latelier-du-savetier.fr • Ouv mars-nov. Double 65 €. Table d'hôtes le soir 19 €. Apéritif maison offert sur présentation de ce guide. Difficile de faire plus bucolique. Une belle maison en pierre, posée dans un hameau loin de tout, au bord d'une rivière aux berges verdoyantes. Seulement 2 chambres, dont une seule double, avec coin salon. Joli jardin, bien sûr. À table, cuisine de terroir, concoctée avec les légumes du potager. On vous prévient, l'accès en voiture est serré-serré !

À voir

Le musée des Arts et Traditions populaires : *à la Maison cévenole (voir plus haut « Adresse et info utiles ») ; mêmes horaires d'ouverture. GRATUIT.* Rassemble de nombreux objets usuels, outils de métiers anciens et photos d'époque offertes par les habitants. Expos temporaires.

À La Croix-de-Mounis (10 km par la D 922), monter au ***sommet de l'Espinouse*** par le GR 71. Panorama magnifique jusqu'au belvédère de l'Ourtigas. Attention, réserve nationale de chasse. On peut croiser une faune intéressante, mais il ne faut pas la déranger (on parle des animaux...).

FAUGÈRES (34600) 500 hab. *Carte Hérault, B2*

Célèbre pour ses vins, la mignonne petite cité l'est également pour ses trois magnifiques moulins à vent en état de marche.

Où dormir ?

Chambres d'hôtes La Vigneronne : *1207, route de Pézenas. ☎ 04-67-95-78-49. • lavigneronne@yahoo.fr • lavigneronne.com • Juste à la sortie de Faugères. Ouv avr-oct. Double 84 €. Repas 35 € (avec 4 vins différents). Caveau de dégustation ouv tlj 10h-19h. Apéritif offert sur présentation de ce guide.* Tenue par des Belges, une adresse à 2 facettes. D'un côté, dans la maison d'habitation, 4 chambres de charme et une suite familiale, restaurées dans les règles de l'art sans y perdre leur esprit rustique. Magnifique salle commune, robuste et vénérable, où prendre le repas auprès de l'imposante cheminée. Piscine. De l'autre, l'exploitation viticole avec son superbe caveau de dégustation dans lequel la patine du temps a fait son œuvre. Seul bémol, l'isolation phonique, un peu légère.

DANS LES ENVIRONS DE FAUGÈRES

Le pic de Tantajo : de là-haut (518 m), panorama d'enfer sur le Caroux (table d'orientation), l'Espinouse, la vallée de l'Orb, la plaine du Biterrois, les monts de Faugères, les contreforts du Lazarc et le littoral. En poursuivant la route, on arrive à Bédarieux.

BÉDARIEUX (34600) 6 500 hab. *Carte Hérault, B2*

Situé de part et d'autre de l'Orb, ce gros bourg hier industriel tente désormais de sortir de la grisaille. Autrefois, Bédarieux était connu pour ses tanneries et ses fabriques de biscuits, que l'on peut redécouvrir en suivant le plan du circuit patrimonial édité par l'office de tourisme. Depuis quelques années, le lieu a su se développer en proposant de multiples sports et activités de pleine nature (VTT, canoë, planeur, randonnées, escalade...). Sur les quais, curieuses maisons étroites tout en hauteur.

Adresses et infos utiles

Office de tourisme Grand Orb : *1, rue de la République. ☎ 04-67-95-08-79. • bedarieux.fr • En saison, lun-sam ; hors saison, lun-ven et sam mat.*

Gare SNCF : *route de Saint-Pons. ☎ 36-35 (0,34 €/mn).* Direction Béziers ou les plateaux des Causses par Millau.

Hérault Transport : *route de Clermont. ☎ 04-34-888-999. • herault-transport.fr •* Plusieurs liaisons/j. avec Montpellier, Béziers, Lunas, Lamalou-les-Bains et Saint-Pons-de-Thomières.

– **Produits du terroir :** ***SICA du Caroux,*** *route de Saint-Pons. ☎ 04-67-95-00-74. Lun-sam 9h-12h30, 15h-19h.* S'approvisionner en produits locaux pour concocter son pique-nique ou rapporter à la maison.

– **Association La Pastorale :** *rue de la République. ☎ 04-67-95-01-72.* Producteurs locaux : confection de corbeilles gourmandes à la demande.

– **Marchés :** *lun mat, et marché bio sam mat.*

Où manger ? Où boire un verre ?

Restaurant La Forge : *22, av. Abbé-Tarroux. ☎ 04-67-95-13-13. • restaurantlaforge@sfr.fr • ♿ Face à la Maison des arts. Fermé lun, plus le soir mer et dim hors saison. Menus 18-36 € ; carte env 40 €.* Très belle salle voûtée en pierre, qui abrita en son temps... une forge, pardi ! La cheminée trône au milieu de la pièce meublée avec goût dans un style rustique chic. Également une grande terrasse, déployée dans la cour pavée, sous les platanes. Bonne et solide cuisine traditionnelle, dont la spécialité : l'escalope de foie gras au vinaigre de framboise.

Chai Christine Cannac : *3, sq. Robert-Schumann. ☎ 04-67-95-86-14. • christine.cannac@bbox.fr • En face de la mairie. En saison fermé le midi mar-jeu, sinon fermé lun et j. fériés. Tapas et planches simples à partir de 4,50 €. Planches 15-22 €. Vin au verre à partir de 3,50 €.* Sommelière de formation, Christine a concrétisé sa passion pour le vin en ouvrant son « Chai ». Elle y fait découvrir sa sélection de vins bio – la région est bien représentée – dont elle parle avec animation. Pour les accompagner, quelques produits simples et bien choisis : tapenades, charcuterie, fromages... Le tout à découvrir autour de la longue table d'hôtes ou dehors en terrasse. Les becs sucrés resteront en revanche sur leur faim. Ambiance conviviale, mais le contraire aurait été surprenant !

À voir

Le viaduc : en flânant à l'ombre des 37 platanes bicentenaires, on peut admirer les 37 arches du viaduc de 710 m de long, construit au XIXe s pour le transport ferroviaire du charbon. Un sentier au bord de l'Orb y conduit. En empruntant le chemin de Dio, on peut quitter la ville en longeant l'Orb jusqu'à l'aire de pique-nique de la Barque.

Les orgues : la ville compte deux orgues romantiques, dans l'église Saint-Alexandre et dans l'église Saint-Louis, et un classique, un vrai joyau, dans le temple.

La Maison des arts : *19, av. Abbé-Tarroux. ☎ 04-67-95-48-27. Ouv mer et sam, plus l'ap-m mar et ven. GRATUIT.* L'ancien hospice abrite désormais une reconstitution minutieuse de la vie au XIXe s (costumes et coiffes d'époque) et un réjouissant musée du train, avec une maquette de Bédarieux et le bureau du chef de gare. Le musée évoque aussi différents écrivains et leurs œuvres respectives : Alphonse Daudet, Alexandre Dumas fils (ils faisaient souvent des cures à Lamalou), Émile Zola (puisqu'il s'intéressait à la vie des mineurs) et Ferdinand Fabre, l'enfant du pays. Également de belles toiles de Pierre-Auguste Cot.
– Le même bâtiment abrite l'***espace d'Art contemporain*** dévolu aux expositions temporaires.

La chapelle Saint-Raphaël : classée Monument historique, cette petite chapelle du XIIe s construite en plein cœur du vignoble est accessible par un sentier au bord de l'Orb. Autrefois, à la Saint-Jean, des pèlerins venaient tremper leurs mouchoirs dans une source voisine s'échappant d'une grotte. Son eau était réputée miraculeuse pour soigner les maladies des yeux. *Se renseigner à l'office de tourisme (sur le sentier, pas sur les maladies des yeux !).*

Le pic de Tantajo : voir plus haut « Dans les environs de Faugères ».

L'HÉRAULT

Manifestations

– ***Foires traditionnelles de printemps et d'automne :*** *1er mai et 1er dim de nov.* Plus de 250 exposants.
– ***Journées botaniques et mycologiques :*** *début juin et fin oct. Rens : ☎ 04-67-23-93-90.* Expos, conférences et sorties découverte.
– ***Festival vigneron les Vin'dredis :*** les cuisines dans la rue : assiettes, accompagnées des vins du coin.
– ***La Mer à la montagne :*** *mi-juil.* Les vignerons de la haute vallée de l'Orb et les pêcheurs de Sète envahissent la rue et les berges de l'Orb pour une *brasucade-sardinade* arrosée de vin blanc. Grande soirée dans une ambiance populaire.

DANS LES ENVIRONS DE BÉDARIEUX : LES MONTS D'ORB

LA TOUR-SUR-ORB *(34260)*

La commune la plus étendue du pays d'Orb avec ses 3 000 ha abritant l'un des plus grands vergers de cerisiers d'Europe. Une halte bienvenue avant d'attaquer les monts d'Orb.

➢ ***Randonnée avec un âne de bât :*** *association* ***Balladânes,*** *mas de Riols. ☎ 04-67-23-10-53. 06-72-15-51-54. • balladanes.fr •* Une façon plus originale de randonner sur le Caroux.

La cité médiévale de Boussagues *(34260) : à 2 km à l'ouest de La Tour-sur-Orb.* Niché dans une vallée semée d'arbres fruitiers, un ancien village fortifié, véritable petit musée à ciel ouvert. Tout est beau dans ce pittoresque hameau. Les remparts, l'église romane très pure avec sa tour carrée et, enfin, la maison du Bailli, belle maison seigneuriale Renaissance construite à l'emplacement de l'ancien château. Elle a appartenu un temps à la famille de Toulouse-Lautrec.

CEILHES-ET-ROCOZELS (34260)

À 24 km de Lodève, ce petit village tranquille, au patrimoine historique remarquable, s'est lové dans une vallée verdoyante, au bord de l'Orb. Côté architecture, coup d'œil au hameau de Rocozels, à l'église Saint-Jean-Baptiste, érigée au XIIe s et fortifiée au XIVe s, aux remparts, aux nombreuses voûtes, fenêtres à meneaux, porches... Côté nature, le petit *plan d'eau du Bouloc* se prête à de beaux après-midis de pêche et de baignade (plage aménagée, buvette). Jolies balades dans les collines et forêts environnantes.

Où dormir ? Où manger ?

Camping

Camping Le Bouloc : *av. du Lac. 06-51-95-09-45. • contact@campinglebouloc.fr • campinglebouloc.fr • Ouv avr-oct. Forfait tente 9-12 € en hte saison ; bungalows en toile et mobile homes 140-330 €/sem selon saison. CB refusées. 47 empl.* Petit camping familial, posé dans l'herbe au bord du plan d'eau. Simple, tranquille et pas cher. Commerces et restos dans le village au patrimoine remarquable. Un cadre des plus bucolique.

Prix moyens

Le Relais de Ceilhes : *10, av. du Lac. ☎ 04-67-23-42-09. • hotel.bessiere@wanadoo.fr • accueil-avene.fr • Ouv de fin mars à fin oct. Juil-août, resto ouv tlj sf lun midi ; le reste de l'année, tlj sf lun midi, mer soir et dim soir. Double 59 €. Menus 21-30 €. Apéritif maison offert sur présentation de ce guide.* Cet ancien relais de diligences perpétue fidèlement une tradition familiale débutée en 1850. Le couple Bessière y sert une cuisine de terroir sérieuse, à la hauteur de produits récoltés dans les fermes du Larzac et du Lodévois. Belle terrasse sous une pergola, ou grande salle à manger d'un sage classicisme. 5 chambres également, dans le même esprit, avec salle d'eau privée. Si vous êtes conquis, pourquoi ne pas repartir avec une conserve maison ?

L'HÉRAULT

AU CŒUR DE L'HÉRAULT, ENTRE SALAGOU ET LARZAC

LE LAC DU SALAGOU

Carte Hérault, B-C2

Un paysage lunaire, ou martien peut-être ; en tout cas très dépaysant. Un lac artificiel étonnant bordé de ruffes, un grès rouge qui compose avec le ciel,

l'eau et la végétation un extraordinaire tableau. Créé en 1969 pour servir de réserve d'eau aux agriculteurs, on s'y retrouve désormais pour pêcher le sandre ou le brochet, s'essayer à la planche à voile ou simplement piquer une tête. Le sol alentour est couvert de bombes volcaniques. Il y a fort longtemps (255 millions d'années), les dinosaures peuplaient la vallée. Pour vous en persuader, à Lieude, entre Octon et Salasc – jolie place principale –, juste après Mérifons, une dalle inclinée porte les empreintes de reptiles fossilisés.

Où dormir ? Où manger dans le coin ?

Camping

⛺ ***Camping Les Vailhés :*** *lac du Salagou, berge des Vailhés, 34700* ***Celles.*** *☎ 04-11-95-01-82. • camping@lodevoisetlarzac.fr • campinglesvailhes.com • ♿ Ouv avr-sept. Forfait pour 2, 13,70-16 €.* Grand camping familial (240 emplacements !) en terrasses, dévalant la colline jusqu'à atteindre les rives du lac, au côté d'une base nautique et d'une plage surveillée pour la baignade. Emplacements bien délimités et relativement ombragés. Vaut mieux, ça cogne en été ; d'ailleurs, les barbecues sont interdits. Pas grave, on se rabattra sur le snack-buvette.

Prix moyens

🏠 |●| ***Auberge campagnarde de la vallée du Salagou :*** *route du Mas-Canet, 34800* ***Salasc.*** *☎ 09-80-99-67-74. 📱 06--46-86-06-11. • info@aubergedusalagou.fr • aubergedusalagou.fr • À env 2 km de Salasc. Prendre la direction de Mérifons, puis fléché sur la gauche. Ouv le soir tlj sf dim, sur résa. Congés : Toussaint-Pâques. Double 64 €, familiale 3 pers 80 €, petit déj (ordinaire) inclus. Tarif dégressif à partir de 3 nuits en ½ pens. Table d'hôtes (jeu-sam) 22 €.* 📶 Un chemin ponctué de drôles de statues colorées grimpe jusqu'à cette petite maison moderne posée au sommet d'une colline, et dotée d'une poignée de chambres simples et mignonnettes, avec terrasse (au sud avec vue, au nord sans vue). Le cadre est champêtre, l'ensemble a été récemment rénové, et depuis la terrasse du restaurant et ses lampions colorés, la vue sur la vallée et le lac du Salagou est superbe. Un coin salon, près du poêle, des bouquins et de la doc sur les environs. Cuisine de saison relevée d'herbes de la garrigue et d'épices, fromages, légumes et viande des producteurs locaux. Bonne humeur ambiante, atmosphère détendue.

De prix moyens à chic

|●| ***La Réserve du Bosc :*** *hameau de Cartels, 34700* ***Cartels-du-Bosc.*** *☎ 04-67-88-50-22. ♿ Fermé lun soir et mar. Formule (sf dim, ainsi que ven et sam soir) 19 € ; menu 22,50 € ; carte 39 €.* Passé la surprise de trouver le restaurant au bord de la route (on n'a pas dit « autoroute »), on découvre un intérieur sobre, contemporain et lumineux, et une terrasse abritée au bord de la piscine. Et dans les assiettes bien présentées, des produits de saison joliment préparés. Service aimable et pro.

🏠 |●| ***La Palombe :*** *hameau de Basse, 34800* ***Octon.*** *☎ 04-67-95-40-07. • hotel@lapalombe.com • lapalombe.com • ♿ Depuis le lac de Salagou, rejoindre Octon ; à la sortie du village, bifurquer à droite direction Brenas. Fermé lun. Congés : déc-mars. Doubles 64-86 € ; petit déj 12 €. Menus 31-39 €.* 📶 Un hôtel d'une quinzaine de chambres, perché tout là-haut, sur le versant d'une montagne d'où la vue embrasse l'horizon et les collines environnantes. Un petit bout du monde. Toutes différentes, les chambres (un peu sonores entre elles), presque toutes orientées à l'ouest, ont une déco volontairement dépouillée. Quelques-unes disposent de terrasse privée ou commune, parfois avec une vue vertigineuse, et ce ne sont pas forcément les plus chères. Salle de bains parfois ouverte sur la chambre. Également 2 chambres avec petite cuisine. Piscine et tennis. Terrain de pétanque. Location de VTT. Au resto, cuisine traditionnelle sérieuse.

À faire

– ***Sports nautiques :*** *base de plein air du Salagou. ☎ 04-67-96-05-71 • basedusalagou.com •* Canoë, catamaran, planche à voile, caravelle... Très couru en été. Propose cours particuliers et stages collectifs. Autre base nautique à Celles, berge des Vailhés.

DANS LES ENVIRONS DU SALAGOU

Le village et le cirque de Mourèze *(34800) : en saison, parking payant à l'entrée du village. Point d'infos touristiques.* Un vieux village dont les pierres et les tuiles se confondent avec les roches dolomitiques (la dolomie est une roche), des centaines de pitons de calcaire et de magnésium tordus, sculptés par l'érosion naturelle et comme jetés en vrac à travers la garrigue. Un petit air de Cappadoce. Au fil de la balade et de l'imagination, on pourra distinguer dans ces configurations fantastiques des géants, des monstres ou des génies, des animaux légendaires. Et si celle-ci était un sphinx, celle-là une sirène, là-bas un démon, une religieuse, une affreuse et gigantesque tête de mort ! Plusieurs circuits balisés de 1h à 4h, le plus long grimpant sur la crête, via le prieuré de Saint-Jean-d'Aureillan puis le col de Portes. En haut, le panorama se partage alors en deux : d'un côté Mourèze, de l'autre le Salagou. Grandiose. Également un chemin de la Poésie, jalonné de sculptures et de très courts poèmes de Dieter Baumgart.

Hôtel Les Hauts de Mourèze : *les Hauts-de-Mourèze. ☎ 04-67-96-04-84. • hotel-moureze@orange.fr • hotelmoureze.fr • Congés : de mi-déc à mi-janv. Résa conseillée longtemps à l'avance. Doubles 79-89 € ; familiales 4 pers 155-165 €. Parking. Réduc de 10 % sur le prix de la chambre sur présentation de ce guide.* Dominant le cirque dolomitique de Mourèze, une construction des années 1970, à 200 m à peine du village mais pourtant déjà isolée ; on est en pleine nature. Les 14 chambres classiques à l'aménagement soigné sont tenues au cordeau ; pas bien grandes, en revanche. On ne peut que s'y sentir bien, d'autant que certaines ont un balcon ou une terrasse avec accès au jardin. Belle piscine.

Café-resto L'Ami Paradis : *6, rue de la Dolomie. ☎ 04-67-88-77-26. • pervenche@lamiparadis.fr • Ouv tlj en été, 11h-minuit. Fermé le soir dim-jeu et le midi mar-mer le reste de l'année. Le midi, formules 15,50 € puis 20 €, assiette végétarienne 15,50 € ou plat du viandard 16 €. Formule brunch spectacle 17 €. Vente de produits locaux.* Une volée de marches en pierre mène à une terrasse en pleine verdure. Aux commandes, Pervenche, qui aime manier les épices et ajouter des touches orientales et asiatiques à ses plats. Produits bio ou provenant d'une agriculture raisonnée. Terrain de pétanque.

La Lieude et le château de Malavieille : 2 km avant Octon, on traverse le village de Malavielle. La piste (balisée en vert) débute 500 m plus loin, sur la droite. À La Lieude, ***site paléontologique*** connu pour ses quelque 800 empreintes de pas de reptiles prémammaliens (plus vieux encore que les dinosaures !). Vues plongeantes sur le lac. On dirait presque un « mini-Arizona » avec ses rochers étranges. De Lieude, compter environ 30 mn pour se rendre au château de Malavielle.

CLERMONT-L'HÉRAULT

(34800) 8 000 hab. *Carte Hérault, C2*

Pays du vin mais aussi de l'huile d'olive et du bien-vivre en général, le « cœur d'Hérault », une appellation chère aux politiques locaux, s'est développé autour de cette ancienne capitale du raisin de table. Une bourgade dynamique, dotée d'un petit centre médiéval qui se parcourt sans déplaisir si on passe dans le coin.

Adresses utiles

Office de tourisme : *pl. Jean-Jaurès. ☎ 04-67-96-23-86. • clermontais-tourisme.fr • Juil-août, tlj sf dim ap-m ; le reste de l'année, tlj sf dim.* Visites guidées de Mourèze et Clermont, ainsi que des communes du Clermontais.

Gare routière : *pl. Jean-Jaurès, devant l'office de tourisme.* Plusieurs lignes de bus font la liaison avec Montpellier, dont la n° 303.

Où dormir ? Où manger ? Où boire un verre à Clermont et dans les environs ?

Chambres d'hôtes La Missare : *9, route de Clermont, 34800* ***Brignac.*** *☎ 04-67-96-07-67. • la.missare@free.fr • la.missare.free.fr • À 3 km à l'est de Clermont-l'Hérault, dans le village. Ouv tte l'année. Double 80 €.* La Missare (le « loir », en occitan) est avant tout une propriété familiale. Pleine d'objets d'antiquaire – l'autre activité du maître des lieux –, la maison principale baigne dans une atmosphère bourgeoise étonnante, délicieusement surchargée. À l'arrière, on traverse un magnifique jardin aussi luxuriant qu'odorant pour accéder aux 4 vastes chambres de plain-pied, enfouies dans la verdure. Jean-François Martin a aménagé chacune d'elles dans les anciens chais avec soin et un goût très sûr. La fraîcheur est préservée grâce aux épais murs de pierre. On se baigne dans la piscine à l'ombre du pin parasol, tout en profitant de ce jardin d'éden où le petit déj est servi aux beaux jours.

Le Tournesol : *2, allée Salengro. ☎ 04-67-96-99-22. • azemard.christophe@wanadoo.fr • Ouv tlj. Menus 13,50 € déj en sem, puis 25-41 € ; carte env 35 €.* Un resto dans l'air du temps, aux multiples terrasses, toutes fort séduisantes. L'une est posée sous les platanes de l'allée piétonne, l'autre se perche au-dessus de la cour et de sa piscine... privée, malheureusement. On se rafraîchira les yeux, c'est déjà ça ! Côté cuisine, on choisit entre les plateaux de coquillages et l'éventail de menus, qui satisferont toutes les bourses. Véranda, en cas de coup dur.

Au Fil du Vin : *2, allée Roger-Salengro. ☎ 04-67-44-73-86. • aufildu20@gmail.com • Mer 10h-14h ; jeu-sam 10h-13h, 16h-minuit.* Sympathique cave à vins tapissée de tableaux pétillants, un cadre pas compliqué pour tester les crus du coin sans se la raconter. Le soir, la cave se transforme en bar. Concerts certains vendredis en hiver.

À voir. À faire

L'église Saint-Paul : le plus bel édifice gothique de la région. Magnifique avec ses trois nefs, sa rosace et son clocher-tour. À l'intérieur, voûte d'environ 19 m. Piliers octogonaux flanqués de colonnettes.

Les vestiges du château féodal : édifié au XIIIe s par les Guilhem, seigneurs de Clermont. On y arrive par des ruelles étroites, parfois en degrés. Il domine la vallée, protégé par des remparts et un fossé visible au nord. Du donjon carré à deux étages, il reste un vaste escalier droit menant à la salle d'armes. Mais attention, site en ruine : pas de talons hauts !

➢ **Randonnées pédestres** au départ de Clermont-l'Hérault. *Infos et topoguides en vente à l'office de tourisme.*

DANS LES ENVIRONS DE CLERMONT-L'HÉRAULT

Villeneuvette (34800) **:** *à env 3 km de Clermont-l'Hérault, en direction de Bédarieux.* Une ancienne manufacture royale du XVIIe s, présentant une belle et rare unité architecturale. Elle est flanquée de logements ouvriers, où l'on vivait jadis en communauté selon les règles strictes établies par le patron : se coucher tôt et se lever tôt, fermeture des portes à la tombée de la nuit ! Désormais, ces quartiers sont partiellement habités par des artisans. De l'usine elle-même, il ne reste que des pans de murs et une haute cheminée en brique. Pourtant, l'ensemble déborde de charme avec ses bosquets romantiques, ses maisons aux pierres blondes, sa fontaine monumentale, son église Notre-Dame-du-Peyrou, ses fleurs et ses ruelles pavées. Autour, un ruisseau, des potagers, un bois touffu parcouru de sentiers pour piétons et VTT. De retour de balade, pause bucolique sur la terrasse du coquet *Café des Artistes.*

Hôtel-restaurant La Source : *rue La Calade. ☎ 04-67-96-05-07. • info@hoteldelasource.com • hoteldelasource.com • Resto fermé le midi lun-mar, plus le soir dim-lun hors saison. Congés : de nov à mi-mars. Doubles 80-115 €. Ardoises 17,90-19,90 € ; menu 29,90 € ; carte 40-45 €.* Un beau domaine, confortablement installé aux portes de l'ancienne manufacture royale, en surplomb du ruisseau. Devant la bâtisse principale du XVIIe s s'étend un grand parc planté d'arbres et de bambous. Tennis et piscine, entourés par une pelouse grasse jonchée de transats. Parmi les chambres, toutes différentes et rénovées avec soin, on adore vraiment celles qui se dissimulent à l'écart, dans les anciennes maisons de tisserands. Dur de se décider, mais chacune a une touche personnelle très réussie. Partout, de jolies têtes de lit, un coin salon et du charme à revendre ! Enfin, sous la tonnelle du resto, la cuisine, de belle tenue, se balade adroitement entre terroir, montagne et mer. Petit déj servi au bord de la rivière en été.

Le pic Vissou : *à 4 km de Villeneuvette.* Le point de vue du haut de ses 480 m vaut la grimpette. Autrefois, nos ancêtres les Gallo-Romains avaient choisi d'y habiter. Laissez votre voiture à Cabrières.

DE CLERMONT-L'HÉRAULT À SAINT-GUILHEM-LE-DÉSERT

GIGNAC (34150)

Grosse bourgade très animée, aux allures presque provençales avec son esplanade ombragée de platanes et ses cafés. Lieu de pèlerinage depuis que la Vierge aurait miraculeusement guéri un petit garçon aveugle, un 8 septembre du XIVe s. Détour par le promontoire pour suivre le chemin de croix constitué de 14 chapelles dominant la plaine. À la sortie du bourg, très beau pont du XVIIIe s, long de 174 m, qui enjambe l'Hérault de ses trois arches.

Adresse et info utiles

Office de tourisme intercommunal Saint-Guilhem-le-Désert et vallée de l'Hérault : *3, parc d'activités de Camalcé.* ☎ *04-67-57-58-83.* • *saintguilhem-valleeherault.fr* • *Lun-ven 9h30-12h30, 14h-17h30.* Visites guidées de nombreux villages de la vallée de l'Hérault en juillet-août.

– **Marché traditionnel :** *sam mat.* Un marché très pittoresque où faire le plein de produits du terroir.

Où dormir ? Où manger dans le coin ?

De prix moyens à chic

Pierres au Soleil : *15, rue des Jardins, 34230* ***Pouzols.*** ☎ *04-67-88-53-57.* • *pierresausoleil@gmail.com* • *pierresausoleil.free.fr* • *À 6 km au sud de Gignac par la D 32. Ouv tte l'année. Double 65 €. Réduc de 10 % à partir de la 2e nuit.* Dans une maison de village, 2 chambres simples et chaleureuses, l'une jaune soleil, l'autre rouge argile, chacune s'ouvrant sur une grande terrasse commune. Beau carrelage ancien. Accueil sincère et disponible de Suta, la charmante maîtresse des lieux.

Domaine de Pélican : *chemin de Pélican.* ☎ *04-67-57-68-92.* *06-22-25-43-19.* • *domaine-de-pelican@wanadoo.fr* • *domainedepelican.fr* • *À 3 km au sud de Gignac. De l'autoroute, sortie n° 60 direction Gignac, puis au 1er carrefour, à gauche et tt droit. Résa obligatoire. Compter 14 € l'emplacement pour 2. Chambres d'hôtes 80-90 € ; familiale 125 €. Également un gîte 4 pers. Table d'hôtes 30 € tt compris.* Perdu entre les vignes du domaine et la garrigue, ce mas caractéristique distille une atmosphère éminemment languedocienne. Chambres agréables ou pinède au calme pour planter sa tente, dans un environnement très sauvage. Tout concourt à faire de ce lieu une étape de choix... Dégustation et vente de vins du domaine, repas-dégustation le lundi en été. Piscine réservée aux chambres d'hôtes et au gîte, balançoires.

ANIANE (34150)

Pour les amateurs du plus célèbre des vins de pays, ne pas manquer, à l'entrée du bourg, d'aller faire un tour à la cave Daumas-Gassac. Pour les « têtes en l'air », il y a un observatoire très sympathique. Possibilité de participer aux activités. *Rens sur le site* • *observatoire-aniane.com* •

SAINT-GUILHEM-LE-DÉSERT

(34150) 250 hab. *Carte Hérault, C1*

Posté en surplomb des gorges de l'Hérault si propices à la baignade, bâti en forme de nef à l'entrée d'un cirque naturel, tapi autour de son abbaye – sans

doute la plus belle du département – entre les falaises de rocaille et de garrigue, c'est sûr qu'il ne manque pas d'attraits, ce village médiéval. Et ça se sait. L'étape prestigieuse sur le chemin de Compostelle (le GR 653) que les pèlerins appelaient « la rose au cœur des montagnes » est aussi devenue un spot incontournable du circuit touristique héraultais. Alors, si votre emploi du temps le permet, venez plutôt explorer Saint-Guilhem à la mi-saison, ou du moins en début ou en fin de journée, quand la foule s'éclaircit un peu, que l'on peut mieux humer le charme de la nature et des vieilles pierres, trouver plus facilement un coin où poser sa serviette au bord de la rivière. Certes, l'opération Grand Site a permis de mieux maîtriser la surfréquentation des lieux. Mais si jusqu'en 1957 la procession des escargots ne se déroulait que le Jeudi saint, commémorant le passage des pèlerins de Saint-Jacques, désormais c'est tous les jours de l'été qu'on avance à la vitesse d'un gastéropode, affluence oblige.
En été, les places de stationnement dans le bourg étant vite occupées, laissez votre voiture dans le vaste parking aménagé près du pont du Diable, destiné tout à la fois aux baigneurs et aux visiteurs, et prenez la navette pour ensuite rejoindre le village. Puis prenez le temps de flâner.

UN PEU D'HISTOIRE

Le village prend le nom de Saint-Guilhem-le-Désert au XIIe s, quand Guilhem, guerrier puis moine, est canonisé. C'est lui qui fonde le premier monastère Saint-Sauveur, en 804, autour des reliques de la Vraie Croix. Ses hauts faits d'armes ont été relatés à travers les récits de Guillaume d'Orange. Quant au Désert, il ne renvoie à aucune zone aride (au contraire, on entend le bruit de l'eau partout), mais aux premiers moines chrétiens partis au « désert » d'Égypte.

DÉSERT ?

Ce terme rappelle la période des protestants pourchassés au VIIe s, comme les Juifs traversant le désert lors de leur fuite d'Égypte.

Adresses et infos utiles

Office de tourisme intercommunal Saint-Guilhem-le-Désert – vallée de l'Hérault : *2, pl. de la Liberté. ☎ 04-67-56-41-97. • saintguilhem-valleeherault.fr • Au pied de l'abbaye, sur la place principale. Juil-août, tlj 9h30-19h ; hors saison, fermeture 13h-14h et 17h30-18h.* Plan de la ville, vente de topoguides pour les randonnées et de billets à tarif réduit pour la grotte de Clamouse, Argileum et le musée Le Village d'antan.

■ ***Association des amis de Saint-Jacques :*** *• chemin-arles-en-lr.com •* Association qui restaure et anime les routes de Saint-Jacques. Infos pratiques sur son site web.

■ ***La Maison du Grand Site :*** *en bordure de parking du pont du Diable, à env 3,5 km du village. ☎ 04-67-56-41-97. • saintguilhem-valleeherault.fr • Ouv Pâques-Toussaint ; en saison, tlj 10h30-18h (19h30 juil-août).* Un beau bâtiment tout en longueur et semi-enterré, avec toit végétalisé. Point d'accueil de l'office de tourisme et espace d'interprétation sur Saint-Guilhem et la vallée de l'Hérault. Également vente de produits du terroir (vins) et artisanaux, ainsi qu'une brasserie.

– ***Stationnement et navette d'accès :*** il existe 2 parkings payants à Saint-Guilhem (environ 250 places). Mais pour désengorger le village, un grand parking (un peu moins cher) a été aménagé à l'entrée de la Maison du Grand Site, à proximité du pont du Diable *(payant les w-e et j. fériés mai-juin et sept, et tlj juil-août : 5 €/j. ; 1 €*

pour les motos). De là, des navettes gratuites relient toute la journée le parking au village *(fonctionne les w-e et j. fériés mai-juin et sept, tlj juil-août ; en pleine saison, passage ttes les 15 mn 10h-21h, puis ttes les 30 mn jusqu'à 23h).* Arrêt possible au niveau de la grotte de Clamouse.

■ ***Hérault Transport :*** *☎ 04-34-88-89-99. • herault-transport.fr •* Liaisons en bus avec Montpellier, Gignac, Clermont-l'Hérault (ligne n° 308).

Où dormir ? Où manger à Saint-Guilhem et dans les environs ?

Hôtel Le Guilhaume d'Orange – Restaurant La Table d'Aurore : *2, av. Guillaume-d'Orange. ☎ 04-67-57-24-53. • hotelguilhaumedorange@orange.fr • guilhaumedorange.com • ♿ Au pied du village, en surplomb de l'Hérault. Ouv tlj. Congés : autour des fêtes de fin d'année. Doubles 93-103 € ; familiale 133 €. Formule déj 19,50 € ; menus 23,50-33,50 €. Parking (hôtel).* La solide maison de pierre posée à l'entrée du village a des airs de pension d'autrefois, avec un confort bien actuel. De belles chambres meublées avec soin, dotées de salles de bains ouvertes pour gagner en espace. Cuisine inventive, à base de produits choisis chez les agriculteurs locaux. Du coup, il n'est pas toujours évident de décrocher une table sur la terrasse à l'ombre des platanes ou dans la salle très coquette. Accueil vraiment charmant enfin. Bref, que du bon !

Le Troquet : *pl. de l'Église, 34150* ***Puéchabon.*** *☎ 04-67-84-41-12. • contact@cafeletroquet.com • À 10 km au sud-est de Saint-Guilhem. Mer-dim. Charcuterie, fromage 5-8 € ; plat env 12 € ; dessert 4 €.* *Le Troquet* a eu la bonne idée de poser ses couverts dans une partie de l'ancienne école du village. Mais c'est encore en terrasse qu'on est le mieux pour s'attaquer à l'une des planches gourmandes composées de produits simples de qualité, présentés avec soin. Rien de sophistiqué, et le choix est succinct, ce qui n'est pas pour nous déplaire : c'est frais et savoureux, comme on pouvait s'y attendre. Optez pour un verre de vin naturel, de Puéchabon ou d'à peine plus loin !

Auberge de Saugras : *domaine de Saugras, 34380* ***Argelliers.*** *☎ 04-67-55-08-71. • auberge.saugras@wanadoo.fr • aubergedesaugras.fr • ♿ (resto slt). À 17 km à l'est de Saint-Guilhem par la D 32. Aller jusqu'à l'entrée de Viols-le-Fort (et non pas à Argelliers), puis suivre la direction de Saugras sur 5 km. Tlj sf mer, plus mar hors saison. Doubles 50-89 €. Formule en sem 19 € ; menus 23-72 € ; carte env 50 €.* Perdue en pleine garrigue, une auberge typique à ne pas manquer, qui a servi de halte aux pèlerins sur la route de Saint-Jacques-de-Compostelle avant d'attirer les épicuriens. Chambres simples et rustiques dans un mas du XIIe s, avec terrasse pour certaines. L'une d'elles peut loger une 3e personne en mezzanine. Piscine. Les repas sont servis dans la salle voûtée ou sur la terrasse. Grand choix de plats parfumés revisitant le terroir avec amour, et gibier en saison.

Carnet de Voyage : *av. Castellas, 34380* ***Viols-le-Fort.*** *☎ 04-67-57-83-95. 📱 06-71-61-09-36. • aicha.boumediene@orange.fr • À env 15 km à l'est de Saint-Guilhem par la D 32. Sur résa slt. Congés : fêtes de fin d'année et vac scol de fév zone A. Plat du jour 12 € ; formule 22 €.* Aïcha officie dans une ancienne école et mitonne à l'envi une cuisine maison à l'humeur voyageuse, à base de produits bio uniquement, et de saison bien sûr. Pas de carte, on se laisse guider, paisiblement installé dans l'ancienne salle de classe joliment foutraque ou en terrasse, malheureusement sur la route. Parfois des concerts.

À voir à Saint-Guilhem et dans les environs

L'abbaye de Gellone : *tlj 8h-18h env ; fermée à la visite pdt les messes et j. de fête religieuse. Visites guidées en juil-août mar à 10h, mer-jeu à 10h30 (résa*

préalable auprès de l'office de tourisme). ***Musée :*** *📱 06-98-04-74-72. Mai-oct, tlj sf dim mat, 10h30-12h30, 13h30-18h30 ; nov-avr, slt sam-dim 13h-17h. Entrée : 3 € ; réduc.*
L'abbaye, sobre et massive, est inscrite au Patrimoine mondial de l'Unesco au titre des chemins de Saint-Jacques-de-Compostelle en France. On la découvre dans un site d'une incroyable beauté. Portail en plein cintre surmonté d'un clocher ajouré, pas d'origine mais du XVe s tout de même. Contourner vers la gauche pour admirer le chevet flanqué de ses absidioles.
Construite au XIe s, elle est dédiée à Guilhem, un vaillant compagnon de Charlemagne qui, deux siècles plus tôt, en 801, avait assiégé et pris Barcelone. L'année suivante, il choisit de déposer les armes et s'en va à la recherche de Dieu dans le val de Gellone. Il fonde alors cette abbaye, où il mène jusqu'à sa mort, en 812, la vie d'un simple moine. Sa sépulture et les reliques de la Vraie Croix font l'objet d'un pèlerinage, qui participe au développement du site. À gauche du chœur, une relique du saint est exposée avec une partie de son fémur.
Son sarcophage, placé dans la crypte, fut victime des guerres de Religion. On peut toutefois voir ce qu'il en reste au musée de l'abbaye, situé dans l'ancien réfectoire, aux côtés d'une collection de chapiteaux, de fragments de gisants et de divers éléments de réemploi. Film de 15 mn également, retraçant l'histoire de l'abbaye. Le cloître, en partie démantelé (on peut admirer le reste à New York et à Montpellier), mérite une visite pour ses fenêtres géminées et son petit bassin. Aujourd'hui, l'abbaye est habitée par la communauté du Carmel Saint-Joseph.

L'HÉRAULT

Le village : l'ensemble s'étend en suivant la rivière Verdus et a su conserver une identité médiévale, avec quelques beaux éléments d'architecture romane et Renaissance. Ruelles étroites, passages couverts, maisons en vieilles pierres et toits de tuiles constituent un délicieux dédale où se laisser porter jusqu'à la place de l'abbaye, ses terrasses de café et son plantureux platane (6 m de circonférence tout de même). En chemin, une multitude de boutiques d'artisans, artistes et autres bibelotiers. Les ruines du château du Géant, perché en haut d'une falaise, dominent le village, mais le sentier qui y mène est interdit d'accès par arrêté municipal.

Le musée Le Village d'antan : *15, rue de la Chapelle-des-Pénitents. ☎ 04-67-57-77-07. Tlj 10h-12h, 14h-19h (18h en hiver). Salon de thé ouv au déj. Ouverture aléatoire en déc. Fermé janv-début fév. Entrée : 4 € ; gratuit moins de 12 ans.* Des santons ici ? On entre, et c'est un joli voyage dans le passé qui commence en descendant dans les entrailles de cette ancienne maison du XIIe s qui a gardé le souvenir de ses habitants. Seule maison à avoir conservé ses cuves à vins superposées, elle abrite aussi les outils du dernier sabotier du village. Assez émouvant. Jacques Prouget, maître santonnier, fabrique des crèches au rez-de-chaussée, tandis que sa femme s'occupe des visites et du salon de thé aménagé dans l'esprit du musée, dans un coin terrasse avec vue sur la vallée. En tout, trois étages de santons de taille humaine, et un panorama représentant 11 000 heures de travail. Les soirées d'hiver sont longues à Saint-Guilhem...

La grotte de Clamouse : *☎ 04-67-57-71-05. • clamouse.com • À 3 km au sud de Saint-Guilhem. Tlj 10h30-18h30 juil-août, 17h30 juin et sept, 16h30 de fin janv à mai et oct-nov. Fermé déc-début janv. Entrée : 10,20 € ; 5,70 € 4-12 ans. Durée de la visite : env 1h15. 900 m de parcours. Fait partie des Sites d'exception en Languedoc.* La visite des différentes salles de la grotte met l'accent sur ses riches concrétions. En prélude, une vidéo explique son patrimoine géologique. Également un film montrant la rivière en crue. Car ce magnifique ensemble de galeries se distingue par l'activité des eaux souterraines qui l'envahissent lors des crues et ne cessent de l'embellir. Puis les guides vous entraînent dans les entrailles de Clamouse à la rencontre de ses fameuses aragonites, mais aussi de fistuleuses et autres buffets d'orgues. Visite émouvante sur fond musical, avec jeux de lumière. Prévoir une petite laine car la température y est de 16 °C. Snack avec grillades en été, boutique. Aires de pique-nique et de jeux, parcours botanique jusqu'aux parkings.

Le pont du Diable : *à 3 km de Saint-Guilhem. Accès par la « passerelle des Anges » depuis l'aire de stationnement récemment aménagée (voir plus haut « Adresses et infos utiles »).* Les deux abbayes voisines d'Aniane et de Saint-Guilhem s'entendirent pour faire bâtir au XIe s, afin de faciliter le « trafic » des pèlerins, ce qui reste aujourd'hui l'un des plus anciens ponts médiévaux de France. Au pied du pont, grande plage de galets aménagée pour la baignade (les sauts du pont sont strictement interdits !). Pas mal de monde. Descendre le long de la rivière pour trouver un coin plus tranquille.

Argileum, la Maison de la poterie : *6, av. du Monument, 34150* ***Saint-Jean-de-Fos.*** *☎ 04-67-56-41-96. À env 1 km du pont du Diable (navette gratuite en été depuis le parking ttes les 30 mn). Avr-oct, tlj sf lun, 10h30-12h30, 14h-18h (tlj 10h-19h juil-août) ; le reste de l'année, slt sur résa pour les groupes. Entrée : 5,50 € ; 3,50 € sur présentation de ce guide ; réduc. Contact terre : mini-atelier d'initiation à la poterie. Fait partie des Sites d'exception en Languedoc.* Bel espace à la muséographie moderne, qui fait revivre un authentique atelier de potier du XIXe s. L'originalité réside dans les installations ludiques et interactives (vidéos, reconstitutions), qui entraînent le visiteur à la découverte des différentes techniques de fabrication de céramiques. Le musée organise également des ateliers pour s'initier à la poterie *(9 €/pers, enfant 7 €).* Vivant et pédagogique. Si vous souhaitez faire des emplettes, demandez à l'accueil la liste des potiers du village.

Les gorges de l'Hérault : baignade dans l'eau verte bouillonnante au creux des marmites de géant. La baignade dans cette partie des gorges reste néanmoins déconseillée. Il existe une grande plage surveillée en saison au pont du Diable. Des spots encaissés entre les falaises, très fréquentés en été par les Montpelliérains et autres amateurs d'eau fraîche, fuyant les foules du littoral. On gare sa voiture au parking du pont du Diable, et on part en exploration pour dénicher un bout de rocher où étaler sa serviette.

À faire

➢ **Le Bout du Monde ou cirque d'Infernet :** prendre la rue du Bout-du-Monde et s'engager en direction du cirque, superbe. Une belle balade dans les rochers sur les traces des pèlerins. Prendre le GR 653 balisé en rouge et blanc qui démarre juste avant le stade de foot, sur la gauche ; continuer en suivant le balisage jaune jusqu'au lieu-dit les Fenestrettes (compter 3h aller-retour ; voir le topoguide *L'Hérault à pied* en vente à l'office de tourisme). Le Bout du Monde porte bien son nom. Que de la garrigue et des collines de rocaille, à perte de vue.

➢ **Le causse de Puéchabon :** Saint-Guilhem vu du ciel... Belle balade d'environ 3h30 aller-retour, sur un causse qui s'élève de l'autre côté de l'Hérault (on parle de la rivière, rassurez-vous). Se rendre d'abord en voiture par la D 32 (fléché depuis le pont du Diable) jusqu'au charmant village en *circulade* de Puéchabon, avec ses maisons de pierre dorée par le soleil. À l'entrée du bourg, au calvaire, prendre à gauche, puis à droite une petite route goudronnée et se garer au niveau de la bergerie. De là, ascension facile le long d'une large piste, puis suivre le balisage. En chemin, on croise chênaies, lavognes (des bassins en pierres plates où venaient s'abreuver les brebis) et hameaux en ruine jusqu'à atteindre le bout du plateau. Panorama splendide sur Saint-Guilhem et sa forme de nef.

Manifestations à Saint-Guilhem-le-Désert et dans les environs

– ***Saison musicale de Saint-Guilhem :*** *• amisdestguilhem.fr •* En mai, juillet et septembre, festival de musique et chants sacrés. De mai à décembre, récital d'orgue dans l'abbaye.
– ***Marché des potiers :*** *2 j. début août, à **Saint-Jean-de-Fos.***

DE SAINT-GUILHEM-LE-DÉSERT À LODÈVE PAR LES CHEMINS VITICOLES

Quittez Saint-Guilhem en prenant cette fois la route des vignobles qui traverse quelques villages fièrement méridionaux pour amoureux du vin, de la table et de la vie en général. Ils échapperont aux visiteurs pressés de l'A 75. Une vallée dorée à découvrir en prenant son temps, entre Saint-Jean-de-Fos et Saint-Jean-de-la-Blaquière, en passant par Saint-Saturnin et bien sûr Montpeyroux, berceau du renouveau de la viticulture languedocienne, dominé par un *castellas* médiéval accroché à flanc de colline.

Où dormir ? Où manger ? Où boire un verre ?

Chambres d'hôtes L'Ostal del Poeta : *Sylvie et Jean-Paul Creissac, 11, rue de l'Église, 34150 **Montpeyroux.** ☎ 04-67-96-64-79. • creissac@wanadoo.fr • creissac.free.fr • Double 62 €. Table d'hôtes (sf dim) 20 €.* Dans cette vieille maison vigneronne bien cachée au cœur du village flotte l'âme du Languedoc : les 2 chambres confortables ont hérité du mobilier de famille, la jolie salle commune est remplie de bouquins sur le pays, les gâteaux du petit déj sont maison, les vers du vigneron-poète, maître de céans, sont déclamés en occitan, l'accueil est discret et plein de simplicité !

La Terrasse du Mimosa : *23, pl. de l'Horloge, 34150 **Montpeyroux.** ☎ 04-67-44-49-80. • contact@laterrasse.mimosa.fr • Tlj sf mar-mer hors saison ; cave ouv 10h-15h, 18h-23h. Congés : janv. Formule déj 13,90 € ; le soir, menu 30 €, carte 40 € et tapas.* Un caviste-bistrotier où s'offrir une pause gourmande. On se cale au comptoir, les bouteilles de crus du soleil alignées dans le dos, ou en terrasse, sur la jolie place de l'Horloge flanquée de sa halle voûtée. Cuisine de marché faisant la part belle aux produits de région mis en valeur avec un zeste d'inventivité. Quant au sommelier, il connaît son métier et propose une grande sélection de vins du coin, au verre ou à emporter. De vraies découvertes.

Chambres d'hôtes Château de Jonquières : *34725 **Jonquières.** ☎ 04-67-96-62-58. • chambre@chateau-jonquieres.com • chateau-jonquieres.com • Congés : de mi-oct à mi-avr. Double 95 €. Boisson offerte à l'arrivée, sur présentation de ce guide.* Encerclée par les vignes, la demeure, immense, impressionne avec son clocher surplombant une galerie et son escalier double. Pourtant, nul besoin de chevalière armoriée pour séjourner au château de Jonquières. L'accueil des propriétaires viticulteurs est simple et convivial, si bien qu'on a tôt fait de s'y sentir invité par des amis ! Et ce ne sont pas les 4 belles chambres de caractère, confortables et aménagées à l'ancienne, qui gâcheront cette première bonne impression. On ne se lasse pas de la vue sur le magnifique parc verdoyant. Baignade dans le bassin, un peu à l'écart du château. Dégustation en fin de journée.

Chambres et table d'hôtes Le Mimosa : *10, pl. de la Fontaine, 34725 **Saint-Saturnin-de-Lucian.** 06-20-90-14-63. • contact@le-mimosa.com •*

le-mimosa.com • Doubles 68-95 €. Table d'hôtes 25 €. Les murs de la bâtisse étaient autrefois intégrés dans les remparts de la ville, mais le charme opère davantage à l'intérieur de cette maison de village. Le mélange de vieilles pierres et de tomettes fait son effet dans les chambres rustiques et chic. Salles de bains correctes quoiqu'un peu vieillottes. Accueil chaleureux d'un couple de Savoyards qui se plaît sacrément derrière les fourneaux. Spa au rez-de-chaussée.

Le Pressoir : *17, pl. de la Fontaine, 34725* ***Saint-Saturnin-de-Lucian.*** *☎ 04-67-96-70-59. • vincent.bedos@gmail.com • Tlj sf lun-mar. Formules 13,50 € midi en sem, puis 22,50-35,50 €.* Une adresse conviviale comme on pouvait s'y attendre dans un village vigneron. La spécialité du resto, ce sont les grillades au feu de bois, cuites dans la cheminée, sous vos yeux. Vraiment savoureuses ! Si vous passez un midi, ne cherchez pas plus loin que la formule, avec verre de vin de la cave coopérative inclus.

L'HÉRAULT

LODÈVE (34700) 7 800 hab. *Carte Hérault, B1*

Installée au pied des contreforts du Larzac, Lodève s'étend au confluent de deux rivières, la Lergue et la Soulondre. Au bord de l'eau, au pied des maisons aux façades parfois colorées, les jardins potagers sagement alignés rappellent le passé ouvrier d'une cité qui vécut longtemps de l'industrie textile.
Petite ville à la population métissée, Lodève est aussi riche d'un patrimoine historique et préhistorique diversifié. Une balade dans la ville permet de découvrir des hôtels particuliers des XVIIe et XVIIIe s, et la cathédrale Saint-Fulcran. Lodève est enfin célèbre pour sa manufacture de la Savonnerie (annexe de la fameuse manufacture des Gobelins à Paris), réputée pour ses tapis qui ornent les ambassades et même l'Élysée.

Adresses et infos utiles

Office de tourisme Lodévois et Larzac : *7, pl. de la République. ☎ 04-67-88-86-44. • tourisme-lodevois-larzac.fr • Juin-sept, tlj 10h-13h, 14h-18h ; avr-mai et oct, fermé dim ; nov-mars, fermé sam ap-m et dim.* Documentation très riche et possibilité de visites guidées. Fiches randos *(1 €).*

Gare routière : *pl. de la République. ☎ 04-67-88-86-44. Face à l'office de tourisme.* Avec **Hérault Transport** *(☎ 04-34-88-89-99 ; • herault-transport.fr •)*, lignes nos 301 et 381 pour Montpellier.

– ***Marchés :*** *marché* ***paysan*** *mar 16h-20h, de mi-juin à mi-sept. Marché* ***traditionnel*** *ts les sam mat.*

Où dormir ? Où manger ? Où prendre le thé ?

Camping

Camping des Sources : *1445, chemin d'Aubaygues, 34700* ***Soubès*** *(à 5 km au nord-est). ☎ 04-67-44-32-02. • campingdessources34@gmail.com • campingdessources.fr • Ouv mai-sept. Emplacements pour 2 pers 15-26 € ; chalets 250-550 €/sem. CB refusées. 51 empl.* Isolé au bord d'une toute petite route, ce camping bucolique et ombragé descend en terrasses jusqu'au lit de la rivière Brèze. On peut s'y baigner dans un trou d'eau, et même sauter des rochers si on se sent la fibre d'un aventurier. Les plus sages opteront pour la piscine. On peut partir en rando directement depuis le camping. Bref, un plan tranquille, idéal pour des vacances en famille.

Bon marché

🏠 |●| ***La Croix Blanche :*** *6, av. de Fumel. ☎ 04-67-44-10-87. • hotel-croix-blanche@wanadoo.fr • hotel-lodeve.fr • Ouv d'avr à mi-nov. Doubles 48-56 € ; familiales 60-64 €. Menus 20-30 € le soir, sinon carte. Parking payant. Café offert sur présentation de ce guide.* Les générations se succèdent, appréciant toujours la franche hospitalité caussenarde. Chambres sans prétention mais correctement tenues. Celles situées dans le bâtiment arrière sont bien au calme. Salle à manger où le temps semble s'être arrêté, et où l'on se retrouve le soir pour dîner, entre randonneurs et habitués. Décor daté un tantinet bourgeois et surtout démodé, mais la cuisine est honnête et le service professionnel. Terrasse.

|●| ***Le Minuscule :*** *27, Grand'Rue. ☎ 04-67-88-50-35. • cafe@restaurantminuscule.fr • Mar-sam 10h-15h, hors saison ven-sam slt. Formules 16-28 €. Apéritif offert sur présentation de ce guide.* Tout propret, tout coloré, c'est vrai qu'il est aussi tout petit, ce café, et c'est ce qui fait son charme. Cuisine simple et fraîche, inspirée par le panier du marché. Plats végétariens aussi. En dessert ou pour une pause sucrée dans la journée, des gâteaux qui rappellent les goûters du dimanche. Aux beaux jours, une poignée de tables squattent la ruelle. Concerts le jeudi. Mais où placent-elles les musiciens ?

|●| ☕ ***Le Soleil Bleu :*** *39, Grand'Rue. ☎ 04-67-88-09-86. • soleilbleulodeve@orange.fr • ♿ Mar-sam 10h-18h30. Menus 13-14,80 €.* À deux pas du musée, un salon de thé paisible pour caler un p'tit creux avec une pâtisserie, une glace artisanale, ou pour siroter tout simplement l'un des nombreux thés proposés (40 variétés tout de même). Et pour vous faire voir la vie sous d'autres couleurs, *Le Soleil Bleu* propose aussi de jolies expositions. Petite restauration également le midi, qui ravira les amateurs de légumes frais.

De prix moyens à chic

|●| ***Le Petit Sommelier :*** *3, pl. de la République, juste à côté de l'office de tourisme. ☎ 04-67-44-05-39. • lepetit.sommelier@orange.fr • ♿ Tlj sf dim soir et lun, ainsi que mer soir hors saison. Congés : vac de Noël. Menus 18-22 € déj en sem, puis 34 € ; carte env 40 €.* Un décor de brasserie, et une cuisine qui va avec (queue de lotte au lard fumé, carré d'agneau...). La terrasse s'étend aux beaux jours sous les platanes.

L'HÉRAULT

À voir. À faire

La cathédrale Saint-Fulcran : imposant édifice gothique de 1280. La cathédrale est fortifiée et dominée par une tour carrée de 57 m. Un des fleurons du gothique méridional, dédié au célèbre évêque Fulcran (946-1006) et siège d'un évêché du Ve s jusqu'à la Révolution. La nef est ornée d'un lustre de cristal, cadeau de la reine Victoria à Napoléon III. Sans oublier les orgues des XVIIIe et XIXe s, les vitraux de Mauvernay (1856) et la chaire sculptée du XVIIIe.

Le musée de Lodève – hôtel du cardinal de Fleury : *sq. Georges-Auric.* Cet hôtel particulier des XVIe et XVIIe s (bel escalier d'honneur), ayant appartenu au cardinal de Fleury, est ***fermé pour travaux jusqu'en 2017.***

La manufacture nationale de tapis de la Savonnerie de Lodève : *visite slt sur rdv jeu-ven ; rens à l'office de tourisme. Entrée : 5 € ; réduc.* Un lieu insoupçonné ! Unique annexe de la manufacture de la Savonnerie de Paris (créée au XVIIe s dans une fabrique de savon), cet atelier national de tapis rappelle le riche passé textile de la ville. C'est ici que l'on restaure et réalise des tapis destinés aux ambassades, à Matignon, à l'Élysée...

– À visiter également, toujours sur rendez-vous auprès de l'office de tourisme *(mar en été ; 5 €, réduc)*, l'***apothicairerie de l'hôpital Saint-Jean,*** une ancienne pharmacie du XIXe s, avec ses boiseries et ses bocaux en verre et porcelaine.

➢ Plus bucolique, l'agréable ***balade le long de la rivière*** et des jardins potagers. Les plus sportifs grimperont ***jusqu'à la Vierge,*** perchée sur son rocher.

Manifestation

– ***Festival Résurgence :*** *pdt env 4 j. mi-juil.* Une centaine de poètes et d'artistes, conteurs, chanteurs et musiciens venus de toute la Méditerranée, le tout dans une ambiance conviviale.

DANS LES ENVIRONS DE LODÈVE

À ***Roqueredonde,*** à environ 10 km à l'ouest de Lodève, possibilité de visiter l'un des plus grands temples d'architecture bouddhique tibétaine en France, ***Lérab Ling*** *(☎ 04-67-88-46-00 ; ● lerabling.org ● ; avr-fin oct, dim 14h-17h ; visite guidée : 7 €, gratuit moins de 15 ans ; centre d'accueil ouv tlj).*

BOUDDHA VOYAGEUR

Le bouddha assis de 7 m de haut du temple de Lérab Ling, à Roqueredonde, a été conçu bien loin du Larzac, à Mandalay, au Myanmar (ex-Birmanie). Les différentes parties de la statue ont ensuite été transportées par cargo jusqu'en France, puis assemblées dans le temple par des artisans birmans dépêchés pour l'occasion.

Lauroux *(34700)* **:** en partant sur le Larzac, faites une escapade à la ***grotte de Labeil*** et son cirque sauvage *(☎ 04-67-96-49-47 ; ● grotte-de-labeil.com ● ; ouv de mi-mars au 1er nov ; entrée : 8,90 €, réduc).* Jolies balades au départ du hameau.

À ***Soumont,*** à environ 8 km à l'est de Lodève, possibilité de visiter le ***prieuré Saint-Michel-de-Grandmont.*** *☎ 04-67-44-09-31. ● prieure-grandmont.fr ● Visite libre (avec fascicule ou audioguide) tlj 10h-18h (19h en saison). Visites guidées tlj sf lun hors saison, 10h30-15h. Fermé en janv. Tarif : 6,50 € ; réduc. Fait partie des Sites d'exception en Languedoc.* C'est l'unique monastère de l'ordre de Grandmont (XIIe-XIIIe s) qui subsiste dans son intégralité : église romane, cloître, salle capitulaire, salle des moines, chapelle Saint-Michel. Il est entouré d'un domaine de 30 ha de forêts, semé de quelques dolmens. On peut même y apercevoir des biches. Des terrasses du prieuré, superbe panorama sur la vallée.

LE CAYLAR-EN-LARZAC

(34520) 390 hab. *Carte Hérault, B1*

Ne pas manquer la virée sur le Larzac jusqu'au Caylar, village étape pour randonneurs (nombreux commerces) blotti à 750 m d'altitude contre le roc Castel. C'est déjà la montagne, les premiers conifères puis les espaces sauvages et désolés du causse. Et puis, tant que vous y êtes, La Couvertoirade, commanderie des Templiers, n'est pas loin (Aveyron)... Quant au somptueux

cirque de Navacelles, il est carrément sur votre route pour rejoindre Ganges. Toute cette zone de l'Hérault, voisine de l'Aveyron et de la Lozère, fait partie intégrante de la région Causses et Cévennes inscrite en 2011 au Patrimoine mondial de l'Unesco.

Où dormir ?

Gîte d'étape Co'Gite : *Les Rocailles. 06-63-18-80-37. • randolarzac@gmail.com • randolarzac.com • Env 14 €/pers dans le gîte (15 pers max) ; double 32 €.* Xavier Chabanne est accompagnateur en montagne et moniteur VTT, mais il a d'autres cordes à son arc : balade avec des ânes, jeux GPS... Et ce gîte moderne, que vous pouvez louer complètement, sert de point de départ à toutes ces activités. Nickel, avec cuisine équipée, il peut héberger jusqu'à 15 personnes (dortoirs de 4 à 6 lits et 1 double). Un point de chute sympa malgré un environnement pas franchement idyllique, à la sortie de l'autoroute. Location de VTT et de vélos électriques.

Les Capitelles du Caylar : *41, rue du Quai. ☎ 04-67-44-55-70. • les.capitelles@yahoo.fr • lescapitellesducaylar.cabanova.com • Double 75 €. Réduc de 10 % oct-mars à partir de 2 nuits pour 2 pers sur présentation de ce guide.* Dans un cadre rustique purement caussenard, 3 chambres bien accueillantes aux pierres apparentes.

L'HÉRAULT

DANS LES ENVIRONS DU CAYLAR

Le moulin de Saint-Pierre-de-la-Fage : *à l'entrée du village de Saint-Pierre. 06-17-92-71-00. • lemoulinsaintpierre.free.fr • En principe, ouv tlj en été ; sinon le w-e ou sur rdv. Visite : 3 €.* Ce moulin à vent en pierre a été restauré par des compagnons charpentiers, et il tourne, en été en tout cas. La visite permet de comprendre son mécanisme. Vidéo retraçant les travaux de rénovation. On repart avec son petit sac de farine.

***La Vacquerie** (34520) :* pittoresque petit village larzacien bordé de forêts et de dolmens, aux maisons serrées les unes contre les autres, comme pour se protéger des rigueurs de l'hiver caussenard. Sur les portes, impérissable tradition locale, on cloue des *cardabelles,* des fleurs de chardon. Au village, possibilité de partir en rando avec un âne de bât via l'association *Sherp'ânes (06-22-23-97-99 ; • sherpanes.com •).* Par la D 9, belle descente panoramique vers Montpeyroux et Saint-Guilhem via Arboras.

Auberge des Causses : *2, pl. de l'Ormeau,* ***La Vacquerie,*** *en plein cœur du village. ☎ 04-67-95-16-88. • aubergedescausses@gmail.com • Ouv tte l'année. Resto fermé lun-mar soir. Congés : 2 sem en janv et 2 sem en nov. Doubles 55-60 € ; familiales 85-90 €. Appart 90-95 €/nuit. Menus 15-18 € déj en sem sf j. fériés, puis 22-25 € ; carte.* 4 chambres simples et claires et un appartement pour 5 personnes avec cuisine équipée. Si vous n'y logez pas, vous pourrez toujours profiter d'une généreuse cuisine qui rend hommage aux produits régionaux (agneau, vin et fromages du Larzac), servie dans une ancienne bergerie aux salles voûtées, flanquée d'une vénérable cheminée.

Le cirque de Navacelles : *laisser la voiture au belvédère de* ***La Baume-Auriol*** *et descendre dans le cirque. On peut aussi partir du hameau de Navacelles, tt en bas.* Un ancien méandre de la Vis a créé ce site absolument unique, hyper connu, hyper touristique, hyper beau. Depuis le parking du belvédère, en faisant juste quelques pas, on a un panorama à couper le souffle sur cette immense étendue caussenarde pelée, où le cirque s'est formé comme une balafre dans la roche calcaire, créant un paysage d'une beauté sauvage époustouflante. Il y a 200 millions d'années, les causses étaient recouverts par la mer, ce qui explique le relief si particulier et chaotique. Le chemin du facteur permet de descendre au cœur de l'abîme, jusqu'au village de Saint-Maurice-Navacelles, par un itinéraire balisé. Compter environ 2h de marche (4 km). Bonnes chaussures indispensables. Pour les paresseux : suivre la route, qui est aussi pleine de charme, jusqu'au village de Saint-Maurice-Navacelles. Au bout du bout, on peut se baigner dans les eaux pures de la cascade de la Vis. ***L'Auberge de la Cascade,*** presque en face, est tout indiquée pour un rafraîchissement sous la treille. De Navacelles, autre rando possible vers *la résurgence de la Vis et les moulins de la Foux* (environ 3h aller-retour). Pour plus d'informations, adressez-vous sur place, au belvédère de La Baume-Auriol, à la ***Maison du Grand Site de Navacelles*** *(• tourisme-lodevois-larzac.com • ; juil-août, tlj 10h-19h ; avr-juin et sept-nov, tlj 10h-18h ; mars, mer-dim 10h-18h).* Vente de cartes IGN, topoguides, produits du terroir... Expo permanente autour des paysages de la Vis et vidéo de présentation sur la création du cirque de Navacelles.

L'HÉRAULT

Auberge de la Baume : *la Baume Auriol, 34520* ***Saint-Maurice-Navacelles.*** *☎ 04-67-44-78-75. • aubergedelabaumeauriol@gmail.com • Mars-nov, tlj le midi, plus le soir en été. Menus 20 € le midi en sem, puis 26-32 €.* Pour passer d'un salon de thé très parisien à une auberge caussenarde, il y a un grand écart à faire ! C'est ce qu'a osé Florence, la sympathique gérante, qui propose un menu locavore comme on les aime : cochonnet du Larzac, poulet fermier farci au pélardon, truite de la Vis. Et la vue est imprenable, en terrasse comme en salle, derrière la baie vitrée. Snack en été à toute heure (du jour). Pour des randonneurs, panier bio à emporter.

Les gorges de la Vis : suivre la sinueuse et très pittoresque route qui longe ces gorges encaissées jusqu'à Ganges. Haltes fraîcheur assurées. L'une des plus belles vallées du pays !

La Source des Lutins : *chemin Vieux-de-Madières, 34190* ***Gorniès.*** *☎ 04-67-73-42-82. • declercq.elisabeth@wanadoo.fr • sourcedeslutins.com • Congés : début janv-début fév. Doubles 52-68 € ; familiale 4 pers 94 €. Table d'hôtes 21 €.* La drôle de bonne adresse, perdue entre Ganges et Madières, au bord de la sinueuse D 25, en plein cœur de la forêt domaniale. Accueil très chaleureux, chambres à l'ancienne, simples mais spacieuses, avec beau parquet dans les plus vastes, w-c sur le palier pour les moins chères. Également un gîte. Grande salle à manger qui fleure bon la cuisine maison, flanquée d'un ancien four à pain faisant office de cheminée. L'ambiance est familiale, les petits plats délicieux. Le tout au bord de la Vis, encadré par des falaises impressionnantes et des sentiers de randonnée.

AU NORD DE MONTPELLIER

LA HAUTE VALLÉE DE L'HÉRAULT

GANGES (34190) 4 110 hab. *Carte Hérault, C1*

Petite ville populaire et métissée, Ganges est située à la jonction de la vallée de la Vis et de l'Hérault. Autrefois capitale de la soie grâce aux mûriers des campagnes environnantes, c'est aujourd'hui un carrefour d'échanges avec les Cévennes, au point qu'on a du mal à l'évoquer sans parler des villages gardois des environs. Le vendredi matin, les paysans cévenols descendent de leurs montagnes pour venir écouler leurs produits au grand marché, véritable mine d'or gustative. Après les emplettes, arrêt obligatoire à la terrasse d'un des nombreux troquets qui parsèment le centre-ville. Dans les environs, les terrasses retenues par des murets de pierre (les *faïsses*) servent à la culture de l'oignon doux, qui bénéficie d'une AOP.

Adresse et infos utiles

Office de tourisme : *26, av. Pasteur. ☎ 04-67-73-00-56. • ot-cevennes.com • Lun 15h-18h ; mar-ven 9h30-13h, 14h30-18h30 et sam 10h-13h.* Nombreuse documentation sur les balades dans le parc des Cévennes.

➢ ***Bus :*** la ligne n° 108 assure des liaisons avec Montpellier. Compter env 1h de trajet. *• herault-transport.fr •*

Où dormir ?

Hôtel de la Poste : *8, plan de l'Ormeau. ☎ 04-67-73-85-88. • hotel.delaposte@laposte.net • hotel-ganges.fr • Face à la mairie. Doubles 37-52 € selon confort et saison ; familiales 60-73 €. Un petit déj/chambre et par nuit offert sur présentation de ce guide.* Idéalement posté face aux platanes de la place principale, cet hôtel à la façade bleu et blanc a dû en accueillir des générations de voyageurs partis explorer les Cévennes ! Pas de luxe superflu, mais les chambres fraîches et lumineuses avec leurs couettes blanches sur les lits, ne manquent pas de confort. Évidemment, les salles de bains ne sont pas à la dernière mode, mais rien de grave pour le prix. Les chambres moins chères ont les sanitaires sur le palier. Très bon accueil, familial.

DANS LES ENVIRONS DE GANGES

➢ ***Randonnée*** par le GR 60, la route de Castanet et de nouveau le GR 60 ***jusqu'à Pont-d'Hérault.*** En automne, c'est somptueux. Altitude moyenne : de 600 à 700 m. Des châtaigniers, des bruyères, des arbousiers et peut-être des sangliers. Mais surtout, une vue et un air inoubliables. Topoguides en vente à l'office de tourisme.

Le chemin des Meuses *(ou chemin des Norias) : à* ***Cazilhac*** *(34190). Balade de 2,5 km env depuis le centre de Ganges. On peut s'y rendre en voiture ou à pied en traversant le pont Neuf qui enjambe l'Hérault. Emprunter ensuite le chemin goudronné qui longe la rivière sur la gauche.* Le chemin suit l'ancien canal d'irrigation, construit au XIIIe s, qui amène les eaux de la Vis à la plaine de Cazilhac. Le long du parcours, plusieurs norias (grandes roues hydrauliques) qui permettaient l'irrigation des jardins potagers. Tout au bout, un château privé (ne se visite pas). L'occasion d'une belle balade.

***Saint-Laurent-le-Minier** (30440) :* petit village cévenol, situé dans le département du Gard mais à seulement 5 km à l'ouest de Ganges par la D 25 (fléché). Sur le bord de la route, avant le village en arrivant de Ganges, une ancienne papeterie. Comme son nom l'indique, Saint-Laurent fut marqué par l'activité minière (plomb et zinc). À deux pas de la route, les belles cascades de la Vis, superbe spot de baignade très couru en été. Buvette. Dans le village, balade pittoresque à l'ombre des ruelles serrées au creux d'un vallon et reliées par de petits ponts, puis le long de la rivière bordée de jardins ouvriers.

SAINT-BAUZILLE-DE-PUTOIS

(34190) 1 150 hab. *Carte Hérault, C1*

Étape obligée pour visiter la grotte des Demoiselles... ou prendre un bol d'oxygène en s'essayant à l'une des nombreuses activités nature proposées dans le coin : escalade, *via ferrata,* spéléo, canoë ou, tout simplement, un plouf dans l'Hérault ; on peut faire trempette au niveau du pont suspendu, à la sortie du village direction Brissac. Côté étymologie, désolés de jouer les rabat-joie, mais le Putois accolé à Saint-Bauzille n'a rien d'animal ni d'olfactif. Il est le résultat de la déformation au cours des siècles du mot *Pedoxinis,* nom de la villa carolingienne qui donna naissance au village, vers l'an mille.

Où dormir ? Où manger à Saint-Bauzille et dans les environs ?

Auberge de la Filature : *57, rue de l'Agantic. ☎ 04-67-73-74-18. • aubergedelafilature@wanadoo.fr • aubergedelafilature.com • ♿ (resto slt). Congés : début janv à début fév. Résa conseillée. Double 59 €, petit déj inclus ; familiale 4 pers 88 €. Repas 20 € sur demande pour les hôtes en chambre. Apéritif maison offert sur présentation de ce guide.* Une adresse originale, sise dans une ancienne filature, bâtie en 1859 pour confectionner des bas de soie. Accueil chaleureux et cadre très agréable : un petit jardin bucolique à souhait et une grande salle voûtée meublée comme un bistrot à l'ancienne, non dénuée d'un petit côté joyeusement excentrique. Si vous séjournez, régalez-vous avec les recettes familiales de la (charmante) patronne, à arroser de liqueurs maison. 4 gîtes de 4 à 6 chambres bien sympathiques eux aussi, clairs et colorés, que l'on peut également louer à la chambre, tout en profitant de la cuisine équipée.

Le Mas de Coulet : *route de Montpellier, 34190* ***Brissac.*** *☎ 04-67-83-72-43. • masdecoulet@yahoo.fr • masdecoulet.com • ♿ À 2,5 km au sud de Saint-Bauzille-de-Putois direction Montpellier, en retrait de la D 986. Resto fermé mer en saison ; déc-mars, ouv slt ven-dim midi. Congés : 15 j. en fév et nov. Doubles 85-96 € et familiale 3 pers 120 €, petit déj inclus. Menus 26-36 €. Réduc de 10 % sur le prix de la chambre hors ponts et j. fériés, et café (au resto) offert sur présentation de ce guide.* Nichée dans une chênaie avec un enclos pour poneys, la bâtisse en pierres sèches ne manque pas d'allure. Elle abrite 5 chambres voûtées entièrement restaurées, organisées autour d'une cour avec piscine intérieure. Fraîcheur garantie en été ! Dans le jardin, une seconde pistoche. Jolie déco ethnico-colorée qui met merveilleusement en valeur les vieilles pierres (certaines remontent au XIIe s !), les anciennes portes et poutres juste décapées. Un peu à l'écart, le restaurant n'est pas en reste. Belle cuisine de terroir à base de produits frais. Le soir, l'atmosphère est intimiste et la terrasse fort paisible. Le jour, en revanche, la rumeur de la départementale fait malheureusement concurrence au chant des cigales...

À voir. À faire

La grotte des Demoiselles : *à 2 km du village. ☎ 04-67-73-70-02. • grotte-des-demoiselles.fr • Ouv tlj. Avr-sept, tlj 10h-19h (dernier départ à 17h30) ; visites guidées ttes les heures (en continu jusqu'à 19h30 en juil-août). Le reste de l'année, téléphoner (visites tlj mais moins nombreuses). Accès en funiculaire souterrain ! Entrée : 10,80 € ; réduc enfants et étudiants ; gratuit moins de 3 ans. Visite guidée : env 1h. N'oubliez pas qu'il fait 14 °C à l'intérieur : petite laine de rigueur. Borne info de l'office de tourisme à l'entrée de la grotte. Fait partie des Sites d'exception en Languedoc.*
Petite merveille du monde souterrain, découverte en 1760 mais connue depuis la préhistoire. La grotte fut le refuge des camisards pendant les guerres de Religion. On y accède facilement par le funiculaire (inauguré en 1931, date de l'ouverture du site). Un peu plus loin, l'entrée « naturelle » de la grotte donne une bonne idée de qui furent ses premiers usagers (aujourd'hui, seules les chauves-souris peuvent passer à travers les grilles)...
Le parcours, aménagé pour entretenir le suspense, viendra à bout des cœurs les moins sensibles aux beautés souterraines. Déjà impressionnantes, les draperies géantes formées par les stalagmites et les stalactites ne sont qu'un avant-goût de la « cathédrale des abîmes », point d'orgue de la visite que l'on découvre tout à coup du haut d'un belvédère. Et la mise en lumière réussie accentue encore l'impressionnante majesté de la grotte. Acoustique extraordinaire, qui donne envie de revenir le temps d'un concert organisé en saison estivale. En sortant, arrêt à la terrasse panoramique pour boire un verre ou avaler une pizza, le regard perdu dans la vallée.

➢ ***Descendre les gorges de l'Hérault en canoë-kayak :*** plusieurs bases de canoë-kayak dans le coin. Notamment, à Saint-Bauzille, canoë *Le Pont Suspendu* *(au niveau du pont direction Brissac ; ☎ 04-67-73-11-11 ; • canoe34.com • ; ouv avr-oct).* Location de canoës-kayaks (à partir de 6 ans). Sorties nocturnes en juillet-août *(sur résa, à partir de 4 pers).* Possibilité de transport au départ de Montpellier. Autre base, canoë *Le Moulin* *(à la sortie de Saint-Bauzille direction Ganges ; ☎ 04-67-73-30-73 ; • canoelemoulin.fr •).*

➢ ***Escalade :*** les falaises du plateau du Thaurac sont très prisées par les adeptes d'escalade, avec pas moins de 600 parcours différents. Départ depuis le parking de la grotte des Demoiselles. Orientation, hauteur et niveaux de difficulté variables. Renseignements et topoguide en vente à l'office de tourisme de Ganges.

➢ ***Activités de pleine nature :*** **AUPALYA Aventure,** *route de Montpellier, à Saint-Bauzille. ☎ 04-67-73-01-01. • apn34.com • Ouv tte l'année : juil-août, tlj 9h-18h ; sinon, sur résa slt.* Canyoning, *via ferrata,* spéléologie, escalade, aventure aquatique... Activités encadrées par des moniteurs diplômés d'État. Sorties nocturnes *(juil-août, sur résa).*

DANS LES ENVIRONS DE SAINT-BAUZILLE-DE-PUTOIS

BRISSAC *(34190)*

Paisible village installé aux portes de la vallée de la Buèges, au pied du massif de la Séranne. Longue de 25 km, grimpant entre 700 et 942 m d'altitude, cette montagne sèche forme le dernier rempart avant le causse du Larzac. Au cœur du

L'HÉRAULT

village, l'Avèze se faufile le long d'un parc rafraîchissant de 4 ha, hérissé de platanes. En levant les yeux, on aperçoit la tour du château du XIe s (ne se visite pas). Jetez un coup d'œil à l'église romane du XIIe s. En allant vers Issensac et Causse-de-la-Selle, passage devant une immense papeterie à l'abandon.

Où dormir ? Où manger ?

Camping

⛺ ***Domaine d'Anglas :*** *☎ 04-67-73-70-18. • contact@camping-anglas.com • camping-anglas.com • ♿ À mi-distance de Brissac et Saint-Bauzille-de-Putois, sur la D 108. Ouv avr-sept. Compter 14,50-25,80 € pour 2 en saison ; loc de roulottes et gîtes 245-910 €/sem selon taille et saison. 100 empl.* En contrebas de la modeste départementale, camping de charme étendu au bord de la rivière, où une plage a été aménagée. Les emplacements, disséminés sur un espace herbeux et ombragé, sont sur un domaine viticole en culture biologique. 115 ha de nature préservée, on ne manque pas d'espace ! Cadre bucolique très agréable, idyllique pour les enfants : trampoline, tyrolienne, ping-pong, jeux, balançoires, tables de pique-nique. Belles roulottes, cottages très agréables et gîte en pierre sèche. Dégustation et visite du vignoble. Location de vélos.

Chic

🏠 🍴 ***Le Jardin aux Sources :*** *30, av. du Parc, au centre du village. ☎ 04-67-73-31-16. • contact@lejardinauxsources.com • lejardinauxsources.com • Resto fermé dim soir et lun, plus mer hors saison. Congés : 3 sem en janv et 3 sem à la Toussaint. Résa demandée, même au resto. Doubles 95-105 €, petit déj inclus. Formule déj en sem 23 € ; menu 35 €. 📶 Digestif maison offert sur présentation de ce guide.* Jérôme Billod-Morel est un chef voyageur qui a su multiplier ses sources d'inspiration : chaque assiette est une petite œuvre d'art, qui prend du temps. Gentillesse et savoir-faire sont là pour pallier l'attente, et on passe un agréable moment, en terrasse, côté jardin, ou dans la petite salle. Les 3 chambres-suites, fraîches, spacieuses, ainsi que la piscine d'été (réservée aux résidents) vous assurent une étape propice à la détente.

Où dormir dans les environs ?

🏠 🍴 ***Les Hauts d'Issensac :*** *route de Ganges, 34380* ***Causse-de-la-Selle.*** *☎ 04-67-73-37-09. • hauts.issensac@free.fr • hauts-issensac.com • À 5 km de Causse-de-la-Selle vers Ganges. Ouv de mi-mars à mi-nov. Doubles 64-69 € ; familiales 4 pers 103-108 €. Gîte 2-4 pers 285-480 €/sem. Dîner 16 €. 📶 Apéritif maison offert sur présentation de ce guide.* Un mas du XVIIe s aux chambres pleines de charme, spacieuses et coquettes. Les 3 doubles sont à l'étage, la familiale au rez-de-chaussée. Petit déjeuner entièrement fait maison, servi dans une salle voûtée en vieilles pierres ou sur une terrasse bien agréable, avec vue panoramique sur la vallée de l'Hérault. Table d'hôtes généreuse qui respecte l'authenticité des produits et du pays. Sinon, kitchenette (frigo et micro-ondes) pour se faire réchauffer son frichti.

Où se baigner dans les environs ?

De Saint-Bauzille ou de Brissac, pendre la D 4 en direction de Causse-de-la-Selle. Après une dizaine de kilomètres, on atteint le lieu-dit ***Issensac*** et son vieux et étroit pont de pierre enjambant l'Hérault, ici apaisé (parking, buvette).

Un agréable coin de nature, très prisé des baigneurs en été. En juillet-août, la baignade est surveillée, on ne sait plus où poser sa serviette, c'est la plage à la rivière ! Pour fuir la foule, descendre le long de l'Hérault jusqu'à trouver, au bord de l'eau, la clairière déserte qui n'attendait que vous. N'essayez pas de sauter du pont, il y a des accidents tous les ans. Pour le retour, possibilité de rejoindre le col de la Cardonille sur la D 986 par une étroite route en lacet, pour continuer ensuite vers Montpellier. Il faudra cependant au préalable traverser le pont qui, on le rappelle, est très étroit. En principe, avec une voiture normale, ça passe. Attention, en juillet-août, cette petite route n'est accessible que dans le sens Issensac-D 986.

SAINT-JEAN-DE-BUÈGES

(34380) 150 hab. *Carte Hérault, C1*

L'un des plus pittoresques villages de cette vallée perdue, au pied de la Séranne. Un espace naturel sauvage, protégé, encore mal connu, niché sur les premiers contreforts du plateau du Larzac. Le village, étroit, est encaissé entre les falaises au pied d'un éperon rocheux, le Trascastel. Traversé par la Buèges que sautent de petits ponts, il est aussi coiffé d'un château médiéval. Les alentours sont le territoire des vignes, des oliviers et d'un troupeau de vaches aubrac dont la viande – *Puech Séranne* – est réputée bien au-delà des limites de la vallée !

Où dormir ? Où manger ?

Prix moyens

Le Grimpadou : *chez M. et Mme Coulet. ☎ 04-67-73-11-34. • legrimpadou@hotmail.fr • Slt sur résa. Fermé oct-nov. Doubles 38-55 € ; familiale 4 pers 110 €. Réduc de 10 % sur le prix de la chambre hors juil-août sur présentation de ce guide.* Au cœur du village, une maison mignonne comme tout, à l'abri des regards indiscrets, dans une cour intérieure accessible par un petit passage couvert. 6 chambres fraîches et de bon confort, quelques-unes avec vue sur les toits du vieux village et la campagne. Salon et grande cuisine à disposition (pas de table d'hôtes). Joli petit jardin de curé en terrasses. Accueil simple et gentil de Jean-Luc, oléiculteur et vigneron à la retraite.

Auberge de la Vallée : *à env 800 m du centre du village. ☎ 04-67-73-12-79. • contact@auberge-lavallee.com • auberge-lavallee.com • Doubles 58-75 €. Table d'hôtes sur résa 16,50-24 €. Café offert sur présentation de ce guide.* Face au rocher de Trascastel, à la lisière des vignes, tout au bout du grand chemin, une auberge installée dans une maison moderne, dotée de 3 chambres confortables pour un séjour au calme. Dans l'assiette, cuisine de terroir selon les saisons ; grillades au feu de bois en été. Grande terrasse donnant sur la Séranne.

Bar du château : *en plein centre du village. ☎ 04-67-73-13-73. • lehirfrancois@sfr.fr • Tlj sf lun hors saison. Carte 15-25 €. Café offert (après un repas), sur présentation de ce guide.* Avec sa délicieuse terrasse ombragée surplombant le ruisseau, au cœur du village, la halte est ressourçante. Plantureuses salades-repas, burger à la viande d'Aubrac, truite de la Buèges... Rien de compliqué mais que des bons produits de la vallée ! Et le fondant à l'orange mérite une petite incartade sucrée. Accueil franchement sympa.

À voir à Saint-Jean-de-Buèges et dans les environs

Le Jardin des senteurs : *dans la cour du château. ☎ 04-67-73-10-04. Accessible slt en visite guidée juil-août dim à 17h (3 €).* Un beau jardin avec différentes variétés de plantes odorantes (thym, sauge, romarin...). Cette visite constitue la seule possibilité d'entrer dans le château.

Pégairolles-de-Buèges *(34380)* **:** *sur la D 122, en montant vers Arboras.* Un minuscule village, magnifique, perché sur un piton rocheux en surplomb de la vallée, égaré loin, bien loin des sentiers rebattus. Joli voyage dans le temps au pied de l'église trapue et du donjon carré, le long des ruelles pavées et fleuries se tortillant entre les maisons biscornues. Chaque trouée offre un panorama à couper le souffle sur les collines, la garrigue, les vignes et les oliviers. En contrebas du bourg, une forêt dans laquelle dégringole un sentier de randonnée. Avant le village en arrivant de Saint-Jean-de-Buèges, arrêt à la ***source de la Buèges,*** qui forme là une retenue d'eau cristalline, aux reflets turquoise (baignade interdite). Départs de GR également.

De Pégairolles, on peut poursuivre la D 122, étroite et sinueuse (croisements difficiles et virages sans visibilité), jusqu'à Arboras, en traversant des paysages nus et sauvages, ponctués d'un seul hameau, celui des Lavagnes. D'Arboras, retour progressif à la civilisation en gagnant ***Gignac*** par la D 9. Vous revoilà sur l'A 75, prêt à rejoindre le flot des véhicules descendant vers Montpellier. Si vous préférez prolonger le plaisir, on vous emmène faire un dernier petit tour côté garrigue.

Lou Regalido : *au* ***hameau du Méjanel,*** *juste avt Pégairolles en arrivant de Saint-Jean. ☎ 04-67-73-46-31. Congés : nov-avril. En saison, ouv le soir tlj, plus le midi sam-dim et j. fériés ; hors saison, ouv slt ven soir-dim et j. fériés. Carte env 16 €. Café ou digestif offert sur présentation de ce guide.* Une étape écolo, militante même, au cœur d'un hameau paysan. Cuits dans l'ancien four communal, pizzas, truites de la pisciculture de la Buèges, magrets, pain maison, légumes bio, etc. se dévorent sur de grandes tablées, dehors, les pieds dans les herbes folles, ou à l'abri, dans la salle voûtée en vieille pierre. En dessert, glaces artisanales. Régulièrement des concerts, soirées-débats...

SAINT-MARTIN-DE-LONDRES

(34380) 1 900 hab. *Carte Hérault, C1*

Joli village avec sa splendide église romane du XIe s enserrée dans une fortification entourant le centre ancien. Pourquoi « Londres », au fait ? Rien à voir avec la capitale anglaise, à moins que l'on ne remonte aux racines pré-indoeuropéennes (*lun* signifiant « marécage » !). Bon, d'accord, aujourd'hui, surtout à l'approche de l'été, c'est plutôt sec... mais aussi plus frais qu'ailleurs ! Étape sympa dans l'un des troquets de la place principale.

Adresse utile

Office de tourisme Grand Pic Saint-Loup : *sur la place centrale. ☎ 04-67-55-09-59. • tourisme-picsaintloup.fr • Juil-août, tlj 10h-12h30, 13h30-18h30 ; le reste de l'année, ouverture restreinte.* Accueil sympathique et efficace.

Où dormir dans les environs ?

Voir aussi plus haut nos adresses dans les environs de Saint-Guilhem-le-Désert.

Chambres d'hôtes Domaine du Pous : au Pous, 34380 **Notre-Dame-de-Londres.** ☎ 04-67-55-01-36. 06-30-80-38-39 (M. de Morogues). • lepous@orange.fr • domainedupous.fr • *À 6 km de Saint-Martin-de-Londres, direction Ganges, puis suivre le fléchage. Au portail, prendre le chemin en terre et à droite à la croix. Ouv mai-sept. Doubles 63-73 €.* Au milieu des garrigues et des vignes, dans une belle et grande demeure de caractère plantée face au pic Saint-Loup, 4 chambres confortables meublées à l'ancienne. Dans le salon, d'admirables caryatides, les *Quatre Saisons,* portent inlassablement le plafond depuis le lointain XVIIIe s. Ici, on apprécie le calme seulement troublé par le chant des cigales, la déco très sobre et l'environnement sauvage. Accueil charmant.

À faire

➢ Randonnée au ***ravin des Arcs,*** par le GR 60, au nord. Départ du pont de la D 986, 5 km au nord de Saint-Martin en allant vers Ganges. Une petite rivière, le Lamalou, a creusé un beau canyon et une séduisante arche dans le calcaire. Hors saison estivale, le passage à gué peut être difficile, et on n'est donc pas sûr de pouvoir faire une boucle. Commencer alors la balade côté gauche de la rivière, pour être sûr de passer près de l'arche. Tennis et nu-pieds à proscrire, ça glisse et ça grimpe.

L'HÉRAULT

LES GARRIGUES MONTPELLIÉRAINES

À quelques dizaines de minutes de Montpellier, suivez-nous à l'ombre des pierres levées ou dans la fraîcheur des ruelles des villages médiévaux, sur les chemins des verriers ou dans les chais, pour déguster des vins dont les prix sont (désormais !) à la hauteur des paysages qui les ont vus naître.
L'avancée du béton, au nord de Montpellier, a fait reculer la garrigue, sans enlever pour autant son charme à cette vaste étendue de landes à sols pierreux et calcaires, traversée par les affluents de l'Hérault. De la blanche Séranne au majestueux pic Saint-Loup qui lui donnent forme et relief, c'est partout le royaume du chêne kermès et des genêts épineux, des cistes, du thym et du romarin. Un milieu en perpétuelle recherche d'équilibre mais d'une grande fragilité, né tout à la fois de l'exploitation outrancière des bois, du pâturage de milliers de moutons et, il faut bien le reconnaître, des facteurs climatiques.

LES MATELLES (34270) 1 450 hab. *Carte Hérault, D1*

À l'est de la D 986, sur la D 112. Enserré dans ses remparts du XVe s, un superbe petit village aux ruelles pavées pittoresques, frangées de maisons fleuries qui sentent bon la vieille pierre et le vieux bois. Clocher fortifié, fenêtres à meneaux et passages couverts sont autant de témoins évoquant les grandes heures du passé. On a envie de s'attarder sur la petite place

entourée de platanes où a lieu le marché. C'est dans les environs, au pied des collines de pins, que le Lez prend sa source sous forme de résurgence, avant d'aller faire ses caprices, plus loin, en direction de la mer.

Où manger ?

Le Pic Saint-Loup : *176, route de Montpellier. ☎ 04-67-84-35-18. • boutierfabienne@yahoo.fr • Fermé sam midi et dim-lun, plus mar soir hors saison. Congés : Noël et Nouvel An. Formule déj en sem 18,50 € ; menus 32-38 €. Apéritif offert sur présentation de ce guide.* Bâtisse de caractère en pierres sèches, prolongée d'une terrasse-jardin avec vue sur le pic Saint-Loup. À table, produits du terroir travaillés en finesse, et quelques échappées du côté des saveurs thaïes. Entre tradition et invention, une cuisine et des vins qui se revendiquent « sincères ». Accueil d'une chaleureuse simplicité.

À voir

La maison des Consuls – musée d'Art et d'Archéologie : *près du clocher, à deux pas de l'office de tourisme. ☎ 04-99-63-25-46. Juil-août, tlj 10h-18h ; mai-juin et sept-déc, mer-dim et j. fériés 14h-18h. Fermé janv-avr. Entrée : 5 € ; gratuit moins de 16 ans. Billet commun avec La Halle du Verre à Claret (voir « Dans les environs de Saint-Mathieu-de-Tréviers ») : 8 €.* Ce musée installé dans l'ancienne maison consulaire est le plus vieux musée d'archéologie de l'Hérault. Il a rouvert après une longue période de travaux et permet, à travers une scénographie moderne et repensée, de valoriser les savoir-faire de l'homme. Les collections permanentes du rez-de-chaussée et les expos temporaires du 1er étage nous font prendre conscience de la richesse de la région en sites préhistoriques.

SAINT-MATHIEU-DE-TRÉVIERS

(34270) 3 760 hab. *Carte Hérault, D1*

Au pied du pic Saint-Loup, gros bourg sur la D 17 Montpellier-Alès-Mende.

Adresse utile

Office de tourisme intercommunal du Grand Pic Saint-Loup : *allée des Trois-Voies, 130. ☎ 04-11-95-05-75. • tourisme-picsaintloup.fr • Tte l'année lun-ven 9h-13h, 14h-18h.*

Où dormir ? Où manger à Saint-Mathieu et dans les environs ?

De prix moyens à chic

Chambres d'hôtes La Cazarelle : *chemin de Bassac, impasse des Rainettes, 34270 Saint-Jean-de-Cuculles. 07-60-04-02-58. • contact@chambreshotes-lacazarelle.fr • chambreshotes-lacazarelle.fr • À la sortie du village direction Les Matelles (fléché ; à 5 km de Saint-Mathieu). Ouv tte l'année. Doubles*

70-95 €. Grande villa des années 1950 bordée d'un jardin avec piscine, posée au pied du pic Saint-Loup, dans la plaine, à l'écart du mignon petit village groupé sur une colline autour de son église romane du XIIe s. Au choix, 4 chambres aux lignes contemporaines d'un excellent confort (clim, TV, douche italienne), dont une avec un espace extérieur, ou un loft, plus vaste et prolongé d'une terrasse en bois (5 personnes maximum). Accueil dynamique et chaleureux de Jacqueline et Éric, qui pourront vous conseiller sur les balades à faire dans les alentours. Ils prêtent même la carte IGN !

Le Mas de Baumes – Restaurant La Cour : *34190* ***Ferrières-les-Verreries.*** *☎ 04-66-80-88-80. • accueil@masdebaumes.com • oustaldebaumes.com • Prendre la D 107 entre Ferrières et Claret. Resto ouv mar soir-dim midi (hors saison jeu soir-dim midi). Congés : janv. Double 107 €, petit déj inclus. Également 3 gîtes. Menus 31-49 €, 68 € dégustation. Parking.* Isolée dans l'environnement superbe et sauvage de l'Orthus, une ancienne verrerie forestière reconvertie en hôtel sur 90 ha de terrain ! 10 chambres seulement, d'un confort classique, dotées d'un atout exceptionnel : la garrigue à perte de vue. Piscine clôturée. Côté restauration, cuisine inventive d'un ancien de chez Pourcel. Vaste terrasse aux beaux jours, ou salle vitrée pour ne pas perdre de vue le causse, avec plafonds voûtés. Petit déj de qualité, pour bien commencer la journée.

La Guinguette des Amoureux : *au bord du lac de Cécélès. ☎ 04-67-55-31-16. • laguinguette34@gmail.com • laguinguettedesamoureux.com • Fléché « lac de Cécélès » à la sortie du village. De fin avr à mi-sept, tlj. Menus 18 € (déj en sem)-33 €.* Agréable terrasse en surplomb du petit lac, où déguster une cuisine de saison, inspirée par le soleil et concoctée avec des produits locaux. La carte change tous les jours. Une halte sympa, surtout après un après-midi baignade. Autre ambiance, festive et débridée, les vendredis d'été pour les soirées concert. On pousse les tables pour danser, et on grignote dans des barquettes en plastique des plats à emporter. Programmation sur le site internet.

La Belle Vigne : *pl. Gabriel-Calmels, 34270* ***Valflaunès.*** *☎ 04-67-29-14-43. • labellevigne34@gmail.com • À 3 km au nord de Saint-Mathieu-de-Tréviers. Ouv le soir ven-lun, plus jeu soir juil-août. Carte 15-25 €.* Sur la place du village, la cave à vins joue les prolongations en fin de semaine, et les assiettes ne sont qu'un prétexte pour s'initier aux vins du pic Saint-Loup. Un bel éventail de 40 domaines pour balayer le terroir, à déguster au caveau ou dans la salle, elle aussi voûtée et ouverte sur la terrasse. En hiver, on se réfugie près de la cheminée, confortablement installé dans un fauteuil. Dans l'assiette, fromages, charcuterie, *ceviche* de daurade, et des sushis sur réservation les dimanche et lundi.

Chic

L'Auberge du Cèdre : *domaine de Cazeneuve, 34270* ***Lauret.*** *☎ 04-67-59-02-02. • welcome@auberge-du-cedre.com • auberge-du-cedre.com • À 8 km au nord de Saint-Mathieu, à l'écart de Lauret ; fléché. Ouv de mi-mars à mi-nov. Résa conseillée. Doubles 52- 86 € ; familiales 128-144 €. ½ pens 63-69 €. Une poignée d'emplacements de camping (10-13 €) et un gîte 6 pers. Le midi en sem, assiettes gourmandes à partir de 15 € ; resto (ven soir-dim) carte env 35 €. Trio de tapas offert sur présentation de ce guide.* Perdu en pleine nature, un très bel endroit, accueillant, chaleureux, sans chichis. Une ancienne maison de maître d'un domaine viticole, reconvertie en petit hôtel sans pour autant jouer le haut de gamme, et on ne va pas s'en plaindre. Chambres simples mais agréables, pour 2 à 4 personnes, toutes différentes (parfois un peu étriquées), les moins chères – dites « chambres d'amis » – avec sanitaires sur le palier. Chacune a son charme, et la vue sur le grand jardin est apaisante. À l'étage, superbe gîte avec cheminée, véranda et terrasse sous une tonnelle. Seulement 4 emplacements pour planter sa tente, bien à l'écart. Les repas sont servis dans l'orangerie, dont la verrière ouvre sur le parc arboré. Là ou en terrasse, au soleil, on se sustente le midi en semaine de tapas gourmandes, le soir d'une cuisine plus élaborée, s'appuyant sur des produits régionaux. Piscine. Départ de balades depuis le village.

Randonnées pédestres

➢ ***Le pic Saint-Loup :*** la montagne incontournable de la région, dominant de ses 658 m l'arrière-pays montpelliérain. Ascension longue et un peu rude mais pas insurmontable pour qui aime grimper. Faites gaffe cependant à ne pas glisser, surtout si vous empruntez le chemin des crêtes qui longe la face nord, tombant en à-pic. Au sommet, une chapelle et, bien sûr, un superbe panorama, surtout par temps clair. D'un côté la mer, de l'autre les Cévennes. Le plus simple est de se garer au parking du village de ***Cazevieille*** sur la D 113, départ du GR 60 balisé en rouge et blanc (fléché depuis la D 986 entre Saint-Gély-du-Fesc et Saint-Martin-de-Londres ; depuis Saint-Mathieu, passer par Saint-Jean-de-Cuculles). On peut aussi partir à pied de Saint-Mathieu mais, évidemment, c'est plus long. Entre Saint-Jean-de-Cuculles et Cazevieille s'étend le ***domaine de Mortiès,*** l'un des crus réputés de l'AOC coteaux du Languedoc Pic Saint-Loup *(dégustation-vente mer et ven 15h-19h, sam 10h-19h, ou sur rdv ; ☎ 04-67-55-11-12 ; • morties.com •).*

L'HÉRAULT

➢ ***La montagne de l'Hortus :*** face au pic Saint-Loup, moins abrupte et moins fréquentée. Nombreux sentiers bordant les falaises escarpées trouées de quelques grottes. Sur le plateau que forme l'Hortus renaissent depuis 1989 les verreries d'art dans la plus pure tradition des ateliers de cette région. Un parcours balisé, le *Chemin des Verriers,* suit les traces de cette activité ancestrale. Passage par ***Ferrières-les-Verreries,*** un minuscule village, presque un lieu-dit, aux bâtisses en pierre sèche joliment restaurées. À la sortie du village, vestiges retapés de la *verrerie de Couloubrines* (XVIe s).

DANS LES ENVIRONS DE SAINT-MATHIEU-DE-TRÉVIERS

La Halle du Verre : *50, av. du Nouveau-Monde, 34270* ***Claret.*** *☎ 04-67-59-06-39. • halleduverre@ccgpsl.fr • cc-grandpicsaintloup.fr/-Halle-du-verre-.html • Juil-août, tlj 10h-12h30, 14h-19h ; mai-juin et sept-oct, mer-dim et j. fériés 14h-18h ; nov-déc, slt le w-e. Fermé fin déc-début mai. Entrée : 6 € ; réduc. Billet combiné avec la maison des Consuls aux Matelles (voir plus haut) : 8 €. Fait partie des Sites d'exception en Languedoc.* L'ancienne verrerie d'art de Claret a été reconvertie en un espace dédié au verre sous toutes ses formes, avec une double vocation pédagogique et culturelle. Belle scénographie contemporaine pour parler d'un métier vieux comme le monde. Démonstrations d'artistes verriers à l'atelier (l'après-midi). Boutique d'artisanat verrier.

La Distillerie des Cévennes : *913, av. des Embruscalles, 34270* ***Claret.*** *☎ 04-67-59-02-50. 06-24-85-54-44. • distilleriedescevennes.com • Ouv sur rdv les j. de distillation (en principe, lun-mar et le mat mer-jeu).* Distillerie d'huile de cade (un arbrisseau de l'espèce des genévriers), la dernière de ce type en France, voire en Europe. L'huile de cade est réputée, entre autres, pour ses propriétés dermatologiques et cosmétiques, mais aussi pour soigner les moutons, et même les ceps de vigne. Vente d'huile essentielle, savon, shampoing, etc. Se faire expliquer le processus de distillation.

CASTRIES (34160) 6 000 hab. *Carte Hérault, D1*

Le château du XVIe s domine la plaine, au nord-est de Montpellier (à 12 km, sur la D 610). En langue d'oc, *castrum* se prononçait « castre » ; l'usage a maintenu la prononciation. On peut se balader dans les jardins aujourd'hui restaurés *(tlj 10h-19h).*

Adresse utile

Office de tourisme de Castries – Via Domitia : *25, rue Sainte-Catherine. ☎ 04-67-52-04-24. • castries-tourisme.fr • Juil-août, lun-sam 9h30-12h, 14h30-18h. Hors saison, lun-ven 9h30-12h30 et 14h-17h.*

Où dormir ? Où manger à Castries et dans les environs ?

Camping

Camping de Fondespierre : *277, chemin du Pioch-Viala. ☎ 04-67-91-20-03. • accueil@campingfondespierre.com • campingfondespierre.com • De Castries, suivre la route d'Alès sur env 2 km, puis fléché sur la gauche. Voir plus haut la rubrique « Où dormir ? Campings » à Montpellier.*

De prix moyens à chic

Chambres d'hôtes La Ferme du Château : *chez Else-Marie et Dominique Reysz, 79, av. de Saint-Christol, 34160* ***Saint-Geniès-des-Mourgues.*** *06-84-80-10-17. • dominique.reysz@free.fr • À 6 km au nord de Castries. Congés : déc. Double 70 € ; familiale 4 pers 110 €. Parking clos.* Dans l'ancienne ferme du château de Saint-Geniès-des-Mourgues (un couvent en réalité), postée face au vieux village qui ne manque pas de caractère. La bâtisse, elle, n'a conservé de ses vieilles pierres que sa façade extérieure. À l'intérieur, 3 chambres d'hôtes climatisées simples et modernes, avec salle de bains et toilettes privatives. Grande salle à manger vitrée, prolongée d'un salon-bibliothèque avec coin cheminée.

La Maison d'Isabelle : *1, plan de la Croix, 34820* ***Teyran.*** *☎ 04-67-70-92-95. 06-64-85-39-62. • maisonisabelle@orange.fr • maisonisabelle.com • À 7 km à l'ouest de Castries. Double 90 € ; suite 3 pers 130 €.* La grosse maison de pierre, adossée aux remparts de l'ancien château, domine le village. Les chambres, réparties sur 3 niveaux, ont été rénovées et meublées avec goût : tomettes, décoration raffinée, et vue imprenable sur le pic Saint-Loup depuis certaines. Un bon point de départ entre Montpellier et garrigue.

Très chic

Hôtel Disini : *1, rue des Carrières. ☎ 04-67-41-97-86. • contact@disini-hotel.com • disini-hotel.com • À env 300 m à la sortie de Castries, en direction d'Alès, fléché sur la gauche. Doubles 90-335 € selon confort et saison ; petit déj 15 €. Offres spéciales sur Internet. Menus 22 € midi en sem, puis 29-69 €.* 2 têtes de bouddha marquent l'entrée de cet univers zen d'inspiration balinaise, posé au milieu d'une chênaie. La quinzaine de chambres, spacieuses, au top du confort, ont été aménagées dans un esprit contemporain (salle d'eau ouverte sur la chambre, moquette moelleuse...). Également un resto gastronomique, doté d'une terrasse paisible. Superbe piscine. Spa indépendant (massages, soins du visage...).

À voir. À faire

L'aqueduc : sur 6,8 km, Pierre-Paul de Riquet a construit, entre 1670 et 1676, cet aqueduc destiné à alimenter en eau le parc et le château. Très belle promenade, suivre les arceaux puis les sentiers lorsque l'ouvrage se trouve au niveau du sol (fiche gratuite disponible à l'office de tourisme et visites guidées payantes sur résa). En pleine garrigue, évidemment. Ne pas manquer non plus de faire une petite balade dans le village historique datant de l'an mille, suivant un plan semi-circulaire.

➢ ***La commanderie des Templiers :*** moins connue. Laissez votre voiture à la médiathèque Françoise-Giroud, située près des arènes. Puis continuez l'avenue de la Cadoule ; au carrefour, prenez à gauche la petite route, un petit pont enjambe la Cadoule ; poursuivez votre route et, à 2,5 km dans une combe, vous découvrez la commanderie en ruine (XIIe-XIVe s), perdue au milieu des vignes. Attention aux éventuelles chutes de pierres. Ça vous a plu ? En continuant un peu, la route monte. Beau point de vue sur l'ensemble et sur Castries, jolie balade.

DANS LES ENVIRONS DE CASTRIES

Le château d'Assas : *1, route de Saint-Vincent, 34820* ***Assas.*** *06-80-93-08-63. Accès par la D 26 puis la D 109. Visite sur rdv. Entrée : 10 €.* Ici fut édifiée l'une des rares « folies » montpelliéraines encore habitées et visitables. Le château d'Assas a prêté son cadre à des tournages de films *(La Belle Noiseuse, Le Retour de Casanova...)*, et son nom à un terroir viticole qui fait toujours honneur à un village qui s'enorgueillissait, au XVIIIe s, d'exporter ses vins jusqu'en Suisse. Le château date de cette époque. Il se distingue par ses vestiges d'architecture féodale et médiévale. À l'intérieur, un clavecin exceptionnel du XVIIIe s et une petite collection de modèles réduits de machines à vapeur du XIXe s. Concerts de musique baroque à l'automne et au printemps. Jardins à la française, à l'ouest, et à l'anglaise, à l'est, comme il se doit. Et si vous êtes intéressé, demandez à visiter la jolie église romane attenante.

Le domaine de Puech-Haut : *2250, route de Teyran, 34160* ***Saint-Drézéry.*** *☎ 04-99-62-27-27. • puech-haut.com • Tlj sf dim et j. fériés, 10h-12h, 14h-18h (tlj 10h-19h, 14h-19h en juil-août).* Une longue allée bordée d'oliviers mène à la cave de ce domaine réputé, où s'offrir une visite dégustation. Un grand domaine et de grands vins.

LUNEL

(34400) 25 000 hab. *Carte Hérault, D1*

Trait d'union entre Montpellier et Nîmes, porte d'entrée parmi d'autres de la Petite Camargue, Lunel est posée au centre d'une vaste plaine parcourue de grands axes routiers et semée de zones d'activités, un secteur asphyxié par une circulation infernale aux heures de pointe. Intra-muros, une fois la bagnole abandonnée au parking, la ville dévoile son accent du Sud, celui des platanes, des arènes, des courses camarguaises de renom.
Si le sud de la commune est le territoire des taureaux, chevaux blancs et flamants roses qui font de leur mieux pour retenir ici les amateurs de traditions camarguaises, le nord est le domaine du vignoble. Un vignoble implanté à flanc de coteaux, qui, à force de discipline, a créé de petites merveilles : AOC languedoc, vin de pays et vin de cépages rares, sans oublier l'excellent muscat-de-lunel, plein de soleil et de générosité, fort lui aussi de son AOC.

UN PEU D'HISTOIRE

Aux XIIe et XIIIe s, la ville abrita une vigoureuse communauté juive qui acquit une importante réputation culturelle, on parla même de « petite Jérusalem médiévale ». Une intense vie intellectuelle qui donna ses premiers doyens à l'université montpelliéraine et des ouvrages célèbres dans le monde entier.
Tout s'arrêta en 1306, lorsque Philippe le Bel chassa les juifs du royaume de France. Ce fut au tour des Templiers, des Carmes, des Franciscains de marquer l'histoire de la cité. Aujourd'hui, il suffit de se balader en ville pour comprendre qu'elle est, à nouveau, au carrefour des cultures.

Adresse et info utiles

Office de tourisme : *16, cours Gabriel-Péri. ☎ 04-67-71-01-37. • ot-paysdelunel.fr • Juil-août, lun-sam 9h-19h, dim 9h-13h. Le reste de l'année, lun-sam 9h-12h, 14h-18h ; dim mat.* Plan de la ville et suggestions d'itinéraires, randos pédestres, VTT, visites guidées... mais pas seulement : le ***musée de la Tour des Prisons*** (GRATUIT) s'est installé ici, dans la tour du XIe s qui fut un bâtiment défensif avant de devenir une prison pendant les guerres de Religion. À la lumière d'une lampe torche, on décrypte les 300 graffitis gravés dans la pierre. Parmi les motifs religieux (ostensoirs, calvaires), un graffiti érotique détonne ! Un indice pour le trouver : cherchez dans la salle des gardes.

– ***Marchés :*** *le mat, tlj sf jeu et dim, dans les halles couvertes ; également un marché de plein air, allées Baroncelli,* ***alimentaire*** *jeu et* ***aux fleurs*** *dim mat.*

Où dormir ? Où manger ?

Ceux qui souhaitent dormir dans la région de Lunel opteront plutôt pour les villages environnants, histoire de gagner en charme et en tranquillité.

Camping

Le Pont de Lunel : *route de Nîmes (D 613). ☎ 04-67-71-10-22. • nb.pontdelunel@wanadoo.fr • À la sortie de Lunel, direction Nîmes. Ouv 15 mars-30 sept. Compter 16,90 € pour 2 en saison ; mobile homes 4-5 pers 250-550 €/sem selon saison. 81 empl. Réduc de 5 % hors juil-août sur présentation de ce guide.* Camping familial propret et accueillant, autrefois au milieu des vignes et désormais dans une zone commerciale. Emplacements bien délimités et ombragés, surtout occupés par des mobile homes. Petite buvette sympathique où l'on organise à l'occasion des soirées. Dépôt de pain tous les matins. Ping-pong, terrain de sport, minigolf, jeux pour enfants.

De bon marché à prix moyens

Mas Saint-Ange : *629, chemin des Saintes-Maries. ☎ 04-99-92-04-61. • contact@massaintange.com • massaintange.com • À env 2 km au sud-est de la ville par la D 61 direction La Grande-Motte (suivre le fléchage). Doubles 66-83 € ; familiales 4 pers 84-96 €. Parking privé.* Face aux vignes, cet ancien mas viticole abrite 5 chambres impeccables et climatisées, au rez-de-chaussée et à l'étage. C'est un parfum de vacances qui flotte ici : on passe de la piscine au tennis avant une partie de pétanque dans une ambiance forcément détendue. Accueil très sympa et pro. D'ailleurs, une cuisine est à la disposition des hôtes et les propriétaires prêtent des VTT.

Le Bistrot de Caro : *129, cours Gabriel-Péri. ☎ 04-67-15-14-55. • lebistrotdecaro@gmail.com • ♿ En plein centre. Ouv le midi tlj sf mer, plus le soir ven en saison. Formule env 15 € ; carte env 25 €.* Un bistrot, un vrai, jusqu'au mobilier et aux serveurs en tablier, qui pioche sur les étals du marché voisin de quoi concocter une cuisine traditionnelle faite maison, des frites au dessert. Les recettes de toujours se bousculent à l'ardoise, avant d'être dévorées sous la tonnelle de la grande cour mangée par le lierre, ou dans la salle sympathique. Bon, frais, efficace. Pas étonnant que *Caro* ait du succès.

Où dormir dans les environs ?

De nombreux hébergements jouent la carte de l'œnotourisme, et notamment des chambres d'hôtes situées dans des domaines viticoles ou des maisons vigneronnes. On vous en indique quelques-unes ci-après, de quoi vous perdre sur les chemins de traverse.

Camping

Domaine de Gajan : *rue de Pie-Bouquet, 34160* ***Boisseron.*** *☎ 04-66-80-94-30. • info@campingdomainedegajan.com • campingdomainedegajan.com • ♿ À env 13 km au nord de Lunel par la D 34 direction Sommières (fléché à la sortie du village). Ouv avr-sept. Compter 14,50-29 € pour 2 ; mobile homes, tentes safari sur pilotis et chalets 4 pers 196-1 008 €/sem selon taille et saison. 115 empl. Café offert sur présentation de ce guide.* Étendu sous une chênaie, un camping 4 étoiles plat et bien équipé : petit resto, club, piscine, terrain de volley, frigos... Animations le soir en saison.

De prix moyens à chic

La Méridienne : *chez Myriam Navas, 8, rue du Four, 34160* ***Boisseron.*** *☎ 04-67-86-57-10. 📱 06-13-40-13-56. • lameridienne34@gmail.com • lameridienne.org • ♿ À env 13 km au nord de Lunel par la D 34 direction Sommières. Ouv avr-oct. Doubles 53-73 €.* Au cœur du village médiéval, dans une maison vigneronne du XVIIIe s. Chambres mignonnes, avec salle de bains à partager pour les moins chères. Pour profiter de la vie à la fraîche, patio bien agréable.

Au Relais Saint-Georges : *chez Véronique Bermanne, 5 bis, rue Jean-Jacques-Rousseau, 34590* ***Marsillargues.*** *☎ 04-67-83-53-53. • patantiq@wanadoo.fr • aurelaisaintgeorges.com • À 3 km au sud de Lunel par la D 34. Au centre du village. Ouv avr-déc. Doubles 80-100 €. Clim. Parking.* 5 chambres au chic champêtre, alignées de plain-pied dans une ancienne maison vigneronne dissimulant un grand jardin fleuri ombragé de mûriers. Au fond, un champ d'oliviers. La chambre la plus chère dispose d'une terrasse privée. Piscine.

De chic à plus chic

Le Mas de l'Olivier : *Silvi Leichtnam, rue du Laurier-Tin, 34400* ***Vérargues.*** *📱 06-43-11-33-62. • lemasdelolivier@orange.fr • lemasdelolivier.fr • À env 7 km au nord de Lunel par la D 34 direction Sommières. 5 chambres 70-120 € selon confort et saison ; également un gîte. Table d'hôtes 25 €.* Dans un mas du XVIIIe s. À l'extérieur, élégante tonnelle et piscine creusée à l'ombre de grands pins. Côté intérieur, rencontre réussie entre hier et aujourd'hui, entre un carrelage d'origine et des salles d'eau contemporaines (mais partagées pour les chambres les moins chères). Une chambre, indépendante, dispose d'une terrasse et d'un coin cuisine.

Domaine de Gallières : *Corinne Huriaux, 183, rue des Chênes, hameau de Saint-Félix, 34400* ***Saint-Sériès.*** *📱 06-32-96-95-20. • contact@domainedegallieres.com • domainedegallieres.com • À la sortie du village de Saint-Sériès (à env 9 km au nord de*

Lunel) direction Boisseron. Doubles 85-155 €, petit déj inclus. CB acceptées. Parking. Muscat ou vins locaux offert sur présentation de ce guide. Dans une grande maison de maître, encadrée d'un jardin bucolique et de son potager. Du confort, du charme, de l'espace et une bonne dose de fantaisie, tout pour plaire. Billard, terrasse et piscine.

Villa Vanille : *chez Monique Pierini, 400, rue des Chênes-Verts, 34160* ***Boisseron.*** *☎ 04-67-86-40-06. • contact@villa-vanille.com • villa-vanille.com • À env 13 km au nord de Lunel par la D 34 direction Sommières. Doubles 100-220 €, petit déj inclus. Parking.* Dispersées sous les chênes dans un parc luxuriant à souhait, une poignée de maisonnettes en lattes de bois façon cases créoles, tout équipées (cuisine, TV, machine à laver...). Et puis aussi une case africaine, un *mazet* en pierres sèches, une cabane en rondins pour les romantiques... Surtout, un décor colonial à s'y tromper, avec une piscine en forme de lagon, des hamacs, des vérandas ouvertes sur le jardin. Original et exotique. Spa, espace massage. Bar à vins et tapas en saison.

L'HÉRAULT

À voir

La vieille ville : passage par la rue des Caladons, une enfilade de voûtes du début du XIIIe s, vestiges de la maison des Templiers. Les jours de marché, n'hésitez pas à faire un tour sous les ***halles couvertes,*** construites au début du XXe s dans le style des halles Baltard. Parmi les curiosités de la ville, signalons aussi la ***maison médiévale Philippe-le-Bel,*** grande demeure de style gothique typique de l'architecture civile des XIIIe et XIVe s, et l'église ***Notre-Dame-du-Lac,*** dont le clocher repose sur une ancienne tour de guet. À l'intérieur, très bel orgue d'Aristide Cavaillé-Coll. En face, le ***musée Médard*** *(musée du Livre et du Patrimoine écrit)* abrite une collection de 5 000 ouvrages constituée par le bibliophile Louis Médard *(mer-ven 14h-18h, sam 10h-18h ; GRATUIT).*

LES PÊCHEURS DE LUNE

Pescalune... *Ce terme occitan fleurit partout au pays de Lunel. Il désignait à l'origine les pêcheurs d'anguilles d'un hameau isolé au milieu des étangs, et qui ne sortaient leurs nasses que durant les nuits les plus noires. En effet, le poisson choisit les nuits sans lune pour partir en chasse. En ces temps d'obscurantisme – on est au VIe s –, on crut alors que c'était les pêcheurs eux-mêmes qui capturaient la Lune dans leurs paniers. D'où leur nom,* pescalune, *« pêcheurs de lune »...*

DANS LES ENVIRONS DE LUNEL

Le site d'Ambrussum : *34400* ***Villetelle*** *(fléché depuis la D 34, direction Sommières). ☎ 04-67-02-22-33. • ambrussum.fr • Musée ouv tlj sf lun : juin-sept, 10h-12h30, 14h30-19h (14h-17h30 juin et sept) ; oct-mai, 14h-17h30. Fermé en janv, 1er nov et 25 déc. GRATUIT. Visites guidées le w-e à 15h (sur résa en sem) : 3 € pour le musée, 5 € pour le site ; 6,50 € pour les 2 ; réduc.*
Il s'agit d'un important site archéologique gallo-romain, vestige de l'un de ces oppidums développés le long de la voie Domitienne. Ces relais jalonnaient la formidable autoroute antique, qui traversait tout le Languedoc et reliait les Alpes aux Pyrénées, allant de Rome à Cadix. Ambrussum est la seule étape routière de la voie qui n'est plus habitée aujourd'hui, du pain bénit pour les archéologues ! Les fouilles ont permis de dégager les fondations d'un quartier haut, d'un quartier

bas et d'une voie pavée, et de protéger l'unique arche d'un pont romain, le pont Ambroix, qui permettait de franchir le Vidourle. Le pont comptait 11 arches à l'origine, et encore 2 au début du XXe s, mais les violentes crues de la rivière en ont eu raison. Il a été peint, entre autres, par Gustave Courbet ; le tableau est exposé au musée Fabre de Montpellier.
On découvre ces différents vestiges via un sympathique parcours de 2,3 km balisé de panneaux explicatifs. Avant d'entamer la promenade, passage par le musée du site, qui évoque l'histoire d'Ambrussum avec exposition de quelques objets issus de fouilles, reproduction de tableaux du pont Ambroix.
➢ Après la visite, possibilité de faire une petite balade facile et sympathique, de 2,5 km, le long du ***chemin des Capitelles.*** Il est jalonné d'abris en pierre, les *capitelles,* qui servaient (entre autres) de refuge aux bergers et aux chasseurs. Brochure disponible à l'office de tourisme de Lunel.

Viavino : *80, chemin de Vérargues, 34400* ***Saint-Christol.*** *☎ 04-67-83-45-65.* *• viavino.fr • Accueil, boutique, tlj sf dim, 10h-13h, 14h-18h.* Le pays de Lunel mise beaucoup sur ses vins. Un pôle œnotouristique a ouvert dans le village vigneron de Saint-Christol pour proposer aux visiteurs une approche ludique du terroir et des vins, avec des dégustations au caveau, une boutique et des ateliers du goût *(sur résa).*

LE GARD

• Carte *p. 426-427*

ABC du Gard

- ***Superficie :*** 5 848 km².
- ***Population :*** 750 025 hab.
- ***Préfecture :*** Nîmes.
- ***Sous-préfectures :*** Alès, Le Vigan.
- ***Signe particulier :*** premier producteur de vin issu de l'agriculture biologique en France.

Gard... à vous ! Rompez les rangs, fuyez les bouchons autoroutiers, les sorties de villes encombrées, pour prendre les chemins de traverse, entre vignes et garrigues. Le Gard, il faut prendre du temps pour l'aimer. Si on voulait résumer la variété de ses paysages, on dirait : un peu de Méditerranée, un beau morceau de Camargue, beaucoup de garrigue, et un majestueux arrière-plan de montagnes, les Cévennes, qui culminent au mont Aigoual. Ajoutez-y une kyrielle de petites villes au caractère très marqué (Aigues-Mortes, Uzès, Sommières, Anduze) et de très beaux villages (Aiguèze, La Roque-sur-Cèze, Castillon-du-Gard, Lussan, Sauve, Montclus...) offerts à la lumière bleu argenté du Languedoc. Trop longtemps réduit à l'image du pont du Gard, l'un des monuments les plus visités de France, le Gard cache bien des trésors inconnus, des gorges secrètes où les rivières émeraude coulent entre de grosses pierres chauffées par le soleil.
Carrefour des influences romaines et protestantes, Nîmes marque le centre de gravité de ce pays que traverse depuis plus de 2 000 ans la route de l'Europe du Sud, aujourd'hui autoroute baptisée « la Languedocienne ». Le Gard, c'est le contraire d'un lieu fermé : depuis toujours on y a circulé, on s'y réfugia (les protestants), on s'y embarqua pour les pays d'Orient (Aigues-Mortes), et on y vient aujourd'hui chercher, à quelques minutes seulement de bourgs et bourgades où la vie n'est pas rose tous les jours, le charme authentique d'une nature modelée sans cesse par l'homme, rude et harmonieuse à la fois.

Adresses utiles

Gard Tourisme : ☎ *04-66-36-96-30.* • *tourismegard.com* • Informations uniquement par téléphone ou sur le site Internet.

Relais départemental des Gîtes de France : ☎ *04-66-27-94-94.* • *gites-de-france-gard.fr* •

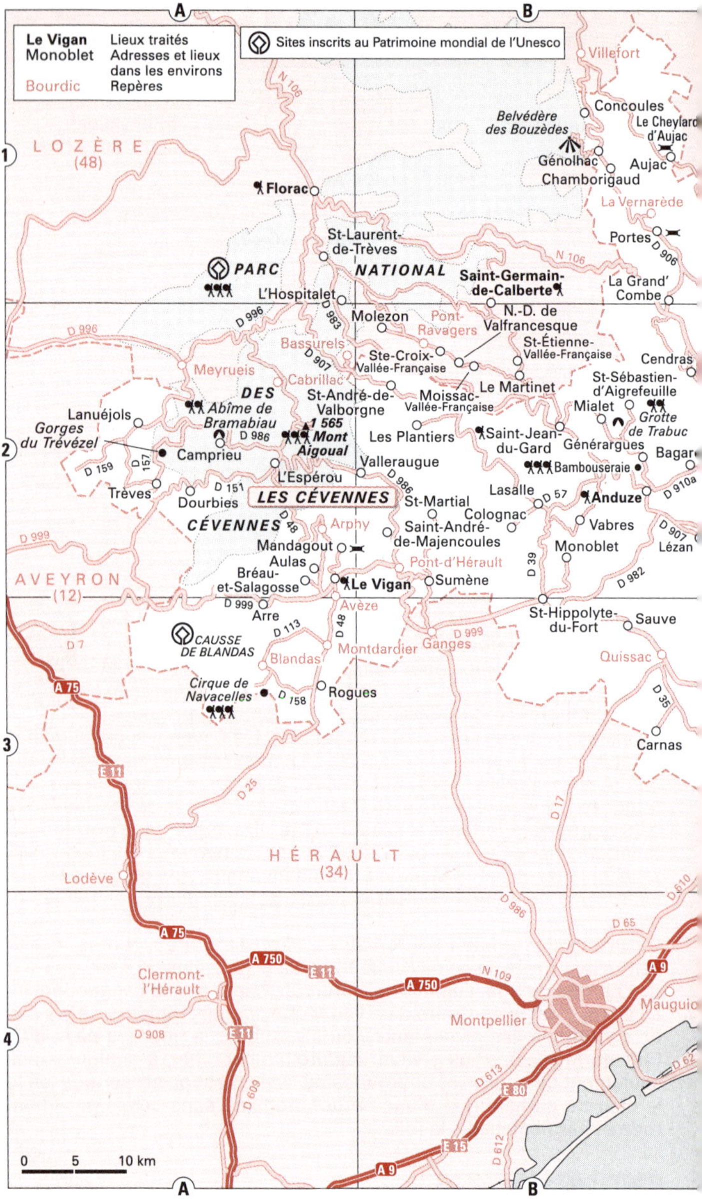
Le Vigan Lieux traités
Monoblet Adresses et lieux dans les environs
Bourdic Repères
Sites inscrits au Patrimoine mondial de l'Unesco
LOZÈRE (48)
AVEYRON (12)
HÉRAULT (34)
PARC NATIONAL DES CÉVENNES
LES CÉVENNES
CAUSSE DE BLANDAS
Villefort
Concoules
Le Cheylard d'Aujac
Belvédère des Bouzèdes
Génolhac
Aujac
Chamborigaud
La Vernarède
Portes
Florac
St-Laurent-de-Trèves
Saint-Germain-de-Calberte
La Grand' Combe
L'Hospitalet
Molezon
Pont-Ravagers
N.-D. de Valfrancesque
Bassurels
St-Étienne-Vallée-Française
Cendras
Ste-Croix-Vallée-Française
Meyrueis
Cabrillac
Le Martinet
St-Sébastien-d'Aigrefeuille
St-André-de-Valborgne
Moissac-Vallée-Française
Mialet
Grotte de Trabuc
Lanuéjols
Abîme de Bramabiau
1 565 Mont Aigoual
Les Plantiers
Saint-Jean-du-Gard
Générargues
Gorges du Trévézel
Camprieu
Valleraugue
Bagard
Bambouseraie
L'Espérou
Trèves
Dourbies
Lasalle
Anduze
St-Martial
Colognac
Vabres
Arphy
Saint-André-de-Majencoules
Mandagout
Monoblet
Lézan
Aulas
Pont-d'Hérault
Bréau-et-Salagosse
Le Vigan
Sumène
Avèze
Arre
St-Hippolyte-du-Fort
Sauve
Montdardier
Ganges
Blandas
Quissac
Cirque de Navacelles
Rogues
Carnas
Lodève
Clermont-l'Hérault
Montpellier
Mauguio
N 106
D 906
D 996
D 983
D 907
D 986
D 159
D 157
D 151
D 48
D 57
D 910a
D 999
D 39
D 982
D 113
D 7
D 158
D 35
D 25
D 17
D 610
D 65
N 109
D 908
D 609
D 613
D 612
D 62
A 75
A 750
A 9
E 11
E 80
E 15
0 5 10 km
A
B
1
2
3
4

LE GARD

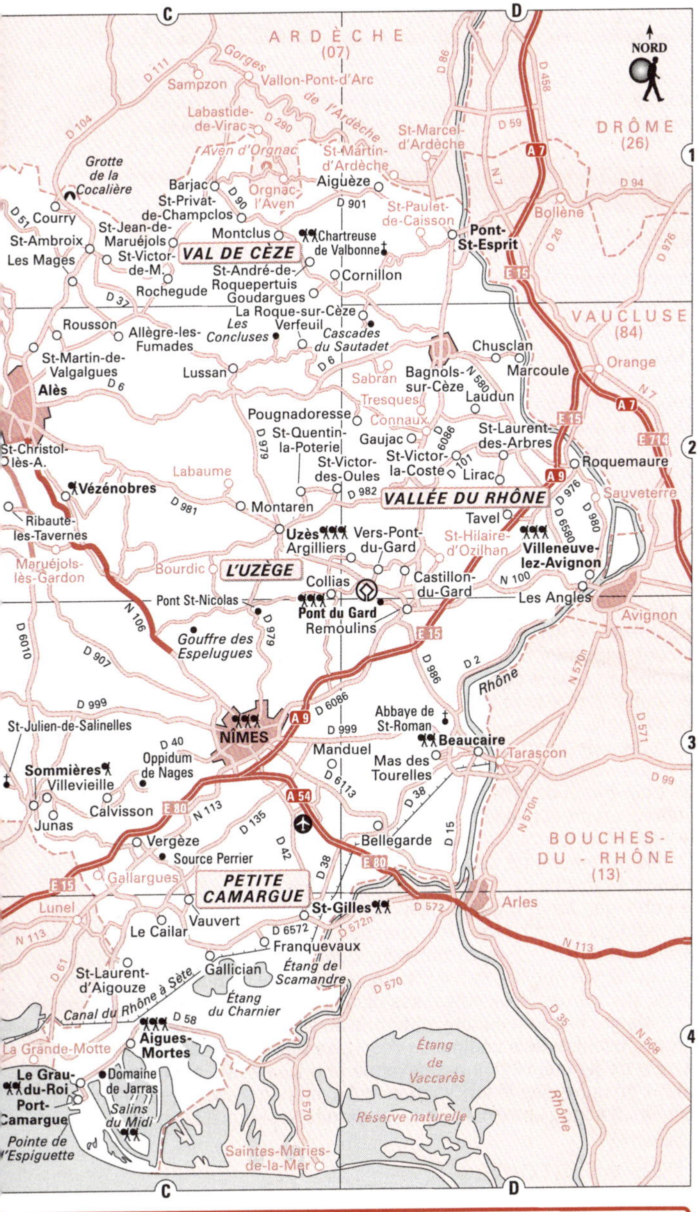

ARDÈCHE
(07)
DRÔME
(26)
VAUCLUSE
(84)
BOUCHES-DU-RHÔNE
(13)
NORD
Gorges de l'Ardèche
Sampzon
Vallon-Pont-d'Arc
Labastide-de-Virac
Aven d'Orgnac
Orgnac-l'Aven
St-Martin-d'Ardèche
St-Marcel-d'Ardèche
Aiguèze
St-Paulet-de-Caisson
Pont-St-Esprit
Bollène
Grotte de la Cocalière
Barjac
St-Privat-de-Champclos
Courry
St-Jean-de-Maruéjols
St-Ambroix
Les Mages
St-Victor-de-M.
Rochegude
Montclus
Chartreuse de Valbonne
VAL DE CÈZE
St-André-de-Roquepertuis
Cornillon
Goudargues
La Roque-sur-Cèze
Les Concluses
Verfeuil
Cascades du Sautadet
Rousson
Allègre-les-Fumades
St-Martin-de-Valgalgues
Lussan
Alès
Chusclan
Marcoule
Orange
Sabran
Bagnols-sur-Cèze
Tresques
Laudun
Connaux
Pougnadoresse
St-Quentin-la-Poterie
Gaujac
St-Laurent-des-Arbres
St-Christol-lès-A.
St-Victor-des-Oules
St-Victor-la-Coste
Lirac
Roquemaure
Labaume
Vézénobres
Montaren
VALLÉE DU RHÔNE
Sauveterre
Tavel
Ribaute-les-Tavernes
Uzès
Vers-Pont-du-Gard
Argilliers
St-Hilaire-d'Ozilhan
Villeneuve-lez-Avignon
Maruéjols-lès-Gardon
Bourdic
L'UZÈGE
Collias
Castillon-du-Gard
Les Angles
Avignon
Pont St-Nicolas
Pont du Gard
Remoulins
Gouffre des Espelugues
Rhône
Abbaye de St-Roman
St-Julien-de-Salinelles
NÎMES
Beaucaire
Manduel
Tarascon
Oppidum de Nages
Mas des Tourelles
Sommières
Villevieille
Calvisson
Junas
Bellegarde
Vergèze
Source Perrier
Gallargues
PETITE CAMARGUE
Lunel
Arles
Vauvert
St-Gilles
Le Cailar
Franquevaux
Étang de Scamandre
St-Laurent-d'Aigouze
Gallician
Étang du Charnier
Canal du Rhône à Sète
Aigues-Mortes
La Grande-Motte
Le Grau-du-Roi
Port-Camargue
Domaine de Jarras
Salins du Midi
Pointe de l'Espiguette
Saintes-Maries-de-la-Mer
Étang de Vaccarès
Réserve naturelle
A 7
A 9
A 54
E 15
E 80
E 714
N 7
N 100
N 106
N 113
N 580
N 568
N 570
N 570n
D 6
D 38
D 42
D 135
D 6113
D 999
D 907
D 981
D 979
D 6086
D 982
D 986
D 901
D 90
D 37
D 51
D 104
D 111
D 290
D 86
D 59
D 458
D 94
D 26
D 976
D 980
D 6580
D 101
D 2
D 571
D 99
D 15
D 6010
D 40
D 572
D 572n
D 6572
D 570
D 35
D 58
D 61
C
D
1
2
3
4

LE GARD

NÎMES ET LES GARRIGUES

NÎMES

(30000) 150 000 hab. *Carte Gard, C3*

• Plan *p. 430-431*

À la fois classique et d'avant-garde, provinciale et branchée, Nîmes est une ville en mutation. Après des décennies de somnolence, la « Rome française », habitée en grande partie par des protestants descendus des Cévennes, bichonne son passé tout en soignant son avenir. Face à la Maison carrée, toujours campée sur ses fondations deux fois millénaires, on a bâti le Carré d'Art, son pendant contemporain, clin d'œil à l'Histoire. Et la ville continue de remodeler son visage antique en faisant appel à des architectes d'avant-garde (Wilmotte, Nouvel, Foster, Starck...). À deux pas du centre ancien, une réhabilitation de quartiers dits « en difficulté » a commencé, tandis qu'une « ville active » s'est développée plus au sud, l'ensemble étant relié par le nouveau « tram-bus », de gros bus à soufflets pour une ville qui est loin de l'être, essoufflée. La preuve, une nouvelle gare TGV devrait voir le jour en dehors de la ville. Mais surtout, à l'horizon 2018, le musée de la Romanité devrait ouvrir ses portes à côté des arènes, tandis que l'Unesco dira s'il inscrit les monuments romains de la ville à son fameux inventaire. Suspense !

QUAND LES GARDIANS JOUENT AUX COW-BOYS

En 1905, l'impressionnant spectacle de Buffalo Bill débarqua à Nîmes (800 figurants, 500 chevaux). Le marquis de Baroncelli, grand éleveur en Camargue, prêta même ses gardians, qui se déguisèrent en cow-boys. Épatés par le paysage et la dextérité des gardians, les Américains revinrent ensuite y tourner les premiers westerns muets.

Nîmes change, donc, grandit, rajeunit sa population, sans oublier ses origines, même si elle a relégué les colonnes de son ancien théâtre à Caissargues, sur une aire d'autoroute emblématique... Mais la ville natale d'Alphonse Daudet où flânait Apollinaire est bien restée une cité du Sud, avec ses ruelles fraîches, ses terrasses de cafés, ses places ombragées et ses hôtels particuliers. Malgré le boom culturel entrepris au siècle dernier, la ville apparaissait trop souvent, le soir, comme un désert. La faute à l'absence d'étudiants ? Qu'à cela ne tienne, Nîmes est devenue une ville estudiantine après avoir aménagé en université le fort Vauban, qui n'est rien d'autre que... l'ancienne prison. Un dialogue entre histoire et modernité, on vous dit.

UN PEU D'HISTOIRE

La ville romaine

Avec Autun et Vienne, ***Nîmes fait partie des cités les plus brillantes de la Gaule romaine.*** Capitale de la population gauloise des Volques Arécomiques (on se

croirait dans une B.D. d'Astérix) comprise dans le territoire de la province de la Narbonnaise, elle ne saura pas résister aux ***légions romaines, en 120 av. J.-C.*** Elle est considérée comme « colonie de droit latin » dès l'an 40 av. J.-C. La *via Domitia* (« voie Domitienne ») relie alors Rome à l'Espagne, où l'Empire va chercher ses précieux minerais. Des bornes milliaires y balisent la route tous les 1 480 m. Nîmes est alors le passage obligé des marchands et des conquérants qui franchissent le Rhône.
Les Romains pratiquent le culte de Nemausus, dieu de la Source et génie de la Fontaine (non, ce n'est pas une fable !), qui a donné son nom à la ville. ***C'est la ville de cœur de l'empereur Auguste.*** D'où sa richesse monumentale, sa prospérité antique, son ***rayonnement culturel.*** On l'aménage, on l'embellit, à l'image de Rome, la ville mère. On construit une enceinte de 7 km, on édifie la Maison carrée en l'honneur des petits-fils adoptifs d'Auguste, le temple de Diane, un théâtre, un amphithéâtre (les arènes), et, pour alimenter Nîmes en eau, on va capter les sources d'Eure et d'Airan, près d'Uzès. Un immense aqueduc de 50 km de long traverse la garrigue, enjambant le Gardon par un superbe édifice toujours debout : le pont du Gard. Sous Auguste, la ville se dote également d'une basilique civile, d'une curie, d'un gymnase, d'un jeu de balle, d'un cirque, et bien sûr de thermes.

La fin de la prospérité

Hélas, presque tous ces monuments ont disparu. Des invasions successives, l'arrivée des Wisigoths, mettent ***fin à la prospérité.*** Au VIIe s, la population se réfugie dans l'amphithéâtre pour se protéger, les remparts servent de carrière où tout le monde se sert. Il faudra laisser passer les grandes peurs de l'an mille pour que Nîmes sorte de son repli. Une nouvelle enceinte s'élève, le commerce reprend grâce à la vigne, à l'olivier, à l'élevage.

La ville protestante

Au XVIe s, les idées de la Réforme se répandent dans les Cévennes et à Nîmes. La noblesse et la bourgeoisie se convertissent au protestantisme. Devenue une ***place forte de la religion réformée,*** la ville est entraînée dans la spirale de la violence : combats, massacres et ***guerres de Religion vont marquer la cité pendant le XVIIe s*** et durer jusqu'au milieu du XVIIIe s. La cause de ce chambardement : la révocation de l'édit de Nantes en 1685 par Louis XIV, qui prive les protestants de la liberté de culte. Mais le Grand Siècle à Nîmes, c'est aussi ces nombreux et majestueux hôtels particuliers : Mazel, de Bernis, de Régis, de Balincourt, décorés par de puissantes familles enrichies dans les manufactures, la banque, les affaires. Et le Siècle des lumières y sera synonyme d'***industrie de la soie et du textile,*** les deux piliers de la nouvelle richesse.

La ville industrielle

Au XIXe s, 30 années de réussite fulgurante vont faire de la ville besogneuse une capitale européenne de la soie et du textile, mais la concurrence lyonnaise est féroce, et ***c'est de la vigne que viendra une nouvelle richesse,*** dont témoignent les hôtels particuliers et immeubles construits autour d'une gare témoin de ce temps de folie. Une gare qui

LE JEAN *MADE IN* NÎMES ?

Au XVIIe s, les manufactures de Nîmes importaient du coton d'Égypte pour fabriquer une toile connue pour sa solidité et sa couleur bleue. On exporta cette toile robuste et bon marché dans toute l'Europe ainsi qu'aux États-Unis. En 1848, à San Francisco, un certain Levi Strauss, tailleur de génie, eut l'idée de fabriquer des vêtements très résistants pour les cow-boys et les chercheurs d'or, à partir de cette toile de Nîmes. Denim ! Teintée au bleu de Gênes (blue-jean !). L'histoire du « jean made from denim » *était née...*

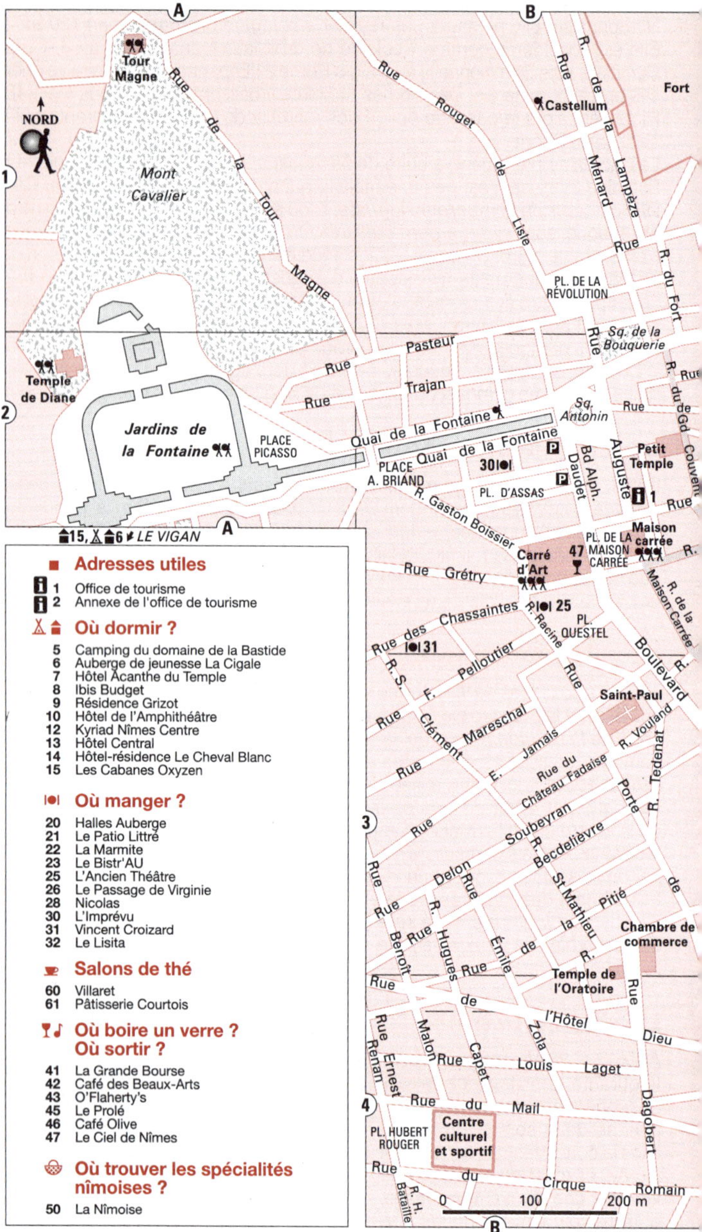

■ Adresses utiles

- 1 Office de tourisme
- 2 Annexe de l'office de tourisme

Où dormir ?

- 5 Camping du domaine de la Bastide
- 6 Auberge de jeunesse La Cigale
- 7 Hôtel Acanthe du Temple
- 8 Ibis Budget
- 9 Résidence Grizot
- 10 Hôtel de l'Amphithéâtre
- 12 Kyriad Nîmes Centre
- 13 Hôtel Central
- 14 Hôtel-résidence Le Cheval Blanc
- 15 Les Cabanes Oxyzen

Où manger ?

- 20 Halles Auberge
- 21 Le Patio Littré
- 22 La Marmite
- 23 Le Bistr'AU
- 25 L'Ancien Théâtre
- 26 Le Passage de Virginie
- 28 Nicolas
- 30 L'Imprévu
- 31 Vincent Croizard
- 32 Le Lisita

Salons de thé

- 60 Villaret
- 61 Pâtisserie Courtois

Où boire un verre ? Où sortir ?

- 41 La Grande Bourse
- 42 Café des Beaux-Arts
- 43 O'Flaherty's
- 45 Le Prolé
- 46 Café Olive
- 47 Le Ciel de Nîmes

Où trouver les spécialités nîmoises ?

- 50 La Nîmoise

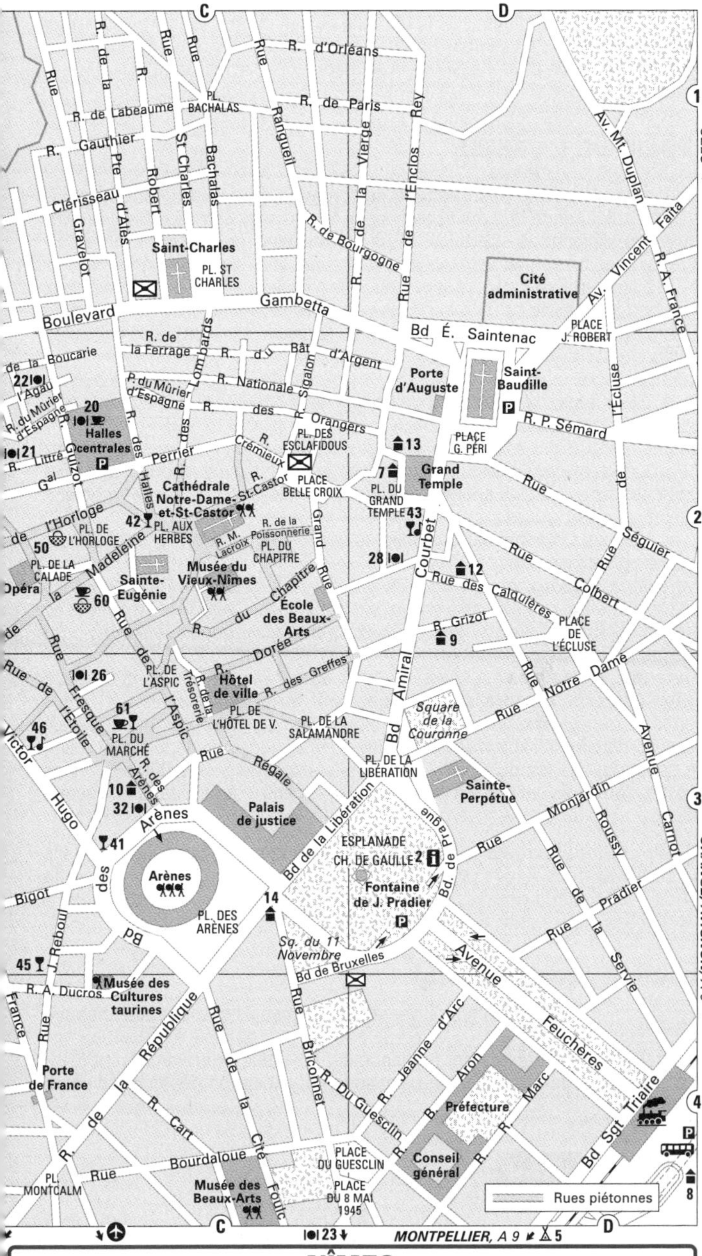

C
D
R. d'Orléans
R. de Paris
PL. BACHALAS
R. de Labeaume
R. Gauthier
Clérisseau
Gravelot
Pte d'Alès
Robert
St Charles
Bachalas
Rue Rangueil
Rue de la Vierge
Rue de l'Enclos Rey
R. de Bourgogne
Saint-Charles
PL. ST CHARLES
Boulevard Gambetta
Bd É. Saintenac
Av. Mt. Duplan
Av. Vincent Faïta
R. A. France
Cité administrative
PLACE J. ROBERT
UZÈS
R. de la Ferrage
R. du Bât d'Argent
Lombards
de la Boucarie
22
l'Agau
R. du Mûrier d'Espagne
P. du Mûrier d'Espagne
R. Nationale
R. Sigalon
R. des Orangers
Porte d'Auguste
Saint-Baudille
R. P. Sémard
l'Écluse
PL. DES ESCLAFIDOUS
PLACE G. PÉRI
13
20
Halles Centrales
21
R. Littré
R. Guizot
R. des Halles
Gal Perrier
R. Crémieux
R. St-Castor
PLACE BELLE CROIX
7
PL. DU GRAND TEMPLE
Grand Temple
Rue de Séguier
Cathédrale Notre-Dame-et-St-Castor
42
PL. AUX HERBES
l'Horloge
PL. DE L'HORLOGE
50
R. de la Poissonnerie
R. M. Lacroix
PL. DU CHAPITRE
43
Grand Rue
Courbet
28
Rue Colbert
Rue
PL. DE LA CALADE
Madeleine
Opéra
Sainte-Eugénie
Musée du Vieux-Nîmes
60
12
Rue des Calquières
R. du Chapitre
École des Beaux-Arts
R. Grizot
9
PLACE DE L'ÉCLUSE
Rue de l'Aspic
R. Dorée
Rue Fresque
26
PL. DE L'ASPIC
R. de la Trésorerie
Hôtel de ville
R. des Greffes
Amiral
Rue Notre Dame
Rue de l'Étoile
61
46
PL. DE L'HÔTEL DE V.
PL. DE LA SALAMANDRE
Square de la Couronne
Victor Hugo
PL. DU MARCHÉ
R. des Arènes
Rue Régale
PL. DE LA LIBÉRATION
Sainte-Perpétue
10
32
Arènes
Palais de justice
Bd de la Libération
Bd. de Prague
Rue Monjardin
Roussy
Avenue Carnot
41
ESPLANADE CH. DE GAULLE
2
Bigot
des
Arènes
14
Fontaine de J. Pradier
Rue de la Servie
Rue Pradier
PL. DES ARÈNES
Bd
J. Reboul
Sq. du 11 Novembre
Bd de Bruxelles
Avenue Feuchères
ORANGE, AVIGNON, A 9
45
Musée des Cultures taurines
R. A. Ducros
Rue France
Rue de la République
Rue de la Cité Foulc
Rue Briçonnet
R. Jeanne d'Arc
R. Du Guesclin
B. Aron
R. Marc
Préfecture
Porte de France
R. Cart
Bd Sgt Triaire
Bourdaloue
PLACE DU GUESCLIN
Conseil général
R.
8
PL. MONTCALM
Rue
Musée des Beaux-Arts
PLACE DU 8 MAI 1945
Rues piétonnes
23
MONTPELLIER, A 9
5
1
2
3
4

NÎMES

devrait à son tour, dans quelque temps, laisser place à une autre, plus loin du centre, à Manduel, afin d'accueillir la LGV qui devrait permettre au TGV de rallier Nîmes-Montpellier en un temps record à la fin de la seconde décennie de ce siècle. Une jolie façon d'offrir à Nîmes la situation dont elle rêve sur l'échiquier du Grand Sud.

LA FOLIE DE LA FERIA

Pour découvrir Nîmes au pas tranquille du rêveur solitaire, mieux vaut éviter les jours de feria, la grande fête qui accompagne toujours les corridas. C'est la folie. La foule des aficionados – certains venus de très loin – envahit le moindre coin des arènes. Les bistrots et les terrasses des cafés sont noirs de monde. Nîmes exulte. Comme en Espagne, à Madrid ou à Séville, les particuliers ouvrent chez eux des bodegas, sorte de bars improvisés pour la circonstance. On y boit le vin costières-de-nîmes autant que le champagne, le pastis et la sangria ; c'est, sinon recommandé, du moins obligatoire.

Pendant plusieurs jours se succèdent fanfares, *bandas,* concerts sur les places, groupes folkloriques, marché de produits régionaux et nombreux lâchers de taureaux dans les rues *(abrivados).*

Si vous ne tenez pas spécialement à assister à une corrida mais que vous rêvez de voir à quoi ça ressemble, vous pouvez acheter des places d'amphithéâtre (tout en haut des arènes), moins chères et vendues parfois jusqu'au dernier moment. Également un « tarif jeunes »...

Il y a deux grands moments tauromachiques par an à Nîmes, dont les arènes sont le centre de gravité :

– ***la feria de Pentecôte :*** *elle dure 5 j. (du mer soir au lun).* Les *novilladas* (corridas pour jeunes toreros) ou corridas à cheval ont lieu le matin, vers 11h. La corrida en elle-même commence vers 17h30. Le jeudi, grand défilé populaire sur les boulevards *(pégoulade)* ;

– ***la feria des Vendanges :*** *en principe, 3-4 j. autour du 3e w-e de sept.* À cette occasion aussi, de nombreuses bodegas sont ouvertes dans les rues. Plus authentique et plus spontanée qu'à la Pentecôte. Le 12 septembre 2012 est devenu une date inoubliable dans la mémoire des aficionados, depuis le passage sur le sable des arènes du torero José Tomas, acclamé par 12 000 personnes pour son solo nîmois (11 oreilles et une queue), et entré depuis dans la légende du siècle.

■ ***Bureau de location des arènes :*** *4, rue de la Violette. Résas : ☎ 0891-70-14-01 (0,225 €/mn) pour les corridas.* • *arenesdenimes.com* • Pour les autres événements se déroulant dans les arènes, voir les points de vente habituels (grandes surfaces, etc.).

Conseil et avertissement

En période de feria, réservez impérativement longtemps à l'avance votre chambre d'hôtel.

En général, les commerçants ont tendance à y faire leur beurre en faisant flamber les prix. Mais de nombreuses animations (à l'exception des corridas) sont gratuites.

Arriver – Quitter

En train

🚂 ***Gare SNCF*** (plan D4) **:** *bd Sergent-Triaire. Infos voyageurs et résas : ☎ 36-35 (0,34 €/mn). À 10 mn à pied des arènes (par la voie piétonne).*

➢ ***Paris :*** une douzaine de TGV directs.

➢ **Marseille** *(direct ou via **Valence** ou **Avignon**) :* tlj en TGV ou en TER.
➢ ***Clermont-Ferrand :*** en TER, via **Alès** et **Génolhac.**
➢ ***Aigues-Mortes, Le Grau-du-Roi et Alès :*** nombreux TER directs tlj.

En bus

Gare routière *(plan D4) : à l'arrière de la gare SNCF. Compagnie régionale **Edgard** (☎ 0810-33-42-73 • edgard-transport.fr •), tte l'année lun-ven 8h-18h45 ; sam 8h-12h. Ticket env 1,50 €, carnet de 10 tickets 13 € ou pass journée multi-réseaux 4 €.* Dessert notamment *La Grande Motte (via Aigues-Mortes et Le Grau-du-Roi), Sommières, Le Vigan, Saint-Jean-du-Gard, Alès, Uzès, Saint-Quentin-la-Poterie, Saint-Ambroix, Pont-Saint-Esprit ou encore Bagnols-sur-Cèze et Beaucaire.* Au-delà du département : *Arles, Tarascon et Avignon. Guichets des compagnies internationales à l'extérieur de la gare. **Linebus** (☎ 04-66-29-50-62 ; lun-sam 9h30-12h, 16h15-20h15), vers l'Espagne et de nombreux pays d'Europe ; **Eurolines** (☎ 0892-89-90-91, 0,35 €/mn ; tlj sf dim 9h-12h, 13h30-15h, mer et sam 20h15) ; bus vers de nombreux pays d'Europe et le Maroc.*

En avion

✈ ***Aéroport de Nîmes-Alès-Camargue-Cévennes*** *(hors plan par C4) : à 8 km au sud, 30800 **Saint-Gilles.** ☎ 04-66-70-49-49.* 5 vols/sem avec *Ryanair* vers Charleroi (Belgique). Également des liaisons avec Fès et Londres ou Liverpool. Des navettes de bus assurent la liaison entre l'aéroport et Nîmes, synchrones avec les vols. Plusieurs arrêts, dont la gare et les allées Jean-Jaurès.

LE GARD

Adresses et infos utiles

Office de tourisme *(plan B2, **1**) : 6, rue Auguste. ☎ 04-66-58-38-00. • ot-nimes.fr • À 30 m de la Maison carrée. Tte l'année sf 1er janv et 25 déc : en saison, lun-sam 9h-19h (19h30 juil-août), dim et j. fériés 10h-18h ; hors saison, lun-ven 9h-18h30, sam 10h-18h, dim et j. fériés 10h-17h.* Réservation d'hôtels. Balades historiques dans le vieux Nîmes et visites à thème par des guides-conférenciers *(juil-août, tlj à 10h30 ; le reste de l'année, sam et certains j. à 14h30).* Possibilité de louer des audioguides sur la ville *(10 € pour 2).* Promenade dans les jardins de la Fontaine en été le lundi à 18h30. *2d bureau sur l'esplanade Charles-de-Gaulle (plan D3, **2**).*
– Le billet « Nîmes romaine » permet désormais la visite cumulée des 3 monuments emblématiques (les arènes, la Maison carrée et la tour Magne) pour env 12 € (réduc). Renseignements sur les sites ou au *☎ 04-66-21-82-56. • arenes-nimes.com •*
– On trouve du wifi gratuit un peu partout désormais ; l'office de tourisme vous indiquera les terrasses et cafés les plus proches pour vous connecter. Sinon, consultez le site *• nimes-metropole.fr •*
■ ***Piscines :*** ***Parc Aquatropic,*** *39, chemin de l'Hostellerie, Ville Active. ☎ 04-66-38-31-00. • aquatropic-equalia.fr •* Rivière rapide, jacuzzi, jets d'eau et 2 bassins extérieurs. *Également **stade nautique Nemausa,** 120, av. de la Bouvine. ☎ 04-66-70-98-80.* Une piscine olympique avec de nombreuses activités.

Transports

■ ***Bus urbains et vélos en libre-service :*** *TanGO (☎ 0970-818-638 ; non surtaxé) • tangobus.fr •* Outre le nouveau « tram-bus » urbain, les bus desservent notamment Saint-Gilles, Générac et l'aéroport. TanGO propose aussi un système de location de vélos en libre-service, style Vélib', à coût modéré.
■ ***Location de voitures : Hertz** (gare), ☎ 04-66-76-25-91, • hertz.fr • ; **Avis** (gare), ☎ 04-34-14-80-15, • avis.fr • ; **Europcar** (gare), ☎ 04-66-29-07-94, • europcar.fr •*
■ ***Taxis AATRAN :*** *☎ 04-66-29-40-11.*

Où dormir ?

Nîmes connaît encore un déficit côté hôtellerie, notamment pour qui cherche le charme et l'originalité, même si la situation évolue. *Attention,* les hôtels augmentent leurs tarifs durant les ferias.

CAMPING

Camping du domaine de la Bastide *(hors plan par D4,* ***5****) : route de Générac. ☎ 04-66-62-05-82. • bastide@franceloc.fr • camping-nimes.com • Sortie Nîmes-Ouest, direction Nîmes-Centre ; au rond-point au feu à droite, tt droit direction Générac, puis fléché. En bus, ligne D depuis la gare. Ouv tte l'année. Compter 26-38 € pour 2 en hte saison ; mobile homes 4-8 pers 154-1 085 €/sem. 242 empl.* Bien équipé et correctement ombragé. Parc aquatique avec 2 piscines et toboggans.

APPART-HÔTEL

Hôtel-résidence Le Cheval Blanc *(plan C3,* ***14****) : 1, pl. des Arènes. ☎ 04-66-76-05-22. • lechevalblanc@odalys.fr • Doubles 70-120 €/nuit selon saison.* Un hôtel autrefois mythique, ancien couvent du XVIIe s où Picasso et Cocteau avaient l'habitude de séjourner. Géré comme une résidence hôtelière, donc plus impersonnel aujourd'hui. Le lieu, rénové, s'avère tout de même judicieusement situé, face aux arènes, et abordable (surtout pour les familles). Resto-bar à vins juste à côté.

Appart'City : *☎ 0820-881-881 (0,12 €/mn). • appartcity.com • Studios 40-100 €. Petit déj offert sur présentation du Routard de l'année (pour 2 nuits max).* Ces appartements offrent un équipement de standing avec un coin cuisine aménagé et équipé, ainsi qu'un espace bureau. En couple ou en famille pour ses vacances, l'appart-hôtel permet d'économiser sur son budget restauration. Ces établissements proposent des services (parfois) identiques à ceux des hôtels, avec selon la gamme, accueil 24h/24, ménage quotidien, espace détente avec salle de sport, laverie, parking, restaurant... et parfois, sauna et hammam.

AUBERGES, CHAMBRES D'HÔTES ET HÔTELS

De bon marché à prix moyens

Auberge de jeunesse La Cigale *(hors plan par A2,* ***6****) : 257, chemin de l'Auberge-de-Jeunesse. ☎ 04-66-68-03-20. • nimes@hifrance.org • Fermé nov-fév (sf pour les groupes). À 2 km du centre. Fléché à partir du jardin de la Fontaine ; bus depuis la gare SNCF, ligne I direction Alès-Villeverte, arrêt Stade-Route-d'Alès. Accueil 24h/24 en été, sinon 8h-23h. Camping env 8 €/pers. Nuitée env 17 €/pers en dortoir ; double 39 €. Plat du jour 5,50 €.* Excentrée (et si vous êtes à pied ou à vélo, ça grimpe !) dans un quartier tranquille, à flanc de colline, dans un beau jardin botanique. Dortoirs de 4 à 8 lits, plus quelques chambres dans le bâtiment principal ou dans de petits bungalows. Possibilité de camper sous les oliviers. Cuisine à disposition, laverie, local à vélos et bar.

Hôtel Acanthe du Temple *(plan D2,* ***7****) : 1, rue Charles-Babut. ☎ 04-66-67-54-61. • contact@hotel-temple.com • hotel-temple.com • Congés : fin déc-20 janv. Doubles env 50-80 € selon confort ; familiales 75-120 €. Tarif dégressif selon durée.* En face de l'*Hôtel Central,* à côté du temple protestant, immuable, un petit hôtel kitschounet mais à la propreté impeccable. Accueil cordial.

Ibis Budget *(plan D4,* ***8****) : av. Méditerranée. ☎ 0892-68-20-36. • h7467@accor.com • accorhotels.com • Doubles 48-65 €, triples 65-71 €. Parking (payant) au 2, av. Général-Leclerc. (payant).* Comme son nom de chaîne l'indique, une adresse pour petits budgets, située juste derrière la gare, dans un environnement rénové. Très fonctionnel, bien sûr, mais pas cher, même en été. Demander une

LE GARD

chambre au 6e étage avec vue sur la ville.

Résidence Grizot *(plan D2, **9**) : 6, rue Grizot. ☎ 04-66-36-50-00. • legrizot@gmail.com • residence-grizot.com • Résa conseillée à l'avance. Loc à la sem slt : 285-345 € le studio pour 2 selon saison. (payant).* Plus pratique qu'esthétique. En plein centre, une modeste résidence étudiante composée de 46 studios et appartements meublés, équipés de kitchenette. Pour 1, 2 ou 4 personnes (salon avec clic-clac). Services en plus : gardienne, laverie, location de linge et de TV. Bon rapport qualité-prix. Accueil charmant.

De prix moyens à chic

Hôtel de l'Amphithéâtre *(plan C3, **10**) : 4, rue des Arènes. ☎ 04-66-67-28-51. • contact@hoteldelamphitheatre.com • hoteldelamphitheatre.com • À 30 m des arènes. Congés : vac de la Toussaint et Noël. Doubles env 92-120 €. Garage payant.* Un hôtel sérieux, bien placé, refait à neuf, comme on disait naguère, installé dans une grande maison ancienne (XVIIIe s). Une dizaine de chambres, décor sobre et plutôt raffiné. Meubles anciens pour la plupart et rénovation inspirée.

Kyriad Nîmes Centre *(plan D2, **12**) : 10, rue Roussy. ☎ 04-66-76-16-20. • kyriad-nimescentre@orange.fr • hotel-kyriad-nimes.com • Doubles 68-98 €. Possibilité de plateau-repas 15 €. Un petit déj/pers offert hors feria sur présentation de ce guide.* Dans une rue paisible, une vieille maison nîmoise, correctement rénovée, quoiqu'un poil vieillissante. Défaut compensé par la gentillesse de l'accueil et le petit effort de déco (affiches de corrida ou d'opéra dans les couloirs). Chambres petites mais climatisées. Au 4e étage, 2 d'entre elles ont une petite terrasse avec vue sur les vieux toits de tuiles pour le même prix.

Hôtel Central *(plan D2, **13**) : 2, pl. du Château. ☎ 04-66-67-27-75. • contact@hotel-central.org • hotel-central.org • Adossé au grand temple protestant. Doubles 55-95 € ; familiales 85-150 €. Parking public voisin à tarif préférentiel.* Entièrement rénové, le *Central* a conservé sa façade, mais l'intérieur a été complètement réaménagé, afin d'apporter confort, calme et bien-être total. À chaque étage sa couleur, son style. Petites chambres contemporaines, avec douches à l'italienne. Les suites, à peine plus grandes, sont tout aussi impeccables. La chambre n° 403 offre une vue superbe sur les toits, les clochers et les dômes de la cité romaine. Accueil souriant.

Les Cabanes Oxyzen *(hors plan par A2, **15**) : 80, impasse du Couchant (même direction que l'AJ). ☎ 04-66-84-99-80. 06-08-01-07-05. • contact@lescabanes-oxyzen.com • lescabanes-oxyzen.com • Double 150 € (110 € à partir de la 2e nuit), petit déj compris. Apéritif offert sur présentation de ce guide.* Des chambres d'hôtes de luxe ou plutôt 3 cabanes insolites dans la garrigue, qui exigent un GPS pour les trouver, de l'humour pour en apprécier tout le charme, et une envie profonde de calme, d'authenticité, de vrai confort aussi. La terrasse du petit déj flotte au milieu des arbousiers et des chênes, la piscine est baignée de verdure et entourée d'une grande terrasse. Sébastien, jeune père au foyer, est un hôte discret et de bon conseil, profitez-en !

Où manger ?

Bon marché

Halles Auberge *(plan C2, **20**) : dans les halles centrales (entrée rue Guizot). ☎ 04-66-21-96-70. • hallesauberge@gmail.com • Tlj sf lun, 10h30-14h (14h30 le w-e). Plats env 8-15 €.* Un comptoir plus qu'agréable pour goûter des petits plats mitonnés sur place à base des produits repérés par Arlette sur les étals du marché couvert. On boit son petit noir au coude à coude avec les acheteurs, vendeurs et même quelques « festegaïres » qui font ici leur « après », le dimanche matin. Et surtout, on se régale d'abats (costume disco facultatif), seiches, andouillettes, brandade et même d'une spécialité cuite du cru : l'agrillade saint-gilloise (paleron mariné). Le jeudi, c'est *bullger* (steack haché de taureau !) et le vendredi ail-au-lit, enfin aïoli ! Quelques tables.

Prix moyens

Le Patio Littré (plan C2, **21**) : *10, rue Littré. ☎ 04-66-67-22-50. • restaurant.patio@gmail.com • Tlj sf lun-mar en basse saison. Plat du jour 12 €, formule déj 19 € et menu 32 € ; carte env 45 €. Café offert pour le menu déj à 19 € sur présentation de ce guide.* Du beau, du bio, du local, du bon, du savoureux, du discret, du caché ; on est à Nîmes, ville où il faut ruser pour découvrir les bonnes adresses, cachées à quelques rues à peine de terrasses où ce que l'on vous sert comme « cuisine maison » fait sourire les cuisiniers (les vrais). Ici, vous profitez du soleil, de la ville, des produits des halles toutes proches. Le chef a préféré quitter les tables étoilées pour se faire sa propre place au soleil, profitez-en !

La Marmite (plan C2, **22**) : *6, rue de l'Agau. ☎ 04-66-29-98-23. Tlj sf le soir lun-mer, plus dim et j. fériés. Congés : 3 sem en août. Résa conseillée. Menus 13 € (déj)-23 €. Café offert sur présentation de ce guide.* Un bouchon que les Nîmois et les Nîmoises (important !) aiment fréquenter, les jours de blanquette, de grand vent, ou simplement d'envie de se réchauffer hors saison dans un cadre plein de bonne humeur. En saison, la cuisine fraîcheur de Georges, ses plats évocateurs d'un terroir sans frontière sont là pour vous faire profiter de l'aubaine, si les habitués veulent bien vous laisser une place...

L'Ancien Théâtre (plan B2, **25**) : *4, rue Racine. ☎ 04-66-21-30-75. • gilles.taliani@wanadoo.fr • Fermé sam midi, dim-lun et j. fériés. Congés : vac de fév et 1re quinzaine d'août. Menus 20-39 €. Café offert sur présentation de ce guide.* On dit qu'à la place du Carré d'Art tout proche, il y eut un théâtre incendié par une cantatrice folle de rage de n'y avoir pas été engagée ! Mais ne craignez pas le fantôme de l'opéra : l'accueil très attentionné et la cuisine du patron à base de poisson, mitonnée, personnelle, méditerranéenne, devraient vous rassurer ! Cadre intime sur fond de tissus et pierres apparentes. Une très bonne adresse à prix doux.

Le Passage de Virginie (plan C3, **26**) : *15, impasse Fresque. ☎ 04-66-38-29-26. Tlj sf dim-lun et j. fériés, plus le soir mar-mer hors saison. Formule déj 15 € ; carte env 40 €.* Virginie est devenue l'une des personnalités incontournables de la cuisine locale. Arcades rouges et déco haute en couleur, ambiance bon enfant, on se régale avec les délicieux produits de la mer cuisinés de façon créative, sans oublier la traditionnelle brandade de morue maison. En été, les tablées s'alignent dans la rue. Ne passez pas *Le Passage*, vous ne sauriez pas ce que vous avez manqué.

Nicolas (plan D2, **28**) : *1, rue Poise. ☎ 04-66-67-50-47. • restaurant.nicolas@orange.fr • Dans le vieux Nîmes, à côté du Musée archéologique. Tlj sf dim soir et lun. Congés : 3 sem début août, 24-26 déc et 31 déc-2 janv. Menus 15,50 € en sem puis 27,50 €. Apéritif offert sur présentation de ce guide.* La vieille adresse traditionnelle, bien tenue, avec son carrelage d'origine, ses poutres et ses murs en pierre. En salle, la maman, qui se maintient en continuant à travailler chaque jour que Dieu fait. Aux fourneaux, le fiston, Pascal, qui a pris la succession. La carte, immuable, continue d'égrener les classiques familiaux, tels que la terrine maison et le feuilleté de brandade dès le petit menu. Sinon, gardiane de taureau de Camargue et loup flambé au pastis. Rien d'exceptionnel, mais on aime l'atmosphère.

De prix moyens à chic

L'Imprévu (plan B2, **30**) : *6, pl. d'Assas. ☎ 04-66-38-99-59. • contact@l-imprevu.com • ♿ Tlj sf mar-mer. Congés : vac de fév et Noël. Formules et menus 18-21 € passant à 21-24 € le w-e ; carte env 42 €.* Sur cette place contemporaine très solennelle qui prend tout de même, en été, des airs de fête, la terrasse et le patio invitent à la pause gourmande. Des plats du moment, qui jouent la carte du terroir, et surprennent par la qualité des produits, la justesse des cuissons : *pluma de pata negra,* risotto aux asperges et noix de Saint-Jacques. L'accueil est tonique, le service agréable.

Le Bistr'AU *(hors plan par C-D4,* ***23****) : dans le parc Georges-Besse, 351, chemin Bas-du-Mas-de-Boudan. ☎ 04-66-40-60-75. • contact@jerome-nutile.com • Tlj sf dim. Formule 18 € et menu 23 € (32 € boisson comprise) ; carte 29 €.* Jérôme Nutile a quitté son resto étoilé de Collias pour retrouver ici, dans ce curieux parc, sa bonne étoile, que le poète qui sommeille en nous aurait volontiers intitulé *L'Inutile...* Mais pour des raisons pécuniaires évidentes, on s'est intéressé à son annexe, *Le Bistr'AU.* Et on n'a pas été déçu. Ambiance de ruche dans une salle au goût du jour, où l'expatriation du centre-ville est vite oubliée. Dans l'assiette, des saveurs et des couleurs, comme ce superbe *ceviche* de daurade, véritable tableau champêtre. Au fil du marché et des saisons, du gastro-bistrot réjouissant avec des menus d'un rapport qualité-prix-plaisir imbattable.

De chic à plus chic

Vincent Croizard *(plan B2,* ***31****) : 17, rue des Chassaintes. ☎ 04-66-67-04-99. • contact@restaurantcroizard.com • Tlj sf dim-lun en été ; dim soir, lun, plus mar midi hors saison. Formules déj en sem 23-28 € ; menus 48-70 € ; carte 55 €.* L'une des plus belles tables de la ville. On sonne. Le quartier est désert, la porte s'ouvre et c'est la divine surprise : un jardin abrité, une salle aux couleurs contemporaines, qui prennent la nuit venue des allures festives. Vincent Croizard fait partie de ces chefs discrets à qui la reconnaissance tardive va bien. Dans l'assiette, uniquement des produits qu'il aime et que l'on aime, une fois préparés à sa façon. Car cet amoureux des voyages adore travailler les épices et privilégie les produits locaux bio ou issus de l'agriculture raisonnée. Superbe carte des vins.

Le Lisita *(plan C3,* ***32****) : 2, bd des Arènes. ☎ 04-66-67-29-15. • restaurant@lisita.com • Tlj sf dim et lun soir hors saison. Formule 24,60 € et menus 29,60-48 € ; carte env 55-60 €. Café offert sur présentation de ce guide.* Face aux célèbres arènes de Nîmes, l'une des bonnes tables de la ville, qui ne cherche pas à vous en mettre plein la vue, malgré une terrasse idéalement située. Parfait pour découvrir, dans la fraîcheur du soir, la cuisine toujours sincère d'Olivier Douet, au nom prédestiné. Les plats à la carte sentent bon ce pays gardois que le chef revisite au fil des saisons. Aux jours gris, on peut profiter du décor intérieur, jouant sur les bois et les assiettes peintes. Belle carte de vins.

Où manger dans les environs ?

La Brocantine : *24, cours Jean-Jaurès, 30129* ***Manduel.*** *☎ 04-66-37-14-45. • chantal-coulange@bbox.fr • Tlj sf dim soir et lun. Menus 16-25,90 € ; carte env 36 €. Café offert sur présentation de ce guide.* Peu de visiteurs connaissent Manduel, bourgade à l'est de Nîmes, mais quand la future LGV s'arrêtera par ici, il y aura encore plus de monde pour y faire une pause, avant de partir pour Nîmes ou Montpellier... Un restaurant-salon de thé sur la place du village, tenu par une patronne charmante, où les menus sont du jour, comme les légumes, et les desserts, vraiment maison.

Salons de thé

Villaret *(plan C2,* ***60****) : 13, rue Madeleine. ☎ 04-66-67-41-79. • maison-villaret@orange.fr • Tlj 7h (8h dim)-19h30 (19h jeu).* La spécialité, c'est le croquant. Des aficionados s'y cassent les dents depuis 1775. Il fut inventé, à l'époque... pour rendre la monnaie. Un conseil, faites-le fondre un peu en bouche avant d'y aller de votre molaire ! Et profitez du salon de thé et de la terrasse qui s'étend aux beaux jours sur la place.

Pâtisserie Courtois *(plan C3,* ***61****) : 8, pl. du Marché. ☎ 04-66-67-20-09. Tlj sf mer hors saison. Congés : 1 sem en fév, fin juin et nov.* Depuis le XIXe s, cette maison est passée du statut de pâtisserie à celui d'institution. Une terrasse, mais surtout une belle salle avec des miroirs au tain usé, corniches, moulures, dorures et bas-reliefs. Un lieu idéal pour un thé ou une gourmandise comme le Nelusko : un gâteau praliné créé ici.

Où boire un verre ? Où sortir ?

À Nîmes, ville du soleil, des micocouliers et des corridas, les bonnes terrasses sont des salons en plein air où l'on cause tauromachie, foot, littérature ou art moderne. À vous de jouer...

La Grande Bourse *(plan C3,* ***41****) : 2, bd des Arènes. ☎ 04-66-67-68-69. ♿ Tlj 6h30-minuit.* L'un des plus vieux cafés de France et l'une des institutions de la ville, pile-poil face aux arènes. Belle salle à l'ancienne, constellée de têtes de taureaux. Terrasse très fréquentée aux beaux jours, alors pendant les ferias !

Café des Beaux-Arts *(plan C2,* ***42****) : 17, pl. aux Herbes. ☎ 04-66-67-97-97. Tlj sf dim et j. fériés.* Sur une placette pleine de charme, dans le vieux Nîmes, une terrasse ensoleillée le matin où, depuis un demi-siècle, on prend son p'tit noir en admirant la frise de la cathédrale juste en face. On y revient, bien plus tard, pour l'apéro en compagnie des étudiants de l'école des beaux-arts, toute proche.

Le Prolé *(plan C3,* ***45****) : 20, rue Jean-Reboul. ☎ 04-66-21-67-23. Tlj sf dim et j. fériés, 8h-22h.* Dans l'immeuble où naquit l'écrivain-éditeur-résistant Jean Paulhan (1884-1968), un bar de prolos, un vrai de vrai, à fréquenter quand il prend ses quartiers d'été dans une cour intérieure. Déco réduite, demis pas chers, clientèle marginale et militante, l'*Huma* sur le zinc. Concerts en été et ambiance indescriptible pendant les ferias.

Autour du Carré d'Art et de la place d'Assas, profusion de petits bistrots sympas, aux terrasses largement ensoleillées ou ombragées selon l'heure, sans oublier, tout là-haut, ***Le Ciel de Nîmes*** *(plan B2,* ***47*** *; 16, pl. de la Maison-Carrée. ☎ 04-66-36-71-70. ♿ Mar-dim 10h-18h, plus le soir jeu-sam en saison. 📶).* Sur le toit du Carré d'Art, une belle terrasse avec vue dégagée sur la Maison carrée, les clochers et les toits du vieux Nîmes.

Et après 22h ?

Force est de constater que si Nîmes regorge de terrasses et de places animées en journée, la ville est quasi désertée la nuit par la jeunesse locale, qui lui préfère Montpellier ou la côte... Rien de bien fou, donc, si ce n'est lors des Jeudis de Nîmes, en été, ou dans quelques « cafés chantants ». Outre les adresses suivantes, on vous conseille la ***rue Fresque*** *(plan C2-3),* souvent animée, notamment à la ***Casa Blanca,*** au ***421*** ou, en face, à ***El Trio.***

O'Flaherty's *(plan D2,* ***43****) : 21, bd Amiral-Courbet. ☎ 04-66-67-22-63. • contact@pub-oflahertys.com • Tlj 11h (17h w-e)-1h (2h jeu-sam).* 📶 Le pub irlandais dans toute sa splendeur, à la carte de whiskies longue comme le bras. Scène ouverte le mercredi concerts country, folk irlandais ou pop rock en fin de semaine (en particulier le jeudi).

Café Olive *(plan C3,* ***46****) : 22, bd Victor-Hugo. ☎ 04-66-67-89-10. Tte l'année tlj 9h-1h.* À deux pas des arènes, un bar moderne, réchauffé par un mur de pierre et de belles grosses poutres. La mezzanine n'est pas mal non plus avec ses fauteuils bas. Nombreux rhums arrangés et plats pour éviter de l'être. Concerts de musiques actuelles *(consulter la page Facebook).* Terrasse sur le boulevard.

LE GARD

Où trouver les spécialités nîmoises ?

Pour acheter de la ***brandade de morue fraîche,*** la spécialité locale par excellence, allez donc à ***La Nîmoise,*** chez Christophe Mouton *(plan C2, **50** ; 9, rue de l'Horloge. Tlj sf dim-lun 9h-13h, 15h30-19h).* Demandez de la brandade de Mouton pour faire sourire la patronne... Sinon, vous en trouverez chez ***Daniel,*** aux ***halles*** *(plan C2),* ainsi que le ***petit pâté de Nîmes,*** qui s'apparente à celui de Pézenas mais qui diffère dans ses ingrédients et sa préparation. Le dimanche matin, les halles sont le lieu de rendez-vous par excellence !

À voir

Le cœur ancien, c'est à pied évidemment qu'il faut le découvrir : écartez toute idée de visiter en voiture le vieux Nîmes. Laissez impérativement votre véhicule à l'hôtel, sous les arbres des avenues ou dans l'un des parkings souterrains.
On attend l'ouverture du musée de la Romanité, annoncé pour 2018 à grand renfort de panneaux face aux arènes, et l'éventuelle inscription du patrimoine romain à l'inventaire de l'Unesco, prenez le temps de souffler, sur un banc ou en terrasse. Ici, le temps est de toute façon une notion toute relative.

Autour des arènes

Les arènes *(plan C3)* **:** *☎ 04-66-21-82-56. • arenes-nimes.com • Tte l'année, tlj sf pdt les ferias et j. de spectacles : avr-mai et sept, 9h-18h30 ; juin, 9h-19h ; juil-août, 9h-20h ; nov-fév, 9h30-17h ; mars et oct 9h-18h. Entrée : 10 € ; réduc. Billet combiné avec la Maison carrée et la tour Magne (valable 3 j.) : 12 €. Visite guidée gratuite juin-août. Sinon, audioguide gratuit ou tablette numérique à 5 €.*

La « Colonia Augusta Nemausus » était déjà bien alimentée en eau par l'aqueduc de Nîmes (et son fameux pont du Gard) quand on décida de construire cet amphithéâtre, autour de l'an 100, destiné essentiellement aux combats de gladiateurs. L'eau d'abord, le sang ensuite. Bien qu'effritée par les intempéries, la pierre des arènes a tenu le choc des siècles. Résultat : près de 2 000 ans après sa naissance, c'est le monument le mieux conservé du monde romain. Inspirée du Colisée de Rome, son architecture est un modèle d'harmonie et d'équilibre. En tournant autour, il vous suffira de lever la tête pour découvrir, du côté du palais de justice, une louve, des oiseaux, un combat de gladiateurs ou des têtes de taureaux. Des 75 amphithéâtres romains toujours debout à travers le monde, celui de Nîmes n'est qu'au 20e rang par la taille : une forme elliptique de 133 m sur 101 m. À l'époque romaine, les arènes étaient une immense salle de jeux en plein air, ouverte au peuple comme à l'élite de la ville. 24 000 spectateurs en tout, répartis sur 34 niveaux de gradins : ça fait du monde. On est frappé par l'ingéniosité de l'architecture : l'accès devait y être aussi rapide que possible afin d'éviter les embouteillages de spectateurs à l'entrée comme à

POUCE, LES IDÉES REÇUES !

La visite des arènes permet de réviser pas mal d'idées reçues concernant les gladiateurs. Ravalés au rang d'esclaves, ils étaient en fait les vedettes de l'époque. Le magistrat graciait souvent, car la mort d'un gladiateur lui coûtait cher. Il mettait généralement son pouce à l'intérieur de la main, indiquant au vainqueur qu'il devait rentrer le glaive dans le fourreau. Sinon, il faisait un geste de la main ouverte, pour laisser le vaincu périr. Mais pas de pouce baissé comme dans les films !

la sortie (des sorties appelées « vomitoires »...). Pour ce faire, 2 étages d'arches voûtées cachent 5 galeries concentriques, sur plusieurs niveaux, et pas moins de 126 escaliers internes. De sanglants combats de gladiateurs s'y déroulèrent, mais aussi des courses de chars, de chevaux, des pantomimes. Les jeux cessèrent à la chute de l'Empire. Au Moyen Âge, l'ancienne *arena* (mot latin signifiant sable et qui avait donné son nom à ce vaste espace recouvert de sable après les combats) était méconnaissable : on y trouvait des habitations, des rues et une sorte de château abritant les « chevaliers des arènes » jusqu'à ce que ceux-ci se voient évincés par les troupes du roi de France ! En 1782, il y avait encore 230 maisons dans l'enceinte, avec des centaines de personnes vivant misérablement. Il faudra attendre 1809 pour qu'elles soient détruites.

– C'est en 1853 qu'eut lieu la première ***corrida,*** un scandale à l'époque. Depuis cette date, elles n'ont pas cessé. Dans les années 1990, leur nombre et leur popularité n'ont jamais été aussi importants. Outre les taureaux et les matadors, les arènes accueillent désormais des concerts de rock, des spectacles d'opéra. Elles méritent donc toujours leur surnom romain de « Spectacula ».

– Plongez dans l'atmosphère des arènes en suivant une ***visite guidée en été ou audioguidée.*** À moins que vous ne soyez accro aux images, la tablette numérique (payante) nous a moins convaincu : le soleil nuit à la lecture des images et le son est invasif pour les autres. Arrêtez-vous au *Vestiaire des Gladiateurs* (armes, tenues et vidéos de combats) et à l'espace *Couleurs des Corridas* (tenues, films et images autour des traditions camarguaises et corridas). Intéressants commentaires.

GLADIATEUR ? STAR ENTOURÉE DE GROUPIES

Bien des femmes adulaient ces gladiateurs malgré leurs balafres et leur espérance de vie faible. Parfois, elles en arrivaient à quitter leur mari. Ces combats très virils les séduisaient au plus haut point. Résultat, elles ne pouvaient assister aux spectacles qu'à condition de s'installer dans les derniers rangs !

– ***Les grands jeux romains :*** *avr ou mai. Se renseigner pour les tarifs et dates. Résa longtemps à l'avance.* Un péplum avec près de 500 « reconstituants » rien que pour vos yeux. Et pour vous éviter la tentation de baisser ou de lever les pouces, on vous distribuera un petit mouchoir blanc, afin de l'agiter pour sauver ou non vos gladiateurs préférés.

Le musée des Cultures taurines (*plan C4*) **:** *6, rue Alexandre-Ducros. ☎ 04-30-06-77-07. Mai-oct, tlj sf lun, 10h-18h ; nov-avr, le 1er w-e de chaque mois. GRATUIT (pour la collection permanente ; env 5 € pour les expos temporaires).* Consacré au monde de la tauromachie et de la *bouvine* (traditions camarguaises), et réservé aux aficionados : affiches, documents sur les corridas et les toreros, bandes dessinées, objets, costumes...

Le musée des Beaux-Arts (*plan C4*) **:** *rue de la Cité-Foulc. ☎ 04-66-28-18-32. ♿ À 400 m de la pl. des Arènes. Tlj sf lun et certains j. fériés, 10h-18h. GRATUIT pour les collections permanentes ; 5 € pour les expos temporaires ; réduc ; gratuit partout le 1er dim du mois.* Riche collection de tableaux des écoles italienne, nordique et française du XVe au XIXe s. À signaler, dans la salle centrale, une grande mosaïque romaine représentant les noces d'Admète, entourée par de grands et beaux tableaux historiques du nîmois Charles-Joseph Natoire.

Promenade dans le vieux Nîmes

Comme dans toutes les villes, la plupart des cours d'hôtels particuliers ne sont plus accessibles autrement que via une visite guidée, dont celles proposées par l'office de tourisme (voir plus haut « Adresses et infos utiles »).

> **ARMES DE CROCODILES**
>
> *Palmier et crocodile figurent dans les armes de Nîmes depuis 1535. Ils rappellent la conquête de l'Égypte de Cléopâtre par les troupes de César et la bataille d'Actium en 31 av. J.-C. Un emblème quasi tropical qui ne jure pas sous le ciel du Gard.*

➢ Des arènes, remonter l'une des ruelles menant à la ***place du Marché*** *(plan C3)*, colonisée par d'envahissantes terrasses de restos, avec un palmier planté en 1985 et une curieuse fontaine au Crocodile, dessinée par Martial Raysse. La ***rue Fresque*** *(plan C2-3)* mène à la place de la Calade, toute proche de la Maison carrée. Au n° 6, l'*hôtel Mazel* dit *Chouleur* (XVIIe s), surtout remarquable pour sa cour et son escalier. Dans la ***rue de l'Horloge*** *(plan B-C2)*, arrêtez-vous au n° 13 pour admirer la belle porte de l'hôtel Besserié. La place de l'Horloge est dominée par la tour du même nom ; laissez-vous guider par les cloches jusqu'au campanile (1754). Continuez vers la ***rue de l'Aspic*** *(plan C2-3)*. En levant le nez, on voit quelques beaux bâtiments de caractère, avec des gouttières-gargouilles en pierre. Au n° 14, l'*hôtel de Fontfroide* (1699) et son bel escalier. En tournant à gauche, on rejoint l'***hôtel de ville*** *(plan C3)* réaménagé par l'architecte-designer Jean-Michel Wilmotte. C'est un mélange réussi de vieilles voûtes et de style high-tech. Accrochés au plafond, dans la cage du grand escalier, quatre crocodiles naturalisés, emblèmes de la ville. En sortant, ne pas rater la *maison Fourgeaud* en face. Les mascarons de chiens et hures de sangliers ont vraiment de la gueule. La façade porte également un drôle de carillon-automate. Ensuite, direction la Grand-Rue. La ***chapelle des Jésuites*** *(plan C-D2)* abrite des expositions ou des concerts. Construite entre 1673 et 1678, sur le modèle de l'église du Gesù à Rome, elle est attenante à l'ancien collège des Jésuites.

LE GARD

➢ Face à la chapelle des Jésuites, quelques beaux hôtels particuliers ***rue Dorée*** *(plan C2-3)*, aux nos 3, 4 et 5. Au n° 16, la superbe porte d'entrée de l'*hôtel de l'Académie* (XVIIe s) cache une cour intéressante, avec des sculptures représentant des soldats casqués du Grand Siècle. Tourner à gauche dans la rue de la Trésorerie. Celle-ci, édifiée sous François Ier, est un beau bâtiment de style Renaissance avec colonnes et fenêtres à meneaux sculptées. Revenir sur ses pas et faire un petit aller-retour vers le plan de l'Aspic pour admirer la belle porte de la *maison des Atlantes* (1676). L'ensemble de la bâtisse est admirable avec ses bas-reliefs végétaux. Dans la ***rue du Chapitre*** *(plan C2)*, faites une pause au n° 14 pour admirer l'*hôtel de Régis* (XVIIIe s). À l'intérieur, une cour pavée avec des calades (galets de rivière). Jetez un œil à l'école des Beaux-Arts en passant dans la Grand-Rue, avant de traverser la place Belle-Croix pour trouver, derrière le bureau de poste, la ***place des Esclafidous*** *(plan C2)*, couleurs chaudes des façades, fontaine, terrasses. En revenant sur ses pas, on rejoint la cathédrale et la ***place aux Herbes*** *(plan C2)*. Quelques terrasses de cafés très sympas, des parasols, du soleil et de l'ombre, et bien sûr la silhouette éclatante de lumière de la cathédrale.

Le musée du Vieux-Nîmes (plan C2) **:** *pl. aux Herbes. ☎ 04-66-76-73-70. Tlj sf lun et certains j. fériés, 10h-18h (juil-août, nocturne jeu jusqu'à 21h). GRATUIT (sf expos temporaires à 5 €).* Dans l'ancien palais épiscopal, ce musée, petit (quatre salles) mais intéressant, présente le passé de la ville depuis la fin du Moyen Âge. Premier acte : des salons nîmois d'époque XVIIIe s et Empire. Ensuite, le « Bleu au quotidien » relate trois siècles de production textile nîmoise avec *(of course)* une expo sur le denim (de Nîmes !).

La cathédrale Notre-Dame-et-Saint-Castor *(plan C2)* **:** *☎ 04-66-67-27-72. Lun-sam 9h-12h, 14h-18h (en continu mer et ven) et dim mat (messe à 10h).* D'époque romane (XIe s), elle a été détruite et reconstruite plusieurs fois, sans parler des restaurations, dont une assez récente. On remarquera sur la façade la longue frise sculptée qui compte parmi les plus beaux exemples de l'art roman du bas Languedoc. Elle représente des scènes de l'Ancien Testament, dont l'histoire d'Adam et Ève, le sacrifice de Caïn et d'Abel, le meurtre d'Abel, l'arche de Noé. Noter la dimension donnée aux visages des personnages. Tableaux explicatifs très complets à l'intérieur de la cathédrale, où vous trouverez le tombeau du célèbre cardinal de Bernis (1715-1794). Favori de la Pompadour, poète libertin, il fut ambassadeur de Louis XV à Venise et à Rome, où il mourut ruiné par la Révolution. À noter également, un beau sarcophage paléochrétien provenant des Alyscamps d'Arles, transformé en autel. Tout au fond, chapelle absidiale du XVIIe s, baroque à souhait.

Remonter la rue du Général-Perrier, très commerçante. Les ***halles,*** remplies de gourmandises, ont été repensées par le designer Jean-Michel Wilmotte et donnent de la vie à tout ce secteur, même le dimanche matin. De là, on accède à l'îlot Littré, ancien quartier de teinturiers, délimité par les rues Littré et du Mûrier-d'Espagne.

De la Maison carrée à la tour Magne

La Maison carrée *(plan B2)* **:** *☎ 04-66-21-82-56. • arenes-nimes.com • Tlj : juil-août, 9h30-20h ; juin, 10h-19h ; avr-mai et sept, 10h-18h30 ; mars et oct, 10h-18h ; nov-fév, 10h-13h, 14h-16h30. Film : dernière séance 30 mn avt fermeture. Tarif : 6 € ; réduc. Billet combiné avec les arènes et la tour Magne (valable 3 j.) : 12 €.*

Ce n'est ni une maison ni un carré, mais un magnifique petit temple romain (rectangle de 25 x 12 m) admirablement conservé et qui a récemment bénéficié d'une belle restauration. Édifié au cœur du forum, entre l'an 3 et l'an 5 apr. J.-C., sous le règne d'Auguste, ce sanctuaire, inspiré de l'architecture du temple d'Apollon de Rome, est dédié à Caius et Lucius César, « princes de la Jeunesse » et petits-fils adoptifs d'Auguste. Après avoir été un temple romain, l'édifice servit d'assemblée aux juges, de bureau aux consuls (1198), puis devint une maison d'habitation, une écurie et puis une église gardée par les Augustins. Au XIXe s, il a même abrité des fonctionnaires et des tonnes de paperasse... On dit aussi que la duchesse d'Uzès rêvait d'en faire un mausolée pour son mari... Il aurait, en outre, influencé l'architecte de l'église de la Madeleine à Paris, bâtie sous Napoléon Ier.
L'intérieur du temple n'abrite pas de musée, contrairement à ce que l'on pourrait imaginer, mais une salle de projection pour le film *Nemausus, la naissance de Nîmes.* Ce film de 24 mn, conçu comme une bonne série, ravit les scolaires en évoquant le destin d'Adgenix, un Gaulois qui, ayant accepté de combattre pour César, fera la fortune de la cité.

Le Carré d'Art – musée d'Art contemporain *(plan B2)* **:** *pl. de la Maison-Carrée, face à la Maison carrée. ☎ 04-66-76-35-35 ou 70. Tlj sf lun, 10h-18h. GRATUIT pour les collections permanentes (5 € pour les expos temporaires). Visite guidée gratuite w-e et vac scol à 16h30.* Un palais de verre et de béton conçu il y a plus de 20 ans par l'architecte anglais Norman Foster, dont les cinq fines colonnes blanches sont comme une réponse à celles de la Maison carrée. Il abrite une bibliothèque mais aussi un musée d'Art contemporain, avec un fonds qui tourne tous les 6 mois et illustre la période des années 1960 à nos jours ; elle s'organise autour de l'art français, de l'identité méditerranéenne et des tendances anglo-saxonnes et germaniques : Claude Viallat, Sigmar Polke ou Gerhard Richter et ses *Abstraktes Bild.* Arman aussi, et César, avec une compression réalisée dans une casse de Nîmes ! Également des expos temporaires.
Tout là-haut, *Le Ciel de Nîmes* vous accueille tous les jours sauf le lundi, bien sûr ! Voir la rubrique « Où boire un verre ? Où sortir ? ». Profitez de la vue et de la terrasse. La cuisine, elle, ne vous transportera pas au septième ciel.

Les quais de la Fontaine *(plan A-B2)* **:** promenade ombragée de platanes formant une belle voûte fraîche le long du canal. C'est le quartier des riches familles protestantes et des hôtels particuliers, signe de 150 ans d'opulence et d'affaires. Si vous passez devant, jetez donc un œil à l'*Imperator,* un palace qui accueillit entre autres Picasso, Hemingway (on ne compte plus les bars du monde entier qui portent son nom...) et Cocteau, sans oublier les toreros les plus réputés.

Les jardins de la Fontaine *(plan A2)* **:** *tlj 7h30-22h avr-août, 20h mars et sept, 18h30 oct-fév.* Voici le premier jardin public de l'histoire de France, aménagé entre 1745 et 1755. Jusqu'à cette date, les jardins servaient d'écrin aux châteaux. Vases et balustrades de pierre, statues de faunes et de nymphes, terrasses et bassins paisibles : c'est le jardin du Siècle des lumières par excellence, marqué par la nostalgie de l'Antiquité. On y voit la fameuse source dédiée à Nemausus, génie des eaux et divinité tutélaire de la cité depuis deux millénaires. Les Romains y bâtirent, vers 25 av. J.-C., un sanctuaire païen (repris au culte celtique des eaux) où Nemausus côtoyait Vénus, les Nymphes et Hercule ; charmante compagnie, vraiment !
Pour ceux et celles qui ne vivent pas que d'amour et d'eau fraîche, café-glacier *Le Pavillon* à l'entrée des jardins de la Fontaine *(tlj, 9h-23h).*

Le temple de Diane *(plan A2)* **:** non loin du bassin de la Source, c'est le monument gallo-romain le plus énigmatique de Nîmes, car on ignore sa fonction primitive. Sauna mystique ? Bibliothèque ? Partiellement détruit, il reste des niches murales, des colonnes et des corniches, ainsi qu'un superbe voûtement d'arcs juxtaposés.

La tour Magne *(plan A1)* **:** *au sommet du mont Cavalier. Rens : ☎ 04-66-21-82-56. Tlj : juil-août, 9h-20h ; juin, 9h-19h ; avr-mai, 9h30-18h30 ; mars et sept-oct, 9h30-13h, 14h-18h ; nov-fév, 9h30-13h, 14h-16h30. Entrée : 3,50 € ; réduc. Billet combiné avec les arènes et la Maison carrée (valable 3 j.) : 12 €.* C'est un peu le phare de la ville. Une très belle promenade à faire en fin d'après-midi, quand la lumière s'adoucit. « Je te salue, belle rose, ô tour Magne », écrivit Apollinaire. Plus large à la base qu'à son sommet, dotée d'une longue rampe d'accès et d'un escalier intérieur, la tour octogonale, en pierre, de 32,70 m de haut, fut un ouvrage de défense inclus dans les remparts qui ceinturaient la ville. Vous pourrez goûter à une vue sublime depuis le sommet. Par beau temps, on aperçoit les Cévennes, le mont Ventoux, les Alpilles et le pic Saint-Loup vers Montpellier. À l'aide d'une table panoramique, on peut même imaginer la ville telle qu'elle était à l'époque romaine.

Un peu plus loin du centre

Le castellum *(plan B1)* **:** non loin des jardins de la Fontaine. Vestige du réseau hydraulique romain, c'est ici qu'aboutissait l'aqueduc romain alimentant la ville en eau (dont l'ouvrage d'art le plus spectaculaire reste aujourd'hui le pont du Gard). On reconnaît nettement le système de distribution en étoile. Ce *castellum* est une construction unique en son genre. Il ne reste à ce jour que deux *castella* romains au monde, l'autre étant à Pompéi.

Manifestations

– ***Ferias :*** lire « La folie de la feria » dans l'introduction de ce chapitre.
– ***Festival flamenco :*** *10 j. en janv.* La célèbre danse espagnole sous toutes ses coutures : traditionnelle, chantée, ou remise au goût du jour grâce à des artistes contemporains comme Rocio Molina.
– ***Biennale européenne de la B.D. :*** *avr ou mai, les années paires.* En présence de nombreux artistes du neuvième art, dédicaces, rencontres, etc., parrainées chaque année par un auteur confirmé.

– ***Journées méditerranéennes des saveurs :*** *mai ou juin, esplanade Charles-de-Gaulle.* L'olive dans tous ses états : huiles, tapenades, anchoïades, produits du terroir et animations.
– ***Festival de Nîmes :*** *fin juin ou en juil, aux arènes.* Peu de temps après *This is not a love song,* festival qui met à l'honneur les musiques indépendantes. Les arènes accueillent pléthore d'artistes en tournée estivale. Un cadre magique pour une acoustique idéale.
– ***Les Jeudis de Nîmes :*** *ts les jeu en juil-août, 18h-23h30, en centre-ville.* Producteurs, artisans, artistes et brocanteurs, animations enfants sur fond d'animations musicales : rock, blues, flamenco, classique...

BALADE DE NÎMES À SOMMIÈRES, ENTRE VIGNES ET GARRIGUES

Envie de vous mettre au vert, avant d'attaquer la Camargue et la vallée du Rhône ? Dans les environs de Sommières, c'est un paysage latin aux collines ondulant à l'infini, dorées par le soleil, qui vous attend. Vignes, garrigues, vestiges médiévaux, ponts romains, églises romanes... à vous de voir, dans tous les sens du terme. Si vous avez encore de la place dans le coffre, arrêtez-vous à la ***coopérative agricole de Villevieille,*** avant d'arriver à Sommières, pour acheter la production de l'année.

LE GARD

L'oppidum de Nages : *☎ 04-66-35-05-26 (mairie). À 12,5 km au sud-ouest de Nîmes, sur la route de Sommières.* À gauche, vous verrez soudain ce gros monticule un peu bizarre dans le paysage assez monotone de la garrigue. C'est l'un des sites archéologiques majeurs de la région. À l'époque des Celtes, puis des Romains, il y avait au sommet de l'oppidum un village sur l'ancienne voie Héracléenne. Aujourd'hui, ce ne sont que des ruines, bien sûr. Elles datent de la première moitié du IIIe s av. J.-C. On y accède par le petit village de Nages, au sud. Gravir la pente sud de l'oppidum en empruntant un chemin pédestre qui s'appelle l'impasse de l'Oppidum, au nord de Nages : belle promenade. À la mairie de Nages, *musée* lié à la découverte du site *(GRATUIT).*

Calvisson *(30420)* **:** le village est dominé par le roc de Gachonne, où l'on peut admirer les vestiges des moulins à vent qui fournirent à la région les céréales indispensables. Du château médiéval ayant appartenu à la famille Nogaret ne subsistent que les soubassements : on est ici en plein cœur de la Vaunage, belle et grande plaine qui fut le théâtre d'âpres combats entre protestants et catholiques. Belles maisons d'anciens négociants en vin et places avec des fontaines. Maison du boutis, pour ceux et celles qui se passionnent pour le sujet.

Maison d'hôtes Bed & Art, chez Régis et Corinne Burckel de Tell : *48, Grand-Rue. ☎ 04-66-01-23-91. • burckeldetell@hotmail.fr • bed-and-art.com • À côté de la mairie de Calvisson. Doubles 68-70 € ; suites 3-4 pers 85-90 €. Table d'hôtes (sur résa, sf w-e) 22 €, vin compris. Parking payant. Réduc de 10 % à partir de 3 nuits sur présentation de ce guide.* Corinne et Régis – elle, historienne d'art, lui, artiste peintre – ont rénové avec beaucoup de goût cette belle demeure du XVe s, en conservant le cachet initial : poutres, vieilles pierres, cheminées et sols rustiques. Avec en prime un patio fleuri, une salle à manger voûtée et une terrasse donnant sur les toits du village !

Junas *(30250)* **:** village célèbre pour ses carrières anciennes, qui servent aujourd'hui de décor aux spectacles de l'été.
– ***Les Rencontres de la pierre :*** *pdt 2 j. début juil.* Concours de tailleurs de pierre, de pétanque aussi, soirées bodega, aubades, bal...
– ***Festival de jazz :*** *mi-juil. • jazzajunas.fr •*

Le château de Villevieille (30250) : *situé sur une belle colline à 1,5 km de Sommières. ☎ 04-66-71-65-23. • chateau-de-villevieille.fr • Visite guidée (1h) ttes les heures : juil-sept, tlj 14h-19h ; Pâques, Ascension et Pentecôte, ttes les heures 14h-18h. Le reste de l'année, pour les groupes sur rdv. Entrée : 8 € ; réduc, notamment sur présentation de ce guide ; gratuit moins de 12 ans.* Magnifique château du XIe s, classé Monument historique, à voir en fin d'après-midi, quand la façade prend des tons ocre. Saint Louis, qui en déposséda le sieur Bermond (le petit-fils du comte de Toulouse), en 1240, y séjournera 30 ans plus tard avant d'embarquer à Aigues-Mortes pour la huitième croisade (qui lui sera fatale). Une aile a été ajoutée à la Renaissance. Et une grande partie de l'édifice, dont la cour d'honneur, date de Louis XIV. Intérieur remarquablement bien conservé : à la Révolution, Villevieille fut épargné car le maître des lieux était un ami intime de Voltaire, de Mirabeau et de Cambacérès. Les relations, ça aide... La visite nous emmène de la salle à manger Louis XIII, avec ses murs tendus de cuir des Flandres, à la chambre qu'occupa Saint Louis (avec son imposante cheminée médiévale), en passant par les gypseries du XVIIIe s du grand salon.
– ***Festival de Villevieille-Salinelles :*** *août. • villevieille.over-blog.com •* Musique de chambre, chants, qui font vibrer les vieilles pierres de la cour d'honneur et la chapelle Saint-Julien (voir ci-après).

La chapelle Saint-Julien : *à* ***Salinelles*** *(30250).* Suivre le chemin dans les vignes qui mène vers ce petit édifice roman, avec son cimetière. Juxtaposition de deux chapelles, des XIe et XIIe s, son voûtement est unique au monde. Accueille des expos tout l'été et des concerts.

SOMMIÈRES (30250) 4 500 hab. *Carte Gard, C3*

Il faut aller se garer sur le grand parking extérieur et emprunter la passerelle qui enjambe le Vidourle, un fleuve ravageur quand il sort de son lit, pour découvrir la ville, bâtie en escalier au-dessus du fleuve, sous son meilleur jour. Soit une ville du Midi à l'état brut, pas trop léchée, avec sa mer de toits de tuiles, ses hauts murs patinés d'hôtels particuliers, ses placettes, son entrelacs de ruelles, voûtes et passages borgnes portant des noms amusants : « rue Traversasse », « rue Bombe-Cul »... Classée depuis 2001, elle bénéficie d'un statut « secteur sauvegardé » qui protège son patrimoine.

UN PEU D'HISTOIRE

L'endroit fut d'abord un lieu de passage important pour les Romains. Au Ier s, la route Nîmes-Lodève y passait et, pour enjamber le fleuve, l'empereur ***Tibère fit édifier un grand pont de 21 arches*** dominé par une place forte. La ville apparaît à son emplacement actuel au XIe s, autour d'un château féodal (dont il ne reste qu'une grosse tour) construit par la puissante maison des Bermond d'Anduze. Elle se développera pendant trois siècles, noyant peu à peu neuf des arches du pont (on en voit encore des vestiges en pleine ville). Massivement convertie à la religion réformée, place de sûreté protestante pendant la guerre des camisards, la ville a pratiquement été détruite lors des conflits qui ont agité le XVIe s.
Sommières a longtemps aussi été réputée pour son ***industrie du cuir et de la laine.*** Tanneurs, mégissiers, « cuirassiers » ont assuré la prospérité de la ville aux XVIIe et XVIIIe s. Plusieurs beaux hôtels particuliers de cette époque en témoignent. On y distillait aussi les essences aromatiques.

LES VIDOURLADES

Il ne s'agit pas d'une fête traditionnelle mais du nom donné aux crues saisonnières du Vidourle. Venu des Cévennes, où il prend sa source et son élan, ce petit fleuve sort alors de son lit, du pied gauche, et submerge la ville de sa mauvaise humeur. En octobre 1958, la crue particulièrement importante provoqua une inondation dévastatrice. Celle de septembre 2002 a été encore plus destructrice. Le niveau de l'eau est monté jusqu'à 7 m dans le centre-ville, atteignant le premier, voire le deuxième étage de certains immeubles. De tristes records qui s'affichent sur certains murs.

LA TERRE DES CHAUMIÈRES... MONDIALISÉE !

Aujourd'hui, rien de plus tendance, dans les magazines féminins, que la terre de Sommières, ce détachant à sec miraculeux, découvert il y a 150 ans. Adieu taches grasses, le carbonate de magnésie absorbe 80 % de son propre poids en moins de deux ! Pour info, la terre venait de Salinelles, une commune voisine, mais elle était expédiée dans le monde entier depuis la gare de Sommières... Côté économie, pas de miracle, en revanche : la « terre de Sommières », marque pourtant déposée, vient désormais d'Espagne, du Portugal et du Maroc. Et ce, depuis plus de 30 ans !

Adresse et info utiles

Office de tourisme : *5, quai Frédéric-Gaussorgues. ☎ 04-66-80-99-30. • ot-sommieres.com • En été, lun-sam 10h-12h30, 14h-18h (19h de mi-juil à mi-août) ; dim et j. fériés 10h-13h. Le reste de l'année, fermé sam ap-m et dim.* Visites guidées pour les groupes, sur résa (compter 1h30 ; programme détaillé sur place). Petit train touristique en juillet-août. Bonne doc sur les randos de la vallée du Vidourle. Accueil très pro.

– **Marché :** *sam mat tte l'année, avec brocante.* ***Marché artisanal*** *nocturne en été (mer soir). Voir aussi le joli marché dominical de Calvisson.*

Où dormir ? Où manger ?

De prix moyens à beaucoup plus chic

La Bistoure : *1, rue Antonin-Paris. ☎ 04-66-80-08-72. • piochalain@wanadoo.fr • labistoure.fr • Congés : 3 sem en nov. Resto tlj sf jeu hors saison. Double 68 €, studios 6 pers 450-650 €/sem. Formules déj 12-14 €, menus 18-27 €.* Une petite adresse sans chichis, pleine d'habitués, avec un accueil sympa et malicieux. D'abord, il y a la terrasse sur la belle place, très agréable pour le p'tit noir du matin ou un déjeuner à la bonne franquette. Et puis, la salle voûtée le soir pour une petite cuisine régionale de bonne facture. Enfin, 5 chambres d'hôtes à thème au-dessus du resto, à prix raisonnable, dont l'*Atelier du Peintre,* avec sa terrasse privée et sa vue sur les toits.

Hôtel Estelou : *297, av. de la Gare. ☎ 04-66-53-11-04. • contact@hotelestelou.fr • hotelestelou.fr • Après l'Auberge du Pont Romain à gauche. Doubles 95-139 € ; suites 159-245 €.* Tchou, tchou ! Bienvenue dans l'ancienne gare de Sommières, d'où était expédiée la fameuse terre locale dans le monde entier. C'est à un autre voyage que vous invite désormais cet hôtel chic situé juste à l'entrée de la voie verte, avis aux marcheurs invétérés. Belle déco tournée vers le train, le contemporain et l'ethnique. Grand jardin avec piscine. Petit déj sous la tonnelle. Accueil pro.

Maison d'hôtes Hôtel de l'Orange :

7, rue des Baumes. ☎ 04-66-77-79-94. • hotel.delorange@free.fr • hotel-delorange.com • Accès en voiture par la rampe du château (portail discret à droite). Doubles 100-180 €. Boisson d'accueil offerte sur présentation de ce guide. Repris récemment, cet hôtel particulier du XVIIe s dominant la ville évoque un peu la Toscane. Un ample escalier au pied duquel coule une source vauclusienne, des jardins suspendus... 5 chambres d'une élégante sobriété, aménagées de meubles anciens. Pour les torrides journées d'été, une piscine bien agréable sur une terrasse surélevée. Calme et classe.

Où dormir dans les environs ?

Le Mas des Carnassoles : *rue du Château, 30260* ***Carnas.*** *☎ 04-66-77-75-20. • masdescarnassoles@wanadoo.fr • masdescarnassoles.pagesperso-orange.fr • À 12 km au nord-ouest de Sommières : 1re rue à gauche en entrant dans le bourg. Congés : janv-fév. Double 80 € ; 20 €/pers supplémentaire. Gîtes 400-600 €/sem. Réduc de 10 % hors juil-août sur présentation de ce guide.* Dans l'ancien château, avec un joli vestige de chapelle du XIIe s pour boire l'apéro tous en chœur. Les chambres sont décorées avec goût par Alain et Lucie, d'avenants routards qui ont parcouru les routes d'Afrique dans le sillage de grands rallyes. Et puis si vous vous languissez de la grande bleue, des aquariums d'eau de mer parsèment la maison. Également 2 gîtes sympathiques, très bien aménagés.

Où boire un verre ?

Plutôt qu'aux terrasses situées sur les quais, aux trottoirs étroits et à la circulation dense (surtout en été), on s'assoira à celles plus tranquilles du centre (place de la République, du Jeu-de-Ballon, du Docteur-Dax ou encore Jean-Jaurès). Et, pour une immersion dans la vie locale, il y a l'***Esplanade*** (rue Eugène-Rouche, vers les arènes, en bordure du Vidourle), avé les boulistes qui jouent à la longue ou à la pétanque. Affluence garantie les jours de courses camarguaises.

À voir. À faire

Il faut bien sûr découvrir la vieille ville à pied, en flânant au gré des ruelles et des quais. Énormément de charme !

Le pont romain : à l'origine de la ville, il date de l'empereur Tibère (19-31 apr. J.-C.) et mesure 189 m. Un pont antique habité. Il compte parmi les rares ouvrages de ce type en Europe. De ses 21 arches d'origine, 7 restent visibles : les autres ont été noyées par l'urbanisme. Mais jamais par le Vidourle, ennemi auquel il a toujours vaillamment résisté !

La tour de l'Horloge : après avoir traversé le Vidourle, on aperçoit la tour, construite à l'époque médiévale avec son campanile et sa cloche, dans le prolongement du pont. Sa rénovation lui a redonné tout son éclat.

Les quais : ombragés par les platanes, on y trouve quelques terrasses de bistrots serrées entre la route et le fleuve. En contrebas, juste au bord du Vidourle, c'est le paradis des pêcheurs.

La place des Docteurs-Dax *(ancienne place du Marché)* **:** curieuse place qu'on rejoint par un petit passage attenant au porche de la tour de l'Horloge. On se trouve en contrebas de maisons qui ont élu domicile sur les arches du pont romain. Endroit calme et agréable. Un coin de la place abrite la pierre dite « de l'inquant » ou « de l'encan », sur laquelle étaient vendus les esclaves, notamment les Barbaresques capturés en Méditerranée... Marché très animé le samedi matin. Également un marché artisanal le mercredi soir en été.

La promenade dans les vieilles rues de Sommières : taillée à flanc de colline, la *rue de la Taillade* est bordée de nombreux hôtels particuliers des XVIIe et XVIIIe s et de vieilles boutiques avec leurs étals d'origine. Voir la *rue Bombe-Cul* et ses voûtes très anciennes. La *rue Antonin-Paris,* belle artère piétonne et marchande. La *montée des Régordanes,* pour remonter le temps. On pourrait y croiser un tanneur du XVIIIe s, un soldat du Grand Siècle ou un vieux moine cordelier égaré. Elle grimpe à flanc de coteau jusqu'à la tour du Château. Superbe vue sur la ville et les environs.

Le château : *il faut grimper ! Pâques, juin et sept, lun-ven 14h-17h ; juil-août, tlj sf mar et sam mat 10h-13h, 16h (14h sam)-19h. Entrée : 3 € (5 € en visite guidée) ; réduc. Ateliers ludiques et animations en été.* La tour Bermond, vestige du premier château de la ville, fut une prison durant les guerres de Religion et une caserne pour les troupes du seigneur de Villevieille. D'ailleurs, le château de Villevieille, toujours habité, est à portée de vue (voir plus haut « Balade de Nîmes à Sommières, entre vignes et garrigue »). Joli panorama une fois grimpées les 74 marches. Ne pas manquer non plus la chapelle royale Saint-Sauveur, restaurée en 2015, qui abrite des graffitis laissés par les prisonniers protestants. Film et bande sonore accompagnent la visite.

Manifestations

– ***Courses camarguaises :*** *avr-fin sept, le plus souvent le dim ap-m.* Vraiment sympa.
– ***Les Estivales de Sommières :*** *lun soir en été.* Rencontre avec les vignerons, et dégustation sur la place des Docteurs-Dax.
– ***Foire aux livres et vieux papiers :*** *15 août.* Également une foire aux vins, le même jour.

LA PETITE CAMARGUE

• Carte *p. 450-451*

La Petite Camargue s'étend à l'ouest du Petit Rhône et confine à l'étang de Mauguio. Côté Gard, *Aigues-Mortes* et *Saint-Gilles* en sont les deux pôles ; nous y rattachons *Beaucaire,* bordant le Rhône plus au nord face à Tarascon, qui en est l'une des principales portes d'entrée. Dans le chapitre sur l'Hérault, voir également Lunel et ses environs.

Marécageuse et parsemée d'étangs (Scamandre et Charnier), la Petite Camargue présente sensiblement les mêmes caractéristiques que la Grande Camargue. Toute cette région jusqu'à Nîmes et ses alentours voue un culte particulier au taureau. Et cela depuis la plus haute antiquité. Des taureaux venus d'Europe centrale se seraient fixés ici, les autres auraient continué vers l'Espagne. Deux races différentes, deux civilisations.

LA *BOUVINE*

Le taureau camarguais

Il se reconnaît à ses cornes en forme de lyre, le front étroit, les grands yeux vifs et saillants. Cornes longues gris foncé à la base, blanc crème au milieu et noirâtres à l'extrémité. L'encolure mince et allongée, les hanches serrées, la cuisse longue, il dépasse rarement 1,30 m et ne pèse pas plus de 400 kg. Toujours en groupe en bordure des marécages, broutant quelque bouquet de saladelle, il fuit à l'approche de l'homme, se cache dans les roseaux ou se réfugie auprès du ***simbéu*** (« le symbole », un taureau qui joue le rôle de rassembleur). C'est un animal rustique qui ne connaît pas l'étable ; en hiver, il prend des allures de minibison avec son poil frisé. Sa constitution le prédispose aux jeux, dont la course camarguaise ou course à la cocarde est le sommet. ***Tout village digne de ce nom organise des courses.*** Mais avant d'entrer dans l'arène, le ***biou*** (le « taureau ») aura subi quelques épreuves douloureuses : le ***marquage,*** obligatoire pour la course camarguaise, indispensable pour le reconnaître s'il se fourvoie dans un troupeau voisin, et les ***escoussures*** (on coupe un morceau d'oreille selon une forme précise).

La course proprement dite

Pour prétendre connaître la Petite Camargue, il faut s'initier à la course de taureaux. ***Pas question de mise à mort ici, le sang ne coule pas dans les courses,*** sauf parfois – rarement – celui des hommes (les ***razeteurs***), qui peuvent se blesser en ratant une esquive ou un saut. La tradition remonte au XVIe s. Les fermiers s'ennuyaient le dimanche, après la messe. Ils se mirent à braver le taureau. Comme à Saint-Laurent-d'Aigouze, l'un des hauts lieux de la ***bouvine,*** où les arènes font toujours corps avec l'église, toril et sacristie confondus. Ne pas manquer ***le « Printemps des Royales »,*** qui marque le début des festivités (huit dimanches consécutifs !) avec tout le village, maire en tête, en habits traditionnels, et casse-croûte bien arrosé dans les prés où sont sélectionnés les taureaux, etc. En fait, on retrouve toujours ici les mêmes rites :

- ***l'abrivado :*** les taureaux sélectionnés se rendent des prés aux arènes encadrés par des gardians à cheval ;
- ***l'encierro :*** les taureaux sont lâchés dans les rues de la ville. Imaginez le spectacle, la musique, les taureaux, les spectateurs qui fuient, grimpent aux arbres ou se réfugient dans les cafés ;
- ***la bandido :*** c'est le retour au bercail de l'arène au *paty* (« pré »), même principe en sens inverse de l'*abrivado.*

Les grandes courses

La saison démarre et s'achève à ***Marsillargues, le 1er dimanche de mars et le dimanche suivant le 11 novembre.*** Le principe de la course est simple : au moyen d'un crochet, il faut enlever, de la façon la plus élégante qui soit, une cocarde et des glands savamment agencés sur le front du taureau et autour des cornes. Un *raset* idéal, beau, élégant, efficace, part de la barrière, attaque le taureau de trois quarts face, puis retourne à la barrière en formant un arc de cercle.

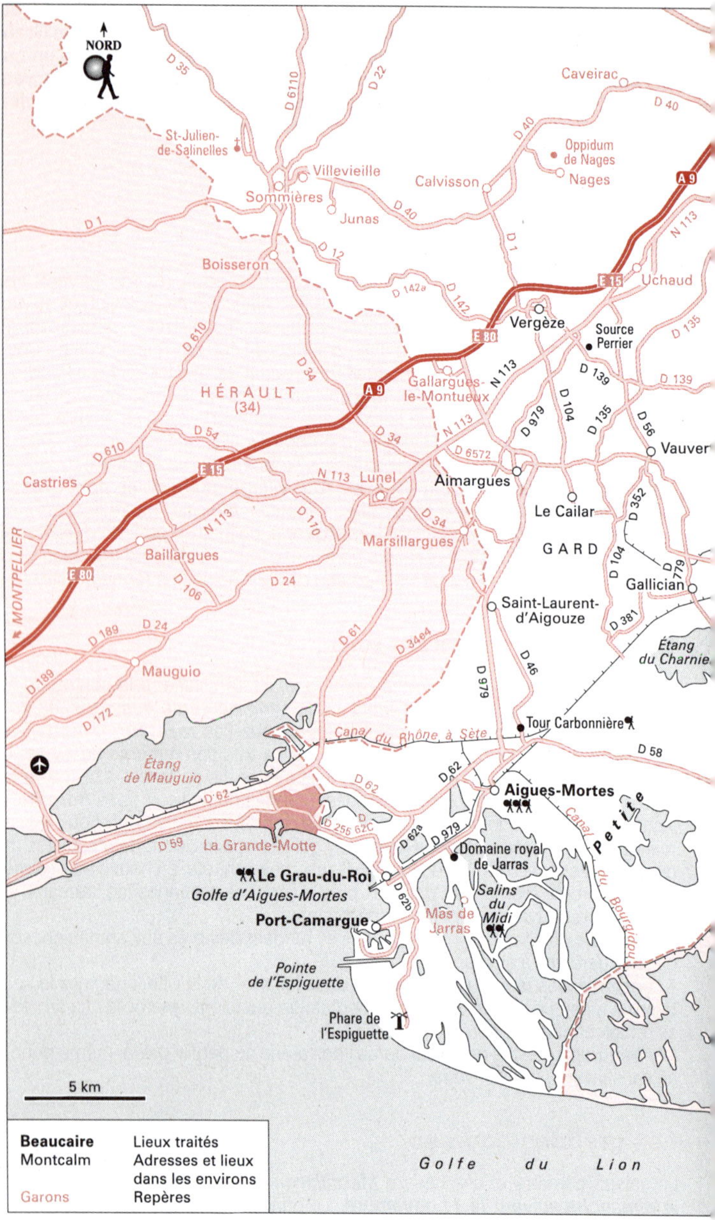
NORD
St-Julien-de-Salinelles
Villevieille
Sommières
Junas
Calvisson
Caveirac
Oppidum de Nages
Nages
Boisseron
Uchaud
Vergèze
Source Perrier
HÉRAULT (34)
Gallargues-le-Montueux
Vauvert
Castries
Lunel
Aimargues
Le Cailar
Baillargues
Marsillargues
GARD
Gallician
Saint-Laurent-d'Aigouze
Étang du Charnier
Mauguio
MONTPELLIER
Tour Carbonnière
Canal du Rhône à Sète
Étang de Mauguio
Aigues-Mortes
Petite
Canal du Bourgidou
La Grande-Motte
Domaine royal de Jarras
Le Grau-du-Roi
Golfe d'Aigues-Mortes
Salins du Midi
Mas de Jarras
Port-Camargue
Pointe de l'Espiguette
Phare de l'Espiguette
5 km
Golfe du Lion
D 35
D 6110
D 22
D 40
D 1
D 12
D 142a
D 142
D 610
D 34
D 54
D 6572
N 113
D 979
D 104
D 135
D 139
D 56
D 352
D 779
D 381
D 110
D 106
D 24
D 189
D 172
D 61
D 34e4
D 46
D 58
D 62
D 62a
D 62b
D 62C
D 255
D 59
A 9
E 15
E 80
Beaucaire Lieux traités
Montcalm Adresses et lieux dans les environs
Garons Repères

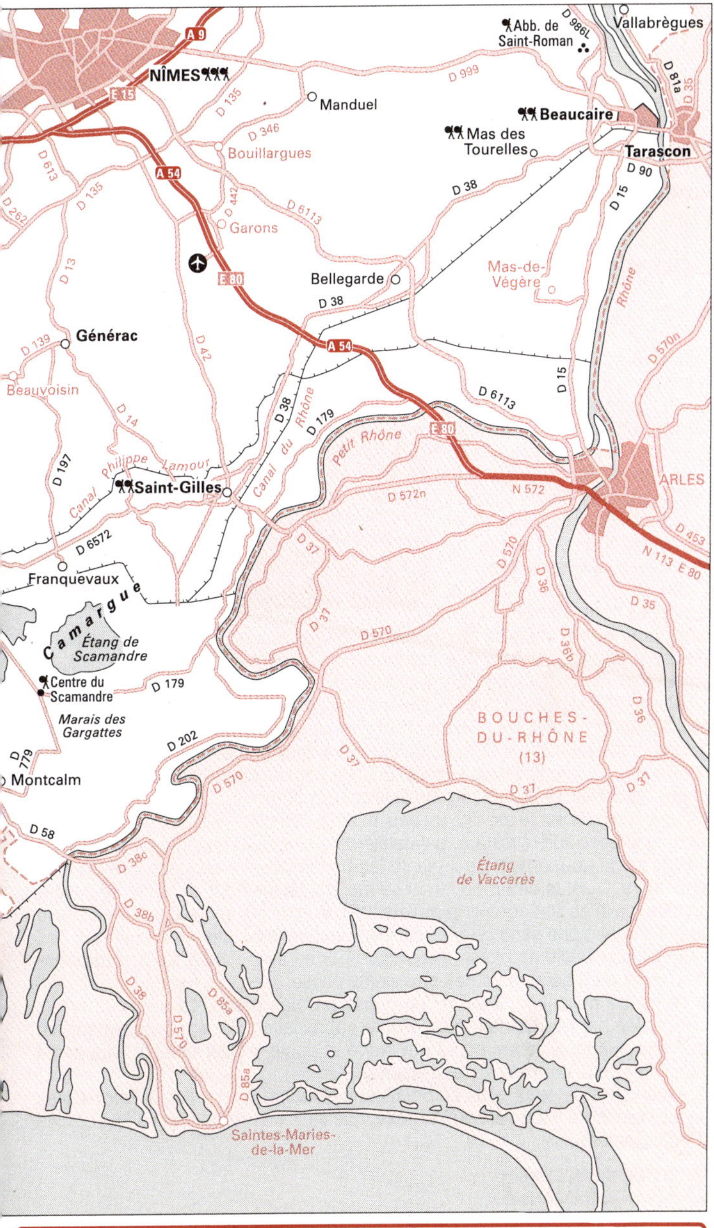

LA PETITE CAMARGUE

Pendant les fêtes locales, qui durent bien 10 jours, il y a une ***course quotidienne, parfois gratuite en semaine,*** entourée des rites taurins, concerts et animations qui s'imposent. À noter que certaines arènes (Marsillargues, Saint-Laurent-d'Aigouze...) sont classées Monuments historiques en tant que lieux de culture régionale. Pour avoir les dates de ces manifestations, qui ont lieu pour la plupart en juillet et août, se renseigner auprès de Gard Tourisme ou des offices de tourisme des sites même. Les fêtes et les courses les plus importantes se déroulent, dans le Gard, à ***Beaucaire, Saint-Laurent-d'Aigouze, Vauvert, Sommières, Aimargues,*** et dans l'Hérault, à *Mauguio, Lansargues, Lunel, Marsillargues* et *Pérols.*

LA CORRIDA

Une corrida est, avant tout, un combat mettant en scène un homme et un taureau. Tout commence par un défilé préliminaire, le ***paseo,*** deux hommes à cheval en costume sombre s'avancent vers le président, suivis par les trois matadors et leurs équipes de ***peones*** et de picadors à cheval. Le rituel commence. Il se compose de trois phases appelées ***tercios.*** Le taureau entre dans l'arène. Les *peones* font d'abord courir l'animal pour que le matador étudie son adversaire. Quand il le décide, il exécute quelques passes. La présidence ordonne alors l'entrée des picadors. Le *tercio* de piques commence. Une bonne pique est portée au ***morillo*** (protubérance musculaire en arrière de la nuque). Il s'agit de calmer la fougue initiale du taureau sans pour autant réduire sa puissance, et surtout de modifier son port de tête par la lacération du *morillo.* Le taureau doit prendre deux piques. S'il ne les supporte pas, l'éleveur en sera vraiment humilié. Ensuite vient l'épisode des banderilles. Ce sont des bâtonnets de 70 cm de long finis par des harpons. Le torero va les placer par paires toujours sur le *morillo,* un peu en deçà des blessures dues aux piques. Pour qu'une pose soit réussie, le *banderillero* doit marquer un temps d'arrêt, avoir les pieds joints au moment où il plante les banderilles. La sonnerie des clarines retentit alors. C'est le début du *tercio de muleta.* Le matador se présente devant la présidence avec son épée et la muleta, un bâton de 50 cm avec le fameux tissu rouge. Il s'ensuit une série de passes, des « naturelles », des « statutaires », des « manoletinas »... Ultime phase, l'estocade portée avec l'épée. Le matador dispose d'un quart d'heure pour cette troisième phase.

TORÉADOR, PRENDS GARDE !

Dans le célébrissime opéra de Bizet, on voit Carmen se jeter au cou d'un soi-disant toréador qui prend ses grands airs pour lui déclarer sa flamme. Ce n'est pas son allure qui fait sourire les connaisseurs, mais l'erreur de langage. Dans l'Espagne de l'époque, le toréador toréait... à cheval. Le torero allait à pied. Bon, si ça lui chante de l'appeler ainsi...

À la demande du public, il est récompensé par une oreille. La seconde oreille est accordée par le président à sa propre appréciation. Exceptionnellement, on accorde la queue. Si le taureau a été brave et noble, il peut obtenir l'*indulto* (la grâce). Mais cette pratique reste rarissime.
Et maintenant, si le cœur vous en dit, c'est à ***Beaucaire*** fin juillet, à ***Saint-Gilles*** mi-août, ou encore à ***Vauvert*** ou ***Vergèze,*** que vous pourrez assister à une corrida en Petite Camargue.

Adresses utiles

Faites un tour sur les sites internet des offices de tourisme du Grau-du-Roi, d'Aigues-Mortes et de Saint-Gilles notamment, ou passez les voir dès votre arrivée si vous cherchez à partager la vie des manadiers, si vous rêvez de promenades à cheval ou de balades en mer. Location de bateaux, de résidences au bord de l'eau ou près des étangs, sorties avec des pêcheurs ou découverte des producteurs de vins des sables... Ici, nous vous proposons juste quelques coups de cœur !

■ ***Maison du guide :*** *30600* ***Montcalm.*** *☎ 04-66-73-52-30. 06-12-44-73-52. • maisonduguide.camargue.fr •* Organise des circuits personnalisés à la découverte des paysages, des oiseaux, des taureaux et des chevaux de Camargue.

■ ***Safaris en Camargue :*** découverte du milieu naturel, des taureaux et chevaux en manade, des flamants... en véhicule tout-terrain et accompagné par de vrais Camarguais, manadiers parfois. Avec ***Camargue Découverte :*** *6, rue des Alliés, 30240* ***Le Grau-du-Roi.*** *☎ 04-66-53-04-99. 06-85-35-10-04. • camargue-decouverte.fr •* ***Camargue Autrement :*** *centre commercial Port-Royal, 30240* ***Le Grau-du-Roi.*** *☎ 04-30-08-52-91. 06-12-03-25-35. • camargue-autrement.com •* ***Pierrot le Camarguais :*** *centre commercial Port-Royal, 30240* ***Le Grau-du-Roi.*** *☎ 04-66-51-90-90. 06-82-23-00-54. • pierrot-le-camarguais.fr •* ***Denis Labrousse :*** *06-19-11-40-03. • safaricamargue labrousse.com •* Dirigé par un ancien razeteur, né à Beaucaire.

■ ***Location de bateaux :*** ***Le Boat,*** *2, quai du Canal, 30800* ***Saint-Gilles.*** *☎ 04-68-94-42-80. • leboat.fr • De mi-mars à mi-nov.* Eh oui, le bateau sans permis est un moyen de transport bien sympa dans ce secteur, que traverse le canal du Rhône à Sète. À la semaine ou pour de courts séjours.

LE GARD

BALADE AU CŒUR DE LA PETITE CAMARGUE

Au Cailar bat réellement le cœur de la Petite Camargue. Celle du moins qui ne vit et ne parle que de taureaux, de ferias... L'autre, avec ses étangs, ses oiseaux, ses rizières, vous attend un peu plus loin, entre Aigues-Mortes et Saint-Gilles. D'autres villages aux alentours sont bien typiques et cachent de belles adresses.

VERGÈZE *(30310)*

Un joli village à la limite de la Camargue... mais qui ne justifierait pas le détour s'il n'y avait ici une source miraculeuse, aux yeux du moins des actionnaires de l'entreprise qui coince faussement la bulle ici.

Où dormir ? Où manger ?

Hôtel-resto La Passiflore : *1, rue Neuve. ☎ 04-66-35-00-00. • bienvenue@lapassiflore.com • lapassiflore.com • À 8 km au nord du Cailar. Resto fermé le midi, plus dim. Doubles 68-86 € ; familiales 95-105 €. Menus 20-30 €. Au resto, apéritif offert sur présentation de ce guide.* Hôtel bien discret qui ne manque pas de charme : celui d'un mas du XVIIIe s, bien retapé et couvert de vigne vierge, situé dans l'un de ces villages ensoleillés que rien ne semble devoir déranger. Chambres climatisées donnant sur le jardin ou la cour. Possibilité de dîner sur place. Cuisine familiale traditionnelle (poisson, magret au miel, beaucoup de légumes). Accueil très aimable.

À voir

La source Perrier : *Les Bouillens. ☎ 04-66-87-61-01. • visitez-perrier.com • (château et parc). Suivre le fléchage depuis le village de Vergèze.*

Avr-sept, lun-ven 9h30-17h (château fermé 12h-14h). Visite guidée de la résurgence (source originelle) sur résa. Entrée : 3 € (4 € avec la visite guidée) ; réduc.
C'est ici que jaillit la source des Bouillens, d'où est extraite la fameuse boisson gazeuse. On peut apercevoir l'usine en traversant le parc où se trouve le château, dans lequel vous découvrirez le musée, qui nous conte la saga publicitaire de la marque et abrite l'unique boutique Perrier.
Autant vous prévenir, si vous pensez trouver ici une muséographie et un espace à la hauteur des folies publicitaires qui ont ponctué les 150 années de *Perrier,* vous risquez d'être déçu. À l'heure où le tourisme industriel cartonne, le film 3D qui passe sur un écran de salon sans véritable commentaire vous laissera sans doute sur votre soif. Le plus réjouissant, finalement, c'est de revoir les publicités des années 1990, devenues avec le temps des modèles d'audace créative. Dommage que le musée ne soit pas aussi fou !

VAUVERT (30600)

Vauvert est un gentil bourg, pas si loin que ça, posé sur une colline dominant à peine la Petite Camargue, halte sur le chemin de Saint-Jacques-de-Compostelle. La manifestation *Atout-Fil* y réunit les années paires, en avril, stylistes et créateurs de mode. Un moment couronné par le défilé-spectacle « étourdissant d'invention ». Autres temps forts : les courses camarguaises et la fête votive pendant 10 jours la semaine du 15 août.

AU DIABLE, VAUVERT !

Cette expression serait née, au XIIIe s, au château de Val Vert, tout près de la place Denfert-Rochereau, à Paris, où « des actes d'Enfer » auraient été commis selon... les chartreux, qui convoitaient les lieux. Autre explication, locale celle-là : un sanctuaire de la Vierge ici, à Vauvert, sur le chemin de Saint-Jacques, que les protestants auraient détruit, plus des spectacles de rues agités par un diable redoutable, dont le retentissement aurait franchi les limites du village. Bref, au diable les certitudes : à cette époque, ce dernier n'est jamais bien loin !

Adresse utile

Office de tourisme : *pl. Ernest-Renan. ☎ 04-66-88-28-52. • camarguecostieres-tourisme.fr • Au bord de la D 6572, à l'entrée de la ville en venant du Cailar. Mar-ven 9h-12h30, 14h-18h (17h30 nov-mars) ; lun et sam 9h-12h30 (13h juil-août). Également un* **Point Info Camargue** *au rond-point de Montcalm. 06-52-07-44-13. De mi-juin à mi-sept, tlj sf ven, 10h-13h, 13h30-17h30.*

LE CAILAR (30740)

Le rond-point par lequel on arrive au village du Cailar est tout un symbole, puisque trois taureaux s'y retrouvent : l'un en sculpture, l'autre en peinture, le troisième en... sépulture. C'est en effet ici que repose à jamais, debout et sous les tridents du gardian, le fameux « Sanglier ». Aucun doute : on entre là dans « la Mecque de la *bouvine* ». Tous les prés environnants sont occupés par les célèbres manades locales, et la fête votive est ici une institution.

VIVE LA JEUNESSE !

De drôles de dessins illustrent l'encadrement des portes dans les villages de Petite Camargue. Jadis, les jeunes organisateurs de fêtes locales (dont celle des conscrits) passaient de maison en maison récolter quelque argent. Pour remercier le donateur, l'orchestre jouait l'aubade et on dessinait sur sa façade le signe de l'année. Cette tradition s'est perpétuée. Tous les ans, un signe est choisi (tête de taureau, symboles de la vie locale...) et marqué au pochoir sur les façades, accompagné du millésime et des lettres VLJ (Vive La Jeunesse). On en trouve encore datant d'il y a plus de 100 ans !

Le village est charmant : placette ombragée, ruelles circulaires, arènes classées, église où Saint Louis vint se recueillir avant ses départs en croisade... Certes, Le Cailar n'est pas une métropole hyper touristique, mais c'est un vrai village de Petite Camargue qui mérite le détour. À l'extérieur, sur la route du Pont-des-Tourradons (D 104) se trouve une table d'orientation qui permet de dominer les prés mythiques du Cailar, pâturages inondables des taureaux de Camargue.

Où dormir ? Où manger dans le coin ?

La Manadière : *4, chemin de Marsillargues, au Cailar. ☎ 04-66-88-02-42. • info@la-manadiere.com • la-manadiere.com • Très bien fléché depuis le centre du bourg. Congés : 20 déc-3 janv. Double 60 € ; familiale 90 €. Menus 17-20 €. Apéritif maison et café offerts ou réduc de 10 % sur le prix de la chambre sur présentation de ce guide.* La famille Coste vous accueillera avec beaucoup de gentillesse dans sa belle et grande maison de maître. Vous logerez, au calme, dans des chambres pas immenses et à la déco fonctionnelle. Repas en terrasse, en été, convivial autant que régional. Ambiance pension de vacances années 1980. Conviendra bien aux familles, cyclistes et autres randonneurs...

La Bastide de Diane : *6, route de Lunel, 30470* ***Aimargues.*** *☎ 04-34-28-39-51. 06-13-53-75-71. • contact@labastidedediane.fr • labastidedediane.fr • Dans le bourg, à côté du garage* Peugeot. *Doubles 100-120 €.* Ça vous dirait de dormir dans une grosse bastide de village, dans des chambres chic et à thème ? Décoration médiévale et tissu tendu au plafond dans la « Chambre de Diane ». Ambiance anglo-saxonne rétro dans la « Sherlock Holmes », avec baldaquin à gros carreaux et baignoire en bois (vous avez dit bizarre ?). Enfin, déco provençale et fleurie dans la « Saladelle », pour jouer à Diane chasseresse avec son amoureux. Joli parc pour se détendre. Piscine couverte et jacuzzi. Billard. Bon accueil.

Où acheter de bons produits ?

Boucherie Maeva : *15, rue Émile-Zola. ☎ 04-66-88-01-24. Lun-sam 8h30-12h30, 16h30-19h30.* Une boucherie que tout le monde connaît ici, puisqu'elle est spécialisée dans la viande de taureau camarguais AOP, sous toutes ses formes : gardianes, terrines, saucissons... vous feront mugir de plaisir.

SAINT-LAURENT-D'AIGOUZE (30220)

Faites un tour sur la place du village, très vivante avec son ***arène*** accolée à l'église et ses terrasses de cafés tout autour. La seule place ronde du Languedoc-Roussillon où le toril se trouve dans l'ancienne sacristie de l'église ! Faut dire qu'ici, les ***jeux taurins*** sont pratiqués toute l'année : Printemps des Royales, fête des Clubs taurins... Tous les dimanches, au printemps, sélection des meilleurs taureaux sur fond d'ambiance garanti. La fête du mois d'août, le week-end suivant le 15 (jusqu'à 10 nuits et 10 jours plus tard), attire un large éventail d'amateurs partageant la *fe di bioù* (« passion du taureau »).

Où dormir ?

Hôtel Lou Garbin : *210, av. des Jardins. ☎ 04-66-88-12-74. • contact@lou-garbin.com • lou-garbin.com • Sur la droite de la route de Nîmes, à 7 km d'Aigues-Mortes. Doubles 80-90 € dans la maison de maître ;*

familiales 120-130 €. 💻 📶 *Café offert sur présentation de ce guide.* Une halte agréable dans un village typique de la Petite Camargue. Jolies chambres à l'ancienne dans une vieille maison de maître, ou plus « vacances en famille » dans des bungalows autour de la piscine (chauffée), avec terrasse plein sud. Déco taurine dans les tons rouges pour exciter les jeunes mariés. Tennis, boulodrome, hamacs à disposition... Au petit déj, riche et varié, vous pourrez goûter au saucisson de taureau et autres spécialités locales.

À voir. À faire au départ de Saint-Laurent

La tour Carbonnière : *sur la D 46.* Cette imposante tour carrée, construite selon la volonté de Louis IX, est visible depuis la route des Saintes-Maries. C'était une barrière de péage avant l'heure. Aigues-Mortes étant le verrou d'accès à la mer dans ce désert de marécages, une petite garnison détachée dans cette tour fortifiée avait pour mission de récolter manu militari le droit de passage des bateaux sur le canal. Un impôt qui rendit la ville richissime. Dans le cadre de l'opération Grand Site Camargue gardoise, joli petit cheminement en bois aménagé pour visiter les marais tout autour.

Terroir Camargue – Boutique paysanne et promenades guidées dans les rizières : *route des Saintes-Maries-de-la-Mer, chemin de Mahistre.* ☎ *04-66-77-75-17.* 📱 *06-50-29-52-66. Balade dans les rizières fin avr-fin sept sur résa ; rdv devant la poste, face à l'office de tourisme de Saint-Laurent-d'Aigouze ; prix : 6 €.* On entre dans la boutique de Cathy pour acheter son riz, sa farine de riz ou sa bière maison, à qui le riz rouge donne sa couleur ambrée, et on se retrouve embarqué dans une dégustation de produits locaux. Le lendemain, on retrouve cette femme passionnée par son métier et son pays pour une promenade guidée dans les rizières.

➢ Avec plus de 130 km d'itinéraires, le réseau de ***sentiers de découverte « Terre de Camargue »*** permet de partir à l'assaut de la Camargue gardoise, classée Grand Site de France, à pied, à vélo ou encore à cheval. Et puis, l'***Espace Éco-Pagayeur du Grau-du-Roi*** (voir « À voir. À faire » au Grau-du-Roi), unique dans le sud de la France, propose un parcours en canoë du plan d'eau du Vidourle à l'étang du Ponant. Ce réseau s'inscrit dans la démarche départementale labellisée Gard Pleine Nature.

LE GRAU-DU-ROI ET PORT-CAMARGUE

(30240) 8 440 hab. *Carte Gard, C4*

À l'origine, un petit port de pêche le long du passage naturel entre l'étang et la mer, le *grau* en occitan. D'Henri IV à Napoléon, nombreux sont les souverains qui se sont penchés sur le destin de ce village. De nos jours, station balnéaire hyper touristique (le village passe de 9 000 à 120 000 personnes en été), Le Grau a su garder son port (le 1er en Méditerranée, devant Sète) et une petite partie de son charme avec son phare, son pont tournant et son quai bordé de chalutiers et de palmiers... juste en face de son antithèse noyée de boutiques.
La station de Port-Camargue, conçue par le cousin de l'ancien Premier ministre Édouard Balladur, intéressera surtout les amateurs de cliquetis de mâts dans le vent. Et ils seront servis : avec plus de 5 000 anneaux, Port-Camargue est le premier port de plaisance d'Europe et le 2e au monde après

San Diego (Californie). La promenade à pied, dans cet univers d'immeubles et de canaux, est labyrinthique. Cela dit, pour sortir du béton, 18 km de plages vous tendent les bras... que vous devriez songer tout de même à protéger des moustiques !

Adresses utiles

Office de tourisme : *Villa Parry, rue du Sémaphore. ☎ 04-66-51-67-70. • letsgrau.com • Tlj sf 1er janv et 25 déc : 9h-20h juil-août, jusqu'à 19h en mai-juin, 18h hors saison.*

Maison du nautisme : *face à la capitainerie, à* ***Port-Camargue.*** *Pâques-Toussaint, tlj.*

La Maison méditerranéenne des vins, de l'olive et des produits régionaux : *route de l'Espiguette. ☎ 04-66-53-51-16. Tte l'année, tlj sf 1er-15 janv et 25 déc.* Vente de produits régionaux dans un cadre méridional (un igloo, c'est rare, par ici !).

Où dormir ?

Campings

Nombreux campings ombragés au bord de la route qui mène du Grau-du-Roi à la plage du phare de l'Espiguette.

Yelloh Village ! : *route de l'Espiguette. ☎ 04-66-51-16-16 ou 04-66-739-739. • info@yellohvillage-secrets-de-camargue.com • yellohvillage.fr • ♿ Ouv Pâques-Toussaint. Doubles 39-173 € ; mobile homes 2-4 pers 273-1 211 €/sem. 523 empl sur les 3 campings.* Très bonne structure, soit 3 campings-villages haut de gamme et bien arborés. Tous offrent (enfin, façon de parler) des mobile homes bien équipés, recouverts de toits-paillotes, avec clim et bain de soleil, certains les pieds dans le sable. *Les Petits Camarguais* possède une piscine-lagon superbe et un jacuzzi. Attention, seulement 25 emplacements pour les tentes à *Secrets de Camargue.* En projet, un 4e camping du côté de l'Espiguette...

Camping de l'Espiguette : *route de l'Espiguette. ☎ 04-66-51-43-92. • campingespiguette.fr • ♿ Du Grau-du-Roi, prendre direction Port-Camargue puis l'Espiguette, sur la droite. Ouv 1 sem avt Pâques à la Toussaint. Compter 39 € pour 2 avec une tente. 1 200 empl. (payants).* Le plus vieux camping du Grau, où l'on est sûr de trouver de la place pour sa tente et même pour son oncle. Immense, ombragé et familial, à défaut d'être moderne. Accès direct à la plage et petit port privé. Pas mal de services : halte-garderie, laverie, supérette, boulangerie, pizzeria et location de vélos. Parc aquatique inclus dans le tarif.

Domaine Élysée : *980, route de l'Espiguette. ☎ 04-66-35-73-35. • domaine-elysee@odalys.com • odalys-vacances.com • Emplacements tente 22-45 €. Compter 230-1 155 €/sem pour un mobile home 2-8 pers selon saison.* Belle situation au cœur d'un domaine arboré de 17 ha au bord de l'eau. 700 mobile homes avec terrasse individuelle. Ce village-club propose de nombreux équipements : terrains multisports, courts de tennis, kayak, minigolf, boulodrome, aire de jeux ainsi qu'un théâtre de plein air. Restaurant face à une piscine olympique à côté de laquelle a été aménagé un toboggan pour les plus petits. Clubs enfants et ados en juillet-août, et animations.

De prix moyens à chic

Hôtel Les Acacias : *21, rue de l'Égalité. ☎ 04-66-51-40-86. • contact@lesacaciasencamargue.com • hotel-les-acacias.fr • Doubles 64-98 € selon confort et saison.* Un peu en retrait du quai Général-de-Gaulle et de l'agitation, ce petit hôtel 2 étoiles, qui ne paie pas de mine, abrite une trentaine de petites chambres rénovées. Style contemporain, avec ou sans clim et frigo selon le prix, toutes avec salle de bains, coffre et TV. Également quelques familiales. Location de vélos. Accueil courtois et efficace du patron, un passionné de 7e art (son grand-père fut assistant du cinéaste Abel Gance).

Splendid Hôtel Camargue : *bd du Maréchal-Juin. ☎ 04-66-51-41-29. • contact@splendid-camargue.com • splendid-camargue.com • ♿ Doubles 77-140 €, certaines avec clim. Réduc de 10 % (sf juil-août) sur le prix de la chambre sur présentation de ce guide.* L'hôtel de station balnéaire des années 1930 dans toute sa splendeur. Situé pile-poil sur le front de mer, il s'est offert un lifting joliment réussi : agrandissement, décor et confort moderne. L'accueil est serviable et pro. Les chambres sur mer sont grandes, bien équipées et possèdent des balcons fort agréables en surplomb de la plage (et de la foule, en pleine saison). Sur l'arrière, chambres plus petites avec vue sur les toits, bien calmes. Fait resto.

L'Oustau Camarguen : *3, route des Marines, à* ***Port-Camargue.*** *☎ 04-66-51-51-65. • oustaucamarguen@wanadoo.fr • oustaucamarguen.com • ♿ Congés : 2 nov-24 mars. Doubles 90-145 € selon saison ; familiales 125-196 €. Petit déj-buffet 13 €. Menus 25-32 € ; carte env 38 €. Apéritif offert sur présentation de ce guide.* Bien sûr, on eût aimé que cela fusse moins construit tout autour (humour), comme à l'origine, lorsque ce mas était voué aux promenades à cheval. Mais voici sans nul doute la meilleure adresse de la station. À côté de la marina, préservé de l'agitation, 40 chambres climatisées autour d'une grande piscine et d'un spa *(gratuit jusqu'à 16h30 ; payant ensuite),* avec hammam, jacuzzi et bassin chauffé. Excellent buffet au petit déj... mais gare aux gabians en terrasse (1 mn d'absence et les croissants partent en vacances !). Très bon resto également (ouvert aux non-résidents), avec un accueil aimable, surtout si vous avez réservé. Accueil pro et chaleureux de la direction.

Où manger ?

Ville balnéaire, clientèle de passage, la gastronomie peine à séduire au Grau-du-Roi. Tandis que les prix, eux, se la jouent un peu trop. Cela dit, les tables ouvertes par les familles de marins pêcheurs sont l'idéal pour qui veut s'offrir un poisson grillé de la pêche du jour : en longeant le *quai Général-de-Gaulle,* quelques restos tiennent le cap et le quai, comme ***Le Petit Nice*** (lire plus bas), ***Le Palangre,*** ou encore ***Le Dauphin.*** Juste en face, sur le quai Colbert, ombragé et noyé de boutiques à touristes, ***L'Huître Rieuse*** a notre préférence pour sa simplicité et ses bons fruits de mer.

De bon marché à prix moyens

Le Petit Nice : *36, quai Général-de-Gaulle. ☎ 04-66-80-00-04. En saison, tlj (sf mer juin et sept) ; oct-mai, tlj à midi (sf mer), plus ven-sam soir. Formule et menu déj en sem 12-14 €, menu 19 €.* Sur le quai ensoleillé, coquillages et crustacés, on a l'air dans la tête sur cette terrasse pourtant à l'abri du vent, et au soleil, d'où le nom du resto. Tenu par une famille de pêcheurs, dont le bateau est amarré devant (s'il n'est pas en mer). Spécialités : poulpe de roc, thon rouge en tartare ou *a la plancha,* plus escargots murex et soupe de poissons. Énormes salades-repas. Vin des sables bio. Accueil zen de Laurent et son équipe.

L'Assiette Amoureuse : *11, rue Victor-Granier (pl. du Marché). ☎ 04-66-53-88-46. En plein centre. En saison, tlj ; fermé mer et ts les soirs hors saison. Congés : 15 déc-15 fév. Formule et menus 18-30 €.* Il y a de la couleur sur les murs, de la fraîcheur dans les assiettes et des sourires autour des tables, c'est plutôt bon signe. Idéal pour un poisson grillé, une marmite du pêcheur ou un plat du jour, avec différents légumes cuisinés de manière variée. Une petite affaire familiale qui tourne rond. Terrasse ombragée sur la place.

L'Oasis : *Le Grand Pavois, quai d'Honneur, à* ***Port-Camargue.*** *06-77-51-82-01. • geraldine.bascoul@wanadoo.fr • Fermé mer, plus le soir lun-mar hors saison. Congés : 2 sem vac de la Toussaint et 2 sem à Noël. Formule déj 11,90 € ; menu 25 €. Café ou thé offert sur présentation de ce guide.* Dans son petit resto refait au goût du jour, Géraldine a la conversation généreuse et la voix qui porte malgré les tintements des mâts voisins. Sur ce quai d'Honneur, elle met un point d'honneur à servir du poisson frais, que l'on vous conseille à la plancha, tout simplement.

Le B Plage : *365, av. du Boucanet. 06-31-10-82-60. • bplage@orange.fr • Sur le front de mer, à 500 m du centre vers le nord. Tlj sf Noël, 10h-1h non-stop (2h en été). Formules et menus 15-17 € (déj), 26-32 € (soir) ; carte env 40 €.* La seule plage privée ouverte toute l'année, où l'on trouve plus d'habitués que de touristes. Ambiance souvent fêtarde et haute en couleur, sachez-le car ça en refroidit certains. Un plan B parfait pour déguster un loup grillé les pieds dans les dunettes herbeuses. pour un verre en journée ou un apéro « coucher de soleil ». Le jeudi soir, un DJ officie... et le plat est offert « à l'exception de tout le reste » (voir aussi plus loin « Où boire un verre ? Où grignoter sur le pouce (ou sur la plage) ? »).

De prix moyens à chic

L'Amarette : *8, av. Lassere, centre commercial Camargue 2000, à* ***Port-Camargue.*** *☎ 04-66-51-47-63. • contact@l-amarette.com • Tlj sf mer. Congés : de mi-déc à fin janv, 1re sem des vac de Pâques et de la Toussaint. Formules déj en sem 26,50-32 € ; menus 43-54 € ; bouillabaisse pour 2 à 45 €. Café (ou kir !) offert sur présentation de ce guide.* D'accord, faut oublier l'environnement béton qui a mal vieilli, mais l'adresse est une valeur sûre en matière de poisson et de fruits de mer. Très, très clean, et on aime la belle vue sur le golfe. Terrasse panoramique.

LE GARD

Où boire un verre ? Où grignoter sur le pouce (ou sur la plage) ?

Faites un tour quai Colbert, si la foule ne vous fait pas peur. Le rétro ***Grand Café de Paris*** sera forcément ouvert. Mais si vous préférez un peu d'intimité (quoique !), allez plutôt sur le front de mer. ***Le B Plage*** est un établissement au soleil du matin au soir. Beaucoup d'habitués, qui vont et viennent entre le bar et la plage. Location de transats, plus glaces et cocktails (voir plus haut « Où manger ? »). Entre mai et septembre, la plage de l'Espiguette (parking des Baronnets) accueille l'***Oyat Éco-Plage,*** une cabane dans le vent, face au soleil couchant, pour déguster un cocktail accompagné de tapas, parfois en musique.

À voir. À faire

Le quai Général-de-Gaulle (rive droite) : balade à ne pas faire aux heures de pointe, de préférence, sauf à midi si vous voulez déjeuner chez un marin pêcheur (voir l'intro de « Où manger ? »). Arrêt à la ***villa des Dauphins,*** bâtisse construite en 1900 dans un style « baroque balnéaire » par une riche famille qui avait fait son blé dans la boulangerie. À l'extrémité du même quai, ne pas rater le ***phare,*** datant de 1828 (qui a « passé le fanal » à celui de l'Espiguette).

Seaquarium : *av. du Palais-de-la-Mer. ☎ 04-66-51-57-57. • seaquarium.fr • Rive gauche, direction Port-Camargue. Oct-mars, tlj 9h30-18h30 ; avr-juin et sept, tlj 9h30-19h30 ; juil-août, tlj 9h30-23h30 ; dernier billet 1h avt fermeture.*

Entrée : 13,90 € ; 10 € enfant ; tarif famille 43,50 € ; réduc ; gratuit moins de 5 ans. Vastes aquariums qui accueillent 200 espèces de poissons et invertébrés marins et un récent *Requinarium* (!) de 1 000 m², où nagent 25 espèces de requins. Spectaculaire, l'arrivée des requins qui passent au-dessus de vos têtes et sous vos pieds. Ne pas manquer les requins-léopard ni les raies qui se déplacent façon *Star Wars,* sans oublier le face-à-face avec les mérous-patates, les murènes et autres poissons-pierres... Avec ses fausses statues de l'île de Pâques, le grand bassin des phoques et des otaries est une attraction appréciée des gamins. Voir aussi le dentier reconstitué du Mégalodon, le plus grand squale de la planète, il y a 2 millions d'années. En fin de visite, les enfants apprécieront les « frigos de l'angoisse », bien plus modernes que les questions-réponses au début du parcours. Ils peuvent même toucher de petits requins (sous surveillance !) et contempler le bassin à hippocampes. Un film est d'ailleurs consacré à leur reproduction sur place. Bar, resto, boutiques, comme il se doit.

La pointe de l'Espiguette : *le parking Espiguette (celui du minigolf du même nom) est gratuit, mais il faut marcher 500 m jusqu'à la mer. Sinon, parking des Baronnets, payant avr-sept (6 €/j. ; 4 € après 16h30). Pensez à emporter une crème anti-moustiques, d'autant que le moustique-tigre est arrivé jusqu'ici !* À droite, un phare du XIXe s, toujours en fonctionnement. Par un sentier à travers les dunes, on accède à ce superbe site naturel. Avec la Camargue gardoise, il a été classé Grand Site de France. Une immense plage de quelque 11 km bordée de dunes plantées de pins parasols. La première moitié est tout public, avec quelques plages privées qui proposent des sandwichs et des boissons fraîches, et louent des parasols et matelas. Plus loin, c'est plutôt un espace naturiste pas triste.

LE GARD

➢ Pour les plus courageux, le ***cordon de dunes*** de la pointe de l'Espiguette offre l'une des promenades les plus surprenantes du coin : des dunes, la mer, des kilomètres de nature vierge de toute construction. Attention, une dune peut en cacher une autre, est-ce un mirage ? Vous n'y serez pas tout seul en été (on peut même parler de surfréquentation), mais comme le site est vaste, on sème assez vite les tire-au-flanc. À l'est, on peut aller jusqu'à la prise d'eau des salines d'Aigues-Mortes, 8 km environ. À l'ouest, jusqu'à Port-Camargue, par les campings.

➢ ***Promenades et pêche en mer :*** les catamarans *Providence* et *Picardie* proposent des virées qui ont toujours leurs adeptes. Un peu trop de monde parfois, les bateaux accueillant de 50 à 100 personnes. Réservations et départ au bout du quai Colbert. Croisière vers Sète, Palavas, Les Saintes-Maries-de-la-Mer et parties de pêche. Aboyeurs et aboyeuses savent convaincre les plus réticents, au dernier moment.

– ***Kayak, canoë et paddle :*** ***Espace Éco-Pagayeur,*** *base nautique du Vidourle, sur la D 62A. ☎ 04-66-93-88-09.* Location du matériel adéquat et prêt de manuels pour effectuer l'un des 4 parcours (de 1h30 à 3h30), entre le plan d'eau du Vidourle et l'étang du Ponant. Une super idée !

– ***Équitation :*** ***L'Écurie des Dunes,*** *1745, route de l'Espiguette. ☎ 04-66-53-09-28. À env 3 km du Grau-du-Roi, sur la gauche de la route. Et* ***Mas de l'Espiguette,*** *1795, route de l'Espiguette. ☎ 04-66-51-51-89. Tte l'année, tlj.* Promenades dans les marais et au bord de la mer, de l'heure à la demi-journée, selon les niveaux.

– Pour un ***safari en Camargue,*** voir nos adresses dans les « Adresses utiles » au début du chapitre de la Petite Camargue.

Fêtes et manifestation

– ***La Vogua :*** *fin mai.* Fête de la Méditerranée.

– ***Fête de la Saint-Pierre :*** *w-e autour du 16 juin.* Célébration de la Saint-Pierre. Procession de la statue du saint patron des pêcheurs, bénédiction et sortie en mer des bateaux, joutes languedociennes, concours d'*abrivados,* où les taureaux fous se ruent dans la ville.
– ***Fête locale :*** *1 sem mi-sept.* Avec joutes languedociennes, lâchers de taureaux et courses camarguaises. La fiesta !

AIGUES-MORTES

(30220) 8 630 hab. *Carte Gard, C4*

• Plan *p. 463*

« Plat désert de mélancolie, frissonnant de solitude »... Aigues-Mortes vue par Barrès ne reflète pas entièrement la réalité, mais force est de reconnaître que ce bout du monde planté entre lagunes, marais et canaux, enfermé entre ses remparts, ne peut que susciter l'admiration du visiteur. Certes, le « frissonnant de solitude » n'est plus franchement d'actualité. Sauf si vous y passez une nuit, hors saison. Ce modèle d'architecture militaire médiévale destiné à défendre la porte vers l'Orient du royaume de France est devenu un lieu touristique très prisé. Mais la vieille cité a été heureusement largement préservée des errances qui ont défiguré d'autres sites en France. Les efforts en matière d'environnement ont payé : en 2014, la Camargue gardoise a obtenu le label Grand Site de France, et une nouvelle maison d'accueil est implantée depuis à la Marette. Aigues-Mortes offre une part de rêve, un soupçon d'irréel à quiconque l'approche.

UN PEU D'HISTOIRE

C'est d'ici, dans un paysage de marais, de sable et d'eau, que le roi ***Louis IX partit pour les croisades*** (après, on ne parla plus que de Saint Louis, pour ceux qui auraient oublié son matricule). Il faut imaginer ce que pouvait être le port d'Aquæ Mortuæ (« eaux mortes ») au tout début de son aménagement, dominé par une tour en bois édifiée par les Mérovingiens, la « Mafatère », et par l'abbaye des moines de Psalmody. Dotée d'une charte qui en faisait une véritable « zone franche », destinée à attirer les marchands de la Méditerranée, Aigues-Mortes devint rapidement un ***passage incontournable.*** Et donc, par souci de protéger la ville, ***alors seul port méditerranéen du royaume de France,*** Saint Louis fit construire en hâte la tour de Constance. Après sa mort, 20 années suffirent à l'édification de l'enceinte, flanquée de 6 tours et percée de 10 portes. Des rues perpendiculaires, normal dans une ville militaire et commerçante où la circulation se doit d'être fluide.

UNE PINCÉE DE SEL POUR RELEVER LE QUOTIDIEN

On récolte le sel dans la région depuis l'Antiquité. Les fonctionnaires chargés de la récolte et de la commercialisation du sel recevaient une partie de leur solde en sel : le salarium, d'où le mot « salaire ».

Mais l'histoire n'allait pas être tendre avec Aigues-Mortes. Désertion du port, désastres climatiques, insalubrité des marais mal entretenus plongèrent la ville dans une grande misère. Ajouter à cela des épidémies de peste, de choléra et les guerres de Religion, la vie devenait difficile. ***Au XVIIe s, le port fut définitivement condamné*** et la tour de Constance se transforma en une prison où furent enfermés, entre autres, les protestants. Le chef des camisards s'en échappa, mais **Marie Durand,** à qui l'on attribue l'inscription gravée *register* (« résister »), ***y resta captive 38 ans. Au XIXe s, Aigues-Mortes tomba dans l'oubli.*** Deux siècles plus tard, ses familiers se plaignent qu'elle soit trop connue, maudissent les embouteillages, les sens de circulation aberrants, et regardent d'un œil méfiant les aménagements extérieurs du site. Comme quoi...

Adresses et info utiles

Office de tourisme *(plan A2) : pl. Saint-Louis. ☎ 04-66-53-73-00. • ot-aiguesmortes.com • Juil-août, tlj 9h-19h ; avr-juin et sept, tlj 9h (10h w-e et j. fériés)-18h ; oct-mars, tlj 9h (10h w-e et j. fériés)-17h. Fermé 1er janv et 25 déc.* Plan très bien fait, très pratique, que vous cherchiez pêcheurs, manadiers, boutiquiers ou même un fabricant de bougies. Borne tactile.

Maison du Grand Site de France de la Camargue gardoise : *la Marette, route du Môle. ☎ 04-66-77-24-72. • camarguegardoise.com • Tlj sf lun, 14 juil et 15 août ; horaires variables d'un mois sur l'autre, se renseigner.* Espace d'exposition sur le rôle de l'homme dans la Camargue gardoise. Également un espace accueil, une boutique et un sentier d'interprétation sur 1,6 km. On vous conseille la jolie balade à pied (5-6 km) entre la Maison et le Grau-du-Roi : flamants, taureaux, etc.

– **Parkings :** seuls les riverains et les clients des hôtels ont le droit de pénétrer en voiture dans le centre. Notez qu'il est interdit d'y rester stationné, mais la plupart des hôteliers vous feront bénéficier d'une carte de stationnement gratuit à l'extérieur. Sinon, seul le P8, rue Jeanne-Demessieurs et rue Nicolas-Lasserre, est gratuit. Les autres parkings tout autour des remparts sont payants et chers *(de 2,40 €/h à 41 € les 24h !).* Parking pour camping-cars : *P4, bd Diderot (env 16 € les 24h).*

Où dormir ? Où manger ?

Prix moyens

B & B Farniente *(plan B1,* ***17****) : 10, rue des Travailleurs. 06-87-43-92-50. • lacamarguaise@sfr.fr • farniente-chambres-dhotes-camargue.com • Doubles 53-75 €, petit déj inclus. Apéritif offert sur présentation de ce guide.* Dans une ruelle bien cachée, quasiment en face des remparts, voici le tout petit repère de Gudrun. Cette Française qui, comme elle le dit elle-même, « fut allemande dans une autre vie », est tombée sous le charme de la Camargue et en est devenue l'une des plus ardentes promotrices (elle vous donnera plein de tuyaux !). Chambres simples et petites, à la déco personnelle et colorée. Patio sympa pour papoter et prendre son petit déj.

Hôtel des Croisades *(plan A1,* ***11****) : 2, rue du Port. ☎ 04-66-53-67-85. • hotel@lescroisades.fr • lescroisades.fr • Face à la tour de Constance, de l'autre côté du canal. Congés : 1 sem avt Noël. Doubles 69-80 € ; familiales 82-107 €. Parking gratuit. Réduc de 10 % en basse saison sur présentation de ce guide.* Un hôtel à quelques minutes de la vieille cité, avec des chambres sans charme particulier mais propres et climatisées. Certaines ont vue sur les remparts et la tour de Constance : demandez-en une à la résa, c'est le même prix ! Agréable jardin. Bon accueil.

L'Atelier de Nicolas *(plan A-B1,* ***20****) : 28, rue Alsace-Lorraine. ☎ 04-34-28-04-84. • latelierdenicolas@live.fr • Fermé mer, plus jeu hors saison. Congés : mi-déc à début janv. Formules déj en sem 17-20 € ; le soir, menus 28-32 €.* Le néo-bistrot dans le vent, avec un « militant du goût » qui a tout compris en offrant (façon de parler, mais les prix sont justes !) de bons produits et de la créativité, tout

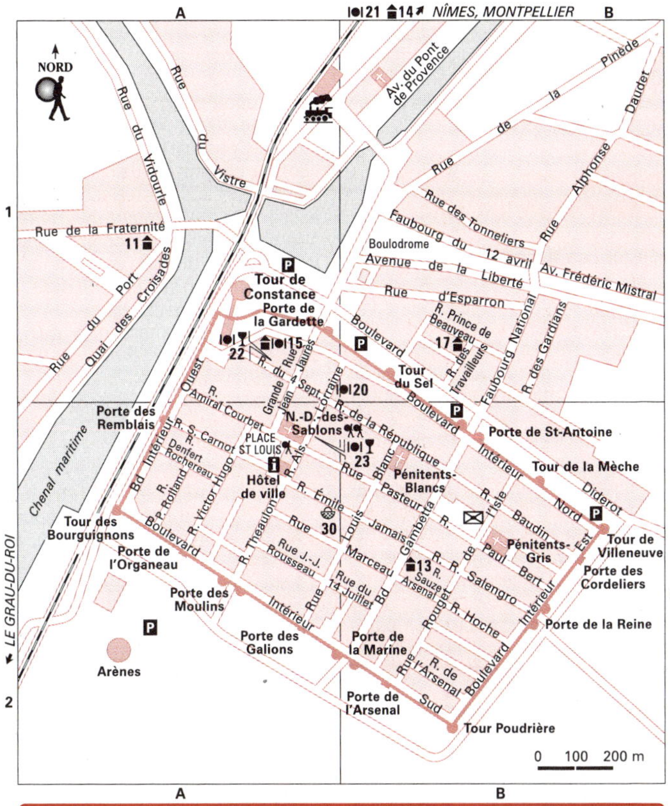

AIGUES-MORTES

Où dormir ? Où manger ?		Où boire un verre ? Où manger sur le pouce ?	
11	Hôtel des Croisades	22	Le Dit-Vin
13	Hôtel Les Arcades	23	Papy Moïse
14	Hôtel Canal		**Où acheter de bons produits ?**
15	Hôtel-restaurant Les Remparts	30	Chez Olméda – Fougasses d'Aigues-Mortes
17	B & B Farniente		
20	L'Atelier de Nicolas		
21	Boem		

en respectant les envies de terroir de ses clients (taureau de Camargue AOP toute l'année). Petite salle contemporaine avec cuisine ouverte. L'accueil est speed et efficace, la résa indispensable.

Boem *(hors plan par B1, **21**) : 253, av. du Pont-de-Provence. ☎ 04-34-28-42-30. • boem30@hotmail.fr • Tlj sf sam midi, plus lun-mar sept-mai. Congés : janv. Menu déj 19 € ; le soir, formule et menu 30-36 €. Café offert sur présentation de ce guide.* Ne demandez pas le chemin de Beeeuhm à un local, il se moquerait de vous. On l'adore, cette « Bohème » chic... Rien de plus tendance que de venir se réfugier ici, loin de la foule, dans ce cadre moderno-ethnique avec vue sur le canal. Le chef est un passionné de *MediterrAsian food.* Du fait maison à déguster au calme, en terrasse, en regardant au loin la foule qui se presse à l'entrée d'Aigues-Mortes.

De chic à beaucoup plus chic

Hôtel Les Arcades *(plan B2,* ***13****)* ***:*** *23, bd Gambetta. ☎ 04-66-53-81-13. • info@les-arcades.fr • les-arcades.fr • Doubles 107-115 € ; familiales 138-168 €. Badge de parking gratuit.* Bien cachée au cœur de la vieille ville, cette ancienne et noble bâtisse aux murs épais abrite de fort belles chambres aux noms d'oiseaux... qui n'ont rien à voir avec l'accueil, absolument charmant ! Chambres spacieuses, dont la plus vaste s'appelle *Avocette,* égayées de jolies peintures. Petite piscine avec terrasse et quelques orangers. Excellente adresse, au calme.

Hôtel-restaurant Les Remparts *(plan A1,* ***15****)* ***:*** *6, pl. Anatole-France. ☎ 04-66-53-82-77. • contact@remparts-aiguesmortes.fr • remparts-aiguesmortes.fr • Resto tlj en saison ; sinon, fermé lun-mer. Congés : 4 janv-4 fév. Doubles 100-130 € ; familiales 190-215 €. Formule et menu 19,50 € le midi en sem, 36,50 € le soir ; carte env 40 €. Apéritif offert sur présentation de ce guide.* Un bel hôtel ancien, entièrement rénové, face à la tour de Constance. 10 chambres avec vue, au charme actuel et au confort contemporain. Une terrasse avec vie aussi, face aux remparts, et un resto à la carte maligne, locale, inventive. Ici, mieux vaut réserver, les habitués reviennent, ce qui est toujours bon signe. Très bon petit déj.

Hôtel Canal *(hors plan par B1,* ***14****)* ***:*** *440, route de Nîmes. ☎ 04-66-80-50-04. • contact@hotel-canal.fr • hotel-canal.fr • En direction de Nîmes, le long du canal du Rhône à Sète. Congés : 6 janv-4 fév et 20 nov-20 déc. Doubles 84-157 € selon confort et saison. Parking gratuit et garage payant.* C'est l'hôtel contemporain d'Aigues-Mortes. Pas folichon du tout vu de la route, il se révèle fort élégant à l'intérieur, voire bucolique du côté du canal et des péniches. Bien sûr, il faut aimer la décoration de son époque, soit du métal, du volume et des contrastes de couleurs ! Superbe petit déj-buffet, concocté par le pâtissier local (servi en terrasse). Piscine côté canal.

Où boire un verre ? Où manger sur le pouce ?

Le Dit-Vin *(plan A1,* ***22****)* ***:*** *6, rue du 4-Septembre. ☎ 04-66-53-52-76. • le.dit.vin@orange.fr • Tlj ; service continu en saison. Tapas et planches 8-20 €.* Un décor de bistrot bourgeois avec des vieilles pierres, un patio, une verrière, une cave à vins visible sous les pieds et une brocante chic et rassurante. Bar à vins et à tapas, parfait pour l'apéro, un grignotage ou la concrétisation d'un flirt en bonne voie.

Papy Moïse *(plan A2,* ***23****)* ***:*** *10, rue Alsace-Lorraine. ☎ 04-66-93-23-82. • vincentculotte@orange.fr • Tlj ; service continu en saison. Assiettes env 6-26 €.* C'est le bar (à huîtres et à coquillages) où l'on vient voir et éventuellement se faire voir... enfin, vous verrez ! Toujours de l'ambiance chez *Papy Moïse,* devenu une petite institution, atypique et incontrôlable. Vous êtes prévenu !

Où acheter de bons produits ?

Chez Olméda – Fougasses d'Aigues-Mortes *(plan A2,* ***30****)* ***:*** *32, rue E.-Jamais. ☎ 04-66-53-73-42. Tlj sf mar 6h-13h, 16h-19h.* Jadis réservée aux 13 desserts de la table de Noël (à l'instar de la *pompe à l'huile* de Provence), voilà une sympathique sucrerie aromatisée à la fleur d'oranger pour caler un petit creux ! Également des fougasses salées, *of course !*

LE GARD

À voir

– ***Visites guidées :*** *tte l'année sur résa, avec l'association En Vadrouille, 06-41-67-90-75 (tarif : 7 € ; réduc), et Escapades guidées, 06-78-03-87-07 (env 10 €, mais part pour 2 pers ; réduc).* Découverte des chapelles des Pénitents-Blancs, des Pénitents-Gris, ainsi que de l'église Notre-Dame-des-Sablons.

L'enceinte : *accès au chemin de ronde des remparts par la tour de Constance (plan A1). ☎ 04-66-53-61-55. Sept-avr, tlj 10h-13h, 14h-16h45 (fermeture de la caisse) ; mai-août, tlj 10h-18h15. Fermé certains j. fériés. Entrée : 7,50 € ; réduc ; gratuit moins de 25 ans, et moins de 18 ans accompagnés de leurs parents. Compter 1h30 de visite.* Baladez-vous sur le chemin de ronde : le tour fait 1 634 m, on est à 11 m de haut, et on ne se lasse pas d'admirer l'état de conservation parfaite de cette enceinte. Arrêt à la *tour de Constance (plan A1),* la plus pittoresque. Tour principale de l'enceinte à l'origine, elle a servi de phare et de prison (45 templiers y furent enfermés au XIVe s). 190 marches à grimper pour accéder à la terrasse, mais panorama inoubliable. Quant à la *tour des Bourguignons (plan A2),* elle évoque l'un des épisodes sanglants de la guerre entre Armagnacs et Bourguignons : en 1421, ces derniers ayant été saignés, paraît-il, comme des porcs, leurs corps furent empilés ici, avec entre chaque couche une épaisseur de sel ! Raconté ainsi par un guide, on ne sait jamais si c'est du lard ou du cochon... Expos temporaires.

LES TEMPLIERS, GRANDEUR ET DÉCADENCE

Cet ordre très chrétien fut créé en 1120, pour sécuriser les croisés en Terre sainte. Ces moines-soldats avaient droit de vie et de mort. Ils creusèrent un port, près d'Aigues-Mortes, pour les bateaux qui partaient aux croisades. Financiers avisés, ils gardaient même les trésors royaux. Jalousés, les chefs furent brûlés vifs, l'Ordre dissous en 1291 et leurs biens confisqués.

L'église Notre-Dame-des-Sablons *(plan A2)* **:** *en principe, tlj 8h30-19h (18h en hiver).* De style gothique primitif, elle a remplacé en 1246, à la demande de Saint Louis, l'ancienne église de bois et de roseaux. On est frappé par son extrême dépouillement. Tables d'autel dépourvues de toute décoration, anciennes tables d'ouvriers de ferme. Statue de Saint Louis du XVIIe s. Les étonnants vitraux modernes sont l'œuvre du peintre contemporain Claude Viallat.

La place Saint-Louis *(plan A2)* **:** envahie par une ribambelle de cafés, de restaurants touristiques et de grandes terrasses noires de monde en été. Arrêtez-vous à l'***ancienne chapelle des Capucins*** si l'exposition du moment vous intéresse, et fuyez vite par les chemins de traverse pour découvrir la ville ancienne. Admirez au passage la ***chapelle des Pénitents-Blancs*** et celle des ***Pénitents-Gris*** *(plan B2)* si elles sont ouvertes.

À faire au départ d'Aigues-Mortes

➢ ***Petite rando pédestre :*** *cartoguide en consultation libre ou en vente (5 €) à l'office de tourisme.* Suivre le chemin de halage vers le nord sur 8 km environ, jusqu'au pont des Tourradons ; tourner à gauche sur une petite route récemment réaménagée (pour les vélos, les rollers), devenue une voie verte sur le trajet de la fameuse *Viarhôna.* Tout à coup, le paysage change : ce sont les prés du Cailar où paissent les taureaux. Une petite route à ornières coupe les champs. Ne jamais traverser les prés, ne jamais ouvrir une barrière, ne jamais exciter les bêtes, un accident est vite arrivé. On longe ces prés jusqu'au Vistre, un petit ruisseau qui serpente, puis par la tour Carbonnière on rejoint les remparts. C'est long, c'est beau, c'est plat !

– ***Balade en péniche :*** *départ de l'embarcadère au pied de la tour de Constance.* ***Le Pescalune*** *(☎ 04-66-53-79-47),* ***Bateau Saint-Louis*** *(📱 06-03-91-44-63) et* ***Péniches Isles de Stel*** *(📱 06-09-47-52-59). Circuits de 2h-2h30. Prestations et tarifs similaires (12-15 €).* Sur les canaux de la Petite Camargue et le Vidourle avec arrêt dans une manade de taureau. Un poil promène-touristes.

Fête et manifestations

Tous les rendez-vous culturels sur le site *• ot-aiguesmortes.com •* En voici une petite sélection.
– ***Festival Marguerite :*** *fin juil-début août.* Festival de danse et de musique.
– ***La Saint-Louis :*** *autour du 25 août.* Damoiselles et damoiseaux animent la cité aux couleurs du Moyen Âge. Défilés historiques, marché et bal médiéval, feu d'artifice.
– ***Fête locale :*** *1 sem mi-oct, après les vendanges et la récolte du sel.* À ne manquer sous aucun prétexte. Des arènes hors les murs. Les gradins ? Des théâtres de 2 m de large, un par famille ; on tire au sort l'emplacement. Pendant 1 semaine, le *toro* roi à toutes les sauces : *abrivado, bandido,* courses camarguaises. Peu de touristes, mais tous les habitants et les manadiers des environs. Il faut souligner toutefois que ce genre de fête n'est pas sans danger : si les manadiers ont l'habitude d'esquiver les coups de corne ou de faire le mort quand le *toro* leur passe dessus, le néophyte n'a pas de tels réflexes, et risque gros.
– ***Marché de Noël et patinoire :*** *de mi-déc à début janv.*

DANS LES ENVIRONS D'AIGUES-MORTES

🎯 ***Le domaine royal de Jarras :*** *☎ 04-66-51-17-00. • domainedejarras.com • À 4 km au sud d'Aigues-Mortes, sur la route du Grau-du-Roi, sur la gauche (panneau). Avr-sept, tlj 10h-19h ; oct-mars, lun-ven 10h-12h, 14h-18h. Visite en petit train, chais et dégustation (env 1h15), tlj sf dim à 10h30 et 15h15. Entrée : 10 €.* Le petit train vous emmènera dans le plus grand vignoble d'Europe (près de 2 000 ha, propriété du groupe *Vranken-Pommery*), qui produit un vin très particulier puisque les ceps poussent dans le sable, ce qui lui a permis d'échapper au phylloxéra au XIXe s. Comme on n'a plus le droit de l'appeler Listel, disons que c'est le vin des sables (IGP sable de Camargue) le plus connu du secteur. Superbes foudres. Sinon, vous aurez l'occasion de découvrir d'autres petits producteurs en suivant la route des étangs, ci-après...

🎯🎯 👨‍👧 ***Les salins :*** *route du Grau-du-Roi. ☎ 04-66-73-40-24. • visitesalinaiguesmortes.com • salins.com • Mars-oct, tlj sf 1er mai. Compter 1h15 de visite guidée en petit train. En juil-août, départs env ttes les 30 mn, 10h-18h (17h avr-juin et sept), plus 1 départ à 19h30 mi-juil à fin août au coucher du soleil ; mars et oct, slt 4 départs 10h30-16h. Entrée : 10 € ; 8 € enfant ; forfait famille 30 €. Sur résa, visites guidées en VTT (à partir de 13 ans ; durée : 3h) ; d'avr à fin oct, 1 le mat et 1 l'ap-m : 20 € avec son propre VTT, 25 € avec un VTT loué sur place.* À la fin du XVIIe s, 17 modestes saliniers exploitaient les marais. Dure tâche : leur espérance de vie était de 25 ans. Comme le disait un manadier : « Les femmes pouvaient donc espérer se marier trois fois ! » Après les graves inondations de 1842, les propriétaires des terres se sont associés à un négociant montpelliérain pour fonder, en 1856, la célèbre *Compagnie des Salins du Midi* qui commercialise désormais le sel sous la célèbre marque *La Baleine.* L'exploitation que l'on visite ici couvre une superficie totale de 9 800 ha (soit l'équivalent de Paris intra-muros !). Le site accueille une faune et une flore intéressantes (et quelques moustiques...). Le faible degré hygrométrique de l'air et le fort ensoleillement favorisent la production : 15 000 t par jour pendant la récolte. Le sel stocké (entre 400 000 et 500 000 t) forme une impressionnante colline (appelée « camelle »), que l'on voit à des kilomètres à la ronde et que l'on peut désormais gravir jusqu'à une terrasse d'observation. Enfin, un espace d'exposition sur les sauniers et leurs outils, ainsi qu'une boutique, à destination des visiteurs, toujours plus nombreux : près de 130 000 par an désormais.

D'AIGUES-MORTES À SAINT-GILLES PAR LE CHEMIN DES ÉTANGS

Au hasard des petites routes qui sillonnent le plat pays se dévoilent des paysages particuliers. D'abord, la Sagne, la plus grande roselière d'Europe de l'ouest où officient encore de grands *sagneurs,* les coupeurs de roseaux qui fournissent la chaume des toits du nord de l'Europe. Et puis, des étangs, des *sansouïres* (zones humides où pousse la salicorne) et des rizières... Les modestes hameaux de Gallician et Franquevaux, tournés vers les étangs, sont charmants. De Gallician à Montcalm, les paisibles D 779 et D 179 traversent des paysages typiques de la Petite Camargue : notamment les étangs du Charnier et de Scamandre, le marais des Gargattes dont une partie est cultivée en rizières. Le tout ponctué de célèbres manades, comme la manade Saint-Louis, où le fameux Cancan organise des soirées camarguaises toujours authentiques...

Où dormir ? Où manger ?

Chambres d'hôtes et gîte Les Pierrades : *128, rue du Château, 30600* ***Montcalm.*** *☎ 04-66-73-52-72. • contact@lespierrades.fr • lespierrades.fr • Entre Aigues-Mortes et Les Saintes-Maries-de-la-Mer. Résa conseillée. Double 65 € (80 € pour 4 pers) ; gîtes (5-7 pers) env 335-650 €/sem.* Dans un hameau un peu perdu au cœur de la Petite Camargue, en face d'un ancien manoir, une adresse très simple chez l'habitant, quasiment à la ferme. Ambiance familiale avec jardin, potager et poulailler. Une seule chambre d'hôtes, indépendante, mais surtout 2 gîtes qui conviendront bien aux familles et aux routards. Piscine avec vue sur les vignes et l'église du village.

L'Ancien Monastère : *pl. du Monastère, 30640* ***Franquevaux.*** *☎ 04-66-80-95-58. • dautelseb@sfr.fr • ♿ Tlj sf dim soir et lun-mar. Formules déj lun-sam 10-14 € ; menus 20-30 €. Café offert sur présentation de ce guide.* Au centre de ce village perdu aux portes du marais, à côté de l'ancienne abbaye reconvertie en gîtes de luxe, une adresse assez réputée où l'on vient plutôt endimanché. Sébastien Dautel aime les beaux produits, son foie gras maison et sa crème brûlée à la lavande réconfortent (on est chez un militant du goût). Service aimable.

À voir

Le centre du Scamandre : *route des Iscles, à* ***Gallician.*** *☎ 04-66-73-52-05. • camarguegardoise.com • ♿ À quelques km de Vauvert en direction de Gallician. Mar-sam 9h-18h. Fermé j. fériés. GRATUIT, sf pour les groupes en visite guidée (10-20 pers sur résa). Interdit à nos amis les bêtes, même en laisse.* Pour s'y rendre, on longe le canal dit de Capettes, où, en hiver, les *sagneurs* récoltent les roseaux qui serviront de couverture aux toits des maisons scandinaves. Le centre du Scamandre donne accès au cœur d'une réserve naturelle régionale vouée à la protection et à la mise en valeur du patrimoine camarguais. Des expositions itinérantes y sont régulièrement présentées. Et pour les travaux pratiques, on peut parcourir des sentiers de découverte, comme le *sentier du Butor étoilé* (aller-retour de 2 km au-dessus des marais, adapté aux fauteuils roulants) ou le *sentier de la Fromagère* (3,6 km). Pour accompagner les parcours et enrichir vos connaissances, vente de livrets guides et prêt de jumelles (contre une pièce d'identité). Au printemps et en été, vous sympathiserez avec des nuées d'habitants ailés, parmi lesquels des ibis migrateurs ! En hiver, canards et passereaux des roselières.

Cave coopérative de Gallician : *av. des Costières, à* ***Gallician.*** *☎ 04-66-73-31-65. • gallician.com • Tlj sf dim 8h-12h, 14h-18h.* L'endroit idéal pour s'approvisionner en costières-de-nîmes AOC, avec une cinquantaine de producteurs locaux qui travaillent le syrah, le grenache et le mourvèdre. Du rouge, évidemment, qui penche du côté de la vallée du Rhône. Emblème : le coq (ou plutôt deux) : avec un nom pareil, il va sans dire...

SAINT-GILLES (30800) 14 000 hab. *Carte Gard, C4*

LE GARD

Au cœur du delta du Rhône, à 20 km au sud de Nîmes et à 16 km d'Arles, Saint-Gilles-du-Gard se trouve au centre d'une vaste plaine quadrillée de canaux et de vergers, de rizières (les seules de France) et de vignes (en pleine AOC costières-de-nîmes). Situé à l'emplacement de l'oppidum d'Héraclée, connu dès l'Antiquité, elle ne possède qu'un seul véritable joyau : son abbatiale, chef-d'œuvre de l'art roman en Languedoc.

UN DES QUATRE PÈLERINAGES DE LA CHRÉTIENTÉ MÉDIÉVALE

À l'origine au VIIe s, un simple ermitage, fondé par Ægidius (Gilles). Vers l'an 1000, sa vie est connue dans toute la chrétienté. ***Un concile se réunit ici en 1042*** pour consacrer son tombeau autour duquel les miracles se multiplient.
Après Rome, Jérusalem et Saint-Jacques-de-Compostelle, Saint-Gilles-du-Gard, aux XIe et XIIe s, est un véritable ***point de ralliement pour les pèlerins.*** Ils sillonnent à pied les chemins de France et d'Europe et arrivent ici harassés, après avoir franchi l'Auvergne et les Cévennes par la voie Régordane, qui aboutit à Saint-Gilles via Alès et Nîmes.
C'est aussi le passage obligé de ceux qui se rendent à Saint-Jacques-de-Compostelle au départ d'Arles. Il y a enfin les Croisés qui attendent de partir pour Jérusalem. Ça faisait pas mal de monde autour du tombeau ! Il a donc fallu construire une grande basilique dès 1116. Moines-soldats, hospitaliers, templiers, banquiers y sont très actifs et le port importe de nombreuses marchandises d'Orient. Mais ***la création d'Aigues-Mortes par Saint Louis ruinera lentement cette prospérité médiévale.*** Et les guerres de Religion affaibliront la ville encore et encore...

Adresse et info utile

Office de tourisme : *1, pl. Frédéric-Mistral. ☎ 04-66-87-33-75. • contact@ot-saint-gilles.fr • tourisme.saint-gilles.fr • Avr-oct, lun-sam 9h30-12h30, 14h-18h (plus dim 9h30-13h en été) ; nov-mars, lun-ven, 9h30-12h30, 14h-17h30. Fermé j. fériés.* Infos sur les visites de manades et de domaines oléicoles et viticoles.

➢ *Bus pour* ***Nîmes*** *:* le ticket Tango fonctionne jusqu'ici.

Où dormir ? Où manger dans le coin ?

Prix moyens

Hôtel Le Cours : *10, av. François-Griffeuille, à Saint-Gilles. ☎ 04-66-87-31-93. • contact@hotel-le-cours.com • hotel-le-cours.com • Resto fermé dim soir hors saison. Congés : 13 déc-14 mars. Doubles 55-100 € ; familiales 65-145 €. Formules déj 15-16 € ; menus 17-39 €. Parking payant. Réduc de 5 % sur le prix de la ½ pens sur présentation de ce guide.* Une maison sous les platanes, abritant une trentaine de chambres. Préférez celles qui ont une déco contemporaine, bien plus agréables que les anciennes, surtout en été quand les prix montent. Cuisine de région de bonne facture. Accueil très aimable.

L'Instant du Sud : *39, Grande-Rue, 30510* **Générac.** *☎ 04-66-02-03-93. • instantdusud@gmail.com • À 10 km au nord de Saint-Gilles par la D14. Lun-sam à midi, plus le soir ven-sam. Formules déj en sem 15,50-24 € ; le soir, 26-35 €.* On oublie bien vite le petit centre commercial, d'autant que l'accueil de Madame est fort attentionné. Salle contemporaine dans les tons gris et terrasse qui vire à l'orange, comme le canard. On retrouve d'ailleurs ce dernier en tartare ou en magret parmi d'autres bons produits que le chef aime mettre en valeur, comme le veau aveyronnais du Ségala ou le pavé de taureau. Mention spéciale pour le poisson frais du jour, à la cuisson précise. Desserts enlevés et colorés.

À voir

Visite de la vieille ville : se garer sur le grand parking gratuit derrière la rue Gambetta, surveillé jour et nuit (excellente initiative), et partir à la découverte du cœur de la ville, intéressant et fort méconnu (document à l'office de tourisme). On parcourt cinq siècles d'histoire entre les façades romanes (XIIe et XIIIe s) et de styles Renaissance ou moderne. Ne pas manquer les remparts et la porte des Maréchaux (face à l'office de tourisme), la mairie (XIXe s) et le panorama qui va avec, place Jean-Jaurès.

L'abbatiale Saint-Gilles : *pl. de la République. Accès libre et gratuit à l'église haute. Découverte de la crypte et visite commentée du célèbre escalier à vis : billetterie dans l'abbatiale ; entrée : 5 €, 6 € avec le musée, réduc, gratuit moins de 18 ans. Visites guidées en été : rens à l'office de tourisme.*
Elle a fêté ses 900 ans en 2016. On est d'abord étonné par sa faible hauteur. Vu de l'extérieur, l'édifice se résume, à part la tour carrée sur la droite, à une longue façade ornée de trois portails. Cette partie s'appelle l'*église haute,* par opposition à l'*église basse,* qui abrite une vaste crypte où se trouve le tombeau de saint Gilles. Rien d'extraordinaire, cependant le charme opère : proportions parfaites, lignes sobres et pures, mine de rien on se trouve face à un chef-d'œuvre de l'art roman. De fait, l'abbatiale est l'aboutissement et l'apogée de deux siècles d'iconographie romane.
Édifiée au XIIe s, l'abbatiale était au Moyen Âge le quatrième lieu de pèlerinage du monde chrétien après Rome, Jérusalem et Saint-Jacques-de-Compostelle. Les guerres de Religion ont réduit de moitié ses dimensions, et les saccages de la Révolution ont achevé de mettre à mal l'édifice. Dommage ! Nombre de visages ont en effet disparu de la façade, ce qui rend assez poignant cet évangile de pierre maltraitée.
– Le *portail* nord, à gauche, présente l'Adoration des mages au tympan. À droite, le portail sud montre la Crucifixion. Mais c'est le linteau du portail central qui a le plus d'intérêt. Bien qu'abîmé, il est superbe. Notez comme les yeux, les cheveux et le plissé des vêtements des personnages sont finement sculptés. La façade est classée au Patrimoine mondial de l'Unesco au titre d'étape sur le chemin de Saint-Jacques-de-Compostelle.

– La *crypte romane* date de la fin du XIe s. Longue salle à trois nefs, de 50 x 25 m, basse et voûtée. La crypte renferme, en son milieu, le sarcophage de Gilles, le doux saint à la biche, qui fut redécouvert en 1865 par un abbé. À noter : le plan incliné dit « escalier des Abbés », le puits, et le tombeau de Pierre de Castelnau qui rappelle la croisade contre les albigeois.
– *Le chœur roman en ruine :* situé derrière l'abbatiale, à l'extérieur. Il donne une idée de la grandeur de l'abbatiale au Moyen Âge. Conservé dans un pan de mur, l'escalier à vis fut un modèle de construction pour l'époque médiévale. Son étude demeure encore aujourd'hui une étape incontournable de l'apprentissage des compagnons tailleurs de pierre. Vues du dessous, les marches sont invisibles !

La Maison romane *(musée) : pl. de la Maison-Romane (qui communique avec la pl. de l'Abbatiale). ☎ 04-66-87-40-42. Avr-oct, mer-ven, 10h30-12h30, 14h-16h ; nov-mars, slt l'ap-m. Entrée : 2 € ; billet jumelé avec l'abbatiale : 6 €.* La maison natale du pape Clément IV (enfin, d'après la tradition...) abrite un musée d'archéologie, d'ornithologie de Camargue et une salle d'expo. La pierre des quatre apôtres (XIIe s), une statue polychrome du XIVe s (saint Gilles, *of course !*) et une maquette de l'abbatiale en liège réalisée au XIXe s sont les pièces les plus marquantes. La partie ornithologique présente notamment une belle collection de rapaces et un crâne... d'hippopotame !

Fête et manifestations

– ***Feria de la Pêche et de l'Abricot :*** *août.* Avec corridas et *novilladas.*
– ***Fête de la Saint-Gilles :*** *dernier w-e d'août.* Arrivée des pèlerins puis *abrivados.*
– ***Crèche vivante :*** *1er sam des vac de Noël.*
– ***Pastrage Calendal :*** *24 déc.* Défilé de gardians, bergers et Arlésiennes. Les chevaux sont bénis par le curé sur le parvis de l'abbatiale...

DE SAINT-GILLES À BEAUCAIRE EN SUIVANT LE CANAL DU RHÔNE À SÈTE

Le canal, on le suit de loin, on le retrouve avec plaisir au détour d'un chemin, mais c'est lui qui donne tout son sens à cette balade aux portes de la Camargue. Arrêtez-vous pour découvrir la clairette-de-bellegarde, un vin blanc sec et tranquille (une des plus petites AOC de France), ou pour parcourir le *sentier Nature et Paysages* du château Mourgues du Grès *(● mourguesdugres.com ●).* **Le territoire de Beaucaire est très étendu, jetez un œil sur le site de l'office de tourisme si vous désirez dormir sur une péniche, pêcher, randonner dans le secteur** *(● provence-camargue-tourisme.com ●).* **Voici juste quelques-uns de nos coups de cœur.**

Où dormir ? Où manger dans le coin ?

Le Domaine des Clos : *911, chemin du Mas-de-la-Tour, 30300* ***Beaucaire.*** *☎ 04-66-01-14-61. ● contact@domaine-des-clos.com ● domaine-des-clos.com ● À 7 km au sud-ouest de Beaucaire par la D 38. Fermé Noël de à mi-mars. Doubles 95-135 € ; familiales 155-215 €. Apparts 2-7 pers 600-1 900 €/sem. Table d'hôtes sur résa lun et jeu en été 29 € (18 € enfant) ; panier-repas 25 € (15 € enfant). Pot de confiture offert sur présentation de ce guide.* En pleine campagne, ce superbe mas tout en pierre aligne autour de sa vaste cour un pigeonnier, une ancienne cave à vins, des écuries... plus 9 chambres et appartements de charme, hyper cosy, confortables et colorés. Accueil très sympathique de Sandrine et David. Grand parc planté de cyprès, palmiers et méga-piscine. Massages sur résa.

La Halte Nautique : *quai Paul-Riquet, port de plaisance,* ***Bellegarde.*** *☎ 04-66-20-61-69. • halte.nautique@yahoo.fr • Tlj sf lun-mar. Formules déj 14,90-18,90 €, menu 32 € le soir ; carte env 45 €. Apéritif offert sur présentation de ce guide.* Face au canal, l'adresse secrète qu'on murmure à l'oreille des visiteurs intéressés par le goût vrai des produits. Ici, dans cette maison où l'on écluse toujours de bons vins, on goûte aussi à des produits d'un terroir sans frontière : vraie brandade maison, divine bouillabaisse. Terrasse en été, près du quai, cheminée en hiver. Originalité, fraternité, liberté. La France qu'on aime.

À voir

Le mas gallo-romain des Tourelles : *4294, route de Saint-Gilles,* ***Beaucaire*** *(D 38). ☎ 04-66-59-19-72. • tourelles.com • (prévenir l'accueil pour avoir une aide). À env 4 km de Beaucaire, sur la gauche. Avr-juin et sept, lun-ven 10h-12h, 14h-18h, plus le w-e 14h-18h ; juil-août, tlj sf dim mat, 10h-12h, 14h-19h ; oct, tlj 14h-18h ; nov-déc et fév-mars, tlj sf dim, 14h-17h30. Vente et dégustation tte l'année, sf j. fériés de nov et entre Noël et Jour de l'an. Entrée : env 5,80 € ; gratuit moins de 18 ans. Visite guidée : slt à partir de 20 pers.* Des amphores découvertes sur le site de cette antique fabrique donnent une patine authentique à cette étonnante cave gallo-romaine en état de fonctionnement. Ne manquez pas la superbe cheminée ni le monumental pressoir *(torcularium)* reconstitué à l'aide d'un tronc d'arbre. Panneaux explicatifs bien faits. Le jardin romain qui mène au vignoble a été lui aussi reconstitué. Mais le nec plus ultra, c'est la dégustation de vins élaborés et élevés selon les méthodes en vigueur il y a 2 000 ans. Comme le *mulsum,* vin miellé que les hommes (seuls à y avoir droit !) buvaient au *gustatio* (l'apéro, quoi !). Ou le *turriculae,* vin blanc à base d'eau de mer et de fenugrec, dont le goût évoque quelque peu le vin jaune du Jura. Et le *carenum,* vin liquoreux à base de coing. Ici, les vendanges se font à l'ancienne. Vêtus de tuniques romaines, les vendangeurs récoltent les raisins à la main et les foulent ensuite de leurs pieds nus. Si vous n'êtes pas là pour voir ça, on vous les présente dans un film de 8 mn.

L'abbaye troglodytique de Saint-Roman : *à 5 mn par la D 38, puis la D 999, en direction de Nîmes ; bien indiqué. ☎ 04-66-59-19-72. • abbaye-saint-roman.com • Attention, le parking est gardé, mais le guichet d'entrée se trouve en haut de la butte (15 mn de grimpette), alors n'oubliez pas votre portefeuille ! Juil-août, tlj 10h-13h, 14h-19h ; mars, tlj sf lun, 14h-18h30 ; avr-juin et de sept à mi-oct, tlj sf lun et mar mat, 10h-13h, 14h-18h30 ; de mi-oct à fév, w-e, plus mar-dim pdt vac scol 14h-17h30. Fermé par très mauvais temps. Entrée : env 5,50 € ; réduc ; gratuit moins de 18 ans avec leurs parents. Possibilité de visite guidée : résa sur • billetweb.fr/saint-roman •* À coup sûr, l'un des monuments les plus étonnants de la région, puisqu'il s'agit d'une abbaye troglodytique entièrement creusée dans le roc à partir du Ve s. La chapelle, les grandes salles, les cellules, tout a été taillé dans la masse ! Sur la terrasse supérieure, nécropole à ciel ouvert, et vue fantastique sur la vallée du Rhône.

Le Vieux Mas : *1352, chemin de Vegère, route de Fourques, D 15,* ***Beaucaire.*** *☎ 04-66-59-60-13. • contactvieuxmas@orange.fr • vieux-mas.com • Avr-sept, tlj 10h-18h (19h juil-août) ; oct-mars, slt w-e et tlj pdt vac scol 13h30-18h. Fermé janv. Entrée : 10 € (9 € hors saison) ; 6,50-7 € 3-15 ans ; passes famille 29-31 €.* Reconstitution d'un mas provençal du XIXe s avec les animaux, les outils... et mise en scène de métiers disparus (maréchal-ferrant, bourrelier, sabotier). Animaux de la ferme également, mêêê bien vivants ! Animations et spectacles *(w-e et pdt vac scol ; programme sur le site internet).* Snack, aire de pique-nique.

BEAUCAIRE

(30300) 17 000 hab. *Carte Gard, D3*

Aux confins du Languedoc et de la Provence, voici une vraie ville du Sud, à la fois traditionnelle et cosmopolite, livrant sans artifice ses beautés comme ses défauts, hôtels particuliers rénovés comme maisons délaissées. Poussez les portes, il y a des secrets et des petits chefs-d'œuvre bien cachés ! Un patrimoine architectural plutôt exceptionnel (en provençal, *Beaucaire* signifie « Belles pierres »). Le vieux château monte toujours la garde, les rues étroites bordées de maisons aux tuiles roses s'étirent nonchalamment, ménageant ici ou là un espace où se nichent d'adorables placettes, les plaisanciers accostent en plein centre et le Drac (dragon qui hantait les eaux du Rhône) ne fait plus peur à personne...

UN PEU D'HISTOIRE(S)

Le site est occupé dès l'âge du fer. À l'époque romaine, la ville installée au franchissement du Rhône, sur la célèbre *via Domitia,* s'appelle *Ugernum.*
Mais c'est Louis XI qui, ***en instituant en 1464 la foire de la Sainte-Madeleine,*** va permettre à Beaucaire, « capitale française des marchandises », de se faire, au fil des siècles, ***un nom dans toute l'Europe.*** Cette foire est particulièrement florissante aux XVIIe et XVIIIe s (50 000 à 60 000 visiteurs par jour pour une ville qui comptait à l'époque 8 000 habitants). Un illustre inconnu y dîna, un certain soir de 1793, et rédigea le *Souper de Beaucaire,* dialogue inspiré par une conversation avec les négociants sur la situation du pays. C'était Bonaparte. La fin des privilèges fiscaux à la fin de l'Empire et le chemin de fer (qui remplaça la diligence immortalisée par Alphonse Daudet) entraîneront le déclin de la Sainte-Madeleine.

Adresse et info utiles

🛈 ***Office de tourisme Beaucaire Terre d'Argence :*** *24, cours Gambetta.* ☎ *04-66-59-26-57.* • *provence-camargue-tourisme.com* • *Sur les quais du port de plaisance. Tte l'année, lun-ven 9h-12h15, 13h30-17h30 ; plus sam 9h30-12h30, 14h-18h avr-sept ; et dim mat juil.* Accueil dynamique, efficace et souriant.

– ***Marchés :*** *animés jeu et dim mat, cours Gambetta et pl. Clemenceau (également appelée pl. Neuve, de la Mairie ou même du Marché !).*

Où dormir ? Où manger ? Où boire un verre ?

De bon marché à prix moyens

⌂ ***La Maison d'Olivier :*** *2, rue de la République.* 📱 *06-29-71-42-58.* • *lamaisondolivier.com* • *Doubles 50-70 € (réduc de 10 € dès la 2e nuit), petit déj inclus ; apparts 2-4 pers 60-110 €.* À 50 m du château de Beaucaire, dans une maison ancienne retapée, 3 chambres refaites au goût du jour, fort convenables pour le tarif demandé. Également 2 appartements équipés de cuisine pour se faire la popote. Accueil plus que gentil, presque timide, d'Olivier (qui, contrairement à ce que son prénom suggère, est ch'ti !), ainsi que de la bretonnante Véronique.

|●| ***L'Épicerie de Cécile :*** *pl. de la République.* 📱 *06-80-04-09-04.* ♿ *Tlj sf lun, le midi slt (le soir sur résa, même pour 2 pers). Assiette 13 € ; menu (kir compris) 16 €. Café offert sur présentation de ce guide.* « Bonjour, madame

Cécile », le voisin pose le pain et fait un bout de conversation pendant que vous regardez les rayons de l'épicerie, récemment agrandie et embellie, afin de dénicher l'huile d'olive, le confit de fleur, le jus de fruits, le vinaigre de petit producteur que vous n'auriez pas trouvés ailleurs. Coquette salle pour se poser ou terrasse sur la belle place. Tout simple, tout bon. Soirées musicales.

|●| 🍷 Pour manger pas cher ou boire un verre en terrasse au soleil, il y a justement **Le Soleil** *(30, quai du Général-de-Gaulle. ☎ 04-66-59-28-52 ; tlj sf dim soir et lun hors saison).* Ou encore, plus loin sur le même quai, ***Au Grilladin du Port*** *(5, quai du Général-de-Gaulle. ☎ 09-83-85-45-95 ; tlj sf lun).* Dans les deux cas, ambiance populaire et petits menus.

Plus chic

Pour loger dans cette catégorie, pensez au magnifique *Domaine des Clos* dans le chapitre « De Saint-Gilles à Beaucaire en suivant le canal du Rhône à Sète » (lire plus haut).

À voir

– Le service Ville d'art et d'histoire *(situé au musée Auguste-Jacquet ; ☎ 04-66-59-71-34)* organise des ***visites guidées*** du centre ancien *(compter env 5,50 €).*

La forteresse médiévale : *visite libre des jardins classés dans l'enceinte du château. Tlj sf lun-mar et j. fériés, 9h30 (8h30 oct-mars)-18h (17h nov-mars), dim 10h-18h (17h oct-mars).* Résidence des comtes de Toulouse et citadelle puissante pendant le règne de Saint Louis, démantelée en 1632. Le château qui domine la ville présente toutefois quelques beaux vestiges du XIIIe s comme la tour ronde, la grande tour triangulaire et la chapelle castrale.

Le musée Auguste-Jacquet : *dans les jardins du château. ☎ 04-66-59-90-07. Avr-sept, tlj 9h30-12h30, 14h-18h (avr-juin, fermé dim-mar et sam mat) ; oct-mars, mer-sam 14h-17h. Entrée : 5,50 € ; réduc.* Archéologie, histoire de la ville, arts et traditions populaires, et expositions temporaires.

La collégiale Notre-Dame-des-Pommiers : *pl. Olivier-Lombard. Visible pdt les offices. Programme de visites disponible à l'office de tourisme.* Construite par Franque et Rollin au XVIIIe s, de style baroque, sa façade curviligne est ornée de bas-reliefs. Rapportée d'un édifice primitif, remarquable frise romane sur le côté droit figurant les épisodes de la Passion. Décor intérieur en marbre polychrome et nombreux tableaux de maîtres.

Les hôtels particuliers : *certains sont accessibles dans le cadre des visites guidées du centre ancien (voir plus haut).* Nombreux à Beaucaire, datant des XVIIe et XVIIIe s, ils représentent cette période de prospérité liée à la foire de la Sainte-Madeleine. Voir notamment ceux de la rue de la République : l'*hôtel de Clausonnette* au n° 21, avec ses mascarons représentant les saisons, ou son voisin l'*hôtel de Margallier,* avec deux atlantes encadrant l'entrée de beaux médaillons avec le monogramme du maître de céans (Jean-Baptiste Armand de Margallier).

L'hôtel de ville : *pl. Clemenceau.* Rénové, c'est une merveille (XVIIe s). Mais voyez aussi, à côté, une petite halle mignonnette. Et, à l'opposé, l'hôtel de Fermineau avec ses fenêtres à meneaux et gargouilles côté rue des Ursulines.

La place Vieille ou ***place de la République,*** avec ses belles façades, patchwork de styles et d'époques, ses arcades massives et terrasses à l'abri des platanes. Et le Drac, dragon mythique qui en son temps terrorisait la population, est revenu s'y poser à jamais. Cette sculpture en fer a été réalisée par une artiste staffeur de Beaucaire. Plusieurs ateliers d'artisans sont installés sur la place : souffleur de verre, céramiste, doreur...

Le port de plaisance et les ***quais*** bordés de cafés. Pour les marins d'eau douce, Beaucaire compte aussi une base nautique foisonnant d'activités... nautiques !

Fêtes et manifestations

Programme complet sur le site et dans la brochure de l'office de tourisme Beaucaire Terre d'Argence.

– ***Foire de l'Ascension :*** foire commerciale et brocante monstre occupant les boulevards Gambetta, Joffre et Foch.

– ***Rencontres équestres méditerranéennes :*** *juil.* Le plus grand rassemblement de chevaux ibériques de France. Pas olé olé pour autant.

– ***Fête de la Madeleine :*** *fin juil.* Commémorant l'ancienne foire de la Sainte-Madeleine, elle s'ouvre par un défilé le 21 juillet et se clôt par l'*abrivado à l'ancienne* (défilé de gardians à cheval, charrettes, vieux vélos, taureaux, en tenues 1900). Sinon, expos, bodegas, concerts, *encierro* (lâcher de taureaux dans la ville), courses libres et corridas. Très, très grosse ambiance pour l'une des plus extraordinaires fêtes de la région.

– ***Les Beaux Quais du vendredi :*** *ven soir en juil-août.* Artisanat, musiciens et spectacles de rue animent les quais du port de plaisance.

– ***Foire aux chevaux à Fourques :*** *1er dim de sept.*

LE GARD

L'UZÈGE ET LE PONT DU GARD

« L'Uzège » désignait par le passé une partie du diocèse d'Uzès. Forte de 193 villages au XVIIIe s, cette microrégion au nord-est de Nîmes ne couvre plus aujourd'hui qu'une quinzaine de communes. Petite mais superbe zone : de jolis patelins nichés dans les collines, des *capitelles* (cabanes de pierre, cousines des bories du Luberon) plantées dans la garrigue et, la perle dans son écrin : Uzès. Si vous nous avez suivis jusqu'ici et arrivez de Beaucaire après avoir visité Nîmes et la Petite Camargue, le contraste sera saisissant : laissez le pont du Gard pour plus tard et rendez-vous directement sur la place du marché à Uzès pour commencer ce chapitre en beauté.

UZÈS

(30700) 8 500 hab. *Carte Gard, C2*

• Plan *p. 475*

De loin, on aperçoit ses quatre hautes tours médiévales dressées au-dessus des toits de tuiles : signes d'un passé glorieux qui lui vaut le titre de « premier duché de France ». Un patrimoine digne d'un décor de cinéma, une beauté envahissante, latine jusqu'au bout des ongles.

Places à arcades, hôtels particuliers fiers comme des princes, on songe à ces cités-États de l'Italie médiévale où chaque pierre, chaque pavé est un début d'histoire...

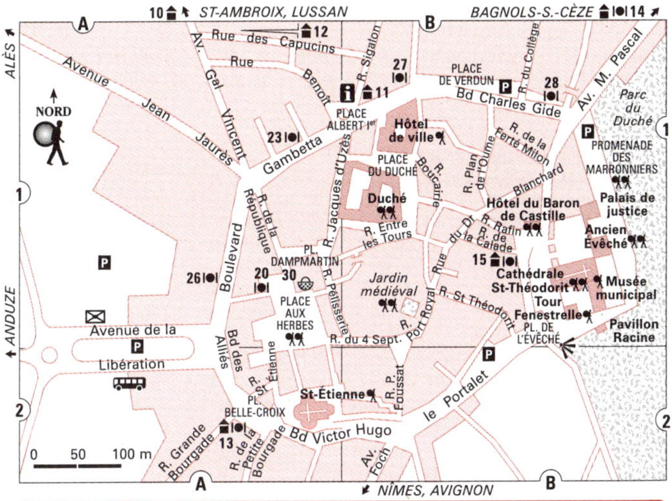

UZÈS

Adresse utile	**Où manger ?**
Office de tourisme	**13** La Parenthèse (L'Hostellerie Provençale)
Où dormir ?	**20** Le R
10 Chambres d'hôtes Ferme de Cruviers	**23** Ma Cantine
11 Hôtel La Taverne	**26** Au Petit Jardin
12 Chambres d'hôtes Mio Mundo	**27** Le Carola
13 L'Hostellerie Provençale	**28** Le Comptoir du 7
14 L'Artemise – Maison d'hôtes	**Où acheter de bons produits ?**
15 Hôtel-restaurant Entraigues	**30** Terroirs

BRÈVE HISTOIRE DU « PREMIER DUCHÉ DE FRANCE »

C'est autour de la ***source d'Eure,*** toute proche, que l'on trouve les premières traces d'ouvrages humains. Les Romains la captent, au début de notre ère, ***pour alimenter Nîmes en eau, via l'aqueduc du pont du Gard.*** Puis Uzès devint la ***« cité des évêques »*** ; 64 prélats, dotés d'un pouvoir important (celui de battre monnaie et rendre justice) vont se succéder de l'an 419 à la Révolution.

Ensuite, en 1565, le roi Charles IX élève la vicomté d'Uzès en duché. Il devient même en 1632 le « premier duché de France ». Les ducs d'Uzès se plaçaient, dans la noblesse française, au premier rang après les princes de sang, ce qui leur conférait droits et honneurs particuliers (dont celui de prononcer la fameuse phrase « le roi est mort, vive le roi », au moment crucial). Le duché est aujourd'hui encore détenu par la famille Crussol d'Uzès, dont l'actuel duc est le 17e du nom. ***C'est le plus ancien duché subsistant en France.***

La ville s'est ralliée à la cause protestante vers 1546. La révocation de l'édit de Nantes par Louis XIV provoqua le départ de la bourgeoisie active et industrieuse enrichie dans le textile. ***Le XIXe s est synonyme de déclin,*** l'activité textile ayant été sévèrement touchée par la maladie du mûrier. En 1960, Uzès est un bourg méconnu, ruiné, délaissé. C'est à la suite de l'intervention de la marquise de

Crussol d'Uzès auprès d'André Malraux, ministre de la Culture à l'époque, que la petite cité fut sauvée du pire.
Aujourd'hui, Uzès est devenue ***un des lieux de vie préférés des amoureux d'un art de vivre encore préservé,*** et elle attire de riches étrangers désireux de se fixer en France.

Adresses et infos utiles

Office de tourisme *(plan A-B1)* ***:*** *chapelle des Capucins, pl. Albert-Ier. ☎ 04-66-22-68-88. • uzes-tourisme.com • Juin-sept, lun-ven 10h-18h (19h juil-août) ; w-e et j. fériés 10h-13h, 14h-17h. Hors saison, lun-ven 10h-12h30, 14h-18h ; sam 10h-13h. Fermé 1er janv, 1er et 8 mai, 1er et 11 nov, et 25 déc.* Efficace et accueillant. Doc sur tout le secteur. Visites guidées du secteur sauvegardé de la ville *(5 €)* et applications à « flashcoder ». Visites nocturnes en musique certains soirs d'été sous la conduite d'un guide-conférencier, de musiciens et de chanteurs *(15 €)*.
– ***Randos pédestres :*** *rens auprès de l'office de tourisme (en vente, cartoguides 5 €).* Un sentier thématique, reliant la vallée d'Eure, près d'Uzès, à Sernhac, permet de découvrir des portions peu connues de l'aqueduc romain d'Uzès à Nîmes.
@ ***Zone d'accès wifi :*** gratuit dans une vingtaine de villages du pays d'Uzès.
■ ***Location de vélos :*** *Mas d'Azur, chemin du Pas-de-Loup. 06-20-94-71-82. • locationvelos.decouvriruzes.fr •* Possibilité de livraison gratuite dans l'Uzège (se renseigner).

Bus : *sur l'esplanade de l'av. de la Libération (plan A2). Infos auprès d'Edgard (☎ 0810-33-42-73 ; • edgard-transport.fr •) à Nîmes.* Attention, peu de bus dim. ***Nîmes :*** 4 bus le mat, 6 l'ap-m. **Pont du Gard :** 3 bus/j. ***Alès :*** 1 bus le mat et 2 l'ap-m en hiver ; 2 bus slt en été. ***Avignon :*** 2 bus le mat, 3 ou 4 l'ap-m.

Marchés

– ***Marché des producteurs :*** *mer mat, sur la pl. aux Herbes.* Petit mais sympathique marché. Ne pas le manquer, toute la ville est là.
– ***Grand marché :*** *sam mat, dans tt le centre.* Extraordinaire déballage des produits du Languedoc et de Provence : olives, morue, fleurs séchées, légumes, herbes de la garrigue, miel et bien d'autres choses encore. Entre décembre et mars, on y trouve de la truffe. Des « truffes » aussi, attention aux arnaques.
– Et d'autres ***marchés annuels*** (cuir, poterie, laine, marché de Noël...). Se renseigner sur place.

Où dormir à Uzès et dans les environs immédiats ?

De façon générale, Uzès propose des hébergements d'un charme relatif ou alors plutôt onéreux. Si ceux du centre sont complets, n'hésitez pas à faire quelques kilomètres pour vous mettre au vert, côté garrigue (voir aussi plus loin nos adresses dans « Les villages de l'Uzège »).

De bon marché à prix moyens

Chambres d'hôtes Mio Mundo *(plan A1,* ***12****)* ***:*** *26-28, rue des Capucins. 06-83-66-59-59. • miomundo@orange.fr • miomundo.fr • Doubles 45-70 € (2 nuits min), petit déj compris. Studios-gîtes 490-650 €/sem ou min 3 nuits. Parking (payant).* Pour les routards cool et ayant voyagé, une maison en plein centre avec un jardin à la balinaise, tenue par un sympathique routard qui fait commerce d'artisanat indonésien et sud-américain. 2 chambres d'hôtes avec salle de bains commune et un gîte pour 3 à 4 personnes. Accès au jardin et, pour les gentils tout calmes, à la piscine. Pas

LE GARD

cher mais pas de service d'hôtel (pas de ménage). À la cool, on vous dit.

Chambres d'hôtes Ferme de Cruviers *(hors plan par A1, **10**) : montée de Larnac, route de Saint-Ambroix, 30700* ***Montaren-Saint-Médiers.*** *☎ 04-66-22-10-89. • contact@mas-cruviers.com • mas-cruviers.com • À 6 km au nord d'Uzès par la D 979 (dans une épingle de la route). Double 70 €. Gîte de groupe à 270 €/nuit, 540 € le w-e et 1 000-1 700 €/sem selon saison.* Chambres simplissimes, équipées d'une mezzanine avec lit (pour les familles). Un grand gîte pouvant accueillir jusqu'à 15 personnes. Pour les chambres d'hôtes, petit déj avec confitures maison servi aux beaux jours sur la terrasse qui domine la jolie plaine d'Uzès. Piscine et jacuzzi avec vue. Bon accueil de Paul et Thérèse.

Chic

Hôtel La Taverne *(plan B1, **11**) : 4, rue Xavier-Sigalon. ☎ 04-66-22-13-10. • lataverne.uzes@wanadoo.fr • lataverne-uzes.com • Dans une petite rue qui donne sur la pl. Albert-Ier. Congés : fin nov-début déc. Doubles 95-100 €, petit déj compris.* Pour qui voudrait absolument dormir dans le centre ou aller au cinéma juste à côté, une poignée de chambres dans l'hôtel et 3 autres dans l'annexe juste en face. Toutes climatisées, assez tranquilles et de bon confort. Certaines ont conservé quelques souvenirs de cette vieille maison (plafond à la française, murs de pierre). Accueil courtois.

De chic à très chic

L'Hostellerie Provençale *(plan A2, **13**) : 1, rue de la Grande-Bourgade. ☎ 04-66-22-11-06. • contact@hostellerieprovencale.com • hostellerieprovencale.com • ♿ (avec assistance). Doubles 108-140 € ; familiales 145-175 € ; petit déj 14 €.* Un petit hôtel de charme au centre d'Uzès, qui joue la carte confort et discrétion, à 100 m de la place aux Herbes. Attention, seulement 9 chambres, climatisées, avec vieilles poutres, carreaux anciens, et technologie contemporaine (TV LCD), douche à jets ou bains à remous dans certaines salles d'eau. Mais ce qui fait son vrai charme, c'est la qualité de l'accueil, le professionnalisme maison, côté hôtel comme côté resto (voir plus loin « Où manger ? Où boire un verre ? Où grignoter sur le pouce ? *La Parenthèse* »).

Hôtel-restaurant Entraigues *(plan B1, **15**) : 4, pl. de l'Évêché, rue de la Calade. ☎ 04-66-72-05-25. • info@hotel-entraigues.com • hotel-entraigues.com • ♿ Resto ouv slt le soir, tlj sf mer et dim. Doubles 163-183 €, suites 200-250 €. Carte env 55 €.* Situé entre le château ducal et l'ancien évêché, ce superbe hôtel particulier des XVe-XVIIe s a été entièrement restauré pour rester un hôtel particuliè... rement classe. Belles pierres, ogives et voûtes envoûtantes, bar avec expositions d'artistes, terrasse au 4e étage avec vue sur la cité, piscine... Et des chambres contemporaines, hyper confortables, certes pas toujours bien grandes et plutôt onéreuses, mais le pari esthétique entre l'ancien et le moderne est réussi. Cerise sur le gâteau, le restaurant a recruté l'un des meilleurs chefs de la région. Excellente cuisine, créative et raffinée, à l'image des lieux.

L'Artemise – Maison d'hôtes *(hors plan par B1, **14**) : chemin de la Lauze. ☎ 04-66-63-94-14. 📱 06-38-12-59-86. • info@lartemise.com • lartemise.com • ♿ Prendre la direction Bagnols, tourner à gauche à 1 km, panneaux. En juil-août, resto fermé lun midi, mar, mer midi ; sinon, lun midi, mar-mer et jeu midi. Congés : de janv à mi-mars. Suites de rêve 185-350 € (min 3 nuits en saison) ; petit déj 15 €. Parfois des offres en ligne. Menus lun-sam 35 € le midi, 55-70 € le soir.* Il y a de très belles chambres d'hôtes à Uzès, mais celle-ci est exceptionnelle si on cherche la tranquillité, le plaisir de jouir de la vie dans un mas du XVIe s transformé avec art en une suite... de suites. Un art contemporain véritable, qui a fait appel à des créateurs et non à des fonds de série franco-belges. La piscine, le jardin, le spa, tout ça est magnifique, sans parler de la restauration, proposée par un jeune chef qui travaille dans la simplicité, à la recherche des saveurs, des contrastes.

Où manger ? Où boire un verre ? Où grignoter sur le pouce ?

La ***place aux Herbes*** est sans conteste *THE* rassemblement de restos-bars en tout genre. Le site s'y prête à merveille, et quel que soit votre choix de terrasse, vous profiterez d'un superbe environnement, à défaut de toujours bénéficier d'une vraie cuisine. Autre lieu névralgique : le ***boulevard Gambetta*** (surtout du côté de la mairie). Ici, les occasions de trouver une table sous les platanes ne manquent pas.

De bon marché à prix moyens

Le Carola *(plan B1,* ***27****) : 4, pl. Albert-Ier. ☎ 04-66-22-71-20. Tlj à midi sf dim. Plats et assiettes du jour env 10-15 €.* Un petit café populaire, tenu par des femmes souriantes. Rien de bien compliqué, des tartines et des salades, plus des soupes et gratins en hiver, le plat du jour et d'honnêtes desserts. Le tout pas cher et fait avec cœur.

Ma Cantine *(plan A1,* ***23****) : 22, bd Gambetta. ☎ 04-66-01-00-07. • ma.cantine@orange.fr • Tlj sf jeu et dim hors saison, 8h30-21h (dim 16h). Formule et menu déj en sem 15-18 € ; carte env 20-25 €.* Cantine du Tout-Uzès le midi, peut-être. Mais Fabienne et Thierry jouent la carte bar à vins et grignotage en soirée, et ça leur va bien aussi. Produits du coin : charcuterie d'Anduze, brandade du Grau, pélardons de Saint-Maurice-de-Cazevieille, tout ça, ça donne soif.

Au Petit Jardin *(plan A1,* ***26****) : 66, bd Gambetta. ☎ 04-66-81-56-88. Tlj, sf dim oct-juin. Plat du jour à midi en sem 12,50 €. Carte 30-35 €.* Pour une ambiance musicale autant qu'amicale, allez tenter votre chance au nº 66 du boulevard le plus célèbre de la ville, avec son patio-jardin et sa petite cuisine de marché. Concert le samedi soir (surtout du jazz).

De prix moyens à très chic

Le R *(plan A1,* ***20****) : 6, pl. aux Herbes. ☎ 09-70-35-98-24. Tlj avr-oct ; le reste de l'année, slt à midi sf lun, plus ven-sam soir. Carte env 25-30 €.* Dans un recoin de la belle place aux Herbes, quoi de mieux que ce bout de terrasse pour prendre l'*R* du temps aux beaux jours ? Si c'est plein, il y a la petite salle bistrot, vite remplie elle aussi. Il faut dire que la maison cuisine les produits frais et locaux le plus possible, alors forcément ça se sait... Des entrées et des plats du style feuilleté miel-poireaux-chèvre, parmentier de canard, burger d'angus (fameux) ou encore le poisson du jour, entre autres. Sélection assez courte qui change chaque jour. Bon accueil.

Le Comptoir du 7 *(plan B1,* ***28****) : 7, bd Charles-Gide. ☎ 04-66-22-11-54. • lecomptoirdu7@gmail.com • Juin-sept, ouv lun-sam sf le midi lun-mer. Carte env 25 € au déj, 35 € le soir.* Le lieu est chic et branché, avec sa voûte longue comme un tunnel débouchant sur un patio ombragé et tranquille, à l'image d'Uzès. N'écoutez pas les mauvaises langues : même si l'ancien chef est parti faire chanter les assiettes de l'*Hôtel Entraigues* à deux pas (voir « Où dormir ? »), il a laissé une bonne partie de son savoir-faire à son successeur. Résultat : une cuisine colorée, moderne, enlevée même, qui utilise les produits locaux et de saison. Un bel exemple de passage de relais !

La Parenthèse *(L'Hostellerie Provençale ; plan A2,* ***13****) : 1, rue de la Grande-Bourgade. ☎ 04-66-22-11-06. • contact@hostellerieprovencale.com • Tlj sf lun midi, plus lun soir hors saison. Le midi, menu du marché 22 € ; le soir, menu 29 € ; carte env 48 €. Café offert sur présentation de ce guide.* Une adresse cachée, vite remplie par les habitués séjournant dans ce petit hôtel de charme (voir plus haut « Où dormir ? »), qui réservent le soir une table dans ce cadre clin d'œil à tous les Sud. Agréable terrasse sur le toit, à l'abri des regards, pour profiter tout à la fois du calme, de la vue et de la cuisine fraîcheur d'un jeune chef déjà

LE GARD

récompensé, qui s'approvisionne au marché voisin et respecte les saisons, la tradition et les envies du moment. Sa spécialité ? L'opéra de foie gras au pain d'épices et senteurs de vin chaud !

Où manger dans les environs ?

Voir aussi, plus loin, nos adresses dans « Les villages de l'Uzège » et « Le pont du Gard ».

La Table 2 Julien : *12, route d'Uzès, 30700* ***Montaren-Saint-Médiers.*** *☎ 04-66-03-75-38. • lavandet.julien@orange.fr • Tlj sf dim et lun hors saison. Congés : 1re sem de juin et sem de Noël. Menu bistrot 26 € le midi ; carte 45-55 € le soir.* La 2e fois fut la bonne : c'est en effet la 2e affaire que le chef, enfant du pays, a monté dans sa campagne, voilà, vous savez le pourquoi du nom. Cela dit, vous avez intérêt à réserver car maintenant le succès est là ! L'ambiance est bon enfant, certes, mais pas question de venir avec des tongs, quand même. La terrasse sur 2 niveaux est belle, et l'été se prolonge dans l'assiette, méditerranéenne, au sens le plus large du terme, avec des touches asiatiques. Une très bonne table.

Où acheter de bons produits ?

– Faites les ***marchés d'Uzès,*** le mercredi pour l'authenticité, le samedi pour le fun (voir « Adresses et infos utiles ») ; faites un tour au ***moulin à huile Paradis,*** à la sortie de la ville, si vous avez manqué la famille Paradis sur le marché ; et allez faire une provision de bonbons à la ***boutique Haribo*** pour le dessert (lire « À voir. Le musée du Bonbon Haribo »)...

Terroirs *(plan A1,* ***30****) : 5, pl. aux Herbes. ☎ 04-66-03-41-90. • terroirs.uzes@free.fr • Fermé le soir en hiver.* Sur la plus belle place de la ville, cette boutique-resto vend surtout du vin et des produits régionaux (huiles, tapenade, herbes, miel).

Brasserie artisanale Meduz : *42, chemin du mas-des-Tailles (route d'Alès). 06-76-03-12-23. • meduz.fr • Tlj sf dim, 10h-19h. Visite guidée et dégustation (gratuite), sf en période de production.* Visite des installations, boutique et dégustation des bières maison, dont l'ambrée, notre préférée, aux parfums de fruits rouges et de caramel. La blonde est très couleur locale, elle aussi.

LE GARD

À voir

Uzès est l'une des plus belles villes de France. Et si on vous livre ci-dessous quelques-uns des passages obligés du centre ancien, c'est en vous y baladant le nez en l'air que vous découvrirez les charmes et les secrets de la cité. Il vous faudra ensuite reprendre votre voiture pour découvrir d'autres attractions, et non des moindres, pour petits et grands.

Dans le centre ancien

Le duché *(plan B1) : ☎ 04-66-22-18-96. • duche-uzes.com • Tlj 10h-12h, 14h-18h (10h-13h, 14h-18h30 juil-août). Entrée et visite guidée (donjon, appartements et caves) : 18 € ! Tour Bermonde seule : 13 €. Sam tte l'année, visite complète à tarif réduit 10 € (gratuit moins de 12 ans) ; profitez-en ! Sinon, prix vraiment, vraiment excessifs, dommage.*
C'est le nom donné à cet ensemble exceptionnel formé par le château des ducs d'Uzès, la chapelle, le vieux logis et la majestueuse tour Bermonde, qui domine

toute la ville. Cette propriété privée appartient toujours au duc de Crussol d'Uzès, 17e dans l'ordre de la succession. Selon ses moyens, on peut ou non se contenter de jeter, depuis le portail, un coup d'œil à la cour : à gauche, la tour de la Vicomté (XIVe s) et, un peu à droite, la silhouette massive de la tour Bermonde.

– *La façade Renaissance du corps de logis :* un chef-d'œuvre à voir à la lumière du soir. Elle date de la fin du XVIe s. C'est l'un des premiers exemples en France de la superposition des trois ordres classiques : dorique, ionique et corinthien. À côté, la chapelle gothique.

– *La tour Bermonde :* il faut gravir les 135 marches de l'escalier très étroit. Du sommet de ce donjon, on a une très belle vue sur Uzès et l'Uzège.

– *Les appartements :* le duché étant habité, on ne visite que quelques pièces et salons en enfilade, décorés et meublés en style Louis XV et Louis XVI. On y voit surtout des souvenirs de famille (cadeaux, nombreux portraits), qui permettent au guide d'évoquer l'histoire des Crussol d'Uzès et de leurs figures les plus marquantes.

UNE DUCHESSE À PLEINE VITESSE

Née en 1847, veuve à 31 ans, la duchesse Anne hérita de son aïeule, l'illustre « veuve Clicquot », l'une des plus grandes fortunes de France. De gauche, la « Vierge rouge », cette monarchiste acharnée, se lança en politique avec la même passion que pour les chasses à courre (elle tua 2 056 cerfs dans sa vie !). Elle finança le général Boulanger pour renverser la République. Échec total. Féministe avant l'heure, elle milita pour le vote des femmes, fonda l'Automobile Club des Femmes et obtint la première (en 1897) un permis de conduire. Et une prune pour excès de vitesse, à 40 km/h. Destin décoiffant !

LE GARD

L'hôtel de ville *(plan B1)* **:** face à l'entrée du duché. Bel édifice du XVIIIe s. Dans la cour intérieure, on organise régulièrement des concerts en été. Très bien restauré.

La cathédrale Saint-Théodorit *(plan B1)* **:** à l'est de la ville, avec l'évêché attenant et la tour Fenestrelle, on a un ensemble vraiment beau. On peut tout de même être surpris par la façade plaquée au XIXe s sur l'originale, considérée comme trop pauvre. Tribune inférieure et rampe en fer forgé ont été ajoutées au moment de la révocation de l'édit de Nantes pour donner des places supplémentaires aux protestants désormais contraints d'assister à la messe... Ne pas manquer l'orgue, une véritable œuvre d'art, commandé en 1679 et achevé un peu plus tard. Double buffet peint et doré de toute beauté. Ses volets ont conservé leurs peintures d'origine : unique en France.

La tour Fenestrelle *(plan B1)* **:** campanile du XIIe s connu comme étant l'unique modèle de campanile rond à fenêtres. Malgré sa hauteur (42 m), la tour s'élève avec une légèreté étonnante grâce à ses six étages de fenêtres géminées placées en retrait du bâtiment. À l'intérieur, l'escalier en vis de Saint-Gilles permet de grimper au 1er étage. Il n'y a jamais eu d'escalier permettant d'aller plus haut : c'était un clocher avant tout.

La terrasse et la promenade des Marronniers *(plan B1)* **:** un endroit romantique en automne. On y voit le ***pavillon Racine,*** où le célèbre écrivain n'a jamais séjourné ; cet édifice fut construit 25 ans après son passage à Uzès... En 1661, Racine a 22 ans, il a terminé ses humanités et vient tout simplement chercher de l'argent à Uzès, en l'occurrence un bénéfice ecclésiastique. Son oncle maternel, le chanoine Sconin, est le grand vicaire de l'évêque. Faute d'avoir pu l'obtenir et embrasser la vie religieuse, Racine embrassera... la littérature.

L'ancien évêché *(plan B1)* **:** construit entre 1662 et 1671 à l'emplacement de celui qui avait été détruit pendant les guerres de Religion. Beau portail en fer forgé du XVIIe s. Majestueuse façade classique à quatre niveaux, avec deux imposants *atlantes* encadrant la porte d'entrée. Ne se visite pas, hormis l'aile droite qui abrite le Musée municipal.

Le musée municipal Georges-Borias *(plan B1)* **:** *dans l'ancien évêché. ☎ 04-66-22-40-23. • uzesmusee.blogspot.fr • Tlj sf lun : nov-fév, 14h-17h ; mars-juin et sept-oct, 15h-18h ; juil-août, 10h-12h, 15h-18h. Fermé janv, 1er nov et 25 déc. Entrée : 3 € ; réduc.* Préhistoire, histoire, traditions d'Uzès, céramiques des XVIIe-XVIIIe s et souvenirs d'André Gide.

L'hôtel du baron de Castille *(plan B1)* **:** quand vous êtes sur la petite place devant la cathédrale, voyez à droite cette étrange demeure dont l'imposant péristyle peine à se faire oublier. À vrai dire, c'est l'un des plus prestigieux hôtels particuliers d'Uzès. Le baron de Castille, Gabriel Joseph Froment d'Argilliers de son vrai nom, est de ces grands voyageurs qu'on pouvait rencontrer sur les routes d'Europe au XIXe s. Grand amateur de l'Antiquité, il fut ébloui par la célèbre colonnade du Bernin à Rome. Alors il y est allé de bon cœur sur la façade de son hôtel particulier, et a même « colonisé » le pavillon Racine et le château d'Argilliers. Sa première femme étant morte de chagrin après la Révolution, il se remaria avec la princesse de Rohan, de 38 ans plus jeune que lui. La grosse cloche de l'église Saint-Étienne a été surnommée « la Baronne » en son honneur.

La rue du Docteur-Blanchard *(plan B1)* **:** elle aligne quelques jolis hôtels particuliers ; fenêtres à meneaux guignant la rue, comme l'ancien hôtel de la Monnaie où les évêques n'ont jamais battu... monnaie, en fait, l'endroit étant tenu toujours secret manifestement (la plaque apposée sur le bâtiment est fantaisiste).

LE GARD

Le Jardin médiéval *(plan B1)* **:** *impasse Port-Royal. ☎ 04-66-22-38-21. Avr-juin et sept, w-e et j. fériés 10h30-12h30, 14h-18h, plus l'ap-m en sem ; juil-août, tlj 10h30-12h30, 14h-18h ; 1er oct-1er nov, tlj 14h-17h. Entrée : env 4,50 € ; gratuit moins de 12 ans.* Au pied des tours du Roi et de l'Évêque, au pied d'une chapelle qui servit naguère de prison, ce petit jardin constitue un îlot de tranquillité au cœur de la ville. Vous noterez les graffitis du XIVe s réalisés par les prisonniers. Dans le jardin, les plantes portent des étiquettes explicatives. Lieu accueillant également des expositions et des spectacles. À noter que l'on peut monter à la tour du Roi et jouir d'un beau point de vue sur la ville *(1,50 € en plus).*

L'église Saint-Étienne *(plan A2)* **:** *à 150 m de la pl. aux Herbes.* Reconstruite à la fin du XVIIIe s sur l'emplacement de l'église primitive détruite pendant les guerres de Religion, sa façade de style néogrec (ou jésuite baroque) est pour le moins sévère. Mais dès qu'un rayon de soleil se montre, la pierre s'enflamme. À l'intérieur, au fond de l'église, *Le Martyre de saint Étienne,* copie du tableau de Lebrun qui se trouve au Louvre. Dans le chœur, deux tableaux de l'école italienne : l'*Adoration des bergers* et l'*Adoration des mages.*

La place aux Herbes *(plan A1-2)* **:** lieu de marché et de rassemblement à l'occasion de victoires, de naissances dans la famille royale, d'épidémies, la place fut de tout temps l'épicentre de la ville. C'est ici qu'on proclama la signature de l'édit de Nantes par Henri IV et sa révocation par Louis XIV. Les protestants durent y abjurer publiquement leur « hérésie ». Au Moyen Âge, on y procédait aux exécutions capitales. Aujourd'hui, tout est plus calme, même si le marché de la place aux Herbes crée une ambiance effervescente. On retrouve cette jolie place dans des dizaines de films devenus célèbres, dont *Cyrano de Bergerac* (de Rappeneau). Rien de superflu dans ce décor de vieilles maisons du Moyen Âge rhabillées aux XVIIe et XVIIIe s et joliment restaurées. La place, bordée de magnifiques arcades, est construite de manière irrégulière, comme le voulait l'époque. Au n° 2, l'*hôtel d'Aigaliers* avec des pilastres à chapiteaux ioniques. Au n° 5, maison d'angle avec une tourelle sur trompes. Au n° 26, l'*hôtel de la Rochette* avec sa jolie façade du XVIIIe s.

En dehors du centre ancien

Le musée du Bonbon Haribo : *pont des Charrettes. ☎ 04-66-22-74-39. • museeharibo.fr • Juste avt d'entrer dans Uzès, à droite de la route venant de Remoulins. Juil-août, tlj 9h30-19h (20h pour la boutique en août) ; sept-juin, tlj sf lun, 10h-13h, 14h-18h ; dernière entrée 1h avt fermeture. Fermé 3 sem début janv et 25 déc. Entrée : 7 € ; 5,50 € sur présentation de ce guide ; 5 € 5-15 ans. Boutique accessible sans passer par le musée.* Le musée *Haribo* a fêté ses 20 ans de gourmandise en 2016. Près de 300 000 visiteurs par an, presque autant que les arènes de Nîmes, un succès acidulé étonnant. Sur quatre étages, on vous explique toute l'histoire de la célèbre marque et la fabrication de toutes ces délices qui ont, un jour ou l'autre, bercé votre enfance. Les superbes affiches publicitaires sont aussi à l'honneur. Pour s'amuser en famille, espace interactif avec manipulations en tout genre, inspirées de la fabrication et ponctuées de petits défis à relever. Bien sûr, on a droit à un jeton, à insérer dans la salle des machines, pour repartir avec des sachets de bonbons ! Impossible en tout cas d'éviter la terrible boutique...

RAMÈNE TA FRAISE, TAGADA !

Le papa de ces fameux bonbons était allemand. Il baptisa son entreprise d'un acronyme mêlant son nom à celui de sa ville d'origine. « Hans Riegel de Bonn » engendra « Haribo ». En revanche, et contrairement à ce que certains imaginent, comme il n'était pas musicien dans l'âme, ce n'est pas à lui que l'on doit l'immortel « Tagada, tsoin, tsoin... ».

Fête et manifestations

– ***Journée de la truffe :*** *3e dim de janv, sur la pl. aux Herbes.* Démonstrations de cavage (quand les chiens ou les cochons cherchent l'or noir), rencontre avec des trufficulteurs. Menus à base de truffes dans les restos de la ville.
– ***Festival Uzès danse :*** *mi-juin. Rens : ☎ 04-66-22-51-51. • uzesdanse.fr •* Pour les amoureux de la danse contemporaine.
– ***Festival nomade des musiques du monde :*** *2de quinzaine de juil, à Uzès et dans les villages alentour. • autres-rivages.com •* Un panorama de toutes les musiques au travers de concerts à des prix abordables.
– ***Festival Nuits musicales d'Uzès :*** *2de quinzaine de juil. • nuitsmusicalesuzes.org • Infos et résas à l'office de tourisme.* Créé en 1970, c'est l'un des moments forts de l'été. Concerts dans la cour du duché et dans la cathédrale Saint-Théodorit. Au fait, pourquoi les « Nuits » d'Uzès ? Parce que le festival commence à la nuit tombée, mais aussi en souvenir de cette belle phrase de Racine à propos de la ville où il passa des vacances chez son oncle : « Et nous avons des nuits plus belles que vos jours... »
– ***Fête votive :*** *5 j. début août.* Quand les taureaux pointent leurs cornes jusqu'à l'Uzège...

DANS LES ENVIRONS D'UZÈS

Le haras national : *mas des Tailles, à la sortie de la ville sur la route d'Alès. Visites sur résa avec l'office de tourisme d'Uzès : ☎ 04-66-22-68-88. Sinon, sur place : ☎ 04-66-22-99-99. • ifce.fr • Visites guidées juil-août mar et jeu (tlj mi-juil-mi-août) à 10h (se présenter 15 mn avt) ; tarif : 8 €. Spectacles juil-août mar à 20h30 et mer à 18h30.* Depuis la fermeture de celui de Rodez, le grand sud-est de la France ne compte qu'un seul haras national et il est à Uzès, où l'écuyer Lucien

Gruss, de la célèbre famille du même nom, a longtemps officié. Aujourd'hui, c'est l'auguste Pieric, également artiste de cirque, qui met en scène les spectacles. Gîte d'étape sur place joliment équipé pour 12 personnes avec 3 dortoirs *(compter 16 € la nuit ; 8 € 3-13 ans. Infos et résa : 06-86-46-44-18).*

Le pont Saint-Nicolas : *à 9 km au sud d'Uzès.* Voilà un très bel ouvrage médiéval, bâti par les Templiers (fini en 1260), plus précisément par leur « filiale » dans les Ponts et Chaussées, la *Confrérie de l'ordre du pont,* qui édifia aussi le fameux pont d'Avignon. À l'époque des croisades et grands pèlerinages, le pont Saint-Nicolas était un point crucial pour la traversée de l'impétueux Gardon entre Nîmes et Uzès, et donc une excellente source de revenus (puisque payant !). Le bel ensemble visible sur la rive gauche est un prieuré contemporain de Philippe le Bel, qui souffrit des guerres de Religion et fut maintes fois partiellement rebâti.

LES VILLAGES DE L'UZÈGE

Carte Gard, C-D2

Un circuit pour vous permettre de découvrir, autour d'Uzès, quelques-uns des trésors cachés de ce pays, avant de vous laisser au pied du pont du Gard, ou presque.

SAINT-QUENTIN-LA-POTERIE (30700)

À 5 km au nord d'Uzès. Faut-il y voir un clin d'œil de l'histoire ? C'est dans ce village, de céramique, qu'est né en 1823 Joseph Monier, l'un des inventeurs du béton armé... Mais le béton ici n'a pas supplanté les tuiles ni la terre cuite. À l'époque romaine, on y fabriquait déjà des amphores. Les papes d'Avignon se firent livrer 110 000 carreaux vernis pour orner les salles du palais des Papes. On y fabriquait aussi des pipes au XVIIIe s. En 1926, le dernier four de potier disparaissait. Depuis 1983, le village revit sous l'impulsion de la Maison de la terre et d'une vingtaine de céramistes qui vivent, produisent et vendent leurs œuvres sur place. Voyez d'ailleurs les plaques de rues, de factures et d'époques différentes mais toutes de céramique vêtues.

Adresse utile

Office culturel – Point information tourisme : *15, rue du Docteur-Blanchard. ☎ 04-66-22-74-38. • officeculturel.com • Au centre du village. Oct-avr, lun-jeu 9h-13h, 14h-18h, plus ven 9h-12h ; mai-sept, lun-ven 9h30-13h, 14h30-18h30, sam 15h-18h30, dim et j. fériés 10h-13h, 14h30-18h30.* Liste des céramistes, faciles à trouver. L'*Atelier Terre* propose des stages sur le travail de la terre toute l'année et des visites guidées en été le mardi à 11h.

Où dormir ?

Camping

Domaine Le Moulin Neuf : *chemin du Moulin-Neuf. ☎ 04-66-22-17-21. • lemoulinneuf@yahoo.fr • le-moulin-neuf.fr • D'Uzès, D 5 direction Saint-Quentin-la-Poterie puis Vallabrix (fléché). Compter 21 € pour 2 en hte saison ; loc de mazets et bungalows 4-5 pers 252-660 €/sem. Réduc de 10 % à partir de 2 nuits dans un mazet sept-juin sur* *présentation de ce guide.* Beaucoup d'ombre et d'espace dans ce parc de 5 ha situé à 1 km du village. Emplacements de 100 m², donc ce n'est pas une usine à mobile-homes ! D'ailleurs, ici, on loue surtout des mazets, soit des maisonnettes en dur. Grande piscine bien agréable en été. Petite restauration *(menu 13,50 €).* Le camping fête ses 50 ans en 2017, avec quelques animations prévues...

Chic

Chambres d'hôtes Le Mas du Caroubier : *684, route de Vallabrix. ☎ 04-66-22-12-72. • contact@mas-caroubier.com • mas-caroubier.com • D'Uzès : en arrivant à Saint-Quentin, rester sur la D 5, passer un petit croisement et compter les passerelles qui enjambent le fossé de droite : prendre la 6e, le mas se trouve à droite au fond de l'impasse. Double 130 € ; familiale 140 € et appart 950 €/sem.* Dans une vieille et belle bâtisse rénovée, à la lisière d'un quartier résidentiel et de la garrigue. Chambres et appartement bien équipés et calmes. Accès à une cuisine à chaque étage. Beau « bassin de nage » (une piscine, quoi !) dans le jardin avec rosiers en fleur en saison et cuisine d'été. Bon accueil.

Chambres d'hôtes et gîtes Le Mas du Vinigre : *chez Mary Doyelle, 90, chemin du Vinigre. ☎ 04-66-03-31-83. • masvinigre@gmail.com • masvinigre.com • Bien fléché depuis la D 5 en venant d'Uzès. Double 83 € ; familiales 114-140 €. Gîtes 2-6 pers 320-950 €/sem selon confort et saison. Panier de produits locaux offert sur présentation de ce guide.* Mary a eu l'excellente idée d'adapter et d'équiper certaines de ses chambres en gîtes modulables, et même sa piscine pour accueillir des hôtes affectés par divers handicaps (agrément national Tourisme et Handicap). L'ensemble est très bien aménagé dans un coin tranquille, l'accueil rond, que demander de plus ? Ah si, que Mary vous montre le bas-relief du maître carrier qui sévissait ici il y a 150 ans...

À voir

Le musée de la Poterie méditerranéenne : *14, rue de la Fontaine (dans la Maison de la terre). ☎ 04-66-03-65-86. • musee-poterie-mediterranee.com • En saison, tlj 10h-13h (12h sept), 15h-19h (14h-18h sept) ; le reste de l'année, mer-dim (lun-ven janv) 14h-18h. Entrée : 4 € ; réduc, notamment sur présentation de ce guide ; gratuit moins de 12 ans.* Belle collection de poteries anciennes ou contemporaines, collectées dans l'ensemble du Bassin méditerranéen et présentées dans un espace lumineux et bien pensé. Incroyable, tout ce que l'on peut faire avec un peu de terre et d'eau : d'impressionnantes jarres crétoises à trois anses, des lampes à huile, des pots à miel marocains, etc.

La galerie Terra-Viva : *dans la Maison de la terre. ☎ 04-66-22-48-78. • terraviva.fr • En saison, tlj 10h-13h, 14h30-18h (19h mai-sept) ; de mi-mars à avr et oct-11 nov, tlj sf lun ; déc, w-e et vac scol slt. Fermé de janv à mi-mars. GRATUIT.* Exposition-vente d'artistes contemporains qui présentent des pièces uniques de céramique. De superbes objets, bijoux et sculptures.

Manifestations

– **Festival européen des arts céramiques :** *ts les ans autour du 14 juil. Également une* ***biennale*** *les années paires (14 juil-15 août).*
– **Festival des Soufflets du Monde :** *sem de l'Ascension.* Dédié à l'accordéon sous toutes ses formes.

LUSSAN (30580)

À 18 km au nord d'Uzès par la D 979. L'un des plus beaux villages perchés du Gard. Superbe et intact. Un nid d'aigle replié sur ses quelques maisons et sur son château médiéval, tout en grosses pierres et dont la seule coquetterie est le rouge des tuiles de ses quatre tours d'angle. Le *barri* (rempart) autour du village réserve de bonnes surprises : maisons de maîtres austères, panoramas superbes sur l'Uzège, pompe à bras et puits. À la sortie de Lussan, vous pouvez partir à la découverte des ***Concluses*** dans le canyon de l'Aiguillon (voir aussi plus loin à Verfeuil dans « Balade entre Rhône et Cévennes, au fil de la Cèze. De Bagnols à Barjac en suivant les gorges de la Cèze »). Suivre la D 143, direction Verfeuil, puis panneau à gauche : on suit une jolie petite route sur 3,5 km bordée de buis. Après le parking, petite marche de 1 km.

Où dormir ?

Chambres d'hôtes Les Buis de Lussan : *rue de la Ritournelle. ☎ 04-66-72-88-93. • buisdelussan@free.fr • buisdelussan.free.fr • À l'entrée du village, sur le rempart sud. Congés : janv-15 fév. Double env 85 € (dégressif à partir de 2 nuits). Table d'hôtes sur résa 25-30 € tt compris. Boisson d'accueil offerte l'ap-m sur présentation de ce guide.* Excellent accueil de M. et Mme Vieillot dans leur jolie maison du XIIIe s. Chambres charmantes à la déco provençale. Petit jardin aménagé avec amour (et avec jacuzzi), d'où l'on domine la campagne vallonnée alentour. Aux beaux jours, le petit déj comme le dîner se prennent là, sous la tonnelle. Quelques petits plats emblématiques comme le lapin au romarin, le *crépiou* à la brandade... Au soleil couchant, faites comme les locaux, le tour des remparts !

Chambres d'hôtes Le Mas des Garrigues : *hameau de la Lèque. ☎ 04-66-72-91-18. • masdesgarrigues.com • À 4 km au nord de Lussan par la D 979. Double 68 € ; gîte d'étape (12 lits) 14 € la nuitée.* La Lèque est un ravissant hameau de vieilles maisons en pierre. Dans ce havre de paix, M. Dollfus a restauré avec amour et goût plusieurs maisons. Dans l'une d'elles, vous trouverez 4 chambres personnalisées, dotées de beaux meubles et de gravures anciennes. Un charme fou. Piscine et tennis, ferme équestre à proximité. Une adresse idéale pour les amoureux des vieilles pierres et de nature. Cuisine à disposition.

LE GARD

À voir

Les céramiques de Lussan : *mas de Fan, route de Saint-Ambroix. ☎ 04-66-72-90-92. • ceramique-de-lussan.com • Avr-sept, magasin ouv tlj 9h30 (10h w-e)-19h ; oct-mars, tlj sf dim, 9h30 (10h sam)-12h, 14h-18h.* Un élevage de volailles bien particulier : ici naissent, depuis 1974, les pintades les plus célèbres de France...

POUGNADORESSE (30330)

Lussan marquant la frontière entre l'Uzège et la vallée de la Cèze, vous pouvez emprunter, pour revenir vers Uzès, les chemins de traverse plutôt que de reprendre la D 979. À 15 km au nord-est d'Uzès, une fois passé Saint-Laurent-la-Vernède, faites une pause à Pougnadoresse. Un village au château massif, avec des maisons aux pierres roses et blanches donnant un joli relief aux murs. Vous êtes déjà presque arrivé au cœur des vignes vallonnées des Côtes du Rhône (faites un saut un peu plus loin si vous rêvez d'une descente de cave !).

Où dormir ?

Chambres d'hôtes Maison Pons : *mas Carrière. ☎ 04-66-82-91-88. • maison.pons@wanadoo.fr • maisonpons.com • À 2 km de Pougnadoresse par la D 166, vers Cavillargues, à droite (fléché). Double 65 € ; familiales 78-88 €. Table d'hôtes 27 € tt compris. Apéritif et café offerts sur présentation de ce guide.* Au milieu des vignes et des cyprès, cette ancienne bergerie a pu renaître de ses cendres grâce à Florence et Mathieu. Dans la maison, plein d'affiches et de CD de jazz, leur grande passion. Florence, violoniste, a également à cœur de gâter ses hôtes à table, sous la tonnelle, d'une cuisine méditerranéenne à base de produits du jardin ou de la région. Piscine. Accueil très chaleureux.

SAINT-VICTOR-DES-OULES (30700)

À 8 km au nord-est d'Uzès. Tranquille petit village célèbre pour ses carrières de quartzite et ses rochers de grès aux formes étranges. On y trouve encore des bois fossilisés, en cherchant bien... Allez donc visiter le ***Jardin des Oules*** *(11, rue du Château, 06-08-65-89-53 ; en été, tlj sf lun 10h30-12h30, 15h-18h30, et sur rdv le reste de l'année ; entrée : 5 €, réduc).* Ce jardin du XIXe s renaît de ses cendres, avec bassins, grottes et rocailles, sculptures monumentales, labyrinthe d'oliviers et théâtre de verdure. Belle promenade jusqu'au sommet du Montaigu d'où l'on a une très belle vue sur les Cévennes et l'Uzège. Chambres d'hôtes sur place (voir le plan-guide de l'office de tourisme d'Uzès), plutôt chic, comme le ***Mas des Oules*** ou celui de ***La Providence.***

LE GARD

VERS-PONT-DU-GARD (30210)

Village fleuri, pittoresque et joli. Anciens lavoirs ombragés par des platanes, où il fait bon s'arrêter le temps de casser la croûte entre deux gorgées de côtes-du-rhône. Carrière de molasse (c'est le nom de la pierre !) exploitée depuis les Romains. Vestige de voie antique avec profondes ornières dans le roc et plein de balades possibles vers un certain pont du... On ne voit pas du tout lequel.

Où dormir ? Où grignoter et boire... à Vers, et dans les environs ?

Camping

Camping international Les Gorges du Gardon : *762, chemin de la Barque-Vieille. ☎ 04-66-22-81-81. • gorges-gardon@franceloc.fr • camping-gorges-gardon.fr • Depuis Remoulins, route d'Uzès sur 4 km (fléché). Ouv fin mars-sept. Compter env 37 € pour 2 en hte saison ; mobile homes et chalets 133-1 358 €/sem. 200 empl. (réception).* Un camping très équipé, très fréquenté en été, avec un vaste terrain arboré. L'accès à la rivière est direct. Location de canoës, nombreuses activités sportives aux alentours, dont le kayak, le vélo et l'escalade. Espace aquatique avec 2 bassins et 2 toboggans géants.

Chic

Chambres d'hôtes À Gauche du Pont : *13, rue de La Rochelle. 06-85-47-38-74 ou 06-62-00-06-61. • contact@agauchedupont.com • agauchedupont.com • Dans le village même. Doubles 70-100 € et suites 2-4 pers 110-170 € selon saison (2 ou 3 nuits min) ; gîtes 4-6 pers 110-210 € la nuit (à la sem en été).* On est accueilli avec chaleur par Véronique et

Fabien dans leur belle maison située dans une ruelle étroite au cœur du village. Une chambre en rez-de-jardin, une suite familiale à l'étage et une autre chambre indépendante, mitoyenne du beau gîte, vous avez le choix. Le tout a été restauré en respectant les vieilles pierres, avec le confort d'aujourd'hui (excellente literie, entre autres). Cerises sur le gâteau : la piscine et... les confitures maison. Fabien vous indiquera ses meilleures balades, dont une qui permet une approche des vestiges du pont, vous savez, le pont du...

Chambres d'hôtes La Bastide de Boisset : *impasse des Micocouliers, 30210* ***Argilliers.*** *06-17-17-41-11. • phdecorneillan@yahoo.fr • bastidedeboisset.com • Sur la route d'Uzès ; à l'entrée du village, prendre à gauche, puis c'est fléché. Congés : de mi-nov à début mars. Doubles 81-91 € (+ 5 € pour 1 seule nuit) ; familiales 115-135 €. Table d'hôtes 23 €. Apéritif offert sur présentation de ce guide.* Bastide pleine de charme, qui cache 3 chambres et 2 suites, vastes et joliment décorées, chacune à sa façon. Petit déj délicieux. Une piscine (au sel), un spa mais surtout un petit jardin extraordinaire : 350 variétés de plantes, des oiseaux, des batraciens et même des salamandres. Bref, tout un petit monde qui a reçu l'onction des parcs et jardins du Languedoc-Roussillon. Accueil enjoué. Excellent rapport qualité-prix au regard du cadre et du confort de cette adresse idéalement située.

La Grange : *1, pl. de la Fontaine. ☎ 04-66-72-65-45. • lagrange.vers@gmail.com • Lun-sam 9h-13h, 15h-19h (21h ven-sam), plus dim mat.* À côté du café du village... et pourtant si loin ! En surplomb de la place aux lavoirs, une grange d'aujourd'hui, couleur métal rouillé. Café bobo par excellence, tenu par une Zimbabwéenne et une Américaine qui vendent leurs propres produits : cafés de petits producteurs et vin de la propriété. Pour ne pas défaillir, planches, charcuterie, tapas et bons gâteaux maison.

CASTILLON-DU-GARD *(30210)*

L'un des plus beaux villages du Gard, bâti sur une colline au-dessus du vignoble. Le seul de la région d'où l'on aperçoive au loin la silhouette du pont (juste derrière l'église). Ambiance médiévale et cadre préservé avec des mâchicoulis, maisons massives ou percées de fenêtres à meneaux, le tout baigné par la couleur miel de la pierre. La douceur de l'endroit appelle plutôt à la sérénité, et pourtant, il connut des épisodes tumultueux. Village catholique dans un environnement protestant, il fut pris et incendié à plusieurs reprises, en 1570, 1573 et 1626. Voir la ravissante chapelle romane Saint-Caprais, construite au milieu des vignes, qui revit grâce à des concerts de musique classique.

Où manger ?

Le Clos des Vignes : *9, pl. du 8-Mai-1945. ☎ 04-66-37-02-26. • jac.vidau@wanadoo.fr • Fermé jeu (sf 14 juil-15 août), plus mer oct-avr. Menus 19-30 € ; carte env 35 €. Digestif offert sur présentation de ce guide.* Certes, la salle est un peu kitsch (il ne manque que les ceps de vigne !), mais il y a la terrasse aux beaux jours. Et puis, on s'en fiche un peu car, sans être vraiment gastro, la cuisine est généreuse et roborative, on ne se moque pas de vous. Gros appétits, c'est la bonne adresse du coin. Accueil très gentil.

COLLIAS *(30210)*

À mi-chemin entre Uzès et le pont du Gard, Collias fut le carrefour des hippies dans les seventies, au grand dam des gens du cru. Cela lui valut le sobriquet de « Katmandou-sur-Gardon ». Aujourd'hui, c'est devenu l'un des villages les plus recherchés, les plus chic, les plus secrets aussi du pays.

MA QUÉ CALOR !

Film d'Henri-Georges Clouzot, sorti en 1953, Le Salaire de la peur, *avec Montand et Vanel, situe son action dans une contrée d'Amérique centrale... mais fut tourné à Collias !*

Où dormir ?

Camping

Camping Le Barralet : *6, chemin du Grès. ☎ 04-66-22-84-52. • camping@barralet.fr • barralet.fr • Avt le village en venant du pont du Gard (fléché). Ouv avr-sept. Compter 22,80 € pour 2 en hte saison ; mobile homes 4-8 pers 210-770 €/sem. 132 empl.* Merveilleusement situé sur un éperon dominant les gorges du Gardon : on jouit d'une belle vue depuis certains emplacements. Plage de rochers plats sur le Gardon. Kayak et varappe sur place. Piscine. En juillet-août, activités sportives tous les jours et soirées moules-frites tous les mercredis. Pas de bar à lait, en revanche, désolé !

Chic

Le Gardon : *9, rue de Campchestève. ☎ 04-66-22-80-54. • auberge-le-gardon@wanadoo.fr • hotel-le-gardon.com • Congés : nov-fév. Doubles 78-88 € selon saison. Carte bistrot le soir (sf dim) env 17-22 €. Parking privé gratuit.* Un charmant petit hôtel. Du solide, du nickel, du béton, certes, mais du beau travail. Lumières, confort, tout a été étudié, du lit à la salle de bains. Du sérieux, on peut le dire. Au calme, dans un environnement agréable, avec parc, jardin et piscine. Bon petit déj (*espresso,* jus d'orange frais, yaourt maison). Fait bistrot le soir, avec des tartines, assiettes régionales et autres desserts maison.

À voir. À faire

➢ **Balade en kayak : Kayak Vert,** *☎ 04-66-22-80-76 ; • kayakvert.com •* **Canoë-Collias,** *☎ 04-66-22-87-20 ; • canoe-collias.com •* **Le Tourbillon,** *☎ 04-66-22-85-54 ; • canoeletourbillon.com • ; loue aussi des kits de via ferrata.* **Natu'Rando** (à **Remoulins**), *06-67-11-49-19 ; • natu-rando.com •* Descentes faciles jusque sous le pont du Gard (géant !) ou remontées magnifiques dans les gorges, vers le pont Saint-Nicolas pour ceux partant de Collias.

➢ Un bain s'impose dans les petits rapides, puis grimper jusqu'à la *chapelle Saint-Véredème* enfouie dans la pierre, ou encore à l'*ermitage Notre-Dame de Laval,* site occupé depuis la préhistoire, sanctuaire de source préromain et gallo-romain. Et puis, à la tombée de la nuit, pourquoi ne pas aller voir les castors qui reviennent timidement au Gardon ?

LE PONT DU GARD (30210)

Carte Gard, D2-3

Le monument antique le plus célèbre et le plus visité de France, et ça ne date pas d'hier. « L'âme est jetée dans un long et profond étonnement. C'est à peine si le Colisée, à Rome, m'a plongé dans une rêverie aussi profonde. On n'y trouve aucune apparence de luxe et d'ornement : les Romains faisaient des choses étonnantes, non pour inspirer l'admiration, mais

LE GARD

simplement et quand elles étaient utiles. » Stendhal, l'auteur de ces lignes, est venu, a vu et a vécu le pont comme un choc. De tout temps, cette majestueuse construction romaine, inscrite au Patrimoine mondial de l'Unesco, a suscité l'admiration.
Certes, aujourd'hui, on aura peu de chance de découvrir cette merveille comme le promeneur solitaire en son temps : 1 250 000 touristes s'y pressent chaque année... L'idéal : y aller à pied au cours d'une rando via le GR 6, ou même en VTT ou en kayak, d'autant que dans ces cas-là, l'accès est gratuit. En voiture, venez très tôt le matin, ou le soir vers 18h ou 19h. Évitez absolument l'après-midi du 15 août, par exemple... Le tarif d'entrée en voiture vous paraîtra élevé mais il est valable jusqu'à 5 personnes et donne accès aux espaces culturels (musée, film, etc.). Cette recommandation faite, laissez-vous porter par l'esprit des lieux. La « 8e merveille du monde » a reçu tous les qualificatifs : grand, superbe, noble, rigide, romantique, impérial, émouvant... Et si l'on fait un tantinet abstraction des proches aménagements et de la foule en saison, on réalisera à quel point cette architecture défie encore les siècles et les modes.

UN PEU D'HISTOIRE

Cet aqueduc (qui n'avait donc rien d'un pont) a été ***construit par les Romains il y a 2 000 ans environ,*** sans doute entre 40 et 60 apr. J.-C. Objectif : alimenter la colonie nîmoise, fraîchement urbanisée, en eau potable. Pour cela, les hydrologues romains sont allés jusqu'à Uzès pour capter l'eau des sources d'Eure et de Plantéry, qui existent encore aujourd'hui. Puis on construisit un immense aqueduc de 50 km de long, lequel, souterrain en grande partie, devenait aérien à partir du lieu-dit Bornegre et dont les arches franchissaient les gorges du Gardon : c'est le pont du Gard. La déclivité entre ces deux villes n'étant que de 12 m, soit 24 cm par kilomètre seulement ; cela suppose de savants calculs et beaucoup d'ingéniosité dans la construction.

Pourquoi est-il si bien conservé ?

Après environ 450 ans d'usage plus ou moins intensif, les Nîmois ont fini par capter des sources plus proches de leur ville. Le pont n'avait plus vraiment sa raison d'être en tant qu'aqueduc. Bien plus tard, au milieu du XVIIIe s, on a bâti le petit pont routier qui le longe. Il est (heureusement) désormais interdit aux voitures en raison des vibrations qu'elles provoquent sur sa structure.
À part un vague ciment romain dans les jointures du canal, aucun mortier ne sert à maintenir les pierres les unes aux autres. Depuis 2 000 ans, l'aqueduc est presque intact. Il n'a jamais été pris comme cible par les guerres, ni par les révolutions. On sait toutefois qu'il y avait des fuites dans la canalisation... Seule restauration importante, celle menée sous Napoléon III après la visite de Prosper Mérimée, mais il s'agissait plutôt d'une consolidation de l'édifice. Depuis les inondations de septembre 2002, il est question de consolider les arches du pont et de renforcer ses soubassements. Cela dit, les arches ne s'étaient pas fissurées. Les Romains étaient des ingénieurs prévoyants. Grâce

UN CHEF-D'ŒUVRE IMPARFAIT

La magnificence du pont du Gard fait oublier que l'aqueduc était plein de défauts. D'abord, la pente étant trop faible (24 cm/km), l'eau débordait souvent. Ensuite, l'aqueduc fuyait à plusieurs endroits. On sait également que l'eau arrivait de moins en moins facilement en raison du calcaire qui obstruait les canalisations. C'est pour cela que l'édifice fut abandonné.

aux « avant-becs », blocs de pierre en forme de pointe, les piliers du pont ont été protégés de la puissance destructrice des flots.

Le nouvel aménagement du site

Somme toute, le site n'est pas plus défiguré qu'il ne l'était en 1920. Ce projet d'envergure, mûrement réfléchi, a même fait table rase des baraques à frites et des stands de souvenirs qui s'y étaient développés de façon anarchique. Les parkings ont été quelque peu éloignés du site, la route d'accès rendue aux piétons. Et les deux gros bâtiments construits de part et d'autre du Gardon (rive droite et rive gauche) se fondent pas trop mal dans le site : couleur sable, ils abritent bars, boutiques, restos et des espaces culturels (lire plus loin) qui « racontent » l'aqueduc, dont un remarquable musée. La contrepartie à ces aménagements est de réclamer au visiteur motorisé un forfait un peu fourre-tout, donnant à la fois accès au parking et aux diverses attractions, ce qui fut mal expliqué au départ, le droit de parking masquant la forêt (de béton) culturelle. Sans compter que les piétons et les cyclistes ont longtemps payé leur écot eux aussi...

Pour résumer, disons qu'il est plus économique et plus poétique de visiter le pont à pied, à vélo ou en kayak. Sinon, il vaut mieux être plusieurs en voiture pour rentabiliser un tarif d'accès qui, au final, ne revient pas plus cher, voire bien moins cher dans certains cas, que beaucoup de sites inscrits au Patrimoine mondial de l'Unesco.

Adresses utiles

Accueil du pont du Gard : *à* ***Vers-Pont-du-Gard*** *(après le parking du site, rive gauche). ☎ 04-66-37-50-99. • pontdugard.fr* • Application « Pont du Gard » à télécharger sur son téléphone *(0,35 €/unité),* et visioguides à louer *(4 €).* Également le livret *Mémoires de garrigue (5 €)* et un livret *Chasse aux trésors (2 €)* pour les bambins.

Office de tourisme du pont du Gard : *pl. des Grands-Jours, 30210* ***Remoulins.*** *☎ 04-66-37-22-34. • ot-pontdugard.com • En été, lun-ven 9h-13h, 14h-18h ; w-e 10h-18h. Le reste de l'année, lun-ven 9h-12h30, 14h30-18h (17h30 nov-mai) ; sam 10h-13h.*

La visite du pont du Gard

– ***Périodes et horaires d'ouverture :*** *tlj, tte l'année ; mai-sept, 7h30-minuit ; mars, avr et oct, 8h-20h ; le reste de l'année, 8h30-19h.*

– ***Tarif d'entrée voitures et motos :*** l'accès au site coûte 18 €/j. par voiture (5 pers max) et 12 € par moto ; réduc. En voiture, il est donc conseillé de venir en groupe : à cinq, le prix est de 3,60 € par personne. Notez que si vous voulez revenir le lendemain, ou même plus tard dans l'année, la carte d'abonnement annuel coûte 26 € par voiture, ce qui peut s'avérer intéressant. Ensuite, accès au pont à pied. Ce tarif inclut donc le parking et les visites pour tous les occupants de la voiture. À partir de 20h en été, le tarif est de 10 € ; on bénéficie de la mise en lumière du monument et du son et lumière qui suit (lire plus loin), mais les espaces culturels sont alors fermés.

– ***Accès piétons et cyclistes :*** en 2016, le site internet indiquait 7 € par personne et 15 € par groupe jusqu'à cinq personnes. Cela dit, une décision du tribunal administratif a ordonné l'accès libre. Les promeneurs à pied et à vélo pourront désormais librement accéder au pont par les chemins. Alors, renseignez-vous et, en attendant confirmation et plus de détails, empruntez le GR 6 depuis Vers ou Castillon-du-Gard...

– ***Accès personnes handicapées*** ♿ **:** *mise à disposition gratuite de fauteuils roulants ; fauteuils électriques à 2 €.*

– ***Transport en commun :*** lignes A15 (Alès-Avignon) et B21 (Pont-Saint-Esprit-Nîmes) de la compagnie *Edgard,* arrêt Parking-Pont-du-Gard-Rive-Gauche. Compter 10 € par personne ou 20 € en famille (de 3 à 5 pers) pour l'aller-retour et la visite du site. Il circule tous les jours, mais on est tributaire des horaires *(● edgard-transport.fr ●).*

– ***Durée de la visite :*** compter une demi-journée en prenant votre temps pour visiter le musée, traverser le pont paisiblement, puis flâner dans la garrigue, sur la rive opposée. Avec les arrêts terrasses pour grignoter ou boire un verre, sans parler de la plage, le temps lui aussi peut s'allonger vite.

– ***Le meilleur point de vue :*** depuis les belvédères de la rive droite aussi bien que de la rive gauche, à condition de suivre le sentier jusqu'au sommet de la butte couverte de garrigue. De là, on peut découvrir ce pont en plongée, légèrement de côté.

– ***Quelques chiffres :*** il mesure 275 m de long à sa partie supérieure et 48,77 m de haut. C'est le plus haut de tous les ponts-aqueducs romains. Chaque étage est différent. Plus on monte, plus les arches sont petites et rapprochées. Certains blocs de pierre des deux ponts inférieurs ont un volume de plus de 2 m^3 et pèsent près de 6 t.

À voir. À faire sur le site

– ***Le musée :*** à ne pas rater, car c'est ici que vous apprendrez le plus de choses. Magnifique exposition multimédia qui retrace l'histoire de la construction de l'aqueduc, son utilité à l'époque romaine, ainsi que son évolution au Moyen Âge. Projections d'images, effets d'optique, mais aussi des pièces originales, sur fond d'ambiance assez étonnante, avec un son très « spatial »... Oubliez l'entrée, assez décourageante (digne d'un palais des congrès), et laissez-vous emporter dans cette étonnante machine à remonter le temps. Expos temporaires.

– ***Mémoires de garrigue :*** un parcours de plein air par lequel on découvre les différentes cultures méditerranéennes et l'évolution du paysage au cours de l'histoire. Livret facultatif payant *(5 €).*

– ***Le ciné :*** dans le bâtiment du musée. « Un pont traverse le temps » : film de 15 mn environ, projeté sur un écran de 45 m^2 avec son stéréo dolby. Si l'ancien film documentaire passait pour désuet, celui-ci, volontairement très visuel (afin de satisfaire un public jeune et international, sans doute) se passe quasiment de tout commentaire. Pour les infos, il faudra aller (ou retourner) au musée...

– ***Ludo :*** parcours de découverte et de jeux pour les 5-12 ans. Si vos bambins veulent se transformer en écolier gallo-romain, en archéologue en herbe, en ingénieur tentant d'orienter l'eau dans un aqueduc...

– ***Mise en lumière du monument*** tous les soirs en été, suivie du ***son et lumière*** « ***À la belle étoile*** » (30 mn), inclus dans le tarif à 10 €.

– « ***Féeries », spectacle son, lumière et pyrotechnie :*** *les deux 1ers w-e de juin (soit 4 soirées). Entrée : env 25 € ; réduc.* Un spectacle très moderne, tout feux tout flammes, avec *vidéo morphing* et personnages de lumière....

– ***Rendez-vous à la rivière :*** *de juin à mi-août.* Visites, ateliers, installations avec une soixantaine de radeaux disséminés ici et là.

– ***La guinguette :*** *dans la foulée du Rendez-vous à la rivière, ts les ven soir 15 juil-15 août.*

– ***Lives au pont :*** *jeu-ven de la 2e sem de juil.* Festival de musiques actuelles.

DU PONT DU GARD AU PONT D'AVIGNON

REMOULINS (30210)

À 1,5 km de la rive droite du pont du Gard. Dans le vieux village, on trouve l'église Notre-Dame-de-Bethléem, la tour et la porte des Escaravats, qui appartenaient à l'enceinte fortifiée du XIIe s.

Où dormir ?

Camping

Camping La Sousta : *av. du Pont-du-Gard. ☎ 04-66-37-12-80. • info@lasousta.com • lasousta.com • À Remoulins, suivre « Pont du Gard rive droite » (fléché). Ouv mars-oct. Compter env 28 € pour 2 en hte saison ; mobile homes 2-6 pers 252-875 €/sem. 320 empl.* Un beau 4-étoiles avec certains emplacements ayant vue sur la rivière (spectacle gratuit des castors à la tombée de la nuit...). Ombragé et proche du pont du Gard. Soirées à thème en été. Location de canoës-kayaks. Piscine. Épicerie et resto.

Chic

Chambres d'hôtes Bize de la Tour : *2, pl. du Portail. ☎ 04-66-22-39-33. • contact@bizedelatour.com • bizedelatour.com • Dans le centre. Congés : déc. Double 100 € ; familiale 160 €. Boisson de bienvenue offerte sur présentation de ce guide.* Cette demeure a bien du cachet, celui de la rondeur mielleuse de la pierre du pont du Gard. Passé la porte, rien ne dépareille : l'accueil avenant de Pierre, les 2 petits salons chaleureux pour bouquiner et, surtout, de superbes chambres. Chacune a sa couleur dominante, déclinée sur les tissus tendus aux murs, ciels de lit, rideaux, et sert d'écrin au très beau mobilier de style. Terrasse joliment aménagée. Mention spéciale au petit déj « de gourmet » !

Où dormir autour de Remoulins et du pont du Gard ?

Chambres d'hôtes Le Clos de la Pousterle : *3, rue de la Pousterle (pl. du Calvaire, avec un GPS), 30210* ***Saint-Bonnet-du-Gard.*** *06-01-79-13-92. • closdelapousterle@gmail.com • le-clos-de-la-pousterle.fr • Doubles 85-100 €.* 4 chambres coquettes, propres et vastes dans cette maison de village restaurée dans un esprit typiquement provençal, très bien située sur le GR entre le pont du Gard et Sernhac. Terrasse ombragée avec cuisine équipée. Magnifique patio donnant sur une cour intérieure et la piscine. Lieu de calme et de détente tenu par Claire et Guillaume, jeune couple à l'accueil chaleureux.

LA VALLÉE DU RHÔNE

De Villeneuve-lez-Avignon à Pont-Saint-Esprit (à 40 km au nord à vol d'oiseau !), prenez les chemins du vignoble plutôt que les voies à grande circulation pour aller à la découverte de la vallée du Rhône côté Gard, qualificatif qu'on préfère à celui de Gard rhodanien...

VILLENEUVE-LEZ-AVIGNON

(30400) 12 750 hab. *Carte Gard, D2*

Ville la plus orientale de la région Languedoc-Roussillon, et déjà on y respire l'ambiance de la Provence. Assise au bord du Rhône, appuyée à des collines, Villeneuve-lez-Avignon a trop longtemps vécu à l'ombre d'Avignon. Pourtant, grâce à la métamorphose de la Chartreuse en centre de création ouvert aux artistes, la rive droite a retrouvé une sorte d'autonomie culturelle. Son patrimoine historique est exceptionnel. D'ailleurs, vous ne serez pas seul(s) à le visiter...

UN PEU D'HISTOIRE

HISTOIRE DE VOUS METTRE À *LEZ* !

On se demande tous un jour pourquoi les noms de certaines villes admettent un « lez » ou « lès » en leur sein ? Simple raccourci du bas latin latus *qui signifie « à côté de ». Tortueuse langue française !*

À Villeneuve, on était en royaume de France. En Avignon, c'était le domaine des papes et des cardinaux. Au milieu, le Rhône, frontière naturelle et historique. À l'origine de Villeneuve, Casarie, une sainte femme, fille d'un roi wisigoth, morte en 586 apr. J.-C. C'est sur sa tombe que fut érigée l'abbaye Saint-André, que l'on voit aujourd'hui, juchée sur son rocher, et qui donne une allure de forteresse andalouse à ce nid d'aigle du mont Andaon.
Conscient de l'intérêt stratégique de la ville, ***Philippe le Bel fit édifier un donjon*** au débouché du pont Saint-Bénezet, et fortifia l'abbaye Saint-André au XIVe s. ***Un symbole de la puissance royale face au palais des Papes,*** perpétué par Philippe VI de Valois puis Jean le Bon. L'âge d'or de Villeneuve coïncide d'ailleurs avec celui d'Avignon. De riches cardinaux s'installèrent dans de somptueux palais, les « livrées cardinalices ». Le musée Pierre-de-Luxembourg en est un superbe exemple, et la chartreuse est construite autour d'une autre de ces résidences ayant appartenu à Étienne Aubert, plus connu sous le nom d'Innocent VI, le pape amoureux de Villeneuve.
La Révolution marquera la fin de cette splendeur liée à la puissance de l'Église, et le retour de la cité à une vie plus modeste dans l'ombre d'Avignon. Le temps a passé, aujourd'hui ***Villeneuve revit*** et savoure même plus que jamais cette vie préservée, fière de ses belles maisons anciennes, sur les hauteurs.

Arriver – Quitter

➢ ***En train :*** *rejoindre la gare TGV d'Avignon.* ☎ *36-35 (0,34 €/mn).* Avignon-Paris en TGV : 2h40. Avignon-Marseille : 20 mn.

➢ **En avion :** *aéroport d'Avignon, à 15 km.*
➢ **En bus nº 5 pour Avignon :** *arrêt devant l'office de tourisme.* En moyenne, 3 bus/h. Durée : env 10 mn.
➢ **En Vélopop :** *station libre-service face à l'office de tourisme.*

Adresses et info utiles

Office de tourisme : *pl. Charles-David. ☎ 04-90-25-61-33. • tourisme-villeneuvelezavignon.fr • Le long de l'av. Charles-de-Gaulle. Tte l'année, lun-sam 9h-12h30, 14h-18h (17h en hiver) ; juil, tlj 10h-19h (10h-13h, 14h30-19h w-e). Fermé certains j. fériés.* Accueil dynamique. En juillet-août, visites guidées de la cité médiévale les mardi et vendredi, ainsi que des balades nocturnes. De plus, tout le long de l'année, des visites à thème sont proposées.

Les Taxis Villeneuvois : *pl. Jean-Jaurès. ☎ 04-90-25-88-88. Face à la mairie.*

– **Marché provençal :** *jeu mat pl. Charles-David ;* **brocante** *sam mat sur la même place.*

Où dormir ? Où manger ?

LE GARD

Camping

Camping la Laune : *chemin Saint-Honoré. ☎ 04-90-25-76-06. • vivacamplalaune@gmail.com • camping-villeneuvelezavignon.com • Au pied du flanc nord du fort Saint-André, direction Sauveterre ; c'est à env 1 km (fléché). Bus nº 5. Congés : mi-oct à mars. Compter env 22 € pour 2 en saison. Locatif env 24-90 €/nuit. 127 empl.* Calme et bien ombragé, avec beaucoup d'espace entre les emplacements. Également des mobile homes toilés (avec cuisine, mais sanitaires communs). Piscine. Épicerie et petit snack.

Bon marché

Centre YMCA : *7 bis, chemin de la Justice. ☎ 04-90-25-46-20. • ymca-avignon@wanadoo.fr • ymca-avignon.com • À gauche de la route qui monte vers Les Angles (bonne signalétique). Congés : sem de Noël. Compter 39-54 € pour 2 selon confort. Menus 13-27 €. Petit déj offert sur présentation de ce guide.* Perché sur une colline, un centre international de séjour avec une piscine, un bar et surtout une vue fabuleuse sur la cité des Papes. Très vivant, surtout quand toute une jeunesse l'anime. Folle ambiance pendant le Festival... d'Avignon.

De prix moyens à chic

O'Cub Hôtel : *10, impasse du Rhône. ☎ 04-90-25-52-29. • contact@ocubhotel.fr • ocubhotel.fr • Sur les rives du Rhône, à côté du pont du Royaume. Doubles 63-96 €. Réduc de 10 % sur le prix de la chambre sur présentation de ce guide.* Transformer du béton en adresse de charme, il fallait être une fée ou un mage. Eh bien, c'est réussi ! D'autant que la prévenance de l'accueil adoucit les arêtes de ce cube aux couleurs flashy. Les chambres, en face avant, donnent sur le Rhône et le palais des Papes, avec une déco des années 1970, clim, minibar, TV, balcon. Petit déj servi sur la terrasse panoramique.

Les Jardins de la Livrée : *4 bis, rue du Camp-de-Bataille. ☎ 04-90-26-05-05. • la-livree@numericable.fr • la-livree.fr • Au cœur de la ville, dans une rue calme. Resto fermé dim soir et lun, plus mar hors saison. Congés : de fév à mi-mars et de nov à mi-déc pour l'hôtel. Doubles 69-109 €. Formule déj en sem 19 € ; carte env 30 €. Au resto, apéritif offert sur présentation de ce guide.* Maison d'hôtes où il fait bon séjourner. Accueil remarquable de gentillesse et d'attention de la famille Grangeon. Si vous le pouvez, préférez tout de même les chambres « confort », joliment décorées et climatisées, donnant sur la cour intérieure ou sur la piscine entourée de fleurs et d'arbustes. Les autres sont petites, voire un peu désuètes (mais une rénovation est prévue). Au restaurant, une cuisine sincère et rassurante.

NaturAbsolu : *10, pl. Saint-Marc. ☎ 09-50-76-05-97. • naturabsolu@gmail.com • Tlj sf dim midi hors saison, 11h-15h, 18h-22h. Congés : de mi-fév à mi-mars. Plats du jour 14-16 € ; repas env 28 €. Café offert sur présentation de ce guide.* Petit resto très discret à côté des terrasses touristiques. Le créneau maison, c'est le bio végétarien et même végétalien, sans gluten, ouvert aux cuisines du monde. Une bonne petite adresse pour manger sainement, ce qui n'empêche pas de boire du vin issu de la biodynamie. Sinon, cocktails de jus de fruits.

Aubergine : *15, rue de la République. ☎ 04-90-90-05-64. • aubergine villeneuve@yahoo.fr • Tlj. Formule déj en sem 14,50 €, menu 30 €. Carte env 29-37 €.* C'est l'adresse sur la place, comme le nez au milieu de la figure. Pour ceux qui veulent prendre le soleil sans se prendre la tête côté cuisine. Accueil sympathique, voire drôle lorsque les serveurs se fatiguent à transporter à vos pieds l'énorme ardoise du jour. Rien de transcendant, mais de grosses salades, burgers, etc.

Basta Cosi ! : *7, impasse du Pont. ☎ 04-90-80-00-80. • bastacosi30@gmail.com • Au pied du pont du Royaume, à droite. Tlj, midi et soir. Congés : Noël et Nouvel An. Formule déj en sem 13,90 € ; carte env 25 €. Digestif maison offert sur présentation de ce guide.* Installé dans un ancien bâtiment d'une station de pompage d'eau, un resto italien à la déco contemporaine, avec véranda et patio. On y déguste une bonne cuisine transalpine à base de mozzarella, pâtes fraîches, raviolis maison et pizzas à prix doux. D'ailleurs, on ne vient pas pour autre chose, alors *basta cosi* !

De chic à plus chic

Hôtel de l'Atelier : *5, rue de la Foire. ☎ 04-90-25-01-84. • contact@hoteldelatelier.com • hoteldelatelier.com • Résa conseillée en été. Doubles 74-169 €. Un petit déj/chambre et par nuit offert sur présentation de ce guide.* Nichée au cœur du vieux Villeneuve, cette bâtisse du XVIe s, ancien atelier de soie, a su préserver une douceur de vivre toute provinciale ; 22 chambres meublées à l'ancienne, toutes différentes. Calme et confortable. Il y a un patio fleuri pour le petit déj, une terrasse sur les toits (avec transats) et un coin salon de thé. Beaucoup de charme.

Les Saisons : *7, pl. de l'Oratoire. ☎ 04-90-87-65-59. • info@lessaisonsavignon.com • lessaisonsavignon.com • Doubles 90-140 € selon confort et saison ; suites 3 pers 120-200 €.* Dans un hôtel particulier du XVIIe s, 4 chambres comme les 4 saisons, toutes de caractère et de charme, ouvertes sur une placette paisible ou sur l'agréable jardin. Un endroit pour amoureux du théâtre sous toutes ses formes, le propriétaire ayant réalisé lui-même le décor d'une maison très courue par les festivaliers, qui en apprécient les recoins, les charmes secrets. Amateurs de design, s'abstenir ; amateurs de baroque, bienvenue à la maison.

Chambres d'hôtes Le Carré Cardinal : *57, rue de la République. ☎ 04-90-22-00-00. • chambres-hotes.fr • Doubles 90-120 € selon confort et saison.* À côté de la chartreuse, dans une maison ancienne restaurée, des chambres d'aujourd'hui autour d'un jardin. La déco allie les vieilles pierres et du mobilier « patiné » par le savoir-faire des artisans de notre époque ! Le tout très lumineux, avec salles de bains et literie impeccables. Bon petit déjeuner. Fait également resto dans la cour.

Le Bistrot du Moulin à huile de la Chartreuse : *74, rue de la République. ☎ 04-90-25-45-59. • contact@maisonbronzini.com • Ouv tlj. Fermé à Noël. Plat du jour le midi 15 € ; carte 25-35 €.* À côté de la chartreuse, un espace aménagé avec malice dans l'ancienne grange du moulin, où l'on peut déjeuner et surtout dîner en terrasse, près des oliviers, comme en salle, près de la cheminée, d'une cuisine dans l'air du temps. Très agréable pour une pause l'après-midi également. Fait aussi salon de thé et boutique.

Où boire un verre ? Où faire une pause salée-sucrée ?

Les Jardins d'Été de la Chartreuse : *58, rue de la République, dans le cloître Saint-Jean. ☎ 04-90-15-24-24. • accueil@chartreuse.org • Dans la chartreuse (accès libre). Juin-août, tlj 11h30-23h.* On y vient pour le cadre, celui de jardins monastiques du XIVe s, avec une belle terrasse ombragée et une autre avec vue sur les toits de la ville. Bucolique le jour, romantique le soir. En revanche, l'accessibilité pour les personnes handicapées et les poussettes, c'est pas gagné...

Pâtisserie Marcellin : *18, rue de la République. ☎ 04-90-88-13-57. Tlj sf lun 6h30 (7h en hiver)-19h30.* La petite terrasse, devant, c'est pour un petit déjeuner de soleil, ou s'offrir une tarte salée à midi, une glace l'après-midi. LA pâtisserie de la ville, que les Américains adorent.

À voir. À faire

Tous les monuments de la ville sont gratuits pour les mineurs. Un *pass* culturel propose des réductions dans tous les monuments et musées de Villeneuve et d'Avignon à partir du deuxième lieu visité.

La chartreuse du Val-de-Bénédiction : *au pied du versant ouest du mont Andaon ; entrée principale 58, rue de la République. ☎ 04-90-15-24-24. • chartreuse.org • Avr-sept, tlj 9h30-18h30 ; oct-mars, 10h-17h ; dernière entrée 30 mn avt. Fermé les 2res sem de janv. Entrée : 8 € ; 6,50 € sur présentation de ce guide. Billet jumelé chartreuse et fort : 9 €. Excellent parcours « non-voyants ». Espaces numériques : restitution des décors de l'église, du pont d'Avignon, détails de la chapelle des fresques, périodes de construction et activités culturelles. Application-jeu « Les Portes secrètes de la Chartreuse » pour les familles.*

D'Innocent VI, pape d'Avignon, qui fonda ce monastère au XIVe s, à Pierre Boulez et Patrice Chéreau, qui y donnèrent des spectacles pendant le Festival d'Avignon, sans parler de leurs successeurs actuels, ce haut lieu est consacré à l'esprit et à la création. Il captive ceux qui viennent s'y ressourcer.

À l'origine, ce fut le plus riche et le plus vaste monastère de chartreux de France : 2,5 ha d'un seul tenant sur la rive droite du Rhône. À la Révolution, les moines durent l'abandonner. La plupart des bâtiments furent vendus, les autres tombèrent en ruine. Redécouvert en 1835 par Mérimée, classé par l'État en 1905, le monument abrite depuis 1991 le CNES (Centre national des écritures du spectacle), qui y organise les *Nuits de la Chartreuse* tout au long de l'année, ainsi que les *Rencontres d'été* (spectacles, concerts, expos, conférences...). Aujourd'hui, la chartreuse est restaurée petit à petit tout en restant ouverte à la création contemporaine et aux visiteurs.

À l'aide de bourses d'aide à l'écriture et à la création, des écrivains et des compagnies de théâtre peuvent y mener à terme leur travail. Ils sont logés dans les anciennes cellules des moines.

Visiteurs et artistes, amoureux des vieilles pierres et des jardins se croisent sur les terrasses ombragées du café-resto *Les jardins d'été* ou sous les jasmins du *Café Saint-Jean,* qui fait aussi bibliothèque. Parcourez-donc les couloirs et les cours jusqu'au cloître Saint-Jean, du XIVe s. À découvrir également : le tombeau du pape Innocent VI, le petit cloître, les cellules des moines où la vie contemplative des chartreux est bien représentée, les jardins de simples ainsi que la *bugade* (la « buanderie » en français moderne), ou encore la chapelle des fresques peintes par Matteo Giovannetti.

Le fort Saint-André : *en haut du mont Andaon. ☎ 04-90-25-45-35. Tlj 10h-13h, 14h-17h (10h-18h juin-sept). Fermé les j. fériés. Entrée : 5,50 € ; réduc ; gratuit le 1er dim du mois nov-mai. Billet jumelé chartreuse et fort : 9 €.* Perché sur sa colline et entouré d'une extraordinaire ceinture de murailles, il fut construit sur ordre du roi de France Jean II le Bon, entre 1362 et 1368. Pourquoi faire ? Pour protéger le petit bourg et l'abbaye Saint-André, mais aussi et surtout pour affirmer la puissance du roi face aux terres de la papauté et de l'Empire (romain germanique), de l'autre côté du Rhône. Vue exceptionnelle sur Avignon.

Les jardins de l'ancienne abbaye Saint-André : *dans l'enceinte du fort. ☎ 04-90-25-55-95. Mai-sept, tlj sf lun, 10h-18h ; sinon, tlj sf lun, 10h-13h, 14h-17h (18h avr). Entrée : 6 € ; visite guidée de l'intérieur de l'abbaye sur résa pour groupes min 10 pers.* On ne saurait que trop conseiller de pousser cette porte qui donne accès à un lieu hors du temps, où les jardins suspendus se peuplent d'essences diverses et de recoins apaisants jouissant d'une vue imprenable. Jardins à l'italienne, avec rosiers anciens, lauriers et santolines, mais aussi bassins, tables rondes et bancs circulaires. Le jardin méditerranéen, qui compte bien sûr nombre d'oliviers, offre le plus beau des panoramas sur le palais des Papes et, au-delà, sur le mont Ventoux et les Alpilles.

Le musée Pierre-de-Luxembourg : *3, rue de la République. ☎ 04-90-27-49-66. ♿ À 50 m de la collégiale Notre-Dame. Mai-oct, tlj sf lun, 10h-12h30, 14h-18h ; nov-avr, tlj sf lun, 14h-17h, plus mer 10h-12h. Fermé janv et certains j. fériés. Entrée : 3,60 € ; réduc.* Un bel hôtel particulier aménagé dans l'ancienne livrée du cardinal de Ceccano. Outre des tableaux provençaux des XVIe et XVIIe s, le musée abrite plusieurs chefs-d'œuvre : au rez-de-chaussée, *La Vierge en ivoire* (XIVe s) taillée dans une défense d'éléphant ; et surtout, au 1er étage, *Le Couronnement de la Vierge* (XVe s), superbe retable d'Enguerrand Quarton.

LE GARD

La tour Philippe-le-Bel : *av. Gabriel-Péri, sur la route d'Avignon. Mêmes horaires que le musée Pierre-de-Luxembourg. Fermé nov-janv. Entrée : 2,50 € ; réduc.* Achevée en 1307, elle servait à surveiller l'entrée du fameux pont Saint-Bénezet. « Sur le pont d'Avignon, on y danse, on y danse... » Très belle vue de la terrasse du dernier étage, accessible par un remarquable escalier à vis. Exposition permanente « D'une rive à l'autre » autour de la reconstitution en 3D du pont.

L'église collégiale Notre-Dame et son cloître : *♿ Mêmes horaires de visite que le musée Pierre-de-Luxembourg. Accès libre.* Construite en 1320 par le cardinal Arnaud de Via, neveu du pape Jean XXII. On y voit la copie de la *Pietà de Villeneuve-lez-Avignon,* dont l'original siège au Louvre. Superbe autel de marbre avec un gisant du Christ de 1745. Le cloître est adossé au flanc nord de la collégiale.

Le parc du Cosmos : *av. Charles-de-Gaulle, 30133* ***Les Angles.*** *☎ 04-90-25-66-82. • parcducosmos.eu • ♿ Juil-août et pdt vac scol, tlj sf lun, l'ap-m ; hors saison, slt mer et w-e. Visite guidée à 15h, planétarium à 16h45. Fermé à Noël. Visite guidée ou planétarium : 8 € ; 6 € enfant. Visite + planétarium : 13 € ; 10 € enfant. Réduc de 20 % sur présentation de ce guide.* Garrigue de 3 ha aménagée présentant notre système solaire et le cosmos en général. Récent jardin botanique regroupant des espèces typiquement méridionales (accès libre sur demande). Aire de pique-nique. En août, *Grande Nuit des étoiles* (date sur le site) !

Fête et manifestations

– **Conférences thématiques sur l'astronomie :** *nocturne 1 ven sur 2 à 20h30 en juil-août.* Télescopes à disposition pour l'observation. En été, circuit à la torche.
– **Fête de la Saint-Marc :** *3e ou 4e w-e d'avr.* Depuis le XIIe s, fête traditionnelle de la vigne et du vin.

– ***Villeneuve en scène :*** *3 sem en juil.* • *festivalvilleneuveenscene.com* • Pour ne pas rester les bras croisés, Villeneuve a greffé son propre festival au Festival off d'Avignon. Il ouvre ses portes à une vingtaine de compagnies itinérantes sous chapiteau ou en plein air (plaine de l'Abbaye...).
– ***Festival du polar :*** *1er w-e d'oct.* • *polar-villeneuvelezavignon.fr* • Rencontres d'auteurs de polars, interviews, débats dans des cafés, dédicaces, projections dans la chartreuse... à vos *Cluedo* !

LA CÔTE DU RHÔNE

Carte Gard, D2

Cette côte du Rhône est facile à remonter : elle s'étend à l'extrémité nord-est du Gard, là où les champs de vigne, bien exposés au soleil du Midi, occupent les pentes douces de la garrigue qui descendent vers le grand fleuve.
Dès le VIe s av. J.-C., les Grecs importèrent ici leurs cépages. Les Romains contribuèrent à en faire un vin renommé, et nombreux sont les rois de France qui en ont passé commande à leur table. C'est sur cette rive gardoise qu'est véritablement née l'appellation côtes-du-rhône. Dès le XVIe s, les vignerons avaient l'habitude de marquer au fer rouge leurs tonneaux des lettres CDR, avec mention du lieu d'origine. Et les producteurs étaient soumis à un règlement très strict, précurseur des AOC. L'extension de ces pratiques à toute la vallée du Rhône et l'emploi du pluriel « côtes-du-rhône » n'apparaîtront qu'après 1864. Rouge, rosé ou blanc, il est gouleyant, généreux, léger. Les grands crus sont le tavel, dont le petit village qui lui a donné son nom est la capitale du premier rosé de France ; le lirac, cru aux trois couleurs, qui s'étend sur les communes de Lirac, Saint-Laurent-des-Arbres, Roquemaure et Saint-Geniès-de-Comolès ; et, plus au nord, une série d'appellations villages comme les chusclan, laudun et saint-gervais.

UN PUCERON QUI FAIT TACHE

C'est de Roquemaure que partit le terrible phylloxéra. En 1862, un certain Joseph-Antoine Borty importa des ceps de vigne du Nouveau Monde... pour voir. Et avec eux, un puceron aussi microscopique que ravageur, qui se répandit et détruisit une grande partie des vignes françaises. Il a vu ! Pour l'histoire, seules les vignes cultivées dans un sol sableux échappèrent à ce fléau... d'où la préservation miraculeuse du « vin de sable » en Petite Camargue.

ROQUEMAURE *(30150)*

Ce village en bordure du Rhône (ce dernier joue les arlésiennes et ne s'y montre guère) possède une belle collégiale, où sont conservées les reliques de saint Valentin, patron des amoureux.
En 1314, Clément V, le premier pape d'Avignon, mourut ici. Ce fut longtemps le port le plus important de cette partie de la rive droite du Rhône. Les tonneaux de vin s'y embarquaient pour Paris, l'Angleterre ou la Hollande...

Adresse et info utiles

ℹ ***Office de tourisme de Roquemaure :*** *1, cours Bridaine.* ☎ *04-66-90-21-01.* • *ot-roquemaure.com* • *Tt près du chevet de la collégiale. Juin-15 oct, mar-ven et sam mat, plus dim mat juil-août ; le reste de l'année, lun-mar,*

jeu-ven et sam mat. Infos pour une visite guidée de la collégiale (du mardi après-midi au samedi matin), sur rendez-vous.
– **Marché :** *mar mat.*

Où manger ?

L'École Buissonnière : *32, rue de la Liberté. ☎ 04-66-79-20-28. Derrière la place du marché. Ouv le midi tlj sf mer et j. fériés, plus le soir ven-sam. Congés : 1 sem entre Noël et Jour de l'an. Menu du jour en sem 15 € ; formule soir et w-e 25 €. Apéritif offert sur présentation de ce guide.* Coup de cœur pour ce petit restaurant un peu à l'écart de tout, tenu par un jeune couple sympathique, heureux de recevoir et de faire partager une cuisine à base de produits simples mais de qualité. Lui aux fourneaux, elle sommelière de formation. Goût, originalité, fraîcheur des produits, petits prix. Un rapport accueil-qualité-prix imbattable par ici.

À voir

La collégiale : *pour la visite, infos à l'office de tourisme.* Architecture gothique provençale du XIVe s. Dédiée à saint Jean-Baptiste et saint Jean l'Évangéliste, patrons des vignerons et des tonneliers, elle abrite depuis 1868 les reliques de saint Valentin, patron des amoureux. À l'intérieur, remarquable orgue de 1690, autrefois installé dans l'église avignonnaise des Cordeliers et classé Monument historique.

Fête et manifestation

– **La Saint-Valentin :** *le w-e le plus proche du 14 fév, les années impaires.* Reconstitution historique de l'arrivée des reliques du saint en 1868, marché à l'ancienne, festival d'orgues de Barbarie (les Manivelles de l'Amour). Le concours de la plus belle lettre d'amour a muté : il se pratique désormais sur Internet, *kan sé pa par sms* !
– **Fête votive :** *autour du 15 août.*

SAINT AMOUR BRADÉ

C'est « grâce » au phylloxéra que saint Valentin est venu à Roquemaure. En effet, victime de ce fléau, un riche et pieux viticulteur s'en fut chercher à Rome un dernier recours pour guérir la vigne. Le clergé lui proposa alors le catalogue des reliques à vendre. Et, ma foi, celles de saint Valentin se négociaient à un prix acceptable. Marché conclu. La maladie disparut et le vin de messe se remit à couler !

TAVEL (30126)

L'autoroute la Languedocienne passe à 1,5 km de ce paisible village réputé pour son rosé. Plus de choses à déguster qu'à voir à Tavel, encore qu'on peut s'offrir une promenade digestive dans les vieilles rues, ou sur la si charmante place de la Fontaine, juste derrière l'église. Chapelle romane du XIIe s. Bien sûr, on peut faire un tour à la cave coopérative *Les Vignerons de Tavel,* si fier de son slogan « 1er rosé de France », dans un gros hangar à l'entrée.

SAINT-LAURENT-DES-ARBRES (30126)

À 3 km au nord de Lirac, ce petit village au caractère médiéval marqué possède trois édifices classés Monuments historiques : tour Ribas, église fortifiée et donjon.

Propriété des évêques d'Avignon dès le XIIIe s, Saint-Laurent est devenu une place forte catholique lors des guerres de Religion. Ce village du Languedoc au milieu des vignes est également connu depuis des décennies pour son appellation lirac. À découvrir en vous posant à la terrasse de l'auberge du village, ***Le Papet,*** place de la mairie.

Adresses utiles

Office de tourisme : *tour de Ribas, pl. du Saint. ☎ 04-66-50-10-10. • saint-laurent-des-arbres.com • Tte l'année, tlj sf dim-lun, 10h-12h, 15h-18h.* Guide complet, avec caveaux et domaines de dégustation, etc. Visites commentées des monuments sur rendez-vous.

Cave coopérative : *685, av. Baron-le-Roy. ☎ 04-66-50-01-02. Tlj 9h-12h, 14h-18h. Fermé 1er janv et 25 déc.* Dégustation et vente de l'appellation lirac. Visite de caves.

– Autre possibilité de dégustation au **caveau des Vignerons** *(syndicat de l'AOC lirac) : chemin des Chênes, 30126* ***Lirac.*** *☎ 04-66-50-25-45. • vin-lirac.com • Tte l'année, lun-sam 9h-12h, 13h-18h.*

La Maison des vins : *D 6580 (ex-N 580), la Croisette. ☎ 04-66-50-05-50. • maisonvins.com • Tte l'année, tlj 9h-19h.* Vente de côtes-du-rhône, de charcuterie d'Ardèche et autres produits du terroir.

Où dormir dans le coin ?

Chambres d'hôtes La Dame de Thé : *24, route du Pont-de-Nizan, 30126* ***Lirac.*** *06-82-70-54-77. • contact@damedethe.com • damedethe.com • À 3 km au sud de Saint-Laurent. Ouv de mi-mai à début oct. Doubles 95-120 € ; suite 150 €.* Petit coup de cœur pour cette maison du XVIe s, couverte de vigne vierge et admirablement restaurée par l'adorable Monique Cerf. Sculptrice, passionnée de théâtre, elle a donné à ses 3 chambres et à sa suite des noms de femmes célèbres pour leurs plumes. Pas Zizi Jeanmaire, ni Line Renaud, mais Colette, George Sand, la Ségur et la Sévigné. Partout, de belles pierres, du mobilier bien chiné, des tableaux et même des décors de théâtre. Jardin et piscine couverte. Petit déj copieux. Reposant comme une maison de famille.

D'autres maisons d'hôtes de charme dans le secteur de Saint-Laurent, dont vous trouverez la liste à l'office de tourisme. Coups de cœur pour des adresses comme ***Après la Sieste*** ou ***La Maison Felisa,*** du chic reposant, du design intelligent et des prix qui suivent, comme de bien entendu.

LE GARD

À voir

Le donjon : *accessible 15h-17h slt dans le cadre des visites guidées de l'office de tourisme : 3,50 € ; réduc ; gratuit moins de 4 ans.* ***L'église Saint-Laurent,*** *romane, est comprise dans la visite.* Elle a été fortifiée (et surélevée de 15 m !) par Jacques Duèse, futur pape Jean XXII. À l'intérieur, coupole de 1150 d'une superbe sobriété, vitraux du XIXe s. Contigu à l'église, un massif donjon (les murs ont 1,50 m d'épaisseur à la base) construit entre les XIIe et XIVe s. L'intérieur a été joliment rénové et aménagé en situation de l'époque : escaliers de bois, tourelles d'angle...

SAINT-VICTOR-LA-COSTE *(30290)*

Certains considèrent ce village, avec Montclus et Lussan, comme l'un des plus ravissants de cette partie du Gard. C'est un bourg médiéval dominé par les ruines du *castellas,* d'où l'on a une belle vue sur l'arrière-pays. Tout autour, des vignes, encore des vignes et une kyrielle de chênes dans le maquis. Au centre du bourg, une église fortifiée flanquée d'une tour-donjon très intéressante. Et puis, histoire d'améliorer son arithmétique, on boira de l'eau de la *fontaine du Savoir* (sur la place du village), couverte de noms de savants et d'inscriptions liées aux sciences.

Où manger ?

L'Industrie : *13, pl. de la Mairie. ☎ 04-66-50-31-61. ♿ Tlj sf le soir lun-mar ; hors saison, tlj sf le soir dim-jeu. Formule déj 13,50 € ; menus 16-25 €. Café offert sur présentation de ce guide.* Sur la belle place, un restaurant populaire qui propose des menus de cuisine tradi depuis plus de 40 ans (les enfants ont pris la succession). Foie gras aux figues, magret aux morilles, que de la valeur sûre. Reçoit volontiers des groupes (salles climatisées), mais ce n'est pas l'usine pour autant... Belle terrasse sous les platanes.

GAUJAC *(30330)*

À 2 km à l'ouest de Gaujac, allez jeter un œil sur l'***oppidum Saint-Vincent.*** Compter 30 mn de grimpette (ombragée). Accès libre. Ce site gallo-romain de première importance fut une forteresse celto-ligure au Vᵉ s av. J.-C., puis un centre de marché gallo-grec, avant que César n'en fasse à nouveau un important camp fortifié. Le site était occupé jusqu'au Moyen Âge. Fortifications d'époque romaine, ruines des thermes, etc. Le produit des fouilles est exposé au petit musée archéologique Léon-Alègre de Bagnols-sur-Cèze.

Où manger ?

La Maison : *rue du Presbytère. ☎ 04-66-39-33-08. • lamaison@gaujac.com • Résa nécessaire le soir. Tlj le soir sf dim, plus à midi lun et ven. Menu unique 32 €.* On dîne dans une maison vigneronne du XVIIᵉ s, encastrée dans les remparts, avec salle voûtée et patio. Pensez à réserver la tourelle pour une soirée en amoureux (les meurtrières vous permettront d'éliminer vos éventuels rivaux). Si cette noble maison vise un peu haut, avec son menu unique et hebdomadaire, il faut reconnaître qu'elle s'y hisse avec talent et même avec créativité ! Une cuisine de terroir, qui fusionne avec des influences voyageuses, osées et assumées. Ici, on n'hésite pas à mélanger melon, glace au chèvre, speck et crumble de chorizo. Un délice et de l'originalité pas superficielle ! Ça donne déjà envie de rentrer à *La Maison.*

LAUDUN *(30290)*

À 18 km de Gaujac. Joli bourg bâti à flanc de colline autour d'une église du XIVᵉ s. Côté vins, Laudun s'enorgueillit de ses blancs déjà (re)connus au XVIᵉ s par Olivier de Serres. Et de posséder un ***camp de César*** (bien signalé depuis le village). Derniers 500 m à pied. L'un des grands sites antiques de la région. On distingue encore bien tous les bâtiments d'une petite ville romaine qui a suivi son chemin du Vᵉ s av. J.-C. au VIIᵉ s de notre ère : remparts, quartiers d'habitations, basiliques, forum... 200 m plus loin, dans une petite combe, l'***aqueduc de Balouvière*** enjambe un frais repli boisé dans le faubourg de Laudun. Le petit frère du pont du Gard !

CHUSCLAN *(30200)*

À 5 km au sud de Bagnols, le village passerait inaperçu tant il est coincé entre l'industrieuse N 580 et le site de Marcoule. Visite des vignobles possible, renseignez-vous à la cave coopérative.

À voir. À faire

Le Visiatome : *à* ***Marcoule*** *(30207). ☎ 04-66-39-78-78. • visiatome.fr • À 2 km à l'est de Chusclan (très bien fléché). Vac scol, tlj 10h (14h w-e)-18h ; sinon, lun-ven 10h-17h. Fermé 1er janv et 25 déc. Entrée : 4 € ; réduc. « Ateliers vacances » pdt vac scol, résa obligatoire.* Ça commence par un mur de déchets où chacun reconnaît son quotidien. Des caddies de supermarchés interactifs présentent le traitement des déchets domestiques, industriels, chimiques plus ou moins nocifs. Puis explication bien faite sur les différents centres de stockage. Un passage amusant rappelle que tout est radioactif (poisson, pomme de terre, lait, nous...). Un exposé très cocorico explique les avantages des choix français... et les inconvénients des méthodes des voisins. De bonne guerre (tant qu'elle n'est pas nucléaire !). Tout comme le fait de passer sous silence les risques liés à cette industrie. À noter, l'excellente initiative des « ateliers vacances », qui permettent aux marmousets de ne pas s'ennuyer pendant une visite assez technique.

PONT-SAINT-ESPRIT (30130) 10 360 hab. *Carte Gard, D1*

Au confluent d'une rivière et d'un grand fleuve (l'Ardèche et le Rhône), à la jonction de trois régions (Languedoc, Provence et Rhône-Alpes) et de quatre départements (Gard, Vaucluse, Drôme et Ardèche), Pont-Saint-Esprit a été appelée la « porte d'or de la Provence » par le poète Frédéric Mistral. Les rois Philippe le Bel, Saint Louis, Louis XI et François Ier y firent escale. Selon leur habitude, ils y dormaient après avoir traversé le Rhône.

Cette petite ville connut longtemps une opulence certaine, dont témoignent les églises monumentales ou encore le musée d'Art sacré, installé dans l'un des plus anciens et des plus remarquables bâtiments du département. Cet excellent musée vaut le détour à lui seul. Tout comme le vieux pont.

Adresse et info utiles

Office de tourisme : *1, av. Kennedy (résidence Welcome). ☎ 04-66-39-44-45. • tourisme.gardrhodanien.media • En été, lun-sam 9h-19h et dim mat ; le reste de l'année, lun-ven 9h-18h et sam mat.*

– **Marché :** *sam mat, sous les platanes de l'allée Frédéric-Mistral.* Un vrai, un beau, un grand marché du Sud. Sur 1 km de long, on trouve des éventaires de tous les styles, avec de nombreux produits de la région.

Où dormir ? Où manger ?

De bon marché à prix moyens

Chambres d'hôtes du Domaine de Lamartine : *636, chemin de Lamartine. ☎ 04-66-79-20-24. • contact@domaine-lamartine.com • domaine-lamartine.com • À 2,5 km au nord de*

Pont-Saint-Esprit, direction Bourg-Saint-Andéol par la D 6086. Double 70 € ; familiale 96 €. Gîte de groupe à 18,50 €/pers et gîte 6 pers 680 €/sem. Table d'hôtes sur résa 22 €. Apéritif offert sur présentation de ce guide. Situé derrière la croquignolette voie de chemin de fer, un superbe château à tourelles du XVe s, avec allée de platanes, tours rondes aux angles et magnifique parc à l'arrière avec piscine. À l'intérieur, escalier à vis, portraits de famille et meubles de belle facture qui agrémentent les 4 chambres. Attention, cela dit, pas mal de mariages et autres réceptions en saison. Bon accueil.

Chambres d'hôtes du Domaine Pont-d'Ardèche : *route de Bourg-Saint-Andéol.* ☎ *04-66-39-29-80.* • *pontdardeche@aol.com* • *pontdardeche.com* • *500 m après le Domaine de Lamartine, juste avt le pont à gauche. Doubles 70-75 € ; familiales 85-105 €. Gîte d'étape 14 places à 20 €/pers et gîtes 4-8 pers 420-800 €/sem. Apéritif ou café offert sur présentation de ce guide.* Grande maison environnée de verdure et en bordure de l'Ardèche. Une propriété de famille dont on se laisse volontiers conter l'histoire par l'hôtesse des lieux (même famille que le *Domaine de Lamartine*). Chambres spacieuses décorées avec goût et de belles couleurs. Une adresse qu'on aime beaucoup. Piscine.

Le Café des Fleurs : *29, allées F.-Mistral.* ☎ *04-66-33-85-32.* • *touron.com@gmail.com* • *Tlj, slt à midi. Formules déj 15-25 €.* Un concept amusant que ce fleuriste qui vend des plantes et sert... du poisson frais (ainsi que de la bouillabaisse). On s'assied à une table au milieu des pots de fleurs avec l'impression d'être une plante en serre. Il y a du sourire aux lèvres et une cour cachée, abritée du vent et des regards. Côté bar, des jus de fruits frais pressés et des vins de pays.

À voir

Le pont de Saint-Esprit : il a donné son nom à la ville, dont les habitants s'appellent les Spiripontains. Long de 1 km, il jette audacieusement ses 20 arches en travers du Rhône. Enfin... plutôt 19, la 20e ayant été détruite pour faciliter le transit des bateaux. Construit entre 1265 et 1309, il a fallu 44 ans de travail pour arriver à le faire tenir debout. Et ce serait le plus vieux pont sur le Rhône encore en activité. Un nouvel ouvrage, plus au sud, a permis de soulager la circulation sur cette unique voie.

LE PAIN DU DIABLE

En août 1951, plusieurs habitants de Pont-Saint-Esprit furent victimes d'un empoisonnement mystérieux. La délation et les rumeurs les plus nauséabondes échauffèrent... les esprits. On mit du temps à comprendre que la farine du boulanger avait été coupée avec du seigle. Or, l'ergot de seigle peut être un poison. On décompta sept morts. Opération du diable... ou du Saint-Esprit, on n'en sait pas plus.

La collégiale *(la citadelle)* **:** *à gauche de la route, juste avt le pont.* Il faut grimper sur une terrasse pour découvrir cet étonnant édifice, en contrebas, embastillé dans les murs de la citadelle. Plutôt dégradée (la ville a subi de terribles bombardements pendant la Seconde Guerre mondiale), elle conserve pourtant un portail splendide, de style flamboyant.

L'église Saint-Saturnin et le prieuré Saint-Pierre : par le quai Albert-de-Luynes, on gagne la place Saint-Pierre par les escaliers à double volée où trônent deux monumentales églises, Saint-Saturnin (du XIIIe s, restaurée au XIXe s) et Saint-Pierre, récemment restaurée. La première possède un portail gothique. Belle vue sur le Rhône et sur le mont Ventoux depuis la place. Juste en face, la chapelle des Pénitents, du XVIIe s, petit bijou magnifiquement rénové et transformé en théâtre intercommunal.

Le musée d'Art sacré : *maison des Chevaliers, 2, rue Saint-Jacques. ☎ 04-66-39-17-61. • musees.gard.fr • Tlj sf lun, 10h-12h, 14h-18h (10h-12h30, 15h-18h30 en été). Fermé j. fériés sf le 15 août. GRATUIT.* Superbe bâtiment du XIIe s, dont la restauration a permis de retrouver d'exceptionnels décors médiévaux dans les salles d'apparat de la maison et dans la pièce de la Cour royale de justice (XIVe s). Cet étonnant musée laïc d'art sacré expose ses collections en abordant la religion en termes de culture et non sous l'angle de la catéchèse. On y trouvera donc le portrait du Fayoum voisinant avec une cuve baptismale en plomb de l'Aveyron, une vierge romane auvergnate en pierre noire ou encore une crèche du XIXe s, le tout sous des plafonds peints où apparaît le blason du roi de France, qui fit sans doute l'honneur de visiter la famille Piolenc, le seigneur maison. Au sous-sol, un authentique blouson de Johnny et un ballon de foot, nouvelles idoles des temps modernes, trouvent leur place aux côtés d'un autel paléochrétien et de statuettes sacrées issues de cultures lointaines. Ne pas manquer non plus l'ange de Pondichéry ni le Christ à l'agonie (dans la cour de l'entrée), le retable du Mystère de la chute des anges... Bornes interactives et audioguides expliquant le pourquoi du comment des pratiques et rites religieux. Collection de pots à pharmacie de l'hôpital du Saint-Esprit, car « soigner, c'est prier deux fois ».

LE GARD

DANS LES ENVIRONS DE PONT-SAINT-ESPRIT

AIGUÈZE (30760)

À 9 km au nord-ouest de Pont-Saint-Esprit, un des Plus Beaux Villages de France, suspendu en à-pic sur les gorges de l'Ardèche. À voir, notamment, l'église restaurée avec son joli mobilier baroque, et les petites ruelles médiévales. Et puis cette plaque : « Dans cette maison a vécu de 1706 à 1776 Honoré Agrefoul, distillateur, inventeur de l'absinthe, plus connue de nos jours sous le nom de pastis. » Surtout, ne pas manquer le chemin de ronde qui offre un panorama époustouflant sur l'Ardèche (la rivière !). Du monde, bien sûr...

Adresse utile

Office de tourisme : *☎ 04-66-39-26-89. • tourisme.aigueze@gardrhodanien.com • Avr-sept, mar ap-m, mer-sam 10h-13h, 14h-18h et dim mat.*

Où dormir ? Où manger ?

Résidence Le Castelas : *Grand-Rue. ☎ 04-66-82-18-76. • hventajol@wanadoo.fr • residencelecastelas.com • Dans le village. Doubles 90-110 € ; apparts 2-5 pers 550-1 400 €/sem. Apéritif offert sur présentation de ce guide.* Dans la résidence principale, belle piscine centrale, et pour certaines chambres avec terrasse, vue sur les gorges de l'Ardèche. Dans l'annexe *(Le Castel)*, à deux rues de là, bon confort et une piscine, petite mais vraiment sympa. Patron courtois et serviable. Prêt de vélos, conseils sur les randos, descentes en canoë-kayak, etc.

Café de pays-bar à vins Le Bouchon : *pl. du Jeu-de-Paume. ☎ 04-66-39-47-70. • lebouchon30@gmail.com • Pâques-sept, tlj. Carte env 20-25 €. Café offert sur présentation de ce guide.* Deux vignerons indépendants se sont associés pour pousser ce *Bouchon* sur la route de vos vacances, question de vous laisser reposer un peu à l'ombre des platanes ou dans la cour intérieure ensoleillée. Cuisine de bistrot, produits frais régionaux, fermiers, légumes de saison. Bien sûr, en saison, il peut y avoir un peu de roulis...

LA CHARTREUSE DE VALBONNE

À env 10 km au sud-ouest de Pont-Saint-Esprit. ☎ 04-66-90-41-24. • chartreusedevalbonne-monument.com • Avr-sept, tlj 10h-18h (9h30-19h en plein été) ; oct-mars, w-e 11h-17h (ou sur résa). Visite guidée juil-août (3 visites/j.). Entrée : 5 € ; gratuit jusqu'à 18 ans.

Comment ne pas admirer d'abord les superbes toits aux tuiles vernissées qui chapeautent le monastère ? Fondé en 1203, fortifié, il ressemble à un véritable petit village avec ses maisons et son église. Très endommagé par les guerres de Religion. Reconstruite au XVIIe s, abandonnée définitivement en 1901, la chartreuse devint un centre de traitement des maladies tropicales en 1926.

On entre par la chapelle des Étrangers (réservée aux visiteurs qui voulaient assister à l'office) avant d'accéder à l'église conventuelle. Cette dernière a conservé un beau jubé de bois qui séparait les moines de chœur (les nobles) des frères convers (les manuels). Belles stalles en bois : très ouvragées et marquetées pour les premiers, simples pour les seconds. Autel baroque à colonnes et panneaux de faux marbre donnent un fond d'opulence au lieu. Le grand (l'immense) cloître ouvre sur 84 cellules sur un périmètre de 356 m ! Et le petit cloître (très mignon avec ses doubles arches brisées) réservé aux prieur et procureur de la chartreuse.

Tout autour, une forêt de hêtres et de chênes remarquables ; sentier botanique et circuit pédestre. Et si ce sont les vignes du Seigneur qui vous intéressent, dégustation sur place et vente à la boutique du côtes-du-rhône maison.

D'avril à septembre, possibilité de dormir dans les anciennes cellules des chartreux. 13 chambres aménagées avec simplicité. Resto-saladerie avec terrasse dans la cour.

LE GARD

BALADE ENTRE RHÔNE ET CÉVENNES, AU FIL DE LA CÈZE

La Cèze prend sa source au mont Lozère, dans les Cévennes, fait un bout de chemin avec les pèlerins de la Régordane, folâtre loin des flux touristiques du côté d'Aujac à Saint-Ambroix, et descend ensuite en s'éclatant à gorges déployées de Barjac à Bagnols-sur-Cèze, où elle épouse le Rhône. Notre itinéraire en remonte le cours, parcourant monts et vaux, ponctués de villages de caractère. On y retrouve les senteurs et la magie de la garrigue, les collines lumineuses sous le soleil du Midi. Amis randonneurs, kayakistes et même naturistes, vous serez ici dans votre élément.

DE BAGNOLS À BARJAC EN SUIVANT LES GORGES DE LA CÈZE

Véritable puzzle de pierres artistiquement agencées, la calade ponctue les vieux villages du Sud-Est de la France. Pour seul ciment, la patience

du *caladier* ajustant les uns aux autres, galets ou pierres calcaires. Et la magie du geste a fait traverser les siècles à ces ruelles en pente, conçues pour résister aux étés torrides, hivers plus rigoureux qu'il n'y paraît, orages violents et autres exubérances de la nature. Prenez le temps de découvrir ces villages accrochés à flanc de colline, qui font le charme des gorges de la Cèze. En passant, prenez la doc disponible à l'office de tourisme de Bagnols, ville où vous ne ferez que passer.

BAGNOLS-SUR-CÈZE (30200)

Bagnols a tout d'une ville de transition, à cheval entre Languedoc et Provence, entre deux cultures... En lui accordant le droit de « tenir marché », Louis VIII transforma cette bourgade rurale en une place commerciale : la soie lui offrit une prospérité qui dura trois siècles. Dans les années 1950, l'usine atomique de Marcoule multiplia la population par quatre (20 000 habitants aujourd'hui). De nouveaux quartiers pas folichons ont été construits à la hâte, au milieu du flot de bagnoles... Il reste néanmoins un tout petit centre ancien.

Adresse et info utiles

Office de tourisme : *espace Saint-Gilles, av. Léon-Blum. ☎ 04-66-89-54-61. • tourisme.gardrhodanien.media • Oct-mai, lun-ven 9h-18h, sam 10h-13h ; juin-sept, lun-sam 9h-19h, dim 10h-13h.* Doc sur Bagnols, la vallée de la Cèze et les départements limitrophes.

– ***Marchés :*** *mer mat. Et en été, 1 dim sur 2,* ***marché bio*** *sq. des Marronniers.*

À voir

La ***place Mallet*** reste le véritable centre de la cité depuis le XIIIe s. Arcades sous lesquelles s'abritaient les marchands, sol pavé... Quelques belles demeures de style classique, construites au XVIIe s : l'hôtel de ville, l'hôtel de Luynes et l'hôtel Mallet, reconnaissable à sa tour à trois pans crénelés.

Le musée de peinture Albert-André : *19, pl. Mallet. ☎ 04-66-50-50-56. Dans l'hôtel de ville, 2e étage. Tlj sf lun et j. fériés, 10h-12h, 14h-18h. Fermé fév. GRATUIT.* C'est la petite surprise du chef. En 1917, le peintre Albert André, ami intime de Renoir, devient conservateur du musée et rassemble une jolie collection d'art contemporain. En 1923, un incendie provoqué, involontairement, par des... pompiers, ravage les collections. Plutôt que de fermer boutique, Albert André demande de l'aide à ses amis, qui lui offrent quelques tableaux. De belles pièces comme *La Fenêtre ouverte de Nice,* de Matisse, *Le Portrait d'Adèle Besson,* par Van Dongen, *Le 14 Juillet au Havre,* de Marquet ou le *Bouquet de roses* de Suzanne Valadon. Et puis encore, Maurice Denis, Félix Valloton... Deux salles sont consacrées au postimpressionnisme, une à la peinture lyonnaise du XIXe s. Dans la salle des dessins, ne pas manquer Renoir, Signac et Berthe Morisot.

Le musée d'archéologie Léon-Alègre : *24, av. Paul-Langevin. ☎ 04-66-89-74-00. Mar et jeu-ven 10h-12h, 14h-18h. Fermé fév. GRATUIT.* Importante section archéologique couvrant les périodes de l'âge du fer à la fin de l'Antiquité romaine. Petite section consacrée à l'histoire de Bagnols.

LA ROQUE-SUR-CÈZE (30200)

Les belles bâtisses aux pierres miel et blanc bordent des ruelles en calade qui se tortillent à flanc de colline, toujours plus haut, à l'assaut du château médiéval. Rendu au faîte, on se tourne, et le village montre un autre visage : celui des tuiles romaines sur fond de panorama sur la vallée de la Cèze. Avec son « pont romain » du XIIIe s, La Roque est l'un des Plus Beaux Villages de France ! Poussez jusqu'aux ***cascades du Sautadet*** : marmites, cascatelles, crevasses taillées par la rivière. Impressionnant et dangereux. La baignade y est interdite : on s'en serait douté !

CORNILLON (30630)

À 4 km au nord-est de Goudargues. Immanquable depuis la D 980, très joli village s'étirant sur un piton rocheux. Remparts et vestiges d'un château appartenant depuis quatre siècles à la même famille, comme le revendique la plaque à l'entrée. De là-haut, belle vue sur la vallée.

GOUDARGUES (30600)

Goudargues fut fondée autour d'une abbaye bénédictine au IXe s. Surnommée la « Venise gardoise » (n'exagérons pas !), ce sont les moines qui, les premiers, ont canalisé l'eau de l'étang qui occupait la place. Ils purent ainsi cultiver les riches terres des environs. Et toute la vie de la cité s'ordonna durant de longs siècles autour de cette abbaye. Aujourd'hui encore, le visiteur peut apprécier sa tranquillité, ses platanes, sa fontaine et son église. Face au lavoir, ne pas manquer la *salle capitulaire* (XIIe s), où se tiennent des expos temporaires en été. Les bistrots et restos ne manquent pas, si la faim ou la soif vous tenaillaient, du *Café des Sources* à la bonne franquette à la chic *Galantine.*

Adresse et info utiles

Office de tourisme : *4, route de Pont-Saint-Esprit. ☎ 04-66-82-30-02. • tourisme.gardrhodanien.media • Juil-août, tlj sf dim ap-m, 9h-13h, 14h30-19h ; le reste de l'année, fermé sam ap-m et dim.* Beaucoup de doc. Profitez-en pour préparer la suite de votre balade au fil de la Cèze. À pied, en voiture ou même en kayak.

– **Balades en kayak : Cèze Canoë,** *route de Pont-Saint-Esprit. ☎ 04-66-82-37-88. • ceze-canoe.com •* Parcours d'une demi-journée à la journée. Choisissez entre l'amont et l'aval... depuis Goudargues, les deux ont leur charme.

Où camper ?

Camping La Grenouille : *av. du Lavoir. ☎ 04-66-82-21-36. • campingard@orange.fr • camping-la-grenouille.com • Dans le village ; fléché. Ouv avr-sept. Compter 22,50 € pour 2 en hte saison ; bungalows 270-460 €/sem. Réduc de 8 % sur le forfait 2 pers sur présentation de ce guide.* Au bord de la Cèze. Terrain de petite taille, planté de peupliers. Emplacements séparés par des haies. Bien équipé et très agréable. Barbecue collectif pour chauffer l'ambiance et piscine pour faire la grenouille.

VERFEUIL (30630)

À 7 km au sud-ouest de Goudargues par la D 23 puis la D 143. Superbe route pour gagner ce mignon village à l'écart des circuits touristiques. Là encore, vieilles maisons de pierre, vestiges d'un château du XIe s, campanile... Dans les environs, petite balade sympa vers ***Les Concluses*** (voir plus haut à Lussan).

Où manger ?

Auberge des Concluses : *rue de la République. ☎ 04-66-72-90-78. • dominique.boutillot@orange.fr • Tlj sf lun, plus dim soir et j. fériés hors saison. Congés : de mi-déc à mi-janv. Formule déj en sem 20 € ; menus 25-30 € ; carte 30-40 €. Café offert sur présentation de ce guide.* Surprenant resto tenu par un couple sympa et soucieux de proposer depuis un quart de siècle une cuisine méditerranéenne de qualité, autour de recettes personnelles : *tabesson, caillou* (excellente crêpe à la brandade et au jambon...), ou encore *moussagne,* à découvrir sur ces vertes terrasses ombragées.

SAINT-ANDRÉ-DE-ROQUEPERTUIS (30630)

À 5 km au nord-ouest de Goudargues. Les toits de tuiles se serrent autour du robuste clocher percé de meurtrières de l'église fortifiée.

Où manger ?

Guinguette La Frigoulette : *le Courau. ☎ 04-66-82-21-26. ♿ Passer le pont sur la Cèze direction Méjannes, le resto se trouve sur l'autre rive de la Cèze. Mai-août, tlj. Carte 15-20 €.* Depuis plus de 35 ans, une adresse où les nombreux campeurs des environs et tous les visiteurs d'un jour aiment se retrouver, bien calés sur les chaises en plastoc pour avaler ensemble une cuisine de jardin et de copains sans prétention (grillades, pieds paquets, escargots à la provençale, frites maison) et vider de bons gros pichets de vin... À bas l'ascèse, vive la Cèze !

MONTCLUS (30630)

À 8 km au nord-ouest de Goudargues par la D 980. Un village lové, telle une coquille d'escargot, dans une boucle de la Cèze. Le tout dominé par le donjon du château en ruine et un campanile finement ouvragé du chapeau.

BARJAC (30430)

Une petite ville méridionale, bien située, entre gorges de l'Ardèche et vallée de la Cèze. Le château du XVIIe s, l'église, les vieilles maisons forment un ensemble assez sympathique. Une étape devenue même incontournable depuis la sortie du film documentaire *Nos enfants nous accuseront...* Bienvenue chez les bio ! Toute une rue est devenue un immense salon de thé bio à ciel ouvert, vous n'aurez aucun mal à la découvrir.

Adresse utile

Office de tourisme : *pl. Charles-Guynet. ☎ 04-66-24-53-44. • tourisme-barjac.com • En plein centre. En été, lun-sam 10h-13h, 15h-19h et dim 10h-13h ; hors saison, tlj sf mer et le w-e, 9h30-12h30, 14h-17h.*

Où dormir ? Où manger dans le coin ?

Camping

Camping naturiste du Domaine de la Sablière : 30430 **Saint-Privat-de-Champclos.** ☎ 04-66-24-51-16. • contact@villagesabliere.com • villagesabliere.com • À 3,5 km de Barjac par la D 901 direction Bagnols, puis fléché. Ouv fin mars-fin sept. Compter 39,30 € pour 2 en hte saison ; tentes meublées, mobile homes et chalets 186-1 179 €/sem selon saison. Consulter le site, nombreuses promos. 503 empl. Dans un lieu superbe au bord de la Cèze, 62 ha entièrement réservés aux naturistes. Au milieu des arbres, le site est vraiment exceptionnel. Tous les équipements souhaités, avec un sauna et 2 piscines (dont une couverte et chauffée), en accès libre, plus un salon « bien-être » et un hammam (payants). À en donner des regrets aux inconditionnels du maillot de bain ! Nombreuses animations gratuites en été. Eh oui, il y a du monde à cette saison...

De prix moyens à plus chic

Chambres d'hôtes Les Nomades Baroques : rue Basse. ☎ 04-66-86-16-85. 06-24-16-68-43. • lesnomadesbaroques@yahoo.fr • lesnomadesbaroques.com • Accès par la pl. de la Calade et gare au GPS qui risque de vous envoyer en bas de l'av. Jean-Tassy ! Doubles 65-85 €. Table d'hôtes 20 €. Avec un nom pareil, on s'attend un peu à tout.... Et on n'est pas déçu, du moins si on cherche une maison d'hôtes un peu artiste, un peu bohème. La souriante Micheline, architecte et décoratrice, s'est enfin décidée à s'occuper d'elle-même et de sa maison Renaissance. Résultat, 4 chambres, dont 3 très spacieuses, où la chine a l'air d'avoir toujours été là... D'ailleurs, quelques magazines ont fait le même constat. Dans l'assiette, du bar... un peu rock, bien sûr, enfin bref, du poisson, quoi ! Une petite adresse qu'on aime bien, sans arêtes ni prise de tête.

Chambres d'hôtes Histoire d'Hôtes : rue Basse. ☎ 04-66-30-85-69. • info@histoire-dhotes.com • histoire-dhotes.com • Même accès que la chambre d'hôtes Les Nomades Baroques ; c'est presque en face. Doubles 82-100 € (2 nuits min) ; tarif dégressif à partir de la 2e nuit hors saison et la 3e nuit en saison. Table d'hôtes 25 €. Décidément, Barjac et ses vieilles pierres inspirent l'hospitalité, si l'on en juge par l'excellent accueil de cette famille venue de Haute-Savoie. Belle maison du XVIIIe s, avec jardin et piscine, que l'on ne devine pas de la rue. Un bon parti (pris) pour les amateurs de chambres à thème : l'« Occitane » pour s'intégrer dans la région, « Comme Autrefois » pour se ressourcer, « Projection Privée » pour se faire des films ou encore « Marée Basse » pour les coquillages... ou si l'inspiration vous manque ! Excellents petit déj et repas du soir, à partager en famille.

Chambres d'hôtes Moulin de Courlas : 2023, route de Saint-Sauveur-de-Cruzières, 30430 **Saint-Jean-de-Maruéjols.** ☎ 04-66-24-21-43. • mariel30@wanadoo.fr • moulindecourlas.com • À 3 km de Saint-Jean, dans le hameau Moulin-de-Courlas. Congés : janv-fév. Doubles 70-85 €. Gîte 2-4 pers à partir de 450 €/sem. Table d'hôtes 24 €. Apéritif maison offert sur présentation de ce guide. Entre Gard et Ardèche, Marielle accueille les amoureux de l'authentique dans sa belle ferme restaurée, au bord d'une rivière nommée la Claysse (canoë à disposition). 4 chambres douces à vivre, pleines de souvenirs et d'humour, plus un gîte tout beau tout neuf, face à la piscine, sans oublier le jardin... Bref, le bonheur ! Ne manquez pas le repas du soir à l'ombre de vieux platanes, des peupliers et des sureaux.

Nature et Thé : rue Salavas. ☎ 04-66-24-77-68. • contact@nature-the.com • De la pl. Charles-Guynet, prendre la ruelle qui monte la vieille ville. En été, tlj 10h-16h, 18h-22h ; hors saison, tlj à midi sf mer, plus le soir ven-sam. Menu 19,50 € ; salades et plats env 13-20 €. Puisqu'ici c'est le village du bio et du beau, on a décidé de s'arrêter dans ce p'tit salon de thé débordant sur la rue, très sympa avec ses tables et ses fleurs. La pause parfaite pour un apéro, une salade ou un p'tit plat végétarien, le tout le plus possible bio et local. Les couverts sont en bois, mais l'accueil non, ça tombe bien.

À voir. À faire dans les environs

La grotte de la Salamandre : *30430* ***Méjannes-le-Clap.*** *☎ 04-66-600-600. • grottedelasalamandre.com • ♿ (belvédère slt). De mi-mars à la Toussaint (les chauves-souris hibernent en hiver). Visites guidées tlj : en été, 10h-17h30 ; 10h30-17h mai-juin et sept ; 11h-16h mars-avr et oct. Entrée : 11 € (belvédère slt 7 €) ; réduc. Le Grand Rappel (descente en rappel à 50 m) ou les Coulisses de la Salamandre : 39 €.* Une immense salle d'une centaine de mètres de diamètre et d'une trentaine de mètres de haut, découverte en 1964, que certains auraient préféré ne voir jamais ouverte au public afin de préserver l'environnement du plateau de Méjannes-le-Clap. Mais les défenseurs des gorges de la Cèze n'ont pas eu le dernier mot. Quant aux autres, ils apprécieront le travail réalisé, l'architecture végétale et la mise en sons et lumières (oh la belle bleue, oh la belle rouge !). Notez que la grotte est à 13 °C toute l'année.

LE GARD

DE SAINT-AMBROIX À GÉNOLHAC PAR LA HAUTE VALLÉE DE LA CÈZE

Vous pouvez, si le cœur vous en dit, continuer de remonter la Cèze jusqu'au mont Lozère, dans le département du même nom, si proche, ou nous suivre jusqu'à Génolhac, point de départ possible de votre balade dans les Cévennes gardoises (voir le chapitre suivant).

SAINT-AMBROIX (30500)

Les Cévennes à l'ouest, les gorges de l'Ardèche au nord-est, l'Uzège au sud. Faites une petite halte à Saint-Ambroix pour voir un bourg endormi qui s'anime les jours de marché (chaque mardi depuis... 1362 !) et des ruelles médiévales restées authentiques. Et surtout pour voir le rocher, couronné des restes du château et d'une ostentatoire église, la chapelle du Dugas. Érigée en 1868, elle surplombe Saint-Ambroix de son style néo-éclectique tendance mélange des genres. Elle est sise dans l'enceinte de l'ancien château du XIIe s, détruit sous Louis XIII. De là-haut, beau panorama.

Adresse utile

Office de tourisme : *pl. de l'Ancien-Temple. ☎ 04-66-24-33-36. • ot-saintambroix.fr • En retrait de la rue principale. Juil-août, lun-sam 9h-13h, 15h-19h ; dim 10h-12h. Le reste de l'année, tlj sf sam ap-m et dim, 9h30-12h, 14h-17h (18h juin).* Visites guidées en juillet-août. L'office est un relais d'information du parc national des Cévennes, profitez-en !

Où dormir ? Où manger dans les environs ?

De prix moyens à chic

Le Clos des Arts : *domaine de Villaret, Larnac, 30960* ***Les Mages.*** *☎ 04-66-25-40-91. • contact@closdesarts.com • closdesarts.com • ♿ À 3,5 km au sud-ouest de Saint-Ambroix par la D 904 ; bien fléché. Resto* *fermé le midi lun et sam, plus dim soir. Doubles 61-69 € selon saison, familiales 70-78 €. Formule déj 15,50 € en sem ; menus 21-29 €. Café offert sur présentation de ce guide.* Rachetée par la famille Schoenenberger, cette ancienne magnanerie et filature de soie abrite désormais de belles chambres claires, dont certaines de plain-pied, toutes climatisées. Musée dans la propriété consacré aux sculptures de Marcel Schoenenberger et d'un de ses fils. Une piscine, pour le cocooning.

La Grange Neuve : *30500* ***Potelières.*** *06-62-83-85-94. • la-grangeneuve@wanadoo.fr • lagrangeneuve.com • À 5 km au sud de Saint-Ambroix. Double 110 €. Table d'hôtes sur résa 28 € tt compris. Réduc de 10 % sur le prix de la chambre sur présentation de ce guide.* Une ancienne ferme de la vallée de la Cèze, devenue un refuge pour amateurs de tranquillité, de beauté... et de peinture décorative. Stages possibles organisés par Emmanuelle et Denis Richard, dans leur atelier. Mais vous pouvez vous contenter de jouir de la piscine, et de la vue sur les Cévennes.

La Bastide des Senteurs : *30500* ***Saint-Victor-de-Malcap.*** *04-66-60-24-45. • subileau@bastide-senteurs.com • bastide-senteurs.com • Bien fléché. Congés : nov-mars. Resto fermé le midi lun et sam en saison, dim soir et lun hors saison. Doubles 83-140 €. Formule déj 18,50 € ; menus 27-85 €.* Dans un joli village du Vivarais cévenol, un ensemble de maisons de pays rénovées sans ostentation. Jolies chambres à la déco couleur locale (murs de pierre, fer forgé...) et aux noms de cépages. Belle piscine à débordement, qui, comme la terrasse du resto, domine la vallée de la Cèze. Frank Subileau, chef et patron, propose, au gré des saisons, une cuisine de senteurs bien inventive. Une belle et bonne adresse.

À voir. À faire dans les environs

La grotte de la Cocalière : ***Courry*** *(30500). 04-66-24-34-74. • grotte-cocaliere.com • À 6 km au nord-ouest de Saint-Ambroix par la D 904. De mi-mars à juin et sept-vac de la Toussaint, tlj 10h-12h, 14h-17h ; juil-août, tlj 10h-18h. Tarif : 10,90 € ; 7,50 € enfant ; gratuit moins de 6 ans.* Salles, concrétions, draperies de pierre, bassin, rivière souterraine, vestiges préhistoriques : la grotte de la Cocalière a quelques merveilles à vous dévoiler. On visite à pied, on revient en « promène-toutous ».

À 12 km à l'ouest de Saint-Ambroix, petit détour possible par ***Rochegude*** *(30430),* un beau petit village aux maisons en pierre, couleur miel, agglomérées sur la roche telle une ruche. On y grimpe au gré de ruelles tortueuses qui aboutissent aux restes du château de Barjac. Quelques kilomètres au sud, voir aussi le beau château de Rivières.

ALLÈGRE-LES-FUMADES (30500)

À 13 km au sud-est de Saint-Ambroix. C'est la seule station thermale du Gard spécialisée dans les affections buccales, des voies respiratoires et de la peau. Un conseil, entre deux cures, mangez du nougat...

Adresse utile

Office de tourisme : *Maison de l'eau, sur la D 16. 04-66-24-80-24. • tourisme-fumades.com • Juil-août, tlj sf sam mat et dim ap-m, 9h30-13h, 14h-18h ; avr-juin et sept, lun-ven 9h-13h, 14h-17h ; oct-mars, lun-ven 9h-13h.* Visites guidées de juillet à septembre. Un musée retrace l'histoire de cette station thermale et touristique.

Où manger ? Où acheter de bons produits ?

Le Comptoir à Manger-Nougaterie des Fumades : *D 16, hameau d'Auzon. ☎ 04-66-24-26-85. • nougaterie-fumades.com • Tlj 9h30-18h30 ; en été, jusqu'à 22h30 et resto ouv 11h30-14h30, 19h-22h. Démonstration gratuite.* Comme dirait un célèbre intervieweur, Auzon ! Car il fallait oser monter une nougaterie par ici... C'est pourtant ce qu'ont fait Philippe Dura, le volubile patron, et son épouse Sylvie, en métamorphosant cette ancienne cave en atelier artisanal. Résultat : 36 variétés de nougats délicieux constitués à 50 % d'amandes torréfiées sur place. Ne manquez pas le moment où l'on fait couler le précieux liquide, ni le fouet chargé de 4 kg de nougat. Enfin, matez le film côté resto en attendant votre collation (planche ardéchoise ou ibérique, *focaccia,* salade, dessert maison à base de ?... on vous le donne en mille). Cours de cuisine.

AUJAC *(30450)*

La D 51 suit le cours de la rivière jusqu'à Aujac. Vallée encaissée qui semble n'avoir pas bougé depuis des siècles, encore surveillée par de robustes forteresses médiévales. Paysages avec murets et châtaigniers, maisons et clèdes de schiste. Un coin encore intact, peu touristique hors saison.

Où dormir ? Où manger ?

Ferme de la Baraque : *☎ 04-66-61-12-77. À l'est d'Aujac, en contrebas de la D 51 (bien fléché). Ouv avr-oct. Résa impérative. Double 52 €. Tipi 12 €/pers. Menu 22 €.* Baudets et moutons entourent la ferme qui, dans un joyeux bric-à-brac, abrite 3 chambres. On peut aussi camper ou dormir dans le tipi. Petit déj et repas accommodent des produits bio du cru. Possibilité de trempette dans la rivière ! Un lieu un brin communautaire pour qui veut cultiver l'authentique. Confort et sobriété éthique et joyeuse, qu'ils disaient.

À voir. À faire

Le cheylard d'Aujac : *accès fléché depuis Aujac. ☎ 04-66-61-19-94. 06-86-66-20-66. • chateau-aujac.org • Juil-août, tlj sf lun, 14h-19h ; Pâques-juin et sept-Toussaint, slt dim et j. fériés 14h-18h. Fermé le reste de l'année. Entrée : 6 € ; 5 € sur présentation de ce guide ; réduc. Visite guidée 45 mn.*

On y grimpe à pied en 15 mn. Perché sur un éperon rocheux, ce cheylard (« château »), construit à partir du XIIe s, est l'un des rares exemples de château médiéval intact dans la région. Il n'a subi quasiment aucune modification depuis le XVIe s et a échappé aux guerres de Religion comme à la Révolution, du fait de sa curieuse histoire. Les seigneurs de Cheylard ayant vite préféré les fastes de la Cour aux rigueurs des Cévennes, dès le XVIe s, le château a été géré comme une métairie par une famille paysanne qui l'a acheté à la Révolution et en est toujours propriétaire ! Et les découvertes continuent : un ancien sceau équestre déterré par un sanglier en 2005 ou encore le pont-levis mis au jour en 2016 !

C'est aussi ici qu'a été tourné en grande partie le film *Michael Kohlhaas,* présenté au Festival de Cannes 2013.

➢ ***Les chemins de la Cézarenque :*** un sentier de 7,5 km (brochure à l'office de tourisme de Génolhac) permet de découvrir nature et habitat cévenols, avec comme point d'orgue la clède Peyric (séchoir à châtaignes) au hameau des Bouschets.

GÉNOLHAC *(30450)*

Nous aurions pu commencer ici les pages « Cévennes », mais comme la suite de la voie Régordane vous est contée dans le chapitre « La Lozère », nous allons vous demander encore quelques pages de patience avant d'entrer dans le vif du sujet, à Alès, la véritable porte d'entrée des Cévennes gardoises...
Génolhac est un gros bourg niché au fond de la vallée de la Gardonnette, au pied du mont Lozère, au bord du parc national des Cévennes. Le centre ancien a conservé toutes les caractéristiques des villages-rues de la voie Régordane (que l'on retrouve après l'avoir quittée à Saint-Gilles ; voir plus haut dans « La Petite Camargue ») : opulentes maisons de ville, comparées aux maisons paysannes, de part et d'autre d'une longue artère. En revanche, une certaine crise économique menace les infrastructures locales : lors de votre passage, pas sûr que vous y trouviez encore certaines de nos adresses utiles...

Adresses utiles

Office de tourisme : *15, pl. du Colombier. ☎ 04-66-61-09-48. • cevennes-montlozere.com • Avr-nov, tlj sf sam ap-m et dim 9h-12h30, 14h-17h ; juil-août, tlj 9h-13h, 15h-18h ; déc-mars, slt sam 9h-12h30.*
Centre d'information et de documentation du parc national des Cévennes : *3, Grand-Rue. ☎ 04-66-61-19-97. • cevennes-parcnational.fr • Au rdc, centre d'info ouv lun-sam 10h-13h, 15h-19h. À l'étage, centre de doc ouv lun-mar et jeu-ven 9h-12h, 13h30-17h30, ainsi que mer mat.* Base de données de plus de 17 000 ouvrages, en consultation sur rendez-vous.
Gare SNCF : *en bas du village. ☎ 36-35 (0,34 €/mn).* Plusieurs trains/j. avec Alès et Nîmes, ainsi qu'entre Marseille, Nîmes et Clermont-Ferrand (dont le fameux *Cévenol*).

Où dormir ? Où manger dans le coin ?

Chambres d'hôtes Le Mas Nouveau : *route du Mont-Lozère. ☎ 04-66-61-15-72. 06-64-64-27-79. • christine.gerbino@wanadoo.fr • masnouveau.com • À 5 km de Génolhac par la D 362. Congés : janv-mars. Doubles 80-110 € ; familiales 3-4 pers 100-150 €. Table d'hôtes 23 €.* Une ancienne ferme des XIIe et XVe s en contrebas d'une route peu fréquentée menant au Mas-de-la-Barque. Chambres d'hôtes très originales, créées avec amour et intelligence par Christine Gerbino, qui a su conserver l'authenticité des lieux. Belle cheminée pour les jours gris, grande terrasse d'où l'on découvre le mont Lozère pour prendre l'apéritif aux beaux jours. Spa en plein air, hammam. Bonne cuisine de terroir pour reprendre ensuite des forces.
Le Mas du Seigneur : *Altayrac, 30530* ***Chamborigaud.*** *☎ 04-66-61-41-52. • horsy.bike@wanadoo.fr • mas-du-seigneur.com • À 8 km au sud de Génolhac par la D 906 ; très bon fléchage depuis Chamborigaud sur 4,5 km d'une route qui tortille. Congés : 1er déc-2 fév. Double env 63 € ; gîtes 4 pers 465-595 €/sem. Table d'hôtes 23 €.* Yvonne et Serge Ornung ont aménagé les anciennes magnanerie, clède et autres bâtiments agricoles de ce corps de ferme qui domine une superbe vallée. Agréables gîtes et chambres d'hôtes, cévenoles à souhait, avec poutres en châtaignier

comme il se doit. L'une d'entre elles vous accueille néanmoins avec armure et baldaquin. Belle piscine panoramique aux flots bleus comme suspendus au-dessus d'un océan de verdure, et un tout récent jacuzzi (6 places, payant). Accueil paisible et courtois.

Ferme-atelier de la Cézarenque : *D 906, 30450* **Concoules.** *☎ 04-66-61-10-52. • magasin@lacezarenque.fr • ♿ (resto slt). Magasin : tlj sf lun 9h-12h30, 14h-19h. Restauration à base de produits maison slt en juil-août à midi (mieux vaut téléphoner avt). Env 18-21 €.* Visite libre des élevages (chèvres, volailles). Magasin de vente de produits naturels, donc sains : charcuterie du pays, volailles, viandes, conserves. Tout est fait artisanalement par un groupe de pensionnaires handicapés dépendant du centre attenant au magasin. C'est bon et les prix sont doux.

À voir. À faire au départ de Génolhac

Les maisons des XIVe et XVe s : les plus belles bâtisses se voient dans la Grand-Rue. Au rez-de-chaussée, jetez un œil sur les devantures des anciennes échoppes et autres tavernes où s'arrêtaient les voyageurs. On peut suivre l'un des circuits proposés pour mieux comprendre l'histoire des maisons ou flâner le nez au vent. Certaines pierres gravées sur les façades se lisent comme les bulles d'une B.D. ; d'autres, celle du nº 62 par exemple, n'ont pas encore révélé tous leurs secrets.

LE GARD

Le belvédère des Bouzèdes : *par la D 362.* Superbe route de montagne à 1 325 m d'altitude. Belle vue sur Génolhac et sa vallée.

La Coste : un sentier de 10 km (fiche payante à l'office de tourisme de Génolhac) serpente et grimpe diablement au-dessus du bourg suivant une ancienne draille de transhumance. Beaux points de vue sur la vallée de la Cèze.

Le tumulus de l'Elzière : *départ du hameau de Dieusses (Le Chambon), au sud de Génolhac.* De là, 15 mn de marche jusqu'à ce bel agencement de pierre en gradins datant de l'âge de bronze, large de 20 m et haut de 3 m. Très beau point de vue sur la vallée du Luech.

➢ La D 906, entre Langogne et Alès, reprend le tracé de la ***voie Régordane,*** très ancien itinéraire reliant le Gévaudan au Languedoc. Au Moyen Âge, le chemin était fréquenté par des foules de pèlerins venus du Puy-en-Velay et se rendant à Saint-Gilles, en Camargue, l'un des grands pèlerinages de la chrétienté. Cette route était jalonnée d'« hôpitaux », où les voyageurs étaient hébergés, et de belles églises romanes (Concoules, Prévenchères...). La place forte de La Garde-Guérin (voir le chapitre « La Lozère »), la Grand-Rue de Génolhac, le château de Portes sont autant de lieux marqués par ces grandes migrations d'autrefois (topoguide du GR 700 – Chemin Régordane en vente partout).

LA CARAVANE PASSE...

Les rigourdiers, simples muletiers, ont donné leur nom à la fameuse route Régordane. C'est par elle que leurs caravanes descendaient du Massif central, chargées de fromages et de laitages. Ils remontaient avec des châtaignes, du sel, de la houille et du vin.

Le château de Portes : *☎ 04-66-54-92-05. • chateau-portes.org • Avr-mai, mer-dim et j. fériés 10h-12h, visites à 14h et 16h ; juin-sept, mar-dim 10h-12h, 13h-17h, visites à 14h et 16h. Entrée : 5 € ; réduc.* Menacé comme le village, qui a aujourd'hui disparu, le château a été, depuis 40 ans, l'objet d'une patiente restauration. Cette forteresse, perchée sur une ligne de crête, servit naguère de refuge aux pèlerins en route pour Saint-Gilles. Élevée au XIe s sur un plan carré, on lui ajouta à la Renaissance une belle habitation seigneuriale sur trois étages, formant un éperon orienté à l'est, telle une proue de navire. Sur le versant qui fait face au château, l'une des dernières mines à ciel ouvert de la région, témoin des heurts et malheurs de Portes. La vue sur les vallées est magnifique.

LES CÉVENNES

Les Cévennes, c'est le pays des irréductibles camisards et des guerres de Religion, mais aussi la terre où la soie valait de l'or, où les châtaignes servaient de pain quotidien. D'innombrables hameaux de schiste ou de granit constellent ces montagnes impénétrables, du mont Lozère au mont Aigoual. Un univers de liberté et d'indépendance, où l'homme a souvent trouvé refuge. Bergers, pèlerins, protestants persécutés, rebelles, hippies des années 1970, minorités... venaient dans les Cévennes pour oublier la loi et les bruits du monde.
Cette vocation demeure. Mais à l'heure du grand retour à la nature, voici l'une des régions françaises les mieux conservées pour ses sites et ses paysages. Les Cévennes sont une réalité géographique. Mais ce pays secret, qui ne se révélera qu'à ceux qui prendront le temps de le découvrir, est avant tout un état d'esprit, un mythe, presque une religion. Le caractère cévenol imprègne chaque pierre, chaque arbre, chaque chemin, prolongeant une histoire écrite dans le sang.

UN PEU D'HISTOIRE

La guerre des camisards

Aujourd'hui, quand on évoque les « fous de Dieu », on songe volontiers aux intégristes musulmans appelant à la guerre sainte contre l'Occident... Savez-vous que des bergers cévenols prophétisèrent la vengeance divine contre les soldats de Louis XIV à l'orée du Siècle des lumières, au nom de la liberté de conscience ?
À l'origine de cette ***« guerre des camisards »,*** on trouve la décision prise par Louis XIV de ***révoquer l'édit de Nantes en 1685,*** lequel accordait depuis la fin du XVIe s la liberté religieuse aux protestants de France. La religion « réformée » s'était très vite répandue dans le sud de la France, et notamment dans les Cévennes, loin du pouvoir central... Brutale, arbitraire, la révocation de l'édit de Nantes enlève aux protestants le droit de pratiquer leur religion. L'intolérance devient loi puis répression : on brûle les temples, on pourchasse les pasteurs, qui doivent abjurer leur foi ou quitter la France dans les 15 jours, les assemblées sont interdites, les parents contraints de faire baptiser leurs enfants dans la religion catholique. Il est suspect de posséder et de lire la Bible. ***Tout protestant qui n'abjure pas est passible de prison.*** En outre, on les prive d'état civil.
Nourris d'Ancien Testament, les huguenots des Cévennes refusent de plier l'échine. Le petit peuple de la montagne entre alors en rébellion contre l'absolutisme royal. Des gens du peuple se mettent à prophétiser, appelant à la vengeance divine au nom de leurs frères persécutés pour leur foi. ***De pacifique, la révolte devient une lutte armée.*** Menacés dans leur vie, ils se réfugient dans les montagnes où se tiennent des assemblées secrètes, puis partent affronter les dragons du maréchal de Villars. ***Ils portent des chemises blanches la nuit en signe de reconnaissance, d'où leur nom : « camisards ».***
De 1702 à 1704, ces « fous de Dieu » tiennent en échec les soldats de Louis XIV. Une guérilla mystique et populaire qui oppose quelque 3 000 bergers et leurs chefs improvisés à 25 000 soldats bien équipés. Le cadre ? Des montagnes et des vallées impénétrables, redoutable labyrinthe relié par des *drailles* (chemins

de transhumance), familières aux bergers des Cévennes, et parcourues par des rivières qui s'appellent toutes *Gardon...*
La guerre des camisards s'achève par un compromis qui laisse la porte ouverte à la répression. ***Tout au long du XVIIIe s, les huguenots seront pourchassés,*** emprisonnés, envoyés aux galères. Beaucoup s'exilent de par le monde : d'Afrique du Sud en Amérique et d'Allemagne en Russie. Les pasteurs seront exécutés. Les enfants enfermés dans des couvents et des écoles catholiques. Parmi les « martyrs de la résistance », Marie Durand fait figure d'héroïne de la liberté de conscience : elle est enfermée 38 ans dans la tour de Constance à Aigues-Mortes. Mais la liste des persécutés est bien longue. Un édit de Tolérance sera signé en 1787, autorisant les protestants à avoir un état civil sans passer par l'Église catholique.

L'ARBRE D'OR OU L'AVENTURE DE LA SOIE DES CÉVENNES

C'est dans la région d'Anduze, au XIIIe s, que l'on fait mention pour la première fois de la soie et du mûrier, arbre importé d'Orient par les croisés. Au XVIe s, l'agronome Olivier de Serres donne sa première impulsion à cette nouvelle activité : la sériciculture. Mais c'est aux XVIIe et XVIIIe s qu'elle va s'étendre à l'ensemble des Cévennes, se substituant progressivement aux châtaigniers détruits par le terrible hiver de 1709. Le XIXe s est l'âge d'or de la soie pour les Cévenols, qui en tirent une grande partie de leurs revenus. Les mûriers, appelés « arbres d'or », foisonnent. Dans chaque ferme, il y a une grange pour l'élevage des cocons.

AVANT NEWTON ET LA POMME TOMBÉE DE L'ARBRE...

Confucius raconte qu'une princesse chinoise – Dame Xi Ling Shi – aurait découvert le fil de soie vers l'an 3000 av. J.-C. Comment ? En s'amusant avec un cocon sauvage tombé par hasard dans sa tasse de thé, elle en sortit un fil délicat ! Cette trouvaille bouleversa la civilisation chinoise et assura, près de 50 siècles plus tard, la prospérité des Cévennes grâce à la plantation de mûriers. Seuls ces arbustes nourrissent et hébergent les vers à soie.

Les filatures de soie cévenoles vendaient leurs tonnes de fil à des manufactures de Nîmes ou de Lyon où l'on tissait des bas, des bonnets et toute sorte de vêtements en vogue à l'époque.
La concurrence des fils synthétiques, les maladies du ver à soie et l'abandon de la soie dans la tenue vestimentaire des bourgeois du XIXe s provoquèrent le déclin de la sériciculture cévenole. La dernière filature à l'ancienne a fermé ses portes en 1965. Reste une formidable aventure économique et humaine, fort bien expliquée au musée des Vallées cévenoles de Saint-Jean-du-Gard et au musée de la Soie de Saint-Hippolyte-du-Fort.

LE CHÂTAIGNIER OU L'ARBRE À PAIN

Pendant des siècles, les habitants d'ici ont mangé des châtaignes matin, midi et soir. Symbole des Cévennes, rude à l'extérieur, douce à l'intérieur, la châtaigne a engendré un mode de vie original. Le châtaignier était surnommé l'« arbre à pain » car il assurait la subsistance quotidienne des montagnards. Au XVIe s, tous les versants des Cévennes entre 500 et 800 m étaient plantés de ces beaux arbres dont chaque partie avait son emploi : les feuilles pour le fourrage des moutons et chèvres, le bois imputrescible pour la fabrication des charpentes, des tuiles, des planchers, des meubles, des tonneaux, des berceaux, des paniers, des outils...

Une fois ramassées, les châtaignes, séchées dans la *clède* (construite à part), décortiquées avec des *soles* (chaussures à pointes), étaient consommées fraîches *(blanchettes)*, grillées ou sous forme de soupe, le *bajanat*. De nos jours, le châtaignier a régressé au profit du chêne vert et du pin maritime (Cévennes méditerranéennes), du chêne blanc et du hêtre (en altitude).

L'HABITAT : SCHISTE, GRANIT, CALCAIRE

Au détour des toutes petites routes cévenoles, où deux voitures ne se croisent pas sans compromis, on est frappé par la beauté et le caractère de l'habitat. Grosses fermes en granit du mont Lozère, hameaux – hauts et sombres – des vallées et des vallons cévenols, mas aux toits de tuiles à l'allure souriante sur les flancs méditerranéens : on trouve une architecture frappante de rusticité.
On remarque aussi les petits cimetières à l'ombre des cyprès qui ponctuent la campagne. Les protestants n'avaient pas le droit d'enterrer leurs morts à côté des catholiques. Alors ils les inhumaient « de nuit et sans rassemblement » autour de la ferme.
Le parc national des Cévennes a restauré et ouvert à la visite quelques très vieux hameaux traditionnels. Nous vous les signalerons au fil de la balade.

LES CÉVENNES DANS LES PAS DE STEVENSON

Ce jeune Écossais n'avait que 27 ans lorsqu'il décida de traverser les Cévennes. L'écrivain était encore peu connu (il deviendra célèbre avec *L'Île au trésor* 7 ans plus tard). Le point de départ de son voyage solitaire ? Une peine de cœur ! Un amour impossible avec une Américaine, Fanny, mariée et mère de deux enfants, repartie en Californie. Il ne cessera de penser à elle au cours de sa traversée. Rien que de très banal, direz-vous ! Seulement, son périple va se transformer en voyage initiatique.
Stevenson se sent viscéralement attiré par ce coin de France meurtri par les guerres de Religion. À tel point que dans son récit, il commettra des oublis impardonnables, gommant tout ce qui touche au catholicisme. Son récit, *Voyage avec un âne dans les Cévennes,* pétille d'humour et d'intelligence. Le troisième personnage important de la traversée, après Stevenson et les Cévennes, s'appelle Modestine, une ânesse pleine de caractère et de courage.
Plus d'un siècle après ce voyage en solitaire, Stevenson inspire encore de nombreux randonneurs qui effectuent scrupuleusement le même parcours. Un topoguide, très officiel (édité par la FFRP et Chamina) : *Le Chemin de Stevenson.* Une mine indispensable pour les passionnés.

DES HIPPIES AUX « NÉO-CÉVENOLS »

C'était l'époque où l'on criait « Gardarem lou Larzac » sur le causse menacé par l'implantation d'un camp militaire. Les premiers routards partaient pour Katmandou chercher le nirvana. D'autres, plus sédentaires, montaient dans les Cévennes élever des chèvres, faire du yoga, lire Lanza del Vasto, Marcuse ou Rousseau. Partisans d'une vie plus simple, animés d'un idéal mi-californien, mi-chinois, ces rebelles pacifiques fondèrent des communautés dans les hameaux les plus reculés des Cévennes. Les paysans restaient sceptiques, ricanant dès qu'ils parlaient de ces « zippies » décidés à vivre de la terre. Pour beaucoup, l'aventure ne dura qu'une brève saison. Quelques irréductibles sont restés. Puis sont arrivés les « néo-Cévenols ». Plus discrets, mieux intégrés dans le tissu économique et social du pays : animateurs, restaurateurs, hôteliers, agriculteurs, fonctionnaires, commerçants...

LE PARC NATIONAL DES CÉVENNES

Créé en 1970, le parc s'étend sur 372 000 ha et couvre 152 communes (environ 76 000 habitants). Il embrasse des terroirs contrastés : le mont Lozère (1 700 m), le mont Aigoual (1 565 m) et le Lingas, les vallées des Gardons (vallées Longue, Borgne et Française), la montagne du Bougès (1 421 m) et le causse Méjean, vaste plateau calcaire austère et superbe.
Dans le cœur (93 500 ha), joyau du parc, une réglementation spécifique permet d'encadrer les activités humaines, de limiter les atteintes à l'environnement, ainsi que de préserver la qualité des sites et le caractère de ce territoire d'exception. Le parc est intégré depuis 1985 au réseau mondial des réserves de biosphère (programme de l'Unesco « L'homme et la biosphère »), et en 2011, le paysage culturel de l'agropastoralisme méditerranéen des Causses et des Cévennes a été inscrit sur la liste du Patrimoine mondial de l'Unesco.
Globalement, c'est une région qui a connu depuis une trentaine d'années un enrichissement biologique très important, grâce à plusieurs réintroductions menées dans le parc national (vautours fauve et moine, castor, cerf, chevreuil, grand tétras) et à la protection de biotopes ayant permis leur recolonisation naturelle par certaines espèces de grande valeur patrimoniale : aigle royal, loutre, pic noir, chouette de Tengmalm, vautour percnoptère...

Adresses utiles

Centre d'information du parc national des Cévennes *(PNC)* **:** *au château de* ***Florac,*** *en Lozère. ☎ 04-66-49-53-00. • cevennes-parc national.fr • Oct-Pâques, lun-ven ; mai-sept, tlj.* Documentation abondante sur le parc.

Autres relais d'information du parc côté gardois principalement dans les offices de tourisme : Alès, Thoiras, Les Plantiers (Maison de l'eau), Saint-André-de-Valborgne, Valleraugue, Saint-Jean-du-Gard, Saint-Germain-de-Calberte, Pont-Ravagers, Barre-des-Cévennes, Lasalle, Le Vigan, Génolhac et au col de Serreyrède (à côté du mont Aigoual). *Certains ouv en été slt.*

Festival nature

Un festival qui reflète le dynamisme du parc. De nombreuses activités, gratuites pour la plupart, sont proposées toute l'année (plus nombreuses en saison, bien sûr) : sortie avec un botaniste, observation de la faune, randonnée, veillée, balade contée, animations enfants, rencontre avec un berger... Des thématiques certaines semaines (« Stevenson », « botanique », « développement durable »...). Renseignements auprès du parc national des Cévennes.

Sentiers de randonnée

Le parc national des Cévennes est quadrillé par maints sentiers de grande randonnée : GR 7 (Vosges-Pyrénées), GR 6 et GR 60 (Rhône-Cévennes), GR 66 (tour de l'Aigoual), GR 67 (tour des Cévennes), GR 68 (tour du mont Lozère) et bien sûr le GR 70 (chemin de Stevenson). Des balades vraiment superbes, pour lesquelles

de nombreux gîtes d'étape ont été aménagés chez des particuliers avec l'aide du parc.
S'y ajoutent près de 300 sentiers de promenade dans tout le parc : des boucles d'une demi-journée ou d'une journée, toutes balisées. Ces promenades sont rarement difficiles, profitez-en : la marche reste le meilleur moyen de découvrir le pays (voir plus haut « Les Cévennes dans les pas de Stevenson »).
– ***Renseignements sur les sentiers, les topoguides, les gîtes d'étape et les prestataires touristiques :*** au centre d'information du parc à Florac, dans tous les centres d'information (ouverts en été dans la région) et les autres offices de tourisme.

LES CÉVENNES GARDOISES

C'est la partie méridionale des Cévennes, une région où l'air chaud est encore là, le ciel bleu méditerranéen, et l'accent bien chantant. Oliviers, châtaigniers et vignes cohabitent dans ces beaux paysages que l'on traverse obligatoirement en venant de Nîmes ou de Montpellier. D'Alès au Vigan, en passant par Anduze et Saint-Hippolyte-du-Fort, c'est ici que l'on aborde le pays des camisards.

LE PAYS D'ALÈS

ALÈS

(30100) 42 000 hab. *Carte Gard, C2*

La capitale des Cévennes gardoises, porte d'entrée vers garrigues et montagnes, tente de tourner la page. Le terril domine toujours Alès, mais plus de chevalements, plus d'asphyxiante poussière des mines. Le centre-ville reprend des couleurs autant que possible : plantation d'arbres, réaménagement des rives du Gardon, rénovation d'immeubles anciens... Son patrimoine industriel et sa mémoire collective, enracinés dans des mines à l'abandon, pourraient être un atout touristique majeur. Mais la formidable « mine-témoin », un ouvrage d'art unique en France, attend toujours les conclusions d'une étude de travaux et les travaux qui en découleront, afin d'être un jour rouverte au public...

UN PEU D'HISTOIRE

L'histoire d'Alès remonte à plus de 10 000 ans avant notre ère, comme l'atteste le site de l'Ermitage, mais la période qui la caractérise le plus est celle des guerres dites de Religion. ***La ville fut longtemps une place de sûreté protestante.*** La première Église réformée de France y a été fondée en 1560. Puis Alès fut entraînée dans la spirale cévenole des guerres de Religion.
Un tableau situé dans le hall de l'hôtel de ville rappelle que le 16 juin 1629 fut signée, en ce lieu, la « paix d'Alais ». L'édification du fort Vauban, en 1688, sera une autre date mémorable pour la ville.

UN TERRIL QUI FAIT LONG FEU

Le terril de Ricateau qui domine Alès au nord s'était couvert d'une verte forêt, mais un incendie a fait feu de tout bois en 2004. Et depuis... la colline s'est consumée ! Arroser le charbon ne sert à rien : au contraire, un phénomène physico-chimique décompose et transforme l'eau en comburant ! Il faut encore quelques années pour venir totalement à bout de cette auto-combustion. En attendant, les plantes tropicales favorisées par la chaleur humide viennent transformer petit à petit le paysage...

Au XVIIIe s, le mûrier est l'arbre d'or des Cévennes. ***Alès vivait essentiellement de l'industrie du drap et de la soie :*** à l'entrée du jardin du Bosquet se dresse la statue de Louis Pasteur, qui séjourna à Alès entre 1865 et 1869, le temps de découvrir le remède à la maladie qui décima le ver à soie et ruina l'économie locale. Mais avec l'avènement de la révolution industrielle, ***c'est le charbon qui prend la relève*** comme pilier de l'économie locale. En effet, le sous-sol autour d'Alès, dans un rayon de 20 à 30 km au nord-ouest, est rempli d'anthracite. Entre 1850 et 1880, 100 puits environ vont ouvrir leurs galeries aux foules de mineurs, tous des Cévenols descendus de leurs montagnes pour trouver du travail dans la vallée. À son apogée, la production minière a atteint 2 millions de tonnes par an. Dans les années 1950, les puits fermeront un à un, entraînant une grave crise de société.

Arriver – Quitter

En bus

➢ ***Anduze et Saint-Jean-du-Gard :*** *avec* ***NTECC,*** *☎ 04-66-52-31-31. • ntecc.fr •* De la gare routière, ligne 72 vers Saint-Jean-du-Gard via Anduze, 5 bus/j. en période scolaire, 3 bus/j. pdt les vac scol ; pas de service dim et j. fériés. Trajets respectifs : env 30 et 50 mn.

En train

➢ ***Nîmes :*** une vingtaine de trains/j. (ou bus SNCF). Dont 1 Cévenol/j. (de Marseille à Clermont-Ferrand). Trajet : env 45 mn.

Adresses et infos utiles

ℹ ***Office de tourisme :*** *pl. de l'Hôtel-de-Ville. ☎ 04-66-52-32-15. • ot-ales.fr • Juil-août, lun-sam 9h-12h30, 14h-18h30, plus dim 10h-13h et j. fériés. Sept-juin, lun-sam 9h-12h, 13h30-17h30.* Doc et infos sur le parc national des Cévennes. Visites guidées de la ville les mardi et jeudi matin en été.

Gare SNCF : *pl. Pierre-Sémard. ☎ 36-35 (0,34 €/mn). Au nord du centre-ville.* C'est à partir d'Alès que le trajet du Cévenol vers Clermont-Ferrand devient intéressant. 1 train/j. dans les 2 sens.

Gare routière : *15, av. du Général-de-Gaulle. ☎ 04-66-52-31-31. À côté de la gare SNCF.*

Où dormir ?

Si vous ne voulez pas loger en ville, pensez à nos adresses plus loin, dans les environs...

Camping

Camping La Croix Clémentine : *1313, route de la Baiume, 30480 Cendras. ☎ 04-66-86-52-69. 📱 06-80-06-92-46. • clementine@clementine.fr • clementine.fr • ♿ Depuis Alès, direction Mende, puis route de Cendras (D 916) ; à La Blaquière, prendre la D 32 sur 1,5 km (fléché). Ouv d'avr à mi-sept. En hte saison, forfait randonneur 1 pers 17 €, sinon compter*

36 € pour 2 ; bungalows et chalets se louant à la nuitée, même en hte saison, 35-140 €/nuit selon confort, taille et saison. 230 empl. Apéritif et café offerts sur présentation de ce guide. Camping très bien équipé et fleuri, axé sur une clientèle jeune. Emplacements ombragés et grande piscine agréable. Resto, salle de jeux, tennis... Randonnées pédestres organisées.

Prix moyens

Hôtel Durand : *3, bd Anatole-France. ☎ 04-66-86-28-94. • contact@hotel-durand-ales.fr • hotel-durand-ales.fr • Tlj sf j. fériés ; fermé 13h-16h30, dim 13h-19h. Congés : Noël-Nouvel An. Doubles 49,50-56 € ; familiales 67-70 €. ½ pens lun-jeu 64 €/pers.* Simplissime petit hôtel, à 80 m de la gare. Chambres pas bien grandes, certes, et rénovées dans un style contemporain basique, mais vraiment pas chères. Et on y accueille tout le monde avec le sourire (en particulier les cyclistes et les randonneurs). Petite cour intérieure.

Hôtel Orly : *10, rue d'Avéjan. ☎ 04-66-91-30-00. • contact@orly-hotel.com • orly-hotel.com • Doubles 68-73 € ; familiale 82 €. Promos fréquentes. Parking payant (très étroit, juste à côté). Réduc de 10 % sur le prix de la chambre sur présentation de ce guide.* Derrière sa petite façade des années 1970, un 2-étoiles très central, dans la rue commerçante par excellence. Chambres correctement rénovées. Bon rapport qualité-prix-accueil.

Chic

Hôtel-restaurant Le Riche : *42, pl. Pierre-Sémard. ☎ 04-66-86-00-33. • reception@leriche.fr • leriche.fr • Face à la gare SNCF. Congés : août. Doubles 84-95 €. Menus 24-57 €.* Une institution qui traverse le temps aussi bien que possible. Les chambres n'en sont pas encore à virer design mais elles sont confortables, à condition toutefois de préférer les supérieures, bien plus spacieuses que les standard (clim et tout et tout). Fait également restaurant, dans une vaste salle à l'ancienne. Accueil un peu compassé.

LES CÉVENNES

Où manger ?

Prix moyens

Le Mandajors : *17, rue Mandajors. ☎ 04-66-52-62-98. • frederic.beguin@wanadoo.fr • Tlj sf sam midi, dim et j. fériés ; service slt 12h-13h30, 19h30-21h. Formule déj en sem 12 € ; menus 16-25 € ; carte 25-30 €. Digestif maison offert sur présentation de ce guide.* L'ambiance n'a guère changé depuis plus de 25 ans. La petite salle climatisée est décorée de billets de banque. Tous les matins, le patron rapporte ses produits du marché. Il concocte une cuisine de « grand-mère » à forte empreinte cévenole. Il n'hésitera donc pas à refuser de vous accueillir si vous arrivez en dehors des horaires ! Et puis sa carte ressemble à un programme électoral pour la *slow food*. Alors, ne soyez pas pressé ! Terrasse le soir en été.

Épices & Tout : *15, av. Carnot. ☎ 04-66-52-43-79. • contact@epicesettout.fr • Tlj sf sam midi et dim. Résa nécessaire. Formules déj 15-18 € ; menus-carte 29-35 €.* C'est le resto tendance sur le quai, pour lequel il vaut mieux réserver sous peine de se fracturer l'appendice nasal. Dans une salle de bistrot contemporain, une cuisine qui l'est tout autant, colorée et enlevée, agréable et légère. À la carte, des plats labellisés « militant du goût », ce qui garantit des produits de la région. Asperges en saison et fraises Tagada parsemant les desserts, voilà en résumé l'esprit de la maison (et puis c'est tout !).

Où dormir ? Où manger dans les environs ?

De prix moyens à chic

Ferme du Mas Cauvy : *559, chemin du Mas-Cauvy, 30380* ***Saint-Christol-lès-Alès.*** *☎ 04-66-60-78-24. • mas.cauvy@hotmail.fr • fermemascauvy.free.fr • À 3 km d'Alès par la D 6110 direction Montpellier. Résa fortement conseillée en hte saison. Camping env 17 € pour 2 pers. Doubles 60-65 € ; familiales 97-102 €. 25 empl.* La ferme de nos rêves, avec ses poules, ses fleurs, son puits, son terrain de camping et... sa piscine. Quelques chambres simples et bien tenues.

Chambres d'hôtes Le Mas de Mercouly : *1838, chemin de la Coste, 30520* ***Saint-Martin-de-Valgalgues.*** *☎ 04-66-30-33-17. • landwerlin.andre@orange.fr • masmercouly.free.fr • À 6 km au nord d'Alès par la N 106 ; au rond-point à droite (direction Le Soulier) ; après le Pôle mécanique, suivre la voie ferrée sur 2 km. Doubles 60-75 € ; familiales 70-80 €. Table d'hôtes 26 € tt compris. Apéritif maison offert sur présentation de ce guide.* Adossé à une colline boisée, ce grand mas du XVIIIe s, tout en pierre du pays, abrite 3 chambres de charme. Bel accueil d'André Landwerlin, qui a fait le pèlerinage à pied de Saint-Jacques-de-Compostelle et le chemin jusqu'à Rome puis Jérusalem à vélo ! C'est un authentique routard médiéval. Grande piscine et salle de billard.

Chambres d'hôtes Le Mas de la Filoselle : *344, rue du 19-Mai-1962, 30520* ***Saint-Martin-de-Valgalgues.*** *06-61-23-19-75. • filoselle@wanadoo.fr • filoselle.free.fr • À 6 km au nord d'Alès par la N 106. Congés : 20 déc-15 janv. Double 90 € ; familiale 105 €. Réduc de 10 % sur le prix de la chambre sur présentation de ce guide.* Difficile d'imaginer, de l'extérieur, les charmes cachés de cette ancienne magnanerie : des chambres aux couleurs du pays, un jardin avec piscine, jacuzzi, terrain de pétanque, et surtout un jardin à perte de vue pour qui veut bouquiner tranquille. Marie-Lyse Zielinski vous accueille comme savent le faire les gens du Nord, et l'apéro servi peut jouer les prolongations.

Où boire un verre ?

Le Baroque Café : *17, av. Carnot. ☎ 04-66-52-36-28. • lebaroque30@gmail.com • Lun-ven 9h-1h, sam 17h-1h.* En sortant du resto *Épices & Tout* (voir plus haut), voici le bar fun du coin pour finir la soirée si on est d'humeur joyeuse. Les murs sont pétants de couleurs vives et les miroirs exubérants. Soirées DJ.

À voir

Dans le centre

La cathédrale Saint-Jean : *au cœur de la vieille ville.* Ancienne église romane bâtie sur les ruines d'un temple romain. De l'édifice du Moyen Âge, il ne reste que la façade occidentale, cachée en partie par le clocher massif qui y fut accolé au XVe s. Si la coupole et l'extérieur ont été restaurés, on a hâte de voir l'intérieur bénéficier des mêmes soins... Nef gothique et chœur Renaissance reconstruit au XVIIIe s. De cette époque date également le tout le mobilier. Le baptistère, classé, est surmonté d'une superbe toile représentant le baptême du Christ. Remarquer également, dans la chapelle de la Vierge, L'Assomption de Nicolas Mignard, peintre du XVIIe s. En attendant la restauration complète, certains grands tableaux sont exposés au musée du Colombier (voir plus loin).

Le fort Vauban et les jardins du Bosquet : *sur la butte de la Roque. Visite mar mat en été sur résa (inscription à l'office de tourisme) : 4 €.* Lors de la prise d'Alès, en 1629, Louis XIII et Richelieu ordonnèrent la démolition du château des Barons. Il fut reconstruit en 1635, mais l'intendant du Languedoc décida vite l'édification d'un fort à Alès pour asseoir le prestige de Louis XIV, garantir la sécurité de la garnison royale et embastiller les protestants. La citadelle fut édifiée en 1688.

L'hôtel de ville : belle façade du XVIIIe s réalisée par l'architecte Rollin Guillaume pour les consuls d'Alès. On peut voir à l'intérieur un plafond à caissons illustré de peintures représentant des monuments alésiens. Borne de nivellement visible en façade. Les deux consoles du balcon sont fort belles.

Le musée du Colombier : *rue Jean-Mayodon. ☎ 04-66-86-30-40. Dans le parc du Colombier, au nord de la ville, au-dessus de la sous-préfecture. Tlj sf certains fériés, 14h (11h en été)-18h. Fermé 2 sem en fév. GRATUIT (expos temporaires : 5 € ; réduc).* Situé dans une maison de maître du XVIIIe s, en face d'un pigeonnier Louis XIII (aujourd'hui la maison du gardien) et d'un jardin à la française. Ce petit musée abrite une collection archéologique assez étendue (belles statues-menhirs) et des peintures du XVIe s au XVIIIe s. Voir les deux tableaux attribués à Bruegel de Velours (*La Terre* et *La Mer*) et le *Triptyque de la Trinité* attribué à Bellegambe. Ne pas manquer non plus les toiles de la cathédrale, exposées ici en attendant la fin des travaux.

Un peu à l'écart de la ville

Le musée-bibliothèque Pierre-André-Benoît *(musée PAB)* **:** *rue de Brouzen,* ***Rochebelle.*** *☎ 04-66-86-98-69. Rive droite du Gardon (accès fléché depuis le centre-ville). Tlj sf certains j. fériés, 14h (11h de mi-juil à août)-18h. Fermé 2 sem en fév. GRATUIT (expos temporaires : 5 € ; réduc).* On doit ce musée, installé dans un élégant petit château du XVIIIe s, à Pierre-André Benoît (1921-1993), peintre, éditeur, sculpteur et poète. Les œuvres d'artistes contemporains qu'il connut et qui, pour certains, furent des amis proches sont ici exposées. Picabia, Arp, Braque, Survage, Miró, Picasso, entre autres... Dans le parc, des œuvres d'Alechinsky. P.A.B. réalisa aussi des vitraux et plein de précieux petits livres tout poétiques qu'on aimerait avoir chez soi, pour le seul plaisir des yeux.

Les Camellias de la Prairie : *2396, chemin des Sports (quartier Prairie-Sud). ☎ 04-66-52-67-48. • camellia.fr • Tlj sf mar ; se renseigner pour les horaires. Entrée : 7,50 € ; réduc.* Créé au début du XXe s par Jean Ignal, horticulteur et maraîcher à Alès, ce parc comprend plus de 200 variétés de camélias, magnolias et hortensias, dont les plus anciens sujets ont près de 100 ans. Pépinière spécialisée, aire de pique-nique, boutique.

LES CÉVENNES

Manifestations

– **Festival de cinéma Itinérances :** *mars. • lecratere.fr •* Le festival de cinéma d'Alès réunit depuis plus de 30 ans plus de 40 000 cinéphiles et des invités prestigieux venus du monde entier. Compétitions de courts-métrages, avant-premières, hommages et nuits thématiques.
– **Feria :** *à l'Ascension.* Alès vit intensément durant 5 jours au rythme des bodegas, des *encierros,* des *pégoulades,* des *peñas,* du *paquito,* des *abrivados,* corridas et autres spectacles dans les arènes.
– **Estiv'Alès :** *ts les soirs de mi-juin à fin août. • estiv-ales.fr •* Les concerts et les spectacles s'enchaînent, dans les arènes ou dans le théâtre de verdure du Bosquet. Jazz, classique, grands noms de la chanson, théâtre, humour ou folklore... tous les styles sont invités.

– ***Cratère Surfaces :*** *fin juin-début juil.* • *cratere-surfaces.com* • Festival des arts de rue (théâtre, fanfare), proposé par le Cratère Théâtre d'Alès, scène nationale. Un peu déjantés, un peu fous et très originaux, les spectacles des compagnies de théâtre de rue débarquent à l'impromptu aux quatre coins d'Alès.
– ***Les Fous chantants :*** *fin juil-début août.* • *fouschantants.com* • 1 000 choristes venus de toute l'Europe convergent à Alès. Une soirée unique et magique dans les arènes, complétée par un festival de la voix.
– ***Semaine cévenole :*** *les années paires, en oct.* Spectacles historiques, défilés en costumes, expos, conférences et marché artisanal. On peut même louer un costume à l'office de tourisme !

DANS LES ENVIRONS D'ALÈS

Le Préhistorama : *Pont-d'Avène, 30340* ***Rousson.*** *☎ 04-66-85-86-96.* • *prehistorama.com* • *Sur la D 904 entre Alès et Saint-Ambroix. Fév-juin et sept-nov, tlj 14h-18h ; juil-août, tlj 10h-19h. Congés : déc-janv. Entrée : 6 € ; 4 € 6-14 ans ; tarif réduit sur présentation de ce guide.* Enfin un musée insolite, scientifique et humoristique. Même si on n'échappe pas à la collection de fossiles, Eirik Granqvist, sympathique Scandinave, taxidermiste réputé et artiste, nous épargne les sempiternelles vitrines de squelettes et de crânes qui se suffiraient à elles-mêmes pour que l'on comprenne tout. Le résultat est surprenant. Dans la pénombre de ce musée, on découvre une série de mannequins préhistoriques grandeur nature, fabriqués selon la méthode Gerassimov, du nom de son inventeur, à partir de résine de polyester et de fibres de verre. Scènes réalistes de la vie quotidienne : *Erectus* mange *Robustus*, femme allaitant sous sa cabane de branchage, *Homo habilis* dépeçant une antilope, enterrement dans une famille. Cro-Magnon n'était pas une brute, on vous l'assure...

La Maison du mineur : *vallée Ricard, 30110* ***La Grand'Combe.*** *☎ 04-66-34-28-93. À 14 km au nord d'Alès, sur la route de Florac. Tlj sf dim mat et lun : juin-août, 9h-12h, 14h30-18h ; le reste de l'année, 9h-12h, 14h-17h. Fermé fin déc-fin fév. Entrée : 5 € ; réduc.* Visite guidée (sur rendez-vous) fort intéressante pour avoir une idée du quotidien des mineurs. Chevalement du puits Ricard, classé à l'inventaire supplémentaire des Monuments historiques, tout comme l'ensemble du site, d'ailleurs !

VÉZÉNOBRES

(30360) 1 800 hab. *Carte Gard, C2*

À 11 km au sud-est d'Alès par la N 106, le premier Village de caractère du Gard. Un label témoignant des efforts engagés pour sa préservation touristique. Étagé à flanc de colline, parmi les oliviers et surtout les figuiers, Vézénobres domine la belle région de la Gardonnenque. Il est situé sur l'historique chemin de Régordane, cette voie ancienne qui reliait le Massif central à la vallée du Rhône, et que fréquentaient naguère les pèlerins et les marchands. Vézénobres a joué un rôle important durant la deuxième phase des guerres de Religion. Le château seigneurial fut assailli en 1628 et dévasté par les huguenots du duc de Rohan.

SOUS LE SIGNE DE LA FIGUE

Arbre venu d'Orient, le figuier est l'emblème ancestral de Vézénobres. La culture, la récolte, le séchage sous les « calaberts » (terrasses couvertes) et la consommation des figues font partie depuis des siècles des habitudes locales. Naguère, près de 400 quintaux de figues sèches étaient vendus chaque année, représentant 2 000 quintaux de figues fraîches ! Aujourd'hui encore, on célèbre la figue au moins deux fois dans l'année...

LE FRUIT DE L'IMAGINATION

Les érudits prétendent que c'est la dégustation d'une figue, et non d'une pomme, qui aurait valu à Adam et Ève le bannissement du Paradis. Pourtant, contrairement à ce que l'on pourrait imaginer, la figue ne peut être un fruit défendu... car ce n'est pas vraiment un fruit ! Il s'agit, en fait, d'un sac qui renferme en son sein des milliers de fleurs non fertilisées (ce qu'on prend pour des pépins). Nuance.

Adresses et info utiles

Office de tourisme : *Les Terrasses du Château. ☎ 04-66-83-62-02. • contact@cevennesgrandsud.com • cevennesgrandsud.cool • Dans un bâtiment médiéval sous l'hôtel de ville (à proximité du parking, terrasse panoramique).* Très bien organisé et accueillant. Topoguide de rando pour découvrir la région. Visites guidées du village sur réservation en juillet-août.

La Tourmentine : *6, rue du Haut-Plan. ☎ 04-66-60-34-80. Tlj en saison, 9h30-19h ; en hiver, slt w-e et j. fériés.* Plus qu'une boutique, un lieu de vie et un univers féerique pour petits et grands. Livres pliés, céramiques, figues... Kitsch pour les uns, charmant pour les autres.

– En août, on célèbre la figue fraîche pendant ***La Figoulade.*** Mais c'est surtout autour des ***Journées de la figue*** (sèche), en octobre, que se réunissent producteurs et inconditionnels.

Où dormir ? Où manger à Vézénobres et dans les environs ?

Camping

Camping Les Vistes : *1, route des Vistes, 30360* ***Saint-Jean-de-Ceyrargues.*** *☎ 04-66-83-28-09. 📱 06-09-47-72-01. • info@lesvistes.com • lesvistes.com • ♿ Sur la D 7. Ouv avr-sept, plus vac de la Toussaint et Noël pour les loc sur résa. Compter 25-33 € pour 2 en hte saison selon confort ; loc 300-730 €/sem selon confort, capacité et saison ; promos en basse saison. CB refusées. 52 empl. Réduc de 5 % sur le forfait emplacement sur présentation de ce guide.* Tenu par un charmant couple, camping agréablement situé sur une petite colline, ancien terrain horticole, couvert de pins et d'oliviers. Joli panorama sur les Cévennes. Beaucoup de solutions de location en dur. Idéal pour des vacances en famille. Piscine.

Prix moyens

Le Relais Sarrasin : *1870, chemin du Mas-de-la-Corse, D 936. ☎ 04-66-83-55-55. • relais-sarrasin@orange.fr • le-relais-sarrasin.com • Sous les remparts, sur l'ancienne route de Nîmes. Resto fermé dim, lun midi, plus le soir les j. fériés. Doubles 68-72 € ; familiales 90-100 €. Formules déj mar-sam 14-20 € ; menus 23-37 € ; carte env 40 €. Réduc de 10 % sur le prix de la chambre et apéritif maison offert au resto sur présentation de ce guide.* Chambres à thème, aimables et contemporaines, quoique pas toujours bien grandes. Piscine et spa. Dans la salle à manger, qui ravira les amateurs de vieilles pierres et de fer forgé, on vous servira une cuisine parfumée qui joue sur tous les tableaux au meilleur sens du terme. Goûtez l'opéra de foie gras aux figues locales ou les moules et pélardon à l'émulsion de citron. Accueil efficace.

Au Grenier d'Aladin : *pl. de la Mairie. ☎ 04-66-83-50-24. 06-61-32-58-40. • grenierdaladin@orange.fr • En saison, tlj sf lun midi, mer midi et sam midi ; hors saison, fermé lun-mer plus sam midi et dim soir. Assiette-repas ou menu déj en sem 10,50-15 € ; le soir, menu-carte de saison 35 €. Café offert sur présentation de ce guide.* Au cœur du village, on s'installe dans la salle ornée d'une belle cheminée ou sur la terrasse accoudée à la margelle d'un puits, sous un bienfaiteur érable. Les formules et menus du midi ne sont pas chiches : avec mise en bouche et café, s'il vous plaît ! Quant aux marcheurs, ils pourront commander l'une des « omelettes du routard » ! Au-delà, les menus taquinent la figue *(of course !)*, les saveurs locales et les produits frais.

À voir

La vieille ville : on abandonne son véhicule au pied du village (parking *Cité Médiévale*), puis on grimpe vers le centre par des rues inchangées depuis le Moyen Âge. La découverte de cette petite cité de caractère se fait ensuite au hasard des ruelles. Bordée de bâtisses du XIIIe s, la Grand-Rue traverse le village en montant. Chemin faisant, jetez un œil sur les nombreux passages voûtés entre les immeubles, nommés « endrounes ». La rue des Maisons-Romanes témoigne de la prospérité du village autrefois. Dans la cité haute, tout près de la place de la Mairie, le temple protestant daterait de 1793, donc peu après la proclamation par la République de la liberté de culte. Compter 10 petites minutes de montée pour apprécier un très beau panorama sur les Cévennes depuis la table d'orientation.

L'église paroissiale : *en contrebas du village.* Elle date de la Contre-Réforme et abrite une belle fresque de cette époque.

Le verger conservatoire du figuier : *en bas du village. Accès libre.* Ce terrain planté d'un millier de figuiers, représentant une centaine de variétés différentes, sert de « collection nationale » et de champ d'expérimentation à la renaissance de la figue.

DANS LES ENVIRONS DE VÉZÉNOBRES

La campagne autour de Vézénobres – bastion du protestantisme – forme le Piémont cévenol, une microrégion particulièrement attachante, faite de petites collines à garrigue, plaines fertiles, vignes, oliviers. Les Gardons d'Alès et d'Anduze y célèbrent leurs épousailles, donnant naissance au terroir de la **Gardonnenque.** Ici, au hasard des routes de campagne, on découvre des maisons paysannes se donnant des airs de petits châteaux. Voir plus loin le *musée du Désert* à Mialet, consacré à l'histoire des camisards et huguenots en Cévennes.

GARDON-NOUS BIEN !

Par ici, toutes les rivières s'appellent Gardon. Certes, il y a les deux principaux affluents, le Gardon d'Anduze et le Gardon d'Alès, mais à chaque fois (ou presque) que l'on remonte un Gardon, ça ne loupe pas, il donne naissance à deux autres Gardon et ainsi de suite... On passe donc facilement d'un vallon à un autre sans vraiment s'en rendre compte, quitte à se retrouver en face d'un lieu que l'on croyait très loin de là... en voiture ! Baladez-vous du côté de Corbès et de Générargues, vous comprendrez. Pas étonnant que les catholiques se soient arraché les cheveux en traquant les camisards...

À 7 km à l'ouest de Vézénobres, ***Ribaute-les-Tavernes*** a conservé les vestiges du château médiéval des Bermond de Sauve. Le **château des Mandajors** se visite en été (*06-63-65-48-02 ; juil-août, tlj 15h-20h, sinon sur rdv ; tarif : 6 €, gratuit jusqu'à 12 ans*). Très élégant, partiellement classé Monument historique. Construit au XIIIe s, redécoré et aménagé au XVIIIe s. On visite les salons et appartements qui ont conservé leur mobilier d'époque. Ne manquez surtout pas le superbe escalier à double révolution, entièrement restauré, qui a retrouvé son faste du XVIIIe...

ANDUZE ET SA RÉGION

ANDUZE

(30140) 3 320 hab. *Carte Gard, B2*

À 13 km au sud-ouest d'Alès, Anduze, « porte des Cévennes », est une petite ville médiévale qui serre ses toits rouges, au fond d'une cluse, entre le Gardon (très violent les jours de crue) et les falaises calcaires du plateau de Peyremale. Un site stratégique, en somme, qui était le quartier général des forces protestantes du Midi en 1570. Verrou de la fameuse vallée des Camisards (voir plus loin la découverte de trois sites incontournables), c'est la dernière station avant... la « montagne » ! Une cité agréable dont la réputation s'est bâtie aussi, sans pour autant s'enliser, sur la notoriété de ses fameux vases.

Adresse et infos utiles

Office de tourisme : *2, Plan-de-Brie. ☎ 04-66-61-98-17. • cevennes-grandsud.cool • Face à la tour de l'Horloge. En saison, lun-sam 10h-18h ; dim 10h-12h30, 14h-17h ; j. fériés 10h-13h. Hors saison, lun-ven, plus sam mat.* Guide des loisirs (gratuit), circuit de découverte du patrimoine et cartoguides de rando et VTT (payants). Visites par des guides-conférenciers de la ville en juillet-août *(5 €).*

Bus : Anduze sert d'étape entre Alès et Saint-Jean-du-Gard (5 bus/j. en période scolaire, 3 bus/j. pdt vac scol ; pas de service dim et j. fériés). Trajets respectifs : 30 et 20 mn. *NTECC : ☎ 04-66-52-31-31. • ntecc.fr •* Également des liaisons tlj avec Nîmes : 4 bus/j., 1h de trajet. *Edgard : ☎ 0810-33-42-73. • edgard-transport.fr •*

– ***Marchés : marché traditionnel*** *jeu mat tte l'année.* ***Marché aux puces*** *dim mat tte l'année.* ***Marché nocturne*** *mar soir juil-août.*

Où dormir ? Où manger ?

Campings

Aire naturelle de camping Les Hauts de Labahou : *140, les Hauts-de-Labahou. ☎ 04-66-61-77-90. 06-03-93-38-88. • camping.labahou@wanadoo.fr • campinglabahou-anduze.c.la • À 3 km au nord par la D 907, direction Saint-Jean-du-Gard ; non loin de l'hôtel* La Porte des Cévennes. *Ouv mai-nov. Compter 18,50 € pour 2 en hte saison. Un* *meublé 320-450 €/sem et un mobile home pour 4 pers 280-420 €/sem. 25 empl.* Petit camping familial, où les tentes sont plantées pour la plupart sur des terrasses à l'ombre d'une pinède. Sanitaires simples et propres. Barbecue en accès libre.

Camping Cévennes Provence : *30140* ***Corbès-Thoiras.*** *☎ 04-66-61-73-10. • info@campingcp.com • campingcp.com • D'Anduze, route de Saint-Jean-du-Gard sur 4 km, puis descendre à droite à Corbès ; c'est à droite après le pont (fléché). Ouv 20 mars-1er oct. Compter 32 € pour 2 en hte saison. 220 empl. Une crêpe/pers, une partie de minigolf/j. ou 1h de tennis/j. offerte sur présentation de ce guide !* Un magnifique camping dans un site superbe, où coule le Gardon sur son lit de galets... On plante la tente sur le plat ou sur les versants ombragés, car le terrain occupe une colline entière. On y trouve tout : épicerie, rôtisserie, bar, ping-pong, tennis. Très bon accueil. Sentiers de randonnée dans le camping et autour dans les collines. Même les toutous sont bien reçus (parcours pour chiens). Et puis tiens, en traversant la rivière (prudemment, s'il-vous-plaît), on arrive à l'accrobranche *Parfum d'Aventures* (voir plus loin). C'est pas chouette, ça ?

De bon marché à prix moyens

Gîte d'étape : *11, rue du Luxembourg. ☎ 04-66-61-70-27. • gite.etape.anduze@orange.fr • gite-etape-anduze.com • À 100 m de la mairie. Résa conseillée en juil-août. Env 17 €/pers la nuit en dortoir ; chambres 45-50 € pour 2. Petit déj 6 €. Repas possible 14 €. CB refusées.* Gîte au départ des GR 61 et 67 (et sur le chemin du GR 6 et du circuit Urbain V). Excellent accueil de Sébastien, qui connaît bien les randos du coin et saura vous conseiller. Pour les longues balades, il propose un service (payant) de transport des bagages vers votre étape suivante. Terrasse. Location de VTT électriques.

Chambres d'hôtes et camping à la ferme chez Max et Jeanine Tirfort : *130, chemin du Tanque. ☎ 04-66-60-53-29. 06-83-08-26-14. D'Anduze, direction Nîmes ; à env 2 km, petite route à droite direction Veyrac. Ouv mai-oct. Double 60 €. Réduc de 10 % sur le prix de la chambre à partir de 3 nuits sur présentation de ce guide.* Une maison d'hôtes entourée de vergers et de bois de pins. Le matin, on trouve sur le seuil de sa porte un panier avec le petit déj. Camping également : 25 places sur un terrain bien ombragé.

Le Tranquilo : *9, Plan-de-Brie. ☎ 04-66-25-16-25. Juste à côté de l'office de tourisme. Juil-août, tlj midi et soir ; hors saison, fermé le soir et sam. Congés : fév. Menus 4,50-11,50 €. Café offert sur présentation de ce guide.* La nouvelle direction, qui a repris ce snack récemment, a eu l'intelligence de reprendre le concept précédent : fabriquer des sandwichs avec des produits frais, si, si, ça existe... Soyez local, goûtez au Cévenol, avec du fromage de chèvre... À emporter ou à déguster en terrasse, tranquilo.

L'O à la Bouche : *11, rue Notarié. 06-15-13-73-19. • sylvain.pellegrin@orange.fr • Fermé dim soir et lun, plus mar et le soir mer-jeu hors saison. Congés : janv-fév. Formule déj 18,50 € ; menu 22 €.* Après le marché couvert, un lieu culte chez les Anduziens et pour tous les amateurs de légumes et de produits de saison. Sylvain a l'art et la manière de les cuisiner tout simplement et ses multiples accompagnements permettent de « piocher » et de voyager dans l'assiette du voisin. Carte courte mais juste, tout comme le prix d'ailleurs ! Excellente adresse.

Saveurs du Sud : *27, rue Basse. 06-75-83-50-92. • saveursdusud30@gmail.com • Fermé le midi lun-ven en saison ; dim soir, lun-mar et mer midi hors saison. Congés : janv-fév et nov. Formule déj 22 € ; menu ou carte env 25 €. Café offert sur présentation de ce guide.* Un resto de femme, et de femme seule en cuisine, comme on en trouve beaucoup dans le pays aujourd'hui, qui sauvent la restauration de l'ennui et du sous vide, car la carte, petite, éclate de fraîcheur. Patricia Koskas a « gratté la terre pendant 10 ans », et cette militante du goût aime le bon, le beau, le bio si possible. Plein de surprises, de l'entrée au dessert. Une cuisine généreuse, pleine de saveurs, ça tombe bien. Terrasse avec le glouglou de la fontaine en fond sonore.

Chic

La Ferme de Cornadel : *route de Générargues. ☎ 04-66-61-79-44. • auberge@cornadel.fr • 500 m avt la Bambouseraie, sur la droite de la route (panneau). Tte l'année, tlj sf mar soir hors saison. Formule déj en sem 17 € ; menus 32-47 €.* Une ancienne ferme vinicole restaurée, visible de loin et de la route, où l'on vient profiter de l'excellent rapport qualité-prix du déjeuner, à prendre en terrasse aux beaux jours, ou du décor rustico-chic le soir. Bonne cuisine aux accents du sud et aux aromates du jardin. Loue également des chambres de luxe, du style « branché à la ferme », avec piscine.

Où dormir ? Où manger dans les environs ?

Voir aussi un peu plus loin nos autres bonnes adresses entre Anduze et Saint-Jean-du-Gard.

De prix moyens à chic

L'Auberge du Temps : *Le Roc-Courbé, 30140* **Corbès.** *☎ 04-66-61-94-75. 06-84-50-80-27. Resto fermé mer. Double 50 €. Menu 20 €. Meringue offerte sur présentation de ce guide.* Un site de rêve, qui porte tellement bien son nom... Au fond d'un vallon, un ancien et très beau moulin à eau retapé pierre par pierre. La roue à aubes, créée de toutes pièces par le vaillant Daniel, est actionnée par le Gardon de Saint-Jean, qui coule au pied de l'auberge. 5 chambres simples, de bon confort et fort abordables. Une adresse hors du temps, accueillante, qui fait aussi restaurant : charcuterie maison et cuisine cévenole à l'ancienne, mijotée par la facétieuse Josette.

Chambres d'hôtes Le Mas de Suéjol : *1405, chemin du Fraisal-Suéjol. ☎ 04-66-60-92-55. 06-61-79-19-80. • suejol@gmail.com • suejol.com • À 2,5 km de la mairie : prendre la route de Saint-Félix (D 133) puis tourner à droite (fléché). Doubles 70-128 € ; dégressif à partir de la 2e nuit et remise de 10 % en saison à partir de 1 sem. Gîtes 310-1 550 €/nuit.* À l'écart d'Anduze sans en en être loin, un site magnifique entouré de montagnes boisées, où l'on vient volontiers poser ses valises pour quelques jours. Beau mas ancien retapé par Jean-Pierre et Patrick, qui ont aménagé et décoré 4 chambres d'hôtes plus élégantes les unes que les autres. Notre préférence va aux chambres « Est », avec sa terrasse privée, et à la « Camisards » au 2e étage, sur 2 niveaux. Également 3 gîtes impeccables. Accès à une piscine avec cuisine d'été et à un terrain de pétanque. Possibilité de balades dans le coin. Copieux petit déj à base de produits bio ou équitables. Un coup de cœur.

Chambres d'hôtes La Magnanerie d'Anduze : *909, route du Mas-Miger, 30140* **Bagard.** *☎ 04-66-61-60-33. 06-07-10-93-02. • lamagnaneriebagard@wanadoo.fr • la-magnanerie.com • À 6 km à l'est d'Anduze par la D 910 vers Alès. À Bagard, direction Boisset-Village (D 246) sur 2 km, et au carrefour de Béthanie, à droite, route du mas Miger (D 332) ; 500 m plus loin, à droite (panneau). Ouv mi-mars à mi-oct. Double 89 €, familiale 139 € ; dégressif à partir de plusieurs nuits. Table d'hôtes 27 € tt compris. Café offert sur présentation de ce guide.* Au milieu des vignes et des prés, cette ancienne magnanerie a été restaurée par Marco et Esteban, des hôtes très sympathiques et attentifs. 5 chambres décorées avec soin, pour 2, 3 ou 4 personnes. Table d'hôtes pour amateurs de cuisine du Sud saine et authentique (que des producteurs locaux). On y donne aussi des cours de cuisine. Pour éliminer tout ça, une

LES CÉVENNES

belle piscine, un spa et une pièce pour les massages.

Chambres d'hôtes Le Mas de Prades : *30140 **Thoiras.** ☎ 04-66-85-09-00. 06-80-28-51-46. • mas-de-prades@wanadoo.fr • masdeprades.com • À 10 km à l'ouest d'Anduze (D 907), direction Saint-Jean-du-Gard ; puis à gauche vers Lasalle sur 7 km (D 57). Congés : oct-mars. Doubles 95-110 € ; familiales 110-120 €. Table d'hôtes 30 €, vin compris. Apéritif ou café offert sur présentation de ce guide.* Dans un beau mas du XVIIe s, avec vue sur la corniche des Cévennes. 5 jolies chambres ordonnées autour d'un patio où se prennent les repas, à la table commune ; cuisine de marché, produits bio. Belle piscine (chauffée) dans un immense jardin. Accueil courtois.

Les Secrets de Céline : *1, pl. du Portail-d'Alès, 30350 **Lézan.** ☎ 04-66-83-03-52. • secretsdeceline@wanadoo.fr • Tlj sf mer en été, plus mar hors saison. Menus 28 € (déj)-48 €.* Adossée aux remparts, une salle chaleureuse dont les pierres apparentes portent les balafres du passé et dans laquelle la déco hispano-médiévale coule à merveille. Tables honorablement espacées, douce musique d'ambiance, plats aux noms prometteurs, largement inspirés par les souvenirs de voyage et le goût de l'inattendu. Le gingembre joue les stars, apprêté avec brio par Céline, une virtuose du piano et du sucré-salé, qui ne fut l'apprentie d'aucun grand chef mais en rejoint le peloton de tête.

Achats

La céramique est la spécialité d'Anduze depuis le XVIIe s avec la naissance du célèbre ***vase d'Anduze.*** S'inspirant peut-être des vases Médicis, ces grands vases vernissés de jardin, aux couleurs chaudes et à guirlandes de fruits et de fleurs, contribuent largement à la notoriété de la ville. La légende dit que Louis XIV en aurait commandé pour l'orangerie de Versailles, même si les livres de compte royaux n'en font pas état... Ce qui est sûr, c'est que les vases d'Anduze égayaient les jardins parisiens sous l'Empire. Et qu'ils sont superbes.

Poterie d'Anduze, Les Enfants de Boisset : *route de Saint-Jean-du-Gard. ☎ 04-66-61-80-86. • poterie-anduze.fr • Magasin d'exposition-vente ouv tlj sf mat des dim et j. fériés, 9h-12h, 14h-19h (18h hors saison). Congés : de fin déc à mi-janv, plus 2 sem en août. Visite possible des ateliers lun-jeu 9h-12h, 14h-17h.* C'est la poterie la plus ancienne et la plus connue, dont l'origine remonte au moins au XVIe s, d'abord sous le nom de poterie Gautier, puis rachetée au XIXe s par les Boisset. Fabrication à base de terre extraite localement.

– Outre cette adresse célébrissime, 7 autres poteries fabriquent les fameux vases : *La Madeleine, Le Chêne Vert, Les Cordeliers, Ampholia, Les Terres Anciennes*, *Terre Figuière* et *Montredon.* Plus de renseignements sur le site *• vase-anduze.fr •*

Terroir Cévennes : *route d'Anduze, la Châtaigneraie, 30140 **Thoiras.** ☎ 04-66-85-15-26. Tlj sf lun, 9h30-13h, 15h-19h (non-stop juil-août et 2de quinzaine de déc). Point chaud ouv tlj sf mer juin-août ; hors saison, midi slt.* Belle échoppe qui vend les produits locaux et artisanaux presque aux prix des producteurs. Des pâtés à la châtaigne aux miels de tout poil, bon choix avec pas mal de bio au passage.

À voir. À faire

La tour de l'Horloge : érigée au XIVe s, elle s'élève sur trois niveaux avec les mêmes caractéristiques architecturales que les remparts d'Aigues-Mortes.

Récemment restaurée, elle devrait même être ouverte au public pour offrir son joli point de vue sur la ville.

La place Couverte : construite au XVe s pour servir de place au marché aux grains, elle demeure très vivante. Les Anduziens y font leurs courses le jeudi matin hors saison.

La fontaine Pagode : *sur la pl. Couverte.* Curieuse et belle fontaine de style oriental, avec un clocheton au toit de tuiles vernissées. Elle fut construite en 1649 d'après les plans d'un sériciculteur anduzien revenu d'Orient, où il était allé chercher des graines de vers à soie.

Le temple protestant : *ouv tlj l'ap-m en juil-août.* Façade austère avec un péristyle à quatre colonnes et un fronton classique. Un des plus grands temples de France. La nef à trois voûtes est vraiment volumineuse. Table de communion en marbre. Très bel orgue de 1848.

Le parc des Cordeliers : *à 300 m du centre-ville vers Nîmes, à flanc de colline. Pour suivre le parcours botanique, livret gratuit disponible à l'office de tourisme.* Un beau et grand parc, tache de verdure et de fraîcheur réparatrice au pays du soleil et des sèches garrigues. Marronniers, chênes et même bambous (on est à Anduze, non ?). Tables pour le pique-nique, bassin à poissons et autres cygnes. Et puis, tout en haut, des terrasses agréables, un peu à l'écart, pour un moment de quiétude.

Le train à vapeur des Cévennes (TVC) **:** *pl. de la Gare. ☎ 04-66-60-59-00. • trainavapeur.com • Fonctionne Pâques-oct : tlj début juil-fin août ; avr-début juin et sept, tlj sf certains lun et ven ; en oct, c'est encore réduit ; consulter le site internet ou téléphoner. 4 A/R par j. en été (3/j. avr-juin et oct, plus 1 les j. de marché). A/R 16 € ; 11 € 4-12 ans ; forfaits famille 4-5 pers 50-54 €.* Circule d'Anduze à Saint-Jean-du-Gard (avec un arrêt à la Bambouseraie). On peut donc embarquer soit à Anduze, soit à la Bambouseraie, soit à Saint-Jean-du-Gard. Une chouette promenade d'une durée de 1h40 (aller-retour) en authentique tchou-tchou, avec bruit et vapeur comme si l'on y était, façon *Mystères de l'Ouest* (attention, hors saison, la loco à peur est remplacée par une locomotive diesel en fin d'après-midi).

Manifestation

– ***Festival de la céramique :*** *début août.* Démonstrations, marché, ateliers...

D'ANDUZE À SAINT-JEAN-DU-GARD PAR LA VALLÉE DES CAMISARDS

Sur quelques kilomètres seulement, trois sites majeurs vous attendent à la jonction des deux Gardons, dans la vallée dite des Camisards, cela dit pour vous replacer tout à la fois au cœur de l'histoire et des Cévennes. Si vous n'avez pas pris le train à vapeur pour aller jusqu'à Saint-Jean, libre à vous de revenir par l'autre vallée, pour varier les plaisirs, avant de continuer votre balade gardoise.

GÉNÉRARGUES (30140) ET LA BAMBOUSERAIE EN CÉVENNES

Des collines encaissées couvertes de bois de châtaigniers, des champs cultivés, des rivières de gros galets dans lesquelles on peut se baigner. Deux sites originaux se partagent la vedette autour de Générargues, village à 3,5 km au nord d'Anduze, composé de nombreux hameaux dispersés par monts et par vaux.

Où dormir dans les environs ?

Chic

Chambres et gîtes du Mas Le Brès : *Le Brès, 30140* **Saint-Sébastien-d'Aigrefeuille** *(à la sortie de Générargues, en fait). ☎ 04-66-61-76-05. • contact@maslebres.com • maslebres.com • De Générargues, par la D 50 ; à env 300 m, à gauche direction Le Viala ; ignorer le panneau « voie sans issue » et suivre jusqu'au bout la route étroite qui monte sur 1,5 km. Doubles (louées slt hors saison) 75-95 €, gîtes 7 pers 650-1 180 €/sem. Menus (sur résa) 20-27 € tt compris.* Dominant un vaste paysage de bois et de champs à perte de vue, Le Brès est un superbe hameau composé de 5 bâtisses imbriquées les unes dans les autres. Volets bleus, volets rouges : ce sont les seuls contrastes de couleurs sur la pierre cévenole... à part le vert de la nature environnante. En revanche, peu de chance que vous trouviez de la place en amoureux en plein été : les chambres sont plutôt louées hors saison. Mais pour les familles et les groupes, des gîtes aménagés avec beaucoup de soin et tout le confort. On peut même louer le hameau en entier pour 36 personnes ! Piscine. Excellent accueil de Carole et Michel.

À voir. À faire

La Bambouseraie : *522, rue de Montsauve, 30140* **Générargues.** *☎ 04-66-61-70-47. • bambouseraie.com • Fin mars-sept, tlj 9h30-19h (18h fin fév-fin mars et oct ; 17h début nov). Entrée : 10,50 € ; 6,30 € 4-11 ans ; forfait famille 33,60 € ; réduc. Audioguide gratuit et très instructif. Réduc de 10 % sur présentation de ce guide.*

Eugène Mazel, commerçant cévenol et grand voyageur, était négociant-grainetier de son état. Originaire du Gard, il hérita d'un négoce d'épices à Marseille avec lequel il fit fortune, ce qui lui permit de réaliser son rêve : créer un jardin extraordinaire, la Bambouseraie. C'était en 1856. Les travaux et l'entretien du domaine le menèrent à la ruine ! Mais le résultat est là : dans un domaine de 12 ha, plus de 200 variétés de bambous s'épanouissent sous le soleil du Midi, dont le *Phyllostachys pubescens* : sorte de bambou géant, le plus gros d'Europe, qui mesure 20 à 25 m de haut. Sa tige atteint parfois 20 cm de diamètre.

> **Y'A BON BAMBOU !**
>
> *La bambouseraie a servi de cadre aux tournages de plusieurs films :* Le Salaire de la peur, Paul et Virginie, Les héros sont fatigués. *Pour l'anecdote, tous les 15 jours, un camion prend livraison d'un chargement de feuilles de bambou pour nourrir le panda du zoo de Berlin. Une bestiole en voie de disparition qui ne mange que ça...*

Le bambou est le matériau naturel le plus léger et le plus résistant qui soit. En Asie, il sert à tout : berceau du bébé, fauteuil du mandarin, chapeau conique, case, barque, meubles, échafaudages, etc. Sa fibre, dure comme l'acier, a une résistance de 3 500 kg/cm^2 ! Curieuse plante que cette herbe originale et un peu folle : certaines jeunes pousses croissent de 1 m par jour quand le temps est favorable. En tout cas, la Bambouseraie est un lieu vraiment génial...

Par ici la visite

– *L'allée des séquoias :* séquoias d'Amérique, bien sûr, plus de nombreuses variétés d'arbres et de plantes tels que le ginkgo biloba (la plus vieille espèce d'arbre

du monde), les magnolias géants (sans doute le 1er arbre à avoir eu des fleurs sur la planète) et puis, cyprès de Lawson, camélias, palmiers, tulipiers de Virginie...
– *La ferme :* datée du XVe s, elle abrite l'administration mais aussi une résidence d'artistes, tout en résistant aux crues du Gardon malgré le niveau de 1958. Vieux marronnier.
– *Le village asiatique :* plusieurs cases du Laos ont été reconstituées dans un pré.
– *Le labyrinthe végétal :* labyrinthe réalisé avec une variété de bambous moyens et denses. Amusera petits et grands !
– *Le vallon du dragon :* espace de 15 000 m^2 au croisement des cultures orientales et occidentales, où la rivière sinue comme le corps d'un dragon. Le pavillon du Phoenix, en cèdre rouge, symbolise la tête de l'animal...
– *La forêt de bambous :* vous êtes venu(s) pour ça, non ? Magnifique enchevêtrement de bambous de toutes les tailles (15 à 25 m) et passant du vert au jaune, le tout procurant un bel ombrage...
– *Le Jardin des bassins d'Eugène :* bassin aux carpes et pergola.
– *La pépinière et les serres :* bambous nains, moyens ou géants à vendre dans des pots de toutes les tailles. Ici, on fait commerce de tout bois...
Jolie *Bamboutique* pour rapporter un petit souvenir ou des idées d'aménagement pour son jardin...

Le parc Parfum d'Aventure : *Le Roucan, 2075, route de Mialet, 30140* ***Générargues.*** *☎ 04-66-60-65-75. 06-79-85-99-78. • parcparfumdaventure.com • Ouv avr-mai et sept-oct : w-e, vac scol et j. fériés ; juin : tlj 11h-17h30 ; juil-août : tlj 9h30-19h30. Entrée : 3-22 € selon âge et parcours ; réduc. Entrée parc simple : 6 €.* Un parc pas comme les autres, né du rêve d'un aventurier et d'une amoureuse de la nature. On peut y passer la journée en se baladant, en profitant de la baignade dans l'eau fraîche du Gardon de Mialet et du coin hamac, en s'essayant aux jeux en bois à l'ancienne, en flânant le long des sentiers de découverte ou... en grimpant dans les arbres, bien sûr. Pour les ados et les adultes, 3h de parcours de 5 à 18 m de haut avec des tyroliennes (dont une de 120 m), et des ateliers comme l'équilibre du funambule, le pont du calus, la toile d'araignée, la liane, l'escalarbre ou encore le grand saut dans le vide. Pour les autres, visite du jardin et du potager, ou parcours de tirs à la sarbacane sur un petit sentier forestier. Et coin buvette où l'on vous proposera un pique-nique avec les légumes du jardin et des pâtés, fromages des producteurs voisins, à déguster au bord de l'eau ou au cœur de la forêt.

LE MUSÉE DU DÉSERT À MIALET (30140)

Le mot « Désert » définit une période bien précise pour les protestants : celle qui débute à la révocation de l'édit de Nantes par Louis XIV en 1685 (les protestants n'ont plus le droit de pratiquer la religion réformée), s'assouplit à l'édit de Tolérance signé par Louis XVI en 1787 (les protestants sont tolérés), et prend fin à la Révolution française (la liberté de conscience est reconnue). Un siècle durant lequel les huguenots devront s'exiler ou se cacher pour pratiquer leur culte. Le Désert a une forte résonance biblique puisqu'il évoque l'errance et les tribulations du peuple hébreu durant 40 années d'exode dans le désert du Sinaï. En pratique, il signifie : cachettes, lieux sauvages, vallées reculées, grottes et forêts des montagnes cévenoles où les camisards se réfugient pour se protéger des dragons du roi et pour prier. Cette répression ne les empêche pas de prier pour le salut du roi de France (à qui ils écrivent leur fidélité). Leur signe de reconnaissance, la « croix huguenote », porte même la fleur de lys.
– ***L'assemblée du Désert :*** *le 1er dim de sept.* Chaque année depuis 1911, 15 000 à 20 000 protestants affluent de toute l'Europe pour célébrer la messe du Désert. La journée se termine en chantant l'hymne *La Cévenole...*

Où dormir ? Où manger ?

Camping

⛺ ***Les Plans :*** *D 50. ☎ 04-66-85-02-46. 📱 06-60-50-19-63. • info@camping-les-plans.fr • camping-les-plans.fr • ♿ Ouv mai-août. Compter 26 € pour 2 en hte saison ; bungalows 4-7 pers 250-830 €/sem, chambres 26-42 €. 303 empl. 📶 Apéritif offert sur présentation de ce guide.* Possibilité de se baigner dans le Gardon ou dans l'une des 2 piscines. Terrain plat et ombragé. Fait aussi resto *(sf lun en basse saison).*

De bon marché à prix moyens

🏠 🍴 ***Gîte d'étape du Mas d'Audibert :*** *Les Aigladines. ☎ 04-66-85-02-12. • gites.aigladines@gmail.com • gite-aigladines.com • Ouv avr-fin oct. Résa conseillée en juil-août. Compter 55 €/pers en ½ pens. 📶 Apéritif et café offerts sur présentat* Gîte situé sur 2 circu le GR 67 et le GR 70, sur ... de Stevenson. Que de l'authentique, du vrai, du sincère, dans les pierres comme dans l'assiette. Piscine, grande terrasse pour profiter de la vue et de la vie d'ici.

🍴 ***Chez Mialet :*** *rue Jacques-Bernard. ☎ 04-66-54-18-90. • chezmialet@free.fr • Ouv le midi tlj sf dim et j. fériés, plus lun hors saison. Congés : fin déc-début janv. Plat du jour 9,50 €, dessert 3,20 €. 📶 Apéritif, café ou verre de vin offert sur présentation de ce guide.* Une épicerie associative bio et traditionnelle, tenue par une poignée de bénévoles engagés à maintenir les rencontres et échanges entre les habitants et les voyageurs de passage. Une cuisine vraiment maison, un plat unique chaque jour. Des produits frais en provenance des agriculteurs et producteurs voisins... parfois eux-mêmes aux fourneaux ! Soirées musicales, expositions, débats...

À voir. À faire

★★★ **Le musée du Désert** *(histoire des huguenots et des camisards en Cévennes) : au Mas-Soubeyran, 30140 Mialet. ☎ 04-66-85-02-72. • museedudesert.com • Suivre la direction de la grotte de Trabuc. Mars-juin et sept-nov, tlj 9h30-12h, 14h-18h ; juil-août, tlj 9h30-18h30. Fermé déc-fév. Entrée : 6 € ; réduc de 25 % sur présentation de ce guide. Visite libre ou guidée, très intéressante. Librairie bien fournie.*

Créé en 1910 dans la maison natale du chef camisard Pierre Laporte (dit Rolland), ce musée appartient à la Société d'histoire du protestantisme français. Notez qu'il devrait s'agrandir ou présenter des animations particulières pour célébrer les 500 ans de la Réforme luthérienne en 2017...

C'est toute la mémoire huguenote et protestante qui est présentée dans ce musée, en deux parties : la maison de Rolland et le mémorial. La muséographie se fait presque d'elle-même : les maisons d'un hameau cévenol typique, avec leurs caches pour échapper aux soldats, leurs vieux documents (lois interdisant les métiers d'hommes de loi ou de sages-femmes), leurs objets de la vie quotidienne. Vient s'y ajouter une collection extrêmement riche d'objets et de documents relatifs à l'histoire du protestantisme.

La maison de Rolland

Huit salles évoquent différentes périodes.

– *La Réforme* au XVIe s et la naissance du protestantisme.

– *La révocation de l'édit de Nantes* par Louis XIV et la répression sanglante qui s'ensuit : emprisonnements, persécutions, dragonnades, conversions forcées, etc. Dans la salle Brousson, remarquez ce curieux « jeu de l'oye » employé dans les couvents où étaient enfermées de jeunes huguenotes.

… guerre des camisards (cuisine) : courte (1702-1704) mais impitoyable. Tout …bute le 24 juillet 1702, quand Abraham Mazel et Esprit Séguier décident d'assiéger la maison où l'abbé du Chayla enferme de « nouveaux convertis ». Sa mort déclenche l'envoi de 30 000 dragons du roi face aux 3 000 « fanatiques du Languedoc », les fameux camisards... Jeter un œil à la « cachette de Rolland ».
– *La salle des Assemblées :* ou la dangereuse existence des clandestins pourchassés pour leur foi. Quelques pièces très révélatrices de l'esprit de résistance des protestants, notamment cette étonnante chaire portative qui, en se repliant, prend l'aspect anodin d'un tonneau à grains, des coupes de communion démontables pour être dissimulées, des lanternes « sourdes », que les pasteurs transportaient dans leurs longs circuits nocturnes...
– *La salle des Bibles :* remarquable collection de bibles en français ancien (les bibles catholiques étaient en latin), du XVIe au XVIIIe s, jusqu'au CD-Rom. Noter cette curieuse bible de chignon de 1753 (qui trouvait refuge dans la coiffe des dames) et ce miroir cachant une bible.
– *La lente restauration de l'Église protestante :* salles Antoine-Court et Paul-Rabaut. On y évoque l'affaire Calas et la dénonciation courageuse, par Voltaire, de l'intolérance touchant les protestants, ouvrant la conscience du Siècle des lumières à ce problème et poussant Louis XVI à créer l'édit de Tolérance. Notez aussi que l'article X de la Déclaration universelle des droits de l'homme fut rédigé par le Nîmois Rabaut-Saint-Etienne, ce qui n'empêcha pas qu'il fut guillotiné...

Le mémorial : les Héros de la liberté de conscience
– *La salle des pasteurs et des prédicants :* liste de leurs noms avec la date de leurs exécutions gravés dans le marbre. Belle toile : *Le prêche au Désert.*
– *La salle du refuge :* une série de vitraux entourés par les noms des pays d'accueil des exilés huguenots : Suisse, Angleterre, Pays-Bas, Saxe, Genève, Afrique du Sud, États-Unis, Canada... On estime qu'ils furent 250 000 à fuir, sur les 20 millions de protestants de l'époque.
– *La salle des galériens :* 2 000 protestants cités sur les 5 000 condamnés aux galères, dont le fameux Jean Marteilhe, qui a raconté dans ses mémoires sa vie de galérien pendant 12 ans, ou Jean Fabre, « galérien pour la foi », qui a pris héroïquement la place de son père, octogénaire.
– *La salle de la lecture de la Bible :* avec le papé habillé en toile « bleu de Gênes », ancêtre du blue-jean...
– *La salle des prisonniers et des prisonnières :* la plus émouvante, où un tableau dépeint la prison pour femmes de la tour de Constance d'Aigues-Mortes. Marie Durand, enfermée pour sa foi, y passa 38 années de sa vie. Rappelons la brève inscription gravée sur la margelle d'un puits dans cette tour de Constance : « RÉSISTER ». Le mot-clé délivré par le musée du Désert.
Vous trouverez des gîtes indépendants et le couvert à deux pas du musée. Renseignez-vous à l'accueil.

La grotte de Trabuc : *à 2 km au-dessus du musée du Désert, à Mialet. ☎ 04-66-85-03-28. • grotte-de-trabuc.com • Ouv de début fév au 11 nov : tlj 2-3 visites le mat et 3-4 l'ap-m : non-stop 10h15-18h juil-août, 10h-17h30 avr-juin et sept ; 14h-16h30 de début fév à mars et d'oct au 11 nov. Entrée : 10,30 € ; réduc sur présentation de ce guide ; 6,20 € 5-12 ans. Pour éviter la foule en été, allez-y de préférence le mat.* Après le voyage au cœur de la conscience huguenote, le voyage au centre de la terre. 1h de visite sous la conduite d'un guide : 1 200 m de parcours. Trabuc a été surnommée par son inventeur, M. Vaucher, « la grotte aux 100 000 soldats » à cause de cette mystérieuse salle souterraine couverte d'une multitude de concrétions (une sorte d'armée), dont l'origine n'est toujours pas établie scientifiquement. Mais tout est énigme et merveille dans ce périple : la salle du Lac de Minuit, les « gours », les aragonites noires, la salle du Gong, le pont du Diable, les cascades Rouges... Prévoyez une petite laine.

SAINT-JEAN-DU-GARD *(30270)*

Au bord du Gardon, l'ancienne « petite capitale du pays camisard », très typée et riche en histoire, attend avec impatience l'ouverture de son ***musée des Vallées cévenoles,*** dans l'ancienne filature *Maison Rouge,* prévue pour 2017, voire même 2018... Un signal fort pour le renouveau d'un cœur de ville qui a perdu la plupart de ses bonnes adresses authentiques, savoureuses, au fil des décennies.
Plusieurs sentiers de promenade ainsi qu'un festival international de la randonnée font de Saint-Jean un endroit où, sans hésiter, on rêverait de nouveau de poser son sac et ses chaussures de marche quelques jours. Comme Stevenson le fit à la fin de son périple !

Adresse et info utiles

Office de tourisme : *pl. Rabaut-Saint-Étienne. ☎ 04-66-85-32-11. • tourisme-saintjeandugard.fr • Juste à côté de la poste. Juil-août, lun-sam 9h-13h, 15h-18h30 ; dim 10h-13h30. Hors saison, lun-ven et sam mat ; nov-mars, slt mar mat. Fermé 1 sem fêtes de fin d'année.* Cartoguide *Autour d'Alès en Cévennes* en vente *(5 €).* Accueil sympa et pro.

– ***Marchés :*** *marché très animé mar mat tte l'année. Juil-août,* ***foire à la brocante*** *lun,* ***marché nocturne*** *jeu et* ***puces*** *ven. Pâques-Toussaint,* ***marché paysan*** *sam mat.*

Où dormir ?

Campings

Camping Le Mas de la Cam : *route de Saint-André-de-Valborgne. ☎ 04-66-85-12-02. 06-81-82-17-52. • camping@masdelacam.fr • camping-cevennes.info • En venant de Saint-Jean-du-Gard, route de Saint-André-de-Valborgne sur 3,5 km, puis à gauche (fléché). Ouv mai-fin sept. Compter 35 € pour 2 en hte saison ; gîtes 4-6 pers 385-900 €/sem selon saison. 140 empl.* Site au bord du Gardon, vraiment sympa, avec un beau panorama sur les Cévennes. Terrain avec équipements choc pour clientèle chic. Un des rares campings à ne pas avoir de mobile homes ni de chalets. Piscine chauffée, sinon y'a la rivière... Tennis, terrain multisport, pétanque, etc. On en a pour ses 4 étoiles, mais si le lieu ne vous convient pas, avancez d'une case jusqu'à *La Vernède.*

Aire naturelle de La Vernède : *Cap-del-Prat. ☎ 04-66-85-33-04. • postmaster@camping-vert.com • camping-vert.com • De Saint-Jean-du-Gard, route de Saint-André-de-Valborgne sur 4 km, puis à gauche (fléché). Ouv de début avr à fin sept. Compter 16,50 € pour 2 en hte saison. 25 empl. Café offert sur présentation de ce guide.* Au bord du Gardon, dans un coin tranquille et assez bucolique. Les sanitaires sont simplissimes mais corrects. Baignade et pêche possibles. Tout petit terrain avec barbecues. Si vous cherchez le luxe, reculez d'une case jusqu'au *Mas de la Cam.*

Prix moyens

Chambres d'hôtes Les Fromentières : *les Plaines. ☎ 04-66-85-10-25. • gladys.chagnolleau@wanadoo.fr • chambres-lesfromentieres.pagesperso-orange.fr • Devant la gare, direction Les Plaines. Congés : déc-mars. Double 62 €.* Au milieu des bois, un chemin tortueux mène à la vieille ferme du XVIe s de Laurent et Gladys. Ils cultivent des fruits, des plantes aromatiques bio, et élèvent moutons et ânes. Dans l'ancienne bergerie, belle pièce à vivre avec poutres, cheminée et murs chaulés (petite cuisine à disposition des hôtes). À l'étage, 4 chambres coquettes et colorées avec mezzanine, toutes donnant sur la terrasse du patio. Petit déj avec confitures maison. Accueil dynamique.

À voir. À faire

Quelques incontournables : la ***tour de l'Horloge,*** clocher roman du XIIIe s, vestige d'un prieuré du XIIe s. Le ***pont Vieux,*** du XVIIIe s. La ***Grand-Rue,*** avec quelques belles portes d'hôtels particuliers, n'est pour l'heure qu'un décor un peu vide.

La filature dite « Maison Rouge », futur musée des Vallées Cévenoles : *5, rue de l'Industrie.* Construite en 1838, c'est la plus grande et la plus réussie, sur le plan architectural, des filatures de soie. Elle fut la dernière à fonctionner en France. Elle a fermé ses portes en 1965. En cours de restauration, elle devrait accueillir le nouveau *musée des Vallées cévenoles* d'ici 2017 ou 2018. Renseignez-vous...

Le train à vapeur des Cévennes *(TVC)* **:** lire plus haut « À voir. À faire » à Anduze.

Randonnées

■ ***Le Merlet :*** *20, rue Pellet-de-Lozère. ☎ 04-66-85-18-19. • lemerlet.asso.fr • Ouv tte l'année.* Une association qui propose randonnées, spéléo, escalade et canyoning dans la région. Groupes constitués seulement (8 ou 10 personnes minimum).

■ ***Sentiers Vagabonds :*** *54, Grand-Rue. ☎ 04-66-60-24-16. 06-14-28-18-68. • sentiersvagabonds.com • Ouv tte l'année.* Activités de pleine nature, éducation à l'environnement. Randonnée, canyoning, canoë, VTT, raquettes à neige.

➢ ***Sur les traces de Stevenson, sentier du signal Saint-Pierre :*** tronçon de 16 km (compter 5h30 aller et retour sans les arrêts) de sa (presque) dernière étape (le trajet complet dure 12 jours, sur 220 km, du Puy-en-Velay à Alès). Le magnifique panorama du col et du signal de Saint-Pierre couvre une partie des Cévennes. Des ondulations bleutées qui se perdent vers la vallée Française et la vallée Borgne, le mont Lozère et le mont Aigoual. Avec un œil de lynx, on peut voir le Ventoux se dessiner à l'horizon, quand le vent a fini de balayer les dernières brumes flottant sur le pays des camisards. De Saint-Jean-du-Gard, prendre le GR 70 sous le pont Vieux. Attention, de bonnes dénivelées. Réf. : *Le Chemin de Stevenson,* éd. Chamina-FFRP. Carte IGN au 1/25 000, n° 2740 ET.

Fête et manifestations

- ***Boulegan à l'Ostal :*** *w-e de Pâques, pdt 3 j.* Festival de musiques d'ici et d'ailleurs au son des cornemuses et des violons. Salon international des luthiers.
- ***Festival de la randonnée en Cévennes :*** *w-e de l'Ascension et de la Toussaint.*
- ***Fête votive :*** *1er w-e d'août.* Jusqu'au mardi, c'est la fête : manèges, orchestres, défilés de chars, feux d'artifice.
- ***Grand marché de la laine :*** *vers le 15 août, tte la journée.*
- ***Rallye des camisards :*** *fin sept.* Vroum, des voitures, des virages, de belles pentes. Tout pour une belle course auto.
- ***Journées de l'arbre, de la plante et du fruit :*** *dernier w-e de nov.* Expo, ateliers et débats sur des thèmes 100 % naturels.

SAINT-HIPPOLYTE-DU-FORT *(30170)*

Au pied des Cévennes méridionales, sur la route de Nîmes au Vigan, Saint-Hippo, comme disent les habitués, n'a rien d'extraordinaire. L'industrie, de la soie à la chaussure de sécurité, n'a jamais pris pied ici que provisoirement. Mais en été, sous les platanes, on se sent bien pour méditer quelques balades dans l'arrière-pays.

Adresse utile

Office de tourisme : *2, pl. du 8-Mai-1945. ☎ 04-66-77-91-65. • piemont-cevenol-tourisme.com • Juil-août, tlj sf dim ap-m, 9h30-12h30, 13h30-18h. Juin-sept, lun-ven 9h30-12h30, 13h30-18h ; sam 9h30-12h30 sf début juin et fin sept. Oct-mai, lun-ven.*

Où dormir ? Où manger dans les environs ?

Chambres d'hôtes Le Mas de l'Aubret : *50, chemin de Cabassiels, La Pause, 30170* ***Monoblet.*** *☎ 04-66-85-42-19. • masdelaubret@dbmail.com • masdelaubret.com • À 7,5 km au nord de Saint-Hippolyte par la D 133. À l'entrée du village, sur la gauche (petit chemin fléché). Double 65 € ; gîtes 3-5 pers 70-100 €/nuit. Réduc de 10 % sur présentation de ce guide.* Belle et grande maison, tranquille au milieu de la verdure. Chambres claires et spacieuses, à la déco toute simple, mais agréables et d'un beau rapport qualité-prix. Cuisine d'été à disposition des hôtes qui voudraient se mitonner des petits plats ou se préparer un pique-nique à l'ombre des lauriers.

Auberge de Valestalière : *entre Saint-Hippolyte-du-Fort et Lasalle (D 39), 30170* ***Monoblet.*** *☎ 04-66-85-45-79. • info@aubergedevalestaliere.fr • aubergedevalestaliere.fr • À la sortie de la ville. Tlj juil-août ; fermé dim soir-mar hors saison. Congés : janv-fév. Menus 26-32 € ; carte env 30 €.* En pleine nature, pour profiter de la terrasse sous les arbres, de la vue et de petits plats du terroir bien faits. Cuisine simple, savoureuse, qui s'évade parfois vers des horizons plus lointains.

Où acheter de bons produits ?

Entre Thym et Châtaigne : *2, pl. de la Couronne (route de Nîmes). ☎ 04-66-77-21-68. Juste avt la sortie de la ville. Tlj sf dim ap-m et lun mat hors vac scol, 9h30-12h30, 15h-19h.* Une boutique paysanne de produits locaux pour faire le plein de miels, vins, produits à base de châtaigne, etc.

Les Terrasses Cévenoles : *route de Nîmes. ☎ 04-66-77-21-30. Tlj sf dim, 9h-12h30, 14h-19h.* Cave viticole coopérative.

Les Jardins de Mazet : *Pailhes, 30170* ***Monoblet.*** *☎ 04-66-85-22-40. • mariedemazet.com • Jardins ouv de mi-avr à mi-oct, tlj sf mar, 10h-18h. Entrée : 7 €. Boutique ouv tte l'année.* Production de tisanes, jus de fruits bio, confitures... sur cette exploitation de plantes aromatiques et médicinales fondée par Marie d'Hennezel. Visites guidées pour les groupes *(60 € jusqu'à 6 pers),* journées initiation et cueillette sur résa, boutique.

À voir. À faire

Le musée de la Soie : *3, pl. du 8-Mai-1945. ☎ 04-30-67-26-94. • museedelasoie-cevennes.com • Juil-août, tlj 10h30-12h30, 14h-18h ; le reste de l'année,* *fermé lun sf j. fériés. Fermé de janv à début fév et 25 déc. Entrée : 5,50 € ; réduc.* Cet écomusée, qui a tissé son cocon dans une ancienne caserne réaménagée, tout à côté de l'office, a fait peau neuve. De la magnanerie au *taulier* (avec un élevage de vers à soie en saison), de l'arbre d'or (le mûrier) aux filatures, du ver à soie au moulinage et au tissage, toute l'histoire de cette belle et noble culture qui fit la prospérité des Cévennes au XIXe s vous attend. C'est aussi le centre de promotion de la soie cévenole.

T'AS PAS L'HEURE ?

En vagabondant dans les rues de Saint-Hippolyte, on peut s'étonner du nombre de cadrans solaires (21, dit-on). Souvent flanqués machinalement sur les façades, ils n'ont pas toujours la bonne orientation et donnent une heure fantasque. Patrimoine historique très récent, ils sont le fait d'un artisan très persuasif qui a su convaincre une nuée de Cigalois.

➢ ***Sentier d'interprétation « Convicéncia et resisténcia » :*** en marchant le long des berges du Vidourle, découverte du patrimoine culturel (tour Saint-Jean, moulins, anciennes filatures, tanneries, fontaines, château des Graves...).

Fête et manifestations

– ***Total Festum :*** *3e sam de juin.* Fête occitane avec expo d'artisanat, lectures, visites de sites, orchestres, défilés aux flambeaux, feux de la Saint-Jean.
– ***Les Caminades cigalosies :*** *fin juin et fin sept.* Visites contées et chantées de la ville.
– ***Fête de Saint-Hippolyte :*** *quelques j. autour du 13 août.* Marché nocturne, défilé...

LES CÉVENNES

SAUVE (30610)

Petite cité accrochée à une falaise rocheuse, prospère au Moyen Âge (la « viguerie » de Sauve englobait Anduze, Alès et Sommières), Sauve a préservé son dédale de ruelles, ses placettes, vieilles maisons et hôtels particuliers. Le village doit son ambiance un peu bohème à l'importante colonie d'artistes qui s'y était fixée. Pour l'heure, ceux-ci jouent plutôt à Sauve-qui-peut, quelques années de travaux étant nécessaires avant la remise en état totale du village ! Le résultat final devrait être à la hauteur. Profitez de votre passage pour découvrir une étonnante spécialité locale (la fourche de micocoulier) et faire quelques surprenantes balades dans les environs.

Adresse et info utiles

ℹ ***Office de tourisme :*** *« les Cazernes », 26, rue des Boisseliers. ☎ 04-66-77-57-51. • piemont-cevenol-tourisme.com • Juil-août, tlj sf dim ap-m ; juin et sept, lun-ven, plus sam mat 2de quinzaine de juin ; oct-mai, lun-ven.* Visites nocturnes à la chandelle le mardi à 21h en juillet-août *(5 € ; réduc ; gratuit moins 7 ans).*
– ***Marché :*** *sam mat dans le centre.*

Où manger ?

|●| ***Le Comptoir de l'Evesque :*** *Domaine de l'Evesque. ☎ 04-66-71-86-89. • contact@comptoirdeleves que.fr • ♿ Route de Quissac, après les chambres d'hôtes Le Mas Moïse, dans le virage. Tlj sf lun et mar midi en été ; fermé dim soir et lun-mar hors saison. Congés : 2 sem vac scol fév, 1 sem*

en avr et 2 sem mi-oct. Menus déj mer-sam 14,50 €, puis 24,50-28,50 €. Carte 35-40 €. Dans l'ancien hangar agricole familial en pierre, avec jardin et piscine, un resto militant du goût et du Gard, plus tourné vers les plaisirs de la bonne chère que vers le confessionnal. Dans l'assiette, des menus qui ne feraient pas rougir la bourse d'un évêque. Sinon, à la carte, suivant la saison, escargots et cuisses de grenouille, cochon et chevreau de lait à la broche ou encore ris d'agneau aux asperges. Bon accueil d'un patron qui a vécu au Costa Rica et en Espagne.

Où acheter de bons produits ?

Épicerie Chez Fouzia : *28, rue du Pont-Vieux. ☎ 04-66-77-58-83. Au cœur du vieux village. Tlj sf lun-mar.* Une ambiance de quartier avec ses habitués qui papotent, un cadre aussi adorable que l'accueil, une belle sélection de produits du terroir et d'ailleurs, parfois bio : châtaignes, confitures, miel, épices, dépôt de pain (excellent). Coup de cœur pour cette épicerie très en couleur et pas comme les autres.

À voir. À faire

Le vieux village : c'est à pied qu'il faut flâner dans Sauve... surtout s'il y a encore des travaux. Garez-vous sur la place de la Vabre et traversez le Vidourle par le pont Vieux (XIe s). Grimpez ensuite vers le cœur du village : traversez la place Joan-Astruc, bordée par l'église et le temple et découvrez les jolies arcades de la Fusterie. Au bas de la rue de l'Évêché, monumentales fenêtres à meneaux du XVe s. Entre la place et la Grand-Rue, un dédale de ruelles pittoresques (rues du Four, de la Curaterie). En grimpant vers le haut du village et la mer de Rochers par la montée des Capucins (jolie calade de galets), voir l'ancien hôtel de la Monnaie (à l'angle de la rue Caravalesque) et l'élégante maison des comtes de Sauve.

La Mer de rochers : juste au-dessus du village, passé les ruines du Castellas, surgit un étonnant paysage de roches calcaires déchiquetées hérissant la garrigue. Surprenant chaos qui ressemble à une mer démontée, figée dans la pierre pour l'éternité. Au milieu de ce superbe paysage sauvage, les ruines du château de Roquevaire (XIIIe s). Deux circuits balisés permettent de découvrir le site. Le premier, balisé en jaune, dure 1h. Le second, un peu plus long (1h30), fait passer devant l'Aveu, un gouffre impressionnant, il faut bien l'avouer. Dans les deux cas, balades très agréables et faciles. Infos à l'office de tourisme.

Le conservatoire de la Fourche : *rue des Boisseliers. ☎ 04-66-80-54-46. • fourchedesauve.free.fr • Avr-oct, mar-sam 10h-12h, 14h-17h (18h juil-sept) ; nov-déc et mars, mar-ven 10h-12h, 13h30-17h. Fermé j. fériés et vac de Noël-fin fév. Visite : 4 € ; 2,50 € enfant.* Un atelier-musée étonnant. Ce conservatoire, unique en son genre en France, fabrique des fourches en micocoulier, spécialité de Sauve, depuis au moins le XIIe s. Élevées et taillées dans les rejets de souche de cet arbre qui affectionne les sols rocheux, ces fourches sont encore utilisées dans les haras parce qu'elles sont plus légères. Vidéo, bornes et murs d'images : faut bien être moderne quand même !

Fête et manifestations

- ***Ateliers portes ouvertes :*** *1er mai.* Galeries et ateliers d'art du village accueillent plus d'une centaine d'artistes et d'artisans d'art.
- ***Fleurs dans la ville :*** *jeu de l'Ascension.* Marché aux fleurs, conférences, ateliers...

– ***Fête de la Fourche et de la Cerise :*** *fin mai-début juin.* Démonstration de fabrication de fourches, marché de la cerise...
– ***Les Jeudis de Sauve :*** *le jeu soir de juil à mi-août.* Concerts gratuits de musique du monde.

LA VALLÉE DU RIEUTORD, DE SUMÈNE À SAINT-MARTIAL

C'est jusqu'à l'office de tourisme de Ganges *(☎ 04-67-73-00-56),* la grande ville du nord de l'Hérault, qu'il vous faudra pousser pour tout savoir sur le Sud-Cévennes, ou bien consultez le site *• ot-cevennes.com •* Au passage, prenez le temps de découvrir la jolie *vallée du Rieutord* de *Sumène* à *Saint-Martial,* où figuiers et arbousiers se partagent des versants bien pentus. Préservée des développements urbains, elle garde son caractère montagnard, avec quelques improbables villages agrippés à la colline. Les ***cols de la Triballe*** et ***de l'Asclier*** sont également de toute beauté.

Bâtie au confluent de deux rivières, le Recodier et le Rieutord, sur la faille des Cévennes, en périphérie du parc national, ***Sumène*** *(30440)* est une terre de transition avant d'atteindre la garrigue et ses essences odorantes. Ne pas manquer les ***Transes cévenoles*** le dernier week-end de juillet : un festival de musique et de théâtre de rue décapant. Pour vous remettre en jambes, randonnée le ***Ranc de Banes*** sur les traces des ermites et des Romains (sur 14 km, surtout !).

Au nord de Sumène, ***Saint-Martial*** *(30440)* est un village pittoresque bâti sur un promontoire aux maisons blotties contre l'église, qui date des premières années de la féodalité. Cet îlot a toujours été fidèle au catholicisme au milieu d'une région conquise par la Réforme. Nombreux hameaux et mas dispersés, aux constructions rurales traditionnelles : Le Viala, Cabanevieille, Isserviel et Canduron-Liron, pour ne citer que les plus peuplés.

Chambres d'hôtes La Maisonnette : *chez Françoise et Philippe Léonard, Isserviel. ☎ 04-67-81-35-97. • maisonnette@orange.fr • chambres-hotes-cevennes.fr • Doubles 55-65 €. Table d'hôtes le soir sf jeu-ven 19 €. Confit d'oignon maison offert sur présentation de ce guide.* Dans le village de Saint-Martial, une reconversion réussie pour ces producteurs d'oignons doux des Cévennes. Une poignée de chambres agréables au milieu des châtaigniers et des champs, qui peuvent être louées en gîte, avec une piscine bien accueillante elle aussi.

Chambres d'hôtes et café de pays Lou Régalou : *dans le centre du village. ☎ 04-67-81-33-11. • jucylea@hotmail.fr • restaurant-cevennes.fr • Juil-août, tlj sf dim soir et lun ; hors saison, le soir dim-mar et mer tte la journée. Double 60 €. Menus 23-30 €.* Un lieu coloré et sympathique tenu par Julie et Cyril, qui ont d'abord fait leurs classes dans les grandes maisons de la Côte d'Azur avant de revenir tenir cet hôtel-restaurant-café de pays, dont l'une des vocations est de maintenir une activité touristique tout au long de l'année.

LE VIGAN

(30120) 4 450 hab. *Carte Gard, A2*

Le Vigan n'a rien d'une bourgade austère ou ennuyeuse. C'est le terroir de la fameuse reinette dite « du Vigan », une pomme dorée à souhait ! Versants de montagnes naguère couverts de vignes et d'oliviers, toits de tuiles, murmure des fontaines sous les tilleuls, pastis et jeux de boules. C'est peut-être l'une

des rares villes du Gard où tous les habitants peuvent boire au robinet de l'eau de source à longueur d'année, même en période de sécheresse. Aujourd'hui, c'est à pied, à rollers, à vélo, en poussette qu'on s'offre une balade sur la voie verte, empruntant l'ancienne ligne de chemin de fer Tournemire – Le Vigan.

Adresse utile

Office de tourisme des Cévennes méridionales : *Maison de pays, pl. du Marché, dans le centre. ☎ 04-67-81-01-72. • tourismecevennesnavacelles.com • Juil-août, tlj sf dim ap-m ; le reste de l'année, tlj sf dim.* En été, visites guidées de la ville et du cirque de Navacelles, mais aussi de lieux insolites plus rarement ouverts au public, plus des « rendez-vous paysans » (apiculteurs, oignons, fromages...). Nombreuses randonnées (pédestre, équestre et VTT)...

Où dormir ? Où manger dans le coin ?

Campings

Camping Le Val de l'Arre : *route du Pont-de-la-Croix, mas de Roudoulouse. ☎ 04-67-81-02-77. 06-82-31-79-72. • valdelarre@wanadoo.fr • camping-levaldelarre.com • À 2,5 km du centre du Vigan ; en venant de Ganges, prendre à gauche au rond-point (fléché). Ouv avr-sept. Compter 24 € pour 2 en hte saison ; mobile homes 210-728 €/sem selon taille et saison. 170 empl. (payant). Boisson offerte sur présentation de ce guide.* Camping bien équipé, ombragé et situé en bordure de rivière. Plein d'animations sur place. Également piscine, *fitness park* et panier de basket. Village de mobile homes en retrait.

Camping Isis en Cévennes : *au domaine de Saint-Julien, 34440* ***Saint-Julien-de-la-Nef.*** *☎ 04-67-73-80-28. 06-83-86-26-71. • routard@isisencevennes.com • isisencevennes.fr • De Ganges, D 999 sur 6 km ; à Saint-Julien, prendre le pont, ensuite c'est fléché. Ouv Pâques-Toussaint. Compter 24 € pour 2 en hte saison ; mobile homes, chalets et apparts 253-692 €/sem selon capacité et saison. 179 empl. Plante offerte sur présentation de ce guide.* Un camping très agréable et parfaitement organisé, où l'accueil joue un rôle aussi important que le cadre naturel. En bordure de rivière, sous les arbres... un beau terrain plat. Également de multiples possibilités de location. Resto en saison, bar, piscine et soirées à thème.

De bon marché à prix moyens

La Maison des Cévennes : *à Puechagut, 30120* ***Bréau-et-Salagosse.*** *☎ 09-88-66-90-59. 06-07-06-20-63. • contact@maison-des-cevennes.fr • maison-des-cevennes.fr • À pied par le GR 7 ; en vélo ou en voiture par la D 48 (ne pas sélectionner le chemin le plus court sur le GPS). Nuitée en refuge à 15 €/pers, chambre double 55 € et gîtes 4-8 pers 120-180 € la nuit, 220-250 € le w-e ou 300-600 €/sem. Au resto, plat du jour ou panier-repas 8-9 €, formule et menu sem 12-15 €, menus w-e 19,50-25 €.* La charmante Mme Lamouroux a lâché ses chambres d'hôtes et son camping à la ferme pour reprendre ce lieu qui périclitait. Une ancienne maison forestière à 1 000 m d'altitude, idéale pour les randonneurs du GR 7 car elle fait à la fois refuge, gîte, chambre d'hôtes et auberge. À la table, une cuisine tradi avec le plus de produits frais possible : volaille aveyronnaise, truite, pélardons...

Auberge La Borie : *30120* ***Mandagout.*** *☎ 04-67-81-06-03. • contact@aubergelaborie.fr • aubergelaborie.fr • À 10 km du Vigan par la D 170. À 9 km, à droite vers*

Mandagout puis continuer vers Saint-André-de-Majencoules ; là, un chemin qui monte sur la gauche à l'auberge. Tlj sf mar soir et mer hors saison. Congés : fév. Doubles 49-79 € ; familiales 97-115 €. ½ pens possible 59 €/pers. Formule 16,50 € ; menus 21-30 €. 💻 📶 *Apéritif maison offert sur présentation de ce guide.* Sur un versant ensoleillé de montagne, un vieux mas cévenol, avec piscine et vue époustouflante : une forêt de châtaigniers et de figuiers ondulant sous un ciel bleu à l'infini. Bonne cuisine familiale authentique et régionale (foie gras mi-cuit, ravioles au pélardon...). Chambres rustiques cévenoles. Excellent accueil.

Prix moyens

🏠 ***Chambres d'hôtes Le Bec à Sucre :*** *chez Christel et Véronique Salles, chemin du Vigan, 30120* ***Aulas.*** *☎ 04-67-81-02-91. • lebecasucre@gmail.com • lebecasucre.com • À deux pas du centre, au-dessus du moulin à huile. Mars-sept, plus les w-e hors saison. Doubles 65-75 €. Table d'hôtes 15-20 €.* 📶 Dans un village calme et typiquement cévenol, une ancienne magnanerie entièrement réaménagée par un couple atypique, chez qui il fait bon se poser. 3 grandes chambres (dont une familiale) d'un confort total, avec une salle voûtée et un jardin avec piscine à partager. Véronique, suisso-bourguignonne, est un vrai bec à sucre, qui fait ses confitures elle-même et adore cuisiner, en intégrant dès que possible les bons produits de son époux Christel, producteur d'oignons doux et de pommes reinette. Tout est maison et délicieux, du pain à la tarte aux pommes. Boutique.

À voir

La place du Quai : c'est le centre de l'animation (marché en été). Belle fontaine du XVIIIe s où coule l'eau de la source d'Isis.

Le Musée cévenol : *1, rue des Calquières. ☎ 04-67-81-06-86. • museecevenol-levigan.jimdo.com • ♿ Juil-août, tlj sf mar, 10h-13h, 15h-18h30 ; avr-juin et sept-oct, tlj sf lun-mar, 10h-12h, 14h-18h ; fermé nov-mars. Visite guidée en été, se renseigner. Entrée : 5 € ; réduc ; gratuit moins de 18 ans.* Installé dans une ancienne filature de soie du XVIIIe s. Tout ou presque sur les métiers et les traditions populaires des Cévennes. Dans la salle des métiers : artisanat traditionnel, comme la vannerie (impressionnant panier à grain appelé *boudoun,* fauteuil de châtaignier fabriqué par des gitans, d'où son style très Europe centrale), la poterie, la verrerie, la ferblanterie (belle série de lanternes), et l'occasion (enfin !) de tout savoir sur la fabrication des boules de pétanque. Intéressante reconstitution d'un intérieur cévenol du massif de l'Aigoual, dans les années 1950, évocation de la sériciculture (beaux costumes de soie des XVIIIe et XIXe s) et des autres cultures traditionnelles du massif. La salle du Temps retrace l'histoire des Cévennes. Une salle, enfin, est consacrée à l'écrivain et académicien André Chamson, qui passa sa jeunesse au Vigan et dont l'œuvre s'inspire en partie des Cévennes.

Les vieux hôtels particuliers : l'*hôtel Daudet d'Alzon* avenue Emmanuel-d'Alzon, et le *château d'Assas* (XVIIIe s) qui abrite le pôle culturel du conseil général, comprenant notamment une médiathèque.

Le vieux pont du Vigan : il a été construit au XIIe s par les habitants du pays, qui ont eux-mêmes rassemblé les fonds nécessaires à son élaboration. Il relie majestueusement le Causse à la Cévenne de son unique arche quasi parfaite.

Fête et manifestations

– ***Marché des potiers :*** *dim et lun de Pâques, sur la pl. du Marché.*

– **La Main verte :** *1er mai au château d'Assas.* Expo-vente et ristes et maraîchers.
– **Marché paysan :** *mar mat de mi-mai à mi-oct.* Nombreux pr
– **Festival du Vigan :** *juil-août.* ● *festivalduvigan.fr* ● Depuis rées musicales. Concerts classiques au Vigan et dans quelque
– **Fête de la Pomme et de l'Oignon :** *4e dim d'oct.*
– **Journées mycologiques :** *fin oct-début nov.* Cueillette samedi et exposition le dimanche.

DANS LES ENVIRONS DU VIGAN

LE CAUSSE DE BLANDAS

À env 10 km au sud-ouest du Vigan par la D 999 direction Millau, puis la D 48 vers Avèze. Passé le joli village perché de Montdardier *(carte Gard, A3)* et son étonnant château restauré par Viollet-le-Duc, le causse se dévoile d'un coup. Un large plateau calcaire (10 000 ha) qui s'étend entre les vallées de l'Arre et de la Vis. C'est le plus méridional des causses, classé désormais au Patrimoine mondial de l'Unesco. De part et d'autre de la rectiligne D 48, une sorte de steppe d'herbe jaune, légèrement ondulée, où les fermes, trapues, se cachent presque. Comme chez ses voisins (causse Méjean, causse Noir, Larzac), on s'y sent franchement ailleurs. Magique mais hostile nature où l'eau se fait rare. Puis, soudain, c'est le cirque de Navacelles et les gorges de la Vis, une sorte de grand canyon à la cévenole qui entaille littéralement le causse et donne le vertige au visiteur. Depuis la Maison du site, un sentier aménagé accessible également aux personnes handicapées mène à quatre belvédères en bordure des gorges.

Adresse utile

Maison de site Les Belvédères de Blandas : *☎ 04-99-51-60-36.* ● *cirquenavacelles.com* ● *Ouv mars-nov, plus le w-e hors saison.* Également un restaurant sur place qui fait un peu office de bureau d'infos en demi-saison.

Où dormir ? Où manger sur le causse ?

Nomad'Elze : *Mas de l'Elze, 30120* ***Rogues.*** *06-84-10-88-09.* ● *contact@nomad-elze.com* ● *nomad-elze.com* ● *De la D 48, après Rogues, tourner à droite sur la D 158, laisser les belvédères de Blandas et tourner à gauche vers l'Elze. Dortoir randonneurs 5 places à 20 €/pers, petit déj inclus. En saison, tipis à 50 €/pers en ½ pens. Yourtes tte l'année à 60 €/pers en ½ pens. Une chambre d'hôtes 5 pers à 115 € pour 2 et 35 €/pers supplémentaire. Menu du soir 23 €.* Un vrai petit bout du monde, qui aurait pu s'appeler *Nowhere Elze...* En marchant 5 mn, on a une vue époustouflante sur les gorges de la Vis et le cirque de Navacelles (mais gare aux jeunes enfants, il n'y a pas de barrière de protection). La charmante Isabelle Durand est la 7e génération aux commandes de cette ferme qu'elle a convertie au tourisme. Pas n'importe quel tourisme. Tournée vers la nature et les peuples indigènes, elle monte des tipis aux beaux jours et loue des yourtes le reste de l'année. Également un dortoir et une belle chambre d'hôtes dans l'ancienne bergerie. Table d'hôtes à base de produits du terroir. Visite de la ferme pédagogique (chèvres, agneaux, potager, jardin botanique). Organise une *rencontre des peuples* chaque année début août et fait résidence d'artistes.

Le Revel : *30120* ***Rogues.***

…07-81-50-89. 📱 06-17-02-… • contact@gite-le-revel.fr • …e-le-revel.fr • Au croisement de la D 48 et de la D 158, peu avt les belvédères de Blandas. Congés : 15 déc-15 janv. Camping 10 € pour 2 ; dortoir 18 €/pers ; double 52 € ; familiale 94 €. Petit déj 5 €. Menu du soir 20 €. Apéritif offert sur présentation de ce guide. Ce gîte-camping-chambres d'hôtes avec piscine accueille les randonneurs toute l'année dans une ferme située peu avant l'accès au cirque de Navacelles. Organise aussi des stages très divers (yoga, développement personnel, botanique ou encore clown…).

À faire

Le cirque de Navacelles et les gorges de la Vis : *sentiers d'observation (aménagés pour les fauteuils roulants) qui partent devant la Maison de Site.* En 2 mn, on voit le causse plonger dans le fameux cirque de Navacelles (voir plus haut « Dans les environs du Caylar » dans « L'Hérault »), parfois survolé par les aigles royaux et les vautours. Superbe et impressionnant ! De là, possibilité de descendre en voiture la route en lacets qui va jusqu'au hameau tout au fond… dans l'Hérault, mais c'est déconseillé en pleine saison (imaginez les embouteillages !). Mieux : 3 sentiers de rando nécessitant de 1 à 3h de marche pour descendre… mais pensez à la dure grimpette du retour. De mi-juillet à mi-août, possibilité de remonter en navette *(en principe, 6 A/R par j., env 11h-17h30 ou 18h).* En bas, toujours en été, visites commentées et gratuites réalisées par des « écovolontaires ».

Le sentier botanique, la résurgence de la Vis et les moulins de la Foux : une fois au fond du cirque de Navacelles, reste à parcourir 1,5 km par un chemin facile et agréable sous les frondaisons jusqu'au moulin de la Foux et la résurgence de la Vis (pas une rivière pour bricolos !). On peut faire la même excursion depuis les belvédères de Blandas (12 km bien balisés par un tracé jaune), mais attention, il faut remonter ce qu'on a descendu. Possibilité de télécharger la *randofiche Le Cirque de Navacelles-Les Moulins de la Foux* sur le site Internet de la Maison de site (voir plus haut).

➢ **Le circuit des Mégalithes :** intéressante découverte de dolmens, cromlechs, menhirs, autour de Montdardier et Blandas. Obélix aurait rêvé de cette balade ! Itinéraire explicatif dans les offices de tourisme.

– **Parcours d'aventures : Les Accros d'Anjeau,** *📱 06-08-53-93-70. Ttes les infos et actualités sur le site • lesaccrosdanjeau.fr •* Pour ceux qui seraient plus intéressés par les exploits de Tarzan, accrobranche à 2 mn de Montdardier, au pied du pic d'Anjeau, dans un site à la géologie étonnante et aux arbres impressionnants. Il y a même des parcours faciles pour les tout-petits.

LE MONT AIGOUAL ET SA RÉGION

LE MONT AIGOUAL

Carte Gard, A2

• Carte *p. 551*

On peut le considérer comme une sorte de montagne sacrée des Cévennes. Une vue à vous couper le souffle : la Méditerranée au loin, le mont Ventoux, les Alpes. « Cette coupole d'herbe rase », comme disait l'écrivain et académicien André Chamson, dont la tombe se trouve sur l'un des versants de l'Aigoual.
On est à 1 567m d'altitude, et la Méditerranée n'est qu'à 70 km d'ici. Si vous êtes fan de panoramas, on vous conseille d'ailleurs d'y grimper à l'automne ou en hiver (chaussez les skis !) parce que, en été, la brume noie souvent le littoral.
L'Aigoual, promontoire sublime, boussole des nuages et des eaux : d'un côté, les rivières qui dévalent vers le Bassin méditerranéen ; de l'autre, celles qui vont à l'Atlantique après s'être jetées dans le Tarn puis dans la Garonne. L'Aigoual garde un on-ne-sait-quoi de la magie primitive des hauts lieux.
– Un conseil : avt de monter, consultez le site Internet de l'observatoire • aigoual.fr • qui devrait vous donner les conditions météo, justement, là-haut, parfois rigoureuses...

Comment y aller ?

➢ ***De L'Espérou :*** le village le plus proche du mont Aigoual (ravitaillement, hôtels, restos...). À 9 km au sud. Les routes du Vigan et de Valleraugue y confluent.
➢ ***Du Vigan :*** c'est une superbe route qui inspira André Chamson. Comptez une quarantaine de kilomètres du Vigan à l'Aigoual.
➢ ***De Valleraugue :*** assez difficile pour les cyclotouristes à cause de la forte pente de la D 986.
➢ ***De Meyrueis (en Lozère) :*** il y a en fait 2 routes au départ de cette petite ville. La D 986, qui passe par Camprieu et le col de Sereyrède (env 32 km) ; nous préférons la D 18, qu'on rejoint au col de Perjuret, au pied du causse Méjean (env 26 km).

Où dormir ?

Gîte d'étape de l'observatoire de l'Aigoual : *à l'Aigoual, derrière l'observatoire. ☎ 04-67-82-62-78. • mairie@valleraugue.fr • valleraugue.fr • Situé sur le GR 66 (tour de l'Aigoual). Ouv mai-sept. 26 places en dortoir 6-10 pers ; compter 17,50 €/nuit ; env 40 €/pers en ½ pens.* Génial pour toucher les nuages du doigt, compter les étoiles, en ayant l'impression d'être entre ciel et terre. Petite cuisine équipée. Apporter sac à viande ou de couchage : pas de draps, pas d'oreillers, mais des couvertures pour les frileux.

Que faire là-haut ?

➢ Balisé par le parc, un ***circuit de 1 km autour du sommet.*** Départ de l'observatoire de l'Aigoual. L'intérêt de cette balade est de découvrir les trois flancs d'un même lieu. Surnommé le « sentier des Botanistes », ce circuit traverse les pelouses d'altitude, puis pénètre dans l'arboretum de « l'Hort de Dieu » avant de passer sur le versant est, moins desséché que le sud. Enfin, on chemine sur le versant nord, froid et venteux, peuplé de hêtres et de sapins, contrairement au flanc sud planté de pins et d'épicéas.

➢ L'Aigoual est traversé par plusieurs ***sentiers de grande randonnée*** : le GR 6 Alpes-Océan, le GR 7 Vosges-Pyrénées. Le GR 66 permet de faire une boucle de 1 semaine à pied autour du massif. Départ de L'Espérou, traversée du plateau du Lingas au sud. Par le pic Saint-Guiral, on gagne Dourbies, Meyrueis, puis on remonte à l'est vers Cabrillac, Aire-de-Côte. De là, grimpette au sommet du mont Aigoual, et ensuite, redescente à L'Espérou par le col de la Serreyrède. Environ 79 km au total. Il existe un topoguide de cette rando. Plusieurs gîtes d'étape jalonnent le parcours, dont certains sur le versant lozérien du mont Aigoual (renseignements à la Maison de pays de Valleraugue ou à l'office de tourisme de L'Espérou).

– ***L'observatoire météo du mont Aigoual :*** *☎ 04-67-42-59-83. • aigoual.fr • Visite de l'espace Météo-France : mai-juin et sept, tlj 10h-13h, 14h-18h ; juil-août, 10h-19h. GRATUIT.* L'observatoire ne donne plus de prévisions, mais la visite réalisée par des météorologues s'avère passionnante. Images satellites, vidéos et diaporama. Également un musée avec de vieux appareils météo, des objets cévenols, des maquettes avé les nuages en coton et un quiz brumeux.

DANS LES ENVIRONS DU MONT AIGOUAL

LES CÉVENNES

VALLERAUGUE *(30570)*

Au fond de la vallée de l'Hérault, les coteaux aux pentes abruptes furent aménagés par des générations de Cévenols. *Faïsses* ou *bancels* (« terrasses », en patois local), canaux et réserve d'eau, partout on distingue la main de l'homme, qui cultive dans ces terres l'oignon doux. La *raïolette,* comme on l'appelle ici, ne ressemble en rien aux autres oignons.
Joli bourg construit de part et d'autre de l'Hérault (qui n'est ici qu'un torrent à peine assagi). La route sinueuse jusqu'à l'Aigoual est vraiment exceptionnelle. Un sentier, dit des « 4 000 Marches », permet de grimper de Valleraugue au sommet de l'Aigoual parmi châtaigniers, landes, bruyères et hêtres. On termine dans les conifères. Somptueux ! Il faut quand même compter 4h, pour 1 227 m de dénivelée et un peu plus de 4 milles. Tous les ans, en juin, des allumés participent à une course. Mais pas en descente. Vive le sport !

Adresse utile

ℹ Maison de pays : *7, quartier des Horts. ☎ 04-67-64-82-15. • causses-aigoual-cevennes.org • Au bord de la D 986, en limite du centre-ville vers L'Espérou. En été, tlj ; sept-juin, mar-sam, dim mat et j. fériés.* Infos très complètes sur une large zone autour du mont Aigoual.

À voir. À faire au sud de Valleraugue

Le jardin des Sambucs : *hameau le Villaret, 30570* ***Saint-André-de-Majencoules.*** *📱 06-82-49-59-19. • jardinsambucs.com • De mi-mai à mi-sept, tlj 10h-19h ; de mi-avr à mi-mai, w-e et j. fériés 10h-18h. Fermé de mi-sept à mi-avr. Entrée : 7,50 € ; 7 € sur présentation de ce guide ; réduc.* C'est un couple de sympathiques maraîchers, un peu Facteur Cheval à ses heures, qui a créé ce jardin qui ne se prend pas au sérieux, mais cultive la complicité entre la nature et

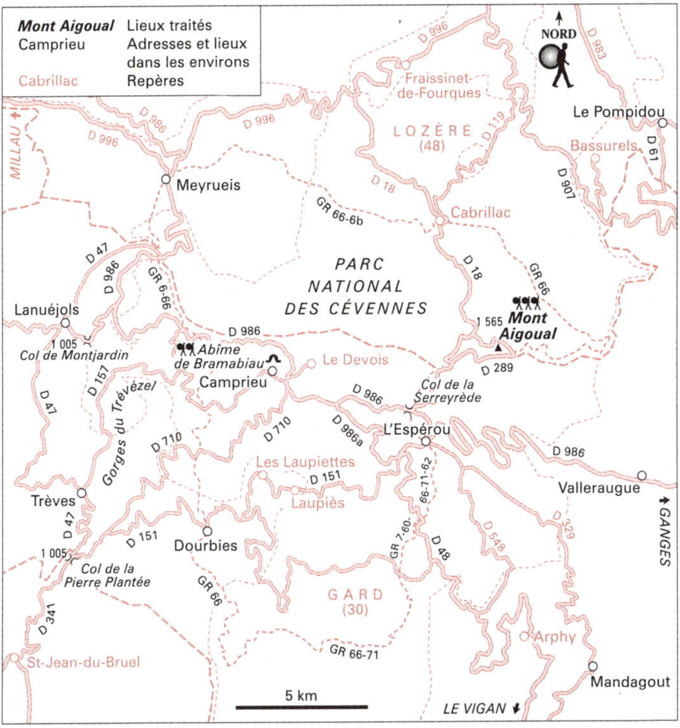

LE MONT AIGOUAL ET SES ENVIRONS

les jardiniers, et qui ravira, par son côté ludique, petits et grands. Un jardin vivant, touffu, sans désherbants à tous points de vue, plein de fleurs des champs et de plantes rares, où l'on admire des « arbres de pierres », où les poêles (pour se chauffer !) finissent dans les arbres, où l'on s'arrête sur un « banc-sieste » encastré dans une demi-coque de pierres... Si vous n'êtes pas siesteux, possibilité de grignoter en terrasse les produits du jardin ou de boire un thé ou un jus. On peut même dormir sur place (chambre d'hôtes et gîte).

L'ESPÉROU (30570)

À 9 km au sud-ouest du mont Aigoual. Plutôt qu'un village, une station d'altitude, entourée de forêts profondes et d'alpages, à 1 250 m.

Adresse utile

Office de tourisme Maison de l'Aigoual : *col de la Serreyrède.* ☎ *04-67-82-64-67.* • *office-du-tourisme-causse@wanadoo.fr* • *causses-aigoual-cevennes.org* • *Tte l'année, tlj 9h30-19h en juil-août, jusqu'à 17h ou 18h hors saison (en hiver, fermé mar et jeu).* Info très complète sur une large zone autour du mont Aigoual. Maison du parc national des Cévennes dans le même bâtiment.

Où acheter de bons produits ?

Terre d'Aigoual : *Maison de l'Aigoual, col de la Serreyrède. ☎ 04-67-82-65-39. De mi-mai à mi-oct, tlj 10h-19h ; le reste de l'année, horaires restreints et fermé lun de mi-nov à mi-avr.* Une association de producteurs locaux qui vend confiture d'oignons doux, saucissons, fromages, miel, jus de pomme reinette du Vigan, sirops de fleurs : de quoi finir le foie gras (il y en a aussi) !

Fête

– **Fête de la Transhumance :** *le 2e ou 3e w-e de juin.* C'est ici qu'a lieu le tri des troupeaux de brebis qui rejoignent les hauts pâturages. L'occasion d'une belle fête. Buvettes, animations, démonstrations du travail du chien de berger, tonte et stands de produits locaux : laine, bien sûr, mais aussi miel, charcuterie ou artisanat.

CAMPRIEU *(30750)*

Modeste village situé à une quinzaine de kilomètres à l'ouest du mont Aigoual, sur un superbe plateau calcaire bordé par des versants reboisés.

La rivière le Bonheur a une histoire qui nous a bien plu. Vers l'an mille, un féodal du pays, le baron de Roquefeuil, âme chevaleresque et bienfaitrice, édifia une « maison de secours » sur la montagne de L'Espérou pour accueillir les voyageurs, pèlerins, colporteurs, marchands ambulants. Les nuits de brouillard, un homme sonnait une grande cloche de quatre quintaux afin de les guider. Les loups étaient nombreux à l'époque. Le chemin s'appelait d'ailleurs la draille du Parc-aux-Loups. Des moines hospitaliers y fondèrent ensuite un monastère, connu au XIIe s sous le nom de *Boni Hominis,* puis *Bona Aura* (« Bon Accueil »), enfin *Bonahuc* et de là *Bonheur...* Grâce au baron philanthrope, de nombreux « routards » de l'époque furent ainsi sauvés de la neige et du désespoir... donc pas mal de descendants de nos lecteurs d'aujourd'hui. Merci, baron !

QUI VEUT NAGER DANS LE BONHEUR ?

Nous avons trouvé le Bonheur. Eh oui ! Il s'agit d'une rivière baptisée ainsi. Elle prend sa source du côté de L'Espérou, se jette dans le Trévézel pour finir dans l'Atlantique. Un cours d'eau dans lequel, soit dit en passant, on peut se baigner. Nager dans le Bonheur, quel luxe ! Et n'oubliez pas de photographier le panneau !

À voir. À faire

L'abîme de Bramabiau : *à env 1 km de Camprieu. ☎ 04-67-82-60-78. • abime-de-bramabiau.com • Visite guidée de 1h tlj : Pâques-juin et sept, 10h-17h30 ; juil-août, 10h-18h30 ; oct-Toussaint, 11h-15h45. Départ ttes les 30 mn (20 mn en été). Entrée : 9 € ; réduc.*

C'est au lieu-dit la Perte-du-Bonheur que le cours d'eau le Bonheur disparaît pour un périple souterrain de 800 m, comme quoi même les cours d'eau ont un

psychisme. Il ressort à l'air libre au-dessus de l'abîme de Bramabiau. Cette grande cascade fait un tel vacarme contre le rocher que les gens d'ici la baptisèrent : « le bœuf qui brame », *brame biou* en patois local. D'où son nom actuel.
À pied, accès par le fond du cirque, on suit la rivière dans sa faille (diaclase), dans des galeries jadis creusées par l'eau, pour ressortir 25 m au-dessus de la rivière. De nombreuses découvertes préhistoriques ont donné un intérêt scientifique à l'abîme. Dont des traces de dinosaures qu'on suit pour sortir : un phénomène qu'on vous expliquera sur place fait qu'elles se trouvent... au plafond des galeries !

BALADE ENTRE MONT AIGOUAL ET CAUSSE

Carte Gard, A2

Petit circuit en boucle de Camprieu à L'Espérou, à travers le causse Noir, les montagnes et les forêts du versant atlantique du mont Aigoual, les gorges du Trévézel. Superbe variété de paysages. Environ 100 km de magnifiques routes de montagne (comprendre étroites et sinueuses !). De Camprieu, prendre la D 986 pour gagner Lanuéjols via le col de Montjardin.

LANUÉJOLS *(30750)*

À ne pas confondre avec l'autre Lanuéjols, dans la région de Mende. Ce Lanuéjols-ci est un petit village adorablement niché dans un creux du causse Noir.

Où dormir ? Où manger?

Domaine de Pradines : *route de Millau (D 28). ☎ 04-67-82-73-85. • contact@domaine-de-pradines.com • domaine-de-pradines.com • À 900 m d'altitude. Emplacement env 17 € pour 2 ; mobile homes, chalets, gîtes, tentes canadiennes, yourtes 270-730 €/sem selon saison et nombre de pers (4-8 pers).* Ancien site templier puis ferme caussenarde, ce domaine de 150 ha est un délice pour les amoureux des bâtisses rurales anciennes et surtout de la nature cévenole. Plusieurs hébergements insolites et proches de la nature, justement : yourte, tente canadienne (équipée avec de vrais lits et une kitchenette) ou encore « Le Nid », une sorte de cabane (pas dans les arbres, mais en bois et toile) qui ravira surtout les enfants. Tous les services nécessaires en haute saison (resto, supérette, piscine, tennis, jeux, etc.).

Randals Bison : *Les Randals, à Lanuéjols. ☎ 04-67-82-73-74. • contact@randals-bison.com • randals-bison.com • À env 6 km au sud-ouest de Lanuéjols, vers Revens. Congés : Toussaint-Pâques. En été, tlj ; hors saison, w-e. Chambre 65 €. Menus 16,50-30 €.* Encore une adresse un peu perdue, très proche de la nature, qui devrait plaire à vos bambins. On peut dormir dans une belle et grande cabane de rondins façon trappeur. 3 chambres plutôt confortables, et environnement dépaysant : que vienne paître à proximité quelque bébé bison (leur parc jouxte la cabane) et vous voudrez jouer aux cow-boys et aux Indiens. D'autant qu'en été, on peut aussi établir le camp dans un tipi *(loué au même prix)* ! Au resto, bonne viande et charcuterie de bison à des prix très corrects.

À voir

Randals Bison *(élevage de bisons d'Amérique)* **:** *voir coordonnées plus haut. Juil-août, tlj 10h-18h ; de avr-juin et sept-oct, w-e 10h-17h (dernière visite à 16h). Visite en chariot : 7 € ; 4,60 € enfant. À cheval (en été slt) : 20 € (1h). Spectacle*

« western tri du bétail » mer soir en juil-août : 8,70 € ; 5,70 € enfant. D'accord, le paysage s'y prête, mais ici, comme en Auvergne ou dans le Jura, on est toujours étonné de découvrir un troupeau de bisons ! Visite de l'élevage en chariot. En juillet et août, démonstration de rassemblement et tri des bisons à cheval. Yiiiihaaaaa !

TRÈVES (30750)

Un de nos villages préférés dans cette magnifique région entre Aigoual et causses, à l'écart des foules des gorges du Tarn. En venant de Lanuéjols, la petite route sinue sur le flanc de la montagne, dominant la vallée du Trévézel et les toits (mi-tuile, mi-ardoise) de Trèves. La petite place, le murmure de la fontaine, quelques arbres pour causer, l'épicerie, le café et des ruelles bien calmes autour de l'église. Tout est là.

➢ De Trèves, prendre la D 47 qui monte au col de la Pierre-Plantée.

LES GORGES DU TRÉVÉZEL

Une petite route étroite traverse en les longeant ces gorges dont le nom rappelle un toponyme breton bien connu, le roc Trévézel. Paysage superbe et possibilité de rejoindre l'arboretum de La Foux par une route encore plus étroite, qui monte jusqu'à la D 986 sur le plateau.

DOURBIES (30750)

Encore un bout du monde, au pied de la mystérieuse montagne du Lingas. Région de pâturages et de gorges sauvages. Quelques toits de chaume dans les prés rocailleux.

Où dormir ? Où manger ?

Chez Sylvie : *au centre du village, route de Saint-Jean-de-Bruel. ☎ 04-67-81-49-74. • salencon.sylvie@orange.fr • chezsylvie.perso.sfr.fr • ♿ Congés : 9 janv-3 fév. Gîte d'étape : 13,80 € en dortoir. ½ pens 38,80 €. Repas 11-16 €. Apéritif maison offert sur présentation de ce guide.* La bonne petite adresse de village, un bar-snack-épicerie de produits « courrants » qui fait aussi gîte d'étape, où l'on est fort bien accueilli. Sylvie bosse comme une malade et vous met d'office sur la table, le soir, un pot de rillettes ou de pâté à partager, le temps pour elle de préparer salade, pommes de terre au roquefort ou plat du moment. Que du frais et du bon, venu des producteurs de la région. Terrasse au pied de l'église.

Auberge de Dourbies : *pl. des Trois-Ermites. ☎ 04-67-82-70-88. • aubergededourbies@wanadoo.fr • Ouv en été en continu ; sur résa pour les groupes hors saison. Fermé nov-mars. Doubles 37-39 €. Menu 14 €. Café offert sur présentation de ce guide.* Chambres bon marché, toutes simples. Certaines disposent d'une petite terrasse. Cuisine régionale et familiale comme on aime en trouver après une rando.

➢ De Dourbies, rejoindre ***L'Espérou*** par la D 151 qui suit, peu ou prou, le cours de la Dourbie, en passant par les hameaux de *Laupiès* et *les Laupiettes,* terroir des troupeaux de brebis et de bovins. Très belle vue sur le versant nord de la montagne du Lingas.

LA VALLÉE BORGNE

Carte Gard, B2

On la rejoint, au prix d'une route osée, depuis le mont Aigoual. Il faut donc ouvrir l'œil et le bon, mais quel bonheur, en été ! De L'Espérou à Saint-André-de-Valborgne, une incroyable route de montagne qui n'en finit plus permet de rejoindre la vallée et la D 907.
Au pied de la corniche des Cévennes, cette longue « vallée des sources » où coule le Gardon de Saint-Jean est une sorte de cul-de-sac grandiose, ponctué de hameaux traditionnels, de petits cimetières huguenots et de vieux châteaux nichés dans les châtaigniers. Un très joli cheminement au départ de Saint-André-de-Valborgne, perdu au fond de sa vallée, permet de rejoindre Saint-Jean-du-Gard en passant par Saumane et L'Estréchure. Et de boucler ainsi notre balade dans les Cévennes gardoises.

SAINT-ANDRÉ-DE-VALBORGNE (30940)

Niché dans la vallée, à 25 km de Saint-Jean-du-Gard, dont vous pourrez ensuite repartir découvrir la Lozère, voici un très beau village ancien avec son vieux pont et ses maisons construites en surplomb du Gardon. Église romane du XIIe s et temple protestant un rien disproportionné par rapport à la taille du village. La comédienne Bernadette Lafont, qui repose dans le mas familial aux environs, a prêté son nom et sa voix à l'espace consacré aux camisards, situé entre le château et la mairie.
Autour de Saint-André-de-Valborgne, plusieurs châteaux privés : celui des Barbuts, style grosse ferme fortifiée, celui de Nogaret, sur l'ancienne route royale du Pompidou, et le château de Folhaquier, sur la route de Florac (D 907), qui loue des gîtes.

Adresse utile

Office de tourisme : *les quais. ☎ 04-66-60-32-11. • causses-aigoual-cevennes.org • Juil-août, lun-jeu 9h30-12h30, 16h-19h ; sam ap-m ; dim mat. Le reste de l'année, le mat lun-ven. Fermé pdt vac scol de Noël.* Excellent accueil et très bonnes infos. Guide local très complet et gratuit à votre disposition. Circuits de randonnée *(5 €).*

Où dormir ? Où manger à Saint-André et dans le coin ?

Camping

Camping municipal Le Pont de l'Elze : *pont de l'Elze. ☎ 04-66-60-30-08. • mairie.valborgne@wanadoo.fr • causses-aigoual-cevennes.org • En venant de Saint-Jean-du-Gard, à gauche 1 km avt le village de Saint-André-de-Valborgne. Ouv mai-sept (loc tte l'année). Compter env 11 € pour 2 en hte saison ; chalets 5-7 pers 280-390 €/sem. CB refusées. 26 empl.* Terrain en bordure de la rivière, où l'on plante sa tente sur des emplacements gentiment clos d'arbustes. De l'ombre et un accueil sympathique, rien de plus.

Prix moyens à chic

Chambres d'hôtes Cocon des Cévennes et gîte Paradis Cévenol : *La Calquière. 06-88-77-93-61. • paradis.cevenol@gmail.com • cocondescevennes.blogspot.fr • Ouv*

LES CÉVENNES

mars-nov. Double 80 € ; tarif dégressif dès la 2e nuit. Gîte 5 pers 150 € le w-e hors saison et 410-460 €/sem en été. (sf gîte). Apéritif en chambre d'hôtes et pot de miel en gîte offerts sur présentation de ce guide. Juste après le vieux pont, cette ancienne coconnière de soie domine superbement le Gardon, avec vue sur le château du XVIe s. Dans la famille de Béatrice Galzin, on était filateur jusqu'en 1905. Elle a restauré sa maison avec Bernard, ingénieur forestier, en décorant avec beaucoup de goût ses 2 chambres d'hôtes. « Cocon de Soie » est la plus petite, la plus boisée, la plus intime. « Pierre de Lune » est plus spacieuse, avec du parquet et du mobilier bien chiné, sans oublier le son de la rivière et l'odeur de la glycine dans les narines... Super petit déj maison à prendre en terrasse. Salon et cuisine en accès libre. Et pour ceux qui voudraient s'isoler un peu, le gîte en pierre, typiquement cévenol et situé dans les hauteurs, ne s'atteint qu'à pied... Massage ayurvédique sur résa. Une adresse et un accueil en or.

Chambres et table d'hôtes Auberge du Valgrand : *30122* ***Les Plantiers****. ☎ 04-66-83-90-11. 06-33-15-78-53. • sarl.valgrand@orange.fr • auberge-valgrand.com • À Saumane (9,5 km à l'est de Saint-André-de-Valborgne), prendre la D 20 sur 4,5 km. Ouv fin avr-début nov. Repas tlj sf dim en été, slt ven-sam soir hors saison. Double 72 € ; compter 118 € pour 2 pers en ½ pens.* Dans un village « comme on les espère, avec une placette pour jouer aux boules, des arbres pour l'ombre, juste ce qu'il faut », comme le dit la charmante et énergique Catherine Robineau. Elle fait partie de ces femmes qui ont voyagé, en l'occurrence au Sénégal, et sont rentrées avec le sourire et un bel esprit d'indépendance. Sa maison qui surplombe la rivière abrite 5 chambres, sobres et élégantes, égayées de quelques tableaux africains. Mais c'est aux fourneaux que Catherine brille particulièrement. Sa cuisine, entièrement maison et faite avec cœur, remporte tous les suffrages par ici. Attention, elle est réservée à ceux qui dorment. Comme à la maison, donc, disent les habitués qui reviennent en amis...

Auberge de la Vallée : *Le Faubourg. ☎ 04-66-60-32-90. • aubergevallee@free.fr • Fermé dim soir, plus mer hors saison. Congés : vac de Noël. Double 47 €. Formules déj en sem 14,50-29,50 €. Apéritif ou café offert au resto sur présentation de ce guide.* Quelques chambres pour dépanner, car on vient là avant tout pour la qualité des produits et les spécialités cévenoles. Le chef va chercher lui-même saucisson sec et jambon de montagne chez de petits producteurs et ses truites viennent de piscicultures choisies. On peut aussi se contenter d'une simple omelette aux cèpes et de cuisses de grenouilles en saison. Petit menu du jour d'un bon rapport qualité-prix.

Auberge La Pradelle : *30125* ***Saumane****. ☎ 04-66-56-29-20. • joel.dyll-lapradelle@orange.fr • Resto ouv le midi mer-dim et j. fériés. Doubles 45-50 €, petit déj inclus. Gîtes 6-8 pers 90 €/nuit, 160 € le w-e et 240-500 €/sem. Menus déj 14-18,50 €.* Cette ferme-auberge-boutique, qui emploie des personnes autistes, propose des chambres d'hôtes et des gîtes bien tenus et fonctionnels. C'est aussi et surtout une bonne auberge, avec une grande salle sans charme particulier et une jolie terrasse aux beaux jours pour se mettre au vert. Dans les excellents petits menus : produits de la ferme, notamment la charcuterie, plat du jour et dessert maison. Un bon rapport qualité-prix-accueil.

À voir. À faire dans les environs

➢ De superbes ***routes de montagne*** comme la D 907 qui grimpe jusqu'au *col du Marquairès,* puis redescend par la vallée du Tarnon jusqu'au village des Rousses ; ou la D 10 qui, via les cols de l'Espinas et du Pas (splendide panorama), permet de rejoindre Valleraugue au pied de l'Aigoual. Pour rejoindre la *corniche des Cévennes,* il faut monter au Pompidou par la D 61, qui offre de superbes échappées sur la vallée Borgne.

La Maison de l'eau : *Les Plantiers (30122). ☎ 04-66-30-36-55. À Saumane (9,5 km à l'est de Saint-André-de-Valborgne), prendre la D 20 sur 4,5 km. Mai, ouv pdt les ponts ; juin et sept, mer, sam-dim et j. fériés 14h-18h ; juil-août, tlj 11h-18h. Entrée : 4 € ; réduc. Visites guidées mer à partir de 16h : 5 €.* Quoi de mieux qu'un ancien moulin pour parler de l'eau ? La présentation ludique coule très bien. Elle traite de la rareté de l'eau, de son utilité, de ses bienfaits, mais aussi de ses dangers.

LES CÉVENNES LOZÉRIENNES

• Carte la Lozère *p. 586-587*

Cette région sauvage de la Lozère couvre 80 % de la superficie totale du parc national des Cévennes. Tous les chemins mènent à la petite capitale : Florac, ville tranquille et bien agréable à l'orée du parc.
À pied, à dos d'âne, en voiture ou à vélo, de nombreux itinéraires permettent de parcourir ces sublimes paysages. Si vous êtes avide d'émotions et de panoramas à couper le souffle, vous pouvez très bien cumuler ces circuits de découverte : chemin de Stevenson, corniche des Cévennes, vallée Longue, vallée Française... Passez par ici, repassez par là. Le territoire des Causses et des Cévennes a été inscrit en 2011 par l'Unesco au Patrimoine mondial de l'humanité dans la catégorie « paysage culturel évolutif vivant » au titre de l'agropastoralisme méditerranéen...

Adresses utiles

Maison du parc national des Cévennes : *au château de* ***Florac.*** *☎ 04-66-49-53-00. • cevennes-parcnational.fr • Voir détails plus loin à Florac.* Renseignements sur les sentiers, les topoguides, les gîtes d'étape, les sites à visiter, etc. Un certain nombre de points infos du parc dans les offices de tourisme ; regardez sur le site internet ceux qui pourraient se trouver sur votre route.

Sur le chemin de R.-L. Stevenson : *mairie, 48220* ***Le Pont-de-Montvert.*** *☎ 04-66-45-86-31. • chemin-stevenson.org •* L'association milite pour un tourisme responsable et propose des séjours et circuits à la carte, avec ou sans âne (voir ci-après). Pour ceux qui préfèrent rester autonomes, elle recense dans sa brochure (gratuite), l'ensemble des lieux (« relais ») d'hébergement et de restauration sur le GR 70, le fameux « chemin de Stevenson ». Sans oublier le détail du circuit et les sites à visiter en route. Possibilité d'organiser le transfert des bagages.

Le chemin de Stevenson, avec ou sans âne

Sur le chemin de Stevenson, long de 275 km qui part du Puy-en-Velay (Haute-Loire) pour rejoindre Saint-Jean-du-Gard (Gard) via, en Lozère, Langogne, Le Bleymard, Le Pont-de-Montvert et Saint-Germain-de-Calberte, on trouve suffisamment de moyens de location d'ânes et d'hébergement pour refaire presque à l'identique l'itinéraire du fameux écrivain-voyageur (auteur, entre autres, de *L'Île au trésor*). En bonne compagnie, donc, car l'âne, contrairement à l'homme, ne déçoit jamais. Voici, en dehors du gîte de Valès (voir pages suivantes : Saint-Germain-de-Calberte), une sélection pour en louer sur ce trajet :

■ ***Le Mas des Ânes :*** *Marie-Ange Benoît, route de Saint-Étienne-de-Lugdarès, 48250* ***Luc*** *(Gévaudan). 06-61-81-66-69 ou 06-75-68-35-42. • lemasdesanes.com •*

■ ***Genti-Âne :*** *Christian Brochier, Castagnols, 48220* ***Vialas*** *(mont Lozère). ☎ 04-66-41-04-16. • ane-et-randonnee.fr •*

■ ***Tramontâne :*** *Chantal Guillaume, La Rouvière, 48110* ***Saint-Martin-de-Lansuscle*** *(vallée Française). ☎ 04-66-45-92-44. • chantal.tramontane@wanadoo.fr •*

■ ***Gîte du Pont-de-Burgen :*** *La Frégère, 48330* ***Saint-Étienne-Vallée-Française.*** *☎ 04-66-45-75-30. • gites-randos-cevennes.com •*

Pour le gîte et le couvert, voir nos adresses ou se renseigner auprès de l'association ***Sur le chemin de R.-L. Stevenson*** (voir plus haut) ou encore les ***offices de tourisme du Puy-en-Velay*** *(☎ 04-71-09-38-41),* **du Monastier** *(office intercommunal du Mézenc, ☎ 04-71-08-37-76),* **de Langogne, du Pont-de-Montvert** ou **de Florac** *(adresses aux chapitres correspondants).*

LA CORNICHE DES CÉVENNES

Carte Lozère, C4

La corniche des Cévennes reste « LA » voie stratégique, empruntée de tout temps pour gagner les plaines du Languedoc depuis les hautes Cévennes (et vice versa !). Même si une voie romaine existait déjà au long de la corniche, c'est au début du XVIIIe s qu'on aménage une vraie route sur cette crête pour faciliter le déplacement des troupes de Louis XIV en guerre contre les camisards. Route qui sera pourtant pratiquement abandonnée de la fin du XIXe s jusqu'aux années 1930 où le tourisme lui offre une deuxième vie. Au long de cette corniche, au-dessus de vallées infinies, la route large, bien revêtue, légèrement tortueuse mais sans mauvaises surprises relie Saint-Jean-du-Gard à Saint-Laurent-de-Trèves. Au total : 43 km.

À NE PAS MANQUER

De la basse vallée de Saint-Jean-du-Gard, la route grimpe vers la corniche à travers forêts et châtaigneraies. Après le village du Pompidou, s'étend la Can de l'Hospitalet, grand plateau désolé d'une austère beauté (qui nous a bien plu !) dont les falaises plongent vers la vallée du Tarnon juste après Saint-Laurent-du-Trèves.

LE COL SAINT-PIERRE

C'est ici que débute la D 9, officiellement baptisée route de la corniche des Cévennes depuis le 17 août 1930. Après le passage du col (à 597 m d'altitude), la vue s'ouvre sur les vallées et les monts cévenols : magnifique ! Surtout par beau temps, évidemment ...

DE LA CORNICHE À WALL STREET

Quand, à l'automne 1687, le jeune protestant Antoine Pintard quitta Saint-Romans-de-Tousque, il était très loin de se douter qu'il ferait rapidement fortune à New York. Et où son arrière-petit-fils, John Pintard, est aujourd'hui considéré comme une des 400 personnalités qui ont fait l'histoire de la Grosse Pomme : notamment pour avoir été un des premiers « traders » de Wall Street.

Où dormir ? Où manger ?

Auberge La Patache : *Saint-Romans-de-Tousque, 48110* ***Moissac-Vallée-Française.*** *☎ 04-66-44-73-76. • lapatache.com • Sur la D 9, à 8 km du col Saint-Pierre, sur la gauche, à la sortie de Saint-Romans. Tlj sf mer hors juil-août. Fermé de mi-déc à fin janv (suivant la météo). Résa conseillée le w-e. Doubles 45-55 €. Menus 14,50 € (en sem)-27 €. CB refusées. Garage. Plateau de fromages offert dans le 1er menu pour les résidents de l'hôtel sur présentation de ce guide.* La bonne auberge de campagne. Terrasse avec vue (naturellement) ou salle avec murs de pierres et cheminée pour une cuisine de terroir aussi généreuse que bien amenée, à base de produits de saison. Le sympathique patron est un grand amateur de pêche à la truite et sera ravi de vous donner ses tuyaux. Une grosse poignée de chambres toutes simples mais impeccables (avec vue également pour certaines). Confitures maison au petit déj.

LE POMPIDOU *(48110)*

À la frontière des Cévennes schisteuses et du plateau calcaire, un tout petit village qui étire ses maisons au long de la route de la corniche. À 1 km au nord, un chemin de terre conduit à la charmante petite église Saint-Flour (ses origines remontent au XIIe s). En été, ***marché paysan*** tous les vendredis matin.

Petit ***bureau d'informations touristiques du parc,*** ouvert en été.

Où dormir ? Où manger ?

Chambres d'hôtes Le Poulailler des Cévennes : *06-98-28-80-96. • jm-causse@orange.fr • À l'entrée du village, sur la droite de la D 9. Fermé 20 déc-10 janv. Compter 56 € pour 2. Repas 21 €. Réduc de 10 % sept-juin sur présentation de ce guide.* Vous êtes dans une famille d'éleveurs (agneau, canard, poulet) qui se feront un plaisir de vous gaver si vous avez suffisamment marché pour pouvoir avaler charcuterie, omelette aux cèpes, pintade en sauce, clafoutis (le tout biologique !)... Le bonheur étant dans le pré, demandez les chambres qui donnent dessus ! Dont une, avec entrée indépendante, entièrement refaite par le proprio, maçon dans une vie antérieure. Petit coin salon avec toute la doc sur la région. Conserves maison (canard) à emporter. Accueil très aimable.

LA CAN DE L'HOSPITALET

Où « cham », voire « chaume » : c'est le nom donné à ce haut plateau aux herbes jaunies par le soleil d'été, parsemé de rochers, creusé d'avens et de cavités

souterraines, parcouru de drailles et de chemins bordés de muretins de pierre. Un causse de la même origine que le causse Méjean voisin mais en modèle réduit.
À une altitude qui partout dépasse les 1 000 m, il faut imaginer ce plateau autrefois longuement enfoui sous la neige et battu par les vents d'hiver : les voyageurs égarés étaient guidés par ces grandes pierres taillées (montjoies) que l'on voit encore le long des chemins. À la ferme, on faisait sonner la fameuse « cloche de tourmente », une cloche spéciale pour les jours de brume ou de tempête. Un monde à part...

Où dormir ? Où manger ?

Gîte d'étape et chambres d'hôtes Pin : *ferme de la Can de l'Hospitalet, 48400* ***Vebron.*** *☎ 04-66-44-01-60. • gite@hospitalet.fr • hospitalet.fr • Dans le hameau de l'Hospitalet, traversé par la D 9. Fermé 15 nov-15 avr. Sur résa, nuitée en dortoir 12 € ; petit déj 6 €. En chambre, compter 42 € pour 2. Repas sur résa 12 €.* Dans une ferme en activité (seul lieu habité du plateau, d'ailleurs), une dizaine de places pour les randonneurs, avec douche et coin cuisine et 2 chambres dont une familiale. C'est tout simple mais l'accueil est charmant.

SAINT-LAURENT-DE-TRÈVES *(48400)*

Dans ce minuscule village accroché au rebord du causse, surplombant la vallée du Tarnon (superbes horizons, comme on s'en doute), on a rendez-vous avec les dinosaures. Un site, classé Monument historique, permet de découvrir une vingtaine d'empreintes laissées dans ce sédiment argileux il y a 190 millions d'années. À cette époque (début du Jurassique), des lagunes peu profondes, selon les paléontologues, s'étendaient dans la région. Un petit sentier d'interprétation permet de découvrir ces empreintes de dinosaures théropodes « à pattes de fauve », carnivores, bipèdes et hauts d'environ 4 m.

LA VALLÉE FRANÇAISE

Carte Lozère, C4

Voilà le cœur des Cévennes : la Cévenne des Cévennes que traversa Stevenson, accompagné de Modestine, en octobre 1878. Dans cette région difficilement pénétrable, enclavée dans ses montagnes, les paysages sont encore bien préservés. Lignes ondulantes des *serres* (collines, monts) et monde secret des *valats* (vallons). Sur les versants, l'homme a laissé sa marque et les traces de son activité : les *bancels* – terrasses aménagées pour la culture des oignons doux, de la vigne et des mûriers – s'ordonnent encore autour des hameaux de schiste, reliés aux crêtes par des drailles, les vieux chemins caillouteux des Cévennes. Les troupeaux de moutons les empruntaient pour monter aux pâturages d'estive afin d'y passer toute la belle saison.
Quant au nom – vallée Française –, beaucoup prétendent qu'il remonterait à l'époque où les Wisigoths occupaient le sud des Cévennes tandis que les Francs se cantonnaient dans leur vallée reculée... Pour d'autres, il s'agirait d'une « vallée franche », c'est-à-dire libre d'impôts, ou encore d'une vallée libérée par les Francs lors des invasions sarrasines... Puisque nous étions quelques lignes plus haut à Saint-Laurent-de-Trèves, notre itinéraire de découverte de cette vallée typique des Cévennes lozériennes commence à Barre-des-Cévennes, que l'on rejoint par la D983.

BARRE-DES-CÉVENNES (48400)

Bâti sur le versant sud d'un lambeau de causse appelé Castelas, qui barre la vallée Française (d'où son nom), ce beau village abrité du vent du nord est situé à 3 km de la route de la corniche des Cévennes. Son plan général est celui d'un long village-rue, bordé de maisons à l'architecture traditionnelle dont de nombreuses demeures des XVIIe et XVIIIe s, plus hautes que larges, dotées de petits jardins construits en terrasses. L'*église Notre-Dame-de-l'Assomption,* au-dessus du village, date du XIIe s mais a été remaniée à l'époque gothique, à la Renaissance puis au XIXe s : le mélange est étonnant mais magnifique ! Un sentier (en boucle, compter 2h) aménagé par le parc national des Cévennes permet de découvrir le village et ses environs immédiats.

Bureau d'information du parc : *en été slt, sur la pl. de la Loue, à l'entrée du village.*

Où dormir ? Où manger ?

Chambres d'hôtes chez Claude Boissier : *le Mazeldan. ☎ 04-66-45-07-18. • chambresdhotes.boissier@wanadoo.fr • À 5 km, dans le hameau du même nom, sur la D 62 entre Barre-des-Cévennes et Le Pompidou. Compter 52 € pour 2. Dîner 17 €.* Une ancienne magnanerie avec une vue magnifique sur les Cévennes. Des chambres accueillantes et des maîtres de maison très agréables.

Gîte d'étape La Croisette et camping Combes : *La Croisette. ☎ 04-66-45-05-28. • j.combes@wanadoo.fr • À la sortie de Barre-des-Cévennes, sur la D 13, direction Trabassac. Emplacement env 10 € pour 2. Nuitée en dortoir 18 € ; petit déj 6 €. Dîner sur résa 18 €. Digestif maison offert sur présentation de ce guide.* Accueil dans de petites chambrées de 2, 4 et 6 lits. Une trentaine de places au total. Camping dans un beau site, avec une vue superbe. Produits de la ferme servis à la table d'hôtes. Très bon accueil.

MOLEZON (48110)

Entre Barre-des-Cévennes et Sainte-Croix-Vallée-Française, une vaste commune qui répartit ses hameaux de part et d'autre de la vallée. Au long de la D 983, beau château du Mazel du XVIIe s. Quelque 2 km plus loin, se dresse, sur les hauteurs la tour du Canourgue, haute de 15 m, qui faisait partie d'un système de défense contre les incursions anglaises au XIVe s. Un sentier d'interprétation du parc (boucle de 1h30) permet de l'approcher. Tout comme la petite randonnée au départ du pont de Biasse (boucle de 3h), via la magnanerie de la Roque.

À voir

La magnanerie de la Roque : *☎ 04-66-49-53-00 (parc des Cévennes). • cevennes-parcnational.fr • Entre Barre-des-Cévennes et Sainte-Croix-Vallée-Française. Slt juin-août, tlj sf sam, 10h30-13h, 14h30-18h. Entrée : 3,50 € ; réduc.* Dans cette ancienne magnanerie au cœur d'une superbe nature, maquettes, photos, enregistrements sonores vous apprennent tout sur l'histoire et la technique de la sériciculture (l'élevage, pardon, l'« éducation » du ver à soie). Une activité essentielle pour les Cévennes du XVIIe s jusqu'au début du XXe.

SAINTE-CROIX-VALLÉE-FRANÇAISE (48110)

Village patiné par le temps, aux maisons de schiste posées de part et d'autre d'une de ces petites rivières qu'on appelle ici « gardons », propice à la baignade aux beaux jours. Un petit (330 Saint-Crussais) village mais vraiment dynamique avec bars, restos et divers commerces.

Adresse utile

Office de tourisme Cévennes Gorges du Tarn : *au cœur du village. ☎ 04-66-45-01-14. • vacances-cevennes.com • Juil-août, lun-mer et ven plus sam mat. Le reste de l'année, se renseigner.* Petite antenne mais beaucoup de doc sur la vallée, les Cévennes et la Lozère. Audioguide (ou application smartphone) et plan gratuit pour partir à la découverte des commerces et autres lieux de vie qui animaient autrefois le village.

Où boire un verre ?

Le Café du Globe : *en bordure du Gardon. ☎ 04-66-44-08-37.* À l'intérieur, ambiance typique de vieux café populaire, tout en bois, avec un frigo-armoire (une curiosité). Et surtout, une agréable terrasse ombragée en bordure de la rivière. Une bonne pause pour se désaltérer après la rando ou simplement prendre du bon temps.

NOTRE-DAME-DE-VALFRANCESQUE

Au hameau de la Boissonnade, entre Sainte-Croix et Moissac. Très belle église du XIe s, toute de fraidonite (un cousin du granit). C'est, de fait, la plus ancienne église des Cévennes, transformée en 1832 en temple protestant. Il se raconte que cette église, d'une sobriété toute romane, aurait été édifiée en hommage à Roland, neveu de Charlemagne et vainqueur des Sarrasins en ce lieu. Sans doute aidé par sa fière épée Durandal...

Où camper dans les environs ?

La Pélucarié : *route d'Appias, 48110* ***Moissac-Vallée-Française****. ☎ 04-66-45-75-57. • florence.plantier48@orange.fr • campinglapelucarie.fr • Sur la D 938 entre Moissac et Saint-Étienne. Ouv de fin avr à mi-sept. Compter 17,50 € pour 2 en hte saison ; loc 178-345 €/sem. CB refusées. 33 empl. Réduc de 10 % sur un séjour en basse saison sur présentation de ce guide.* Petit camping ombragé et convivial, avec pelouse. Location de bungalows toilés et de Coco Sweet (entre la tente et le mobile home). Environnement agréable en bordure du Gardon. Barbecue à disposition, baignade et pêche dans la rivière pour profiter pleinement du site, et une grande pièce aménagée pour se retrouver. Accueil charmant.

Où acheter de bons produits ?

Coopérative La Fromagerie des Cévennes : *La Pélucarié, 48110* ***Moissac-Vallée-Française****. ☎ 04-66-45-72-35. Lun-ven 9h-16h, w-e 9h-11h30.* Tous les fromages de chèvre dont vous pouviez rêver (pélardons, moissac...). Faites des provisions de bouche pour le voyage (mais attention à la chaleur !).

SAINT-ÉTIENNE-VALLÉE-FRANÇAISE (48330)

Posé sur la rive droite du Gardon, le village le plus au sud de la Lozère sert son centre ancien autour de l'église, au pied d'une colline coiffé des ruines d'un château. 1,5 km avant, arrêtez-vous au ***Martinet,*** un beau site au confluent du Gardon de Sainte-Croix et du Gardon de Mialet.

Adresse utile

Office de Tourisme : Les Prats. ☎ 04-66-45-40-71.

Où dormir ?

Camping et village de gîtes Le Martinet : *Les 2 Routes, Le Martinet. ☎ 04-66-45-74-88. • vacanceslemartinet@orange.fr • village-vacances-cevennes.com • À 1,5 km du village, direction Moissac-Vallée-Française. Ouv 1er avril-31 oct. Compter 10 € pour 2 en hte saison ; gîtes 2-8 pers 117-840 €/sem. 50 empl. Réduc de 10 % sur présentation de ce guide.* Emplacements pour les campeurs et surtout pas mal de « gîtes » modernes, sans charme mais bien tenus et tout équipés. Tennis (prêt de raquette gratuit en été) et proposition de randos accompagnées. Resto (indépendant) tout proche, sympa et plus que correct, avec tables en terrasse sous les arbres.

SAINT-GERMAIN-DE-CALBERTE

(48370) 500 hab. *Carte Lozère, C4*

Stevenson fit escale à Saint-Germain et décrivit dans son carnet de voyage le village « qui s'étage en terrasses sur une pente escarpée parmi les châtaigniers majestueux ».Au creux d'un vallon bien abrité, ce village cévenol jouit d'un microclimat. Chênes verts, pins maritimes et châtaigniers se côtoient sur les pentes des montagnes de la Vieille-Morte et du mont Mars, deux toponymes qui en disent long sur l'imaginaire de ce pays. Ainsi raconte-t-on qu'une méchante fée (ou sorcière, allez savoir !) habitant sur le mont Mars voulut punir une vieille veuve de ce qu'elle avait fauté et mis un enfant au monde. Pour cela, elle l'obligea à arracher une grosse pierre au flanc de la montagne et à prendre la route avec son âne, son chien, son enfant et sa pierre ! L'enfant, fragile, mourut le premier en passant le col, appelé depuis le Plan-de-Fontmort (l'*efont-mort*). Puis ce fut au tour de son chien de tomber dans une crevasse, le *Cros del chi* (la « Tombe du chien »). La vieille veuve, toujours poursuivie par la hargne de la fée, voulut se protéger de la pluie sous une avancée rocheuse : *Escota se plou* (« Écoute s'il pleut »). Peu après, c'est son âne qui se noya au passage du gué. D'où le lieu-dit *Négase* (« noie âne »). Morte de fatigue, de faim et de chagrin, elle finit par planter là la lourde pierre qu'elle avait été condamnée à porter sa vie durant. À ce même endroit se trouve la pierre de la Vieille, une grande dalle de schiste dressée sur la montagne. Furieuse, la fée la foudroya sur-le-champ ! Et c'est en souvenir de cette pauvre malheureuse que la montagne est appelée la Vieille-Morte. Si de nos jours encore l'hiver se prolonge, ne cherchez pas, c'est elle qui se venge en faisant souffler un air froid.

UN PEU D'HISTOIRE

En 1686, l'abbé du Chayla vint s'installer ici pour reconquérir les Cévennes « impies » et créa un séminaire. Le 24 juillet 1702, l'assassinat de l'abbé mit le feu aux poudres et déclencha la guerre des camisards. Il est enterré dans « son » église.
Durant la Seconde Guerre mondiale, les habitants de Saint-Germain accomplirent un acte des plus héroïque. Toute la population, avec, à sa tête, les patrons de l'*hôtel Martin,* le pasteur et l'instituteur, sauva 25 juifs des griffes odieuses des nazis. Quatre de ces héros reçurent de l'État d'Israël la médaille des Justes des Nations, la plus haute distinction accordée par cet État à des personnes ayant sauvé des juifs en Europe pendant l'occupation allemande.

Adresse utile

Office de tourisme Cœur des Cévennes : *pl. de l'Église. ☎ 04-66-45-93-66. • cœur-des-cevennes.com • Lun-mer et ven plus sam mat.* Infos sur le circuit de 2h dans le village.

Où dormir à Saint-Germain et dans les environs ?

Camping

La Garde : *La Garde. 06-66-36-53-29. • campinglagarde@orange.fr • campinglagardecevennes.com • À 1 km du village. Ouv juin-sept. Forfait pour 2 en hte saison 26,50 € ; gîtes et lodges (jusqu'à 4 pers) 290-580 €/sem. CB refusées. 25 empl.* Mignon petit camping à la ferme, avec des emplacements en terrasses et nettement séparés par la végétation, dans une châtaigneraie. Buvette et barbecue. Chalets en bois et lodges à louer. Installations bien intégrées dans le paysage. Piscine.

De prix moyens à chic

Chambres d'hôtes La Ferme de Lancizolle : *Lancizolle. ☎ 04-66-45-92-82. • stephannebenon@free.fr • lancizolle.com • À 3 km du village par la D13 dir Saint-Michel-de-Dèze. Fermé oct-avr. Compter 65 € pour 2. Table d'hôtes (sf dim) 19,50 €.* Cette famille d'agriculteurs propose 2 roulottes colorées, façonnées par un artisan alsacien, une cabane bien arrangée au milieu des châtaigniers, construite par Stéphane *himself,* ou un gîte. Le petit déj est déposé sur la petite table extérieure des roulottes, et installé au bout d'un système de poulie pour la cabane. Anne et Stéphane proposent aussi une table d'hôtes, qui fait la part belle au lapin. Et on peut également découvrir l'élevage du ver à soie. Accueil vraiment très sympa.

Chambres d'hôtes du Mas Lou Abeilhs : *La Fare. ☎ 04-66-45-94-91. 06-60-86-85-49. • bonnal-julien@orange.fr • chambres-cevennes.fr • À 6 km au nord (dont 500 m de piste). Prendre la direction du Serre de la Can, puis le Cros ; ensuite, c'est fléché. Fermé de mi-sept à mi-mai. Compter 60 € pour 2. Table d'hôtes 20 €.* Petite maison joliment restaurée et décorée avec soin. Tapis de mosaïque à l'entrée des chambres, confortables et très agréables, toutes indépendantes et avec terrasse. L'ensemble surplombe un vallon sauvage et offre une vue dégagée sur les serres et les vallées. L'activité agricole familiale vous permet de goûter toute l'année aux produits du terroir : miel, confitures, pommes, brioches, sans oublier les légumes du jardin à la table d'hôtes. Plein de sentiers alentour et possibilité de balades à dos d'âne.

Chambres d'hôtes et gîte d'étape Le gîte de Valès : *Valès, 48240* ***Saint-André-de-Lancize.*** *☎ 04-66-45-93-20. • anesvales@*

wanadoo.fr • À 11 km de Saint-Germain-de-Calberte. À Saint-André-de-Lancize, prendre à droite vers Le Valès ; il reste encore 3 bons km. Fermé oct-avr. Résa obligatoire. Nuitée 18-24 €/pers. En chambre d'hôtes, compter 62 € pour 2. Table d'hôtes 21 €. Séverine et Alain ont fort bien rénové cette ferme en pierre du XIIe s. 3 chambres d'hôtes joliment décorées, spacieuses et confortables, et un gîte d'étape. Séverine cuisine de délicieux repas à base de produits bio, locaux et volontiers végétariens, qu'on prend dehors si le temps le permet. Également location d'ânes et de poneys, avec des conseils d'itinéraires. Accueil charmant.

Chambres d'hôtes de Vernet : *Vernet, 48370* ***Saint-Germain-de-Calberte.*** *☎ 04-66-45-91-94. • gerardsabine.lamy@orange.fr • vernetcevennes.com • À 10 km au nord par la D 984 direction Florac ou Saint-André-de-Lancize ; à 7 km, suivre le chemin à gauche ; Vernet est à 3 km de là. Fermé 15 nov-1er avr. Compter 60 € pour 2. Dîner 19 €.* Dans un hameau perdu dans la verdure. Accueil à la ferme mais dans un bâtiment indépendant, tout de schiste et de lauzes. Chambres simples mais confortables. Le soir, au menu, légumes du jardin, agneau du pays et gâteau à la châtaigne.

Chambres d'hôtes Lou Pradel : *Le Pradel, 48370* ***Saint-Germain-de-Calberte.*** *☎ 04-66-45-92-46. • lou.pradel@wanadoo.fr • loupradel.com • À 10 km à l'est par la D 13 direction col de Pendédis. Fermé Toussaint-Pâques. Compter 89 € pour 2. ½ pens 82 €/pers. Réduc de 10 % sur le prix de la chambre hors juil-août sur présentation de ce guide.* Environnement vraiment sublime pour cette adresse tenue par des Flamands amoureux de la région, qui vous réservent un accueil chaleureux. 3 chambres d'hôtes dans un petit bâtiment indépendant cosy, aux murs badigeonnés à la chaux et à la déco personnalisée. Salon avec cheminée, bibliothèque, machine à expresso, petite vitrine avec les confitures maison... Vue époustouflante sur la vallée et beau jardin fleuri. Au dîner, savoureuse cuisine de marché aux produits du terroir et légumes du potager, dont on profite parfois en terrasse quand le temps le permet. Pol tenait une brasserie en Belgique avant de venir s'installer ici : il s'y connaît côté cuisine !

À voir. À faire

Le château Saint-Pierre : *sur la route de Pendédis. ☎ 04-66-45-90-30. À 1 km à l'est du village, prendre au pont du Gardon un sentier pédestre qui mène au château. 15 juil-10 sept et Journées du patrimoine, tlj 15h-19h. Entrée : 5 € ; gratuit moins de 12 ans.* De cet ancien bastion féodal, il reste une tour-donjon à meurtrières et un logis où la famille Darnas vit depuis plus de 30 ans. Irène, Daniel et leurs enfants restaurent patiemment les lieux. En été, exposition des bijoux créés par monsieur, orfèvre de son état. Visite du chantier archéologique sur demande.

DANS LES ENVIRONS DE SAINT-GERMAIN-DE-CALBERTE

➢ ***Le plan de Fontmort :*** col (896 m) situé à 14 km à l'ouest de Saint-Germain-de-Calberte par la D 13. Un monument commémore l'édit de tolérance (1787) qui autorisa à nouveau la religion protestante en France : geste symbolique 2 ans avant la Révolution française.

LA VALLÉE LONGUE

Carte Lozère, C-D4

Après avoir sillonné les (toutes) petites routes des vallées voisines, cette large et confortable nationale qui suit le fond de la vallée peut surprendre. Parmi les vallées cévenoles, elle est celle où la mine et les mineurs ont laissé la plus forte empreinte. Cette vallée longue a également été fortement marquée par le protestantisme : le plus ancien temple de France (1646) est installé au Collet-de-Dèze.

Adresse utile

Office de tourisme Cœur des Cévennes : *dans la rue principale, 48160,* ***Le Collet-de-Dèze.*** *☎ 04-66-45-01-14. • cœur-des-cevennes.com • En saison, tlj sf sam ap-m et dim.*

Où dormir ? Où manger ?

De bon marché à prix moyens

Chambres d'hôtes Le Lauzas : *Le Lauzas, 48160* ***Saint-Andéol-de-Clerguemort.*** *06-07-23-32-89. • tounezi@gmail.com • lelauzas.tel • Sortir du Collet-de-Dèze direction Florac, prendre la 1re à droite sur la N 106 et continuer encore 8 bons km. Et la dernière portion pour accéder à la maison est un peu raide ! Compter 70 € pour 2. Table d'hôtes 22 €.* Superbe mas cévenol traditionnel, isolé dans un magnifique paysage de montagne ; en réalité, un hameau escarpé, en terrasses, au milieu d'une végétation étonnante et quasi sauvage, sillonnée par un petit torrent de montagne où l'on peut se baigner. 2 chambres d'hôtes indépendantes. Une grande salle avec bibliothèque, TV et documentation est à la disposition des hôtes. Rare et superbe !

Le Vieux Moulin : *pl. du Temple, 48160* ***Le Collet-de-Dèze.*** *☎ 04-66-31-83-72. • contact@cevennes-vieuxmoulin.com • cevennes-vieuxmoulin.com • Resto tlj sf mer et dim soir hors saison. Fermé en janv. Doubles 59-65 €. Menus 20-26 €.* Après quelques années passées sous le soleil antillais, le couple qui tient les rênes de cet établissement de village lui a donné de la couleur et un coup de jeune. Une poignée de chambres agréablement rénovées. Au resto se côtoient cuisine traditionnelle, produits locaux et saveurs plus exotiques. Terrasse. Atmosphère conviviale.

La Source : *La Devèze, 48160* ***Le Collet-de-Dèze.*** *☎ 04-66-45-42-34. À 3 km du Collet en direction d'Alès. Tlj sf soir dim-mar ; plus soir mer-jeu soir hors saison. Fermé janv. Formule 14 € et menus 17-24 €. Digestif offert sur présentation de ce guide.* Un resto qui pourrait passer inaperçu derrière cette aire de repos de la nationale, mais qui mérite vraiment l'arrêt ! Dans l'assiette, de beaux produits du pays simplement mais joliment travaillés, pour une addition sans excès. Accueil et service d'une charmante discrétion. Petite salle toute simple mais plaisante (avec cheminée), prolongée en été d'une terrasse de poche. Et pas loin, un robinet d'où coule la fameuse source, qui permet d'alimenter les carafes. La bonne adresse, quoi.

FLORAC

(48400) 2 100 hab. *Carte Lozère, C3*

Au pied de la corniche du causse Méjean, la ville occupe le fond d'une vallée encaissée où se rencontrent trois rivières – le Tarn, le Tarnon, la Mimente – et

un petit ruisseau, le Vibron, qui jaillit à la source du Pêcher et qui traverse le centre de Florac. C'est aussi le lieu où se rencontrent le granit du mont Lozère, le schiste des Cévennes et le calcaire du Causse, réunion géologique rare.
Cette petite sous-préfecture est aujourd'hui le siège du parc national des Cévennes.

LE PARC NATIONAL DES CÉVENNES

Depuis 1985, le parc national des Cévennes est reconnu comme « réserve de la biosphère » par l'Unesco. Ce parc, majoritairement situé en Lozère, profite d'une diversité climatique exceptionnelle. Il abrite, sur 93 728 ha, 2 300 espèces végétales, plus de 2 400 espèces faunistiques, et on y a réintroduit le cerf, le castor, le grand tétras, sans oublier, bien sûr, le fameux vautour fauve. Et le loup semble, discrètement, être lui aussi revenu dans les Cévennes.
Pour ceux qui séjournent plus longtemps et veulent s'informer, le parc édite une série de *fiches thématiques* très pratiques (gîtes d'étape, menhirs et dolmens, vautour fauve, castor, mouflon...), téléchargeables sur le site internet. On trouve à la Maison du parc tous les topoguides des GR.
Quant au *Festival nature,* demandez le programme de la saison en cours ou consultez-le sur le site • *cevennes-parcnational.fr* • Le parc vous accueille également au musée du Mont-Lozère au Pont-de-Montvert, dans les Maisons du parc à Génolhac et au Vigan. Plus de 20 relais d'information partenaires du parc sont aussi ouverts en été.
Plusieurs sites d'interprétation (musées, sentiers...) regroupés dans ses trois écomusées du Mont-Lozère, de la Cévenne et du Causse et Gorges. ATTENTION : le parc ne s'occupe pas de la réservation des nuitées dans les gîtes d'étape ni dans les gîtes ruraux.

Arriver – Quitter

➢ ***Navette bus :*** ***Voyages Boulet,*** ☎ *04-66-65-19-88 ou* 📱 *06-60-58-58-10.* • *voyages-boulet.com* • Entre Mende et Florac, 1 bus/j. lun-sam tte l'année, départ à 7h, pl. de l'Ancienne-Gare (plus 13h, lun-ven de nov à mi-avr et 13h20 de mi-avr à oct). Entre Alès et Ispagnac via Florac, 1 bus/j. lun-sam (sf j. fériés) de mi-avr à fin sept ; départ à 10h30 pl. de l'Ancienne-Gare, retour à 12h10. Plusieurs étapes à travers la vallée Longue (Cassagnas, Saint-Julien-d'Arpaon, Le Collet-de-Dèze). D'oct à mi-avr, transport à la demande sur résa mer et sam (à vérifier auprès de la compagnie).
🚗 ***Taxis :*** ***Cévennes Transports,*** 📱 *06-71-27-65-66 ;* ***Cars Boulet,*** ☎ *04-66-65-19-88 ;* ***La Malle Postale,*** 📱 *06-67-79-38-16.*
– ***Covoiturage :*** • *voisine48.fr* •

Adresses et infos utiles

ℹ ***Office de tourisme :*** *33, av. Jean-Monestier.* ☎ *04-66-45-01-14.* • *vacances-cevennes.com* • ♿ *Dans la grande rue qui traverse la ville. Pâques-Toussaint, lun-dim mat ; le reste de l'année, lun-ven.*
ℹ ***La Maison du parc national des Cévennes :*** *en face du château de Florac.* ☎ *04-66-49-53-00.* • *cevennes-parcnational.fr* • ♿ *Pâques-Toussaint, lun-ven 9h-13h, 14h-19h ; w-e 10h-13h, 15h-18h.* C'est l'épicentre incontournable du parc. Documentation abondante et variée. Expositions, librairie, salle vidéo, tout y est.
■ ***Cévennes Évasion :*** *5, pl. Boyer.* ☎ *04-66-45-18-31.* • *cevennes-evasion.com* • *Tte l'année, lun-ven 9h-12h30, 14h-18h (tlj en juil-août, jusqu'à 19h).* Loue des vélos tout-terrain

à la demi-journée ou à la journée. Location également de canoës pour pagayer dans les gorges du Tarn. Organise des randonnées accompagnées, à pied et à VTT ; spéléologie, escalade, canyoning, *via ferrata*.

■ ***Tourisme Actif :*** *11, pl. Esplanade. 06-83-41-73-08. • tourismeactif.com • Tte l'année. Accueil en boutique en été 10h-12h30, 16h-19h.* Spécialisé dans l'encadrement d'activités de pleine nature : canyoning, spéléo et bivouac sous terre, *via ferrata,* parcours d'aventure.

– ***Marché :*** *jeu mat, pl. de la Mairie.*

Où dormir ? Où manger ?

Camping

Le Pont du Tarn : *route du Pont-de-Montvert. ☎ 04-66-45-18-26. • contact@camping-florac.com • camping-florac.com • À 2 km du centre-ville, au carrefour de la route d'Ispagnac et du Pont-de-Montvert. Ouv 1er avr-1er nov. Compter 23-35 € pour 2 selon confort en hte saison ; mobile homes et bungalows 246-660 €/sem. 181 empl.* Dans un site bien équipé, au bord du Tarn et en partie ombragé : les premiers arrivants auront les meilleures places. Verdoyant et accès direct à la rivière. Minigolf, terrain de basket. Piscine chauffée.

De bon marché à prix moyens

Les Tables de la Fontaine : *31, rue du Théron. ☎ 04-66-65-21-73. 06-72-16-15-17. • contact@tables-de-la-fontaine.com • tables-de-la-fontaine.com • Dans une rue tranquille du centre. Resto tlj sf mer et soir dim. Compter 65-80 € pour 2 en chambre d'hôtes. Menu 13 € midi sem ; le soir, formule et menu 21-24 €.* Un patio fleuri pour les jours de soleil et une jolie salle dans l'air du temps avec cuisine ouverte et expos d'art aux murs. Côté ambiance, l'impression d'être invité chez des amis. Côté cuisine, des produits locaux préparés simplement mais avec envie et doigté. Et si vous n'avez plus envie de repartir, 4 chambres d'hôtes, mignonettes.

Le Camisard : *12, rue du Pêcher. ☎ 04-66-45-42-37. En plein centre. Tlj en saison. Tlj midi slt sf w-e hors saison et soir mer et ven. Menu unique 14 €.* Décor d'un bistrot de quartier d'il y quelques décennies. Ambiance dans le même esprit : le service a le sourire, la clientèle d'habitués aussi. Et on en affiche également un quand arrivent les assiettes : chouettes produits du terroir pour une excellente cuisine, toute simple mais avec une pointe d'idée et à un prix... Le soir (quand c'est ouvert), c'est... kebab avec pain bio maison et frites à la graisse de bœuf ! Petite terrasse sur la rue (piétonne) aux beaux jours.

Chic

Hôtel des Gorges du Tarn – Restaurant l'Adonis : *48, rue du Pêcher. ☎ 04-66-45-00-63. • gorges-du-tarn.adonis@wanadoo.fr • hotel-gorgesdutarn.com • Resto tlj sf mer, jeu midi et sam midi hors saison. Fermé Toussaint-Pâques. Doubles 65-89 €. Formule déj sem 23 € ; menus 27-55 €.* Ne fantasmez surtout pas sur l'enseigne. Point de Tarn ici, et encore moins d'Adonis... Juste 2 bâtiments sans grâce. Cela dit, si vous cherchez un endroit pour vous poser, un restaurant où vous régaler, choisissez cette maison impeccablement tenue, où l'accueil est aussi sérieux et appréciable que l'assiette, où la qualité des produits et la maîtrise du chef garantissent une étape agréable. Salle de petit déjeuner lumineuse et moderne. Chambres classiques et confortables, certaines avec kitchenette.

Où dormir ? Où manger dans les environs ?

Voir aussi nos adresses sur le causse Méjean dans le chapitre « La Lozère ».

LES CÉVENNES

Campings

⛺ ***Chantemerle :*** *La Pontèze, 48400* ***Bédouès.*** *☎ 04-66-45-19-66. • chante-merle@wanadoo.fr • camping-chantemerle.com • ♿ À 4 km du centre de Florac, sur la D 998 (route du Mont-Lozère). Compter 18 € pour 2 en hte saison ; mobile homes 4-6 pers 265-595 €/sem. 77 empl. 📶 Réduc de 5 % sur le prix d'1 séjour camping ou mobile home sur présentation de ce guide.* Cadre champêtre bien agréable pour ce petit camping au bord du Tarn, avec plage herbeuse et transats. Emplacements au calme et bien ombragés. Aire de barbecue. Resto-pizzeria. Et pour les balades, le chemin de Stevenson passe au milieu du camping ! Accueil charmant de la nouvelle proprio.

⛺ ***Camping de la Quillette :*** *Lou-Mouly, 48400* ***Rousses.*** *☎ 04-66-44-00-29. 📱 06-09-51-88-27. • argenson.c@wanadoo.fr • À env 20 km par la N 107 en direction de Saint-Jean-du-Gard, puis, à droite, la D 907 en direction de Meyrueis ; à Rousses, prendre, à droite, la D 119. Ouv 1er juil-15 sept. Compter 11 € pour 2 en hte saison. CB refusées. 25 empl. 📶* On l'aime bien cette aire naturelle toute simple, disposant d'emplacements semi-ombragés, dans un site superbe au bord de la rivière Tarnon (où l'on peut se baigner).

Bon marché

⛺ 🏠 🍽 ***Espace Stevenson :*** *ancienne gare, 48400* ***Cassagnas.*** *☎ 04-66-45-20-34. • belchauvet@yahoo.fr • relais-stevenson.fr • ♿ (resto). Dans la vallée de la Mimente, à 16 km de Florac sur la N 106 en direction d'Alès. Accès par une petite route pentue (1,5 km), sur la droite. Fermé vac de fév et de la Toussaint, et sem de Noël. Forfaits camping 2 pers 10,50-13 €. 18 empl et 2 mobile homes. Compter 28,50-31 €/pers en chambre 2-5 pers, petit déj compris, et 16,50-18 €/pers en gîte d'étape (dortoir de 2-8 pers). Buffet 13 € le midi et 18 € le soir.* Au bord de la rivière, dans l'ancienne gare de Cassagnas. Le coin est sympa et tranquille mais vous n'y serez que rarement seuls puisque les randonneurs, sont nombreux à trouver refuge pour la nuit dans ce qui est un des plus grand « relais » sur le chemin de Stevenson. Le confort est simple, et la literie récente. Resto avec ses formules « buffets » pour marcheurs épuisés donc affamés ! On peut aussi simplement se désaltérer au bar. Également un point poste et un camping dans un site agréable, verdoyant et très calme, avec des emplacements séparés par des haies, et une pelouse ombragée.

🏠 🍽 ***Chambres d'hôtes La Ferme des Cévennes :*** *La Borie, 48400* ***La Salle-Prunet.*** *☎ 04-66-45-10-90. • accueil@lafermedescevennes.fr • lafermedescevennes.com • ♿ À 6 km de Florac ; on y arrive par une route sinueuse qui part de la N 106 ; c'est indiqué. Fermé de mi-nov à mars. Nuitée en dortoir 16-19 €. En chambre, compter 38-49 € pour 2 et 52-66 € pour 3. Repas 19 €. 📶* Occupant tout un hameau, c'est avant tout une ferme authentique, tenue par de sympathiques fermiers bio qui élèvent chèvres et cochons et font du pélardon et de la charcuterie. Un ensemble assez surprenant de joyeux souk et de confort rustique pour les chambres : planchers en châtaignier, murs badigeonnés de chaux, meubles anciens... Diverses activités sont proposées : traite ou sortie des chèvres et visite de la fromagerie (pélardon AOP) et des caves et du petit écomusée installé sur place, balade à la journée avec un âne...

🏠 🍽 ***L'Auberge Cévenole :*** *48400* ***La Salle-Prunet.*** *☎ 04-66-45-11-80. • auberge-cevenole.fr • À 2 km de Florac, sur la route d'Alès. Tlj sf dim soir et lun non fériés hors saison. Fermé de mi-nov à mi-mars. Résa souhaitée. Double 46 €. Formule 14,80 € et menus 22-30 € env. 📶* Une vieille maison en pierre du pays, nichée au fond de la vallée de la Mimente et noyée sous la végétation. Cette adorable auberge, légèrement en retrait de la route, offre une poignée de chambres, petites mais gentiment rénovées et bien tenues. La cuisine, de terroir, fait la part belle à la charcuterie du pays et aux champignons... Idéal donc pour une étape ! L'auberge ne manque pas, d'ailleurs, de faire le plein chaque dimanche pour les traditionnels repas en famille. Excellent accueil. Jolie terrasse sous sa treille pour l'été.

De prix moyens à chic

La Lozerette : *Cocurès, 48400* ***Florac.*** *☎ 04-66-45-06-04. • lalozerette@wanadoo.fr • lalozerette.com • À 6 km de Florac sur la route du mont Lozère (D 998). Resto tlj sf midi mar-mer, plus lun midi hors saison (sf clients de l'hôtel). Fermé Toussaint-Rameaux. Doubles 65-100 €. Menus 20 € (midi, sf dim et j. fériés) puis 27,50-54 €.* Une affaire de famille depuis 3 générations. Des spécialités du pays traitées avec imagination et bon goût et de superbes propositions de menus à composer soi-même en choisissant les plats à la carte. Belle carte de vins (riche en Languedoc, cela va de soi). Service pro. Côté hébergement, des chambres décorées avec le même raffinement que la salle. Petit espace transat pour les clients de l'autre côté de la route. Une adresse coup de cœur, fort bien tenue et à l'accueil charmant.

Domaine des Trois Tilleuls : *48400* ***Saint-Julien-d'Arpaon.*** *☎ 04-66-45-25-94. • info@les3tilleuls.com • les3tilleuls.com • À 8 km au sud-est de Florac par la N 106. Fermé de mi-nov à mi-avril. Compter 56-64 € pour 2 en chambre ou roulotte. Dîner (sur résa) 20 €. CB acceptées. Réduc de 10 % sur le prix de la chambre sur présentation de ce guide.* Gîtes, chambres d'hôtes et roulottes sont répartis au dessus de la vallée de la Mimente, sur une propriété dont l'histoire remonte au XVIIIe s. Environnement plutôt agréable, avec les ruines du château de Saint-Julien juste à côté et une belle terrasse pour profiter de la vue en dînant à la fraîche. Chambres toutes simples : on conseille (si possible) d'en visiter plusieurs avant de faire son choix. Roulottes pour les amateurs. Piscine chauffée, jacuzzi, salle de jeux (billard, baby-foot)...

Où acheter de bons produits ?

Florac connaît une concentration sans pareille de boutiques « paysannes », proposant des produits fermiers, locaux et artisanaux, le plus souvent gérés par les producteurs eux-mêmes. On peut par exemple citer le plus grand, **La Maison des Paysans** *(3, rue Théophile-Rousse ☎ 04-66-31-22-07 ; • lamaisondespaysans.fr •),* mais il y en a plusieurs autres dans les rues alentour. Un petit marché paysan se tient chaque dimanche matin en juillet-août.

L'Atelier du Miel et de la Châtaigne : *64, av. Jean-Monestier. ☎ 04-66-45-28-41. À proximité de l'office de tourisme. Tte l'année, mar-dim mat.* Beaucoup de spécialités à base de farine de châtaigne : pains d'épice au miel de châtaigne, tuiles, biscuits. Et aussi des confitures, plusieurs variétés de miel...

À voir

Le château de Florac : *mêmes horaires que la Maison du parc national des Cévennes (voir « Adresses et infos utiles »).* Une grosse bâtisse du XVIIe s, flanquée de deux tours rondes à toit pointu. Il a été construit sur un emplacement très ancien (XIIIe s) appartenant à la baronnie de Florac (Raymond d'Anduze). Tour à tour château féodal, grenier à sel, prison et hôpital militaire au XIXe s, colonie de vacances dans les années 1950-1960, il a été acquis par le parc national des Cévennes en 1973, qui l'a restauré pour y aménager une exposition permanente *(entrée gratuite),* « passagers du paysage », et des expos temporaires en été.

Le vieux Florac : y flâner à pied au départ du château, de places en ruelles anciennes où se serrent beaucoup de maisons traditionnelles. Au long de la rue principale, la source du Pêcher et sa petite cascade avec le château en fond de décor semblent prendre la pose pour la photo. Spectaculaire portail dit des Templiers, rue de l'Église. Un parcours historique avec une douzaine de panneaux explicatifs a été mis en place avec le concours du parc. Fiche-guide disponible gratuitement à l'office de tourisme.

À faire

Randonnées

➢ ***Les sentiers de découverte autour de Florac :*** 16 sentiers en boucles tout public (1h30-5h) permettent de découvrir la belle nature des environs. Plus de détails dans la collection de topoguides (payants) *Autour du parc national des Cévennes.*

➢ ***Le GR 68 (tour du mont Lozère) et le GRP tour des Causses :*** plus sauvages que le tour de l'Aigoual, ces magnifiques balades à pied font l'objet d'un topoguide que vous trouverez au centre d'information du parc à Florac ou dans les librairies. Le GR 68 passe à 1 km au nord de Florac, au Pont-du-Tarn (camping et gîte). Mieux vaut commencer le tour du mont Lozère ici en raison des facilités d'accès et de ravitaillement. Cette rando inoubliable est décrite un peu plus loin dans « Le mont Lozère ».

Via ferrata

➢ ***La via ferrata du Rochefort :*** la plus aérienne des *via ferrata* de Lozère ! Installée sur l'imposant rocher qui domine la ville, la voie propose deux itinéraires qui s'ouvrent sur la vallée : l'un moyen, l'autre plus difficile. En libre accès ou accompagnés par les guides locaux (se renseigner à l'office de tourisme).

Manifestations

Consulter l'agenda en ligne jour par jour, toute l'année sur le site : • *vacances-cevennes.com* • *agenda365.fr* •
– ***Florilège*** *(festival des métiers d'hier et d'aujourd'hui)* **:** *début août. Infos auprès du parc national des Cévennes : ☎ 04-66-49-53-01.* Marché paysan, miniferme, démonstration de travail de chiens de berger et de tonte, films, animations enfants...
– ***Festival de la soupe :*** *autour du w-e de la Toussaint.* Musiciens, soupes de quartier, spectacles et ambiance des veillées et des saveurs d'antan...

LE MONT LOZÈRE

Carte Lozère, C3

C'est hors saison qu'il faudrait admirer cette grande dame à l'austère beauté, géante de granit endormie sous ses herbages jaunis, usée par des siècles de vent et de pluie. 1 699 m à son sommet ! En hiver, ses flancs sont tout blancs et les rares hameaux habités semblent surnager péniblement au-dessus de cette mer de neige. Venez ici un jour de tempête, quand les rafales de vent font hurler les « clochers de tourmente ». Ce lointain mugissement dans la brume envoûte le voyageur. Mais naguère, il servait à guider ses pas et à lui signaler l'existence d'un village proche où il trouverait un refuge pour la nuit. Car la majesté de ces grands espaces infinis cache aussi ses pièges, ses dangers et ses fantômes.

Dès le printemps, la montagne change de visage, se couvrant de genêts comme une lointaine Bretagne. Les skieurs de fond partis, voici les randonneurs qui se lancent dans le tour du mont Lozère par le GR 68. Les hameaux se dessinent dans le paysage : îlots de vie repliés sous d'épais murs de granit. Et puis soudain, des silhouettes dressées jaillissent dans cette immensité vide : un champ de menhirs ! Sur la Cham des Bondons, à plus de 1 000 m d'altitude, il y en a exactement 154 éparpillés sur quelques 10 km² (mais seule une centaine a, pour l'instant, été relevée). C'est le deuxième site mégalithique de France.

UN PEU D'HISTOIRE

Le mont Lozère, grande barre granitique, a toujours marqué une limite entre deux mondes : frontière entre le royaume de France (au nord) et le comté de Toulouse (au sud), et, depuis la Réforme, frontière spirituelle entre le Gévaudan catholique et la Cévenne protestante.
Du XIIe s à la Révolution française, le mont Lozère et ses hautes terres étaient sous la juridiction de l'ordre de Malte, issu de la chevalerie médiévale, qui levait des impôts et percevait des droits de passage sur les transhumants. Leur vaste domaine, le cap Francès (5 000 ha), était balisé par de nombreuses bornes et ces rochers gravés d'une croix de Malte que l'on découvre aujourd'hui au hasard de la promenade.
De nos jours, les seules ressources agricoles du massif sont les pâturages d'estive et l'élevage des bovins. Les troupeaux de moutons, hier très nombreux, ne jouent plus le rôle économique d'antan.

LE TOUR DU MONT LOZÈRE À PIED

Compter 110 km environ et 1 semaine de marche en suivant toutes les étapes du GR 68 balisé en blanc et rouge. Ce très beau circuit pédestre permet de faire le tour du massif étendu sur plus de 30 km d'est en ouest. Généralement, le voyage commence à Villefort par les pentes du versant nord, Le Bleymard, Bagnols-les-Bains. Puis on passe le col de la Loubière, on traverse les étendues dénudées de La Fage et on descend à Florac par la crête calcaire de l'Eschino d'Ase (quel nom exotique !). De là, le sentier quitte le mont Lozère pour grimper sur le sommet de la montagne du Bougès au sud, d'où l'on découvre l'ensemble du mont Lozère. Par la variante GR 72, on traverse les vieux hameaux de Mas-Camargues, Bellecoste, Mas-de-la-Barque.
Mais rien ne vous empêche de le faire en sens inverse, et de partir de Florac, avec en poche la carte dénichée au centre d'information du parc (voir à Florac plus haut).

Sentiers de promenades (en boucles)

Quatre topoguides (nos 1, 4, 10 et 19) de la collection *Autour du parc national des Cévennes* proposent chacun une quinzaine de sentiers. De difficulté variable, ces belles balades prennent autour de 3h pour la plupart. Prenez soin de vous renseigner sur les conditions météo au préalable, ce superbe massif granitique étant réputé pour son climat contrasté : orages violents en été, brouillard et tempêtes de neige hors saison.

Où dormir ? Où manger ?

Voir nos adresses dans les pages suivantes ; sinon, plusieurs gîtes d'étape sur le trajet : à Génolhac (dans les Cévennes gardoises), au Bleymard, à

Saint-Étienne-du-Valdonnez... Se renseigner au *centre d'information du parc national des Cévennes* et se reporter aux pages correspondantes. Dans tous ces lieux, il est préférable de téléphoner à l'avance.

LE PONT-DE-MONTVERT

(48220) 300 hab. *Carte Lozère, C3*

À 18 km à l'est de Florac, par une très belle route. Petit bourg en granit qui a beaucoup de charme et de caractère, au creux de la vallée du haut Tarn. Vieilles baraques aux murs épais comme ceux des forteresses. Sur l'ancien pont qui enjambe la rivière, on croise jeunes et vieux randonneurs au départ ou à l'arrivée des divers sentiers alentour.

UN ABBÉ MEURTRIER

C'est au Pont-de-Montvert, le 24 juillet 1702, que fut tué l'abbé du Chayla, archiprêtre des Cévennes. Après avoir été un martyr chrétien en Chine, il devint le persécuteur des protestants. Les camisards prirent d'assaut sa maison, capturèrent l'abbé, puis abandonnèrent son cadavre percé de 52 coups de couteau. Les rebelles délivrèrent les prisonniers qu'il avait enfermés et torturés dans sa maison. Cette nuit tragique déclencha la guerre des camisards, dans les Cévennes.

Adresse utile

Office de tourisme : *au centre du bourg, rive droite du Tarn. ☎ 04-66-45-81-94. • cevennes-montlozere.com • Tlj sf dim (ouv dim mat en saison). Pour le chemin de Stevenson, infos à l'association* ***Stevenson*** *(☎ 04-66-45-86-31 ; • chemin-stevenson.org •).*

Où dormir ? Où manger ?

La Truite Enchantée : *le Quai. ☎ 04-66-45-80-03. Tlj en saison (sur résa slt hors saison). Fermé déc-mars. Double 44 € ; familiales 49-54 €. Menus 18-33 €. CB refusées. Café, thé ou infusion offert(e) sur présentation de ce guide.* Une discrète adresse qu'on gagne en quelques marches, après avoir franchi la porte cochère. 8 chambres spacieuses, claires et propres (avec w-c sur le palier), donnant sur le Tarn ou le jardin. Au resto, salle colorée pour une bonne petite cuisine familiale et généreuse à base de produits régionaux (truite, évidemment au menu !). Accueil d'une vraie gentillesse.

Où dormir ? Où manger dans les environs ?

Chambres d'hôtes Le Merlet : *Le Merlet, 48220* ***Le Pont-de-Montvert.*** *☎ 04-66-45-82-92. • lemerlet@wanadoo.fr • lemerlet.com • À 8 km à l'est du Pont-de-Montvert. Prendre d'abord la D 998 dir Génolhac ; à 5,5 km, juste avt un pont, tourner à gauche vers Masméjean, puis immédiatement à gauche encore : ce chemin conduit au hameau, 2,5 km plus loin. Résa conseillée. Compter 58 €/pers en ½ pens.* Une grosse ferme en granit, accrochée au versant sud du mont Lozère, dans un paysage superbe. Jolie vue d'ailleurs depuis les chambres, confortables et avec un petit souci de déco (œuvres des artisans d'art du village). Possibilité de prendre les repas en commun à la table d'hôtes et d'acheter des produits fermiers (notamment le jus de pomme maison). Les Galzin organisent aussi des veillées au coin du feu. Un merveilleux bout du monde !

Achats

La Galerie Singulière : *Grand-Rue. ☎ 04-66-45-81-94. En principe, mer-dim 10h30-12h30, 15h-18h30.* Des artistes et artisans du département se sont regroupés en association et présentent leur travail dans cette galerie. Ils travaillent papier, métal, bois, textile, peinture...

À voir

Le musée du Mont-Lozère : *☎ 04-66-45-80-73. Sur les hauteurs du village, sur la gauche de la route qui monte vers le col de Finiels. Avr et oct, tlj sf mar-mer, 15h-18h ; mai-sept, tlj (sf mar hors juin-août) 10h-12h30, 15h-18h30. Entrée : 3,50 € ; réduc ; gratuit moins de 6 ans. Audioguide gratuit.* Expo très didactique pour tout savoir sur le mont Lozère : géologie, histoire (large partie consacrée au protestantisme), faune et flore, arts et traditions populaires (sympathiques vitrines consacrées aux moutons et à la laine). Petit film à la fin. Propose les descriptifs gratuits de 10 sentiers à thème répartis sur le mont Lozère (comme le sentier des Menhirs ou le sentier de Mas-Camargues...).

DANS LES ENVIRONS DU PONT-DE-MONTVERT

Le hameau de L'Hôpital et le Mas-Camargues : *à env 8 km du Pont-de-Montvert par la D 20 direction Finiels puis la première petite route sur la droite (c'est indiqué).* Plusieurs autres petits hameaux (Le Mazel, Villeneuve...) se suivent sur cette étroite route vicinale qui s'arrête à l'Hôpital, à l'architecture typique des pentes du Mont-Lozère avec ses maisons aux linteaux de granit et ses toits de chaume (dont celui du moulin). Une piste (carrossable) mène ensuite au Mas-Camargues, superbe ensemble de bâtiments agricoles, mentionné dès le XVe s, un endroit magique situé juste en dessous des sources du Tarn. Plusieurs boucles possibles autour du site, de 1h30, 2h ou 4h). Du Mas-Camargue, la piste conduit ensuite au Mas-des-Barques (voir plus loin le chapitre Villefort).

CIRCUIT DE DÉCOUVERTE DU MONT LOZÈRE

À faire en voiture au départ du Pont-de-Montvert. Une magnifique balade sur la montagne des sources. Comptez une bonne journée, sinon deux en prenant votre temps. À l'instar de l'Aigoual, son rival méridional, le mont Lozère est le royaume des sources. Une ribambelle de ruisseaux y prennent naissance. Le Tarn est là, non loin du col de Finiels, mais aussi tous les inconnus du mont Lozère aux noms chantants : le Finialette, le Galadet, le Bramon, le Malpertus, les ruisseaux de Mère l'Aygue, de Gourdouse, de Rieumalet. Quant au Lot et à l'Allier, ils prennent leur source en face du mont Lozère, sur les pentes de la montagne du Goulet.

LE COL DE FINIELS

Prenez le temps de respirer, vous êtes à 1 541 m d'altitude. Plusieurs chemins de randonnée vers le sommet de Finiels (1 699 m) ou vers les sources du Tarn (à l'est).

Où dormir ?

Aire naturelle de camping La Barette : *48220* ***Finiels.*** *☎ 04-66-45-82-16. • lucile.camping@gmail.com • gites-mont-lozere.com • Ouv 1er mai-30 sept. Compter 12,50 € pour 2 en hte saison. CB refusées. 25 empl.* Accueil chaleureux dans ce camping aux emplacements en terrasses, herbeux et ombragés, dotés d'un vrai confort. Sanitaires impeccables, salle commune avec cheminée et bibliothèque... Une bonne adresse.

Chambres d'hôtes Maison Victoire : *48220* ***Finiels.*** *☎ 04-66-45-84-36. • jacqueline.galzin@free.fr • gites-mont-lozere.com • ½ pens slt, 55 €/pers. Gîtes 4 pers 330-450 €/sem.* À quelques mètres du GR 70, dans le tout petit village de Finiels, une grande maison cévenole qui plaira aux amoureux de coins tranquilles : pas de TV, pas de réseau téléphonique ! Mais une belle ambiance conviviale et sans chichis ; le tutoiement est d'ailleurs de rigueur... Belle salle à manger où sont servis les repas de la table d'hôtes, près de la cheminée et au milieu des meubles fabriqués par Mario, menuisier artiste qui a d'ailleurs d'autres cordes à son arc. 5 chambres simples mais confortables et spacieuses. Au dîner, bonne cuisine familiale à base de produits maison ou locaux. Et la soirée se terminera peut-être par un bœuf !

LE BLEYMARD (48190)

La route qui descend au Mazel, le versant nord du mont Lozère, traverse d'abord une petite station de sports d'hiver familiale avant d'arriver à ce village traversé par le Lot, où la population vit encore plus de l'élevage bovin que du tourisme. Le village est d'ailleurs sans grands attraits mais s'anime sérieusement le week-end de l'Ascension avec les concerts de musiques actuelles et autres spectacles de rue du festival d'Olt *• festivaldolt.org •*

Où dormir ? Où manger au Bleymard et dans les environs ?

De bon marché à prix moyens

Hôtel Bargeton : *pl. de la Fontaine, 48190* ***Cubières.*** *☎ 04-66-48-62-54. • hotel.bargeton@orange.fr • hotel-bargeton.com • À 6 km au sud-est du Bleymard par la D 901, fléché ensuite sur la droite. Tlj sf dim soir hors saison. Fermé 1er nov-1er fév. Doubles 36-42 €. Formule déj en sem 13 € ; menus 22-32 €.* Petit coup de cœur pour cet hôtel-resto dans la famille Bargeton depuis 4 générations. Cette petite maison au cœur d'un charmant village niché au fond d'un vallon, abrite des chambres toutes simples, pas immenses mais confortables et colorées. Au resto, prix tout aussi tranquilles pour une bonne et généreuse cuisine de terroir avec, au hasard des plats, quelques idées bien actuelles. Accueil sympathique, à l'image des lieux.

La Remise : *48190* ***Le Bleymard.*** *☎ 04-66-48-65-80. • contact@hotel-laremise.com • hotel-laremise.com • Dans le village, au croisement de la D 901 et de la D 20. Resto tlj sf lun soir et dim soir hors saison. Double 56 €. Menus 14-36 €.* Un ancien relais de diligence (en bord de route donc !) avec des chambres sans vraiment de charme mais bien tenues. Classique cuisine de région au resto. Accueil à l'image du paysage (avec ses hauts et ses bas...).

À voir dans les environs

Les hameaux aux « clochers de tourmente » : entre Le Bleymard et Bagnols, dans les hameaux de *Serviès, Les Sagnes, Auriac* et *Oultet,* sur le flanc du mont Lozère, on peut découvrir en empruntant les petites routes qui quittent, sur la gauche, la D 901, ces « clochers de tourmente » qui servaient autrefois à guider les voyageurs égarés dans la brume.

Saint-Julien-du-Tournel *(48190) :* joli village aux tons de schiste, perché au-dessus du Lot. Depuis la D 901, vue spectaculaire sur les ruines d'un château du XIIe s appartenant aux barons de Tournel.

BAGNOLS-LES-BAINS *(48190)*

Vous ne ferez que traverser cette station thermale dont l'eau (et ses vertus) était déjà connue et exploitée au temps des Romains. Ce gros bourg, tranquille, est encore fréquenté par les curistes de nos jours. Possibilité de faire une demi-journée de remise en forme, si ça vous chante.

Où dormir ? Où manger ?

Les Chemins Francis : *pl. du Pont. ☎ 04-66-47-60-04. • contact@hotel-cheminsfrancis.com • hotel-cheminsfrancis.com • Congés : 7 mars-16 avr et 31 oct-7 fév. Doubles 59-68 €. Menu ou formule déj 19 € ; autre menu 32 €.* Sous cette enseigne sont regroupés 3 hôtels : rive gauche, c'est l'historique *Modern Hotel* avec bar, resto, piscines chauffées, jacuzzi, hammam, balnéothérapie. De l'autre côté du pont (rive droite donc !), *Le Moreau* avec jardin au bord du Lot et *Le Malmont,* immeuble moderne façon résidence. Tout a été rénové et aménagé avec goût et les chambres sont agréables et bien équipées. Cuisine traditionnelle copieusement servie, à déguster derrière la baie vitrée, en bordure du Lot. Pas mal de possibilité de séjours (rando, balnéo, pêche...).

Où se remettre en forme ?

Centre thermal : *☎ 04-66-47-60-02. • bagnols-les-bains.com • À partir de 27 € la ½ journée, donnant accès à la piscine active, à la piscine extérieure, au jacuzzi, au hammam et douches ciblées (serviette, peignoir et chaussures piscine inclus) ; mieux vaut réserver, le j. même, voire plusieurs j. avt. À partir de 13 ans slt. Bonnet pas obligatoire, short interdit pour les hommes.* Sinon, une bonne vingtaine de massages et de soins esthétiques à la carte également.

À voir dans les environs

Le vallon du Villaret : *☎ 04-66-47-63-76. • levallon.fr • Avr-août, ouv tlj 10h30-18h45 ; sept-oct, w-e (et tlj vac) 11h-18h. Attention, derniers billets 2h15 avt la fermeture. Compter 12-13 € selon saison ; gratuit enfants de moins de 1 m.* Un concept original : une balade en boucle de 2 km, plus poétique que sportive, entre arbres et rivière, jalonnée de ponts de cordes, jeux d'eau, toboggan, sculptures musicales et installations savamment concoctées par des artistes contemporains, bref, un espace ludique et sensoriel qui plaira aux enfants comme aux grands ; les flemmards peuvent longer les jeux par un petit chemin. Comptez 3h, le temps de décider vos enfants à repartir. Certains y passent même la journée. À mi-parcours, boutique des fantasmes, auberge et tour du XVIe s pour des expos d'art contemporain, et des nouveautés chaque année. Tables de pique-nique... presque sur le parking.

LE COL DE LA LOUBIÈRE

La plutôt étroite D 41 (ancienne route de Mende au Vivarais) grimpe jusqu'à ce col à 1 181 m d'altitude, où passait autrefois la draille des troupeaux de transhumance vers la Margeride. En redescendant, la route traverse une partie de la belle et grande forêt de la Loubière, résultat du reboisement mené depuis le début du XXe s.

LANUÉJOLS *(48000)*

À ne pas confondre avec l'autre Lanuéjols, dans le Gard (près de Trèves, sur le causse Noir). Ce Lanuéjols-là est niché dans la jolie vallée du Valdonnez, déjà cher aux Romains. Ils y ont laissé quelques souvenirs, notamment dans ce village, en contrebas de la D 41, avec un mausolée, daté de la fin du IIe s apr. J.-C. Surmonté d'un arc en plein cintre avec une frise évoquant l'activité agro-pastorale, c'est un monument funéraire remarquable, dédié à la mémoire des deux enfants de Lucius Julius Bassianus. À voir aussi une belle église romane du XIIe s. De Lanuéjols, le circuit se poursuit autour du mont Lozère, via la N 106 et le col de Montmirat.

LA FAGE *(48000)*

Modeste hameau, sorte de bout du monde battu par les vents, emblématique de l'architecture du mont Lozère avec sa poignée de maisons aux épais murs de granit, son lavoir, son four à pain... Se dresse également à La Fage le cinquième « clocher de tourmente » du Mont Lozère (ils n'existent en fait qu'ici). Quand on connaît la région en hiver, on comprend bien son utilité...

Où dormir ? Où manger ?

Gîte d'étape de La Fage : *La Fage, 48000* **Saint-Étienne-du-Valdonnez.** *☎ 04-66-48-14-63. • gite-mont-lozere.com • Fermé Toussaint-Pâques. Nuitée (prévoir son duvet ; loc de draps possible) : 15 €. Petit déj 6 €. Dîner sur résa (sf dim) 16 €.* À côté d'une ferme en activité (brebis et vaches limousines), dans une ancienne grange joliment rénovée, avec du bois à profusion. Dortoirs en mezzanine pour 2 à 6 personnes. Bons produits du terroir à la table d'hôtes : soupe, légumes du jardin, viande et fromages du pays, yaourt maison. Possibilité de planter sa tente.

LA CHAM DES BONDONS

Il s'agit du plateau des Bondons, immense paysage désolé dominé par quelques buttes-témoins comme ces *puechs,* sortes de mamelons aux formes arrondies par l'érosion.
Notre coin préféré sur le mont Lozère. Pas d'arbres, un horizon infini, presque inquiétant. Pour voir le champ de menhirs (avec 154 menhirs recensés, il s'agit de la deuxième plus grande concentration d'Europe, mais ne rêvez pas, ce n'est pas Carnac !), il faut laisser la voiture et se diriger à pied dans les prés où deux boucles balisées (2-6h) permettent de les découvrir.

Où manger ?

Restaurant chez Éliane Julhan : *rue Basse, 48400* ***Les Bondons.*** *☎ 04-66-45-18-53. Fermé ts les soirs hors saison ; slt dim soir en été. Congés : 2 sem fin déc. Résa conseillée. Menus 13,50-23,50 €.* Au hameau des Bondons, c'est le restaurant-bar de campagne dans toute sa splendeur : charcuterie maison, cuisses de grenouilles, omelette aux cèpes, tête de veau, légumes du jardin... Du simple et du bon.

RÛNES (48220)

Joli hameau à l'architecture traditionnelle dans un paysage intact, superbe. Du parking aménagé sur la toute petite D 35 qui descend vers Le Pont-de-Montvert à travers un impressionnant chaos granitique, on gagne (en une petite demi-heure à pied) une magnifique cascade, haute de 58 m. Au départ de la chute, on découvre, au pied d'un sorbier, une pierre gravée d'un serpent-dragon se mordant la queue, accompagné d'une sentence : « De la terre vers le ciel et du ciel vers sa terre. » Découverte en 1996, cette inscription aurait, selon certains, été tracée par des Vikings en vadrouille sur le mont Lozère, à l'aube du IXe s et le nom du hameau viendrait donc bien des runes, cet antique alphabet scandinave. Mais beaucoup doutent de l'authenticité de cette pierre gravée...

Où dormir ? Où manger ?

Chambres d'hôtes Le Rûnel : *2, rue del Cantonièr, Rûnes, 48220* ***Fraissinet-de-Lozère.*** *06-82-54-29-75. • le-runel@nordnet.fr • le-runel.fr.sitew.com • Compter 56-62 € pour 2. Dîner 23 €.* Dans le hameau, une ancienne maison bien restaurée et confortablement aménagée, pour passer une nuit au calme, prendre l'apéro au coin de la cheminée et manger des mets du terroir, cuisinés maison. Une double, charmante, et 3 chambres familiales (jusqu'à 6 personnes). Accueil adorable de Nils, dont les racines sont plantées bien plus au nord (comme en témoigne la déco de la chambre « Norge »).

VIALAS (48220) 420 hab. *Carte Lozère, D3*

Après Le Pont-de-Montvert, prendre la D 998 vers la croix de Berthel, autrefois carrefour important de routes et de drailles. Pour qui voudrait s'offrir le tour complet du mont Lozère, on ne peut que conseiller un arrêt pour reprendre des forces à Vialas, qui a déjà des allures de village méditerranéen.

Où dormir ?

Chambres d'hôtes Mas La Donzelenche : *La Donzelenche. ☎ 04-66-41-08-23. • mas@donzelenche.com • donzelenche.com • À env 4 km de Vialas par la D 998 direction Génolhac, la maison est fléchée (discrètement) sur la droite. Fermé de mi-nov à début mai (mais ouv vac scol). Emplacement camping : 17 € en hte saison. Nuitée : 15 €. En chambre, compter 90-95 € pour 2 (tarifs dégressifs pour séjour). Nov-avr, 2 nuits min. Dîner 20-25 €. Réduc de 10 % sur le prix d'un dîner pour 2 sur présentation* *de ce guide.* Un mas fortifié datant en partie du XVIe s, rénové avec passion par un couple de charmants Néerlandais. Architectes et artistes dans l'âme, ils ont mis tout leur talent dans la rénovation patiente des lieux. Toutes sortes de coins et recoins qui permettent de goûter l'atmosphère si particulière de cette maison fortement escarpée. Les chambres en duplex combinent vieilles pierres et art contemporain. Le gîte d'étape, dans l'ancienne grange, est plutôt atypique (avec lits à baldaquins contemporains). Et la poignée d'emplacements du camping vraiment nature (yourte et tente safari sur place). À leur table d'hôtes, Eva et Hans proposent des produits locaux fermiers.

Chambres d'hôtes Le Mas du Coupétadou : Souteyrannes. *☎ 04-66-41-05-49. • coupetadou@orange.fr • chambre-hote-cevennes.fr • À 5 km au sud-est de Vialas. Fermé de mi-nov à fin mars. Compter 95-105 € pour 2 (tarifs dégressifs à partir de 2 nuits). Table d'hôtes 27 €. Massage Y2 offert à partir de 3 nuits consécutives hors juil-août.* Dans un beau et lumineux volume éclairé par un toit-verrière, Stéphane a aménagé 5 chambres thématiques avec autant de goût et de caractère que de bonnes idées. 4 d'entre elles donnent sur les vallées. À l'extérieur, des tables et des chaises profitent aussi de cette vue splendide. Grand salon confortable, hammam et possibilité de massages. Légumes du jardin et produits locaux pour une table d'hôte que Stéphane, féru d'Asie, teinte parfois de touches exotiques. Le tout dans un bien bel environnement, que le chat Rip a aussi adopté.

Chambres d'hôtes La Source de Castagnols : Castagnols. *☎ 04-66-41-05-79. • castagnols.com • À 6 km au sud-ouest de Vialas (chemin carrossable sur la fin). Compter 105 € pour 2 (tarif dégressif pour séjour). Dîner (sf ven) 25 €.* Un ensemble de petits bâtiments (avec fours à pain, moulin...) entoure cette ancienne ferme du XVIIIe s, posée au cœur de paysages sublimes (comme souvent dans ces Cévennes !). Une accueillante famille d'origine hollandaise y a aménagé 5 chambres de bonne taille, d'une charmante rusticité et d'un calme olympien dans ce bout du monde. La table d'hôtes (à base de produits locaux) offre souvent l'occasion de faire quelques progrès en langues étrangères (Henk-Jan et Marjoleine en parlent quelques-unes !).

LE CHEMIN DE RÉGORDANE EN LOZÈRE

La Régordane est un petit pays qui s'étendait, au Moyen Âge, grosso modo d'Alès (dans le Gard) au château du Luc. C'est aussi et surtout une voie de passage naturelle fréquentée depuis l'Antiquité où les randonneurs du GR 700 ont aujourd'hui remplacé les pèlerins de Saint-Gilles et les caravanes descendant du Massif central, chargées de fromages, de laitages qui croisaient celles remontant avec le précieux sel, le vin, les châtaignes...

VILLEFORT (48800) 630 hab. *Carte Lozère, D3*

Au pied du mont Lozère, sur son flanc oriental, ce petit bourg encore bien dynamique est l'une des portes du parc national des Cévennes. Secouée par les guerres de religion, Villefort n'a conservé qu'une poignée de belles

maisons des XIVe et XVe s, au long de la rue qui grimpe doucement vers l'église : typiquement « régordaniennes » avec leurs doubles portails.
La mise en eau, en 1965, d'un lac de barrage sur l'Altier a également changé la donne pour Villefort : on le constate dès les premiers beaux jours !

Adresse et infos utiles

Office de tourisme : *pl. du Bosquet. ☎ 04-66-46-87-30. • villefort-cevennes.com • Juil-août, lun-dim mat ; reste de l'année, lun-sam.*
Gare SNCF : *rens au ☎ 36-35 (0,34 €/mn).* C'est bon à savoir, la ligne Paris-Nîmes via Clermont-Ferrand passe par Villefort. Tous les trains s'y arrêtent, y compris le Cévenol.
– **Marchés :** *jeu mat. Et* ***marché nocturne*** *lun en juil-août.*

Où dormir ? Où manger ?

Hôtel Magne-Restaurant la Clède : *pl. du Portalet. ☎ 04-66-46-80-14. Au centre, dans la rue principale. Resto tlj sf mar. Accueil hôtel 17h-23h. Double 45 € (tarif dégressif dès la 2e nuit). Menu 21 €.* Une institution du bourg, menée pendant près d'un demi-siècle par un chef qui l'avait fait connaître bien au-delà des Cévennes. C'est une toute jeune femme qui vient de s'y installer (et qui gère un peu tout, toute seule). Et si la vieille maison a conservé tout son charme suranné, la cuisine est bien d'aujourd'hui : superbes produits locaux pour des plats pleins d'idées sous leurs airs de ne pas y toucher. Chambres toutes simples, à l'ancienne également mais d'un honnête confort pour le prix. Accueil comme chez des amis.

Chambres d'hôtes Mas de l'Affenadou : *chemin de l'Arjalan. ☎ 04-66-46-97-23. • nelly.manifacier@orange.fr • gite-lozere.com • À 1,5 km du centre, par la route du Mas-de-la-Barque ; direction gare SNCF, puis suivre les panneaux. Fermé 15 nov-mars. Compter 64 € pour 2. ½ pens 94 € pour 2.* Rénovation réussie pour ce beau mas du XVIe s, sur le GR 44/68, en plein cœur des Cévennes. Vaste maison rustique aux chambres cosy et à l'atmosphère chaleureuse. Accueil à l'unisson et bonne cuisine familiale. La famille élève des canards, donc vous en trouverez peut-être dans votre assiette ! Piscine chauffée.

Où dormir ? Où manger dans les environs ?

Camping La Palhère : *route du Mas-de-la-Barque, 48800* ***Pourcharesses.*** *☎ 04-66-46-80-63. • contact@campinglapalhere.com • campinglapalhere.com • À 5 km de Villefort, sur la route du Mas-de-la-Barque (D 66). Ouv de mi-avr à fin nov. Compter 14 € pour 2 en hte saison ; loc 210-715 €/sem. Café offert sur présentation de ce guide.* Une quarantaine d'emplacements – aucun à proximité de la petite route – sur un site ombragé. Grand choix d'hébergements locatifs : yourtes, tipis, roulottes (sans oublier les classiques chalets et mobile homes). Ensemble très bien tenu et sanitaires impeccables. Cadre magnifique. Épicerie, fiches balades et belle piscine chauffée. À 4 km du lac de Villefort.

Hôtel du Lac : *route de Langogne, 48800* ***Villefort.*** *☎ 04-66-46-81-20. • aubergedulacvillefort@wanadoo.fr • hotel-villefort.com • Au bord du lac, à 4 km au nord de la ville par la D 901 puis la D 906. Resto tlj sf dim soir et mar hors saison. Doubles 55-66 €. Menus 16-22 €.* L'hôtel, en contrebas de la route, sur la gauche, est un peu tristoune. Mais on y dort face au lac, on y mange (en terrasse si le temps le permet) face au lac et on se baigne... dans le lac. Chambres qui mériteraient un petit coup de jeune mais bonne

LES CÉVENNES

cuisine de tradition : omelette aux cèpes, truite bio du lac, blanquette...

Chambres d'hôtes Au Portaou : *Valcrouzès, 48800* **Saint-André-Capcèze.** *☎ 04-66-46-20-10. • auportaou@wanadoo.fr • au-portaou.com • À env 4 km au sud de Villefort, par la D 906, puis une petite route sur la gauche (panneaux discrets !). Fermé de mi-nov à fév. Compter 40-55 € pour 2. Table d'hôtes (conseillée !) 20 €. CB acceptées. Réduc de 10 % sur le prix de la ½ pens à partir de 2 nuits consécutives sur présentation de ce guide.* Mas cévenol de la fin du XVIIIe s, superbement restauré par Patricia et Hans, un couple belgo-allemand très accueillant. 5 chambres coquettes, fraîches et confortables (accès indépendant), dont une avec mezzanine, aménagée dans l'ancienne clède (où étaient séchées les châtaignes), et une autre avec kitchenette. Installations écolos : panneaux solaires, récupération d'eau... Source et plan d'eau pour se rafraîchir, jardin en terrasses et tonnelle ombragée. Délicieux repas, petit déj maison et cuisine d'été pour s'offrir un en-cas après la balade. Une adresse rare et simple à la fois, propice aux séjours prolongés... Possibilité de séjours et de stages à thème.

Où acheter de bons produits ?

Mas de l'Affenadou : *voir plus haut « Où dormir ? Où manger ? ».* Nelly et son mari assurent également la production et la vente de produits fermiers : foie gras, confit...

DANS LES ENVIRONS DE VILLEFORT

Le château de Castanet : *sur une des rives du lac, à 5 km au nord-ouest par la D 901. Juil-août, tlj sf sam ; visite guidée slt à 18h, visite libre 14h-18h. Entrée : 3 € ; réduc.* Joli château Renaissance d'allure médiévale aujourd'hui agréablement baigné par les eaux du lac. À l'intérieur, petite expo sur la vie et l'œuvre du célèbre trompettiste Maurice André (Cévenol de naissance).

Le Mas-de-la-Barque *(48220) : à 16 km au sud-ouest de Villefort par la D 66 qui grimpe gentiment à travers des paysages franchement superbes.* Dans la partie boisée du mont Lozère (résineux et hêtres), très joli site pour « casse-croûter », passer la nuit. Et même si c'est loin de tout, impossible de s'y ennuyer ; nombreuses activités, été comme hiver : traîneau à chevaux ou à chiens, ski de fond, luge, raquettes, équitation, VTT, marche nordique, etc. (renseignements ci-après).

Le Mas de la Barque : *☎ 04-66-46-92-72 ou 04-66-46-97-22 (auberge du Mas). • lemasdelabarque@france48.com • lemasdelabarque.com • Compter 178-383 €/sem selon saison pour un studio de 2 pers, jusqu'à 374-849 €/sem pour un gîte de 2-8 pers. Possibilité de séjours plus courts (3-4 nuits). Nuitée en gîte d'étape 14-17 €/pers selon saison. À l'auberge, nuitée, 20 €/pers et menus 16,50-19,50 €.* Sur les contreforts du mont Lozère, à 1 400 m d'altitude. En pleine nature, un complexe comprenant une auberge, des chambres, des studios et des appartements de grand confort, un gîte d'étape, etc., le tout dans de jolies petites maisons de pierre bien intégrées au paysage. Idéal pour familles et randonneurs.

LA GARDE-GUÉRIN (48800) 13 hab. *Carte Lozère, D3*

De loin, on remarque cette haute tour carrée dressée au-dessus des vertigineuses gorges du Chassezac. Et puis une poignée de maisons en grosse

pierre, refuges d'intellectuels et d'artistes dès la belle saison. L'endroit est superbe. C'est l'un des plus beaux villages de Lozère, sans nul doute. Mais le revers de la médaille, c'est la foule qui débarque en été. Vous nous avez compris, venez de préférence hors saison ! La circulation est interdite dans le village. On laisse sa voiture au parking à droite en arrivant.

UN PEU D'HISTOIRE

Ce village n'est pas le fruit du hasard : c'était une étape importante sur le chemin de Régordane. Peut-être l'une des plus attendues par les pèlerins, venus du Puy-en-Velay et se rendant à Saint-Gilles-du-Gard, en Camargue, mais aussi par les marchands, et tous les voyageurs en général. Une première citadelle, fondée au Xe s par les seigneurs de Tournel, servait en effet de base aux puissants seigneurs *pariers,* chargés d'assurer le guidage et la protection des voyageurs. Ils jouaient le rôle de gendarmes, percevant une taxe sur chaque passage. D'où leur fortune et les nombreux ennuis qu'ils connurent par la suite. Jaloux de leur pouvoir, l'évêque de Mende fit démanteler la citadelle de La Garde-Guérin au XIIe s afin d'y rétablir sa suzeraineté.

Où dormir ? Où manger ?

LES CÉVENNES

Auberge Régordane : *☎ 04-66-46-82-88. • aubergeregordane@orange.fr • regordane.com • ♿ (resto). Fermé d'oct à mi-avr. Doubles 67-78 €. Menus 23-43 €.* Un vieux manoir du XVIe s aux murs épais. C'est l'une des bonnes tables de Lozère, où l'on sert truites, bœuf de l'Aubrac, agneau des causses, dans une jolie salle voûtée. Au long de l'escalier à vis, un salon où passer agréablement les heures chaudes ou une soirée, et de petites chambres sobrement mais joliment arrangées. L'accueil impeccable de Pierre et Philippe Nogier, deux frères qui ont travaillé dur pour remettre d'aplomb ces bâtiments et en faire un hôtel, et le cadre en font une belle étape sur le chemin de Régordane.

Le Comptoir de la Régordane : *☎ 04-66-46-83-38. • le-comptoir-la-regordane@orange.fr • Juin-sept, tlj ; sinon, tlj sf lun-mar 11h-18h hors vac scol. Service à tte heure en saison avec carte réduite l'ap-m. Fermé de janv à mi-fév. Plat du jour 14,50 € ; menus 17-19 €.* Au cœur du village, une grange associative réunissant producteurs et artisans. On trouve 3 ou 4 tables en terrasse, à peine plus à l'intérieur. L'accueil est jeune, souriant et motivé ; les prix très démocratiques, surtout pour une telle qualité de produits. Assiettes de charcuteries locales, de fromages, truite bio, crêpes aux marrons, etc., le tout arrosé d'un vin des Cévennes ou d'une bière de châtaigne artisanale. Avec sa terrasse au pied du château, c'est un véritable bonheur ! On peut évidemment acheter et emporter tous ces produits ainsi que le fleuron de l'artisanat local (poteries, lainages, vêtements, bijoux, etc. mais, pas donné quand même !).

À voir

Le village : il faut sillonner les deux-trois rues pavées, bordées de solides maisons de pierre avec linteaux gravés, fenêtres à croisée ou à meneaux. Jolis chapiteaux dans la petite église romane. Et immanquable donjon, ultime vestige du château des seigneurs *pariers,* il se dresse (22 m de haut) au bout du village. Ascension possible mais l'escalier métallique est vraiment raide ! De là-haut, superbe vue sur les gorges de Chassezac.

LA BASTIDE-PUYLAURENT

(48250) 185 hab. *Carte Lozère, D2*

Tout n'est pas roman et chargé d'histoire médiévale en Lozère. Même ce département, dont on disait au XIXe s dans les salons parisiens qu'il était tellement perdu qu'on ne pouvait y aller sans courir de risque, a connu les effets de la révolution industrielle. La Bastide en est un exemple flagrant. Le village s'est développé grâce à la création de la ligne de chemin de fer Paris-Nîmes.

Où dormir ? Où manger dans le coin ?

Maison d'hôtes L'Étoile : *5, route de Mende. ☎ 04-66-46-05-52. 06-83-99-70-86. • papadimitriou4@hotmail.com • etoile.fr • Fermé 15 sept-15 mai. En ½ pens slt 45-60 €/pers en dortoir ou chambre double.* Dans un ancien hôtel des années 1920 à la façade rétro, une adresse qui, avec ses grands dortoirs, reçoit beaucoup de randonneurs... Chambres d'hôtes, plus tranquilles, propres et nettes. Copieux petit déj (pain maison) et repas pantagruélique (arrosé de bières belges). L'accueil sympa du proprio (qui s'est posé ici après une vie de vadrouille!), la véranda et le grand jardin en font un vrai lieu de détente.

Hôtel des Sources : *48250 Chasseradès. ☎ 04-66-46-01-14. • info@hotel-lozere.fr • hotel-lozere.fr • À env 10 km de La Bastide par la D 6, sur la droite, 500 m avt Chasseradès. Tlj sf dim soir et lun en basse saison. Doubles 40-53 €. Menus 16 € (sf dim)-30 €. Café offert sur présentation de ce guide.* Petite maison plutôt récente, un peu en bord de route (mais elle n'est pas très passante). Chambres pour la plupart plaisamment rénovées (douche sur le palier pour les moins chères). Au resto, cuisine traditionnelle de bon aloi : charcuterie maison, grenouilles à la provençale, poulet aux écrevisses, tête de veau... Les proprios possèdent également, à 1,5 km, sur le chemin de Stevenson, le gîte d'étape ***Le Mirandol*** *(nuitée : 19 €).* Un gîte de 16 lits, simple et bien tenu, avec cuisine équipée, dans une ancienne ferme avec vue sur le viaduc de la ligne de chemin de fer. Navette gratuite jusqu'au resto sur demande.

DANS LES ENVIRONS DE LA BASTIDE-PUYLAURENT

Le château de Luc (48250) **:** *à 9 km au nord par la D 906, fléché depuis l'entrée du village.* Déjà peuplé à l'époque celtique, *Lucus,* nom qui signifie « Bois sacré » dans la langue de l'époque, fut ensuite dédié au dieu Mercure. Au Xe s, la forteresse gallo-romaine est remplacée par un château fort, un vrai. Il a été détruit au XVIIe s sur ordre de Richelieu. Mais ce qu'il en reste témoigne encore de son ancienne puissance : solide corps de logis et donjon impossible à rater avec cette Vierge Marie particulièrement kitsch et pompeuse, qui le coiffe depuis sa transformation en chapelle en 1878 ! Joli site en tous cas qui offre une vue panoramique sur les environs.

LA LOZÈRE (LE GÉVAUDAN)

• Carte *p. 586-587*

ABC de la Lozère

- ***Superficie :*** 5 167 km².
- ***Population :*** 76 600 hab.
- ***Préfecture :*** Mende.
- ***Sous-préfecture :*** Florac.
- ***Signes particuliers :*** département le moins peuplé de France (15 hab./km²), la Lozère compte plus d'ovins que d'humains ; c'est le département le plus haut de France pour les zones habitées (1 000 m d'altitude en moyenne). Avec 20 sites et 163 000 ha (soit 31 % du département) classés Natura 2000, la Lozère détient un autre record.
- ***Sites classés par l'Unesco :*** le territoire des Causses et des Cévennes et la portion des chemins de Compostelle comprise entre Nasbinals, Aubrac et Saint-Chély-d'Aubrac (soit 17 km).

Avec un peu plus de 76 000 habitants, soit environ 15 habitants au kilomètre carré (de quoi faire rêver n'importe quel citadin !), la Lozère est le département le moins peuplé de France. Et à une époque où l'on recherche le calme, la tranquillité et le retour à la nature, la Lozère possède quelques longueurs d'avance sur les autres départements.

Vous avez déjà pu vous en rendre compte si, suivant ce guide et votre inspiration, vous remontez du sud en direction du centre de la France : vous venez tout juste de traverser les Cévennes, première des quatre célèbres « Terres de Lozère » que le département vous invite à explorer, gigantesque trèfle porte-bonheur, autour de Mende, sa capitale historique. Un bonheur qu'on vous offre ici, à tout point de vue, sur un plateau...

Des Cévennes, au relief accidenté, aux Grands Causses, vastes plateaux aux horizons infinis, ce n'est pas l'espace qui manque. Au nord, c'est l'Aubrac, montagne aplanie, immense terre de transhumance, où l'on peut faire des kilomètres à pied dans la solitude des pâturages et des burons. Et la Margeride, terroir inconnu de la France profonde, succession de forêts et de pâturages (jaunis l'été par la sécheresse, blanchis l'hiver par la neige), de ruisseaux à truites et de villages en granit.

Une nature âpre, rude, mais furieusement belle. Pas de bruit inutile, nulle construction superflue. Et quelque chose comme une grandeur dans cet

horizon qui n'en finit pas de s'enfuir au loin...
Les limites de l'actuel département correspondent grosso modo à celles de l'ancien Gévaudan, comté de l'Ancien Régime, où sévissait la fameuse Bête. Le Tarn, le Lot, l'Allier et quelques autres rivières, moins connues, y prennent leur source et parcourent le département en tous sens.
Le mont Lozère et le mont Aigoual font figure de véritables châteaux d'eau pour toute une partie de la France. Et toutes ces vallées, creusées au gré des lits capricieux de ces cours d'eau, cassent l'apparente uniformité des plateaux et transforment la nature en paysage grandiose, à l'image des gorges du Tarn.
Le territoire des Causses et des Cévennes a été inscrit en 2011 par l'Unesco au Patrimoine mondial de l'humanité dans la catégorie « paysage culturel évolutif vivant » au titre de l'agropastoralisme méditerranéen... Il comprend une bonne partie de la Lozère et des pays cités ci-dessus (causse Méjean, causse de Sauveterre, gorges du Tarn ou de la Jonte, les Cévennes, bien sûr, le mont Lozère, l'Aigoual...) et recouvre les deux grands parcs naturels (des Cévennes et des Grands Causses).

PORTER LA FADE !

La Lozère, terre de légendes, voue un véritable culte aux fées. Autant craintes qu'admirées, elles pouvaient être gentilles (les fades) ou méchantes (les fascinièras). Il était donc important que le nouveau-né soit visité par la bonne fée ! Certaines prenaient possession de l'enfant, faisant de lui un fada ou une fadette... Des simplets que l'on se gardait bien de contrarier de peur de les vexer !

Adresses utiles

Comité départemental de tourisme de la Lozère (plan Mende, A2, 2) **:** *14, bd Henri-Bourillon, BP 4, 48001* **Mende** *Cedex. ☎ 04-66-65-60-00. • lozere-tourisme.com • facebook.com/lozeretourisme •* Pas d'accueil du public, mais renseignements téléphoniques et envoi de brochures avec listes des logements et des restos, les possibilités de randonnées pédestres, d'équitation, de canoë-kayak, de spéléologie...

■ ***Relais départemental des Gîtes de France et Clévacances :*** *même adresse que le CDT. ☎ 04-66-65-60-25. • gites-de-france-lozere.fr • clevacances-lozere.fr • Résas auprès du service de Réservation Loisirs Accueil : ☎ 04-66-48-48-48 ; • lozere-resa.com •*

■ ***Maison de la Lozère à Paris :*** *1 bis, rue Hautefeuille, 75006 Paris. ☎ 01-43-54-26-64. • lozere-a-paris.com • Ⓜ Odéon ou Saint-Michel. Lun-sam 9h30-11h30, 12h30-18h30 (18h sam).* Renseignements touristiques, expos, vente de produits lozériens et service de réservation à *Loisirs Accueil* (gîtes ruraux, hôtels, villages de vacances, stages...).

Maison de tourisme de l'aire de la Lozère : *☎ 04-66-31-94-06. Juil-août, tlj 9h-19h ; sinon, 10h-17h.* Si vous arrivez du nord par l'A 75, la première sortie du département (sortie n° 32) vous met tout de suite dans le bain avec ce point d'accueil et d'info, annexe du comité départemental de tourisme de Lozère. Toutes infos, documentations, réservations sur le département et une librairie.

MENDE ET SES ENVIRONS

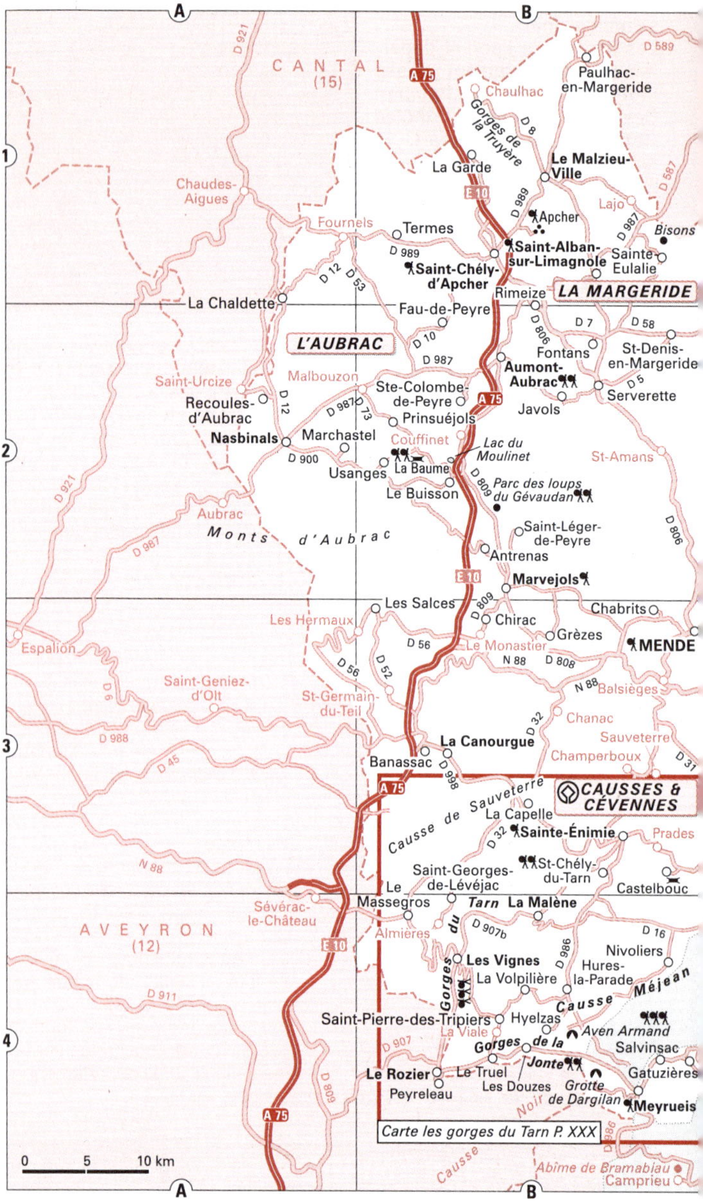
A
B
1
2
3
4
CANTAL (15)
AVEYRON (12)
D 921
A 75
E 10
D 589
Paulhac-en-Margeride
Chaulhac
Gorges de la Truyère
D 8
La Garde
Le Malzieu-Ville
D 587
Chaudes-Aigues
Lajo
D 989
Apcher
D 987
Bisons
Fournels
Termes
Saint-Alban-sur-Limagnole
Sainte-Eulalie
D 989
Saint-Chély-d'Apcher
D 12
D 53
Rimeize
LA MARGERIDE
La Chaldette
Fau-de-Peyre
D 7
D 58
D 806
D 10
L'AUBRAC
Fontans
St-Denis-en-Margeride
D 987
Aumont-Aubrac
Saint-Urcize
Malbouzon
Ste-Colombe-de-Peyre
D 5
Serverette
Recoules-d'Aubrac
D 12
D 987
D 73
Javols
Prinsuéjols
Nasbinals
Marchastel
Couffinet
Lac du Moulinet
St-Amans
D 900
La Baume
Usanges
D 809
Parc des loups du Gévaudan
Le Buisson
Aubrac
Saint-Léger-de-Peyre
Monts d'Aubrac
D 987
Antrenas
D 806
Marvejols
Les Salces
Chabrits
D 809
Chirac
Les Hermaux
Grèzes
Espalion
D 56
Le Monastier
MENDE
N 88
D 808
D 56
D 52
D 6
Saint-Geniez-d'Olt
St-Germain-du-Teil
N 88
Balsièges
D 32
Chanac
D 988
La Canourgue
Sauveterre
Banassac
Champerboux
D 31
D 45
D 998
CAUSSES & CÉVENNES
Causse de Sauveterre
La Capelle
D 32
Sainte-Énimie
Prades
N 88
Saint-Georges-de-Lévéjac
St-Chély-du-Tarn
Castelbouc
Le Massegros
Tarn
La Malène
Sévérac-le-Château
Almières
D 907b
D 16
Gorges du Tarn
Les Vignes
D 986
Nivoliers
Hures-la-Parade
La Volpilière
D 911
Causse Méjean
Saint-Pierre-des-Tripiers
Hyelzas
La Viale
Aven Armand
D 907
Gorges de la Jonte
Salvinsac
Le Rozier
Le Truel
Gatuzières
D 809
Peyreleau
Les Douzes
Grotte de Dargilan
Noir
Meyrueis
Carte les gorges du Tarn P. XXX
D 986
0
5
10 km
Causse
Abîme de Bramabiau
Camprieu

Sites inscrits au Patrimoine mondial de l'Unesco
Langogne Lieux traités
Naussac Adresses et lieux dans les environs
Saugues Repères
NORD
HAUTE-LOIRE (43)
ARDÈCHE (07)
GARD (30)
LA ROUTE RÉGORDANE
PARC NATIONAL DES CÉVENNES
MARGERIDE
Corniche des Cévennes
Saugues
Laval-Atger
Grandrieu
Pomeyrols
La Baraque des Bouviers
1 418
Auroux
Naussac
Chastanier
Langogne
Saint-Jean-la-Fouillouse
Rocles
Arzenc-de-Randon
Giraldès
Châteauneuf-de-Randon
Lac de Charpal
Luc
Le Cheylard-l'Évêque
Abbaye de la Trappe N.-D.-des-Neiges
La Bastide-Puylaurent
Montbel
Belvezet
Chasseradès
Allenc
Sainte-Hélène
Col de la Loubière
Lanuéjols
1181
Bagnols-les-Bains
Le Bleymard
La Garde-Guérin
Pourcharesses
Langlade
St-Julien-du-Tournel
St-Étienne-du-Valdonnez
Cubières
La Fage
Mont Lozère
1 699
Col de Finiels
1 541
Villefort
St-André-Capcèze
Brésis
Col de Montmirat
Finiels
Les Bondons
Ispagnac
Rûnes
Mas-de-la-Barque
Concoules
Génolhac
Quézac
Le Pont-de-Montvert
Masméjan
Cocurès
Bédouès
Souteyrannes
Vialas
St-Maurice-de-Ventalon
Florac
La Salle-Prunet
St-Julien-d'Arpaon
St-Privat-de-Vallongue
St-Andéol-de-Clerguemort
Chaos de Nîmes-le-Vieux
St-Laurent-de-Trèves
Cassagnas
Portes
Barre-des-Cévennes
Vernet
St-André-de-Lancize
Le Collet-de-Dèze
Vebron
St-Martin-de-L.
L'Hom
Molezon
St-Germain-de-Calberte
L'Hospitalet
Rousses
Fraissinet-de-Fourques
N.-D.-de-Valfrancesque
Le Pompidou
St-Étienne-Vallée-Française
Ste-Croix-Vallée-Française
Jontanels
Moissac-Vallée-Française
Saint-Romans-de-Tousque
Mont Aigoual
1 565
Alès
St-Jean-du-Gard
D 585
N 88
D 88
D 5
D 988
D 985
D 34
N 102
D 906
D 71
D 6
D 901
D 41
N 106
D 35
D 20
D 998
D 104
D 155
D 51
D 16
D 907
D 9
D 983
D 984
D 13
D 996
D 904
D 18
C
D
1
2
3
4

LA LOZÈRE

MENDE

(48000) 11 600 hab. *Carte Lozère, B3*

• Plan *p. 589*

Cette préfecture de la Lozère (l'une des plus petites de France), qui ne fait guère parler d'elle, a le charme des romans du XIXᵉ s.
On a bien aimé Mende pour la beauté de son centre ancien, blotti autour de la cathédrale asymétrique, ses maisons patinées par les ans, ses rues pavées, ses toits en écailles de schiste... Située au centre du département, la ville est le point de départ idéal pour toutes les contrées si diverses qui font la richesse de la Lozère : Margeride, Aubrac, gorges du Tarn, Causses et Cévennes. C'est aussi le cœur du Pays d'art et d'histoire Mende et Lot en Gévaudan...
C'est à Urbain V, né du côté du Pont-de-Montvert, que Mende doit sa célébrité. Il fut élu pape de la chrétienté en 1362. Quatre ans après, il décidait d'élever la cathédrale.
Du temps des Louis (de XIV à XVI !), on y fabriquait beaucoup de tissus, les « cadis » et les serges.

Arriver – Quitter

Gares SNCF et routière *(hors plan par B1)* **:** *à 600 m du centre historique. Elles sont accessibles par le bus urbain TUM (tlj sf dim).* Pas de trains direct depuis Paris. Changement à Clermont-Ferrand, puis autocar (env 6h30 de trajet).

Adresses et infos utiles

Office de tourisme intercommunal Mende – Cœur de Lozère *(plan A2,* ***1****)* **:** *pl. du Foirail. ☎ 04-66-94-00-23. • ot-mende.fr • Juil-août, lun-sam 9h-19h, dim 10h-17h. Juin et sept, lun-sam 9h-12h, 14h-18h. Oct-mai, lun-ven 9h-12h, 14h-18h ; sam 9h-12h.* Hébergements, mais aussi circuits périurbains, topoguide balades, cartes VTT, cyclotourisme et quantité d'activités sportives ou culturelles. Possibilité de visites de la ville et de la cathédrale (dont des visites nocturnes le soir en été, certaines avec intermèdes musicaux ou théâtraux).
– Nombreuses expositions et manifestations, visites guidées et balades animées, proposées par le ***Pays d'art et d'histoire Mende et Lot en Gévaudan*** dans le cadre du label. Renseignements à l'office de tourisme ou sur *• pah-mende-et-lot.fr •*

Taxis : Alliance Taxi, *☎ 04-66-65-00-53 ;* ***Taxi Mendois,*** *06-71-85-42-49.*

– ***Marchés :*** *marché des produits du terroir sam mat et marché vestimentaire mer tte la journée.* Les nombreuses petites places sont occupées par les vendeurs de produits fermiers, de fromages, de légumes du pays...

Où dormir ? Où manger ?

De bon marché à prix moyens

Le Drakkar *(plan A2,* ***24****)* **:** *pl. Urbain-V. ☎ 04-66-47-38-83. • drakkarmende@gmail.com • drakkarmende.com • Resto tlj sf dim. Doubles 55-60 €. Formule 11 € et menu 13 € midi sem ; autre menu 22 €.* Chambres gentiment rénovées, très basiques mais qui offrent (pour les 3/4 d'entre

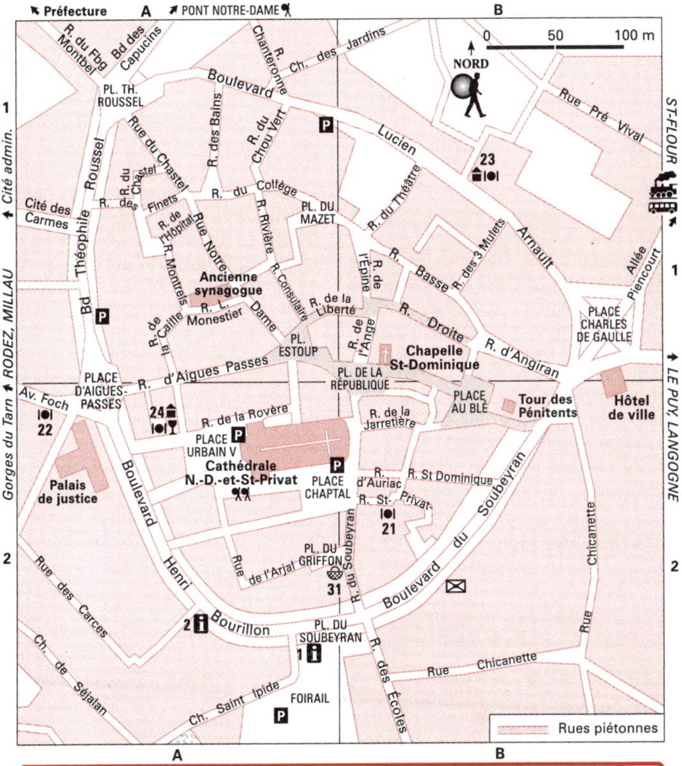

MENDE

Adresses utiles

- 1 Office de tourisme intercommunal Mende – Cœur de Lozère
- 2 Comité départemental de tourisme de la Lozère

Où dormir ? Où manger ?

- 21 La Cantine
- 22 Le Sanglier
- 23 Hôtel de France
- 24 Le Drakkar

Où acheter de bons produits ?

- 31 Boulangerie-pâtisserie Éric Kermès

elles) une chouette vue sur la cathédrale. Joli pub au rez-de-chaussée dont la surprenante déco tout bois (jusqu'au resto, en fond de cale !) devrait vous aider à comprendre pourquoi ce « drakkar » en Lozère. Cuisine sans histoires, entre plat du jour le midi, aligot, burgers ou *fajitas*. Concerts et soirées en fin de semaine (hôtel à déconseiller aux couche-tôt donc !). Accueil très sympa.

La Cantine *(plan B2,* ***21****) : 8, rue Saint-Privat. ☎ 04-66-32-86-12. Tlj sf dim et soir lun-mer. Formules 16-17 € et menus 18-22 € midi sem, 19-25 € soir et sam.* Un néobistrot de poche, avec cuisine ouverte. Difficile d'y trouver une place sans avoir réservé ; même quand la petite terrasse s'installe dans cette ruelle tranquille. Parce que ce petit endroit est, en peu de temps, vraiment devenu la cantine (évidemment !) de Mende. Et pour cause : service souriant, jolis plats, simplement créatifs et à prix gentils. Et si la cuisine regarde parfois ailleurs, les produits sont bien d'ici et strictement bio.

Le Sanglier *(plan A2, **22**)* : *5, av. Foch. ☎ 04-66-65-12-62. • restaurantlesanglier@orange.fr • À 5 mn à pied de la cathédrale. Fermé le soir, plus w-e et j. fériés. Congés : 1 sem juil-août. Menus 12,50-20 €.* Derrière une vitrine peu engageante, c'est à Mende, une véritable institution. La salle a été revue dans un style contemporain qui ne fâchera personne mais la cuisine reste solidement ancrée dans la tradition : potage maison à l'ancienne, aligot, cassoulet... Simple et bon. À la belle saison, on profite du patio ensoleillé.

De prix moyens à chic

Hôtel de France *(plan B1, **23**)* : *9, bd Lucien-Arnault. ☎ 04-66-65-00-04. • contact@hoteldefrance-mende.com • hoteldefrance-mende.com • Resto fermé sam midi tte l'année plus lun midi hors saison. Fermé fin déc-janv. Doubles 95-115 €. Menus 31-56 €.* Un ancien relais de poste restauré avec goût. Chambres d'un excellent confort, très agréables, dans un style assez contemporain mêlant vieilles pierres, teintes douces et mobilier de choix. Quelques chambres en annexe : au choix, dans une villa accolée à l'hôtel ou, un peu plus loin, vers la cathédrale, dans un hôtel particulier du XVIe s. Côté resto, grande salle lumineuse et terrasse agréable pour profiter des beaux jours. Service stylé, vaisselle soignée, argenterie et fleurs fraîches sur la table. Un cadre feutré – mais pas guindé – qui sied bien à la cuisine gastronomique concoctée avec talent, à base de produits frais du marché et du terroir lozérien. Belle carte de vins et desserts à faire frétiller vos papilles de plaisir...

Où manger dans les environs ?

La Safranière : *52, rue du Lavoir, 48000 **Chabrits**. ☎ 04-66-49-31-54. • restaurant-la-safraniere@orange.fr • À 5,5 km à l'ouest de Mende. Prendre la direction de Rodez par la N 88, puis la D 42. Fermé dim soir et lun, plus mer midi hors saison. Congés : 4 sem en fév-mars et 1 sem en sept. Résa conseillée. Formule 23 € midi sem ; menus 25 € en sem, puis 30-49 €.* C'est la table gastro des environs de Mende. Dans cette ancienne bâtisse joliment restaurée, à la salle élégante et claire, on savoure une cuisine légère et délicate, finement relevée d'herbes, d'épices et d'aromates parfois exotiques. Une cuisine de saison aux accents méditerranéens, avec quelques échappées vers l'Asie...

Où acheter de bons produits ?

Boulangerie-pâtisserie Éric Kermès *(plan B2, **31**)* : *3, rue du Soubeyran. ☎ 04-66-49-09-51. Tlj sf dim.* L'endroit cher aux gourmands, qui viennent ici faire le plein de croquants aux amandes, de sablés amandes et miel...

À voir

La cathédrale Notre-Dame-et-Saint-Privat *(plan A-B2)* : *pl. Urbain-V (entrée par les portes latérales, rues de la Rovère et Boyer).*
Elle domine toute la ville de sa superbe. C'est Urbain V, pape né en Lozère, qui l'a fait construire à partir de 1368. Elle fut en chantier pendant près de cinq siècles, et les travaux furent interrompus par la guerre de Cent Ans. La cathédrale ne fut achevée qu'à la fin du XIXe s. Votre sagacité aura noté que les deux flèches sont différentes.

À l'intérieur, dans le chœur, magnifiques stalles en bois. Dans une des chapelles du déambulatoire, une Vierge noire en majesté en bois d'olivier, qui aurait été rapportée d'Orient au XIIe s, au cours des croisades. Les calvinistes lui firent subir quelques outrages lors de la prise de Mende en 1579. On remarque les lignes byzantines et ses traits très masculins, presque sévères. Dans la nef, tapisseries d'Aubusson illustrant en huit panneaux la vie de la Vierge, de sa naissance à son assomption. Descendre également dans la crypte de style roman, à l'emplacement – supposé... – du tombeau de saint Privat, fondateur de la ville.
À droite du porche d'entrée, est posé un impressionnant battant de cloche, seul souvenir de « la Non-Pareille » : au XVIe s, c'était, avec ses 25 t, la plus grosse cloche de toute la chrétienté. Très belles grandes orgues du milieu du XVIIe s, au buffet orné de sculptures Renaissance, sauvées de la destruction par les flammes pendant la Révolution grâce à l'organiste qui joua une *Marseillaise*... enflammée !

Le centre ancien : petit circuit explicatif disponible à l'office de tourisme. Depuis la cathédrale, on se glisse dans des ruelles qui cachent encore quelques maisons à pans de bois comme la *rue de l'Arjal (plan A2)* au départ de la toute petite *place du Griffon* (avec sa vieille fontaine). La très étroite *rue de la Jarretière (plan B2)* conduit à la *place au Blé* ; à deux pas se dresse la *tour des Pénitents.* Transformée en clocher de la chapelle des Pénitents-Blancs, cette tour « d'Auriac » est la seule des 15 qui jalonnaient les fortifications médiévales à avoir échappé à la destruction. Au *n° 17, rue Notre-Dame (plan A1),* remarquable porche gothique du XIVe s de l'ancienne synagogue. Construite au XIIIe s, elle faisait partie du « ghetto » de Mende jusqu'à l'expulsion des juifs par l'évêque Guillaume Durand, qui récupéra tous leurs biens, sous le règne de Philippe le Bel.

***Le pont Notre-Dame** (hors plan par A1)* **:** ne quittez pas Mende sans avoir vu les deux belles arches de ce pont construit au XIIIe s. Le coin est plutôt photogénique avec sur les rives du Lot, quelques maisons typiques avec leur toit en forme de coque de bateau renversée (dits à la Philibert).

À faire

– ***Fenêtres sur fermes :*** d'un élevage de brebis à une ferme productrice de châtaignes, de miel et de fruits, on part à la découverte des fermes de Lozère, guidé par les agriculteurs eux-mêmes. Visites gratuites ou payantes, parfois avec goûter, à réserver au moins 2 jours à l'avance. Infos auprès de la chambre d'agriculture *(☎ 04-66-65-62-00 ; • lozere.chambagri.fr •).*

Circuits VTT : circuits de 10 à 58 km autour de Mende. Itinéraires disponibles à l'office de tourisme. Également des circuits cyclo de 20,5 à 92 km.

Fêtes et manifestations

– ***Festival musical du Pays d'art et d'histoire Mende et Lot en Gévaudan :*** *juil-août.* Une petite dizaine de concerts de musique baroque et classique donnés dans les églises du secteur.
– ***Festival 48e Rue :*** *début juil. Gratuit.* Festival de théâtre de rue.
– ***Fêtes de Mende :*** *3e w-e d'août.* Avec manèges, corso fleuri, bal et feux d'artifice.

DANS LES ENVIRONS DE MENDE

Le mont Mimat : accessible en voiture en prenant la direction de l'aérodrome (où, pour la petite histoire, a été tournée la scène finale de *La Grande Vadrouille* dans laquelle nos héros s'échappent en avion), puis suivre le fléchage.

Possibilité aussi d'y aller à pied de la place du Foirail. Compter alors 2h aller-retour. Attention, ça grimpe (et ça descend forcément) ! C'est, à 1 068 m d'altitude, une des extrémités du très boisé causse de Mende, lieu de balade prisé des locaux. Vue panoramique imprenable sur Mende et la vallée du Lot depuis la croix de Saint-Privat (illuminée chaque nuit depuis 1965 !). Pas mal de possibilité de balades dans la forêt (qui permettent notamment de découvrir deux villages abandonnés au XIXe s), accrobranche, via ferrata, etc. *(infos à l'office de tourisme).*

LA MARGERIDE

Comme l'Aubrac, en moins aride, la Margeride reste l'un de ces no man's lands dont la Lozère a le secret. Sur les cartes, on l'appelle les monts de la Margeride : c'est plutôt un long et haut plateau, battu par les vents de l'hiver, parsemé de forêts profondes et ponctué de petits villages, « concentrés » d'humanité au milieu de ces immenses étendues. 60 km de long sur une trentaine de large, ce beau terroir, naguère inclus dans le Gévaudan, commence à s'élever vers Saint-Flour, dans le Cantal, puis s'achève vers Mende et la vallée du Lot, au sud. À l'est, Langogne marque véritablement sa limite et le début du Velay et du Vivarais, autres pays aux noms évocateurs.
La partie la plus dépeuplée du massif se situe entre Grandrieu et Châteauneuf-de-Randon, dans ces paysages désolés, certes, mais non dénués de grandeur. Amateurs d'horizons lointains : tous en Margeride ! Amoureux du silence : venez par ici, sur cette terre où quelques bonnes rivières à truites prennent leur source, avant de caracoler entre les muretins de pierre des pâturages à vaches. Paysages dorés par la lumière du soir ou aux tonalités plus graves les jours d'orage. On y pratique la cueillette en tout genre : champignons, lichens, myrtilles, narcisses.

CHÂTEAUNEUF-DE-RANDON

(48170) 550 hab. *Carte Lozère, C2*

Ne vous fiez pas aux pavillons genre sam'suffit qui cernent cette grosse colline dominant toute la région. Ces modernes faubourgs mènent à une curieuse grande place pavée à l'ancienne, presque disproportionnée par rapport à la taille du village, où l'on ne voit aucune boutique de souvenirs, rien de tapageur dans le décor patiné, authentique. On a bien aimé cette place, parfois balayée par les vents, avec sa statue de Du Guesclin, et ses petits cafés, qui n'ouvrent plus, pour certains, qu'aux grandes occasions.

Adresse et info utiles

Office de tourisme : *av. Adrien-Durand.* ☎ *04-66-47-99-52.* • *ot-chateauneufderandon.fr* •

– **Marché :** *mer 14 juin-16 sept.*

Où dormir ? Où manger à Châteauneuf et dans les environs ?

Hôtel de la Poste : *l'Habitarelle.* ☎ *04-66-47-90-05.* • *contact@hoteldelaposte48.com* • *hoteldelaposte48.com* • *Au pied de la colline, au carrefour de l'Habitarelle. Resto tlj sf dim soir et lun ; slt lun midi en été. Fermé 26 juin-2 juil, 6-15 nov et 23 déc-15 fév. Doubles 58-69 €. Formule 13 € déj sem ; menus 19-40 €.* L'emplacement de cette bonne adresse familiale (devant un gros carrefour) n'est pas rêvé, mais la circulation nocturne n'est pas des plus forcenée. Chambres à la déco contemporaine, plaisantes et confortables. Mais c'est surtout la table qui mérite l'arrêt. Généreuse cuisine dans la tradition lozérienne, mais avec des idées d'aujourd'hui, rehaussée par une jolie carte des vins. La salle de restaurant, aménagée dans l'ancienne grange de ce relais de poste, est presque spectaculaire, le rapport qualité-prix remarquable et le service aux petits soins. Propose également, juste en face, des chambres vraiment à l'ancienne mais à tout petit prix *(doubles 30-40 €)* dans une annexe, l'*hôtel des Voyageurs.*

Chambres d'hôtes L'Ousta dé Baly : *Le Giraldès, 48170* ***Arzenc-de-Randon.*** ☎ *04-66-47-93-62.* • *loustadebaly@yahoo.fr* • *loustadebaly.jumdo.com* • *À 10 km à l'ouest de Châteauneuf-de-Randon, 4 km après Arzenc-de-Randon, sur la D 3. Fermé 30 nov-30 avr. En ½ pens slt, 54 €/pers.* Cadre et chambres (dont une pouvant accueillir jusqu'à 8 personnes) agréables pour cette adresse posée sur la toute petite route qui traverse ce hameau de la Margeride. Vous allez pouvoir vous régaler de spécialités locales à la table d'hôtes des Valy, et de leur charcuterie maison. Si vous n'avez pas encore goûté la *maôche,* la *flecque,* la *coupetade,* vous n'y couperez pas ! Accueil charmant.

Chambres d'hôtes et gîte d'étape chez Marie Amarger : *Le Giraldès, 48170* ***Arzenc-de-Randon.*** ☎ *04-66-47-92-70.* *06-13-20-01-21.* • *marie_amarger@orange.fr* • *vacancesalaferme-lozere.com* • *À 10 km à l'ouest de Châteauneuf-de-Randon, 4 km après Arzenc-de-Randon, sur la D 3. Compter 70 € pour 2 ou 52 €/pers en ½ pens. En gîte, ½ pens 40 €/pers.* Une ferme en activité au cœur d'un tranquille hameau (et d'une belle nature, où passe le GR du tour de Margeride !). Un gîte d'étape (dortoirs de 3 à 5 lits) et quatre chambres, simplement rustiques. À table, tout est fait maison et tous les produits viennent de la ferme. Visite possible de l'exploitation d'ailleurs, pour découvrir quelques races venues de la nuit des temps : aurochs et chevaux tarpan.

À voir

Le cénotaphe de Du Guesclin : *à côté de l'*Hôtel de la Poste, *au carrefour de l'Habitarelle.* Petit monument en granit élevé au XIXᵉ s, à l'emplacement du campement de Du Guesclin. Le connétable de France, né vers 1320 en Bretagne, est représenté allongé en tenue de chevalier, les pieds posés sur un lion. Une inscription dit : « Ici le 13 juillet 1380 Bertrand Du Guesclin a reçu sur son lit de mort les clefs de Châteauneuf-de-Randon pris aux dernières compagnies. Précurseur de Jeanne d'Arc dans l'œuvre de relèvement national. » Il y a quelque chose de tragi-comique dans sa mort puisqu'il se raconte qu'il est décédé après avoir bu une eau trop froide, assoiffé après avoir combattu en plein soleil. Sorte d'hydrocution, en somme. Un petit musée lui est consacré, dans l'hôtel de ville de Châteauneuf *(☎ 04-66-47-99-52. Juil-août, tlj 10h-12h, 14h30-18h30. GRATUIT).*

UN VOYAGE ET QUATRE ENTERREMENTS

Du Guesclin souhaitait être inhumé en Bretagne. Charles V choisit plutôt pour son connétable, la dilaceratio corporis (division du corps). Sur le chemin du retour, le corps de Du Guesclin a donc été « enterré » quatre fois : ses viscères au Puy-en-Velay, ses chairs (séparées des os dans une marmite bouillonnante...) à Montferrand, ses os dans la basilique de Saint-Denis et son cœur, finalement, à Dinan, près de son château natal.

DANS LES ENVIRONS DE CHÂTEAUNEUF-DE-RANDON

La ferme de la Toison d'Or : *à Meyrilles, 48170* ***Saint-Jean-la-Fouillouse.*** *☎ 04-66-69-53-17. • toisondor.fr • À 7 km au nord par la D 985 puis une petite route (fléchée) sur la droite. De mi-mai à juin, sur résa ; juil-sept, tlj 10h-19h. Visite : 6,50 € ; 4,50 € enfant.* Un site magnifique, réparti sur 6 ha, au beau milieu de la Margeride. René et Joëlle vous feront partager leur passion des animaux à laine : chèvres, lapins rex ou angora, chinchillas, lamas, alpagas et... cochons ! Élevés en quasi-liberté dans de grands et beaux enclos. Également une aire de jeux et un musée (qui, comme chacun sait, est un lieu pour « s'a-musée » !), avec un diaporama qui présente la vie d'autrefois dans le coin. Profitez-en pour jeter un œil à quelques variétés de poules rigolotes. Approche pédagogique de la flore locale. Bref, un endroit que l'on adore, à ne pas manquer en famille ; aire de pique-nique dans le parc.

Le lac de Charpal : au cœur de paysages encore sauvages (qui peuvent évoquer le Canada), c'est le plus grand lac de France pour la pêche au brochet *(no-kill !).* Un agréable sentier (avec des passerelles au dessus des tourbières) fait le tour du lac *(8 km ; compter 3h)* ; idéal pour une balade en famille.

UN LAC DÉTONANT

Ce n'est pas pour fournir de l'électricité qu'un barrage a été construit sur le cours de la Colagne. Mais pour se débarrasser des armes et munitions de la Première Guerre mondiale ! Pas de panique, le projet n'a jamais abouti et il n'y a aujourd'hui que des poissons dans les eaux du lac de Charpal.

LANGOGNE (48300) 2 940 hab. *Carte Lozère, C2*

Aux confins de la Margeride, du Velay et du Vivarais, sur les chemins de Regordane et de Stevenson, ce gros bourg agricole et commerçant conserve de part et d'autre de sa rue principale sans charme

réel, un vieux pont de pierre qui enjambe le Langouyrou et une intéressante église curieusement encerclée par de hautes maisons anciennes. À proximité s'étend, avec le lac de Naussac le plus grand plan d'eau de Lozère, profitez-en !

> **GARGANTUA OU L'APPÉTIT... DE VIVRE !**
>
> *Selon la légende, Gargantua serait passé par Langogne, où sa joie de vivre aurait conquis tous les habitants. Pour lui rendre hommage, une tête monumentale du géant de Rabelais parcourt la ville lors du corso fleuri de la fête votive (le 1er week-end d'août), et ce depuis 1869 !*

Adresse et info utiles

- ***Office de tourisme Haut-Allier :*** *15, bd des Capucins. ☎ 04-66-69-01-38. • langogne.com • Juil-août, lun-sam et mat dim et j. fériés. Hors saison, lun-sam.* Petit circuit de découverte du centre ancien.
- ***Marché :*** *sam mat.* L'un des plus beaux de la région, doublé d'une petite brocante en juillet-août.

Où dormir ? Où manger ?

De bon marché à prix moyens

Maison d'hôtes Villa Les Roches : *☎ 04-66-46-69-53. • info@villa-les-roches.com • villa-les-roches.com • À 2 km du centre par la N 88 vers Mende, fléché ensuite sur la gauche. Fermé de fin sept à début avr. Compter 59-69 € pour 2.* Superbe adresse à l'écart du bourg. Une grande villa des années 1930, surplombant la rivière. 3 chambres à thème, coquettes, spacieuses, claires et tout confort. Calme absolu et environnement verdoyant. Belles vérandas Art déco où prendre le petit déj. Atmosphère cosy à souhait (parquet, meubles chinés) et ambiance british, à l'image de votre hôtesse, charmante.

Le Boulodrome : *7, rue du Boulodrome. ☎ 04-66-69-06-49. En contrebas du bourg (c'est fléché). Tlj sf soir mar-mer plus jeu soir hors saison. Fermé 2 sem fin juin-début juil et vac de Noël. Menus 13,50 € (déj sf dim) et 18 €.* La bonne adresse populaire avec son zinc à l'entrée, sa salle généreusement vitrée ouverte sur un boulodrome privé (si une partie vous tente...) et sa terrasse à deux pas de la petite rivière. Généreuse et goûteuse cuisine familiale servie dans la bonne humeur. Du traditionnel pur jus : tête de veau ravigote, gras-double, manouls (dont le chef est un fervent défenseur)... On a bien aimé.

Où dormir ? Où manger dans les environs ?

Camping

Camping du Pont de Braye : *Les Berges du Chapeauroux, 48300* ***Chastanier.*** *☎ 04-66-69-53-04. 📱 06-70-16-32-49. • accueil@camping-lozere-naussac.fr • camping-lozere-naussac.fr • ♿ À 10 km à l'ouest par la D 34. Ouv 1er mai-20 sept. Compter 14,50 € pour 2 en hte saison ; hébergements 209-489 €/sem.* On adore ce petit camping tranquille, situé dans un site agréable et verdoyant, au bord de la rivière Chapeauroux (très prisée des pêcheurs de truites). Simple, charmant, familial, écolo et bien tenu par un jeune couple sympathique. 3 yourtes mongoles, prolongées par une terrasse en bois, ainsi que de beaux écolodges, de grandes tentes confortables (et belles !). Location de vélos.

De bon marché à prix moyens

Refuge du Moure : *48300* ***Cheylard-l'Évêque.*** *☎ 04-66-69-03-21. • info@lozere-gite.com • lozere-gite.com • À 10 km au sud de Langogne, en bordure de la forêt de Mercoire. Fermé 15 oct-1er avr. Compter 98 € pour 2 en ½ pens ; 52 €/pers en dortoir en ½ pens.* Christian a été intendant d'expéditions polaires, équipier dans l'Himalaya, guide de pêche en Alaska, mais aussi cuistot dans une gargote chinoise à New York, et on en oublie ! Ce qui explique pourquoi les voyageurs de passage sont chaleureusement reçus par ce bourlingueur – et sa gentille femme – dans cette solide maison de granit au cœur d'un tranquille village. Chambres d'hôtes impeccables, soigneusement décorées, vieux parquet, salles de bains nickel, etc. Également un gîte d'étape (2 dortoirs de 5 à 6 personnes). Environnement sauvage propice aux randos, nombreuses activités proposées. Et de joyeux moments à partager autour de la table unique, à déguster une cuisine venue des quatre coins de la planète. Une belle adresse.

Le Relais de Palhères : *Palhères, 48300* ***Rocles.*** *☎ 04-66-69-21-41 ou 55-40 (relais équestre). • infos@relais-palheres.com • relais-palheres.com • À 9 km à l'ouest par la D 34. Congés : de mi-nov à mi-avr. Resto soir slt. Nuitée 23-26 € ; double 60 €. ½ pens (souhaitée) 60 €/pers. Menu du jour 17 € puis autres menus (sur commande) à partir de 25 €. CB refusées.* Un relais équestre en pleine nature, entouré de forêts et surplombant le lac de Naussac. On loge dans de petites maisons en bois qui s'intègrent bien au paysage, tendance « ma cabane au Canada ». Chambres collectives (4 personnes) pour les cavaliers et les randonneurs, ou doubles plutôt plaisantes avec leur déco à thème. Au resto, bonne petite cuisine de terroir, servie copieusement. Accueil sympathique. Et si vous êtes partant pour une balade à cheval, c'est le moment ou jamais.

Chambres d'hôtes Les Genêts d'Or : *Pomeyrols, 48300* ***Naussac.*** *☎ 04-66-69-17-47. • paul.bandon@nordnet.fr • lesgenetsdor.fr • À 7 km au nord-ouest de Langogne, sur les hauteurs du lac de Naussac. Fermé Toussaint-Pâques. Compter 53 € pour 2.* Jolie maison dans un hameau tranquille. Dans les chambres, dotées chacune d'un nom de fleur, belles peintures murales, qui prolongent la surprise ressentie devant la décoration de l'ensemble de la maison.

Où acheter de bons produits ?

Maison Fages : *27, bd Charles-de-Gaulle. ☎ 04-66-69-06-58. Fermé lun hors saison.* Fricandeaux du Gévaudan, caillettes aux herbes, pâté de cèpes ou aux orties, *maôche* (spécialité régionale), on trouve de quoi remplir le panier pique-nique chez Mme Fages, une bonne partie des produits ayant été primés par le département.

Secrets de Cacao : *rue Haute. ☎ 04-66-46-28-81. Juste en face de la halle. Ouv mar-sam (plus dim en juil-août).* La boutique d'une maître-chocolatière (ancienne de chez *Bernachon* à Lyon) intraitable sur la provenance de ses cacaos (goûtez ses ganaches d'origine) et d'une vraie créativité. Quelques pâtisseries également : moelleux marron-chocolat, cakes...

À voir. À faire

L'église Saint-Gervais-et-Saint-Protais : étonnant paysage urbain d'abord : la place sur laquelle se dresse cette église du XIIe s est encerclée par de hautes

et vieilles maisons, qui, en fait, suivent le tracé des remparts dont subsistent cinq demi-tours, également habitées.
À l'intérieur, la nef abrite 85 chapiteaux sculptés dans le granit, qui en font la plus belle église de style roman bourguignon du Gévaudan. La première chapelle à droite, située à l'emplacement d'un sanctuaire plus ancien, est dédiée à Notre-Dame-de-Tout-Pouvoir. On y découvre sa statue (elle est en bois, sous sa robe !). Angelmodis, vicomtesse de Langogne, fondatrice de l'église, aurait rapportée cette statue de Rome, au XIe s. Peinée que l'église soit sous la protection de saint Gervais et de saint Protais et que la Vierge soit reléguée au second rang, elle avait rendu visite au pape, qui, pour la consoler, lui avait offert cette statue un peu reléguée dans un coin d'escalier de son palais. De retour à Langogne, la statue fut spontanément vénérée par la population. Elle est aujourd'hui encore célébrée chaque année avec une procession.

La halle : avec ses piliers en granit, son toit de lauzes, ce joli bâtiment de 1742 abrite toujours le marché de Langogne.

Le Monde de Filaine, à la filature des Calquières : *23, rue des Calquières. ☎ 04-66-69-25-56. • musee-lozere.com • Tlj en saison 10h-12h, 14h-19h (dernière entrée à 17h30) ; hors saison, mar-sam 10h-12h, 14h-18h. Entrée : 8,50 € ; 5,50 € enfant ; gratuit moins de 4 ans. Visite commentée conseillée (machines en action). Cinéma dynamique seul : 3,50 €.* Ne manquez pas cet authentique lieu d'histoire, témoignage bien vivant d'une activité autrefois essentielle dans la région. On découvre la richesse d'un patrimoine industriel intact (classé Monument historique) et la pratique d'un ancien métier qui, ici, faisait vivre bien des ouvriers. Actionné par la roue à aubes et la magie de l'eau, un ensemble unique de machines du XIXe s (dont la fabuleuse mule-jenny, d'une longueur impressionnante) transforme devant vos yeux la laine brute en un écheveau prêt à être tricoté. L'espace muséographique permet parfois de toucher, de manipuler cardes et métiers à tisser. Scénographie originale ; une (intéressante) vidéo sur l'histoire de la laine, un diaporama (en l'occurrence sans grand intérêt), du cinéma dynamique (avec fauteuils qui bougent et autres effets spéciaux) et une boutique artisanale complètent la visite. Pour les plus petits, des ateliers pédagogiques de tissage et de tricot, et un coin lecture. Un de nos coups de cœur en Lozère !

Le train touristique des gorges de l'Allier : *au départ de Langogne ou de Langeac. ☎ 04-71-77-70-17 (en saison). • train-gorges-allier.com • Juil-août slt. Plusieurs formules au choix : du miniparcours de 45 mn (env 13 €/adulte) à la grande traversée de l'Allier (25 € ; 2h) jusqu'à la balade de 3h avec repas gastronomique (concocté par un chef étoilé ; env 82 €/adulte... cher !).* Visites commentées par un guide du patrimoine. Aucune route ne passe ici, le train est donc une bonne façon de découvrir ces paysages façonnés par l'eau et les volcans.

DANS LES ENVIRONS DE LANGOGNE

Le lac de Naussac : *• lacfrance.com •* Comme dit la pub : « 1 000 ha de loisirs en Lozère » ! Nombreuses activités nautiques et sportives : voile, planche à voile, canoë, VTT, nage en eau vive, rafting, escalade, équitation, parc-aventure, pêche, tennis, canyoning, etc. Renseignements à l'office de tourisme de Langogne.

LA ROUTE DU LAC DE NAUSSAC À SAINT-ALBAN-SUR-LIMAGNOLE

Entre le lac de Naussac et Saint-Alban, la beauté de cette région va vous toucher. Quelle que soit la rive du lac que vous quittez, la route vous emmène

d'abord au petit village de Grandrieu, au cœur de la boisée Margeride pour grimper ensuite vers la baraque des Bouviers (1 430 m) au travers de paysages encore sauvages que vous ne risquez pas d'oublier. Défilent des forêts profondes et giboyeuses, où se cachent moult champignons, des prairies où paissent tranquillement les belles vaches aubrac, des landes couvertes de genêts et des fleurs sauvages au printemps, des bruyères, des muretins et des blocs de granit érodés par la pluie et la rigueur des hivers. Des dizaines de kilomètres de bonheur où l'on ne croise souvent que la voiture du facteur !

LA BARAQUE DES BOUVIERS

Le col culmine à 1 418 m, dans un beau paysage typique de la Margeride. Pendant longtemps, ce coin perdu fut oublié du reste de la Lozère. Puis le Département a décidé d'en faire une petite station pour les skieurs de fond, qui est d'ailleurs devenue un lieu d'entraînement pour l'équipe de France. Une dizaine de petits chalets en bois, un bureau d'information, des studios à louer : tout ce qu'il faut pour accueillir les amateurs de randonnées à ski... ou à pied. Nombreuses ***randonnées*** à faire d'ailleurs dans les environs. Le GR 43 passe ici. Le *centre de loisirs (☎ 04-66-47-41-54),* en face de la Baraque des Bouviers, fournit quelques infos et propose la location de VTT en saison. Infos plus complètes au syndicat d'initiative de Grandrieu *(☎ 04-66-46-34-51 ; ● grandrieu-tourisme.com ●).*

Où dormir ? Où manger ?

🏠 |●| ***Auberge de la Baraque des Bouviers :*** *sur la D 5, au passage du col. ☎ 04-66-47-31-13. ● labaraquedesbouviers@gmail.com ● ♿ (resto). Hors saison, sur résa le soir. Fermé 2 sem en nov. Double 45 €. Formule et menu 12,50 € (déj en sem)-25 €.* 💻 📶 Vous verrez une cloche au-dessus de la porte d'entrée de ce bar-restaurant. Autrefois, on la sonnait pour orienter les pèlerins, les routiers, les voyageurs surpris par la « tourmente ». Il faut dire qu'ici, les hivers sont particulièrement rudes : 10 à 15 °C au-dessous de zéro. Menus simples, copieux et roboratifs, casse-croûte et boissons pour faire une simple pause. Tables en terrasse au bord de la route et grande salle de resto. Quelques chambres pour dépanner.

SAINT-DENIS-EN-MARGERIDE

Tout petit village isolé au milieu d'un vaste paysage de bois et de prairies, dans le creux d'un vallon. Remarquer le vieux manoir en granit, très imposant, à gauche en sortant du bourg, et la petite église juste en face.

Saint-Denis est le point de départ d'un joli sentier de randonnée, le PR Truc de Malbertès, 11 km de balade (3h) à la découverte des trucs, rocs granitiques et croix bordant le chemin (balisage jaune ; topoguide P43A *Sur les traces de la bête du Gévaudan*).

Où manger ?

|●| ***Café-restaurant Le Margeride :*** *dans la rue principale. ☎ 04-66-47-41-09. Tlj sf jeu le midi slt, sur résa sinon. Fermé en janv. Menus 13-15,50 €. Café offert sur présentation de ce guide.* Ce petit bistrot de village est l'une de nos bonnes adresses en Margeride. La spécialité de Viviane Bonnet, ce sont sur résa, le w-e, les plats à base de pommes de terre (truffade, aligot). En semaine, l'ambiance est celle d'un petit resto ouvrier de campagne. Viviane pourra vous dire quels sont les bons coins de forêt pour ramasser des champignons.

SAINT-ALBAN-SUR-LIMAGNOLE

(48120) 1 390 hab. *Carte Lozère, B1*

Gros bourg construit sur le flanc ouest de la Margeride, tout en escaliers et ruelles en pente. Au bord de la rue principale, une belle église romane, et tout en haut du bourg, dominant la vallée, un château à l'origine forteresse médiévale construite sur les ruines d'un antique « castel ». Construit en arkose, un grès rose et jaune, on peut dire qu'il en impose ! Il abrite depuis 1821 un hôpital psychiatrique dont les médecins ont, dès les années 1940, agité la psychiatrie française.

Adresse utile

Office de tourisme : *dans le château, en haut du village. ☎ 04-66-31-57-01. • ot-saint-alban-sur-limagnole.fr • Juil-août, lun-ven ; le reste de l'année, horaires restreints.*

Où dormir ? Où manger à Saint-Alban et dans les environs ?

De bon marché à prix moyens

L'Oustal de Parent : *Les Faux. ☎ 04-66-31-50-09. • oustal-de-parent@wanadoo.fr • oustaldeparent.com • (resto). À 5 km au nord de Saint-Alban par la D 987. Fermé déc-mars. Nuitée en dortoir avec petit déj 22 € ; doubles 48 € (w-c sur le palier)-62 €. Menus 19-36 €.* Tenue par une jeune équipe, une grande maison (c'était une ferme) restaurée qui abrite un gîte d'étape pour les marcheurs de Compostelle et des chambres, gentiment rénovées. Cuisine de région au resto.

Auberge Les Amarines : *48700* ***Serverette.*** *☎ 04-66-48-31-15. • lesamarines48@wanadoo.fr • lesamarines48.fr • À 11 km au sud par la D 4 puis la D 806 direction Saint-Chély ; c'est à sortie du village. Tlj sf dim soir en saison, et le soir lun-jeu hors saison. Fermé 10 j. sept-oct et Noël. Menus 23-26 €.* À la sortie de cette ancienne ville fortifiée, construite sur un piton granitique, entre Margeride et Aubrac. Cadre pittoresque et chaleureux, terrasse au-dessus de l'eau et ambiance bon enfant. Cuisine de terroir pur jus : tripoux, aligot-saucisse, tête de veau ravigote, pieds de cochon... Accueil sympa du patron (la patronne est, elle, aux fourneaux).

De chic à beaucoup plus chic

Chambres d'hôtes La Grange d'Émilie : *48700* ***Fontans.*** *06-89-41-16-52. • mpic-gpmeservices@orange.fr • chambrehote-emilie.com • À 6,5 km de Saint-Alban par la D 4, puis la D 7. Fermé oct-mai. Compter 105-125 € pour 2. Table d'hôtes (sf mer et sam en juil-août) 35 €.* La ferme familiale a été transformée en une magnifique maison d'hôtes, offrant des prestations haut de gamme. Les 5 chambres sont magnifiques, la déco exquise et le confort optimal. Mais l'adresse vaut surtout pour la table d'Émilie qui s'avère être un véritable cordon-bleu. Elle se fournit auprès des meilleurs producteurs de la région et dans le potager familial. Plus tard dans la journée, elle enfile son tablier et se démène aux fourneaux pour le plus grand bonheur de ses hôtes. Les produits les plus rustiques, habilement cuisinés et présentés, sont les ingrédients d'un véritable repas gastronomique. Spa, hammam, sauna, minisalle de sport et un fauteuil massant !

Relais Saint-Roch – La Petite Maison : *château de la Chastre, 5, av. de Mende. ☎ 04-66-31-55-48. • rsr@relais-saint-roch.fr • relais-saint-roch.fr • À 200 m du centre. Resto tlj sf midi lun, plus lun soir, mar et mer midi hors saison. Congés : nov-15 avr. Doubles 116-290 €. Menus 24 € déj en sem, puis 29-74 €.* Vaste demeure de granit rose, dont les murs imposants cachent un grand parc de verdure. Cette « petite maison » plaira aux gourmets avec sa cuisine de terroir authentique et généreuse. La spécialité : le bison (d'Amérique, *of course*, celui d'Europe est protégé), mais aussi l'omble chevalier, l'aligot ou la fricassée de cèpes. Et pour les amateurs, plus de 400 whiskies et une trentaine d'eaux-de-vie à déguster ! L'hôtel, un 4-étoiles, est établi un peu plus loin dans une belle maison bourgeoise, à la déco assortie à l'ensemble. Chambres douillettes à la déco très classique et dotées d'un confort haut de gamme. Belle piscine et terrasse. Très bon accueil.

À voir. À faire à Saint-Alban et dans les environs

Scénovision de Saint-Alban – La Margeride à la Folie : *route de Saint-Chély. ☎ 04-66-31-32-85. • scenovisionstalban.com • Avr-oct, mer-ven, 10h30-12h30, 13h30-18h30, sam 13h30-18h 30, jusqu'à 17h30 dim. Séances ttes les 45 mn : dernier départ 18h30 mer-sam, 17h15 dim. Entrée : 6 € ; réduc.* Un récent musée-spectacle interactif et ludique, où le visiteur, après un café (virtuel !) pris dans la reconstitution d'un bureau de poste de campagne, suit, installé sur de drôles d'engins, Auguste, le facteur du village pour sa dernière tournée avant la retraite. Des projections sur de multiples supports permettent de découvrir l'histoire de Saint-Alban (étonnante évocation de l'hôpital psychiatrique, cher aux surréalistes), les paysages de la Margeride, la bête du Gévaudan... Une jolie balade immobile !

Les Bisons d'Europe : *à* **Sainte-Eulalie** *(48120). ☎ 04-66-31-40-40. • bisoneurope.com • Mai-sept, tlj 10h-17h (18h juil-août) ; sinon, fermé mar et jeu. Fermé de mi-nov à mi-déc. Résa conseillée. Entrée : env 6 € à pied ; 15 € en calèche ; 18 € en traîneau ; réduc enfants (tarifs réduits en ligne).* Voici les bisons d'Europe, le plus grand mammifère terrestre européen, importés du parc de Bialowieza en Pologne, dans un domaine de 200 ha. Un troupeau de bisons vit en semi-liberté sur ce vaste espace forestier que l'on visite en calèche (ou en traîneau quand l'enneigement le permet), avec un guide. La balade vous fera découvrir cet animal sauvage et méconnu dans son habitat naturel. En complément de la visite, petit musée qui retrace l'histoire du bison d'Europe de la préhistoire à nos jours.

LE MALZIEU-VILLE (48140) 750 hab. *Carte Lozère, B1*

Deux sculptures le rappellent aujourd'hui : ce village, bien calé dans un méandre de la Truyère, a servi, pendant l'été 1765, de camp de base aux chasseurs venus de Paris pour traquer la fameuse bête du Gévaudan. Toujours bien à l'abri derrière ses remparts flanqués de grosses tours, cette petite cité a conservé un caractère médiéval marqué, prétexte à une courte mais agréable balade au hasard de ses ruelles : maisons à pans de bois, belles portes de granit aux linteaux gravés, ancien beffroi du château (la tour de l'Horloge)...

Adresse utile

Office de tourisme : *dans la tour de Bodon, près de la mairie. ☎ 04-66-31-82-73. • gevaudan.com • Mai-sept, lun-sam, plus dim mat juil-août ; le reste de l'année, lun-ven.* Propose des visites guidées de la cité médiévale sur demande. On peut, pour la vue, grimper au sommet de la tour.

Où dormir ? Où manger au Malzieu et dans les environs ?

De bon marché à prix moyens

Hôtel des Voyageurs : *av. de Saugues. ☎ 04-66-31-70-08. • lozere-hotel-voyageurs.com • Dans le village, au long des remparts. Tlj. Doubles 55-60 €. Menus 12,50 € midi en sem, puis 18-33 €.* Le classique hôtel de campagne avec son bar-tabac au pied d'un bâtiment sans charme réel. Mais l'accueil est vraiment sympa et les chambres confortables et de bonne taille. Même si la déco (moquette murale un peu partout) date un peu. Reste donc juste à offrir à ces chambres le coup de jeune que le chef a su apporter à sa généreuse cuisine de région.

Auberge Le Bon Accueil : *48140 **Paulhac-en-Margeride.** ☎ 04-66-31-73-46. À 14 km du Malzieu, sur la D 989 en direction du Puy. Fermé en déc. Nuitée 14 €/pers. Double 35 € pour 2. Menu 14 €. Café offert sur présentation de ce guide.* À 1 160 m d'altitude, l'auberge bien nommée vous propose un repas tout simple à base d'omelette aux cèpes et de charcuterie maison. Également un gîte d'étape et 4 chambres, modestes (avec lavabo) dans une bonne vieille ferme traditionnelle.

De prix moyens à chic

Hôtel Brunel – Le Rocher Blanc : *route du Gévaudan, 48200 **La Garde.** ☎ 04-66-31-90-09. • hotel@lerocherblanc.com • lerocherblanc.com • À 10 km au nord-ouest du Malzieu et 1 km de la sortie n° 32 de l'A 75. Doubles 59-92 €. Menus 22 € déj sem, puis 31-42 €.* Accueil chaleureux dans cet établissement fort bien tenu, à la déco très personnelle (le patron aime chiner et ça se voit). Chambres 2 ou 3 étoiles, plus ou moins spacieuses, calmes et rénovées au goût du jour. Superbe déco thématique pour les plus chères (assortie d'un confort optimal !). Non moins superbe espace bien-être (la grange à bulles) avec piscine, sauna, jacuzzi, massage sur réservation. Également un tennis et une piscine découverte (juin-septembre). Et jolie cuisine dans l'esprit de la maison, entre terroir et franche créativité. Vraiment une bonne adresse.

Où acheter de bons et beaux produits ?

Boulangerie-pâtisserie Aux Délices de la Tour : *rue de l'Église. ☎ 04-66-31-71-73. Tlj sf lun. Fermé 2 sem en fév et 3 sem en sept.* Une bien bonne boulangerie-pâtisserie, mais pas seulement puisque Michel Besse est aussi chocolatier, et un bon ! Également 2 petites tables pour se poser et avaler une bonne pâtisserie accompagnée d'un savoureux chocolat chaud...

Poteries Agnès Farges : *rue des Pénitents. ☎ 04-66-31-36-03. Juil-août, tlj sf dim, 10h-12h30, 14h30-19h ; sinon, lun-ven 14h30-18h.* Plus bleu que les bleus de ses bols, vous ne trouverez pas... Mais il y a des couleurs pour tous les goûts : très jolis vases, objets de déco, entonnoirs à confitures, etc. Que du grès. Large choix de qualité et à prix raisonnables.

DANS LES ENVIRONS DU MALZIEU-VILLE

Les gorges de la Truyère : méconnues mais très belles. On ne peut malheureusement pas vraiment les longer, en voiture en tout cas. À pied ou à VTT, on peut emprunter les divers sentiers de balades autour du Malzieu (regroupés dans un topoguide de randonnées), qui permettent d'approcher les gorges sur quelques kilomètres. Et de découvrir par exemple, les curieux rochers de la Porte-des-Fées, (superbe point de vue sur les gorges en prime) ou le cirque de Paladines. Quelques autres activités sportives : tyrolienne géante, via verrata (accessible aux déficients visuels), voies d'escalade... Se renseigner à l'office de tourisme du Malzieu.

Le site médiéval d'Apcher : _sur la commune de **Prunières,** à 9 km au sud-ouest du Malzieu par la D 989._ Le site, culminant à 1 060 m d'altitude a fait depuis 2000 l'objet de fouilles archéologiques et de travaux de restauration. Après la petite chapelle castrale du XIIe s (donc romane), se dresse le donjon, haut de 18 m, que gagne un escalier métallique très contemporain (mais en forme de catapulte médiévale !).

Manifestations

– **_Les Médiévales du Malzieu :_** _w-e de l'Ascencion._ ● _medievalesdumalzieu.org_ ● Tournois de chevaliers, jongleurs et cracheurs de feu, archers et banquet à l'ancienne...
– **_Rencontres musicales du Malzieu :_** _1re sem d'août._ ● _rencontresmusicalesdumalzieu.fr_ ● Concerts de musique classique dans les rues et sur les places du village.

LA LOZÈRE (LE GÉVAUDAN)

ENTRE MARGERIDE ET AUBRAC

Grosso modo, la D 53 qui remonte de Marvejols vers le Cantal sert de frontière entre ces deux terroirs si différents. Climat, paysages, traditions et même les hommes changent. Alors, pour marquer la transition et s'initier à la découverte de l'Aubrac, on peut faire étape à Saint-Chély-d'Apcher ou à Aumont-Aubrac, avant de se lancer sur les petites routes environnantes.

SAINT-CHÉLY-D'APCHER

(48200) 4 160 hab. _Carte Lozère, B1_

Paysage insolite en arrivant : de vastes bâtiments industriels et des cités ouvrières. Comme si, d'un seul coup, la civilisation avait surgi de nulle part. Cette petite ville (à l'échelon de la Lozère !) s'est développée depuis le début du XXe s autour d'une forte activité métallurgique, toujours bien présente. Animée, surtout le jeudi matin, jour du marché, cette bourgade ne possède pas le charme des petits villages voisins de l'Aubrac, et ne mérite donc pas qu'on s'y attarde plus que ça.

Adresse et info utiles

Office de tourisme : *48, rue Théophile-Roussel. ☎ 04-66-31-03-67. • monts-du-midi-tourisme.com • ♿ Juil-août, tlj sf dim ap-m ; 15 mai-30 juin et 1er sept-15 oct, lun-sam ; 16 oct-14 mai, lun-ven et sam mat.* Visite guidée de la ville le mercredi, randonnées accompagnées tout l'été et randonnées nocturnes avec animations.

– **Marché de petits producteurs :** *jeu mat, dans le centre.* Miel, fromages et charcuteries issus des productions locales.

Où dormir ? Où manger ?

Hôtel Les Portes d'Apcher : *av. de Saint-Flour. ☎ 04-66-31-00-46. • les.portes.dapcher@orange.fr • hotels-brunel.com • ♿ À 3 km du centre, sur la D 809, direction Saint-Flour. Doubles 70-76 €. Formule déj en sem 14 € ; menus 24-34 €.* Un hôtel dont on ne vantera ni les bâtiments ni l'emplacement. Mais l'intérieur se révèle beaucoup plus séduisant avec des chambres impeccables, d'un sobre mais travaillé style contemporain et d'un très bon confort. Salle de resto spacieuse et panoramique, bien agréable et largement ouverte sur l'extérieur pour une cuisine sous influence méditerranéenne. Accueil aimable.

Où dormir ? Où manger dans les environs ?

À Termes *(48310)*

À 10 km de Saint-Chély-d'Apcher par la D 989 en direction de Chaudes-Aigues.

De bon marché à prix moyens

Auberge du Verdy : *☎ 04-66-31-60-97. ♿ (resto). Fermé déc-mars. Doubles 43-47 €. Menus 12 € en sem, puis 16-30 €.* La petite auberge de campagne où le comptoir à ses habitués... Chambres propres et claires, et cuisine du terroir très correcte. Assiette de cèpes du pays, tête de veau vinaigrette, foie gras de canard...

Chambres d'hôtes La Narce : *La Narce. ☎ 04-66-31-64-12. • lanarce@orange.fr • À 1,5 km (en voiture, 600 m à pied) du village. Compter 60 € pour 2. ½ pens 90 € pour 2.* Derrière le jardin et les murs en pierre de cette ancienne ferme, 4 chambres rustiques, mignonnes et confortables.

Où acheter de bons produits à Saint-Chély et dans les environs ?

Marché Barraban : *rue de la Chicane (route du Malzieu). ☎ 04-66-31-02-35. Tlj sf dim.* Le cadre moderne, un peu à l'écart du centre-ville, rappelle davantage un petit supermarché, mais le détour vaut la peine pour faire quelques achats à la ***Maison du fromage,*** incontournable. Jean Teissedre est le dernier crémier-fromager de haute Lozère. Goûtez au *bourrut* de la Margeride, le fromage blanc du pays, aux petits chèvres fermiers, etc.

Les Abeilles du Cantou : *chez Gisèle Ponsonnailles, à* ***Termes.*** *☎ 04-66-31-68-51. 📱 06-07-73-68-59. À 10 km par la D 989, direction Chaudes-Aigues. Tlj juil-août ; moins souvent ou sur résa le reste de l'année.* Apéritif au miel, sablés au miel, pots de miel, nougat, ainsi que des produits de Lozère fabriqués par les agriculteurs du pays, et primés par le Département pour certains. On peut assister à la « récupération » du miel, renseignez-vous !

À voir. À faire

Le musée de la Métallurgie : *16, rue Beausoleil. ☎ 04-66-31-29-38. De mi-juin à mi-sept, mar-sam 9h30-12h, 14h-18h ; de mi-avr à mi-juin et de mi-sept à mi-oct, jeu slt. Entrée : 5 € ; réduc.* Sympathique petit musée animé par des retraités ayant à cœur de faire revivre le passé. À travers machines, outils, documents anciens, toute l'histoire de la métallurgie dans le coin (sans oublier les luttes sociales).

➢ **Le sentier nature de l'arboretum de Civergols :** *en direction du Malzieu.* Consacré à la flore de Margeride.

DANS LES ENVIRONS DE SAINT-CHÉLY-D'APCHER

La Chaldette *(48310)* **:** un hameau d'une poignée de maisons typiques au creux d'un vallon : pas vraiment l'idée qu'on se fait d'une station thermale. Pourtant, c'en est une avec un centre thermal (construit au mitan des années 1990 et joliment intégré dans le paysage) alimenté par une eau qui, comme le suggère ce « chaldette » sort du sous-sol à 35 °C. Des eaux connues depuis le Moyen Âge et utilisées pour le traitement des affections ORL.

Où dormir ? Où manger ?

La Vallée du Bès : *dans le village. ☎ 04-66-31-61-06. Double 55 €. Menu unique 16 €.* Janine Osty connaît les lieux comme sa poche et accueille les visiteurs dans sa belle maison natale. La décoration a pas mal vieilli (surtout du côté des chambres, au demeurant bien tenues) mais l'accueil est agréable et la cuisine simple et copieuse. Quelques tables en terrasse, bien agréable aux beaux jours.

Résidence thermale de La Chaldette : *☎ 04-66-31-85-00. • residence@france48.com • lachaldette.com • Ouv de mi-fév à fin nov. Pour un T2, compter 168-229 €/pers pour 2 nuits ven-sam (tarifs dégressifs). Possibilité de forfaits « remise en forme ».* L'ancien hôtel thermal a été rénové et transformé en résidence offrant duplex et appartements pour 2 à 6 personnes (avec kitchenette et salon pour les plus grands). Idéal pour les familles et les séjours ! L'architecte a réussi à préserver le cachet du bâtiment, et l'ambiance thermale est tout sauf pesante. Envie d'un massage ? Le centre n'est qu'à 100 m !

À faire

– **Le centre thermal La Chaldette :** *☎ 04-66-31-68-00. • lachaldette.com • Ouv de début fév à fin nov. Résa obligatoire. Pour une ½ journée, accès à l'espace forme 21-30 € ; nombreuses autres formules.* Superbe bâtiment avec une vue imprenable sur la rivière du Bès, les arbres, la verdure et les vaches ! L'occasion de s'offrir une trempette dans le joli bain (avec sauna, jacuzzi, solarium, fitness, etc.), accompagnée d'un ou de plusieurs soins esthétiques ou balnéo, pour un après-midi de détente totale !

AUMONT-AUBRAC (48130) 1 090 hab. *Carte Lozère, B2*

Ne pas confondre avec Aubrac, dans l'Aveyron. Rien de particulier à voir dans ce chef-lieu de canton, hormis l'église avec son chœur roman et ses chapelles latérales gothiques.

Où dormir ? Où manger ?

De bon marché à prix moyens

🍴 **Le Gabale :** *10, route du Languedoc. ☎ 04-66-42-86-14. Tlj sf lun, mar midi et mer soir hors saison. Fermé janv-mars. Formule 16 € (midi sem) et menus 18-28 €.* C'est, au rez-de-chaussée, la « table bis » de *Chez Camillou* (voir ci-dessous). Joli cadre contemporain avec baies vitrées d'un côté, photos panoramiques de l'Aubrac de l'autre. Terrasse quand le soleil s'est décidé à darder ses rayons. Et très jolie cuisine, sagement tarifée. Ambiance largement plus décontractée qu'à l'étage mais service très pro.

Chic

🏠 🍴 **Chez Camillou – Restaurant Cyril Attrazic :** *10, route du Languedoc. ☎ 04-66-42-80-22 ou 04-66-42-86-14 (resto). • chezcamillou@wanadoo.fr • camillou.com • ♿ Resto tlj sf mar-mer (midi slt juil-août). Fermé 11 nov-27 mars. Doubles 90-147 €. Au resto, menus 35 € déj en sem, puis 49-87 €.* 📶 Si le bâtiment est sans charme, les chambres, rénovées au goût du jour, sont parfaitement équipées. Pour compléter l'ensemble, terrasse, jardin et piscine. Malgré tout, l'adresse vaut surtout pour la cuisine de Cyril Attrazic, une merveille de justesse, de saveurs, d'équilibre et d'inventivité. Suivez vos envies et les conseils de madame, laissez-vous aller au plaisir de la découverte de la cuisine de ce déjà grand, sympathique de surcroît, vous ne le regretterez pas. Magnifiques desserts. Quelques tables sur la petite terrasse qui court le long du bâtiment (réserver).

Où dormir ? Où manger dans les environs ?

De bon marché à prix moyens

🏠 🍴 **Les Granges de Bigose :** *Bigose, 48200* ***Rimeize.*** *☎ 04-66-47-12-65. • contact@grangesbigose.com • grangesbigose.com • ♿ À env 6,5 km au nord d'Aumont-Aubrac par la D 7. Congés : janv-fév. Doubles 65-95 €. Menus 16-34 €.* 📶 De vieilles granges retapées et transformées en auberge. Un bel endroit, cosy et confortable, décoré avec goût, très prisé des randonneurs en chemin (ou non) pour Compostelle ; le « tour de Margeride » et le GR 65 traversent tous deux la propriété. Accueil des cavaliers, qu'ils soient à cheval ou à dos d'âne ! Salon avec coin cheminée en hiver, et terrasse pour l'été. Cuisine de terroir : truffade, aligot-saucisse, bœuf « Fleur d'Aubrac »... Spa, location de VTT, prêt de raquettes, séjours à thème (pêche, brame du cerf...).

🏠 🍴 **Le Regimbal :** *Le Regimbal, 48130* ***Javols.*** *☎ 04-66-42-89-87. • line-et-louis@wanadoo.fr • hotel-le-regimbal.com • ♿ Fermé 23 déc-15 mars. Double 54 €. Formule 21 € (déj sem) et menu 26 € (soir et w-e) ; carte env 26 €.* 📶 Dominant ce qui fut l'ancienne capitale gallo-romaine du Gévaudan pendant 8 siècles (voir plus loin), 8 chambres impeccables, modernes et de bon confort, où l'on dort du sommeil du juste. Toutes donnent sur le village de Javols et l'ancien forum gallo-romain. Au resto, bonne cuisine du terroir servie dans la salle à manger, près de la cheminée en granit, ou dans la véranda. À partir de mi-octobre, cuisine alsacienne (sur résa). Accueil très aimable.

🍴 **Auberge du Moulinet :** *lac du Moulinet, 48100* ***Le Buisson.*** *☎ 04-66-32-17-40. À 10 km d'Aumont-Aubrac. Tlj sf sam, au déj slt. Fermé 20 déc-6 janv. Formule 14 € ; menu 17 € le midi. CB refusées.* Petite adresse populaire face au lac du Moulinet (lire « À voir. À faire dans le coin »), idéale pour une pause déjeuner avant ou après la baignade. Honnête cuisine familiale servie dans une grande salle tout en bois, assez agréable (quelques tables près des fenêtres donnant sur le lac), ou dehors. Accueil discret et aimable du sympathique patron.

L'Ousta Bas : *Couffinet, 48130* ***Sainte-Colombe-de-Peyre.*** *☎ 04-66-42-87-44. • oustabas@wanadoo.fr • ♿ À 8 km au sud d'Aumont-Aubrac, 2 km après le col des Issartès. Tlj sf mar-mer en saison ; ouv slt w-e en basse saison (se renseigner avt). Menus 24-45 €. Verre de marquisette offert sur présentation de ce guide.* C'est une grosse maison aux murs très épais. À l'intérieur, poutres anciennes, cheminée et tables coquettes. Cuisine du pays (nous sommes sur la terre de Peyre, entre Aubrac et Margeride) à des prix abordables : aligot, pouteille, truite aux mousserons... Très bon accueil.

DANS LES ENVIRONS D'AUMONT-AUBRAC

Javols Anderitum – musée et site archéologique : *48130* ***Javols.*** *☎ 04-66-42-87-24. • archeologie-javols.org • ♿ À env 7 km d'Aumont-Aubrac par la route de la Margeride puis la D 50. Juil-août, tlj sf dim mat, 10h-12h, 14h-18h30 ; juin et sept, lun-ven 10h-12h, 14h-17h30. Entrée : 3 € ; réduc ; gratuit moins de 12 ans.*
De prime abord, difficile d'imaginer que le tranquille village de Javols fut l'antique *Anderitum,* l'ancienne capitale gallo-romaine des Gabales (autrement dit, les Gaulois du Gévaudan !). Anderitum, fondée au Ier s av. J.-C., connut son apogée au IIe s apr. J.-C. Le site était déjà plus ou moins localisé au XVIIIe s car la mémoire populaire avait gardé le souvenir d'une « ville engloutie ». Il fallut pourtant attendre le XIXe s pour que des fouilles mettent au jour d'importants vestiges que l'on peut aujourd'hui découvrir en suivant un récent circuit extérieur balisé de 18 bornes (compter 1 à 2h).
Un petit musée présente quant à lui le résultat de ces fouilles. On y trouve les habituels outils, monnaies, poteries et bijoux, ainsi que quelques pièces originales très intéressantes. Les enfants n'ont pas été oubliés, avec des jeux et des ateliers qui leur sont proposés, ainsi qu'un coin lecture (avec l'intégrale d'*Astérix* !)...

– **Le lac du Moulinet :** *à 13 km au sud d'Aumont-Aubrac par la D809 (bien fléché sur la droite).* Dans un environnement pittoresque de forêts et de prairies, un petit sentier de randonnée permet de faire le tour du lac en 2h30, et l'*Auberge du Moulinet* (voir plus haut « Où dormir ? Où manger dans les environs ? ») propose boissons, glaces et repas complets pour reprendre des forces. En été, *sports nautiques* et *baignade* (surveillée l'après-midi).

L'AUBRAC

Comme devant d'autres grands espaces (le Sahara, la vallée de la Mort en Californie... liste évidemment non exhaustive !) nous sommes restés éberlués devant l'Aubrac ! Car, aux confins du Cantal, de l'Aveyron et de la Lozère, nous avons eu la très étrange impression d'être arrivés dans un bout du monde. Sur ce haut plateau (altitude moyenne : 1 200 m), dénudé, austère mais terriblement beau, pointent ici ou là de bien vieux volcans, dômes arrondis, monts chauves couverts de prairies, de landes à genêts, à fougères ou à bruyères, où le vent souffle parfois violemment car il n'a aucun obstacle à heurter.

Des ruisseaux à truites courent dans cette immensité vide où l'horizon semble n'avoir jamais été aussi vaste. Rien pour arrêter le regard, sinon la silhouette humble de ces burons couverts de lauzes ou ces clochers-peignes qui semblent vouloir coiffer les cheveux du ciel tellement ils s'en approchent. Ici, pas de réserve naturelle, et pourtant, on compte 1 300 espèces de plantes sur les monts chauves, les lacs sont des merveilles pour les amateurs de pêche, et le domaine skiable s'étend sur 150 km en hiver. Mais point de parc officiel, comme dans les Cévennes, chacun se débrouille comme il peut pour sauver cette terre ancestrale de l'oubli. Un bout du monde, donc, mais qui a été parmi les premiers à conquérir Paris à l'époque des bougnats, des loufiats, des porteurs d'eau et des limonadiers. À vous de tomber sous le charme de ce pays à la nature sauvage et austère...

LA FÊTE DE LA TRANSHUMANCE

Chaque année autour du 25 mai, quand la campagne est en fleurs, les troupeaux de vaches (en majorité de race aubrac) sortent de leurs étables après un long hiver rigoureux. Les bêtes montent sur les dômes de l'Aubrac, où elles passeront l'été dans les hauts pâturages. C'est la transhumance, qui dure en général une quinzaine de jours. Un dimanche est consacré à cette fête haute en couleur, vestige d'un mode de vie ancestral. Les vaches portent des sonnailles autour du cou. On leur accroche des fanions et des drapeaux tricolores ; des bouquets de fleurs, des branches de genévrier, des rameaux de houx, au-dessus des cornes. Ainsi parées, les bêtes cheminent sur les routes et les chemins jusqu'à Aubrac dans le Cantal, où elles sont rassemblées dans un enclos. Puis un jury agricole décerne un prix au plus beau troupeau. Dans les burons et les auberges du pays, on célèbre l'événement en préparant des kilos d'aligot dans une ambiance chaleureuse. Le reste des troupeaux est transporté à bord de camions. Ça va plus vite.

LES BURONS DE L'AUBRAC

Le buron abrite deux ou trois pièces exiguës : une où les bergers dorment, une autre où l'on fabrique la fourme ou la tomme (fromage de lait de vache), une troisième pour stocker les fromages. Dans les années 1930, il y en avait encore 300 sur l'Aubrac, parsemant ces immensités dénudées tels des petits repaires de pierre noyés sous la neige de l'hiver.
Aujourd'hui, il n'en reste que quelques-uns en activité, pour les touristes avant tout. Toutefois, depuis une vingtaine d'années, la fraternité de Jérusalem a entrepris un programme de réhabilitation des burons. Elle signe un contrat avec les propriétaires et restaure les habitats. En échange, elle les utilise 15 jours par an comme lieu de méditation. Une initiative qui a permis de conserver une vingtaine (sur une centaine à sauver) de burons.

LE TOUR DE L'AUBRAC À PIED

Une superbe randonnée à faire en une bonne semaine. On commence souvent le tour à partir d'Aumont-Aubrac, mais il existe des variantes, et le GR 65 vous permet de rejoindre le GR du tour de l'Aubrac en de multiples endroits. Ne pas manquer la partie entre le hameau de Trémouloux et Saint-Laurent-de-Muret, qui vaut largement qu'on y use ses semelles !

LE GR 65 OU CHEMIN DE SAINT-JACQUES-DE-COMPOSTELLE

« Le séjour de l'horreur et des vastes solitudes », ce verset biblique ornait naguère le fronton d'entrée de l'hospice d'Aubrac, où des milliers de pèlerins du Moyen Âge (XIIIe-XIVe s), venus du Puy, faisaient escale avant de repartir vers Conques et Saint-Jacques-de-Compostelle (Espagne).
De fait, la traversée de ce désert d'altitude, à l'époque, avait quelque chose d'une aventure terrible. Le marcheur devait affronter toutes sortes de périls : les brumes et les tempêtes hivernales, les bandits de grand chemin (appelés alors les routiers ; depuis ce temps, ils sont devenus sympas), les loups (l'Aubrac était alors couvert de forêts), la faim, la soif, la solitude. Des moines-soldats étaient chargés d'assurer la protection des pèlerins en cours de route. Les chemins rocailleux montaient à l'assaut de la montagne. Ils passaient par Fournels, Saint-Urcize, Laguiole ou par la « haute route » : Fau-de-Peyre, Malbouzon, Nasbinals, Aubrac, puis redescendaient vers des cieux plus cléments jusqu'à Espalion.
Aujourd'hui, le GR 65 reprend en partie ce très vieux chemin médiéval, sans doute l'une des meilleures façons de découvrir ce pays. Se munir évidemment du topo-guide adéquat avant de partir.

NASBINALS (48260) 500 hab. *Carte Lozère, A2*

Sur le chemin de Compostelle, un gros et sympathique village : de robustes maisons aux murs de granit et de basalte, une belle église romane au clocher octogonal et des échappées formidables sur l'Aubrac. À Nasbinals, on croise autant de pèlerins, de marcheurs, de skieurs de fond en hiver, de chevaux et de troupeaux que de pêcheurs euphoriques, de rêveurs inspirés, de naturalistes heureux. C'est là le secret de ce bout du monde.

HABILE RHABILLEUR

Sur la place centrale de Nasbinals trône un buste de Pierre Brioude (1832-1907). Vous ne connaissez pas ? Pourtant, certains venaient du Canada ou des États-Unis consulter ce « rhabilleur» comme on dit par ici qui « remettait » luxations, entorses voire fractures, « levait » les brûlures et soignait quelques autres maladies. Trois hôtels avaient carrément été construits pour accueillir ses patients.

Adresse et infos utiles

Office de tourisme : *maison Charrier. ☎ 04-66-32-55-73. ● nasbinals.fr ● Juil-août, en principe tlj ; le reste de l'année, lun-sam.*

■ **Randonnées :** vous pouvez demander Gonzalo Díaz à **Aubrac Randonnée** (*06-07-08-66-04*). Insistez car il est souvent par monts et par vaux. Très sympa et très compétent, il vous parlera des randonnées accompagnées thématiques : faune, flore, tourbières, brame du cerf...

Où dormir ? Où manger ?

Camping

Camping municipal : *route de Saint-Urcize. ☎ 04-66-32-51-87 ou 04-66-32-50-17 (mairie, hors saison). ● camping.nasbinals@orange.fr ●*

À 900 m du village. Ouv de mi-mai à fin sept. Compter 8,50 € pour 2 en hte saison. 25 empl. Calme, protégé du vent. Sanitaires bien tenus et eau chaude. Une balançoire pour les enfants. Dommage que la route longe le camping. C'est pas l'autoroute, mais bon...

Bon marché

Ferme équestre Les Monts d'Aubrac : *route de Saint-Urcize.* *04-66-32-50-65. • gerard.moisset0343@orange.fr • equitation-aubrac-lozere.fr • Ouv tte l'année. Compter 36-39 €/pers en ½ pens.* 8 chambres (2 à 4 lits), à la ferme ; le tout simple, propre et bien tenu. Location de draps. Repas sur place. Ambiance conviviale.

De prix moyens à chic

Lô d'Ici : *le village.* *04-66-32-92-69. • lodici375@gmail.com • lodici-aubrac.com • Face à la grande pl. du Foirail. Nuitée 30 € en chambre collective ; doubles 75-90 €, petit déj 9 €. CB acceptées.* Véritable havre de paix et de bon goût. Déco contemporaine très réussie, structure et matériaux anciens de la vieille grange alliés au métal et aux meubles modernes, lumière et couleurs douces en camaïeu de bleu, vert, ocre, etc. À l'étage, 4 chambres sublimes en duplex (pour 2 à 6 personnes), excellente literie et couettes douillettes propices à la rêverie, comme les phrases de poètes lozériens qui ornent les murs. Resto-salon de thé où l'on peut grignoter de bonnes tartines à base de produits locaux (en vente d'ailleurs sur place). Chaises longues pour buller dans le petit jardin, massages et autres soins bien-être... Un coup de cœur, vous l'aurez compris !

La Route d'Argent : *04-66-32-50-03. • contact@bastide-nasbinals.com • C'est la grande maison derrière l'église, au centre du village. Doubles 50-56 €. Menus 26-32 €.* En Aubrac, le resto est une institution, et c'est souvent l'affluence. La cuisine est robuste et des plus copieuse : ris de veau aux cèpes, rognons au madère... Pour prolonger la soirée, le bar reste ouvert jusqu'à 1h. Tout ça dans une ambiance villageoise, chaleureuse et familiale. Les chambres présentent en revanche peu d'intérêt, mais elles pourront dépanner. Vente de topoguides.

Plus chic

Chambres d'hôtes La Borie de l'Aubrac : *La Grange des Enfants.* *04-66-45-76-97. • contact@borie-aubrac.com • borie-aubrac.com • À 4,5 km de Nasbinals par la D 900 en direction de Marvejols. Compter 95-135 € pour 2. Dîner 35 € (sf mer avr-oct).* Une ancienne grange isolée, à 1 150 m d'altitude, sur le plateau, au cœur d'un paysage aussi sublime que sauvage. Des espaces communs aux cinq chambres, très belle déco au goût du jour, dans un style contemporain de charme tout à fait réussi. Excellente table d'hôtes, à base de produits locaux. Accueil et service impeccable (le couple qui s'est installé ici avait, auparavant, fait carrière dans l'hôtellerie de luxe).

Où dormir ? Où manger dans les environs ?

Le Relais de l'Aubrac : *Le pont de Gournier, 48260* ***Recoules-d'Aubrac.*** *04-66-32-52-06. • relais-aubrac@orange.fr • relais-aubrac.com • À 3,5 km du village par la D 12. Resto tlj sf lun, plus dim hors saison. Fermé de mi-nov à mi-mars. Doubles 61-75 €. Formule 18 € midi en sem et menus 28-40 €. Apéritif maison offert sur présentation de ce guide.* Une belle maison en granit de l'Aubrac, tenue par une famille qui a le sens de l'accueil. Jolie salle, malheureusement plutôt sonore, dotée d'une grande cheminée. Chambres simples et chaleureuses, certaines récemment rénovées. Cuisine solide composée de plats du terroir : aligot (le chef a gagné plusieurs concours), tarte aux myrtilles...

Voir aussi un peu plus loin les ***burons de Born et du Ché.***

Où acheter de bons produits ?

Au village, allez chercher fougasses et chaussons aux pruneaux chez ***Chassang-Brunel,*** et préparez de quoi « casse-croûter » à la ***charcuterie Souchon.***

La grange au thé : *pl. du Foirail. 06-07-76-36-81. • contactboutique@lagrangeauthe.com* • Du thé sur l'Aubrac ? C'est, en fait, la couleur, une fois infusée, de cette plante sauvage (le Calament à grandes fleurs) qui lui a valu le surnom de thé de l'Aubrac. Un parfum entre menthe et mélisse, des vertus digestives et une déclinaison en tisanes, liqueurs, savons, etc., à découvrir dans cette jolie boutique.

À faire

– ***Centre équestre des Monts d'Aubrac :*** *route de Saint-Urcize. ☎ 04-66-32-50-65. Ouv tte l'année.* Cours, balades et randonnée. Idéal pour les familles (gîte sur place).

LES VIEUX VILLAGES DE L'AUBRAC

Carte Lozère, A-B2-3

À pied ou en voiture, peu importe, il faut partir à la découverte de ce monde inconnu et de ces beaux villages où les pierres, comme les gens, ont des histoires à raconter. Voici quelques-uns de nos coups de cœur en Aubrac.

Où manger l'aligot dans un buron ?

Le Buron de Born : *famille Bastide, lac de Born, 48260* ***Marchastel.*** *☎ 04-66-32-52-20. À 6 km de Nasbinals (et 1 km de Marchastel) par la route des Salces (D 52) ; très bien fléché. Mai-oct, tlj sf dim soir ; mieux vaut réserver hors saison, surtout le soir. Menus env 18-25 €. CB refusées.* Environnement superbe et sauvage, au cœur des plateaux de l'Aubrac, face au petit lac de Born. Les randonneurs et les gourmands sont ravis de faire étape dans ce buron authentique, pour y déguster aligot, truffade et excellentes viandes grillées. Atmosphère bien conviviale, cuisine rustique d'un très bon rapport qualité-prix et accueil fort sympathique. Et si le vent ne souffle pas trop fort, une belle terrasse permet de profiter du panorama. Soirées accordéon.

Le Buron du Ché : *le Cher, 48260* ***Nasbinals.*** *☎ 04-66-32-55-72. • bessierearlette@orange.fr • À 3,2 km de Nasbinals par la D 987 ; très bien fléché. Tlj sf lun soir, plus lun midi et dim soir hors saison. En réalité, mieux vaut réserver car souvent fermé le soir hors saison et complet le reste du temps ! Menus 28-56 €.* Une savoureuse cuisine de terroir, concoctée avec les meilleurs produits du pays et soigneusement présentée. Viandes locales et aligot au feu de bois, touillé à bout de bras par le jovial patron qui enfile son accordéon à l'heure du dessert ! On déguste le tout dans la petite salle à manger rustique et chaleureuse ou dans la salle récente, vaste et assez moderne (voire un peu kitsch), dotée d'une véranda avec (superbe) vue panoramique sur l'Aubrac. Accueil un brin autoritaire mais finalement tout ce qu'il y a de plus charmant...

MARCHASTEL (48260)

À 7 km à l'est de Nasbinals, à l'écart de la route de Marvejols. Un discret petit village du bout du monde, adossé à une sorte de grosse butte d'où l'on a une superbe vue sur le pays. Remarquez au centre du village ce curieux « travail » avec ces quatre piliers de granit, qui servait à ferrer les chevaux. Très belles maisons en pierre volcanique aux toits de schiste et de lauzes, donnant un bel aperçu de l'architecture de l'Aubrac. Marchastel est souvent considéré – à juste titre – comme l'un des plus beaux villages de Lozère.

Où dormir ? Où manger ?

Chambres d'hôtes Les Puechs de l'Aubrac : *au centre du village. ☎ 04-66-32-53-79. 06-75-75-72-21. • location-gites-aubrac.com • Compter 55 € pour 2.* Belle maison agrémentée d'un joli jardin. Jeannine Boyer dispose de 5 chambres aménagées dans l'ancienne grange de la demeure de famille, agréables et confortables. Idéal pour assister à la transhumance ou pour séjourner au printemps, quand la nature environnante est un véritable enchantement. Accueil cordial et attentionné.

Chambres d'hôtes Château de Marchastel : *☎ 04-66-32-59-50. 06-74-46-08-18. • malherbe@aubrac2000.com • aubrac2000.com • Compter 70-80 € pour 2 (tarifs dégressifs).* Des routards qui se sont faits châtelains et ont décidé il y a quelques années de rénover une ruine de 500 m². À découvrir, donc, sans penser pour autant mener la vie de château. Mais vous allez être agréablement surpris, car dans ces deux charmantes chambres (mais également dans les gîtes ruraux) tout est fait pour vous faire aimer l'Aubrac : confort et propreté impeccables, cadre très agréable et la vue sur le plateau, si belle... Il y a aussi une piscine et des VTT à votre disposition, un mur d'escalade pour vous entraîner, etc.

Auberge de La Tourre : *☎ 04-66-45-68-73. • aubergedelatourre@orange.fr • Avr-oct, tlj sf mer ; le reste de l'année, ts les soirs sf mer slt sur résa. Congés : déc-janv. Formule 15 € et menus 21-30 €.* Au cœur de ce joli village, une auberge de campagne tenue par un couple accueillant et motivé. Au menu, que du bon, que du local ! Charcuteries maison ou fermières et artisanales, viandes d'Aubrac, saucisse de pays et aligot, magnifique plateau de fromages fermiers (dont une tomme du Gévaudan plus redoutable encore que la Bête !), tartes aux fruits... Spécialité de « fondues de l'Aubrac » (viandes ou fromages). Le cadre est simple et rustique lui aussi, doublé d'une jolie terrasse avec vue sur l'église et le monument aux morts. Une vraie carte postale !

PRINSUÉJOLS (48100)

Entre Malbouzon et le château de la Baume, à l'est du massif, sur le chemin de Compostelle. Minuscule village avec quelques familles, une mairie de poupée et une église romane du XIIe s coiffée par un clocher-peigne (sans jeu de mots !). Le château, construit en 1630, est surnommé le « Versailles du Gévaudan ». Tours carrées, chemin de ronde à mâchicoulis, escalier à balustres... un surnom mérité !

Où dormir ? Où manger dans le coin ?

Les Chemins de l'Aubrac : *Usanges, 48100 Prinsuéjols. ☎ 04-66-32-34-29. • lescheminsdelaubrac.com • À 12 km de Nasbinals et à 7,7 km de Prinsuéjols, sur la route du château* *de la Baume. Resto tlj sf sam midi. Fermé oct-avr. Nuitée en gîte d'étape env 26 €/pers. Menus 14 € déj, puis 21-25 €.* Grande maison en vieilles pierres entièrement retapée. Gîte d'étape (proche de plusieurs GR) de 40 places réparties en chambres de 2 à 4 lits. Déco sommaire, mais confort très correct. Grande salle à manger rustique pour prendre un repas roboratif et se requinquer dans une atmosphère populaire : viande d'Aubrac, saucisse-aligot, etc., avec, pourquoi pas, un verre de vin de gentiane maison ou une bière artisanale du coin. Terrasse.

À voir dans les environs

Le château de la Baume : *☎ 04-66-32-51-59. • chateaudelabaume.org • Proche d'Usanges et de Marchastel également. Juil-août, tlj 10h-12h, 14h-18h ; hors saison, slt sur rdv (sf mar). Entrée : 7 € ; réduc. Visite guidée : 40 mn-1h.* Très belle route dans une campagne intacte. Horizons immenses avec quelques bois. Et puis soudain surgit cette grande demeure en granit : « le Versailles du Gévaudan ». Construit au Grand Siècle, il abrite de très belles pièces (la plus grande – la salle de billard ! – fait quand même 120 m²) avec du mobilier XVIIIe, des tapisseries d'Aubusson, des décors peints remarquables et des boiseries dont certaines sont arrivées au château à dos de mulet depuis Clermont-Ferrand...

FAU-DE-PEYRE (48200)

À 8 km à l'ouest d'Aumont-Aubrac. Encore un village perdu, entre bois et prairies. Église Saint-Martin du XIIIe s avec une remarquable abside à sept pans en cul-de-four.

Où dormir ? Où manger ?

Hôtel-restaurant Del Faou : *au centre du village. ☎ 04-66-31-11-00. • hotel.delfaou@wanadoo.fr • Resto tlj sf dim soir. Fermé 20 déc-fin janv. Double 56 €. Menus 16, 27 et 41 €. Apéritif offert sur présentation de ce guide.* L'auberge de village dans toute sa splendeur ! Cuisine familiale et très copieuse, d'un rapport qualité-prix assez étonnant. Une valeur sûre dans ce bout du monde, où l'on se bouscule littéralement pour goûter les (vraies) cuisses de grenouilles, la truite au lard ou les *manouls* (tripes et ventre d'agneau en paquets). Accueil spontané et chaleureux. À proximité, un bâtiment récent abrite des chambres ; pratique si on ne veut pas reprendre la route.

LES SALCES (48100)

On est ici en plein pays des Boraldes, ces versants ravinés et creusés par une douzaine de rivières au sud de l'Aubrac. Le village, à une vingtaine de kilomètres de Nasbinals, apparaît soudain au terme d'une longue traversée d'un plateau désertique où paissent tranquillement les troupeaux de vaches aubrac, qui ajoutent une belle touche de couleur. Le GR 60 passe à côté. Toute la D 52 est à faire, en prenant le temps de découvrir les nombreux lacs d'altitude : Salhens, Saint-Andéol, Souveyrols, Born, Bonnecombe.

Où dormir ? Où manger dans les environs ?

Auberge du Radal : *col du Trébatut. ☎ 04-66-32-61-71. • auberge-du-radal@wanadoo.fr • radal-aubrac.com • À 2 km au* *sud des Salces, en descendant vers Le Monastier. Fermé 11 nov-11 mars. Doubles 62-66 €, petit déj compris. Formule 13 € et menus 20-26 € ; carte env 16 €. Apéritif maison offert sur présentation de ce guide.* Des bâtiments modernes sans charme, mais un cadre et une vue agréables sur le pays. *Radal* est la traduction de « feu de joie » en patois. À vous d'en déduire la signification de *Trébatut.* Cuisine régionale au resto : aligot, tête de veau...

Le Relais des Lacs : *Bonnecombe. ☎ 04-66-32-61-78. • relais-des-lacs.fr • À 6,5 km au nord-ouest du village. Juil-sept, tlj sf lun ; sinon, ouv slt w-e. Fermé déc-janv. Menu unique 15 €.* Au milieu du plateau, cadre idyllique entouré de prés et de landes. Le café-restaurant de campagne sans ostentation. Sa spécialité : l'aligot, excellent, mais vous pouvez vous contenter d'un généreux casse-croûte.

MARVEJOLS

(48100) 4 900 hab. *Carte Lozère, B2*

Une petite ville de caractère, au centre agréable, bien située aux portes de l'Aubrac et de la Margeride, longtemps capitale du Gévaudan, le pays de la bête qui ensanglanta la région et défraya la chronique de l'Ancien Régime. Pour la p'tite histoire : la bête n'a jamais sévi dans le bourg proprement dit (même si elle est statufiée depuis la fin des années 1950 sur un rond-point). Et surtout, ne dites pas que vous êtes en Auvergne. Elle commence à 50 km d'ici, au nord. Marvejols est génétiquement languedocienne, avec son accent du Midi, même si rien dans l'architecture et dans les paysages ne rappelle le Sud.

LA SINISTRE HISTOIRE DE LA BÊTE DU GÉVAUDAN

A-t-elle vraiment existé ? Était-ce un énorme loup plus féroce que les autres ? Un monstre crochu et velu échappé d'un cirque ? Un gros chien anormalement méchant ? Un funeste tueur en série ? On ne saura vraisemblablement jamais le fin mot de cette histoire. Même aujourd'hui, on continue à se battre contre son fantôme. Après avoir fait couler le sang, la bébête fait toujours couler de l'encre et hante les imaginations.
Que s'est-il passé au juste ? Pendant 3 ans, entre 1764 et 1767, la province du Gévaudan fut terrorisée par une « bête farouche », inconnue et mystérieuse, un « animal redoutable » qui s'attaquait surtout aux enfants (68 victimes) et aux femmes (25 victimes), moins souvent aux hommes (6 victimes).
Pour capturer ce quadrupède sanguinaire, le roi Louis XV envoya le capitaine Duhamel et ses 57 dragons. Toute la contrée fut ratissée, mais la terreur continua ; 140 paroisses furent alors mobilisées, de Langogne à Saint-Chély-d'Apcher. Afin de combattre ce « fléau envoyé par Dieu pour punir les Gévaudanais de leurs mœurs relâchées », l'évêque de Mende ordonna, comme au temps des grandes calamités, des prières dans toutes les églises. Le diable n'était pas très loin. François Antoine, porte-arquebuse, fut dépêché par Louis XV. Quelques mois de battues en Gévaudan, et il revint victorieux à Versailles, où il présenta un gros loup sombre tué par ses soins. Pour le récompenser, le roi lui versa une somme de 10 000 livres. Une petite fortune. Mais sur le terrain, le carnage n'avait pas cessé... Alors, les gens du cru redoublèrent d'acharnement. Et le 17 juin 1767, un dénommé Jean Chastel tire sur la bête avec des balles bénites... C'était un loup.
Comment expliquer que cette bête n'ait jamais tué un seul mouton ? Seule explication que l'on murmure par ici : ce serait l'œuvre d'un maniaque sexuel, véritable *serial killer*...
Ce qui est sûr, c'est que la Bête n'a pas fini de faire parler d'elle !

Arriver – Quitter

Gare SNCF : *à 1,5 km au sud de la ville. Rens : ☎ 36-35 (0,34 €/mn).*
➢ **Pour Mende :** 6 cars en moyenne/j.
➢ **Pour Paris :** 4 liaisons/j. par Clermont-Ferrand (train et car). Compter 6-7h de trajet (on traverse toute l'Auvergne et le centre de la France).

Adresse et info utiles

Maison de tourisme : *dans la porte du Soubeyran. ☎ 04-66-32-02-14. • ville-marvejols.fr • En été, lun-sam et dim mat ; hors saison, mar-sam.* Distribue un circuit « Henri IV » en 17 étapes afin de découvrir la vieille ville, des circuits *Rando Land* pour les enfants et propose des visites guidées (dont des nocturnes) en été.
– **Marché traditionnel :** *sam mat, sur la pl. du Soubeyran.*

Où dormir ? Où manger ?

Camping

Le Coulagnet : *route de l'Empery. ☎ 04-66-32-03-69. • marvejols@vvfvillages.fr • vvfvillages.fr • ♿ À 1,5 km du centre-ville ; suivre le fléchage VVF. Ouv de mi-mai à mi-sept. Compter 14,50 € pour 2 en hte saison ; loc 287-800 €/sem selon saison. 40 empl.* Très confortable. Accès direct à la rivière. Hébergements locatifs au VVF. Piscine.

Prix moyens

Hôtel l'Europe : *11, fg du Barry. ☎ 04-66-47-16-35. • contact@hotel-marvejols.fr • hotel-marvejols.fr • ♿ Doubles 59-74 €.* Un hôtel fonctionnel et assez coloré. Les chambres (avec écran plat) sont standardisées mais ont le mérite d'avoir été complètement rénovées. Fait aussi resto.

Plus chic

Restaurant et chambres d'hôtes Le Domaine de Carrière : *av. Montplaisir. ☎ 04-66-32-47-05. • ramon.carmona@wanadoo.fr • domainedecarriere.com • ♿ À 2,5 km du centre, par la D 1 (suivre direction VVF), c'est sur la gauche, juste à la sortie de Marvejols. Resto tlj sf lun et mer soir, plus dim soir hors saison. Résa conseillée au resto. Compter 100 € pour 2. Menus 20-42 €.* Chambres de prestige aménagées de façon contemporaine à l'intérieur d'un château des XVIIe et XIXe s. Le restaurant, situé dans les anciennes écuries en bordure du parc, vous accueillera pour les repas. Dans l'assiette, un beau programme, du lozérien mâtiné d'influence espagnole. Légumes méditerranéens et huile d'olive ne sont jamais très loin... Tables en terrasse aux beaux jours, dans un environnement calme et verdoyant. Piscine.

Où dormir ? Où manger dans les environs ?

Chambres d'hôtes Au Pied du Truc : *rue Haute, 48100* **Grèzes.** *☎ 04-66-31-78-61. • bessonnath@aol.com • au-pied-du-truc.fr • À 8 km au sud-est de Marvejols par la D 808. Fermé 12 nov-1er avr. Compter 65 € pour 2. Table d'hôtes 20 €.* Un couple d'agriculteurs bourguignons a posé ses valises dans ce joli hameau et dans une maison tout aussi jolie, qui abrite 3 chambres (2 à 4 personnes) bien arrangées, très différentes les unes des autres. De la « Margeride », on découvre une vue bien dégagée à travers la grande baie vitrée. Également une belle terrasse (avec un petit jacuzzi), et un coin de jardin très confidentiel. Au petit déj, confitures et gâteau maison et bons petits plats tout aussi maison à la table d'hôte. Accueil très aimable et posé de Nathalie.

La Baraque du Plô : *48100* ***Antrenas.*** *☎ 04-66-32-12-07. À 8 km au nord de Marvejols, sur la D 900 en direction de Nasbinals. Service slt le midi. Menu unique 14 €. Café offert sur présentation de ce guide.* Ginette Beaufils, surnommée à juste titre la « reine des tripoux », est aux fourneaux de ce fort sympathique petit resto de campagne. Bonne et généreuse cuisine familiale, du coin, cela va presque sans dire...

À voir. À faire

Les portes fortifiées de la ville : la porte de Chanelles, avec ses mâchicoulis, ses deux grosses tours rondes coiffées d'une toiture en lauzes, est située dans le sud de la ville. On trouve sa réplique dans le nord : c'est la porte du Soubeyran, à côté de la statue d'Henri IV, le reconstructeur de la cité. Ces portes fortifiées renferment des habitations depuis très longtemps : voilà pourquoi elles sont si bien conservées. La tour du Soubeyran accueille un *musée d'Archéologie lozérienne (accès gratuit par la Maison de tourisme).* On peut profiter de la visite pour grimper au sommet de cette tour pour avoir une belle vue sur la ville.

L'église Notre-Dame-de-la-Carce : reconstruite au XVIIe s, elle conserve dans une de ses (nombreuses) chapelles baroques la statue vénérée de Notre-Dame-de-la-Carce, qui fait l'objet de nombreux pèlerinages.

DANS LES ENVIRONS DE MARVEJOLS

Chirac *(48100)* **:** qu'on se rassure, l'ancien président n'a pas baptisé un village de France à sa gloire ! Sur la mignonette place centrale belle église Saint-Romain, construite au XIIe s, typiquement romane avec son portail en plein cintre et sa gracieuse abside en cul-de-four.

C'EST QUOI CES TRUCS ?

Un « truc » est une sorte de grosse colline herbue et rocheuse qui se dresse soudain dans le paysage. Il y en a trois dans les environs de Marvejols : le truc du Midi (1 019 m), le truc de Grèzes (1 012 m) et le truc de Saint-Bonnet-de-Chirac (934 m). Pourquoi des « trucs » ? Parce que ce sont des énigmes géologiques, on ne sait ni pourquoi ni comment ils sont apparus !

Les Loups du Gévaudan : *Sainte-Lucie, 48100* ***Saint-Léger-de-Peyre.*** *☎ 04-66-32-09-22. • loupsdugevaudan.com • À env 9 km au nord de Marvejols. Prendre la D 809 en direction d'Aumont-Aubrac ; à 6,5 km, tourner à droite et continuer jusqu'au bout du chemin. Par l'A 75, à 3 mn de la sortie n° 37. Ouv tlj. Juil-août 9h30-19h (nocturne jusque vers 23h, mar, jeu et dim). Reste de l'année 10h-17h (17h30 avr-juin et sep-oct). Fermé de janv à mi-fév. Entrée : 8 € ; réduc. Visite guidée de 45 mn possible ttes les 75 mn env (comprise dans le tarif, et vraiment recommandée).* À 1 100 m d'altitude, le paysage d'abord est superbe avec, au loin, les monts de la Margeride et de l'Aubrac. Sur une vingtaine d'hectares, on découvre ensuite des enclos arborés où vivent environ 100 loups, de cinq sous-espèces : du Canada, de Sibérie, de Pologne, de Mongolie et de l'Arctique. Ils sont nourris tous les 2 jours (lundi, mercredi et vendredi, vers 16h45). Ce petit monde consomme l'équivalent de huit vaches par semaine. On vous conseille d'ailleurs de venir en fin d'après-midi en été, quand les loups sont plus actifs (et nourris !), ou, encore mieux, en hiver ! Une partie muséographique permet d'en apprendre beaucoup plus sur le loup : origines, langage de ses postures, morphologie... Également de belles photos et une salle de projection au-dessous du bâtiment. Puzzles géants, labyrinthe et autres animations pour les enfants. Durant la visite, on apprend que ces animaux sont d'une grande sociabilité, qu'on a grand tort d'en faire des monstres, etc., et, finalement, on a bien envie de relire avec une autre vision nos vieux classiques. Sur place, gîtes, bar et boutique.

LE CAUSSE DE SAUVETERRE

Un des quatre grands causses de cette région avec le Méjean, et dans l'Aveyron, le causse Noir et celui du Larzac. Large plateau peuplé essentiellement de brebis, le regard n'est arrêté que par quelques légers reliefs, quelques haies ou murets de pierre sèche. Le causse de Sauveterre, bordé au nord par le Lot et à l'est par le Tarn, présente des paysages moins dénudés qu'ailleurs, notamment dans la partie sud-ouest, entre La Canourgue et Saint-Rome-de-Dolan. Un véritable paradis pour les amoureux d'espaces vierges, de balades dans les vastes horizons. À découvrir à pied par le GR 6 ou le GR 60, ou, mieux, à cheval.

LA CANOURGUE (48500) 2120 hab. *Carte Lozère, B3*

Jolie petite ville nichée au creux d'un vallon et traversée par un réseau de canaux qui lui donne une certaine originalité après l'aridité du causse. Inévitablement surnommée la « Venise lozérienne », la cité a été bâtie autour d'un monastère édifié au VIIe s (Canourgue est d'ailleurs une déformation du mot chanoine). Dans le centre, plusieurs vieilles maisons Renaissance en encorbellement, avec des fenêtres à meneaux surplombant l'Urugne où fonctionnaient autrefois les tanneries et les mégisseries. Un charme désuet émane de La Canourgue, bonne étape entre le causse et l'Aubrac, très animée en été. Spécialité locale traditionnelle : la *pouteille* (marinade de bœuf, pieds de porc, pommes de terre et sauce relevée), qui possède sa confrérie.

Adresse et info utiles

Office de tourisme intercommunal : *24, rue de la Ville. ☎ 04-66-32-83-67. • ot.lacanourgue.com • Juil-août, tlj sf dim ap-m ; le reste de l'année, lun-sam.* Visites guidées le mercredi à 10h en juillet-août.

– ***Marché :*** *mar mat.* Un marché coloré, odorant et pittoresque, qui s'empare des rues de la ville. Superbe !

Où dormir ? Où manger à La Canourgue et dans les environs ?

Camping

Camping et chalets du Golf : *route des Gorges-du-Tarn. ☎ 04-66-44-23-60 ou 04-66-48-48-48 (central de résas du CDT). • camping@france48.com • ou • sla@lozere-resa.com • (pour les chalets) • golf-gorgesdutarn.com • À 3 km au sud-est de La Canourgue par la D 998. Ouv de début mai à mi-sept. Compter 15 € pour 2 en hte saison ; chalets 194-599 €/sem selon saison. CB refusées. 50 empl.* Environnement très arboré, au bord de l'Urugne. Confort 3 étoiles et sanitaires nickel. Un très bon rapport qualité-prix. Golf et resto (du golf) à proximité. Piscine.

De bon marché à prix moyens

Hôtel Les Deux Rives : *La Mothe, 48500* ***Banassac.*** *☎ 04-66-32-99-97 ou 05-59-74-17-70. • hotel.les2rives@orange.fr • hotel-les2rives.com • Fermé en janv. Doubles 50-115 € selon confort et saison.* Côté face, la route et le rond-point ; côté pile, le Lot qui traverse le jardin et coule au pied de l'hôtel. Chambres équipées de double vitrage, mais que ceux qui dorment la fenêtre ouverte ne s'inquiètent pas : le bruit de la rare circulation sera de toute façon couvert par le bruit de la rivière ! Les chambres les plus récentes ont été entièrement conçues dans une optique de développement durable (peintures écolos, bois certifiés, économie d'eau et d'énergie...) Les plus chères disposent d'une agréable et spacieuse terrasse. Belles suites familiales (4 à 5 personnes) en duplex.

Gîte d'étape et de séjour La Chazelle : *La Capelle, 48500* ***La Canourgue.*** *☎ 04-66-94-06-38. • gitelachazelle@orange.fr • lachazelle.com • À 10 km au sud-est par la D 998 puis une petite route sur la gauche. Ouv tte l'année. Résa obligatoire. Nuitée 18,50 €/pers ; Double 49 € ; petit déj 7 € ; menu 16,50 €. Apéritif offert sur présentation de ce guide.* Dans un hameau, mignon comme tout avec sa petite église et ses maisons aux toits de lauzes. Gîte de 24 places réparties en 7 chambres (de 2 à 5 personnes), aménagé dans une ancienne bergerie entièrement retapée. Bon confort, salle commune, bibliothèque et cuisine à dispo, barbecue et terrasse. Pour compléter le tableau, les champs à perte de vue et un calme olympien...

Chambres d'hôtes La Vialette : *La Vialette, 48500* ***La Canourgue.*** *☎ 04-66-32-83-00. • domaine.delavialette@gmail.com • gite-sauveterre.com • À 10,5 km au sud-est de La Canourgue par la D 998, puis une petite route sur la droite. Ouv tte l'année. Compter 67 € pour 2. Table d'hôtes 20 €. CB acceptées.* Vieille ferme du XIVᵉ s magnifiquement retapée, qui a gardé tout son charme rustique. Dans l'ancienne bergerie, 5 chambres d'hôtes charmantes et confortables. À table (ancienne grange avec une spectaculaire charpente à la Philibert !), ambiance rando et copieuse cuisine du pays. Profitez des forêts environnantes qui s'étendent à perte de vue pour vous balader à pied ou à vélo. Au retour, on pourra se délasser dans la piscine intérieure chauffée et le spa. Et découvrir la collection de tracteurs anciens du maître de maison !

– Voir aussi nos adresses dans les environs des Vignes (dans le chapitre « Les gorges du Tarn »).

Où acheter de bons produits ?

Boulangerie-pâtisserie Raphaël Dussuelle : *rue de la Ville. ☎ 04-66-32-88-78. Tlj sf lun.* Une escale pour découvrir, notamment, de bons macarons. Attention, il n'y en a pas tous les jours et ils partent comme des petits pains ! Typique gâteau à la broche également.

Boucherie Imbert : *21, pl. du Pré-Commun. ☎ 04-66-32-80-49. Tlj sf dim.* Bonne maison familiale (depuis 3 générations) où découvrir la très locale pouteille entre autres spécialités typiques : fricandeau, manouls...

À voir. À faire

L'église Saint-Martin : c'est l'ancienne collégiale du petit monastère fondée au VIIᵉ s, autour duquel le bourg s'est développé. Cette église a été construite au XIIᵉ s, dans le plus pur style roman, par les bénédictins de Saint-Victor de Marseille. Plusieurs fois remaniée (et privée d'une partie de sa nef par la chute du clocher en 1670 !). Mais l'ensemble reste plutôt harmonieux : chapelles gothiques, grande fenêtre Renaissance... Concerts en juillet-août.

➢ Le ***parcours découverte*** de l'histoire du village, au départ de l'office de tourisme, permet d'explorer toutes ses ruelles pittoresques et ses passages voûtés. On sent une quiétude et une certaine douceur de vivre.

Fêtes et manifestations

– ***Fête de la Truffe :*** *1er dim de fév.* L'occasion d'acheter des truffes locales (compter quand même env 1 000 € le kilo !) ou, au moins, d'en goûter.
– ***Foire aux célibataires :*** *chaque année, le w-e de Pâques. Infos auprès de l'association Cupidon et sur • foire-aux-celibataires.com •* Des centaines, des milliers de célibataires accourus de partout pour trouver chaussure à leur pied. Stands, bal, animations diverses... Le bonheur assuré !
– ***Festival du roman policier La Canourgue noire :*** *1er w-e d'août.* Rencontres avec les auteurs, dédicaces, débats, lectures publiques...
– ***Foire à la brocante et à l'artisanat :*** *2e dim d'août.* Très populaire dans la région.
– ***Fête de la Confrérie de la pouteille et du manouls :*** *3e dim d'août.* Avec la participation des confréries de toute la région.

LES GORGES DU TARN

• Carte *p. 619*

Certainement l'un des sites les plus spectaculaires de France, mais aussi l'un des plus fréquentés par les touristes en été. Il n'empêche que la beauté et la magie des lieux n'ont pas vraiment changé, malgré les foules. Après y être allé, on ne regrette jamais d'avoir eu cette idée. Louez donc un canoë-kayak et laissez-vous porter par le courant. Mais à notre avis, le meilleur moyen de découvrir le site est la marche, évidemment. Pour les marcheurs, justement, le sentier rive gauche permet de longer les gorges plaisamment.

DEUX MOTS SUR LE TARN ET SES FAMEUSES GORGES

Jusqu'à Florac, tout va à peu près bien pour le Tarn. Il a pris sa source au sommet du mont Lozère – ô bonne mère des eaux –, à 1 575 m d'altitude, et coule comme une petite rivière de montagne, entouré de versants raisonnables.
Passé le bon village d'Ispagnac, le ton change. Le Tarn affronte les causses. Adieu le granit du mont Lozère et les schistes des Cévennes ! Voilà le royaume du calcaire, roche tendre parmi les plus tendres. Sur 53 km, entre

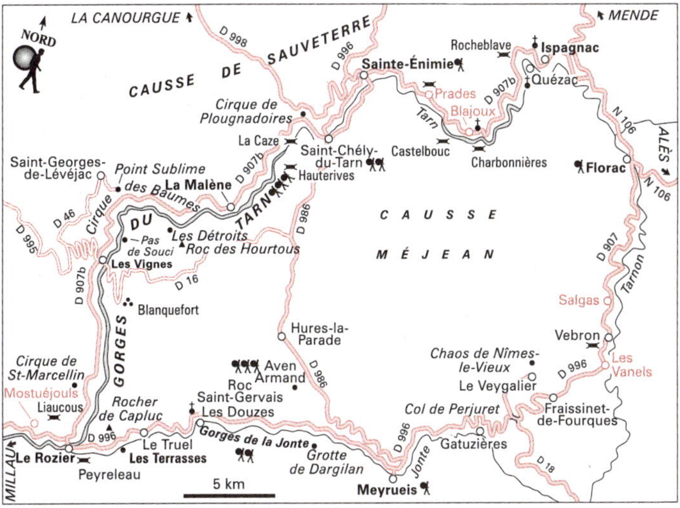

LES GORGES DU TARN

Ispagnac et Le Rozier, la jeune rivière impétueuse peut sculpter le paysage à sa guise. Elle creuse un profond couloir et coule au pied de falaises hautes de 400 à 500 m. À certains endroits, le défilé se resserre comme dans le passage des Détroits, entre La Malène et Les Vignes, peut-être la plus belle partie des gorges.

Ailleurs, le Tarn décrit des méandres, amorce des virages vertigineux, comme au cirque de Pougnadoires, près de Saint-Chély, ou mieux, au cirque des Baumes. Le mot « cirque » convient bien au Tarn. C'est une rivière spectacle. Tel ce point Sublime ou ce roc des Hourtous, où se nichent les aigles. C'est aussi une rivière limpide qui cache ses secrets : on ne les voit pas au premier coup d'œil, mais près de 40 résurgences souterraines venues du causse Méjean et du causse de Sauveterre se jettent dans les eaux du Tarn, sous forme de cascades. Et puis les gorges ne sont pas que pierre et eau : on découvre des hectares de forêts giboyeuses, magnifiques, avec des hameaux sans accès comme celui de la Croze, témoin d'une vie paysanne ancestrale qui avait pu s'enraciner même au fond des gorges.

De puissants seigneurs, plus ou moins misanthropes, avaient élu domicile sur ces rives pittoresques : la vallée est ponctuée de plusieurs châteaux imposants, certains en ruine, d'autres rénovés en château-hôtel. Rocheblave, Charbonnières, Castelbouc, Prades, La Caze, La Malène... autant de nids d'aigle imprenables dans cette vallée d'orgueil.

Enfin, vous pouvez descendre le Tarn jusqu'au bout, c'est-à-dire Albi, Montauban et Moissac, où il mêle ses eaux à celles de la Garonne. Si le niveau de l'eau le permet, les kayakistes pourront faire l'ensemble de ce beau périple...

Quelques petits conseils utiles

– Choisissez bien votre époque pour y aller. On vous l'a déjà écrit : en juillet et août, les gorges, même déployées, affichent complet. Et mieux vaut s'informer du niveau de l'eau pour profiter pleinement de la descente.

– Côté hébergement, la meilleure des solutions consiste à trouver une chambre dans un rayon de 15 à 20 km autour du Tarn. On vous en signale. Autre possibilité : les multiples chambres d'hôtes et gîtes d'étape tout le long du lit du Tarn.
– Randonneurs, renseignez-vous sur les sentiers auprès des offices de tourisme locaux. Il y a de très belles balades à faire au départ de La Malène ou du Rozier.
– Kayakistes, sachez-le, les crues du Tarn sont réputées pour leur violence, notamment aux équinoxes d'automne et de printemps. Il vaut mieux se méfier de son humeur.

La descente des gorges du Tarn en canoë-kayak

Moins populaire que celle de l'Ardèche mais tout aussi belle, la descente des gorges du Tarn est une expérience exceptionnelle, accessible à presque tout le monde. Il suffit de savoir nager pour entreprendre cette rando aquatique tranquille et superbe. Les bambins à partir de 7 ans peuvent très bien partir avec un adulte sur un kayak biplace ou un canoë biplace, proposés par les loueurs (les gilets de sauvetage sont fournis et obligatoires).

ATTENTION, FAUX AMIS !

On associe toujours canoë et kayak, alors que ce sont deux sports différents. Le canoë, inventé par les Indiens, se pratique à genoux et avec une pagaie simple. Le kayak, lui, fut d'abord utilisé par les Inuits. On le pilote assis et avec une pagaie double. Un point commun toutefois : leur instabilité !

Ce qui caractérise cette rivière, c'est l'environnement sublime qu'elle propose, et surtout sa faible dénivelée qui l'ouvre à tous les non-sportifs. Elle traverse des zones habitées et offre des points de vue pleins de charme sur des villages ou hameaux de vénérables maisons de pierre, dressées fièrement au-dessus des falaises. Grosso modo, on peut naviguer entre Ispagnac et Millau (environ 70 km), mais la grande majorité des touristes circule sur des portions comprises entre Montbrun et Le Rozier (47 km plus bas). La descente est possible entre Pâques et la Toussaint, en fonction du niveau de la rivière. Pas de lâcher EDF sur le Tarn mais les gros orages de l'automne peuvent parfois en interdire l'accès pour quelques jours. Les loueurs de canoë vous informeront de la météo prévue.

Quelques parcours possibles

– ***La Malène – Baumes Basses (Pas de Souci) :*** environ 9 km. Compter 2h tranquillou. Une descente pépère, qui permet de passer par « Les Détroits ».
– ***Sainte-Énimie – La Malène :*** 12 km (4h). Le parcours classique qui permet de découvrir quelques jolis villages et laisse du temps pour nager ou se prélasser sur les rives du Tarn.
– ***Saint-Énimie – Baumes Basses (Pas de Souci) :*** 23 km (5h30). Un beau parcours qui constitue un bon compromis pour ceux qui ne disposent que d'une grosse demi-journée.
– ***Sainte-Énimie – Baumes Basses (Pas de Souci) :*** 22 km. Parfait pour une chouette journée un peu sportive (compter 7h) mais pas épuisante (mais il vaut mieux être en forme pour pagayer quand même...).
– ***Castelbouc – Baumes Basses (Pas de Souci) :*** 30 km. Pour les vrais sportifs. Prévoir 2 jours.

Où louer un canoë ou un kayak ?

Dans tous les gros villages baignés par le Tarn, entre Ispagnac et La Malène, mais la plupart sont réunis à Sainte-Énimie et à La Malène. Peu importe votre site de départ, tous les loueurs viennent vous chercher à votre point d'arrivée pour vous ramener à votre véhicule. En saison, pensez à réserver votre location. Toutes les coordonnées sont disponibles auprès des offices de tourisme de Florac, d'Ispagnac, de Sainte-Énimie ou de La Malène. Voici deux adresses parmi la vingtaine qui existe.

■ **À La Malène : Canoë 2000,** ☎ 04-66-48-57-71 ; • canoe2000.fr •
■ **À Ispagnac : Ispa Canoë,** ☎ 04-66-44-20-73 ; • ispa-canoe.com •
■ **À Sainte-Énimie : Esprit Rivière,** 07-61-75-15 ; • espritriviere.com • Propose également des balades (demi-journée ou journée complète) en *stand up paddle.*

Petits conseils et infos pour la descente

Sans difficultés particulières, la descente des gorges nécessite tout de même de respecter certaines règles de sécurité ou de simple bon sens.
– Savoir nager et toujours porter le gilet de sauvetage (fourni par le loueur).
– Prévoir de l'eau en quantité suffisante (risque de déshydratation rapide pour les enfants, surtout en été).
– Prévoir chapeau et lunettes de soleil, des chaussures pour aller dans l'eau et un casse-croûte pour le pique-nique si on fait la descente à la journée. Contre le soleil, couvrir les parties du corps exposées et éviter les crèmes solaires, qui polluent l'eau (sauf pour les bras des gamins !).
– Le bidon étanche fourni par le loueur permet de ranger tous les objets qui craignent l'eau (appareil photo, caméra, nourriture...).
– Demander au loueur les points d'arrêts possibles sur le parcours pour faire des pauses et gérer au mieux sa descente. Il n'y a rien de pire que d'avoir à ramer comme un fou dans les derniers kilomètres pour attraper la navette.
– Attention : le téléphone portable ne passe pas du tout dans les gorges.

Quelques beaux points de vue sur le parcours

Environ 2h après Sainte-Énimie, sur la rive gauche, on découvre l'adorable village de ***Saint-Chély-du-Tarn,*** avec sa belle cascade moussue. L'eau glacée qui tombe fait paraître le Tarn presque chaud en comparaison. Vision d'un romantisme total. Un peu plus loin, sur la droite, le beau ***château de la Caze,*** du XVe s. En poursuivant, de nouveau sur la gauche, on parvient à ***Hauterives,*** accessible seulement en bateau (pas de route). Puis retour à la civilisation à ***La Malène,*** point de départ du circuit de 9 km. On peut même s'y arrêter pour prendre un verre au café juste au-dessus du pont. Ensuite viennent ***Les Détroits,*** là où la rivière se resserre le plus. C'est la partie la plus typique des gorges, la plus encaissée, et aussi la plus fréquentée. Impression saisissante.

ISPAGNAC

(48320) 870 hab. *Carte Lozère, C3*

À une dizaine de kilomètres de Florac, un joli village au début de la vallée du Tarn. Les gorges commencent véritablement après Ispagnac, au hameau de Molines. Le coin est très sympathique au printemps. En été, il y a beaucoup de monde. Belle petite église romane au village. Ispagnac et les collines alentour produisent un IGP, vin du pays d'Oc tout à fait délicieux (blanc, rouge et rosé)...

Adresse et info utiles

Office de tourisme : *1, pl. de l'Église. ☎ 04-66-45-01-14. • vacances-cevennes.com • Mar-sam.* L'office organise des visites guidées, des balades à thème...

– **Marché :** *en été, mar et sam.* Cette petite région est connue pour son microclimat sous le doux vocable du « verger de la Lozère ».

Où camper ?

Le Pré Morjal : *☎ 04-66-45-43-57. • lepremorjal@gmail.com • campingdupremorjal.com • À 600 m du centre-ville. Ouv 1er avr-3 nov (loc tte l'année). Compter 19 € pour 2 en hte saison ; loc 210-595 €/sem selon saison. 125 empl.* Camping municipal bien ombragé et bien équipé, notamment pour les jeunes enfants. Bibliothèque. Loue également de bons bungalows. Salle de détente (billard, jeux vidéo...). Piscine.

Où acheter de bons produits ?

Charcuterie Veyssade : *sur la Grand-Rue. ☎ 04-66-44-20-54. Fermé lun hors saison.* Fricandeau aux herbes, saucisse d'herbe (blettes)...

Domaine des Cabridelles *(Élisabeth Boyé et Bertrand Servières, 06-50-54-00-13)* et **Domaine de Gabalie** *(Sylvain Gachet, 06-75-75-15-95)* **:** *caveau commun de dégustation au centre du village. Juil-août, tlj sf dim, 10h-12h, 17h30-19h30 ; mai-juin et sept, sam 10h-12h ou sur rdv ; oct-avr, slt sur rdv.* Le vignoble lozérien réputé depuis l'Antiquité avait beaucoup souffert du phylloxéra et de l'exode rural, au point de presque disparaître dans les années 1970. Heureusement, avec l'aide de la commune, des vignerons passionnés ont relancé la culture de la vigne (en 2003 et 2006) et produisent des vins tout à fait gourmands et séduisants.

D'ISPAGNAC À SAINTE-ÉNIMIE

QUÉZAC *(48320)*

On accède au village par un très beau pont gothique du XIVe s à cinq arches, qui enjambe majestueusement la rivière. Imposante église construite à la même époque. Village à la longue et étroite rue médiévale qui a retrouvé une nouvelle vitalité grâce à (l'argent de) la fameuse eau à laquelle il a donné son nom.

Où dormir ? Où manger ?

Chambres d'hôtes La Maison de Marius : *14, rue du Pontet. ☎ 04-66-44-25-05. • dany.mejean@wanadoo.fr • maisondemarius.fr • Compter 70 € pour 2.* Chambres confortables dans une très belle maison de village à la décoration coquette et fleurie. Petit déj copieux et savoureux. Belle terrasse. Côté table d'hôtes, une cuisine familiale de saison, à base de légumes et fruits du jardin. Petit frigo à disposition. Possibilité de location à la semaine, y compris pour la demeure entière (qui peut accueillir jusqu'à 18 personnes !). Également, une cabane et une roulotte *(pour 8 pers, loc à la sem).* Et un accueil dont on se souvient.

À voir dans le coin

La source de Quézac : *sur la D 907 bis. ☎ 04-66-45-47-15. • eaudequezac.com • Ouv de mi-juin à mi-sept. Résa obligatoire 2-3 j. avt. Visite : 4 € ; réduc ; gratuit moins de 10 ans.* Pour connaître le procédé d'extraction de la fameuse eau de la source à l'usine d'embouteillage. L'ancien bâtiment de captage (1901-1931) est également ouvert au public *(lun-ven, GRATUIT).*

CASTELBOUC (48210)

Magnifique site que domine la route (D 907 bis) : un village typique, aux maisons de pierre accrochées à la pente, au pied des vestiges d'un vieux château. Quelques kilomètres en aval, à Prades, se dresse un autre château, superbe, des XIe et XIVe s (privé), autrefois chargé de défendre le monastère de Sainte-Énimie.

UNE HISTOIRE À DORMIR DE BOUC !

Le château de Castelbouc est à l'origine d'une croustillante histoire. Raymond, seigneur du château au XIIIe s, n'était pas parti aux croisades avec les autres. Du coup, il ne restait qu'un seul homme dans toute la région. À force de vouloir contenter toutes les femmes, il périt dans les bras de l'une d'elles (épectase : le cœur lâche dans l'effort). Le rêve, diront certains. Et lorsque son âme s'envola, on vit planer un bouc monstrueux sur le château. N'était-ce pas un incube ? Ce diable qui abuse les femmes était la grande terreur du Moyen Âge.

SAINTE-ÉNIMIE

(48210) 520 hab. *Carte Lozère, B3*

En hiver, le village a bien souvent les pieds dans l'eau (avec un record de 12 m (!) en 1900 et, au hasard, 5,20 m en 1982, 4,70 m en 1994 et « seulement » 1,50 m en 2011 !)...
Aujourd'hui, plus possible de dormir sous l'arche du vieux pont, les canoës-kayaks ont tout envahi. Reste un site fabuleux, figurant parmi les Plus Beaux Villages de France, à voir en mai ou en septembre. Au printemps, la faune et la flore sont extraordinaires.

LA LÉGENDE D'ÉNIMIE JOLIE...

Énimie était une jeune princesse (sœur du futur roi Dagobert) d'une beauté rare. Ses prétendants ne parvenaient pas à obtenir ses faveurs car la belle avait voué sa vie à Dieu. Or, le roi, son père, voulait la marier richement. Ne pouvant s'opposer à la volonté de ses parents, elle demanda au ciel de l'enlaidir pour dégoûter son futur époux. Réussi, le vœu : une lèpre terrible envahit son corps superbe. Nul remède ne vint à bout de la maladie, et pour cause. Après quelques mois, la souffrance étant trop intense, la jeune fille pria à nouveau pour qu'on apaise ses douleurs. Alors un ange l'envoya se baigner dans la fontaine de Burle. Un voyage long et fatigant, mais la baignade fut miraculeuse. Tout le monde s'en retourna au château. Mais dès le causse passé, la maladie réapparut. Demi-tour, re-baignade et re-guérison. Deuxième tentative de départ, même scénario. Dieu appelait Énimie ici. Elle évangélisa cette région mécréante, se battit même contre le diable qu'elle vainquit en l'ensevelissant sous des blocs de rochers au Pas-de-Souci, construisit un couvent de religieuses et finit par vivre solitaire dans la montagne.

Adresse et info utiles

Office de tourisme : *route de Mende. ☎ 04-66-45-01-14. • gorgesdutarn.net • Dans l'hôtel de ville. Juil-août, tlj sf dim ap-m ; avr-juin et sept-début nov, tlj sf dim ; nov-mars, lun-ven.*
– **Marché :** *jeu soir en juil-août.*

Où dormir ? Où manger ?

Camping

Camping Nature et Rivière : *route de Millau. ☎ 04-66-48-57-36. • camping-nature-riviere.com • À 3 km en aval de Sainte-Énimie par la D 907 bis. Ouv de mi-avr à mi-sept. Compter 22 € pour 2 en hte saison ; loc 339-695 €/sem selon saison. 77 empl.* Au bord du Tarn, assez ombragé et très calme, nombreuses arrivées d'eau au milieu des emplacements. Propice à la détente. Plage privée avec accès à la rivière. À l'accueil, une épicerie bien approvisionnée et un snack. Pour les locations : roulottes, chalets et « tentes » Coco Sweet.

Prix moyens

Auberge du Moulin : *rue de la Combe. ☎ 04-66-48-53-08. • aubergedumoulin48@orange.fr • aubergedumoulin48.com • Au centre. Tlj sf mer hors juil-août. Fermé de mi-nov à fin mars. Doubles 67-78 €. Menus 15 € midi en sem, puis 21-39 €.* Vieille maison imposante en pierre du pays, bien rénovée et avenante. De belles chambres spacieuses et modernes, avec balcon pour certaines. Resto proposant une classique cuisine de terroir. Aux beaux jours, on profite de l'agréable terrasse. Un bon rapport qualité-prix.

Hôtel Burlatis : *rue de la Combe. ☎ 04-66-48-52-30. • mathilde.beaucousin@gmail.com • hotel-burlatis.com • Au centre. Fermé de mi-nov à fin mars. Doubles 49-61 €. Apéritif maison offert sur présentation de ce guide.* Dans une solide bâtisse en pierre, un hôtel bien tenu, aux chambres assez grandes, confortables et récemment rénovées pour certaines. Accueil agréable. Resto sur place.

La Tendelle : *front du Tarn. ☎ 04-66-45-87-47. Sur le quai. Tlj sf jeu-ven midi hors juil-août, et j. fériés. Fermé oct-mars. Formule 15 € et menus 29-38 €.* Une gentille adresse malgré ses airs de piège à touristes. La salle, sous ses voûtes de pierre, et la petite terrasse sont d'une chaleureuse simplicité. La cuisine est dans le même esprit, simple mais goûteuse à base de jolis produits locaux (et souvent bio) : charcuterie, truite, agneau de Lozère, viande de l'Aubrac, fromage des Causses ou des Cévennes, boissons et apéritifs de la région... Le service a le sourire.

À voir

Le village : l'un des Plus Beaux Villages de France, on l'a dit... et donc de Lozère ! Un petit circuit est disponible à l'office de tourisme. Il permet de partir à la découverte de ses ruelles en calade. Gare à vos pieds, d'ailleurs : on a vite fait de buter ou de glisser sur les galets de ces ruelles escarpées.

L'église : du XIVe s. À l'intérieur, statues de bois et de pierre du XVe s, ainsi qu'une céramique récente illustrant la vie de la sainte locale.

L'ancienne abbaye : il n'en reste que trois salles. L'entrée, la crypte et la salle capitulaire.

La source de la Burle : accès (discret fléchage « ermitage ») par la ruelle qui part, rive droite, face au pont sur le Tarn. Compter 1h30 aller-retour. Mignonne source vauclusienne (une résurgence donc) où après s'être baignée, sainte Énimie a vécu en ermitage. Les bâtiments datent du XVe s. Très beau panorama sur les gorges.

DANS LES ENVIRONS DE SAINTE-ÉNIMIE

Utopix : *La Sirvente. ☎ 04-66-48-59-07. • utopix-lozere.fr • À env 10 km au nord-ouest, sur le causse de Sauveterre (c'est fléché). Avr-oct, tlj 10h-20h. Entrée : 7 € ; réduc.* Une curiosité, ce n'est rien de le dire ! Il s'agit d'une sorte de parc de loisirs artisanal (avec flipper géant et dinosaure de pierres, lourd de 8 t), entourant une maison-sculpture, agglomérat d'« igloos » de pierre qui tiennent aussi de l'œuvre d'art (un peu, pour situer, dans l'esprit du palais du Facteur Cheval). Jo Pillet s'est attelé à partir de 1979 à cette étrange construction.

Saint-Chély-du-Tarn : *à 4 km en aval de Sainte-Énimie.* Un ravissant vieux village au pied de hautes falaises calcaires. On traverse un petit pont avant d'arriver dans ce bourg bien préservé avec son église romane, son four à pain et une série de maisons en pierre du pays, formant un bel ensemble en bordure du Tarn. À voir aussi, quand il n'y a pas trop de monde, le moulin transformé en boutique de poteries, à l'intérieur duquel on peut observer l'écoulement des ruisseaux qui actionnaient les roues et tout à côté, la petite chapelle du XIe s nichée sous un énorme rocher. Le ***cirque*** de Saint-Chély est l'un des plus spectaculaires du Tarn, en forme d'amphithéâtre. Falaises impressionnantes et paysage grandiose, mais on n'y est pas tout seul en saison.

Le cirque de Pougnadoires : *à 3 km en aval du précédent.* Le village de Pougnadoires est composé de maisons encastrées dans les anfractuosités de la roche. Il s'adosse à ces gigantesques rochers dont les hautes murailles, percées de cavernes aux teintes rougeâtres, forment le cirque.

LA MALÈNE (48210) 150 hab. *Carte Lozère, B4*

L'idéal est d'y arriver par la très sinueuse route qui descend du causse Méjean vers le fond des gorges. Vue sublime garantie ! La Malène, c'est un ravissant village envahi en été mais tellement sympa en automne qu'on y reviendrait au printemps pour imaginer ces vieux toits de lauzes couverts de neige en hiver. Il fut incendié par les révolutionnaires ; le rocher qui surplombe le village garde encore la trace des flammes.

Adresse utile

Office de tourisme : *sur le pont qui enjambe le Tarn.* Office « virtuel » avec quelques docs à disposition.

Où dormir ?

Camping

Entre La Malène et Les Vignes, vous avez le choix, mais pas forcément la place de vos rêves, surtout en plein été.

Camping municipal Le Pradet : *☎ 04-66-48-58-55. • camping.lamalene@gmail.com • gorgesdutarn-camping.com • À deux pas du centre, au bord de la rivière (bien fléché). Ouv avr-sept. Compter 13,50 € pour 2 en hte saison. 45 empl.* Simple mais assez ombragé et au bord du Tarn (« plage » assez spacieuse), entouré de falaises. Restaurant et épicerie à proximité du camping. Accueil aimable et ensemble bien tenu.

Bon marché

Gîte d'étape Le Presbytère : *s'adresser au camping (voir ci-avant) ou à la mairie, ☎ 04-66-48-51-16. Ouv tte l'année, sur résa slt hors saison. Nuitée en dortoir 12-13 € selon saison.* Beau bâtiment (l'ancien presbytère !) surplombant la route, avec vue imprenable sur les falaises en face. Gîte de 18 places réparties en 2 chambres. Douches, petite cuisine. Il faut apporter son sac de couchage.

Chambre d'hôtes Le Pigeonnier : *route de La Canourgue. ☎ 04-66-48-57-51. En haut du village, sur la rue principale. Ouv tte l'année. Compter 54 € pour 2.* Dans une solide maison de pierre, agréable, calme et fleuri, qui ne vous mène pas en bateau (même si le proprio est batelier...), une seule chambre avec terrasse (qu'on s'arrache évidemment, notamment pour sa vue).

À faire

La descente du Tarn en barque : **Les Bateliers des Gorges du Tarn,** *☎ 04-66-48-51-10. • gorgesdutarn.com • Promenade plusieurs fois/j. Pâques-Toussaint. Résa le j. même slt. Compter env 22 €/pers.* Une descente tranquille de 1h environ, sur une barque manœuvrée par un gars du pays qui vous fait le commentaire sur les gorges. En route, on découvre des coins sympas. Le terminus de la promenade est au *cirque des Baumes,* un amphithéâtre naturel d'où jaillissent rocs, falaises, aiguilles et bouquets d'arbres. Un seul inconvénient : le prix assez élevé et la nécessité de se regrouper pour descendre en barque (4-6 personnes maximum). En été, venez de préférence le matin.

LES VIGNES (48210) 100 hab. *Carte Lozère, B4*

À la sortie des gorges proprement dites, le village est bâti au fond de la vallée, à l'endroit où elle s'élargit. Comme son nom l'indique, les paysans étaient autrefois aussi vignerons. Dans les hauteurs du village, sur le plateau, ne manquez pas le *point Sublime* (forcément sublime !) d'où l'on domine les mêmes gorges avec des frissons... À 10 km par la D 995 et la D 46.

Adresse utile

Office de tourisme : *☎ 04-66-48-80-90. • gorgesdutarn-sauveterre.com • Juil-août slt, tlj. Hors saison, vous pouvez vous rendre à l'office de tourisme de Massegros ; ☎ 04-66-48-88-08 ; tte l'année, lun-ven.*

Où camper ?

La Blaquière : *gorges du Tarn. ☎ 04-66-48-54-93. • contact@campingblaquiere.fr • campinggorgesdutarn.fr • Par l'A 75, sortie n° 44 ; à 6 km des Vignes en direction de La Malène. Ouv de fin avr à mi-sept. Compter 19 € pour 2 en hte saison ; loc 185-685 €/sem selon saison. 72 empl.* Au bord du Tarn, dans un site ombragé, au pied des falaises (superbe paysage), entre le cirque des Baumes et Les Détroits. Accueil sympathique et atmosphère familiale. Mobile home, lodges et « Coco Sweet ». Baignade (la « plage » est vaste) dans le Tarn et randos à pied ou à VTT au départ du camping : randonnées, VTT. Gérant sympa et dynamique. Resto.

Où dormir ? Où manger dans les environs ?

Bon marché

Chez Malaval : *48500* ***Saint-Georges-de-Lévéjac.*** *☎ 04-66-48-81-07. Sur le causse de Sauveterre. Des Vignes, monter par la D 995, direction Le Massegros, et tourner à droite à 5 km ; après les lacets, Saint-Georges-de-Lévéjac est à 6 km. Tlj sf sam. Fermé en oct. Double 36 €. Menus 10-20 €. CB refusées.* Petit hôtel familial (de père en fils depuis 3 générations), dans un charmant village, garantissant le calme absolu et permettant de nombreuses balades dans les environs, jusqu'au point Sublime, par exemple. Des chambres très simples (certaines ont vue sur les belles toitures du hameau), et une cuisine traditionnelle et familiale caussarde dont on peut profiter sur la terrasse de poche, le tout à des prix qu'on croirait d'avant-guerre ! Ambiance un brin vieillotte, d'ailleurs...

Hôtel-restaurant Poujol – Chez Ricou : *pl. de la Mairie, 48500* ***Le Massegros.*** *☎ 04-66-48-80-07. • hotel.poujol@orange.fr • hotel-poujol.com • (bar et resto). Sur le causse de Sauveterre, à 12 km au nord-ouest des Vignes par la D 995. Fermé sam en basse saison. Double 40 €. Menus 15 € (en sem)-25 €.* Une affaire assez connue sur le causse et dans la vallée, dans la famille depuis 4 générations. Le cadre (simple et « moderne ») ne fait pas rêver, la cuisine (c'est la cantine des habitués du coin) ne mérite pas franchement le déplacement. Mais les chambres sont impeccablement tenues et bon marché.

LE ROZIER

(48150) 150 hab. *Carte Lozère, B4*

Petit village construit à la confluence de la Jonte et du Tarn. On est à la limite de la Lozère et de l'Aveyron où se trouve Peyreleau, juste en face. Une jolie église romane et une enfilade de vieilles maisons bordant la rue principale. C'est surtout un bon point de départ pour les balades à pied sur le causse Méjean qui domine le carrefour des deux vallées.

Adresses utiles

Office de tourisme : *sur la route principale, en direction du « belvédère des vautours » et de Meyrueis. ☎ 05-65-62-60-89. • officedetourisme-gorgesdutarn.com • Juil-août, tlj sf dim ap-m ; hors saison, lun-ven, plus sam mat avr-juin et sept-oct.*

Maison des moniteurs sportifs : *dans le village. ☎ 05-65-62-63-54. • guidestarnjonte.com • Ouv en été (mais venir après 18h pour rencontrer les guides), sinon appeler.* Propose du canyoning, de l'escalade, de la spéléologie, une *via ferrata*... Pour découvrir les Grands Causses différemment.

Où dormir ? Où manger ?

Camping

Camping municipal de Brouillet : *☎ 05-65-62-63-98. • contact@campinglerozier.com • campinglerozier.com • Ouv avr-sept. Résa conseillée en juil-août. Compter 18,50 € pour 2 en hte saison ; mobile homes 295-500 €/sem. 160 empl.* Ombragé, en bord de rivière, et bien équipé. Piscine.

Prix moyens

Chambres d'hôtes La Pause : *route de Capluc. ☎ 05-65-62-63-06. • gite.la.pause@wanadoo.fr •*

chambres-hotes-gorgesdutarn.com • Sur les hauteurs du village, direction Capluc. Compter 62 € pour 2. CB acceptées. Boisson offerte à l'arrivée sur présentation de ce guide. Une poignée de chambres dans une maison de caractère tout en pierre, avec piscine et grande terrasse dominant le village de Peyreleau. Ce sont les atouts majeurs de cette adresse. Et si on a un peu de chance, on prend son petit déj sur la terrasse avec le superbe panorama en toile de fond et les vautours qui tournoient au-dessus du causse Méjean...

Hôtel Doussière – Restaurant l'Alicanta : *route de Meyrueis. ☎ 05-65-62-60-25. • hoteldoussiere@yahoo.com • hotel-doussiere.com • Resto tlj sf lun. Fermé de mi-nov à mi-mars. Doubles 50-60 €. Menus-carte 21-27 €. Apéritif offert sur présentation de ce guide.* Les chambres sont plutôt classiques mais offrent une jolie vue sur la rivière, qu'elles soient dans le bâtiment principal ou dans l'annexe, sur l'autre rive de la Jonte. Agréable terrasse avec transats et hamac au-dessus de la rivière. Spa. Au resto, belle cuisine d'aujourd'hui, qui parfume les produits d'ici aux saveurs d'ailleurs (épaule d'agneau de 7 heures aux épices cajun, pour ne citer qu'un plat) et à des prix plus que raisonnables. Accueil et service à la fois pro et décontracté (un toujours difficile équilibre !).

DANS LES ENVIRONS DU ROZIER

Peyreleau *(12720)* **:** joli village classé, en bordure de la Jonte, qui s'étage en hauteur sur les pentes d'une butte couronnée par une tour crénelée. C'est tout ce qu'il reste d'un ancien château fort *(visite guidée 1 fois/sem en saison ; rens à l'office de tourisme du Rozier).*

LES GORGES DE LA JONTE

Carte Lozère, B4

Moins connues que celles du Tarn mais tout aussi belles, largement plus sauvages, au pied de falaises très encaissées et à la végétation dense... La Jonte prend sa source dans le massif des Cévennes, sur le flanc nord du mont Aigoual, vraie « mère des eaux » de cette partie de la France. Puis elle creuse son chemin dans les calcaires, formant une sorte de canyon impressionnant entre Meyrueis et Le Rozier, soit un peu plus de 20 km, avant de rejoindre le Tarn.

Au départ du Rozier, les gorges vous conduiront jusqu'à Meyrueis croisant en chemin quelques curiosités sculptées par la nature comme les « vases de Chine et de Sèvres » ou le rocher de Saint-Gervais qui porte une petite chapelle romane.

Où dormir ? Où manger dans les gorges ?

Hôtel de la Jonte : *Les Douzes, 48150* ***Meyrueis.*** *☎ 05-65-62-60-52. • hotelrestaurantlesdouzes@hotmail.fr • Resto tlj sf lun midi plus mar midi hors saison. Fermé début nov-fin mars. Double 49 €. Formule 12,50 € ; menus 16,90-27 €. Digestif offert sur présentation de ce guide.* En bord de route, une grande maison de pays appréciée (notamment par les autocars...) pour sa bonne et généreuse cuisine et son accueil familial et franchement chaleureux. Chambres toutes simples, à la déco qui n'est pas de première jeunesse mais finalement confortables. Pour profiter des beaux jours, l'annexe offre une terrasse avec vue sur les gorges de la Jonte. « Piscinette » en prime.

À voir

La Maison des vautours : *au creux des gorges, à 4 km du Rozier sur la route de Meyrueis, juste avt* ***Le Truel.*** *☎ 05-65-62-69-69. • vautours-lozere.com • Avr-oct, tlj sf lun 10h-18h (9h30-19h, mai-juin et sept) ; juil-août, tlj 9h30-19h. Dernière visite 1h avt fermeture. Entrée : 6,70 € ; 3 € moins de 12 ans ; gratuit moins de 5 ans.* Réintroduits en 1981 à partir de volières au-dessus des gorges de la Jonte, les vautours fauves sont aujourd'hui plus de 600 à voler sur les Grands Causses. Grâce à la Ligue pour la protection des oiseaux (LPO), à la communauté de communes de la vallée de la Jonte et au parc national des Cévennes, un espace muséographique a été créé sur le site, avec terrasse équipée de longues-vues pour observer au mieux ces charmants charognards, principalement des vautours fauves, mais aussi quelques vautours moines, percnoptères et gypaètes barbus. D'impressionnants volatiles puisque leur envergure peut atteindre 2,80 m ! Un vautour peut détecter à la vue une proie de 30 cm à une distance de... 3 km ! On en voit plus ou moins selon les jours. Expo permanente sur le travail de réintroduction de l'espèce, son mode de vie, etc. Vous pouvez aussi observer les vautours « en direct » (enfin, s'il y a des choses à voir ce jour-là) grâce à des caméras installées dans la nature et téléguidées depuis la salle de projection vidéo, le tout commenté par un animateur ornithologue. Sorties nature en été, à la découverte des vautours in situ (se renseigner sur place).

LE CAUSSE MÉJEAN

Carte Lozère, B4

Une sorte de désert d'altitude : 33 000 ha d'une vaste steppe d'herbe à l'infini, légèrement ondulée et parsemée de bien jolis hameaux aux toits de lauzes, parfois sans charpente – ici, le bois est rare et l'eau, pour éteindre d'éventuels incendies, l'est tout autant –, de *clapas,* des pierres entassées ici et là par l'homme, et de *caselles,* sorte d'abris pour les moutons et les bergers.
C'est le plus haut de tous les causses (environ 1 000 m), sans doute le plus beau. Très peu peuplé (1,4 hab./km²), il donne souvent l'impression d'être seul au monde. Traversé par des drailles, des sentiers de randonnée (GR 6 et GR 60) et quelques routes secondaires, le causse Méjean offre des paysages qui rappellent les steppes d'Asie centrale, les plaines d'altitude du Mexique, les collines arides d'Anatolie, et parfois même certains horizons de l'Ouest américain. Il est plus dénudé à l'est qu'à l'ouest en raison des grands bois de pins sylvestres qui y sont plantés.
Seuls endroits cultivables : des dépressions circulaires nommées *sotchs* ou *dolines,* qui ponctuent le paysage de loin en loin. L'homme des causses a toujours dû cohabiter avec son voisin des gorges pour troquer le lait des brebis contre l'eau des sources et pour transformer son blé en farine...
La principale curiosité du causse Méjean, c'est l'aven Armand (120 000 visiteurs par an) et, bien sûr, les paysages grandioses qui le composent. Plusieurs dolmens et menhirs éparpillés témoignent d'un habitat préhistorique remontant au IVe millénaire av. J.-C., notamment au col de la Pierre-Plate, à Combe-Lébrouse et au Mas-Saint-Chély.

Où dormir ? Où manger ?

Auberge du Chanet : *Nivoliers, 48150* ***Hures-la-Parade.*** *☎ 04-66-45-65-12. • lechanet@aol.com • aubergeduchanet.com • Dans la partie est du causse Méjean en allant vers Florac. Congés : 11 nov-1er avr.*

Compter 58 € pour 2 en chambre d'hôtes. En gîte d'étape, 41 €/pers en ½ pens. Formule 18 € midi en sem et menus 25-34 €. Grosse maison de pays, dans un hameau traditionnel en plein causse, loin de tout. Dans une salle voûtée en pierre (avec cheminée), bonne petite cuisine d'inspiration locale, fine et inventive : tian, sauté d'agneau façon tajine... 4 jolies chambres d'hôtes, sous des voûtes de pierre (c'est une spécialité locale !) pouvant accueillir de 2 à 4 personnes.

[COU ***Hôtel du Mont Servy :*** *48210* ***Mas-Saint-Chély.*** *☎ 04-66-48-52-14. • patrick.commandre@free.fr • hotel-mont-servy.com • Fermé janv-mars. Doubles 63-69 €. Menus 24-30 €.* À deux pas des vieilles maisons de pierre de ce hameau, ces bâtiments modernes (et sans supplément d'âme) peuvent faire hausser les sourcils. Mais, d'un côté, la poignée de chambres s'avèrent confortables (dans le genre moderne et fonctionnel). De l'autre, le resto propose une généreuse cuisine dans la grande tradition (il y a même du vacherin au dessert !). Le tout est géré par un plus que sympathique patron qui fait (hors saison) un peu tout, tout seul (mais qui s'en sort vraiment bien).

Gîte-auberge de La Viale *(hors GR) : La Viale, 48150* ***Saint-Pierre-des-Tripiers.*** *☎ 04-66-48-82-39. • bonauberge@gite-auberge.fr • gite-auberge.fr • Fermé de mi-nov à début avr. Gîte d'étape 15 € la nuitée. Double 48 €. Petit déj 6 €. Dîner 17 €.* Le proprio a fait pas mal de travaux en reprenant cette auberge, et ça se voit. Super gîte d'étape rénové pour randonneurs, 2 dortoirs de 6 et 8 lits, bien disposés, et des sanitaires neufs et impeccables ; également 3 chambres confortables. Et dans l'assiette, une cuisine traditionnelle avec agneau du causse et pâtisserie maison. Accueil aimable.

Chambres d'hôtes Le Choucas : *La Volpillière, 48150* ***Saint-Pierre-des-Tripiers.*** *☎ 04-66-45-64-28. • gite-auberge.fr • Fermé de mi-sept à mi-mai. Compter 57 € pour 2. Dîner (sf dim soir) 16 €.* Pittoresque maison dans un petit hameau (au milieu de nulle part, mais c'est un peu la règle dans le coin...). Accueil très chaleureux. Chambres simplement plaisantes. Bons produits du terroir servis à la table d'hôtes, charcuterie locale, agneau du causse, produits du jardin, desserts maison...

La Ferme de L'Hom : *L'Hom, 48400* ***Fraissinet-de-Fourques.*** *☎ 04-66-45-66-14. • martine.turc@orange.fr • ferme-de-lhom.com • Ouv tte l'année pour l'hébergement. Ferme-auberge (sur résa) tlj Pâques-mi-sept, w-e slt hors saison ; fermé de mi-déc à fév. Nuitée en dortoir 14 €. Compter 56 € pour 2 en chambre d'hôtes. Formule 13 € midi en sem et menu 18 €. L'Hom* de la situation : on est à deux pas du site de Nîmes-le-Vieux avec ses célèbres rochers ruiniformes. Un dortoir et 2 chambres dans une maison traditionnelle, avec vente de produits et, à la ferme-auberge, cuisine dans la grande tradition.

Chambre d'hôtes chez Yolande Gal : *Le Buffre, 48150* ***Hures-la-Parade.*** *☎ 04-66-45-61-84. Fermé 11 nov-Pâques. Compter 50 € pour 2.* Dans ce qui est sûrement un des plus jolis hameaux du causse, une ancienne ferme où le mari de Yolande, élevait, il n'y a pas si longtemps, des brebis. Dans l'ancienne grange du XIIe s, un escalier fleuri, puis un porche voûté donnent accès à une chambre d'hôtes, spacieuse et coquette, avec TV et sanitaires privés. Également un gîte rural dans un joli bâtiment voisin (l'ancienne bergerie).

À voir

L'aven Armand, « Voyage au centre de la Terre » : *☎ 04-66-45-61-31. • aven-armand.com • Ouv de fin mars à début nov, tlj : juil-août, 9h30-18h (dernière visite) ; hors saison, 10h-12h, 13h30-17h. Entrée : 11,50 € ; réduc ; gratuit moins de 5 ans. Possibilité de billet jumelé avec le site de Montpellier-le-Vieux (à 45 mn, en Aveyron). Beaucoup de visiteurs entre mi-juil et mi-août : prévoir min*

20 mn d'attente entre l'achat du billet et l'accès au funiculaire ! Un départ ttes les 20 mn pour 50 passagers. Snack-bar (accueil très sympa) avec terrasse ombragée. Une des merveilles du monde souterrain. Découvert en 1897 par Louis Armand, serrurier au Rozier, et Édouard-Alfred Martel, l'aven fut ouvert au public en 1927. Le funiculaire descend un long tunnel de 208 m qui débouche au pied du puits vertical emprunté jadis par les explorateurs. Pour les intrépides, la descente en treuil est également possible par le puits naturel *(25 € sur résa en été).* La visite dure environ 45 mn ; elle se fait à pied, en compagnie d'un guide professionnel. La température interne du gouffre ne dépasse pas 12 °C. Prévoir un vêtement chaud. Sorti du funiculaire, on découvre cette immense salle (60 x 100 m, haute de 40 m) dont le sol est formé par un éboulis de pierres. Les eaux de pluie se sont infiltrées dans la croûte calcaire de la surface puis ont dessiné cette « forêt vierge » de concrétions aux formes fantastiques. 400 stalagmites, et notamment la plus grande connue à ce jour dans le monde (30 m !). Ces concrétions, en forme de « gâteau à la broche », figurent parmi les plus belles au monde. Et sont, désormais, « animées » par un son-lumière-vidéo exceptionnel (technique de projection Mapping 3D) avec Jules Verne comme guide.

La Ferme caussenarde d'autrefois : *48150* ***Hyelzas.*** *☎ 04-66-45-65-25. • ferme-caussenarde.com • Ouv de fin mars à fin oct : juil-août, tlj 11h-19h ; sinon, tlj mais horaires réduits. Entrée : 6,20 € ; réduc, notamment sur présentation de ce guide (5,60 €) ; gratuit moins de 6 ans. CB refusées. Compter 1h de visite libre avec brochure explicative. Parcours découverte spécial enfants.* Dans cette authentique ferme des XVIIIe et XIXe s, à l'architecture typique (voûtes et toits en lauzes calcaires), on a reconstitué la vie quotidienne des paysans du causse Méjean jusqu'aux années 1950 : mobilier, linge, ustensiles, outils et machines agricoles, quelques animaux... Exposition de photographies anciennes, extrait du film *Lou Mèjio* qui évoque ces temps révolus, et village miniature animé présentant l'architecture locale.

– Au hameau, on trouve l'incontournable ***fromagerie Le Fédou*** *(☎ 04-66-45-66-74)* avec tous les produits fermiers à déguster sur place ou à emporter sur l'aire de pique-nique voisine.

Les vieux hameaux traditionnels : ils sont éparpillés sur le causse et ils arrêtent le regard, sortes de repères dans cet horizon sans fin. Il faut voir ***Drigas, La Volpilière*** (sur la route de Saint-Pierre-des-Tripiers) et ***Les Bastides,*** sur la petite D 63 qui descend de La Parade jusqu'aux gorges de la Jonte. Plus isolée encore, la *ferme de Fretma,* dans la partie est du causse, une des plus grandes fermes du causse, joliment rénovée (mais privée...).

Le chaos de Nîmes-le-Vieux : *3 accès possibles (fléchés), les hameaux de Galy et de l'Hom (GRATUIT) et le hameau du Veygalier (2 €).* Dans la désolation de la steppe d'herbes jaunes surgit cet étrange amas de pierres calcaires, rappelant une cité en ruine. Rien à voir avec le vieux Nîmes, évidemment ! Il a été baptisé ainsi en 1908 pour faire un clin d'œil au chaos de Montpellier-le-Vieux (dans l'Aveyron). L'endroit est néanmoins superbe : l'érosion a sculpté des blocs aux contours déchiquetés, que l'on découvre à pied. Le site s'étend au long de 4 km. La partie qu'on peut considérer comme la plus spectaculaire (avec les arènes de Nîmes... le-Vieux) se découvre au départ du Veygalier (accès payant évidemment...). Mais un sentier d'interprétation en boucle (compter 1h30) entre L'Hom et Galy permet de découvrir plus avant cet étonnant paysage (et présente l'avantage d'être gratuit d'accès !).

Les chevaux de Przewalski : *au centre expérimental d'élevage, au Villaret, 48150* ***Hures-la-Parade.*** *☎ 04-66-45-64-43. • takh.org • À 10 km à l'est de l'aven Armand, sur la D 63 en direction de Florac. Accueil juil-août, tlj sf sam, 10h-13h, 16h-19h. GRATUIT.* On peut y admirer (enfin, s'ils se laissent voir à ce moment, car leur enclos est vaste) un troupeau d'une quarantaine de ces chevaux roux et trapus en semi-liberté. À l'accueil, petite vidéo (de 52 mn) et expo. On peut surtout observer le troupeau à la longue-vue.

Le roc des Hourtous : à la cassure du causse : sublime panorama sur les Détroits, partie la plus étroite des gorges du Tarn. Il y a quand même un malaise quand on doit payer 1,50 € pour la vue, en passant par la salle d'un petit resto-bar-boutique de souvenirs... Et autant le savoir, si vous voulez pique-niquer sur place, une participation de 1 € vous sera demandée pour la table.

À CHEVAL ENTRE LE CAUSSE MÉJEAN ET LA MONGOLIE

Du nom de l'aventurier russe qui les a découverts en Mongolie, les chevaux de Przewalski sont les derniers chevaux sauvages du monde. On pense qu'ils sont arrivés en Europe il y a plus de 20 000 ans et que ces mêmes chevaux figurent sur les parois de la grotte de Lascaux ! Ils ont disparu à l'état sauvage depuis près de 40 ans. Heureusement, l'association TAKH (nom mongol du przewalski) réadapte depuis 1993 ce cheval à la vie sauvage sur le causse Méjean, et a commencé à le réintroduire en Mongolie.

Le roc de la Serre : *par une petite route sur la droite env 1 km avt le roc des Hourtous, compter 15 mn à pied depuis le parking du hameau.* Très chouette vue sur le village de La Malène et les méandres du Tarn... Un peu moins spectaculaire que le roc des Hourtous mais gratuit...

MEYRUEIS (48150) 820 hab. *Carte Lozère, B4*

Gros village sympathique, vivant et commerçant, particulièrement riche en hôtels et en restos donc éminemment touristique en saison. Au carrefour de trois vallées, Meyrueis est traversé par les eaux de la Jonte, du Bétuzon et de la Brèze. Son nom signifie d'ailleurs « au milieu des ruisseaux ». Il faut pour prendre toute la mesure de ce village et de son site – plutôt exceptionnel – le découvrir depuis la D 986 qui monte vers l'aven Armand et le causse Méjean. Deux mondes s'entrechoquent : les causses donc, univers du calcaire et des steppes presque infinies, et les Cévennes, pays du schiste et de la châtaigne.

UN PEU D'HISTOIRE

Frontière entre causses et Cévennes, Meyrueis marque aussi la limite entre les terres protestantes et le bastion catholique du causse. Le village s'est développé autour de la petite église Saint-Pierre, datant de l'an 1000. Commerçant et dynamique, Meyrueis doit sa prospérité aux filatures de laine et de coton (XVIIe et XVIIIe s) mais surtout à la fabrication de chapeaux en feutre, activité déjà développée au XVe s. Le début du XIXe s marque le déclin de la ville. Le renouveau de Meyrueis date de 1888, année de la création du premier syndicat d'initiative de Lozère. Avec la proximité des gorges du Tarn, aujourd'hui, la première activité est bien sûr le tourisme.

Adresse utile

Office de tourisme : *dans la vieille tour de l'Horloge, au bord de la Jonte. ☎ 04-66-45-60-33. • meyrueis-office-tourisme.com • Juil-août, tlj sf dim ; le reste de l'année, fermé w-e.* Possibilité de visite guidée de Meyrueis en été (3 fois par semaine).

Où dormir ? Où manger ?

Camping

Le Pré de Charlet : *route de Florac. ☎ 04-66-45-63-65. • info@camping-cevennes-meyrueis.com • camping-cevennes-meyrueis.com • À 1 km au nord-est par la D 986. Ouv de mi-avr à oct. Résa vivement recommandée en été. Compter 16,50-19,50 € pour 2 selon confort en hte saison. Bungalow et mobile homes 140-510 €/sem. 70 empl.* Dans un beau site, au bord de la Jonte. Bien ombragé, fleuri, très propre. Accueil aimable.

De bon marché à prix moyens

Hôtel Les Sapins : *2, rue de Mgr-Henry-Marret. ☎ 04-66-45-60-40. • hotel-les-sapins-48@orange.fr • hotellessapins.fr • Doubles 42-45 €. Réduc de 10 % sur le prix de la chambre pour un séjour de 1 sem juin, 1er-14 juil et sept sur présentation de ce guide.* Un hôtel à la mode d'autrefois avec des chambres... à la mode d'autrefois. Les moins chères avec sanitaires sur le palier. Jardin et garage clos pour les deux-roues. Pas de resto.

Hôtel de l'Europe : *2, quai de la Barrière. ☎ 04-66-45-60-05. • frederic-robert-48@wanadoo.fr • hotel-europe-meyrueis.com • Fermé de début nov à fin mars. Doubles 50-61 €. (salon).* Des chambres toute simples mais confortables, avec petits balcons côté rivière pour certaines. Bon petit déj (crêpes maison) dans une salle au charme désuet (où faire la conversation à Gaspard, le perroquet de la maison). Accueil sympa et ambiance d'un hôtel de famille de toujours. On peut d'ailleurs profiter du jardin et de la piscine de l'*hôtel du Mont Aigoual* (dans la même famille). Pas de resto.

Hôtel Family & spa : *4, quai de la Barrière. ☎ 04-66-45-60-02. • hotel.family@gmail.com • hotel-restaurant-family-48-12.com • (resto). Fermé de début nov à début avr. Doubles 59-62 €. Formule déj en sem 14 € ; menus 20-35 €.* Une grande maison familiale (normal vu l'enseigne !) face à la rivière. Chambres d'un style contemporain-fonctionnel finalement pas déplaisant. Au restaurant, prix raisonnables pour une cuisine du terroir sans surprises. Il y a aussi une piscine, un jacuzzi, une salle de sport, une terrasse surplombant la rivière et un jardin en face de l'hôtel, accessible par un petit pont en bois. Accueil très aimable.

Le Jardin des Glaces : *1, av. Martel. ☎ 04-66-45-43-75. Sur la route de Florac, presque à la sortie du village. Tlj sf lun hors saison. Fermé oct-mars. Menus 16-28 €. Apéritif maison offert sur présentation de ce guide.* On aime bien son joli jardin calme et bien fleuri. Pour les jours de grande chaleur, on peut passer directement à la coupe de glace. Plus de 40 au choix ! Et sinon, carte et menus font la part belle aux produits locaux : aligot maison, agneau ou mouton du causse, bœuf d'Aubrac...

De prix moyens à chic

Hôtel du Mont Aigoual : *34, quai de la Barrière. ☎ 04-66-45-65-61. • hotelmontaigoual@free.fr • hotel-mont-aigoual.com • Resto tlj sf mar midi hors saison. Doubles 85-100 €, ½ pens souhaitée en saison 75-85 €/pers. Formule 18 € et menus 25-37 €. Réduc de 10 % avr et oct sur présentation de ce guide.* L'accueil (vraiment aux petits soins) donne le ton et la belle piscine derrière l'hôtel, le grand jardin, les chambres confortables – certaines avec balcon sur le jardin –, spacieuses, calmes, confirme la bonne impression. Côté resto, cuisine soignée comme on dit avec des produits et des recettes du terroir, juste rehaussée d'une touche de modernité.

Plus chic

Château d'Ayres : *Les Ayres. ☎ 04-66-45-60-10. • chateau-d-ayres@wanadoo.fr • À 1 km du bourg en suivant le fléchage. Doubles*

99-182 €. Voir les offres sur le site. Menus 23-56 € ; carte env 50 €. Au cœur d'un joli parc, un monastère fortifié du XIIe s, résidence seigneuriale ensuite et maintenant hôtel-restaurant non dénué de charme. Ce lieu historique a reçu des hôtes aussi prestigieux que Blanche de Castille ou le général de Gaulle (non, pas en même temps !). Une trentaine de chambres au plancher qui craque et à la déco très classique, voire désuète pour certaines (mais l'ensemble évolue doucement...). Au resto, cuisine très classique. Beau buffet au petit déj. Petites piscines (intérieure et extérieur) et tennis dans le parc, billard.

Où dormir dans les environs ?

Campings

La Cascade : *Salvinsac, 48150* ***Meyrueis.*** *☎ 04-66-45-45-45. 06-85-84-07-15. • contact@camping-la-cascade.com • camping-la-cascade.com • À env 4 km de Meyrueis, par la D 996 direction Florac. Ouv de début avr à fin sept. Compter 19,50 € pour 2 en hte saison ; loc 278-608 €/sem selon saison. 41 empl. Apéritif offert sur présentation de ce guide.* Le site est superbe, près de la Jonte. Peu d'ombre toutefois, mais les sanitaires sont impeccables et l'accueil agréable. Une quarantaine de vastes emplacements et une douzaine de chalets (4 à 7 personnes). On peut se baigner dans la rivière, au niveau d'une cascade (évidemment). Un camping très engagé dans la préservation de l'environnement et l'observation de la nature, notamment des oiseaux. Plusieurs nichoirs, une lunette d'observation, une bibliothèque naturaliste, des fiches balades... Un camping qui a un supplément d'âme. Location de vélos. Vente de produits fermiers. Resto.

Le Pré des Amarines : *route de Gatuzières-Florac, 48150* ***Meyrueis.*** *☎ 04-66-45-61-65. • camping-amarines.com • À 5 km à l'est de Meyrueis sur la D 996. Ouv de mi-juil à fin août. Compter 13-16 € pour 2. CB refusées. 20 empl.* Un petit camping à la ferme, agréable, spacieux et calme.

Prix moyens

Maison d'hôtes La Mosaïque : *Gatuzières, 48150* ***Gatuzières.*** *☎ 04-66-45-64-10. • tresjlm@orange.fr • causses-cevennes.com/gatuzieres • À 6 km au nord-est de Meyrueis par la D 996. Fermé oct-1er avr. Compter 65-85 € pour 2.* Une halte au calme, dans un village méconnu mais à proximité des grands sites de la région. Un petit nid douillet décoré de quelques créations de la maitresse de maison. Les 4 chambres sont dans une petite maison de bois, indépendante, toutes de plain-pied et ouvertes sur la superbe nature alentour. Même ambiance pour la cuisine-salle à manger, où l'on prend le petit déjeuner. Accueil charmant.

Chambres d'hôtes L'Ousto di Pastre : *Jontanels, 48150* ***Gatuzières.*** *☎ 04-66-45-67-37. • alainbuonamini@orange.fr • gite-jontanels.fr • À 9,5 km à l'est de Meyrueis par la D 996, puis à droite direction Gatuzières-Jontanels. Compter 63 € pour 2. Dîner 24 €. Café offert sur présentation de ce guide.* Un petit coin de paradis au bout du monde, ou presque. 2 chambres confortables, bien agréables, et un salon, dans un paisible hameau en bordure de la Jonte. Jardin, terrasse pour prendre le temps de vivre et possibilité de belles balades en forêt, à pied ou à VTT.

À voir

Le centre ancien : rive gauche de la Jonte, derrière quelques vestiges des anciennes fortifications dont l'immanquable tour de l'horloge (qui accueille l'office de tourisme), se cachent dans les ruelles, maisons anciennes et autres hôtels particuliers, notamment la *maison du Viguier* (XVIe s) avec de belles fenêtres à meneau ou la *maison Portalier,* ancienne auberge médiévale et son linteau gravé d'un amusant « mangeur de renard ». Rive droite, *église Saint-Pierre* (XVIIe s) à l'architecture typique de la Contre-Réforme et *temple protestant,* de 1804 et de plan octogonal.

La chapelle Notre-Dame-du-Rocher : construite en 1876 à l'emplacement de l'ancien château des comtes de Meyrueis. Elle domine tout du haut de son rocher et fait aujourd'hui encore l'objet de réguliers pèlerinages.

Le château de Roquedols : *à 2 km au sud de Meyrueis, par la D 986.* Cette grande et belle demeure fin XVe-début XVIe s est l'une des mieux conservées de Lozère (visite extérieure uniquement).

À faire

VTT : la descente du mont Aigoual par des sentiers balisés, à l'aube. On y monte en bus au lever du soleil. Renseignements à l'office de tourisme.

– ***Escalade, spéléologie, canyoning, canoë-kayak :*** *infos à l'office de tourisme.*

Manifestation

– ***Foire de la Saint-Michel :*** *dernier dim de sept.* Elle existe depuis au moins le XIVe s et célèbre aujourd'hui les produits du terroir en présence des confréries. Très populaire.

DANS LES ENVIRONS DE MEYRUEIS

La grotte de Dargilan : *à 9 km au nord-ouest de Meyrueis, par la D 39. ☎ 04-66-45-60-20. • grotte-dargilan.com • Ouv Pâques-Toussaint. Départ des visites guidées avr-juin et sept tlj à 10h30, 11h30, 12h30, 14h, 15h, 16h et 17h ; juil-août, tlj à 10h15, 11h, 11h45, 12h30, 13h15, puis entre 14h et 18h ; oct, tlj à 14h, 15h et 16h. Entrée : 9,80 € ; réduc ; gratuit moins de 6 ans.* Surnommée aussi la « grotte Rose » à cause de la couleur particulière de ses cristallisations. Découverte en 1880 par un berger, explorée en 1888 par Martel, le pionnier de la spéléologie française et aménagée en 1890. Dargilan présente l'ancien lit d'une rivière souterraine avec sa cascade pétrifiée, unique de par ses dimensions et ses couleurs, et un ensemble fantastique de concrétions, stalagmites en grandes orgues et de salles aussi étranges que spectaculaires. Attention, 10 °C dans les grottes : prévoir une petite laine (prêt de pulls) ! Sortie superbe sur les gorges de la Jonte. Snack-bar, boutique. Chiens et photos acceptés.

La ferme de Jontanels : *Jontanels, 48150* ***Gatuzières.*** *☎ 04-66-45-63-71. • agnes.marc.n@orange.fr • À 9,5 km à l'est de Meyrueis par la D 996, fléché ensuite sur la droite. On peut assister gratuitement à la fabrication du fromage tlj vers 11h et à la traite des chèvres (jusqu'à fin août) 17h30-18h30 (sf nov-fév).* Dans ce petit hameau niché dans une vallée du bout du monde, on trouve, outre de belles chambres d'hôtes, une ferme produisant fromages (tommes pur chèvre, mi-chèvre ou vache) et charcuterie (saucissons, pâtés, etc.). Accueil très sympathique.

HOMMES, CULTURE, ENVIRONNEMENT

ARCHITECTURE

La région fut l'un des grands creusets de l'art roman. Il y a les cathédrales fortifiées, comme à Béziers, énormes et massives comme des paquebots mais qui renferment un univers de trésors raffinés ; et les abbayes démarquées de l'architecture romaine, comme Saint-Gilles dans le Gard, dotée d'un arc de triomphe et de frises de théâtre antique.

À lui seul, le Roussillon compte 220 édifices romans, 750 retables baroques et des centaines de Vierge romanes. Les églises, magnifiques, dressent de gros clochers carrés à toits plats et, dans leur obscurité douce aux relents d'encens, on voit des saints blêmes aux joues rosâtres se convulser dans les souffrances. À l'ombre du Canigó, montagne sacrée où se dresse la plus belle de ses abbayes, Saint-Martin, vous trouverez des cloîtres extraordinaires avec des colonnes en torsades et des chapiteaux ornés de bêtes horribles ou de fleurs maléfiques (Elne, Saint-Michel-de-Cuxa, Serrabone).

Et puis, outre l'architecture romane des églises, n'oublions pas que la frontière entre France et Espagne a longtemps fluctué pour se stabiliser lors du traité des Pyrénées, sous Louis XIV. Il en résulte une pléiade de fortifications, qui espagnoles (Salses en tête), qui françaises. Dans des lieux improbables et superbes (Villefranche-de-Conflent, Prats-de-Mollo...).

CATHARES

« Deux forces se partagent l'univers : le bien et le mal, l'ombre et la lumière. Il faut choisir son camp. » Ainsi parlait Manès, disciple de Zarathoustra dans la Perse du IIIe s. Il fut entendu : le roi de Perse le fit écorcher vif. Ce qui avait mal commencé ne finira pas mieux. 1 000 ans plus tard et 6 000 km plus loin, ses adeptes (les manichéens) sont toujours là. On crée pour eux l'Inquisition et les bûchers.

Entre-temps, nos manichéens ont pris le nom de pauliciens pour s'installer en Anatolie. Les empereurs byzantins les persécutent, puis les expédient dans les Balkans. Et là, tout va très vite. En Bosnie, le bogomilisme, mouvement spirituel et religieux né en Bulgarie des bogomiles, devient quasiment religion officielle, avec un antipape qui envoie ses messagers jusqu'à Toulouse. Bogomiles, vaudois, cathares, albigeois... D'Allemagne en Italie, des Flandres au Languedoc, l'hérésie a ses saints (les parfaits), son au-delà (la réincarnation), son sacrement (le *consolamentum,* accordé aux mourants) et des exigences d'égalité, de chasteté et de pureté totale (interdiction de manger de la viande) que ne devait guère incarner la société de l'époque. Partout, évêques et princes répriment.

Partout sauf dans le Languedoc. Là-bas, beaucoup d'entre eux ont rejoint la cause. Les cathares y ont des châteaux, des hommes d'armes, leurs évêques tiennent des conciles internationaux. Les missions envoyées par le pape s'y heurtent aux plus grands seigneurs. En 1207, son légat est assassiné. À Rome, on tremble. Si l'hérésie gagne les centres du pouvoir, c'est la fin des haricots. Innocent III n'hésite plus à proclamer la croisade. Les seigneurs hérétiques sont déchus, leurs biens déclarés « proie ». Le premier qui passe n'a qu'à se servir.

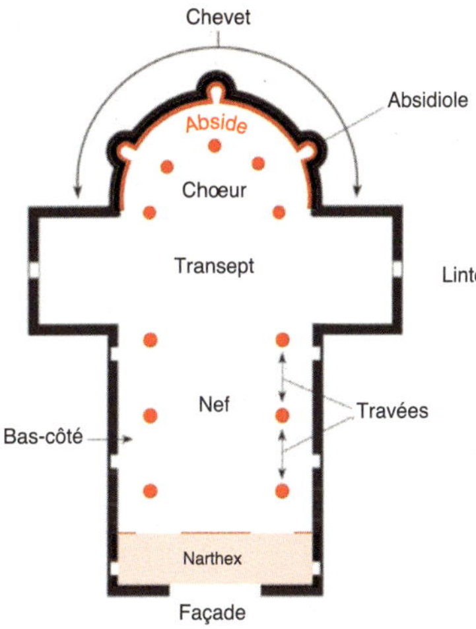

PLAN D'UNE ÉGLISE ROMANE

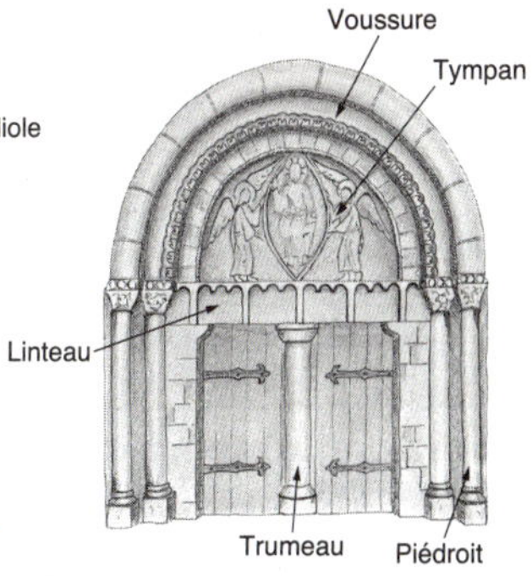

PORTAIL D'ÉGLISE ROMANE

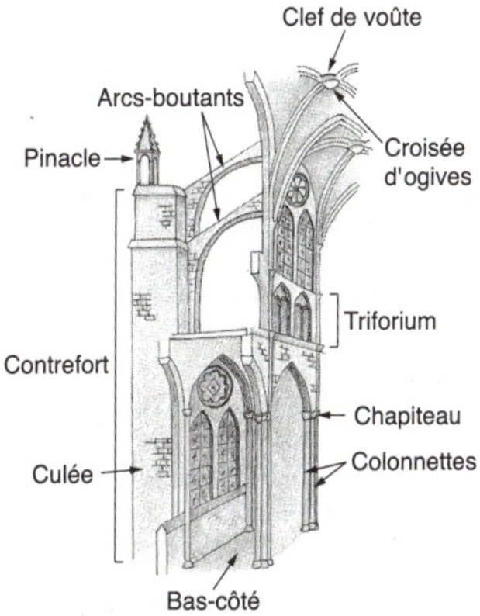

COUPE TRANSVERSALE D'UNE ÉGLISE GOTHIQUE

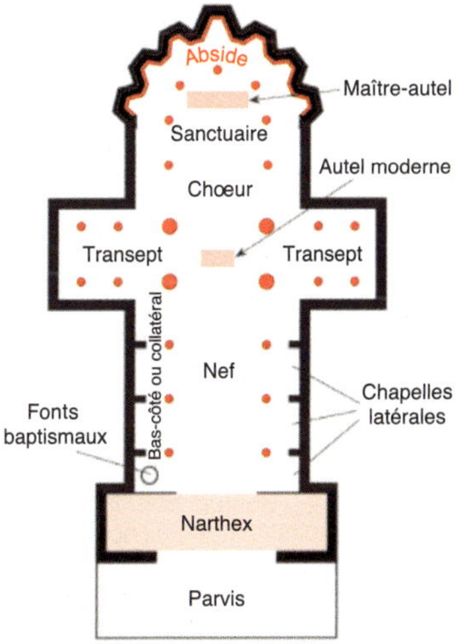

PLAN D'UNE ÉGLISE GOTHIQUE

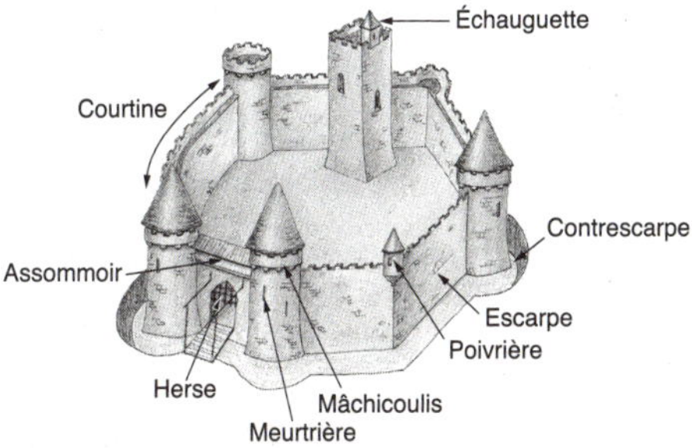

CHÂTEAU FORT

En France du Nord, le message est reçu cinq sur cinq. Les bonnes âmes s'arment. En 1209, première proie : Béziers. Il faut donner le ton. Les habitants refusent de dénoncer les cathares ? « Tuez-les tous ! », conseille aimablement le légat du pape, « Dieu reconnaîtra les siens ». Terrorisée par ce massacre, Carcassonne tombe à son tour ainsi que les forteresses hérétiques voisines (voir également l'introduction au chapitre « L'Aude, pays cathare »). Pour remplacer son seigneur, les croisés choisissent un chevalier sans peur et sans scrupules, Simon de Montfort. En 1213, le Languedoc est conquis par l'orthodoxie. Mais pas soumis car, sans cesse, des révoltes éclatent. Le roi de France devra venir en personne rafler la mise en confisquant tout le Midi.
Les cathares ? Ceux qui n'ont pas été brûlés ont pris la route des Corbières. Là-haut, de petits seigneurs mènent toujours la guérilla. Les croisés devront réduire un à un leurs nids d'aigle. Puylaurens, Peyrepertuse et surtout Montségur, la « Synagogue de Satan », où les cathares tenaient leurs conciles. Pour fêter sa prise en 1244, on allume un grand bûcher. Nobles, bourgeois et gens d'armes confondus, 315 cathares s'y jettent plutôt que de se renier. Onze ans plus tard, Quéribus est pris. Tout est fini, le pape est content. Mais plus de 700 ans après, on en parle encore...

CUISINE

Comme chacun l'ignore, cette grande région disparate est un second Sud-Ouest gourmand. À chaque province, son roi.
Pendant que le ***cassoulet*** règne sur le Lauragais, ***la côte*** se délecte de cigales de mer, d'huîtres de Thau, et de poissons de partout. La célèbre ***bouillabaisse*** a sa version languedocienne : aux traditionnels poissons de roche, on ajoute jambon cru, saindoux et poireaux, liés avec une purée de petits poissons. Une variante catalane, la ***bouillinade,*** sans liant ni aïoli, accompagnée de pommes de terre. La ***bourboulhade,*** soupe de morue à l'ail, fait partie du quotidien des pêcheurs. La ***bourride*** fait la gloire de ***Sète,*** et utilise indifféremment lotte, seiche ou baudroie. On la cuit en 10 mn à l'eau de mer, puis on la lie avec un aïoli. À Sète toujours, les ***brochettes*** de moules ou petits poulpes au grill s'achètent aux buvettes par cinq ; la ***seiche farcie*** associe la chair à saucisse aux tentacules hachées pour farcir le corps de l'animal. Goûtez aussi la ***tielle sétoise,*** chausson fourré de morceaux de seiches et fruits de mer en sauce rouge pimentée juste ce qu'il faut. À Nîmes, c'est la ***brandade*** que l'on brandit ! Cette purée de morue émulsionnée à l'huile est encore meilleure avec de l'ail...
Au large de Collioure, la mer est aussi étoilée que le ciel. Ce sont des barques multicolores qui, chaque nuit d'été, s'en vont par dizaines attirer puis pêcher les ***anchois*** grâce à un puissant fanal (le *lamparo*). Après 3 mois de saumure, ils iront farcir les olives ou voyager en bocal. Malgré le déclin des conserveries de Collioure – il en reste deux –, aucun Catalan ne commence un repas sans émulsionner cette friandise onctueuse et délicate avec un trait d'huile d'olive. En Languedoc aussi, on consomme ces poissons, à l'apéro : broyés avec ail, oignon, basilic et huile, ils donnent une pâte à tartiner, apéritive et très corsée, l'*anchoïade.* En grillade, la saison de l'anchois, c'est l'été.
Justement, le poisson, parlons-en sans le noyer. On a le sentiment que les restos de la côte servent plus de poisson qu'il n'y en a dans toute la Méditerranée. Alors, à ce sujet, deux mots... La région ne produit pas de poissons plats (soles, turbots), pas de coquillages non plus, à l'exception des huîtres et des moules des étangs, et les saisons ne sont pas les mêmes qu'en Atlantique. Le bon poisson, sauvage, frais et pêché à la ligne, est cher. Méfiez-vous des prix d'appel. Sachez qu'un poisson sauvage a des filets dorsaux plus importants que les filets ventraux (en élevage, ils se développent à l'identique, vu que le poisson nage peu et se muscle peu), qu'il n'y a de petites seiches qu'au printemps et au tout début de l'été, que

les anchois migrent à l'automne (c'est même pour ça qu'on les sale, pour en avoir en hiver) et, bien entendu, qu'il n'y a pas de morue en Méditerranée malgré ce que nous a affirmé un restaurateur de Collioure !

En Roussillon (Pyrénées-Orientales), en s'éloignant du littoral, l'Espagne est là, noble et réjouissante. Les plus beaux vergers du monde y ont fait du sucré-salé (canard aux pêches) l'un des maîtres mots de la cuisine catalane. Parmi les spécialités, on se régale de ***boles de Picolat,*** des boulettes de viande mijotées dans une sauce épaisse et parfumée, d'***ollada*** (prononcez « ouillade »), potée de porc et légumes, bien roborative... ou encore de ***fuet,*** fine saucisse sèche qui se laisse croquer comme un sucre d'orge. Quant à la ***roussillonnade,*** elle est constituée de champignons grillés avec de la saucisse sur un feu de pommes de pin.

En dessert, la ***crème catalane*** (parfums d'anis et de cannelle sous une carapace de caramel) est un aller simple pour le paradis ! Pas léger mais tellement bon, le ***tourron*** est le nom générique pour toutes sortes de nougats à base d'amandes et de miel, mous ou croquants, vendus en tablette. Ne manquez pas celui de Perpignan. Dans le Vallespir, goûtez la ***Rousquille,*** un petit gâteau en forme de roue recouvert d'une fine couche blanche, sucrée et légèrement anisée. Du Languedoc au Roussillon (et même au-delà), le ***millas,*** gâteau de farine de maïs et de saindoux, se mange en dessert.

Dans le Languedoc, les plats sentent bon la garrigue et les légumes rouges, les desserts ont la délicatesse des nuages. En Camargue et à Nîmes, la ***gardianne de taureau*** est un incontournable ! C'est une daube cuisinée au vin rouge, qu'on trouve sur toutes les tables pendant les férias. À accompagner de riz de Camargue bien entendu. La vedette à Pézenas, ce sont les ***petits pâtés de Pézenas*** ! Du rôti de mouton et de la cassonade enrobés de pâte au saindoux. Une excellente – quoique curieuse – recette, originaire des Indes. Les ***escargots*** sont partout : en fricassée, en aillade, en soupe et même en bouillabaisse. À Sommières, ils mijotent entre épinards, blettes et jambon cru. À Nîmes, ils se parfument aux anchois. À Pieusse, ils prennent le goût du foie de porc et des herbes de garrigue. Et si vous passez en Roussillon pendant les vendanges, sacrifiez au culte de la *cargolade* où les escargots, cuits sur des braises de sarments, sont flambés au lard dans une pluie d'étincelles. Agrémentés d'un aïoli, cette émulsion d'huile d'olive, de jaunes d'œufs et d'ail, c'est un régal.

Dans les ***Cévennes,*** les charcuteries et fromages de chèvre (notamment le ***pélardon***) sont à l'honneur, tout comme le ***bleu des Causses*** (au lait cru de vache, lui). Doté d'une AOC, il est plus sec et plus amer que son cousin de Bresse. ***L'oignon doux,*** qu'on retrouve dans une multitude de recettes, est emblématique du paysage cévenol. Tout comme les ***châtaignes,*** le ***miel*** et la ***figue.***

– Spécialité de l'Aubrac, l'***aligot*** est le plat traditionnel des bergers, et il est copieux. Il s'agit d'une purée de pommes de terre mélangée à du lait, du beurre, de l'ail et surtout de la tomme fabriquée à partir du lait de vache de la race Aubrac.

ÉCONOMIE

L'agriculture est une pièce maîtresse du puzzle économique. Elle repose sur un vignoble – le plus étendu de France – en bonne partie replanté de cépages de qualité, même si cultures maraîchères et fruitières (pêches, nectarines, abricots et cerises) ont, elles aussi, droit de cité. Les industries agroalimentaires, bien que peu représentées, sont également source de dynamisme (la laiterie du Massegros, en Lozère, est la plus importante au monde pour le traitement du lait de brebis). Quant au tourisme, il se taille la part du lion (le Languedoc-Roussillon siège à la 4e place des régions les plus touristiques de France).

La pauvreté du tissu industriel

Quelques ombres au tableau tout de même. La région détient, en plaçant trois de ses départements (Pyrénées-Orientales, Héraut et Gard) en tête de classement, le triste record du taux de chômage le plus élevé de l'Hexagone (plus de deux points au-dessus du niveau national) juste derrière les Hauts-de-France. L'industrie est aussi l'une de ses bêtes noires. Ce secteur n'est constitué que de petites – voire très petites – entreprises, quand les grandes unités n'échappent pas aux élans de reconstruction. La région souffre également d'un déséquilibre largement perceptible. Population et surtout activités ont tendance à s'agglutiner sur le littoral et au sud-est de la région, tandis qu'au « nord » la Lozère a perdu la moitié de sa population en un siècle.

Les bassins de l'arrière-pays connaissent un certain déclin, tandis que Montpellier agit comme un puissant aimant. Avec l'émergence de parcs technologiques (comme Agropolis et Euromédecine), la multiplication des dessertes ferroviaires et le développement de l'enseignement supérieur, une agglomération régionale est apparue : l'économie peut miser sur une montée du tertiaire, un réseau de communication performant et un pôle universitaire qui accueille près de 71 000 étudiants. Le dynamisme est perceptible à l'œil nu, à travers notamment les récents ouvrages d'architecture qui revendiquent tous une illustre paternité : Zaha Hadid, Jean Nouvel...

Les richesses d'un secteur traditionnel

Enfin, il y a ces richesses qui valent plus que toute autre, car fortes du passé. Celles que transmettent artisans et commerçants régionaux pour que ne se perdent pas les traditions. Il y a ces tisserands de Lodève (sur le causse du Larzac, on travaille la laine depuis le Moyen Âge), ces cardeurs et peigneurs de soie des Cévennes, et tous les autres.

Bref, des salins du Languedoc (d'Aigues-Mortes en Petite Camargue, de Gruissan...), héritiers d'une tradition économique ancestrale qui fournissent chaque année plus de 500 000 t de sel, aux 2 000 ans de tradition viticole que porte en elle la terre languedocienne : vous voilà servi !

ENVIRONNEMENT

Entre un littoral riche d'espèces protégées et un arrière-pays propice à l'écotourisme, les habitants du Languedoc-Roussillon sont plutôt bien lotis et conscients de leur qualité de vie.

Un littoral transformé

Avant que les accros de la bronzette y passent leur été, le Languedoc-Roussillon était une importante voie de passage et un carrefour, particulièrement avec l'Espagne. À partir de 1963, le littoral est aménagé pour le rendre attractif. Nombre de villes et de villages s'en trouveront revigorés... mais pas mal de petits ratés : adieu plages désertiques, bonjour stations balnéaires surpeuplées en haute saison. Toutefois, des efforts sont faits pour intégrer ces constructions dans la vie régionale, et c'est tant mieux, à l'heure où l'on annonce 3 millions d'habitants d'ici à 2025 !

Un arrière-pays préservé

Une balade dans le parc national des Cévennes – inscrites en 2011 au Patrimoine mondial de l'Unesco au titre de « paysage culturel de l'agropastoralisme méditerranéen » – ou dans les parcs naturels régionaux du Haut-Languedoc et des Pyrénées catalanes (sans parler des réserves pyrénéennes du Vallespir et du Capcir) suffira à vous convaincre de l'extrême richesse de la flore et de la faune. Loin des traitements chimiques et de l'agriculture intensive, ces sites privilégiés vous invitent à suivre les traces de quelques animaux parfois rares et qui se méritent :

mouflons, chevaux de Przewalski, aigles royaux et autres vautours fauves. Une nature pure où fleurs, animaux et insectes sont rois.

Des énergies propres ?

Éoliennes, fours solaires ? Le Languedoc-Roussillon est l'un des moteurs de l'énergie propre. On y capte la puissance motrice des vents, non polluants, sans rejets de déchets. Sous les assauts de la tramontane à l'ouest et du mistral à l'est (fréquents, forts, d'orientation bien définie), nombre d'éoliennes, ces moulins des temps modernes, ont poussé un peu partout ces dernières années. Mais les grosses concentrations d'éoliennes ont des effets décriés : certains dénoncent des pertes d'oiseaux en masse (constatées en Navarre, par exemple), d'autres les effets dommageables sur le paysage. Alors, ces tonnes de kilowattheures produites par les centrales éoliennes : énergie propre ou futur vent de discorde ? Quant à exploiter l'énergie solaire dans les Pyrénées-Orientales où mûrissent les premières cerises de l'année : évidence ou utopie ? À Mont-Louis comme à Odeillo, on sait capter par des miroirs l'énergie thermique du soleil vers un four. Côté centrale électrique, pas de production par panneaux solaires (ou photovoltaïques) à grande échelle, mais le projet *Thémis Solaire Innovation* à Targassonne ambitionne de concentrer la chaleur solaire pour actionner des turbines, selon le phénomène de l'héliothermodynamique (pas facile à placer au Scrabble !).

GÉOGRAPHIE

Si les visiteurs n'ont longtemps vu dans le Languedoc-Roussillon que ses stations balnéaires, ils ont maintenant découvert ses montagnes – qui occupent environ la moitié du territoire – et ses garrigues. Et pourquoi se priver, puisque la région s'efforce de protéger sa nature (deux vastes parcs naturels et aucune construction sur 60 % de son littoral) ?

Au-delà des frontières administratives délimitant ses cinq départements se dessine une autre unité, d'ordre géographique. La région tout entière est orientée vers la mer Méditerranée et constitue ainsi un gigantesque amphithéâtre à trois niveaux : les montagnes, les garrigues et la plaine.

Caractéristiques de la zone montagnarde, les massifs des Pyrénées-Orientales, au sud du département, s'étendent jusqu'à la mer, formant ainsi des falaises. Plus au nord apparaissent des plages de sable fin et des criques.

Le Gard détient également une grande diversité de paysages. S'y trouve, tout comme en Lozère, une partie du massif des Cévennes – apparu il y a 200 millions d'années –, succession de crêtes dénudées, de vallées vertes et étroites et de ravins creusés par les torrents. Au sud, on découvre la Camargue et sa faune unique et variée.

HISTOIRE TRISTE

Pyrène était la fille d'un souverain qui hébergea Hercule. Elle tomba amoureuse du dieu musclé. Hercule préféra partir, certainement pour terminer ses 12 travaux. Pyrène s'enfuit et mourut dévorée par un ours. Catastrophé, Hercule érigea un mausolée en amassant d'énormes rochers, donnant naissance aux... Pyrénées.

La Lozère est également le territoire d'espèces rares, mais celles-là sont bien éloignées des flamants roses. Ses moyennes montagnes et ses vastes forêts sont l'habitat des loups, bisons et vautours fauves réintroduits par l'homme. Quant au sud de ce département, il est composé du parc national des Cévennes et des gorges du Tarn, où les amoureux de sports extrêmes peuvent parcourir les eaux bleutées (ou moirées) serpentant entre des parois hautes de 400 à 600 m.

Difficile d'évoquer l'Aude et surtout l'Hérault sans penser aux vignobles qui s'étendent à perte de vue, pour le plus grand plaisir des amateurs de vin. Mais ce ne sont pas leurs seules richesses : au nord se trouve la Montagne Noire – haute de 800 m – et ses profonds canyons et lacs aux rives ocre et rouge. Quant à leur littoral, il est bordé de plages de sable fin... et de stations balnéaires.

HABITAT

Difficile de le qualifier. Il n'existe pas de modèle type de maison du Languedoc ou du Roussillon. Un seul mot d'ordre : s'adapter au milieu. Architecture robuste des zones montagneuses, maisons basses du littoral : à chacun son chez-soi. Les matériaux de construction sont divers, même si l'élément de prédilection reste la pierre.

En plaine et dans les collines

Parce que dans la région le vin coule à flots, les maisons de vignerons sont presque légion. Au « pays des toits de lauzes », ces habitations aux murs ocre ou roses présentent la singularité d'avoir des toits de tuiles. Même sort pour le *mazet,* voisin des maisons vigneronnes, sorte de remise ou d'abri aux murs de pierre de forme rectangulaire, qui ne comporte qu'une pièce.

Sur les causses et dans la garrigue

L'habitat des causses (plateaux de roche calcaire fortement érodés) est presque entièrement dédié à l'élevage ovin. La bergerie est la première à avoir sa place au cœur de la bâtisse. Ennemi numéro un, le vent : tout est pensé pour s'en protéger, notamment la silhouette compacte du bâtiment. En l'absence de bois, la pierre règne en maître. Ici, pas de villages mais des habitations dispersées.

Sur le littoral

Il n'y a guère qu'une partie de la Camargue qui peut se vanter d'avoir conservé son habitat traditionnel : maisons pas très hautes, tout en longueur, couvertes de roseaux du marais. Les authentiques cabanes de pêcheurs se font rares et laissent place à des bungalows souvent sans charme. Parfois, ils s'organisent harmonieusement en véritables petits villages sur pilotis comme à Gruissan.

Et dans les montagnes

Traditionnellement en pierre, avec toit de schiste ou de lauzes, les habitations sont regroupées en hameaux, dispersées dans la nature, accrochées aux versants des montagnes ou nichées au fond des vallons. On en trouve de beaux exemples sur les contreforts du plateau de Cerdagne et au fond de quelques vallées perdues du haut Vallespir ou du haut Conflent.
Dans les Cévennes, la maison d'habitation est entourée d'une série de bâtiments en schiste : bergerie, porcherie, grange, four, pressoir à vin, magnanerie où l'on élève les vers à soie, et la *clède,* maisonnette où l'on fait sécher les châtaignes. À moins que le rez-de-chaussée aussi ne serve d'étable ou de grange ; rien de bien original. Dans un genre moins commun, typique des fermes cévenoles, vous croiserez peut-être autour des habitations quelques lauzes plantées dans la terre : chut ! vous êtes dans le cimetière familial.

La lauze de Lozère

Outre le granit, très présent dans les constructions jalonnant les pentes du mont Lozère, la lauze a bonne réputation. Comme elle ne se fendille pas et n'éclate pas non plus, elle est l'adversaire de choc des hivers longs et rudes, des étés chauds et secs. Cette feuille de schiste, de calcaire ou de grès couvre depuis des siècles fermes et bergeries de tout le sud-ouest de la France, même si ses teintes diffèrent d'un terroir à l'autre. Seul inconvénient de ce matériau, il est très lourd. On lui préfère aujourd'hui des ersatz moins contraignants. Les carrières ferment à vue d'œil !

HISTOIRE

– ***450000 av. J.-C. :*** à Tautavel, dans le Roussillon, il y avait un homme qui chassait le renne et le rhinocéros avec des pierres. Gros sourcils, front fuyant, œil enfoncé : une vraie tête de gangster. C'est l'un des plus vieux Européens connus.
– ***Vers 600 av. J.-C. :*** les Grecs de Marseille fondent Agde (*Agathè* : « la Belle »). Bons rapports avec les indigènes, sans qu'on sache trop si ceux-ci étaient ligures (italo-provençaux) ou ibères (espagnols). Le Languedoc n'a pas fini de se chercher entre les deux péninsules !
– ***Vers 120 av. J.-C. :*** les Romains annexent la Provence gauloise et son allié, le Languedoc. Fondation de Saint-Bertrand-de-Comminges, Béziers et surtout de Narbonne qui régit, de Toulouse à Grenoble, la plus ancienne et la plus grosse province des Gaules : la Narbonnaise.
– ***413 :*** les Vandales et les Alamans n'avaient fait que passer. Plus éduqués, les Wisigoths s'installent à Narbonne. Leur royaume, qui couvre toute l'Espagne et la France du Sud, laissera de bons souvenirs. Ce sont les Wisigoths qui arrêtent Attila. On ne saurait leur en vouloir.
– ***720 :*** l'émir al-Samh, conquérant de l'Espagne, s'empare de Narbonne. Les Wisigoths continuent d'administrer le pays.
– ***759 :*** les Francs prennent Narbonne.
– ***778 :*** Roncevaux. Les Carolingiens font de la Catalogne un avant-poste antimusulman : la marche d'Espagne. Afflux de réfugiés chrétiens en Languedoc.
– ***1002 :*** la culture hispano-musulmane enrichit la province, qui participera activement à la *Reconquista* et aux croisades.
– ***1209-1255 :*** croisade contre les cathares. Le Languedoc échappe à l'orbite catalane pour tomber dans le domaine royal.
– ***1276-1344 :*** naissance et mort du royaume de Majorque. La Catalogne reste rattachée au comté de Barcelone ; la frontière passe à Salses.
– ***XIVe s :*** malgré les corsaires arabes, le Languedoc donne au roi ses grands ports méditerranéens. En 1481, le rattachement de Marseille porte un coup fatal à sa prospérité.
– ***XVIe s :*** le Languedoc oriental passe au calvinisme. Un choix qui pèsera lourd dans les guerres de Religion.
– ***1659 :*** le traité des Pyrénées (Louis XIV) donne le Roussillon et la Catalogne à la France.
– ***1685 :*** la révocation de l'édit de Nantes interdit aux protestants de célébrer leur culte. La révolte des camisards tiendra 2 ans en échec l'élite des troupes royales.
– ***1790 :*** les protestants prennent part à la Révolution, les catholiques demeurent fidèles au roi.
– ***1907 :*** insurrection des vignerons contre le gouvernement Clemenceau.
– ***1971-1981 :*** manifestations contre l'extension du camp militaire du Larzac. Une cause symbole où se retrouveront, pêle-mêle, les Lip et Lanza del Vasto, François Mitterrand et le général de Bollardière.
– ***Septembre 2002 :*** inondations dévastatrices dans les départements du Gard et de l'Hérault ; de nombreuses victimes sont à déplorer.
– ***Octobre 2010 :*** décès du très controversé Georges Frêche, président du conseil régional du Languedoc-Roussillon.
– ***2015 :*** le pont du Gard fête son inscription à l'Unesco il y a 30 ans.
– ***2016 :*** dans le cadre de la grande réforme territoriale, le Languedoc-Roussillon fusionne avec la région Midi-Pyrénées.

IDENTITÉS OCCITANE ET CATALANE

« Occitania ! » Pendant la guerre du Larzac, le bruit courut qu'une nouvelle nation d'opprimés se révoltait contre le centralisme jacobin. On chercha sur les cartes si quelque province à moitié étrangère au bout de l'Hexagone, comme le Pays basque, l'Alsace, la Corse ou la Bretagne, n'avait pas été annexée par mégarde. Et lorsqu'on découvrit qu'il s'agissait de 15 départements – 23 avec la Provence ! –, cette cause éveilla moins de sympathie que les précédentes. Il y en eut pour dire que l'Occitanie n'existait pas et que, en tout état de cause, sa diversité n'était pas moins grande que celle de l'Hexagone.

Et pourtant, l'Occitanie n'a manqué que d'un Bismarck pour exister. Sœur de la Catalogne, elle n'a épousé la France que par force. Chaînon manquant entre l'Espagne et l'Italie, c'est l'une de ces nations du soleil ombrageuses et volubiles, où l'on produit des fruits, des vins lourds, des taureaux, des platanes et des peintres. Sa langue est un trésor. Portée par les chefs-d'œuvre des troubadours, elle régna sur les cours lettrées d'Europe, et aujourd'hui encore, près de 10 millions d'Occitans la comprennent. Littérature, solidarité urbaine, tolérance : l'Occitanie du XIe s était très en avance sur son temps. Trop, puisque sa complaisance envers les cathares signa sa perte.

Francisé de force, l'Occitan libéral devient un Occitan turbulent. Guerres de Religion, camisards, Révolution, 1848, 1870, 1907 : chaque occasion lui fut bonne pour se révolter contre le mépris exprimé par ceux du Nord. Si la décentralisation a mis de l'huile dans les rouages, elle est loin d'avoir tout réglé, puisque l'essentiel des ressources occitanes – hier les mines, aujourd'hui l'aéronautique, l'immobilier touristique et certains vignobles – se trouve encore aux mains des « colons ».

Peu avant Perpignan, l'autoroute frôle une place forte réputée indestructible. Ce rêve de pierre ocre, tapi dans la plaine, c'est le fort de Salses : la frontière avec la Catalogne. La frontière a reculé il y a trois siècles. La Catalogne, elle, est restée. Et cela saute aux yeux : comme en Alsace, on est ailleurs.

C'est ici, entre la plaine du Roussillon, les coteaux des Aspres et du Conflent, les hautes vallées du Vallespir, de Cerdagne et du Capcir, qu'est née la puissance la plus dynamique de la péninsule. Ces petits royaumes pyrénéens, où l'on parlait une langue ayant des traits caractéristiques communs aux langues ibéro-romaine et gallo-romaine – le catalan –, ont conquis sur les Sarrasins le comté de Barcelone, puis le royaume de Valence et l'Aragon. Leur zone d'influence englobait Toulouse et Nîmes et, sans la guerre albigeoise, il est probable que le Languedoc et le Roussillon seraient aujourd'hui espagnols. Mais les Catalans étaient avant tout des marins. Concurrents de Venise, ils annexèrent les Baléares et tout le sud de l'Italie. Perpignan vécut dans l'ombre de Barcelone jusqu'au jour où le roi d'Aragon en fit la capitale d'un petit État, le royaume de Majorque, taillé sur mesure pour l'un de ses fils. Il en reste un merveilleux palais et des souvenirs d'opulence, que Perpignan, jamais, ne parvint à oublier. Et puis, en 1659, le traité des Pyrénées fait du Roussillon la talonnette de la France. Malgré trois siècles de francisation forcée, jamais le cordon ombilical ne sera coupé.

De Gaudí à Tàpies en passant par Miró, la renaissance de l'art catalan ignore les frontières. Dalí et Picasso arpentent le Roussillon, et lorsque Pau Casals s'installe à Prades pour fuir le franquisme – à l'exemple de milliers de ses compatriotes –, il est chez lui. Autant dire que ce n'est pas pour le folklore qu'un tiers des Roussillonnais parle le catalan. La prospérité retrouvée de Barcelone fait de leur langue un passeport précieux. Un lien supplémentaire entre « Catalans du Nord » (côté français) et « Catalans du Sud » (côté espagnol)...

LANGUES RÉGIONALES

À force de servir de l'« oc » à toutes les sauces, on en a oublié la signification. Le rapprochement est facile avec les vins du pays d'Oc, évident avec la région Languedoc, un peu moins flagrant avec l'occitan. Petit cours d'histoire, donc !

Descendue tout droit du bas latin, la langue d'oc appartient à l'ensemble des langues romanes et voit le jour dès le IXe s. Au cours de l'histoire, la latinisation s'est opérée peu à peu. En Gaule, elle se heurta aux tribus germaniques, dont faisaient partie les Francs, qui imposèrent peu à peu leur parler dans toute la moitié nord. C'est ainsi que la version gauloise du latin populaire a, au fil du temps, évolué en moult dialectes répartis grossièrement en « dialectes du Nord » et « dialectes du Sud ». Le nom de ces deux groupes de dialectes fut ensuite donné en fonction de la manière dont les gens prononçaient « oui » – on fait avec ce qu'on a ! Or, il s'avéra que dans le Nord le mot latin *hoc ille,* signifiant « c'est ça », avait tourné en *o-il* et donna la langue d'oïl, et en *oc* pour le Sud, pour donner la langue d'oc.

Pour en revenir à nos moutons, l'*oc-citan* désigne donc l'ensemble des parlers de langue d'oc (on distingue les parlers du Nord, limousin, auvergnat... des parlers méridionaux, le languedocien – particulièrement fidèle à la langue d'oc telle qu'elle était parlée au Moyen Âge –, le provençal...). Ce n'est guère qu'une autre manière d'appeler la langue d'oc, parlée jadis dans tout ce que l'on appelle aujourd'hui le Midi de la France. Et les troubadours ne sont plus les seuls à parler cette belle langue. On estime qu'à l'heure actuelle, l'occitan est compris par un tiers des habitants du Languedoc, soit environ un million et demi de personnes.

Concrètement, on parle aujourd'hui, en Languedoc-Roussillon, trois langues : le français – vous l'auriez deviné ! –, l'occitan et, dans une moindre mesure, le catalan. Toutes trois sont des langues vivantes, parlées mais aussi enseignées (les écoles occitanes accueillent 10 % de la population scolarisée). Elles constituent des véhicules de communication remarquables : sur les ondes radio chante encore l'occitan, tout comme à la télévision ; alors, à vos dicos !

PERSONNAGES

– ***Saint Dominique*** *(1170-1221)* **:** Dominique mena une croisade soft. Il sermonnait les cathares en prêchant « à pied, sans or ni argent ». Il y eut de grands débats et quelques miracles. Installés à Fanjeaux, près de Limoux, les convertis formèrent les premiers dominicains.

– ***Trencavel*** *(XIIe-XIIIe s)* **:** rivale des comtes de Toulouse, la dynastie symbole du Languedoc de l'âge d'or. Les Trencavel possédaient Nîmes, Albi, Agde, Béziers, Razès et surtout Carcassonne, siège d'une cour brillante. Après les troubadours, ils protégèrent activement les cathares. Le dernier Trencavel fut emprisonné, puis dépossédé par Simon de Montfort.

– ***Arnaud de Villeneuve*** *(1240-1311)* **:** au XIIIe s, ce médecin-chimiste de Rivesaltes, prof à la fac de Montpellier, inventa le moyen d'arrêter la fermentation naturelle des vins par un ajout d'alcool qui empêche tout le sucre de se transformer. Les vins doux naturels venaient de naître : rivesaltes, banyuls, maury, muscats de toutes origines ont fait la gloire de la région. Merci docteur !

– ***Urbain V*** *(1310-1370)* **:** le seul pape du Languedoc fut un noble du Gévaudan, de son vrai nom Guillaume de Grimoard. On lui doit la cathédrale de Mende.

– ***Molière*** *(1622-1673)* **:** principal agent de tourisme de la ville de Pézenas, qui fut un temps son port d'attache. Molière y avait trouvé un public brillant (les notables des états généraux du Languedoc) et la protection d'un fastueux voisin, le prince de Conti.

– ***Jean Chaptal*** *(1751-1832)* **:** ce natif de Mende est à l'origine du principe de chaptalisation, qui consiste à ajouter du sucre au moût pour augmenter le taux d'alcool du vin. Accessoirement, ce Monsieur Plus de la piquette fut aussi l'un des grands chimistes du XVIIIe s.

– ***Alphonse Daudet*** *(1840-1897)* **:** si les *Lettres de mon moulin* faisaient référence au département des Bouches-du-Rhône, c'est de Nîmes qu'était originaire le célèbre écrivain, poète et conteur.

– ***Joseph Jacques Césaire Joffre*** *(1852-1931)* **:** son titre de vainqueur de la Marne est plus contesté que ses moustaches, les plus célèbres de la guerre de 1914-1918. Fils d'un tonnelier de Rivesaltes, il dirigea les armées du Nord et du Nord-Est (bataille de la Somme) et finit maréchal.
– ***Aristide Maillol*** *(1861-1944)* **:** Aristide aimait les femmes girondes. De celles qui allient la solidité de la terre et la maternité de la mer. Il en a doté presque tous les villages du Roussillon, à commencer par le sien, Banyuls. Pour leur mémorial aux morts de l'Aviation, les Toulousains étaient venus le supplier : « S'il vous plaît, monsieur Maillol, pas de femme nue... » Il leur répondit de ne pas s'inquiéter. Et ils eurent leur femme nue !
– ***Paul Valéry*** *(1871-1945)* **:** *Le Cimetière marin,* « ce toit tranquille où marchent les colombes », c'est celui de Sète – sa ville natale –, où il repose désormais (Jean Vilar l'y a rejoint). Le plus intellectuel de nos poètes a largement mis en littérature la ville et la mer.
– ***Charles Trenet*** *(1913-2001)* **:** le « Fou chantant » aurait eu 100 ans en 2013. On peut visiter sa maison natale à Narbonne.
– ***Georges Brassens*** *(1921-1981)* **:** fils d'un maçon de Sète, il a donné son nom à une rue de la ville, et on vient chantonner sur sa tombe... Faut-il encore présenter Georges ? Monument de la chanson française, tous les chanteurs à texte et même d'assez nombreux musiciens de jazz (car il savait swinguer) lui rendent hommage. Irremplaçable et non remplacé.
– ***Michel Galabru*** *(1922-2016)* **:** énorme acteur français, connu surtout pour sa collaboration à la série des fameux *Gendarmes,* aux côtés de Louis de Funès. Qu'il vienne du Sud... on s'en serait douté, lui qui semblait si horrifié par « le Nord » dans *Bienvenue chez les Ch'tis.*
– ***Bernadette Lafont*** *(1938-2013)* **:** issue d'une famille de protestants cévenols, son regard si particulier et sa voix reconnaissable entre toutes, que Truffaut comparaît à Michel Simon, feront d'elle l'actrice fétiche de la Nouvelle Vague (*Les Mistons, Une belle fille comme moi, La Fiancée du pirate...*).
– ***Juliette Gréco*** *(née en 1927)* **:** chanteuse et comédienne décorée de la Légion d'honneur, et citoyenne d'honneur de Montpellier, la ville qui l'a vu naître.
– ***Pierre Richard*** *(né en 1934)* **:** nouveau rôle pour ce comédien né à Valenciennes et tombé fou amoureux de l'Aude et des plaisirs du vin. Installé depuis 1984 au sud de Gruissan, il possède le domaine de Château Bel Évêque, un vignoble de haute tradition situé sur l'un des meilleurs terroirs des Corbières.
– ***Cali*** *(né en 1968)* **:** natif de Perpignan, ce Catalan a sorti en 2012 un album intitulé *Vernet-les-Bains,* la ville de ses racines et de ses « premières fois ».
– ***Olivia Ruiz*** *(née en 1980)* **:** auteur-compositeur-interprète audoise, la « femme chocolat » a raflé Disque d'or et Victoires de la musique.
– ***Rémi Gaillard*** *(né à Montpellier en 1975)* **:** humoriste ayant acquis sa notoriété par la mise en ligne de vidéos hilarantes. Imposteur patenté, il suit inlassablement sa devise : « *C'est en faisant n'importe quoi qu'on devient n'importe qui.* » Pari réussi.

RIQUET ET LE CANAL DU MIDI : HISTOIRE D'EAUX

Le plus grandiose des monuments du Midi se trouve-t-il à Toulouse, Sète, Carcassonne ou Béziers ? Réponse : partout. De Toulouse à l'étang de Thau serpente une voie verte coupée de 64 écluses, 55 aqueducs, 7 ponts-canaux (!) et 126 ponts en dos d'âne. Un ouvrage si remarquable et unique qu'il est, depuis 1996, classé au Patrimoine mondial de l'Unesco ! Imaginez 240 km d'une route liquide sous un frais tunnel de platanes (enfin, façon de parler, car la plupart sont malades et ont déjà été abattus !, paressant parmi les vergers et les vignes, traversant des cités trois étoiles, enjambant les fleuves d'un jet d'aqueduc et se haussant du

col par des accolades d'écluses (jusqu'à neuf à la fois) aux ovales gracieux... Détail : tout le canal du Midi est dessiné Grand Siècle. « On y voit le pays autant et mieux qu'en diligence », s'exclamait Stendhal dans son coche d'eau, tiré par trois chevaux. Un demi-siècle avant, l'agronome anglais Arthur Young en était resté éberlué : « C'est là le plus beau spectacle qu'il m'ait été donné de voir en France. Louis XIV, tu es vraiment un grand roi ! »
Lorsque Pierre-Paul de Riquet, surintendant des gabelles, vient présenter le projet, c'est tout juste si Colbert ne le traite pas de farfelu. En revanche, le Roi-Soleil, qu'aucun travail colossal ne fait sourciller, trouve l'idée séduisante ; 12 000 hommes sont engagés pour creuser à la pelle le canal, pendant 14 ans. Ils capteront les ruisseaux de la Montagne Noire (idée géniale et pari de Riquet qui, en enfant du pays, avait remarqué le débit constant de ces ruisseaux, et pensé, envers et contre tous, qu'ils suffiraient à alimenter le canal) et bichonneront des ouvrages de titan. Le Trésor royal est asséché par Versailles et les guerres ? Riquet, ce collecteur d'impôts enrichi par la gabelle, qui lutta toute sa vie contre les contrebandiers (c'est à 58 ans qu'il se lance dans l'œuvre de sa vie) va devoir mettre la main à la poche, puis dans celle de sa femme : leurs descendants mettront 40 ans à rembourser les créanciers.

UNE OMBRE SUR LE CANAL

Les 42 000 platanes bicentenaires qui longent le canal du Midi sont condamnés à être abattus. Ils souffrent d'une maladie incurable, un champignon débarqué en 1944 avec les GI's américains et leurs caisses de munitions en bois. Des opérations de replantation de variétés résistantes sont en cours. Une vraie catastrophe d'un point de vue patrimonial, économique (coût de l'opération : 200 millions d'euros) et touristique. Toutefois, une suspension des abattages a été préconisée dans certaines communes de l'Aude : seuls les arbres morts sont tombés. Les mairies veulent tout tenter pour sauver leurs arbres, et des traitements expérimentaux sont en cours de test.

Dès l'ouverture, en 1681, c'est la ruée. La première liaison Atlantique-Méditerranée va transformer la région. De Toulouse à Sète (ville née du canal), on ne voyage plus qu'en bateau. Le fameux coche d'eau. Relais, chapelles et maisons closes s'agglutinent le long du canal. Riquet avait vu grand. Surtout pour sa ville natale, qu'il dotera d'une œuvre au cœur du futur projet grand site : les 9 écluses de Fonséranes.

FORTUNE EN LIQUIDE

En ne finançant que 20 % du chantier, Riquet obtint de Louis XIV l'entière propriété du canal, pour lui et ses héritiers. Tous les bateaux payaient un octroi. Ce patrimoine inouï fut confisqué à la Révolution française.

Pour plus d'infos sur la navigation, voir plus haut la rubrique « Canal du Midi » dans le chapitre « Bon à savoir avant le départ ». Sinon, reportez-vous aux chapitres le concernant dans les départements de l'Aude et de l'Hérault.

SITES INSCRITS AU PATRIMOINE MONDIAL DE L'UNESCO

Organisation des Nations Unies pour l'éducation, la science et la culture

En coopération avec le centre du patrimoine mondial de l'UNESCO

Pour figurer sur la liste du Patrimoine mondial, les sites doivent avoir une valeur universelle exceptionnelle et satisfaire à au moins un des 10 critères de sélection. La protection, la gestion, l'authenticité et l'intégrité des biens sont également

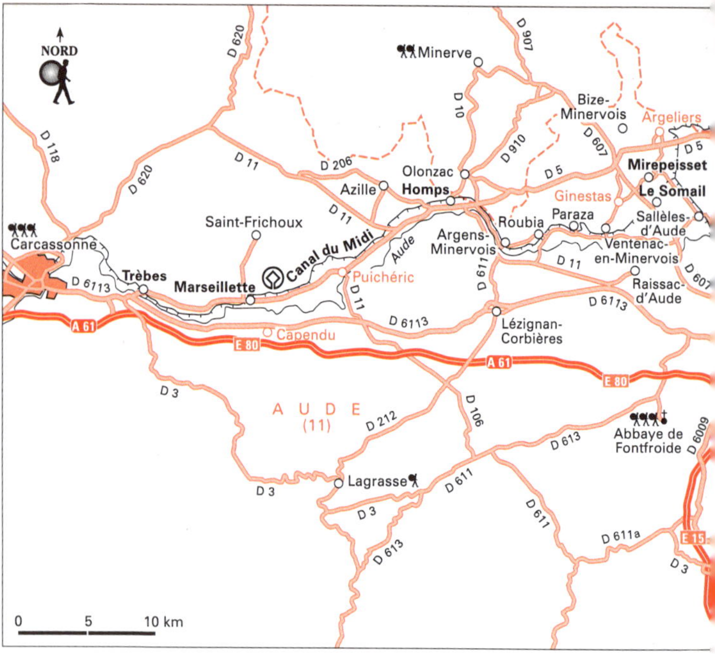

des considérations importantes. Le patrimoine est l'héritage du passé dont nous profitons aujourd'hui et que nous transmettons aux générations à venir. Nos patrimoines culturel et naturel sont deux sources irremplaçables de vie et d'inspiration. Ces sites appartiennent à tous les peuples du monde, sans tenir compte du territoire sur lequel ils sont situés. Pour plus d'informations : ● *whc.unesco.org* ●

– Pour le Languedoc et le Roussillon sont concernés le ***pont du Gard*** (1985), le ***canal du Midi*** (1996), la ***ville fortifiée historique de Carcassonne*** (1997), les ***fortifications Vauban des villes de Mont-Louis et Villefranche-de-Conflent,*** toutes deux dans les Pyrénées-Orientales (2008), les ***chemins de Saint-Jacques-de-Compostelle*** (1998) ainsi que ***les Cévennes (et les Causses),*** en tant que paysage culturel de l'agropastoralisme méditerranéen (2011).

VINS ET ALCOOLS

– ***Banyuls :*** sombre, dense, corsé, un vrai catalan que ce « porto français ». On le boit à tout propos – avec du jambon de montagne, pour la sieste, avant la sardane – car c'est le meilleur vin français du genre. Ne le dites à personne, les vieux millésimes restent des affaires. Pourtant, le banyuls est un nectar rare, issu de coteaux abrupts et radins. Son passage en fût dure de 2 ans et demi à... plusieurs siècles (système de la *solera*), évoluant du rouge cerise (arômes de fruits rouges) au tuilé (arômes de prune, café, banane, cacao) ou topaze (arômes d'épices). Découvrez-le sur des fromages persillés, foie gras escalopé, pigeon aux épices, gâteau au chocolat, etc.

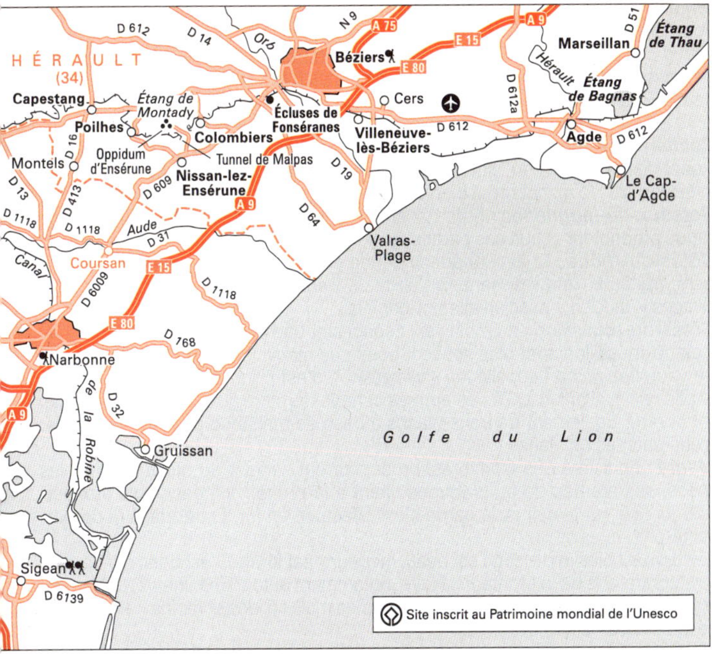

LE CANAL DU MIDI

– ***Blanquette(s)-de-limoux :*** cette aïeule de tous les mousseux, champagne compris, a fait un bond en finesse, en élégance de bulles qui éberlue les gastronomes. Elle est produite exclusivement sur base du cépage mauzac (celui du gaillac blanc) selon deux méthodes différentes : *traditionnelle* (ex-méthode champenoise) et *ancestrale* (sur base de ses sucres naturels, de la vieille lune de mars et des conditions climatiques). Il existe également un ***crémant-de-limoux,*** autre méthode traditionnelle issue du chardonnay et du chenin (mauzac et pinot noir pour compléter).
– ***Byrrh :*** apéro de Thuir dans les Pyrénées-Orientales, obtenu par macérations diverses (quinquina, écorces d'orange, etc.) dans du vin doux. Le Byrrh revient à la mode : les vieux flacons peuvent être grandioses.
– ***Cabrières :*** bon rosé fruité et nerveux de l'Hérault.
– ***Clairette-du-languedoc :*** vin blanc « tranquille » de l'Hérault, de cépage clairette.
– ***Clape :*** un cru du massif de la Clape, aux portes des Corbières, très recommandable pour ses rouges épicés, puissants mais fins.
– ***Collioure :*** vins blancs ou rouges de soleil issus de grenache noir, blanc et gris. Leur terroir est celui du banyuls, un voisinage dont les meilleurs se rendent tout à fait dignes.
– ***Corbières :*** depuis que le carignan a laissé de la place au mourvèdre et à la syrah, leur rapport qualité-prix est encore meilleur. Dans ce gros massif à garrigue, aride et caniculaire, la vigne est omniprésente mais elle donne peu. D'où ces vins de soleil, assez « bordeaux » pour la structure, un peu « côtes-du-rhône » au goût

et en définitive tout à fait corbières. Mais le quatrième vignoble français d'appellation contrôlée est un monde à lui seul. Les hautes Corbières donnent les vins les plus corsés, souvent élevés en barriques. En montagne d'Alaric, ils sont plus frais, acides et parfumés. Les Corbières maritimes font dans le goût primeur, assez velouté. Et les Corbières centrales mixent ces influences. Un conseil ? La cave. Même les bouteilles modestes se sentent mieux après un coup de vieux.
– ***Costières-de-nîmes :*** bon équilibre fruit-structure ; assez légers pour être bus au quotidien, ces vins du Nîmois ressemblent fort aux côtes-du-rhône de la rive droite (voir plus loin) mais sont bien moins chers.
– ***Coteaux-du-languedoc :*** nom générique d'un vaste puzzle de vignobles, où chaque producteur est un cas particulier.
– ***Côtes-du-rhône :*** la rive languedocienne du Rhône produit des rouges plus légers, fruités et rafraîchissants qu'en face. Deux crus, tavel et lirac, plus trois « villages », laudun, chusclan et saint-gervais.
– ***Côtes-du-roussillon :*** au moins six cépages et une infinité de microzones. Les côtes-du-roussillon sont plus souvent bons que mauvais. Et quand ils sont bons – ne vous fiez pas à l'appellation « villages » –, c'est pour leur onctuosité et leur goût de raisin, allant jusqu'à des arômes complexes de réglisse et de viande rôtie, genre porto. Également de bons blancs à base de macabeo pour accompagner les charcuteries catalanes.
– ***Maury :*** en lisière des Corbières, un concurrent sérieux du banyuls. Avec les années, ses arômes de fruits rouges virent à la prune *(vintages),* puis aux épices pour finir sur le cuir, si la garde s'est effectuée en fût. Extraordinaire rapport qualité-prix.
– ***Minervois :*** plus le paysage est beau, meilleur y est le vin. C'est donc sur les premiers contreforts de la Montagne Noire, notamment autour de Minerve, qu'on rencontre les rouges les plus distingués, parfumés mais solides et moins « expansifs » que leurs cousins des Corbières.
– ***Muscats :*** à Frontignan, Lunel, Mireval, Saint-Jean-de-Minervois, quoique les plus réputés viennent de Rivesaltes, en Roussillon. À boire jeune, pour leurs arômes de miel, de rose et de citron. Certains propriétaires font de vrais nectars.
– ***Saint-chinian :*** deux types de vins produits au nord-ouest de Béziers. Des carignans de schiste (voir « Faugères ») et des rouges durs, épais, qu'il faut garder en cave. Le saint-chinian courant est un mélange des deux.
– ***Saint-saturnin :*** un rouge cévenol de caractère, agréable et bien équilibré.
– ***Tavel :*** arômes de grenadine, bouquet délicieusement floral, amertume élégante, le tavel est le seul rosé « de race » au monde et le n° 1 en France.

les ROUTARDS sur la FRANCE 2017-2018

(dates de parution sur • routard.com •)

Découpage de la FRANCE par le ROUTARD

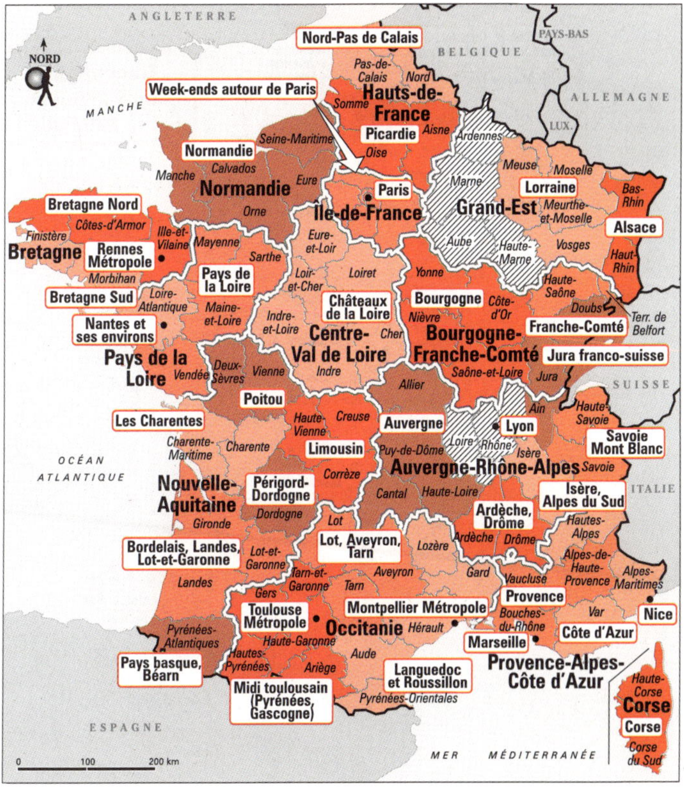

Autres guides nationaux

- Hébergements insolites en France (mars 2017)
- La Loire à Vélo
- La Vélodyssée (Roscoff-Hendaye)
- Nos meilleurs campings en France
- Nos meilleures chambres d'hôtes en France
- Nos meilleurs restos en France
- Les visites d'entreprises

Autres guides sur Paris

- Paris
- Paris balades
- Restos et bistrots de Paris
- Le Routard des amoureux à Paris
- Week-ends autour de Paris

les ROUTARDS sur l'ÉTRANGER 2017-2018

(dates de parution sur • **routard.com** •)

Découpage de l'ESPAGNE par le ROUTARD

Découpage de l'ITALIE par le ROUTARD

Autres pays européens

- Allemagne
- Angleterre, Pays de Galles
- Autriche
- Belgique
- Budapest, Hongrie
- Capitales baltes (avril 2017)
- Crète
- Croatie
- Danemark, Suède
- Écosse
- Finlande
- Grèce continentale
- Îles grecques et Athènes
- Irlande
- Islande
- Madère
- Malte
- Norvège
- Pologne
- Portugal
- République tchèque, Slovaquie
- Roumanie, Bulgarie
- Suisse

Villes européennes

- Amsterdam et ses environs
- Berlin
- Bruxelles
- Copenhague
- Dublin
- Lisbonne
- Londres
- Moscou
- Prague
- Saint-Pétersbourg
- Stockholm
- Vienne

les ROUTARDS sur l'ÉTRANGER 2017-2018

(dates de parution sur • *routard.com* •)

Découpage des ÉTATS-UNIS par le ROUTARD

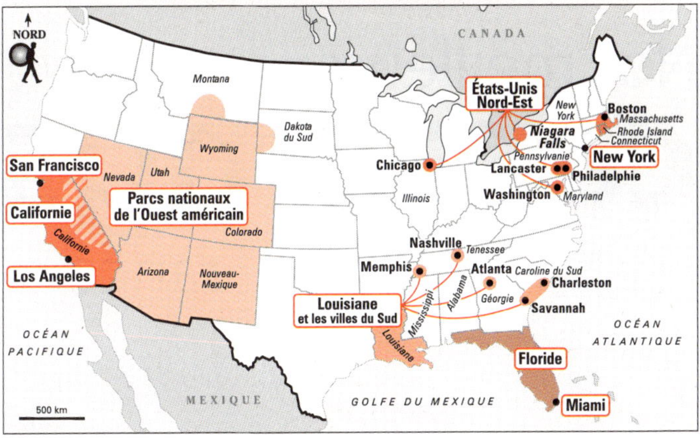

Autres pays d'Amérique

- Argentine
- Brésil
- Canada Ouest
- Chili et île de Pâques
- Costa Rica (novembre 2016)
- Équateur et les îles Galápagos
- Guatemala, Yucatán et Chiapas
- Mexique
- Montréal
- Pérou, Bolivie
- Québec, Ontario et Provinces maritimes

Asie et Océanie

- Australie côte est + Red Centre
- Bali, Lombok
- Bangkok
- Birmanie (Myanmar)
- Cambodge, Laos
- Chine
- Hong-Kong, Macao, Canton
- Inde du Nord
- Inde du Sud
- Israël et Palestine
- Istanbul
- Jordanie
- Malaisie, Singapour
- Népal
- Shanghai
- Sri Lanka (Ceylan)
- Thaïlande
- Tokyo, Kyoto et environs
- Turquie
- Vietnam

Afrique

- Afrique du Sud
- Égypte
- Kenya, Tanzanie et Zanzibar
- Maroc
- Marrakech
- Sénégal
- Tunisie

Îles Caraïbes et océan Indien

- Cuba
- Guadeloupe, Saint-Martin, Saint-Barth
- Île Maurice, Rodrigues
- Madagascar
- Martinique
- République dominicaine (Saint-Domingue)
- Réunion

Guides de conversation

- Allemand
- Anglais
- Arabe du Maghreb
- Arabe du Proche-Orient
- Chinois
- Croate
- Espagnol
- Grec
- Italien
- Japonais
- Portugais
- Russe
- G'paléмо (conversation par l'image)

Les Routards Express

Amsterdam, Barcelone, Berlin, Bruxelles, Budapest, Dublin, Florence, Istanbul, Lisbonne, Londres, Madrid, Marrakech, New York, Prague, Rome, Venise.

Nos coups de cœur

- Les 50 voyages à faire dans sa vie (octobre 2016)
- Nos 52 week-ends dans les plus belles villes d'Europe
- France
- Monde

NOS NOUVEAUTÉS

COSTA RICA (novembre 2016)

Costa Rica, littéralement la Côte riche. Ce pays est le royaume de la biodiversité planétaire. Un grand bain de nature, voilà la promesse de cette bande de terre qui s'étend entre la mer des Caraïbes et l'océan Pacifique. Un quart du territoire est classé en parcs nationaux ou zones protégées. Alors ouvrez grand vos yeux pour ne pas en perdre une miette ! De la paisible côte caraïbe aux rouleaux agités du Pacifique, le Costa Rica égrène ses richesses. Plantations de cafés, champs de bananiers, cordillères piquées de volcans, lacs et forêts impénétrables, sans oublier ses plages splendides, Mère Nature dévoile ici toutes ses merveilles. Paresseux, iguanes, oiseaux, tortues ou singes, le pays offre de belles rencontres. Et n'oubliez pas que depuis 1948, le Costa Rica abolit son armée pour investir dans l'éducation et la santé. On adopte vite la maxime locale : *pura vida !*

MADRID (janvier 2017)

Madrid me mata ! Toujours tuante, Madrid, comme le proclamait l'époque Movida ? Oui, de plaisir, et plus que jamais. Madrid se joue des extrêmes. La capitale de l'Espagne aligne des musées stupéfiants et propose aussi des ambiances de village dans chaque quartier, aux identités bien marquées. On plonge dans l'univers de Picasso au Museo Reina Sofia *(Guernica !)* ou une journée d'éblouissement au Prado (Goya, Velázquez, et l'incroyable Jérôme Bosch) ou au Museo Thyssen-Bornemysza, les bars à tapas, traditionnels ou osés. Et la nuit se prolonge souvent : entre deux placettes autour de la plaza Mayor, au long du barrio de Las Letras, en dévalant La Latina et les ruelles cosmopolites de Lavapiés, de Malasaña la rebelle ou du gay-friendly Chueca… Autant de mondes à savourer ! Plus que jamais capitale et dynamique, la ville prend le tournant durable en développant un vaste réseau de pistes cyclables et en aménageant ses rives de bouffées d'espaces verts. À découvrir entre potes, en famille ou en couple, définitivement.

PETITS TRUCS ET ASTUCES POUR ÉVITER LES ARNAQUES !

Un routard informé en vaut deux ! Pour éviter les arnaques en tous genres, il est bon de les connaître. Voici un petit vade-mecum destiné à parer aux coûts et aux coups de bambous. À commencer par **l'affichage des prix** : dans les hôtels comme dans les restos, il est **obligatoire** et doit être situé à l'extérieur de l'établissement, de manière visible. Vous ne pouvez donc contester des prix exorbitants que s'ils ne sont pas clairement affichés.

À L'HÔTEL

1 - Arrhes ou acompte ? : au moment de réserver votre chambre par téléphone – par précaution, toujours confirmer par écrit (ou mail) – il n'est pas rare que l'hôtelier vous demande de verser à l'avance une certaine somme, celle-ci faisant office de garantie. Il est d'usage de parler d'arrhes et non d'acompte (en fait, la loi dispose que « sauf stipulation contraire du contrat, les sommes versées d'avance sont des arrhes »). Légalement, aucune règle n'en précise le montant. Toutefois, ne versez que des arrhes raisonnables : 25 à 30 % du prix total, sachant qu'il s'agit d'un engagement définitif sur la réservation de la chambre. Cette somme ne pourra donc pas être remboursée en cas d'annulation de la réservation, sauf cas de force majeure qu'il vous faudra justifier (maladie ou accident) ou en accord avec l'hôtelier si l'annulation est faite dans des délais jugés raisonnables. Si, au contraire, l'annulation est le fait de l'hôtelier, il doit vous rembourser le double des arrhes versées. À l'inverse, l'acompte engage définitivement client et hôtelier.

2 - Subordination de vente : comme les restaurateurs, les hôteliers ont interdiction de pratiquer la subordination de vente. C'est-à-dire qu'ils ne peuvent pas vous obliger à réserver plusieurs nuits d'hôtel si vous n'en souhaitez qu'une. Dans le même ordre d'idées, on ne peut vous obliger à prendre votre petit déjeuner ou vos repas dans l'hôtel ; ce principe, illégal, est néanmoins répandu dans la profession, toléré en pratique, surtout en haute saison... notamment dans les zones touristiques, où la demande est bien plus importante que l'offre ! Bien se renseigner.

« QUI DORT DÎNE ! »

Cet adage, venu du Moyen Âge, signifie que les hôteliers imposaient le couvert aux clients qui prenaient une chambre. Déjà de la vente forcée !

3 - Les réservations en ligne : elles se sont généralisées. Par l'intermédiaire de sites commerciaux ou en direct sur les sites des hôtels, elles sont simples et rapides. Mais voilà, les promesses ne sont pas toujours tenues et l'on constate parfois des dérives, notamment via les centrales de résa telles que promos bidons, descriptifs exagérés, avis d'internautes truqués... Des hôteliers s'estiment étranglés par les commissions abusives. N'hésitez pas à contacter l'hôtel sur son site pour vous faire préciser le type de chambre que l'on vous a réservé (sur rue, sur jardin ?).

4 - Responsabilité en cas de vol : un hôtelier ne peut en aucun cas dégager sa responsabilité pour des objets qui auraient été volés dans la chambre d'un de ses clients, même si ces objets n'ont pas été mis au coffre. En d'autres termes, les éventuels panonceaux dégageant la responsabilité de l'hôtelier n'ont aucun fondement juridique.

5 - En cas d'annulation : si vous avez réservé une chambre (sans avoir rien versé) et que vous avez un empêchement, passez un coup de téléphone pour annuler, c'est la moindre des politesses. Trop peu de gens le font, ce qui rend les hôteliers méfiants.

AU RESTO

1 - Menus : très souvent, les premiers menus (les moins chers) ne sont servis qu'en semaine ou que le midi, et avant certaines heures (12h30 et 20h30 généralement). C'est parfaitement légal, à condition que ce soit clairement indiqué sur le panneau extérieur : à vous d'être vigilant et d'arriver dans les bons créneaux horaires ! Il peut arriver que ce soit écrit en tout petit. Par ailleurs, bien vérifier que le « menu d'appel », le moins cher donc, est toujours présent dans la carte qu'on vous donne une fois installé. Il arrive qu'il disparaisse comme par enchantement. N'hésitez pas à le réclamer si vous êtes entré pour ce menu précis.

2 - Le « fait maison » : cette grande « tendance culinaire » de ces dernières années s'oppose aux plats sous-vide ou congelés achetés par les restaurateurs, réchauffés sur place et « agrémentés » d'une petite touche personnelle pour noyer le poisson (ou la souris d'agneau). Depuis 2013, le label « fait maison » permet de vérifier si les plats sont réellement préparés ou non sur place.

3 - Commande insuffisante : il arrive que certains restos refusent de servir une commande jugée insuffisante. Sachez, toutefois, qu'il est illégal de pousser le client à la consommation. Mais l'on peut également comprendre que commander un seul plat pour 3 personnes peut agacer un tantinet le restaurateur. Tout est une question de juste équilibre.

4 - Eau : une banale carafe d'eau du robinet est gratuite – à condition qu'elle accompagne un repas – sauf si son prix est affiché. On ne peut pas vous la refuser, sauf si elle est jugée impropre à la consommation par décret. La bouteille d'eau minérale quant à elle doit, comme le vin, être ouverte devant vous. L'arnaque dans certains restos « pousse-conso » consiste à proposer d'emblée une eau minérale et de la facturer 7 €, voire plus... À la question du serveur : « ...et pour l'eau, Badoit ou Vittel ? » vous êtes en droit de répondre « une carafe ! ».

5 - Vins : les cartes des vins ne sont pas toujours très claires. Exemple : vous commandez un bourgogne à 16 € la bouteille. On vous la facture 32 €. En vérifiant sur la carte, vous découvrez que 16 € correspondent au prix d'une demi-bouteille. Mais c'était écrit en petits caractères illisibles. Attention au prix parfois exorbitant des vins au verre. Abus bien courant, l'année de référence n'est plus disponible : on vous sert un millésime plus récent mais au même tarif ! Vous devez obligatoirement en être informé avant le débouchage de la bouteille.

6 - Couvert enfant : le restaurateur peut tout à fait compter un couvert par enfant, même s'il ne consomme pas, à condition que ce soit spécifié sur la carte. Parfois il est libellé « Enfant ne mangeant pas », tant d'euros ! Cela dit, ce n'est quand même pas courant et ça donne une petite idée de la générosité du restaurateur !

7 - Sous-marin : après le coup de bambou et le coup de fusil, celui du sous-marin. Le procédé consiste à rendre la monnaie en plaçant dans la soucoupe (de bas en haut) : les pièces, l'addition puis les billets. Si l'on est pressé, on récupère les billets en oubliant les pièces cachées sous l'addition. Malin !

N'oublions pas que l'hôtellerie et la restauration sont des métiers de service, qui ne souffrent ni l'approximation, ni les (mauvais) écarts. Nous supprimons de nos guides tous les établissements qui abusent. Mais la réciproque est aussi valable : tout est question de respect mutuel.

Bonne route !

INDEX GÉNÉRAL

INDEX GÉNÉRAL

INDEX GÉNÉRAL

LISTE DES CARTES ET PLANS

Nous tenons à remercier tout particulièrement Loup-Maëlle Besançon, Thierry Bessou, Gérard Bouchu, François Chauvin, Grégory Dalex, Fabrice Doumergue, Cédric Fischer, Carole Fouque, Michelle Georget, David Giason, Claude Hervé-Bazin, Emmanuel Juste, Dimitri Lefèvre, Fabrice de Lestang, Romain Meynier, Éric Milet, Pierre Mitrano, Jean-Sébastien Petitdemange et Thomas Rivallain pour leur collaboration régulière.

Emmanuelle Bauquis
Jean-Jacques Bordier-Chêne
Michèle Boucher
Sophie Cachard
Lucie Colombo
Agnès Debiage
Émilie Debur
Jérôme Denoix
Flora Descamps
Louise Desmoulins
Tovi et Ahmet Diler
Clélie Dudon
Sophie Duval
Alain Fisch
Romain Fossurier
Bérénice Glanger
Adrien et Clément Gloaguen
Marie Gustot
Bernard Hilaire
Sébastien Jauffret
Jacques Lemoine
Amélie Mikaelian
Caroline Ollion
Martine Partrat
Odile Paugam et Didier Jehanno
Émilie Pujol
Prakit Saiporn
Jean-Luc et Antigone Schilling
Caroline Vallano

Direction : Nathalie Bloch-Pujo
Contrôle de gestion : Jérôme Boulingre et Adeline Cazabat Barrere
Secrétariat : Catherine Maîtrepierre
Direction éditoriale : Catherine Julhe
Édition : Matthieu Devaux, Géraldine Péron, Olga Krokhina, Gia-Quy Tran, Julie Dupré, Emmanuelle Michon, Sarah Favaron, Ludmilla Guillet, Flora Sallot, Elvire Tandjaoui, Quentin Tenneson, Clémence Toublanc et Sandra Vavdin
Préparation-lecture : Muriel Lucas
Cartographie : Frédéric Clémençon et Aurélie Huot
Fabrication : Nathalie Lautout et Audrey Detournay
Relations presse France : COM'PROD, Fred Papet. ☎ 01-70-69-04-69. • *info@comprod.fr* •
Illustration : Anne-Sophie de Précourt
Direction marketing : Adrien de Bizemont, Clémence de Boisfleury et Charlotte Brou
Contacts partenariats : André Magniez (EMD). • *andremagniez@gmail.com* •
Édition des partenariats : Élise Ernest
Informatique éditoriale : Lionel Barth
Couverture : Clément Gloaguen et Seenk
Maquette intérieure : le-bureau-des-affaires-graphiques.com, Thibault Reumaux et npeg.fr
Relations presse : Martine Levens (Belgique) et Maureen Browne (Suisse)
Régie publicitaire : Florence Brunel-Jars

Remarque importante aux hôteliers et restaurateurs

Les enquêteurs du *Routard* travaillent dans le plus strict anonymat. Aucune réduction, aucun avantage quelconque, aucune rétribution n'est jamais demandé en contrepartie. Face aux aigrefins, la loi autorise les hôteliers et restaurateurs à porter plainte.

Avis aux lecteurs

Le Routard, ce n'est pas comme le bon vin, il vieillit mal. On ne veut pas pousser à la consommation, mais évitez de partir avec une édition ancienne. Les modifications sont souvent importantes.

Les réductions accordées à nos lecteurs ne sont jamais demandées par nos rédacteurs afin de préserver leur indépendance. Les hôteliers et restaurateurs sont sollicités par une société de mailing, totalement indépendante de la rédaction, qui reste donc libre de ses choix. De même pour les autocollants et plaques émaillées.

Avec routard.com, choisissez, organisez, réservez et partagez vos voyages !

✓ Rejoignez la plus grande communauté francophone de voyageurs : plus de **2 millions** de visiteurs !

✓ Échangez avec les routarnautes : forums, photos, avis d'hôtels.

✓ Retrouvez aussi toutes les informations actualisées pour choisir et préparer vos voyages : plus de 200 fiches pays, une centaine de dossiers pratiques et un magazine en ligne pour découvrir tous les secrets de votre destination.

✓ Enfin, comparez les offres pour organiser et réserver votre voyage au meilleur prix.

Les **Routards** *parlent aux* **Routards**

Faites-nous part de vos expériences, de vos découvertes, de vos tuyaux. Indiquez-nous les renseignements périmés. Aidez-nous à remettre l'ouvrage à jour. Faites profiter les autres de vos adresses nouvelles, combines géniales... On adresse un exemplaire gratuit de la prochaine édition à ceux qui nous envoient les lettres les meilleures, pour la qualité et la pertinence des informations. Quelques conseils cependant :

– Envoyez-nous votre courrier le plus tôt possible afin que l'on puisse insérer vos tuyaux sur la prochaine édition.

– N'oubliez pas de préciser l'ouvrage que vous désirez recevoir, ainsi que votre adresse postale.

– Vérifiez que vos remarques concernent l'édition en cours et notez les pages du guide concernées par vos observations.

– Quand vous indiquez des hôtels ou des restaurants, pensez à signaler leur adresse précise et, pour les grandes villes, les moyens de transport pour y aller. Si vous le pouvez, joignez la carte de visite de l'hôtel ou du resto décrit.

– N'écrivez si possible que d'un côté de la lettre (et non recto verso).

– Bien sûr, on s'arrache moins les yeux sur les lettres dactylographiées ou correctement écrites !

En tout état de cause, merci pour vos nombreuses lettres.

122, rue du Moulin-des-Prés, 75013 Paris

• *guide@routard.com* • *routard.com* •

Routard Assurance *2017*

Née du partenariat entre *AVI International* et le *Routard*, *Routard Assurance* est une assurance voyage complète qui offre toutes les prestations d'assistance indispensables à l'étranger : dépenses médicales, pharmacie, frais d'hôpital, rapatriement médical, caution et défense pénale, responsabilité civile vie privée et bagages. Présent dans le monde entier, le plateau d'assistance d'*AVI International* donne accès à un vaste réseau de médecins et d'hôpitaux. Pas besoin d'avancer les frais d'hospitalisation ou de rapatriement. Numéro d'appel gratuit, disponible 24h/24. *AVI International* dispose par ailleurs d'une filiale aux États-Unis qui permet d'intervenir plus rapidement auprès des hôpitaux locaux. À noter, *Routard Assurance Famille* couvre jusqu'à 7 personnes, et *Routard Assurance Longue Durée Marco Polo* couvre les voyages de plus de 2 mois dans le monde entier. *AVI International* est une équipe d'experts qui répondra à toutes vos questions par téléphone : ☎ 01-44-63-51-00 ou par mail • *routard@avi-international.com* •
Conditions et souscription sur • *avi-international.com* •

Édité par Hachette Livre (58, rue Jean-Bleuzen, CS 70007, 92178 Vanves Cedex, France)
Photocomposé par Jouve (45770 Saran, France)
Imprimé par Lego SPA Plant Lavis (via Galileo Galilei, 11, 38015 Lavis, Italie)
Achevé d'imprimer le 28 octobre 2016
Collection n° 15 - Édition n° 01
84/3899/2
I.S.B.N. 978-2-01-330192-3
Dépôt légal : octobre 2016

PAPIER À BASE DE FIBRES CERTIFIÉES